Steueränderungen 2013

MIT ARBEITSHILFEN ONLINE

Exklusiv für Buchkäufer von „Steueränderungen 2013" der kostenlose eBook-Download im ePUB-Format

eBook „Steueränderungen 2013":

Der Inhalt der Buchausgabe in elektronischer Form. Vollständig verlinkt und besonders komfortabel im Recherche-Handling!

Und so geht's:

- Einfach unter www.haufe.de/arbeitshilfen den Buchcode eingeben
- Oder direkt über Ihr Smartphone bzw. Tablet per QR-Code auf die Website gehen

Buchcode: PDF-32XN

www.haufe.de/arbeitshilfen

pwc

Steueränderungen 2013

Autoren

Prof. Dr. Dieter Endres StB Frankfurt	Björn Ahrens StB Frankfurt	Lorenz Bernhardt LL.M. RA StB Berlin	Thomas von Cölln StB FBIntStR MITax Hamburg/München
Sabine Gregier MBA RA StB Düsseldorf	Markus Hüllmann RA StB Hamburg	Manfred Karges StB Düsseldorf	Claudia Lauten StB Düsseldorf
Dr. Martin Liebernickel RA StB Stuttgart	Christine Marx RA StB Düsseldorf	Andrew Miles FCA Frankfurt	Daniel Mohr RA StB Hamburg
Achim Obermann StB Düsseldorf	Margot Voß-Gießwein StB Düsseldorf	Annekatren Werthmann-Feldhues RA Hamburg	Eike Christian Westermann StB Düsseldorf
Sönke Wulf RA StB Bremen			

11. Auflage

HAUFE.

Freiburg • München

Bibliografische Information der Deutschen Nationalbibliothek

Die Deutsche Nationalbibliothek verzeichnet diese Publikation in der Deutschen Nationalbibliografie; detaillierte bibliografische Daten sind im Internet über https://portal.d-nb.de abrufbar.

Steueränderungen 2013
ISBN 978-3-648-03009-7
Bestell-Nr. 03351-0013
inklusive eBook im ePUB-Format (ISBN 978-3-648-03010-3)

11. Auflage 2013

© 2013, Haufe-Lexware GmbH & Co. KG

Anschrift
Haufe-Lexware GmbH & Co. KG
Munzinger Straße 9, 79111 Freiburg
Telefon 0761 898-0, Telefax 0761 898-3211
E-Mail: info@ haufe.de
Internet: http://www.haufe.de

Kommanditgesellschaft, Sitz Freiburg
Registergericht Freiburg, HRA 4408
Komplementäre: Haufe-Lexware Verwaltungs GmbH,
Sitz Freiburg, Registergericht Freiburg, HRB 5557;
Martin Laqua

Geschäftsführung: Isabel Blank, Markus Dränert, Jörg Frey, Birte Hackenjos, Jens Köhler, Matthias Mühe, Markus Reithwiesner, Joachim Rotzinger, Dr. Carsten Thies
Beiratsvorsitzende: Andrea Haufe

USt-IdNr. DE812398835

Redaktion und Lektorat
Rechtsanwalt/Fachanwalt f. SteuerR
Klaus-Werner Pluskota (V.i. S.d.P.)
E-Mail: steuern@haufe.de
Internet: http://www.haufe.de/steuern

Die Angaben entsprechen dem Wissensstand bei Redaktionsschluss im Januar 2013. Alle Angaben/Daten erfolgten nach bestem Wissen, jedoch ohne Gewähr für Vollständigkeit und Richtigkeit. Dieses Werk sowie alle darin enthaltenen einzelnen Beiträge und Abbildungen sind urheberrechtlich geschützt. Jede Verwertung, die nicht ausdrücklich vom Urheberrechtsgesetz zugelassen ist, bedarf der vorherigen Zustimmung des Verlags. Das gilt insbesondere für Vervielfältigungen, Bearbeitungen, Übersetzungen, Mikroverfilmungen, Auswertungen durch Datenbanken und für die Einspeicherung und Verarbeitung in elektronische Systeme.

DTP: le-tex publishing services GmbH, 04229 Leipzig
Druck: Schätzl Druck und Medien e. K., 86609 Donauwörth

Zur Herstellung der Bücher wird nur alterungsbeständiges Papier verwendet.

Vorwort

Lässt man das Steuerjahr 2012 Revue passieren, so ist das Geschehen wohl am besten mit einer Mixtur aus Fiskalhunger, Ideologie und Vorwahlkampftaktik zu beschreiben. In der Gesetzgebung erlischt struktureller Reformeifer. Dafür verstärken sich die Trends zur Verbreiterung der Bemessungsgrundlage, zur Bekämpfung von Steuerumgehung und zu verstärkter grenzüberschreitender Zusammenarbeit. Der öffentliche Druck für mehr Steuereinnahmen hinterlässt auch in der täglichen Zusammenarbeit zwischen Verwaltung und Unternehmen seine Spuren. Der Spagat zwischen Schuldenabbau bzw. Fiskalerfordernissen einerseits und Steuerpolitik als Wachstumsmotor andererseits ist nicht einfach zu bewerkstelligen. Ob die Politik probate Mittel für nachhaltige Lösungen hat, konnte sie jedenfalls im Vorwahljahr 2012 nicht belegen.

Es bedarf somit keines Prophetentums, um ernsthafte Diskussionen über weitere große Reformen des deutschen Steuerrechts – die letzte stammt aus dem Jahr 2008 – erst nach der Bundestagswahl 2013 zu erwarten. Weit gefehlt, wer daraus aber einen Stillstand der Rechtspflege ableitet. Vielmehr verlagert sich die Schaffenskraft des Steuergesetzgebers in diesen Zeiten auf zahlreiche selektive Änderungen der Rahmenbedingungen. Dennoch: Mit dem Gesetz zur Änderung und Vereinfachung der Unternehmensbesteuerung und des steuerlichen Reisekostenrechts wurden im Rahmen des politisch Machbaren positive Impulse im Hinblick auf größere Planungs- und Rechtssicherheit gesetzt. Weitere Gesetzgebungsvorhaben wie beispielsweise das Gesetz zur Umsetzung des EuGH-Urteils zu Streubesitzdividenden harren noch ihrer Verabschiedung. Ergänzt man diese Entwicklungen mit dem Reaktionsbedarf auf aktuelle Rechtsprechung und Verwaltungsverlautbarungen des Jahres 2012, so zeigt sich, wie anspruchsvoll das zeitnahe Mithalten im Steuergeschehen mittlerweile geworden ist.

„Sapientia non sit in litteris" – auch wenn der Lateiner die Weisheit nicht in der Fachliteratur vermutet, kann eine sorgfältig aufbereitete Stoffsammlung zwar nicht die individuelle Beratung ersetzen, wohl aber den kundigen Leser dabei unterstützen, keine relevante Rechtsentwicklung zu verpassen. Entsprechend dieser Zielsetzung liefert das vorliegende PwC-Jahrbuch in mittlerweile bewährter Tradition Hinweise und Tipps rund um das aktuelle Steuergeschehen. Ergänzt wird die chronologische Aufbereitung der Änderungen aus Gesetzgebung, Rechtsprechung und Finanzverwaltung durch Sonderkapitel zu den Themen Verrechnungspreise, Wirtschaftsmediation und Internationales Steuerrecht.

Die Aufbereitung dieses weiten Themenspektrums im jährlichen Vorweihnachtstrubel fordert seitens des Autorenteams hohes Engagement. Insoweit sei den PwC-Experten nachdrücklich gedankt, die in nahezu unveränderter Besetzung diese Jahreschronologie mittlerweile zu einem Standardwerk entwickelt haben. Seit jeher war Frau Gabriele Stein als Koordinatorin und Lektorin unverzichtbare Stütze für das Gelingen des Werkes. Der Haufe-Gruppe sind wir für die Unterstützung in allen Phasen der Realisierung des Projekts verbunden. Haufe wirbt mit dem Hinweis, dass der Leser mit dem Kauf des Werkes alle Steueränderungen im Griff hat. Wir hoffen einmal mehr, dass uns die Verwirklichung dieses Anspruchs mit dem Steuerjahrbuch gelungen ist.

Frankfurt am Main, im Januar 2013 *Prof. Dr. Dieter Endres*

Inhaltsübersicht

Abkürzungsverzeichnis 29

A Neue Steuergesetzgebung 39

B Überblick über die Verwaltungsvorschriften 2012 177

C Überblick über die Rechtsprechung 2012 271

D Neuentwicklungen im internationalen Steuerrecht............................455

E Gesetz zur Änderung und Vereinfachung der Unternehmensbesteuerung und des steuerlichen Reisekostenrechts..........................499

F Rechtsprechungsreport: Bestellung, Anstellung, Haftung von Geschäftsleitern, Aufsichtsräten und Gesellschaftern 509

G Verrechnungspreise 527

H Mediation, der kürzeste Weg zur Lösung? 557

Stichwortverzeichnis..569

PwC-Standorte (Steuerberatung)..573

Inhaltsverzeichnis

Abkürzungsverzeichnis 29

A	**Neue Steuergesetzgebung**	**39**
1	**Steuergesetzänderungen, die 2012 in Kraft getreten sind**	**39**
1.1	Steuervereinfachungsgesetz 2011	39
1.2	Änderungen in der Umsatzsteuer	39
1.2.1	Drittes Gesetz zur Änderung des Umsatzsteuergesetzes	39
1.2.2	Änderungen in der UStDV	39
1.3	Grunderwerbsteuersätze der Länder	39
1.4	Gesetz zur Umsetzung der Beitreibungsrichtlinie sowie zur Änderung steuerlicher Vorschriften (BeitrRLUmsG)	42
1.5	Gesetz zur Besteuerung von Sportwetten	42
1.5.1	Zielsetzung und Regelungsinhalt	42
1.5.2	Inkrafttreten	44
1.6	Gesetz zur Änderung des Gemeindefinanzreformgesetzes und von steuerlichen Vorschriften	44
1.6.1	Hintergrund	44
1.6.2	Änderungen in der Einkommensteuer	44
1.6.2.1	Steuerbefreiung der Nutzung von Mobilfunkgeräten, Neufassung des § 3 Nr. 45 EStG	44
1.6.2.2	Einschränkung des DBA-Schachtelprivilegs, § 50d Abs. 11 EStG (KGaA-Gestaltung)	44
1.6.2.3	Inkrafttreten	45
1.6.3	Aufhebung der Umsatzsteuerbefreiung, Anlage 2 zu § 12 Abs. 2 Nr. 1, 2 UStG ...	45
1.7	Luftverkehrsteuer-Durchführungsverordnung (LuftVStDV)	45
1.7.1	Luftverkehrsunternehmen i. S. d. § 2 LuftVStG	46
1.7.2	Erteilung der Erlaubnis als steuerlicher Beauftragter	46
1.7.3	Anzeichen für eine Gefährdung der Steuer	46
1.7.4	Elektronische Datenübermittlung im Besteuerungsverfahren	47
2	**Weitere Gesetze, die 2012 in Kraft getreten sind**	**48**
2.1	Zweites Gesetz zur Umsetzung eines Maßnahmenpakets zur Stabilisierung des Finanzmarktes (2. FMStG)	48
2.2	Gesetz zur Förderung der Mediation und anderer Verfahren der außergerichtlichen Konfliktbeilegung	49
2.3	Gesetz zur Änderung des Rechtsrahmens für Strom aus solarer Strahlungsenergie und zu weiteren Änderungen im Recht der erneuerbaren Energien	49
2.3.1	Zielsetzung und wesentliche Änderungen	49
2.3.2	Regelungsinhalte im Überblick	50
3	**Steuergesetzänderungen, die 2013 in Kraft treten**	**50**
3.1	Jahressteuergesetz 2013	50
3.1.1	Gang des Gesetzgebungsverfahren – nicht abgeschlossenes Verfahren	51
3.1.2	EU-Amtshilfegesetz	51
3.1.2.1	Einleitung/Zielsetzung	51
3.1.2.2	Sachlicher Anwendungsbereich	52
3.1.2.3	Persönlicher Anwendungsbereich	52

3.1.2.4	Zuständigkeiten	53
3.1.2.5	Informationsaustausch/Auskunftsersuchen	53
	3.1.2.5.1 Informationsaustausch mit Ersuchen	53
	3.1.2.5.2 Informationsaustausch ohne Ersuchen	54
3.1.2.6	Andere Arten der zwischenstaatlichen Zusammenarbeit	55
3.1.2.7	Informationsverwendung	56
3.1.2.8	Inkrafttreten/Anwendungszeitraum	57
3.1.3	Änderungen bei der Einkommensteuer	57
3.1.3.1	Förderung von Elektrofahrzeugen	57
	3.1.3.1.1 Einschränkung des Betriebsausgabenabzugsverbots, § 4 Abs. 5 S. 1 Nr. 6 S. 3 EStG	58
	3.1.3.1.2 Privatnutzung von Kfz mit Elektro- oder Hybridantrieb, § 6 Abs. 1 Nr. 4 S. 2–3 EStG	58
	3.1.3.1.3 Einschränkung der Besteuerung bei Sachzuwendungen, § 8 Abs. 2 S. 4 EStG	59
	3.1.3.1.4 Anwendungszeitraum	59
3.1.3.2	Klarstellung für Gewinnermittlung nach § 4 Abs. 3 EStG bei AfA, § 6 Abs. 7 EStG	59
3.1.3.3	Sonderausgaben und außergewöhnliche Belastungen	59
	3.1.3.3.1 Vorsorgeaufwendungen, § 10 Abs. 2 S. 1 Nr. 2 EStG	59
	3.1.3.3.2 Übermittlungspflicht von öffentlichen Stellen, § 10 Abs. 4b EStG	59
	3.1.3.3.3 Außergewöhnliche Belastungen, § 33a EStG	60
	3.1.3.3.4 Pflegepauschbetrag, § 33b Abs. 6 S. 5 EStG	60
3.1.3.4	Steuerbefreiungen und Steuerermäßigungen, Steuersatz	60
	3.1.3.4.1 Bezüge von Wehr- und Zivildienstleistenden, § 3 Nr. 5 EStG	60
	3.1.3.4.2 Ermäßigungshöchstbetrag für gewerbliche Einkünfte, § 35 Abs. 1 S. 4 EStG	60
	3.1.3.4.3 Modifikationen beim Progressionsvorbehalt, § 32b Abs. 2 S. 1 Nr. 2 S. 2 Buchst. c) EStG	61
3.1.3.5	Einkünfte aus Kapitalvermögen	61
	3.1.3.5.1 Steuerneutralität bei Abspaltungen, § 20 Abs. 4a S. 7 EStG	61
	3.1.3.5.2 Vermeidung der Doppelbesteuerung bei Dividendenzahlungen	61
	3.1.3.5.3 Änderungen beim Korrespondenzprinzip, § 3 Nr. 40 Buchst. d) S. 2, § 32d Abs. 2 Nr. 4 EStG	61
3.1.3.6	Änderungen beim Kapitalertragsteuereinbehalt	62
	3.1.3.6.1 Gewinnobligationen/Wandelanleihen/Genussrechte, § 43 Abs. 1 S. 1 Nr. 1a, Abs. 1 S. 1 Nr. 2 S. 3 EStG	62
	3.1.3.6.2 Kompensationszahlungen über ausländische Stellen, § 44 Abs. 1a EStG/ § 45a Abs. 2 S. 1 EStG	62
	3.1.3.6.3 Erweiterung der Ausnahmen, §§ 44a Abs. 1, Abs. 5 S. 1, 44b Abs. 1–4, 45b EStG	62
3.1.3.7	Lohnsteuer	63
	3.1.3.7.1 Freibetrag im Lohnsteuerabzugsverfahren für zwei Jahre, § 39a Abs. 1 S. 3–5 EStG	63
	3.1.3.7.2 Lohnsteuernachschau, § 42g EStG	63
	3.1.3.7.3 Übergangsregelungen zur Anwendung der elektronischen Lohnsteuermerkmale, § 52b EStG	63
3.1.3.8	Erweiterung der Entlastungsberechtigung, § 50d Abs. 1 S. 11 EStG	64
3.1.3.9	Sicherung der parallelen Anwendbarkeit von § 50d Abs. 8 und 9 EStG	64
	3.1.3.9.1 Ausgangslage und Hintergrund der Regelung	64
	3.1.3.9.2 Anwendung	65

3.1.3.10	Sicherung des Besteuerungsrechts für Sondervergütungen, § 50d Abs. 10 EStG	65
	3.1.3.10.1 Hintergrund und Inhalt der Regelung	65
	3.1.3.10.2 Anwendungszeitpunkt	66
3.1.3.11	Sicherung der Besteuerung von Veräußerungsgewinnen in Wegzugsfällen, § 50i EStG	66
	3.1.3.11.1 Hintergrund und Inhalt der Regelung	66
	3.1.3.11.2 Anwendung	67
3.1.3.12	Steuerneutralität bei Abspaltungen	67
3.1.4	Änderungen bei der Körperschaftsteuer	67
3.1.4.1	Vermeidung der Doppelbesteuerung von Dividenden, § 8b Abs. 9, § 34 Abs. 7 KStG	67
3.1.4.2	Ausweitung des Korrespondenzprinzips, § 8b Abs. 1 S. 2 KStG	67
	3.1.4.2.1 Regelungsinhalt und Problemstellungen	68
	3.1.4.2.2 Anwendungszeitraum	68
3.1.4.3	Änderungen bei der Wertpapierleihe, § 8b Abs. 10 KStG	68
	3.1.4.3.1 Regelungsinhalt und Problemstellungen	69
	3.1.4.3.2 Anwendungszeitraum	69
3.1.4.4	Schaffung eines Besteuerungssystems für Streubesitzanteile, § 8b KStG	69
3.1.4.5	Verlängerung der Übergangsregelung zur Auflösung von Rückstellungen für Beitragsrückerstattungen bis 2015, § 34 Abs. 10b S. 3 KStG	70
3.1.5	Änderungen bei der Gewerbesteuer	70
3.1.5.1	Vermeidung der Doppelbesteuerung bei Dividenden, § 9 Nr. 5 und 7 GewStG	70
3.1.5.2	Ausweitung der Sonderregelung bei der Zerlegung des Gewerbesteuermessbetrags bei alternativen Energien, § 29 Abs. 1 Nr. 2, 36 Abs. 9d GewStG	70
	3.1.5.2.1 Regelungszweck und Inhalt	70
	3.1.5.2.2 Anwendungszeitraum	70
3.1.5.3	Hinzurechnungen bei Finanzdienstleistern, § 35c Abs. 1 Nr. 2 Buchst. f GewStG	71
3.1.6	Änderungen im Außensteuergesetz	71
3.1.6.1	Einführung des „Authorized OECD Approach (AOA)", §§ 1 AStG; 7 GAufzV	71
	3.1.6.1.1 Gleichstellung Personengesellschaft und Kapitalgesellschaft, §§ 1 Abs. 1 S. 1 AStG; 7 GAufzV	72
	3.1.6.1.2 Definition von Geschäftsbeziehungen, § 1 Abs. 4 AStG	72
	3.1.6.1.3 Grundsätze der Ermittlung und Aufteilung der Einkünfte, § 1 Abs. 5 AStG	72
	3.1.6.1.4 Verhältnis zu Doppelbesteuerungsabkommen	73
	3.1.6.1.5 Ermächtigung zum Erlass einer Rechtsverordnung, § 1 Abs. 6 AStG	74
	3.1.6.1.6 Weitere Änderungen beim AOA	75
	3.1.6.1.7 Anwendungszeitpunkte der Regelungen zum AOA	75
3.1.6.2	Weitere Änderungen im AStG	75
	3.1.6.2.1 Abgeltungsteuer bei erweitert beschränkter Steuerpflicht, § 2 Abs. 5 AStG	75
	3.1.6.2.2 Ausdehnung des Motivtests auf „Kapitalanlagegesellschaften", § 8 Abs. 2 S. 1 AStG	76
	3.1.6.2.3 Ausländische Familienstiftungen § 15 Abs. 5–11, § 18 Abs. 4 AStG	76
3.1.7	Änderungen im Investmentsteuergesetz	77
3.1.8	Änderungen im Umwandlungsteuergesetz	77
3.1.8.1	Beschränkung der Verlustverrechnung des übernehmenden Rechtsträgers in Umwandlungs- und Einbringungsfällen	78
	3.1.8.1.1 Hintergrund der Regelung	78
	3.1.8.1.2 Regelungsinhalt und Anwendungszeitpunkt	78
3.1.9	Änderungen im Erbschafts- und Schenkungsteuergesetz	79
3.1.9.1	Hintergrund der Vorschläge zu einer Neuregelung – Einschränkungen bei Gestaltungen im Zusammenhang mit der „Cash-GmbH"	79

3.1.9.2	Regelungsinhalte	80
	3.1.9.2.1 Ausdehnung des Begriffs „Verwaltungsvermögen", § 13b Abs. 2 S. 2 Nr. 4 ErbStG	80
	3.1.9.2.2 Lohnsummenregelung und neu investiertes Betriebsvermögen, § 13a Abs. 4 Satz 5, Abs. 5a ErbStG	80
3.1.9.3	Anwendungszeitraum	80
3.1.10	Änderungen im Umsatzsteuergesetz	81
3.1.10.1	Ort der Lieferung und Leistung	81
3.1.10.2	Steuerbefreiungen nach § 4 UStG	81
3.1.10.3	Steuersatz	82
3.1.10.4	Steuerschuldner	82
3.1.10.5	Rechnungsinhalte	83
3.1.10.6	Vorsteuerabzug	84
3.1.10.7	Sonstige Änderungen	84
3.1.11	Abgabenordnung	84
3.1.11.1	Regelungen zur Gemeinnützigkeit	84
	3.1.11.1.1 Einschränkung bei Gemeinnützigkeit bei verfassungsfeindlichen Bestrebungen, § 51 Abs. 3 S. 2 AO	84
	3.1.11.1.2 Erweiterung des Zweckbetriebskatalogs, § 68 Nr. 5 AO	85
3.1.11.2	Einschränkungen der Zustimmungserfordernisse des Bundesrats beim Erlass von Rechtsverordnungen	85
3.1.11.3	Mitwirkungspflichten, Gleichstellung von Vorlage- und Auskunftsersuchen, § 97 AO	85
3.1.11.4	Erleichterung der Buchführungs- und Aufbewahrungspflichten	86
	3.1.11.4.1 Aufhebung des § 141 Abs. 1 S. 4 AO	86
	3.1.11.4.2 Verkürzung der Aufbewahrungsfristen, § 147 Abs. 3 S. 1 AO; § 14b UStG	86
	3.1.11.4.3 Änderungen bei der Ablaufhemmung	86
	3.1.11.4.4 Streichung der Rundungsregelung, § 275 AO	87
3.1.12	Änderung des Handelsgesetzbuches und des EGHGB	87
3.1.13	Änderungen des Fünften Vermögensbildungsgesetzes	88
3.1.14	Änderung des EU-Beitreibungsgesetzes	88
3.1.15	Änderung des Grunderwerbsteuergesetzes	88
3.1.15.1	Gleichstellung der Lebenspartnerschaften hinsichtlich des Anwendungszeitraums, § 23 Abs. 9 GrEStG	88
3.1.15.2	Beschränkung von Gestaltungsmodellen (GrESt-Blocker-Modell), § 1 Abs. 3a GrEStG-E	88
	3.1.15.2.1 Hintergrund der Regelung	88
	3.1.15.2.2 Inhalt der Regelung	89
	3.1.15.2.3 Anwendungsregelung	89
3.1.16	Änderung des Luftverkehrsgesetzes	90
3.2	Gesetz zum Abbau der kalten Progression	90
3.3	Gesetz zur steuerlichen Förderung von energetischen Sanierungsmaßnahmen an Wohngebäuden	91
3.4	Gesetzes zur Entbürokratisierung des Gemeinnützigkeitsrechts (Gemeinnützigkeitsentbürokratisierungsgesetz – GemEntBG)	92
3.4.1	Ziele des GemEntBG	92
3.4.2	Überblick über die Maßnahmen des GemEntBG	92
3.4.3	Europarechtliche Aspekte	93
3.4.4	Änderung der Abgabenordnung	93
3.4.4.1	Mildtätige Zwecke (§ 53 AO)	93

3.4.4.2	Verlängerung der Frist für die Verwendung ideeller Mittel	94
3.4.4.3	Gesonderte Feststellung der satzungsmäßigen Voraussetzungen (§ 60a AO – neu)	94
3.4.4.4	Neue Optionen zur Rücklagenbildung und Vermögensverwendung	95
3.4.4.5	Fristsetzung für die Mittelverwendung	97
3.4.4.6	Gesetzliche Frist für Erteilung von Zuwendungsbescheinigungen	97
3.4.4.7	Sportliche Veranstaltungen als Zweckbetrieb	98
3.4.5	Änderung des Einkommensteuergesetzes	98
3.4.5.1	Erhöhung der Übungsleiterpauschale und der Ehrenamtspauschale	98
3.4.5.2	Abziehbarkeit von Spenden in den Vermögensstock einer Stiftung	98
3.4.5.3	Zuwendungshöhe bei der Zuwendung entnommener Wirtschaftsgüter	99
3.4.5.4	Haftung für die zweckfremde Verwendung von Spenden	99
3.4.6	Änderung des Körperschaftsteuergesetzes	99
3.4.7	Änderung des Gewerbesteuergesetzes	99
3.4.8	Änderung des Bürgerlichen Gesetzbuchs	100
3.4.8.1	Unentgeltlichkeit der Vorstandstätigkeit	100
3.4.8.2	Haftung von anderen Vereinsorganen und besonderen Vertretern	100
3.4.8.3	Haftung ehrenamtlich tätiger Vereinsmitglieder	101
3.4.8.4	Voraussetzungen für die Anerkennung von Verbrauchsstiftungen	102
3.4.9	Änderung des GmbHG	103
3.4.10	Inkrafttreten	103
3.4.11	Stellungnahme des Bundesrats	104
3.5	Gesetz zur Änderung des Versicherungsteuergesetzes und des Kraftfahrzeugsteuergesetzes – VerkStÄndG	105
3.6	Gesetz zur Änderung des Energiesteuer- und des Stromsteuergesetzes sowie zur Änderung des Luftverkehrsteuergesetzes	106
3.6.1	Hintergrund	106
3.6.2	Änderungen im EnergieStG und StromStG	107
3.6.2.1	Neuregelung des sog. Spitzenausgleichs	107
3.6.2.2	Rechtsverordnung zum neuen Spitzenausgleich	109
3.6.2.3	Begünstigung der Kraft-Wärme-Kopplung	110
3.6.2.4	Inkrafttreten	110
3.6.3	Änderung des Luftverkehrsteuergesetzes	111
3.6.3.1	Steuerlicher Beauftragter	111
3.6.3.2	Anpassung der Steuersätze	111
4	**Steuerliche Verordnungen und Richtlinien**	**111**
4.1	Verordnung zum Erlass und zur Änderung steuerlicher Verordnungen	111
4.1.1	EStDV	112
4.1.2	Einkommensteuer-Zuständigkeitsverordnung	112
4.1.3	UStDV	112
4.1.4	Mitteilungsverordnung	113
4.1.5	Verordnung über die örtliche Zuständigkeit zum Vollzug des Rennwett- und Lotteriegesetzes (RennwLottGZuStV)	113
4.1.6	Steuerberatergebührenverordnung	113
4.1.7	Verordnung zur Durchführung der Vorschriften über Steuerberater, Steuerbevollmächtigte und Steuerberatungsgesellschaften	114
4.1.8	Familienkassenzuständigkeitsverordnung	114
4.1.9	Deutsch-Belgische Konsultationsvereinbarungsverordnung	114

4.2	Elfte Verordnung zur Änderung der Umsatzsteuer-Durchführungsverordnung	114
4.2.1	Hintergrund der Neuregelung	114
4.2.2	Inhalt der Neuregelung	115
4.2.3	Verfahrensstand, geplantes Inkrafttreten, Anwendungsregelung	119
5	**Überblick über weitere ausgewählte praxisrelevante Gesetze**	**120**
5.1	Gesetz zu dem Abkommen vom 21.9.2011 zwischen der Bundesrepublik Deutschland und der Schweizerischen Eidgenossenschaft über Zusammenarbeit in den Bereichen Steuern und Finanzmarkt in der Fassung vom 5.4.2012 einschließlich eines Gesetzes zur Verteilung des Aufkommens aus dem Abkommen zwischen der Bundesrepublik Deutschland und der Schweizerischen Eidgenossenschaft über Zusammenarbeit in den Bereichen Steuern und Finanzmarkt [Verteilungsgesetz]	120
5.2	Änderung des Börsengesetzes	120
5.3	Kleinstkapitalgesellschaften-Bilanzrechtsänderungsgesetz – MicroBilG	120
5.3.1	Überblick	121
5.3.2	Zielsetzung des Gesetzes	121
5.3.3	EU-Micro-Richtlinie	122
5.3.4	Änderung des Handelsgesetzbuchs (HGB)	123
5.3.4.1	Änderung des § 9 HGB (Einsichtnahme in das Handelsregister und das Unternehmensregister)	123
5.3.4.2	Änderung des § 253 HGB (Zugangs- und Folgebewertung): Einschränkung der Bewertung mit dem beizulegenden Zeitwert	123
5.3.4.3	Änderung des § 264 HGB	123
5.3.4.4	Änderung der Vorschriften für bestimmte Personenhandelsgesellschaften	125
5.3.4.5	Bilanzgliederung bei Kleinstkapitalgesellschaften	125
5.3.4.6	Gewinn- und Verlustrechnung	127
5.3.4.7	Änderungen in § 325a HGB (Zweigniederlassungen von Kapitalgesellschaften mit Sitz im Ausland)	128
5.3.4.8	Änderung des § 326 HGB (Größenabhängige Erleichterungen für kleine Kapitalgesellschaften und Kleinstkapitalgesellschaften)	128
5.3.4.9	Änderung des § 328 HGB (Form und Inhalt der Unterlagen bei Offenlegung, Veröffentlichung und Vervielfältigung)	129
5.3.4.10	Änderung des § 334 HGB (Bußgeldvorschriften)	129
5.3.5	Änderung des Einführungsgesetzes zum Handelsgesetzbuch	129
5.3.6	Änderung des Aktiengesetzes	130
5.3.7	Änderung des Einführungsgesetzes zum Aktiengesetz	131
5.3.8	Änderung sonstigen Bundesrechts	131
5.3.8.1	Änderung KHBV und PBV	131
5.3.8.2	Änderung der RechVersV	131
5.3.9	Inkrafttreten	131
5.4	Gesetz zur Ergänzung des Geldwäschegesetzes	131
5.5	Gesetz zur Einführung einer Partnerschaftsgesellschaft mit beschränkter Berufshaftung und zur Änderung des Berufsrechts der Rechtsanwälte, Patentanwälte, Steuerberater und Wirtschaftsprüfer	132
5.5.1	Hintergrund	132
5.5.2	Einzelne Regelungsinhalte	132
5.5.2.1	Ergänzung der Handelndenhaftung, § 8 Abs. 4 PartGG	132
5.5.2.2	Anmeldung, Namenszusatz und Versicherungspflicht	133
5.5.3	Inkrafttreten	133

6	**Zukünftige Gesetzvorhaben**	**133**
6.1	Gesetzentwurf zur Verbesserung der der steuerlichen Förderung der steuerlichen Altersvorsorge (AltvVerbG)	133
6.1.1	Zielsetzung	133
6.1.2	Steuerliche Maßnahmen im Einzelnen	134
6.1.2.1	Änderungen beim Sonderausgabenabzug	134
6.1.3	Sonstige Fördermaßnahmen	134
6.1.3.1	Altersvorsorgebeiträge	134
6.1.3.2	Eigenheimrente	135
6.1.4	Sonstige Gesetzesänderungen	136
6.2	Gesetz zur Umsetzung des EuGH-Urteils vom 20.10.2011 in der Rechtssache C–284/09 zu Dividendenzahlungen an bestimmte gebietsfremde EU-/EWR-Körperschaften (EuGHDivUmsG)	137
6.2.1	Hintergrund des Gesetzgebungsvorhabens	137
6.2.2	Stand des Gesetzgebungsvorhabens	137
6.2.3	Inhalt der Neuregelung des § 32 Abs. 5 KStG	137
6.2.3.1	Materielle Erstattungsvoraussetzungen, § 32 Abs. 5 S. 1–2 KStG	137
	6.2.3.1.1 Persönlicher Anwendungsbereich	138
	6.2.3.1.2 Sachlicher Anwendungsbereich	138
6.2.3.2	Formelle Erstattungsvoraussetzungen, § 32 Abs. 5 S. 3 bis 6 KStG	139
6.2.4	Zeitliche Anwendung/Inkrafttreten	141
6.2.5	Modell des Bundesrates – Wegfall der Steuerfreistellung bei Streubesitzbeteiligungen	141
6.2.5.1	Inhalt und Regelungsbereiche	141
6.2.5.2	Anwendungszeitraum	142
6.3	Gesetz zur weiteren Vereinfachung des Steuerrechts 2013 (StVereinfG 2013)	142
6.3.1	Hintergrund und Zielsetzung	142
6.3.2	Umsetzungsmaßnahmen	143
6.3.2.1	Steuerfreie Einnahmen	143
	6.3.2.1.1 Einschränkung der Zuschüsse für Kita-Gebühren	143
	6.3.2.1.2 Wegfall der Steuerbefreiung des „Carried Interest", § 3 Nr. 40a EStG	143
	6.3.2.1.3 Senkung der Freigrenze für Sachbezüge, § 8 Abs. 2 S. 9 EStG	144
6.3.2.2	Betriebsausgaben/Werbungskosten	144
	6.3.2.2.1 Kosten des Arbeitszimmers, § 4 Abs. 5 S. 1 Nr. 6b; § 9 Abs. 5 EStG	144
	6.3.2.2.2 Erhöhung des Arbeitnehmer-Pauschbetrags, § 9 S. 1 Nr. 1a EStG	145
6.3.2.3	Änderungen bei Gewinneinkünften	145
	6.3.2.3.1 Neuregelung des Verlustabzugs bei Mitunternehmern mit beschränkter Haftung, § 15a EStG	145
	6.3.2.3.2 Carried Interest, § 18 Abs. 1 Nr. 4 EStG	146
6.3.2.4	Sonderausgaben und außergewöhnliche Belastungen	147
	6.3.2.4.1 Sonderausgabenabzug für Kinderbetreuung, § 10 Abs. 1 Nr. 5 S. 5 EStG	147
	6.3.2.4.2 Ansatz der Pflegekosten, § 33 EStG	148
	6.3.2.4.3 Nachweis der Unterhaltspflichten bei Drittlandsachverhalten, § 33a EStG	148
	6.3.2.4.4 Erhöhung der Pauschbeträge für behinderte Menschen, § 33b EStG	149
	6.3.2.4.5 Einführung eines Sockelbetrags für Handwerkerrechnungen, § 35a EStG	150
6.3.2.5	Vereinfachung bei der Lohnsteuer, § 39a Abs. 1 EStG	150
6.4	Entwurf eines Gesetzes zur Änderung des Grunderwerbsteuergesetzes – Grunderwerbsteuerbefreiung bei Zusammenschlüssen kommunaler Gebietskörperschaften	150
6.4.1	Hintergrund	150

6.4.2	Handlungsbedarf	151
6.4.3	Neuer Befreiungstatbestand	151
6.4.4	Weitere Änderungen	151
6.4.5	Inkrafttreten	152
6.4.6	Notifikation	152
6.5	Gesetzentwurf zur Erhebung einer Vermögensabgabe	152
6.5.1	Hintergrund des Gesetzentwurfes	152
6.5.2	Abgabepflichtiger Personenkreis	152
6.5.3	Abgabepflichtiges Vermögen	153
6.5.4	Festsetzungsstichtag	154
6.5.5	Bewertung des Vermögens	154
6.5.6	Freibeträge	155
6.5.7	Abgabesatz	156
6.5.8	Härtefallregelungen	156
6.5.9	Verfahren	157
6.6	Gesetzentwurf zur Abschaffung des Branntweinmonopols	157
6.7	Anpassung des Investmentsteuergesetzes und anderer Gesetze an das AIFM-Umsetzungsgesetz (AIFM-Steuer-Anpassungsgesetz – AIFM-StAnpG)	158
6.7.1	Hintergrund	158
6.7.2	Fondstypen	159
6.7.3	Unterschiedliche Besteuerung der Fondstypen	159
6.7.4	Überblick über das AIFM-StAnpG	160
6.7.5	Änderung des InvStG durch das AIFM-StAnpG	161
6.7.5.1	Anwendungsbereich des InvStG i. d. F. des AIFM-StAnpG	161
6.7.5.2	AIF als Investmentfonds	161
6.7.5.3	Rechtsfolgen der Verstöße gegen OGAW-RL und § 1 Abs. 1a InvStG-E	162
6.7.5.4	Rechtsformenkatalog	163
6.7.5.5	Verhältnis zum KAGB	163
6.7.5.6	Steuerliche Vertretung im Falle der Abwicklung	163
6.7.5.7	Verhinderung von Bond-Stripping-Gestaltungen bei Investmentsfonds	163
6.7.5.8	Neuregelung des Werbungskostenabzugs auf Ebene des Investmentsfonds	164
6.7.5.9	Gesetzliche Ausschüttungsreihenfolge	165
6.7.5.10	Negative Thesaurierung	166
6.7.5.11	Klarstellung zum Progressionsvorbehalt in § 4 Abs. 1 InvStG-E	166
6.7.5.12	Besteuerungsgrundlagen	167
6.7.5.13	Geschäftsjahr	167
6.7.5.14	Veräußerungs- und Anschaffungsfiktion bei einem Wechsel des Besteuerungssystems	167
6.7.5.15	Steuerbefreiung inländischer Sondervermögen	168
6.7.5.16	Steuerbefreiung von Investmentaktiengesellschaften	168
6.7.5.17	Ausnahmen von der Steuerbefreiung bei intern verwalteten Investmentaktiengesellschaften	168
6.7.5.18	Steuerbefreiung der Investmentkommanditgesellschaften	169
6.7.5.19	Überleitungsrechnung	169
6.7.5.20	Änderung der Vorschriften für Spezial-Investmentfonds	169
6.7.5.21	Einführung einer offenen Investmentkommanditgesellschaft	170
	6.7.5.21.1 Ausgangslage	170
	6.7.5.21.2 Anzuwendende Vorschriften	171
	6.7.5.21.3 Keine inländische Betriebsstätte	171
6.7.5.22	Personen-Investitionsgesellschaften	172

6.7.5.23	Kapital-Investitionsgesellschaften	172
6.7.5.24	Besteuerung der Anteilseigner von Kapital-Investitionsgesellschaften	172
6.7.5.25	Umwandlung einer Investitionsgesellschaft in einen Investmentfonds	173
6.7.5.26	Zeitliche Anwendung (§ 21 Abs. 23 InvStG-E)	173
6.7.6	Änderung des FVG	174
6.7.7	Änderung des Umsatzsteuergesetzes	174
6.7.8	Aufhebung des Wagniskapitalbeteiligungsgesetzes	175
6.7.9	Änderung des Geldwäschegesetzes	175
6.7.10	Inkrafttreten	175

B Überblick über die Verwaltungsvorschriften 2012 177

1 Änderungen bei der Einkommensteuer 177

1.1	Änderungen bei den Gewinn- und Einkunftsermittlungsvorschriften (zu §§ 2 bis 12 EStG)	177
1.1.1	Vordruck Einnahmenüberschussrechnung (EÜR) für 2012 bekanntgemacht	177
1.1.2	Nichtabziehbarkeit der GewSt als Betriebsausgabe seit 2008 strittig	178
1.1.3	Maßgeblichkeit niedriger handelsrechtlicher Bilanzwerte im Rahmen der steuerlichen Rückstellungsberechnung	178
1.1.4	Maßgeblichkeitsgrundsatz – Abweichungen zwischen Handels- und Steuerbilanz	179
1.1.5	Rückstellungen für die Betreuung bereits abgeschlossener Versicherungen	179
1.1.6	E-Bilanz	180
1.1.7	Voraussichtlich dauernde Wertminderung bei festverzinslichen Wertpapieren im Umlaufvermögen	181
1.1.8	Private Nutzung betrieblicher Kraftfahrzeuge	182
1.1.9	Steuerliche Anerkennung von Umzugskosten	183
1.1.10	Steuerliche Berücksichtigung von Kinderbetreuungskosten	184
1.1.11	Vorsorgeaufwendungen – Aufteilung der an ausländische Sozialversicherungsträger geleisteten Globalbeiträge	185
1.1.12	Steuerlicher Spendenabzug – Muster für Zuwendungsbestätigungen	185
1.2	Änderungen bei den Einkunftsarten (zu §§ 13 bis 23 EStG)	186
1.2.1	Besteuerung der Forstwirtschaft	186
1.2.2	Betriebsaufspaltung	186
1.2.3	Versicherungen – Anhebung der Altersgrenze	187
1.2.4	Einzelfragen zur Abgeltungsteuer	187
1.2.5	Steuerliche Behandlung des Umtauschangebots für griechische Staatsanleihen	188
1.3	Sonstige Schreiben und Verfügungen	189
1.3.1	Kindergeld – Familienlastenausgleich	189
1.4	Einkommensteuer-Änderungsrichtlinien	189
1.4.1	ESt-Änderungsrichtlinien 2008	189
1.4.2	ESt-Änderungsrichtlinien 2012	190

2 Körperschaftsteuer 190

2.1	Umwandlung von Darlehen in Genussrechte	190
2.2	Steuerliche Behandlung von Altmaterialsammlungen durch steuerbegünstigte Körperschaften nach § 5 Abs. 1 Nr. 9 KStG	191
2.3	Private Kfz-Nutzung durch den Gesellschafter-Geschäftsführer einer Kapitalgesellschaft	192
2.4	Anwendung des § 8b Abs. 3 KStG auf Auslandsbeteiligungen (*STEKO*)	193

2.5	Verlustnutzung bei Zusammenfassung von Betrieben gewerblicher Art	194
2.6	Grenzüberschreitende Anrechnung von Körperschaftsteuer	194
2.7	§ 8b Abs. 8 KStG; Ausübung des Blockwahlrechts nach § 34 Abs. 7 S. 8 Nr. 2 KStG	195
2.8	Steuerliche Behandlung der Weiterleitung von Ausschüttungen aus dem steuerlichen Einlagekonto durch eine zwischengeschaltete juristische Person des öffentlichen Rechts	195
2.9	Verzicht des Gesellschafter-Geschäftsführers einer Kapitalgesellschaft auf eine Pensionsanwartschaft als verdeckte Einlage	196
3	**Änderungen bei der Lohnsteuer**	**197**
3.1	Familienpflegezeit	197
3.1.1	Arbeitszeitverringerung und Entgeltaufstockung während der Familienpflegezeit	197
3.1.2	Nachpflegephase	198
3.1.3	Zinsloses Darlehen an den Arbeitgeber	198
3.1.4	Beitragszahlungen zur Familienpflegezeitversicherung	198
3.1.5	Erstattungen des Arbeitnehmers	199
3.2	Bestimmung der regelmäßigen Arbeitsstätte bei Arbeitnehmern	200
3.2.1	Grundlagen	200
3.2.2	Maßgeblichkeit der Prognose	200
3.2.3	Bestimmung der regelmäßigen Arbeitsstätte nach der Qualitätsentscheidung	201
3.2.4	Vorübergehende Tätigkeit an einer anderen Arbeitgebereinrichtung	202
3.2.5	Regelmäßige Arbeitsstätte bei einem Dritten	203
3.2.6	Keine Tätigkeit an einer regelmäßigen Arbeitsstätte	204
3.3	Übernahme von Studiengebühren für ein berufsbegleitendes Studium durch den Arbeitgeber	205
3.3.1	Ausbildungsdienstverhältnis	205
3.3.1.1	Arbeitgeber ist Schuldner der Studiengebühren	206
3.3.1.2	Arbeitnehmer ist Schuldner der Studiengebühren	206
3.3.2	Berufliche Fort- und Weiterbildungsleistung	206
3.3.2.1	Schuldner der Studiengebühren	206
3.3.2.2	Rückforderungsmöglichkeit des Arbeitgebers	207
3.3.2.3	Übernahme von Studiengebühren durch den Arbeitgeber im Darlehenswege	207
3.3.3	Prüfschema und Dokumentationspflichten des Arbeitgebers	207
3.4	Zweifelsfragen zur Pauschalierung von Sachzuwendungen nach § 37b EStG	209
3.4.1	Allgemeines	209
3.4.2	Anwendungsbereich des § 37b EStG	209
3.4.3	Zeitpunkt der Wahlrechtsausübung	210
3.4.4	Bemessungsgrundlage	211
3.4.5	Wirkung auf bestehende Regelungen	214
3.5	Start- und Anwendungsschreiben zum erstmaligen Abruf der elektronischen Lohnsteuerabzugsmerkmale	215
3.5.1	Allgemeines	215
3.5.2	Papierverfahren im Einführungszeitraum	216
3.5.3	Bildung und Inhalt der ELStAM	217
3.5.4	Unzutreffende ELStAM	217
3.5.5	Erstmaliger Einsatz des ELStAM-Verfahrens nach dem Starttermin	217
3.5.6	Anwendung der abgerufenen ELStAM	218
3.5.7	Beendigung des Dienstverhältnisses bei Anwendung des ELStAM-Verfahrens	219
3.5.8	Regelungen für Arbeitnehmer	219
3.5.9	Im Inland nicht meldepflichtige Arbeitnehmer	219

3.6	Elektronische Lohnsteuerbescheinigung 2013 – Aufteilung eines einheitlichen Sozialversicherungsbeitrags	220
3.7	Lohnsteuerliche Behandlung der Privatnutzung von (Elektro-)Fahrrädern	222

4 Umwandlungssteuer ... 223

4.1	Anteilseinbringung und Organschaft	223
4.2	Übergang von Verlustabzügen	224
4.3	Örtliche Zuständigkeit bei Verschmelzung, Umwandlung, Anwachsung und Abspaltung	225

5 Änderungen bei der Umsatzsteuer ... 227

5.1	Vorsteuerabzug nach § 15 UStG und Berichtigung des Vorsteuerabzugs nach § 15a UStG	227
5.2	Übertragung von Gesellschaftsanteilen als Geschäftsveräußerung im Ganzen, Anwendung des BFH-Urteils vom 27.1.2011 – V R 38/09	228
5.3	Leistungsort beim Standaufbau im Zusammenhang mit Messen und Ausstellungen, Anwendung des EuGH-Urteils vom 27.10.2011, C–530/09	229
5.4	Beleg- und Buchnachweispflichten für Ausfuhrlieferungen	230
5.5	Beleg- und Buchnachweispflichten für innergemeinschaftliche Lieferungen – Übergangsregelung	232
5.6	Elektronische Rechnungen	232
5.7	Steuerentstehungszeitpunkt bei unrichtigem Steuerausweis	233
5.8	Leistungsbeziehungen bei der Abgabe werthaltiger Abfälle	234
5.9	Umsatzsteuerrechtliche Behandlung von Einzweckguthabenkarten in der Telekommunikation	236
5.10	Umsatzsteuerliche Konsequenzen des Sponsorings beim Zuwendungsempfänger	237

6 Gewerbesteuer ... 238

6.1	Kein Übergang des Gewerbeverlustes einer Kapitalgesellschaft auf eine Personengesellschaft infolge Einbringung	238
6.2	Folgen der Begründung einer atypisch stillen Beteiligung für den gewerbesteuerlichen Verlustabzug	239
6.3	Keine gewerbesteuerliche Hinzurechnung von Lagergebühren für unbewegliche Wirtschaftsgüter	240
6.4	Wegfall des Verlustvortrags bei Teilbetriebsveräußerung	240
6.5	Anwendungsfragen zur gewerbesteuerlichen Hinzurechnung von Finanzierungsanteilen	241

7 Abgabenordnung ... 242

7.1	Vorläufigkeitsvermerk	242
7.1.1	Vorläufige Steuerfestsetzung nach § 165 AO im Hinblick auf anhängige Musterverfahren	242
7.1.2	Vorläufige Festsetzung der Erbschaftsteuer/Schenkungsteuer	245
7.1.3	Vorläufige Einheitswertfeststellungen und vorläufige Festsetzungen des Grundsteuermessbetrags	245
7.1.4	Vorläufige Festsetzung gewerbesteuerlicher Hinzurechnungen	245
7.2	Änderungen des Anwendungserlasses zur AO	246
7.2.1	Änderung durch das BMF-Schreiben vom 17.1.2012	246
7.2.2	Änderung durch das BMF-Schreiben vom 30.1.2012	250
7.2.3	Änderung durch das BMF-Schreiben vom 15.8.2012	250
7.3	Sonstige BMF-Schreiben bzw. OFD-Verfügungen	253
7.3.1	Allgemeinverfügung hinsichtlich §§ 233a, 238 AO	253

7.3.2	Erstattungsanspruch nach § 37 Abs. 2 AO bei der Einkommensteuer	254
7.3.3	Einordnung der Größenklassen gem. § 3 BpO 2000	255
7.3.4	Anwendung von BMF-Schreiben	255
7.3.5	Gesonderte Feststellung der Steuerpflicht von Zinsen aus einer Lebensversicherung	255
7.3.6	Änderung zu den GdPdU	256
7.3.7	Mediation im steuerlichen Einspruchsverfahren	256
7.3.8	Auskunftsverweigerungsrecht von Berufsgeheimnisträgern	257
7.3.9	Örtliche Zuständigkeit für die Besteuerung verstorbener natürlicher Personen	258
8	**Erbschaft- und Schenkungsteuer**	**258**
8.1	Schenkungen unter Beteiligung von Kapitalgesellschaften oder Genossenschaften	258
8.2	Anwendung des § 2 Abs. 3 ErbStG	260
8.3	Behandlung von Erwerbsnebenkosten und Steuerberatungskosten sowie Rechtsberatungskosten im Zusammenhang mit einer Schenkung	260
8.4	Lohnsummenermittlung bei Beteiligungsstrukturen	261
8.5	Basiszinssätze für das vereinfachte Ertragswertverfahren	262
8.6	Berechnung des Ablösebetrages nach § 25 Abs. 1 S. 3 ErbStG a. F.	262
8.7	Wertsteigerungen infolge des Kaufkraftschwundes	262
8.8	Anrechnung ausländischer Steuer auf die deutsche Steuer	263
8.9	Nießbrauch an einem Anteil an einer Personengesellschaft	263
8.10	Steuerbefreiung für Familienheime	264
8.11	Bewertung einer lebenslänglichen Nutzung oder Leistung	264
8.12	Allgemeine Verwaltungsanweisung für die ErbSt (ErbStVA)	264
9	**Grunderwerbsteuer**	**265**
9.1	Ertragsteuerliche Behandlung der Grunderwerbsteuer bei Wechsel im Gesellschafterbestand einer Personengesellschaft und bei Anteilsvereinigung	265
9.2	Grundstücksübertragung unter Einräumung eines Nießbrauchsrechts mit Nachweis eines niedrigeren gemeinen Werts (§ 198 BewG)	266
9.3	Vorläufige Einheitswertfeststellung und Festsetzung des Grundsteuermessbetrags	267
9.4	Anwendung des § 6a GrEStG	267
9.5	Anzahl der Steuerschuldner in Grunderwerbsteuerfällen	269
C	**Überblick über die Rechtsprechung 2012**	**271**
1	**Im Bereich der Einkommensteuer**	**271**
1.1	Entscheidungen zur Gewinn- und Einkunftsermittlung (zu §§ 2 bis 12 EStG)	271
1.1.1	Bilanzierung von Steuernachforderungen wegen doppelten Ausweises von Umsatzsteuer	271
1.1.2	Schuldzinsenabzug bei auf ein Kontokorrentkonto ausgezahltem Investitionsdarlehen	272
1.1.3	Begrenzter Schuldzinsenabzug – Einlage als Gestaltungsmissbrauch	273
1.1.4	Begrenzter Schuldzinsenabzug – Berücksichtigung von Verlusten bei der Berechnung der Überentnahme	274
1.1.5	Zur Nachweispflicht von Bewirtungsaufwendungen	275
1.1.6	Kosten für Schiffsreise mit Geschäftspartnern grundsätzlich nicht abziehbar	276
1.1.7	Abgrenzung zwischen Kinderbetreuungskosten und nicht abziehbaren Unterrichtsaufwendungen	277
1.1.8	Rückstellung für Kosten zukünftiger Betriebsprüfungen	278
1.1.9	Keine Passivierung bei sog. qualifiziertem Rangrücktritt	279

1.1.10	Bilanzierung von Ablösezahlungen im Profi-Fußball	280
1.1.11	Teilwertabschreibung bei voraussichtlich dauernder Wertminderung	280
1.1.12	Übertragung eines Mitunternehmeranteils bei Ausgliederung von Sonderbetriebsvermögen	281
1.1.13	Teilentgeltliche Übertragung eines Wirtschaftsguts in das Gesamthandsvermögen	282
1.1.14	Nachweis der Investitionsabsicht bei neu gegründeten Betrieben	284
1.1.15	Investitionsabzug nach Abschluss der begünstigten Investition	285
1.1.16	Mindestanforderungen für ein ordnungsgemäßes Fahrtenbuch	286
1.1.17	Bauzeitzinsen können auch bei Überschusseinkünften Herstellungskosten sein	287
1.1.18	Mietentschädigung (Einnahmeausfall) keine Werbungskosten	288
1.1.19	Fahrten zwischen Wohnung und Arbeitsstätte – Offensichtlich verkehrsgünstigere Straßenverbindung	288
1.1.20	Fahrtkosten im Rahmen einer vollzeitigen Bildungsmaßnahme und eines Vollzeitstudiums	290
1.1.21	Unfallschaden bei unterbliebener Reparatur nur begrenzt abziehbar	291
1.1.22	Häusliches Arbeitszimmer als Mittelpunkt der gesamten betrieblichen und beruflichen Tätigkeit	292
1.1.23	Praxisgebühr nicht als Sonderausgabe abziehbar	293
1.1.24	Schulgeld für nicht anerkannte Ergänzungsschule vor 2008 nicht als Sonderausgabe abziehbar	294
1.1.25	Kein Sonderausgabenabzug für Schulgeld, das an eine schweizerische Privatschule gezahlt wird	295
1.1.26	Sogenannte Mindestbesteuerung ist nicht verfassungswidrig	295
1.2	Entscheidungen zu den Einkunftsarten (zu §§ 13 bis 23 EStG)	297
1.2.1	Werbeeinkünfte eines Fußball-Nationalspielers	297
1.2.2	Qualifizierung der Einkünfte aus Eigenprostitution	297
1.2.3	Verkauf von Betriebsvermögen des Gesellschafters einer Zebragesellschaft	298
1.2.4	Gewinn aus der Veräußerung des nach Formwechsel entstandenen Mitunternehmeranteils	299
1.2.5	Gewerblicher Grundstückshandel durch Verkäufe von Personengesellschaften oder Gemeinschaften	300
1.2.6	Wesentliche Beteiligung – Maßgeblichkeit des Gesamtkonzepts	301
1.2.7	Wesentliche Beteiligung bei zuvor unentgeltlicher Anteilsübertragung	301
1.2.8	Steuerbegünstigte Veräußerung der Teilpraxis eines Steuerberaters	303
1.2.9	Musterverfahren zu Stückzinsen aus Altanleihen entschieden	304
1.2.10	Steuerpflicht von Erstattungszinsen des Finanzamtes nach wie vor zweifelhaft	305
1.2.11	Nachträgliche Schuldzinsen bei den Einkünften aus Vermietung und Verpachtung	306
1.2.12	Aufwendungen bei gescheiterter Grundstücksveräußerung	308
1.2.13	Prämien wertlos gewordener Optionen als Werbungskosten bei einem Termingeschäft	309
1.2.14	„Big-Brother"-Gewinn einkommensteuerpflichtig	310
1.2.15	Abfindung einer Erfindervergütung als steuerbegünstigte Entschädigung	311
1.3	Sonstige Entscheidungen	312
1.3.1	Kein Kindergeld während einer Übergangszeit von mehr als vier Monaten zwischen Schulzeit und gesetzlichem Wehr- oder Zivildienst	312
1.3.2	Kindergeld für volljähriges geistig behindertes Pflegekind	313
1.3.3	Berufsausbildung bei Au-pair-Aufenthalt im Ausland	314
1.3.4	Aufwendungen für die Sanierung eines Gebäudes als außergewöhnliche Belastung	315
1.3.5	Nachweis der Zwangsläufigkeit von Aufwendungen im Krankheitsfall	315
1.3.6	Verfassungswidrigkeit eines sog. Treaty override	317

2 Körperschaftsteuer ... 319
2.1 Verdeckte Gewinnausschüttung ... 319
2.1.1 Angemessenheit von als Geschäftsführergehalt anzusehender Managementvergütung bei inländischen Betriebsstätten ... 319
2.1.2 Körperschaftsteuerbescheid kein Grundlagenbescheid für Einkommensteuer des Gesellschafters ... 320
2.1.3 Höhe der zulässigen Konzessionsabgabe „Wasser" ... 321
2.1.4 vGA bei konzernfremder Erstversicherung und Rückversicherung durch konzerneigene Versicherungsgesellschaft ... 321
2.1.5 Verfassungsmäßigkeit der Korrekturvorschrift des § 32a KStG ... 322
2.2 Verlustabzugsbeschränkungen ... 323
2.2.1 Verlustabzugsverbot bei unterjährigem schädlichen Beteiligungserwerb ... 323
2.2.2 Ernstliche Zweifel an der Verfassungsmäßigkeit des § 8a Abs. 2 Alt. 3 KStG 2002 n. F. ... 325
2.2.3 Abtretung der Besserungsanwartschaft bei Mantelkauf nicht missbräuchlich ... 326
2.3 Körperschaftsteuer allgemein ... 328
2.3.1 Solidaritätszuschlag und Körperschaftsteuerguthaben ... 328
2.3.2 Finanzunternehmen und Eigenhandelsabsicht ... 329
2.3.3 Abgrenzung Spenden und Zahlungen für satzungsmäßige Zwecke ... 330
2.3.4 Ermittlung des Körperschaftsteuererhöhungsbetrages ... 331
2.3.5 Nichtabziehbarkeit des sog. negativen Aktiengewinns auch bei verdeckter Einlage; Hinzurechnung von Investmenterträgen nach § 8 Nr. 5 GewStG ... 332
2.3.6 Abschaffung der Mehrmütterorganschaft: verfassungskonforme Auslegung der Übergangsregelung ... 334
2.3.7 Abziehbarkeit von Nachzahlungszinsen und Steuerpflicht von Erstattungszinsen bei Kapitalgesellschaften ... 335
2.3.8 Kommunaler Kindergarten als Betrieb gewerblicher Art ... 336

3 Lohnsteuer ... 337
3.1 Dienstwagen ... 337
3.1.1 Keine Anwendung der 1 %-Regelung bei Fahrten zwischen Wohnung und Arbeitsstätte ... 337
3.1.2 Private Mittagsheimfahrten mit dem Dienstwagen unterliegen der 1 %-Regelung ... 339
3.1.3 Mindestanforderung an ein ordnungsgemäßes Fahrtenbuch ... 340
3.2 Reisekosten ... 342
3.2.1 Mehraufwendungen für die Verpflegung für den Fahrer eines Noteinsatzfahrzeugs ... 342
3.2.2 Mehraufwendungen für die Verpflegung eines Rettungsassistenten ... 343
3.2.3 Keine regelmäßige Arbeitsstätte bei Outsourcing ... 344
3.2.4 Keine regelmäßige Arbeitsstätte bei längerfristigem Einsatz im Betrieb des Kunden ... 346
3.3 Pauschale Zuschläge für Sonntags-, Feiertags- und Nachtarbeit ... 348
3.4 Doppelte Haushaltsführung ... 349
3.4.1 Wohngemeinschaft als Zweitwohnung im Rahmen einer doppelten Haushaltsführung ... 349
3.4.2 Wohnen am Beschäftigungsort bei doppelter Haushaltsführung ... 351
3.4.3 Eigener Hausstand bei doppelter Haushaltsführung ... 353
3.5 Kein Werbungskostenabzug für Mietentschädigung ... 355
3.6 Werbungskostenabzug bei Teilnahme an Auslandsgruppenreise ... 356
3.7 Ausgangsgröße für die Bewertung geldwerter Vorteile ... 358
3.7.1 Endpreis im Sinne von § 8 Abs. 3 EStG ... 358
3.7.2 Arbeitnehmerrabatte als Lohnvorteil – Vorteilsbewertung ... 360

4 Umwandlungssteuer ... 362
4.1 Entnahme einbringungsgeborener Anteile ... 362
4.2 Einbringung eines Einzelunternehmens in eine KG nach vorherigem Grundstücksverkauf ... 363
4.3 Umfang der steuerlichen Rechtsnachfolge bei Verschmelzung ... 364
4.4 Übergang eines Verlustvortrags bei Abspaltung (vor SEStEG) ... 365
4.5 Anwendung des § 18 Abs. 4 S. 1 UmwStG 1995 bei zeitgleicher Verschmelzung und Anteilsveräußerung ... 366

5 Umsatzsteuer ... 367
5.1 Bundesfinanzhof ... 367
5.1.1 Abgrenzung Lieferung und Restaurationsleistung (1) ... 367
5.1.2 Abgrenzung Lieferung und Restaurationsleistung (2) ... 369
5.1.3 Sog. „kalte Zwangsvollstreckung" und „kalte Zwangsverwaltung" durch Insolvenzverwalter ... 370
5.1.4 Umsatzsteuerrechtliche Organschaft: Anforderungen an organisatorische Eingliederung ... 371
5.1.5 Vorsteuerabzug bei Vermietung des Miteigentumsanteils eines gemischt-genutzten Grundstücks an den unternehmerisch tätigen Miteigentümer ... 373
5.1.6 Zeitpunkt der Zuordnungsentscheidung bei gemischt genutzten Gegenständen ... 374
5.1.7 Innergemeinschaftliche Lieferung: Steuerfreiheit im Reihengeschäft ... 375
5.1.8 Steuerpflicht vereinnahmter Leistungsentgelte auch bei Unterbleiben der Leistung ... 377
5.1.9 Leistungsort für Anzahlungen bei grundstücksbezogenen Vermittlungsleistungen ... 378
5.1.10 Umsatzsteuer beim Erwerb zahlungsgestörter Forderungen ... 379
5.1.11 Vorsteuerabzug einer Holding ... 381
5.1.12 Auskunftsanspruch zur Vorbereitung einer Konkurrentenklage ... 382
5.1.13 Ort der sonstigen Leistung bei Buchhaltungstätigkeiten ... 383
5.1.14 Zum Begriff der Uneinbringlichkeit i. S. d. § 17 UStG ... 384
5.1.15 Leistungsort bei Schadensregulierung und Rückwirkung der Rechnungsberichtigung ... 385
5.1.16 Steuerfreiheit von Lieferungen an NATO-Truppenangehörige ... 387
5.1.17 Leistungsbeziehungen bei Weiterleitung eines Internetnutzers auf eine andere Website ... 388
5.2 Europäischer Gerichtshof ... 389
5.2.1 Vermittlung selbständiger Personen als „Personalgestellung" – Widerstreitende Steuerfestsetzung bei Leistendem und Leistungsempfänger ... 389
5.2.2 Vorsteuerabzug für nur teilweise für unternehmerische Zwecke genutzte Leistungen ... 391
5.2.3 Erwerb eines Grundstücks vor Eintragung der den Abzug geltend machenden Gesellschaft ... 394
5.2.4 Vorsteuerabzug der Einfuhrumsatzsteuer setzt nicht deren vorherige Entrichtung voraus ... 396
5.2.5 Mindestbemessungsgrundlage bei Verkäufen zwischen verbundenen Personen ... 397
5.2.6 Steuerbefreiung für Portfoliomanagement ... 399
5.2.7 Der Verkauf von Telefonkarten an mehrere Vertriebshändler als umsatzsteuerbare Dienstleistung ... 401
5.2.8 Vorsteuerabzug bei dauerhafter Umgestaltung für vorübergehende private Zwecke eines dem Unternehmen zugeordneten Investitionsgutes ... 403
5.2.9 Steuerbefreiung für die Lieferung von Luftfahrzeugen ... 405
5.2.10 Versagung der Steuerfreiheit für innergemeinschaftliche Lieferungen im Fall von Steuerhinterziehung ... 407
5.2.11 Pro-rata-Satz des Vorsteuerabzugs bei Vermietung eines Gebäudes zu Geschäfts- und Wohnzwecken ... 410

6	**Gewerbesteuer**	**411**
6.1	Unionsrechtmäßigkeit der gewerbesteuerlichen Hinzurechnung von Zinsen aus Darlehen einer niederländischen Muttergesellschaft	411
6.2	Kosten der Rekultivierung sind nicht Bestandteil gewerbesteuerlich hinzuzurechnender Pachtzinsen	413
6.3	Beginn der sachlichen Gewerbesteuerpflicht bei Mitunternehmerschaften	414
7	**Abgabenordnung**	**415**
7.1	Zuteilung der Identifikationsnummer verfassungsgemäß	415
7.2	Willkür- und Schikaneverbot bei Erlass einer Prüfungsanordnung	417
7.3	Kein Anspruch auf bestimmten Inhalt einer verbindlichen Auskunft	419
7.4	Keine Aussetzungszinsen für fehlerhaft ausgesetzte Beträge bei vollem Erfolg des Rechtsbehelfs	420
7.5	Keine Korrektur der Anrechnungsverfügung nach Zahlungsverjährung	421
7.6	Ablaufhemmung bei Antrag auf unbefristetes Hinausschieben des Beginns der Außenprüfung	422
7.7	Haftung des Eigentümers für grundstücksgleiche Rechte	423
7.8	Anlaufhemmung bei Abgabe einer die Pflichtveranlagung begründenden Steuererklärung nach dem Ablauf der Festsetzungsfrist	424
7.9	Nachträgliches Bekanntwerden im Sinne des § 173 Abs. 1 S. 1 Nr. 1 AO	425
7.10	Finanzgerichtliches Verböserungsverbot und Änderung nach § 174 Abs. 4 AO	426
7.11	Säumniszuschläge trotz rechtzeitiger tatsächlicher Zahlung	427
7.12	Billigkeitsanträge im Rahmen von Steuererklärungen	428
7.13	Berücksichtigung ausländischer Bescheide im Rahmen des § 174 Abs. 1 AO	429
8	**Erbschaft- und Schenkungsteuer**	**430**
8.1	Vorlage des ErbStG an das BVerfG zur Prüfung der Verfassungsmäßigkeit	430
8.2	Zahlungen eines Ehegatten auf ein Oder-Konto der Eheleute	433
8.3	Schenkungsteuerliche Behandlung von Ausschüttungen eines US-amerikanischen Trusts	435
8.4	Berechnung des 10-Jahreszeitraums des § 14 Abs. 1 S. 1 ErbStG	436
8.5	Konkurrenz von Einkommen- und Schenkungsteuer	437
8.6	Festsetzung von Schenkungsteuer gegenüber dem Schenker nach Entrichtung der Steuer durch den Bedachten nicht mehr zulässig	438
8.7	Kettenschenkung	439
8.8	Steuerschulden als Nachlassverbindlichkeiten	440
8.9	Erbschaftsteuer auf Beteiligung mit sicherem Einfluss auf drittländische Kapitalgesellschaft	442
8.10	Weitergeltung des ErbStG a. F.	443
8.11	Anzeigepflicht nach dem ErbStG	444
8.12	Mittelbare Schenkung des Verkaufserlöses von Gesellschaftsanteilen	444
8.13	Erbschaftsteuer bei Erwerb aufgrund Anwachsungsklausel nach französischem Ehegüterrecht	446
9	**Grunderwerbsteuer**	**447**
9.1	Änderungen im Gesellschafterbestand einer grundbesitzenden Personengesellschaft	447
9.2	Einheitlicher Erwerbsgegenstand bei 19 Monate nach dem Grundstückskaufvertrag abgeschlossenem Generalübernehmervertrag	449
9.3	Anwendung des § 16 Abs. 2 GrEStG bei Erwerbsvorgängen i. S. d. § 1 Abs. 2a GrEStG	450

9.4	Grunderwerbsteuerbefreiung bei Anteilsvereinigung aufgrund gemischter Schenkung von Anteilen an einer grundbesitzenden Kapitalgesellschaft	452
9.5	Vorläufiger Rechtsschutz beim Grundstückserwerb durch Lebenspartner des Veräußerers	454

D Neuentwicklungen im internationalen Steuerrecht 455

1	**Steuerliche Herausforderungen beim Schritt über die Grenze**	**455**
2	**Steuersätze international**	**457**
2.1	Tarif- und Effektivbelastung von Kapitalgesellschaften	457
2.2	Einkommensteuersätze für natürliche Personen	461
2.3	Umsatzsteuersätze in den EU-Mitgliedstaaten	462
3	**Steuerbemessungsgrundlagen im Vergleich**	**464**
3.1	Rahmenbedingungen für Holdinggesellschaften	464
3.2	Verlustabzugsbeschränkungen im EU-Vergleich	468
3.3	Fördermaßnahmen für Forschung und Entwicklung	471
4	**Neues bei den Doppelbesteuerungsabkommen Deutschlands**	**473**
4.1	DBA-Übersicht zum 1.1.2013	473
4.2	Informationsaustausch	475
4.2.1	Informationsaustausch mit der Schweiz	475
4.2.2	Informationsaustausch mit den USA	476
4.3	Neue DBA-Verhandlungen	476
4.3.1	Inkrafttreten	476
4.3.2	Luxemburg	477
4.3.3	Niederlande	478
4.3.4	Oman	479
4.3.5	Taiwan	479
4.4	Konsultations- und Verständigungsvereinbarungen	480
4.4.1	Großbritannien – Arbeitnehmerabfindungen	480
4.4.2	Irland – unter das Abkommen fallende Steuern	480
4.4.4	Österreich – Hinterbliebenenrenten aus dem öffentlichen Dienst	481
4.4.5	Schweiz – fliegendes Personal	481
4.4.6	Schweiz – Informationsersuchen	481
4.4.7	USA – Dividenden an Arbeitgeberpensionsfonds	482
4.5	BMF-Schreiben zu einzelnen DBA	482
4.5.1	Dänemark – Seefahrer	482
4.5.2	USA – Arbeitnehmerabfindungen für Erfindungen	482
5	**Verwaltungserlasse und höchstrichterliche Rechtsprechung mit internationalem Bezug**	**483**
5.1	Verwaltungserlasse	483
5.1.1	Ertragsteuern	483
5.1.1.1	Keine ausländische Organträgerin	483
5.1.1.2	Entlastungsberechtigung ausländischen Gesellschaften	483
5.1.1.3	Bewertung griechischer Anleihen	484

5.1.2	Umsatzsteuer	484
5.1.2.1	Beleg- und Buchnachweispflicht bei innergemeinschaftlichen Lieferungen	484
5.2	Urteile des Bundesfinanzhofs	485
5.2.1	Ertragsteuern	485
5.2.1.1	KapErtrSt auf Dividenden an EU/EWR-Gesellschaften verstößt gegen Gemeinschaftsrecht	485
5.2.1.2	Freistellung nach § 50d Abs. 8 S. 1 wird nicht durch Abs. 9 S. 1 Nr. 2 aufgehoben	485
5.2.1.3	Vorlagebeschluss zum BVerfG – sog. „Treaty override" nach § 50d Abs. 8 völkerrechts- und damit verfassungswidrig?	486
5.2.1.4	Veräußerungsgewinn schließt Kursgewinn mit ein	487
5.2.1.5	Feuerversicherungsschutz durch konzerneigene Versicherungsgesellschaft über Drittversicherer in der Regel nicht rechtsmissbräuchlich	487
5.2.1.6	Steuerabzug vom Nettobetrag bei Lizenzzahlung an EU/EWR-Gläubiger	488
5.2.1.7	Ausländische Verzinsung auf Eigenkapital gilt als Dividende in Deutschland	488
5.2.1.8	Sponsorengeld für ausländischen Rennstall im Inland nach Maßgabe der inländischen Auftritte steuerpflichtig	489
5.2.1.9	Kein Abzug von Sozialversicherungsbeiträgen in der Schweiz	489
5.2.2	Mineralölsteuer	490
5.2.2.1	Keine Befreiung für Flugbenzin bei betrieblichen Flügen	490
5.2.3	Erbschaftsteuer	491
5.2.3.1	Erbschaftsteuer auf Inlandsvermögensübergang auch bei Freistellung nach dem Recht des Wohnsitzstaates	491
5.2.4	Umsatzsteuer	491
5.2.4.1	Vorlagefrage an den EuGH zum Preisnachlass im Reisebüro	491
6	**Steuerharmonisierung international**	**492**
6.1	Europäischer Gerichtshof	492
6.1.1	Ertragsteuern	492
6.1.1.1	Wegzugsteuer bei Unternehmen verletzt Niederlassungsfreiheit	492
6.1.1.2	Niederlassungsfreiheit oder Kapitalverkehrsfreiheit?	492
6.1.1.3	Kein Betriebsausgabenabzug für ausländische Pensionsfonds rechtens	493
6.1.2	Umsatzsteuer	494
6.1.2.1	Keine Verpflichtung für inländische Finanzämter, einen einheitlichen Standpunkt zu vertreten	494
6.1.2.2	Portfolioverwaltung einer Bank für Privatkunden allgemein USt-pflichtig	495
6.1.2.3	Kein Ausschluss vom Vergütungsverfahren durch örtliche Betriebsstätte ohne eigene Umsätze	495
6.1.2.4	Auf USt-IdNr. des Abnehmers kann verzichtet werden	496
6.1.2.5	Vorsteueraufteilung nicht nur im Ausgangsumsatzverhältnis	496
6.1.2.6	USt-freie Leistungen in der Krankenpflege	496
6.1.2.7	Festvertäutes Hausboot als Immobilie	497
6.1.3	Erbschaftsteuer	498
6.1.3.1	Begünstigtes Vermögen nach § 13b Abs. 1 Nr. 3 ErbStG unterliegt der Niederlassungsfreiheit	498

E Gesetz zur Änderung und Vereinfachung der Unternehmensbesteuerung und des steuerlichen Reisekostenrechts ... 499

1 Verfahrensstand 499

2 Ziel des Gesetzes 499

3 Inhalt des Gesetzes 499
3.1 Änderungen im Reisekostenrecht 499
3.2 Erhöhte Höchstbeträge für den Verlustrücktrag 502
3.3 Änderungen bei der ertragsteuerlichen Organschaft 502

4 Inkrafttreten 507

F Rechtsprechungsreport: Bestellung, Anstellung, Haftung von Geschäftsleitern, Aufsichtsräten und Gesellschaftern 509

1 Amt von Geschäftsleitern und Aufsichtsräten 509
1.1 Bestellung 509
1.2 Abberufung 511
1.3 Amtsniederlegung 512
1.4 Befugnisse 513

2 Anstellung und Beauftragung von Geschäftsleitern und Aufsichtsräten 513
2.1 Vertragsschluss 513
2.2 Kündigung 514
2.3 Rechtsweg 515

3 Haftung 518
3.1 Geschäftsleiter 518
3.2 Aufsichtsratsmitglieder 522
3.3 Gesellschafter 524

G Verrechnungspreise 527

1 Jahressteuergesetz 2013: § 1 AStG 527
1.1 Authorized OECD Approach 527
1.2 Die Änderungen des § 1 AStG im Einzelnen 528
1.2.1 Ausweitung auf Personengesellschaften (§ 1 Abs. 1 S. 2 AStG, § 1 Abs. 5 S. 7 AStG) 528
1.2.2 Streichung der Konkretisierung zur Schätzungsbefugnis (§ 1 Abs. 4 AStG a. F.) 529
1.2.3 Ausweitung der Definition von Geschäftsbeziehungen (§ 1 Abs. 4 AStG n. F.) 529
1.2.4 Anwendung des Fremdvergleichsgrundsatzes bei Betriebsstätten (§ 1 Abs. 5 AStG) 531
1.3 Einzelaspekte zu Betriebsstättenfällen 531
1.3.1 Warenlieferungen 531
1.3.2 Dienstleistungen 532
1.3.3 Nutzungsüberlassungen 532
1.3.4 Finanztransaktionen 532
1.3.5 Entstrickung 532
1.3.6 Funktionsverlagerung 533

1.3.7	Einseitigkeit der Vorschrift und Verhältnis zu DBA-Recht	533
1.4	Ermächtigung zur Rechtsverordnung (§ 1 Abs. 6 AStG)	534
2	**OECD-Projekt zu Verrechnungspreisen für immaterielle Wirtschaftsgüter**	**535**
2.1	Wesentlicher Inhalt des Entwurfs vom 6.6.2012	535
2.1.1	Identifizierung und Definition von immateriellen Werten	535
2.1.2	Eigentum an immateriellen Werten und die Bestimmung der Parteien, denen mit immateriellen Werten verbundenen Gewinne zustehen	536
2.1.3	Transaktionen über die Nutzung oder Übertragung von immateriellen Werten	536
2.1.4	Festsetzung von fremdüblichen Bedingungen im Hinblick auf immaterielle Werte	536
2.2	Weiteres Vorgehen	537
3	**Sonstige nationale aktuelle Verrechnungspreisthemen**	**537**
3.1	Erlass einer weiteren Rechtsverordnung zu Verrechnungspreisen?	537
3.2	Anpassungen in einer Betriebsprüfung aufgrund fehlender schriftlicher Verträge: Anmerkungen zum Urteil des FG Hamburg v. 31.10.2011	538
3.2.1	Sachverhalt	538
3.2.2	Nationale Rechtsprechung: Eine vGA kann auf formale Kriterien gestützt werden	538
3.2.3	Ein Doppelbesteuerungsabkommen kann eine Sperrwirkung gegenüber rein formalen Korrekturen begründen	539
3.2.4	Folgerungen für die Praxis	539
3.3	Geschäftsbeziehungen und gesellschaftsvertragliche Vereinbarungen: Abgrenzung und Dokumentationspflicht	540
3.4	Nutzung gewerblicher Schutzrechte durch Vertriebsgesellschaften	542
3.4.1	Wann „erschöpfen" sich herstellungs- sowie vertriebsbezogene gewerbliche Schutzrechte?	542
3.4.2	Welche Nutzungsrechte benötigt die Vetriebseinheit?	542
3.4.3	Fazit	543
3.5	Arbeitnehmerentsendungen ins Ausland: Verrechnungspreise und Sozialversicherung	543
3.5.1	Verrechnungspreisgrundsätze	543
3.5.2	Sozialversicherungsrechtliche Grundsätze	544
3.5.3	Entsendungen ohne Sozialversicherungsabkommen	544
3.5.4	Entsendungen mit Sozialversicherungsabkommen oder ins EU-Ausland	545
3.5.5	Fazit	546
4	**Aktuelle Verrechnungspreisthemen aus dem Ausland**	**546**
4.1	USA	546
4.1.1	Prüfung der Anwendbarkeit der Economic Substance Doctrine im Rahmen der Betriebsprüfungen	546
4.1.2	Änderungen hinsichtlich der US Cost Sharing Regulations	547
4.2	Australien	548
4.2.1	Neue Einkommenskorrekturvorschriften	548
4.2.2	Weitere geplante Änderungen der Verrechnungspreisregularien	548
4.3	Russland: Einführung einer APA-Richtlinie	549
4.4	China	550
4.4.1	Veröffentlichung des zweiten APA-Berichtes	550
4.4.2	Verrechnungspreispositionen	551
4.5	Hong-Kong: Einführung eines APA-Programms	552
4.6	Indien	552
4.6.1	Best Practice	553

4.6.2	Ausblick – APAs, Strafzahlungen und mehr	553
4.6.3	Einführung der „other method" in Indien – Ein Trend für den hypothetischen Fremdvergleich?	554
4.7	Indonesien	555
4.8	Brasilien	556

H Mediation, der kürzeste Weg zur Lösung? 557

1 Mediation endlich gesetzlich geregelt 557

2 Was versteht man unter Mediation und wie funktioniert sie? 557
2.1 Merkmale der Mediation 558
2.2 Die Rolle des Mediators 559
2.3 Ziele der Mediation 559

3 Verschiedene Konfliktverläufe 559
3.1 „Klassischer" Konfliktverlauf 559
3.2 Konfliktverlauf bei Einschaltung eines Mediators 560
3.3 Wesentliche Schritte des Mediationsverfahrens sind: 561

4 Lohnt sich eine Mediation? 561

5 Wann ist eine Mediation sinnvoll? 562
5.1 Konfliktfelder 562
5.2 Beispiele 562

6 Mediative Moderation 563

7 Gerichtliche Mediation 564
7.1 Erste Erfahrungen mit der gerichtlichen Mediation 565
7.2 Umsetzung der Mediationsrichtlinie in den Mitgliedstaaten 565

8 Ausblick/Fazit 566

Stichwortverzeichnis 569

PwC-Standorte (Steuerberatung) 573

Abkürzungsverzeichnis

€	Euro (Währung)
a. a. O.	am angeführten/angegebenen Ort
a. F.	alte Fassung
ABl.	Amtsblatt
Abs.	Absatz, Absätze
Abschn.	Abschnitt(e)
AdV	Aussetzung der Vollziehung
AEAO	Anwendungserlass zur Abgabenordnung
AEUV	Vertrag über die Arbeitsweise der Europäischen Union
AfA	Absetzung für Abnutzung
AfaA	Absetzungen für außergewöhnliche Abnutzung
AfS	Absetzungen für Substanzverringerung
AG	Aktiengesellschaft
AG	Arbeitgeber
AIF	Alternative Investment Fund
AIFM	Alternative Investment Fund Manager
AIFM-StAnpG	AIFM-Steueranpassungsgesetz
AIFM-UmsG	AIFM-Umsetzungsgesetz
AktG	Aktiengesetz
Alg	Arbeitslosengeld
Alt.	Alternative
AltvVerbG	Gesetz zur Verbesserung der steuerlichen Förderung der privaten Altersvorsorge (Altersvorsorge-Verbesserungsgesetz) (Entwurf)
AltZertG	Altersvorsorge-Zertifizierungsgesetz
AO	Abgabenordnung
AOA	Authorized OECD Approach
Art.	Artikel
ARUG	Gesetz zur Umsetzung der Aktionärsrechterichtlinie
AStG	Außensteuergesetz
ATLAS	Automatisiertes Tarif- und Lokales Zoll-Abwicklungs-System
Az.	Aktenzeichen
BaFin	Bundesanstalt für Finanzdienstleistungsaufsicht
BAnz	Bundesanzeiger
BauGB	Baugesetzbuch
BB	Betriebsberater (Fachzeitschrift)
BBEV	BeraterBrief Erben und Vermögen (Fachzeitschrift)
BBK	Buchführung, Bilanzierung, Kostenrechnung (Fachzeitschrift)
BC	Zeitschrift für Bilanzierung, Rechnungswesen und Controlling (Fachzeitschrift)
BDA	Bundesvereinigung der Deutschen Arbeitgeberverbände
BDI	Bundesverband der Deutschen Industrie e. V.
BDSG	Bundesdatenschutzgesetz
BdSt	Bund der Steuerzahler
BeckRS	Beck-Rechtsprechung
BeckVerw	Beck-Verwaltungsanweisungen
BEEG	Bundeselterngeld- und Elternzeitgesetz

BeitrRLUmsG	Gesetz zur Umsetzung der Beitreibungsrichtlinie sowie zur Änderung steuerlicher Vorschriften (Beitreibungsrichtlinie-Umsetzungsgesetz)
BewG	Bewertungsgesetz
BFH	Bundesfinanzhof
BFH/NV	Sammlung der Entscheidungen des BFH, Haufe-Lexware, Freiburg
BFHE	Sammlung der Entscheidungen des BFH, herausgegeben von Mitgliedern des BFH
BFM	Bundesministerium der Finanzen
BgA	Betrieb gewerblicher Art
BGB	Bürgerliches Gesetzbuch
BGBl	Bundesgesetzblatt
BGHZ	Entscheidungen des Bundesgerichtshofs in Zivilsachen
BilMoG	Bilanzrechtsmodernisierungsgesetz
BKGG	Bundeskindergeldgesetz
BMF	Bundesministerium der Finanzen
BMG	Bemessungsgrundlage
BMI	Bundesministerium des Innern
BMWi	Bundesministerium für Wirtschaft und Technologie
BMU	Bundesministerium für Umwelt, Naturschutz und Reaktorsicherheit
BpO	Allgemeine Verwaltungsvorschrift für die Betriebsprüfung – Betriebsprüfungsordnung
BR-Drs.	Bundesrats-Drucksache
BSG	Bundessozialgericht
BStBl	Bundessteuerblatt
BT-Drs.	Bundestags-Drucksache
Buchst.	Buchstabe
BVerfG	Bundesverfassungsgericht
BVG	Gesetz über die Verordnung der Opfer des Krieges (Bundesversorgungsgesetz)
BvR	Aktenzeichen einer Verfassungsbeschwerde zum Bundesverfassungsgericht
BZSt	Bundeszentralamt für Steuern
bzw.	beziehungsweise
ca.	circa
CDU	Christlich Demokratischen Union
CH	Schweiz
CHF	Schweizer Franken (Währung)
CMR	Convention relative au contrat de transport international de marchandises par route (Internationale Vereinbarung über Beförderungsverträge auf Straßen)
CSU	Christlich Soziale Union
D&O-Versicherung	Directors-and-Officers-Versicherung, auch Organ- oder Manager-Haftpflichtversicherung
DB	Der Betrieb (Fachzeitschrift)
DBA	Doppelbesteuerungsabkommen
De-Mail-G	De-Mail-Gesetz
DepotG	Gesetz über die Verwahrung und Anschaffung von Wertpapieren (Depotgesetz)
ders.	derselbe
DIN	Deutsches Institut für Normung
DKK	Dänische Krone (Währung)
DM	Deutsche Mark (Währung)

Doppelbuchst.	Doppelbuchstabe
DStR	Deutsches Steuerrecht (Fachzeitschrift)
DStRE	Deutsches Steuerrecht Entscheidungsdienst
DStZ	Deutsche Steuer-Zeitung (Fachzeitschrift)
DV	Durchführungsverordnung
e. V.	eingetragener Verein
EBIT	Earnings Before Interest and Taxes
EBITDA	Gewinn + Schuldzinsen + planmäßige Abschreibungen – Zinserträge
EDIFACT	United Nations Electronic Data Interchange For Administration, Commerce and Transport (branchenübergreifender internationaler Standard für das Format elektronischer Daten im Geschäftsverkehr)
EDV	Elektronische Datenverarbeitung
EFG	Entscheidungen der Finanzgerichte (juristische Fachzeitschrift)
EG	Europäische Gemeinschaft
EGAktG	Einführungsgesetz zum Aktiengesetz
EGHGB	Einführungsgesetz zum Handelsgesetzbuch
EhrBetätV	Verordnung über die ehrenamtliche Betätigung von Arbeitslosen
eID	elektronischer Identitätsnachweis des Personalausweises
EigZulG	Eigenheimzulagengesetz
EK	Eigenkapital
ELSTER	Elektronische Steuererklärung
ELStAM	Elektronische Lohnsteuerabzugsmerkmale
EMCS	Excise Movement and Control System
EMS	Energiemanagementsystem
EN	Europäische Normen
endg.	endgültig
EnergieSt	Energiesteuer
EnergieStG	Energiesteuergesetz
EnergieStG-E	Energiesteuergesetz (Entwurf)
EnergieStV	Verordnung zur Durchführung des EnergieStG (EnergieSt-Durchführungsverordnung)
ErbbauRG	Gesetz über das Erbbaurecht (Erbbaurechtsgesetz)
ErbBstg	Erbfolgebesteuerung (Fachzeitschrift)
ErbSt	Erbschaftsteuer
ErbStB	Erbschaft-Steuer-Berater (Fachzeitschrift)
ErbStG	Erbschaftsteuergesetz
ErbStR	Erbschaftsteuer-Richtlinien
ErbStRG	Gesetz zur Reform des Erbschaftsteuer- und Schenkungsteuerrechts
ESt	Einkommensteuer
EStÄR	Einkommensteuer-Änderungsrichtlinien
EStDV	Einkommensteuer-Durchführungsverordnung
EStG	Einkommensteuergesetz
EStK	Einkommensteuer-Kartei
EStR	Einkommensteuer-Richtlinien
EStZuStV	Einkommensteuer-Zuständigkeitsverordnung
EU	Europäische Union
EUAHiG	EU-Amtshilfegesetz
EuGH	Europäischer Gerichtshof
EÜR	Einnahmenüberschussrechnung

EuZW	Europäische Zeitschrift für Wirtschaftsrecht
EWG	Europäische Wirtschaftsgemeinschaft
EWGRL	Europäische Wirtschaftsgemeinschaft, Richtlinien
EWR	Europäischer Wirtschaftsraum
f.	folgende
FA	Finanzamt
FATF	Financial Action Task Force on Money Laundering = Arbeitsgruppe zur Bekämpfung von Geldwäsche u. Terrorismusfinanzierungen
FeuerschStG	Feuerschutzsteuergesetz
ff.	fortfolgende
FG	Finanzgericht
FGO	Finanzgerichtsordnung
FinDAG	Finanzdienstleistungsaufsichtsgesetz
FinMin	Finanz-Ministerium
FMStG	Finanzmarktstabilisierungsgesetz
FR	Finanz-Rundschau
FTD	Financial Times Deutschland
FuE	Forschung und Entwicklung
FVerlV	Funktionsverlagerungsverordnung
FVG	Finanzverwaltungsgesetz
g	Gramm
GAufzV	Verordnung zu Art, Inhalt und Umfang von Aufzeichnungen im Sinne des § 90 Abs. 3 der Abgabenordnung
GdB	Grad der Behinderung
GdE	Gesamtbetrag der Einkünfte
gem.	gemäß
GemEntBG	Gesetz zur Entbürokratisierung des Gemeinnützigkeitsrechts (Gemeinnützigkeitsentbürokratisierungsgesetz)
GenG	Gesetz betreffend die Erwerbs- und Wirtschaftsgenossenschaften (Genossenschaftsgesetz)
GewSt	Gewerbesteuer
GewStG	Gewerbesteuergesetz
GG	Grundgesetz
ggf.	gegebenenfalls
GJ	Gigajoule
GlüÄndStV	Glücksspieländerungsstaatsvertrag
GmbH	Gesellschaft mit beschränkter Haftung
GmbHG	Gesetz betreffend die Gesellschaften mit beschränkter Haftung
GmbHR	GmbH-Rundschau (Fachzeitschrift)
GmbH-StB	Der GmbH-Steuerberater (Fachzeitschrift)
grds.	grundsätzlich
GrESt	Grunderwerbsteuer
GrEStG(-E)	Grunderwerbsteuergesetz (-Entwurf)
GVOBl	Gesetz- und Verordnungsblatt
GwG	Gesetz über das Aufspüren von Gewinnen aus schweren Straftaten (Geldwäschegesetz)
GwGErG	Gesetz zur Ergänzung des Geldwäschegesetzes
Halbs.	Halbsatz
HambGVBl	Hamburgisches Gesetz- und Verordnungsblatt

HFR	Humboldt Forum Recht (juristische Internetzeitschrift an der Humboldt-Universität zu Berlin)
HGB	Handelsgesetzbuch
HI	Haufe Index
h. M.	herrschende Meinung
Hrsg.	Herausgeber
i. d. F.	in der Fassung
i. . R.	in der Regel
i. H. v.	in Höhe von
i. S. d.	im Sinne der/des
i. S. v.	im Sinne von
i. V. m.	in Verbindung mit
IDW	Institut der Wirtschaftsprüfer in Deutschland e. V.
IFRS	International Financial Reporting Standards
ILA	Internet-Luftverkehrssteueranmeldung
ImmoWertV	Immobilienwertermittlungsverordnung
InsO	Insolvenzordnung
InvG	Investmentgesetz
InvStG	Investmentsteuergesetz
InvStG-E	Investmentsteuergesetz i. d. F. des Referentenentwurfs des AIFM-StAnpG
IRAP	Lokale Wertschöpfungsteuer in Italien
ISIN	International Securities Identification Number
ISO	International Organization for Standardization (Internationale Organisation für Normung)
IStR	Internationales Steuerrecht (Fachzeitschrift)
IT	Informationstechnik
ITF	Investitions- und Tilgungsfonds
IWB	Internationale Wirtschaftsbriefe (Zeitschrift für internationales Steuer- und Wirtschaftsrecht)
jPöR	juristische Person des öffentlichen Rechts
JStG	Jahressteuergesetz
JVKostO	Gesetz über Kosten im Bereich der Justizverwaltung (Justizverwaltungskostenordnung)
KAG	Kapitalanlagegesellschaft
KAGB	Kapitalanlagegesetzbuch
KAGB-E	Kapitalanlagegesetzbuch i. d. F. des Gesetzentwurfs der Bundesregierung
KAGG	Gesetz über Kapitalanlagegesellschaften
KapErtrSt	Kapitalertragsteuer
KdöR	Körperschaft des öffentlichen Rechts
KfiHG	Gesetz zur Einführung von Kammern für internationale Handelssachen
KfW	Kreditanstalt für Wiederaufbau
KG	Kommanditgesellschaft
KGaA	Kommanditgesellschaft auf Aktien
KHBV	Verordnung über die Rechnungs- und Buchführungspflichten von Krankenhäusern (Krankenhaus-Buchführungsverordnung)
KiSt	Kirchensteuer
km	Kilometer
KMU	Kleinere und mittlere Unternehmen
KraftStG	Kraftfahrzeugsteuergesetz
KSR	Kommentiertes Steuerrecht (Fachzeitschrift)

KSt	Körperschaftsteuer
KStG	Körperschaftsteuergesetz
KStG-E	Körperschaftsteuergesetz Entwurf
KStR	Körperschaftsteuer-Richtlinien
KWG	Gesetz über das Kreditwesen (Kreditwesengesetz)
kWh	Kilowattstunde
KWK	Kraft-Wärme-Kopplung
LLP	Limited Liability Partnership
LStH	Lohnsteuer-Hinweise
LStR	Lohnsteuer-Richtlinien
LuftVG	Luftverkehrsgesetz
LuftVSt	Luftverkehrsteuer
LuftVStDV	Luftverkehrsteuer-Durchführungsverordnung
LuftVStG	Luftverkehrsteuergesetz
m. w. N.	mit weiteren Nachweisen
m. E.	meines Erachtens
max.	maximal
MicroBilG	Gesetz zur Erleichterung für Kleinstkapitalgesellschaften
Mio.	Million, Millionen
MNU	Multinationale Unternehmen
MoMiG	Gesetz zur Modernisierung des GmbH-Rechts und zur Bekämpfung von Missbräuchen
Mrd.	Milliarde, Milliarden
MwSt	Mehrwertsteuer
MwStSystRL	Mehrwertsteuer-Systemrichtlinie
n. F.	neue Fassung
NGo	Niedersächsische Gemeindeordnung
NHK	Normalherstellungskosten
NJZ	Neue Juristische Wochenschrift (Fachzeitschrift)
Nr(n).	Nummer(n)
n. v.	nicht (amtlich) veröffentlicht
nwb	Neue Wirtschaftsbriefe (Fachzeitschrift)
nwb-EV	nwb Erben und Vermögen (Fachzeitschrift)
NZA	Neue Zeitschrift für Arbeitsrecht (Fachzeitschrift)
NZG	Neue Zeitschrift für Gesellschaftsrecht (Fachzeitschrift)
o. g.	oben genannt
OECD	Organisation for Economic Cooperation and Development (Organisation für wirtschaftliche Zusammenarbeit und Entwicklung)
OECD-MA	Musterabkommen zur Regelung von Doppelbesteuerungsfällen zwischen Staaten
OECD-MK	OECD-Musterkommentar
OFD	Oberfinanzdirektion
OGAW	Organismen für die gemeinsame Anlage in Wertpapieren
OGAW-RL	Richtlinie des Rates v. 20.12.1985 zur Koordinierung der Rechts- und Verwaltungsvorschriften betreffend bestimmte OGAW – Richtlinie 85/611/EWG
OGAW-IV-UmsG	Gesetz zur Umsetzung der Richtlinie 2009/65/EG zur Koordinierung der Rechts- und Verwaltungsvorschriften betreffend bestimmte OGAW
OLG	Oberlandesgericht
p. a.	per anno

PartG	Partnerschaftsgesellschaft
PartGG	Gesetz über Partnerschaftsgesellschaften Angehöriger Freier Berufe
PartGmbB	Partnerschaftsgesellschaft mit beschränkter Berufshaftung
PBefG	Personalbeförderungsgesetz
PBV	Verordnung über die Rechnungs- und Buchführungspflichten der Pflegeeinrichtungen (Pflege-Buchführungsverordnung)
pdf	Portable Document Format, (trans)portables Dokumentenformat (plattformunabhängiges Dateiformat für Dokumente)
PIStB	Praxis Internationale Steuerberatung (Fachzeitschrift)
Pkw	Personenkraftwagen
Ratsdok.	Dokument des Rats der Europäischen Union
RechVersV	Verordnung über die Rechnungslegung von Versicherungsunternehmen (Versicherungsunternehmens-Rechnungslegungsverordnung)
REIT-G	Gesetz über deutsche Immobilien-Aktiengesellschaften mit börsennotierten Anteilen (REIT-Gesetz)
REITs	Real Estate Investment Trusts (Immobilien-Aktiengesellschaften mit börsennotierten Anteilen)
RennwLottG	Rennwett- und Lotteriegesetz
RennwLottGABest	Ausführungsbestimmungen zum Rennwett- und Lotteriegesetz
RennwLottGZustV	Zuständigkeitsverordnung zum Rennwett- und Lotteriegesetz
RFH	Reichsfinanzhof
RL	Richtlinie
Rn.	Randnummer(n)
Rs.	Rechtssache
Rz.	Randziffer
S.	Seite oder Satz (in Normenzitaten)
SAS	Société par actions simplifiée (Rechtsform der vereinfachten Aktiengesellschaft in Frankreich)
SE	Societas Europaea, Europäische Gesellschaft (europaweit einheitliche Rechtsform für grenzüberschreitende Unternehmen)
SEPA	Single Euro Payments Area
SEStEG	Gesetz über steuerliche Begleitmaßnahmen zur Einführung der Europäischen Gesellschaft und zur Änderung weiterer steuerrechtlicher Vorschriften
SGB	Sozialgesetzbuch
SICAV	Société d'Investissement à Capital Variable, Kapitalanlagegesellschaft mit variablem Grundkapital
Slg.	Sammlung; Sammlung der Rechtsprechung des Gerichtshofs der Europäischen Gemeinschaften und des Gerichts erster Instanz (Jahrgang, Seite)
SoFFin	Sonderfonds Finanzmarktstabilisierung
sog.	sogenannte/-r/-s
SolZ	Solidaritätszuschlag
SolZG	Solidaritätszuschlaggesetz
st. Rspr.	ständige Rechtsprechung
StÄndG	Steueränderungsgesetz
Status:Recht	Beilage zu Der Betrieb (Fachzeitschrift)
StAuskV	Verordnung zur Durchführung von § 85 Abs. 1 AO („Steuer-Auskunftsverordnung")
StBerG	Steuerberatungsgesetz
Stbg	Die Steuerberatung (Fachzeitschrift)
StC	SteuerConsultant (Fachmagazin für steuer- und wirtschaftsberatende Berufe)

StEntlG	Steuerentlastungsgesetz
SteuK	Steuerrecht kurzgefasst (Fachzeitschrift)
StIdV	Verordnung zur Vergabe steuerlicher Identifikationsnummern
StromSt	Stromsteuer
StromStG	Stromsteuergesetz
StromStG-E	Stromsteuergesetz (Entwurf)
StromStV	Verordnung zur Durchführung des StromStG (StromSt-Durchführungsverordnung)
StVereinfG	Steuervereinfachungsgesetz
Tz.	Teilziffer, Teilziffern
u. E.	unseres Erachtens
u. U.	unter Umständen
u. a.	unter anderem
UAG	Umweltauditgesetz
Ubg	Die Unternehmensbesteuerung (Fachzeitschrift)
UBGG	Gesetz über Unternehmensbeteiligungsgesellschaften
UK	United Kingdom
UmwStG	Umwandlungssteuergesetz
Unterabs.	Unterabsatz
UntStRefG	Unternehmensteuerreformgesetz
UR	Umsatzsteuer-Rundschau (Fachzeitschrift)
URV	Unternehmensregisterverordnung
US	United States
USA	United States of America
USt	Umsatzsteuer
UStAE	Umsatzsteuer-Anwendungserlass
UStDV	Umsatzsteuer-Durchführungsverordnung
UStG	Umsatzsteuergesetz
USt-IdNr.	Umsatzsteuer-Identifikationsnummer
UStR	Umsatzsteuerrichtlinien
v.	vom
v. H.	vom Hundert
VAG	Gesetz über die Beaufsichtigung der Versicherungsunternehmen (Versicherungsaufsichtsgesetz)
VAT	Value Added Tax (Mehrwertsteuer)
VerkStÄndG	Verkehrsteueränderungsgesetz
VermAnlG	Vermögensanlagegesetz
VermBDV	Verordnung zur Durchführung des Fünften Vermögensbildungsgesetzes
VermBG	Vermögensbildungsgesetz
VersStG	Versicherungsteuergesetz
VersStG-E	Versicherungssteuergesetz (Entwurf)
vGA	verdeckte Gewinnausschüttung
vgl.	vergleiche
VVG	Versicherungsvertragsgesetz
VZ	Veranlagungszeitraum
WertR	Wertermittlungsrichtlinien
WKBG	Wagniskapitalbeteiligungsgesetz, Gesetz zur Förderung von Wagniskapitalbeteiligungen
WM	Zeitschrift für Wirtschafts- und Bankrecht (Fachzeitschrift)

WoGG	Wohngeldgesetz
Wpg	Die Wirtschaftsprüfung (Fachzeitschrift)
WpHG	Gesetz über den Wertpapierhandel (Wertpapierhandelsgesetz)
z. B.	zum Beispiel
z. T.	zum Teil
ZErb	Zeitschrift für die Steuer- und Erbrechtspraxis
ZEV	Zeitschrift für Erbrecht und Vermögensnachfolge (Fachzeitschrift)
ZIP	Zeitschrift für Wirtschaftsrecht (Fachzeitschrift)
ZLR	Zins- und Lizenzrichtlinie (EU)
ZPO	Zivilprozessordnung
zzgl.	zuzüglich

A   Neue Steuergesetzgebung

1   Steuergesetzänderungen, die 2012 in Kraft getreten sind

1.1   Steuervereinfachungsgesetz 2011

Das Steuervereinfachungsgesetz 2011 vom 1.11.2011[1] verfolgte das Ziel einer Steuervereinfachung und eines Abbaus steuerbürokratischer Hemmnisse. Es besteht aus einem Katalog von rund 40 Einzelmaßnahmen. Nach Angabe des BMF führt das Gesetz zu Steuermindereinnahmen des Bundes i. H. v. 590 Mio. €, wobei es sich jedoch eher um eine Begleiterscheinung der Vereinfachungsmaßnahmen als um ein von vornherein vom Gesetzgeber anvisiertes Ziel handelt. Hinsichtlich der Einzelheiten verweisen wir auf die Darstellungen im Steuerjahrbuch 2011/2012.[2]

1.2   Änderungen in der Umsatzsteuer

1.2.1   Drittes Gesetz zur Änderung des Umsatzsteuergesetzes

Das Dritte Gesetz zur Änderung des Umsatzsteuergesetzes wurde bereits in der Vorauflage dargestellt.[3] Es wurde zwischenzeitlich im BGBl veröffentlicht.[4]

1.2.2   Änderungen in der UStDV

Die durch die Zweite Verordnung herbeigeführten Änderungen in der UStDV, die am 1.1.2012 in Kraft getreten sind, sind ausführlich in Kapitel A.2.3 des Steuerjahrbuches 2011/2012 aufgeführt. Insbesondere ging es dort um Nachweispflichten für Ausfuhrlieferungen (§§ 9 bis 13 und 17 UStDV), die an die seit 1.7.2009 bestehende EU-einheitliche Verpflichtung zur Teilnahme am elektronischen Ausfuhrverfahren[5] angepasst wurden.

1.3   Grunderwerbsteuersätze der Länder

Nach wie vor ist in den Grunderwerbsteuersätzen der einzelnen Bundesländer viel Bewegung. Mittlerweile hat die überwiegende Zahl der Länder von ihrer durch Art. 105 Abs. 2a S. 2 GG eingeräumten Möglichkeit Gebrauch gemacht, einen von § 11 Abs. 1 GrEStG abweichenden Grunderwerbsteuersatz festzulegen. Nachfolgend der Sachstand in den einzelnen Ländern, der Übersichtlichkeit halber hier unabhängig vom Datum des Inkrafttretens in gebündelter Form:

---

[1] BGBl I 2011, S. 2131.
[2] Vgl. Steueränderungen 2011/2012, A.2.2.
[3] Vgl. Steueränderungen 2011/2012, A.2.4.
[4] BGBl I 2011, S. 2562.
[5] Art. 787 der Verordnung (EWG) Nr. 2454/93 der Kommission v. 2.7.1993 mit Durchführungsvorschriften zu der Verordnung (EWG) Nr. 2913/92 des Rates zur Festlegung des Zollkodex der Gemeinschaften, in der jeweils geltenden Fassung – ZK-DVO.

Baden-Württemberg

Für alle Rechtsvorgänge ab einschließlich des 5.11.2011 findet in Bezug auf in Baden-Württemberg gelegene Grundstücke ein Grunderwerbsteuersatz von 5 % Anwendung.[6]

Bayern

Bayern ist eines der wenigen Bundesländer, in denen nach wie vor nach § 11 Abs. 1 GrEStG ein Grunderwerbsteuersatz von lediglich 3,5 % gilt. Nach einer von dem Bayrischen Staatsministerium der Finanzen am 3.12.2012 erteilten Auskunft sind dort derzeit keine Bestrebungen bekannt, den Grunderwerbsteuersatz zu erhöhen.

Berlin

Nachdem Berlin den Grunderwerbsteuersatz bereits für sämtliche Rechtsvorgänge ab dem 1.1.2007 auf 4,5 % erhöht hatte,[7] wurde in 2012 eine erneute Erhöhung des Steuersatzes beschlossen. Für alle Rechtsvorgänge, die ab dem 1.4.2012 verwirklicht werden, beträgt dieser nunmehr 5 %.[8]

Brandenburg

Bereits für Rechtsvorgänge, die ab dem 1.1.2011 verwirklicht werden, findet in Brandenburg ein Grunderwerbsteuersatz von 5 % Anwendung.[9]

Bremen

Die Grunderwerbsteuer im Lande Bremen beträgt für ab dem 1.1.2011 verwirklichte Rechtsvorgänge 4,5 %.[10]

Hamburg

Bereits für Rechtsvorgänge ab einschließlich 1.1.2009 beträgt der Grunderwerbsteuersatz in Hamburg 4,5 %.[11]

Hessen

Nachdem in Hessen lange der Grunderwerbsteuersatz in Höhe von lediglich 3,5 % galt, hat der Hessische Landtag am 22.11.2012 beschlossen, den Steuersatz für alle Rechtsvorgänge ab einschließlich 1.1.2013 auf 5 % zu erhöhen.[12]

Mecklenburg-Vorpommern

Für alle ab einschließlich 30.6.2012 verwirklichten Rechtsvorgänge wurde der Grunderwerbsteuersatz in Mecklenburg-Vorpommern auf 5 % erhöht.[13]

---

[6] Gesetzblatt für Baden-Württemberg 2011, S. 493.
[7] GVBl Berlin 2006, S. 1172.
[8] GVBl Berlin 2012, S. 90.
[9] GVBl Brandenburg 2010, Nr. 40.
[10] Gesetzblatt der Freien Hansestadt Bremen 2010, S. 574.
[11] HambGVBl 2008, S. 433.
[12] Hessischer Landtag, Drs. 18/6228.
[13] GVOBl M-V 2012, S. 208.

Niedersachsen

Bereits für ab dem 1.1.2011 verwirklichte Rechtsvorgänge beträgt der Grunderwerbsteuersatz in Niedersachsen 4,5 %.[14]

Nordrhein-Westfalen

Für ab einschließlich 1.10.2011 verwirklichte Rechtsvorgänge beträgt der Grunderwerbsteuersatz in Nordrhein-Westfalen 5 %.[15]

Rheinland-Pfalz

Für alle Rechtsvorgänge, die ab dem 1.3.2012 verwirklicht werden, beträgt der Grunderwerbsteuersatz in Rheinland-Pfalz 5 %.[16]

Saarland

Nachdem das Saarland den Grunderwerbsteuersatz für ab dem 1.1.2011 verwirklichte Rechtsvorgänge auf 4 % erhöht hatte,[17] folgte eine weitere Erhöhung. Hiernach erhöhte sich der Grunderwerbsteuersatz für ab einschließlich 1.1.2012 verwirklichte Rechtsvorgänge auf 4,5 %.[18] Nun sind auch die Bestrebungen für eine nochmalige Anhebung des Steuersatzes umgesetzt worden, namentlich auf einen Grunderwerbsteuersatz in Höhe von 5,5 %, mit Wirkung für Rechtsvorgänge ab einschließlich des 1.1.2013. Ein diesbezügliches Gesetzgebungsverfahren ist nunmehr abgeschlossen, die Veröffentlichung des entsprechenden Haushaltsbegleitgesetzes in dem Amtsblatt des Saarlandes ist erfolgt.[19]

Sachsen

In Sachsen gilt zumindest bisher noch ein Grunderwerbsteuersatz von lediglich 3,5 %. Nach einer Auskunft des Sächsischen Staatsministeriums der Finanzen vom 30.11.2012 habe es eine Entscheidung gegeben, den Grunderwerbsteuersatz bewusst nicht zu erhöhen. Als Begründung für diese Entscheidung wurde angegeben, dass die Wohneigentumsquote im Lande Sachsen mit lediglich 33 % erheblich unter der bundesweiten Wohneigentumsquote von 45 % liege.

Sachsen-Anhalt

Nachdem bereits für ab einschließlich des 1.3.2010 verwirklichte Rechtsvorgänge der Steuersatz für die Grunderwerbsteuer auf 4,5 % angehoben wurde,[20] ist nunmehr eine erneute Erhöhung des Grunderwerbsteuersatzes erfolgt. Für Rechtsvorgänge ab einschließlich 1.3.2012 beträgt dieser 5 %.[21]

---

[14] Nds. GVBl 2010, S. 631.
[15] GVBl NRW 2011, S. 377.
[16] GVBl R-P 2012, S. 41.
[17] Amtsblatt des Saarlandes 2010, S. 1522.
[18] Amtsblatt des Saarlandes 2011, S. 556.
[19] Amtsblatt des Saarlandes 2012, S. 520, basierend auf Landtag des Saarlandes, Drs. 15/133.
[20] GVBl LSA 2010, S. 69.
[21] GVBl LSA 2012, S. 54.

Schleswig-Holstein

Der Grunderwerbsteuersatz in Schleswig-Holstein für Rechtsvorgänge, die ab einschließlich 1.1.2012 verwirklicht werden, beträgt 5 %.[22]

Thüringen

Für alle Rechtsvorgänge ab einschließlich 7.4.2011 beträgt der Grunderwerbsteuersatz im Land Thüringen 5 %.[23]

1.4 Gesetz zur Umsetzung der Beitreibungsrichtlinie sowie zur Änderung steuerlicher Vorschriften (BeitrRLUmsG)

Das BeitrRLUmsG vom 13.12.2011[24] enthält aufgrund seiner „Omnibusfunktion" eine Vielzahl thematisch nicht oder nur partiell miteinander verbundener Einzelmaßnahmen. Betroffen sind Änderungen im Bereich der Besteuerung von Privatpersonen und von beschränkt Steuerpflichtigen sowie von Unternehmen (Einzelunternehmen, Personengesellschaften und Körperschaften). Ein wesentlicher Teil der Änderungen betrifft den Lohnsteuerabzug durch das ELStAM-Verfahren. Weiterhin erfolgen maßgebliche Änderungen bzw. Anpassungen bei der Erbschaft- und Schenkungsteuer und des Bewertungsrechts. Inhaltlich wird auf das Kapitel E des Steuerjahrbuchs 2011/2012 verwiesen, in dem die Sonderthemen dargestellt sind.[25]

1.5 Gesetz zur Besteuerung von Sportwetten

1.5.1 Zielsetzung und Regelungsinhalt

Durch das Gesetz zur Besteuerung von Sportwetten vom 29.6.2012[26] nimmt der Gesetzgeber Änderungen im Rennwett- und Lotteriegesetz (RennwLottG) inklusive der zugehörigen Ausführungsbestimmungen (RennwLottGABest) sowie im Finanzausgleichsgesetz vor. Grund für die Änderungen ist, dass der Abschluss von Sportwetten mit einem ausländischen Wettanbieter nach bisheriger Rechtslage nach dem Rennwett- und Lotteriegesetz nicht der Besteuerung unterlag. Da Konzessionen jedoch nicht nur inländischen, sondern auch ausländischen Anbietern erteilt werden können, sollten auch Sportwetten mit ausländischen Wettanbietern der Besteuerung zugeführt werden. Wesentlicher Inhalt des Gesetzes ist somit, dass alle Sportwetten, die von in- und ausländischen Wettanbietern durchgeführt werden, in gleicher Weise der Besteuerung unterworfen werden. Dabei unterliegen nicht mehr nur – wie es vorher war – die festen Gewinnquoten unterliegenden Oddset-Wetten der Besteuerung, sondern sämtliche Arten von Sportwetten, die den gesetzlichen Tatbestand erfüllen.[27] Sportwetten[28] in diesem Sinne sind insbesondere Wetten, die auf einen bestimmten Ausgang von Sportereignissen oder Abschnitten hiervon (z. B. Halbzeiten oder einzelnen Ereignissen wie z. B. „Wer schießt wann das nächste Tor?") abzielen. Der steuerrechtliche Begriff der Sportwette geht damit über deren ordnungsrechtlichen Begriff hinaus.

---

[22] GVBl S-H, S. 811.
[23] GVBl Thüringen 2011, S. 66.
[24] BGBl I 2011, S. 2592.
[25] Steuerjahrbuch 2011/2012, E.
[26] BGBl I 2012, S. 1424.
[27] Vgl. u. a. §§ 30, 31a, 34, 36 Abs. 2, 46 RennwLottGABest n. F.
[28] Begriff legal definiert in § 17 Abs. 2 RennwLottG n. F.

Für diese Sportwetten, ebenso für (Pferde-)Rennwetten, findet ein ermäßigter Steuersatz in Höhe von 5 % auf den Nennwert der Wettscheine bzw. den Spieleinsatz Anwendung[29] (im Vergleich zu dem Regelsteuersatz bei Lotterieangeboten in Höhe von 20 % des Nennwertes sämtlicher Lose exklusive der Steuer[30]). Der geringe Steuersatz soll einer im europäischen Vergleich adäquaten Steuerbelastung dienen. Ebenso soll durch eine recht überschaubare Steuerbelastung gewährleistet werden, dass trotz dieser Besteuerung noch attraktive und international übliche Ausschüttungsquoten erreicht werden können.[31] Hierdurch sollen bisher illegale Wettangebote in die Legalität zurückkehren, damit die – so die Gesetzesbegründung – „natürliche Spielleidenschaft der Bürger" unter staatlicher Kontrolle erfolgt. Attraktive steuerliche Rahmenbedingungen sollen also Anreiz für eine legale Betätigung sein, der illegale Bereich soll „ausgetrocknet" werden.

Für eine inländische Besteuerung genügt es, wenn die Sportwette im Inland veranstaltet wird[32] oder der Spieler – wenn er eine natürliche Person ist – im Zeitpunkt der Vornahme der für den Wettvertrag notwendigen Handlungen seinen Wohnsitz oder gewöhnlichen Aufenthalt im Inland hat.[33] Handelt es sich bei dem Spieler nicht um eine natürliche Person, kommt es zur Besteuerung, wenn er in vorstehendem Zeitpunkt seine Geschäftsleitung oder seinen Sitz im Inland hat. Zudem ist – von den Fällen einer im Inland veranstalteten Sportwette abgesehen – jeweils erforderlich, dass sich der Spieler im Moment des Abschlusses des Wettvertrages und bei Vornahme der für das Zustandekommen des Wettvertrages notwendigen Handlungen im Inland aufhält.

Parallel zu diesen Modifikationen wurde auch das Erhebungsverfahren Änderungen unterzogen. So hat ein Veranstalter ohne gewöhnlichen Aufenthalt oder Sitz im Inland gegenüber dem zuständigen Finanzamt einen inländischen steuerlichen Beauftragten zu benennen,[34] der die Pflichten des im Ausland ansässigen Veranstalters als eigene zu erfüllen hat und mit dem Veranstalter als Gesamtschuldner gem. § 44 AO haftet. Hintergrund für das Erfordernis eines steuerlichen Beauftragten ist u. a., dass Sportwetten verstärkt ortsungebunden über das Internet abgewickelt werden. Der Gesetzgeber ist sich dessen bewusst, dass das Erfordernis des steuerlichen Beauftragten eine gewisse Einschränkung der Dienstleistungsfreiheit mit sich bringt, geht jedoch unter Berufung auf die Rechtsprechung des EuGH[35] wegen zwingender Gründe des Allgemeininteresses von einer Rechtfertigung dieses Erfordernisses aus. Ebenfalls zur Sicherstellung einer ordnungsgemäßen Besteuerung treffen den Veranstalter neue Aufzeichnungspflichten.[36] Diese Aufzeichnungen müssen dem steuerlichen Beauftragten monatlich übermittelt werden. Wichtig sind auch die neu geregelten Anzeigepflichten von Veranstaltern von Sportwetten gegenüber der Finanzverwaltung.[37]

Neben o. g. Anpassungen sollte für die Bundesländer durch eine Öffnungsklausel die Möglichkeit geschaffen werden, ergänzende Regelungen zu Pferdewetten zu treffen.[38] Außerdem wurde mit den vorgenommenen Änderungen das Ziel verfolgt, die Bereiche Pferdewetten und Tierzuchtrecht in Einklang zu bringen, wobei nach Möglichkeit eine Stärkung der Pferdezucht erreicht werden soll.[39]

---

[29] § 17 Abs. 2 S. 3 RennwLottG n. F.
[30] § 17 Abs. 1 RennwLottG n. F.
[31] BT-Drs. 17/8494.
[32] § 17 Abs. 2 Nr. 1 RennwLottG n. F.
[33] § 17 Abs. 2 Nr. 2 RennwLottG n. F.
[34] Zu den Anforderungen an diese Person vgl. § 19 Abs. 3 des RennwLottG n. F.
[35] EuGH, Urteil v. 5.5.2011, C–267/09.
[36] Vgl. im Einzelnen § 20 Abs. 2 RennwLottG n. F.
[37] Vgl. im Einzelnen § 31a RennwLottGABest n. F.
[38] Vgl. § 25 Abs. 3 RennwLottG n. F.
[39] Vgl. insbesondere § 1 Abs. 4 RennwLottG n. F.

1.5.2 Inkrafttreten

Das Gesetz ist grundsätzlich am 1.7.2012 in Kraft getreten, für einzelne Bestimmungen gelten abweichende Regelungen für den Zeitpunkt des Inkrafttretens.[40]

> Literaturhinweis: *Welz*, UVR 2012, S. 274

1.6 Gesetz zur Änderung des Gemeindefinanzreformgesetzes und von steuerlichen Vorschriften[41]

1.6.1 Hintergrund

Um zu vermeiden, dass Gemeinden, die nach Größe, Funktion und Struktur vergleichbar sind, je nach Zugehörigkeit zu einem Land unterschiedliche Einnahmen aus der Einkommensteuer erzielen, sollte mittels einer bundeseinheitlichen Regelung eine Neuaufteilung des Verteilungsschlüssels erreicht werden.

Neben diesen finanzverfassungsrechtlichen Fragestellungen wurde das Gesetz indessen im Laufe des Gesetzgebungsverfahrens auch dazu genutzt, weitere als kurzfristig änderungsbedürftig erkannte Regelungen aufzunehmen. Diese betreffen das Einkommensteuergesetz und das Umsatzsteuergesetz. Zugleich hat der Bundesrat im Zustimmungsbeschluss zu diesem Gesetz die Bundesregierung aufgefordert, die Problemanalyse bei der Besteuerung hybrider Gesellschaften zügig abzuschließen, da die Einführung des § 50d Abs. 11 EStG lediglich eine Zwischenlösung sei und v. a. keine Vorabfestlegung eines intransparenten oder teiltransparenten Besteuerungssystems bzgl. der KGaA darstelle.[42] Diese Umsetzung soll im JStG 2013[43] erfolgen.

1.6.2 Änderungen in der Einkommensteuer

1.6.2.1 Steuerbefreiung der Nutzung von Mobilfunkgeräten, Neufassung des § 3 Nr. 45 EStG

Der seit dem Jahr 2000 verwendete Begriff „Personalcomputer" soll klarstellend durch den allgemeineren Begriff „Datenverarbeitungsgerät" ersetzt werden. Damit wird erreicht, dass begrifflich auch neuere Geräte (Smartphones, Tablets) erfasst werden, die den heutigen Stand der Technik wiedergeben. Hinzu kommt, dass bisher die Überlassung von Software nur dann steuerfrei war, wenn sie auf einem betrieblichen PC installiert war, den der Arbeitnehmer privat nutzt (vgl. R 3.45 S. 2 LStR). Mit der Erweiterung des Anwendungsbereichs der Steuerbefreiungsvorschrift sollen geldwerte Vorteile des Arbeitnehmers aus der privaten Nutzung von System- und Anwendungsprogrammen, die ihm vom Arbeitgeber oder aufgrund des Dienstverhältnisses von einem Dritten unentgeltlich oder verbilligt überlassen werden, steuerfrei gestellt werden.

1.6.2.2 Einschränkung des DBA-Schachtelprivilegs, § 50d Abs. 11 EStG (KGaA-Gestaltung)

Zur Verhinderung von Steuerausfällen wird es als geboten angesehen, eine Freistellung von Dividenden aus Schachtelbeteiligungen auszuschließen. Die Änderung geht auf eine Entscheidung des

---

[40] Vgl. Art. 5 des Änderungsgesetzes.
[41] Gesetz v. 8.5.2012, veröffentlicht am 11.5.2012, BGBl I 2012, S. 1030.
[42] Beschluss des Bundesrates vom 30.3.2012, BR-Drs. 114/12 (B).
[43] Vgl. unten A.3.1.

BFH[44] zurück. Danach sei das DBA-Schachtelprivileg auch für an eine KGaA gezahlte Dividende in vollem Umfang zu gewähren, wenn das DBA lediglich an die (Subjekt-) Eigenschaft der KGaA als Kapitalgesellschaft anknüpft und keine Einschränkungen nach der Gesellschaftsstruktur bzw. der Einkommenszuordnung vorsieht.

Die Änderung wird damit begründet, dass es dem nach Sinn und Zweck des abkommensrechtlichen Schachtelprivilegs, welches grundsätzlich nur Kapitalgesellschaften gewährt wird, widerspräche, wenn die Begünstigung auch von natürlichen Personen in Anspruch genommen werden können. Das ist dann der Fall, wenn der Empfänger der Dividende eine „hybride" Rechtsform (z. B. KGaA, GmbH & atypisch Still) hat und die Dividende nach innerstaatlichem Recht einer natürlichen Person zugerechnet wird.

Der Gesetzgeber sieht in dem Einsatz solcher „hybriden" Rechtsformen Gestaltungsspielräume, die es einzuschränken gilt.

1.6.2.3 Inkrafttreten

Die Erweiterung der Steuerbefreiung nach § 3 Nr. 45 EStG ist in allen offenen Fällen seit dem Kalenderjahr 2000 anzuwenden. Bestandskräftige Steuerfestsetzungen können nur geändert werden, soweit dies gesetzlich zugelassen ist (z. B. § 164 Abs. 2 AO).

Die Einschränkung des Schachtelprivilegs betrifft alle Dividendenzahlungen, die ab dem Veranlagungszeitraum 2012 erfolgen, § 52 Abs. 59a S. 9 EStG.

1.6.3 Aufhebung der Umsatzsteuerbefreiung, Anlage 2 zu § 12 Abs. 2 Nr. 1, 2 UStG

Die Aufhebung der Begünstigung geht zurück auf ein Urteil des EuGH[45] zur Anwendung eines ermäßigten Mehrwertsteuersatzes. Die Ermäßigungen auf *sämtliche* Lieferungen, Einfuhren und innergemeinschaftlichen Erwerbe von Pferden verstießen gegen die Verpflichtungen aus der MWStRL.[46] Die Steuerermäßigung sei nur zulässig, soweit das einzelne Tier zur Herstellung von Nahrungs- oder Futtermitteln oder zum Einsatz in der landwirtschaftlichen Erzeugung bestimmt ist. Der Gesetzgeber hat sich aufgrund der geringen wirtschaftlichen Bedeutung für eine gänzliche Aufhebung der Ermäßigung entschieden.

Die Aufhebung gilt seit dem 1.1.2012, Art. 5 Abs. 2 des Gesetzes vom 11.5.2012.

1.7 Luftverkehrsteuer-Durchführungsverordnung (LuftVStDV)

Die Durchführungsverordnung vom 22.8.2012 (LuftVStDV)[47] zum Luftverkehrsteuergesetz (LuftVStG) vom 9.12.2010[48] trat am 1.9.2012 in Kraft. Bis dahin lag neben dem Gesetz nur ein Einführungserlass der Zollverwaltung vor. Damit trägt die LuftVStDV zur Beseitigung bestehender Unklarheiten bei der Rechtsanwendung bei. In der LuftVStDV nimmt neben den Anzeichen für eine Gefährdung der Steuer insbesondere die elektronische Datenübermittlung im Zuge des Besteuerungsverfahrens breiten Raum ein.

---

[44] BFH, Urteil v. 19.5.2010, I R 62/09, BFH/NV 2010, 1919, DStR 2010, 1712.
[45] EuGH, Urteil v. 12.5.2011, C–453/09, DB 2011, 212.
[46] Vgl. Art. 96 und 98 der Richtlinie 2006/112/EG v. 28.11.2006 über das gemeinsame Mehrwertsteuersystem i. V. m. Anhang III.
[47] LuftVStDV v. 22.8.2012, BGBl I 2012, S. 1812.
[48] BGBl I 2010, S. 1885, dieses wiederum geändert durch Art. 3 des Gesetzes vom 5.12.2012, BGBl I 2012, S. 2436.

1.7.1 Luftverkehrsunternehmen i. S. d. § 2 LuftVStG

Nach § 1 LuftVStDV gilt als Luftverkehrsunternehmen i. S. d. § 2 LuftVStG auch, wer die gewerbliche Beförderung von Personen betreibt und infolgedessen einer Genehmigung oder Erlaubnis nach den Vorschriften des Luftverkehrsgesetzes oder der Verordnung (EG) Nr. 1008/2008 des Europäischen Parlaments und des Rates vom 24.9.2008 über gemeinsame Vorschriften für die Durchführung von Luftverkehrsdiensten in der Gemeinschaft[49] in der jeweils geltenden Fassung bedarf.

1.7.2 Erteilung der Erlaubnis als steuerlicher Beauftragter

Luftverkehrsunternehmen ohne Sitz im Inland haben im Regelfall einen steuerlichen Beauftragten zu benennen, der seinen Geschäftssitz im Inland hat, aber keine inländische Zweigniederlassung des Luftverkehrsunternehmens ist. Der steuerliche Beauftragte ist neben dem Luftverkehrsunternehmen Steuerschuldner. Der Beauftragte hat außerdem die steuerlichen Pflichten des Luftverkehrsunternehmens als eigene zu erfüllen. Der steuerliche Beauftragte benötigt für seine Tätigkeit eine Erlaubnis durch das zuständige Hauptzollamt. § 2 LuftVStDV stellt klar, dass diese Erlaubnis gemäß § 8 Abs. 2 LuftVStG durch das zuständige Hauptzollamt schriftlich zu erteilen ist. Die Erlaubnis kann mit sämtlichen in § 120 Abs. 2 AO aufgezählten Nebenbestimmungen (Befristung, Bedingung, Auflagen) verbunden werden.

1.7.3 Anzeichen für eine Gefährdung der Steuer

Das Hauptzollamt kann von dem Luftverkehrsunternehmen oder dessen steuerlichen Beauftragten eine Sicherheit verlangen, wenn Anzeichen für eine Gefährdung der Steuer erkennbar sind, § 9 LuftVStG. Die Sicherheit darf bis zur Höhe der voraussichtlich für zwei Kalendermonate entstehenden Steuer festgesetzt werden.

§ 3 LuftVStDV stellt nun klar, wann Anzeichen für eine Gefährdung der Steuer vorliegen. Anzeichen für eine Gefährdung der Steuer liegen gemäß § 3 LuftVStDV insbesondere dann vor, wenn der Steuerschuldner:

- unberechtigt Auskünfte über seine wirtschaftliche Lage einschließlich der Herkunft des Betriebskapitals verweigert, die Prüfung seiner wirtschaftlichen Lage ablehnt oder die für die Prüfung erforderlichen Bilanzen, Inventare, Bücher und Aufzeichnungen nicht, nicht rechtzeitig oder nicht mit richtigem Inhalt vorlegt;

- der Steuerschuldner rechtmäßige Auflagen, die mit der Erlaubnis als steuerlicher Beauftragter nach § 8 Abs. 2 LuftVStG verbunden sind, nicht erfüllt;

- zur Zahlung der fälligen LuftVSt nicht oder nur teilweise gedeckte Schecks vorlegt;

- die LuftVSt mehrfach innerhalb der Frist nach § 240 Abs. 3 AO oder nach deren Ablauf zahlt;

- die LuftVSt mehrmals durch einen Dritten entrichten lässt, ohne dass er nachweisen kann, dass aus einem wirtschaftlich begründeten gegenseitigen Vertrag Ansprüche auf die Zahlung durch den Dritten bestehen;

- den Aufzeichnungspflichten nach § 13 LuftVStG nicht oder nur ungenügend nachkommt und dadurch die Überprüfung oder Ermittlung der LuftVSt nicht unerheblich erschwert;

---

[49] ABl. L 293 v. 31.10.2008, S. 3.

- die LuftVSt wiederholt nicht oder nicht rechtzeitig erklärt bzw. anmeldet;
- nicht unerhebliche Zahlungsrückstände bei anderen Abgaben oder anderen Abgabengläubigern hat;
- Einwendungen gegen die Durchführung von Außenprüfungen, insbesondere bei rechtmäßigen Prüfungen der wirtschaftlichen Lage, erhebt;
- einen Antrag auf Stundung nach § 222 AO stellt.

Dabei ist es ausreichend, wenn bereits eine der vorgenannten Voraussetzungen erfüllt ist. Zudem liegen Anzeichen für eine Gefährdung der Steuer vor, wenn der Steuerschuldner oder, soweit es sich um ein Unternehmen handelt, Personen, die in nicht unerheblichem Maße am Kapital des Unternehmens oder in nicht unerheblichem Maße an der Erfüllung der Pflichten des Unternehmens nach dem LuftVStG beteiligt sind,

- rechtskräftig wegen vorsätzlicher oder leichtfertiger Verkürzung von Luftverkehrsteuer oder wegen Teilnahme an einer solchen Tat verurteilt wurden,
- nach den im Einzelfall vorliegenden zureichenden tatsächlichen Anhaltspunkten Täter oder Teilnehmer einer Steuerstraftat sind oder
- in einen Fall von Zahlungsunfähigkeit verwickelt sind oder waren, aufgrund derer die LuftVSt nicht in voller Höhe vereinnahmt werden konnte.

1.7.4 Elektronische Datenübermittlung im Besteuerungsverfahren

Die §§ 4, 5 und 6 LuftVStDV enthalten Regelungen für das elektronische Besteuerungsverfahren.

a) Elektronische Datenübermittlung im Besteuerungsverfahren (§ 4 LuftVStDV)

Gemäß § Abs. 1 LuftVStDV können Daten, die für das Besteuerungsverfahren erforderlich sind, durch elektronische Datenfernübertragung übermittelt werden. Das BMF bestimmt im Benehmen mit dem BMI Art und Weise der elektronischen Datenübermittlung durch eine Verfahrensanweisung. Die Verfahrensanweisung ist im Internet auf den Seiten der Zollverwaltung (www.zoll.de) sowie im BAnz zu veröffentlichen. Dabei sind nach § 4 Abs. 3 LuftVStDV dem jeweiligen Stand der Technik entsprechende Verfahren einzusetzen, die die Authentizität, Vertraulichkeit und Integrität der Daten gewährleisten. Werden allgemein zugängliche Netze genutzt, sind Verschlüsselungsverfahren einzusetzen.

Unter den Voraussetzungen des § 11 BDSG können Dritte mit der elektronischen Datenübermittlung beauftragt werden. Der mit der elektronischen Datenübermittlung beauftragte Dritte gilt kraft der LuftVStDV als Empfangsbevollmächtigter für Mitteilungen des Hauptzollamtes an den Auftraggeber, solange dieser nicht widerspricht.

Praxishinweis:

Seit 1.9.2012 besteht für Unternehmen bzw. steuerliche Beauftragte, die mit einem ELSTER-Zertifikat (Software-Zertifikat oder Sicherheitsstick) ausgestattet sind, die Möglichkeit zur Abgabe einer Internet-Luftverkehrsteueranmeldung (ILA) an das IT-Verfahren AVIATA. Neben dem ELSTER-Zertifikat muss eine Luftverkehrsteuernummer vorliegen, eine Steueridentifikationsnummer ist nicht ausreichend.

b) Schnittstellen (§ 5 LuftVStDV)

Bei der elektronischen Datenübermittlung sind die hierfür vom BMF bestimmten Schnittstellen ordnungsgemäß zu bedienen. In § 5 Abs. 2 LuftVStDV behält sich die Verwaltung die Ablehnung von Daten vor, die aufgrund von Mängeln nicht ordnungsgemäß übernommen werden können. Im Falle der Ablehnung ist der Absender über die Mängel zu unterrichten.

c) Authentifizierung und Datenübermittlung im Auftrag (§ 6 LuftVStDV)

Hinsichtlich der Authentifizierung schreibt die LuftVStDV vor, dass bei der elektronischen Datenübermittlung grundsätzlich eine qualifizierte elektronische Signatur erforderlich ist. Eine qualifizierte elektronische Signatur ist jedoch dann nicht erforderlich, wenn ein anderes sicheres Verfahren eingesetzt wird, welches den Datenübermittler (Absender der Daten) authentifiziert und die Authentizität und Integrität der Daten gewährleistet. Zur Authentifizierung des Datenübermittlers kann z. B. der elektronische Identitätsnachweis des Personalausweises (eID) nach § 18 des Personalausweisgesetzes verwendet werden, sobald die organisatorischen und technischen Voraussetzungen dafür bei der Zollverwaltung geschaffen sind.

Auch eine elektronische Datenübermittlung über De-Mail-Dienste im Sinne des § 1 De-MailG[50] ist möglich, soweit die Voraussetzungen des § 5 Abs. 5 De-MailG gewahrt werden und die organisatorischen und technischen Voraussetzungen für das Verfahren bei der Zollverwaltung gegeben sind.

Erfolgt die Übermittlung der Daten durch einen beauftragten Dritten, so hat dieser dem Auftraggeber die Daten unverzüglich in leicht nachprüfbarer Form zur Überprüfung zur Verfügung zu stellen und der Auftraggeber hat die Daten unverzüglich zu überprüfen.

Praxishinweis:

Das LuftVStG wird derzeit auf Antrag der rheinland-pfälzischen Landesregierung in einem Normenkontrollverfahren vom Bundesverfassungsgericht überprüft. Der rheinland-pfälzische Antrag zielt darauf ab, die Nichtigkeit des Gesetzes feststellen zu lassen. Das LuftVStG verstößt nach Ansicht der Antragstellerin insbesondere gegen das Bestimmtheitsgebot, den Grundsatz der Besteuerungsgleichheit und die Berufsausübungsfreiheit. Steuerfestsetzungen erfolgen deshalb vorläufig nach § 165 AO.

2 Weitere Gesetze, die 2012 in Kraft getreten sind

2.1 Zweites Gesetz zur Umsetzung eines Maßnahmenpakets zur Stabilisierung des Finanzmarktes (2. FMStG)[51]

In Reaktion auf die Lasten für den Finanzsektor, die aus der Staatsverschuldung verschiedener Länder resultiert, und der sich daraus ergebenden Beeinträchtigung des Vertrauens zwischen Finanzmarktakteuren im Hinblick auf Liquidität und Solvabilität sowie den indirekten Auswirkungen der Probleme staatlicher Schuldner auf die Unternehmen des Finanzsektors, hat der Gesetzgeber zur Sicherung der Finanzmarktstabilität im Falle einer systemischen Krise mit dem Gesetz die be-

---

[50] BGBl I 2011, S. 666.
[51] Gesetz v. 24.2.2012, veröffentlicht am 29.2.2012, BGBl I 2012, S. 206.

fristete Möglichkeit geschaffen, dass erneut Maßnahmen nach dem Finanzmarktstabilisierungsfondsgesetz gewährt werden können. Konkret enthält das Gesetz Regelungen zur

- Öffnung des Finanzmarktstabilisierungsfonds für neue Anträge
- Stärkung des bankaufsichtlichen Instrumentariums und
- Präzisierung von Rahmenbedingungen bei der Wiederöffnung des Finanzmarktstabilisierungsfonds, u. a.
  - Änderungen begleitender Regelungen des FMStBeschlG zur Erleichterung seiner Anwendbarkeit
  - Konkretisierung der Anforderungen der neu zu beachtenden verfassungsrechtlichen Schuldenregel im Hinblick auf die im FMStG überjährig ausgestaltete Kreditermächtigung.

2.2 Gesetz zur Förderung der Mediation und anderer Verfahren der außergerichtlichen Konfliktbeilegung[52]

Im Rahmen der außergerichtlichen Konfliktbeilegung sieht das Gesetz Ergänzungen in der Zivilprozessordnung vor, die auch Streitverfahren vor den Finanzgerichten betreffen. So ist in § 278 Abs. 5 der ZPO vorgesehen, dass der Richter auf eine einvernehmliche Einigung hinarbeiten soll und zu diesem Zwecke auch die Parteien an einen sog. Güterichter verweisen kann. Es kann auch eine Mediation vorschlagen, § 278a ZPO. Entscheiden sich die Parteien für eine solche, ruht das Verfahren. Über die Verweisungsnorm des § 155 FGO gelten die Regelungen der §§ 278 Abs. 5 und 278a ZPO auch im Finanzgerichtsprozess. Eine Einigung kann allerdings aufgrund der fehlenden Dispositionsbefugnis über Steueransprüche nur Sachverhaltsfragen betreffen, sodass mit der Norm die tatsächliche Verständigung, die auch schon immer möglich war, nunmehr über die Verweisung in die ZPO Eingang in das finanzgerichtliche Verfahren findet.

2.3 Gesetz zur Änderung des Rechtsrahmens für Strom aus solarer Strahlungsenergie und zu weiteren Änderungen im Recht der erneuerbaren Energien[53]

2.3.1 Zielsetzung und wesentliche Änderungen

Mit dem Gesetz werden verschiedenen Regelungsbereiche betreffend die sogenannten erneuerbaren Energien angesprochen. Durch den technischen Fortschritt und eine Optimierung in der Anlagenproduktion sind die Kosten für Anlagen zur Erzeugung von Strom aus solarer Strahlungsenergie kontinuierlich gesunken. Verbunden mit der starken Preissenkung durch verstärkten Wettbewerb und dem Rückgang der Nachfrage auf internationalen Märkten soll mittels der Vergütungsabsenkungen im EEG die Überförderung beseitigt werden.

---

[52] Gesetz v. 21.7.2012, veröffentlicht am 25.7.2012, BGBl I 2012, S. 1577.
[53] Gesetz v. 17.8.2012, veröffentlicht am 23.8. 2012, BGBl I 2012, S. 1754.

2.3.2 Regelungsinhalte im Überblick

Die Änderung betreffen das Erneuerbare-Energien-Gesetz (EEG) und dort die Förderung der Erzeugung von Strom aus solarer Strahlungsenergie, die neu gefasst werden. Es soll dadurch eine Basis für einen zielgerichteten und nachhaltigen Ausbau der solaren Strahlungsenergie in Deutschland geboten und gleichzeitig die eingetretene Überförderung abgebaut werden. Nachfolgend werden die Regelungsinhalte nur kurz im Überblick angesprochen. Eine weitergehende Darstellung würde den Rahmen sprengen.[54]

Neu eingeführt wird bei Fotovoltaikanlagen, dass nur noch eine bestimmte Strommenge pro Jahr vergütungsfähig ist (sog. Marktintegrationsmodell). Der darüber hinaus gehende Anteil muss selbst verbraucht oder frei vermarktet werden. Dieses neue, innovative Element zur Markteinführung erneuerbarer Energien kann perspektivisch durch Rechtsverordnung auch auf andere erneuerbare Energien und Grubengas übertragen werden. Es erhöht den Anreiz, Solarstrom am Anlagenstandort oder in unmittelbarer Nähe zu verbrauchen oder nachfrageorientierte Direktvermarktungsangebote zu schaffen. Es reduziert zugleich die EEG-Umlagekosten für Solarstrom.

Geschaffen werden darüber hinaus die Voraussetzungen dafür, dass die Hälfte der Kosten für Nachrüstungen aufgrund neuer technischer Anforderungen beim Netzanschluss von Anlagen zur Stromerzeugung aus erneuerbaren Energien (sog. 50,2-Hertz-Problem) in die EEG-Umlage gewälzt werden kann.

Im Hinblick auf die Ausnahme von der EEG-Umlage wird nunmehr der für eine Zwischenspeicherung verwendete Strom von der EEG-Umlage befreit. Die damit verbundene Doppelbelastung dieses Stroms, die sowohl der Speicherbetreiber bei Entnahme des Stroms aus dem Netz als auch derjenige zahlen musste, der den Strom von Speicherbetreiber kaufte, wird aufgehoben.

Schließlich enthält dieses Gesetz vereinzelte redaktionelle Änderungen und Klarstellungen im Nachgang zur EEG-Novelle 2012.

3 Steuergesetzänderungen, die 2013 in Kraft treten

3.1 Jahressteuergesetz 2013

Wie jedes bislang verabschiedete Jahressteuergesetz soll auch das Jahressteuergesetz 2013 (JStG 2013) der Umsetzung des fachlich notwendigen Gesetzgebungsbedarfs dienen, der insbesondere auf den Anpassungsbedarf des Steuerrechts an Recht und Rechtsprechung der Europäischen Union und die Empfehlungen des Bundesrechnungshofes einerseits als auch auf die Sicherung des Steueraufkommens und die Verfahrensvereinfachung im Besteuerungsverfahren andererseits zurückzuführen ist.

Dabei soll das JStG 2013 wiederum als sog. Transport- oder Omnibusgesetz dienen, mittels dem eine Vielzahl von Änderungen der steuerlichen Einzelgesetze umgesetzt werden soll. Im Einzelnen werden nur die *wesentlichen* Änderungen, die im Laufe des Gesetzgebungsverfahrens zusätzliche Erweiterungen erfuhren, nach Gesetzen geordnet dargestellt.

---

[54] Für einen detaillierteren Überblick siehe *Frenz*, IR 2012, 76, *Steinhäußer*, NuR 2012, 441, *Wüstlich/Kachel*, ZUR 2012, 1.

3.1.1 Gang des Gesetzgebungsverfahren – nicht abgeschlossenes Verfahren

Das Gesetzgebungsverfahren zum JStG 2013 (wie zu anderen diversen Gesetzen)[55] war zum Zeitpunkt der Fertigstellung des Manuskripts noch nicht abgeschlossen. Der Vermittlungsausschuss von Bundestag und Bundesrat hat am 12. Dezember 2012 einen umfangreichen Einigungsvorschlag zum JStG 2013 erarbeitet. Allerdings beruhte dieser nicht auf einem echten Kompromiss zwischen Bund und Ländern, sondern auf einem Mehrheitsentscheid des Ausschusses. So wurde unter anderen vorgeschlagen, homosexuelle Lebenspartnerschaften mit dem Ehegattensplitting steuerlich gleichzustellen, was nicht konsensual erfolgte. Dieser (unechte) Einigungsvorschlag lag dem Bundestag zur Bestätigung vor, dem der Bundestag auf seiner Sitzung am 17.1.2013 nicht folgte.

Ob und welche Gesetzesänderungen daher in Kraft (mittels des JStG oder auf der Grundlage eines anderen gesonderten Gesetzgebungsverfahrens) umgesetzt werden, ist derzeit als offen zu bezeichnen. Aus diesem Grunde wird nachfolgend auch auf Vorschläge des Vermittlungsausschusses eingegangen, die vor allem die Bereiche

- Einkommensteuer und Körperschaftsteuer
- Umwandlungsteuer
- Erbschafts- und Schenkungsteuer
- Grunderwerbsteuer

betreffen, zu denen zum Teil umfangreiche Änderungen seitens Vermittlungsausschusses (basierend auf Forderungen des Bundesrates) vorgeschlagen wurden. Diese Änderungen werden als solche gekennzeichnet dargestellt.

Die vom Vermittlungsausschuss vorgeschlagenen Protokollerklärung zum JStG 2013 betreffend die Lösung der Thematik „Streubesitzanteile"[56] kann nur in einem Vermittlungsverfahren zum EuGHDivUmsG (siehe A.6.2) umgesetzt werden. Der Bundestag hat den Vermittlungsausschuss diesbezüglich bereits angerufen.

> **Literaturhinweis:** Für eine Übersicht der durch das JStG 2013 angedachten Änderungen siehe auch *Nacke*, DB 2012, S. 217 – 219

3.1.2 EU-Amtshilfegesetz[57]

Mit dem neu geschaffenen EU-Amtshilfegesetz (EUAHiG) wird die Amtshilferichtlinie[58] in deutsches Recht umgesetzt. Das damit überholte EG-Amtshilfe-Gesetz tritt damit außer Kraft.

3.1.2.1 Einleitung/Zielsetzung

Das Funktionieren des Binnenmarktes ist auch im Hinblick auf den Informationsaustausch zu gewährleisten, was insbesondere bei grenzüberschreitenden Steuersachverhalten für eine ordnungsgemäße Steuerfestsetzung erforderlich ist. Daher ist eine effiziente Zusammenarbeit auf internationaler Ebene zwischen den Steuerbehörden der Mitgliedstaaten zu forcieren. Nach der Zielsetzung des Gesetzgebers soll insoweit eine neue Form der Verwaltungszusammenarbeit entwickelt wer-

---

[55] Vgl. auch EuGHDivUmsG, A.6.2.
[56] Siehe dazu unten EuGHDivUmsG, A.6.2.
[57] Das EUAHiG (Gesetz über die Durchführung der gegenseitigen Amtshilfe in Steuersachen zwischen den Mitgliedstaaten der Europäischen Union) tritt erst mit der Verabschiedung des JStG 2013 in Kraft.
[58] Richtlinie 2011/16/EU des Rates v. 15.2.2011, ABl. L 64 v. 11.3.2011, S. 1.

den. Da die ursprünglichen Regelungen der EG-Amtshilfe-Richtlinie vor mehr als 30 Jahren in einem anderen Kontext ausgearbeitet wurden und die gegenwärtigen Anforderungen des Binnenmarktes nicht mehr erfüllen können, ist die Neuschaffung einer gesetzlichen Regelung erforderlich.

Mittels des EUAHiG sollen die notwendigen Ermittlungen durchgeführt werden, um die betreffenden Informationen zu beschaffen. Nach dem OECD-Standard bei „voraussichtlicher Erheblichkeit" soll gewährleistet werden, dass ein Informationsaustausch in Steuerangelegenheiten im größtmöglichen Umfang stattfindet. Zugleich wird klargestellt, dass es den Mitgliedstaaten nicht gestattet ist, sich an Beweisausforschungen (*fishing expeditions*) zu beteiligen oder um Informationen zu ersuchen, bei denen es unwahrscheinlich ist, dass sie für die Steuerangelegenheiten eines bestimmten Steuerpflichtigen erheblich sind.

Das EUAHiG steht damit sachlich auf der Ebene des EUBeitrG[59] und komplettiert die zwischenstaatliche Zusammenarbeit auf dem Gebiet der Steuern. Es ist als Nebengesetz (*lex specialis*) zur Abgabenordnung zu verstehen, weshalb diese ergänzend zur Anwendung kommt.

3.1.2.2 Sachlicher Anwendungsbereich

Nach § 1 Abs. 1 EUAHiG werden von der Amtshilfe *alle* Steuerarten umfasst, mit Ausnahme der in Absatz 2 genannten. Die Beschränkung auf Steuern vom Ertrag und Vermögen und Versicherungsteuern wurde aufgegeben. Mit dem umfassenden Anwendungsbereich soll der Vielfalt von Rechtsvereinbarungen in den einzelnen Mitgliedstaaten Rechnung getragen werden. Ausgenommen sind nach Maßgabe des Abs. 2

- Umsatz – und Einfuhrumsatzsteuer,
- Zölle und
- harmonisierte Verbrauchsteuern sowie
- Gebühren und Beiträge der sozialen Sicherung.

Zwischenstaatliche Austausche auf anderen Rechtsgebieten werden nicht berührt, § 1 Abs. 3 EUAHiG.

3.1.2.3 Persönlicher Anwendungsbereich

In persönlicher Hinsicht bezieht sich der Austausch auf

- natürliche Personen und
- juristische Personen,
- Personenvereinigungen, die zwar Rechtsfähigkeit haben, aber keine juristische Person sind. Darunter sollen im Wesentlichen die einer deutschen Personengesellschaft entsprechenden Gebilde fallen.
- andere Rechtsformen mit und ohne Rechtsfähigkeit, die Vermögensgegenstände besitzen oder verwalten, wenn aus den Einkünften Steuern erzielt werden. Auch insoweit ist der Anwendungsbereich weit gefasst, um alle denkbaren übrigen Rechtsformen, insbesondere auch nach ausländischen Jurisdiktionen errichteten Trusts, zu erfassen.

---

[59] EU-BeitrG v. 13.12.2011, BGBl I 2011, S. 2592.

3.1.2.4 Zuständigkeiten

Die Amtshilferichtlinie sieht eine vereinheitlichte nationale Struktur vor, die sowohl die Kommunikation der Mitgliedstaaten untereinander als auch zwischen den Mitgliedstaaten und der Europäischen Kommission vereinfachen soll. Zuständige Behörde ist das BMF, § 3 Abs. 1 EUAHiG. Es wird darüber hinaus ein Verbindungsbüro errichtet, welche die zentrale Kommunikation mit den Mitgliedstaaten übernimmt. Diese Aufgaben werden dem BZSt überantwortet. Insofern sind Ersuchen, die an Finanzbehörden direkt gestellt werden, dem BZSt zuzuleiten. Auch Gemeinden und Gemeindeverbänden wird die Möglichkeit eröffnet, Amtshilfe nach Maßgabe dieses Gesetzes in Anspruch zu nehmen. Umgekehrt können die Finanzbehörden von Gemeinden oder dem Gemeindeverband im Wege der allgemeinen Amtshilfe Informationen erbitten, § 3 Abs. 5 EUAHiG. Diese Regelung ist notwendig, da aufgrund von Art. 84 Abs. 1 S. 7 GG durch Bundesgesetz Gemeinden und Gemeindeverbänden Aufgaben nicht übertragen werden dürfen.

3.1.2.5 Informationsaustausch/Auskunftsersuchen

Das Verfahren zum Ersuchen von Informationen ist in §§ 4 ff. EUAHiG geregelt. In der Sache setzt das Gesetz den Informationsaustausch in Art. 26 Abs. 1 OECD-MA bzw. Art. 5 Abs. 5 des MA um. Geregelt werden Auskunftsersuchen und die Erteilung von Auskünften ohne Ersuchen.

3.1.2.5.1 *Informationsaustausch mit Ersuchen*

Grundsätzlich erfolgt der Informationsaustausch auf der Grundlage eines Ersuchens (§§ 4, 6 EUAHiG) entweder durch den Mitgliedstaat oder die Finanzbehörden. Geht das Ersuchen beim BZSt ein, leitet es dieses in seiner Eigenschaft als zentrales Verbindungsbüro weiter, entweder an die zuständige Finanzbehörde oder den Mitgliedstaat.

Ersuchen ausländischer Behörden/Ermittlungspflicht der Finanzbehörden

Nach § 4 Abs. 1 erstellt die zuständige Finanzbehörde alle Antworten, die für die Festsetzung von Steuern nach § 1 voraussichtlich erheblich sind. Dabei erstellt die zuständige Finanzbehörde die Antworten nach Maßgabe des EUAHiG und berücksichtigt ggf. die Anforderungen des § 117 Abs. 4 AO, um das eingehende Ersuchen entsprechend zu beantworten. Verfügt die Finanzbehörde nicht über die betreffenden Informationen, so führt sie nach pflichtgemäßem Ermessen alle behördlichen Ermittlungen durch, die nach der Abgabenordnung vorgesehen sind. Beweisausforschungen (*fishing expeditions*) sind unzulässig. § 4 Abs. 3 EUAHiG sieht vor, wann das BZSt trotz Ersuchen keine Information übermittelt. Damit soll den schützenswerten Interessen der Steuerpflichtigen einerseits als auch dem öffentlichen Interesse Rechnung getragen werden. Abs. 4 indessen gibt dem BZSt nur die Möglichkeit (das Ermessen), von einer Beantwortung abzusehen, wobei eine Ablehnung aufgrund des Bankgeheimnisses ausscheidet, § 4 Abs. 5 EUAHiG.

Das Ersuchen ist grundsätzlich spätestens nach sechs Monaten nach Erhalt des Ersuchens zu übermitteln. § 5 Abs. 1 EUAHiG beschreibt damit die maximale Frist, innerhalb derer das BZSt als zentrales Verbindungsbüro das Ersuchen an die Steuerbehörden des anderen Mitgliedstaats zu erteilen hat. Ist die Finanzbehörde bereits im Besitz der entsprechenden Informationen, beträgt die Frist nur zwei Monate. Trotz der starren Regelungen besteht in besonders gelagerten Fällen die Möglichkeit, dass sich das BZSt und der andere Mitgliedstaat auf abweichende Fristen einigen.

Ersuchen inländischer Behörden

Die Finanzbehörde ist befugt, ein Ersuchen zu stellen. Vor einem solchen Ersuchen sind alle Ermittlungsmöglichkeiten auszuschöpfen. Das Ersuchen ist über das BZSt dem anderen Mitgliedstaat weiterzuleiten. Für das Ob und Wie hat das BZSt die Prüfungs- und Entscheidungskompetenz. Es kann in Erfüllung dieser Aufgabe die Finanzbehörde um sachdienliche behördliche Ermittlungen ersuchen sowie Originaldokumente erbitten. Gemeinden und Gemeindeverbände haben ebenso das Recht, ein Ersuchen unter den Voraussetzungen dieses Gesetzes einzureichen, § 3 Abs. 5 EUAHiG. Für alle Ersuchen sind die Standardformblätter § 17 EUAHiG zu verwenden.

3.1.2.5.2 Informationsaustausch ohne Ersuchen

Auskünfte können auch ohne konkretes Ersuchen erteilt und ausgetauscht werden (§ 7 bis 9 EUAHiG). Hierbei unterscheidet das Gesetz zwischen automatischen Übermittlungen nach § 7 EUAHiG und Spontanauskünften gemäß §§ 8, 9 EUAHiG. Die automatische Übermittlung stellt eine weitere Innovation der neu konzipierten zwischenstaatlichen Amtshilfe dar. Sie geht über den Anwendungsbereich der EU-Zinsrichtlinie[60] hinaus.

Automatische Übermittlungen

Ab dem 1.1.2014 übermittelt das BZSt nach Maßgabe des § 7 Abs. 1 – und zwar ohne Anhörung der betroffenen Personen – verfügbare Informationen in anderen Mitgliedstaaten über dort ansässige Personen, und zwar

- Vergütungen aus unselbstständiger Arbeit
- Aufsichtsrats- oder Verwaltungsratsvergütungen
- Lebensversicherungsprodukte, die nicht von anderen Rechtsakten der Europäischen Union über den Austausch von Informationen oder vergleichbaren Maßnahmen erfasst sind,
- Ruhegehälter, Renten und ähnliche Zahlungen, und
- Eigentum an unbeweglichem Vermögen und Einkünfte daraus.

Mit der im Laufe des Gesetzgebungsverfahrens erfolgten Erweiterung auf Renten und ähnliche Zahlungen sollte auch sichergestellt werden, dass auch andere Arten von Altersbezügen erfasst werden.

Spontanauskünfte

Zur Förderung und Stärkung des spontanen Informationsaustauschs zwischen den Mitgliedstaaten kann die Finanzbehörde an das BZSt als zentrales Verbindungsbüro alle Informationen übermitteln, die für die anderen Mitgliedstaaten von Nutzen sein können. Das BZSt entscheidet dann nach pflichtgemäßem Ermessen über die Übermittlung an die anderen Mitgliedstaaten. Indessen sind Spontanauskünfte an andere Mitgliedstaaten zu erteilen, wenn

- die begründete Vermutung einer Steuerverkürzung in dem anderen Mitgliedstaat vorliegt,
- ein Sachverhalt vorliegt, aufgrund dessen eine Steuerermäßigung oder Steuerbefreiung gewährt worden ist und die zu übermittelnden Informationen für den Steuerpflichtigen zu einer Besteuerung oder Steuererhöhung im anderen Mitgliedstaat führen könnten,
- Geschäftsbeziehungen zwischen einem in Deutschland Steuerpflichtigen und einem in einem anderen Mitgliedstaat Steuerpflichtigen über ein oder mehrere weitere Staaten in einer Weise geleitet werden, die in einem oder beiden Mitgliedstaaten zur Steuerersparnis führen kann,

---

[60] Richtlinie 2003/48/EG des Rates v. 3.6.2003, ABl. L 157 v. 26.6.2003, S. 38, zuletzt geändert durch Richtlinie 2006/98/EG, ABl. L 363 v. 20.12.2006, S. 129.

- Gründe für die Vermutung vorliegen, dass durch künstliche Gewinnverlagerungen zwischen verbundenen Unternehmen eine Steuerersparnis eintritt oder

- ein Sachverhalt, der im Zusammenhang mit der Informationserteilung eines anderen Mitgliedstaats ermittelt wurde, auch für die zutreffende Steuerfestsetzung in einem weiteren Mitgliedstaat erheblich sein könnte.

Die Auskunft ist unverzüglich zu erteilen, spätestens jedoch innerhalb eines Monats nach Erlangung derselben, § 8 Abs. 3 EUAHiG.

Hinweis:

Gerade im Bereich grenzüberschreitender Geschäftsbeziehungen ist aufgrund der Weite der Auskunftsverpflichtung davon auszugehen, dass Spontanauskünfte zunehmen werden. Der Begriff der Geschäftsbeziehungen betrifft nicht nur Unternehmen oder unternehmerisch tätige natürliche Personen, sondern auch Privatpersonen. Der Begriff der Geschäftsbeziehungen ist weit zu verstehen. Einbezogen sind damit letztlich jegliche Vertrags- oder Rechtsverhältnisse und somit auch jede Bankbeziehung in einen anderen Mitgliedstaat.

Werden Auskünfte von anderen Mitgliedstaaten erlangt, sind diese vom BZSt den Finanzbehörden zu übermitteln. Der Mitgliedstaat erlangt unverzüglich, spätestens nach sieben Arbeitstagen nach Eingang der Informationen auf elektronischem Weg eine Bestätigung über den Erhalt, § 9 EUAHiG.

3.1.2.6 Andere Arten der zwischenstaatlichen Zusammenarbeit

Gegenseitiger Austausch/Teilnahme von Amtsträgern und ausländischen Bediensteten

Im Rahmen der Zusammenarbeit soll ein personeller Austausch von Amtsträgern und ausländischen Bediensteten möglich sein. Zur Wahrung des Steuergeheimnisses ist bei Anwesenheit ausländischer Bediensteter in den Amtsräumen oder bei deren Teilnahme an Ermittlungsmaßnahmen sicherzustellen, dass diese nur Informationen erhalten, die ihnen das BZSt hätte übermitteln dürfen (siehe § 4 EUAHiG). Die Einzelheiten dazu regelt § 10 EUAHiG.

Gemeinsame Prüfungshandlungen

Das BZSt kann mit Mitgliedstaaten vereinbaren, gleichzeitige Prüfungen vorzunehmen. Diese Prüfung kann eine oder mehrere Personen betreffen. Insoweit besteht die Möglichkeit zu konzertierten Prüfungshandlungen. Die Finanzbehörde bestimmt, welche Person oder Personen für eine gleichzeitige Prüfung in Frage kommen. Das BZSt als zentrales Verbindungsbüro unterrichtet sodann die betroffenen Mitgliedstaaten, begründet die Auswahl und gibt den Zeitraum an, in welchem die gleichzeitige Prüfung durchgeführt werden soll, § 12 Abs. 1, 2 EUAHiG).

Zustellungsersuchen

Teilweise schreiben die Rechtsordnungen einiger Mitgliedstaaten vor, dass Entscheidungen und Verfügungen, die den Steuerpflichtigen selbst betreffen, diesem zugestellt werden müssen, um wirksam zu werden. Mit der Neuregelung nach § 13 EUAHiG kann diese Zustellung unter bestimmten Voraussetzungen erreicht werden, sodass künftig keine Schwierigkeiten bei Wegzug des Steuerpflichtigen in einen anderen Mitgliedstaat bestehen werden.

Bei Zustellungsersuchen anderer Mitgliedstaaten, die eigentlich von den Gemeinden oder Gemeindeverbänden vorzunehmen wären (siehe § 3 Abs. 5), sind den entsprechenden Finanzbehörden zuzuleiten. Die Finanzbehörden entscheiden dann, ob die Gemeinde oder der Gemeindeverband bei der Zustellung um Amtshilfe gebeten werden kann oder ob eine Zustellung unmittelbar durch die Finanzbehörde erfolgt. Wenn eine Gemeinde im Rahmen der Amtshilfe tätig wird, so hat sie die entsprechenden Verwaltungszustellungsgesetze anzuwenden.

3.1.2.7 Informationsverwendung

Das Steuergeheimnis und der Schutz, den die Abgabenordnung für entsprechende Informationen vorsieht, gelten auch für die im Rahmen dieses Gesetzes erteilten Informationen anderer Staaten.

Verwendung von Informationen/Datenschutz und Zweckbestimmung

Informationen, die von Mitgliedstaaten übermittelt werden, dürfen gemäß § 19 Abs. 2 EUAHiG zu folgenden Zwecken verwendet werden:

- Anwendung und Durchsetzung des innerstaatlichen Steuerrechts über die in § 1 genannten Steuern,
- Wahrnehmung gesetzlicher Kontroll- und Aufsichtsbefugnisse,
- Festsetzung und Beitreibung anderer Steuern und Abgaben nach § 1 des EU-Beitreibungsgesetzes sowie
- Verwertung im Zusammenhang mit Gerichts- und Verwaltungsverfahren, die Sanktionen wegen Nichtbeachtung des Steuerrechts zur Folge haben können.

Weitergabe von Informationen an Mitgliedstaaten

Soweit das Gesetz die Weiterleitung der erlangten Informationen an einen dritten Mitgliedstaat vorsieht (siehe § 15 Abs. 2 EUAHiG), muss die Weiterleitungsabsicht dem Staat, aus dem die Informationen stammen, mitgeteilt werden. Der Mitgliedstaat muss der Weitergabe widersprechen. Tut er dies nicht innerhalb von zehn Arbeitstagen nach Eingang der Mitteilung, kann das BZSt die Informationen und Dokumente an einen dritten Mitgliedstaat weiterleiten. Mit dieser Regelung soll eine zeitlich hinausgezögerte Übermittlung vermieden und zugleich eine effektive Weiterleitung der Informationen gewährleistet werden.

Allerdings gilt diese Weiterleitungsbefugnis nur für solche Informationen und Dokumente zu den in § 19 Abs. 2 S. 1 genannten Zwecken. Sollen dagegen Informationen und Dokumente nach § 15 Abs. 2 EUAHiG weitergegeben oder verwendet werden, so muss hierfür die Einwilligung jenes Mitgliedstaates eingeholt werden, von dem die Auskünfte und Dokumente stammen. Dann darf eine Weitergabe nur erfolgen, wenn die Verwendung für einen vergleichbaren Zweck nach deutschem Recht unter Beachtung der Regelungen der §§ 30, 31, 31a und 31b AO zulässig ist.

Weitergabe von Informationen von und an Drittstaaten

Das BZSt kann die von Drittstaaten erlangten Informationen an andere Mitgliedstaaten weiterleiten, wenn dies für die Anwendung und Durchsetzung des deutschen Rechts über die in § 1 EUAHiG genannten Steuern voraussichtlich erheblich ist. Voraussetzung für eine solche Weitergabe ist deren Zulässigkeit nach dem mit dem Drittstaat getroffen Abkommen.

Die Weitergabe von Informationen an einen Drittstaat ist nur dann gestattet, wenn

- die Weitergabe im Einklang mit den deutschen Bestimmungen über die Weitergabe personenbezogener Daten an Drittstaaten steht,
- die Informationen für die zutreffende Steuerfestsetzung in diesem Drittstaat erheblich sein können,
- der Mitgliedstaat, von dem die Informationen stammen, mit der Weitergabe einverstanden ist und
- sich der Drittstaat zum Informationsaustausch verpflichtet hat.

3.1.2.8 Inkrafttreten/Anwendungszeitraum

Das Gesetz tritt am 1.1.2013 in Kraft.

Die automatische Übermittlung von Informationen gemäß § 7 Abs. 1 EUAHiG ist erst ab dem 11.2015 vorzunehmen und erstmals auf Informationen der Besteuerungszeiträume ab dem 1.1.2014 anzuwenden, § 20 EuAHiG.

3.1.3 Änderungen bei der Einkommensteuer

Die Änderungen bei den Ertragsteuern (Einkommensteuer, Körperschaftsteuer, Gewerbesteuer) durch das JStG 2013 betreffen im Wesentlichen die Regelung zur Vermeidung einer Doppelbesteuerung von Dividendenzahlungen und anderen Gewinnausschüttungen im Rahmen der Mutter-Tochter-Richtlinie, welche sich aus deren Neufassung[61] ergab (EStG, KStG, GewStG). Daneben sind noch zahlreiche andere Änderungen vorgesehen.

Der Bundesrat hatte verschiedene Prüfbitten im Rahmen des Gesetzgebungsverfahrens an die Bundesregierung herangetragen, die diese nur zum Teil aufnahm. Die im Vermittlungsverfahren ausgehandelten Kompromisse und der daraufhin gefasste Beschluss des Vermittlungsausschusses mit umfangreichen Änderungsvorschlägen (unter anderen der zuvor nicht behandelten einkommensteuerlichen Gleichstellung von Lebenspartnerschaften) wurde seitens des Bundestags in seiner Sitzung am 17.1.2013 nicht angenommen.

Bei den nachfolgenden Darstellungen wird aufgezeigt, soweit es sich um Vorschläge des Vermittlungsausschusses handelt.

3.1.3.1 Förderung von Elektrofahrzeugen

Mit der Umsetzung des Regierungsprogramms „Elektromobilität" werden in das EStG Regelungen zum Nachteilsausgleich für die Nutzung von betrieblichen Elektrofahrzeugen und Hybridelektrofahrzeugen aufgenommen. Die Nutzung von Elektro- und extern aufladbaren Hybridelektrofahrzeugen wird als eine wesentliche Maßnahme zur Reduktion des CO_2-Ausstoßes angesehen. Daher werden die Reglungen des Betriebsausgabenabzugsverbots, die Entnahme für die Privatnutzung von Kfz und die Sachzuwendungsregelungen ergänzt. Was Elektrofahrzeuge oder Hybridfahrzeuge sind, bestimmt das Gesetz nicht. Nach den Vorstellungen des Gesetzgebers[62] handelt sich bei

---

[61] Richtlinie 2011/96/EU des Rates v. 30.11.2011, ABl. v. 29.12.2011, L 345, S. 8 ff.
[62] Siehe Regierungsentwurf v. 19.6.2012 zum JStG 2013, BT-Drs. 17/10000, S. 53.

- Elektrofahrzeugen um Kraftfahrzeuge, die ausschließlich durch Elektromotoren angetrieben werden, die ganz oder überwiegend aus mechanischen oder elektrochemischen Energiespeichern gespeist werden

- Hybridelektrofahrzeugen um Kraftfahrzeuge i. S. v. Art. 3 Nr. 15 der Richtlinie 2007/46/EG.[63]

Der Nachteilsausgleich soll auch für Brennstoffzellenfahrzeuge gelten, um das Ziel, Deutschland bis zum Jahr 2020 zum Leitmarkt und Leitanbieter für Elektromobilität zu entwickeln, zu erreichen und die Maßnahme technologieoffen umzusetzen.

3.1.3.1.1 Einschränkung des Betriebsausgabenabzugsverbots, § 4 Abs. 5 S. 1 Nr. 6 S. 3 EStG

Durch den Verweis auf § 6 Abs. 1 Nr. 4 S 3 EStG wird das Abzugsverbot betreffend die private Kfz-Nutzung eingeschränkt.

3.1.3.1.2 Privatnutzung von Kfz mit Elektro- oder Hybridantrieb, § 6 Abs. 1 Nr. 4 S. 2–3 EStG

Kernnorm der Förderung ist die Vorschrift zur Bestimmung der Entnahme in § 6 Abs. 1 Nr. 4 EStG. Die Verbreitung von Elektrofahrzeugen soll durch den Ansatz des höheren Listenpreises nicht behindert werden. Die Bewertung der Entnahme i. H. v. 1 % des Listenpreises (zzgl. Sonderausstattungen einschließlich USt) für die Privatnutzung eines Kfz würde Fahrzeuge mit Elektro- oder Hybridantrieb benachteiligen, weil deren Listenpreis höher ist. Daher soll mittels der Regelung der Listenpreis gesondert bestimmt werden. Insgesamt bedient sich der Gesetzgeber einer typisierten Ermittlung. Die Mehrkosten für das Batteriesystem werden pauschal angesetzt, und zwar nach einer Staffelung, wonach für die

Anschaffung bis zum	ein Betrag von €
31.12.2013	500
31.12.2014	450
31.12.2015	400
31.12.2016	350
31.12.2017	300
31.12.2018	250
31.12.2019	200
31.12.2020	150
31.12.2021	100
31.12.2022	50

pro kWh Speicherkapazität vom Listenpreis abgezogen wird. Nach dem 31.12.2022 angeschaffte Fahrzeuge sollen keine Förderung mehr erhalten. Durch die sukzessive Minderung soll der fortschreitenden Entwicklung und den aus einem Übergang zur Serienproduktion reduzierenden Kosten für die Batteriesysteme Rechnung getragen werden. Die Minderung ist auf einen Betrag von 10.000 € gedeckelt. Der jährliche Minderungsbetrag beträgt dann pro Jahr 500 €.

---

[63] Richtlinie v. 5.12.2007, ABl. L 263 v. 9.10.2007, S. 1.

3.1.3.1.3 Einschränkung der Besteuerung bei Sachzuwendungen, § 8 Abs. 2 S. 4 EStG

Über den Verweis in § 8 Abs. 2 S. 2 EStG findet die Regelung des § 6 Abs. 1 Nr. 4 EStG auch Anwendung bei Arbeitnehmern bzgl. des zu ermittelnden geldwerten Vorteils aus der Überlassung eines betrieblichen Kraftfahrzeugs zur privaten Nutzung als auch in den Fällen des § 8 Abs. 2 S. 3 EStG, wenn der Arbeitnehmer dieses Kraftfahrzeug für Fahrten zwischen Wohnung und regelmäßiger Arbeitsstätte nutzen kann.

3.1.3.1.4 Anwendungszeitraum

Die Vorschriften sollen auf Elektrofahrzeuge, die vor dem 1.1.2023 angeschafft werden, anwendbar sein (§ 52 Abs. 16 S. 11 EStG). Der Minderungsbetrag wird dabei in Abhängigkeit vom Erstzulassungszeitpunkt des Fahrzeugs bemessen. Es gilt allerdings ein Notifizierungsvorbehalt gemäß Art. 33 Abs. 4 JStG 2013. Die Vorschrift soll spätestens nach Ablauf von fünf Jahren evaluiert werden, um zu prüfen, ob sie auf Grund der zu erwartenden, schnell voranschreitenden technischen Entwicklung in diesem Sektor weiter erforderlich und ob sie dem Grunde und der Höhe nach weiterhin gerechtfertigt ist.

3.1.3.2 Klarstellung für Gewinnermittlung nach § 4 Abs. 3 EStG bei AfA, § 6 Abs. 7 EStG

Zur Absicherung der bestehenden Verwaltungspraxis wird in § 6 Abs. 7 EStG eine Neuregelung getroffen, die nach Ansicht des Gesetzgebers lediglich klarstellende Wirkung haben soll. Die Norm verweist nun ausdrücklich auf die Anwendung der in § 6 Abs. 1 Nr. 1a und Nr. 4 bis 7 EStG niedergelegten Bewertungsansätze. Bislang verwies § 6 Abs. 1 EStG für die Bewertung von Wirtschaftsgütern ausdrücklich nur auf die nach § 4 Abs. 1 EStG oder nach § 5 EStG als Betriebsvermögen anzusetzenden Wirtschaftsgüter.

Die Neuregelung gilt mit Inkrafttreten des JStG, Art. 33 Abs. 2 JStG und damit jedenfalls auch für den Veranlagungszeitraum 2012.

3.1.3.3 Sonderausgaben und außergewöhnliche Belastungen

3.1.3.3.1 Vorsorgeaufwendungen, § 10 Abs. 2 S. 1 Nr. 2 EStG

Erweiterung der für den Abzug von Vorsorgeaufwendungen in Betracht kommenden Einrichtungen (andere Einrichtungen). Unter bestimmten Voraussetzungen können auch Beiträge an Versicherungsunternehmen außerhalb der EU/des EWR als Sonderausgaben berücksichtigt werden. Sozialrecht bzw. VVG ist Maßstab auch bei unbeschränkt Steuerpflichtigen ohne Wohnsitz oder gewöhnlichem Aufenthalt im Inland (Fälle des § 1 Abs. 2 oder 1 Abs. 3 EStG).

Die Vorschrift soll erstmals ab dem Veranlagungszeitraum 2013 gelten (§ 52 Abs. 1 EStG).

3.1.3.3.2 Übermittlungspflicht von öffentlichen Stellen, § 10 Abs. 4b EStG

Mit der Norm soll sichergestellt werden, dass die Zuschüsse und Erstattungen steuerlich zutreffend erfasst werden. Insofern sieht das Gesetz eine Mitteilungspflicht von Behörden i. S. d. § 6 Abs. 1 AO und anderen öffentlichen Stellen vor.

3.1.3.3.3 Außergewöhnliche Belastungen, § 33a EStG

In Reaktion auf die Rechtsprechung des BFH,[64] wonach ein angemessenes Hausgrundstück i. S. d. § 90 Abs. 2 Nr. 8 SGB XII entgegen der sozialrechtlichen Verschonungsregelung und der bislang bestehenden Verwaltungsauffassung (vgl. R 33a.1 Abs. 2 S. 4 Nr. 2 EStR 2008) bei der Ermittlung des eigenen Vermögens des Unterhaltsempfängers zu berücksichtigen sei, stellt nun § 33a Abs. 1 EStG klar, dass die im Sozialrecht geltende Verschonungsregelung auch bei der Ermittlung des eigenen Vermögens eines Unterhaltsempfängers Anwendung finden soll. Ein angemessenes Hausgrundstück i. S. v. § 90 Abs. 2 Nr. 8 SGB XII bleibt daher außer Betracht.

Die Reglung ist in allen Fällen anzuwenden, die noch nicht bestandkräftig sind, § 52 Abs. 46 EStG.

3.1.3.3.4 Pflegepauschbetrag, § 33b Abs. 6 S. 5 EStG

Die Vorschrift gilt nunmehr explizit für Pflegeleistungen an hilflose Personen, sofern der Pflegewohnsitz in der EU bzw. dem EWR gelegen ist. Die Vorschrift soll erstmals ab dem Veranlagungszeitraum 2013 gelten (§ 52 Abs. 1 EStG).

3.1.3.4 Steuerbefreiungen und Steuerermäßigungen, Steuersatz

3.1.3.4.1 Bezüge von Wehr- und Zivildienstleistenden, § 3 Nr. 5 EStG

Die Neufassung des § 3 Nr. 5 EStG erfolgt als Folge der Änderung des Wehrpflichtgesetzes[65] und einem Prüfauftrag im Rahmen dieses Gesetzgebungsverfahrens, der eine Überprüfung der privilegierten Besteuerung der Bezüge des freiwilligen Wehrdienstes vorsieht.[66] Die Wehrpflicht wurde ab dem 1.7.2011 ausgesetzt und durch den freiwilligen Wehrdienst mit einer Dauer von bis zu 23 Monaten ersetzt. Diese Änderung führte dazu, dass die Bezüge für den freiwilligen Wehrdienst wie die Bezüge für den verpflichtenden Wehrdienst nach § 3 Nr. 5 EStG steuerfrei gestellt wurden. Der rechtliche Grund für die Erweiterung auf den freiwilligen Wehrdienst ist der gesetzliche Verweis in § 3 Nr. 5 EStG auf § 1 Abs. 1 S. 1 des Wehrsoldgesetzes. Im Einzelnen sind von der Steuerbefreiung erfasst:

- Geld- und Sachbezüge für Wehrpflichtige und Zivildienstleistende,
- Wehrsold für Soldaten,
- Bezüge für Reservistinnen und Reservisten der Bundeswehr,
- Heilfürsorge für Soldaten und Zivildienstleistende,
- Taschengeld oder vergleichbare Geldleistungen für den Freiwilligendienst (§ 32 Abs. 4 S. 1 Nr. 2 Buchst. d EStG)

3.1.3.4.2 Ermäßigungshöchstbetrag für gewerbliche Einkünfte, § 35 Abs. 1 S. 4 EStG

Der Ermäßigungshöchstbetrag für Zwecke der Gewerbesteueranrechnung nach § 35 EStG nimmt Bezug auf die geminderte tarifliche Steuer. Diese ist in § 35 Abs. 1 S. 4 EStG definiert und nahm bislang keinen Bezug zu solchen ausländischen Steuern, die im Rahmen der Veranlagung nach § 32d Abs. 6 S. 2 EStG angerechnet werden. In der Neufassung werden nunmehr auch die danach

---

[64] BFH v. 30.6.2010, VI R 35/09, DB 2010, S. 2481.
[65] Wehrrechtsänderungsgesetz 2011 v. 28.4.2011, BGBl I 2011, S. 678.
[66] Siehe BT-Drs. 17/4821.

angerechneten Beträge bei der Bestimmung der geminderten tariflichen Steuer berücksichtigt, sodass ggf. der Ermäßigungshöchstbetrag sinkt.

Die Vorschrift soll erstmals ab dem Veranlagungszeitraum 2013 gelten (§ 52 Abs. 1 EStG).

3.1.3.4.3 Modifikationen beim Progressionsvorbehalt, § 32b Abs. 2 S. 1 Nr. 2 S. 2 Buchst. c) EStG

Mit der Änderung der Regelung zum Progressionsvorbehalt kam die Bundesregierung einer Prüfbitte des Bundesrates nach. Bei Steuerpflichtigen, die ihren Gewinn nach Maßgabe der Einnahmen-Überschuss-Rechnung ermitteln, soll der Steuersatz nunmehr insoweit ermittelt werden, dass im Rahmen der Gewinnermittlung erst zum Zeitpunkt des Zuflusses des Veräußerungserlöses oder zum Zeitpunkt der Entnahme die bestimmten Betriebsausgaben zu berücksichtigen sind, § 32b Abs. 2 S. 1 Nr. 2 S. 2 Buchst. c) EStG. Damit soll einem „Modell" der Gewinnminderung mittels Rohstoff- oder Golderwerben und deren Zuordnung im Umlaufvermögen (sog. Progressionsmodell oder „Goldfingergeschäfte") entgegengesteuert werden, welches unbeschränkt Steuerpflichtige über Beteiligungen an ausländischen Personengesellschaften nutzten, um Gewinne zu mindern.

3.1.3.5 Einkünfte aus Kapitalvermögen

3.1.3.5.1 Steuerneutralität bei Abspaltungen, § 20 Abs. 4a S. 7 EStG

Mit der Ergänzung durch Satz 7 wird der Anwendungsbereich von § 20 Abs. 4a S. 1 EStG auf Abspaltungen erweitert. Dies entspricht der Zielsetzung, die Abgeltungsteuer für Steuerpflichtige und die Kreditinstitute als steuerabführende Stellen praktikabel auszugestalten. Durch die entsprechende Anwendung von Satz 1 bei Abspaltungen von Körperschaften treten die Anteile an der übernehmenden Gesellschaft anteilig an die Stelle der Anteile der übertragenden Gesellschaft. Abweichend von den §§ 13 und 15 UmwStG besteht keine Antragserfordernis für die Fortführung der Anschaffungskosten. Die Anschaffungskosten sind entsprechend dem Umtauschverhältnis laut Spaltungsvertrag oder Spaltungsplan aufzuteilen. Sofern dieser nicht bekannt ist, ist entsprechend der bisherigen Praxis das rechnerische Splittingverhältnis maßgebend.[67] Die erhaltenen Anteile übernehmen den steuerlichen Status der Anteile an der übertragenden Gesellschaft.

Die Vorschrift soll erstmals auf Abspaltungen anwendbar sein, bei denen die Anmeldung zur Eintragung in das für die Wirksamkeit des jeweiligen Vorgangs maßgebende öffentliche Register nach dem 31.12.2011 erfolgt ist (§ 52a Abs. 10 S. 12 EStG).

3.1.3.5.2 Vermeidung der Doppelbesteuerung bei Dividendenzahlungen

Die Anpassungen erfolgen vor dem Hintergrund der Neufassung der Mutter-Tochter-Richtlinie.[68] Im Einzelnen sind im EStG die Regelungen zu § 43b EStG und der Anlage 2 zum EStG betroffen. Änderungen sind folgerichtig auch in § 8b Abs. 9 und § 34 Abs. 7 KStG sowie in § 9 Nr. 4 GewStG enthalten.

3.1.3.5.3 Änderungen beim Korrespondenzprinzip, § 3 Nr. 40 Buchst. d) S. 2, § 32d Abs. 2 Nr. 4 EStG

Die Änderungen sind in dem vom Bundestag verabschiedeten JStG 2013[69] nicht enthalten, sondern stellen Forderungen des Bundesrates dar. Der Bundesrat hat am 23.11.2012 dem JStG 2013 nicht

---

[67] Vgl. BMF v. 22.12.2009, BStBl I 2010, S. 94, Rn. 101, 115.
[68] Richtlinie 2011/96/EU des Rates v. 30.11.2011 über das gemeinsame Steuersystem der Mutter- und Tochtergesellschaften verschiedener Mitgliedstaaten, Abl. vom 29.12.2011, L 345, S. 8 ff.
[69] BR-Drs. 632/12 v. 2.11.2012.

zugestimmt. Die Bundesregierung hat den Vermittlungsausschuss angerufen. Die Regelung ist in den Empfehlungen des Vermittlungsausschusses vom 12.12.2012[70] enthalten. Der Bundestag hat dem Vermittlungsergebnis am 17.1.2013 nicht zugestimmt.

Die Neuregelungen des § 3 Nr. 40 Buchst. d) S. 2 EStG wie auch § 32d Abs. 2 Nr. 4 EStG sehen Änderungen im Zusammenhang mit dem Korrespondenzprinzip vor. Zu den inhaltlichen Ausführungen der siehe A.3.1.4.1. Die Änderungen der § 3 Nr. 40 EStG sollen am dem Veranlagungszeitraum 2013 und die des § 32d Abs. 4 EStG auf Bezüge, die nach dem 31.12.2012 zufließen, anwendbar sein.

3.1.3.6 Änderungen beim Kapitalertragsteuereinbehalt

3.1.3.6.1 Gewinnobligationen/Wandelanleihen/Genussrechte, § 43 Abs. 1 S. 1 Nr. 1a, Abs. 1 S. 1 Nr. 2 S. 3 EStG

§ 43 Abs. 1 S. 1 Nr. 1a EStG wird um Genussscheine ergänzt. Die für den Steuerabzug nach § 43 Abs. 1 S. 1 Nr. 1a EStG geltenden Vorschriften kommen auch im Hinblick auf Teilschuldverschreibungen und Genussrechte i. S. d. § 43 Abs. 1 Nr. 2 EStG unter bestimmten Voraussetzungen zur Anwendung. Die Regelungen sollen eine verfahrensmäßige Umstellung des Kapitalertragsteuereinbehalts im Sinne einer Verlagerung der Verpflichtung auf die depotführenden Institute bewirken und stehen im Zusammenhang mit dem OGAW-IV-UmsG.

Die Vorschrift soll erstmals auf Kapitalerträge Anwendung finden, die dem Gläubiger nach dem 31.12.2012 zufließen (§ 52a Abs. 16c S. 1 EStG).

3.1.3.6.2 Kompensationszahlungen über ausländische Stellen, § 44 Abs. 1a EStG/ § 45a Abs. 2 S. 1 EStG

Die Neuregelung umfasst Sachverhalte, in denen Steuerpflichtige eine Bankbeziehung zu einer ausländischen Depotstelle unterhalten und von einem Leerverkäufer Kompensationszahlungen für entgangene Dividenden (*manufactured dividends*) erhalten. In der Praxis sollen ausländische Depotstellen im Interesse ihrer Kunden bereit sein, Kapitalertragsteuer auf freiwilliger Basis einzubehalten und an eine inländische Wertpapiersammelbank weiterzuleiten. § 44 Abs. 1a EStG kodifiziert in diesen Fällen eine Verpflichtung zur Abführung der Steuer an den Fiskus und § 45a Abs. 2 S. 1 EStG die Ausstellung einer Steuerbescheinigung zugunsten des Steuerpflichtigen.

Die Vorschriften sollen erstmals auf Kapitalerträge Anwendung finden, die dem Gläubiger nach dem 31.12.2012 zufließen (§ 52a Abs. 16c S. 2 EStG).

3.1.3.6.3 Erweiterung der Ausnahmen, §§ 44a Abs. 1, Abs. 5 S. 1, 44b Abs. 1–4, 45b EStG

Die vorgesehenen Änderungen führen zu einer Erweiterung der Abstandnahme vom Steuerabzug unter den Voraussetzungen der jeweiligen Vorschriften, etwa bei Unterschreiten des Sparerpauschbetrags, auch bei Kapitalerträgen i. S. v. § 43 Abs. 1 S. 1 Nr. 1 EStG aus Genussrechten und i. S. v. § 43 Abs. 1 S. 1 Nr. 2 EStG aus von Kapitalgesellschaften gewährten Arbeitnehmerbeteiligungen. Demnach entfällt der Steuerabzug z. B., wenn ein Freistellungsauftrag oder eine NV-Bescheinigung vorliegt. Ein Erstattungsverfahren nach § 44b Abs. 1–4 EStG (Einzelantrag) bzw. § 45b EStG (Sammelantrag) sei in diesen Fällen nicht mehr erforderlich, sodass die Vorschriften aufgehoben werden.

Die Vorschrift soll erstmals auf Kapitalerträge Anwendung finden, die dem Gläubiger nach dem 31.12.2012 zufließen (§ 52a Abs. 16c S. 3 EStG).

---

[70] BT-Drs. 17/11844, S. 3.

3.1.3.7 Lohnsteuer

3.1.3.7.1 Freibetrag im Lohnsteuerabzugsverfahren für zwei Jahre, § 39a Abs. 1 S. 3–5 EStG

Der im Lohnsteuerabzugsverfahren zu berücksichtigende Freibetrag kann künftig für zwei Kalenderjahre statt nur für ein Kalenderjahr, wie derzeit, beantragt werden. Änderungen zuungunsten des Arbeitnehmers sind dem Finanzamt umgehend anzuzeigen. Änderungen zugunsten des Arbeitnehmers können von diesem jederzeit beantragt werden.

Die Vorschrift soll erstmals Anwendung finden, wenn das BMF den Zeitpunkt der Anwendung mitteilt (§ 52 Abs. 50h EStG).

3.1.3.7.2 Lohnsteuernachschau, § 42g EStG

Da die Lohnsteuer mit eine der wichtigsten Einnahmequellen des Staates ist, hält es der Gesetzgeber für erforderlich, auch in diesem Bereich wirksame Prüfungsinstrumente zu erlangen.

Da es insbesondere bei gemeinsamen Prüfungen von Zoll- und Finanzverwaltung an einer sicheren Rechtsgrundlage fehlt, weil im Rahmen der Amtshilfe weder Beamte der Zollverwaltung noch Beamte der Finanzverwaltungen befugt sind, unangekündigt die Erfüllung lohnsteuerrechtlicher Pflichten zu prüfen, wird mit der Einfügung des neuen § 42g EStG eine gesicherte Rechtsgrundlage für eine schnelle und effektive Prüfung durch die Finanzämter geschaffen. Damit wird auch die Beteiligung von Lohnsteuer-Außenprüfern an Einsätzen der Finanzkontrolle in Bezug auf Schwarzarbeit erleichtert.

Die neu geschaffene Lohnsteuer-Nachschau soll eine Prüfung ohne vorherige Ankündigung ermöglichen. Dafür bietet § 42g EStG die Ermächtigungsgrundlage. Sie beschreibt den Zweck und das Verfahren. Die allgemeine Nachschau ist keine Prüfung im Sinne der §§ 193 ff. AO. Sie dient der zeitnahen kursorischen Kontrolle, die die Außenprüfung nicht verdrängen soll. Vertiefte Ermittlungen sollen weiterhin einer Außenprüfung vorbehalten sein.

Die Regelungen treten mit Inkrafttreten des JStG 2013 in Kraft, Art. 33 Abs. 1 JStG.

> **Literaturhinweis:** Zur gleichzeitigen Außenprüfung von Finanzamt und Rentenversichern: *Schmidt*, nwb 2012, S. 3692

3.1.3.7.3 Übergangsregelungen zur Anwendung der elektronischen Lohnsteuermerkmale, § 52b EStG

Nach § 52b Abs. 5 S. 1 EStG,[71] hat das BMF den Zeitpunkt der erstmaligen Anwendung der elektronischen Lohnsteuerabzugsmerkmale (ELStAM) für die Durchführung des Lohnsteuerabzugs sowie den Zeitpunkt des erstmaligen Abrufs der ELStAM durch den Arbeitgeber (Starttermin) in einem BMF-Schreiben (sogenanntes Startschreiben) zu bestimmen. Das JStG 2013 sieht für die Anwendung der elektronischen Lohnsteuermerkmale in § 52b EStG i. d. F. des JStG 2013 entsprechende Übergangsregelungen vor.

Aufgrund des verzögerten Inkrafttretens des JStG 2013 hat das BMF mit Schreiben vom 19.12.2012 die Weitergeltung des ursprünglich als Übergangsschreibens konzipierten Entwurfs vom 5.10.2012[72] angeordnet und geht davon aus, dass die Neufassung des § 52b EStG i. d. F. des JStG 2013 zu einem späteren Zeitpunkt in Kraft treten wird. Damit sind die in der Entwurfsfassung des BMF-

---

[71] Zuletzt geändert durch Art. 3 des G vom 8.5.2012, BGBl I 2012, S. 1030.
[72] Entwurf des ELSTAM Startschreiben, BMF v. 5.10.2012, IV C 5 – S 2363/07/0002-03 (2012/0813379).

Schreibens mit Stand vom 5.10.2012 (sog. ELStAM-Startschreiben) enthaltenen Regelungen für den Lohnsteuerabzug im Einführungszeitraum 2013 weiterhin anzuwenden.

Das Startschreiben legt als Starttermin für das Verfahren der elektronischen Lohnsteuerabzugsmerkmale (ELStAM-Verfahren) den 1.11.2012 fest. Ab diesem Zeitpunkt können Arbeitgeber die ELStAM der Arbeitnehmer mit Wirkung ab dem 1.1.2013 abrufen. Damit hat der Arbeitgeber das ELStAM-Verfahren grundsätzlich für laufenden Arbeitslohn, der für einen nach dem 31.12.2012 endenden Lohnzahlungszeitraum gezahlt wird, und für sonstige Bezüge, die nach dem 31.12.2012 zufließen, anzuwenden (§ 52b Absatz 5 Satz 2 EStG i. d. F. des G vom 8.5.2012).

3.1.3.8 Erweiterung der Entlastungsberechtigung, § 50d Abs. 1 S. 11 EStG

Der neu eingefügte Satz 11 soll abkommensrechtliche Entlastungsansprüche nach DBA im Falle hybrider Gesellschaftsformen behandeln. Die Norm geht zurück auf das Änderungsverlangen des Bundesrates im Zusammenhang mit der Zustimmung zum Gesetz über die Änderung des Gemeindefinanzreformgesetzes.[73] Der Wortlaut der Norm wurde gegenüber dem Referentenentwurf geändert.

Ausweislich der Begründung (S. 72) soll die Neuregelung vermeiden, dass bestehende Erstattungsansprüche bei hybriden Gesellschaften ins Leere laufen. Die (kurze) Begründung bezieht sich auf den OECD-MK zu Art. 1 Rn. 5, der bereits Gegenstand der Ausführungen im BMF-Schreiben vom 16.4.2010 zur Anwendung der DBA auf Personengesellschaften[74] in Tz. 2.1.2. ist. Die Reichweite der Neuregelung ist aus praktischer Sicht derzeit nicht abschließend einschätzbar. Trotz der im BMF-Schreiben in Tz. 2.1.2. enthaltenen Ausführungen bestanden bislang Zweifel, ob die DBA-Entlastungsansprüche einer anderen Person zugerechnet werden können, als derjenigen, die in Deutschland steuerpflichtig ist.[75] Anscheinend soll ein bestehender DBA-Entlastungsanspruch im Geltungsbereich der Vorschrift nur von einer nach dem anderen Vertragsstaat als die Einkünfteerzielerin angesehenen Person geltend gemacht werden können. Die geplante Neuregelung bezieht sich nach dem Wortlaut nur auf Erstattungsansprüche, nicht jedoch auf Freistellungsfälle. In der Begründung wird indessen hervorgehoben, dass die Neuregelung nicht das Recht einer erstattungsberechtigten Person zur Teilnahme am Freistellungsverfahren einschränkt.

Die Neuregelung soll erstmals für Zahlungen anwendbar sein, die nach dem Tag nach der Verkündung des JStG 2013 erfolgen (§ 52 Abs. 59a S. 7 EStG).

3.1.3.9 Sicherung der parallelen Anwendbarkeit von § 50d Abs. 8 und 9 EStG

Der Vorschlag des Vermittlungsausschusses geht zurück auf eine Stellungnahme des Bundesrates vom 6.7.2012. Da der Bundestag dem Ergebnis des Vermittlungsausschusses nicht zustimmte, ist derzeit unklar bzw. offen, ob und in welchem Umfang die nachfolgend dargestellte Regelung tatsächlich umgesetzt wird.

3.1.3.9.1 Ausgangslage und Hintergrund der Regelung

Der BFH hat mit Urteil vom 11.1.2012[76] über das Verhältnis von § 50d Abs. 8 und Abs. 9 EStG entschieden. Die Entscheidung betraf die abkommensrechtliche Freistellung des Arbeitslohns von in Deutschland ansässigen irischen Piloten. Irland hatte auf sein abkommensrechtliches Besteuerungsrecht verzichtet. § 50d Abs. 8 EStG gewährt die Freistellung u. a. nur bei Nachweis des Steu-

---

[73] Siehe dazu A.1.6.
[74] BStBl I 2010, S. 354.
[75] Vgl. *Wassermeyer*, IStR 2010, S. 683; ders., FR 2010, S. 537.
[76] Vgl. BFH v. 11.1.2012, I R 27/11, IStR 2012, 313 mit Anm. *Hegner/Sedemund*.

erpflichtigen, dass der andere Vertragsstaat auf sein Besteuerungsrecht verzichtet. Nach § 50d Abs. 9 S. 1 Nr. 2 EStG soll die Freistellung hingegen auch dann nicht gewährt werden, wenn der Besteuerungsverzicht des anderen Vertragsstaats seine Begründung allein in dem Umstand der beschränkten Steuerpflicht der betroffenen Person findet.

Der BFH hatte entschieden, dass die beiden Vorschriften in einem Spezialitätsverhältnis zueinander stünden und § 50d Abs. 8 EStG vorrangig und damit allein anzuwenden sei.

Die vorgesehene Neuregelung soll sicherzustellen, dass die beiden Vorschriften zukünftig nebeneinander angewendet werden können. Ausweislich der Erläuterungen sollte entsprechend das Verhältnis der Bestimmungen in § 20 Abs. 2 AStG und § 50d Abs. 9 EStG geregelt werden; das hier gesehene Regelungsbedürfnis blieb jedoch unklar.

3.1.3.9.2 Anwendung

Die Neuregelung soll in allen Fällen, in denen die Einkommensteuer noch nicht bestandskräftig festgesetzt worden ist, anwendbar sein.

3.1.3.10 Sicherung des Besteuerungsrechts für Sondervergütungen, § 50d Abs. 10 EStG

Der Vorschlag des Vermittlungsausschusses geht zurück auf eine Stellungnahme des Bundesrates vom 6.7.2012. Da der Bundestag dem Ergebnis des Vermittlungsausschusses nicht zustimmte, ist derzeit unklar bzw. offen, ob und in welchem Umfang die nachfolgend dargestellte Regelung tatsächlich umgesetzt wird.

3.1.3.10.1 Hintergrund und Inhalt der Regelung

Hintergrund ist insbesondere Entscheidungen des BFH,[77] in dem die Anwendbarkeit des § 50d Abs. 10 EStG mangels abkommensrechtlicher Zurechnung der den Sondervergütungen zugrunde liegenden Wirtschaftsgüter zu einer inländischen DBA-Betriebsstätte verneint wird.

Die vorgeschlagene Neufassung des § 50d Abs. 10 EStG soll gelten, wenn auf eine Sondervergütung ein DBA anzuwenden ist und dieses DBA keine solche Vergütungen betreffende ausdrückliche Regelungen enthält. Dann sind die der Vergütung zugrunde liegenden Vermögenswerte ungeachtet der Vorschriften des DBA (*treaty override*) derjenigen Betriebsstätte zuzurechnen, der der Aufwand für die Leistung zuzuordnen ist. Die Regelung erfasst ausdrücklich auch Sonderbetriebseinnahmen und -ausgaben. Ferner soll die Neuregelung auch auf mehrstöckige Personengesellschaftsstrukturen nach § 15 Abs. 1 S. 1 Nr. 2 S. 2 EStG, auf nachträgliche Vergütungen i. S. d. § 15 Abs. 1 S. 2 EStG sowie auf Einkünfte aus selbständiger Arbeit nach § 18 EStG anzuwenden sein.

Ausgenommen von der Anwendung sind gewerblich geprägte Gesellschaften (§ 15 Abs. 3 Nr. 2 EStG). Nach dem Vorschlag des § 50d Abs. 10 S. 5 EStG rechnet Deutschland die im Ansässigkeitsstaat des Unternehmers erhobene Steuer anteilig auf die in Deutschland nach § 50d Abs. 10 EStG erhobene Einkommen- oder Körperschaftsteuer an, sofern der Ansässigkeitsstaat diese Einkünfte besteuert und nachweislich die deutsche Steuer nicht anrechnet.

---

[77] Vgl. BFH v. 8.9.2010, I R 74/09, DStR 2010, 2450; IStR 2011, 32 mit Anm. *Kammeter*.

3.1.3.10.2 Anwendungszeitpunkt

Die Regelung soll auf alle Fällen, in denen die Einkommensteuer noch nicht bestandskräftig festgesetzt worden ist, Anwendung finden. Die insoweit vorgesehene rückwirkende Anwendung ist verfassungsrechtlich höchst bedenklich.

3.1.3.11 Sicherung der Besteuerung von Veräußerungsgewinnen in Wegzugsfällen, § 50i EStG

Der Vorschlag des Vermittlungsausschusses geht zurück auf eine Stellungnahme des Bundesrates vom 6.7.2012. Da der Bundestag dem Ergebnis des Vermittlungsausschusses nicht zustimmte, ist derzeit unklar bzw. offen, ob und in welchem Umfang die nachfolgend dargestellte Regelung tatsächlich umgesetzt wird.

3.1.3.11.1 Hintergrund und Inhalt der Regelung

Auf der Grundlage des bisherigen Rechtsverständnisses hatten die Finanzbehörden in Fällen, in denen vor einem Wegzug Wirtschaftsgüter auf eine gewerblich geprägte Personengesellschaft übertragen wurden den wegziehenden (oder bei Umstrukturierungen im Ausland ansässigen) Steuerpflichtigen auf Antrag verbindliche Auskünfte dahingehend erteilt, dass die in den Wirtschaftsgütern oder Anteilen enthaltenen stillen Reserven zunächst nicht besteuert werden, jedoch im Fall der späteren Veräußerung der tatsächliche Veräußerungsgewinn zu versteuern ist.

Diesem Verständnis der Finanzverwaltung widersprach der BFH.[78] Die von einer gewerblich geprägten Personengesellschaft erzielte Einkünfte seien keine Unternehmensgewinne i. S. d. Art. 7 OECD-MA. Es komme stattdessen die entsprechende Verteilungsnorm des DBA für die jeweiligen Einkünfte zur Anwendung. Infolge dessen könnten Veräußerungsgewinne können in der Regel nur im Ansässigkeitsstaat des Steuerpflichtigen besteuert werden (vgl. Art. 13 Abs. 5 OECD-MA).

Zur Verhinderung größerer Steuerausfälle soll nun eine Regelung geschaffen werden, die die Besteuerung späterer Veräußerungsgewinne in den Fällen ermöglicht, in denen aufgrund des bisherigen Rechtsverständnisses der Finanzverwaltung im Zeitpunkt des Wegzugs ins Ausland, einer Umstrukturierung oder Überführung von Wirtschaftsgütern auf die Besteuerung verzichtet wurde. Die Regelung ist im Wege eines *treaty overrides* ausgestaltet („ungeachtet entgegenstehender Bestimmungen des DBA").

Es soll der (spätere) Veräußerungsgewinn aus Anteilen i. S. d. § 17 EStG oder anderen Wirtschaftsgütern, die bis zum Tag der Verkündung des Gesetzes in eine Personengesellschaft i. S. d. § 15 Abs. 3 EStG überführt wurden und deren stillen Reserven anlässlich der Übertragung/Überführung nicht besteuert wurden, ungeachtet eines DBA in Deutschland steuerverhaftet bleiben.

Die vorgeschlagene Neuregelung betrifft auch die laufenden Einkünfte aus der Personengesellschaft sowie auch die nach der Einbringung zugewachsenen und sogar künftig noch zuwachsenden stillen Reserven. Insofern schießt die vorgeschlagene Neuregelung weit über das mit dem Gestaltungsbegehren der betroffenen Steuerpflichtigen verfolgte Ziel des Steueraufschubs im Hinblick auf die in den Anteilen oder Wirtschaftsgütern enthaltenen stillen Reserven hinaus.

Ferner sind nicht nur solche Fälle betroffen, in denen aufgrund einer verbindlichen Auskunft die Besteuerung unterblieben ist. Schließlich beschränkt sich § 50i EStG auch nicht auf gewerblich geprägte Personengesellschaften i. S. d. § 15 Abs. 3 Nr. 2 EStG, sondern erfasst allgemein Personengesellschaften i. S. d. § 15 Abs. 3 EStG und durch § 50i S. 3 EStG auch Fälle von Betriebsaufspaltungen.

---

[78] Siehe BFH v. 28.4.2010, I R 81/09, DStR 2010, S. 1220.

3.1.3.11.2 Anwendung

Die Regelung soll, wenn sie denn Gesetz wird, auf alle Veräußerungen oder Entnahmen, die nach dem Tag der Verkündung des Gesetzes stattfinden Anwendung finden. Im Hinblick auf laufende Einkünfte soll sie in allen noch nicht bestandskräftig festgesetzten Fällen angewendet werden.

Aus der zeitlichen Begrenzung auf Übertragungs-/Überführungsvorgänge bis zum Tag der Verkündung des Gesetzes folgt, dass § 50i EStG lediglich für Altfälle zur Anwendung gelangen soll. Hierbei ist allerdings zu beachten, dass die Neuregelung eine vorbereitende Maßnahme für die Anerkennung der o. g. BFH-Rechtsprechung durch die Finanzverwaltung darstellen würde und Neufälle der Übertragungs-/Überführung aus Sicht der Finanzverwaltung dann nicht mehr steuerneutral möglich wären.

3.1.3.12 Steuerneutralität bei Abspaltungen

§ 20 Abs. 4a S. 7 EStG § 20 Abs. 4a EStG wurde durch das JStG 2009 begrenzt auf ausländische Vorgänge eingeführt und durch das JStG 2010 auf inländische Anteilstauschvorgänge ausgeweitet. Bisher war unklar, ob Abspaltungen steuerneutral nach § 20 Abs. 4a EStG möglich sind. Die Regelungen des § 20 Abs. 4a S. 1–2 EStG erstrecken sich nunmehr auch auf Abspaltungen anderer Körperschaften (§ 15 UmwStG). Sofern danach ein am Abspaltungsvorgang beteiligter Anteilseigner die Anteile im Privatvermögen hält und somit den Regelungen des § 20 EStG unterfällt, treten die erhaltenen Anteile unter den in § 20 Abs. 4a S. 1 EStG bezeichneten Voraussetzungen entgegen der Regel-Ausnahme(antrags)-Konzeption des UmwStG an die Stelle der Anteile an der abspaltenden Gesellschaft.

3.1.4 Änderungen bei der Körperschaftsteuer

3.1.4.1 Vermeidung der Doppelbesteuerung von Dividenden, § 8b Abs. 9, § 34 Abs. 7 KStG

Die Anpassungen im JStG 2013 erfolgen vor dem Hintergrund der Neufassung der Mutter-Tochter-Richtlinie.[79] Im Einzelnen sind im EStG die Regelungen zu § 43b EStG und der Anlage 2 zum EStG betroffen. Änderungen sind folgerichtig auch in § 8b Abs. 9 und § 34 Abs. 7 KStG sowie in § 9 Nr. 4 GewStG enthalten.

3.1.4.2 Ausweitung des Korrespondenzprinzips, § 8b Abs. 1 S. 2 KStG

Die Neuregelung des § 8b Abs. 1 S. 2 KStG, die vorsieht, dass die Anwendung des Satz 1 nur dann gelten soll, wenn die erlangten Bezüge das Einkommen der Körperschaft nicht gemindert haben, ist in dem vom Bundestag verabschiedeten JStG 2013[80] nicht enthalten. Sie stellt eine der Forderungen des Bundesrates dar. Der Bundesrat hat am 23.11.2012 dem Gesetz nicht zugestimmt. Die Bundesregierung hat den Vermittlungsausschuss angerufen. Die Regelung ist in den Empfehlungen des Vermittlungsausschusses vom 12.12.2012[81] enthalten.

Die Beratung des Bundestags zum Ergebnis des Vermittlungsausschusses fand am 17.1.2013 statt. Der Bundestag lehnte den Vorschlag ab. Ob und in welchem Umfang der Vorschlag wieder auf die Tagesordnung kommt, ist derzeit ungewiss.

---

[79] Richtlinie 2011/96/EU des Rates v. 30.11.2011 über das gemeinsame Steuersystem der Mutter- und Tochtergesellschaften verschiedener Mitgliedstaaten, Abl. vom 29.12.2011, L 345. S. 8 ff.
[80] BR-Drs. 632/12 v. 2.11.2012.
[81] BT-Drs 17/11844, S. 3.

3.1.4.2.1 Regelungsinhalt und Problemstellungen

- Neuregelung betrifft nur Dividenden

Veräußerungsgewinne sind nicht erfasst. Das führt dazu, dass, wenn nunmehr Gewinne nicht (mehr) ausgeschüttet werden, die Beteiligung später aber veräußert wird, so erzielte Veräußerungsgewinne weiterhin gänzlich freizustellen wären.

- Auswirkung auf EBITDA und Zinsschranke

Das steuerliche EBITDA für Zinsschrankenzwecke wird durch nicht freigestellte „Dividenden" erhöht. Somit ergibt sich in Fällen, in welchen ein Zinsschrankenproblem vorliegt, zwar einerseits eine Besteuerung der Dividende. Diese Besteuerung wird aber durch den zusätzlichen Zinsabzug (30 % der Dividende) gemildert. Bezüglich des Zinsabzugs können sich v. a. Zinseffekte ergeben, da der Zinsabzug bereits eher als bei der Nutzung des Zinsvertrags ermöglicht wird.

- Gewerbesteuerliche Wirkung

Bisher ist nur eine sehr isolierte Ausweitung des Korrespondenzprinzips vorgesehen. Die Neuregelung schlägt zwar grundsätzlich auf die Gewerbesteuer durch. Es kommt zu einer Nichtanwendung von § 8b Abs. 1 KStG. Die DBA-Schachtelbefreiung erhöht den Gewinn i. S. d. § 7 S 1 GewStG. Indessen bleiben die gewerbesteuerlichen Kürzungsvorschriften für Gewinnanteile unangetastet. Die „Dividenden" sind zwar in voller Höhe körperschaftsteuerpflichtig (unter Anrechnung der ausländischen Quellensteuer). Gleichzeitig sind sie aber nicht mehr nur zu 95%, sondern zu 100% gewerbesteuerfrei (wenn und soweit keine Aufwendungen im Zusammenhang mit der Dividende vorliegen). Entsteht durch die Steuerpflicht der „Dividende" gleichzeitiger Anwendung der Zinsschranke ein zusätzlicher Zinsabzug, der auch für gewerbesteuerliche Zwecke zumindest zu 75% abzugsfähig ist, kann sich rechnerisch ein positiver Effekt in Bezug auf diesen Veranlagungszeitraum ergeben. Dies hat mindestens einen temporären Vorteil zur Folge.

- Zusammenwirken mit dem AStG

Im AStG wurden keine entsprechenden Regelungen getroffen. § 8 Abs. 1 Nr. 8 AStG bestimmt weiterhin Dividenden als aktive Einkünfte, unabhängig davon, ob bei der dividendenzahlenden Gesellschaft die Dividende gewinnmindernd berücksichtigt werden kann. Somit könnte durch Zwischenschaltung einer weiteren Gesellschaft die Anwendung des Korrespondenzprinzips vermieden werden. Erhält eine im Ausland niedrig besteuerte Tochtergesellschaft wiederum Dividenden aus einer Enkelgesellschaft, bei der die Dividendenzahlung als Betriebsausgaben abzugsfähig sind, ist auf Ebene der Tochtergesellschaft zu berücksichtigen, dass § 8 Abs. 1 Nr. 8 AStG weiterhin die erhaltenen Dividenden als aktive Einkünfte qualifiziert, sodass insoweit keine Hinzurechnungsbesteuerung vorzunehmen ist.

3.1.4.2.2 Anwendungszeitraum

Sollte dem Vorschlag des Vermittlungsschusses gefolgt werden, ist § 8b KStG (wie auch die damit im Zusammenhang stehenden Änderungen der § 3 Nr. 40 und 32d EStG) auf Bezüge anwendbar, die nach dem 31.12.2012 zufließen.

3.1.4.3 Änderungen bei der Wertpapierleihe, § 8b Abs. 10 KStG

Die vorgeschlagene Neuregelung beruht ebenso auf einer Prüfbitte des Bundesrates im Rahmen des Gesetzgebungsverfahrens und wurde vom Vermittlungsausschuss wieder aufgenommen. Die Beratung des Bundestags zum Ergebnis des Vermittlungsausschusses fand am 17.1.2013 statt. Der Bundestag lehnte den Vorschlag ab.

Der Vermittlungsausschuss hat eine Vermeidung von Gestaltungen der Wertpapierleihe auf Personengesellschaften, diese als Verleiher agierend, gefordert.

3.1.4.3.1 Regelungsinhalt und Problemstellungen

Die Norm des § 8b Abs. 10 KStG wurde bereits in der Vergangenheit mehrfach geändert, um immer mehr erkannte Gesetzeslücken zu erschließen. So findet er auch bei Wertpapier-Pensionsgeschäften Anwendung. Auch die Anwendung auf von Verleiher oder Entleiher zwischengeschaltete Personengesellschaften ist bereits erfasst. Hierbei ist – bei Verleiher – aber immer noch Voraussetzung, dass hinter der Personengesellschaft eine Körperschaft (unter § 8b Abs. 7 oder 8 fallend) steht.

Nach § 8b Abs. 10 Satz 5 KStG ist die Versagung des Betriebsausgabenabzugs für das Entgelt bei dem Entleiher (§ 8b Abs. 10 Sätze 1–4) nicht anzuwenden, wenn die entleihende Körperschaft keine Einnahmen oder Bezüge aus den ihr überlassenen Anteilen erzielt. In die Empfehlungen des Vermittlungsausschusses wurde zusätzlich die Einfügung eines neuen § 8b Abs. 10 Satz 6 KStG aufgenommen, nach der zu diesen Einnahmen oder Bezügen auch Entgelte gehören, die die entleihende Körperschaft dafür erhält, dass sie die entliehenen Wertpapiere weiter verleiht.

3.1.4.3.2 Anwendungszeitraum

Die Regelung soll, falls sie im Gesetzgeberverfahren weiterverfolgt wird, für die nach dem 31.12.2012 überlassenen Anteile Anwendung finden. Die Erweiterung des § 8b Abs. 10 Satz 6 KStG betreffend Entgelte, die die andere Körperschaft dafür erhält, dass sie die entliehenen Wertpapiere weiter verleiht, soll indessen für alle offenen Fälle gelten.

3.1.4.4 Schaffung eines Besteuerungssystems für Streubesitzanteile, § 8b KStG[82]

Der Bundesrat stellte im Rahmen des Gesetzgebungsverfahrens eine Prüfbitte, um die Besteuerung von Streubesitzdividenden unionsrechtskonform umzusetzen. Die Neuregelungen sind die Reaktion auf das EuGH-Urteil vom 20.10.2011,[83] in dem die mit Abgeltungswirkung erfolgende Besteuerung von Dividenden bei beschränkt steuerpflichtiger Körperschaften o. ä. aufgrund des Kapitalertragsteuereinbehalts als nicht mit den Grundfreiheiten im Einklang stehend beschieden wurde. Es kommen zwei Alternativen für eine gesetzliche Regelung in Frage:

- Gewährung der Steuerfreistellung auch für ausländische Gesellschafter inländischer Kapitalgesellschaften[84]

- Aufhebung der Steuerfreistellung auch für ausländische Gesellschafter inländischer Kapitalgesellschaften.

Die Bundesregierung hat im Rahmen eines eigenen Gesetzesvorhabens (siehe dazu A.6.2) einen Vorschlag unterbreitet. Inhaltlich wird auf die Ausführungen zu A.6.2 verwiesen. Der Bundesrat stimmte diesem Vorschlag nicht zu,[85] weshalb die Bundesregierung hierzu den Vermittlungsausschuss angerufen hat.[86] Die Sitzung soll am 29.1.2012 stattfinden. Gemäß der Protokollerklärung des Vermittlungsausschusses zum JStG 2013 sollen die unterschiedlichen Ansätze im EuGHDivUmsG geklärt werden.

---

[82] Siehe dazu auch Ausführungen unter A.6.2 zum EuGHDivUmsG.
[83] EuGH, Rs. C–284/09, DStR 2011, 2038.
[84] Siehe dazu auch Ausführungen unter A.6.2 zum EuGHDivUmsG.
[85] BR-Drs. 736/12 (B), Beschluss v. 14.12.2012.
[86] BR-Drs. 786/12 v. 19.12.2012.

3.1.4.5 Verlängerung der Übergangsregelung zur Auflösung von Rückstellungen für Beitragsrückerstattungen bis 2015, § 34 Abs. 10b S. 3 KStG

Mit der Regelung wird die schon bestehende Übergangsregelung in ihrer Anwendung bis zum Jahre 2015 verlängert.

3.1.5 Änderungen bei der Gewerbesteuer

3.1.5.1 Vermeidung der Doppelbesteuerung bei Dividenden, § 9 Nr. 5 und 7 GewStG

Zum Inhalt dieser Folgeänderung siehe A.3.1.3.5.2.

3.1.5.2 Ausweitung der Sonderregelung bei der Zerlegung des Gewerbesteuermessbetrags bei alternativen Energien, § 29 Abs. 1 Nr. 2, 36 Abs. 9d GewStG

3.1.5.2.1 Regelungszweck und Inhalt

Die Zerlegung anhand des Verhältnisses der Arbeitslöhne, die den einzelnen Betriebstätten zuzurechnen sind, hat zur Folge, dass den Gemeinden, auf denen sich Anlagen zur Erzeugung von Strom aus Erneuerbaren Energien befinden (Standortgemeinden), mangels zuzurechnender Arbeitslöhne keinen Anteil am Gewerbesteuermessbetrag erhalten. Andererseits wird der Gemeinde, in der sich die Verwaltung des Betreibers befindet (Betreibergemeinde), der gesamte Messbetrag zugesprochen, was vielfach als Hindernis für die Genehmigung neuer Kraftwerksstandorte gesehen wird.

Für Windkraftanlagen hat der Gesetzgeber dies bereits im JStG 2009 punktuell durch Schaffung eines besonderen Zerlegungsmaßstab geregelt. Danach sind im Verhältnis 70 : 30 das des Sachanlagevermögens und die Arbeitslöhne in den jeweiligen Betriebstätten zu berücksichtigen. Nunmehr wird der besondere Zerlegungsmaßstab auf alle Anlagen zur Nutzung Erneuerbarer Energien im Sinne des § 3 Nr. 3 des Gesetzes über den Vorrang Erneuerbarer Energien ausgedehnt. Insoweit sind nunmehr Anlagen zur Energieerzeugung aus

- Windkraft
- Wasserkraft (einschließlich der Wellen-, Gezeiten-, Salzgradienten- und Strömungsenergie),
- solarer Strahlungsenergie,
- Geothermie,
- Biomasse (einschließlich Biogas, Deponiegas und Klärgas sowie aus dem biologisch abbaubaren Anteil von Abfällen aus Haushalten und Industrie)

erfasst. Klargestellt, dass die Begünstigung auf Anlagen zur Erzeugung von für den Menschen nutzbaren Energieträgern sowie Wärme aus erneuerbaren Energiequellen abzielt.

3.1.5.2.2 Anwendungszeitraum

Die Neuregelung erstmals ab dem Erhebungszeitraum 2013 anzuwenden. Soweit die Anlagen oder die Erweiterung von Anlagen bereits vor dem 1.7.2012 genehmigt wurden, wird für eine Übergangszeit von 10 Jahren der bisherige Zerlegungsmaßstab beibehalten. Hierdurch wird es den Gemeinden, die infolge des neuen Zerlegungsmaßstabes Einbußen beim Gewerbesteueraufkommen zu erwarten haben, ermöglicht, sich hierauf einzustellen und entsprechende Vorkehrungen zu treffen. Gemeinden, die in der Vergangenheit bereits die Ansiedelung Erneuerbarer-Energien-Anlagen gefördert haben, profitieren nach Ablauf des Übergangszeitraums von der erstmaligen Zuweisung von Zerlegungsanteilen.

3.1.5.3 Hinzurechnungen bei Finanzdienstleistern, § 35c Abs. 1 Nr. 2 Buchst. f GewStG

Die Regelung stellt eine redaktionelle Folgeänderung dar infolge des Wegfalls des § 1 Abs. 1a Satz 2 Nr. 6 und 8 KWG dar. Die Regelungen wurden durch das Zahlungsdiensteumsetzungsgesetz[87] gestrichen. Die betreffenden Unternehmen wurden den Vorgaben der Zahlungsdiensterichtlinie folgend als Zahlungsinstitute den aufsichtsrechtlichen Bestimmungen eines Zahlungsdiensteaufsichtsgesetzes (ZAG) unterworfen (§ 1 Abs. 1. Nr. 5 i. V. m. Abs. 2 Nr. 2 Buchst. c, Nr. 6 ZAG). Die Regelung hat auch Folgeänderungen in der GewStDV (§ 19 Abs. 4 GewStDV) zur Folge.

Die Neuregelung ist rückwirkend für den Erhebungszeitraum 2009 anzuwenden, § 36 Abs. 10a Satz 2 GewStG, § 36 Abs. 3 Satz 3 GewStDV.

3.1.6 Änderungen im Außensteuergesetz

Mit den Änderungen des AStG durch Art. 5 des JStG 2013 soll vornehmlich der sog. Authorized OECD Approach[88] (AOA) umgesetzt werden. Daneben werden mit JStG 2013 Ergänzungen bei der Hinzurechnungsbesteuerung und bei der Zurechnung von Einkommen bei Familienstiftungen umgesetzt. Im Einzelnen:

3.1.6.1 Einführung des „Authorized OECD Approach (AOA)", §§ 1 AStG; 7 GAufzV

Durch die vorgesehenen Änderungen des § 1 AStG beabsichtigt der Gesetzgeber insbesondere, die gesetzlichen Grundlagen für die Umsetzung des AOA (auch Functionally Separate Entity Approach) zu schaffen. Die Aufnahme entsprechender Regelungen sei erforderlich, da es bislang – die Entstrickungstatbestände in § 4 Abs. 1 S. 3 EStG und § 12 KStG außer Acht lassend – an einer gesetzlichen Grundlage dafür fehle, zwischen unselbstständigen Betriebsstätten und dem Stammhaus fremdvergleichsüblich Leistungen abzurechnen.

In systematischer Hinsicht ist die Umsetzung in § 1 AStG bedenklich, weil die Vorschrift bereits nach ihrem Wortlaut lediglich die Berichtigung von Einkünften zum Gegenstand hat und nur einseitig zu Lasten des Steuerpflichtigen wirkt. Bei einer korrekten Umsetzung müsste eine Einkommenserhöhung im Inland mit einer Einkommensminderung im anderen Vertragsstaat korrespondieren.

Hinweis:

Das kann bei DBA mit Staaten, in denen die AOA-Grundsätze bereits gelten, unproblematisch sein. Sind im DBA diese Grundsätze nicht enthalten, läuft das darauf hinaus, dass ein Verständigungsverfahren zur Vermeidung einer mehrfachen Erfassung der Einkünfte notwendig wird. Hier ergeben sich für den Steuerpflichtigen besondere Handlungs- und Überwachungspflichten betreffend die Fristen einer Initiierung der Einleitung eines solchen Verfahrens.

---

[87] Gesetz zur Umsetzung aufsichtsrechtlicher Vorschriften der Zahlungsdiensterichtlinie vom 25.6.2009, BGBl I 2009, S. 1506.
[88] OECD-Report on the Attribution of profits to Permanent Establishments v. 22.7.2010.

3.1.6.1.1 Gleichstellung Personengesellschaft und Kapitalgesellschaft, §§ 1 Abs. 1 S. 1 AStG; 7 GAufzV

Durch Ergänzung des § 1 Abs. 1 S. 1 AStG werden auch Personengesellschaften und Mitunternehmerschaften als Steuerpflichtige oder gegebenenfalls nahestehende Personen im Sinne der Vorschrift definiert. Nach langjähriger Verwaltungsauffassung[89] sei § 1 Abs. 1 AStG auch auf grenzüberschreitende Geschäftsbeziehungen anzuwenden, an denen Personengesellschaften beteiligt sind. Daher hielt der Gesetzgeber eine ausdrückliche gesetzliche Regelung für erforderlich, um mögliche rechtliche Unklarheiten zu vermeiden. Personengesellschaften werden nunmehr Kapitalgesellschaften bezüglich der Einkünfteermittlung für Zwecke der Vorschrift gleichgestellt. Die besonderen, durch den AOA aufgeworfenen und nunmehr in § 1 AStG geregelten Gewinnabgrenzungsfragen betreffen damit nur unselbstständige Betriebsstätten (vgl. § 1 Abs. 5 S. 7 AStG).

Entsprechend wurde auch § 7 der GAufzV geändert und redaktionell angepasst.

3.1.6.1.2 Definition von Geschäftsbeziehungen, § 1 Abs. 4 AStG

Geschäftsbeziehungen werden nunmehr als wirtschaftliche Vorgänge bzw. Geschäftsvorfälle definiert, um die Möglichkeit der Erfassung sog. *dealings* zwischen Stammhaus und Betriebsstätte zu ermöglichen. In Ermangelung schuldrechtlicher Beziehungen soll in derartigen Fällen davon ausgegangen werden, dass voneinander unabhängige ordentliche und gewissenhafte Geschäftsleiter schuldrechtliche Vereinbarungen getroffen hätten, „es sei denn, der Steuerpflichtige macht im Einzelfall etwas anderes glaubhaft". Unklar bleibt, für welche Sachverhalte die Ausnahmeklausel greifen könnte und welche Anforderungen an die Glaubhaftmachung gestellt werden. Die Begründung enthält dazu keine erhellenden Ausführungen. Das Gesetz spricht im Verhältnis zwischen Stammhaus und Betriebsstätte im Übrigen von „anzunehmenden schuldrechtlichen Beziehungen" und meint damit *dealings* im Sinne des AOA.

3.1.6.1.3 Grundsätze der Ermittlung und Aufteilung der Einkünfte, § 1 Abs. 5 AStG

In § 1 Abs. 5 AStG finden sich Grundsätze der Ermittlung und der Aufteilung der Einkünfte. Die Norm des § 1 Abs. 5 S. 1 AStG erklärt die Bestimmungen der Absätze 1, 3 und 4 bei Geschäftsvorfällen zwischen Stammhaus und Betriebsstätte für entsprechend anwendbar. Die Formulierung im Gesetzeswortlaut unterscheidet zwischen einem inländischen Unternehmen und seiner ausländischen Betriebsstätte einerseits (**Aufteilung** der Einkünfte) und einer inländischen Betriebsstätte eines ausländischen Unternehmens andererseits (**Ermittlung** der Einkünfte). Ob dieser Unterschied materielle Folgen hat, ist unklar.

In § 1 Abs. 5 S. 2 AStG soll die (Regel-)Behandlung einer Betriebsstätte wie ein eigenständiges und unabhängiges Unternehmen dann unterbleiben, sofern „die Zugehörigkeit der Betriebsstätte zum Unternehmen eine andere Behandlung" erfordert. Die Reichweite dieser Ausnahmevorschrift bleibt im Unklaren und lässt Zweifel an der Bestimmtheit aufkommen. Die Begründung führt lediglich die auf den OECD-Betriebsstättenbericht 2010 begründete Beschränkung der Selbstständigkeitsfiktion bei „Darlehensverhältnissen" auf, nämlich

- wenn eine Betriebsstätte stets das gleiche Kreditrating besitzt wie das Unternehmen, dessen Betriebsstätte sie ist und

- ein „Darlehensverhältnis" zwischen dem Unternehmen und seiner Betriebsstätte nur mit Einschränkungen als anzunehmende schuldrechtliche Beziehung (*dealing*) anerkannt wird.

---

[89] Vgl. BFM v. 14.5.2004, BStBl I Sondernummer 1/2004, Tz. 1.4.3.

Ob damit aber auch die im OECD-Betriebsstättenbericht 2010 angesprochenen Schwellenwerte (*thresholds*) gemeint sein können, erschließt sich nicht. Ausweislich der Begründung sollen "entsprechende Einschränkungen" in der Rechtsverordnung (vgl. § 1 Abs. 6 AStG) geregelt werden.

§ 1 Abs. 5 S. 3 und 4 AStG stehen im Einklang mit dem AOA. Danach erfordert die Selbstständigkeitsfiktion der Betriebsstätte

- im ersten Schritt,
    - die Zuordnung der Personalfunktionen (*personal functions*),
    - die Zuordnung der zur Ausübung der zugeordneten Funktionen und der damit im Zusammenhang stehenden notwendigen Vermögenswerte und
    - die Analyse/Zuordnung der Chancen und Risiken sowie eines daran angemessenen Eigenkapitals (Dotationskapital)
- im zweiten Schritt die Ermittlung der Gewinne der Betriebsstätte.

Die ausdrückliche Einschränkung auf solche Fälle, in denen sich aus deutscher Sicht geminderte Einkünfte ergeben (§ 1 Abs. 1 S. 1 AStG) macht deutlich, dass sich aus dem Regelungskonvolut für die betroffenen Steuerpflichtigen nachteilige Rechtsfolgen ergeben können sollen.

Die Vorschriften zur Gewinnermittlung sind gemäß § 1 Abs. 5 S. 5 AStG entsprechend auf ständige Vertreter anzuwenden.

In § 1 Abs. 5 S. 6 AStG wird normiert, dass die Anwendung des § 4g EStG nicht durch § 1 AStG verdrängt wird. Da die Möglichkeit besteht, dass die Voraussetzungen der § 4 Abs. 1 S. 3 EStG bzw. § 12 Abs. 1 KStG und des § 1 AStG gleichzeitig vorliegen können, sollen die erstgenannten Vorschriften vorrangig anzuwenden sein, sodass es bei der Vergünstigung des § 4g EStG verbleibt. Ein nach § 1 AStG im Vergleich zu den Vorschriften des EStG/KStG ggf. weitergehender Berichtigungsbedarf könnte demnach nicht durch § 4g EStG abgemildert werden.

Hinweis:

In Fällen der Zurechnung von Wirtschaftsgütern zu einem ständigen Vertreter ist die Vergünstigung des § 4g EStG mangels Vorliegens der Tatbestandsvoraussetzungen gänzlich unmöglich. Der Anwendungsbereich des § 4g EStG ist ohnehin durch den persönlichen (nur bei unbeschränkt Steuerpflichtigen) und territorialen Anwendungsbereich (Überführungen in eine EU-Betriebsstätte) eingeschränkt.

Die Regelung in § 1 Abs. 5 S. 7 AStG ist die logische Folge, dass auf das Verhältnis eines Gesellschafters/Mitunternehmers zu seiner Personengesellschaft/Mitunternehmerschaft die Einkünfteermittlungsvorschriften gemäß Absatz 5 nicht anwendbar sind (s. o. 3.2.1.).

3.1.6.1.4 Verhältnis zu Doppelbesteuerungsabkommen

Die Vorschrift findet in **allen** Betriebsstättenfällen Anwendung, d. h. unabhängig davon, ob der AOA bereits in deutsche DBA aufgenommen wurde oder ob überhaupt ein DBA besteht, § 1 Abs. 5 S. 8 AStG. Damit kommt § 1 Abs. 5 grundsätzlich auch im Verhältnis zu den Vertragsstaaten zur Anwendung, mit denen im DBA der AOA (Art. 7 OECD-MA 2010) bisher nicht vereinbart wurde.

Hinweis:

Von dieser Anwendung sind daher sämtliche in Kraft getretenen DBA betroffen. Lediglich in den unterzeichneten DBA mit Liechtenstein, den Niederlanden und Luxemburg, die frühestens ab 2013 Anwendung finden können, ist der AOA umgesetzt.

Dem Steuerpflichtigen wird die Möglichkeit eröffnet, geltend zu machen, dass die Abkommensregelungen mit dem Regelungsgehalt der neuen Bestimmungen in § 1 Abs. 4, 5 AStG nicht konform sind, soweit es bei Anwendung der neuen Bestimmungen des § 1 Abs. 5 S. 1–7 AStG zu einer Doppelbesteuerung käme.

In diesen Fällen muss der Steuerpflichtige allerdings nachweisen, dass der andere Staat sein Besteuerungsrecht entsprechend dem anzuwendenden Abkommen ausübt. Nur in diesem Fall hat das bestehende DBA Vorrang. Im Ergebnis stellt dies einen *treaty override* dar, der jedoch vorbehaltlich bestimmter Nachweise nicht zur Anwendung gelangt.

> **Literaturhinweis:** Zu Fragen eines *treaty override* siehe *Gebhardt*, BB 2012, S. 2353 ff.

In Nicht-DBA-Fällen steht nicht zuletzt in Anbetracht des dichten, von Deutschland geschlossenen DBA-Netzes zu vermuten, dass der andere Staat seiner Gewinnermittlung nicht die Regelungen des AOA zugrunde legen wird. Es kommt in Fällen einer inländischen Betriebsstätte eines ausländischen Stammhauses somit zu einer in der Summe zu hohen Bemessungsgrundlage. Die höhere deutsche Steuer wird regelmäßig nicht angerechnet werden können.

3.1.6.1.5 Ermächtigung zum Erlass einer Rechtsverordnung, § 1 Abs. 6 AStG

§ 1 Abs. 6 enthält eine Ermächtigungsgrundlage zum Erlass einer umfassenden Regelungsverordnung, die u. a. Einzelheiten zum Fremdvergleichsgrundsatz und dessen einheitlicher Anwendung sowie zur Bestimmung des Dotationskapitals enthalten soll.

Die Behandlung von Betriebsstättenfällen in der Zeit zwischen erstmaliger Anwendung der Neuregelung bis zum Erlass der Verordnung ist insoweit problematisch.

Durch die korrespondierende Anpassung des § 7 GAufzV gelten die Aufzeichnungspflichten des § 90 Abs. 3 AO i. V. m. der GAufzV auch für Steuerpflichtige, die nach § 1 Abs. 5 AStG eine Gewinnaufteilung bzw. Gewinnermittlung vorzunehmen haben. Ferner wird die entsprechende Anwendung auf Mitunternehmerschaften und Personengesellschaften im Einklang mit § 1 Abs. 1 S. 2 AStG angeordnet.

Hinweis:

Aufgrund fehlender Übergangsvorschriften und der Anwendung des AOA für Wirtschaftsjahre, die nach dem 31.12.2012 beginnen, empfiehlt es sich, alle Betriebsstättenfälle hinsichtlich der Auswirkungen der geplanten gesetzlichen Neuregelungen zu überprüfen.

> **Literaturhinweise:** Zu den Änderungen durch die Umsetzung des AOA siehe auch mit Beispielen *Schnitger*, IStR 2012, S. 633 ff.; *Kahle/Mödinger*, DStZ 12012, S. 802

3.1.6.1.6 Weitere Änderungen beim AOA

Anwendung des Fremdvergleiches auch außerhalb von Verrechnungspreisen, § 1 Abs. 3 S. 6 AStG

Auch abseits einer Funktionsverlagerung soll der fremdvergleichskonforme Verrechnungspreis einer Geschäftsbeziehung bei Anwendung des hypothetischen Fremdvergleichs unter Heranziehung funktions- und risikoadäquater Kapitalisierungszinssätze bestimmt werden. Es handelt sich nach Auffassung des Gesetzgebers hierbei um eine technische Klarstellung, da die Preisfindung aus betriebswirtschaftlicher Sicht die Berücksichtigung derartiger Kapitalisierungszinssätze notwendigerweise bedingt.

Wegfall der Schätzungsanordnung, § 1 Abs. 4 AStG

Die bislang in § 1 Abs. 4 AStG enthaltenen Schätzungsanordnungen wurden aufgehoben. Es ist insoweit auf § 162 AO zurückzugreifen, der als allgemeine Rechtsgrundlage ausreicht.

3.1.6.1.7 Anwendungszeitpunkte der Regelungen zum AOA

§ 1 Abs. 1 S. 1 2. Halbs. AStG, nach dem Personengesellschaften bei Vorliegen der Voraussetzungen des Abs. 2 als nahestehende Personen gelten, soll für alle noch nicht bestandskräftigen Veranlagungen gelten.

§ 1 Abs. 1 S. 1 1. Halbs. AStG, nach dem Personengesellschaften und Mitunternehmerschaften Steuerpflichtige im Sinne des AStG sind, sowie § 1 Abs. 3 und 6 AStG sollen erstmals für den VZ 2013 zur Anwendung kommen.

Die Neuregelungen der GAufzV sollen ab dem 1.1.2013 gelten.

§ 1 Abs. 4 AStG (Definition der Geschäftsbeziehungen) und § 1 Abs. 5 AStG (Umsetzung des AOA) sollen erstmals für Wirtschaftsjahre anzuwenden sein, die nach dem 31.12.2012 beginnen. Die im Gesetzentwurf der Bundesregierung vorgesehene rückwirkende Anwendung des AOA bei abweichendem Wirtschaftsjahr ist nicht umgesetzt worden.

3.1.6.2 Weitere Änderungen im AStG

3.1.6.2.1 Abgeltungsteuer bei erweitert beschränkter Steuerpflicht, § 2 Abs. 5 AStG

In der Literatur wurde z. T. die Anwendbarkeit der Abgeltungsteuer im Rahmen der erweiterten beschränkten Steuerpflicht abgelehnt. Die Gesetzesbegründung führt demgegenüber aus, dass rechtssystematisch auch bei erweiterter beschränkter Steuerpflicht die Regelungen der Abgeltungsteuer zum Tragen kommen. Die geänderte Fassung des § 2 Abs. 5 AStG bringt zum Ausdruck, dass Einkünfte, auf die der Abgeltungsteuersatz Anwendung findet, vom Progressionsvorbehalt ausgenommen sind. Nach § 2 Abs. 5 S. 3 AStG bleibt die Abgeltungswirkung gem. § 43 Abs. 5 EStG grundsätzlich erhalten.

Die Regelungen gelten erstmals für den VZ 2012. Es kann daher nicht von einer bloß klarstellenden Änderung ausgegangen werden. Allerdings wird betroffenen Steuerpflichtigen ein Antragswahlrecht für Veranlagungszeiträume vor 2012 eingeräumt; bereits ergangene Steuerfestsetzungen sind insofern aufzuheben oder zu ändern, § 21 Abs. 21 S. 1 AStG.

3.1.6.2.2 Ausdehnung des Motivtests auf „Kapitalanlagegesellschaften", § 8 Abs. 2 S. 1 AStG

Der Entlastungsbeweis nach § 8 Abs. 2 AStG gilt zukünftig auch für „Kapitalanlagegesellschaften" i. S. d. § 7 Abs. 6 AStG. Die Änderung wird unter Verweis auf die Cadbury-Schweppes-Entscheidung ausdrücklich damit begründet, „Konflikte mit der Rechtsprechung des EuGH" zu vermeiden.

Gleichwohl soll die geänderte Fassung des § 8 Abs. 2 AStG erstmals für Wirtschaftsjahre der Zwischengesellschaft oder Betriebsstätte anzuwenden sein, die nach dem 31.12.2012 beginnen (§ 21 Abs. 21 S. 3 AStG).

> **Literaturhinweis:** Zu den Änderungen der Hinzurechnungsbesteuerung siehe auch *Quilitzsch*, IStR 2012, S. 645 ff.

3.1.6.2.3 Ausländische Familienstiftungen § 15 Abs. 5–11, § 18 Abs. 4 AStG

Die Vorschrift des § 15 AStG erfährt durch das JStG 2013 umfangreiche Anpassungen.

Änderungen bei der Einkommensermittlung, § 15 Abs. 1 AStG

Nach der angedachten Fassung ist Zurechnungsgegenstand gem. Abs. 1 nicht mehr das Einkommen, sondern die Einkünfte der Stiftung. Die in Abs. 1 genannten Tatbestandsmerkmale bilden zukünftig für Zwecke der Vorschrift eine Legaldefinition „ausländischer Familienstiftungen". § 8b KStG soll bei der Ermittlung der zuzurechnenden Einkünfte nur insoweit anwendbar sein, als eine Zurechnung gegenüber solchen Zurechnungssubjekten erfolgt, die auch bei unmittelbarem Einkünftebezug die Steuerbefreiung in Anspruch nehmen können. Dies gilt entsprechend für die Anwendung des Teileinkünfteverfahrens (§ 3 Nr. 40 EStG) bzw. die Anwendung der Abgeltungsteuer (§ 32d EStG). In Anlehnung an die Besteuerung bei ausländischen Zwischengesellschaften gelten die zugerechneten Einkünfte als solche i. S. d. § 20 Abs. 1 Nr. 9 EStG, wobei ggf. eine Umqualifizierung in gewerbliche Einkünfte aufgrund § 8 Abs. 2 KStG oder § 20 Abs. 8 EStG erfolgen soll.

Anrechnung von Quellensteuern, § 15 Abs. 5 AStG

Durch die Änderung des § 15 Abs. 5 AStG wird verdeutlicht, dass in entsprechender Anwendung des § 12 Abs. 3 AStG etwaig erhobene Quellensteuern auf tatsächliche Zuwendungen ausländische Familienstiftungen nachträglich auf die zugerechneten Einkünfte angerechnet werden können. Dies ist erforderlich, weil tatsächliche Zuwendungen, soweit sie zuvor der Zurechnungsbesteuerung unterlegen haben, nach der Rechtsprechung des BFH und dem Außensteuererlass des BMF vom 14.5.2004 (jedenfalls bei Personenidentität von Zurechnungssubjekt und Zuwendungsempfänger) steuerfrei bleiben.

Anteile an ausländischer Zwischengesellschaft, § 15 Abs. 9, 10 AStG

Die neu aufgenommenen Abs. 9 und 10 sollen Sachverhalte erfassen, in denen eine ausländische Familienstiftung Anteile an einer ausländischen Zwischengesellschaft hält bzw. selbst Begünstigte einer weiteren ausländischen Familienstiftung ist. Insoweit wird die Anwendung der Regelungen zur Hinzurechnungsbesteuerung normiert bzw. werden die Grundsätze der Einkünftezurechnung der ausländischen Familienstiftung für anwendbar erklärt.

Die Gesetzesbegründung hebt hervor, dass in Bezug auf die ausländische Zwischengesellschaft der Motivtest nach § 8 Abs. 2 AStG unberührt bleibt. Hinsichtlich der Entlastungsregelung der weiteren ausländischen Familienstiftung gilt dies bereits durch den ausdrücklichen Verweis auf § 15

Abs. 6 S.1 AStG. Soweit später die ausländische Zwischengesellschaft oder die weitere ausländische Familienstiftung Dividenden auskehrt bzw. Zuwendungen tätigt, sind diese nach Abs. 9 S. 2 bzw. Abs. 10 S. 2 nicht mehr bei einer Zurechnung nach Abs. 1 zu berücksichtigen, um Doppelbesteuerungen zu vermeiden.

Steuerfreiheit nachträglicher Zuwendungen, § 15 Abs. 11 AStG

Mit dem neu eingefügten Abs. 11 normiert der Gesetzgeber nunmehr im Übrigen die Steuerfreiheit nachträglicher Zuwendungen. Die Steuerfreiheit wird allerdings von dem Nachweis der Zurechnung nach Abs. 1 abhängig gemacht. Der Verweis auf die entsprechende Anwendung des § 5 AStG im bisherigen § 15 Abs. 5 S. 1 AStG, dessen Tragweite in der Literatur umstritten war, entfällt zukünftig.

Feststellung der Besteuerungsgrundlagen

Durch die Neufassung des § 18 Abs. 4 AStG ist eine gesonderte Feststellung der Besteuerungsgrundlagen für Zwecke des § 15 AStG nunmehr stets und nicht nur bei Zurechnung gegenüber mehreren Personen vorzunehmen.

Anwendungszeitraum

Sämtliche Neuregelungen sollen erstmals für den Veranlagungszeitraum 2013 anzuwenden sein (§ 21 Abs. 21 S. 4 AStG).

> **Literaturhinweise:** Siehe zur Zurechnungsbesteuerung *Kirchhain*, IStR 2012, S. 602 ff. sowie *Kraft/Moser/Gebhardt*, DStR 2012, S. 1773 ff.

3.1.7 Änderungen im Investmentsteuergesetz

Bei den Änderungen im InvStG handelt es sich im Wesentlichen um redaktionelle Anpassungen, vor allem im Zusammenhang mit den Änderungen im EStG (siehe A.3.1.3.6).

Wegen der Streichung des § 44b Abs. 1 bis 4 EStG und der Bezugnahme auf die in § 44b Abs. 1 S. 2 EStG bezeichnete Nichtveranlagungs-Bescheinigung waren entsprechende redaktionelle Anpassungen in §§ 7 Abs. 5 und §§ 11 Abs. 2 S. 4 InvStG vorzunehmen. Künftig wird anstelle der in § 44b Abs. 1 S. 2 EStG bezeichneten Nichtveranlagungs-Bescheinigung auf die nach dem Einkommensteuergesetz erforderliche Nichtveranlagungs-Bescheinigung verwiesen.

Die Änderungen sind erstmals auf Erträge, die nach dem 31.12.2012 zufließen oder als zugeflossen gelten, anzuwenden, § 18 Abs. 22 InvStG.

3.1.8 Änderungen im Umwandlungsteuergesetz

Die ursprünglich im Gesetzesbeschluss des Bundestages vom 2.11.2012 vorgesehene Änderung befasste sich nur mit einer redaktionellen Anpassung des § 1 Abs. 2 Nr. 1 UmwStG.

Durch die im Vermittlungsverfahren ausgehandelten Kompromisse und den daraufhin gefassten Beschluss des Vermittlungsausschusses wurden umfangreiche Änderungsvorschläge aufgenommen, die der Bundestag (unter anderen wegen der Ablehnung der einkommensteuerlichen Gleichstellung von Lebenspartnerschaften) in seiner Sitzung am 17.1.2013 diese Erweiterungen nicht annahm. Die nachfolgenden Darstellungen gehen folglich auf die Ergebnisse des Vermittlungsausschusses zurück. Ob diese in Kraft treten, muss derzeit als offen bezeichnet werden.

3.1.8.1 Beschränkung der Verlustverrechnung des übernehmenden Rechtsträgers in Umwandlungs- und Einbringungsfällen

3.1.8.1.1 Hintergrund der Regelung

Seit der Neufassung des UmwStG durch das SEStEG gehen Verluste des übertragenden Rechtsträger nicht mehr auf den übernehmenden Rechtsträger über. Vorher war der Verlustübergang unter einschränkenden Voraussetzungen (u. a. bei einer fünfjährigen Fortführung des Betriebs in vergleichbarem Umfang) möglich (vgl. § 12 Abs. 3 UmwStG 1995).

Seit der Geltung des SEStEG erfolgte regelmäßig die Umwandlung von Gewinn- auf Verlustgesellschaften. Eine technische Verlustübertragung (Verlustnutzung) war damit vorbehaltlich der Anwendbarkeit der Verlustvernichtungsvorschriften § 8c KStG, § 10a GewStG möglich. Gestaltungen zur Nutzung von Verlusten, die im Rahmen eines schädlichen Anteilseignerwechsels unterzugehen drohten, sollten durch § 2 Abs. 4 S. 1 und S. 2 UmwStG auf Ebene des übertragenden Rechtsträgers unterbunden werden. Allerdings war nach dem Inkrafttreten des WachstumsbeschleunigungsG und der Einführung der sogenannten „stille Reserven-Klausel" in § 8c Abs. 1 Satz 5 KStG der Anwendungsbereich dieser Norm auf wenige Einzelfälle beschränkt.[90] Gestaltungen u. a. von Banken, sahen die eine weitere Verlustnutzung vor.

Beispiel:

Die G-GmbH realisiert einen Gewinn, bspw. aus Verkauf eines Flugzeugs/Schiffs. Die Anteile an der G-GmbH werden vom Veräußerer verkauft und rückwirkend vom Erwerber auf eine Verlustgesellschaft (V-GmbH) verschmolzen. Der Im Rückwirkungszeitraum realisierte Gewinn der übertragenden G-GmbH wird mit laufendem Verlust und ggf. mit Verlustvortrag und gewerbesteuerlichen Fehlbeträgen der V-GmbH verrechnet. Den Steuervorteil der Verlustnutzung teilen sich Veräußerer und Erwerber (typischerweise) auf, so dass ein „indirekter" Handel mit Verlusten bzw. Verlustvorträgen stattfand.

3.1.8.1.2 Regelungsinhalt und Anwendungszeitpunkt

Die Regelung soll Umwandlungen soll folgende Umwandlungen erfassen

- Kapitalgesellschaft auf Kapitalgesellschaft
- Kapitalgesellschaft auf Personengesellschaft sowie
- Einbringungen nach §§ 20, 24 UmwStG.

Die Regelung soll auf alle Umwandlungen Anwendung finden, bei denen der Antrag auf Eintragung ins Handelsregister nach dem Beschluss des Bundestages (3. Lesung) erfolgt. Bei Einbringungen, deren Wirksamkeit keine Eintragung voraussetzt, erstmals, wenn das wirtschaftliche Eigentum an den eingebrachten WG nach Bundestagsbeschluss übergegangen ist.

Durch Ergänzung des § 2 Abs. 4 UmwStG um die Sätze 3–5 soll der Ausgleich oder die Verrechnung positiver Einkünfte des übertragenden Rechtsträgers im Rückwirkungszeitraum mit Verlusten des übernehmenden Rechtsträgers ausgeschlossen werden. Dies gilt in Fällen einer Organgesellschaft als übernehmender Rechtsträgerin entsprechend für die Verrechnung auf Ebene des Organ-

---

[90] Vgl. dazu *Schnitger*, DB 2011, S. 1718.

trägers. Sofern Personengesellschaften als übernehmende Rechtsträger fungieren, wirkt die Beschränkung der Verrechnung bei den Gesellschaftern.

Hinweis:

Das Abstellen auf den Tag der dritten Lesung im Bundestag, muss ein Versehen des Gesetzgebers sein. Die Anknüpfung an diesen Stichtag lässt sich kaum nachvollziehen oder erklären, da die vom Bundesrat schon in seiner Stellungnahme vorgeschlagene Regelung gerade keinen Eingang in das vom Bundestag in dritter Lesung verabschiedete Gesetz gefunden hat. Es könnte sich allenfalls um den Beschluss des Bundestags über die Zustimmung zum Vermittlungsergebnis handeln. Da aber auch dieser keine Zustimmung fand (siehe oben), ist die gesetzestechnische Anknüpfung unklar.

Ohnehin ergeben sich aufgrund des Verlaufs des Gesetzgebungsverfahrens und der vorgesehenen Rückwirkungen auch unter verfassungsrechtlichen Aspekten Probleme. Mit Beendigung des Veranlagungszeitraums 2012 würde die gesetzliche Regelung einen Eingriff in einen abgeschlossenen Besteuerungszeitraum darstellen. Es läge eine (echte) Rückwirkung vor, die grundsätzlich unzulässig wäre.

3.1.9 Änderungen im Erbschafts- und Schenkungsteuergesetz

Der Beschluss des Vermittlungsausschusses umfasst auch weitgehende Änderungen betreffend das ErbStG. Der Bundestag hat in seiner Sitzung am 17.1.2013 aufgrund der Ablehnung des JStG 2013 insgesamt nicht zugestimmt. Ob und inwieweit die nachstehenden Vorschläge umgesetzt werden, ist derzeit offen.

3.1.9.1 Hintergrund der Vorschläge zu einer Neuregelung – Einschränkungen bei Gestaltungen im Zusammenhang mit der „Cash-GmbH"

Nach der bisherigen Regelung ist die unentgeltliche Übertragung von Privatvermögen grundsätzlich unter Berücksichtigung der jeweiligen Freibeträge (§ 16 ErbStG) erbschaft- bzw. schenkungsteuerpflichtig. Hingegen kann bei der Übertragung von Betriebsvermögen unter bestimmten Voraussetzungen eine Steuerbefreiung zu 85% (vgl. § 13b Abs. 4 i. V. m. § 13a Abs. 1 S. 1 ErbStG) bzw. auf Antrag zu 100% (§ 13a Abs. 8 ErbStG) erlangt werden, sofern kein sog. Verwaltungsvermögen vorliegt. Nicht begünstigtes Verwaltungsvermögen sind Wertpapiere und vergleichbare Forderungen. Die Finanzverwaltung[91] sowie die herrschende Lehre subsumieren hingegen Zahlungsmittel (Bargeld, Sichteinlagen, Sparanlagen und Festgeldkonten) sowie sonstige Forderungen nicht unter den Begriff „Wertpapiere und vergleichbare Forderungen".

Aufgrund des Vorlagebeschlusses des BFH vom 27.9.2012,[92] in dem der BFH die Verfassungsmäßigkeit der Begünstigungsregelung aufgrund einer Überprivilegierung von Betriebsvermögen durch die teilweise oder vollständige Freistellung für verfassungswidrig erachtet, hat der Vermittlungsausschuss Änderungen, die solche Gestaltungen zur sog. Cash-GmbH betreffen, vorschlagen.

---

[91] Die Finanzverwaltung stellt hierfür in R E 13b.17 ErbStR 2011 auf den Wertpapierbegriff nach § 2 Abs. 1 WpHG ab. Allerdings sind Bargeld, Sichteinlagen, Sparanlagen sowie Festgeldkonten weder Wertpapiere noch vergleichbare Forderungen und daher begünstigungsfähig, während Pfandbriefe, Schuldbuchforderungen, Geldmarktfonds und Festgeldfonds unter den Wertpapierbegriff fallen.
[92] BFH v. 27.9.2012, II R 9/11, BStBl II 2012, S. 899; siehe auch ZEV 2012, S. 599 mit Anm. *Hannes*.

3.1.9.2 Regelungsinhalte

3.1.9.2.1 Ausdehnung des Begriffs „Verwaltungsvermögen", § 13b Abs. 2 S. 2 Nr. 4 ErbStG

Der Begriff des Verwaltungsvermögens in § 13b Abs. 2 Satz 2 Nr. 4a ErbStG wird zum Zwecke einer sachgerechten Eingrenzung neu gefasst. Während in § 13b Abs. 2 Satz 2 Nr. 4 Satz 1 ErbStG der Begriff der Finanzmittel definiert wird, ist in Satz 2 der Umfang der betriebsnotwendigen Finanzmittel in Höhe von 10 % des kapitalisierten Jahresertrags bzw. des gemeinen Werts pauschaliert. Die Grenze bildet der Substanzwerts.

Satz 3 legt fest, dass zu den Finanzmitteln auch Forderungen aus der Veräußerung von Verwaltungsvermögen gehören. Dies zielt insbesondere auf Gestaltungen, bei denen schädliches Verwaltungsvermögen auf Kredit an ein verbundenes Unternehmen veräußert wird, wodurch das veräußernde Unternehmen ggf. in die Lage versetzt wird, die Verwaltungsvermögens-Grenze von 50 Prozent bzw. 10 Prozent einzuhalten.

Satz 4 und 5 stellen klar, dass Forderungen aus der regulären Unternehmenstätigkeit – abgesehen von den Fällen des Satzes 3 – kein Verwaltungsvermögen bilden. Satz 6 regelt eine Bereichsausnahme für Kreditinstitute und Versicherungsunternehmen in Anlehnung an § 13b Abs. 2 Satz 2 Nr. 2 ErbStG. Der Bedarf der Unternehmen für eine angemessene Finanzausstattung bleibt auch im Rahmen der vorgeschlagenen Neuregelung großzügig berücksichtigt:

- durch die Ausnahme für Forderungen aus der eigentlichen Geschäftstätigkeit (Satz 4 und 5),
- durch die 10-Prozent-Pauschale nach Satz 2,
- durch die Reinvestitionsklausel nach § 13a Abs. 5a ErbStG
- sowie durch die fortbestehende allgemeine Verwaltungsvermögensgrenze von 50 % nach § 13b Abs. 2 Satz 1 ErbStG.

3.1.9.2.2 Lohnsummenregelung und neu investiertes Betriebsvermögen, § 13a Abs. 4 Satz 5, Abs. 5a ErbStG

Mit Blick auf die Ausführungen des Bundesfinanzhofs wird in § 13a Abs. 4 S. 5 ErbStG klargestellt, dass die Lohnsummenregelung im Konzern nur dann unbeachtlich ist, wenn am Übertragungsstichtag im gesamten Konzern nicht mehr als 20 Arbeitnehmer beschäftigt sind.

Um Investitionen in begünstigtes Betriebsvermögen zu fördern, sieht der neu einzuführende § 13a Abs. 5a ErbStG nunmehr vor, dass auf Antrag eine rückwirkende Neuberechnung der Verwaltungsvermögensquote vorzunehmen ist, wenn das Verwaltungsvermögen i. S. d. § 13b Abs. 2 S. 2 Nr. 4 ErbStG in begünstigtes Betriebsvermögen investiert wird. Die Tilgung betrieblicher Schulden wird der Reinvestition gleichgesetzt. Denn derzeit kommt es hinsichtlich der Feststellung der Begünstigung für die Ermittlung der Verwaltungsvermögensquote allein auf die Verhältnisse im Übertragungszeitpunkt an. Übersteigt indessen das Verwaltungsvermögen die Quote von 50 bzw. 10 %, wird die Verschonung endgültig versagt oder nur in geringerem Umfang gewährt. Dies gilt unabhängig davon, wie das Verwaltungsvermögen später tatsächlich eingesetzt wird. Diesem Umstand soll abgeholfen werden.

3.1.9.3 Anwendungszeitraum

Auch bzgl. dieses Änderungsvorschlags wird bzgl. der Erwerbe auf die Lesung im Bundestag abgestellt (vgl. § 37 Abs. 9 ErbStG i. d. F. des Entwurfs zum JStG 2013). Auch insoweit läge unter verfassungsrechtlichen Aspekten ein Eingriff in bereits abgeschlossene Ereignisse vor.

3.1.10 Änderungen im Umsatzsteuergesetz

Insbesondere auf folgende Modifikationen im Bereich der Umsatzsteuer durch das JStG 2013 ist hinzuweisen:

3.1.10.1 Ort der Lieferung und Leistung

§ 3a Abs. 2 S. 3 UStG

Die Vorschrift in ihrer bisherigen Fassung bestimmt, dass § 3a Abs. 2 UStG, der den Ort einer sonstigen Leistung an einen anderen Unternehmer für dessen Unternehmen nach dem Bestimmungsortprinzip regelt, bei sonstigen Leistungen an eine nicht unternehmerisch tätige juristische Person, der eine USt-Id.-Nummer erteilt ist, entsprechend anzuwenden ist. Im JStG 2013 ist vorgesehen, diese Klausel weiter zu fassen. Hiernach soll die entsprechende Anwendung der „B2B-Regel" zum einen bei sonstigen Leistungen an eine „ausschließlich" nicht unternehmerisch tätige juristische Person, der eine USt-Id.-Nummer erteilt worden ist, gelten. Zum anderen sollen unter die entsprechende Anwendung auch solche juristischen Personen fallen, die sowohl unternehmerisch als auch nicht unternehmerisch tätig sind. Nicht gelten soll diese Anwendungsregelung jedoch in Bezug auf sonstige Leistungen, die ausschließlich für den privaten Bedarf des Personals oder eines Gesellschafters bestimmt sind. Diese Neuregelung soll am 1.1.2013 in Kraft treten.[93]

§ 3a Abs. 3 Nr. 2 UStG

Die Vorschrift regelt den Ort der sonstigen Leistungen in Fällen der kurzfristigen Vermietung eines Beförderungsmittels. Eine länger als nur kurzfristige Vermietung ist davon nach der bisherigen Regelung nicht erfasst, wurde bisher nicht einmal in der Norm erwähnt. Nach der mit dem JStG 2013 vorgesehenen Regelung soll die nicht nur kurzfristige Vermietung von Beförderungsmitteln an einen Empfänger, der weder Unternehmer ist, für dessen Unternehmen die Leistung bezogen wird, noch eine nicht unternehmerisch tätige juristische Person, der eine USt-Id.-Nummer erteilt worden ist, grundsätzlich an demjenigen Ort erbracht sein, an dem der Empfänger seinen Wohnsitz oder Sitz hat. Bei nicht nur kurzfristiger Vermietung von Sportbooten an solche Personen wird der Leistungsort an den Ort verlagert, an dem das Boot dem Leistungsempfänger tatsächlich zur Verfügung gestellt wird, sofern sich auch der Sitz, die Geschäftsleitung oder eine Betriebsstätte des Unternehmers, von wo aus die Leistung tatsächlich erbracht wird, an diesem Ort befindet.

Diese Neuregelung soll am 1.1.2013 in Kraft treten.

3.1.10.2 Steuerbefreiungen nach § 4 UStG

Die Norm regelt bekanntermaßen Umsatzsteuerbefreiungen. Hierin sollen verschiedene Leistungstatbestände angepasst bzw. ergänzt werden, insbesondere:

- Im Zusammenhang mit der Umsatzsteuerbefreiung für Heilbehandlungsleistungen im Rahmen der hausarztzentrierten und besonderen ambulanten Versorgung (§ 4 Nr. 14 Buchst. c UStG in der Fassung des JStG 2013) wird der Anwendungsbereich der Umsatzsteuerbefreiung ausgedehnt auf Einrichtungen, mit denen Versorgungsverträge zur hausarztzentrierten Versorgung nach § 73b SGB V respektive zur besonderen ambulanten ärztlichen Versorgung nach § 73c SGB V bestehen.

---

[93] Art. 33 Abs. 1 JStG 2013.

- § 4 Nr. 16 UStG regelt die Umsatzsteuerbefreiung bestimmter Leistungen, die mit dem Betrieb von Einrichtungen zur Betreuung oder Pflege körperlich, geistig oder seelisch hilfsbedürftiger Personen eng verbunden sind. Die diesbezügliche Umsatzsteuerbefreiung wird ausgedehnt auf Einrichtungen, die als Betreuer gem. § 1896 Abs. 1 BGB bestellt worden sind, sofern die Vergütung nicht nach Maßgabe von § 1908i Abs. 1 i. V. m. § 1835 Abs. 3 BGB erfolgt (§ 4 Nr. 16 S. 1 Buchst. k UStG in der Fassung des JStG 2013).

- § 4 Nr. 18 UStG: Beabsichtigt war auch eine Modifikation dieser Norm, die bestimmte Leistungen der amtlich anerkannten Verbände der freien Wohlfahrtspflege und der der freien Wohlfahrtspflege dienenden Körperschaften, Personenvereinigungen und Vermögensmassen, die einem Wohlfahrtsverband als Mitglied angeschlossen sind, umsatzsteuerfrei stellt. Hier sollte eine Erweiterung der Umsatzsteuerbefreiung auch auf insbesondere durch die Verbände der freien Wohlfahrtspflege erbrachte, näher bestimmte, eng mit der Sozialfürsorge und der sozialen Sicherheit verbundene Leistungen aufgenommen werden. Der Bundesrat vermochte jedoch diesem Änderungsbegehren nicht zuzustimmen. Ausweislich der Beschlussempfehlung des Vermittlungsausschusses wurde die § 4 Nr. 18 UStG betreffende Änderung aus dem Jahressteuergesetz 2013 gestrichen. Die Regelung sei hier jedoch deshalb erwähnt, da nicht ausgeschlossen werden kann, ob ein diesbezügliches Änderungsbegehren in Zukunft erneut angestoßen wird.

- § 4 Nr. 20 Buchst. a UStG: Die Vorschrift regelt die Umsatzsteuerbefreiung von Theatern, Orchestern, Museen, Tierparks etc., die dem Bund, den Ländern, den Gemeinden oder den Gemeindeverbänden gehören. Die Umsatzsteuerbefreiung wird erweitert auf Umsätze von Bühnenregisseuren und Bühnenchoreographen an den von der Norm erfassten Einrichtungen. Voraussetzung für die Befreiung ist, dass die zuständige Landesbehörde bescheinigt, dass die künstlerischen Leistungen dieser Personen der betreffenden Einrichtung unmittelbar dienen. Die Neuregelung tritt am 1.1.2013 in Kraft.

- § 4 Nr. 25 S. 3 Buchst. c UStG in der Fassung des JStG 2013: Die Leistungen durch Einrichtungen, die als Vormünder gem. § 1773 BGB oder als Ergänzungspfleger gem. § 1909 BGB bestellt sind, sollen künftig ebenfalls von der aus § 4 Nr. 25 UStG folgenden Umsatzsteuerbefreiung erfasst werden.

3.1.10.3 Steuersatz

In § 12 UStG erfolgen insbesondere umfangreiche Anpassungen in Bezug auf Umsätze mit Kunstgegenständen und Sammlungsstücken.

3.1.10.4 Steuerschuldner

§ 13b Abs. 5 UStG wurde neu gefasst. Hier haben sich durch das Vermittlungsverfahren gegenüber der zuvor vorgesehenen, vom Bundestag verabschiedeten Fassung noch Änderungen ergeben. Die Norm führt wie auch schon bisher dahingehend aus, in welchen Fällen der Leistungsempfänger die Umsatzsteuer schuldet. Die Änderungen stellen im Wesentlichen auf Unternehmen ab, die Erdgas bzw. Elektrizität liefern.

§ 13b Abs. 7 S. 1 und 2 UStG erhalten eine Neufassung. Im Nachgang zu der Entscheidung des EuGH in der Rechtssache *Stoppelkamp* (C–421/10) soll durch das JStG 2013 die Definition des im Ausland ansässigen Unternehmers angepasst werden. Ein Unternehmer gilt hiernach auch dann als im Ausland ansässig, wenn er im Ausland den Sitz seiner wirtschaftlichen Tätigkeit, seine Geschäftsleitung oder eine Betriebsstätte und im Inland ausschließlich einen Wohnsitz oder einen gewöhnlichen Aufenthaltsort hat. Die diesbezügliche Neuregelung tritt am Tag nach der Verkündung in Kraft.

3.1.10.5 Rechnungsinhalte

§ 14 Abs. 4 S. 1 Nr. 10 UStG in der Fassung des JStG 2013:

Der Katalog der Pflichtangaben soll im Falle einer Rechnungsausstellung durch den Leistungsempfänger nach der Ergänzung des Katalogs von Pflichtangaben um die auf der Rechnung vorzunehmende Angabe "Gutschrift" erweitert werden. Die Neuregelung tritt am 1.1.2013 in Kraft.

§ 14 Abs. 7 UStG in der Fassung des JStG 2013:

Der neu eingefügte Abs. 7 dient der Umsetzung von Art. 219a Nr. 2 MwStSystRL. Danach richtet sich die Rechnungserteilung nach den Vorschriften desjenigen Mitgliedstaates, in dem der Unternehmer ansässig ist, unter den Voraussetzungen, dass der Unternehmer einen Umsatz im Inland ausführt, die USt nach § 13b UStG vom Leistungsempfänger geschuldet wird und der ausführende Unternehmer nicht in demjenigen Staat ansässig ist, in dem der Umsatz ausgeführt wird. Dies gilt jedoch nicht im Fall von Gutschriften. Die Neuregelung tritt am 1.1.2013 in Kraft.

§ 14a Abs. 1 UStG wird vollständig neu gefasst:

Die Norm regelt bekanntermaßen zusätzliche Pflichten des Unternehmers bei der Ausstellung von Rechnungen in besonderen Fällen. Mit der Neufassung des Absatzes 1 wird die Pflicht von im Inland ansässigen Unternehmern zur Ausstellung einer Rechnung mit der Angabe „Steuerschuldnerschaft des Leistungsempfängers" festgelegt, namentlich im Falle von Umsätzen in einem anderen Mitgliedstaat, an dem eine etwaige dort gelegene Betriebsstätte nicht beteiligt ist und die USt in dem anderen Mitgliedstaat vom Leistungsempfänger geschuldet wird. Nicht anzuwenden ist dies im Falle von Gutschriften. Handelt es sich bei dem Umsatz um eine in einem anderen Mitgliedstaat ausgeführte sonstige Leistung i. S. v. § 3a Abs. 2 UStG, muss der Unternehmer die Rechnung bis zum 15. Tag desjenigen Monats ausstellen, der auf den Monat folgt, in dem der Umsatz ausgeführt wurde. In der Rechnung anzugeben sind weiterhin die USt-Id.-Nr. des Unternehmers und des Leistungsempfängers. Geltung beansprucht dies ab dem 1.1.2013.

§ 14a Abs. 3 UStG:

Die Norm bezieht sich auf die erforderlichen Zusatzangaben in Rechnungen im Fall von innergemeinschaftlichen Lieferungen. Die Vorschrift wird mit dem JStG 2013 abgeändert. Danach ist der Unternehmer, der eine innergemeinschaftliche Lieferung ausgeführt hat, bis zum 15. Tag des Monats, der auf den Monat der Umsatzausführung folgt, zur Ausstellung einer Rechnung verpflichtet. Wiederum sind in dieser Rechnung die USt-Id.-Nummer sowohl des Unternehmers als auch des Leistungsempfängers anzugeben. Auch diese Neuregelung tritt am 1.1.2013 in Kraft.

§ 14a Abs. 5 UStG:

Die Vorschrift bezieht sich auf notwendige Rechnungsangaben im Falle von Reverse-Charge-Umsätzen. Der neu gefasste § 14a Abs. 5 UStG besagt insbesondere, dass Rechnungen für Reverse-Charge-Umsätze i. S. d. § 13b Abs. 2 UStG der ausdrücklichen Angabe "Steuerschuldnerschaft des Leistungsempfängers" bedürfen. Die Neuregelung tritt am 1.1.2013 in Kraft.

§ 14a Abs. 6 UStG:

Die Norm bezieht sich auf die Rechnungsstellung in Fällen von Reiseleistungen (§ 25 UStG) und der Differenzbesteuerung (§ 25a UStG). Nach der durch das JStG 2013 angepassten Regelung müssen Rechnungen in derartigen Fällen die Angabe „Sonderregelung für Reisebüros" bzw.

die Angabe „Gebrauchtgegenstände/Sonderregelung", „Kunstgegenstände/Sonderregelung" oder „Sammlungsstücke und Antiquitäten/Sonderregelung" enthalten. Die diesbezügliche Neuregelung tritt am 1.1.2013 in Kraft.

3.1.10.6 Vorsteuerabzug

§ 15 UStG normiert die Voraussetzungen für den Vorsteuerabzug. Die Vorschrift wird verschiedenen Änderungen unterzogen.

Nach § 15 Abs. 1 S. 1 Nr. 3 UStG in der Fassung des JStG 2013 ist entsprechend der Rechtsprechung des EuGH und des BFH der Vorsteuerabzug bei innergemeinschaftlichen Erwerben durch den Unternehmer für sein Unternehmen nur noch zulässig, wenn es sich bei dem Umsatz um einen innergemeinschaftlichen Erwerb handelt, der nach § 3d S. 1 UStG im Inland bewirkt wird. Die Neufassung soll lediglich deklaratorischen Charakter haben und tritt am Tag nach der Verkündung in Kraft.[94]

3.1.10.7 Sonstige Änderungen

§ 26 Abs. 4 UStG ist eine vollständig neu aufgenommene Durchführungsbestimmung. Diese enthält unter näher ausgeführten Voraussetzungen die Möglichkeit für eine Umsatzsteuervergütung zugunsten bestimmter Konsortien, namentlich nur ein solches, das auf der Grundlage der Verordnung (EG) Nr. 723/2009 des Rates vom 25.6.2009 über den gemeinschaftlichen Rechtsrahmen für ein Konsortium für eine europäische Forschungsinfrastruktur (ABl. L 206 v. 8.8.2009, S. 1) durch einen Beschluss der Kommission gegründet wurde.

Diese umsatzsteuerrechtliche Regelung tritt am Tag nach der Verkündung in Kraft.

3.1.11 Abgabenordnung

Die Abgabenordnung erfährt umfassende Änderungen und Ergänzungen. So werden im Interesse des Bürokratieabbaus u. a. die Aufbewahrungsfristen (siehe dazu auch A.3.1.10 zur Umsatzsteuer bzw. A.3.1.12 zum HGB) zunächst ab 2013 auf acht und in einem weiteren Schritt ab 2015 auf sieben Jahre verkürzt und vereinheitlicht. Außerdem erfolgten diverse Maßnahmen mit überwiegend technischem Charakter zur Anpassung an Änderungen anderer Vorschriften (Folgeänderungen) und weitere redaktionelle Maßnahmen. Nachfolgend werden die wichtigsten beschrieben:

3.1.11.1 Regelungen zur Gemeinnützigkeit

3.1.11.1.1 Einschränkung bei Gemeinnützigkeit bei verfassungsfeindlichen Bestrebungen, § 51 Abs. 3 S. 2 AO

Von den Begünstigungen zur Gemeinnützigkeit sollen Körperschaften ausgeschlossen werden, die sich aktiv gegen die freiheitliche demokratische Grundordnung wenden und den Bestand, die Sicherheit und die Funktionsfähigkeit des Bundes oder eines der Länder beeinträchtigen oder beseitigen wollen (vgl. § 4 des Bundesverfassungsschutzgesetzes). Gleiches gilt, wenn eine Körperschaft dem Gedanken der Völkerverständigung zuwiderhandelt (§ 51 Abs. 3 S. 1 AO).

Sollte eine Körperschaft im Verfassungsschutzbericht des Bundes oder eines Landes als verfassungsfeindlich aufgeführt sein, kommt es nicht mehr darauf an, ob dies widerlegt werden kann. Die Anerkennung als gemeinnützige Körperschaft ist zwangsläufig zu versagen. Eine Prüfung durch

---

[94] Art. 33 Abs. 3 JStG 2013.

die Finanzverwaltung findet nicht mehr statt. Sollte die Aufnahme in den Verfassungsschutzbericht zu Unrecht erfolgt sein, obliegt es der Körperschaft, dagegen gerichtlich vorzugehen. Bei bloßen „Verdachtsaufnahmen" betreffend die Verfassungsfeindlichkeit ist nicht aufgrund des Verdachtes die Gemeinnützigkeit zu versagen. Allerdings ist einem solchen Fall die Voraussetzung des § 51 Abs. 3 S. 1 AO und damit das Vorliegen von Bestrebungen nach § 4 des Bundesverfassungsschutzgesetzes durch das zuständige Finanzamt inzident zu prüfen.

3.1.11.1.2 Erweiterung des Zweckbetriebskatalogs, § 68 Nr. 5 AO

Im Zweckbetriebskatalog des § 68 Nr. 5 AO wird auf Einrichtungen nach dem Gesetz für Jugendwohlfahrt verwiesen. Daher hat eine Anpassung an die Begrifflichkeiten des SGB VIII zu erfolgen.

3.1.11.2 Einschränkungen der Zustimmungserfordernisse des Bundesrats beim Erlass von Rechtsverordnungen

Die AO sieht an mehreren Stellen Einschränkungen betreffend das Zustimmungserfordernis des Bundesrats beim Erlass von Rechtsvorordnungen vor, so u. a. in § 30 Abs. 6 S. 4; § 87a Abs. 6 S. 3; §§ 88 Abs. 3 S. 2 und 89 Abs. 2 S. 2; § 150 Abs. 6 S. 7; § 156 Abs. 1 S. 2 AO.

3.1.11.3 Mitwirkungspflichten, Gleichstellung von Vorlage- und Auskunftsersuchen, § 97 AO

Die Änderung zu den Vorlagepflichten betreffend Urkunden ergeht in Reaktion auf die Rechtsprechung des Bundesfinanzhofs.[95] Der BFH hatte die Auffassung vertreten, ein Finanzamt dürfe im Besteuerungsverfahren eines Bankkunden von einem Kreditinstitut auf der Grundlage des § 97 AO im Regelfall erst dann die Vorlage von Kontoauszügen verlangen, wenn die Bank eine nach § 93 AO zuvor geforderte Auskunft über das Konto nicht erteilt hat, wenn die Auskunft unzureichend ist oder Bedenken gegen ihre Richtigkeit bestehen. Danach war ein isoliertes Vorlageverlangen über Kontoauszüge zu einem genau bestimmten Konto ohne vorheriges Auskunftsersuchen grundsätzlich nicht zulässig. Dies hat zur Folge, dass eine Finanzbehörde im Regelfall auch dann zuerst ein Auskunftsersuchen nach § 93 Abs. 1 AO gegenüber dem Kreditinstitut stellen musste, wenn ihr die Konto- oder Depotbeziehung bereits bekannt ist und sie lediglich Kontoauszüge oder ähnliche Dokumente einsehen will. Da dieses Verfahren als unnötig verwaltungsaufwendig empfunden wird, wird die Vorlagepflicht erweitert. Die Finanzbehörde kann nun von betroffenen Personen, aber auch von Dritten (z. B. Geschäftspartner, Kreditinstitute) die Vorlage von Büchern, Aufzeichnungen, Geschäftspapieren und anderen Urkunden zur Einsicht und Prüfung verlangen (§ 97 Abs. 1 S. 1 AO). Im Vorlageersuchen ist dabei anzugeben, ob die Urkunden für die Besteuerung des zur Vorlage Aufgeforderten selbst oder für die Besteuerung eines Dritten benötigt werden (§ 97 Abs. 1 S. 2 AO).

Durch den neuen § 97 Abs. 1 wird eine Gleichstellung von Vorlageverlangen und Auskunftsersuchen angestrebt. Es erfolgt eine Anpassung an § 93 Abs. 1 AO. Dadurch sollen Streitigkeiten zwischen den Finanzbehörden und dem Auskunftserteilenden über die Art der Ermittlungen, nämlich Auskunftsersuchen nach § 93 Abs. 1 oder Vorlageverlangen nach § 97 AO, vermieden werden. Die Systematik des § 97 AO soll künftig der vergleichbaren Regelung des § 85 S. 2 FGO entsprechen.

Dem folgend, werden auch die Entschädigungsbestimmungen für die Inanspruchnahme eines Auskunftsverpflichteten angepasst, § 107 AO.

---

[95] BFH, Urteil v. 24.2.2010, II R 57/08, BStBl II 2011, S. 5.

3.1.11.4 Erleichterung der Buchführungs- und Aufbewahrungspflichten

3.1.11.4.1 Aufhebung des § 141 Abs. 1 S. 4 AO

Die jährliche Bestandsaufnahme braucht sich aus steuerlichen Gründen nicht auf das stehende Holz zu erstrecken. Das sehen bereits die allgemeinen Bewertungsvorschriften vor, so dass es einer zusätzlichen Regelung nicht bedarf.

3.1.11.4.2 Verkürzung der Aufbewahrungsfristen, § 147 Abs. 3 S. 1 AO; § 14b UStG

Die Regelung geht einher mit dem Projekt „Harmonisierung und Verkürzung der Aufbewahrungs- und Prüfungsfristen nach Handels-, Steuer- und Sozialrecht" der Bundesregierung. In Abwägung der Entlastungswirkung beim Erfüllungsaufwand einerseits und dem Steuerausfallrisiko andererseits werden die bisher zehnjährigen Aufbewahrungsfristen in AO, UStG verkürzt. Der Bundesrat konnte sich mit seinem Bestreben, die Erleichterungen wieder zu streichen, nicht durchsetzen. Der Vermittlungsausschuss, dessen Empfehlung der Bundestag am 17.1.2013 nicht folgte, sah vor, keine Kürzung der Aufbewahrungsvorschriften vorzunehmen.

Die Änderungen werden auch im HGB vollzogen (siehe A.7). Die bisher zehnjährigen Aufbewahrungsfristen der AO und des UStG sollen zunächst auf einen Zeitraum von acht Jahren verkürzt werden. Die Kürzung der steuerlichen Aufbewahrungsfristen erfolgt in zwei Schritten:

- Zunächst ist eine Verkürzung auf acht Jahre vorgesehen, die für Unterlagen gilt, deren Aufbewahrungsfrist am 31.12.2012 noch nicht angelaufen ist, Art. 97, § 19a Abs. 2 EGAO i. V. m. Art. 11 Nr. 15, 12 Nr. 2 JStG 2013 und Art. 10 Nr. 9, 17 JStG 2013).

- Die Verkürzung auf sieben Jahre gilt erstmals für Unterlagen, deren Aufbewahrungsfrist am 31.12..2014 noch nicht abgelaufen ist, Art. 32 Abs. 1, 3 JStG 2013.

3.1.11.4.3 Änderungen bei der Ablaufhemmung

Die Norm des § 171 AO wird um einen Abs. 15 ergänzt. Damit reagiert der Gesetzgeber auf ein Urteil des Bundesfinanzhofs.[96] Die gegenüber dem Steuerentrichtungspflichtigen wirkende Hemmung der Festsetzungsfrist nach § 171 Abs. 4 S. 1 AO gelte nicht für den Steuerschuldner. Ein Entrichtungspflichtiger konnte daher wegen des Ablaufs der Festsetzungsfrist beim Steuerschuldner trotz einer Außenprüfung nicht mehr in Anspruch genommen werden. Das hat zur Folge, dass die Außenprüfungen, die für im Abzugsverfahren erhobene Steuern durchgeführt werden (oder andere verjährungshemmende Umstände i. S. d. § 171 AO) und bei Steuerentrichtungspflichtigen ins Leere laufen, sofern sich die Ablaufhemmung nicht ausnahmsweise (auch) auf die Festsetzungsfrist beim Steuerschuldner auswirkt. Die nunmehrige, auf Vorschlag des Bundesrates aufgenommene Ergänzung des § 171 AO soll bewirken, dass sich verjährungshemmende Umstände i. S. d. § 171 AO bei Steuerentrichtungspflichtigen ebenso auf die Festsetzungsfrist des Steuerschuldners auswirken, sodass z. B. der Erlass eines Haftungsbescheides bis zum Ablauf der für den Steuerentrichtungspflichtigen geltenden Festsetzungsfrist zulässig bleibt. Hierdurch wird sichergestellt, dass ein Steuerentrichtungspflichtiger sich der Haftung nicht allein dadurch entziehen kann, dass er den Abschluss einer die jeweilige Steuer betreffenden Außenprüfung bis zum Eintritt der Festsetzungsverjährung beim Steuerschuldner hinauszögert.

---

[96] BFH v. 13.12.2011, II R 26/10.

Hinweis:

Die Erweiterung der Ablaufhemmung gilt für alle im Steuerabzugsverfahren erhobenen Steuern und erweitert damit die (zeitliche) Inanspruchnahme aller Entrichtungspflichtigen, welche in einem eigenen Steuerschuldverhältnis stehen und daher einer eigenen, unabhängig vom Steuerschuldner bestehenden Steuerpflicht unterliegen. Betroffen sind vor allem die Entrichtungspflichtigen betreffend Lohnsteuern, Kapitalertragssteuern, Quellensteuern nach § 50a EStG.

Die Norm gilt für alle zum Zeitpunkt des Inkrafttretens des JStG 2013 noch nicht abgelaufenen Festsetzungsfristen.

3.1.11.4.4 Streichung der Rundungsregelung, § 275 AO

Die Rundungsregelung wird aus Gründen der Verwaltungsvereinfachung gestrichen und gilt ab dem 1.1.2013, Art. 33 Abs. 1 JStG 2013.

3.1.12 Änderung des Handelsgesetzbuches und des EGHGB

Die Änderungen zu den Aufbewahrungsfristen (siehe A.6.4.2.) werden auch handelsrechtlich vollzogen. Die bisherigen Aufbewahrungsfristen werden weiter unterteilt. In der Sache wirken sich die Änderungen allerdings nur für die Buchungsbelege aus (§ 257 Abs. 1 Nr. 4 HGB). Mit der Neufassung des § 257 Abs. 4 HGB gelten folgende Aufbewahrungsfristen:

Frist	Änderung	Art der Unterlagen	Norm
10 Jahre	Keine Änderung	• Handelsbücher, • Inventare, • Eröffnungsbilanzen, • Jahresabschlüsse, • Einzelabschlüsse (§ 325 Abs. 2a HGB), • Lageberichte • Konzernabschlüsse • Konzernlageberichte sowie • zu deren Verständnis erforderliche Arbeitsanweisungen und Organisationsunterlagen	§ 257 Abs. 1 Nr. 1 i. V. m. Abs. 4 HGB
8 Jahre (7 Jahre ab 2015)	Neuregelung	Buchungsbelege	§ 257 Abs. 1 Nr. 4 i. V. m. Abs. 4 HGB
6 Jahre	Keine Änderung	Sonstige Unterlagen, wie z. B. empfangene und/oder abgesandte Handelsbriefe	§ 257 Abs. 1 Nr. 2, 3 i. V. m. Abs. 4 HGB

Auch handelsrechtlich wird die Verkürzung der Aufbewahrungsfristen zweistufig vollzogen, siehe Art. 28 JStG und Art. 32 Abs. 4 JStG 2013.

3.1.13 Änderungen des Fünften Vermögensbildungsgesetzes

Die Änderungen zum 5. VermBG gehen zurück auf das Steuerbürokratieabbaugesetz.[97] Dort wurde eine Ermächtigungsbefugnis aufgenommen, wonach das BMF (mit Zustimmung des Bundesrates) eine Rechtsverordnung erlassen kann, die die elektronische Übermittlung der Bescheinigung nach § 15 Abs. 1 S. 15 VermBG (sog. Anlage VL) vorschreibt. Mit der Änderung VermBG und der Verordnung zur Durchführung des 5. VermBG (VermBDV 1994) wird die Datenübermittlung der für die Festsetzung und Auszahlung einer Arbeitnehmer-Sparzulage erforderlichen Angaben geregelt. An Stelle der Anlage VL (in Papierform) tritt nunmehr die elektronische Vermögensbildungsbescheinigung. Auf die verfahrenstechnischen Einzelheiten wird an dieser Stelle nicht weiter eingegangen.

3.1.14 Änderung des EU-Beitreibungsgesetzes

Das EUBeitrG wird in seinem sachlichen Anwendungsbereich konkretisiert. So sollen alle mit der Sozialversicherung im Zusammenhang stehenden Abgaben und Gebühren vom Anwendungsbereich ausgenommen sein.

3.1.15 Änderung des Grunderwerbsteuergesetzes

3.1.15.1 Gleichstellung der Lebenspartnerschaften hinsichtlich des Anwendungszeitraums, § 23 Abs. 9 GrEStG

Es wird die Anwendungsvorschrift des § 23 Abs. 9 GrEStG neu gefasst. Durch das JStG 2010[98] wurden die eingetragenen Lebenspartner dem Ehegatten hinsichtlich sämtlicher für sie geltenden grunderwerbsteuerrechtlichen Befreiungen für Erwerbsvorgänge, die nach dem 13.12.2010 verwirklicht wurden, gleichgestellt. Unter Berücksichtigung des Beschlusses des Bundesverfassungsgerichts[99] wird die Gleichstellung rückwirkend auch für alle noch nicht bestandskräftigen Altfälle ab Inkrafttreten des Lebenspartnerschaftsgesetzes am 1.8.2001 erstreckt.

3.1.15.2 Beschränkung von Gestaltungsmodellen (GrESt-Blocker-Modell), § 1 Abs. 3a GrEStG-E

Der Vorschlag des Vermittlungsausschusses geht zurück auf eine Stellungnahme des Bundesrates vom 6.7.2012. Da der Bundestag dem Ergebnis des Vermittlungsausschusses nicht zustimmte, ist derzeit unklar bzw. offen, ob und in welchem Umfang die nachfolgend dargestellte Regelung tatsächlich umgesetzt wird.

3.1.15.2.1 Hintergrund der Regelung

§ 1 Abs. 3 GrEStG fingiert einen Erwerb eines Grundstücks. Es fällt Grunderwerbsteuer wegen der Zurechnung des Grundstücks aufgrund einer Gesellschafterstellung über 95% der Anteile an (bzw. bei einer grunderwerbsteuerlichen Organschaft aufgrund finanzieller, wirtschaftlicher und organisatorischer Eingliederung). Was einen Anteil darstellt, wird im Rahmen des § 1 Abs. 3 GrEStG zivilrechtlich definiert. Es muss sich bei der Kapitalgesellschaft um einen Anteil an dieser, bei einer nach Maßgabe des BGB/HGB gegründeten Personengesellschaft um einen Gesamthandsanteil handeln. Da nach der Rechtsprechung des BFH zivilrechtlich jeder Gesamthandsanteil gleichwertig ist, und zwar unabhängig von der vermittelten wirtschaftlichen Beteiligung, sind auch sogenannte

---

[97] Gesetz v. 20.12.2008, BGBl I 2008, S. 2850.
[98] Gesetz v. 8.12.2010, BGBl I 2010, S. 1768.
[99] BVerfG v. 18.7.2011, 1 BvL 16/11.

Blocker-KG mit einer Minderheitsbeteiligung von nominal weniger als 5,1% möglich. Da nach der Rechtsprechung bei mehrstöckigen Strukturen ein sogenanntes Durchrechnen von Beteiligungen nicht möglich ist, weil die 95% Grenze auf jeder Ebene erfüllt sein muss, um Anteilsvereinigung zu begründen, lösen diese auch keine Grunderwerbsteuer aus.[100]

3.1.15.2.2 Inhalt der Regelung

Mit der Neuregelung in § 1 Abs. 3a GrEStG-E greift der Gesetzgeber die den Gesamthandanteil betreffende Problematik auf. Es wird durch den Begriff „Beteiligung am Vermögen" die Rechtsprechung zur Gleichwertigkeit von Anteilen an Personengesellschaften im Rahmen des § 1 Abs. 3 GrEStG ausgehebelt.[101] Bei mehrstöckigen Strukturen soll eine „Durchrechnung" möglich sein, um Verwässerung von Beteiligung durch Zwischenschaltung mehrerer Gesellschaftsebenen zu vermeiden.

Nach dem vorgeschlagenen § 1 Abs. 3a GrEStG-E soll, soweit eine Besteuerung nach Absatz 2a und Absatz 3 nicht in Betracht kommt, als Rechtsvorgang im Sinne des Absatzes 3 auch ein solcher gelten, aufgrund dessen ein Rechtsträger unmittelbar oder mittelbar oder teils unmittelbar, teils mittelbar eine wirtschaftliche Beteiligung in Höhe von mindestens 95 % an einer Gesellschaft, zu deren Vermögen ein inländisches Grundstück gehört, innehat. Die wirtschaftliche Beteiligung ergibt sich aus der Summe der unmittelbaren und mittelbaren Beteiligungen am Kapital oder am Vermögen der Gesellschaft. Für die Ermittlung der mittelbaren Beteiligungen sind die Vomhundertsätze am Kapital oder am Vermögen der Gesellschaften zu multiplizieren.

Praxishinweis:

Mit der vorgesehenen Regelung bleiben Einzelfragen des Konkurrenzverhältnisses zwischen § 1 Abs. 3a GrEStG-E und insbesondere des § 1 Abs. 3 GrEStG bei Vorliegen einer grunderwerbsteuerlichen Organschaft offen. Bei Einführung einer „wirtschaftlichen Beteiligung" kann eigentlich die Rechtsfigur der grunderwerbsteuerlichen Organschaft gestrichen werden, weil durch Organgesellschaften durchgerechnet werden muss. Es kann aber Einzelfälle geben, bei denen die grunderwerbsteuerliche Organschaft erfüllt ist, ohne dass § 1 Abs. 3a GrEStG-E erfüllt ist.

Unklar ist auch die Anwendbarkeit der Privilegierungen (Befreiungen) der §§ 5, 6 GrEStG auf Fälle des § 1 Abs. 3a GrEStG-E. Aus dem Gesetz geht nicht hervor, ob § 1 Abs. 3a GrEStG-E systematisch – wie § 1 Abs. 3 GrEStG – zu einer Zurechnung des Grundstücks zum Gesellschafter führt. Wenn dies der Fall ist, sollten §§ 5, 6 GrEStG auch auf Fälle des § 1 Abs. 3a GrEStG-E Anwendung finden.[102]

Sollte die gesetzliche Regelung kommen, werden bisher am Markt praktizierte „Blocker"-Modelle hinfällig.

3.1.15.2.3 Anwendungsregelung

Nach dem Vorschlag des Vermittlungsausschusses sollte die Gesetzesänderung erstmals auf Erwerbsvorgänge, die nach dem 31.12.2012 verwirklicht werden, anzuwenden sein. Vor dem 1.12.2013 umgesetzte Strukturen sollten hingegen nicht aufgegriffen werden, wenn keine weiteren Anteilsübertragungen nach dem 31.12.2012 erfolgen.

---

[100] Siehe BFH v. 25.8.2010, II R 65/08, DStR 2011, 27; siehe auch BB 2011, S. 358 mit Anm. *Behrens*.
[101] Vgl. BFH v. 8.8.2001, II R 66/98, DStR 2001, 1793.
[102] Vgl. Ländererlasse, z. B. FinMin SH v. 17.12.2009, BeckSTE 600, § 1/9, Tz. b zu diesem Themenkreis bei § 1 (3) GrEStG.

Praxishinweis:

Aufgrund der Verzögerungen im Gesetzgebungsverfahren und auch wegen fehlender Zustimmung des Bundestages zu dem Ergebnis des Vermittlungsausschusses am 17.1.2013 ist zweifelhaft, ob diese Stichtagsregelung so umgesetzt werden kann.

3.1.16 Änderung des Luftverkehrsgesetzes

Die Regelung dient der Neutralisierung des steuerlichen Gewinns im Zusammenhang mit der Überwachung und Sicherung des Luftverkehrs durch die beauftragte Flugsicherungsorganisation im Sinne von § 31b Abs. 1 LuftVG. Es soll dadurch sichergestellt werden, dass die Wahrnehmung der hoheitlichen Aufgaben (sichere, geordnete und flüssige Abwicklung des Luftverkehrs, § 27c LuftVG) zur Steuerneutralität führt. Die Regelung trägt den Vorgaben des europäischen Rechts zur Berechnung und Erhebung von Flugsicherungsgebühren[103] Rechnung und vermeidet Bilanzeffekte, die bei der Anwendung des deutschen Bilanzsteuerrechts entstehen können.

Die Berechnung und Erhebung von Flugsicherungsgebühren erfolgt auf Basis der Rechnungslegung nach IFRS, welche zu Unterschieden bei Ansatz und Bewertung von einzelnen Bilanzposten gegenüber dem deutschen Handels- und Steuerecht führt.

Die Neuregelung gilt nach Maßgabe des § 73 Abs. 2a LuftVG für alle offenen Fälle.

3.2 Gesetz zum Abbau der kalten Progression

Mit dem Gesetz zum Abbau der kalten Progression[104] verfolgt das Kabinett das Ziel, die Bürger in den Veranlagungszeiträumen 2013 und 2014 von den Wirkungen der sog. kalten Progression zu entlasten.

Die negative Wirkung der kalten Progression ergibt sich dadurch, dass mit steigendem zu versteuernden Einkommen auch der Steuertarif steigt (Progression). Erhält ein Arbeitnehmer eine Gehaltssteigerung, so steigt mit dem zusätzlichen Gehalt auch der darauf anzuwendende Steuertarif. Im Grundsatz ist dies nicht zu beanstanden, da ein Arbeitnehmer mit gestiegenem Gehalt auch aus steuerlicher Sicht leistungsfähiger ist und damit mit einer höheren Einkommensteuer belastet werden darf. Etwas anderes muss aber insofern gelten, dass zumindest ein Teil von Gehaltssteigerungen durch die Inflation aufgezehrt wird, d. h. nicht zu zusätzlicher Kaufkraft auf Seiten des Arbeitnehmers führt. Nach dem progressiven Steuertarif führt das gestiegene Gehalt aber auch insoweit dazu, dass der Steuertarif steigt und infolgedessen zumindest ein Teil des vom Arbeitgeber gewährten Inflationsausgleiches durch eine zusätzliche Einkommensteuerbelastung aufgezehrt wird.

Dem wollte die Bundesregierung mit einer Anpassung des den Einkommensteuertarif regelnden § 32a EStG entgegenwirken. Nach ihrem Wunsch sollte auf diesem Wege zum einen bis zum Jahr 2014 in zwei Stufen eine Anhebung des Grundfreibetrages erfolgen, zum anderen war von ihr – darüber hinaus – auch eine Anpassung des Tarifverlaufes der Einkommensteuer beabsichtigt.

Die Opposition wehrte sich jedoch vehement gegen dieses Vorhaben. Sie forderte insbesondere eine Gegenfinanzierung, um das durch die beabsichtigten Tarifänderungen verringerte Steueraufkommen zu kompensieren. Nachdem das Gesetz am 29.3.2012 zwar die Zustimmung des Bundes-

---

[103] Siehe Verordnung (EU) Nr. 1191/2010 v. 10.12.2010, Abl. EU Nr. L 333, S. 6; Verordnung (EG) Nr. 1794/2006 v. 6.12.2006, Abl. EU Nr. L 341, S. 3; Verordnung (EG) Nr. 550/2004 v. 10.3.2004, Abl. EG Nr. L 96, S. 10.
[104] Siehe Darstellung in Steueränderungen 2011/2012, A.3.6.

tages erhalten hatte, wurde die anschließend notwendige Zustimmung vom Bundesrat aber verweigert. Das Gesetzesvorhaben wurde daher Gegenstand eines Vermittlungsverfahrens.

Nach monatelangen Verhandlungen konnte in der Sitzung des Vermittlungsausschusses vom 12.12.2012 endlich eine Einigung erzielt werden. Laut Beschlussempfehlung des Ausschusses[105] soll der Grundfreibetrag zur Absicherung des Existenzminimums von den bislang 8.004 € in zwei Schritten erhöht werden, namentlich auf 8.130 € für das Jahr 2013 und auf 8.354 € für die Jahre ab 2014. Dabei verändert sich der Eingangssteuersatz von 14 % nicht.

Keine Einigung konnte hingegen in Bezug auf die von der Bundesregierung angestrebte Anpassung des gesamten Tarifverlaufes erzielt werden. Damit werden auch künftig inflationsausgleichende Lohnerhöhungen eine steuerliche Mehrbelastung mit sich bringen, d. h. der nachteilige Effekt der kalten Progression wird nicht in der ursprünglich von der Bundesregierung vorgeschlagenen Weise ausgeglichen. Gleichwohl ist beabsichtigt, dieses Ziel durch einen dem Bundestag vorzulegenden Steuerprogressionsbericht weiterhin zu verfolgen. In diesem Bericht sind künftig alle zwei Jahre die Auswirkungen der kalten Progression auf Arbeitnehmerinnen und Arbeitnehmer darzulegen, d. h. hierdurch bleibt das Thema dauerhaft auf der Agenda.

Die Bestätigung der Empfehlung des Vermittlungsausschusses durch den Bundestag ist am 17.1.2013 erfolgt, die notwendige Bestätigung durch den Bundesrat stand bei Redaktionsschluss (21.1.2013) jedoch noch aus. Die Sitzung des Bundesrates ist für den 1.2.2013 anberaumt. Dort dürfte es ebenfalls zu einer Zustimmung kommen. Anschließend ist noch die Ausfertigung und Veröffentlichung im Bundesgesetzblatt vonnöten, damit die Neuregelungen Geltung beanspruchen können.

3.3 Gesetz zur steuerlichen Förderung von energetischen Sanierungsmaßnahmen an Wohngebäuden

Der von der Bundesregierung eingebrachte Entwurf für ein Gesetz zur steuerlichen Förderung von energetischen Sanierungsmaßnahmen an Wohngebäuden[106] verfolgte das Ziel einer steuerlichen Förderung von energetischen Sanierungsmaßnahmen an Wohngebäuden. Die Förderung sollte sich auf Gebäude beziehen, die vor 1995 gebaut wurden und unter den noch näher bezeichneten Voraussetzungen gewährt werden, dass durch Baumaßnahmen der energetische Bedarf des Gebäudes erheblich verringert wird, was durch die Bescheinigung eines Sachverständigen nachzuweisen sein sollte. Im Falle einer mit dem Objekt erfolgenden Einkünfteerzielung sollen die Aufwendungen für die Baumaßnahmen über 10 Jahre abgeschrieben werden dürfen. Bei Selbstnutzung des Objektes sollte in gleicher Höhe ein Abzug wie Sonderausgaben möglich sein.

Die Länder sperrten sich jedoch aufgrund der zu erwartenden Steuerausfälle gegen das Vorhaben. Sie haben deutlich gemacht, dass sie allenfalls zu einer gegenüber der Ursprungsidee „abgespeckten" Lösung bereit seien, durch welche die Steuermindereinnahmen der öffentlichen Hand geringer ausfallen. Zwar hatte der Bundestag dem Gesetzentwurf am 30.6.2011 zugestimmt, doch verweigerte der Bundesrat seine Zustimmung.

Nach einem über einjährigen Vermittlungsverfahren konnte dieses in der Sitzung des Vermittlungsausschusses vom 12.12.2012 endlich abgeschlossen werden. In der Sache ist die Beschlussempfehlung des Vermittlungsausschusses[107] aber – insbesondere für Wohneigentümer – sehr unbefriedigend, da sich die Einigung der Verhandlungsparteien lediglich darauf beschränkte, alle

---

[105] BT-Drs. 17/11842.
[106] Vgl. auch Steueränderungen 2011/2012, A.3.1.
[107] BT-Drs. 17/11843.

streitigen Teile zu der steuerlichen Förderung von energetischen Sanierungsmaßnahmen aus dem Gesetz zu streichen, weil eine Verständigung auf steuerliche Fördermaßnahmen trotz des so langen Vermittlungsverfahrens nicht erreicht werden konnte. Die Bundesregierung beabsichtigt nunmehr, ein neues KfW-Programm für energetische Sanierungsmaßnahme aufzulegen. Das Fördervolumen soll insgesamt bei jährlich 300 Millionen € liegen.

Nur eine – von der energetischen Gebäudesanierung thematisch völlig losgelöste – Passage zum Energiewirtschaftsgesetz für eine Umsetzung der europäischen Elektrizitäts- und der Gasrichtlinie wurde in dem Gesetz belassen. Durch diese Änderung sollen sog. Entflechtungsmaßnahmen, die von Netzbetreibern aufgrund von EU-Vorgaben durchgeführt werden müssen, von der Grunderwerbsteuer befreit werden.

Der Bundestag hat bereits der Beschlussempfehlung des Vermittlungsausschusses am 17.1.2013 zugestimmt. Es bedarf jedoch noch der Bestätigung durch den Bundesrat. Diese lag zwar zu dem Zeitpunkt des Redaktionsschlusses (21.1.2013) noch nicht vor. Es wird angesichts der Einigung im Vermittlungsausschuss aber damit gerechnet, dass auch der Bundesrat seine Zustimmung erteilen wird. Dessen nächste Sitzung ist für den 1.2.2013 anberaumt. Anschließend bedarf es noch der Ausfertigung und Veröffentlichung des Gesetzes im Bundesgesetzblatt, damit die Änderungen Geltung beanspruchen können.

3.4 Gesetzes zur Entbürokratisierung des Gemeinnützigkeitsrechts (Gemeinnützigkeitsentbürokratisierungsgesetz – GemEntBG)[108]

3.4.1 Ziele des GemEntBG

Das Gesetz trägt dazu bei, das zivilgesellschaftliche Engagement durch Entbürokratisierung und Flexibilisierung der (steuer-)rechtlichen Rahmenbedingungen zu erleichtern.

Da bürgerschaftliches Engagement zu großen Teilen durch Vereine und Stiftungen stattfindet, sollen deshalb auch die (steuer-)rechtlichen Rahmenbedingungen für das bürgerschaftliche Engagement in Vereinen und Stiftungen weiter verbessert werden.

Mit dem Gesetz zur Entbürokratisierung des Gemeinnützigkeitsrechts sollen insbesondere bisher im Erlasswege geregelte formelle und materielle Gemeinnützigkeitsfragen und offene Rechtsfragen nunmehr verbindlich gesetzlich geregelt werden. Dadurch wird Rechts- und Planungssicherheit für die steuerbegünstigten Körperschaften hergestellt und die Mittelverwendung erleichtert.

3.4.2 Überblick über die Maßnahmen des GemEntBG

Der Entwurf sieht zur Zielerreichung unterschiedliche Maßnahmen vor:

- Ausdehnung der Mittelverwendungsfrist um ein weiteres Jahr ausgedehnt.
- Erleichterung der Zuführung der ideellen Mittel in eine freie Rücklage und die Einführung einer Wiederbeschaffungsrücklage
- Beschränkung der Veranlasserhaftung bei zweckfremder Verwendung von Spenden auf die Fälle der grob fahrlässigen oder vorsätzlichen Schadensverursachung

---

[108] Gesetzentwurf der Bundesregierung i. d. F. v. 25.10.2012.

- Erhöhung des Übungsleiter- bzw. Ehrenamtsfreibetrages nach § 3 Nr. 26 und 26a EStG.

- Zudem regelt das Gesetz die Vergütung von Vorstandsmitgliedern von Vereinen und Stiftungen.

- Ausdehnung der besonderen Haftungsregelungen für Vorstandsmitglieder nach § 31a BGB auf Mitglieder anderer Organe sowie auf besondere Vertreter von Vereinen und Stiftungen.

- Schaffung besonderer Haftungsvorschriften für Vereinsmitglieder, die an § 31a BGB angelehnt sind.

- Erleichterung der Errichtung von Verbrauchsstiftungen.

- Für Gesellschaften mit beschränkter Haftung (GmbH), die steuerbegünstigte Zwecke verfolgen, wird klargestellt, dass sie die Abkürzung „gGmbH" verwenden können.

Entsprechend ändert das GemEntB als Artikelgesetz punktuell die folgenden Gesetze und Verordnungen: AO, EStG, EStDV, KStG, GewStG, BGB, GmbHG, SGB II, SGB XII, Alg II–V und EhrBetätV.

3.4.3 Europarechtliche Aspekte

Das Gesetz betrifft grundsätzlich rein nationale Sachverhalte. Sind Körperschaften, Personenvereinigungen oder Vermögensmassen von den Regelungen betroffen, die in einem Mitgliedstaat der Europäischen Union oder in einem Staat belegen sind, auf den das Abkommen über den Europäischen Wirtschaftsraum Anwendung findet, so werden diese wie inländische Körperschaften, Personenvereinigungen oder Vermögensmassen behandelt.

3.4.4 Änderung der Abgabenordnung

3.4.4.1 Mildtätige Zwecke (§ 53 AO)

a) Nachweis und Überprüfung der wirtschaftlichen Notlage

Eine Körperschaft verfolgt mildtätige Zwecke, wenn ihre Tätigkeit darauf gerichtet ist, Personen in einer wirtschaftlichen Notlage zu unterstützen. Das Vorliegen einer Notlage ist anhand der gesetzlichen Kriterien zu überprüfen.

Durch die Änderung in § 53 Nr. 2 AO wird die mildtätige Körperschaft von Prüfungs- und Kontrollaufwand entlastet.

Die Beurteilung der wirtschaftlichen (Not-)Lage der unterstützten Personen war für mildtätige Körperschaften bisher mit erheblichem Aufwand verbunden. Da sichergestellt sein muss, dass die ideellen Mittel auch für mildtätige Zwecke verwandt werden, ist eine Überprüfung auch künftig grundsätzlich erforderlich. Künftig wird jedoch dazu auf die Prüfung einer anderen amtlichen Stelle abgestellt und die gemeinnützige Körperschaft unterliegt insoweit nicht der Verpflichtung, eine eigene Prüfung vorzunehmen. Die Körperschaft kann vielmehr zukünftig den Nachweis mithilfe des jeweiligen Leistungsbescheids, der für den Unterstützungszeitraum maßgeblich ist, oder mithilfe der Bestätigung des Sozialleistungsträgers führen.

Nach dem GemEntBG ist bei Empfängern von Leistungen nach dem SGB II oder XII, des WoGG, bei Empfängern von Leistungen nach § 27a BVG oder nach § 6a BKGG die wirtschaftliche Notlage als nachgewiesen anzusehen. Ist die wirtschaftliche Lage der unterstützten Person bereits festgestellt, dann bedarf es keiner zusätzlichen Kontrolle seitens der mildtätigen Körperschaft.

b) Vorliegen einer wirtschaftlichen Notlage

Zukünftig gilt die wirtschaftliche Notlage bei Empfängern von Leistungen nach SGB II bzw. SGB XII, Leistungen nach § 27a BVG oder eines Kinderzuschlags nach § 6a BKGG als nachgewiesen (§ 53 Nr. 2 S. 6 – neu – AO). Deshalb muss die bisherige Regelung zur Nichtberücksichtigung der Leistungen nach SGB II und SGB XII entfallen. Zukünftig zählen daher diese Leistungen als andere, zur Bestreitung des Unterhalts bestimmte oder geeignete Bezüge i. S. d. § 53 Nr. 2 S. 4 Buchst. b AO.

Gezahlte und empfangene Unterhaltsleistungen sind gleichermaßen bei der Beurteilung der finanziellen Situation der unterstützten Personen zu berücksichtigen. Dadurch entfällt auch die Prüfung, ob die unterstützen Personen ohne die Unterhaltsleistungen einen Anspruch auf Sozialleistungen hätten und auf welche Höhe sich diese Ansprüche belaufen würden.

3.4.4.2 Verlängerung der Frist für die Verwendung ideeller Mittel

Gemeinnützige Körperschaften sind gesetzlich gehalten, ihre ideellen Mittel zeitnah zur Verwirklichung ihrer steuerbegünstigten Zwecke zu verwenden, da sie andernfalls nicht als selbstlos gelten (§ 55 AO). Bisher galt die Mittelverwendung dann als zeitnah, wenn die Mittel bis zum Ende des Jahres eingesetzt wurden, das auf das Zuflussjahr folgte. Stehen den vergleichsweise wenigen Verwendungsmöglichkeiten allerdings in übersteigendem Umfang ideelle Mittel zur Verfügung, dann entsteht für die Körperschaft eine Situation, in der sie kurzfristig zulässige Verwendungsmöglichkeiten schaffen muss. Die Erweiterung der Mittelverwendungsfrist um ein weiteres Jahr durch die Änderung von § 55 Abs. 1 Nr. 5 AO vermindert den Handlungsdruck und schafft eine größere Flexibilität in der Planung des Mitteleinsatzes.

3.4.4.3 Gesonderte Feststellung der satzungsmäßigen Voraussetzungen (§ 60a AO – neu)

a) Bindungswirkung der gesonderten Feststellung

Die Einhaltung der satzungsmäßigen Voraussetzungen nach den §§ 51, 59, 60 und 61 AO wird künftig gesondert festgestellt. Diese Feststellung hat Bindungswirkung sowohl für das Besteuerungsverfahren der Körperschaft als auch für das Besteuerungsverfahren eines Spenders. Die Bindungswirkung dieser Feststellung schafft Rechtssicherheit für die steuerbegünstigten Körperschaften.

Praxishinweis:

Diese Feststellung löst das bisherige Verfahren der vorläufigen Bescheinigung ab. Die Entscheidung über den Antrag ist im Gegensatz zur vorläufigen Bescheinigung ein Verwaltungsakt. Dies bedeutet eine bessere Rechtsschutzmöglichkeit für die Körperschaften, deren Antrag nicht entsprochen wurde.

b) Feststellungsverfahren

Die gesonderte Feststellung der Satzungsmäßigkeit erfolgt dabei entweder auf Antrag der Körperschaft oder von Amts wegen bei der Veranlagung zur Körperschaftsteuer, wenn bisher noch keine Feststellung erfolgt ist. Steuerbegünstigte Körperschaften haben danach die Möglichkeit, auch außerhalb des Veranlagungsverfahrens feststellen zu lassen, dass ihre Satzung den Anforderungen der Abgabenordnung genügt.

c) Wegfall der Bindungswirkung

Ändern sich die gesetzlichen Regelungen, die der Entscheidung zugrunde liegen, entfällt die Bindungswirkung der Feststellung automatisch, ohne dass der Bescheid durch das Finanzamt aufgehoben werden muss.

d) Aufhebung der Feststellung

Das Finanzamt hat die Möglichkeit, die Feststellung aufzuheben, wenn bei den Verhältnissen, die für die Feststellung erheblich sind, eine Änderung eingetreten ist. Die Feststellung ist dann mit Wirkung von dem Zeitpunkt an aufzuheben, an dem sich Verhältnisse geändert haben.

Beruht die Feststellung der satzungsmäßigen Voraussetzungen auf einem materiellen Fehler, kann sie mit Wirkung für die Zukunft aufgehoben werden. Die Feststellung wird dann ab dem Jahr aufgehoben, das auf die Bekanntgabe der Aufhebungsentscheidung folgt.

Beispiel:

Stellt sich also beispielsweise im Mai des Jahres 01 heraus, dass der Feststellung der satzungsmäßigen Voraussetzungen ein materieller Fehler zugrunde liegt, und ergeht der Bescheid zur Aufhebung der Feststellung nach § 60a AO im August 2001, tritt die Aufhebung zum 1.1.02 in Kraft. Die Regelung des § 176 AO ist dabei entsprechend anzuwenden. Dies gilt allerdings nicht für die Kalenderjahre, die nach der Verkündung der maßgeblichen Entscheidung eines obersten Gerichtshofes des Bundes beginnen.

3.4.4.4 Neue Optionen zur Rücklagenbildung und Vermögensverwendung

Rücklagenbildung und Zuführung von Mitteln zum Vermögen dient der dauerhaften Sicherung der Zweckerfüllung. Rechtlich sind die Rücklagen und Vermögenszuführungen allerdings Ausnahmen vom Grundsatz der zeitnahen Mittelverwendung. Die Verortung dieser Regelungen in § 62 AO n. F. ist die gesetzessystematische Unterstreichung dieser Einordnung als Ausnahme. Gleichzeitig wird die Bedeutung dieser Instrumentarien als Möglichkeit zur Erhaltung und Steigerung der Leistungsfähigkeit der steuerbegünstigten Körperschaften gesetzlich dokumentiert.

a) Gesetzliche Normierung der Wiederbeschaffungsrücklage

§ 62 Abs. 1 Nr. 2 AO n. F.[109] enthält die gesetzliche Normierung der sog. Wiederbeschaffungsrücklage, die in der Verwaltungspraxis bereits anerkannt ist. Für Ersatzinvestitionen kann von der Körperschaft ein Betrag in Höhe der Absetzungen für Abnutzungen der Rücklage zugeführt werden. Sollen höhere Beträge in diese Rücklage eingestellt werden, ist die Notwendigkeit darzulegen.

b) Mittelzuführung zur freien Rücklage

Die steuerbegünstigte Körperschaft kann ihre Mittel nach § 62 Abs. 1 Nr. 3 AO n. F. ganz oder teilweise der freien Rücklage zuführen, jedoch höchstens ein Drittel des Überschusses aus der Vermögensverwaltung und darüber hinaus höchstens 10 % der sonstigen, nach § 55 Abs. 1 Nr. 5 AO zeitnah zu verwendenden Mittel. Ist der Höchstbetrag für die Bildung der freien Rücklage in einem Jahr nicht ausgeschöpft, kann diese unterbliebene Zuführung in den folgenden zwei Jahren nachgeholt werden.

---

[109] Auf § 62 Abs. 1 Nr. 2 AO n. F. wird hier nicht weiter eingegangen. § 62 Abs. 1 Nr. 1 AO n. F. entspricht inhaltlich der Regelung des bisherigen § 58 Nr. 6 AO; die Änderungen sind sprachlicher und redaktioneller Natur.

§ 62 Abs. 1 Nr. 3 AO n. F. entspricht der Regelung des bisherigen § 58 Nr. 7a AO. Die steuerbegünstigten Körperschaften werden jedoch nunmehr gesetzlich in die Lage versetzt, das bislang nicht ausgeschöpfte Volumen für die freie Rücklage für zwei Jahre vorzutragen. Damit besteht die Möglichkeit, Mittel zu konzentrieren und die Leistungsfähigkeit der steuerbegünstigten Körperschaften bedarfsgerecht und langfristig nachhaltig zu sichern.

c) Rücklage für den Erwerb von Gesellschaftsrechten

Gemäß § 62 Abs. 1 Nr. 4 AO n. F. kann die begünstigte Körperschaft ihre Mittel einer Rücklage zum Erwerb von Gesellschaftsrechten zur Erhaltung der prozentualen Beteiligung an Kapitalgesellschaften zuführen, wobei die Höhe dieser Rücklage die Höhe der Rücklage nach § 62 Abs. 1 Nr. 3 AO n. F. mindert.

Damit entspricht § 62 Abs. 1 Nr. 4 AO n. F. entspricht teilweise der bisherigen Regelung in § 58 Nr. 7b AO. Die Regelung zur Mittelverwendung für einen solchen Erwerb im Jahr des Zuflusses findet sich in § 58 Nr. 9 AO n. F.[110]

d) Fristen für die Rücklagenbildung

Die Bildung von Rücklagen nach § 62 Abs. 1 AO n. F. hat gemäß § 62 Abs. 2 AO n. F. innerhalb der Frist des § 55 Abs. 1 Nr. 5 S. 3 AO n. F. zu erfolgen. Rücklagen nach § 62 Abs. 1 Nr. 1, 2 und 4 AO n. F. sind unverzüglich aufzulösen, sobald der Grund für die Rücklagenbildung entfallen ist. Die freigewordenen Mittel sind innerhalb der Frist nach § 55 Abs. 1 Nr. 5 S. 3 AO zu verwenden. Mit der Frist des § 55 Abs. 1 Nr. 5 S. 3 AO besteht ein konkreter zeitlicher Rahmen, der den Planungsspielraum erhöht.

e) Zuführung von Mitteln zum Vermögen (§ 62 Abs. 3 AO n. F.)

Eine Körperschaft kann gemäß § 62 Abs. 3 AO n. F. die folgenden Mittel ihrem Vermögen zuführen:

- Zuwendungen von Todes wegen, wenn der Erblasser keine Verwendung für den laufenden Aufwand der Körperschaft vorgeschrieben hat;
- Zuwendungen, bei denen der Zuwendende ausdrücklich erklärt, dass diese zur Ausstattung der Körperschaft mit Vermögen oder zur Erhöhung des Vermögens bestimmt sind;
- Zuwendungen aufgrund eines Spendenaufrufs der Körperschaft, wenn aus dem Spendenaufruf ersichtlich ist, dass Beträge zur Aufstockung des Vermögens erbeten werden;
- Sachzuwendungen, die ihrer Natur nach zum Vermögen gehören.

§ 62 Abs. 3 AO ist wortgleich mit der Regelung im bisherigen § 58 Nr. 11 AO a. F.

f) Zuführungen von Überschüssen aus der Vermögensverwaltung

Nach § 62 Abs. 3 AO n. F. umfasst der Zeitraum, in dem eine Stiftung Überschüsse aus der Vermögensverwaltung und die Gewinne aus wirtschaftlichen Geschäftsbetrieben nach § 14 AO ganz oder teilweise ihrem Vermögen zuführen kann, nunmehr das Jahr ihrer Errichtung und die drei (vormals zwei) folgenden Kalenderjahre.

---

[110] § 58 Nr. 9 AO n. F. stellt nunmehr klar, dass eine Körperschaft ihre Steuervergünstigung nicht dadurch verliert, dass sie Mittel zum Erwerb von Gesellschaftsrechten zur Erhaltung der prozentualen Beteiligung an Kapitalgesellschaften im Jahr des Zuflusses verwendet. Dieser Erwerb mindert jedoch die Höhe der nach § 62 Abs. 1 Nr. 3 AO n. F. zulässigen Rücklage.

Die Ausdehnung des Zeitraums für die Zuführungen zum Vermögen ermöglicht den Stiftungen einen soliden Aufbau des Kapitalstocks für steuerbegünstigte Zwecke. Gerade in der Gründungsphase ist der Kapitalbedarf von Stiftungen hoch. Die Ausdehnung des Zeitraums zur Aufstockung des Kapitals verschafft den Stiftungen auch eine gewisse Dispositionsfreiheit über die Überschüsse aus der Vermögensverwaltung, den Gewinnen aus wirtschaftlichen Geschäftsbetrieben und dem Einsatz der Mittel für die steuerbegünstigten satzungsmäßigen Zwecke.

3.4.4.5 Fristsetzung für die Mittelverwendung

Die Ausnahmevorschrift des § 63 Abs. 4 S. 1 AO wird dahingehend neu gefasst, dass das Finanzamt einer Körperschaft, die Mittel angesammelt hat, eine angemessene Frist für die Verwendung der Mittel setzen kann. Zudem bestimmt § 63 Abs. 4 S. 2 AO n. F. nunmehr, dass diese Frist zwei Kalenderjahre nicht überschreiten soll.

Der Zeitraum, in dem Rücklagen zu bilden sind, ist gesetzlich geregelt. Der Ausnahme für ein Ansammeln von Geldern außerhalb der gesetzlich zulässigen Rücklagen, die bislang in § 63 Abs. 4 S. 1 AO vorgesehen war, bedarf es nicht mehr. Darüber hinaus wird nun gesetzlich bestimmt, dass es sich bei der Frist nach § 63 Abs. 4 S. 1 AO n. F. um eine angemessene Frist handeln muss, um der steuerbegünstigten Körperschaft ausreichend Zeit zu geben, ihre Mittel auch satzungsgemäß einsetzen zu können.

3.4.4.6 Gesetzliche Frist für Erteilung von Zuwendungsbescheinigungen

Der Zeitraum, in dem steuerbegünstigte Körperschaften i. S. d. § 10b Abs. 1 S. 2 Nr. 2 EStG Zuwendungsbestätigungen nach § 50 EStDV ausstellen dürfen, wird in § 63 Abs. 5 AO n. F. gesetzlich definiert.

Solche Körperschaften dürfen Zuwendungsbestätigungen nach § 50 Abs. 1 EStDV[111] nur ausstellen,

- wenn das Datum der Anlage zum Körperschaftsteuerbescheid oder des Freistellungsbescheids nicht länger als drei Jahre zurückliegt oder
- wenn die Feststellung der Satzungsmäßigkeit nach § 60a Abs. 1 nicht länger als zwei Kalenderjahre zurückliegt und bisher kein Freistellungsbescheid oder keine Anlage zum Körperschaftsteuerbescheid erteilt wurden.

Die Frist ist taggenau zu berechnen.

Durch diese Regelungen wird die Rechtssicherheit sowohl für die Aussteller der Zuwendungsbestätigungen als auch für die Spender selbst erhöht.

Praxishinweis:

Durch die gesetzliche Regelung wird sichergestellt, dass nur die steuerbegünstigten Körperschaften Zuwendungsbestätigungen ausstellen können, die in regelmäßigem Zeitabstand die Voraussetzungen für ihre Steuerbegünstigung durch das Finanzamt überprüfen lassen.

---

[111] § 50 Abs. 1 EStDV wird entsprechend um eine Verweisung auf § 63 Abs. 5 AO n. F. ergänzt. Vgl. Art. 3 GemEntBG.

Die Regelung ermöglicht, auch den Körperschaften Zuwendungsbestätigungen auszustellen, die noch keinen Freistellungsbescheid oder eine Anlage zum Körperschaftsteuerbescheid erhalten haben. Wurde bei den betroffenen Körperschaften festgestellt, dass die satzungsmäßigen Voraussetzungen eingehalten wurden, dann ist aufgrund dieser Feststellung das Ausstellen der Zuwendungsbestätigungen für zwei Kalenderjahre möglich.

3.4.4.7 Sportliche Veranstaltungen als Zweckbetrieb

Die Umsatzgrenze für die Klassifizierung von sportlichen Veranstaltungen eines Sportvereins als Zweckbetrieb in § 67a Abs. 1 S. 1 AO wird von 35.000 € um 10.000 € auf 45.000 € angehoben. Ziel ist, die eher am Breitensport orientierten Vereine über vereinfachende steuerliche Rahmenbedingungen von Bürokratielasten zu entbinden. Es wird ein Anreiz gesetzt, solche Veranstaltungen durchzuführen. Durch die Anhebung der Umsatzgrenze entfällt bei kleineren Veranstaltungen die Pflicht, die Ausgaben detailliert dem steuerpflichtigen bzw. dem steuerfreien Bereich zuzuordnen.

3.4.5 Änderung des Einkommensteuergesetzes

3.4.5.1 Erhöhung der Übungsleiterpauschale und der Ehrenamtspauschale

Der Steuerfreibetrag für die in § 3 Nr. 26 EStG aufgeführten Tätigkeiten wird daher um 300 € auf 2 400 € angehoben, um bürgerschaftliches Engagement gezielt zu fördern und gleichzeitig bürokratische Hemmnisse bei Engagierten und Körperschaften abzubauen, da die Einnahmen weder der Steuer noch der Sozialversicherungspflicht unterliegen.

Der Steuerfreibetrag für die in § 3 Nr. 26a S. 1 EStG aufgeführten Tätigkeiten wird daher von 500 € auf 720 € (60 € monatlich) angehoben, um bürgerschaftliches Engagement gezielt zu fördern und gleichzeitig bürokratische Hemmnisse bei Engagierten und Körperschaften abzubauen, da die Einnahmen weder der Steuer- noch der Sozialversicherungspflicht unterliegen.

Als Folgeanpassungen zur Änderung des § 3 Nr. 26 EStG (Ehrenamtspauschale) durch das GemEntBG ergeben sich in Gesetzen und Verordnungen zur sozialen Sicherung die nachstehenden Änderungen (Art. 8 bis 11 GemEntBG):

- In § 11b Abs. 2 S. 3 SGB II und § 82 Abs. 3 S. 4 SGB XII wird jeweils die Betragsangabe „175 €" durch die Betragsangabe „200 €" ersetzt.

- In § 1 Abs. 7 S. 1 und S. 2 Alg II-V wird jeweils die Betragsangabe „175 €" durch die Angabe „200 €" ersetzt.

- In § 1 Abs. 2 S. 2 und 3 EhrBetätV wird jeweils der Betrag von 154 € auf einen Betrag i. H. v. 200 € erhöht.

3.4.5.2 Abziehbarkeit von Spenden in den Vermögensstock einer Stiftung

Abziehbar nach § 10b Abs. 1a EStG sind Spenden in den Vermögensstock einer Stiftung. Gesetzlich klargestellt wird jetzt, dass es sich bei dem Vermögensstock einer Stiftung um das zu erhaltende Vermögen einer Stiftung handelt. Ehegatten, die nach den §§ 26, 26b EStG zusammen veranlagt werden, können einen Betrag von bis zu 2 Mio. € als Spende in den Vermögensstock einer Stiftung steuerlich geltend machen.

Praxishinweis:

Ehegatten wird damit das gesellschaftliche Engagement erleichtert, da nun nicht mehr nachgewiesen werden muss, dass die Spende aus dem gemeinsamen Vermögen bzw. aus dem Vermögen jedes Ehegatten geleistet wurde.

Nicht abzugsfähig sind Spenden in das verbrauchbare Vermögen einer Stiftung (§ 10b Abs. 1a S. 2 EStG n. F.). Ziel des Absatzes 1a ist es nämlich gerade, nur die Spenden zu begünstigen, die sicherstellen, dass Stiftungen durch ein Stiftungsvermögen, das erhalten bleibt, auf lange Sicht eine solide Basis zur Erfüllung ihrer Zwecke aus den Erträgen des Vermögens haben. Diese Voraussetzungen sind bei Spenden in das verbrauchbare Vermögen nicht erfüllt, da dieses Vermögen endgültig verbraucht werden kann oder soll und daher nicht der dauerhaften Erwirtschaftung von Erträgen dient.

3.4.5.3 Zuwendungshöhe bei der Zuwendung entnommener Wirtschaftsgüter

Gemäß § 10b Abs. 3 S. 2 EStG n. F. bemisst sich bei entnommenen Wirtschaftsgütern die Zuwendungshöhe nach dem Wert, der bei der Entnahme angesetzt wurde und nach der Umsatzsteuer, die auf die Entnahme entfällt.

Damit wird klargestellt, dass bei der Zuwendung eines Wirtschaftsgutes, das unmittelbar davor aus dem Betriebsvermögen entnommen wurde, bei der Ermittlung der Zuwendungshöhe auch die auf die Entnahme entfallende Umsatzsteuer zu berücksichtigen ist. Die Umsatzsteuer ist ein eigenständiger Bestandteil der Zuwendungshöhe.

3.4.5.4 Haftung für die zweckfremde Verwendung von Spenden

Die Haftung desjenigen, der die zweckfremde Verwendung von Spenden veranlasst, wird an die übrigen Haftungstatbestände angeglichen. Künftig haftet nur noch derjenige, der diese zweckfremde Verwendung vorsätzlich oder grob fahrlässig veranlasst hat (§ 10b Abs. 4 S. 2 EStG n. F.).

3.4.6 Änderung des Körperschaftsteuergesetzes

Durch eine Änderung in § 9 Abs. 3 S. 2 KStG wird die Haftung desjenigen, der die zweckfremde Verwendung von Spenden veranlasst, an die übrigen Haftungstatbestände angeglichen. Künftig haftet nur noch derjenige, der diese zweckfremde Verwendung vorsätzlich oder grob fahrlässig veranlasst hat. Insoweit wird hier der Gleichlaut mit § 10b Abs. 4 S. 2 EStG n. F. hergestellt.

§ 9 Abs. 3 S. 2 KStG n. F. ist erstmals für den Veranlagungszeitraum 2013 anzuwenden, § 34 Abs. 8a n. F.

3.4.7 Änderung des Gewerbesteuergesetzes

Im GewStG § 9 Nr. 5 werden die Vorschriften betreffend die Kürzung des Gewinns und der Hinzurechnungen von aus Mitteln des Gewerbebetriebs geleisteten Spenden und Mitgliedsbeiträge an die geänderten einkommensteuerlichen Vorschriften angepasst:

- Auch für die Gewerbesteuer wird nun klargestellt, dass der Vermögensstock einer Stiftung das zu erhaltende Vermögen einer Stiftung meint (§ 9 Nr. 5 S. 9 GewStG n. F.).

- Auch für Zwecke der Gewerbesteuer sind Spenden in das verbrauchbare Vermögen einer Stiftung nicht abzugsfähig (§ 9 Nr. 5 S. 10 GewStG n. F.).

- Durch eine Änderung des bisherigen Satzes 12 wird ein Verweis auf die einkommensteuerrechtlichen Vorschriften zur Abziehbarkeit von Zuwendungen (z. B. Zuwendungsnachweis gem. § 50 EStDV) eingefügt.

- Die Haftungstatbestände werden an die oben dargestellten einkommen- und körperschaftsteuerlichen Vorschriften angepasst.

Die Änderungen finden erstmals für den Erhebungszeitraum 2013 Anwendung, § 36 Abs. 8b GewStG n. F.

3.4.8 Änderung des Bürgerlichen Gesetzbuchs

3.4.8.1 Unentgeltlichkeit der Vorstandstätigkeit

Die Frage, unter welchen Voraussetzungen Vorstandsmitgliedern von Vereinen und Stiftungen für ihre Tätigkeit eine Vergütung gewährt werden kann, ist umstritten. Deshalb soll künftig ausdrücklich geregelt werden, dass die Vorstandsmitglieder von Vereinen und Stiftungen unentgeltlich tätig sind, soweit in der Satzung nichts anderes bestimmt ist (§ 27 Abs. 3 letzter S. BGB n. F.).

Durch die Ergänzung des § 27 Abs. 3 BGB soll klargestellt werden, dass die Vorstandsmitglieder eines Vereins unentgeltlich tätig sind. Nach überwiegender Auffassung ergibt sich dies bereits aus der Verweisung auf die Regelungen des Auftragsrechts in den §§ 664 bis 670 BGB. Nach diesen Regelungen steht den Vorstandsmitgliedern für ihre Vorstandstätigkeit zwar nach § 670 BGB Aufwendungsersatz zu. Ein Vergütungsanspruch ist nicht vorgesehen. Da dies aber nicht unbestritten ist, soll in § 27 Abs. 3 S. 2 BGB ausdrücklich geregelt werden, dass die Vorstandsmitglieder unentgeltlich tätig sind. Nach § 40 S. 1 BGB können Vereine von § 27 Abs. 3 S. 2 BGB durch die Satzung abweichen und die Möglichkeit der Vergütung für Vorstandsmitglieder vorsehen.

Nach § 86 S. 1 BGB, der auf § 27 Abs. 3 BGB verweist, wird § 27 Abs. 3 S. 2 BGB auch für die Mitglieder des Vorstands einer Stiftung gelten. Auch bei Stiftungen kann nach § 86 S. 1 BGB in der Satzung vorgesehen werden, dass einem Vorstandsmitglied eine Vergütung gewährt werden kann oder zu gewähren ist. Denn auch nach § 86 S. 1 BGB steht die entsprechende Anwendung des § 27 Abs. 3 BGB unter dem Vorbehalt, dass in der Stiftungsverfassung nichts anderes bestimmt ist.

Wenn die Satzung nicht bestimmt, dass ein Vorstandsmitglied eine Vergütung für seine Tätigkeit erhalten kann, darf mit dem Vorstandsmitglied keine Vereinbarung über eine Vergütung getroffen werden.

3.4.8.2 Haftung von anderen Vereinsorganen und besonderen Vertretern

Zur weiteren Förderung ehrenamtlicher Tätigkeit in Vereinen und Stiftungen soll auch die Haftung von ehrenamtlich tätigen Mitgliedern von anderen Vereinsorganen und die Haftung von besonderen Vertretern sowie von Vereinsmitgliedern ausdrücklich beschränkt werden. Die für die Mitglieder von Vereinsvorständen geltenden Haftungsbeschränkungen in § 31a BGB werden dazu auf Mitglieder von anderen Vereinsorganen und auf besondere Vertreter ausgedehnt.

Die Haftungsbegrenzung gegenüber dem Verein und seinen Mitgliedern nach § 31a Abs. 1 BGB und der Freistellungsanspruch nach § 31a Abs. 2 BGB gelten nach ihrem Wortlaut bisher nur für Vorstandsmitglieder, die im Wesentlichen unentgeltlich für den Verein tätig sind.

Nicht nur die Vorstandsmitglieder, sondern auch die Mitglieder anderer durch die Satzung geschaffene Vereinsorgane sowie besondere Vertreter können erhebliche Haftungsrisiken treffen. Dies gilt insbesondere, soweit die Mitglieder anderer Vereinsorgane oder die besonderen Vertreter für den Verein auch nach außen tätig werden. Für sie besteht eine vergleichbare Haftungssituation wie für die Vorstandsmitglieder. Wenn sie im Wesentlichen unentgeltlich für einen Verein tätig sind, sollten auch sie in den Genuss der Haftungserleichterungen nach § 31a BGB kommen. Deshalb soll der Anwendungsbereich des § 31a BGB nicht nur Vorstandsmitglieder umfassen, sondern auch auf die Mitglieder von anderen Organen, die durch die Satzung geschaffen wurden, und auf die durch die Satzung bestimmten besonderen Vertreter ausgedehnt werden.

Deshalb wird der Begriff „Vorstand" durch die Begriffe „Organmitglieder" und „besondere Vertreter" ersetzt. Von dem Begriff des Organmitglieds werden vor allem auch die Mitglieder des Vorstands erfasst, sodass sie nicht mehr gesondert erwähnt werden müssen.

Außerdem wird die Verdienstgrenze des § 31a Abs. 1 BGB von jährlich 500 € auf 720 € angehoben werden. Damit wird die Anhebung der Ehrenamtspauschale nach § 3 Nr. 26a EStG von 500 € auf 720 € in § 31a BGB nachvollzogen. Nach § 86 S. 1 BGB gilt diese Änderung des § 31a BGB auch für Stiftungen.

3.4.8.3 Haftung ehrenamtlich tätiger Vereinsmitglieder

Durch einen neuen § 31b BGB sollen auch besondere Haftungsbeschränkungen für ehrenamtlich tätige Vereinsmitglieder geschaffen werden, soweit diese für den Verein als Mitglied Aufgaben wahrnehmen.

Neben den Mitgliedern von Vereinsorganen nehmen häufig auch Vereinsmitglieder Aufgaben des Vereins wahr. Wenn die Vereinsmitglieder unentgeltlich für den Verein tätig sind und dabei den Verein oder Dritte schädigen, haben die Gerichte bisher schon die Haftung gegenüber dem Verein nach den Regelungen über die Arbeitnehmerhaftung beschränkt und den Vereinsmitgliedern einen Anspruch auf Befreiung von der Haftung gegen den Verein gewährt, wenn Dritte geschädigt wurden (BGHZ S. 89, 153, 157 ff.). Nach den Regelungen über die Arbeitnehmerhaftung bestimmt sich die Haftung nach dem Verschuldensgrad. Wird ein Schaden grob fahrlässig oder vorsätzlich verursacht, bleibt es bei der vollen Haftung. Wurde ein Schaden nur leicht fahrlässig verursacht, dann muss dafür nicht gehaftet werden. Bei mittlerer Fahrlässigkeit muss nur anteilig gehaftet werden.

Die Haftungsbeschränkung nach den Regelungen über die Arbeitnehmerhaftung bleibt hinter den Haftungsregelungen nach § 31a BGB für die Vorstandsmitglieder zurück. Die Vorstandsmitglieder müssen dem Verein auch dann nicht haften, wenn ihnen mittlere Fahrlässigkeit vorgeworfen werden kann. Durch § 31b BGB sollen Vereinsmitglieder, die im Wesentlichen unentgeltlich Aufgaben des Vereins wahrnehmen, haftungsrechtlich den Vorstandsmitgliedern nach § 31a BGB gleichgestellt werden. Ihre Haftung gegenüber dem Verein soll in gleichem Umfang wie die Haftung der Vorstandsmitglieder beschränkt werden.

Praxishinweis:

Allerdings gilt die Haftungsbeschränkung nur gegenüber dem Verein, nicht auch gegenüber den Vereinsmitgliedern. Für die Schädigung anderer Vereinsmitglieder soll dasselbe gelten wie für die Schädigung Dritter. Bei einer Schädigung anderer Vereinsmitglieder und sonstiger Dritter soll ein Vereinsmitglied in gleichem Umfang wie ein Vorstandsmitglied einen Anspruch auf Freistellung von der Haftung gegen den Verein haben.

Voraussetzung für die Haftungsbeschränkung und für den Anspruch auf Befreiung von der Haftung ist, dass ein Vereinsmitglied einen Schaden bei der Wahrnehmung von satzungsgemäßen Vereinsaufgaben verursacht hat, die ihm übertragen worden sind. Satzungsgemäße Vereinsaufgaben sind alle Verrichtungen im Rahmen des Vereinszwecks, die dem Verein obliegen.

Die Vereinsaufgaben muss das Vereinsmitglied für den Verein unentgeltlich oder gegen eine Vergütung wahrnehmen, die 720 € jährlich nicht übersteigt. Gedacht ist an längerfristige Tätigkeiten für den Verein, für die als Anerkennung allenfalls ein geringfügiges jährliches Entgelt gewährt wird. Ein Mitglied muss also primär im Interesse des Vereins und nicht zu eigenen Erwerbsinteressen tätig werden. Wenn ein Vereinsmitglied im Rahmen seiner gewerblichen oder beruflichen Tätigkeit auf Grund eines Vertrages zu einer im Wesentlichen marktüblichen Vergütung für den Verein tätig wird, nimmt er die Aufgaben nicht primär im Interesse des Vereins wahr, sondern vorrangig zu eigenen Erwerbszwecken. Das Vereinsmitglied nimmt, wenn es auf dieser Grundlage für den Verein tätig wird, dann keine Vereinsaufgaben, sondern eigene Aufgaben wahr.

Praxishinweis:

Dasselbe gilt, wenn ein Vereinsmitglied eigene Mitgliedschaftsrechte und -pflichten innerhalb oder außerhalb der Mitgliederversammlung ausübt.

Die Vereinsaufgaben müssen dem Mitglied vom Verein übertragen worden sein, d. h. das Vereinsmitglied muss mit der Aufgabenwahrnehmung vom Verein beauftragt worden sein. Nur dann ist es gerechtfertigt, den Verein für etwaige Schäden, die das Vereinsmitglied verursacht hat, aufkommen zu lassen. Nimmt ein Vereinsmitglied Vereinsaufgaben ohne Wissen des Vereins wahr, dann ist es nicht gerechtfertigt, die Haftung des Vereinsmitglieds gegenüber dem Verein zu beschränken oder dem Vereinsmitglied einen Anspruch auf Befreiung von der Haftung gegenüber Dritten zu gewähren.

Praxishinweis:

§ 31b BGB ist zwingendes Recht, von dem die Vereine durch die Satzung nicht abweichen können.

3.4.8.4 Voraussetzungen für die Anerkennung von Verbrauchsstiftungen

In § 80 Abs. 2 BGB werden die Anforderungen für die Anerkennung von Verbrauchsstiftungen konkretisiert. Es werden besondere Bestimmungen für Verbrauchsstiftungen für das Stiftungsgeschäft und hinsichtlich der dauerhaften Erfüllung des Stiftungszwecks getroffen.

Durch eine Ergänzung des § 80 Abs. 2 BGB wird geregelt, unter welchen Voraussetzungen eine dauerhafte Erfüllung des Stiftungszwecks bei Verbrauchsstiftungen gesichert erscheint. Bei einer Stiftung, deren Vermögen zum Verbrauch während eines Zeitraums von mindestens zehn Jahren bestimmt wird, soll davon auszugehen sein, dass die dauerhafte Erfüllung des Stiftungszwecks gesichert erscheint. Damit soll mehr Rechtssicherheit für die Stifter bei der Errichtung von Verbrauchsstiftungen geschaffen werden.

Des Weiteren wird durch eine Ergänzung des § 81 Abs. 1 S. 2 BGB klargestellt, dass Stifter für jeden rechtmäßigen Zweck auch Verbrauchsstiftungen errichten können, d. h. Stiftungen, bei denen zur Verfolgung des Stiftungszwecks nicht nur die Erträge aus dem Stiftungsvermögen eingesetzt werden dürfen, sondern auch das Stiftungsvermögen dazu verwendet werden darf.

Dabei wollen allerdings die Bundesländer verhindern, dass Verbrauchsstiftungen zum Regelfall werden. Nach der als Unterrichtung (17/12037) vorgelegten Stellungnahme des BR. Verbrauchsstiftungen werden nach dem Verbrauch ihres Stiftungskapitals aufgelöst. Der Bundesrat sieht die Gefahr, dass alle Stiftungen, deren Dauerhaftigkeit nicht festgestellt wird, die Rechtsfähigkeit als Verbrauchsstiftung verliehen werden muss, „ohne dass dies für Zustifter oder Spender erkennbar wäre, weil für die Stiftungen nach dem Gesetzentwurf keine Kennzeichnungspflicht besteht". Die Bundesregierung widerspricht in ihrer Gegenäußerung mit dem Hinweis, es gebe bereits jetzt Verbrauchsstiftungen, ohne dass Probleme bekannt geworden seien.

Praxishinweis:

Aber auch für Verbrauchsstiftungen gilt § 80 Abs. 2 BGB. Ein Anspruch auf die Anerkennung einer Verbrauchsstiftung besteht nur, wenn auch die anderen Voraussetzungen des § 80 Abs. 2 BGB erfüllt sind.

3.4.9 Änderung des GmbHG

§ 4 GmbHG n. F. legt nun fest, unter welchen Voraussetzungen die Abkürzung „gGmbH" verwendet werden kann: Verfolgt die Gesellschaft ausschließlich und unmittelbar steuerbegünstigte Zwecke nach den §§ 51 bis 68 der Abgabenordnung, kann die Abkürzung „gGmbH" lauten.

Durch diese Ergänzung des § 4 GmbHG soll Gesellschaften mit beschränkter Haftung, die steuerbegünstigte Zwecke nach den §§ 51 bis 68 der Abgabenordnung verfolgen, weiterhin ermöglicht werden, ihre Firma mit der Abkürzung „gGmbH" zu bilden, die bereits von zahlreichen bestehenden Gesellschaften verwendet wird.

Die Abkürzung „gGmbH" ist kein besonderer Rechtsformzusatz, der auf eine besondere Form der GmbH hinweist. Der Buchstabe „g" vor der abgekürzten Bezeichnung der Rechtsform soll anzeigen, dass die Gesellschaft steuerbegünstigte Zwecke verfolgt, die auch als gemeinnützige Zwecke im weiteren Sinne bezeichnet werden.

3.4.10 Inkrafttreten

Das GemEntBG tritt grundsätzlich am 1.1.2013 in Kraft (Art. 12 Abs. 1 GemEntBG).

Davon abweichend bestimmt Art. 12 Abs. 2 GemEntBG, dass die Änderungen der AO, soweit sie die §§ 53, 60a, 62 und 63 Abs. 5 AO betreffen (Art. 1 Nr. 2, 5, 6 und 7 Buchst. b GemEntBG) und die Änderung der EStDV (Art. 3 GemEntBG), am Tag nach der Verkündung in Kraft treten.

Der zivilrechtliche Teil des Gesetzes (Änderungen des BGB und des GmbHG) tritt im Wesentlichen am Tage nach der Verkündung in Kraft.

Eine Ausnahme gilt nur für Art. 6 Nr. 1 GemEntBG (§ 27 Abs. 3 S. 2 BGB n. F.), der regelt, dass Vorstandsmitglieder von Vereinen und Stiftungen unentgeltlich tätig sind. Davon kann nach § 40 S. 1 BGB durch die Satzung abgewichen werden. Damit Vereine und Stiftungen, die ihren Vorstandsmitgliedern eine Vergütung gewähren wollen, aber deren Satzung die Vergütungsmöglichkeit noch nicht vorsieht, die satzungsmäßigen Voraussetzungen schaffen können, soll § 27 Abs. 3 S. 2 BGB i. d. F. GemEntBG erst sechs Monate nach der Verkündung des Gesetzes in Kraft treten.

3.4.11 Stellungnahme des Bundesrats

Vor dem Hintergrund des gegenwärtig noch laufenden Gesetzgebungsverfahrens sei an dieser Stelle darauf hingewiesen, dass der Bundesrat in seiner Stellungnahme zum GemEntBG vom 14.12.2012 (BR-Drs. 663/12 – Beschluss) u. a. die Einführung eines § 5 Abs. 7 EStG anregt, wonach bei Übertragungen von Verpflichtungen der Übernehmende an auf die Übertragung folgenden Bilanzstichtagen die übernommene Verpflichtung unter Berücksichtigung derjenigen Ansatzverbote (z. B. für Drohverlustrückstellungen), Ansatzbeschränkungen und Bewertungsvorbehalte (z. B. für Pensionsrückstellungen) zu bilanzieren hat, wie sie ohne die Übertragung bei dem Übertragenden Anwendung gefunden hätten. Eine daraus resultierende Gewinnerhöhung ist grundsätzlich steuerpflichtig. Ist die Übertragung innerhalb eines Konzerns erfolgt, soll nach einem ebenfalls vorgeschlagenen § 4f EStG hingegen bereits der (durch Ansatz der Verpflichtung mit dem gemeinen Wert) beim ursprünglich Verpflichteten entstandene Übertragungsverlust nicht abzugsfähig sein Im Gegenzug bleibt beim Übernehmenden der Gewinn aus der Abstockung der Verpflichtung (aufgrund der steuerlichen Ansatz- und Bewertungsvorschriften) in diesen Fällen außer Ansatz. Die Neuregelung (§ 5 Abs. 7 EStG; Anwendung der Ansatz und Bewertungsvorschriften für übernommene Verpflichtungen) soll für Wirtschaftsjahre anzuwenden sein, die nach dem 31.12.2012 beginnen. Die Regelung würde auch bereits in der Vergangenheit erfolgte Übertragungen erfassen.

Mit den vorgeschlagenen Neuregelungen soll auf die folgende jüngere BFH-Rechtsprechung reagiert werden:

- Realisierung der in der Steuerbilanz gelegten stillen Lasten beim ursprünglich Verpflichteten im Falle der befreienden Schuldübernahme (BFH, Urt. v. 17.10.2007, I R 61/06, DB 2008, S. 1073) und im Falle des entgeltlichen Schuldbeitritts (BFH, Urt. v. 26.2012, I R 43/09, DB 2012, S. 1359).

- Kein Passivierungsverbot beim Erwerber für im Zuge eines Betriebserwerbs übernommene betriebliche Verbindlichkeiten, welche beim Veräußerer aufgrund von Rückstellungsverboten (hier: für drohende Verluste aus schwebenden Geschäften) in der Steuerbilanz nicht bilanziert worden sind; für den Fall der internen Schuldfreistellung (BFH, Urt. v. 16.12.2009, I R 102/08, BStBl II 2011, S. 566) für den Fall der befreienden Schuldübernahme (BFH, Urt. v. 16.4.2012, I R 72/10, DB 2012, S. 488).

Des Weiteren regt der BR in dem genannten Beschluss an, das Abzugsverbot des § 3c Abs. 2 EStG auf nicht fremdübliche, durch das Gesellschaftsverhältnis veranlasste Darlehensüberlassungen auszudehnen. Zudem soll durch eine weitere Änderung des § 3c Abs. 2 EStG die Auffassung der Finanzverwaltung festgeschrieben werden, wonach in Betriebsaufspaltungsfällen bei fehlender Fremdüblichkeit das Teilabzugsverbot des § 3c Abs. 2 EStG für die laufenden Aufwendungen (z. B. Unterhaltskosten und Refinanzierungskosten) des Besitzunternehmens eingreifen soll.

Nach dem Entwurf der Gegenäußerung der Bundesregierung vom 28.12.2012 (Kabinettsache, Datenblatt 17/08229) will die Bundesregierung die Vorschläge des BR prüfen. Das weitere Gesetzgebungsverfahren bleibt abzuwarten.

3.5 Gesetz zur Änderung des Versicherungsteuergesetzes und des Kraftfahrzeugsteuergesetzes – VerkStÄndG

Das von Seiten der Bundesregierung eingebrachte Gesetz zur Änderung des Versicherungsteuergesetzes und des Kraftfahrzeugsteuergesetzes (Verkehrsteueränderungsgesetz – VerkStÄndG)[112] ist bereits im Bundesgesetzblatt veröffentlicht worden.[113]

Das Gesetz sieht hinsichtlich der geplanten Änderungen im Kraftfahrzeugsteuergesetz vor, dass Personenkraftwagen, Nutzfahrzeuge, Leichtfahrzeuge und Krafträder für 10 Jahre von der Kraftfahrzeugsteuer befreit werden, sofern es sich bei ihnen entweder um reine Elektrofahrzeuge handelt oder – dies wurde auf Antrag der Koalitionsfraktionen in den Entwurf mit aufgenommen – sie über regenerative oder reversible Brennstoffzellen verfügen. Diese Steuerbefreiung soll Anwendung finden für alle zwischen dem (jeweils einschließlich) 18.5.2011 und dem 31.12.2015 erstmals zum Verkehr zugelassenen Fahrzeuge, die die geforderten Voraussetzungen erfüllen. Das Datum 18.5.2011 ist darauf zurückzuführen, dass seinerzeit der Kabinettsbeschluss zur Elektromobilität gefasst wurde. Als Anschlussregelung sollen zwischen dem 1.1.2016 und dem 31.12.2020 erstmals zugelassene Fahrzeuge im o.g. Sinne wiederum nur für den Zeitraum von 5 Jahren von der Kraftfahrzeugsteuer befreit werden. Die jeweilige Steuerbefreiung soll für jedes Fahrzeug nur einmal gewährt werden. Kommt es während des Begünstigungszeitraumes zu einem Halterwechsel, soll die Steuerbefreiung für den noch nicht abgelaufenen Zeitraum dem neuen Halter gewährt werden („soweit sie bei einem Halterwechsel noch nicht abgelaufen ist", vgl. § 3d Abs. 2 S. 2 Kraftfahrzeugsteuergesetz).

Daneben soll es im Kraftfahrzeugsteuergesetz eine Vereinfachung bei der Feststellung der kraftfahrzeugsteuerrechtlichen Fahrzeugklassen und Aufbauarten im Rahmen der Ermittlung der kraftfahrzeugsteuerlichen Bemessungsgrundlage geben. Künftig soll die verkehrsrechtliche Fahrzeugklassifizierung grundsätzlich auch für kraftfahrzeugsteuerliche Zwecke übernommen werden, wenn auch unter Berücksichtigung der umweltpolitischen Lenkungswirkung, die mit der Kraftfahrzeugsteuer verfolgt wird.

Im Hinblick auf die recht umfassenden Änderungen im Versicherungsteuergesetz wurden in dem Gesetzentwurf u. a. die Vorschriften zur Sicherung des Versicherungsteueraufkommens Änderungen unterzogen. Dies bringt eine Erweiterung und Konkretisierung der Regelungen zur Steuerentrichtungspflicht in § 7 VersStG mit sich. Hierfür soll der Kreis der Steuerentrichtungspflichtigen in Fällen der Mitversicherung – unter weiteren Voraussetzungen – um Bevollmächtigte und um Personen mit Sitz in der EU bzw. dem EWR, die das Prämieninkasso durchführen, erweitert werden. Daneben soll die Steuerentrichtungspflicht als eine eigenständige Steuerentrichtungsschuld des Entrichtungspflichtigen ausgestaltet werden. Hiernach hat der Versicherer die Versicherungsteuer nicht mehr aufgrund seiner Stellung als lediglich für die Steuer Haftender anzumelden und abzuführen, sondern aus einer eigenen Steuerentrichtungsschuld. Weiterhin soll eine Anpassung der Haftungsregelungen bzw. eine Erweiterung des Kreises der Haftenden erfolgen[114]. Für eine ordnungsgemäße Steuerentrichtung einstehen müssen danach insbesondere auch diejenigen Personen, die das Versicherungsentgelt entgegennehmen und versicherte Personen, die gegen Entgelt aus einer Versicherung für fremde Rechnungen Versicherungsschutz erhalten.[115]

---

[112] BT-Drs. 17/10039 und 17/10424.
[113] BGBl I 2012, S. 2431.
[114] Vgl. § 7 Abs. 7 VersStG.
[115] § 7 Abs. 7 Nr. 4 VersStG.

Der Bundesrat hat den Gesetzesbeschluss am 23.11.2012 gebilligt.[116] Er hat in diesem Zuge jedoch die Bundesregierung aufgefordert, sämtliche Fahrzeuge mit einem Ausstoß von weniger als 50 g CO_2/km von der Kraftfahrzeugsteuer zu befreien. Der Bundesrat sieht in einer solchen Befreiung eine Möglichkeit, die Forschung und Entwicklung hocheffizienter Antriebe noch weiter voranzubringen. Eine solche Forderung war bereits zuvor von der Fraktion Bündnis90/Die Grünen vergeblich gestellt worden.

Grundsätzlich ist das Gesetz am 1.1.2013 in Kraft getreten.[117] Für weite Teile ist aber ein Inkrafttreten bereits zum 12.12.2012[118] (= Tag nach der Verkündung im BGBl) bzw. erst zum 1.1.2014[119] geregelt.

3.6 Gesetz zur Änderung des Energiesteuer- und des Stromsteuergesetzes sowie zur Änderung des Luftverkehrsteuergesetzes

3.6.1 Hintergrund

Das Gesetz zur Änderung des Energiesteuer- und des Stromsteuergesetzes sowie zur Änderung des Luftverkehrsteuergesetzes (Name des Gesetzes in der Fassung des Gesetzesentwurfs der Bundesregierung vom 24.9.2012: Zweites Gesetz zur Änderung des Energiesteuer- und des Stromsteuergesetzes[120]) wurde am 8.11.2012 vom Bundestag in der Fassung des Finanzausschusses des Deutschen Bundestags[121] angenommen. Der Bundesrat stellt gemäß der Entschließung vom 23.11.2012 keinen Antrag auf Einberufung des Vermittlungsausschusses.[122]

Die Steuerbegünstigungen im EnergieStG und im StromStG für energieintensive Unternehmen des produzierenden Gewerbes (§§ 55 EnergieStG, 10 StromStG, sog. Spitzenausgleich) sind durch die EU-Kommission beihilferechtlich bis zum 31.12.2012 genehmigt. Ohne eine Nachfolgeregelung würden diese Steuerbegünstigungen, die im Rahmen der ökologischen Steuerreform zum Erhalt der internationalen Wettbewerbsfähigkeit energieintensiv produzierender Unternehmen eingeführt wurden, ersatzlos wegfallen. Durch das Zweite Gesetz zur Änderung des EnergieStG und des StromStG wird für Spitzenausgleich ab dem 1.1.2013 eine Nachfolgeregelung eingeführt, die eine Erhöhung der Energieeffizienz zur Voraussetzung hat. Betroffen von den Regelungen zum Spitzenausgleich sind rund 25.000 Unternehmen.[123]

Aus Gründen der Darstellungseffizienz werden im Folgenden die Änderungen im EnergieStG-E und StromStG-E zusammen behandelt, soweit sich keine inhaltlichen Abweichungen ergeben. Auf die kurzfristig durch den Finanzausschuss eingeführten Ergänzungen des Gesetzes wird im Folgenden nur kurz eingegangen.

---

[116] BR-Drs. 634/12.
[117] Art. 4 Abs. 3 VerkStÄndG.
[118] Bzgl. der Neuregelungen zum Steuerschuldner, Steuerentrichtungsschuldner und Haftenden gem. § 7 VersStG und bzgl. der Möglichkeit von Außenprüfungen gem. § 10 Abs. 2 bis 4 VersStG, der Übergangsvorschrift des § 12 Abs. 1 und 2 VersStG sowie die Änderungen im Kraftfahrzeugsteuergesetz, vgl. hierzu Art. 4 Abs. 1 VerkStÄndG.
[119] Bzgl. der Neuregelungen zum Geltungsbereich des Gesetzes gem. § 2 Abs. 4 VersStG (= Mitumfassung der deutschen ausschließlichen Wirtschaftszone) und Aufzeichnungspflichten nach § 10 Abs. 1 VersStG, vgl. hierzu Art. 4 Abs. 2 VerkStÄndG.
[120] BT-Drs. 17/10797. Im Folgenden wird aus Vereinfachungsgründen vom EnergieStG-E und dem StromStG-E gesprochen. Zum Referentenentwurf des Zweiten Gesetzes zur Änderung des EnergieStG und des StromStG v. 28.11.2011 vgl. Steueränderungen 2011/2012, A.3.4.
[121] BT-Drs. 17/11387.
[122] BR-Drs. 688/12.
[123] DB 2012, H. 32, S. 10.

3.6.2 Änderungen im EnergieStG und StromStG

3.6.2.1 Neuregelung des sog. Spitzenausgleichs

a) Aufhebung der Altregelung

Bis Ende des Jahres 2012 ist die Gewährung des Spitzenausgleichs nach § 55 Abs. 1a EnergieStG bzw. § 10 Abs. 1a StromStG an die Erreichung von in der Klimaschutzvereinbarung zwischen der Bundesregierung und der deutschen Wirtschaft festgelegten Emissionsminderungszielen geknüpft. Der Regierungsentwurf sieht die Aufhebung dieser Regelungen vor. Durch die in § 67 Abs. 10 EnergieStG-E bzw. § 15 Abs. 2 StromStG-E eingefügte Übergangsregelung wird klargestellt, dass die bisherigen Regelungen für Energieerzeugnisse, die bis zum 31.12.2012 verwendet worden sind, fortgelten.

b) Neue Voraussetzungen für die Steuerentlastung

§ 55 Abs. 4 EnergieStG-E (§ 10 Abs. 3 StromStG-E) sieht vor, dass der Spitzenausgleich ab dem Jahr 2013 nur dann gewährt wird, wenn das Unternehmen in dem Kalenderjahr, für das der Spitzenausgleich beantragt wird, ein Energiemanagementsystem (EMS), das den Anforderungen der DIN EN ISO 50001, Ausgabe Dezember 2011, entspricht, oder als Organisation nach Art. 13 der Verordnung (EG) Nr. 1221/2009 registriert war, und die Bundesregierung darüber hinaus auf der Grundlage eines von einem unabhängigen wissenschaftlichen Institut erstellten Monitoring-Berichts festgestellt hat, dass die begünstigten Wirtschaftszweige mindestens die in der Anlage zu § 55 EnergieStG-E (§ 10 StromStG-E) für das Antragsjahr vorgesehene Reduzierung der Energieintensität erzielt haben. Kleine und mittlere Unternehmen können alternativ zu den o. g. EMS Systemen zur Verbesserung der Energieeffizienz nach der DIN EN 16247-1, Ausgabe September 2012, betreiben (§ 55 Abs. 5 EnergieStG-E; § 10 Abs. 4 S. 2 StromStG-E).

c) Erleichterungen für die Jahre 2013 bis 2015

Gemäß § 55 Abs. 5 EnergieStG-E bzw. § 10 Abs. 4 StromStG-E wird geregelt, dass der Spitzenausgleich in den Jahren 2013 bis 2015 unter erleichterten Bedingungen beansprucht werden kann. Damit wird dem Umstand Rechnung getragen, dass die Einführung eines EMS oder Umweltmanagementsystems – je nach Unternehmensstruktur und Komplexität der Energienutzung – einen Vorlauf von deutlich über einem Jahr benötigt, und dementsprechend die Voraussetzungen für die Gewährung des Spitzenausgleichs von vielen Unternehmen in den Jahren 2013 bis 2015 noch nicht vollständig erfüllt werden können. Gleichwohl kann damit gerechnet werden, dass es bereits in diesen Jahren zu relevanten Energieeinsparungen bei den Unternehmen kommt, da schon in der Einführungsphase eines EMS oder Umweltmanagementsystems bisher ungenutzte wirtschaftlich durchführbare Einsparmöglichkeiten aufgedeckt und realisiert werden können.

d) Spitzenausgleich bei Unternehmensgründungen nach dem 31.12.2013

§ 55 Abs. 6 EnergieStG-E (§ 10 Abs. 5 StromStG-E) legt fest, dass auch Unternehmen, die erst nach dem 31.12.2013 gegründet werden, eine angemessene Übergangszeit zur Einführung eines EMS zugestanden wird. Darüber hinaus wird klargestellt, dass eine Neugründung im Sinne dieser Vorschrift dann nicht vorliegt, wenn das Unternehmen durch Umwandlung entstanden ist. Außerdem wird der Zeitpunkt der Neugründung auf den Zeitpunkt der erstmaligen Betriebsaufnahme festgelegt. Damit wird sichergestellt, dass allein die Gründung des Unternehmens noch nicht den Beginn des Übergangszeitraums auslöst.

e) Teilweise Steuerentlastung

Nach § 55 Abs. 7 EnergieStG-E (§ 10 Abs. 6 StromStG-E) können die Unternehmen auch abgestuft eine teilweise Steuerentlastung erhalten. Voraussetzung ist, dass der nach der Anlage zu § 55 EnergieStG-E (§ 10 StromStG-E) vorgesehene Zielwert für eine Reduzierung der Energieintensität mindestens zu 92 % oder 96 % erreicht wurde.

Ausweislich der Anlage zu § 55 EnergieStG-E (§ 10 StromStG-E) betragen die Zielwerte für die von den betroffenen Wirtschaftszweigen mindestens zu erreichende Reduzierung der Energieintensität:

Antragsjahr	Bezugsjahr	Zielwert
2015	2013	1,3 %
2016	2014	2,6 %
2017	2015	3,9 %
2018	2016	5,25 %
2019	2017	6,6 %
2020	2018	7,95 %
2021	2019	9,3 %
2022	2020	10,65 %

Für die Bestimmung der Zielwerte gelten folgende Festlegungen:

- Der Zielwert bezeichnet den Prozentsatz, um den sich die Energieintensität in dem für das Antragsjahr maßgeblichen Bezugsjahr gegenüber dem Basiswert verringert. Der Basiswert ist die jahresdurchschnittliche Energieintensität in den Jahren 2007 bis 2012.

- Die Energieintensität ist der Quotient aus dem temperatur- und konjunkturbereinigten Gesamtenergieverbrauch und der Gesamtsumme der inflationsbereinigten Bruttoproduktionswerte. Der temperatur- und konjunkturbereinigte Gesamtenergieverbrauch und die inflationsbereinigten Bruttoproduktionswerte werden nach dem in der Vereinbarung zwischen der Regierung der Bundesrepublik Deutschland und der deutschen Wirtschaft zur Steigerung der Energieeffizienz vom 1.8.2012[124] festgelegten Verfahren und Berechnungsansatz ermittelt. Die Energieintensität wird in der Bezugsgröße GJ/1.000 € Bruttoproduktionswert angegeben.

- Die Zielwerte für die Antragsjahre 2019 bis 2022 sind im Rahmen einer Evaluation im Jahr 2017 gesetzlich festzulegen. Dabei werden die jährlichen Steigerungen diejenigen des Zielwertes für das Bezugsjahr 2016 nicht unterschreiten.

Die Zielwerte für die Antragsjahre 2019 bis 2022 sind im Rahmen einer Evaluation im Jahr 2017 gesetzlich festzulegen. Dabei werden die Zielwerte den Zielwert für das Bezugsjahr 2016 (1,35 %) nicht unterschreiten.

f) Ausstellen von Implementierungsbescheinigungen

§ 55 Abs. 8 EnergieStG-E (§ 10 Abs. 7 StromStG-E) benennt die Stellen, die allein befugt sind, die von den Unternehmen für die Nachweisführung nach §§ 55 Abs. 4 und 5 EnergieStG-E bzw. § 10

---

[124] BAnz AT 16.10.2012 B1.

Abs. 3 und 4 StromStG-E über die Implementierung von EMS, Umweltmanagementsystemen oder – im Falle von KMU – Systemen nach der DIN EN 16247-1 erforderlichen Bescheinigungen zur Vorlage bei den Hauptzollämtern auszustellen.

Praxishinweis:

Es handelt sich dabei um Umweltgutachter oder Umweltgutachterorganisationen, die nach dem UAG in der jeweils geltenden Fassung als Umweltgutachter tätig werden dürfen in ihrem jeweiligen Zulassungsbereich, bzw. Konformitätsbewertungsstellen, die von der nationalen Akkreditierungsstelle für die Zertifizierung von EMS nach der DIN EN ISO 50001 akkreditiert sind.

g) Befristung

§§ 55 Abs. 9 EnergieStG (§ 10 Abs. 8 StromStG) stellt klar, dass die Steuerentlastung aufgrund der zeitlich begrenzten beihilferechtlichen Genehmigung durch die Europäische Kommission oder der nur zeitlich begrenzten Freistellungsanzeige bei der Europäischen Kommission nach der Allgemeinen Gruppenfreistellungsverordnung, nur befristet gewährt wird.

3.6.2.2 Rechtsverordnung zum neuen Spitzenausgleich

Der neue § 66b EnergieStG-E (§ 12 StromStG-E) enthält verschiedene Ermächtigungsgrundlagen zur Konkretisierung der Regelungen in § 55 Abs. 4, 5 und 8 EnergieStG-E (§ 10 Abs. 3, 4 und 7 StromStG-E).

Als Verordnungsgeber wird in § 66b Abs. 1 EnergieStG-E (§ 12 Abs. 1 StromStG-E) aufgrund seiner Zuständigkeit für Energieeffizienzfragen und der Rechts- und Fachaufsicht über das Bundesamt für Wirtschaft und Ausfuhrkontrolle und die nationale Akkreditierungsstelle das BMWi benannt. Aufgrund der Zuständigkeit des BMF für das betroffene Steuerverfahren und der Rechts- und Fachaufsicht über die Zulassungsstelle nach § 28 UAG durch das BMU ergeht die Verordnung im Einvernehmen mit dem BMF und dem BMU.

Auf Grundlage der Ermächtigungen in § 66b Abs. 2 Nr. 1 bis 4 EnergieStG-E (§ 10 Abs. 2 Nr. 1 bis 4 StromStG-E) können die genannten Verordnungsgeber verordnen,

- dass kleine und mittlere Unternehmen nach der Empfehlung 2003/361/EG der Kommission anstelle eines EMS, das den Anforderungen der DIN EN ISO 50001 entspricht, oder anstelle einer Registrierung als Organisation nach Art. 13 der Verordnung (EG) Nr. 1221/2009 neben Systemen nach der DIN EN 16247-1, ggf. auch weitere alternative Systeme zur Verbesserung der Energieeffizienz betreiben können.

- welche hinreichend beschriebenen Systeme als alternative Systeme anzuerkennen sind.

- welche Anforderungen an die inhaltliche Ausgestaltung von noch nicht normierten oder anderweitig konkretisierten Systemen nach § 66b Abs. 2 Nr. 1 EnergiestG-E (§ 12 Abs. 2 Nr. 1 StromStG-E) i. d. F. des Regierungsentwurfs gestellt werden, mit der Maßgabe, dass eine Anerkennung dieser Systeme oder der standardisierten Vorgaben für solche Systeme durch eine der in § 66b Abs. 1 EnergieStG-E (§ 12 Abs. 1 StromStG-E) genannten Stellen erfolgen muss, und

- wie die Einhaltung der Anforderungen des § 55 Abs. 4 S. 1 Nr. 1 und Abs. 5 S. 1 Nr. 1 und 2 Buchst. a EnergieStG-E (§ 10 Abs. 3 S. 1 Nr. 1 und Abs. 4 S. 1 Nr. 1 und 2 Buchst. a

StromStG-E) und ggf. die Einhaltung der Anforderungen der Rechtsverordnung nach § 66b Abs. 2 Nr. 1 bis 3 EnergieStG (§ 12 Abs. 2 Nr. 1 bis 3 StromStG) durch die Stellen nach § 55 Abs. 8 EnergieStG (§ 10 Abs. 7 StromStG) – also Umweltgutachter oder Umweltgutachterorganisationen, die nach dem UAG in der jeweils geltenden Fassung als Umweltgutachter tätig werden dürfen in ihrem jeweiligen Zulassungsbereich, bzw. Konformitätsbewertungsstellen, die von der nationalen Akkreditierungsstelle für die Zertifizierung von EMS nach der DIN EN ISO 50001 akkreditiert sind – nachzuweisen ist.

Nach § 66b Abs. 3 EnergieStG-E (§ 12 Abs. 3 StromStG-E) kann durch Rechtsverordnung festgelegt werden, welche

- Vorgaben für die Nachweisführung durch die in § 55 Abs. 8 EnergieStG-E (§ 10 Abs. 7 StromStG-E) genannten Stellen gelten.

- Anforderungen an die Akkreditierung oder Zulassung der in § 55 Abs. 8 EnergieStG-E (§ 10 Abs. 7 StromStG-E) genannten Stellen und Bestimmungen zu ihrer Überwachung einschließlich erforderlicher Auskunfts-, Einsichts- und Weisungsrechte, soweit sie nicht von den bestehenden Akkreditierungs- und Zulassungsregelungen erfasst sind, zu stellen sind.

- Befugnisse den in § 55 Abs. 8 EnergieStG-E (§ 10 Abs. 7 StromStG-E) genannten Stellen zukommen, während der Betriebszeit Geschäfts-, Betriebs- und Lagerräume sowie Transportmittel zu betreten, soweit dies für die Überwachung oder Kontrolle erforderlich ist.

BMWi und BMU erlassen im Einvernehmen mit dem BMF die allgemeinen Verwaltungsvorschriften, die sich an die Stellen nach § 55 Abs. 8 EnergieStG-E (§ 10 Abs. 7 StromStG-E) richten, zur Durchführung von Rechtsverordnungen nach § 66b EnergieStG-E (§ 12 StromStG-E); § 67 Abs. 10 EnergieStG-E, § 13 Abs. 2 StromStG-E.

3.6.2.3 Begünstigung der Kraft-Wärme-Kopplung

Im Zuge der Beratungen des Finanzausschusses sind die Entlastungsvorschriften des EnergieStG für hocheffiziente Kraft-Wärme-Anlagen an geänderte europarechtliche Rahmenbedingungen angepasst worden.

3.6.2.4 Inkrafttreten

Die Änderungen im EnergieStG und StromStG betreffend den Spitzenausgleich treten am 1.1.2013 unter der Bedingung in Kraft, dass die erforderliche

- beihilferechtliche Genehmigung durch die Europäische Kommission vorliegt, oder

- Freistellungsanzeige bei der Europäischen Kommission nach der allgemeinen Gruppenfreistellungsverordnung[125] in der jeweils geltenden Fassung erfolgt ist.

Die Änderungen treten mit Wirkung vom 1.1.2013 in Kraft, wenn erst nach diesem Zeitpunkt die beihilferechtliche Genehmigung vorliegt oder die Freistellungsanzeige erfolgt. Das BMF gibt das Vorliegen der beihilferechtlichen Genehmigung oder der Freistellungsanzeige im Bundesgesetzblatt gesondert bekannt.

---

[125] Verordnung (EG) Nr. 800/2008 der Kommission v. 6.8.2008 zur Erklärung der Vereinbarkeit bestimmter Gruppen von Beihilfen mit dem Gemeinsamen Markt in Anwendung der Art. 87 und 88 EG-Vertrag; ABl. L 214 v. 9.8.2008, S. 3.

Die Begünstigungen hocheffizienter Kraft-Wärme-Anlagen treten grundsätzlich mit Wirkung ab dem 1.4.2012 am Tag nach der Verkündung des Gesetzes in Kraft.

> **Literatur:** *Reuter/Westermann*, StE August 2012, S. 1

3.6.3 Änderung des Luftverkehrsteuergesetzes

Durch den Finanzausschuss des Deutschen Bundestags wurde ein Artikel 3 neu in das Gesetz eingefügt, der Änderungen des LuftVStG[126] beinhaltet.

3.6.3.1 Steuerlicher Beauftragter

Das LuftVStG verpflichtet ausländische Unternehmen, im Inland für Zwecke der LuftVSt einen steuerlichen Beauftragten zu benennen. Durch die Änderung des LuftVStG werden Luftverkehrsunternehmen aus anderen EU-Mitgliedstaaten von der Verpflichtung ausgenommen, da nach der neuen EU-Amtshilferichtlinie[127] zukünftig auch die LuftVSt in den Geltungsbereich der Richtlinie fallen werden. National wird die neue EU-Amtshilferichtlinie durch das EUAHiG in nationales Recht umgesetzt. Auf Grundlage der EU-Beitreibungsrichtlinie 2010/24/EU[128] kann die LuftVSt auch in anderen Mitgliedstaaten der EU beigetrieben werden. Für Luftverkehrsunternehmen mit Sitz in einem anderen EU-Mitgliedstaat, die nicht freiwillig einen steuerlichen Beauftragten benennen, ist das Hauptzollamt örtlich zuständig, in dessen Bezirk der erste Abflug erfolgt. Behält ein Luftverkehrsunternehmen aus einem anderen EU-Mitgliedstaat freiwillig den benannten steuerlichen Beauftragten bei, bleibt es bei der aus der Benennung des steuerlichen Beauftragten resultierenden örtlichen Zuständigkeit. Für ausländische Luftverkehrsunternehmen aus anderen als den EU-Mitgliedstaaten bleibt es bei der Verpflichtung zur Benennung eines steuerlichen Beauftragten.

3.6.3.2 Anpassung der Steuersätze

Aufgrund der Einbeziehung des Luftverkehrs in den europäischen Treibhausgasemissionshandel werden die Steuersätze in § 11 LuftVStG für das Jahr 2013 wie folgt abgesenkt:

- Steuer auf Abflüge zu Zielorten in Ländern der Distanzklasse 1: 7,50 € (statt 8 €)
- Steuer auf Abflüge zu Zielorten in Ländern der Distanzklasse 2: 23,43 € (statt 25 €)
- Steuer auf Abflüge zu Zielorten in Ländern der Distanzklasse 3: 42,18 € (statt 45 €)

4 Steuerliche Verordnungen und Richtlinien

4.1 Verordnung zum Erlass und zur Änderung steuerlicher Verordnungen

Mit der Verordnung zum Erlass und zur Änderung steuerlicher Verordnungen wird eine neue Verordnung erlassen und sieben Verordnungen werden geändert. Die Änderungen bzw. neuen Regelungen betreffen unterschiedliche Bereiche des deutschen Steuerrechts.

---

[126] Zum LuftVStG vgl. Steueränderungen 2010/2011, F.1.
[127] Richtlinie 2011/16/EU des Rates vom 15.2.2011 über die Zusammenarbeit der Verwaltungsbehörden im Bereich der Besteuerung und zur Aufhebung der Richtlinie 77/799/EWG Amtshilferichtlinie.
[128] In nationales Recht umgesetzt durch das EUBeitrG v. 7.12.2011; vgl. Steueränderungen 2011/2012, A.2.1.

Das Kabinett hat in seiner Sitzung vom 10.10.2012 eine Mantelverordnung beschlossen, mit der die genannten Vorhaben umgesetzt werden sollen. Der Bundesrat hat am 23.11.2012 beschlossen, der Verordnung im Grundsatz zuzustimmen.[129] Seine Zustimmung vermochte er jedoch nicht zu der von der Bundesregierung angestrebten vollständigen Neufassung der Mitteilungsverordnung erteilen, so dass diese aus der Verordnung zum Erlass und zur Änderung steuerlicher Verordnungen entfernt wurde (siehe hierzu auch unter dem betreffenden Gliederungspunkt). Weiterhin fordert der Bundesrat aus Klarstellungsgründen eine Anpassung in der Formulierung der Änderung von § 2 der Zuständigkeitsverordnung zum Rennwett- und Lotteriegesetz (RennwLottGZustV), die entsprechend des Wunsches des Bundesrates in die Verordnung aufgenommen wurde. Am 19.12.2012 wurde die Verordnung im BGBl veröffentlicht.[130]

Die Verordnung ist grundsätzlich am Tage nach ihrer Verkündung in Kraft getreten, d. h. am 20.12.2012. Die Änderungen in der EStDV sind zum 1.1.2013 in Kraft getreten, diejenigen in der Einkommensteuer-Zuständigkeitsverordnung treten zum 1.1.2014 in Kraft.

4.1.1 EStDV

Die Änderungen in der EStDV betreffen insbesondere den vereinfachten Zuwendungsnachweis im Rahmen des steuerlichen Spendenabzuges. Insofern sollen in § 50 Abs. 2 EStDV Anpassungen an das sog. SEPA-Verfahren wie auch an andere Online-Zahlungswege (z. B. PayPal) vorgenommen werden. Aus der Buchungsbestätigung des Kreditinstituts müssen demnach Name und Kontonummer oder ein sonstiges Identifizierungsmerkmal des Auftraggebers und des Empfängers, der Betrag, der Buchungstag und zudem die tatsächliche Durchführung der Zahlung erkennbar sein.

4.1.2 Einkommensteuer-Zuständigkeitsverordnung

Die Regelung über die zentrale Zuständigkeit für die Besteuerung von Personen, die beschränkt einkommensteuerpflichtig ausschließlich aufgrund von Einkünften i. S. v. § 49 Abs. 1 Nr. 7 und 10 EStG sind, hat nunmehr unbefristet Gültigkeit (Entfristung durch Streichung des Zusatzes „letztmals für den Veranlagungszeitraum 2013").

4.1.3 UStDV

Zum einen erfolgen bloße redaktionelle Richtigstellungen und Änderungen, namentlich in Bezug auf die Nachweispflichten bei der Umsatzsteuerbefreiung in Fällen der Ausfuhr von Fahrzeugen (§§ 9 Abs. 2 und 10 Abs. 2 UStDV) und den belegmäßigen bzw. buchmäßigen Nachweisen bei steuerfreien Leistungen, die sich auf Gegenstände der Ausfuhr oder Einfuhr beziehen, hier zur Anpassung an den Vertrag über die Europäische Union in der Fassung des Vertrages von Lissabon (§§ 20 Abs. 2 und 21 S. 1 und 2 Nr. 2 UStDV, insoweit bloßer Ersatz des Begriffes „Europäische Gemeinschaft" durch „Europäische Union"). Zum anderen soll in § 59 UStDV, der das Vorsteuervergütungsverfahren regelt, eine Anpassung des Begriffes des im Ausland ansässigen Unternehmers an die aktuelle Rechtsprechung des EuGH erfolgen. Danach muss es grundsätzlich zur Qualifizierung als ausländischer Unternehmer im Inland, auf der Insel Helgoland und in einem der in § 1 Abs. 3 UStG bezeichneten Gebiete (Freihäfen etc.) nicht nur an Wohnsitz, Sitz, Geschäftsleitung und Betriebsstätten fehlen, sondern auch an einem in diesen Gebieten gelegenen gewöhnlichen Aufenthalt.

---

[129] BR-Drs. 603/12.
[130] BGBl I 2012, S. 2637.

4.1.4 Mitteilungsverordnung

Es sollte ursprünglich – so von der Bundesregierung vorgesehen – eine vollständige Neufassung der Mitteilungsverordnung vom 7.9.1993[131] erfolgen. Hierdurch sollen beispielsweise Mitteilungspflichten von Gerichten und Justizbehörden präziser geregelt werden, wovon z. B. die erforderlichen Mitteilungen der Gerichte und Justizbehörden über Vergütungen von ihnen an Sachverständige, Dolmetscher, Übersetzer, Vormünder und Betreuer betroffen gewesen wären. Künftig sollten derartige Mitteilungen auch dann zu geschehen haben, wenn die Vergütung für die Ausübung einer Haupttätigkeit geleistet wird. Hintergrund dieser angestrebten Anpassung war, dass Untersuchungen des Bundesrechnungshofes ergeben haben, dass solche Vergütungen nur unzureichend von den Empfängern der Zahlungen steuerlich deklariert würden. Weiterhin war in diesem Zusammenhang vorgesehen, dass bestimmte Mitteilungen – einschließlich der vorstehenden – ab 2016 auf elektronischem Wege zu übermitteln sein sollten.

Wie eingangs angeführt, sperrte sich jedoch der Bundesrat gegen die Neufassung der Mitteilungsverordnung. Als Grund hierfür führte der Bundesrat an, dass bislang nicht geklärt sei, ob der Gesamtaufwand für die Landesjustiz durch Steuermehreinnahmen gedeckt werde. Es müsse daher noch eine Gegenüberstellung von Kosten und Nutzen erfolgen.

Als Folge hieraus wurde die ursprünglich vorgesehene Neufassung der Mitteilungsverordnung aus der Verordnung zum Erlass und zur Änderung steuerlicher Verordnungen herausgenommen, mit der Folge, dass es insoweit zumindest vorläufig bei den alten Regelungen verbleibt.

4.1.5 Verordnung über die örtliche Zuständigkeit zum Vollzug des Rennwett- und Lotteriegesetzes (RennwLottGZuStV)

An anderer Stelle dieses Werkes wurde das Gesetz zur Besteuerung von Sportwetten dargestellt.[132] Wie dort näher beschrieben, wird ab dem 1.7.2012 auch der Abschluss von Sportwetten mit einem ausländischen Wettanbieter von der Besteuerung nach dem Rennwett- und Lotteriegesetz erfasst. Dies bringt mit sich, dass für diese ausländischen Wettanbieter die örtliche Zuständigkeit innerhalb der Finanzverwaltung festgelegt werden muss. Für Fälle, in denen sich nicht anderweitig eine örtliche Zuständigkeit im Inland ergibt, ist insofern das Finanzamt Frankfurt am Main III vorgesehen, in näher bestimmten Ausnahmefällen (Besteuerung von Sportwetten, die auf Grundlage von §§ 21 bis 24 des Gesetzes zur Neuordnung des Glücksspiels des Landes Schleswig-Holstein durchgeführt werden) hingegen das Finanzamt Kiel-Nord. Für die Zerlegung der Rennwett- und Lotteriesteuer nach § 17 Abs. 2 RennwLottG ist die Hamburger Finanzverwaltung örtlich zuständig.

4.1.6 Steuerberatergebührenverordnung

Nachdem die letzte Gebührenerhöhung im Jahr 1998 stattgefunden hat, erfolgt insbesondere eine Anpassung der Steuerberatergebühren an die gestiegenen Preise und Kosten. So wird z. B. die Bandbreite der Zeitgebühren nach § 13 von bisher 19 € bis 46 € auf 30 € bis 70 € und die Gebühr nach § 21 Abs. 1 S. 2 von 180 € auf 190 € erhöht. Auch zahlreiche andere Beträge in dieser Verordnung, beispielsweise in Bezug auf die Vergütung für Selbstanzeigen, werden angepasst. Auch die Tabellenanhänge zur Steuerberatergebührenverordnung wurden modifiziert.

---

[131] Vgl. BGBl I 1993, S. 1554.
[132] Vgl. A.1.5.

4.1.7 Verordnung zur Durchführung der Vorschriften über Steuerberater, Steuerbevollmächtigte und Steuerberatungsgesellschaften

Die Änderungen betreffen insbesondere neue in das Berufsregister einzutragende Tatsachen, z. B. in Bezug auf die geschäftliche E-Mail-Adresse und zum etwaigen Bestehen eines Berufsverbotes. Zudem gibt es eine Klarstellung zum Umfang des Versicherungsschutzes in der Berufshaftpflichtversicherung von Steuerberatern.

4.1.8 Familienkassenzuständigkeitsverordnung

Durch die Modifikationen in § 1 Abs. 1 der Familienkassenzuständigkeitsverordnung wird die Zuständigkeit der Familienkassen hinsichtlich bestimmter Sonderfälle an die aktuellen Umstände angepasst. Hiervon betroffen sind Ermittlungsverfahren bei dem Verdacht auf Vorliegen einer Steuerstraftat, die Verfolgung und Ahndung von Steuerordnungswidrigkeiten sowie die Vollstreckung von Geldbußen aufgrund von Steuerordnungswidrigkeiten im Zusammenhang mit der Festsetzung von Kindergeld.

4.1.9 Deutsch-Belgische Konsultationsvereinbarungsverordnung

Hier erfolgte lediglich eine redaktionelle Richtigstellung in § 2.

4.2 Elfte Verordnung zur Änderung der Umsatzsteuer-Durchführungsverordnung

Seitens des BMF wurde ein Referentenentwurf für eine Elfte Verordnung zur Änderung der UStDV veröffentlicht. Dieser zielt auf die Schaffung einfacherer und eindeutigerer Regelungen für den Nachweis von innergemeinschaftlichen Lieferungen ab. Ein Nachweis über die Erfüllung der Voraussetzungen ist bekanntermaßen erforderlich, um die durch § 6 i. V. m. § 4 Nr. 1 Buchst. b UStG normierte Umsatzsteuerbefreiung von innergemeinschaftlichen Lieferungen in Anspruch nehmen zu dürfen.

4.2.1 Hintergrund der Neuregelung

Mit der bereits in der Vorauflage[133] vorgestellten Zweiten Verordnung zur Änderung steuerlicher Verordnungen[134] vom 2.11.2011 wurde insbesondere die UStDV weitreichenden Änderungen unterzogen. Damit wurden u. a. die Nachweispflichten für Ausfuhrlieferungen (§§ 9 bis 13 und 17 UStDV) und innergemeinschaftliche Lieferungen (§§ 17a bis 17c UStDV) grundlegend modifiziert. Hinsichtlich der innergemeinschaftlichen Lieferungen wurde danach sowohl für Beförderungs- als auch für Versendungsfälle vorgeschrieben, dass der Belegnachweis darüber, dass der Gegenstand der Lieferung tatsächlich in das übrige Gemeinschaftsgebiet befördert oder versendet wurde, ab dem 1.1.2012 als weitgehend einzige Nachweismöglichkeit mithilfe einer sog. Gelangensbestätigung geführt werden muss.[135] Diese trat an die Stelle der bisher geforderten unterschiedlichen Belegnachweise in Gestalt des Verbringensnachweises[136], der Empfangsbestätigung[137] und des in Versendungsfällen vorzulegenden handelsüblichen Beleges (dies war i. d. R.

---

[133] Vgl. Steueränderungen 2011/2012, A.2.3.
[134] BGBl I 2011, S. 2416.
[135] § 17a Abs. 2 Nr. 2 UStDV-E.
[136] § 17a Abs. 2 Nr. 4 UStDV a. F.
[137] § 17a Abs. 2 Nr. 3 UStDV a. F.

der Lieferschein), aus dem sich der Bestimmungsort der Ware ergeben musste.[138] Bislang üblicherweise von Unternehmen verwendete Nachweise (auch z. B. Bescheinigungen der Abholperson oder des Spediteurs) waren somit fortan kein geeigneter Nachweis mehr. Die auf Basis dieses Sachstands vorzuhaltende Gelangensbestätigung erfordert eine qualifizierte Bestätigung des Abnehmers des Liefergegenstandes darüber, dass dieser tatsächlich in das übrige Gemeinschaftsgebiet gelangt ist. Die Gelangensbestätigung hat den Namen und die Anschrift des Abnehmers zu enthalten, daneben die Menge und handelsübliche Bezeichnung des Liefergegenstandes (bei Fahrzeugen i. S. d. § 1b Abs. 2 UStG zudem die Fahrzeug-Identifikationsnummer), näher bezeichnete Angaben zum Ort und Tag des Erhalts des Liefergegenstandes bzw. des Endes der Beförderung, das Ausstelldatum der Bestätigung sowie – was aus praktischer Sicht am bedeutsamsten ist – eine Unterschrift des Abnehmers.

Von Seiten der betroffenen Unternehmen wurde insbesondere aufgrund des letztgenannten Pflichtinhaltes der Gelangensbestätigung erhebliche Kritik geäußert, weil es in bestimmten Fällen nur schwer möglich ist, von dem Abnehmer eine von ihm unterschriebene Bestätigung über den Erhalt der Ware zu bekommen.

Auch das BMF hat diese Anwendungsprobleme mittlerweile erkannt und möchte mit der Elften Verordnung zur Änderung der UStDV darauf reagieren. Das BMF plant daher derzeit, weitere Nachweismöglichkeiten zuzulassen, die zugunsten der betroffenen Unternehmen die Möglichkeit einer einfacheren Nachweisführung bewirken sollen. Die Legitimation des BMF, die Verordnung zu erlassen, folgt aus § 6a Abs. 3 S. 2 UStG. Eine solche Verordnung bedarf allerdings einer Zustimmung des Bundesrates.

Das BMF hatte auch in Erwägung gezogen, zu den bis zum 31.12.2011 geltenden Nachweiserfordernissen zurückzukehren. Das BMF hatte sich jedoch dagegen entschieden, da es hierin eine Unvereinbarkeit mit der Rechtsprechung des EuGH und des BFH sieht, weil nach dieser Rechtsprechung ein Nachweis darüber zu führen sei, dass der Liefergegenstand tatsächlich physisch in das übrige Gemeinschaftsgebiet gelangt ist. Das BMF mochte auch nicht ganz von der Möglichkeit einer Gelangensbestätigung abrücken, da es diese Bestätigung für mit der Rechtsprechung des EuGH in Einklang stehend hält. Sie ermögliche sogar eine vereinfachte Nachweisführung und sei damit nicht unverhältnismäßig.

4.2.2 Inhalt der Neuregelung

Künftig sollen als Nachweis darüber, dass der Gegenstand der Lieferung tatsächlich in das übrige Gemeinschaftsgebiet befördert oder versendet wurde, alternativ zur Gelangensbestätigung auch andere zulässige Belege und Beweismittel ausreichend sein. Danach kann der Unternehmer diesen Nachweis z. B. auch mithilfe einer Bescheinigung des von ihm beauftragten Spediteurs erbringen. In der Folge soll die Gelangensbestätigung lediglich ein möglicher Nachweis von mehreren sein, d. h. der neben anderen zulässigen Nachweisen möglich ist. Wesentliche Gemeinsamkeit aller sogleich näher ausgeführten, als zulässig vorgesehenen Nachweise ist, dass sich aus ihnen in der Gesamtschau nachvollziehbar und glaubhaft ergeben muss, dass der Liefergegenstand tatsächlich in das übrige Gemeinschaftsgebiet an den umsatzsteuerrechtlichen Abnehmer gelangt ist.

---

[138] § 17a Abs. 2 Nr. 2 UStDV a. F.

Dies vorausgeschickt, gilt nach dem vorliegenden Entwurf im Einzelnen das Folgende:

- Es bleibt dabei, dass der Unternehmer bei innergemeinschaftlichen Lieferungen in Beförderungs- und Versendungsfällen durch Belege nachzuweisen hat, dass er oder der Abnehmer den Liefergegenstand in das übrige Gemeinschaftsgebiet befördert oder versendet hat. So sieht es auch die für die Zukunft vorgesehene Fassung von § 17a Abs. 1 UStDV vor. Dieser Umstand muss sich aus den Belegen „eindeutig und leicht nachprüfbar" ergeben.

- Als ein solcher Nachweis ist nach der geplanten Neufassung – § 17a Abs. 2 UStDV – insbesondere dann anzuerkennen, wenn neben dem Rechnungsdoppel auch eine Gelangensbestätigung (s. o.) vorgelegt werden kann. Diese hat den Namen und die Anschrift des Abnehmers, die Menge und die handelsübliche Bezeichnung des Liefergegenstandes (bei Fahrzeugen i. S. v. § 1b Abs. 2 UStG auch die Fahrzeug-Identifikationsnummer), im Falle der Beförderung oder Versendung durch den Unternehmer selbst oder bei Versendung durch den Abnehmer den Ort und den Monat des Erhalts des Liefergegenstandes im übrigen Gemeinschaftsgebiet bzw. bei Beförderung durch den Abnehmer den Ort und den Monat des Endes der Beförderung des Liefergegenstandes im übrigen Gemeinschaftsgebiet, das Ausstellungsdatum der Bestätigung und grundsätzlich die Unterschrift des Abnehmers oder eines von diesem zur Abnahme Beauftragten zu enthalten. Einer Unterschrift auf der Gelangensbestätigung soll es im Falle einer elektronischen Übermittlung der Gelangensbestätigung nicht bedürfen, wenn erkennbar ist, dass die elektronische Übermittlung im Verfügungsbereich des Abnehmers oder seines Beauftragten begonnen hat. Einer bestimmten Form bedarf es dabei nicht, es müssen lediglich die o. g. Angaben enthalten sein. Erfreulich ist, dass es in Bezug auf die o. g. Zeitangaben keiner taggenauen Angabe in der Gelangensbestätigung bedarf, d. h. es genügt jeweils bereits die Angabe, in welchem Monat der Erhalt des Liefergegenstandes bzw. das Ende der Beförderung erfolgt ist. Weiterhin ist erfreulich, dass die Neuregelung in Bezug auf die Unterschrift Vereinfachungen gegenüber der vorherigen Rechtslage vorsieht, sodass z. B. nun auch ein selbstständiger Lagerhalter, der den Liefergegenstand für den Abnehmer entgegen nimmt, die Unterschrift auf der Gelangensbestätigung leisten darf. Gleiches gilt laut Begründung des BMF beispielsweise auch für einen anderen Unternehmer, der mit der Warenannahme beauftragt wurde oder in einem Reihengeschäft der tatsächliche (letzte) Abnehmer ist, nicht aber ein lediglich mit dem Warentransport beauftragter selbstständiger Dritter. Es bedarf laut Begründung des BMF zu der Verordnung auch nicht der persönlichen Leistung der Unterschrift durch den Abnehmer selbst, vielmehr könne dies beispielsweise auch durch einen Arbeitnehmer erfolgen. Wird auf das elektronische Verfahren zurückgegriffen, kann sogar unter bestimmten Voraussetzungen wie dargestellt ganz auf eine Unterschrift verzichtet werden. Wird die Gelangensbestätigung beispielsweise via E-Mail versendet, genügt es insofern, wenn aus der E-Mail entnommen werden kann, dass sie aus dem Verfügungsbereich des Abnehmers oder dessen Beauftragten heraus abgesendet wurde.

- Ausdrücklich gestattet ist, dass die Gelangensbestätigung sich auch aus mehreren Dokumenten zusammensetzen darf, wenn sich aus ihnen insgesamt die geforderten Angaben ergeben.

- Die Gelangensbestätigung kann auch als Sammelbestätigung ausgestellt werden, in der Umsätze aus bis zu einem Quartal zusammengefasst werden können. Dies macht insbesondere dann Sinn, wenn ein Unternehmer mit einem bestimmten Kunden in laufender Geschäftsbeziehung steht, die eine Vielzahl von Warenlieferungen mit sich bringt. So kann der Kunde eine einzige Gelangensbestätigung ausstellen, in der er auf die für die diversen Warenlieferungen erteilten einzelnen Rechnungsnummern Bezug nimmt.

- Der liefernde Unternehmer selbst muss über die Gelangensbestätigung verfügen, da er der Nachweispflichtige ist.

Wie bereits eingangs angesprochen, kann der Nachweis in gesetzlich näher bestimmten Fällen jedoch auch durch andere zulässige Belege als durch die Gelangensbestätigung erbracht werden, aus denen sich – so die Begründung zu der vorgesehenen Verordnung – das Gelangen des Liefergegenstandes in das übrige Gemeinschaftsgebiet an den umsatzsteuerrechtlichen Abnehmer in der Gesamtschau nachvollziehbar und glaubhaft ergibt. Wie oben erwähnt, muss sich in Beförderungs- und Versendungsfällen aus den Belegen stets eindeutig und leicht nachprüfbar ergeben, dass der Unternehmer oder der Abnehmer den Liefergegenstand in das übrige Gemeinschaftsgebiet befördert oder versendet hat. Als Belege, aus denen dieser Umstand für die Finanzverwaltung eindeutig und leicht nachprüfbar ist, gelten laut dem neu vorgesehenen § 17a Abs. 3 UStDV insbesondere die folgenden:

- Wird der Liefergegenstand durch den Unternehmer oder den Abnehmer versendet, kann der Nachweis insbesondere durch einen Versendungsbeleg erbracht werden. Als solche sind insbesondere handelsrechtliche Frachtbriefe (diese müssen vom Auftraggeber des Frachtführers unterzeichnet sein und eine Unterschrift des Empfängers über den Erhalt des Liefergegenstandes beinhalten), Konnossements und deren Doppelstücke anzusehen.

- Daneben kommt – wiederum bei Fällen, in denen der Liefergegenstand durch den Unternehmer oder den Absender versendet wird – als Nachweis auch ein anderer handelsüblicher Beleg in Betracht, insbesondere – so in dem neu gefassten § 17a UStDV ausdrücklich erwähnt – eine Bescheinigung des beauftragten Spediteurs. Ein solcher Beleg muss ebenfalls bestimmte Pflichtangaben enthalten. Dies sind der Name und die Anschrift des mit der Beförderung beauftragten Unternehmers, das Ausstellungsdatum des Beleges, der Name und die Anschrift des liefernden Unternehmers sowie des Auftraggebers der Versendung, die Menge und die handelsübliche Bezeichnung des Liefergegenstandes, der Empfänger des Liefergegenstands, der Bestimmungsort im übrigen Gemeinschaftsgebiet, der Monat des Endes der Beförderung des Liefergegenstandes im übrigen Gemeinschaftsgebiet, eine Versicherung des mit der Beförderung beauftragten Unternehmers darüber, dass die Angaben in dem Beleg auf der Grundlage von im Gemeinschaftsgebiet nachprüfbaren Geschäftsunterlagen gemacht wurden sowie die Unterschrift des mit der Beförderung beauftragten Unternehmers. Erfolgt die Übermittlung des Beleges an den liefernden Unternehmer elektronisch, ist die Unterschrift des mit der Beförderung beauftragten Unternehmers dann entbehrlich, wenn ersichtlich ist, dass die elektronische Übermittlung des Beleges in dem Verfügungsbereich des mit der Beförderung des Liefergegenstandes beauftragten Unternehmers begonnen hat.

- Weiterhin ist in solchen Fällen – d. h. wenn der Liefergegenstand durch den Unternehmer oder den Abnehmer versendet wird – der Nachweis mittels einer schriftlichen oder elektronischen Auftragserteilung möglich, wenn zudem ein von dem mit der Beförderung Beauftragten erstelltes Protokoll vorgelegt werden kann, anhand dessen der Transport bis zur Ablieferung beim Empfänger lückenlos nachgewiesen wird (sog. *tracking-and-tracing*-Protokoll). Dies soll insbesondere Fälle erfassen, in denen ein Kurierdienstleister mit der Beförderung des Liefergegenstandes beauftragt ist.

- Wird eine Lieferung – wiederum im Fall der Versendung des Liefergegenstandes durch den Unternehmer oder den Abnehmer – als Postsendung durchgeführt, die einen wie unter vorstehendem Punkt angeführten Beleg nicht zulässt, genügt jedoch bereits die Empfangsbescheinigung eines Postdienstleisters über die Entgegennahme der Postsendung an den Abnehmer, wenn daneben auch der Nachweis über die Bezahlung der Lieferung geführt werden kann.

- In Fällen, in denen die Versendung des Liefergegenstandes durch den Abnehmer erfolgt, kann der Nachweis auch – d. h. als weitere eröffnete Möglichkeit über die o. g. hinaus – dergestalt erbracht werden, dass ein Nachweis über die Entrichtung der Gegenleistung für den Liefergegenstand und eine Bescheinigung des beauftragten Spediteurs vorgelegt werden kann. Die Bescheinigung des beauftragten Spediteurs muss dabei wiederum bestimmte Pflichtangaben erfüllen, namentlich den Namen und die Anschrift des mit der Beförderung beauftragten Unternehmers, das Ausstellungsdatum der Bescheinigung, den Namen und die Anschrift des liefernden Unternehmers sowie des Auftraggebers der Versendung, die Menge und die handelsübliche Bezeichnung des Liefergegenstandes, den Empfänger des Liefergegenstandes, den Bestimmungsort im übrigen Gemeinschaftsgebiet, eine Versicherung des mit der Beförderung beauftragten Unternehmers darüber, den Liefergegenstand an den im übrigen Gemeinschaftsgebiet gelegenen Bestimmungsort zu befördern und darüber hinaus die Unterschrift des mit der Beförderung beauftragten Unternehmers.

- Handelt es sich um einen Fall der Beförderung im gemeinschaftlichen Versandverfahren in das übrige Gemeinschaftsgebiet, ist der Nachweis mittels einer Bestätigung der Abgangsstelle über die innergemeinschaftliche Lieferung zu führen, die nach dem Eingang des Beendigungsnachweises für das Versandverfahren erteilt wird. Aus der Bestätigung muss sich ergeben, dass die Lieferung in das übrige Gemeinschaftsgebiet erfolgt ist.

- In Fällen der Lieferung verbrauchsteuerpflichtiger Waren wird danach unterschieden, ob es sich um einen Fall der Beförderung verbrauchsteuerpflichtiger Waren unter Steueraussetzung und Verwendung des IT-Verfahrens EMCS[139] oder um einen Fall der Beförderung verbrauchsteuerpflichtiger Waren des steuerrechtlich freien Verkehrs handelt. In dem ersten Fall gilt der Belegnachweis über die innergemeinschaftliche Lieferung dann als geführt, wenn von dem Unternehmer die von der zuständigen (Zoll-)Behörde des anderen Mitgliedstaates validierte EMCS-Eingangsmeldung vorgehalten wird. In dem zweiten Fall wurde der Pflicht zum Belegnachweis dann entsprochen, wenn der Unternehmer die dritte Ausfertigung des vereinfachten Begleitdokumentes vorhält, das für Zwecke der Verbrauchsteuerentlastung dem zuständigen Hauptzollamt vorzulegen ist.

- Handelt es sich um einen Fall der Lieferung von Fahrzeugen, für die eine Zulassung für den Straßenverkehr vonnöten ist und die durch den Abnehmer befördert werden, gilt ein Nachweis dann als eindeutig und leicht nachprüfbar, wenn sich aus ihm die Zulassung des Fahrzeuges auf den Erwerber im Bestimmungsmitgliedstaat der Lieferung ergibt.

Durch die Formulierung „gilt insbesondere ein Nachweis, der wie folgt geführt wird" stellt das BMF klar, dass der Unternehmer den Belegnachweis über das Erfüllen der Voraussetzungen für die innergemeinschaftliche Lieferung auch mit anderen als den o. g., in § 17a Abs. 2 oder 3 UStDV vorgesehenen Nachweisen erbringen kann. Vielmehr steht es dem Unternehmer offen, den Belegnachweis „mit allen zulässigen Beweismitteln" zu führen. Es ist jedoch so, dass der Nachweis für die Finanzverwaltung eindeutig und leicht nachprüfbar ist, wenn eine der in § 17a Abs. 2 oder 3 UStDV vorgesehenen Nachweismöglichkeiten genutzt wird.

Kommt der Unternehmer seinen Nachweispflichten nicht oder nur unvollständig nach, droht die Behandlung der innergemeinschaftlichen Lieferung als umsatzsteuerpflichtig. Das BMF führt in seiner Begründung zu der Verordnung jedoch aus, dass gewisse Mängel in der Nachweisführung für die Umsatzsteuerfreiheit unbeachtlich sein können, was aber nur dann der Fall sei, wenn objek-

---

[139] Excise Movement and Control System: EDV-gestütztes Beförderungs- und Kontrollsystem für verbrauchsteuerpflichtige Waren.

tiv zweifelsfrei feststehe, dass die Voraussetzungen für die Umsatzsteuerfreiheit erfüllt sind, wozu insbesondere der Nachweis darüber gehöre, dass der Liefergegenstand im Rahmen der betreffenden Lieferung tatsächlich in das übrige Gemeinschaftsgebiet gelangt ist. Unter Bezugnahme auf die Begründung vom BMF selbst ist somit denkbar, dass gewisse formelle Mängel für die Umsatzsteuerbefreiung als unbeachtlich anzusehen sind. Um Diskussionen mit der Finanzverwaltung und einer etwaigen Nichtanerkennung der Umsatzsteuerfreiheit vorzubeugen, sollten die vom BMF aufgestellten Nachweiserfordernisse möglichst immer vollumfänglich erfüllt werden. Zudem führt das BMF aus, dass die Umsatzsteuerbefreiung dann in jedem Falle zu versagen sei, wenn die unrichtige Nachweisführung dazu diene, die Identität des Abnehmers des Leistungsgegenstandes zu verschleiern, um ihm in dem Bestimmungsland eine USt-Hinterziehung zu ermöglichen. Das BMF verweist insofern auf die Rechtsprechung des EuGH und BFH.[140]

4.2.3 Verfahrensstand, geplantes Inkrafttreten, Anwendungsregelung

Bislang liegt lediglich der veröffentlichte Referentenentwurf vor. Zudem wurde eine Stellungnahme der Spitzenverbände der Deutschen Wirtschaft eingeholt. Eine Zustimmung des Bundesrates lag zum Zeitpunkt des Redaktionsschlusses (Stand 21.1.2013) noch nicht vor, daher auch noch nicht die Veröffentlichung der Verordnung im BGBl

Die Spitzenverbände der Deutschen Wirtschaft räumen ein, dass es sich bei dem Entwurf der Neufassung von § 17a UStDV um einen Schritt in die richtige Richtung handele, da es sich dabei um eine erhebliche Entschärfung der Nachweisführung allein mittels Gelangensbestätigung handele. Insbesondere die Wiederaufnahme von Alternativnachweisen bei Einbeziehung von Speditionen und anderen Transportdienstleistern werde begrüßt. Kritik gibt es dahingehend, dass die geplante Neuregelung gegenüber der Rechtslage, die bis zum 31.12.2011 galt, immer noch eine Verschärfung darstelle. Weiterhin wird von der Wirtschaft in einigen Punkten noch Klarstellungsbedarf gesehen, dem entweder in der UStDV oder aber in einem zugehörigen Anwendungsschreiben Rechnung getragen werden solle. Das BMF wurde gebeten, den Unternehmen ausreichenden zeitlichen Vorlauf zu gewähren, damit die Umstellung in der Praxis durchgeführt werden könne. Nötigenfalls müsse daher das Datum des Inkrafttretens verschoben werden.

Seitens des BMF ist geplant, dass die Verordnung grundsätzlich am 1.7.2013 in Kraft tritt. Es ist vorgesehen, dass für bis zum 30.6.2013 ausgeführte innergemeinschaftliche Lieferungen der Nachweis in der bis zum 31.12.2011 geltenden Fassung der §§ 17a bis 17c UStDV geführt werden kann. Infolgedessen soll dem Unternehmer für nach dem 31.12.2011 und vor dem 1.7.2013 ausgeführte innergemeinschaftliche Lieferungen ein gewisses Wahlrecht zustehen, auf Basis welcher Fassung der gesetzlichen Regelungen er den Nachweis erbringen will, dass die Voraussetzungen für die Umsatzsteuerbefreiung der innergemeinschaftlichen Lieferung erfüllt sind.

---

[140] EuGH, Urteil v. 7.12.2010, Rs. C–285/09 (R), BStBl II 2011, S. 846; BFH, Urteil v. 17.2.2011, V R 30/10, BStBl II 2011, S. 769.

5 Überblick über weitere ausgewählte praxisrelevante Gesetze

5.1 Gesetz zu dem Abkommen vom 21.9.2011 zwischen der Bundesrepublik Deutschland und der Schweizerischen Eidgenossenschaft über Zusammenarbeit in den Bereichen Steuern und Finanzmarkt in der Fassung vom 5.4.2012 einschließlich eines Gesetzes zur Verteilung des Aufkommens aus dem Abkommen zwischen der Bundesrepublik Deutschland und der Schweizerischen Eidgenossenschaft über Zusammenarbeit in den Bereichen Steuern und Finanzmarkt [Verteilungsgesetz]

Der politisch hochumstrittene Gesetzentwurf[141] enthält neben dem Abkommen betreffend die „Steueramnestie" für ausländische Kapitalerträge auch den Entwurf eines Gesetzes zur Verteilung des Aufkommens aus dem Abkommen zwischen der Bundesrepublik Deutschland und der Schweizerischen Eidgenossenschaft über Zusammenarbeit in den Bereichen Steuern und Finanzmarkt [Verteilungsgesetz]). Der Bundesrat hat am 12. Dezember dem Gesetz seine Zustimmung versagt. Der Vermittlungsausschuss hatte empfohlen, das Gesetzesvorhaben unter Aufhebung des Gesetzesbeschlusses vom 25.10.2012 betreffend den Gesetzesentwurf für erledigt zu erklären. Der Bundestag folgte in seiner Sitzung am 17.1.2013 der Empfehlung zwar nicht und lehnte den Vorschlag ab. Praktisch ist das Verfahren indessen beendet, soweit nicht ein neuer Vorstoß unternommen wird.

5.2 Änderung des Börsengesetzes

Mit dem JStG 2013 (siehe A.3.1) wird auch das Börsengesetz geändert. Eingefügt werden soll in § 5 ein neuer Abs. 6, wonach das Land als Anspruchsgegner eines Amtshaftungsanspruchs nach § 839 BGB i. V. m. Art. 34 GG die Freistellung von Schadensersatzansprüchen gegenüber dem Börsenträger verlangen kann. Die Regelung erging in Folge der Rechtsprechung (vgl. OLG Stuttgart v. 11.6.2011, 9 U 64/09).

5.3 Kleinstkapitalgesellschaften-Bilanzrechtsänderungsgesetz[142] – MicroBilG

Das MicroBilG vom 20.12.2012[143] dient der Umsetzung der Richtlinie 2012/6/EU des Europäischen Parlaments und des Rates vom 14.4.2012 zur Änderung der Richtlinie 78/660/EWG des Rates über den Jahresabschluss von Gesellschaften bestimmter Rechtsformen hinsichtlich Kleinstbetrieben.

---

[141] Zum Inhalt des Abkommens siehe Steuerjahrbuch 2011/2012, G, S. 511.
[142] Gesetz zur Umsetzung der Richtlinie 2012/6/EU zur Änderung der Richtlinie 78/660/EWG des Rates über den Jahresabschluss von Gesellschaften bestimmter Rechtsformen bei Kleinstbetrieben.
[143] BGBl I 2012, S. 2571.

5.3.1 Überblick

Das Gesetz sieht Änderungen im handelsrechtlichen Bilanzrecht vor. Geändert werden die folgenden Gesetze und Verordnungen: HGB, EGHGB, AktG, EGAktG, URV[144], JVKostO, KHBV, RechVersV sowie PBV.

5.3.2 Zielsetzung des Gesetzes

Mit den Änderungen wird das Ziel verfolgt, besonders kleine Kapitalgesellschaften von den derzeit umfangreichen Vorgaben für die Rechnungslegung auf EU-Ebene zu entlasten und dazu die Optionen der Richtlinie 2012/6/EU des Europäischen Parlaments und des Rates vom 14.3.2012 zur Änderung der Richtlinie 78/660/EWG des Rates über den Jahresabschluss von Gesellschaften bestimmter Rechtsformen hinsichtlich Kleinstbetrieben (Micro-Richtlinie)[145] zu nutzen.

Kleinstbetriebe, die in der Rechtsform einer Kapitalgesellschaft oder einer Personenhandelsgesellschaft ohne voll haftende natürliche Personen organisiert sind, unterliegen derzeit umfangreichen Vorgaben für die Rechnungslegung. Diese Vorgaben sind darauf ausgerichtet, dass Gesellschaftern, Geschäftspartnern, Kreditgebern und anderen Nutzern der Jahresabschlüsse die notwendigen Informationen gegeben werden, um das betriebsnotwendige Vermögen und die zur Ausschüttung zur Verfügung stehende Liquidität zu ermitteln. Bei Unternehmen mit sehr geringen Umsätzen und Vermögenswerten werden diese Vorgaben überwiegend als Belastung wahrgenommen, gleichzeitig beschränken sich die Personen, die die Jahresabschlüsse nutzen, auf die Nachfrage weniger Kennzahlen. Das Interesse der Gesellschafter und der Allgemeinheit an einer detaillierten Rechnungslegung, durch die das betriebsnotwendige Vermögen von Kleinstbetrieben bestimmt wird, ist eher gering.

Kleinstbetriebe, die in anderen Rechtsformen organisiert sind, müssen schon heute weniger strenge Vorgaben erfüllen. So sind freiberufliche Selbstständige und Partnerschaftsgesellschaften nicht zur handelsrechtlichen Buchführung und nicht zur Aufstellung und Offenlegung von Jahresabschlüssen verpflichtet. Mit dem Bilanzrechtsmodernisierungsgesetz[146] wurden zudem Kleinstbetriebe in der Rechtsform des eingetragenen Kaufmanns oder der eingetragenen Kauffrau (sog. Kleinstgewerbetreibende) von der Pflicht zur handelsrechtlichen Buchführung und zur Aufstellung von Jahresabschlüssen befreit. Kleinstbetriebe in Form einer Personenhandelsgesellschaft mit wenigstens einer voll haftenden natürlichen Person müssen zwar Handelsbücher führen und Jahresabschlüsse aufstellen, sind aber nicht zur Beachtung der für Kapitalgesellschaften bestehenden Sondervorschriften und nicht zur Offenlegung der Jahresabschlüsse verpflichtet.

Mit der Gesetzesänderung werden nunmehr auch die Vorgaben für die Rechnungslegung für Kleinstbetriebe, die in der Rechtsform einer Kapitalgesellschaft organisiert sind, maßvoll abgeschwächt werden, ohne die berechtigten Informationsinteressen zurückzustellen. Dazu wird der Informationsgehalt der Jahresabschlüsse auf das im Hinblick auf die Unternehmensgröße notwendige Maß beschränkt. Zudem soll die Offenlegung der Jahresabschlüsse im Bundesanzeiger durch die Hinterlegung der Bilanz ersetzt werden. Für Nutzer der Jahresabschlüsse verbleibt neben der Anfrage beim aufstellenden Kleinstbetrieb auch die Möglichkeit, eine Kopie der Bilanz über das Unternehmensregister zu erhalten. Gesellschaftern einer Kleinstkapitalgesellschaft ist es über ihre ge-

---

[144] Die Änderungen der URV durch das MicroBilG werden im Folgenden nicht dargestellt.
[145] ABl. L 81 v. 21.3.2012, S. 3.
[146] BGBl I 2009, S. 1102.

sellschaftsrechtlichen Informations- und Einsichtsrechte weiterhin möglich, genauere Kenntnis über die Finanz-, Ertrags- und Wirtschaftslage des Unternehmens zu erhalten.

Zudem erfolgen Klarstellungen im Bilanzrecht.

5.3.3 EU-Micro-Richtlinie

Mit der am 14.3.2012 verabschiedeten Richtlinie 2012/6/EU des Europäischen Parlaments und des Rates zur Änderung der Richtlinie 78/660/EWG des Rates über den Jahresabschluss von Gesellschaften bestimmter Rechtsformen hinsichtlich Kleinstbetrieben (nachfolgend Micro-Richtlinie)[147] können die EU-Mitgliedstaaten nun auch Kapitalgesellschaften, die aufgrund ihrer geringen Größe typischerweise nicht grenzüberschreitend tätig sind und für die eine Rechnungslegung nach den Vorgaben der Richtlinie 78/660/EWG[148] mit übermäßigem Aufwand verbunden ist, von einigen genau bezeichneten Anforderungen befreien. Die Richtlinie erlaubt allerdings nur eine beschränkte Entlastung der Kleinstkapitalgesellschaften. Im Übrigen verbleibt es bei den bisherigen europarechtlichen Rechnungslegungsvorgaben.

Die EU-Micro-Richtlinie stellt einen Vereinfachungsvorschlag aus dem Aktionsprogramm der Europäischen Kommission zur Verringerung der Verwaltungslasten dar.[149] Diese am 10.4.2012 in Kraft getretene Richtlinie 2012/6/EU ändert die Richtlinie des Rates 78/660/EWG über den Jahresabschluss von Gesellschaften bestimmter Rechtsformen (Bilanzrichtlinie) und gibt den Mitgliedstaaten folgende Optionen:

- Kleinstunternehmen können auf die Erstellung eines Anhangs verzichten, wenn sie Angaben zu Vorschüssen und Krediten an Mitglieder der Geschäftsführungs- oder Aufsichtsorgane, Angaben zu Haftungsverhältnissen und – im Falle einer Aktiengesellschaft – Angaben zu eigenen Aktien unter der Bilanz ausweisen.

- Kleinstunternehmen können von der Veröffentlichungspflicht befreit werden, wenn sie die in der Bilanz enthaltenen Informationen bei der zuständigen Behörde hinterlegen und wenn sichergestellt wird, dass Dritte auf Antrag beim zentralen Register oder beim Unternehmensregister eine Kopie der Bilanz erhalten können. Ein Anhang muss nicht mehr hinterlegt werden.

- Darüber hinaus werden weitere Optionen zur Verringerung der Darstellungstiefe im Jahresabschluss eingeräumt (z. B. vereinfachte Gliederungsschemata).

- Nach der Richtlinie sind Kleinstbetriebe solche Unternehmen, die an zwei aufeinander folgenden Abschlussstichtagen zwei der drei nachfolgenden Merkmale nicht überschreiten:
    - Umsatzerlöse bis 700.000 €,
    - Bilanzsumme bis 350.000 €,
    - durchschnittliche Zahl beschäftigter Arbeitnehmer bis zehn.

Die so beschriebene Gruppe der Kleinstbetriebe umfasst den wesentlichen Teil der Unternehmen, die zwar bisher von zahlreichen europarechtlich vorgegebenen Rechnungslegungsvorgaben betrof-

---

[147] ABl. L 81 v. 21.3.2012, S. 3.
[148] ABl. L 222 v. 14.8.1978.
[149] Mitteilung der Kommission an den Rat, das Europäische Parlament, den Europäischen Wirtschafts- und Sozialausschuss und den Ausschuss der Regionen: „Aktionsprogramm zur Verringerung der Verwaltungslasten in der Europäischen Union", KOM (2007) 23 endgültig v. 24.1.2007.

fen sind, aber aufgrund ihrer geringen Größe auch bei weniger detaillierter Rechnungslegung die für die Gesellschafter und Dritte erforderlichen wirtschaftlichen Informationen generieren können.

Auf europäischer Ebene wird derzeit auch über einen Vorschlag der Europäischen Kommission vom 25.10.2011 zur Änderung der Bilanzrichtlinien[150] verhandelt, der die bisherige Bilanzrichtlinie und die Konzernabschlussrichtlinie konsolidieren soll und der darauf abzielt, die Bilanzierungsanforderungen an kleine und mittlere Unternehmen zu vereinfachen.

5.3.4 Änderung des Handelsgesetzbuchs (HGB)

5.3.4.1 Änderung des § 9 HGB (Einsichtnahme in das Handelsregister und das Unternehmensregister)

Durch eine Änderung in § 9 Abs. 6 HGB wird der Zugriff Dritter auf nur hinterlegte Bilanzen von Kleinstkapitalgesellschaften (§ 326 Abs. 2 HGB) beschränkt. Unberührt bleibt zwar der Grundsatz, dass die Einsichtnahme jedermann gestattet ist. Erforderlich ist jedoch ein Antrag an das Unternehmensregister, um eine Kopie der Bilanz zu erhalten. Zudem wird die Übermittlung der hinterlegten Bilanzen kostenpflichtig.

5.3.4.2 Änderung des § 253 HGB (Zugangs- und Folgebewertung): Einschränkung der Bewertung mit dem beizulegenden Zeitwert

Mit der Ergänzung von § 253 Abs. 1 HGB wird richtlinienkonform das für Kleinstkapitalgesellschaften geltende Verbot der Bewertung von Vermögensgegenständen zum beizulegenden Zeitwert (Fair Value) umgesetzt. Die Möglichkeit zur Fair-Value-Bewertung besteht nur für Kreditinstitute und Versicherungsunternehmen bzw. für andere Unternehmen begrenzt auf die Bewertung der Altersversorgungsverpflichtungen. Dennoch ist auch bei diesem engen sachlichen Anwendungsbereich der Fair-Value-Bewertung das Verbot zur Fair-Value-Bilanzierung bei Kleinstkapitalgesellschaften zur Umsetzung von Art. 1a Abs. 4 der Richtlinie notwendig.

Mit einer Änderung des § 334 Abs. 1 Nr. 1 Buchst. b HGB wird dieses Verbot auch bußgeldbewehrt.

§ 253 Abs. 1 HGB n. F. stellt klar, welche Vorgaben zur Bewertung von Deckungsvermögen für Altersversorgungsverpflichtungen gelten, wenn die Bewertung zum beizulegenden Zeitwert unzulässig ist. In diesem Fall verbleibt es bei der Bewertung zu den fortgeführten Anschaffungs- und Herstellungskosten (Buchwert), unabhängig davon, ob die Bewertung für einen Ansatz oder für die Verrechnung von Vermögensgegenständen erforderlich wird.

5.3.4.3 Änderung des § 264 HGB

a) Befreiung von der Pflicht, den Jahresabschluss um einen Anhang zu erweitern

Einerseits werden Kleinstkapitalgesellschaften in § 264 Abs. 1 S. 5 HGB von der Pflicht zur Erweiterung des Jahresabschlusses um einen Anhang befreit, wenn sie bestimmte Angaben unter der Bilanz machen. Kleinstkapitalgesellschaften müssen danach, wenn sie ganz auf einen Anhang verzichten wollen, nur noch die Haftungsverhältnisse darstellen und Angaben zu Vorschüssen und Krediten an Mitglieder der Geschäftsführung oder Aufsichtsorgane unter der Bilanz machen, sofern diese Sachverhalte eingetreten sind.

---

[150] KOM (2011) 684 endg.; Ratsdok. 16250/11.

Diese Angaben können wichtig sein, um einerseits das Haftungsrisiko des Unternehmens und andererseits die Abhängigkeit von Mitgliedern der Geschäftsführung und der Aufsichtsorgane aufzuzeigen. Für Aktiengesellschaften und Kommanditgesellschaften auf Aktien besteht darüber hinaus die Pflicht, Angaben zu eigenen Aktien unter der Bilanz zu machen.

Kleinstkapitalgesellschaften in der Rechtsform der AG bzw. der KGaA haben bei einem Verzicht auf die Aufstellung eines Anhangs die Angaben zu eigenen Aktien nach § 160 Abs. 1 Nr. 2 AktG ebenfalls unter der Bilanz zu machen.

b) Befreiung von der Verpflichtung zur Aufstellung eines Lageberichts

§ 264 Abs. 1 S. 4 HGB enthält bereits die Befreiung kleiner Kapitalgesellschaften von der Pflicht zur Aufstellung eines Lageberichts. Mit dieser Befreiung hat der Gesetzgeber bereits in der Vergangenheit die Option aus Art. 46 Abs. 3 der Bilanzrichtlinie umgesetzt. Da Kleinstkapitalgesellschaften zugleich auch kleine Kapitalgesellschaften sind, was in § 267a HGB nochmals klargestellt wird, bedarf es keiner neuen Regelung zur Umsetzung von Art. 1a Abs. 2 Buchst. d der Bilanzrichtlinie in der Fassung der Micro-Richtlinie.

c) Suspendierung von § 264 Abs. 2 S. 1 und 2 HGB für Kleinstkapitalgesellschaften

Die Erleichterungen für Kleinstkapitalgesellschaften könnten mit den Geboten des § 264 Abs. 2 S. 1 und 2 HGB kollidieren. § 264 Abs. 2 S. 1 verlangt, dass der Jahresabschluss unter Beachtung der Grundsätze ordnungsmäßiger Buchführung ein den tatsächlichen Verhältnissen entsprechendes Bild der Vermögens-, Finanz- und Ertragslage der Kapitalgesellschaft vermittelt. Gegebenenfalls ist dieses Ziel durch zusätzliche Anhangsangaben zu erreichen. Daher wird in § 264 Abs. 2 S. 3 und 4 HGB klargestellt, dass die für Kleinstkapitalgesellschaften zugelassenen Erleichterungen nicht über die Anwendung des § 264 Abs. 2 S. 1 und 2 HGB wieder entfallen. Daher wird in § 264 Abs. 2 HGB eine gesetzliche Fiktion eingefügt: Es wird vermutet, dass ein unter Berücksichtigung der Erleichterungen für Kleinstkapitalgesellschaften aufgestellter Jahresabschluss den Erfordernissen des § 264 Abs. 2 S. 1 HGB entspricht.

Diese Klarstellung ist wichtig, damit der Verzicht auf den Anhang und auf weitergehende Angaben unter der Bilanz Bestand haben kann und Unternehmen tatsächlich entlastet werden. Um allerdings dem Bedürfnis nach einer vollständigen Berichterstattung über besondere Umstände (beispielsweise Angabepflichten zu Altzusagen nach Artikel 28 EGHGB) Rechnung zu tragen, bleibt die Pflicht zu zusätzlichen Angaben aus anderen Gründen unberührt; lediglich der Standort wird verlagert, in dem die Angaben unter der Bilanz zu machen sind.

d) Anpassung der Befreiungsvorschriften für Kapitalgesellschaften, die als Tochterunternehmen in einen Konzernabschluss einbezogen werden

In § 264 Abs. 3 HGB erfolgt durch das MircoBilG eine Angleichung der Vorschriften für Konzerne, deren Mutterunternehmen ihren Sitz im EU-Ausland oder EWR-Ausland haben, an die für Konzerne mit deutschem Mutterunternehmen geltende Regelung.

Dem Informationsinteresse der Allgemeinheit wird durch die Publizitätsanforderungen des § 264 Abs. 3 HGB hinreichend Rechnung getragen, insbesondere muss der Konzernabschluss des haftenden Mutterunternehmens ebenfalls im Bundesanzeiger offengelegt werden.

5.3.4.4 Änderung der Vorschriften für bestimmte Personenhandelsgesellschaften

§ 264c HGB sieht besondere Bestimmungen für offene Handelsgesellschaften und Kommanditgesellschaften im Sinne des § 264a HGB vor. Insbesondere werden diesen Unternehmen Vorgaben für die Bilanz gemacht. Mit einem neuen Absatz 5 soll klargestellt werden, dass diese Vorgaben für Kleinstunternehmen dieser Rechtsformen zwar bei der Ermittlung der Posten zu berücksichtigen sind.

Die Gliederungstiefe der Darstellung in der Bilanz soll sich jedoch nach Maßgabe der ausgeübten Wahlrechte für kleine Unternehmen bzw. Kleinstunternehmen bestimmen. Damit soll vermieden werden, dass die Wahlrechte durch zusätzliche Einzelangaben unterlaufen werden. Ein Bedürfnis für gesonderte Einzelangaben ist vor dem Hintergrund der unbegrenzten Haftung der Gesellschafter bzw. der Komplementäre für Verbindlichkeiten der Personenhandelsgesellschaft geringer als bei Kapitalgesellschaften im engeren Sinne. Ist die verkürzte Gliederung bei Kapitalgesellschaften ausreichend, muss dies auch für Personenhandelsgesellschaften im Sinne des § 264a HGB gelten.

Daher wird dem § 264c ein Abs. 5 angefügt, nach dem sich bei einer Gesellschaft, die von einem Wahlrecht nach § 266 Abs. 1 S. 3 oder S. 4 Gebrauch macht, die Gliederung der verkürzten Bilanz nach der Ausübung dieses Wahlrechts richtet, die Ermittlung der Bilanzposten nach § 264c Abs. 1 bis 4 HGB jedoch unberührt bleibt.

5.3.4.5 Bilanzgliederung bei Kleinstkapitalgesellschaften

Kleinstkapitalgesellschaften (§ 267a) brauchen nach § 266 Abs. 1 HGB n. F. nur eine verkürzte Bilanz aufzustellen, in die nur die in den Absätzen 2 und 3 mit Buchstaben bezeichneten Posten gesondert und in der vorgeschriebenen Reihenfolge aufgenommen werden.

Mit diesen Regelungen wird gestattet, dass Kleinstkapitalgesellschaften die Darstellung der Bilanz auf die Buchstabenposten verkürzen. Damit wird erreicht, dass die Informationstiefe der Bilanzen von Kleinstkapitalgesellschaften bedarfsgerecht angepasst wird. Das Erfordernis nach § 247 Abs. 1 HGB, dass in der Bilanz das Anlage- und das Umlaufvermögen, das Eigenkapital, die Schulden sowie die Rechnungsabgrenzungsposten gesondert auszuweisen und hinreichend aufzugliedern sind, ist bei Kleinstkapitalgesellschaften regelmäßig erfüllt, wenn sie eine auf Buchstabenposten verkürzte Gliederung verwenden. Führt die Anwendung der verkürzten Gliederung allerdings in Sonderfällen dazu, dass ein dem § 264 Abs. 2 S. 1 HGB entsprechendes Bild von der Vermögens-, Finanz- und Ertragslage nicht mehr vermittelt wird, sind nach § 264 Abs. 2 S. 2 bis 4 HGB Angaben unter der Bilanz erforderlich.

Definition der Kleinstkapitalgesellschaft

Mit der Einfügung des neuen § 267a HGB wird erstmals die Unternehmenskategorie „Kleinstkapitalgesellschaft" definiert. Zahlenmäßig erfasst die Gruppe der Kleinstkapitalgesellschaften etwa 500.000 Unternehmen und damit den größeren Teil der Kapitalgesellschaften. Ferner wird klargestellt, dass Kleinstkapitalgesellschaften Teil der Gruppe der kleinen Kapitalgesellschaften sind und damit auch die Erleichterungen für kleine Kapitalgesellschaften in Anspruch nehmen dürfen. Das ergibt sich zwar bereits aus § 267 Abs. 1 HGB, wird hier aber nochmals klargestellt. Abschließend wird über die Bezugnahme auf § 267 Abs. 4 bis 6 HGB auch geregelt, wann der Status einer Kleinstkapitalgesellschaft erworben bzw. verloren wird sowie dass insbesondere Rechte der Arbeitnehmervertretungen nach anderen Vorschriften unberührt bleiben sollen.

a) Merkmale

Kleinstkapitalgesellschaften sind kleine Kapitalgesellschaften, die mindestens zwei der drei nachstehenden Merkmale nicht überschreiten:

- 350.000 € Bilanzsumme nach Abzug eines auf der Aktivseite ausgewiesenen Fehlbetrags (§ 268 Abs. 3 HGB);
- 700.000 € Umsatzerlöse in den zwölf Monaten vor dem Abschlussstichtag;
- im Jahresdurchschnitt zehn Arbeitnehmer.

b) Bilanzsumme

Die Bilanzsumme i. S. d. §267a Abs. 1 Nr. 1 HGB setzt sich aus den Posten der Aktivseite der Bilanz zusammen (Buchstaben A bis E des § 266 Abs. 2 HGB), wobei aktive latente Steuern außer Betracht bleiben sollen.

c) Eintreten der Rechtsfolgen

Hinsichtlich des Eintretens der Rechtsfolgen gilt § 267 Abs. 4 HGB entsprechend. Für die Ermittlung der Zahl der durchschnittlichen Arbeitnehmer gilt das Berechnungsschema des § 267 Abs. 5 HGB.

d) Kleinstkapitalgesellschaften als kleine Kapitalgesellschaften

§ 267a Abs. 2 HGB stellt klar, dass die im HGB für kleine Kapitalgesellschaften (§ 267 Abs. 1) vorgesehenen besonderen Regelungen auch für Kleinstkapitalgesellschaften entsprechend gelten, soweit nichts anderes ausdrücklich geregelt ist.

e) Einschränkung des persönlichen Anwendungsbereichs

Investmentgesellschaften und Beteiligungsgesellschaften können von den Erleichterungen für Kleinstbetriebe keinen Gebrauch machen. Eine Aufnahme dieser Begrenzung in § 267a HGB ist nicht erforderlich, da bereits das geltende Recht spezielle Rechnungslegungsvorschriften für diese Unternehmen enthält.

Unternehmensbeteiligungsgesellschaften haben nach § 8 UBGG auch dann die für mittelgroße Kapitalgesellschaften geltenden Vorgaben einzuhalten, wenn sie nach § 267 Abs. 1 HGB kleine Kapitalgesellschaften oder kleine Kommanditgesellschaften sind. Kleinstkapitalgesellschaften sind zugleich kleine Kapitalgesellschaften im Sinne des § 267 Abs. 1 HGB.

Liegen bei einer Unternehmensbeteiligungsgesellschaft die Merkmale einer Kleinstkapitalgesellschaft vor, sind die speziellen Regelungen des UBGG vorrangig.

Spezialregelungen gelten auch für Investmentgesellschaften. Kapitalanlagegesellschaften haben nach § 19d InvG bei der Rechnungslegung die für Kreditinstitute geltenden Vorschriften einzuhalten.

Nach § 340a Abs. 1 HGB und § 341a Abs. 1 HGB haben Kreditinstitute und Versicherungsunternehmen grundsätzlich ohne Rücksicht auf die Rechtsform die für große Kapitalgesellschaften geltenden Vorgaben der Rechnungslegung einzuhalten, woraus sich ergibt, dass sie Erleichterungen für Kleinstkapitalgesellschaften nicht in Anspruch nehmen können.

Auch Emittenten von Vermögensanlagen i. S. d. § 1 VermAnlG in der Rechtsform der GmbH & Co. KG (sog. Publikumsgesellschaften) können die Erleichterungen für Kleinstkapitalgesellschaften wohl ebenfalls nicht in Anspruch nehmen (vgl. § 24 VermAnlG).[151]

Genossenschaften

Die Erleichterungen für Kleinstkapitalgesellschaften (§ 267a) sind auf Genossenschaften i. S. d. GenG nicht anzuwenden. (vgl. § 336 Abs. 2 HGB n. F.). Dies wird damit begründet, dass die Bilanzrichtlinie auf Genossenschaften keine Anwendung findet, weshalb auch die EU-Micro-Richtlinie für Genossenschaften nicht gelten kann. Mögliche Erleichterungen im Genossenschaftsbereich können daher nicht im Rahmen der vorliegenden Richtlinien-Umsetzung erfolgen.

5.3.4.6 Gewinn- und Verlustrechnung

Gemäß § 275 Abs. 5 HGB n. F. können Kleinstkapitalgesellschaften i. S. d. § 267a HGB anstelle der Staffelungen nach § 275 Abs. 2 und 3 HGB (Gesamt- bzw. Umsatzkostenverfahren) eine vereinfachte Gliederung für die Darstellung der Gewinn- und Verlustrechnung verwenden und die Gewinn- und Verlustrechnung wie folgt darstellen:

1. Umsatzerlöse,
2. sonstige Erträge,
3. Materialaufwand,
4. Personalaufwand,
5. Abschreibungen,
6. sonstige Aufwendungen,
7. Steuern,
8. Jahresüberschuss/Jahresfehlbetrag.

Entscheiden sich Kleinstkapitalgesellschaften für diese vereinfachte Gliederung, können sie von den Erleichterungen des § 276 HGB (z. B. Zusammenfassung bestimmter Posten zu einem Rohergebnis) allerdings keinen Gebrauch machen, weil das EU-Recht eine solche Kombination nicht zulässt.

Bei der verkürzten Gliederung greift § 275 Abs. 5 HGB n. F. auf Postenbezeichnungen zurück, die in der allgemeinen Staffelung nach § 275 Abs. 2 und 3 HGB verwendet werden.

Neu sind sonstige Erträge und sonstige Aufwendungen, die mehrere Posten der Staffelung der Gewinn- und Verlustrechnung nach § 275 Abs. 2 und 3 HGB zusammenfassen. So sind Bestandsmehrungen an fertigen und unfertigen Erzeugnissen und aktivierte Eigenleistungen ebenso wie sonstige betriebliche Erträge und finanzielle Erträge (Zinserträge, Wertpapiererträge, Beteiligungserträge) sowie außerordentliche Erträge in sonstigen Erträgen zusammengefasst.

Bestandsminderungen an fertigen und unfertigen Erzeugnissen, sonstige betriebliche Aufwendungen und Zinsen und ähnliche Aufwendungen sowie außerordentliche Aufwendungen sind in sonstigen Aufwendungen zusammengefasst.

Bei Kleinstkapitalgesellschaften wird davon ausgegangen, dass die gesonderte Darstellung des Ergebnisses der gewöhnlichen Geschäftstätigkeit, des betrieblichen Ergebnisses, des Finanzergebnis-

---

[151] Zum VermAnlG vgl. S. 107 ff. in Steueränderungen 2011/2012.

ses und des außerordentlichen Ergebnisses regelmäßig nicht notwendig ist. Kleinstkapitalgesellschaften weisen nämlich häufig eine Konzentration auf ein Kerngeschäft auf, sodass dann außerhalb dieses Kerngeschäfts häufig allenfalls Zinsaufwendungen in nennenswertem Umfang anfallen.

Regelmäßig werden das Finanzergebnis und das Ergebnis der außerordentlichen Geschäftstätigkeit daher nur geringen Einfluss auf den Jahresüberschuss oder den Jahresfehlbetrag haben. Führt die nach § 275 Abs. 5 HGB n. F. mögliche kumulierte Darstellung in Sonderfällen dazu, dass ein zutreffendes Bild von der Vermögens-, Finanz- und Ertragslage nicht mehr vermittelt wird, sind unter der Bilanz zusätzliche Angaben nach § 264 Abs. 2 S. 2 bis 4 HGB zu machen.

5.3.4.7 Änderungen in § 325a HGB (Zweigniederlassungen von Kapitalgesellschaften mit Sitz im Ausland)

In § 325a HGB Abs. 3 HGB n. F. wird klargestellt, dass sich im Falle der Zweigniederlassung eines ausländischen Unternehmens die Entscheidung, ob die Publizitätserleichterungen für Kleinstkapitalgesellschaften (§ 267a HGB) anwendbar sind, nach dem Recht der Hauptniederlassung der Kapitalgesellschaft in der Europäischen Union oder im Europäischen Wirtschaftsraum richtet. Ist eine Kleinstkapitalgesellschaft nach dem für sie maßgeblichen Recht zur Hinterlegung der Bilanz berechtigt, kann sie die nach § 325a Abs. 1 HGB vorgeschriebene Offenlegung der Rechnungslegungsunterlagen der Hauptniederlassung der Kapitalgesellschaft auch für inländische Zweigniederlassungen durch Hinterlegung im Sinne des § 326 Abs. 2 HGB bewirken.

Z. B. für eine in Deutschland liegende Zweigniederlassung einer britischen *private limited company* kommt es daher auf die Umsetzung der Micro-Richtlinie in Großbritannien an. Sofern Großbritannien auf eine Umsetzung verzichten sollte, werden die Vertreter inländischer Zweigniederlassungen britischer *private limited companies* auch künftig Rechnungslegungsunterlagen zu veröffentlichen haben, sodass sich daraus gegenüber britischen Kapitalgesellschaften eine erhöhte Attraktivität deutscher Kapitalgesellschaftsformen ergeben kann.

5.3.4.8 Änderung des § 326 HGB (Größenabhängige Erleichterungen für kleine Kapitalgesellschaften und Kleinstkapitalgesellschaften)

Kleinstkapitalgesellschaften können nach § 326 HGB n. F. wählen, ob sie die Offenlegungspflicht durch Veröffentlichung (Bekanntmachung der Rechnungslegungsunterlagen) oder durch Hinterlegung der Bilanz erfüllen.

Zur Sicherung eines einheitlichen Verfahrens wird die elektronische Einreichung der Unterlagen beim Betreiber des Bundesanzeigers auch für die Hinterlegung vorgeschrieben. Die Umwandlung in das dafür erforderliche Dateiformat kann auch der Betreiber des Bundesanzeigers im Auftrag des einreichenden Unternehmens bewirken, wenn es die Bilanz in einem für die langfristige sichere Archivierung ungeeigneten Dateiformat einreicht.

Ein Veröffentlichungsauftrag (§ 325 Abs. 2 HGB) entfällt allerdings, da eine Hinterlegung ausreicht. Zur Klarstellung ist vorgesehen, dass ein Hinterlegungsauftrag zu erteilen ist. Durch Bezugnahme auf § 325 Abs. 1 S. 2 und 6 HGB wird gewährleistet, dass die Hinterlegung innerhalb der Offenlegungsfrist zu erfolgen hat und im Falle einer Änderung der Bilanz nach einer Feststellung oder Prüfung auch die geänderte Bilanz hinterlegt wird.

Das Hinterlegungsrecht wird allerdings nur mit der Maßgabe gewährt, dass Kleinstkapitalgesellschaften dem Betreiber des Bundesanzeigers mitteilen, dass sie zwei der drei Merkmale des § 267a HGB nicht überschreiten. Auf eine Pflicht zur Übermittlung der konkreten Kennzahlen des Unternehmens wird verzichtet, um die Belastung der Unternehmen in Grenzen zu halten. In Zweifelsfällen obliegt dem Betreiber des Bundesanzeigers die Aufgabe der Prüfung und Nachfrage (§ 329 Abs. 1 HGB).

Im Zusammenhang mit der Änderung des § 326 HGB sind die Änderungen der URV zu beachten und der neu in das Gebührenverzeichnis der JVKostO eingefügte Gebührentatbestand der Übermittlung von Rechnungslegungsunterlagen einer Kleinstkapitalgesellschaft, die beim Bundesanzeiger nach § 326 Abs. HGB n. F. hinterlegt sind.

Praxishinweis:

Das Gebührenverzeichnis der JVKostO sieht für die Übermittlung der hinterlegten Unterlagen eine Gebühr von 4,50 € vor. Der Antrag auf Übermittlung einer Kopie von lediglich hinterlegten Bilanzen von Kleinstkapitalgesellschaften (§ 267a HGB) an das Unternehmensregister ist nur nach vorheriger Registrierung möglich. Die Übermittlung erfolgt in elektronischer Form.

5.3.4.9 Änderung des § 328 HGB (Form und Inhalt der Unterlagen bei Offenlegung, Veröffentlichung und Vervielfältigung)

Die Formulierung „Aufstellung des Anteilsbesitzes" in § 328 Abs. 3 S. 1 HGB war bereits mit der Aufhebung des § 287 HGB im Rahmen des BilMoG 2009 gegenstandslos geworden. Die Streichung wird jetzt nachgeholt.

Im Übrigen wird durch die Änderung des § 328 HGB klargestellt, dass die Vorgaben des § 328 HGB auch dann zu beachten sind, wenn eine Kleinstkapitalgesellschaft die Bilanz hinterlegt und nicht den Jahresabschluss offenlegt.

5.3.4.10 Änderung des § 334 HGB (Bußgeldvorschriften)

Die Änderungen der Bußgeldvorschriften sind Folgeänderungen zur Einführung der Möglichkeit zur Hinterlegung der Bilanzinformationen (§ 328 HGB n. F.), zur Möglichkeit, bestimmte Angaben unter der Bilanz zu machen (§ 264 Abs. 2 HGB n. F.) sowie zum Verbot der Fair-Value-Bewertung für Kleinstkapitalgesellschaften (§ 253 Abs. 1 HGB n. F.). Verstöße stellen Ordnungswidrigkeiten dar, die nach § 335 HGB n. F. mit einem Ordnungsgeld bewehrt sind.

5.3.5 Änderung des Einführungsgesetzes zum Handelsgesetzbuch

Durch das MicroBilG wird in das Einführungsgesetz zum HGB (EGHGB) ein Zweiunddreißigster Abschnitt mit Übergangsvorschrift zum MicroBilG angefügt (Art. 70 EGHGB).

Die Umsetzung der Micro-Richtlinie erfolgt stichtagsbezogen. Wie im Bilanzrecht üblich, wird dabei auf einen Abschlussstichtag abgestellt, der nach dem Inkrafttreten des Gesetzes bzw. der umzusetzenden EU-Richtlinie liegt. Da die meisten Unternehmen in Deutschland zum Ende des Kalenderjahres bilanzieren, wird der 31. Dezember als maßgeblicher Stichtag definiert. Dem Umstand, dass einzelne Unternehmen zu einem abweichenden Stichtag bilanzieren, trägt die Regelung dadurch Rechnung, dass es sich um den frühesten Umstellungstermin handelt. Beginnt das Geschäftsjahr später, erfolgt dementsprechend auch die Umstellung zu einem späteren Zeitpunkt. Die Rückwirkung auf Geschäftsjahre, die nach dem 30.12.2012 enden, hat ihren Grund darin, dass die Micro-Richtlinie im April 2012 und damit während dieser Geschäftsjahre in Kraft getreten ist. Die Bezugnahme auf einen Abschlussstichtag und nicht auf den Beginn eines Geschäftsjahres erfolgt mit Blick auf verkürzte Berichtsperioden und unterjährige Abschlussstichtage vor dem Hintergrund der Vorbereitungsmaßnahmen, die für eine Umstellung auf die Hinterlegungsoption beim Betreiber des Bundesanzeigers und beim Bundesamt für Justiz notwendig sind.

Bei den weiteren Gesetzesänderungen, die anlässlich der Nutzung der Optionen der Micro-Richtlinie erfolgt sind, ist allerdings eine abweichende Regelung der Übergangsbestimmungen erforderlich.

Die Änderungen in § 264 Abs. 3 HGB und in § 290 HGB sind nicht in der Micro-Richtlinie angelegt und können auch kapitalmarktorientierte Unternehmen betreffen, die nach § 325 Abs. 4 HGB ihre Jahresabschlüsse in einer Frist von maximal vier Monaten nach dem Abschlussstichtag offenzulegen haben. Um eine einheitliche Umstellung zu ermöglichen, werden diese Regelungen erstmals auf Geschäftsjahre angewendet, die nach dem 31.12.2012 beginnen.

5.3.6 Änderung des Aktiengesetzes

Die Änderungen des Aktiengesetzes setzen die Micro-Richtlinie speziell für Aktiengesellschaften und Kommanditgesellschaften auf Aktien um. Sonderregelungen sind erforderlich, da das Aktienrecht zusätzliche Vorgaben für die Darstellung der Bilanz, der Gewinn- und Verlustrechnung und des Anhangs macht. Soweit Kleinstaktiengesellschaften von den handelsrechtlich eingeräumten Erleichterungen Gebrauch machen, sollen sie auch von den zusätzlichen Vorgaben des Aktienrechts befreit werden.

Durch den neuen § 152 Abs. 4 AktG wird die Kleinstkapitalgesellschaft i. S. d. § 267a HGB in der Rechtsform der AG bzw. KGaA von der Anwendung der rechtsformspezifischen Vorschriften zur Bilanz in § 152 Abs. 1 bis 3 AktG befreit, wenn sie von den Erleichterungen bei der Aufstellung der Bilanz Gebrauch macht. Z. B. entfällt die Verpflichtung, den auf jede Aktiengattung entfallenden Betrag des Grundkapitals gesondert anzugeben (§ 152 Abs. 1 S. 2 AktG), sowie die Verpflichtungen, Angaben zu den Kapital- bzw. Gewinnrücklagen (§ 152 Abs. 2 und 3 AktG) zu machen.

Hinweis:

Wird jedoch die Darstellung der Bilanz nicht auf die Buchstabenposten verkürzt, so bleiben die aktienrechtlichen Vorgaben zum Bilanzinhalt bestehen.

Des Weiteren sind Kleinstkapitalgesellschaften, die von der Erleichterung nach § 275 Abs. 5 HGB n. F. Gebrauch machen von der Verpflichtung befreit, die Gewinn- und Verlustrechnung nach dem Posten „Jahresüberschuss/Jahresfehlbetrag" nach § 160 Abs. 1 HGB um eine Überleitung zum Bilanzgewinn/Bilanzverlust zu ergänzen.

Hinweis:

Von der zusätzlichen Aufschlüsselung der Gewinn- und Verlustrechnung nach § 158 Abs. 1 und 2 AktG kann nur abgesehen werden, wenn die Gewinn- und Verlustrechnung nach § 275 Abs. 5 HGB dargestellt wird.

Schließlich brauchen Aktiengesellschaften und Kommanditgesellschaften auf Aktien, die Kleinstkapitalgesellschaften i. S. d. § 267a HGB n. F., die nach § 264 Abs. 1 S. 5 HGB n. F. den Jahresabschluss nicht um einen Anhang erweitern, die rechtsformspezifischen Vorschriften des § 160 AktG zum Anhang nicht zu beachten.

5.3.7 Änderung des Einführungsgesetzes zum Aktiengesetz

Durch den neuen § 26f in das EGAktG werden Übergangsregelungen zum MicroBilG in das EG-AktG eingefügt. Danach sind die §§ 152, 158 und 160 AktG i. d. F. des MicroBilG erstmals auf Jahres- und Konzernabschlüsse anzuwenden, die sich auf einen nach dem 30.12.2012 liegenden Abschlussstichtag beziehen. Auf Jahres- und Konzernabschlüsse, die sich auf einen vor dem 31.12.2012 liegenden Abschlussstichtag beziehen, bleiben die §§ 152, 158 und 160 AktG a. F. anwendbar.

Hinweis:

Auch die zusätzlichen Anhangangaben nach § 160 AktG sind nur entbehrlich, wenn das Unternehmen von der Möglichkeit Gebrauch macht, auf die Erweiterung des Jahresabschlusses um einen Anhang zu verzichten und die notwendigen Angaben unter der Bilanz darstellt.

5.3.8 Änderung sonstigen Bundesrechts

5.3.8.1 Änderung KHBV und PBV

Die Änderungen der KHBV und der PBV in Abs. 1 und 3 sind Folgeänderungen zu Art. 2 Nr. 1 MicroBilG (Aufhebung von Art. 24 Abs. 5 S. 2 EGHGB) und dienen der Rechtsbereinigung.

5.3.8.2 Änderung der RechVersV

Die Änderung von § 51 RechVersV erhöht die Transparenz für die in den Anhang des Jahresabschlusses Einsicht nehmenden Personen. Dass nunmehr eine Direktgutschrift der im Geschäftsjahr erwirtschafteten Überschüsse einer Lebensversicherung im Jahresabschluss ersichtlich ist, dient damit auch dem Schutz der Versicherten. Die Regelung tritt erstmals für nach dem 31.12.2012 beginnende Geschäftsjahre in Kraft.

5.3.9 Inkrafttreten

Das MicroBilG tritt am Tag nach der Verkündung in Kraft.

> **Literaturhinweise:** *Haller/Groß*, DB 2012, S. 2109 sowie DB 2012, S. 2412; *Küting/Eichenlaub/Strauß*, DStR 2012, S. 1670; *Lanfermann*, BB 2012, S. 1209; *Schellhorn*, DB 2012, S. 2295; *Thiele/Weiß*, BBK 2012, S. 786; *Zwirner*, BB 2012, S. 2231

5.4 Gesetz zur Ergänzung des Geldwäschegesetzes

Das Gesetzesvorhaben ist die Folge der Aufhebung des Glückspielverbots im Internet.[152] Demzufolge sei es nun erforderlich, diese Form des Glücksspiels in den Verpflichtetenkreis des Geldwäschegesetzes einzubeziehen. Neben der wirtschaftlichen Bedeutung des Online-Glücksspiels sei es

---

[152] Durch Auslaufen des Staatsvertrags zum Glücksspielwesen in Deutschland fielen Neuregelungen in den Zuständigkeitsbereich der Länder. Schleswig-Holstein hat mit dem Glücksspielgesetz vom 20.10.2011 eine eigene Grundlage geschaffen. Vgl. zur Möglichkeit der Erlaubnis des Eigenvertriebes und der Vermittlung von Lotterien sowie der Veranstaltung und Vermittlung von Sportwetten im Internet gemäß § 4 Abs. 5; § 10a Abs. 4 S. 1 Erster GlüÄndStV v. 15.12.2011.

aus europarechtlichen Gründen erforderlich, da auch Tätigkeiten, die über das Internet ausgeübt werden, erfasst werden sollen.[153]

Entsprechend sieht das GwGErG Sorgfalts- und Organisationspflichten der Veranstalter und Vermittler von Glücksspielen im Internet vor, die so gestaltet werden, dass sie den Besonderheiten des Onlineglücksspiels (kein persönlicher Kontakt zwischen den Vertragsparteien; erhöhte Risiken in Bezug auf die Identifizierung des Spielers sowie die Finanzströme) Rechnung tragen. Insoweit wird das GWG insbesondere um Tatbestände zur Spieleridentifizierung erweitert.

Der Bundesrat hat dem Gesetz am 14.12.2012 zugestimmt.[154] Die Unterzeichnung durch den Bundespräsidenten und die Veröffentlichung stehen noch aus. Das Gesetz soll am nach seiner Verkündigung im Bundesgesetzblatt in Kraft treten.

5.5 Gesetz zur Einführung einer Partnerschaftsgesellschaft mit beschränkter Berufshaftung und zur Änderung des Berufsrechts der Rechtsanwälte, Patentanwälte, Steuerberater und Wirtschaftsprüfer[155]

5.5.1 Hintergrund

Da das Haftungskonzept der PartG von Angehörigen freier Berufe zum Teil als nicht befriedigend empfunden wird und andererseits auch dem Trend, wonach sich vor allem Großkanzleien zur Limited Liability Partnership (LLP) nach englischem Recht hinwenden, entgegengetreten oder jedenfalls eine deutsche Alternative zur LLP geboten werden soll, soll die Möglichkeit eröffnet werden, sich für eine PartG mit beschränkter Berufshaftung (PartG mbB) zu entscheiden.

Die weitergehende Haftungsbeschränkung, die sich auf das Vermögen der Partnerschaft bezieht, soll nur die Haftungsbeschränkung für berufliche Fehler erfassen, da Gläubigerinteressen hier durch eine Haftpflichtversicherung berücksichtigt werden können. Im PartGG wird eine Haftungsbeschränkung geschaffen, die eingreift, wenn bestimmte Voraussetzungen vorliegen. Die bisherige Partnerschaftsgesellschaft soll neben der PartGmbB weiterbestehen.

5.5.2 Einzelne Regelungsinhalte

5.5.2.1 Ergänzung der Handelndenhaftung, § 8 Abs. 4 PartGG

Durch § 8 Abs. 2 des PartGG bestehende Handelndenhaftung, nach der nur einer oder wenige Gesellschafter persönlich haften, die übrigen aber nicht, stößt an praktische Grenzen, wo Partnerschaftsgesellschaften eine gewisse Größenordnung überschreiten und große und komplexe Aufträge oder Mandate von Teams bearbeitet werden. Die Benennung einer handelnden Person im Sinne des § 8 Abs. 2 PartG wirkt dann künstlich und geht an der Lebenswirklichkeit vorbei.

Die Haftungsbeschränkung in § 8 Abs. 4 PartGG geht davon aus, dass PartGG Auftrags- oder Mandatsverträge mit ihren Kundinnen oder Kunden abschließen und nicht die Partner selbst. Wenn einzelne Partner neben ihrer Tätigkeit in der Partnerschaft Mandate oder Aufträge im eigenen Namen annehmen, so fallen hieraus resultierende Verbindlichkeiten nicht unter die Haftungs-

---

[153] Vgl. Erwägungsgrund 14 Richtlinie 2005/60/EG.
[154] Vgl. BT-Drs. 17/11335 v. 7.11.2012.
[155] BR-Drs. 712/01 (B).

beschränkungsregelung. Ebenso wenig erfasst die Regelung deliktische Ansprüche, die sich gegen die handelnden Partner unmittelbar richten. Die Vorschrift betrifft ferner nur Verbindlichkeiten der Gesellschaft aus Schäden wegen fehlerhafter Berufsausübung. Nicht erfasst sind also alle anderen Verbindlichkeiten der Gesellschaft, insbesondere aus Miet- oder Arbeitsverträgen.

5.5.2.2 Anmeldung, Namenzusatz und Versicherungspflicht

Die Anmeldung beim Partnerschaftsregister ist um die erforderliche Versicherungsbescheinigung (§§ 113 VVG) zu ergänzen, § 4 Abs. 3 PartG. Die PartG mit Haftungsbeschränkung hat einen dies kenntlich machende Namenszusatz zu führen, § 7 Abs. 5 PartGG, der auch auf Geschäftsbriefen anzugeben ist. Die Einzelgesetze der jeweiligen freien Berufe regeln die Mindestversicherungssummen für jeden Versicherungsfall. Für Rechtsanwälte soll sie 2,5 Mio. € betragen, während für Steuerberater keine höhere Versicherungssumme gefordert wird. Die Höhe einerseits und die Nichtregelung für Steuerberater andererseits sind nicht unkritisch.[156]

5.5.3 Inkrafttreten

Das Gesetz soll am Tag nach seiner Verkündigung in Kraft treten.

> **Literaturhinweise:** *Salger*, DB 2012, S. 1794 ff; *Posegga*, DStR 2012, S. 611 ff.; *Leuering*, ZIP 2012, S. 1112 ff.

6 Zukünftige Gesetzvorhaben

6.1 Gesetzentwurf zur Verbesserung der der steuerlichen Förderung der steuerlichen Altersvorsorge[157] (AltvVerbG)

6.1.1 Zielsetzung

Das Gesetz soll weitere steuerliche Anreize zur Stärkung einer privaten Altersvorsorge geben. So sollen die kapitalgedeckte Altersvorsorge gestärkt, die sog. Eigenheimrente vereinfacht und eine bessere steuerliche Abziehbarkeit des Erwerbsminderungsschutzes bewirkt werden. Der Gesetzentwurf differenziert bei den Umsetzungsmaßnahmen zwischen den unterschiedlichen Arten der privaten Altersvorsorge.

Zudem sollen Verbraucherrechte im Markt und der Anlegerschutz verbessert werden. Der Gesetzgeber will auch damit auf Kritiken im Zusammenhang mit der sog. Riester-Rente reagieren. Zur besseren Vergleichbarkeit soll ein Produktinformationsblatt eingeführt werden, dessen Aufbau und Inhalte gesetzlich normiert sind. So sollen bestimmte Kosten- und Renditekennziffern über sämtliche Produktgruppen und -kategorien einheitlich ermittelt werden. Darüber hinaus sollen die optische Darstellung und die Reihung der darzustellenden Inhalte vorgegeben werden. Inwieweit derartige Vorgaben eine Verbesserung bewirken, bleibt abzuwarten.

Mit dem Gesetz werden verschiedene Einzelgesetze geändert. Nachfolgend werden nur wesentliche Umsetzungsmaßnahmen betreffend die Einkommensteuer aufgezeigt.

---
[156] Vgl. Stellungnahme der BStBK v. 4.10.2012; BRAK Stellungnahme 42/2012 v. August 2012.
[157] Gesetzentwurf der Fraktionen CDU/CSU und FDP v. 16.10.2012, BT-Drs. 17/10818.

6.1.2 Steuerliche Maßnahmen im Einzelnen

6.1.2.1 Änderungen beim Sonderausgabenabzug

Anpassungen der Altersgrenze, § 10 Abs. 1 Nr. 2 S. 1 Buchst. b S. 2 und 3 EStG

Für alle nach dem 31.12.2011 geschlossenen Basisverträge gilt die reguläre Altersgrenze von 62 Jahren.

Erhöhung der Abziehbarkeit bei Vorsorgeverträgen, § 10 Abs. 1 Nr. 2 S. 1 Buchst. b S. 2 und 3 EStG

Künftig sollen Beiträge zur Risikoabsicherung gegen Berufsunfähigkeit oder verminderte Erwerbsfähigkeit im Rahmen des Abzugsvolumens zur Basisabsicherung im Alter geltend gemacht werden. Diese Regelung erfasst im persönlichen Anwendungsbereich nur unbeschränkt Einkommensteuerpflichtige. Voraussetzung für die Abzugsmöglichkeit ist, dass im Falle des Eintritts des Versicherungsfalls eine lebenslange Rente gezahlt wird. Bei einem späten Versicherungsfall kann die Höhe der Rente vom Zeitpunkt des Eintritts des Versicherungsfalls abhängig gemacht werden.

Beispiel:[158]

Der Versicherungsfall tritt 10 Jahre vor dem Ausscheiden aus der Erwerbstätigkeit ein. Es wird zu 100 % eine Rente gezahlt.

Der Versicherungsfall tritt 5 Jahre vor diesem Zeitpunkt ein. Es werden 50 % der vertraglich versprochenen Rente geleistet.

Erhöhung des Abzugsvolumens, § 10 Abs. 3 S. 1 EStG

Zur Verbesserung der Spielräume zum Aufbau einer zusätzlichen Altersvorsorge und Absicherung gegen eine Berufsunfähigkeit oder verminderte Erwerbsfähigkeit wird das bisherige Abzugsvolumen für Beiträge zugunsten einer Basisversorgung im Alter (gesetzliche Rentenversicherung, berufsständische Versorgung etc.) von 20.000 € auf 24.000 € angehoben.

Schaffung einer Zulagenberechtigung für Alg II-Empfänger, § 10a Abs. 1 S. 3

Die Voraussetzungen der Zulageberechtigung für Alg II-Bezieher werden klarer gefasst. Der Bezug von Alg II setzt keine Arbeitslosigkeit (§ 119 SGB III) voraus, sondern lediglich eine Erwerbsfähigkeit (§ 8 SGB II). Daher wird anstelle an eine Arbeitslosigkeit nunmehr an die Anrechnungszeit des § 58 Abs. 1 Nr. 3 oder Nr. 6 SGB VI angeknüpft.

6.1.3 Sonstige Fördermaßnahmen

6.1.3.1 Altersvorsorgebeiträge

Vereinfachung der Aufteilungen, § 82 Abs. 1 S. 6 und 7 EStG

Die Norm soll der Vereinfachung dienen. Während bislang die Beiträge zur Altersvorsorge eines Beitragsjahres vom Anbieter aufgeteilt werden müssen (Beiträge vor der Aufgabe der Selbstnut-

---

[158] Siehe Begründung im Gesetzentwurf BT-Drs. 17/10818, S. 27.

zung und nach der Aufgabe der Selbstnutzung) können nun auch die nach der Aufgabe der Selbstnutzung oder vor der Reinvestition geleisteten Beiträge gefördert werden, solange sie im Beitragsjahr der Aufgabe der Selbstnutzung oder der Reinvestition geleistet werden.

Mindesteigenbetrag für Zulagenberechtigung, § 86 Abs. 2 S. 4 EStG

Die Regelung dient der Klarstellung. Bei nicht erwerbstätigen Pflegepersonen wird statt der bei der Rentenversicherung fiktiv angesetzten beitragspflichtigen Einnahmen ein tatsächliches Entgelt von 0 € für die Mindesteigenbeitragsberechnung berücksichtigt. Damit muss die Pflegeperson regelmäßig, sofern sie nicht noch andere für die Mindesteigenbeitragsberechnung relevante Einnahmen hat, nur den Sockelbetrag von 60 € pro Jahr als Mindesteigenbeitrag leisten.

6.1.3.2 Eigenheimrente

Hintergrund der Neuregelung

Soll angespartes und gefördertes Altersvorsorgevermögen zur unmittelbaren Anschaffung oder Herstellung einer selbst genutzten Wohnung oder (zu Beginn der Auszahlungsphase) zur Entschuldung selbst genutzten Wohnraums entnommen werden, bedarf es einer staatlichen Bewilligung der zentralen Stelle betreffend den Entnahmebetrag. Diese Stelle kennt indessen den aktuellen Stand des angesparten Altersvorsorgevermögens nicht und muss zunächst beim Anbieter den aktuellen Stand erfragen. Denn förderunschädlich dürfen nur Beträge bis zu 75 % oder zu 100 % entnommen werden. Beträge, die dazwischen liegen, können nicht förderunschädlich 75 % und 100 % entnommen werden. Die Verfahrensschritte sollen vereinfacht werden.

Nach dem geltenden § 92a EStG kann eine Entnahme von gefördertem Altersvorsorgevermögen nur zu zwei Zeitpunkten erfolgen:

- bis zum Beginn der Auszahlungsphase unmittelbar für die Anschaffung oder Herstellung einer selbst genutzten Wohnung bzw. für den Erwerb von Geschäftsanteilen einer Genossenschaft für die Selbstnutzung einer Genossenschaftswohnung,

- zu Beginn der Auszahlungsphase für die Entschuldung einer selbst genutzten Wohnung.

Liegt dagegen ein sog. Kombivertrag (§ 1 Abs. 1a S. 1 Nr. 3 AltZertG) vor, kann das auf dem Sparteil des Vertrages angesparte Kapital auch schon in der Ansparphase dazu genutzt werden, Vor-/Zwischenfinanzierungsdarlehen des Vertrages abzulösen und damit die selbst genutzte Wohnung zu entschulden. Damit man diese Verfahren auch bei anderen Vertragsformen erreicht, wird Altersvorsorgevermögen häufig auf einen Kombivertrag übertragen. Da folglich bereits faktisch jederzeit eine Entnahmemöglichkeit in der Ansparphase vorliegt, soll die Eigenheimrente deutlich vereinfacht werden.

Inhalt der Neuregelung des § 92a EStG

Die Eigenheimrenten-Förderung kann künftig auch für Aufwendungen für Umbaumaßnahmen zur Reduzierung von Barrieren in oder an der Wohnung in Anspruch genommen werden. Voraussetzung ist, dass das für den Umbau entnommene Kapital

- mindestens 6.000 € beträgt und für einen innerhalb eines Zeitraums von drei Jahren nach der Anschaffung oder Herstellung der Wohnung vorgenommenen Umbau verwendet wird oder

- für ein Kalenderjahr mindestens 30.000 € beträgt und

- zu mindestens 50 % auf barrierefreies Bauen (Maßnahmen nach DIN 18040-2) entfällt, soweit dies baustrukturell möglich ist, und der andere verbleibende Teil der Reduzierung von Barrieren an der Wohnung (beispielsweise Rampen, Hebebühnen außerhalb der Wohnung) oder in der Wohnung dient.

Die Festlegung der technischen Mindestanforderungen für die Reduzierung von Barrieren an oder in der Wohnung erfolgt durch das Bundesministerium für Verkehr, Bau und Stadtentwicklung im Einvernehmen mit dem Bundesministerium der Finanzen. Die Bestimmung dieser technischen Mindestanforderungen erfolgt in Anlehnung an die DIN 18040-2 und die zur Zeit geltenden Kriterien für die Inanspruchnahme des KfW-Programms „Altersgerecht Umbauen" (Programmnummer 159). Die Mindestanforderungen werden dann im Bundesbaublatt veröffentlicht und stehen somit einer breiten Öffentlichkeit zur Verfügung.

Errichtung des Wohnförderkontos

Die bisherige Einschränkung des Satzes 2 ist nicht mehr erforderlich, denn durch die Änderung des § 92a Abs. 3 S. 8 EStG wird bei einem sog. Kombivertrag nach (§ 1 Abs. 1a S. 1 Nr. 3 AltZertG) auch ein Wohnförderkonto bei der Aufgabe der selbst genutzten Immobilie erstellt. Im Zeitpunkt der unmittelbaren Darlehenstilgung kommt es zu einem Zufluss der eingesetzten ungeförderten Beiträge und Erträge und damit zu einer Besteuerung dieser Leistungen nach § 22 Nr. 5 S. 2 EStG.

Die Erhöhung des Wohnförderkontos von bisher jährlich um 2 % wird auf 1 % gesenkt. Um das Wohnförderkonto und andere regelmäßig verzinsliche (oder anderweitig ertragbringende) Altersvorsorgeprodukte gleichzustellen, kann auf eine jährliche Erhöhung des Wohnförderkontos nicht gänzlich verzichtet werden.

Der Steuerpflichtige kann sich nach geltendem Recht nur zu Beginn der Auszahlungsphase entscheiden, ob er die ratierliche Besteuerung des Wohnförderkontos bis zum 85. Lebensjahr oder die Einmalbesteuerung wählt. Bei der Einmalbesteuerung des Wohnförderkontos zu Beginn der Auszahlungsphase werden 70 % des in der Wohnimmobilie gebundenen steuerlich geförderten Kapitals mit dem individuellen Steuersatz besteuert. Die Möglichkeit der Besteuerung des gesamten noch vorhandenen Wohnförderkontos unter Inanspruchnahme des „Rabatts" wird auf die gesamte Auszahlungsphase ausgedehnt. Dies soll Veränderungen in der Lebenssituation des Steuerpflichtigen berücksichtigen.

Durch die Änderung des § 92a Abs. 3 S. 5 EStG ist sichergestellt, dass diese Altersvorsorgebeiträge im Wohnförderkonto erfasst werden. Mit der Regelung erfolgt außerdem eine Gleichstellung derjenigen, die ihre Beiträge oder Tilgungsleistungen monatlich, und damit zum Teil vor und zum Teil nach der Aufgabe der Selbstnutzung oder der Reinvestition zahlen, mit denjenigen, die ihre Beiträge oder Tilgungsleistungen jährlich vor der Aufgabe der Selbstnutzung oder nach der Reinvestition zahlen.

6.1.4 Sonstige Gesetzesänderungen

Entsprechend wird auch das Altersvorsorgeverträge-Zertifizierungsgesetz in weiten Teilen angepasst. Auf eine Darstellung der umfänglichen und lediglich branchenbezogenen Änderungen wird hier verzichtet. Darin ist auch die Einführung eines Produktinformationsblattes, welches nach Inhalt und Umfang dezidiert vorgegeben wird.

6.2 Gesetz zur Umsetzung des EuGH-Urteils vom 20.10.2011 in der Rechtssache C–284/09 zu Dividendenzahlungen an bestimmte gebietsfremde EU-/EWR-Körperschaften (EuGHDivUmsG)[159]

6.2.1 Hintergrund des Gesetzgebungsvorhabens

Die hier initiierte Neuregelung geht zurück auf das am 20.10.2011 seitens des EuGH erlassene Urteil in der Rechtssache C–284/09.[160] Dividenden, die eine inländische Kapitalgesellschaft an eine im EU- oder EWR-Staat ansässige Körperschaft ausschüttet, werden außerhalb des Anwendungsbereichs der Mutter-/Tochter-Richtlinie im Rahmen des Kapitalertragsteuerabzugs besteuert, § 32 KStG. Der Kapitalertragsteuereinbehalt (25 %) wird gegebenenfalls auf Grund von DBA oder des § 44a Abs. 9 EStG auf 15 % vermindert. Aufgrund der in § 32 KStG vorgesehenen Abgeltungswirkung ist der Steuerabzug aber definitiv. Im Gegensatz dazu wird die auf Ebene der ausschüttenden Kapitalgesellschaft einbehaltene Kapitalertragsteuer auf die Körperschaftsteuer einer inländischen Empfängerin angerechnet. Der EuGH hat entschieden, dass die Abgeltungswirkung des Steuerabzugs nach § 32 KStG für Dividenden an ausländische Körperschaften, die die in der Mutter-Tochter-Richtlinie vorgesehene Mindestbeteiligung (10 %) nicht erreichen, gegen die Kapitalverkehrsfreiheit des AEUV und des EWR-Abkommens verstößt.

6.2.2 Stand des Gesetzgebungsvorhabens

Die geplante Neuregelung folgt dem Modell der Bundesregierung betreffend die ertragsteuerliche Freistellung von Streubesitzdividenden zugunsten beschränkt steuerpflichtiger Kapitalgesellschaften.

Der Bundesrat hat dem Vorhaben nicht zugestimmt.[161] Die Bundesregierung rief hierzu den Vermittlungsausschuss an.[162] Das Ergebnis ist – wie das des JStG 2013 (siehe oben) – noch offen. Der Vermittlungsausschuss tagt zu diesem Thema am 29.1.2013.

6.2.3 Inhalt der Neuregelung des § 32 Abs. 5 KStG

Es wird dem § 32 KStG ein neuer Absatz 5 angefügt, der die Einzelheiten eines Erstattungsanspruchs regeln soll und zwar in materieller und auch verfahrensrechtlicher Hinsicht.

6.2.3.1 Materielle Erstattungsvoraussetzungen, § 32 Abs. 5 S. 1–2 KStG

Satz 1 regelt eine Erstattung der einbehaltenen und abgeführten Kapitalertragsteuer für Kapitalerträge im Sinne des § 20 Abs. 1 Nr. 1 EStG bei beschränkt steuerpflichtigen Körperschaften und bestimmt die subjektiven Voraussetzungen für die Erstattung. Satz 2 bestimmt die sachlichen Voraussetzungen, unter denen ein Erstattungsanspruch besteht.

---

[159] Gesetzentwurf der Fraktionen CDU/CSU, FDP v. 6.11.2012, BT-Drs. 17/11314.
[160] Vertragsverletzungsverfahren 2004/4349, *Kommission gegen Bundesrepublik Deutschland*; siehe auch *Patzner/Frank*, IStR 2008, S. 433.
[161] BR-Drs. 736/12 v. 14.12.2012.
[162] BR-Drs. 786/12 v. 19.12.2012.

6.2.3.1.1 Persönlicher Anwendungsbereich

Erstattungsberechtigt sind gemäß § 32 Abs. 5 S. 1 KStG die gemäß § 2 Nr. 1 KStG beschränkt steuerpflichtigen Körperschaften, wenn die Körperschaft

- eine Gesellschaft i. S. d. Art. 54 des Vertrags über die Arbeitsweise der EU oder des Art. 34 EWR Abkommens ist und

- sich ihr Sitz (§ 11 AO) und Ort der Geschäftsleitung (§ 10 AO) innerhalb des Hoheitsgebiets eines EU-Mitgliedstaats oder eines EWR-Staats befinden und

- sie im EU/EWR-Staat einer im Sinne des § 1 KStG vergleichbaren unbeschränkten Steuerpflicht unterliegt, ohne davon befreit zu sein.

- an der ausschüttenden Gesellschaft unmittelbar unterhalb der Mindestbeteiligungsgrenzen des § 43b Abs. 2 EStG beteiligt ist.

Damit ist klar, dass ein Erstattungsanspruch nur dann gegeben sein kann, wenn es sich um EU/EWR-Gesellschaften handelt. Sitz und Ort der Geschäftsleitung müssen allerdings nicht in ein und demselben Staat sein. Der Erstattungsberechtigte soll auch wirtschaftlicher Empfänger der Zahlungen sein, ihm müssen die Erträge zuzurechnen sein, § 20 Abs. 5 EStG. Ausgenommen sind damit

- Körperschaften, deren Sitz oder Ort der Geschäftsleitung sich außerhalb des Hoheitsgebiets dieser Staaten befinden und

- Körperschaften i. S. d. § 2 Nr. 2 KStG

- ausländische Investmentfonds, für die in ihrem Ansässigkeitsstaat eine mit § 11 InvStG vergleichbare Körperschaftsteuerbefreiung gilt.

- EU-/EWR-Körperschaften, die über eine oder mehrere zwischengeschaltete Personengesellschaften an einer inländischen ausschüttenden Körperschaft beteiligt sind.

6.2.3.1.2 Sachlicher Anwendungsbereich

Die materiellen Erstattungsvoraussetzungen sind in § 32 Abs. 5 S. 2 KStG geregelt. Es müssen auch insofern alle Voraussetzungen vorliegen.

Subsidiarität des Erstattungsanspruchs

Der Erstattungsanspruch ist gegenüber anderen Erstattungsmöglichkeiten subsidiär (siehe § 44a Abs. 9, § 50d EStG). Werden Dividenden nach einem DBA mit einem niedrigeren Steuersatz besteuert, ist der Erstattungsanspruch auf den Umfang des abkommensrechtlichen Quellensteuerrechts begrenzt, auch dann wenn gemäß § 50d Abs. 3 EStG kein Anspruch auf teilweise Quellensteuerentlastung bestünde.

Beschränkung auf Bezüge i. S. d. des § 8b Abs. 1 KStG

Eine Erstattung kommt nur für Dividenden in Frage, die nach Maßgabe des § 8b Abs. 1 KStG außer Ansatz bleiben würden. Die sich nach Anwendung des § 8b KStG ergebenden Einkünfte bleiben unberücksichtigt; der Erstattungsanspruch wird nicht um pauschalierte, nichtabzugsfähige Betriebsausgaben vermindert.

Keine Zurechnung der Bezüge zu anderen Personen

Ein Erstattungsanspruch ist insoweit ausgeschlossen, wie Kapitalerträge auf der Grundlage ausländischer Vorschriften (z. B. über eine Gruppenbesteuerung) einer Person zugerechnet werden, der selber keinen Anspruch auf Erstattung nach Maßgabe des neuen § 32 Abs. 5 KStG zustünde.

Ausschluss der Erstattungen bei Anwendung des § 50d Abs. 3 EStG

Die Entlastungsberechtigung knüpft an § 50d Abs. 3 EStG an. Eine Erstattung soll nicht in Betracht kommen, soweit an der dem Grunde nach erstattungsberechtigten Körperschaft Personen beteiligt sind, für die z. B. der direkte Bezug der Dividenden nicht nach § 8b Abs. 1 KStG steuerfrei wäre oder die nicht die subjektiven Erstattungsvoraussetzungen des § 32 Abs. 5 S. 1 KStG erfüllten.

Keine Kompensation im ausländischen Mitgliedstaat

Eine Erstattung soll nur insoweit erfolgen, als im Ausland keine Kompensation des festgestellten Verstoßes gegen Unionsrecht durch Anrechnung der Kapitalertragsteuer, deren Abzug von der Steuerbemessungsgrundlage oder durch Anrechnungsvortrag erfolgen kann.

Die Neuregelung, die gerade die EU-Rechtsverstöße beseitigen soll, setzt dieses Vorhaben nur bedingt um. Insbesondere die Anknüpfung an § 50d Abs. 3 EStG erscheint problematisch.[163] Beim Vergleich eines reinen Inlandfalls, in dem § 8b Abs. 1 KStG Anwendung findet und einer Fallgestaltung, wie sie § 32 Abs. 5 KStG-E regelt, folgt jedoch aus dem Verweis auf § 50d Abs. 3 EStG auch weiterhin eine Schlechterstellung der im Ausland ansässigen Dividendenempfänger. Diese Anknüpfung stellt abermals einen Verstoß gegen die Kapitalverkehrsfreiheit dar, weil in- und ausländische Dividendenempfänger gerade nicht gleich behandelt werden.

Beispiel:[164]

Ein inländischer Steuerpflichtiger erlangt unabhängig von weiteren Voraussetzungen (mit Ausnahme der 5 %-igen Schachtelstrafe) eine Steuerfreistellung bzw. Steuererstattung für die Bezüge i. S. d. § 20 Abs. 1 Nr. 1 EStG. Die ausländische Empfängergesellschaft muss indessen aufgrund des § 50d Abs. 3 EStG weitere Voraussetzungen nachweisen, um ebenfalls in den Genuss einer Steuererstattung zu gelangen. Sie müsste vor allem für eine vollständige, d. h. nicht durch Anwendung der sog. Aufteilungsklausel des § 50d Abs. 3 EStG gekürzte Erstattung den Nachweis erbringen, dass die von ihr erzielten Bruttoerträge vollständig aus eigener Wirtschaftstätigkeit stammen und dass sie nicht funktionsschwach ist.

6.2.3.2 Formelle Erstattungsvoraussetzungen, § 32 Abs. 5 S. 3 bis 6 KStG

Das Erstattungsverfahren ist kein Veranlagungsverfahren. Es erfordert einen Antrag und endet mit dem Erlass eines Freistellungsbescheides i. S. d. § 155 Abs. 1 S. 3 AO.

Antrag und Frist

Eine Erstattung der einbehaltenen Kapitalertragsteuer wird nur auf Antrag gewährt. Der Antrag ist auf Erteilung eines Freistellungsbescheids (§ 155 Abs. 1 S. 3 AO) gerichtet. Er ist an keine Form gebunden. Inhaltlich ist er mit den erforderlichen Nachweisen zu versehen (s. u.).

---

[163] Vgl. insoweit Stellungnahme der BStBK v. 16.11.2012, verfügbar unter http://www.bstbk.de/de/presse/stellungnahmen/archiv/20121116_stellungnahme_bstbk/index.html, zuletzt abgerufen am: 17.1.2012.
[164] Stellungnahme der BStBK v. 16.11.2012, a. a. O., www.bstbk.de/de/presse

Der Antrag ist bis zum Ablauf der Festsetzungsfrist zu stellen. Es gilt die allgemeine Festsetzungsfrist von 4 Jahren (§ 169 Abs. 2 S. 1 Nr. 2 AO), welche mit Ablauf des Kalenderjahrs beginnt, in dem die Dividenden bezogen wurden (§ 170 Abs. 1 AO). Wird ein Antrag bei der örtlich zuständigen Finanzbehörde (s. u.) vor Ablauf dieser Frist gestellt, läuft die Festsetzungsfrist insoweit nicht ab, bevor über den Antrag unanfechtbar entschieden worden ist (§ 171 Abs. 3 AO).

Zuständigkeit des Finanzamtes

Nicht durchringen konnte sich der Gesetzentwurf, dem BZSt eine zentrale Zuständigkeit zuzuweisen. Stattdessen nimmt er die umstrittene Rechtsprechung des BFH[165] auf und verweist den Antragsteller an das Finanzamt, in dessen Bezirk sich sein (Beteiligungs-) Vermögen befindet. Trifft das für mehrere Finanzämter zu, ist auf das Finanzamt abzustellen, in dessen Bezirk sich der wertvollste Teil des Vermögens befindet, § 20 Abs. 3 AO.

Hinweis:

Bezieht also die beschränkt steuerpflichtige Körperschaft Dividenden aus dem Bezirk mehrerer Finanzämter, muss im Einzelfall ermittelt werden, in welchem Finanzamtsbezirk sich der wertvollste Teil des inländischen Vermögens befindet. Sofern es auf den Zeitpunkt der Bestimmung des wertvollsten Vermögensteils ankommt, kommt es auf die Wertverhältnisse zum Zeitpunkt des Verwaltungshandelns an.

Dieses „Verstreuen" der Zuständigkeiten ist problematisch. Besitzt eine beschränkt steuerpflichtige Gesellschaft in mehreren Finanzamtsbezirken Beteiligungen, sind umfängliche Ermittlungen erforderlich, welche die wertvolleren sind. Erfolgten zwischenzeitlich Umschichtungen des (Streu-) Beteiligungsbesitzes oder wurde dieser vollständig veräußert, ergeben sich kaum zu lösende Probleme. Dasselbe gilt auch bei Veränderungen der Wertverhältnisse. Ebenso ist das Abstellen auf den Zeitpunkt der jeweiligen Dividendenzahlung unpraktikabel. Denn bei mehreren Dividendenzahlungen im Laufe eines Jahres ergeben sich ähnliche Fragestellungen.

Auch dürfte diese Aufteilung der Zuständigkeiten eine Benachteiligung ausländischer Dividendenbezieher gegenüber der inländischen Gesellschaft zu sehen sein.[166]

Hinweis:

Die Vorenthaltung eines Verfahrens, kraft dessen beschränkt Steuerpflichtige aus anderen EU-Mitgliedstaaten ihre materiell-rechtlichen Ansprüche auf Erstattung überzahlter Steuern geltend machen können, verletzt den Steuerpflichtigen in seinen Grundfreiheiten.[167] Auf der Grundlage des Urteils des EuGH im Vertragsverletzungsverfahren gegen Italien[168] konnten sich daher Staatshaftungsansprüche gegen die Bundesrepublik Deutschland mindestens im Hinblick auf die erlittenen Zinsschäden, die nach unionsrechtlichem Staatshaftungsgrundsatz als Schadensersatz geltend gemacht werden könnten, ergeben.

---

[165] Vgl. auch BFH v. 11.1.2012, I R 25/10, IStR 2012, S. 340 (m. Anm. *Linn/Patzner*) und I R 30/10, BFH/NV 2012, 1105; IStR 2012, S. 379 (mit Anm. *Nagler/Patzer*).
[166] Vgl. *Lüdicke*, IStR 2012, S. 540 ff.
[167] EuGH, Urteil v. 8.5.1990, Rs. C–175/88 (*Biehl*), HI 932974.
[168] EuGH, Urteil v. 19.11.2009, Rs. C–540/07, *Kommission gegen Italien*, ISER 2009, S. 853.

Nachweispflichten des Antragstellers, Bescheinigung des ausländischen Staates

Die Erstattung ist an strenge Nachweispflichten bezüglich der materiellen Voraussetzungen geknüpft. Der Antragsteller muss bei Antragstellung nachweisen, dass er

- in anderen Staaten als steuerlich ansässig betrachtet wird,
- dort unbeschränkt körperschaftsteuerpflichtig und nicht von der Körperschaftsteuer befreit ist,
- der tatsächliche Empfänger der Kapitalerträge ist.

Er hat insoweit eine Bescheinigung der ausländischen Steuerverwaltung vorzulegen. Diese muss auch Aufschluss darüber geben, dass die deutsche Kapitalertragsteuer im Ausland nicht angerechnet, nicht abgezogen oder nicht vorgetragen werden kann und inwieweit eine Anrechnung, ein Abzug oder Vortrag auch tatsächlich nicht erfolgt ist. Insoweit knüpft das Gesetz an Voraussetzungen an, die der Steuerpflichtige unter Umständen gar nicht erfüllen kann, weil der ausländische Staat derartige Bescheinigungen möglicherweise gar nicht vorsieht.

6.2.4 Zeitliche Anwendung/Inkrafttreten

Nach der Vorstellung des Gesetzes soll dieses am Tag nach der Verkündung in Kraft treten. Die Übergangsregelung in § 34 KStG sieht vor, dass gemäß § 34 Abs. 13b S. 3 und 4 eine Erstattung für alle Dividenden, für die nach Abschaffung des sog. Vollanrechnungsverfahrens das sog. Halbbzw. Teileinkünfteverfahren gilt, möglich sein soll. Ist in Altfällen bereits für Dividendenerträge im Sinne des § 32 Abs. 5 S. 1 KStG ein Freistellungsbescheid auf der Grundlage von § 155 Abs. 1 S. 3 AO erlassen worden, gilt § 32 Abs. 5 S. 6 KStG erst für nach dem Tag der dritten Lesung im Deutschen Bundestag erlassene Freistellungsbescheide.

6.2.5 Modell des Bundesrates[169] – Wegfall der Steuerfreistellung bei Streubesitzbeteiligungen

Nach Auffassung des Bundesrates würden Steuerfreistellungen zugunsten beschränkt steuerpflichtiger Körperschaften zu erheblichen Steuermindereinnahmen führen. Die Beschlussempfehlungen, die der Vermittlungsausschuss auch vorschlug, sehen vor, die Vergünstigungen des § 8b KStG für Portfoliobeteiligungen unterschiedslos – d. h. auch für inländische Anteilseigner – nicht mehr zu gewähren.

6.2.5.1 Inhalt und Regelungsbereiche

- **Kerngehalt:** Aufhebung der Steuerbefreiung auch für ausländische Gesellschafter inländischer Kapitalgesellschaften. Streubesitzdividenden und Veräußerungsgewinne sollen bei einer Beteiligungshöhe von weniger als 10 % in voller Höhe der Körperschaftsteuer unterliegen.

- **10 %-Grenze:** Bezugsgröße ist das Nennkapital. In Ermangelung eines solchen ist auf das Vermögen; bei Genossenschaften auf die Beteiligung am Gesamtgeschäftsguthaben abzustellen. Maßgeblich ist die Beteiligung zu Beginn eines Veranlagungszeitraums. Der unterjährige Erwerb einer mindestens 10 %igen Beteiligung gilt als zum Beginn des Veranlagungszeitraums erfolgt. Im Rahmen einer Wertpapierleihe verliehene Anteile werden für Zwecke der 10 %-Grenze dem Verleiher zugerechnet. Von einer Organgesellschaft und einem Organträger gehaltene Anteile werden nicht zusammengerechnet. Über eine Personengesellschaft gehaltene

---

[169] Beschlussempfehlung des Finanzausschusses des BR vom 13.11.2012, BR-Drs. 632/1/12.

Anteile gelten für Zwecke der 10%-Grenze (mit der auf den Mitunternehmer entfallenden Quote) als unmittelbar gehalten. Über ein Investmentvermögen gehaltene Beteiligungen an einer Körperschaft o. ä. gelten anteilig als unmittelbar vom Inhaber der Investmentanteile gehalten. Die Prüfung der Beteiligungsgrenze soll im Zeitpunkt des Erzielens der Erträge erfolgen.

- **Besteuerungsverfahren:** Die Besteuerung soll für inländische Körperschaften im Rahmen der Veranlagung und für ausländische Kapitalgesellschaften (ohne inländische Betriebsstätte) unverändert durch den abgeltenden Steuerabzug bei Dividenden und durch Veranlagung bei Veräußerungsgewinnen erfolgen.

- **Betriebsausgaben und Gewinnminderungen:** Im Veranlagungsfall sind Betriebsausgaben und Gewinnminderungen, die im Zusammenhang mit den Streubesitzanteilen stehen, zwar grundsätzlich in voller Höhe abzugsfähig, jedoch nur mit Erträgen und Gewinnen aus Streubesitzbeteiligungen verrechenbar. Danach verbleibende negative Einkünfte aus Streubesitzbeteiligungen sind nur mit entsprechenden positiven Einkünften in Folgejahren verrechenbar. Die Nutzung dieser gesonderten Verlustvorträge soll wie der allgemeine Verlustvortrag nach § 10d EStG den Beschränkungen durch § 8c KStG unterliegen.

- **Zinsschranke:** Nach der Begründung sollen wegen der beschränkten Verlustverrechnung Zinsaufwendungen, die in wirtschaftlichem Zusammenhang mit Streubesitzbeteiligungen stehen, nicht noch zusätzlich den Beschränkungen durch die Zinsschranke unterworfen werden. Sie stellen daher keinen Zinsaufwand im Sinne der Zinsschranke dar. Aus diesem Grunde sollen andererseits Bezüge und Gewinne aus Streubesitzbeteiligungen trotz voller Besteuerung nicht in den für die Zinsschranke maßgeblichen Gewinn einfließen

- **Auswirkungen auf das UmwStG:** Die Regelungen finden entsprechende Anpassung des § 4 Abs. 6 UmwStG.

6.2.5.2 Anwendungszeitraum

Die Neuregelungen Norm sollen ab dem Veranlagungszeitraum 2012 angewendet werden. Bei abweichenden Wirtschaftsjahren sind sie anzuwenden ab dem Veranlagungszeitraum, in dem das Wirtschaftsjahr endet, das nach dem 31.12.2011 begonnen hat. Im Hinblick auf die Änderung des § 4 Abs. 6 UmwStG ist darauf abzustellen, ob § 8b Abs. 4 KStG am steuerlichen Übertragungsstichtag bereits Anwendung findet. Die Änderungen des InvStG gelten ab dem 1.1.2012.

6.3 Gesetz zur weiteren Vereinfachung des Steuerrechts 2013 (StVereinfG 2013)[170]

6.3.1 Hintergrund und Zielsetzung

Die Länderinitiative geht zurück auf eine Bekräftigung der Länderfinanzminister anlässlich ihrer Jahreskonferenz vom 1.6.2012, die dort unterbreiteten „Elf Vorschläge für gesetzliche Änderungen zur Steuervereinfachung und zur Entlastung der Steuerverwaltung" in einen Gesetzentwurf umzusetzen. Ziel soll eine weitere Vereinfachung des Einkommensteuerrechts sein.

---

[170] Gesetzesantrag der Länder Hessen, Bremen, Rheinland-Pfalz, Schleswig Holstein vom 2.11.2012, BR-Drs. 684/12.

Der Bundesrat hat am 14.12.2012 beschlossen, einen entsprechenden Gesetzesentwurf beim Deutschen Bundestag einzubringen.[171] Die Bundesregierung hat am 20.12.2012 zum Gesetzentwurf des Bundesrates Stellung genommen. Über die Stellungnahme soll am 30.1.2013 im Bundeskabinett beschlossen werden.

6.3.2 Umsetzungsmaßnahmen

6.3.2.1 Steuerfreie Einnahmen

6.3.2.1.1 Einschränkung der Zuschüsse für Kita-Gebühren

Nach der derzeit geltenden Regelung des § 3 Nr. 33 EStG sind Leistungen des Arbeitgebers für die Betreuung nicht schulpflichtiger Kinder des Arbeitnehmers steuerfrei, soweit sie zusätzlich zum ohnehin geschuldeten Arbeitslohn erbracht werden. Eingeschlossen sind Sachleistungen (z. B. betriebseigene Kindergärten) und Geldleistungen (z. B. Zuschüsse zu Kita-Gebühren). Die Steuerfreiheit der Zusatzleistungen ist der Höhe nach nicht begrenzt, im Gegensatz zu den Kinderbetreuungskosten, deren Steuerfreiheit sich auf 2/3 der tatsächlichen Kosten, maximal aber 4.000 € beschränkt.

Mit der Maßnahme will der Gesetzentwurf steueroptimierten Gestaltungen Einhalt gebieten.[172]

Durch Wegfall des Kriteriums „zusätzlich zum ohnehin geschuldeten Arbeitslohn" soll künftig eine steuerliche Abgrenzung zwischen regulären und zusätzlich vereinbarten Lohnbestandteilen unterbleiben, was zu Vereinfachungen in der Handhabung führt.

Da es im gesamtstaatlichen Interesse ist, dass Arbeitgeber durch betriebseigene Betreuungseinrichtungen unmittelbar die öffentliche Hand entlasten, soll weiterhin bei Sachleistungen des Arbeitgebers zur Kinderbetreuung (betriebseigener Kindergarten) aus Vereinfachungsgründen unterstellt werden, dass die Steuerfreigrenze nach § 3 Nr. 33 S. 1 EStG-E nicht überschritten ist.

Die Norm soll erstmals auf Leistungen des Arbeitgebers im Kalenderjahr 2014 anzuwenden sein.

Die Bundesregierung lehnt den Vorschlag ab.

6.3.2.1.2 Wegfall der Steuerbefreiung des „Carried Interest", § 3 Nr. 40a EStG

Das Carried Interest ist bislang als besondere Tätigkeitsvergütung steuerfrei. Dies wurde damit begründet, dass diese Vergütung regelmäßig nur eine nachrangige Vergütung darstellt, die zu leisten ist, nachdem alle Anleger ihr eingezahltes Kapital (ggf. zzgl. Mindestverzinsung) vollständig zurückerhalten haben. Das Erfordernis der vollständigen Rückzahlung des Anlegerkapitals wurde in die Definition der durch § 3 Nr. 40a EStG begünstigten Einkünfte nach § 18 Abs. 1 Nr. 4 EStG aufgenommen.

Aus steuersystematischen Gründen soll die Befreiung wegfallen. Denn ein Unterschied zu anderen Tätigkeits- oder Geschäftsführervergütungen ist nicht ersichtlich. Da die Anleger ihr Kapital zurückerhalten, wenn mit der Anlage ein Gewinn erwirtschaftet wurde, stellt sich der nachrangig zur Kapitalrückzahlung der Anleger geleistete Carried Interest (vorrangig vor einer Ergebnisverteilung für die Anleger) als eine vom Erfolg des Fonds abhängige Vergütung dar. Die bloße Erfolgsabhän-

---

[171] Beschluss vom 14.12.2012, BR-Drs. 684/12 (B).
[172] Vgl. auch Die Welt, 28.4.2011: „Mit dem Sohnemann Steuern sparen".

gigkeit von Einnahmen (z. B. Tantiemen, Provisionen) stellt aber keinen Grund für eine ermäßigte Besteuerung bzw. Nichtbesteuerung dar.

Ob das auch dann gilt, wenn die Anlage lediglich keinen Verlust erwirtschaftet, wie die Gesetzbegründung vorgibt,[173] mag dahingestellt sein. Eine derartige Differenzierung nimmt der Gesetzentwurf nicht vor.

In § 18 Abs. 1 S. 4 EStG ist eine entsprechende Änderung vorgesehen (s. A.6.3.2.3.2).

Die Bundesregierung lehnt den Vorschlag ab. Zwar wird zugestanden, dass die steuerliche Begünstigung der Vergütungen von Initiatoren vermögensverwaltender Beteiligungskapitalfonds eine systemfremde begünstigende Ausnahmeregelung für einen kleinen Kreis von Steuerpflichtigen darstellt. Sie trage dennoch erheblich dazu bei, gerade jungen Unternehmen, die auf Wagniskapital angewiesen sind, die Deckung ihres Finanzbedarfs zu erleichtern. Vor dem Hintergrund der Verbesserung der Rahmenbedingungen für Beteiligungskapitalfinanzierungen, was ein wichtiges Anliegen der Bundesregierung sei, wäre die Aufhebung dieser wirtschaftlich weiterhin sinnvollen und international üblichen Begünstigung des „Carried Interest" kontraproduktiv. Dies lässt eine Abwanderung der Initiatoren von Beteiligungskapitalfonds in andere Länder befürchten. Da zudem nur eine vergleichsweise geringe Zahl von Steuerpflichtigen von dieser Regelung betroffen ist, würde die Aufhebung der Steuerbegünstigung nicht zu einer Vereinfachung des Steuerrechts führen.

6.3.2.1.3 *Senkung der Freigrenze für Sachbezüge, § 8 Abs. 2 S. 9 EStG*

Die Änderung ist eine Reaktion auf die einschränkende Rechtsprechung zur Finanzverwaltungspraxis, die angeblichen Fehlentwicklungen im Bereich der "Gutscheinsysteme" entgegentreten wollte.[174] Der BFH meinte nämlich, dass ungeachtet dessen, dass es für die wirtschaftliche Leistungsfähigkeit keinen Unterschied mache, ob der Arbeitgeber seinem Arbeitnehmer einen Geldbetrag von 44 € gebe oder einen entsprechend fungiblen Warengutschein. Da die Subventionierung von Sachbezügen jedoch in § 8 Abs. 2 S. 9 EStG selbst angelegt sei, könne dies nicht eingeschränkt werden.

Damit aufgrund der Sachbezugsfreigrenze von 44 € pro Monat Steuereinnahmen als auch erhebliche Sozialversicherungseinnahmen in nicht unerheblichem Maße ausfallen, sei die Absenkung der Freigrenze auf 20 € auch zum Abbau steuerlicher Subventionen erforderlich.

Der Vorschlag wird seitens der Bundesregierung abgelehnt. Er stünde nicht im Einklang mit einer Vereinfachung.

6.3.2.2 Betriebsausgaben/Werbungskosten

6.3.2.2.1 *Kosten des Arbeitszimmers, § 4 Abs. 5 S. 1 Nr. 6b; § 9 Abs. 5 EStG*

In Reaktion auf die Entscheidung des BVerfG zur Arbeitszimmerregelung im JStG 2010[175] erfolgt abermals eine Änderung. Die Höchstbetragsgrenze (1.250 €) für den Abzug als Betriebsausgaben bzw. Werbungskosten, die die anteilig auf das Arbeitszimmer entfallenden Kosten für Miete, Finanzierung, Strom, Heizung, Renovierungsarbeiten etc. erfasst, sollen pauschaliert werden. Damit soll die Einzelermittlung entfallen und korrespondierend dazu auch der Prüfungsaufwand der Behörden.

---

[173] Vgl. BR-Drs. 684/12, S. 12.
[174] Vgl. BFH, Urteil v. 11.11.2010, VI R 27/09.
[175] Siehe Beschluss v. 6.7.2010, 2 BvL 13/09, BStBl II, 2011, S. 319.

Es wird ein Arbeitszimmer-Pauschbetrags in Höhe von 100 € pro Monat ohne Einzelnachweis berücksichtigt. Dieser wirkt abgeltend.

Systematisch enthält die Neuregelung in § 4 Abs. 5 S. 1 Nr. 6b EStG ein Abzugsverbot, wenn das Arbeitszimmer nicht den Mittelpunkt der gesamten betrieblichen und beruflichen Betätigung darstellt. Ist das indessen der Fall, ist nach § 4 Abs. 5 der Betriebsausgaben bzw. nach § 9 Abs. 5 S. 1 EStG pauschal ein Abzug von 100 € pro Monat zulässig, wenn

- das häusliche Arbeitszimmer zwar nicht den Mittelpunkt der gesamten betrieblichen und beruflichen Betätigung darstellt, aber für die betriebliche oder berufliche Tätigkeit kein anderer Arbeitsplatz zur Verfügung steht oder

- die Aufwendungen für ein häusliches Arbeitszimmer, das den Mittelpunkt der gesamten betrieblichen und beruflichen Betätigung darstellt, diesen Pauschbetrag unterschreiten.

Die Neuregelung gilt erstmals für den Veranlagungszeitraum 2013, § 52 Abs. 1 EStG.

Auch diesen Vorschlag lehnt die Bundesregierung ab, da Sachfragen weiterhin ungeklärt bleiben und es eine Vereinfachung mit der Regelung nicht verbunden ist.

6.3.2.2.2 Erhöhung des Arbeitnehmer-Pauschbetrags, § 9 S. 1 Nr. 1a EStG

Der Arbeitnehmer-Pauschbetrag wird um 130 € auf 1.130 € erhöht. Dies bezieht etwa eine Million Arbeitnehmer zusätzlich in die Vereinfachungsfunktion des Arbeitnehmer-Pauschbetrags ein und entlastet sie vom Einzelnachweis der Werbungskosten.

Der Vorschlag führt mit 630 Mio. € zu erheblichen Steuerausfällen und Mitnahmeeffekten, die nach Ansicht der Bundesregierung in keinem Verhältnis zu der sehr begrenzten Vereinfachungswirkung stünden, weshalb der Vorschlag abgelehnt wird.

6.3.2.3 Änderungen bei Gewinneinkünften

6.3.2.3.1 Neuregelung des Verlustabzugs bei Mitunternehmern mit beschränkter Haftung, § 15a EStG

Hintergrund

Mit der derzeit geltenden Regelung soll die Verlustzurechnung auf den Betrag der Einlage und einer weitergehenden Haftung beschränkt werden.[176] Nach der Vorstellung des Gesetzgebers umfasste das Kapitalkonto neben der Einlage im Gesamthandsvermögen auch das Sonderbetriebsvermögen des Gesellschafters.[177]

Der BFH indessen sah für die Einbeziehung des Sonderbetriebsvermögens in die Ermittlung des Kapitalkontos keine hinreichende Grundlage.[178] Daher sieht die Regelung nunmehr eine Einbeziehung des Sonderbetriebsvermögens in die Ermittlung des Kapitalkontos sowie die Abschaffung der mit dem sog. erweiterten Verlustausgleich bei überschießender Außenhaftung im Zusammenhang stehende Regelungen vor. Dies soll der Vereinfachung dienen.

---

[176] Vgl. Begründung in BT-Drs. 08/3648, S. 15.
[177] Siehe BT-Drs. 08/3648, S. 16.
[178] Vgl. BFH v. 14.5.1991, BStBl II 1992, S. 167.

Inhalt der Neuregelung

Die vorgesehene Änderung nimmt das Sonderbetriebsvermögen durch das Abstellen auf den Verlustanteil an der Mitunternehmerschaft - wie auch schon bisher das Kapital von Ergänzungsbilanzen – mit in den Umfang des zu berücksichtigenden Kapitalkontos auf. Positive Kapitalkonten des Sonderbetriebsvermögens (z. B. durch Überlassung von Wirtschaftsgütern an die Gesamthand) erhöhen das Kapitalkonto im Sinne des § 15a EStG und vergrößern damit das Verlustausgleichsvolumen.

Die Verlustausgleichsbeschränkung wird auf das Ergebnis aus der Mitunternehmerschaft angewendet. So können Gewinne aus dem Sonderbetriebsvermögensbereich (z. B. Tätigkeitsvergütungen) mit Verlusten aus dem Gesamthandsbereich saldiert werden; erst anschließend greift die Verlustverrechnungsbeschränkung. Dies vereinfacht die Anwendung der Vorschrift, da in Bezug auf Vergütungen, die an den Mitunternehmer geleistet werden, nicht mehr zwischen Gewinnvorab- (= Zuordnung zum Gesamthandsvermögen) und Vorwegvergütung (§ 15 Abs. 1 S. 1 Nr. 2 EStG = Zuordnung zum Sonderbetriebsvermögen) unterschieden werden muss. Andererseits fallen künftig auch Sonderbetriebsausgaben unter die Verlustausgleichsbeschränkung. Sie bleiben – wie bisher – von der Abzugs- und Ausgleichsbeschränkung ausgenommen, wenn sie durch Einlagen finanziert werden.

Die bisherige tatbestandliche Anknüpfung an handelsrechtliche Haftungsregeln (erweiterter Verlustausgleich bei überschießender Außenhaftung) wird gestrichen, was die Handhabung der Vorschrift erleichtern soll.

In § 15a Abs. 3 EStG wird klarstellend in Satz 3 die Berücksichtigung des Zurechnungsbetrags nach Satz 1 auf Gewinne in Folgejahren beschränkt.

Hier soll eine Prüfung der Umsetzung erfolgen. Nach der derzeitigen Auffassung scheint der Vorschlag in seiner konkreten Ausgestaltung nicht geeignet zu sein. Die Komplexität der Vorschrift des § 15a EStG bliebe auch nach Umstellung auf das Steuerbilanzmodell erhalten und stellt damit keine Vereinfachung in dem Sinne dar, dass die Rechtsanwendung erleichtert werden würde. Anstelle der bisherigen Anknüpfung der Verlustverrechnung an den Handelsbilanzgewinn träte nunmehr lediglich der Steuerbilanzgewinn. Trotz dieses Systemwechsels muss die KG aber – schon aus gesellschaftsrechtlichen Gründen – eine Handelsbilanz erstellen, da diese Berechnungsgrundlage für die Gewinnverteilung ist. Auch aus praktischen Gesichtspunkten verböte sich eine kurzfristige Systemumstellung. Es müsse eine Vorlaufzeit (inkl. Qualitätssicherung) von mindestens fünf Jahren eingerechnet werden. Frühester Anwendungszeitpunkt wäre damit der Veranlagungszeitraum 2018.

6.3.2.3.2 Carried Interest, § 18 Abs. 1 Nr. 4 EStG

Die Änderung manifestiert eine bereits in der Finanzverwaltung vorherrschende Auffassung,[179] nämlich dass auch die an Initiatoren von als gewerblich einzustufenden Fonds geleisteten Vergütungen, die nicht an die Rückzahlung des Anlegerkapitals geknüpft sind, steuerlich mit dem Carried Interest aus vermögensverwaltenden Fonds gleichbehandelt werden. Die Norm dient damit aus Sicht des Gesetzgebers der bloßen Klarstellung. Zur den Ablehnungsgründen siehe oben A.6.3.2.1.2.

---

[179] BMF v. 16.12.2003, BStBl I 2004, S. 40.

6.3.2.4 Sonderausgaben und außergewöhnliche Belastungen

6.3.2.4.1 Sonderausgabenabzug für Kinderbetreuung, § 10 Abs. 1 Nr. 5 S. 5 EStG

In Folge der Änderung zu § 3 Nr. 33 EStG wird eine Doppelbegünstigung durch steuerfreie Arbeitgeberleistungen und den Sonderausgabenabzug eigener Betreuungskosten der Eltern vermieden. Steuerfreie Arbeitgeberleistungen und einen Sonderausgabenabzug gibt es – auch kumuliert – stets nur bis zum Höchstbetrag von 4.000 € pro Jahr.

Gezahlte Kinderbetreuungskosten sind „soweit" abzugsfähig, als der Höchstbetrag (4.000 €) noch nicht durch steuerfreie Arbeitgeberleistungen erreicht ist. Bei Betriebskindergärten oder vergleichbaren Einrichtungen (§ 3 Nr. 33 S. 2 EStG) gilt als Arbeitgeberleistung monatlich ein Betrag von 333 € (Höchstbetrag 4.000 €/12), um die Bewertung der (steuerfreien) Sachleistungen zu vermeiden (s. o. A.3.2.1.1.).

Beispiel 1:[180]

1. gezahlte Kinderbetreuungskosten: 12 x 500 € = 6.000 €
   Arbeitgeberzuschuss 12 x 300 € = 3.600 €
   davon 2/3, max. 4.000 € nach § 3 Nr. 33 S. 1 EStG steuerfrei = 2.400 €
2. Sonderausgabenabzug nach § 10 Abs. 1 Nr. 5 EStG
   gezahlte Kinderbetreuungskosten 6.000 €
   davon 2/3 max. 4 000 € 4.000 €
   abzüglich steuerfreier Betrag nach § 3 Nr. 33 EStG 2.400 €
   = Sonderausgabenabzug = 1.600 €
3. Minderung der BMG = 4.000 €

Beispiel 2:

1. gezahlte Kinderbetreuungskosten Januar–Juni = 3.000 €
   kostenlose Unterbringung im Betriebskindergarten Juli–Dezember
   steuerfrei nach § 3 Nr. 33 S. 2 EStG unbegrenzt
2. Eintrag auf Lohnkonto (§ 41 Abs. 1 S. 5 EStG) 6 x 333 € = 1.998 €
3. Sonderausgabenabzug, § 10 Abs. 1 Nr. 5 EStG
   gezahlte Kinderbetreuungskosten 3.000 €
   davon 2/3 max. 4.000 € 2.000 €
   Abzug nur „soweit" keine steuerfreien Leistungen
   (Höchstbetrag 4.000 € abzgl. 1.998 € aus Lohnkonto) 2.002 €
4. Sonderausgabenabzug 2.000 €
5. Minderung Steuerbemessungsgrundlage insgesamt 2.000 €
   zuzüglich des nicht zu bewertenden steuerfreien Sachbezugs

In § 41 EStG ist vorgesehen, durch den Eintrag der steuerfreien Arbeitgeberleistungen im Lohnkonto Anwendung der Regelung in § 10 Abs. 1 Nr. 5 S. 5 zur Vermeidung einer Doppelbegünstigung sicherzustellen.

---

[180] Zu den Beispielen siehe BR-Drs. 684/12, S. 15.

Der Vorschlag wird abgelehnt. Die Berücksichtigung eines jährlichen Höchstbetrags beim monatlichen Lohnsteuerabzug macht eine aufwändige Zusammenrechnung und Überwachung der Aufwendungen erforderlich, was gegen die beabsichtigte Vereinfachung spricht. Durch den Wegfall des Tatbestandsmerkmals „zusätzlich zum ohnehin geschuldeten Arbeitslohn" würden zunehmend Gehaltsumwandlungen von steuerpflichtigem Arbeitslohn in steuerfreie Arbeitgeberleistungen zur Kinderbetreuung zugelassen und damit neue Gestaltungsmodelle (sog. Entgeltoptimierung) gefördert.

6.3.2.4.2 Ansatz der Pflegekosten, § 33 EStG

Die Norm soll der Vereinfachung dienen, denn der steuerliche Abzug von Pflegekosten ist kompliziert. Da Heimbetreiber mittlerweile Unterkunfts- und Verpflegungskosten getrennt ausweisen, ermöglicht dies, diejenigen Unterkunfts- und Verpflegungskosten, die im Übrigen von der Pflegeversicherung nicht übernommen werden und auch nicht pflegebedürftigen Personen bzw. zu Hause gepflegten Menschen erwachsen, direkt den steuerlich nicht relevanten Ausgaben zuzuordnen.

Kosten für Pflegeleistungen und die ärztliche Betreuung bei einer Unterbringung im Pflegeheim sind als außergewöhnliche Belastung absetzbar. Sie können aus den Abrechnungen der Heimbetreiber direkt in die Steuererklärung übernommen werden. Indessen bleiben Unterkunfts- und Verpflegungskosten bei dauerhafter Unterbringung steuerlich unberücksichtigt. Bei nicht dauerhaften Unterbringungen handelt es sich hingegen um zwangsläufige Kosten, die anzusetzen sind.

Der Vorschlag wird seitens der Bundesregierung unterstützt. Die Detailregelung soll nochmals überprüft werden.

Beispiel:

Eine vollstationäre Unterbringung dauert nicht mehr als sechs Monate. Sie dient der Kurzzeitpflege oder schließt sich an eine stationäre Behandlung an, weil eine häusliche oder teilstationäre Versorgung nicht möglich ist.

6.3.2.4.3 Nachweis der Unterhaltspflichten bei Drittlandsachverhalten, § 33a EStG

Die Norm folgt Untersuchungen der Rechnungshöfe, wo bei der Bearbeitung von Unterhaltsfällen hohe Fehlerquoten vor allem deshalb auftreten, weil Finanzämter bei Auslandssachverhalten nicht hinreichend ermitteln können.[181] Dem folgte die Finanzverwaltung durch restriktive Nachweis- und Prüfungsregularien. Mit der Änderung soll die Verifikation des steuerlichen Abzugs von Unterhaltsleistungen in das Ausland einfacher und weniger anfällig werden. Unterhaltsverpflichtung gegenüber unterhaltsberechtigten Angehörigen sind nun durch vollstreckbare Titel (z. B. Gerichtsurteile oder Rückgriffsbescheide von Behörden) dem Grunde und der Höhe nach nachzuweisen. Zudem werden nur unbare Zahlungen berücksichtigt.

Für Angehörige mit Wohnsitz in EU/EWR-Staaten gilt das aufgrund der besonderen Mitwirkungspflichten gemäß der EU-Amtshilferichtlinie[182] nicht. Diesen gleichgestellt sind Angehörige mit einem Wohnsitz außerhalb dieses Staates, wenn sie nach einem DBA als in einem EU-/EWR-Staat als ansässig gelten.

---

[181] Vgl. Süddeutsche Zeitung v. 15.6.2005 („Bargeld auf dem Balkan") oder Handelsblatt v. 17.5.2005 („Steuerbetrug durch Ausländer").
[182] Richtlinie 77/799/EWG v. 19.12.1977, ABl. L 336, S. 15, geändert durch Richtlinie 92/12/EWG v. 25.2.1992, ABl. L 76, S. 1.

Die Bundesregierung unterstützt den Vorschlag, denn der steuerliche Unterhaltsabzug gilt seit vielen Jahren als verwaltungsaufwändig sowie fehler- und missbrauchsanfällig. Der Vorschlag bedarf allerdings weitergehender verfassungsrechtlicher Prüfung, soweit er den Steuerpflichtigen den Nachweis der gesetzlichen Unterhaltsverpflichtung über ein Urteil oder einen Bescheid auferlegt.

6.3.2.4.4 Erhöhung der Pauschbeträge für behinderte Menschen, § 33b EStG

Künftig wird der Geltungsbereich des Behinderten-Pauschbetrags auf sämtliche krankheits- oder behinderungsbedingte Aufwendungen ausgedehnt. Fallen tatsächlich höhere Aufwendungen an, können diese insgesamt per Einzelnachweis nach § 33 EStG berücksichtigt werden. Die Ausweitung vermeidet künftig Abgrenzungsprobleme zwischen behinderungs- und krankheitsbedingten Aufwendungen. Durch die Erhöhung der Behinderten-Pauschbeträge, die künftig alle krankheits- und behinderungsbedingten Kosten abgelten, werden in vielen Fällen der Einzelnachweis von Kosten vermieden.

Die bisherigen Pauschbeträge werden durch Zuschläge erhöht. Bei der Bemessung der Zuschläge ist auch zu berücksichtigen, dass bislang ein zusätzlicher Abzug von angemessenen Fahrtkosten erst ab einem Grad der Behinderung von mindestens 80 (oder von mindestens 70 und Merkzeichen G) zulässig ist. Deshalb beträgt die Erhöhung ab diesem Grad der Behinderung 50 %. Für die Grade der Behinderung bis 60 beträgt der Zuschlag 30 %. Bei einem Grad der Behinderung von 70 berücksichtigt der höhere Zuschlag von 40 % u. a. die Fälle mit Merkzeichen G.

Die Abstufung erfolgt – angelehnt an das Sozialrecht – in 10er-Schritten.

GdB	PB-alt	Zuschlag	PB-neu
30	310 €	30 %	400 €
40	430 €	30 %	560 €
50	570 €	30 %	740 €
60	720 €	30 %	940 €
70	890 €	40 %	1.250 €
80	1.060 €	50 %	1.590 €
90	1.230 €	50 %	1.850 €
100	1.420 €	50 %	2.130 €
H oder Bl	3.700 €	50 %	5.550 €

Nach Ansicht der Bundesregierung beinhalte die Anhebung und Neukonzeption der Behinderten-Pauschbeträge zwar grundsätzlich Vereinfachungspotential. Sie führt jedoch dazu, dass trotz der mit dem Vorschlag verbundenen erheblichen jährlichen Steuermindereinnahmen von 220 Mio. € bei einigen Steuerpflichtigen infolge der Ausweitung der Abgeltungswirkung des Pauschbetrags im Vergleich zum geltenden Recht Schlechterstellungen eintreten können. Auch die Gewährung eines Pauschbetrages erst ab einem Grad der Behinderung (GdB) von 30 führe zu Schlechterstellungen. Steuerpflichtige mit einem GdB in Höhe von 25 – so wie er nach wie vor im Sozialrecht (z. B. von den gesetzlichen Unfallversicherungen) festgestellt wird – würden zukünftig vom Abzug eines Behinderten-Pauschbetrages ausgeschlossen. Auch die Regelung zur „dauerhaften" Übertragung des Pauschbetrags eines behinderten Kindes auf die Eltern birgt für den Steuerpflichtigen kein echtes Vereinfachungspotential, denn beim Ausfüllen der Steuererklärung muss der Steuerpflichtige regelmäßig prüfen, ob die Voraussetzungen für die Übertragung des Pauschbetrags noch gegeben sind. Ändern sich die bestehenden Verhältnisse, so muss der Steuerpflichtige in jedem Fall tätig werden. Ändern sich die Verhältnisse nicht, ist bereits nach geltendem Recht der Erklärungsaufwand begrenzt (maximal zwei Kreuze in der Anlage Kind).

6.3.2.4.5 Einführung eines Sockelbetrags für Handwerkerrechnungen, § 35a EStG

Mit der Einführung eines Sockelbetrages in Höhe von 300 €, bis zu dem Rechnungsbeträge bei der Ermittlung der Steuerermäßigung für Handwerkerleistungen unberücksichtigt bleiben, soll eine Vereinfachung erreicht werden. Effektiv handelt es sich um eine Kürzung des Abzugs, denn gerade eine Vielzahl von Privathaushalten nutzte die Steuerermäßigung für üblicherweise anfallende und regelmäßig wiederkehrende Handwerkerkosten. Damit schafft der Sockelbetrag auch Gegenfinanzierungsvolumen.

Der Vorschlag wird mit Hinweis auf die fehlende Vereinfachungswirkung abgelehnt.

6.3.2.5 Vereinfachung bei der Lohnsteuer, § 39a Abs. 1 EStG

Ein im Lohnsteuerabzugsverfahren zu berücksichtigender Freibetrag soll nunmehr für zwei Kalenderjahre statt für ein Kalenderjahr gelten. Der Vorschlag findet die Unterstützung der Bundesregierung und ist bereits im JStG 2013 vorgesehen.

6.4 Entwurf eines Gesetzes zur Änderung des Grunderwerbsteuergesetzes – Grunderwerbsteuerbefreiung bei Zusammenschlüssen kommunaler Gebietskörperschaften

6.4.1 Hintergrund

In zahlreichen Landesteilen Deutschlands sind kommunale Zusammenschlüsse und Aufhebungen der Kreisfreiheit von Gemeinden notwendig, um bei zurückgehender Bevölkerung die Leistungsfähigkeit der Verwaltung zu erhalten. Bei solchen Zusammenschlüssen und Einkreisungen gehen typischerweise auch kommunale Grundstücke oder kommunale Gesellschaftsanteile an Unternehmen, die ihrerseits über Grundeigentum verfügen, auf eine andere oder eine neu gebildete Kommune über. In zahlreichen dieser Fallkonstellationen kommt es dabei zu einem nach § 1 Abs. 1 Nr. 1 und 3 des GrEStG bzw. nach § 1 Abs. 3 GrEStG steuerbaren Vorgang.

Diese steuerrechtlichen Rahmenbedingungen stellen ein spürbares Hemmnis für notwendige Gemeindezusammenschlüsse und Einkreisungen dar. Bei kommunalen Zusammenschlüssen und Grundstücksübertragungen infolge von Einkreisungen fällt daher seither immer dann GrESt an, wenn von dem Rechtsträgerwechsel Grundstücke betroffen sind, die dem gewerblich genutzten kommunalen Vermögen zugeordnet sind. Außerdem kann bei einem kommunalen Zusammenschluss oder einer Einkreisung der Übergang bzw. die Vereinigung von Anteilen, die die beteiligten Kommunen an Unternehmen in Privatrechtsform haben, gemäß § 1 Abs. 3 GrEStG einen grunderwerbsteuerpflichtigen Vorgang darstellen, wenn diese Unternehmen über Grundeigentum verfügen. Auch diese Fallkonstellation ist von der Befreiung in § 4 Nr. 1 GrEStG nicht erfasst. Insbesondere bei Kommunen mit Wohnungsunternehmen kann die bei der neuen oder aufnehmenden Kommune anfallende Grunderwerbsteuer daher die mittel- bis langfristig zu erzielenden Einsparungen übersteigen. Diese steuerrechtlichen Rahmenbedingungen stellen demzufolge ein spürbares Hemmnis für notwendige und an und für sich wirtschaftlich sinnvolle Gemeindezusammenschlüsse sowie Einkreisungen dar.

6.4.2 Handlungsbedarf

§ 4 Nr. 1 GrEStG hatte ursprünglich den Erwerb eines Grundstücks durch eine Körperschaft des öffentlichen Rechts aus Anlass des Übergangs von Aufgaben oder von Grenzänderungen von der Besteuerung ausgenommen. Durch Art. 15 Nr. 2 Steuerentlastungsgesetz 1999/2000/2002 vom 24.3.1999[183] wurde diese Freistellung einerseits auf juristische Personen des öffentlichen Rechts erweitert, andererseits aber davon abhängig gemacht, dass das Grundstück „nicht überwiegend einem Betrieb gewerblicher Art dient".

Es ist daher erforderlich, für Zusammenschlüsse von kommunalen Gebietskörperschaften, wozu Gemeinden und Kreise/Landkreise sowie einzelne Formen höherer Kommunalverbände (z. B. in Bayern die Bezirke) gehören, in § 4 GrEStG eine Ausnahme von der Besteuerung zu regeln. Gleiches gilt für Gemeinden, die von der Aufhebung der Kreisfreiheit betroffen sind. Daher hat der Bundesrat einen Gesetzentwurf in den Bundestag eingebracht, der Zusammenschlüsse und Einkreisungen von der GrESt ausnimmt.[184]

6.4.3 Neuer Befreiungstatbestand

Vor diesem Hintergrund wird in den Katalog der bestehenden Ausnahmen von der Besteuerung in § 4 GrEStG ein neuer Ausnahmetatbestand als neue Nr. 4 eingefügt, die nur für Zusammenschlüsse von kommunalen Gebietskörperschaften und die Aufhebung der Kreisfreiheit von Gemeinden gilt.

Nach der Neuregelung ist der Übergang von Grundstücken gemäß § 1 Abs. 1 Nr. 3 GrEStG und von Gesellschaftsanteilen gemäß § 1 Abs. 3 Nr. 2 und 4 GrEStG als unmittelbare Rechtsfolge eines Zusammenschlusses kommunaler Gebietskörperschaften, der durch Vereinbarung der beteiligten Gebietskörperschaften mit Zustimmung der nach Landesrecht zuständigen Stelle oder durch Gesetz zustande kommt, sowie Rechtsgeschäfte über Grundstücke gemäß § 1 Abs. 1 Nr. 1 GrEStG und über Gesellschaftsanteile gemäß § 1 Abs. 3 Nr. 1 und 3 GrEStG aus Anlass der Aufhebung der Kreisfreiheit einer Gemeinde von der GrEStG befreit.

Die Ausnahme soll nicht nur für gesetzliche Zusammenschlüsse, sondern auch für solche, die durch Vertrag vollzogen werden, gelten. Eine Beschränkung auf gesetzliche Zusammenschlüsse wäre nicht sachgerecht, weil diesen in der Praxis regelmäßig eine Freiwilligkeitsphase vorausgeht, um den Eingriff in die kommunale Selbstverwaltung so gering wie möglich zu halten. Im Übrigen können nach den insofern übereinstimmenden Regelungen aller Länder freiwillige Zusammenschlüsse nur aus Gründen des öffentlichen Wohls und mit Genehmigung der Rechtsaufsicht vollzogen werden. Deshalb kommen auch bei freiwilligen Zusammenschlüssen die durch die demographische Entwicklung bedingten landesplanerischen Überlegungen zum Tragen.

Bei der Neuregelung handelt es sich um eine Befreiungsvorschrift, die die grundsätzliche Steuerbarkeit nach dem GrEStG nicht berührt. Demzufolge ist keine flankierende Maßnahme auf dem Gebiet des Umsatzsteuerrechts erforderlich.

6.4.4 Weitere Änderungen

Daneben werden aus Gründen der Rechtsbereinigung die Regelungen in § 4 Nr. 4 bis 8 GrEStG a. F. aufgehoben, die durch Zeitablauf gegenstandslos geworden sind. Die bisherige Nr. 9 wird Nr. 5.

---

[183] BGBl I 1999, S. 402.
[184] Der Beitrag bezieht sich auf den Gesetzentwurf des Bundesrats i. d. F. der BR-Drs. 17/9668.

6.4.5 Inkrafttreten

Die Änderung soll am Tag nach der Gesetzesverkündung in Kraft treten.

6.4.6 Notifikation

Die Regelung sollte nach Abschluss des Gesetzgebungsverfahrens gegenüber der Europäischen Kommission nach Art. 108 Abs. 3 AEUV notifiziert werden, um mögliche beihilferechtliche Bedenken auszuschließen.

Praxishinweis:

Aufgrund des engen sachlichen Anwendungsbereichs der Befreiung ergeben sich aus der Rechtsänderung keine Begünstigungen für die private Immobilienwirtschaft.

6.5 Gesetzentwurf zur Erhebung einer Vermögensabgabe

6.5.1 Hintergrund des Gesetzentwurfes

Mehrere Abgeordnete und die Fraktion Bündnis 90/Die Grünen haben unter das Datum vom 25.9.2012 einen Gesetzentwurf für ein Gesetz zur Erhebung einer Vermögensabgabe eingebracht.[185] Als Grund für das Gesetzesvorhaben wird die durch die Finanz- und Wirtschaftskrise verursachte hohe Staatsverschuldung angeführt. Die Finanzierungslast hieraus solle im Wege einer einmaligen Vermögensabgabe „von den Reichsten der Bevölkerung getragen werden". Von der Abgabe solle weniger als 1 % der Bevölkerung betroffen sein, laut Schätzungen des DIW rund 330.000 Menschen.

Das DIW schätzt, dass das Aufkommen aus der Vermögensabgabe binnen 10 Jahren bei rund 100 Mrd. € liegen dürfte. Mit diesem Aufkommen sollen die in Folge der Finanz- und Wirtschaftskrise entstandenen Belastungen des Bundes reduziert werden,[186] insbesondere die durch den Investitions- und Tilgungsfonds (ITF), den Sonderfonds Finanzmarktstabilisierung (SoFFin) sowie die aus den Konjunkturpaketen I und II entstandenen Verbindlichkeiten.

Da kein unmittelbarer Zusammenhang zwischen den Trägern der Finanzierungslast und dem Erhebungszweck bestehe, handele es sich bei der Vermögensabgabe nicht um eine Sonderabgabe. Weil das Aufkommen dem Allgemeinwohl diene, habe die Vermögensabgabe Steuercharakter.

Sehr interessant ist der Hinweis in der Gesetzesbegründung, dass die Vermögensabgabe durchaus neben einer etwaigen Vermögensteuer bestehen könne.[187] Begründet wird dies damit, dass das Aufkommen aus der Vermögensabgabe dem Bund zustehen solle, das Aufkommen aus einer Vermögensteuer aber den Ländern.

6.5.2 Abgabepflichtiger Personenkreis

Die Abgabepflicht soll zum einen – unabhängig von der Nationalität des Abgabepflichtigen – natürliche Personen erfassen, die am Festsetzungsstichtag ihren Wohnsitz oder gewöhnlichen Auf-

---

[185] BT-Drs. 17/10770.
[186] § 1 des Gesetzentwurfs.
[187] Vgl. Gesetzesbegründung zu § 12 des Gesetzentwurfs.

enthalt im Inland haben.[188] Damit richtet sich die Vermögensabgabe grundsätzlich am Wohnsitzprinzip aus. Zum anderen sollen von der Vermögensabgabe im Wege einer Wegzugsbesteuerung auch deutsche Staatsangehörige erfasst werden, die sich nicht länger als 5 Jahre vor dem Festsetzungsstichtag dauernd im Ausland aufgehalten haben, ohne im Inland einen Wohnsitz zu haben.[189] Mit dieser letztgenannten Regelung soll verhindert werden, dass sich Personen der Abgabepflicht insbesondere durch einen lediglich vorübergehenden Wohnsitzwechsel entziehen.

Natürliche Personen, die im Inland zwar weder einen Wohnsitz noch ihren gewöhnlichen Aufenthalt haben, jedoch über inländisches Vermögen im Sinne des § 121 BewG verfügen, sollen ebenfalls von der Abgabepflicht erfasst werden (beschränkte Abgabepflicht).[190] Zum Vermögen im Sinne des § 121 BewG gehören insbesondere inländisches Grundvermögen, inländisches Betriebsvermögen und Anteile an bestimmten Kapitalgesellschaften mit Sitz oder Geschäftsleitung im Inland. Insoweit findet somit das Territorialprinzip Anwendung, d. h. es wird auf die Belegenheit des Vermögens selbst abgestellt.

Beschränkt Steuerpflichtigen wird laut dem vorgelegten Gesetzesentwurf die Möglichkeit eröffnet, als unbeschränkt abgabepflichtig behandelt zu werden.[191] Wird von diesem Recht Gebrauch gemacht, erstreckt sich die Abgabepflicht sodann zwar auf das Weltvermögen. Auf diese Weise kann jedoch auch der für unbeschränkt Abgabepflichtige zur Anwendung kommende höhere Freibetrag gewährt werden.

Abgabesubjekt sind somit stets natürliche Personen. Eine Abgabepflicht von Kapitalgesellschaften soll es demnach nicht geben. Allerdings sieht der Gesetzentwurf – zur Vermeidung von Besteuerungslücken – vor, dass Anteile an Kapitalgesellschaften auf Ebene der Anteilseigner in das abgabepflichtige Vermögen einbezogen werden.

6.5.3 Abgabepflichtiges Vermögen

Abgabepflichtiges Vermögen ist laut dem vorgelegten Gesetzesentwurf das Gesamtvermögen des Abgabepflichtigen, soweit es die vorgesehenen Freibeträge übersteigt. Diese Bestimmung ist sehr bedeutsam, da somit nicht nur auf inländisches Vermögen abgestellt wird, sondern auf das Weltvermögen des Abgabepflichtigen.

Zum Vermögen zählt der gesamte Bestand an Sachen und Rechten in Geld oder Geldeswert in den Händen des Berechtigten. Grundsätzlich maßgebend soll hierfür eine zivilrechtliche Betrachtung sein. Im Falle von Miteigentumsanteilen soll es entsprechend der bewertungsrechtlichen Regelungen zu einer anteiligen Zurechnung auf die beteiligten natürlichen Personen kommen.

Sonderregelungen betreffend die Zurechnung von Vermögen – d. h. wessen Vermögenssphäre es für Zwecke der Vermögensabgabe zuzuordnen ist – sind für Familienstiftungen und näher bezeichnete Unternehmensstiftungen, sonstige Zweckvermögen, Vermögensmassen und rechts- oder nichtrechtsfähige Personenvereinigungen vorgesehen.[192] So kommt es bei Familienstiftungen und den ihr für Zwecke dieses Gesetzes gleichgestellten Rechtssubjekten im Grundsatz zu einer Zurechnung des Stiftungsvermögens auf den bzw. die Stifter, hilfsweise auf diejenigen Personen, die bezugs- oder anfallsberechtigt sind, jeweils entsprechend des jeweiligen Anteils der betreffenden Person. Insoweit wird die rein zivilrechtliche Sichtweise durchbrochen und zum Zweck einer transparenten

---

[188] § 2 Abs. 1 Nr. 1 des Gesetzentwurfs.
[189] § 2 Abs. 1 Nr. 2 des Gesetzentwurfs.
[190] § 2 Abs. 2 des Gesetzentwurfs.
[191] § 4 Abs. 2 des Gesetzentwurfs.
[192] Vgl. § 5 des Gesetzentwurfs.

Besteuerung durch eine wirtschaftliche Betrachtung ersetzt. Die diesbezüglichen Regelungen sollen dazu dienen, dass auch solches Vermögen erfasst wird, das den Abgabepflichtigen lediglich indirekt begünstigt, sodass auf diese Weise Besteuerungslücken vermieden werden. Als Beispiel werden in der Gesetzesbegründung Trusts angeführt, die in den Staaten des Common-Law-Rechtskreises (insbesondere Vereinigtes Königreich, Teile der USA und der Mitglieder des Commonwealth of Nations) errichtet wurden.

Von der Abgabepflicht befreit[193] soll näher bestimmtes Vermögen sein, das der privaten und gesetzlichen Vorsorge dient, beispielsweise: Ansprüche an Witwen- und Pensionskassen sowie auf Renten und ähnliche Bezüge, welche auf einem ehemaligen Arbeits- oder Dienstverhältnis beruhen; Ansprüche aus der gesetzlichen Sozialversicherung, der Kranken-, Unfall- und Pflegeversicherung sowie aus Berufs- und Erwerbsunfähigkeitsversicherungen; Ansprüche auf gesetzliche Versorgungsbezüge; Ansprüche aus Altersvorsorge- und Basisrentenverträgen.

6.5.4 Festsetzungsstichtag

Als Festsetzungsstichtag der Vermögensabgabe soll der 1.1.2012 maßgebend sein. Ganz bewusst wurde ein bereits in der Vergangenheit liegender Stichtag gewählt, um Steuerumgehungen z. B. mittels einer Umdeklarierung in begünstigtes Vermögen oder durch Vermögensübertragungen zum Zwecke einer mehrmaligen Ausnutzung von Freibeträgen, zu verhindern.

Komme es in Einzelfällen durch das Auseinanderfallen von Festsetzungsstichtag und erst späterem Inkrafttreten des Gesetzes zu unbilligen Ergebnissen, werde diesem Umstand durch die von dem Gesetz vorgesehenen Härtefallregelungen[194] Rechnung getragen.

6.5.5 Bewertung des Vermögens

Die Bewertung des Vermögens für Zwecke der Vermögensabgabe[195] soll sich nach den allgemeinen Bewertungsregeln des BewG richten.

Im Grundsatz gilt demnach der gemeine Wert des Vermögens als maßgebend, d. h. derjenige Preis, der im Falle einer Veräußerung für den jeweiligen Vermögensgegenstand im gewöhnlichen Geschäftsverkehr erzielt werden könnte. Besonderheiten gelten insbesondere für land- und forstwirtschaftliches Vermögen, Betriebsvermögen, Anteile an Kapitalgesellschaften und Grundbesitz. Auch insoweit seien die Regelungen des BewG entsprechend anzuwenden und auch diese Werte orientieren sich nach den Regelungen des BewG am gemeinen Wert, schon weil das BVerfG dies als Richtschnur vorgegeben hat. Unterschiede zwischen den einzelnen Klassen von Vermögen ergeben sich im Wesentlichen durch die unterschiedlichen anzuwendenden Bewertungsverfahren, die sich beispielsweise bei in- und ausländischem Grundbesitz unterscheiden.

Vom Bruttovermögen sind Schulden und Verbindlichkeiten in Abzug zu bringen, soweit sich diese nicht im Rahmen der Ermittlung des Bruttovermögens bereits wertmindernd ausgewirkt haben.[196] Nicht abzugsfähig sind jedoch Schulden und Verbindlichkeiten insoweit, als sie mit nicht der Vermögensabgabe unterliegenden oder abgabebefreiten Vermögensgegenständen in Zusammenhang stehen.[197]

---

[193] Vgl. im Einzelnen § 8 des Gesetzentwurfs.
[194] § 14 des Gesetzentwurfs.
[195] Vgl. hierzu § 7 des Gesetzentwurfs.
[196] § 3 Abs. 2 des Gesetzentwurfs.
[197] § 3 Abs. 3 des Gesetzentwurfs.

6.5.6 Freibeträge

Der im Gesetzentwurf vorgesehene persönliche Freibetrag für den Abgabepflichtigen beträgt im Falle der unbeschränkten Abgabepflicht 1 Mio. €.[198] Im Falle der nur beschränkten Abgabepflicht beträgt er 100.000 €.[199]

Neben dem vorstehenden Freibetrag in Höhe von 1 Mio. € für unbeschränkt Abgabepflichtige sind für jedes Kind im Sinne von § 32 EStG, das nicht über eigenes Vermögen verfügt, 250.000 € abgabefrei. Im Falle von zwei Elternteilen steht dieser Freibetrag jedem Elternteil hälftig zu. Eine Übertragung der Freibeträge von einem auf den anderen Ehegatten sieht der Gesetzentwurf nicht vor. Eigenes Vermögen der Kinder solle freibetragsmindernd berücksichtigt werden.

Besonders bedeutsam ist, dass es sich allesamt um abschmelzende Freibeträge handelt.[200] D. h. entspricht das Vermögen (maximal) der Höhe des Freibetrages, so ist es abgabefrei. Übersteigt das Vermögen jedoch den Freibetrag, so vermindert sich der Freibetrag in Höhe des ihn übersteigenden Betrages. Im Ergebnis ist danach beispielsweise der Freibetrag von 1 Mio. € bei einem Vermögen von 2 Mio. € vollständig abgeschmolzen, sodass er für einen Abzug vollständig nicht mehr zur Verfügung stehen würde. Als Grund für diese Regelung wird angeführt, dass Vermögen oberhalb der Freibeträge keiner Schonung bedürften.

Ein gesonderter Freibetrag ist für das Altersvorsorgevermögen vorgesehen.[201] Dieser beträgt höchstens 380.000 €. Er orientiert sich an der Anwartschaft, die mit der gesetzlichen Rente erzielbar ist. Der Freibetrag für das Altersvorsorgevermögen wird jedoch nur demjenigen zugebilligt, der über keine oder nur geringfügige Ansprüche aus der gesetzlichen Rentenversicherung oder aus einer berufsständischen Versorgungseinrichtung verfügt. Er steht damit Beamten, Richtern und Freiberuflern in Versorgungswerken nicht zu. Der Freibetrag wird zudem nur auf solche Vermögensgegenstände gewährt, die vom Abgabepflichtigen als für die Altersvorsorge bestimmt bezeichnet werden (begünstigtes Vermögen). Hierbei kommt es laut Gesetzesbegründung auf die subjektive Bestimmung durch den Abgabepflichtigen an, wobei die Zweckbestimmung jedoch glaubhaft sein müsse, was sich aus den äußeren Umständen ergeben müsse. Als Beispiele werden Lebens- und Rentenversicherungen, Sparguthaben, Wertpapiere, Aktien und Immobilien angeführt.

Bei inländischem Betriebsvermögen i. S. d. §§ 95 bis 97 BewG und Betriebsvermögen, das einer Betriebsstätte in einem Mitgliedstaat der EU oder des EWR dient, soll ein zusätzlicher Freibetrag Anwendung finden.[202] Dieser beträgt grundsätzlich 5 Mio. € und wird mit Gründen der Gemeinwohlbindung der Unternehmen begründet. Im Falle mehrerer Betriebe oder einer Beteiligung an mehreren betrieblichen Vermögen kommt es nicht etwa zu einer mehrfachen Gewährung dieses Freibetrages, sondern vorstehender Betrag kann insgesamt maximal in dieser Höhe in Anspruch genommen werden. Der Freibetrag findet auch Anwendung auf land- und forstwirtschaftliches Vermögen im Sinne der §§ 158ff. BewG.

Keine Anwendung findet der vorstehende Freibetrag auf denjenigen Teil des Betriebsvermögens, der aus Verwaltungsvermögen[203] besteht. Etwas anderes gilt lediglich dann, wenn der Anteil des Verwaltungsvermögens nicht mehr als 10 % beträgt. Zum Verwaltungsvermögen gehören insbesondere näher bestimmte Grundstücke, die Dritten zur Nutzung überlassen sind, näher bestimmte

---

[198] § 9 Abs. 1 des Gesetzentwurfs.
[199] § 9 Abs. 3 des Gesetzentwurfs.
[200] Vgl. § 9 Abs. 4 des Gesetzentwurfs.
[201] § 10 des Gesetzentwurfs.
[202] Vgl. § 11 des Gesetzentwurfs.
[203] Zur Definition vgl. § 11 Abs. 3 des Gesetzentwurfes.

Anteile an Kapitalgesellschaften (Anteil am Kapital maximal 25 %), bestimmte andere Beteiligungen, Wertpapiere und Zahlungsmittel.

6.5.7 Abgabesatz

Insgesamt beträgt die vorgesehene Abgabeschuld 15 % des abgabepflichtigen Vermögens.[204]

Die Abgabeschuld soll in 10 gleichen Jahresbeträgen entrichtet werden müssen, die jeweils 1,5 % des abgabepflichtigen Vermögens betragen.[205] Durch diese Aufteilung der Abgabenschuld solle es dem Abgabepflichtigen ermöglicht werden, die Abgabepflicht aus dem mit dem Vermögen erwirtschafteten Ertrag zu finanzieren, ohne auf die Substanz zugreifen zu müssen. Eine vorzeitige Tilgung soll möglich sein, was zu einer geringfügigen Reduzierung der Abgabeschuld führen würde, was letztlich einen „Rabatt" bedeutet (namentlich Abzinsung mit 5,5 % für jedes volle Jahr der vorzeitigen Zahlung).

6.5.8 Härtefallregelungen

Der Gesetzentwurf sieht eine Härtefallregelung[206] vor, nach der in Ausnahmesituationen Zahlungen ausgesetzt oder – in Fällen außergewöhnlicher Härte – erlassen werden können. Anwendungsfälle sind nach der Gesetzesbegründung z. B. ein erheblicher Wertverlust von Vermögen nach dem Festsetzungsstichtag oder Fälle, in denen zwar am Festsetzungsstichtag, jedoch insgesamt nur sehr kurzzeitig ein inländischer Wohnsitz bestanden hat und es auch ansonsten an einer Verbindung zu Deutschland fehlt.

Neben dieser allgemeinen ist eine besondere Härtefallregelung in Bezug auf Betriebsvermögen vorgesehen. Deren Hintergrund ist, dass es durch die Vermögensabgabe nicht zu einer Substanzbesteuerung kommen soll. Zwar sei – so die Gesetzesbegründung – durch Anwendung von Ertragswertverfahren regelmäßig bereits dafür Sorge getragen, dass ein Unternehmen mit einem geringen Ertragswert auch einen geringen Vermögenswert habe. Weil aber nach den Vorschriften des BewG der Substanzwert die Untergrenze der Bewertung darstelle, könne es doch Fälle geben, in denen eine zu hohe Belastung die Folge sei. Ebenso könne es Fälle geben, in denen sich der vergangenheitsorientierte Ertragswert beispielsweise infolge von Krisen als zu hoch erweise. Um derartigen Umständen Rechnung zu tragen, soll dem Gesetzentwurf nach die anteilig auf das Betriebsvermögen entfallende jährliche Abgabebelastung auf höchstens 35 % des jährlichen Nettovermögensertrages des Betriebsvermögens begrenzt werden. Laut Gesetzesbegründung ist für die Bestimmung dieser Grenze auf den laufenden Jahresertrag vor Steuern abgestellt. Die Anwendung dieser Härtefallregelung soll aber nur auf Antrag des Abgabepflichtigen erfolgen. Sollte die jährliche Teilabgabeschuld vorstehende Grenze überschreiten und ein Antrag des Abgabepflichtigen auf Anwendung der Härtefallregelung vorliegen, wird der Unterschiedsbetrag zwischen der jährlichen Teilabgabeschuld und dem berechneten Höchstbetrag auf die Abgabenschuld des Folgejahres hinzuaddiert. Besteht am Ende des Ratenzeitraumes eine Restschuld, so wird diese erlassen, weil dann feststehe, dass der ursprüngliche Wertansatz für das Betriebsvermögen nicht seinem Verkehrswert entsprochen habe.

---

[204] § 12 des Gesetzentwurfs.
[205] § 13 Abs. 1 des Gesetzentwurfs.
[206] § 14 des Gesetzentwurfs.

6.5.9 Verfahren

Es ist vorgesehen, dass unbeschränkt vermögensabgabefähige dann eine Vermögensabgabeerklärung über ihr Gesamtvermögen bei der Finanzverwaltung einzureichen haben, wenn ihr Gesamtvermögen 1.000.000 € übersteigt oder die Finanzbehörde zur Abgabe der Erklärung aufgefordert hat.[207] Beschränkt Vermögensabgabepflichtige hingegen sollen dann eine Vermögensabgabeerklärung über ihr Inlandsvermögen einreichen müssen, wenn sich dieses zumindest auf 100.000 € beläuft oder die Finanzbehörde zur Abgabe einer Vermögensabgabeerklärung aufgefordert hat.[208] Die Frist für die Abgabe ist in dem Gesetzentwurf noch nicht festgelegt, sondern soll vom BMF bestimmt und im Bundesanzeiger bekannt gemacht werden. In den Fällen, in denen die Behörde zur Abgabe der Erklärung auffordert, soll die Frist zumindest 1 Monat betragen.

Die Vermögensabgabeerklärung bedarf der eigenhändigen Unterschrift des Abgabepflichtigen. Sie muss zudem ein Verzeichnis sämtlicher zum Gesamtvermögen des Abgabepflichtigen gehörender Gegenstände einschließlich der erforderlichen Angaben für Zwecke von deren Wertermittlung enthalten.

Abschließend sei darauf hingewiesen, dass das weitere Gesetzgebungsverfahren abzuwarten ist. Die anstehende Bundestagswahl dürfte sicherlich auch einen gewissen Einfluss darauf haben, ob das Gesetzgebungsverfahren realistisch zu einer Implementierung dieses Gesetzes führen könnte oder nicht.

6.6 Gesetzentwurf zur Abschaffung des Branntweinmonopols

Landwirtschaftliche Verschlussbrennereien (d. h. Brennereien mit Brennereianlage, die unter Zollverschluss läuft) können noch bis Ende 2013, Abfindungsbrenner (Brennereianlage läuft ohne Zollverschluss), Stoffbesitzer (Besitzer destillierbarer Stoffe) und Obstgemeinschaftsbrennereien hingegen bis Ende 2017 Alkohol im Rahmen des Branntweinmonopols herstellen und an die Bundesmonopolverwaltung für Branntwein gegen Zahlung eines Branntweinübernahmegeldes abliefern.[209] Damit werden die europarechtlichen Vorgaben entsprechend der Zusagen der Bundesregierung gegenüber der EU in nationales Recht umgesetzt. Der Hintergrund für diese Zusagen und die daraufhin nun eingeleiteten Maßnahmen im nationalen Gesetzgebungsverfahren ist, dass die EU-Mitgliedstaaten nach dem geltendem EU-Recht[210] grundsätzlich keine staatlichen Beihilfen mehr gewähren dürfen, die an die Produktion von Waren anknüpfen. Eine solche Subventionierung aber ist bei dem Branntweinmonopol hinsichtlich des von den Brennereien produzierten Rohalkohols der Fall. Denn die noch unter das Branntweinmonopol fallenden Brennereien stellen Rohalkohol zu Preisen her, die über den in der EU gezahlten Marktpreisen liegen, wofür von der Bundesmonopolverwaltung für Branntwein jedoch ein kostendeckendes Übernahmegeld gezahlt wird, mit anschließender Weiterveräußerung nach Weiterverarbeitung zu Marktpreisen. Beziffert wird die derzeitig durch den Bund erfolgende Subventionierung des Branntweinmonopols mit einem Betrag von 80 Mio. € pro Jahr. Somit soll nunmehr durch entsprechende Auslaufregelungen das ursprünglich von Kaiser Wilhelm II. im Jahre 1918 errichtete Branntweinmonopol bis zum 31.12.2017 abgeschafft werden. Ab dem 1.1.2018 soll es demnach keine Subvention des Bundes zugunsten des

---

[207] § 15 Abs. 1 des Gesetzentwurfs.
[208] § 15 Abs. 2 des Gesetzentwurfs.
[209] Verordnung (EU) Nr. 1234/2010 des Europäischen Parlaments und des Rates v. 15.12.2010 zur Änderung der Verordnung (EG) Nr. 1234/2007 des Rates (Verordnung über die einheitliche GMO) hinsichtlich der im Rahmen des deutschen Branntweinmonopols gewährten Beihilfe (ABl. (EU) v. 30.12.2010, L 346/11).
[210] Zur letztmaligen Verlängerung der EU-beihilferechtlichen Ausnahmeregelung hinsichtlich der Gewährung von produktionsbezogenen Beihilfen gem. dem deutschen Branntweinmonopol vgl. Verordnung (EU) Nr. 1234/2010 v. 15.12.2010.

Branntweinmonopols mehr geben. Einhergehend mit der Aufhebung des Branntweinmonopolgesetzes ist vonnöten, die in diesem Gesetz enthaltenen branntweinsteuerlichen Normen in einem Alkoholsteuergesetz neu zu regeln. In den Entwurf für dieses Gesetz wurden auch Regelungen für das Abfindungs- und Stoffbesitzerbrennen integriert, um dieses insbesondere wegen der ökologischen und kulturellen Bedeutung der Klein- und Obstbrennereien im ländlichen Raum zu erhalten (Zweck: Erhalt der ökologisch bedeutsamen Streuobstwiesen, aber auch Pflege der Kulturlandschaften). Durch die gesetzgeberischen Maßnahmen soll der Wirtschaft frühzeitig Rechts- und Planungssicherheit in Bezug auf die verbrauchsteuerlichen Rahmenbedingungen gegeben werden.

Zu diesem Zwecke wurde durch die Bundesregierung am 28.11.2012 ein entsprechender Gesetzentwurf beschlossen. Das weitere Gesetzgebungsverfahren steht jedoch noch aus. Inhaltlich sieht der Referentenentwurf insbesondere Folgendes vor:

- Für die Auslaufphase des Branntweinmonopols müssen in das Branntweinmonopolgesetz im Jahr 2013 noch die zwingend notwendigen Änderungen zur Umsetzung der Verordnung (EU) Nr. 1234/2010 aufgenommen werden.

- Die Aufhebung des Branntweinmonopolgesetzes mit Ablauf des 31.12.2017 muss festgelegt werden. Damit einher geht die Abschaffung der vorkonstitutionellen Besitzstandsrechte zum Abfindungs- und Stoffbesitzerbrennen.

- Die verbrauchsteuerrechtlichen Regelungen über die Branntweinsteuer, die bislang im Zweiten Teil des Branntweinmonopolgesetzes abgefasst waren, werden zum 1.1.2018 in ein Alkoholsteuergesetz übernommen. Auf Basis der aktuell maßgebenden Kriterien und verbrauchsteuerrechtlichen Regelungen soll das Abfindungs- und Stoffbesitzerbrennen in das Alkoholgesetz integriert werden. Einhergehend damit erfolgt insbesondere eine bundesweite Öffnung des Abfindungs- und Stoffbesitzerbrennens.

- Der Begriff „Branntweinsteuer" wird als überholt angesehen und daher durch „Alkoholsteuer" ersetzt. Damit soll auch dem Sprachgebrauch der betreffenden Verbrauchsteuerrichtlinien der EU entsprochen werden.

Das weitere Gesetzgebungsverfahren bleibt abzuwarten.

6.7 Anpassung des Investmentsteuergesetzes und anderer Gesetze an das AIFM-Umsetzungsgesetz (AIFM-Steuer-Anpassungsgesetz – AIFM-StAnpG)

6.7.1 Hintergrund

Durch das AIFM-Umsetzungsgesetz (AIFM-UmsG)[211] wird ein Kapitalanlagegesetzbuch (KAGB) geschaffen, mit dem u. a. die sog. AIFM-Richtlinie[212] in nationales Recht umgesetzt werden soll.

Mit der AIFM-Richtlinie werden die Manager von sog. alternativen Investmentfonds (AIF) erstmals einer europäischen aufsichtsrechtlichen Regulierung unterworfen. AIF i. S. d. Richtlinie sind alle Anlagevehikel, die nicht unter die bereits bestehenden europarechtlichen Regeln für Wertpapier-

---

[211] Gesetzentwurf der Bundesregierung zur Umsetzung der 2011/61/EU über die Verwalter alternativer Investmentfonds i. d. F. der Kabinettsache v. 21.1.2013 (Datenblatt 17/08248).
[212] Alternative Investment Fund Manager-Richtlinie, Richtlinie 2011/61/EU des Europäischen Parlaments und des Rates v. 8.6.2011 über die Verwalter alternativer Investmentfonds und zur Änderung der Richtlinien 2003/41/EG und 2009/65/EG und der Verordnungen (EG) Nr. 1060/2009 und (EU) Nr. 1095/2010 (ABl. L 174 v. 1.7.2011, S. 1).

fonds[213] fallen. Ein Teil der alternativen Investmentfonds unterliegt in Deutschland bereits einer Regulierung durch das Investmentgesetz (InvG). Darunter fallen insbesondere Spezialfonds, offene Immobilienfonds und Hedgefonds. Darüber hinaus werden auf Grund der AIFM-Richtlinie auch die bislang nicht der deutschen Investmentaufsicht unterstehenden „geschlossenen Fonds" und deren Manager als AIF-Manager (AIFM) erstmals einer aufsichtsrechtlichen Regulierung unterworfen.

Bei den „geschlossenen Fonds" handelt es sich nicht um Investmentfonds im bisherigen Sinne, sondern in der Regel um Personengesellschaften (insbes. in der Rechtsform der GmbH & Co. KG). Bereits auf Grund ihrer Rechtsform als Personengesellschaft fallen die geschlossenen Fonds derzeit nicht unter das Investmentsteuerrecht. Sie unterliegen stattdessen den allgemeinen Besteuerungsregeln für Personengesellschaften und deren Beteiligte.

6.7.2 Fondstypen

Bislang gelten für alle Fondstypen des InvG weitgehend einheitliche Besteuerungsregelungen im Investmentsteuergesetz (InvStG). Auf Grund der grundlegenden Unterschiede zwischen Investmentfonds im bisherigen Sinne und den geschlossenen Fonds wäre es nach Auffassung des Referentenentwurfs nicht sachgerecht, zukünftig auf beide Typen die gleichen Besteuerungsregelungen anzuwenden.

Systematisch basieren die steuer- und aufsichtsrechtlichen Regelungen für offene Fonds auf dem Leitbild des Investmentfonds als standardisierte kollektive Vermögensverwaltung (in Abgrenzung zur gewerblichen Tätigkeit) durch ein sachkundiges Management (im Gegensatz zur Eigenverwaltung durch die Anleger) nach dem Prinzip der Risikodiversifizierung. Ein weiteres prägendes Element ist die Möglichkeit des Anlegers seine Anteile zurückgeben und damit den Wert seiner Kapitalanlage zu realisieren. Diese Rückzahlungsverpflichtung setzt wiederum eine gewisse Fungibilität der Vermögensgegenstände voraus, in die der Investmentfonds investiert. Hauptanlagegegenstand sind daher regelmäßig Finanzinstrumente wie Wertpapiere und andere leicht oder schnell veräußerbare Finanzprodukte (Ausnahme Immobilienfonds).

Im Gegensatz dazu geht es bei den geschlossenen Fonds[214] regelmäßig um die Finanzierung und den Erwerb einzelner oder weniger Vermögensgegenstände (z. B. Immobilie, Windkraftanlage, Schiff oder Film). Typischerweise ist der Anleger für den gesamten geplanten Investitionszeitraum an dieses Produkt gebunden. D. h., es gibt in der Regel keine Kündigungsmöglichkeit und keine Verpflichtung des Fonds, (Kommandit-)Anteile zurück zu nehmen.

In vielen Fällen wird bei geschlossenen Fonds auch die Schwelle von der Vermögensverwaltung zur gewerblichen Tätigkeit überschritten; z. B. durch einen beträchtlichen Einsatz von Fremdkapital oder eigenes unternehmerisches Tätigwerden in den Portfoliogesellschaften durch den Einsatz von unternehmerischem Know-how und Fachkenntnissen.

6.7.3 Unterschiedliche Besteuerung der Fondstypen

Neben den systematischen Erwägungen sprechen auch fiskalische Gründe gegen eine Anwendung des heutigen Investmentsteuerrechts auf die geschlossenen Fonds. Wenn man das heutige Investmentsteuerrecht auch auf geschlossene Fonds anwenden würde, wären erhebliche Steuerminder-

---

[213] Richtlinie 85/611/EWG des Rates v. 20.12.1985 zur Koordinierung der Rechts- und Verwaltungsvorschriften betreffend bestimmte Organismen für gemeinsame Anlagen in Wertpapieren (OGAW).
[214] Der Begriff des geschlossenen Fonds war bisher nicht legal definiert.

einnahmen und Gestaltungsmissbräuche zu erwarten. Dies liegt an den Steuervorteilen, die die Besteuerungsregelungen für Investmentfonds bieten:

- Veräußerungsgewinne (z. B. aus Aktien und Anleihen) und Gewinne aus Termingeschäften können auf Fondsebene steuerfrei thesauriert werden
- Gewerbesteuerfreiheit von Investmentfonds
- Umsatzsteuerfreiheit für Fonds-Managementgebühren
- Der Fonds erhält die auf seine Erträge angefallene Kapitalertragsteuer erstattet und hat erst bei Ausschüttung oder bei Thesaurierung der Erträge am Geschäftsjahresende wieder Kapitalertragsteuer zu erheben (Liquiditätsvorteil).
- Sofern es sich bei den Anlegern um Privatpersonen handelt, gelten die Erträge als Kapitaleinkünfte und unterliegen der 25-%igen Abgeltungsteuer.

Die Steuermindereinnahmen würden vor allem durch die bei den geschlossenen Fonds und deren Anlegern wegfallenden Einkommen-, Körperschaft- und Gewerbesteuern entstehen. Gestaltungsspielräume würden sich insbesondere dadurch ergeben, dass Personenunternehmer ihre Betriebe in speziell für diesen Zweck errichtete geschlossene Fonds einbringen könnten, um auf diesem Weg nur noch dem Abgeltungsteuersatz und nicht mehr dem allgemeinen Einkommensteuersatz zu unterliegen.

Aus den genannten systematischen und fiskalischen Gründen verfolgt der vorliegende Gesetzentwurf das Ziel, den bisherigen steuerlichen Status quo aufrecht zu erhalten und regelt weiterhin unterschiedliche Besteuerungsregime für Investmentfonds im bisherigen Sinne einerseits und für die geschlossenen Fonds andererseits.

6.7.4 Überblick über das AIFM-StAnpG

Das AIFM-StAnpG dient zum einen der Anpassung diverser steuerrechtlicher Regelungen – insbesondere des Investmentsteuerrechts – und außersteuerlicher Normen an die Aufhebung des InvG und die Einführung des KAGB. Zum anderen werden erstmals steuerliche Regelungen für die offene Investmentkommanditgesellschaft getroffen, die als neuer Typ von Investmentfonds vorwiegend für Zwecke des Pension Asset Poolings eingeführt wird. Schließlich sollen auch Gestaltungsspielräume und Missbräuche im heutigen Investmentsteuerrecht eingeschränkt werden.

Der Entwurf sieht zudem Änderungen der Investmentbesteuerung vor, die nicht in unmittelbar mit der Umsetzung der AIFM-Richtlinie zusammenhängen. Teilweise werden Prüfbitten des Bundesrats zum JStG 2013 umgesetzt (geänderte Berücksichtigung von Werbungskosten, Ausschüttungsreihenfolge).

Als Artikelgesetz ändert das AIFM-StAnpG in zehn Artikeln die folgenden Gesetze und Verordnungen:

- InvStG,
- FVG,
- BewG,
- UStG,
- 5. Vermögensbildungsgesetz,
- Altersvorsorgezertifizierungsgesetz,
- WKBG,

- FinDAG,
- GwG,
- Verordnung zur Durchführung des 5. Vermögensbildungsgesetzes.

Viele Änderungen sind redaktioneller Natur bzw. passen den Gesetzeswortlaut an die neue Terminologie des KAGB an. Auf solche Änderungen wird im Folgenden nicht eingegangen. Änderungen im 5. Vermögensbildungsgesetz, AltZertG, FinDAG, sowie in der Verordnung zur Durchführung des 5. Vermögensbildungsgesetzes werden im Folgenden nicht dargestellt.

6.7.5 Änderung des InvStG durch das AIFM-StAnpG

6.7.5.1 Anwendungsbereich des InvStG i. d. F. des AIFM-StAnpG

Das InvStG i. d. F. des AIFM-StAnpG (InvStG-E) findet Anwendung auf die in § 1 Abs. 2 und 3 KAGB genannten Investmentfonds, die als Organismen für die gemeinsame Anlage in Wertpapieren (OGAW) den Vorgaben der Richtlinie 2009/65/EG (OGAW-RL) entsprechen oder AIF im Sinne der Richtlinie 2011/61/EU darstellen, sowie auf Anteile an diesen Fonds.

Der bisher in § 1 Abs. 1 InvStG legal definierte Begriff des Investmentvermögens wird im Zuge der AIFM-Richtlinien-Umsetzung umfassend erweitert. Er eignet sich daher nicht mehr für eine weitere Verwendung im Rahmen des bisherigen privilegierten Besteuerungsregimes des InvStG. Stattdessen wird im InvStG zukünftig zwischen Investmentfonds und Investitionsgesellschaften unterschieden.

Als Investmentfonds gelten die den Vorgaben der Richtlinie 2009/65/EG (OGAW-RL) entsprechenden OGAW sowie AIF, die die Voraussetzungen des § 1 Abs. 1a i. V. m. Abs. 1b erfüllen. Dies umfasst offene AIF, die die dort genannten weiteren Vorgaben erfüllen. Die Anforderungen an OGAW gehen über diese Vorgaben hinaus und sind mithin – wie es auch bei dem bisher geltenden InvStG der Fall war – regelmäßig erfüllt.

Alle offenen Fonds, die diese Voraussetzungen nicht erfüllen, sowie geschlossene Fonds werden als Investitionsgesellschaften definiert.

6.7.5.2 AIF als Investmentfonds

Ein AIF ist ein Investmentfonds i. S. d. § 1 Abs. 1a InvStG-E, wenn er insbesondere folgende Merkmale aufweist:

- Der AIF ist in seinem Sitzstaat einer Investmentaufsicht unterstellt
- Dem Anleger ist ein Recht auf Rückgabe der Anteile eingeräumt worden
- Der AIF dient dem Zweck der gemeinschaftlichen Kapitalanlage
- Der Grundsatz der passiven Vermögensverwaltung wird beachtet
- Beachtung von Anlagegrenzen auf Portfolioebene: Max. 20 % des Wertes eines Investmentfonds werden die Beteiligung des Investmentfonds an nicht börsennotierten Kapitalgesellschaften investiert[215]

---

[215] Der Wert des Investmentfonds ergibt sich dabei aus den aktuellen (Kurs-)Werten der Vermögensgegenstände abzüglich der aufgenommen Kredite und sonstigen Verbindlichkeiten.

- Beachtung von Anlagegrenzen auf Ebene von Einzelinvestments: Max. 5 % des Fondsvermögens werden in die Beteiligung an einer nicht börsennotierten Kapitalgesellschaft investiert werden darf und die Beteiligung übersteigt nicht 10 % des Kapitals der Zielgesellschaft

- Beachtung des Grundsatzes der Risikomischung (Anlage des Vermögens in mehr als drei Vermögensgegenstände mit unterschiedlichen Anlagerisiken)[216]

- Aufnahme nur von kurzfristigen Krediten (Kreditlaufzeit bis zu einem Jahr) bis zur Höhe von max. 30 % des Wertes des Investmentfonds[217]

- Beachtung des Katalogs der zulässigen Vermögensgegenstände Bei Investmentanteilen ist zu beachten, dass nur Anteile an Anlagevehikeln gehalten werden dürfen, die ihrerseits die Anforderungen an einen Investmentfonds erfüllen, d. h. die ein OGAW oder ein AIF sind und die die Anforderungen des § 1 Abs. 1a InvStG erfüllen.

Nicht enthalten sind Beteiligungen an ÖPP-Projektgesellschaften, da diese nach dem KAGB nur noch von geschlossenen Fonds gehalten werden dürfen.

6.7.5.3 Rechtsfolgen der Verstöße gegen OGAW-RL und § 1 Abs. 1a InvStG-E

Bei der Änderung von Anlagebedingungen oder der Satzung gilt für OGAW eine abgestufte Prüfung. Erfüllt dieser nicht mehr die Vorgaben der OGAW-RL, gilt er weiterhin als Investmentfonds, wenn er die Anlagebestimmungen des § 1 Abs. 1a InvStG-E erfüllt. Verfehlt er auch diese, wird er als Investitionsgesellschaft behandelt. Ebenso wird ein AIF behandelt, der die Anlagebestimmungen des § 1 Abs. 1a InvStG-E nicht mehr erfüllt.

Verstößt ein OGAW oder AIF ohne eine ausdrückliche Änderung seiner Anlagebedingungen bzw. seiner Satzung in wesentlichem Umfang gegen die Vorgaben des § 1 Abs. 1a InvStG-E, wird er ebenfalls für mindestens drei Jahre als Investitionsgesellschaft behandelt.

Überschreitungen von Anlagegrenzen sind dabei i. d. R. als unschädlich anzusehen, wenn die Überschreitung nicht durch einen Geschäftsabschluss verursacht wurde. Ein Geschäftsabschluss ist jede aktive Transaktion, die die Zusammensetzung des Investmentfondsvermögens verändert. Überschreitungen der Anlagegrenzen die auf bloßen Wertveränderungen der Vermögensgegenstände basieren, sind hingegen unschädlich. Einzelne Überschreitungen von Anlagegrenzen durch Geschäftsabschlüsse sind i. d. R. unwesentlich, wenn die Überschreitungen innerhalb von 10 Arbeitstagen zurückgeführt werden.

Im Falle, dass der Investmentfonds die Beteiligungshöchstgrenze des § 1 Abs. 1a Nr. 5 S. 3 InvStG-E überschreitet, kann er für steuerliche Zwecke keine Rechtspositionen geltend machen, die das Steuerrecht ansonsten bei Beteiligungen ab 10 % einräumt (z. B. DBA-Schachtelprivileg und Mutter-Tochter-Richtlinie).

Für den Fall der Änderung von Anlagebedingungen als auch für den Fall des Verstoßes gegen die Anlagebestimmungen ergeht an den Investmentfonds ein Feststellungsbescheid, mit dem die Änderung der Anlagebedingungen oder der Verstoß gegen die Anlagebestimmungen gesondert festgestellt wird. Bei inländischen Investmentfonds liegt die Zuständigkeit für den Erlass des Feststel-

---

[216] Dabei ist es entsprechend der bisherigen Verwaltungspraxis der BaFin grundsätzlich nicht zu beanstanden, wenn in der Anfangsphase und in der Liquidationsphase die Risikomischung nicht eingehalten.

[217] Auf Grund der besonderen Bedürfnisse eines Immobilienfonds werden für diesen auch langfristige Kredite in Höhe von max. 30 % zugelassen. Dies ist erforderlich und gerechtfertigt, da es sich bei Immobilien regelmäßig um langfristige Investitionen handelt, bei denen eine gewisse Fremdfinanzierungsquote üblich und auch aufsichtsrechtlich unter dem Gesichtspunkt des Anlegerschutzes zulässig ist. Im Gegenzug sind bei Immobilienfonds die Möglichkeiten zu einer zusätzlichen kurzfristigen Kreditaufnahme auf 10 % begrenzt.

lungsbescheides beim örtlich zuständigen Finanzamt. Bei ausländischen Investmentfonds ist das BZSt für die Feststellung zuständig.

Wird ein Investmentfonds zukünftig als Investitionsgesellschaft i. S. d. Abschn. 4 InvStG-E behandelt, ist dies mit einem Wechsel des Besteuerungssystems für das Investmentvehikel und die Anteilseigner verbunden. Daher erfolgt eine „Schlussbesteuerung" der Anteilsinhaber, die die Erfassung stiller Reserven sicherstellt. Diese ist in § 8 Abs. 8 InvStG-E geregelt.

Eine Rückkehr in das System der Besteuerung nach den Abschn. 1 bis 3 InvStG-E ist nach Ablauf von drei Jahren bei Vorliegen der Voraussetzungen möglich (vgl. § 20 InvStG-E).

Die Besteuerung als Investitionsgesellschaft erfolgt erst nach Ablauf des Geschäftsjahres, in dem der Feststellungsbescheid über die Änderung der Anlagebedingungen oder den Verstoß gegen die Anlagebestimmungen bestandskräftig geworden ist.

6.7.5.4 Rechtsformenkatalog

§ 1 Abs. 1d InvStG-E legt die möglichen rechtlichen Formen fest, in denen inländische Investmentfonds gebildet werden können. Der Katalog umfasst – wie bisher – Sondervermögen und Investmentaktiengesellschaften. Neu aufgenommen wird die Investmentkommanditgesellschaft.

6.7.5.5 Verhältnis zum KAGB

Durch den Verweis auf § 1 KAGB sind die dortigen Begriffsbestimmungen auch für das InvStG-E anzuwenden. Dieser Verweis ist allerdings nur insoweit anzuwenden, wie das InvStG-E keine eigenständige Begriffsbestimmung vornimmt. Z. B. definiert das InvStG-E selbständig den Anlegerbegriff (§ 1 Abs. 1e S. 2 InvStG-E) und stellt in § 1 Abs. 1e S. 3 klar, dass sich das Attribut „ausländische" – anders als z. B. in § 1 Abs. 9 KAGB – nicht nur auf Drittstaaten, sondern auch auf EU-Staaten bezieht.

6.7.5.6 Steuerliche Vertretung im Falle der Abwicklung

Im Falle einer Abwicklung eines inländischen Investmentfonds tritt die inländische Verwahrstelle an die Stelle der Kapitalverwaltungsgesellschaft.

Erlischt das Recht der Kapitalverwaltungsgesellschaft, ein Sondervermögen zu verwalten, zum Beispiel durch Kündigung so geht,

- wenn das Sondervermögen im Eigentum der Kapitalverwaltungsgesellschaft steht, das Sondervermögen,
- wenn das Sondervermögen im Miteigentum der Anleger steht, das Verfügungsrecht über das Sondervermögen

auf die Verwahrstelle über (§ 96 Abs. 1 KAGB). Die Verwahrstelle hat das Sondervermögen abzuwickeln und an die Anleger zu verteilen (§ 96 Abs. 2 KAGB). Mit Genehmigung der Bundesanstalt kann die Verwahrstelle von der Abwicklung und Verteilung absehen und einer anderen Kapitalverwaltungsgesellschaft die Verwaltung des Sondervermögens nach Maßgabe der bisherigen Anlagebedingungen übertragen.

6.7.5.7 Verhinderung von Bond-Stripping-Gestaltungen bei Investmentsfonds

Mit der Regelung § 3 Abs. 1a InvStG-E wird eine Umgehung der Verlustabzugsbeschränkung nach § 8c KStG durch sog. „Bond-Stripping" mit Anleihen unter Einschaltung eines Investmentfonds

(Trennung von Mantel und Zinsschein, Verkauf des Zinsscheins zur Erzielung ausschüttungsgleicher Erträge, Verrechnung dieser Erträge mit Verlusten auf Ebene des Investmentfonds, Realisierung eines Veräußerungs- bzw. Rückgabeverlusts auf Ebene der Kapitalgesellschaft als Anteilsscheininhaberin in einem Veranlagungszeitraum, in dem § 8c KStG nicht eingreift) von Investmentfonds verhindert.

Derartige Gestaltungsmodelle sollen durch eine Neuregelung vermieden werden, nach der bei einer Abtrennung der Zinsscheine bzw. der Zinsforderungen von dem dazugehörigen Stammrecht eine Veräußerung des einheitlichen Wirtschaftsguts vor der Abtrennung (bestehend aus Anleihemantel und Zinsscheinen) fingiert und in demselben Zeitpunkt eine Anschaffung der nach der Abtrennung selbständigen Wirtschaftsgüter (Anleihemantel einerseits und Zinsscheine oder Zinsforderungen andererseits) unterstellt wird.

Als Veräußerungserlös gilt der gemeine Wert (§ 9 BewG) des einheitlichen Wirtschaftsguts zum Zeitpunkt der Trennung. Der gemeine Wert der Schuldverschreibung gilt gleichzeitig als Anschaffungskosten der neuen Wirtschaftsgüter. Um die Anschaffungskosten auf den Zinsschein bzw. die Zinsforderung und das Stammrecht aufteilen zu können, ist wiederum deren gemeiner Wert (= der unter Berücksichtigung des aktuellen Marktzinses nach finanzmathematischen Methoden ermittelte Barwert).

Die Regelung stellt sicher, dass die Anschaffungskosten der Schuldverschreibung nicht vollständig dem Stammrecht (Anleihemantel), sondern anteilig auch den Zinsscheinen zugeordnet werden.

6.7.5.8 Neuregelung des Werbungskostenabzugs auf Ebene des Investmentsfonds

§ 3 Abs. 3 InvStG-E regelt den Werbungskostenabzug auf Ebene des Investmentfonds neu. Die Änderung geht auf eine Prüfbitte des Bundesrats zurück.

Die gegenwärtigen Regelungen des Werbungskostenabzugs im InvStG sind gestaltungsanfällig. Der Gestaltungsspielraum wird u. a. dazu genutzt, die allgemeinen Werbungskosten weitgehend den jährlich zu versteuernden Erträgen (insbesondere Zinsen, Dividenden, Mieten) zuzuordnen, um damit die laufende Steuerbelastung zu reduzieren. Eine wirtschaftlich angemessene Verteilung der allgemeinen Werbungskosten auf Erträge, die steuerfrei im Investmentfonds thesauriert werden können (z. B. Gewinne aus der Veräußerung von Wertpapieren oder aus Termingeschäften) wird vermieden, weil bei diesen erst zu späteren Zeitpunkten (bei tatsächlicher Ausschüttung oder bei Veräußerung des Investmentanteils) eine steuerliche Berücksichtigung stattfindet (temporärer Steuervorteil). Bei bestimmten Anlegertypen, bei denen die ausgeschütteten Veräußerungsgewinne oder die Gewinne aus der Veräußerung des Investmentanteils nicht steuerpflichtig sind (z. B. Anleger aus dem Ausland), wird durch diese sachlich nicht angemessene Zuordnung der Werbungskosten ein dauerhafter Steuervorteil erzielt. Die Neuregelung unterbindet diese Gestaltungen, indem sie für die entsprechenden Werbungskosten, soweit sie nicht in einem unmittelbaren wirtschaftlichen Zusammenhang mit Einnahmen stehen, eine gesetzliche Zuordnung vorsieht.

Die bisherige Unterteilung in Werbungskosten, die in unmittelbarem wirtschaftlichem Zusammenhang mit Einnahmen stehen, und Allgemeinkosten wurde beibehalten.

Vorrangig sind nach § 3 Abs. 3 S. 1 InvStG-E Werbungskosten des Investmentfonds, die in einem unmittelbaren wirtschaftlichen Zusammenhang mit bestimmten laufenden Einnahmen oder Veräußerungsgewinnen stehen, von diesen abzuziehen. Dies entspricht der geltenden Rechtslage und wird hier lediglich deutlicher im Gesetz dargestellt. Wie bisher müssen die Investmentfonds die aus einer Einkunftsquelle resultierenden Netto-Erträge durch Abzug der jeweiligen Aufwendungen ermitteln. Dies gilt auch für Werbungskosten, die in einem unmittelbaren Zusammenhang mit steuerfreien Einnahmen stehen (z. B. Zinsaufwand aus der Anschaffung einer ausländischen Immobilie, deren Mieterträge auf Grund von Doppelbesteuerungsabkommen im Inland von der Besteuerung freigestellt werden).

Die Zuordnung der verbleibenden Werbungskosten, die nicht in einem unmittelbaren wirtschaftlichen Zusammenhang mit laufenden Einnahmen bzw. Gewinnen und Verlusten aus Veräußerungsgeschäften stehen (Allgemeinkosten), erfolgt in Fortführung der bisherigen Systematik in mehreren Stufen, die allerdings neu strukturiert werden.

Die erste Stufe (§ 3 Abs. 3 S. 2 Nr. 1 InvStG-E) entspricht § 3 Abs. 3 S. 2 Nr. 1 InvStG a. F. (Zuordnung von Werbungskosten nach dem Verhältnis des entsprechenden Quellvermögens zu dem Gesamtvermögen des vorangegangenen Geschäftsjahres).

Die bisherige Regelung des § 3 Abs. 3 S. 2 Nr. 2 InvStG a. F., wonach von den nach Anwendung des § 3 Abs. 3 S. 2 Nr. 1 InvStG-E verbleibenden abziehbaren Werbungskosten 10 % als nicht abzugsfähige Werbungskosten gelten, entfällt ersatzlos.

Nach § 3 Abs. 3 S. 2 Nr. 3 InvStG-E werden die verbleibenden Aufwendungen den laufenden Erträgen i. S. des § 8b Abs. 1 KStG (insbesondere Dividenden) und den Gewinnen und Verlusten i. S. des § 8b Abs. 2 und 3 KStG (insbesondere Aktienveräußerungsgewinne und -verluste) zugewiesen (Stufe 2). Maßstab für die Zuordnung ist – wie in § 3 Abs. 3 S. 2 Nr. 1 InvStG-E – das Verhältnis des entsprechenden Quellvermögens zu dem (um das Vermögen i. S. d. § 3 Abs. 3 S. 2 Nr. 1 InvStG-E verminderten) Gesamtvermögen des vorangegangenen Geschäftsjahres.

Ein nach Anwendung des § 3 Abs. 3 S. 2 Nr. 1 bis 3 InvStG-E noch verbleibender Betrag an abziehbaren Werbungskosten ist von den verbleibenden laufenden Erträgen und Gewinnen und Verlusten aus Veräußerungsgeschäften abziehbar (3. Stufe).

Den laufenden Einnahmen bzw. den Gewinnen und Verlusten aus Veräußerungsgeschäften zugeordnete Werbungskosten werden zur Ermittlung der weiteren Besteuerungsgrundlagen nach § 5 InvStG-E bzw. der Bemessungsgrundlagen für den Steuerabzug nach § 7 InvStG-E bzw. § 15 Abs. 1 S. 7 und Abs. 2 InvStG-E im Verhältnis der erzielten laufenden Einnahmen zu den jeweiligen Gesamteinnahmen der jeweiligen Stufe des Investmentfonds berechnet.

Bei Gewinnen und Verlusten aus Veräußerungsgeschäften erfolgt die weitere Werbungskostenverteilung entsprechend der Summe der erzielten Gewinne und Verluste aus Veräußerungsgeschäften im Verhältnis zu den Gesamtgewinnen und -verlusten der jeweiligen Stufe des Investmentfonds.

6.7.5.9 Gesetzliche Ausschüttungsreihenfolge

§ 3a InvStG-E regelt erstmals eine gesetzliche Ausschüttungsreihenfolge für Erträge von Investmentfonds. Die Regelung gilt sowohl für Zwischen- als auch für Endausschüttungen. Die Neuregelung sieht vor, dass für eine Ausschüttung zunächst die ausgeschütteten Erträge, dann die ausschüttungsgleichen Erträge, anschließend die übrigen Erträge und zum Schluss die Substanzbeträge als verwendet gelten. Zuletzt gelten Substanzbeträge als für eine Ausschüttung verwendet. Bei den Substanzbeträgen handelt es sich im Wesentlichen um die Rückzahlung des vom Anleger eingebrachten Kapitals. Erst wenn die Erträge des Investmentfonds vollständig ausgeschüttet wurden, können Substanzbeträge für eine Ausschüttung verwendet werden. Erst wenn die Erträge einer vorrangigen Ertragskategorie vollständig verwendet wurden, gelten die Erträge der nachfolgenden als verwendet.

Abweichend davon kann der Investmentfonds § 3a S. 2 InvStG-E eine andere Zuordnung innerhalb der zu derselben Ertragskategorie gehörenden Teilbeträge wählen.

Beispiel:

Ein im Jahre 1995 aufgelegtes Investment-Sondervermögen beschließt im Jahre 2013 eine Ausschüttung über 100.000 €. Beim Investmentvermögen liegen folgende Bestände vor:

auszuschüttende Erträge 2012 : (§ 3a S. 1 Nr. 1 InvStG-E)	20.000 €
ausschüttungsgleiche Erträge aus Geschäftsjahren vor 2012: (§ 3a S. 1 Nr. 2 InvStG-E)	40.000 €
Aktienveräußerungsgewinne aus dem Jahr 1996: (§ 3a S. 1 Nr. 3 InvStG-E)	100.000 €
Aktienveräußerungsgewinne aus dem Jahr 2005: (§ 3a S. 1 Nr. 3 InvStG-E)	80.000 €

Für die Ausschüttung in Höhe von 100 000 € gelten nach der Neuregelung
des § 3a S. 1 InvStG-E als verwendet:

auszuschüttende Erträge 2012: (§ 3a S. 1 Nr. 1 InvStG-E)	20.000 €
Ausschüttungsgleiche Erträge aus Geschäftsjahren vor 2012 (§ 3a S. 1 Nr. 2 InvStG-E)	40.000 €

Grundsätzlich gelten die Aktienveräußerungsgewinne der Jahre 1996 und 2005, die jeweils Teilbeträge der Nr. 3 darstellen, entsprechend ihrem jeweiligen Anteil zur Gesamtsumme der Veräußerungsgewinne (180.000 €) als für die Ausschüttung verwendet. Demnach gilt ein Teilbetrag von 22.223 € aus den Aktienveräußerungsgewinnen des Jahres 1996 und ein Teilbetrag von 17.777 € aus den Aktienveräußerungsgewinnen des Jahres 2005 jeweils als für die Ausschüttung verwendet. Nach § 3a S. 2 InvStG-E kann die Investmentgesellschaft eine andere Zuordnung der Teilbeträge im Ausschüttungsbeschluss bestimmen; diese andere Aufteilung ist in diesem Fall Grundlage für die Ausschüttungsreihenfolge.

6.7.5.10 Negative Thesaurierung

Nach § 3a S. 3 InvStG-E kann ein auf Grund der steuerlichen Geltendmachung von Absetzungen für Abnutzung (AfA) oder Absetzungen für Substanzverringerung (AfS) entstandener Liquiditätsüberhang (sogenannte negative Thesaurierung) zusammen mit den jeweiligen Erträgen steuerneutral ausgeschüttet werden. Ein Liquiditätsüberhang entsteht, weil AfA und AfS aus steuerlicher Sicht als Werbungskosten des Investmentfonds qualifiziert werden, im Rahmen der aufsichtsrechtlichen Ertragsermittlung aber keine Berücksichtigung finden. Dies hat zur Folge, dass die den steuerlichen AfA und AfS entsprechenden Beträge im Fondsvermögen zwar noch enthalten sind, steuerlich jedoch keine Erträge, sondern lediglich – für eine Ausschüttung zur Verfügung stehende – Liquidität darstellen.[218]

6.7.5.11 Klarstellung zum Progressionsvorbehalt in § 4 Abs. 1 InvStG-E

Aus dem Ausland stammende Immobilieneinkünfte eines Investmentfonds werden beim Anleger nicht als steuerpflichtiger Ertrag erfasst, soweit die Bundesrepublik Deutschland auf Grund eines DBA durch die Anwendung der Freistellungsmethode auf die Ausübung des Besteuerungsrechts hinsichtlich solcher Einkünfte verzichtet hat. Diese ausländischen Einkünfte werden jedoch zum

---

[218] Die steuerneutrale Ausschüttung dieser Beträge erachtet die Finanzverwaltung auch bislang als zulässig (vgl. BMF-Schreiben v. 18.8.2009 – IV C 1 – S 1980 – 1/08/10019, BStBl I 2009, S. 931, Rz. 16b).

Teil für Zwecke des Progressionsvorbehalts bei betrieblichen Anlegern herangezogen. Bei Anlegern, die ihren Investmentanteil im Privatvermögen halten (Privatanleger), ist der Progressionsvorbehalt seit der Einführung der Abgeltungsteuer nicht mehr anzuwenden.

Mit dem JStG 2010 wurde § 4 Abs. 1 S. 2 InvStG dahingehend eingeschränkt, dass der Progressionsvorbehalt nur noch für Einkünfte aus Drittstaaten und nicht mehr für Einkünfte aus Mitgliedstaaten der Europäischen Union und aus Staaten des Europäischen Wirtschaftsraums angewendet wird. Diese Einschränkung war aus europarechtlicher Sicht geboten. Die Neufassung des § 4 Abs. 1 S. 2 InvStG-E durch das JStG 2010 hat allerdings in der Praxis Zweifel aufkommen lassen, ob der Progressionsvorbehalt nunmehr wieder bei Privatanlegern anzuwenden sei. Die vorliegende Änderung stellt klar, dass der Progressionsvorbehalt nur bei betrieblichen und nicht bei Privatanlegern anzuwenden ist.

6.7.5.12 Besteuerungsgrundlagen

§ 5 Abs. 2 S. 4 InvStG sieht vor, dass § 2 Abs. 2 und § 4 Abs. 1 InvStG bei der Besteuerung des Anlegers nur Anwendung finden, wenn der Aktiengewinn oder der Immobiliengewinn bewertungstäglich veröffentlicht wird. Ist diese Voraussetzung nicht erfüllt, ist eine Bekanntmachung im Rahmen des § 5 Abs. 1 InvStG nicht nur nicht erforderlich, vielmehr wird ein falscher Anschein erzeugt, der auf Anlegerebene zu falschen Besteuerungsfolgen führen kann. Daher wird in einen neuen S. 3 in § 5 Abs. 1 InvStG-E aufgenommen, dass eine Bekanntmachung zu § 5 Abs. 1 S. 1 Nr. 1 Buchst. c Doppelbuchst. aa und gg InvStG nur erfolgen darf, wenn der Aktiengewinn oder der Immobiliengewinn im Geschäftsjahr, für das die Bekanntmachung erfolgt, gemäß § 5 Abs. 2 S. 4 InvStG bewertungstäglich ermittelt und veröffentlicht wurde

6.7.5.13 Geschäftsjahr

Die heutige Fassung des § 6 InvStG stellt, abweichend von anderen Regelungen des InvStG, auf das Kalenderjahr und nicht auf das Geschäftsjahr des Investmentfonds ab. Diese Divergenz des § 6 InvStG zu den übrigen Vorschriften kann bei einem Wechsel von einem transparenten Fonds zu einem intransparenten Fonds und umgekehrt zu steuerfreien oder zu doppelt besteuerten Einkünften führen. Dieses Problem wird durch die Änderung bereinigt.

Im neuen § 6 S. 5 InvStG-E wird eine Auffangregelung für den Fall geschaffen, dass sich das Geschäftsjahr des intransparenten Investmentfonds nicht ermitteln lässt. In diesem Fall gilt das Kalenderjahr als Geschäftsjahr.

6.7.5.14 Veräußerungs- und Anschaffungsfiktion bei einem Wechsel des Besteuerungssystems

Findet in den Fällen des § 1 Abs. 1c InvStG-E ein Wechsel des Besteuerungssystems statt, gelten die Anteile am Investmentfonds durch den Anteilsinhaber gemäß § 8 Abs. 8 InvStG-E als veräußert und zugleich Anteile an der zukünftigen Investitionsgesellschaft als angeschafft.

Die Veräußerungsfiktion führt zu einer Aufdeckung und Versteuerung aufgelaufener Wertzuwächse bzw. stiller Reserven.

Der Gewinn oder Verlust aus der fingierten Veräußerung unterliegt nicht dem Kapitalertragsteuer-Abzugsverfahren, da dem Anleger durch die Veräußerungsfiktion kein Geldbetrag zufließt, von dem die den Investmentanteil verwahrende Stelle einen Steuerabzug vornehmen könnte. Vielmehr sind diese Gewinne oder Verluste nur im Rahmen der Veranlagung durch das Finanzamt zu berücksichtigen. Das depotführende Kreditinstitut hat jedoch in den Steuerbescheinigungen anzugeben, ob der Steuerpflichtige Anteile an einem Investmentfonds besitzt, auf die § 8 Abs. 8 InvStG-E anzuwenden ist. Entsprechendes soll in einer Verwaltungsanweisung zukünftig geregelt werden.

Auf Antrag des Steuerpflichtigen ist die festgesetzte Steuer bis zum Zeitpunkt der Veräußerung zinslos zu stunden. Dies ist gerechtfertigt, da der Anleger keinen Einfluss auf das Verhalten des Investmentfonds hat, einen Wechsel des Besteuerungssystems nicht verhindern kann und ihm kein Geldbetrag zufließt. Dieser fließt erst zum Zeitpunkt der Veräußerung zu.

6.7.5.15 Steuerbefreiung inländischer Sondervermögen

Ein inländisches Sondervermögen wird nach § 11 Abs. 1 S. 2 InvStG-E nur dann von der Körperschaft- und Gewerbesteuer befreit, wenn es die in § 1 Abs. 1a InvStG-E geregelten Anlagebestimmungen eines Investmentfonds einhält. Da die Anlagebestimmungen des § 1 Abs. 1a InvStG-E weitestgehend den derzeit geltenden Anwendungsbereich des Investmentgesetzes und des Investmentsteuergesetzes abbilden, wird durch diese Ergänzung lediglich der heutige steuerliche Status quo fortgeführt.

6.7.5.16 Steuerbefreiung von Investmentaktiengesellschaften

In gleicher Weise wie in § 11 Abs.1 S. 2 InvStG-E für die Sondervermögen wird in § 11 Abs. 1 S. 3 InvStG-E für die Investmentaktiengesellschaften für die Befreiung von der KSt und GewSt ergänzt, dass diese nur gewährt wird, wenn die Anlagebestimmungen des § 1 Abs. 1a InvStG-E eingehalten werden.

6.7.5.17 Ausnahmen von der Steuerbefreiung bei intern verwalteten Investmentaktiengesellschaften

In bestimmen Sonderfällen bestehen Ausnahmen von der Steuerbefreiung für Investmentaktiengesellschaften, § 11 Abs. 1 S. 4 InvStG-E.

Investmentfonds in der Rechtsform eines Sondervermögens sind selbst nicht handlungsfähig und werden durch Kapitalverwaltungsgesellschaften verwaltet. Die Tätigkeit der Kapitalverwaltungsgesellschaft stellt eine gewerbliche Vermögensverwaltung für andere dar und unterliegt der KSt und GewSt. Sofern eine Investmentaktiengesellschaft eine Kapitalverwaltungsgesellschaft mit der Vermögensverwaltung betraut (fremdverwaltete Investmentaktiengesellschaft), fallen auf Seiten der Kapitalverwaltungsgesellschaft ebenfalls körperschaft- und gewerbesteuerpflichtige Einkünfte an. Nur soweit es sich um eine selbstverwaltete Investmentaktiengesellschaft handelt, bleiben derzeit die intern erbrachten Leistungen für die Vermögensverwaltung unversteuert, obwohl die gleichen Leistungen erbracht werden wie bei einer Fremdverwaltung. Ebenso unversteuert bleiben die Erträge, die entstehen, wenn die Initiatoren bzw. Betreiber der Investmentaktiengesellschaft (= Inhaber der Unternehmensaktien) die Vergütung für die Verwaltungstätigkeit im Gesellschaftsvermögen belassen und rentierlich anlegen. Es handelt sich dabei jeweils um eine systemwidrige Besteuerungslücke, die mit der vorliegenden Regelung geschlossen wird.

Zukünftig sind die Verwaltungsvergütung aber auch etwaige erfolgsabhängige Vergütungen generell körperschaft- und gewerbesteuerpflichtig.

Ebenfalls steuerpflichtig sind die Einkünfte der Investmentaktiengesellschaft, die auf die Unternehmensaktien entfallen. Bei einer Investmentaktiengesellschaften werden die Unternehmensaktien von den Initiatoren und Betreibern der Investmentaktiengesellschaft gehalten. Grundsätzlich berechtigen nur die Unternehmensaktien zur Teilnahme an der Hauptversammlung (vgl. § 105 Abs. 3 S. 2 KAGB) und gewähren damit Einfluss auf die Tätigkeit der Investmentaktiengesellschaft. Die in der Regel stimmrechtslosen Aktien sind für die eigentlichen Anleger der Investmentaktiengesellschaft bestimmt. Nur soweit die Einkünfte der Investmentaktiengesellschaft auf die Inhaber der Anlageaktien entfallen, ist eine Steuerbefreiung gerechtfertigt.

Sofern bei Spezialinvestmentaktiengesellschaften nach § 105 Abs. 1 S. 1 KAGB auf die Begebung von Anlageaktien verzichtet wird, sind Initiatoren bzw. Betreiber und Anleger der Investmentaktiengesellschaft identisch. In diesem Sonderfall ist eine Steuerbefreiung hinsichtlich der Unternehmensaktien sachgerecht.

6.7.5.18 Steuerbefreiung der Investmentkommanditgesellschaften

§ 11 Abs. 1 S. 6 InvStG-E bestimmt, dass die offene Investmentkommanditgesellschaft von der Gewerbesteuer befreit ist, wenn sie ebenso wie ein Sondervermögen oder wie eine Investmentaktiengesellschaft die Voraussetzungen des § 1 Abs. 1a InvStG-E erfüllt. Diese Regelung gewährleistet die Gleichbehandlung der drei aufsichtsrechtlich normierten Formen eines offenen Investmentfonds.

6.7.5.19 Überleitungsrechnung

Der Feststellungserklärung ist eine Abschrift der investmentrechtlichen Rechnungslegung beizufügen, die auf dem Zahlenwerk der Buchführung beruht. Enthält die investmentrechtliche Rechnungslegung Ansätze oder Beträge, die den steuerlichen Vorschriften zur Ermittlung der Besteuerungsgrundlagen nicht entsprechen, so sind diese Ansätze oder Beträge durch Zusätze oder Anmerkungen den steuerlichen Vorschriften anzupassen. Diese Anpassung erfolgt im Rahmen einer sog. Überleitungsrechnung. Es ist bereits gängige Praxis, dass die Finanzbehörden die Überleitungsrechnung anfordern und überprüfen. Allerdings hat sich in das Bedürfnis ergeben, in den gesetzlichen Regelungen klarzustellen, dass die Kapitalanlagegesellschaften zur Vorlage der Überleitungsrechnung verpflichtet sind. Dies ist jetzt mit § 13 Abs. 2 S. 3 InvStG-E geschehen.

6.7.5.20 Änderung der Vorschriften für Spezial-Investmentfonds

Mit § 15 Abs. 1 S. 1 InvStG-E werden für Spezial-Investmentfonds § 1 Abs. 1c InvStG-E sowie § 8 Abs. 8 S. 1, 2 und 5 InvStG-E ausgeschlossen, weil diese Vorschriften auf Publikums-Investmentfonds zugeschnitten sind. Vergleichbare Regelungen werden für Spezial-Investmentfonds in dem neuen § 15 Abs. 3 InvStG-E getroffen. Die Regelung des § 1 Abs. 1c S. 2 InvStG-E. nach der aus der Überschreitung der Beteiligungshöchstgrenze des § 1 Abs. 1a Nr. 5 S. 3 InvStG-E keine für den Anleger begünstigende Rechtsfolgen gezogen werden dürfen, bleibt auch für Spezial-Investmentfonds anwendbar. Das Gleiche gilt für die Regelungen zur Besteuerung eines Veräußerungsgewinns oder eines Veräußerungsverlusts nach § 8 Abs. 8 S. 3 und 4 InvStG-E.

Genauso wie bei Publikums-Investmentfonds sind auch bei Spezial-Investmentfonds Regelungen zu treffen, welche Rechtsfolgen eintreten, wenn der Fonds durch Änderung der Anlagebedingungen oder der Satzung oder durch tatsächlich abweichendes Anlageverhalten die Voraussetzungen eines Investmentfonds nach § 1 Abs. 1a InvStG-E nicht mehr erfüllt. Da bei Spezial-Investmentfonds die Anleger alle bekannt sind und eine Feststellung der Besteuerungsgrundlagen auf Anlegerebene stattfindet, ist es verfahrenstechnisch möglich bereits in dem Geschäftsjahr, in dem von § 1 Abs. 1a InvStG-E abgewichen wird, die Besteuerungsregelungen für Investitionsgesellschaften anzuwenden. Dies ist auch sachgerecht, denn typischerweise üben die Anleger eines Spezial-Investmentfonds einen bestimmenden Einfluss auf die Verwalter des Spezial-Investmentfonds aus und müssen sich daher das Verhalten der Verwalter zurechnen lassen. Die typischerweise dominierende Stellung der Anleger von Spezial-Investmentfonds zeigt sich insbesondere daran, dass über 50 % der Spezial-Investmentfonds nur einen einzigen Anleger haben.

Die Regelungstechnik des § 15 Abs. 3 InvStG-E sieht vor, dass in dem Geschäftsjahr des Verstoßes gegen § 1 Abs. 1a InvStG-E bereits die Besteuerungsregelungen für Investitionsgesellschaften angewendet werden. Die Besteuerungsregelungen für Investmentfonds werden letztmalig im vorangegangenen Geschäftsjahr angewendet. Der Übergang zwischen den Besteuerungsregimen setzt voraus, dass zum Ende des vorangegangenen Geschäftsjahres der Investmentfondsanteil als veräußert gilt und zum Beginn des darauf folgenden Geschäftsjahres ein Anteil an einer Investitionsgesellschaft als angeschafft gilt.

Das Anlagevehikel gilt für einen Zeitraum von mindestens drei Jahren als Investitionsgesellschaft, wenn von den Voraussetzungen des § 1 Abs. 1a InvStG-E abgewichen wurde, § 15 Abs. 3 S. 2 InvStG-E.

6.7.5.21 Einführung einer offenen Investmentkommanditgesellschaft

Die offene Investmentkommanditgesellschaft wird als dritte Form eines offenen Investmentfonds aufsichtsrechtlich eingeführt. Die Einführung dient dem Zweck, die Bündelung von betrieblichem Altersvorsorgevermögen international tätiger Unternehmen (sog. Pension Asset Pooling) attraktiver zu gestalten.

International tätige Unternehmen würden in verschiedenen Staaten Pensionssysteme unterhalten. Die Zersplitterung von deren Verwaltung führe zu hohen Kosten (z. B. durch diverse Risikomanagementsysteme, eigene Fondsbuchhaltungen, unterschiedliche Reportingsysteme, eigenständige Rechtssysteme etc.) und steuerliche Intransparenzen. Es bestehe ein erhebliches Bedürfnis, die verstreuten Planvermögen durch ein sog. „Asset Pooling" in einem zentralen Vehikel (d. h. einem Investmentfonds) zusammenzuführen. Hierdurch soll eine effiziente Gestaltung von Verwaltung und Aufsicht sowie optimierte Diversifizierung der Portfolien ermöglicht werden, insbesondere durch ein zentrales Anlage- und Risikomanagement.

6.7.5.21.1 Ausgangslage

Einer zentralen Verwaltung der Vermögenswerte von Pensionssystemen stehen in Deutschland die derzeitigen steuerrechtlichen Rahmenbedingungen entgegen. Die bisher im InvG vorgesehenen Rechtsformen Sondervermögen und Investmentaktiengesellschaft stellen eigene Steuersubjekte dar und bieten somit nicht die für Zwecke eines „Pension Asset Poolings" gewünschte Transparenz im Rahmen der Doppelbesteuerungsabkommen (DBA).

Nach geltendem Recht wird im Ausland erhobene Quellensteuer nicht in dem Maße durch den Erhebungsstaat an einen inländischen Investmentfonds erstattet, wie dies bei der Direktanlage eines Pensionsfonds oder einer vergleichbaren Altersvorsorgeeinrichtung möglich ist. Dies schließt derzeit eine entsprechende Auflage von „Pension Asset Pooling"-Fonds in Deutschland aus. Hierdurch gehen dem Standort Deutschland Assets verloren, die in „Pension Asset Pooling"-fähige Länder übertragen werden. Einige große multinationale Konzerne haben bestehendes Pensionsvermögen bereits im Ausland gepoolt.

Die steuerrechtlichen Hindernisse sollen durch die Einführung einer „Investment-Kommanditgesellschaft", also einer steuertransparenten Personengesellschaft als neue Investmentfonds-Rechtsform, beseitigt werden.

Beim Pension Asset Pooling wird das Vermögen, das von multinationalen Unternehmen zur Abdeckung von Pensionsverpflichtungen gegenüber ihren Arbeitnehmern gebildet wurde, auf ein zentrales Investment-Vehikel übertragen und von einer zentralen Depotbank verwahrt. Dabei geht es um Kostenersparnis und Effizienzgewinne durch die Verwendung eines zentralen Anlagevehikels.

Gleichzeitig sollen die Steuervorteile erhalten bleiben, die einer Altersvorsorgeeinrichtung als Anleger auf Grund von Doppelbesteuerungsabkommen (DBA) zustehen. D. h., das zentrale Anlagevehikel soll nicht selbst Besteuerungssubjekt im Sinne der DBA sein, sondern es soll für die Zwecke der Anwendung der DBA weiterhin auf die Anleger des zentralen Anlagevehikels abgestellt werden (sog. DBA-Transparenz). Die bisher zur Verfügung stehenden Rechtsformen (Sondervermögen und Investmentaktiengesellschaft) erfüllen diese Voraussetzung nicht, weil sie Körperschaftsteuersubjekte darstellen.

Das Hauptziel der Einführung einer offenen Investmentkommanditgesellschaft ist damit, ein für DBA-Zwecke transparentes Anlagevehikel zu schaffen. Konkret geht es dabei vor allem um den Anspruch auf (teilweise) Rückerstattung von gezahlten Quellensteuern auf Dividenden. Beispielsweise ist im DBA zwischen den USA und Deutschland für Pensionsfonds eine vollständige Befreiung von den Quellensteuern auf Dividenden vorgesehen.

Eine Personengesellschaft wird allerdings nicht in allen DBA-Vertragsstaaten als transparentes Vehikel behandelt. Es wird daher jeweils zu prüfen sein, ob die DBA-Transparenz einer deutschen offenen Investmentkommanditgesellschaft z. B. im Rahmen einer Revision von DBA oder im Rahmen von Verständigungsverfahren ausdrücklich zu regeln ist.

Die offene Investmentkommanditgesellschaft kann zwar auch für andere Zwecke genutzt werden. Sie bietet jedoch außer der DBA-Transparenz keinen zusätzlichen Nutzen gegenüber den etablierten Spezial-Sondervermögen, so dass sie nach der Erwartung des Gesetzgebers in der Praxis auf die Zwecke des Pension Asset Pooling begrenzt bleiben dürfte.

6.7.5.21.2 Anzuwendende Vorschriften

Die für inländische Spezial-Sondervermögen geltenden Vorschriften sind für die offene Investmentkommanditgesellschaft entsprechend anzuwenden.

Dies umfasst u. a. die Ermittlung der Erträge, die Nichtsteuerbarkeit bestimmter thesaurierter Veräußerungsgewinne und auch den Kapitalertragsteuerabzug nach § 7 i. V. mit § 15 InvStG.

Anleger einer offenen Investmentkommanditgesellschaft dürfen nach § 123 Abs. 1 KAGB nur professionelle Anleger sein. Darüber hinaus wird durch das Investmentsteuerrecht die Zahl der Anleger auf 100 begrenzt, die zudem keine natürlichen Personen sein dürfen. Diese Einschränkungen entsprechen dem heutigen Recht für Spezial-Investmentfonds und sollen die Administrierbarkeit der Besteuerungsregeln sicherstellen.

Da sich die Ermittlung der Erträge auf Ebene der Investmentkommanditgesellschaft nach den Regelungen der Abschnitte 1 bis 3 und 5 InvStG-E richtet, erfolgt auch die Ermittlung der Einkünfte der Anleger nach diesen Vorschriften.

6.7.5.21.3 Keine inländische Betriebsstätte

Da das Hauptziel der Einführung einer offenen Investmentkommanditgesellschaft darin besteht, ein transparentes Anlagevehikel zu schaffen, im Übrigen aber keine von der allgemeinen Zielsetzung des Investmentsteuergesetzes abweichende Rechtsfolgen eintreten sollen, muss für den Fall, dass die Investmentkommanditgesellschaft gewerbliche Einkünfte erzielt, ausgeschlossen sein, dass deren Erträge einer inländischen Betriebsstätte zugeordnet werden. Daher wird in § 15 Abs. 3 InvStG-E bestimmt, dass allein auf Grund der Beteiligung an einer offenen Investmentkommanditgesellschaft keine inländische Betriebsstätte begründet wird oder Einkünfte anteilig einer inländischen Betriebsstätte zugerechnet werden.

6.7.5.22 Personen-Investitionsgesellschaften

In § 18 InvStG-E wird die Personen-Investitionsgesellschaften normiert. Als Investitionsgesellschaft wird nach § 1 Abs. 1 S. 6 InvStG-E ein AIF definiert, der nicht die Voraussetzungen des § 1 Abs. 1a InvStG-E erfüllt. Hierunter fallen sowohl geschlossene Investmentstrukturen, bei denen die Rückgabe der Anteile nicht gewährleistet ist, als auch offene Investmentvehikel, die z. B. in andere als die nach § 1 Abs. 1b InvStG-E zulässigen Vermögensgegenstände investieren.

Als Personen-Investitionsgesellschaft gelten Investmentkommanditgesellschaften (die nicht die Voraussetzungen an einen Investmentfonds nach § 1 Abs. 1a InvStG-E erfüllen) und vergleichbare ausländische Rechtsformen. Die Vergleichbarkeit einer ausländischen Rechtsform setzt voraus, dass die Anleger der Investitionsgesellschaft und deren Beteiligungshöhe in ähnlicher Weise wie bei einer Investmentkommanditgesellschaft ermittelt werden können.

Handelt es sich um eine als Personen-Investitionsgesellschaft definierte Rechtsform, kommen die allgemeinen für Personengesellschaften und deren Anleger geltenden steuerrechtlichen Regelungen zur Anwendung. Die Einkünfte der Personen-Investitionsgesellschaft sind nach § 180 Abs. 1 Nr. 2 AO einheitlich und gesondert festzustellen. Die Anleger haben die Einkünfte im Rahmen ihrer Einkommen- oder Körperschaftsteuerveranlagung zu versteuern.

6.7.5.23 Kapital-Investitionsgesellschaften

Investitionsgesellschaften i. S. d. § 18 InvStG-E sind Kapitalgesellschaft, die nicht die Voraussetzungen des § 1 Abs. 1a InvStG-E erfüllen und daher als Körperschaft nach dem KStG besteuert werden. Als Körperschaft und Gewerbesteuersubjekte gelten auch Sondervermögen und vergleichbare ausländische Rechtsformen, die nicht die Voraussetzungen des § 1 Abs. 1a InvStG-E erfüllen Sie sind insoweit regulär körperschaft- und gewerbesteuerpflichtig.

6.7.5.24 Besteuerung der Anteilseigner von Kapital-Investitionsgesellschaften

§ 19 Abs. 2 InvStG-E regelt die Besteuerung der Anleger einer inländischen oder ausländischen Kapital-Investitionsgesellschaft. Neben die Steuerpflicht der Körperschaft tritt die Besteuerung der Anleger. Die Anleger haben die erhaltenen Ausschüttungen sowie 70 % der Wertsteigerung des Anteils zu versteuern. Mindestens sind 6 % des letzten im Geschäftsjahr der Gesellschaft festgesetzten Rücknahmepreises anzusetzen. In dieser Höhe wird eine Mindestrendite unterstellt. Die Regelung orientiert sich an der Regelung des § 6 InvStG.

Ohne eine derartige Regelung könnten andernfalls in ausländischen Investitionsgesellschaften dauerhaft Gewinne steuerneutral thesauriert werden. Dies wäre beispielsweise bei ausländischen Private-Equity-Fonds in der Rechtsform einer Aktiengesellschaft der Fall. Die Regelungen des Außensteuergesetzes können diese Besteuerungslücke nicht hinreichend schließen, weil nach der Rechtsprechung des EuGH (vgl. Urteil v. 12.9.2006, Rs. C-196/04, „Cadbury Schweppes", u. a. DB 2006, S. 2045) Regelungen zur Hinzurechnungsbesteuerung nur angewendet werden dürfen, wenn „das spezifische Ziel der Beschränkung darin liegt, Verhaltensweisen zu verhindern, die darin bestehen, rein künstliche, jeder wirtschaftlichen Realität bare Gestaltungen zu dem Zweck zu errichten, der Steuer zu entgehen, die normalerweise für durch Tätigkeiten im Inland erzielte Gewinne geschuldet wird" (vgl. Rz. 55 des Urteils).

Ist auf Ebene der Kapital-Investitionsgesellschaft eine Besteuerung mit einem Satz von mindestens 15 % erfolgt, sind auf die Erträge des Anlegers § 8b KStG und § 3 Nr. 40 EStG anzuwenden. Dies ist angesichts der Vorbelastung auf Ebene der Körperschaft gerechtfertigt. Die Regelung lehnt sich an § 19 Abs. 2 REITG an.

Die Gewinne oder Verluste aus der Veräußerung oder Rückgabe von Anteilen, die im Privatvermögen gehalten werden, gelten als Einkünfte im Sinne des § 20 Abs. 2 S. 1 Nr. 1 EStG. Ist der Anteil einem Betriebsvermögen zugeordnet, sind die Einkünfte als Betriebseinnahmen zu erfassen.

Übersteigen die während der Besitzzeit des Anlegers ihm zugerechneten Erträge die tatsächlich erhaltenen Ausschüttungen, ist der Veräußerungserlös insoweit zu mindern. Durch diesen Korrekturschritt wird eine zweifache Besteuerung desselben Gewinns verhindert. Diese Korrekturschritt wird allerdings nur in der Veranlagung nachvollzogen, weil nur das Finanzamt des Anlegers feststellen kann, ob in den Vorjahren vom Anleger etwaige über die Ausschüttung hinausgehende Mehr- und Auffüllungsbeträge versteuert wurden.

Im Rahmen der Kapitalertragsteuererhebung durch die den Anteilsschein verwahrende Stelle (in der Regel das depotführende Kreditinstitut des Anlegers) ist stets der volle Gewinn aus der Veräußerung dem Steuerabzug zu unterwerfen.

6.7.5.25 Umwandlung einer Investitionsgesellschaft in einen Investmentfonds

§ 20 InvStG-E regelt die steuerlichen Folgen einer Umwandlung einer Investitionsgesellschaft in einen Investmentfonds. Zu diesen Umwandlungsfällen kann es z. B. kommen, wenn ein Investmentfonds in der Vergangenheit gegen die Anlagebestimmungen des § 1 Abs. 1a InvStG-E verstoßen hat, daraufhin eine Aberkennung des privilegierten Besteuerungsstatus erfolgt ist und das Anlagevehikel nach Ablauf der Mindestfrist von drei Jahren in § 1 Abs. 1 InvStG-E wieder zurück in den privilegierten Besteuerungsstatus möchte. Denkbar ist auch, dass eine Investitionsgesellschaft erstmalig ihre Anlagepolitik umstellt, um so den privilegierten Besteuerungsstatus zu erlangen.

Da sich die Besteuerungsregime von Investmentfonds und Investitionsgesellschaften grundlegend unterscheiden, lässt sich der Wechsel auf Anlegerebene nur durch eine Endbesteuerung im alten Regime und einen Neuanfang im neuen Regime bewerkstelligen. Für diesen Zweck werden eine Veräußerungsfiktion hinsichtlich des Investitionsgesellschaftsanteils und eine Anschaffungsfiktion hinsichtlich des Investmentanteils geregelt.

Da bei der Veräußerungsfiktion tatsächlich keine Liquidität entsteht, von der ein Kapitalertragsteuerabzug durchgeführt werden könnte, wird der Vorgang nur im Veranlagungsverfahren durch das für den Anleger zuständige Finanzamt erfasst.

6.7.5.26 Zeitliche Anwendung (§ 21 Abs. 23 InvStG-E)

Das aufsichtsrechtliche AIFM-UmsG tritt nach dessen Art. 28 zum 22.7.2013 in Kraft. Zeitgleich sind auch die Vorschriften dieses Gesetzes in der Fassung des steuerrechtlichen Anpassungsgesetzes zum AIFM-UmsG anzuwenden.

Auf Investmentfonds, die vor diesem Stichtag nach dem bisherigen Recht aufgelegt wurden, sind weiterhin die Regelungen für Investmentsfonds anzuwenden. Hierdurch wird diesen Investmentfonds Bestandsschutz gewährt.

Die Neuregelung des § 3 Abs. 1a InvStG-E zur Verhinderung von Stripping-Gestaltungen bei Anleihen soll erstmals auf die Abtrennung von Zinsscheinen bzw. Zinsforderungen von dem dazugehörigen Stammrecht anzuwenden sein, die nach dem Tag der 2./3. Lesung des vorliegenden Gesetzentwurfs im Deutschen Bundestag vollzogen wurde.

Die Neufassung des § 3 Abs. 3 InvStG-E (Werbungskostenabzug) ist erstmals auf Geschäftsjahre des Investmentfonds anzuwenden, die nach dem 31.12.2013 beginnen.

Die Regelungen zur Ausschüttungsreihenfolge in § 3a InvStG-E sind erstmals auf Ausschüttungen anzuwenden, die nach Ablauf von sechs Monate nach Verkündung des AIFM-StAnpG abfließen. Der um sechs Monate hinausgeschobene Anwendungszeitpunkt räumt den Investmentfonds eine angemessene Übergangsfrist ein, um ihre Ausschüttungsbeschlüsse an die Neuregelung des § 3a InvStG anzupassen.

6.7.6 Änderung des FVG

Der Aufgabenkatalog des BZSt wird durch Art. 2 AIFM-StAnpG ergänzt um die Feststellung des Vorliegens oder Nichtvorliegens der Anforderungen an einen Investmentfonds nach § 1 Abs. 1c S. 1 InvStG-E. Außerdem wird die Aufgabe übertragen, dass das BZSt bestandskräftige Feststellungsbescheide nach § 1 Abs. 1c S. 6 InvStG-E im BAnz zu veröffentlichen hat.

Darüber hinaus enthält der Gesetzentwurf eine Regelung zur Umsetzung des sog. Be-nennungsrechts des BZSt (§ 19 Abs. 5 FVG). Damit wird das BZSt in die Lage versetzt werden, aufgrund eigener Konzeption/Risikoauswahl die Außenprüfung bestimmter Steuerpflichtiger zu initiieren. Das BZSt kann verlangen, dass bestimmte von ihm namhaft gemachte Steuerpflichtige, die der Außenprüfung unterliegen, geprüft werden (sog. Benennungsrecht). Mit der derzeit beim BZSt zur Verfügung stehenden Datengrundlage kann dieses Ziel jedoch nur lückenhaft erreicht werden. Die im BZSt vorhandene Betriebsdatei speist sich allein aus den Prüfungsgeschäftsplänen der Länder, also den Steuerpflichtigen, die ohnehin bereits für eine Außenprüfung vorgesehen sind. Das BZSt soll in die Lage versetzt werden, aufgrund eigener Konzeption/Risikoauswahl die Außenprüfung bestimmter Steuerpflichtiger zu initiieren. Mit der Ergänzung des § 19 Abs. 5 FVG werden die Länder verpflichtet, die für die Ausübung des Benennungsrechts erforderlichen Daten dem BZSt zur Verfügung zu stellen. Art und Umfang bestimmt das BMF im Einvernehmen mit den für die Finanzverwaltung zuständigen obersten Landesfinanzbehörden.

6.7.7 Änderung des Umsatzsteuergesetzes

Die Steuerbefreiung des § 4 Nr. 8 Buchst. h UStG gilt zukünftig für die Verwaltung von Investmentsfonds nach § 1 Abs. 1 InvStG-E. Bei der Änderung des § 4 Nr. 8 Buchst. h UStG handelt es sich um eine Folgeänderung aufgrund der Aufhebung des InvG und der Schaffung des KAGB durch Art. 1 des AIFM-UmsG.

Der Umfang der nach geltendem Recht umsatzsteuerfreien Verwaltungsleistungen bzw. der begünstigten Investmentvermögen wird durch die Neuregelung weitgehend unverändert aufrecht erhalten, aber an die geänderten Begrifflichkeiten angepasst. Die Steuerbefreiung erstreckt sich hinsichtlich der Verwaltung von Investmentvermögen auf die Verwaltung von Investmentfonds im Sinne des § 1 Abs. 1 des Investmentsteuergesetzes (InvStG-E). Begünstigt sind somit einerseits Organismen für gemeinsame Anlagen in Wertpapieren (OGAW) im Sinne des § 1 Abs. 2 KAGB, d. h. inländische und EU-OGAW i. S. d. Richtlinie 2009/65/EG des Europäischen Parlamentes und des Rates vom 13.7.2009 zur Koordinierung der Rechts- und Verwaltungsvorschriften betreffend bestimmte Organismen für gemeinsame Anlagen in Wertpapieren (OGAW) (ABl. L 302 v. 17.11.2009, S. 1). Weiterhin begünstigt sind AIF, die die Voraussetzungen des § 1 Abs. 1a InvStG-E erfüllen: Dies bedeutet unter anderem, dass die Vermögensanlage der AIF auf die Vermögensgegenstände nach § 1 Abs. 1b InvStG-E beschränkt sein muss.

An der Steuerbefreiung der Verwaltung von Versorgungseinrichtungen im Sinne des Versicherungsaufsichtsgesetzes ändert sich nichts.

Wegen der durch Art. 2 des AIFM-UmsG erfolgten Aufhebung des InvG zum 22.7.2013 enthält der neu angefügte Abs. 21 die Anwendungsregelung, dass § 4 Nr. 8 Buchst. h UStG i. d. F. des AIFM-StAnpG erstmals auf Umsätze anzuwenden ist, die nach dem 21.7.2013 bewirkt werden.

6.7.8 Aufhebung des Wagniskapitalbeteiligungsgesetzes

Die Aufhebung des WKBG durch Art. 7 AIFM-StAnpG ist eine Folgeänderung zu Kapitel 5 KAGB. Durch die geplante EU-Verordnung über Europäische Risikokapitalfonds und die Anpassung des nationalen Rechts an den Verordnungsentwurf in Kapitel 5 KAGB wird nunmehr ein EU-einheitliches Regelwerk für Risikokapital geschaffen. Ferner hat das Wagniskapitalbeteiligungsgesetz nie Praxisrelevanz erhalten, da die Europäische Kommission die ursprünglich mit diesem Gesetz verbundenen steuerlichen Vorteile aus beihilferechtlichen Gründen als nicht genehmigungsfähig angesehen hat. Vor diesem Hintergrund wurde kein Antrag auf Anerkennung einer Wagniskapitalbeteiligungsgesellschaft gestellt. Übergangsregelungen sind daher nicht erforderlich.

6.7.9 Änderung des Geldwäschegesetzes

Die Änderung des § 2 Abs. 1 Nr. 6 GwG durch Art. 9 AIFM-StAnpG ist eine Anpassung an die neue Terminologie des KAGB. Intern verwaltete Investmentgesellschaften werden von dem Begriff „Kapitalverwaltungsgesellschaft" erfasst, da sie interne Kapitalverwaltungsgesellschaften sind. Außerdem werden Zweigniederlassungen von ausländischen AIF-Verwaltungsgesellschaften und darüber hinaus auch ausländische AIF-Verwaltungsgesellschaften in den Kreis der Verpflichteten aufgenommen, soweit diese von der Bundesanstalt als zuständiger Referenzmitgliedstaat zugelassen und nach den Bestimmungen des KAGB entsprechend beaufsichtigt werden.

6.7.10 Inkrafttreten

Nach Art. 11 Abs. 1 tritt das AIFM-StAnpG bis auf Änderung des FVG am 22.7.2013 in Kraft. Die Änderung des FVG tritt am 1.1.2015 in Kraft.

B Überblick über die Verwaltungsvorschriften 2012

1 Änderungen bei der Einkommensteuer

1.1 Änderungen bei den Gewinn- und Einkunftsermittlungsvorschriften (zu §§ 2 bis 12 EStG)

1.1.1 Vordruck Einnahmenüberschussrechnung (EÜR) für 2012 bekanntgemacht

> **BMF, Schreiben v. 12.10.2012, IV C 6 – S 2142/11/10001, BStBl I 2012, S. 1003**
>
> Die Vordruckversionen 2012 der Anlage EÜR nebst dazugehöriger Anleitung wurden bekannt gegeben.
>
> **Normen:** § 4 Abs. 3 EStG; § 60 Abs. 4 EStDV

Das BMF-Schreiben mit den Anlagen steht auch unter www.bundesfinanzministerium.de zur Ansicht bzw. zum Download bereit. Der amtlich vorgeschriebene Datensatz, der nach § 60 Abs. 4 S. 1 EStDV durch Datenfernübertragung zu übermitteln ist, wird unter www.elster.de bekanntgegeben.

Die EÜR ist insbesondere für Freiberufler und kleinere Gewerbetreibende, die nicht zur Buchführung verpflichtet sind, eine Alternative zur Bilanzierung. Der Erklärungsvordruck findet allerdings nur Anwendung, wenn die Betriebseinnahmen oberhalb der Grenze von 17.500 € liegen. Unterhalb dieser Einkommensgrenze wird nicht beanstandet, wenn eine formlose Überschuss-Ermittlung eingereicht wird.

Übersteigen die im Wirtschaftsjahr angefallenen Schuldzinsen, ohne die Berücksichtigung der Schuldzinsen für Darlehen zur Finanzierung von Anschaffungs- oder Herstellungskosten von Wirtschaftsgütern des Anlagevermögens, den Betrag von 2.050 €, sind bei Einzelunternehmen die in der Anlage SZE (Ermittlung der nicht abziehbaren Schuldzinsen) enthaltenen Angaben an die Finanzverwaltung zu übermitteln.

Hinweis

Höchstrichterlich geklärt ist zwischenzeitlich auch die Frage, ob überhaupt eine gesetzliche Verpflichtung zur Abgabe der „Anlage EÜR" besteht. Das FG Münster hatte dies in erster Instanz verneint.[1] Der BFH hat stattdessen im Revisionsverfahren entschieden, dass die Abgabepflicht durch eine Rechtsverordnung wirksam begründet werden könne. Insbesondere bestehe dafür in § 51 Abs. 1 Nr. 1 Buchst. a EStG eine ausreichende Ermächtigungsgrundlage.[2]

---

[1] Urteil v. 17.12.2008, 6 K 2187/08, EFG 2009, S. 818.
[2] Urteil v. 16.11.2011, X R 18/09, BStBl II 2012, S. 129.

1.1.2 Nichtabziehbarkeit der GewSt als Betriebsausgabe seit 2008 strittig

> **FinMin Schleswig-Holstein, Erlass v. 31.7.2012, VI 304 – S 2137 – 229, DB 2012, S. 1954**
>
> **Das FinMin Schleswig-Holstein weist darauf hin, dass in einem Revisionsverfahren beim BFH darüber gestritten wird, ob die Nichtabziehbarkeit der GewSt als Betriebsausgabe verfassungsgemäß ist.**
>
> **Norm:** § 4 Abs. 5b EStG

Seit 2008 ist die GewSt nicht mehr bei der Gewinnermittlung abziehbar. Hierdurch wird das objektive Nettoprinzip durchbrochen, was nach Ansicht des FG Hamburg zwar zu Zweifeln an der Verfassungsmäßigkeit der Regelung führt, nicht jedoch zu deren Verfassungswidrigkeit.[3]

Hierzu führte das Ministerium nunmehr aus: Gemäß § 4 Abs. 5b EStG in der Fassung des UntStRefG v. 14.8.2007 sind die GewSt und die darauf entfallenden Nebenleistungen keine Betriebsausgaben. Dies gilt erstmals für GewSt, die für Erhebungszeiträume festgesetzt wird, die nach dem 31.12.2007 enden. Mit Urteil v. 29.2.2012 hat das FG Hamburg entschieden, dass diese Regelung nicht verfassungswidrig ist. Gegen das Urteil wurde Revision eingelegt.[4] Sofern sich Steuerpflichtige im Einspruchsverfahren hierauf berufen, ruht das Verfahren gemäß § 363 Abs. 2 S. 2 AO kraft Gesetzes. Aussetzung der Vollziehung ist nicht zu gewähren.

Hinweis:

Dem folgend hat das BMF im Dezember 2012 den Vorläufigkeitskatalog in Bezug auf die Gewerbesteuer erweitert.[5] Im Einzelfall kann es dennoch weiterhin geboten sein, Einspruch einzulegen und Ruhen des Verfahrens zu beantragen, denn das BMF-Schreiben sieht diesbezüglich keine vorläufige Festsetzung von Gewerbesteuermessbeträgen vor. Das kann in bestimmten Konstellationen, insbesondere in Jahren mit Verlustverrechnungen sinnvoll sein.

> **Literaturhinweise:** nwb-News v. 10.7. und 14.8.2012; *Karrenbrock*, nwb 30/2012, S. 2440; *Quinten/Anton*, nwb 52/2012, S. 4227

1.1.3 Maßgeblichkeit niedriger handelsrechtlicher Bilanzwerte im Rahmen der steuerlichen Rückstellungsberechnung

> **OFD Münster, Verfügung v. 13.7.2012, S 2170a – 234 – St 12 – 33 und gleichlautend OFD Rheinland, Verfügung v. 13.7.2012, S 2133 – 2011/0003 St 141, DB 2012, S. 1779**
>
> **Nach bundesweiter Abstimmung wird die Auffassung vertreten, dass der handelsrechtliche Rückstellungsbetrag für die steuerrechtliche Bewertung auch dann maßgeblich ist, wenn er niedriger ist.**
>
> **Normen:** §§ 5 Abs. 1 und 6 Abs. 1 Nr. 3a EStG

---

[3] Urteil v. 29.2.2012, 1 K 48/12, EFG 2012, S. 933.
[4] Az. I R 21/12.
[5] Schreiben v. 10.12.2012, BStBl I 2012, S. 1174; vgl. hierzu auch B.7.1.1. sowie die Kurzinfo Verfahrensrecht Nr. 11 der OFD Rheinland und Münster v. 19.11.2012, DB 2012, S. 2777.

Im Bereich der handelsrechtlichen Bewertung von Rückstellungen kommt es in der Folge des BilMoG zu erheblichen Wertveränderungen. Der sich dabei ergebende Wert liegt häufig unter demjenigen, der sich steuerrechtlich ergibt (§ 253 Abs. 1 S. 2 und Abs. 2 S. 1 HGB <=> § 6 Abs. 1 Nr. 3a Buchst. e EStG).

Es wird in den Verfügungen darauf hingewiesen, dass der handelsrechtliche Rückstellungsbetrag für die steuerrechtliche Bewertung der Rückstellung auch dann maßgeblich ist, wenn der Ausweis der Rückstellung in der Handelsbilanz niedriger als der sich nach § 6 Abs. 1 Nr. 3a EStG ergebende Wert ist (z. B. aufgrund unterschiedlicher Regelungen zur Abzinsung).

Hinweis:

Vgl. dazu auch die Ausführungen zu den EStÄR 2012 unter B.1.4.2. sowie auch eine Kurzinfo der OFD Koblenz zum Bewertungsgrundsatz und der Gegenrechnung von Vorteilen gem. § 6 Abs. 1 Nr. 3a Buchst. c EStG.[6]

> **Literaturhinweise:** *Prof. Maus*, nwb 44/2012, S. 3538; *Heinz/Kemper*, nwb 44/2012, S. 3543

1.1.4 Maßgeblichkeitsgrundsatz – Abweichungen zwischen Handels- und Steuerbilanz

> **OFD Münster, Kurzinfo ESt Nr. 17/2012 v. 14.9.2012, DB 2012, S. 2309**
>
> **Die Kurzinfo der OFD beinhaltet eine Gegenüberstellung der wesentlichen Abweichungen zwischen Handels- und Steuerbilanz unter Geltung des BilMoG.**
>
> **Norm:** § 5 Abs. 1 S. 1 EStG

Die OFD Münster stellt mit ihrer Kurzinfo eine tabellarische Übersicht zum Inhalt der BilMoG-Neuregelung mit entsprechenden HGB-Fundstellen, neuen EStG/EStR-Fundstellen, der Behandlung in der Steuerbilanz und der Erforderlichkeit steuerlicher Korrekturen zur Verfügung.

> **Literaturhinweis:** DB 48/2012, Kurz kommentiert M 12

1.1.5 Rückstellungen für die Betreuung bereits abgeschlossener Versicherungen

> **BMF, Schreiben v. 20.11.2012, IV C 6 – S 2137/09/10002, BStBl I 2012, S. 1100**
>
> **Das BMF hat klargestellt, dass die Finanzverwaltung die neue BFH-Rechtsprechung zur Bildung einer Rückstellung wegen Nachbetreuung bereits abgeschlossener Versicherungsverträge in allen noch offenen Fällen anwenden wird.**
>
> **Normen:** §§ 5 Abs. 1 und 6 Abs. 1 Nr. 3a EStG

---

[6] Kurzinfo ESt Nr. ST 3 2012K087 v. 28.8.2012, DB 2012, S. 2841.

Der BFH hat entschieden, dass für Verpflichtungen zur Nachbetreuung bereits abgeschlossener Versicherungen Rückstellungen wegen Erfüllungsrückstandes zu bilden sind.[7]

Die Rückstellungen sind wie folgt anzusetzen und zu bewerten:

- Es sind nur Versicherungsverträge zu berücksichtigen, für die nach dem Bilanzstichtag aufgrund rechtlicher Verpflichtungen noch Betreuungsleistungen zu erbringen sind, für die aber kein weiteres Entgelt in Anspruch genommen werden kann. Die Restlaufzeiten sind anzugeben. Bei der Anzahl der maßgebenden Verträge ist auch der Erfahrungssatz einzubeziehen, dass ein Teil der Verträge vorzeitig aufgelöst wird.

- Rückstellungsfähig sind nur Leistungen für die Nachbetreuung bereits abgeschlossener Verträge. Werbeleistungen mit dem Ziel neuer Vertragsabschlüsse und die eigene künftige Arbeitsleistung des Betriebsinhabers dürfen nicht angesetzt werden.

- Maßgebend ist der jeweilige Zeitaufwand für die Betreuung je Vertrag und Jahr. Hierfür sind die einzelnen Betreuungstätigkeiten mit dem jeweiligen Zeitaufwand genau zu beschreiben. Es ist anzugeben, wie oft die einzelnen Tätigkeiten über die Gesamtlaufzeit des jeweiligen Vertrages zu erbringen sind und wie hoch die Personalkosten je Stunde Betreuungszeit sind.

- Die einzelne Rückstellung ist gemäß § 6 Abs. 1 Nr. 3a Buchst. e S. 2 EStG als Sachleistungsverpflichtung bis zum Beginn der erstmaligen Nachbetreuungstätigkeit abzuzinsen.

Die erforderlichen Aufzeichnungen müssen vertragsbezogen und hinreichend konkret und spezifiziert sein, sodass eine angemessene Schätzung der Höhe der zu erwartenden Betreuungsaufwendungen möglich ist.

Der BFH hat zudem klargestellt, dass die geforderten Aufzeichnungen dem Steuerpflichtigen keine unangemessenen und unverhältnismäßigen Belastungen auferlegen. Bei der Bewertung der Rückstellungen für die Betreuungsverpflichtungen kommen daher pauschalierende Ansätze nicht in Betracht.

Nach Abstimmung mit den obersten Finanzbehörden der Länder ist das o. g. BFH-Urteil in allen noch offenen Fällen anzuwenden. Das BMF-Schreiben v. 28.11.2006[8] wird aufgehoben.

1.1.6 E-Bilanz

> **BMF, Schreiben v. 5.6.2012, IV C 6 – S 2133-b/11/10016, BStBl I 2012, S. 598**
>
> **Das BMF äußert sich zu Verfahrensgrundsätzen und veröffentlicht die aktualisierten Taxonomien.**
>
> **Norm:** § 5b EStG

Das BMF hat das aktualisierte Datenschema der Taxonomien (Version 5.1) als amtlich vorgeschriebener Datensatz nach § 5b EStG veröffentlicht. Diese stehen ab sofort unter www.esteuer.de zur Ansicht und zum Abruf bereit.

Nach den Rn. 28 und 29 des BMF-Schreibens v. 28.9.2011[9] wird die Taxonomie regelmäßig auf notwendige Aktualisierungen geprüft. Nach Veröffentlichung einer aktuelleren Taxonomie ist diese unter Angabe des Versionsdatums zu verwenden. Mit jeder Version bleibt sichergestellt, dass eine

---

[7] Urteil v. 19.7.2011, X R 26/10, BStBl II 2012, S. 856.
[8] BStBl I 2006, S. 765.
[9] BStBl I 2011, S. 855.

Übermittlung auch für frühere Wirtschaftsjahre möglich ist. Eine Taxonomie ist solange zu verwenden, bis eine aktualisierte Taxonomie veröffentlicht wird.

Eine Taxonomie ist grundsätzlich nur für ein Wirtschaftsjahr zu verwenden. Für die Übermittlung der Inhalte der Bilanz und der Gewinn- und Verlustrechnung durch Datenfernübertragung muss die jeweils für dieses Wirtschaftsjahr geltende Taxonomie verwendet werden. Es wird nicht beanstandet, wenn diese Taxonomie auch für das Vorjahr verwendet wird.

Die Übermittlung von Datensätzen aufgrund einer Taxonomie für ein kalendergleiches Wirtschaftsjahr wird regelmäßig mit dem Release des ELSTER-Rich-Client (ERiC) im November des Vorjahres (= Veröffentlichungsjahr) ermöglicht. Sie gilt auch für abweichende Wirtschaftsjahre, die nach dem 31.12. des Veröffentlichungsjahres beginnen. Ist ausnahmsweise keine Aktualisierung in der Taxonomie erforderlich, ist die letzte Taxonomie auch für die folgenden Wirtschaftsjahre zu verwenden.

Die Taxonomien sind grundsätzlich für die Bilanzen aller Wirtschaftsjahre, die nach dem 31.12.2012 beginnen, zu verwenden. Sie gelten entsprechend für die in Rn. 1 des o. a. BMF-Schreibens genannten Bilanzen (z. B. Liquidationsbilanzen) sowie für Eröffnungsbilanzen, sofern diese nach dem 31.12.2012 aufzustellen sind. Es wird nicht beanstandet, wenn diese auch für das vorangehende Wirtschaftsjahr 2012 oder 2012/2013 verwendet werden. Die Übermittlungsmöglichkeit mit dieser neuen Taxonomie wird voraussichtlich ab November 2012 gegeben sein.

Hinweis:

Vgl. hierzu auch die gleich lautende Verfügung der OFD Frankfurt am Main v. 2.7.2012,[10] sowie die Pressemitteilungen des BMF v. 30.5.2012, des FinMin Brandenburg v. 24.8.2012 und der BStBK v. 24.9.2012.

Literaturhinweise: *Koch*, nwb 26/2012, S. 2120; nwb-News v. 30.8.2012

1.1.7 Voraussichtlich dauernde Wertminderung bei festverzinslichen Wertpapieren im Umlaufvermögen

BMF, Schreiben v. 10.9.2012, IV C 6 – S 2171-b/0, BStBl I 2012, S. 939

Das BMF nimmt zur Anwendung der Grundsätze eines BFH-Urteils aus Juni 2011 Stellung.

Norm: § 6 Abs. 1 Nr. 1 und Nr. 2 S. 1 bis 3 EStG 2002

Bei festverzinslichen Wertpapieren, die eine Forderung in Höhe des Nominalwerts der Forderung verbriefen, ist eine Teilwertabschreibung unter ihren Nennwert allein aufgrund gesunkener Kurse regelmäßig nicht zulässig. Dies entschied der BFH mit Urteil v. 8.6.2011[11] und ergänzte im Leitsatz, dass dies auch dann gelte, wenn die Wertpapiere zum Umlaufvermögen gehören. In der nunmehr veröffentlichten Verwaltungsanweisung äußert sich das BMF, inwieweit die Grundsätze dieses Urteils über den Einzelfall hinaus anzuwenden sind.

---

[10] S 2133b A – 2 – St 210, DB 2012, S. 1838.
[11] Urteil v. 8.6.2011, I R 98/10, BStBl II 2012, S. 716.

Der Begriff der voraussichtlich dauernden Wertminderung bezeichnet im Grundsatz eine Minderung des Teilwerts, die – so der BFH in der Begründung des vom BMF zitierten Urteils – einerseits nicht endgültig sein muss, andererseits aber nicht nur vorübergehend sein darf. Ob eine Wertminderung voraussichtlich dauernd ist, muss unter Berücksichtigung der Eigenart des betreffenden Wirtschaftsguts beurteilt werden. Im Zusammenhang mit festverzinslichen Wertpapieren ist im Gegensatz zu im Anlagevermögen gehaltenen börsennotierten Aktien zu berücksichtigen, dass sie regelmäßig eine Forderung in Höhe des Nominalwerts des Papiers verbriefen. Der Inhaber eines solchen Papiers hat mithin das gesicherte Recht, am Ende der Laufzeit diesen Nominalwert zu erhalten. Diese Sicherheit hat er an jedem Bilanzstichtag, und zwar unabhängig davon, ob zwischenzeitlich infolge bestimmter Marktgegebenheiten der Kurswert des Papiers unter dessen Nominalwert liegt. Unter diesem Blickwinkel kann nach Auffassung der obersten Finanzrichter, falls kein allgemeines Bonitätsrisiko des Schuldners besteht, ein Absinken des Kurswertes unter den Nominalwert allenfalls nur vorübergehender Natur sein.

Nach dem aktuellen BMF-Schreiben sind die Grundsätze dieses Urteils über den entschiedenen Einzelfall hinaus anwendbar, wenn es sich

- um festverzinsliche Wertpapiere im Umlaufvermögen handelt,
- kein Bonitäts- und Liquiditätsrisiko hinsichtlich der Rückzahlung der Nominalbeträge besteht, und
- die Wertpapiere bei Endfälligkeit zu ihrem Nennwert eingelöst werden können.

Die Rn. 24 und 25 (Lösung zu Beispiel 6) des BMF-Schreibens aus Februar 2000[12] und die anders lautende Verwaltungsauffassung, nach der eine Teilwertabschreibung zulässig war, sofern die Wertminderung bis zur Bilanzaufstellung anhielt, sind insoweit überholt.

Für die Bewertung von festverzinslichen Wertpapieren im Umlaufvermögen bedeutet dies, dass die neuen Anweisungen frühestens in der ersten nach dem Tag der BFH-Entscheidung (8.6.2011) aufzustellenden Bilanz berücksichtigt werden können. Sie sind spätestens in der ersten auf einen Bilanzstichtag nach dem Tag der Veröffentlichung des Urteils (22.10.2012) aufzustellenden Bilanz anzuwenden. Die Bewertung festverzinslicher Wertpapiere im Anlagevermögen wird durch diese Regelung nicht berührt. Insoweit verbleibt es bei der bisher bereits durch Verwaltungsauffassung geregelten Bewertung zum Nominalwert.[13]

Hinweis:

Vgl. hierzu auch zwei Urteile des BFH v. 21.9.2011[14] zu den Voraussetzungen einer voraussichtlich dauernden Wertminderung bei im Anlagevermögen gehaltenen börsennotierten Aktien und Aktienfonds.

1.1.8 Private Nutzung betrieblicher Kraftfahrzeuge

> **BMF, Schreiben v. 15.11.2012, IV C 6 – S 2177/10/10002, BStBl I 2012, S. 1099**
> **Das BMF hat sein Anwendungsschreiben zur ertragsteuerlichen Erfassung der Nutzung eines betrieblichen Kraftfahrzeugs zu Privatfahrten ergänzt.**
> **Norm:** § 6 Abs. 1 Nr. 4 S. 1 bis 3 EStG

---

[12] Schreiben v. 25.2.2000, BStBl I 2000, S. 372.
[13] Rz. 16 des BMF-Schreibens v. 25.2.2000, BStBl I 2000, S. 372.
[14] Vgl. hierzu C.1.1.11.

Das BMF regelte in seinem Schreiben v. 18.11.2009[15] unter Rn. 12: Gehören gleichzeitig mehrere Kraftfahrzeuge zum Betriebsvermögen, so ist der pauschale Nutzungswert grundsätzlich für jedes Kraftfahrzeug anzusetzen, das vom Steuerpflichtigen oder zu seiner Privatsphäre gehörenden Personen für Privatfahrten genutzt wird (vgl. Rn. 2). Kann der Steuerpflichtige dagegen glaubhaft machen, dass bestimmte betriebliche Kraftfahrzeuge ausschließlich betrieblich genutzt werden, weil sie für eine private Nutzung nicht geeignet sind (z. B. bei sog. Werkstattwagen[16]) oder diese ausschließlich eigenen Arbeitnehmern zur Nutzung überlassen werden, ist für diese Kraftfahrzeuge kein pauschaler Nutzungswert zu ermitteln.

Hierzu führt das BMF nun weiter aus: Dies gilt entsprechend für Kraftfahrzeuge, die nach der betrieblichen Nutzungszuweisung nicht zur privaten Nutzung zur Verfügung stehen. Hierzu können z. B. Vorführwagen eines Kraftfahrzeughändlers, zur Vermietung bestimmte Kraftfahrzeuge oder Kraftfahrzeuge von Steuerpflichtigen, die ihre Tätigkeit nicht in einer festen örtlichen Einrichtung ausüben oder die ihre Leistungen nur durch den Einsatz eines Kraftfahrzeugs erbringen können, gehören. Gibt der Steuerpflichtige in derartigen Fällen in seiner Gewinnermittlung durch den Ansatz einer Nutzungsentnahme an, dass von ihm das Kraftfahrzeug mit dem höchsten Listenpreis auch privat genutzt wird, ist diesen Angaben aus Vereinfachungsgründen zu folgen und für weitere Kraftfahrzeuge kein zusätzlicher pauschaler Nutzungswert anzusetzen.

Für die private Nutzung von betrieblichen Kraftfahrzeugen durch zur Privatsphäre des Steuerpflichtigen gehörende Personen gilt dies entsprechend, wenn je Person das Kraftfahrzeug mit dem nächsthöchsten Listenpreis berücksichtigt wird. Wird ein Kraftfahrzeug gemeinsam vom Steuerpflichtigen und einem oder mehreren Arbeitnehmern genutzt, so ist bei pauschaler Nutzungswertermittlung für Privatfahrten der Nutzungswert von 1 % des Listenpreises entsprechend der Zahl der Nutzungsberechtigten aufzuteilen. Es gilt die widerlegbare Vermutung, dass für Fahrten zwischen Wohnung und Betriebsstätte und für Familienheimfahrten das Kraftfahrzeug mit dem höchsten Listenpreis genutzt wird.

Hierzu finden sich im BMF-Schreiben dann auch noch zwei Beispiele.

1.1.9 Steuerliche Anerkennung von Umzugskosten

> **BMF, Schreiben v. 1.10.2012, IV C 5 – S 2353/08/10007, BStBl I 2012, S. 942**
>
> **Das BMF weist auf die Änderung der maßgebenden Beträge für umzugsbedingte Unterrichtskosten und sonstige Umzugsauslagen hin.**
>
> **Normen:** § 9 EStG und §§ 6 bis 10 BUKG

Im Einvernehmen mit den obersten Finanzbehörden der Länder gilt zur Anwendung der §§ 6 bis 10 des BUKG für Umzüge ab 1.3.2012, ab 1.1.2013 sowie ab 1.8.2013 jeweils Folgendes:

Der Höchstbetrag, der für die Anerkennung umzugsbedingter Unterrichtskosten für ein Kind nach § 9 Abs. 2 BUKG maßgebend ist, beträgt bei Beendigung des Umzugs ab 1.3.2012 1.711 €, ab 1.1.2013 1.732 € sowie ab 1.8.2013 1.752 €.

Der Pauschbetrag für sonstige Umzugsauslagen nach § 10 Abs. 1 BUKG beträgt für Verheiratete bei Beendigung des Umzugs ab 1.3.2012 1.357 €, ab 1.1.2013 1.374 € sowie ab 1.8.2013 1.390 € und für Ledige ab 1.3.2012 679 €, ab 1.1.2013 687 € sowie ab 1.8.2013 695 €.

Der Pauschbetrag erhöht sich für jede in § 6 Abs. 3 Sätze 2 und 3 BUKG bezeichnete weitere Person mit Ausnahme des Ehegatten zum 1.3.2012 um 299 €, zum 1.1.2013 um 303 € sowie zum 1.8.2013 um 306 €.

---

[15] BStBl I 2009, S. 1326.
[16] BFH, Urteil v. 18.12.2008, IVI R 34/07, BStBl II 2009, S. 381.

Die BMF-Schreiben v. 5.7.2011[17] bzw. 23.2.2012[18] sind auf Umzüge, die nach dem 31.12.2011 bzw. 29.2.2012 beendet werden, nicht mehr anzuwenden.

1.1.10 Steuerliche Berücksichtigung von Kinderbetreuungskosten

> **BMF, Schreiben v. 14.3.2012, IV C 4 – S 2221/07/0012:012, BStBl I 2012, S. 307**
>
> Das BMF hat zur steuerlichen Berücksichtigung von Kinderbetreuungskosten ab 2012 ein neues Schreiben herausgegeben.
>
> **Norm:** § 10 Abs. 1 Nr. 5 EStG

Durch das StVereinfG 2011 sind die in § 9c EStG zusammengeführten Regelungen zum Abzug erwerbsbedingter und nicht erwerbsbedingter Kinderbetreuungskosten bis zu einem Höchstbetrag von 4.000 € je Kind in den neuen § 10 Abs. 1 Nr. 5 EStG übernommen worden. Die Unterscheidung nach erwerbsbedingten und nicht erwerbsbedingten Aufwendungen ist entfallen. Kinderbetreuungskosten sind einheitlich mit Wirkung ab 2012 als Sonderausgaben abziehbar.

Soweit es sich um Aufwendungen handelt, die unter den Voraussetzungen der bis 2011 geltenden Regelungen des § 9c EStG wie Betriebsausgaben oder Werbungskosten abgezogen werden konnten, kann die Neuregelung Auswirkungen haben, soweit außersteuerliche Rechtsnormen an steuerliche Einkommensbegriffe anknüpfen. Diese Auswirkungen sollen durch den neu eingefügten § 2 Abs. 5a S. 2 EStG vermieden.

Das BMF erläutert in seinem Schreiben die allgemeinen Voraussetzungen für den Sonderausgabenabzug, wie

- die Anforderungen an die Dienstleistungen zur Betreuung,
- die zu berücksichtigenden Aufwendungen,
- die Haushaltszugehörigkeit,
- den berechtigten Personenkreis,
- den Höchstbetrag,

sowie die Anforderungen an den Nachweis durch Rechnung und Zahlung. Darüber hinaus geht das BMF auf die Zuordnung der Aufwendungen in Bezug auf die Eltern, den Ausschluss eines weiteren Abzugs der Kosten sowie auf Besonderheiten für Steuerpflichtige mit abweichendem Wirtschaftsjahr näher ein.

Hinweis

Das Schreiben ist ab dem Veranlagungszeitraum 2012, teilweise aber auch nur für 2011 und 2012 (Rz. 31) oder erst ab 2013 (Rz. 27) anzuwenden. Für die Jahre 2006 bis 2011 ist das BMF-Schreiben vom 19.1.2007[19] weiter anzuwenden. Vgl. hierzu auch den im Dezember 2012 aktualisierten Vorläufigkeitskatalog des BMF[20] sowie die Änderungen durch das StVereinfG 2013[21]

> **Literaturhinweis:** *Nolte*, nwb 18/2012, S. 1486 und 1508

---

[17] BStBl I 2011, S. 736.
[18] BStBl I 2012, S. 262.
[19] BStBl I 2007, S. 184.
[20] Schreiben v. 10.12.2012, BStBl I 2012, S. 1174; vgl. hierzu auch B.7.1.1.
[21] Vgl. hierzu A.6.3.2.4.1.

1.1.11 Vorsorgeaufwendungen – Aufteilung der an ausländische Sozialversicherungsträger geleisteten Globalbeiträge

> **BMF, Schreiben v. 26.1. und 29.10.2012, IV C 3 – S 2221/09/10013, BStBl I 2012, S. 169 und 1013**
>
> Das BMF hat mit zwei Schreiben die Maßstäbe für die Aufteilung der von Arbeitnehmern geleisteten Sozialversicherungsbeiträge (Globalbeiträge) angepasst.
>
> **Norm:** § 10 Abs. 1 und 3 EStG

Die in den beiden Schreiben aufgeführten Tabellen sind für die Veranlagungszeiträume 2012 bzw. 2013 anzuwenden. Sie gelten jeweils für den gesamten Veranlagungszeitraum. Die Aufteilung von Globalbeiträgen an Sozialversicherungsträger in Ländern außerhalb Europas ist nach den Umständen des Einzelfalls vorzunehmen. Vgl. hierzu auch B.3.6.

1.1.12 Steuerlicher Spendenabzug – Muster für Zuwendungsbestätigungen

> **BMF, Schreiben v. 30.8.2012, IV C 4 – S 2223/07/0018, BStBl I 2012, S. 884**
>
> Das BMF hat zur Verwendung der verbindlichen Muster für Zuwendungsbestätigungen Stellung genommen und diese grundlegend überarbeitet.
>
> **Norm:** § 10b EStG

Viele gesellschaftlich engagierte Menschen spenden jedes Jahr an gemeinnützige Organisationen. Ohne diese Zuwendungen wäre es diesen Organisationen nicht möglich, wichtige Aufgaben für das Gemeinwohl zu erfüllen. Die Zuwendung an eine gemeinnützige Organisation kann in der Steuererklärung steuermindernd geltend gemacht werden. Voraussetzung ist allerdings, dass die Spender ihrem FA eine Spendenquittung vorlegen. Diese Spendenbescheinigung muss bestimmte Informationen enthalten, damit die Spende zum Abzug zugelassen wird. Dabei werden bei Sachzuwendungen umfangreichere Angaben erbeten als bei Geldzuwendungen.

Das BMF hat gemeinsam mit den Finanzverwaltungen der Länder die verbindlichen Muster für Spendenbescheinigungen grundlegend überarbeitet. So wird sichergestellt, dass bundesweit einheitliche Angaben erbeten werden. Das schafft Sicherheit bei den gemeinnützigen Organisationen und den Spendern und erleichtert allen Beteiligten die Bewältigung der bürokratischen Erfordernisse. Davon profitieren insbesondere kleinere Vereine und ihre Förderer.

Die verbindlichen Muster für Spendenbescheinigungen sind im Formular-Management-System der Bundesfinanzverwaltung abrufbar. Gemeinnützige Organisationen können diesen Service seit September 2012 nutzen und dort direkt im Portal Bescheinigungen für ihre Spender erstellen. Die fertige Spendenbescheinigung muss dann nur noch mit der Unterschrift des Vertreters der gemeinnützigen Organisation versehen und dem Spender übermittelt werden. Weitere Hinweise zum Ausfüllen der Spendenbescheinigung ergeben sich aus dem neuen Anwendungsschreiben.

Hinweis:

Es wird seitens der Finanzverwaltung nicht beanstandet, wenn bis zum 31.12.2012 die bisherigen Muster für Zuwendungsbestätigungen verwendet werden. vgl. hierzu auch den Online-Hinweis des BayLfSt v. 5.12.2012.

1.2 Änderungen bei den Einkunftsarten (zu §§ 13 bis 23 EStG)

1.2.1 Besteuerung der Forstwirtschaft

> **BMF, Schreiben v. 16.5.2012, IV D 4 – S 2232/0-01, BStBl I 2012, S. 594 und 595**
>
> Das BMF hat zwei Schreiben zur Besteuerung der Forstwirtschaft veröffentlicht.
>
> **Normen:** §§ 13, 13a und 34b EStG

Im Schreiben mit der Dokumenten-Nr. 2012/0205151 geht das BMF auf die zeitliche Anwendung der Tarifvorschrift des § 34b EStG und des § 68 EStDV näher ein.

Im zweiten Schreiben mit der Dokumenten-Nr. 2012/0205152 werden die Auswirkungen der Rechtsprechung des BFH[22] und die Anpassung an die Änderungen durch das StVereinfG 2011 erläutert. Ausführungen finden sich:

- zum Wirtschaftsgut Baumbestand,
- zur Bilanzierung des Wirtschaftsguts Baumbestand,
- zur Gewinnermittlung nach § 4 Abs. 3 und § 13a Abs. 6 S. 1 Nr. 1 EStG,
- zu Wertansätzen für bereits vorhandene Baumbestände,
- zu Kalamitätsnutzungen,
- zu Pauschsätzen nach § 51 EStDV,
- zum Frostschäden-Ausgleichsgesetz,
- zur Tarifvergünstigung nach § 34b EStG, sowie
- zur Anwendungsregelung.

Hinweis:

Siehe hierzu auch das Schreiben des BMF v. 19.12.2011[23] zur Abgrenzung der Land- und Forstwirtschaft vom Gewerbe und zu diesbezüglichen Neuregelungen für die Wirtschaftsjahre 2012 ff.

> **Literaturhinweis:** *Wiegand*, nwb 6/2012, S. 460

1.2.2 Betriebsaufspaltung

> **OFD Frankfurt am Main, Verfügung v. 10.5.2012, S 2240 A – 28 – St 219, nwb-Datenbank, DokID DAAAE-12306**
>
> Die OFD hat eine umfangreiche Gesamtdarstellung zur Betriebsaufspaltung veröffentlicht.
>
> **Norm:** § 15 EStG

---

[22] Urteile v. 5.6.2008, IV R 67/05 sowie IV R 50/07, BStBl II 2008, S. 960 und 968.
[23] BStBl I 2012, S. 1249.

In der Verfügung wird Stellung genommen

- zu den Voraussetzungen für das Vorliegen einer Betriebsaufspaltung,
- zu den Folgen und dem Wegfall einer Betriebsaufspaltung,
- zur mitunternehmerischen Betriebsaufspaltung,
- zur Betriebsaufspaltung über die Grenze,
- zu gewerbesteuerlichen Fragen, und
- zu sonstigen Zweifelsfragen und Entscheidungen.

1.2.3 Versicherungen – Anhebung der Altersgrenze

BMF, Schreiben v. 6.3.2012, IV C 3 – S 2220/11/10002, BStBl I 2012, S. 238

Das BMF äußert sich anlässlich der Anhebung des Mindestrentenalters zu den steuerlichen Auswirkungen einer Anpassung von Vorsorgeverträgen.

Normen: § 20 Abs. 1 Nr. 6 und § 52 Abs. 36 S. 9 EStG

Das BMF hat in Abstimmung mit den obersten Finanzbehörden der Länder zu den steuerlichen Auswirkungen einer Anpassung von Vorsorgeverträgen an die Anhebung des Mindestrentenalters vom 60. auf das 62. Lebensjahr ab dem Jahr 2012 sowie zu den steuerlichen Auswirkungen einer Laufzeitanpassung von Lebensversicherungsverträgen an die Anhebung des Renteneintrittsalters Stellung genommen.

Das Schreiben handelt folgende Themenbereiche ab:

- Versicherungsleistungen, die nach § 20 Abs. 1 Nr. 6 EStG zu versteuern sind
- Zertifizierte Altersvorsorgeverträge
- Basisrentenverträge, sowie
- Betriebliche Altersversorgung.

1.2.4 Einzelfragen zur Abgeltungsteuer

BMF, Schreiben v. 9.10.2012, IV C 1 – S 2252/10/10013, BStBl I 2012, S. 953

Das BMF hat ein aktualisiertes Anwendungsschreiben zur Abgeltungsteuer veröffentlicht.

Normen: §§ 20 und 23, §§ 32d, 43 und 43a, §§ 44, 44a und b, § 45a und b, §§ 49 und 52a EStG

Ergänzend zum Schreiben aus Dezember 2009[24] und unter Berücksichtigung der Änderungen durch das Schreiben aus November 2010[25] hat das BMF mit dem aktualisierten Schreiben erneut und umfangreich zu Einzelfragen im Zusammenhang mit der Abgeltungsteuer Stellung genommen und

---

[24] Schreiben v. 22.12.2009, BStBl I 2010, S. 94.
[25] Schreiben v. 16.11.2010, BStBl I 2010, S. 1305.

hält zu bisher nicht geklärten Punkten ihre Auffassung fest. Die Änderungen gegenüber der Vorgängerversion sind drucktechnisch hervorgehoben.

Die Grundsätze sind auf alle offenen Fälle anzuwenden. Es wird jedoch nicht beanstandet, wenn sie für die KapSt-Erhebung erst zum 1.4.2013 angewendet werden. Das dürfte den Kreditinstituten ausreichend Zeit für notwendige EDV-Anpassungen geben.

> **Literaturhinweise:** *Roning*, nwb 47/2012, S. 3770; *Spieker*, DB 2012, S. 2836

1.2.5 Steuerliche Behandlung des Umtauschangebots für griechische Staatsanleihen

> **BMF, Schreiben v. 9.10.2012, IV C 1 – S 2252/10/10013, BStBl I 2012, S. 953**
>
> Das BMF hat zum Invitation Memorandum der Republik Griechenland sowie zur entsprechenden steuerlichen Behandlung im Rahmen des § 20 EStG und im Kapitalertragsteuerverfahren Stellung genommen.
>
> **Normen:** §§ 20 und 43a EStG

Das Umtauschangebot setzt sich aus vier Bestandteilen zusammen. Die Anleger erhalten für Altanleihen im Nennwert von 1.000 € neue Anleihen der Republik Griechenland im Gesamtnennbetrag von nominal 315 € (Bestandteil 1), neue Anleihen in Form von PSI Payment Notes des EFSF im Gesamtnennbetrag von 150 € (Bestandteil 2), so genannte GDP linked Securities im Gesamtnennbetrag von 315 € (Bestandteil 3) und für aufgelaufene Stückzinsen eine Nullkuponanleihe des EFSF (Bestandteil 4).

Hierzu hat das BMF festgestellt:

- Der Umtausch gilt grundsätzlich als Veräußerung.

- Für die hingegebenen Anleihen ist als Veräußerungserlös der Börsenkurs aller neuen Anleihen (Bestandteile 1 und 2) am Tag der Depoteinbuchung anzusetzen. Sofern zu diesem Zeitpunkt kein Börsenkurs festgestellt ist, ist der niedrigste Kurs am ersten Handelstag maßgebend. Hierbei ist zu beachten, dass es sich bei den zu tauschenden Anleihen um Finanzinnovationen i. S. d. § 20 Abs. 2 S. 1 Nr. 4a bis d EStG in der bis zum 31.12.2008 geltenden Fassung handeln kann.

- Als Anschaffungskosten der neuen Anleihen (Bestandteile 1 und 2) gilt der Börsenkurs der hingegebenen Anleihen im Zeitpunkt der Depotausbuchung. Aus Vereinfachungsgründen kann der Börsenkurs der neuen Anleihen am Tag der Depoteinbuchung angesetzt werden.

- Die an die Entwicklung des griechischen Bruttoinlandsproduktes gekoppelten GDP linked Securities (Bestandteil 3) sind aus Vereinfachungsgründen in entsprechender Anwendung der Grundsätze des § 20 Abs. 4a S. 5 EStG mit Anschaffungskosten von 0 € anzusetzen.

- Dies gilt für die als Gegenleistung für aufgelaufene Stückzinsen gewährten Wertpapiere (Bestandteil 4) grundsätzlich entsprechend.

1.3 Sonstige Schreiben und Verfügungen

1.3.1 Kindergeld – Familienlastenausgleich

> **BZSt, Schreiben v. 21.3.2012, St II 2 – S 2280-BA/12/00005, BStBl I 2012, S. 316**
>
> **Das BZSt veröffentlicht sein überarbeitetes Kindergeldmerkblatt.**
>
> **Normen:** § 62 ff. EStG

Das aktualisierte und ausführliche Merkblatt gibt Antworten auf diverse Fragen rund um den Kindergeldbereich.

Hinweis:

Vgl. hierzu auch
- die Länderübersicht über vergleichbare Leistungen i. S. d. § 65 Abs. 1 S. 1 Nr. 2 EStG v. 7.12.2011[26],
- das Schreiben des BZSt v. 20.12.2011 zu den Auswirkungen des StVereinfG 2011[27],
- die aktualisierte Dienstanweisung zur Überprüfung von Kindergeldfestsetzungen v. 24.4.2012[28],
- die Neufassung der Dienstanweisung zur Durchführung des Familienlastenausgleichs v. 16.7.2012[29],
- die Schreiben des BZSt v. 6.1. und 13.7.2012[30] zum Authentifizierungsverfahren für Familienkassen, sowie
- die Hinweise des BZSt v. 4.7.2012[31] und 26.11.2012[32] zu den beabsichtigten, kindergeldrechtlich rückwirkenden Änderungen durch das JStG 2013.

> **Literaturhinweise:** *Bering/Dr. Friedenberger,* nwb 4/2012, S. 278; *Schmitt*, DB 4/2012, Kurz kommentiert M 10

1.4 Einkommensteuer-Änderungsrichtlinien

1.4.1 ESt-Änderungsrichtlinien 2008

Die EStÄR 2008[33] sind seit dem Veranlagungszeitraum 2008 von der Finanzverwaltung verbindlich anzuwenden. Soweit die EStÄR die vor 2008 geltende Rechtslage lediglich erläutern, sind sie auch für vorherige Veranlagungszeiträume anzuwenden. Ansonsten heben sie die vorher gelten-

---

[26] BStBl I 2012, S. 18.
[27] BStBl I 2012, S. 40.
[28] BStBl I 2012, S. 519.
[29] BStBl I 2012, S. 734.
[30] BStBl I 2012, S. 116 und 645.
[31] BStBl I 2012, S. 711.
[32] BStBl I 2012, S. 1225.
[33] BStBl I 2008, S. 1017.

den Verwaltungsanweisungen auf. Im Wesentlichen setzen die EStÄR 2008 die seit Ergehen der EStR 2005 erfolgten Gesetzesänderungen um.

> **Literaturhinweis:** *Nolte*, nwb 6/2009, S. 365

1.4.2 ESt-Änderungsrichtlinien 2012

Am 10.5.2012 wurde der Entwurf einer Allgemeinen Verwaltungsvorschrift zu Änderung der EStR 2008 (EStÄR 2012) durch das BMF bekanntgegeben. IDW, DStV, BStBK und BDI haben hierzu entsprechende Stellungnahmen abgegeben.

Hauptkritikpunkt war die geplante Anhebung der steuerlichen Herstellungskostenuntergrenze. Die Finanzverwaltung hat ihre Position beibehalten, jedoch die Übergangsregelung angepasst. Lediglich auf Wirtschaftsgüter, mit deren Herstellung vor der Veröffentlichung der Neuregelung im BStBl begonnen wurde, soll der bisherige Herstellungskostenbegriff noch angewendet werden dürfen. Eine Nachaktivierung von Herstellungskosten bei Altfällen ist nicht mehr vorgesehen.

Des Weiteren wurde in die EStÄR noch eine Verfügung der OFD Münster aus Juli 2012[34] zum Ansatz niedrigerer handelsrechtlicher Rückstellungsbeträge in der steuerlichen Gewinnermittlung aufgenommen.

Die Bundesregierung hat die Änderungen im Oktober beschlossen. Der Bundesrat hat am 14.12.2012 jedoch nur unter Vorbehalt bzw. der Maßgabe von Änderungen zugestimmt, was eine erneute Zustimmung des Kabinetts erforderlich machte. Dies ist in 2012 nicht mehr erfolgt.

> **Literaturhinweise:** *nwb-News* v. 12.6. und 27.11.2012; *Grützner*, StuB 13/2012, S. 511; *Dräger*, DB 26, 27/2012, Kurz kommentiert M 9; *Buchholz*, DB 33/2012, Kurz kommentiert M 8; *Prof. Dr. Freidank/Dr. Velte*, DB 34/2012, Gastkommentar M 1

2 Körperschaftsteuer

2.1 Umwandlung von Darlehen in Genussrechte

> **Oberfinanzdirektion Rheinland, Kurzinformation v. 14.12.2011, Kurzinformation Körperschaftsteuer Nr. 56/2011, DStR 2012, S. 189**
>
> **Die Finanzverwaltung äußert sich zur steuerlichen Behandlung der Umwandlung von Darlehen in Genussrechte (sog. „Debt-Mezzanine-Swap").**
>
> **Norm:** § 8 Abs. 3 S. 2 KStG

Fraglich war, ob in der Krise befindliche Kapitalgesellschaften durch Einsatz von Genussrechten steuerneutral entschuldet werden können. Dabei wurden nicht werthaltige Gesellschafterdarlehen in Genussrechte umgewandelt („Debt-Mezzanine-Swap"), die so ausgestaltet waren, dass sie handelsbilanziell als Eigenkapital zu werten waren, zugleich aber die Voraussetzungen des § 8 Abs. 3 S. 2 Halbs. 2 KStG nicht erfüllen. I. d. R. fehlte es an einer Beteiligung am Liquidationserlös.

---

[34] Vgl. hierzu B.1.1.3.

Die Finanzverwaltung Rheinland vertritt die Auffassung, dass § 8 Abs. 3 S. 2 Halbs. 2 KStG nur Regelungen zur Einkommensermittlung betrifft und keine Aussage zur steuerbilanziellen Behandlung von Genussrechten beinhaltet. Rechtsfolge ist daher, dass Genussrechtsvergütungen außerbilanziell hinzuzurechnen sind. Weiterhin zieht eine handelsbilanzielle Umqualifizierung der Verbindlichkeit in Eigenkapital infolge der Maßgeblichkeit auch eine steuerbilanzielle Umqualifizierung in Eigenkapital nach sich. Es kommt also zu einem handels- und steuerbilanziellen Ertrag, der im Falle fehlender Werthaltigkeit der Forderung nicht durch Abzug einer verdeckten Einlage außerbilanziell kompensiert werden kann.

2.2 Steuerliche Behandlung von Altmaterialsammlungen durch steuerbegünstigte Körperschaften nach § 5 Abs. 1 Nr. 9 KStG

> **Oberfinanzdirektion Frankfurt am Main, Verfügung v. 29.3.2012, S 0171 A – 22 – St 53, DB 2012, S. 1957**
>
> **Die Finanzverwaltung in Hessen gibt Hinweise zur steuerlichen Behandlung der Verwertung gesammelten Altmaterials durch steuerbegünstigte Körperschaften i. S. d. § 5 Abs. 1 Nr. 9 KStG.**
>
> **Normen:** § 5 Abs. 1 Nr. 9 KStG; § 64 AO

Für die Tätigkeit steuerbegünstigter Körperschaften im Hinblick auf die Verwertung gesammelten Altmaterials in steuerlicher Hinsicht soll folgendes gelten:

Sofern das Altmaterial von vornherein mit dem Ziel gesammelt wird, es zu veräußern, um Mittel für die steuerbegünstigte Tätigkeit zu beschaffen, ist ein steuerpflichtiger wirtschaftlicher Geschäftsbetrieb gegeben. Für die Gewinnermittlung kann daher nicht von einer Sachspende ausgegangen werden. Auf Antrag und unter der Voraussetzung, dass die Verwertung des Altmaterials außerhalb einer ständig dafür vorgehaltenen Verkaufsstelle erfolgt und es sich nicht um den Einzelverkauf gebrauchter Sachen handelt, können die Überschüsse aus der Verwertung geschätzt werden, § 64 Abs. 5 AO.

Infolge des BFH-Urteils vom 26.2.1992[35] sind Kleidersammlungen gemeinnütziger Körperschaften kein Zweckbetrieb, wenn sie auch der Mittelbeschaffung durch Veräußerung der gesammelten Kleidungsstücke dienen. Es ist unerheblich, ob die Mittelbeschaffung Haupt- oder Nebenzweck der Kleidersammlung ist. Desweiteren gilt für die steuerliche Behandlung von Kleidersammlungen folgendes:

- Der Einzelverkauf gesammelter Kleidungsstücke in einer Kleiderkammer oder ähnlichen Einrichtung kann ein Zweckbetrieb i. S. d. § 66 AO sein, wenn mindestens 2/3 der Leistungen der Einrichtung hilfsbedürftiger Personen i. S. des § 53 AO zugute kommen.

- An der früheren Verwaltungsauffassung, nach der bei einem Zweckbetrieb im Rahmen des Betriebs einer Kleiderkammer auch der Verkauf unbrauchbarer Kleidung an Altwarenhändler möglich war, wird nicht mehr festgehalten. Die Verwertung gesammelter Kleidungsstücke durch Verkäufe, die nicht unmittelbar der Verwirklichung der steuerbegünstigten Zwecke dienen, ist als steuerpflichtiger wirtschaftlicher Geschäftsbetrieb zu behandeln. Der Überschuss

---

[35] I R 149/90, BStBl II 1992, S. 693.

kann unter den Voraussetzungen des § 64 Abs. 5 AO i. H. des branchenüblichen Reingewinns angesetzt werden.

- Ein steuerpflichtiger Geschäftsbetrieb liegt auch dann vor, wenn auf Stellplätzen, über die die gemeinnützige Organisation verfügen darf, Kleidercontainer mit dem Schriftzug der gemeinnützigen Organisation durch gewerbliche Altkleiderhändler aufgestellt werden. Im Regelfall wird der Container von dem gewerblichen Altkleiderhändler aufgestellt und auch geleert, wofür dieser ein Entgelt erhält. Mit Leerung der Container geht der Inhalt der Container auf den Händler über, der je Tonne Altkleider einen weiteren Betrag an die gemeinnützige Organisation bezahlt. Hier kann nicht auf eine Altmaterialverwertung durch die gemeinnützige Organisation geschlossen werden. Die Tätigkeit der steuerbegünstigten Körperschaft (Vermittlung von Standplätzen für Container auf fremdem Grund und Boden, Vergabe von Namensrechten, Werbung für die Sammlung) sind als einheitlicher Vorgang zu werten, der einen steuerpflichtigen wirtschaftlichen Geschäftsbetrieb eigener Art bildet, auf den § 64 Abs. 5 AO keine Anwendung findet.

2.3 Private Kfz-Nutzung durch den Gesellschafter-Geschäftsführer einer Kapitalgesellschaft

> **BMF, Schreiben v. 3.4.2012, IV C 2 – S 2742/08/10001 [2012/0274530], DStR 2012, S. 803**
>
> Die Finanzverwaltung fasst die Voraussetzungen für die Annahme einer verdeckten Gewinnausschüttung bei der privaten Kfz-Nutzung durch Gesellschafter-Geschäftsführer einer Kapitalgesellschaft zusammen und gibt vor, wie diese auf Ebene des Gesellschafter-Geschäftsführers und auf Ebene der Kapitalgesellschaft zu bewerten ist.
>
> **Norm:** § 8 Abs. 3 S. 2 KStG

Die Auffassung der Finanzverwaltung basiert sowohl auf Erörterungen der obersten Finanzbehörden der Länder wie auch auf drei Urteilen des BFH[36] zu diesem Thema.

Nur diejenige Nutzung eines betrieblichen Kraftfahrzeuges durch den Gesellschafter-Geschäftsführer ist betrieblich veranlasst, welche durch eine fremdübliche Überlassungs- oder Nutzungsvereinbarung abgedeckt ist. Eine vGA ist somit dann anzunehmen, wenn eine solche Vereinbarung nicht vorliegt oder die Nutzung von dieser abweicht. Hierbei wird hinsichtlich des Vorliegens einer vGA nicht zwischen beherrschendem und nicht beherrschendem Gesellschafter-Geschäftsführer unterschieden.

Die Überlassungs- oder Nutzungsvereinbarung muss nicht in schriftlicher Form vorliegen; sie kann auch mündlich oder konkludent geschlossen werden, muss jedoch nachweisbar sein und es muss nach ihr verfahren werden. Dies muss für einen außenstehenden Dritten zweifelsfrei erkennbar sein, z. B. durch entsprechende Verbuchung des Lohnaufwandes oder zeitnahe Belastung des Gesellschafter-Verrechnungskontos.

---

[36] BFH v. 23.1.2008, I R 8/08, DStR 2008, S. 865, v. 23.4.2009, VI R 81/06, DStR 2009, S. 1355, v. 11.2.2010, VI R 43/09, DStR 2010, S. 643.

Die Bewertung der vGA richtet sich nach der erzielbaren Vergütung der Kfz-Nutzung; maßgeblich sind somit der gemeine Wert sowie ein angemessener Gewinnaufschlag. Aus Vereinfachungsgründen lässt die Finanzverwaltung hier auch eine Bewertung aufgrund der „1 %-Regel" des § 6 Abs. 1 Nr. 4 S. 2 EStG zu. Ggfs. erhöht sich dieser Wert bei Nutzung für Fahrten zwischen Wohnung und Arbeitsstätte, Familienheimfahrten, doppelte Haushaltsführung.

Auf der Ebene der Kapitalgesellschaft ist die Nutzung nach § 8 Abs. 2 S. 2, 3 und 5 EStG zu bewerten.

Beratungshinweis

Sollte bei Aufdeckung einer solchen vGA durch eine Betriebsprüfung bei der Kapitalgesellschaft der entsprechende Bescheid des Gesellschafter-Geschäftsführers bereits bestandskräftig sein, ist ein Erlass, eine Aufhebung oder Änderung dieses Bescheides nunmehr aufgrund § 32a KStG möglich.

> **Literaturhinweis:** *Görden*, GmbH-StB 2012, S. 179

2.4 Anwendung des § 8b Abs. 3 KStG auf Auslandsbeteiligungen (*STEKO*)

> **BMF, Schreiben v. 16.4.2012, IV C 2 – S 2750-a/07/10006 [2012/0339638], DStR 2012, S. 802**
>
> **Das Abzugsverbot für Teilwertabschreibungen bei EU-Auslandsbeteiligungen ist im VZ 2001 aufgrund der EU-Rechtsprechung (*STEKO*[37]) nicht anwendbar.**
>
> **Norm:** § 8b Abs. KStG 1999 i. d. F. des UntStFG

Der EuGH hat entschieden, dass in einem Fall, in dem eine inländische Kapitalgesellschaft an einer anderen Kapitalgesellschaft mit weniger als zehn Prozent beteiligt ist, Art. 56 EG dahin auszulegen ist, dass er einer Regelung wie § 8b Abs. 3 KStG a. F. entgegensteht, wonach ein Verbot des Abzugs von Gewinnminderungen aufgrund von börsenkursbedingten Teilwertabschreibungen im Zusammenhang mit einer solchen Beteiligung für Beteiligungen an einer ausländischen Gesellschaft früher in Kraft tritt als für Beteiligungen an einer inländischen Gesellschaft.

Das Urteil ist entgegen der gesetzlichen Vorschrift des § 8b Abs. 3 KStG a. F. (aktuell § 34 Abs. 7 S. 1 Nr. 2 KStG) auf alle noch offenen Fälle anzuwenden, in denen im Jahr 2001 Gewinnminderungen aufgrund von Teilwertabschreibungen von Anteilen an ausländischen Gesellschaften und Verlusten aus der Veräußerung dieser Anteile gemacht werden. Die Regelung gilt auch für Gewinnminderungen aufgrund von Teilwertabschreibungen, die nicht börsenkursbedingt sind.

Bei Beteiligungen an ausländischen Gesellschaften aus EU-/EWR-Mitgliedstaaten gilt dies auch dann, wenn es sich um eine Beteiligung von 10 % oder mehr handelt; bei Drittstaaten gilt dies nur dann, wenn die Beteiligung weniger als 10 % beträgt.

---

[37] Urteil des EuGH v. 22.1.2009, Rs. C–377/07 *STEKO*, BStBl II 2011, S. 95.

Beratungshinweis

Das BMF-Schreiben differenziert zunächst nicht danach, ob es sich bei der Teilwertabschreibung auf Anteile an einer EU-Auslandskapitalgesellschaft handelt. Es gilt auch für solche an Drittstaaten. Allerdings findet sich dann eine Unterscheidung hinsichtlich der Beteiligungshöhe, was wohl in den Möglichkeiten der Einflussnahme auf die jeweilige Gesellschaft begründet sein dürfte.

Der BFH wiederum hat nicht nach der Beteiligungshöhe unterschieden (anders als der EuGH). Die Hinnahme dieser Abweichung der Finanzverwaltung von der höchstrichterlichen deutschen Rechtsprechung könnte somit ggfs. wiederum angegriffen werden.

> **Literaturhinweis:** *Schwetlik* GmbH-StB 2012, S. 178

2.5 Verlustnutzung bei Zusammenfassung von Betrieben gewerblicher Art

> **Oberfinanzdirektion Niedersachsen, Verfügung v. 27.4.2012, S 2706 – 341 – St 241, KSt-Kartei § 4 KStG Karte A 9, BB 2012, S. 2164**
>
> Die Oberfinanzdirektion gibt Hinweise zur Verlustnutzung bei der Zusammenfassung von Betrieben gewerblicher Art und der Feststellung der Verluste der einzelnen Betriebe gewerblicher Art aus der Zeit vor der Zusammenfassung.
>
> **Normen:** § 8b Abs. 8 KStG; § 10d EStG

Im Falle der Zusammenfassung von Betrieben gewerblicher Art ist § 10d EStG auf denjenigen Betrieb gewerblicher Art anzuwenden, der sich durch die Zusammenfassung ergibt. Verluste der einzelnen BgA aus der Zeit vor der Zusammenfassung können nicht beim zusammengefassten BgA abgezogen werden. Sie können erst nach Beendigung der Zusammenfassung wieder berücksichtigt werden. In der Zeit der Zusammenfassung unterbleibt die Feststellung der bisherigen Verlustvorträge aus der Zeit vor der Zusammenfassung. Insoweit besteht auch keine Erklärungspflicht der Steuerpflichtigen.

Erst nach Beendigung der Zusammenfassung obliegt es dem Steuerpflichtigen auf einen solchen, nun zu berücksichtigenden Verlustvortrag hinzuweisen. Zur Vermeidung von Nachweisschwierigkeiten und sich ggfs. ergebenden Rechtsstreitigkeiten wird darum gebeten, bei der Zusammenfassung von BgA die letzten vor Zusammenfassung erfolgten Verlustfeststellungen der einzelnen BgA in den nicht auszusondernden Akten vorzuhalten.

2.6 Grenzüberschreitende Anrechnung von Körperschaftsteuer

> **Oberfinanzdirektion Niedersachsen, Verfügung v. 7.6.2012, S 2830 – 21 – St 242, DStR 2012, S. 1555**
>
> Die Oberfinanzdirektion Niedersachsen reagiert auf das Urteil des FG Münster vom 9.1.2012.[38] Infolge der anhängigen Revision sollen gleichgelagerte Anträge bei Berufung auf das genannte Verfahren zunächst ruhen.
>
> **Norm:** § 44 KStG a. F.

---

[38] 5 K 105/07 E, BeckRS 2012, 94879.

Das Urteil des FG Münster vom 9.1.2012 nimmt Stellung zur Frage der Anrechnung von ausländischer Körperschaftsteuer. Zwar ist zum Nachweis dieser keine Steuerbescheinigung nach § 44 KStG a. F. erforderlich, jedoch kann vom Steuerpflichtigen die Beibringung von Belegen gefordert werden, aus denen sich die Voraussetzungen für die Körperschaftsteueranrechnung eindeutig und genau überprüfen lassen. Die fehlende Vorlage geeigneter Unterlagen führt danach zu einer Ablehnung der Anrechnung. Gegen dieses Urteil wurde die Revision zugelassen, diese ist mittlerweile beim BFH anhängig.[39] Soweit Anträge auf Anrechnung ausländischer Körperschaftsteuer sich auf dieses Verfahren berufen, ruhen diese ebenfalls.

2.7 § 8b Abs. 8 KStG; Ausübung des Blockwahlrechts nach § 34 Abs. 7 S. 8 Nr. 2 KStG

> **Oberfinanzdirektion Frankfurt am Main, Rundverfügung v. 9.7.2012, S 2750a A – 11 – St 52, DStR 2012, S. 1661**
>
> Die Oberfinanzdirektion nimmt Stellung zum Blockwahlrecht nach § 34 Abs. 7 KStG.
>
> Normen: §§ 8b Abs. 8, 34 Abs. 7 S. 8 Nr. 2 KStG

Die allgemeine Anwendungsregel des § 34 Abs. 7 S. 1 KStG hat Vorrang vor der Anwendungsregel des § 34 Abs. 7 S. 8 Nr. 2 KStG, sodass im Inlandsfall bei kalendergleichem Wirtschaftsjahr die Anwendung des Blockwahlrechts nach § 34 Abs. 7 S. 8 Nr. 2 KStG nicht dazu führt, dass die Einkünfte aus inländischen Beteiligungen bereits im Veranlagungszeitraum 2001 unter § 8b KStG i. d. F. des StStenkG v. 23.10.2000[40] fallen. Einkünfte, die aus inländischen Beteiligungen erzielt werden, sind trotz Anwendung des Blockwahrrechtes zu 100 % steuerpflichtig. Sofern es sich um Beteiligungen an ausländischen Kapitalgesellschaften handelt, bei denen § 8b KStG bereits ab 2001 gilt, führt die Anwendung des Blockwahlrechts dazu, dass die Einkünfte des Jahres 2001 zu 80 % steuerpflichtig sind.

2.8 Steuerliche Behandlung der Weiterleitung von Ausschüttungen aus dem steuerlichen Einlagekonto durch eine zwischengeschaltete juristische Person des öffentlichen Rechts

> **Oberfinanzdirektion Münster, Verfügung v. 11.7.2012, S 2750a – 216 – St 13-33, DB 2012, S. 2194**
>
> Die Oberfinanzdirektion Münster äußert sich zu der Frage, welche Besteuerungsfolgen bei dem mittelbaren Empfänger einer Leistung aus dem steuerlichen Einlagekonto eintreten, wenn diese von der ausschüttenden Kapitalgesellschaft über eine zwischengeschaltete juristische Person des öffentlichen Rechts zum Empfänger „durchgeleitet" wird.
>
> Normen: §§ 8b Abs. 2, 27 KStG

---

[39] VIII R 7/12.
[40] BGBl I 2000, S. 1433.

In Fällen, in denen einem BgA einer juristischen Person des öffentlichen Rechts über eine andere juristische Person des öffentlichen Rechts eine Einlagenrückgewähr zufließt, kann aus sachlichen Billigkeitsgründen die Rn. 11 des BMF-Schreibens vom 11.9.2002[41] entsprechend angewendet werden.

Der BgA, der die durchgeleiteten Beteiligungserträge erhält, hat den Betrag der Einlagenrückgewähr durch die Bescheinigung i. S. des § 27 Abs. 3 KStG nachzuweisen, die der Körperschaft des öffentlichen Rechts ausgestellt worden ist, über die ihm die Einlagenrückgewähr zufließt.

Voraussetzung für die Anwendung der Billigkeitsregelung ist ferner, dass die weitergeleitete Einlagenrückgewähr in der Steuerbilanz des BgA mit der Bilanzposition „Beteiligung" an der juristischen Person des öffentlichen Rechts verrechnet worden ist.

Bei den von dieser Billigkeitsmaßnahme begünstigten Personen führt die Einlagenrückgewähr daher nicht zu steuerpflichtigen Erträgen. Die Einlagenrückgewähr unterliegt der Steuerbefreiung nach § 8b Abs. 2 KStG, soweit sie den Buchwert der Beteiligung übersteigt.

2.9 Verzicht des Gesellschafter-Geschäftsführers einer Kapitalgesellschaft auf eine Pensionsanwartschaft als verdeckte Einlage

> **BMF, Schreiben v. 14.8.2012, IV C 2 – S 2743/10/10001:001 [2012/0652306], FR 2012, S. 834**
>
> Das BMF nimmt Stellung zum Verzicht einer Pensionsanwartschaft als verdeckte Einlage, insb. zu Varianten des Teilverzichts.
>
> Normen: § 8 Abs. 3 S. 2 KStG; § 6a EStG

Beim Verzicht eines Gesellschafter-Geschäftsführers einer Kapitalgesellschaft auf eine Pensionsanwartschaft liegt eine verdeckte Einlage vor, soweit der Anspruch aus der Pensionsanwartschaft werthaltig ist. Diese ist nach dem Teilwert zu bewerten, nicht nach dem steuerlichen Teilwert der Pensionsverbindlichkeit nach § 6a EStG. Er ist im Zweifel nach den Wiederbeschaffungskosten zu ermitteln, d. h. danach, welchen Betrag der verzichtende Gesellschafter-Geschäftsführer hätte aufwenden müssen, um eine gleich hohe Pensionsanwartschaft gegen einen Schuldner mit vergleichbarer Bonität zu erwerben.

Verzichtet der Gesellschafter-Geschäftsführer in voller Höhe, liegt eine verdeckte Einlage in Höhe des Barwerts des schon erworbenen Versorgungsanspruchs vor. Wird die zugesagte Versorgungsleistung lediglich reduziert, liegt eine verdeckte Einlage insoweit vor, als der Barwert des bereits erworbenen Versorgungsanspruchs den des reduzierten Versorgungsanspruchs übersteigt. Verzichtet der Gesellschafter-Geschäftsführer auf den sog. Future Service, d. h. wird die Pensionszusage auf den schon erdienten Teil beschränkt, liegt eine verdeckte Einlage vor, soweit der Barwert der bereits erdienten Versorgungszusage den Barwert der geänderten Zusage übersteigt.

---

[41] BStBl I 2002, S. 935.

Beratungshinweis

Konsequenz der verdeckten Einlage beim Gesellschafter-Geschäftsführer ist, dass es hier in Höhe der verdeckten Einlage zu einem nach § 19 EStG lohnsteuerpflichtigen Zufluss kommt. Insoweit erhöhen sich die steuerlichen Anschaffungskosten des Gesellschafter-Geschäftsführers für dessen Anteile an der Kapitalgesellschaft.

In Höhe der verdeckten Einlage führt die verzichtsbedingte Auflösung der Pensionszusage bei der Kapitalgesellschaft zu einem steuerfreien Gewinn und zu einem Zugang auf dem Einlagekonto i. S. d. § 27 KStG. Ist der Teilwert allerdings geringer als der bereits erdiente Versorgungsanspruch, erzielt die Kapitalgesellschaft einen steuerpflichtigen Ertrag, der beim Gesellschafter-Geschäftsführer aber keinen lohnsteuerpflichtigen Zufluss auslöst.

> **Literaturhinweise:** *Dernberger/Lenz*, DB 2012, S. 2308, *Schwetlik*, GmbH-StB 2012, S. 303

3 Änderungen bei der Lohnsteuer

3.1 Familienpflegezeit

> **BMF, Schreiben v. 23.5.2012, IV C 5 – S901/11/10005, BStBl I 2012, S. 617**
>
> **Wird ein naher Angehöriger plötzlich pflegebedürftig, müssen und wollen Arbeitnehmer in vielen Fällen ihre Arbeitszeit verringern, um den Pflegebedürftigen zu Hause versorgen zu können. Der koordinierte Ländererlass erläutert die lohnsteuerlichen Konsequenzen, die sich bei Entgeltaufstockung und Rückzahlung ergeben.**
>
> **Normen:** § 9 Abs. 1 S. 1 EStG; § 3 Abs. 1, § 3 Abs. 3, 4, 6, 8, 9 FPfZG

3.1.1 Arbeitszeitverringerung und Entgeltaufstockung während der Familienpflegezeit

Mit dem Familienpflegezeitgesetz (FPfZG) vom 6.12.2011[42] wurde u. a. das Gesetz über die Familienpflegezeit beschlossen. Durch das Familienpflegezeitgesetz, mit dem zum 1.1.2012 die Familienpflegezeit eingeführt wurde, wird die Vereinbarkeit von Beruf und familiärer Pflege verbessert.

Das FPfZG sieht eine Verringerung der Arbeitszeit von Arbeitnehmern, die einen pflegebedürftigen nahen Angehörigen in häuslicher Umgebung pflegen, für die Dauer von maximal zwei Jahren bei gleichzeitiger Aufstockung des Arbeitsentgelts durch den Arbeitgeber vor. Weitere Voraussetzung ist, dass die verringerte Arbeitszeit wöchentlich mindestens 15 Stunden beträgt. Der Arbeitnehmer erhält während der Familienpflegezeit eine Entgeltaufstockung in Höhe der Hälfte der Differenz zwischen dem bisherigen Arbeitsentgelt und dem Arbeitsentgelt, das sich infolge der Reduzierung der Arbeitszeit ergibt.

---

[42] BGBl I 2011, S. 2564.

Beispiel

Ein in Vollzeit beschäftigter Arbeitnehmer reduziert für die Dauer von einem Jahr seine Arbeitszeit um 50 %, um einen Familienangehörigen zu pflegen. In diesem Fall erhält er eine Entgeltaufstockung um 25 %, somit auf 75 % des letzten Bruttoeinkommens. Zum Ausgleich erhält dieser Arbeitnehmer später bei voller Arbeitszeit weiterhin nur das reduzierte Gehalt von 75 %, und zwar so lange, bis das negative Wertguthaben wieder ausgeglichen ist.

Ausgehend vom obigen Beispiel unterliegt laut BMF sowohl das reduzierte Arbeitsentgelt (50 % des letzten Bruttoeinkommens) als auch der Aufstockungsbetrag (25 % des letzten Bruttoeinkommens) dem Lohnsteuerabzug. Die monatliche Lohnsteuer wird somit nach dem zugeflossenen Auszahlungsbetrag (75 % des letzten Bruttoeinkommens) bemessen.

3.1.2 Nachpflegephase

In der Zeit nach der Pflege erhält der Arbeitnehmer bei voller Arbeitszeit weiterhin sein reduziertes Gehalt (nach obigem Beispiel 75 % des letzten Bruttoeinkommens in der Vorpflegephase), bis das „negative" Wertguthaben wieder ausgeglichen ist. Diesbezüglich stellt das BMF klar, dass lediglich der ausgezahlte Betrag des Arbeitsentgelts (im Beispiel 75 %) als zugeflossen gilt und der Lohnsteuer zu unterwerfen ist. Der Ausgleich des „negativen" Wertguthabens (im Beispiel 25 %) löst keine Lohnbesteuerung aus. Dieses ist auch sachgerecht, da dieser Betrag (im Beispiel 25 %) bereits in der Pflegephase der Lohnsteuerpflicht unterworfen worden ist.

3.1.3 Zinsloses Darlehen an den Arbeitgeber

Zur Vermeidung von Liquiditätsnachteilen kann der Arbeitgeber beim Bundesamt für Familie und zivilgesellschaftliche Aufgaben (BAFzA) zur Finanzierung des Aufstockungsbetrags ein zinsloses Darlehen beantragen, das in der Nachpflegephase wieder zurückzuzahlen ist oder gegebenenfalls erlassen wird. Weder der Erhalt noch der Erlass des zinslosen Darlehens stellen nach Verwaltungsmeinung lohnsteuerrelevante Tatbestände dar.

3.1.4 Beitragszahlungen zur Familienpflegezeitversicherung

Nach § 4 FPfZG ist zwingend entweder vom Beschäftigten oder vom Arbeitgeber eine zertifizierte Familienpflegezeitversicherung abzuschließen, um das Risiko für den Arbeitgeber abzusichern, dass der Beschäftigte in der Nachpflegephase sein „negatives" Wert- oder Arbeitszeitguthaben infolge von Tod oder Berufsunfähigkeit nicht mehr ausgleichen kann. Möglich ist auch ein Antrag auf Aufnahme des Beschäftigten in eine vom BAFzA abgeschlossene Gruppenversicherung.

Nach Auffassung des BMF liegen beim Arbeitnehmer Werbungskosten vor, wenn er selbst die Prämienzahlungen an die Versicherungsgesellschaft leistet oder diese dem Arbeitgeber erstattet. Der Werbungskostenabzug erfolgt im Kalenderjahr der Erstattung durch den Arbeitnehmer. Bei Verrechnung der Vorleistung des Arbeitgebers mit dem auszuzahlenden Arbeitsentgelt vermindert sich der lohnsteuerpflichtige Arbeitslohn nicht.

Sofern allein der Arbeitgeber die Prämienzahlungen trägt, liegen beim Arbeitnehmer weder lohnsteuerpflichtige Einnahmen noch Werbungskosten vor. Das BMF geht in diesem Fall von einem ganz überwiegend eigenbetrieblichen Interesse des Arbeitgebers aus. Zudem führt das BMF aus, dass die bei Gruppenversicherungen gegenüber Einzelversicherung entstehenden Prämienvorteile ebenfalls nicht zum Arbeitslohn gehören. Auch Zahlungen aus der Familienpflegezeitversicherung an den Arbeitgeber oder das BAFzA führen beim Arbeitnehmer zu keinem lohnsteuerpflichtigen Tatbestand.

3.1.5 Erstattungen des Arbeitnehmers

Bei Verletzung der Mitteilungspflicht gem. § 5 Abs. 2 FPfZG i. V. m. § 7 FPfZG oder bei Forderungsübergang nach § 8 Abs. 3 FPfZG kann das BAFzA die Erstattung des zinslosen Darlehens bzw. des Aufstockungsbetrags vom Arbeitnehmer verlangen. Auch der Arbeitgeber hat bei vorzeitiger Beendigung des Beschäftigungsverhältnisses oder bei Freistellung von der Arbeitsleistung (§ 9 Abs. 2 und 4 FPfZG) einen Erstattungsanspruch in Höhe des nicht ausgeglichenen „negativen" Wertguthabens gegenüber dem Arbeitnehmer. Derartige Zahlungen des Arbeitnehmers führen gemäß BMF zu negativem Arbeitslohn, der entweder mit lohnsteuerpflichtigen Forderungen des Arbeitnehmers (z. B. Abfindungen) verrechnet oder im Rahmen der persönlichen Einkommensteuerveranlagung berücksichtigt werden kann.

Das BMF stellt klar, dass darüber hinausgehende Zahlungen des Arbeitnehmers (wie z. B. Bußgelder gemäß § 14 FPfZG) den außersteuerlichen Bereich betreffen.

Hat der Arbeitgeber den Arbeitnehmer während der Inanspruchnahme der Familienpflegezeit oder der Nachpflegephase mit behördlicher Zustimmung aus nicht verhaltensbedingten Gründen gekündigt und kann das „negative" Wertguthaben nicht mit Forderungen des Arbeitnehmers aufgerechnet werden, erlischt der Erstattungsanspruch des Arbeitnehmers. Nach Auffassung des BMF liegt beim Arbeitnehmer kein geldwerter Vorteil in Höhe der erloschenen Ausgleichsforderung vor.

Hinweis

Arbeitnehmer, die die Familienpflegezeit beanspruchen, bleiben in einem zuvor als sozialversicherungspflichtig eingestuften Beschäftigungsverhältnis, d. h. sie profitieren auch während der Freistellung vom Versicherungsschutz in der Kranken-, Pflege-, Arbeitslosen- und Rentenversicherung. Bemessungsgrundlage für die abzuführenden Sozialbeiträge ist das reduziere Arbeitsentgelt (im Beispiel: 75 % des letzten Vollzeitbruttos).

Die lohnsteuer- und sozialversicherungsrechtlichen Regelungen können dazu beitragen, Familienpflege und Beschäftigung in Einklang zu bringen. Arbeitgeber sollten prüfen, ob sie das Instrument der Familienpflegezeit für Zwecke der Mitarbeiterbindung und für den Erhalt von Know-how freiwillig nutzen wollen. Zusätzlich dazu bleibt die Möglichkeit abweichender individueller und tariflicher Vereinbarungen sowie der Freistellung nach dem PflegeZG weiterhin bestehen.

Literaturhinweis: *Plenker*, DB 2012, S. 1300

3.2 Bestimmung der regelmäßigen Arbeitsstätte bei Arbeitnehmern

> **OFD Münster und Rheinland, Verfügung v. 29.3.2012, S 2338 – 1015 – St 215 (Rhld) / S 2353 – 20 – St 22 – 31 (Ms), DB 2012, S. 833**
>
> Ausgehend von den sog. Juni-Urteilen[43] und dem BMF-Schreiben vom 15.12.2011[44] stellt die Verfügung der nordrhein-westfälischen Oberfinanzdirektionen anhand zahlreicher Beispiele klar, wann und in welchen Fällen die maximal eine regelmäßige Arbeitsstätte begründet werden kann.
>
> **Normen:** §§ 3 Nr. 13, 3 Nr. 16, 4 Abs. 5 S. 1 Nr. 5, 9 Abs. 1 S. 1 EStG

3.2.1 Grundlagen

Eine regelmäßige Arbeitsstätte wird in einer betrieblichen Einrichtung des Arbeitgebers begründet, wenn es sich um den ortsgebundenen Mittelpunkt der dauerhaft angelegten beruflichen Tätigkeit des Arbeitnehmers handelt. Dies ist der Ort, an dem der Arbeitnehmer seine aufgrund des Dienstverhältnisses geschuldete Arbeitsleistung schwerpunktmäßig zu erbringen hat. Allein das kurzfristige Aufsuchen der Arbeitgebereinrichtung (z. B. zu Kontrollzwecken) reicht nicht mehr aus, um dort die regelmäßige Arbeitsstätte zu begründen. Die sog. 46-Tage-Regelung ist demnach nicht mehr anzuwenden. Vielmehr muss die regelmäßige Arbeitsstätte eine hinreichend zentrale Bedeutung gegenüber anderen Tätigkeitsstätten des Arbeitnehmers haben. Es hat eine Abgrenzung danach zu erfolgen, welche Arbeiten der Arbeitnehmer wo ausführt und welches Gewicht diesen Tätigkeiten zukommt.

Der ortsgebundene Mittelpunkt der Tätigkeit des Arbeitnehmers kann nur an einem Ort liegen, sodass der Arbeitnehmer im Rahmen des Arbeitsverhältnisses nicht mehr als eine regelmäßige Arbeitsstätte innehaben kann.

3.2.2 Maßgeblichkeit der Prognose

Ob der Arbeitnehmer an der maximal einer regelmäßigen Arbeitsstätte tätig wird, soll nach Auffassung der Finanzverwaltung jeweils zu Beginn eines Kalenderjahres, zu Beschäftigungsbeginn und bei einem Tätigkeitsbereichswechsel bestimmt werden. Unter Bezugnahme auf das BMF-Schreiben vom 15.12.2011[45] ist i. d. R. aus Vereinfachungsgründen von einer regelmäßigen Arbeitsstätte auszugehen, wenn der Arbeitnehmer aufgrund der dienstrechtlichen/arbeitsvertraglichen Festlegungen einer betrieblichen Einrichtung des Arbeitgebers dauerhaft zugeordnet ist oder in einer betrieblichen Einrichtung des Arbeitgebers

- arbeitstäglich,
- je Arbeitswoche einen vollen Arbeitstag oder
- mindestens 20 % seiner vereinbarten regelmäßigen Arbeitszeit tätig werden soll (Prognoseentscheidung).

---

[43] BFH, Urteile v. 9.6.2011, VI R 55/10, BStBl II 2012, S. 38, VI 36/10, BStBl II 2012, S. 36 und VI 58/10, BStBl II 2012, S. 34.
[44] BMF, Schreiben v. 15.12.2011 VI C 5 – S 2353/11/10010, BStBl I 2012, S. 57.
[45] BMF, Schreiben v. 15.12.2011 VI C 5 – S 2353/11/10010, BStBl I 2012, S. 57.

Beispiel

Der Angestellte F ist im öffentlichen Dienst beschäftigt und arbeitet als Heimarbeiter an vier Tagen zu Hause und an einem Tag im Verwaltungssitz. Es werden gleichartige Tätigkeiten verrichtet. F ist dem Verwaltungssitz zugeordnet.

F hat am Verwaltungssitz seine regelmäßige Arbeitsstätte, weil er dieser zugeordnet ist und dort auch dauerhaft tätig wird.

Beispiel

B ist arbeitsvertraglich der Zentrale seines Arbeitgebers in Hamburg zugeordnet. Als Leiter der Filiale in Bonn wird er aber ausschließlich in Bonn tätig.

B hat seine regelmäßige Arbeitsstätte in Bonn, wo er ausschließlich und dauerhaft tätig wird. Die arbeitsvertragliche Zuordnung allein führt nicht zu einer regelmäßigen Arbeitsstätte in Hamburg, weil B dort nicht tätig wird.

3.2.3 Bestimmung der regelmäßigen Arbeitsstätte nach der Qualitätsentscheidung

Neben den Vereinfachungsregelungen zur Bestimmung einer regelmäßige Arbeitsstätte nach der Zuordnungsentscheidung oder nach der Prognoseentscheidung unter Berücksichtigung des Tätigkeitsumfangs soll im Sinne einer „Escape-Klausel" die Möglichkeit bestehen, die regelmäßige Arbeitsstätte anhand des inhaltlichen (qualitativen) Schwerpunkts der beruflichen Tätigkeit nachzuweisen oder glaubhaft zu machen. Für diese Qualitätsentscheidung soll maßgebend sein, wo ein Arbeitnehmer die für den konkret ausgeübten Beruf wesentlichen und prägenden Handlungen vornimmt. Dem zeitlichen Umfang einer Tätigkeit komme dabei lediglich eine Indizwirkung zu.

Beispiel

Der nicht selbstständig tätige Handelsvertreter H erledigt Vor- und Nacharbeiten zu seinen Kundenbesuchen jeweils montags in den Büroräumen seines Arbeitgebers.

Nach den Vereinfachungsregelungen kann vermutet werden, dass der Arbeitgeberbetrieb eine regelmäßige Arbeitsstätte für H darstellt. Weil der qualitative Schwerpunkt der Tätigkeit jedoch im Außendienst liegt, kann bei entsprechender Dokumentation davon ausgegangen werden, dass H über keine regelmäßige Arbeitsstätte verfügt.

Ein Arbeitnehmer soll z. B. dann keine regelmäßige Arbeitsstätte haben, wenn er qualitativ bedeutende Tätigkeiten sowohl in einer Arbeitgeber-Einrichtung als auch im Außendienst erbringt. Der zeitliche Umfang soll jedoch dann ausschlaggebend sein, wenn der Arbeitnehmer an mehreren Arbeitgeber-Einrichtungen jeweils qualitativ gleichwertige Arbeiten ausführt. In solchen Fällen ist nach der Verwaltungsanweisung diejenige Arbeitgeber-Einrichtung als regelmäßige Arbeitsstätte anzusehen, an der der Arbeitnehmer vom zeitlichen Umfang her überwiegend tätig wird.

Beispiel

Zum Tätigkeitsfeld des angestellten Filialleiters F gehört die Betreuung der Filialen in Münster und Duisburg. Dienstags und donnerstags sucht er die Filiale in Münster auf, montags und mittwochs die Filiale in Duisburg. Freitags verbringt F den Arbeitstag in seinem privaten Arbeitszimmer, um dort administrative Tätigkeiten zu erledigen.

F hat keine regelmäßige Arbeitsstätte, weil infolge gleichartiger Tätigkeiten in den beiden Filialen ein qualitativer Mittelpunkt seiner gesamten Tätigkeit fehlt. Aufgrund des gleichen zeitlichen Umfangs seiner Tätigkeiten in Münster und Duisburg erlangt auch keine Filiale eine hinreichend zentrale Bedeutung. Das Arbeitszimmer in der Wohnung stellt keine betriebliche Einrichtung des Arbeitgebers dar, sodass es schon aus diesem Grund als regelmäßige Arbeitsstätte ausscheidet.

Bei qualitativ gleichwertigen Tätigkeiten, die ein Arbeitnehmer in verschiedenen Arbeitgebereinrichtungen ausführt, soll es nach Auffassung der Verfügung auf den zeitlichen Umfang der jeweiligen Tätigkeiten ankommen, um eine regelmäßige Arbeitsstätte zu begründen.

Beispiel

Der Filialleiter F aus dem vorherigen Beispiel sucht nunmehr die Filiale in Münster jeweils von Montag bis Mittwoch auf und verbringt lediglich den Donnerstag in der Filiale in Duisburg. Freitags verbringt er den Arbeitstag in seinem privaten Arbeitszimmer, um dort administrative Tätigkeiten zu erledigen.

F hat seine regelmäßige Arbeitsstätte in der Filiale in Münster, weil er dort vom zeitlichen Umfang her schwerpunktmäßig tätig wird.

3.2.4 Vorübergehende Tätigkeit an einer anderen Arbeitgebereinrichtung

Unverändert gilt, dass die zeitlich befristete Abordnung zu einer anderen Arbeitgebereinrichtung dort keine regelmäßige Arbeitsstätte auslöst (R 9.4 Abs. 3 S. 4 LStR). Die Verfügung stellt hierzu klar, dass es keine allgemeingültige zeitliche Begrenzung einer auswärtigen Tätigkeit geben kann. Anhand der Gesamtumstände des Einzelfalls sei vielmehr zu prüfen, ob von Beginn an eine unbefristete und damit dauerhafte Tätigkeit beabsichtigt war. Der Arbeitgeber sowie der Arbeitnehmer können die Vermutung einer dauerhaften Tätigkeit durch geeignete Unterlagen widerlegen und tragen insoweit die Feststellungslast.

Beispiel

Der bei der Beratungsfirma B angestellte A hat seine regelmäßige Arbeitsstätte an seinem Dienstsitz in München. Für ein vierjähriges Projekt soll A in der Niederlassung in Hamburg tätig werden. Nach vier Jahren kehrt A nach München zurück.

A befindet sich während seines Einsatzes in Hamburg auf einer vorübergehenden Auswärtstätigkeit. Er begründet in Hamburg keine regelmäßige Arbeitsstätte, weil er dort lediglich im Rahmen einer befristeten Abordnung tätig ist.

In Verlängerungsfällen muss nach Meinung der Oberfinanzdirektionen aufgeklärt werden, ob damit ggf. eine regelmäßige Arbeitsstätte am auswärtigen Einsatzort begründet wurde.

Beispiel

Der Systemtechniker S mit regelmäßiger Arbeitsstätte in Wesel soll für drei Jahre einen Softwarewechsel bei der Schwestergesellschaft in Hannover begleiten. Nach drei Jahren stellt sich heraus, dass aufgrund technischer Probleme eine Verlängerung seines Einsatzes um weitere eineinhalb Jahre nötig ist.

Weil in diesem Fall die Verlängerung nicht vorhersehbar war, begründet S in Hannover keine regelmäßige Arbeitsstätte.

Ist dagegen absehbar, dass der Wechsel der Einsatzstelle auf unbestimmte Zeit oder sogar unbefristet erfolgen soll, zieht dies nach Verwaltungsmeinung auch einen Wechsel der regelmäßigen Arbeitsstätte nach sich.

Beispiel

N mit regelmäßiger Arbeitsstätte in der Zentrale in Düsseldorf hat sein Trainee-Programm nahezu absolviert. Seine letzte Station ist die Niederlassung in Frankfurt, wo er für zehn Monate den Niederlassungsleiter unterstützt. In der weiteren Planung ist vorgesehen, dass N als Führungsnachwuchs bei erfolgreichem Abschluss seines Programms die Niederlassung in Frankfurt übernehmen soll, denn der bisherige Leiter steht kurz vor dem Eintritt in den Ruhestand.

In diesem Fall begründet N mit der Übernahme der Niederlassung in Frankfurt dort seine regelmäßige Arbeitsstätte, weil sein dauerhafter Einsatz in Frankfurt absehbar war.

3.2.5 Regelmäßige Arbeitsstätte bei einem Dritten

Muss ein (Leih-)Arbeitnehmer damit rechnen, dass er an ständig wechselnden Kunden-Einrichtungen eingesetzt wird, so wird die betriebsfremde Einrichtung nicht zur regelmäßigen Arbeitsstätte dieses Arbeitnehmers. Dies gilt nach Meinung der Oberfinanzdirektionen vor allem vor dem Hintergrund, dass solche Einsätze als vorübergehend einzustufen sind.

Beispiel

Der bei einem Zeitarbeitsunternehmen angestellte Hochbauingenieur wird in regelmäßigem Wechsel verschiedenen Bauunternehmungen (Entleihern) überlassen und auf deren Baustellen eingesetzt. Den Betrieb seines Arbeitgebers sucht er nur gelegentlich auf, ohne dort eine regelmäßige Arbeitsstätte zu begründen. Im März 2013 wird für einen vor Beginn der Tätigkeit festgelegten Zeitraum von zwei Jahren an eine Baufirma überlassen und von dieser während des gesamten Zeitraums auf derselben Großbaustelle eingesetzt.

Die Großbaustelle wird schon deshalb nicht zur regelmäßigen Arbeitsstätte von H, weil die dortige Tätigkeit von vornherein auf eine bestimmte Dauer angelegt und damit vorübergehend ist.

In Fällen des Arbeitnehmerverleihs soll die Einrichtung eines Entleihers andrerseits dann zur regelmäßigen Arbeitsstätte eines Arbeitnehmers werden, wenn dieser beim Verleiher mit dem Ziel der späteren Festanstellung beim Entleiher eingestellt wird. Gleiches soll gelten, wenn der zu verleihende Arbeitnehmer nur für die Dauer eines bestimmten Projekts eingestellt wird und das Arbeitsverhältnis danach endet.

Beispiel

Z ist technischer Zeichner und wurde von der Zeitarbeitsfirma ausschließlich für die Überlassung an die Baufirma B befristet eingestellt. Mit Abschluss des Bauvorhabens endet dementsprechend auch das Arbeitsverhältnis des Z.

In diesem Fall liegt an dem ersten Tag eine regelmäßige Arbeitsstätte bei der Baufirma vor, weil die dortige Tätigkeit nicht vorübergehend, sondern dauerhaft ist. Weil er ausschließlich für die Überlassung bei der Baufirma eingestellt worden ist, kann er nicht anders behandelt werden als bei der Baufirma fest angestellte technische Zeichner.

Etwas anderes soll nur dann gelten, wenn der verliehene Arbeitnehmer im Unternehmen des Entleihers wiederum nur solche Tätigkeiten ausführt, die an ständig wechselnden Einsatzstellen erbracht werden.

Beispiel

Sachverhalt wie im vorherigen Beispiel, allerdings wird nun ein Bauarbeiter überlassen.

Weil auch fest angestellte Bauarbeiter eine Auswärtstätigkeit ausüben, gilt dies auch für den entliehenen Bauarbeiter.

Im Fall des Outsourcing soll die außerbetriebliche Einrichtung ebenfalls eine regelmäßige Arbeitsstätte darstellen.

3.2.6 Keine Tätigkeit an einer regelmäßigen Arbeitsstätte

In den nachfolgenden Fällen wird ein Arbeitnehmer nach Auffassung der nordrhein-westfälischen Finanzverwaltung nicht an einer regelmäßigen Arbeitsstätte tätig:

- Ein Arbeitsplatz in der eigenen Wohnung (sog. Home-Office), der keine in sich geschlossene Einheit bildet, ist keine betriebliche Einrichtung des Arbeitgebers und somit keine regelmäßige Arbeitsstätte.

- Eine Bildungseinrichtung, die ein vollbeschäftigter Arbeitnehmer im Rahmen seines Dienstverhältnisses längerfristig (z. B. über vier Jahre hinweg), aber vorübergehend aufsucht, ist keine regelmäßige Arbeitsstätte. Arbeitnehmer, die sich in einem Ausbildungsverhältnis befinden, sollen keine regelmäßige Arbeitsstätte an der aufgesuchten außerbetrieblichen Aus- bzw. Fortbildungsstätte haben.

Hinweis

In vielen Fällen dienen die Aussagen und Beispiele der OFD-Verfügung als Klarstellung, die eine praxistaugliche Beurteilung verschiedenster Reisekostensachverhalte gewährleistet. Missverständlich ist jedoch, dass die Prüfung der regelmäßigen Arbeitsstätte anhand der Qualitätsentscheidung als sog. „Escape-Klausel" bezeichnet wird. Denn bei der Qualitätsentscheidung handelt sich um eine Beurteilungsalternative, die den beiden anderen Vereinfachungsregelungen (Zuordnungs- und Prognoseentscheidung) gleichwertig gegenübersteht. Diese Sichtweise wird auch durch erste Äußerungen aus Kreisen der Finanzverwaltung bestätigt.

Mit Blick auf Outsourcing-Fälle war die Verfügung bereits bei ihrer Veröffentlichung überholt. Denn hierzu hatte der BFH schon mit Urteil vom 9.2.2012[46] entschieden, dass ein Arbeitnehmer im Outsourcing-Fall grundsätzlich auswärts tätig wird. In diesem wie auch im Fall eines fast 20 Jahre dauernden Einsatzes eines Arbeitnehmers in einer Kundeneinrichtung des Arbeitgebers stellt der BFH[47] unmissverständlich klar, dass eine regelmäßige Arbeitsstätte nicht in einer betriebsfremden Einrichtung begründet werden kann. Etwas anderes kann nur dann gelten, wenn der Arbeitgeber in der Kundeneinrichtung eine ihm zuzurechnende Betriebsstätte begründet.

3.3 Übernahme von Studiengebühren für ein berufsbegleitendes Studium durch den Arbeitgeber

> **BMF, Schreiben v. 13.4.2012, IV C 5 – S 2332/07/0001, BStBl I 2012, S. 531**
>
> **Vom Arbeitgeber übernommene Studienkosten stellen grundsätzlich einen lohnsteuerpflichtigen geldwerten Vorteil dar. Das BMF-Schreiben nennt die Voraussetzungen bei deren Erfüllung die Übernahme von Studiengebühren im Rahmen eines Ausbildungsdienstverhältnisses und im Rahmen der beruflichen Fort- und Weiterbildung ohne Abzug von Lohnsteuern erfolgen kann. In diesem Fall handelt es sich bei den Studiengebühren um Leistungen, die im überwiegend eigenbetrieblichen Interesse erbracht werden, die sich somit nicht als Arbeitslohn qualifizieren.**
>
> **Normen:** § 19 Abs. 1 S. 1 Nr. 1 EStG; R 9.2, R 19.7 LStR

3.3.1 Ausbildungsdienstverhältnis

Erste Prüfung bei der Beurteilung von Studiengebühren bei noch in der Ausbildung befindlichen Arbeitnehmern ist, ob das berufsbegleitende Studium im Rahmen eines Ausbildungsdienstverhältnisses stattfindet. Dies ist nach Verwaltungsmeinung nicht der Fall, wenn

- das Studium nicht Gegenstand des Dienstverhältnisses ist oder

- Teilzeitbeschäftigte ohne arbeitsvertragliche Verpflichtung ein berufsbegleitendes Studium absolvieren und das Teilzeitarbeitsverhältnis lediglich das Studium ermöglicht.

---

[46] BFH, Urteil v. 9.2.2012, VI R 22/10, BStBl II 2012, S. 827.
[47] BFH, Urteil v. 14.6.2012, VI R 47/11, HFR 2012, S. 1148.

3.3.1.1 Arbeitgeber ist Schuldner der Studiengebühren

In diesem Fall ist das eigenbetriebliche Interesse des Arbeitgebers stets erfüllt, sodass keinerlei lohnsteuerliche Konsequenzen bezüglich der Studiengebühren zu ziehen sind.

3.3.1.2 Arbeitnehmer ist Schuldner der Studiengebühren

Schuldet der Arbeitnehmer die Studiengebühren nach den vertraglichen Vereinbarungen mit der Hochschule, kann unter den nachfolgenden Voraussetzungen, die kumulativ erfüllt sein müssen, von nicht steuerbaren Leistungen ausgegangen werden:

- Der Arbeitgeber muss sich arbeitsvertraglich zur Übernahme der Studiengebühren verpflichten und

- er ist nach arbeitsvertraglichen oder anderen arbeitsrechtlichen Vereinbarungen berechtigt, die Studiengebühren zurückzufordern, wenn der Arbeitnehmer das Unternehmen auf eigenen Wunsch innerhalb von zwei Jahren nach dem Studienabschluss verlässt.

Ein ganz überwiegend eigenbetriebliches Interesse des Arbeitgebers kann auch dann angenommen werden, wenn er die übernommenen Studiengebühren nach arbeitsrechtlichen Grundsätzen nur zeitanteilig zurückfordern kann.

Scheidet der Arbeitnehmer zwar auf eigenen Wunsch aus dem Unternehmen aus, fällt der Grund für das Ausscheiden jedoch allein in die Verantwortungs- oder Risikosphäre des Arbeitgebers, kann eine vereinbarte Rückzahlungsverpflichtung nach arbeitsrechtlichen Grundsätzen hinfällig sein. In diesen Fällen genügt die Vereinbarung der Rückzahlungsverpflichtung für die Annahme eines überwiegenden eigenbetrieblichen Interesses an der Übernahme der Studiengebühren.

Beispiel

Nach der Verwaltungsanweisung fallen z. B. folgende Fälle eines Ausscheidens in den Verantwortungsbereich des Arbeitgebers: Der vertraglich zugesagte Arbeitsort entfällt, weil der Arbeitgeber den Standort schließt. Der Arbeitnehmer nimmt das Angebot eines Ausweicharbeitsplatzes nicht an und kündigt.

3.3.2 Berufliche Fort- und Weiterbildungsleistung

Arbeitnehmer, die bereits über eine abgeschlossene Berufsausbildung verfügen und an weiteren Bildungsmaßnahmen z. B. ein Master-Studium absolvieren, befinden sich im Bereich der Fort- und Weiterbildung. Ein solch berufsbegleitendes Studium kann als Leistung im überwiegend eigenbetrieblichen Interesse angesehen werden, wenn damit die Einsatzfähigkeit des Arbeitnehmers im Betrieb erhöht werden soll. Ob dies der Fall ist, muss nach Maßgabe der Bestimmungen in R 19.7 LStR nach den konkreten Umständen des Einzelfalls geprüft werden. Dabei sind die nachfolgend genannten Aspekte zu beachten:

3.3.2.1 Schuldner der Studiengebühren

Für die Annahme eines überwiegend eigenbetrieblichen Interesses ist es unbeachtlich, wer Schuldner der Studiengebühren ist. Wenn der Arbeitnehmer Vertragspartner der Bildungseinrichtung ist und demnach die Studiengebühren schuldet, so bleibt es beim überwiegend eigenbetrieblichen Interesse, wenn der Arbeitgeber vorab die Übernahme der Gebühren schriftlich zugesagt hat.

3.3.2.2 Rückforderungsmöglichkeit des Arbeitgebers

Für die Annahme eines überwiegend betrieblichen Interesses ist es nicht zwingend erforderlich, dass der Arbeitnehmer den vom Arbeitgeber übernommenen Betrag ganz oder anteilig zurückfordern kann.

3.3.2.3 Übernahme von Studiengebühren durch den Arbeitgeber im Darlehenswege

Gewährt der Arbeitgeber dem Arbeitnehmer ein Darlehen in Höhe der anfallenden Studiengebühren und wurden marktübliche Konditionen bezüglich Verzinsung, Kündigung und Rückzahlung getroffen, führt weder die Hingabe noch die Rückzahlung der Finanzmittel zu lohnsteuerlichen Folgen.

Muss das Arbeitgeberdarlehen nach den Vereinbarungen nur dann zurückgezahlt werden, wenn der Arbeitnehmer aus Gründen, die in seiner Person liegen, vor Ablauf des vertraglich festgelegten Zeitraums (in der Regel zwei bis fünf Jahre) aus dem Arbeitsverhältnis ausscheidet, ist zu prüfen, ob im Zeitpunkt der Einräumung des Darlehens die Voraussetzungen des R 19.7 LStR vorliegen. Wird dies bejaht, ist der Verzicht auf die Darlehensrückzahlung eine Leistung des Arbeitgebers im ganz überwiegend eigenbetrieblichen Interesse. Gleiches gilt für den Zinsvorteil, wenn der marktübliche Zinssatz unterschritten ist.

Falls die Voraussetzungen des R 19.7 LStR nicht vorliegen, stellt der teilweise oder der vollständige Erlass des Darlehens einen geldwerten Vorteil dar. Diese muss im Zeitpunkt des Verzichts lohnversteuert werden. Für die Prüfung eines etwaigen Zinsvorteils ist nach dem BMF-Schreiben vom 1.10.2008[48] zu prüfen, ob ein etwaiger geldwerter Vorteil zu erfassen ist.

3.3.3 Prüfschema und Dokumentationspflichten des Arbeitgebers

Nach dem eindeutigen Wortlaut des BMF-Schreibens vom 13.4.2012 ist es nicht zu beanstanden, wenn die lohnsteuerliche Beurteilung von durch den Arbeitgeber übernommenen Studiengebühren nach dem folgenden Prüfschema vorgenommen wird.

- Liegt eine erstmalige Berufsausbildung oder ein Erststudium als Erstausbildung außerhalb eines Ausbildungsdienstverhältnisses im Sinne von § 9 Abs. 6 und § 12 Nummer 5 EStG vor?

Wenn ja:

- Es liegen weder Werbungskosten des Arbeitnehmers noch ein ganz überwiegend eigenbetriebliches Interesse des Arbeitgebers vor. Die Übernahme von Studiengebühren durch den Arbeitgeber führt zu Arbeitslohn.

Wenn nein:

- Ist eine berufliche Veranlassung gegeben?

Wenn nein:

- Es liegen weder Werbungskosten des Arbeitnehmers noch ein ganz überwiegend eigenbetriebliches Interesse des Arbeitgebers vor. Die Übernahme von Studiengebühren durch den Arbeitgeber führt zu Arbeitslohn.

---

[48] BMF, Schreiben v. 1.10.2008, IV C 5 – S 2334/07/0009, BStBl I 2008, S. 892.

Wenn ja:

- Sind die Voraussetzungen der Richtlinie R 19.7 LStR 2011 (vgl. auch Tz. 2.1. bis 2.3.) erfüllt?

Wenn nein:

- Es liegen Werbungskosten des Arbeitnehmers, aber kein ganz überwiegend eigenbetriebliches Interesse des Arbeitgebers vor. Die Übernahme von Studiengebühren durch den Arbeitgeber führt zu Arbeitslohn.

Wenn ja:

- Es liegt eine Leistung des Arbeitgebers im ganz überwiegend eigenbetrieblichen Interesse vor. Die Übernahme von Studiengebühren durch den Arbeitgeber führt nicht zu Arbeitslohn. Zur Übernahme von weiteren durch die Teilnahme des Arbeitnehmers an dem berufsbegleitenden Studium veranlassten Kosten durch den Arbeitgeber vgl. R 19.7 Abs. 3 LStR 2011.

Der Arbeitgeber hat auf der ihm vom Arbeitnehmer vorgelegten Originalrechnung die Kostenübernahme der Höhe nach zu bescheinigen. Eine Kopie der so ergänzten Rechnung ist als Beleg zum Lohnkonto zu nehmen. Dies gilt sowohl im Fall des Ausbildungsdienstverhältnisses als auch im Fall der Fort- und Weiterbildungsleistung. Damit wird sichergestellt, dass der Arbeitnehmer nur den Differenzbetrag als Sonderausgaben oder Werbungskosten im Rahmen seiner persönlichen Einkommensteuererklärung geltend machen kann.

Hinweis

Nicht nur die Förderung im Rahmen dualer Studiengänge, sondern auch Maßnahmen zur beruflichen Fort- und Weiterbildung nehmen in der heutigen Zeit stetig zu. Die Verwaltungsanweisung ist eine brauchbare Arbeitshilfe zur Bestimmung der lohnsteuerlichen Konsequenzen von übernommenen Studiengebühren.

Sollte die Teilnahme an der Bildungsmaßnahme ganz oder teilweise auf die Arbeitszeit angerechnet werden, dann führt auch die Übernahme der insoweit anfallenden Studiengebühren nicht zum Zufluss von steuerpflichtigem Arbeitslohn. Denn nach R 19.7 LStR handelt es sich in solchen Fällen ohne Vorliegen weiterer Voraussetzungen stets um eine Leistung im überwiegend eigenbetrieblichen Interesse. Zu beachten ist dabei jedoch, dass der Arbeitgeber im Vorfeld die Übernahme der Studiengebühren schriftlich zugesagt hat (s. o.). Daher kann es ratsam sein, etwaige Bildungsrichtlinien im Unternehmen diesbezüglich zu prüfen und ggf. anzupassen.

Rückzahlungsvereinbarungen sind zwar nach der Verwaltungsanweisung nicht zwingend erforderlich für die Annahme eines überwiegend eigenbetrieblichen Interesses. Bei Vorliegen entsprechender Regelungen dürfte dies jedoch ein weiteres Indiz für die Nichtsteuerbarkeit sein.

In Zweifelsfällen kann es ratsam sein, die lohnsteuerlichen Konsequenzen mit dem Finanzamt im Rahmen einer lohnsteuerlichen Anrufungsauskunft abzusichern.

3.4 Zweifelsfragen zur Pauschalierung von Sachzuwendungen nach § 37b EStG

> **OFD Rheinland und Münster, Kurzinformation Lohnsteuer-Außendienst v. 28.3.2012, Nr. 02/2012, DStR 2012, S. 1085**
>
> In einer Kurzinformation gibt die Verwaltung in Nordrhein-Westfalen Anweisungen an den Lohnsteuer-Außendienst, wie nach ihrer Auffassung mit Zweifelsfällen bei der Pauschalierung nach § 37b EStG umzugehen ist.
>
> **Normen:** § 37b EStG

3.4.1 Allgemeines

Werden Dritten – dazu gehören auch Arbeitnehmer verbundener Unternehmen – bzw. eigenen Arbeitnehmern Sachleistungen zugewendet, können diese bei Vorliegen bestimmter Voraussetzungen nach § 37b EStG pauschal mit 30 % versteuert werden. Die Pauschalversteuerung hat eine abgeltende Wirkung für einen Zuwendungsempfänger.

Die zu § 37b EStG bisher auf Bund-Länder-Ebene besprochenen Sachverhalte und weitere Einzelfälle werden in der Kurzanweisung zusammengefaßt. Sie dient als Ergänzung zu den Regelungen im BMF-Schreiben vom 29.4.2008.[49]

3.4.2 Anwendungsbereich des § 37b EStG

Zuwendender

Zuwendender im Sinne des § 37b EStG kann jede natürliche und jede juristische Person sein. Macht der Zuwendende von der Wahlmöglichkeit des § 37b EStG Gebrauch, so ist er Steuerpflichtiger i. S. des § 33 AO und kann – bzw. muss aufgrund des Einheitlichkeitsgebots – Sachzuwendungen, die die Tatbestandsvoraussetzungen des § 37b EStG erfüllen auch entsprechend pauschalieren.

Bei Körperschaften des öffentlichen Rechts sollen – nach der postulierten Intention des Gesetzgebers – von der Pauschalierung nur solche Fälle erfasst werden, in denen Steuerpflichtige aus betrieblicher Veranlassung Sachzuwendungen tätigen. Dementsprechend sollen Zuwendungen, die durch hoheitliche Tätigkeiten veranlasst sind, nicht in den Anwendungsbereich des 37b fallen.

Beispiel

Eine Gemeinde schenkt jedem Jubilar zum 85. Geburtstag einen Präsentkorb im Wert von 60 €. Zur Goldenen Hochzeit werden jeweils Blumensträuße im Wert von 35 € überreicht.

Entscheidet sich die Kommune für die Pauschalierung nach § 37b EStG so soll nach dem Wortlaut der Kurzanweisung nach dem Veranlassungszusammenhang geforscht werden. Liegt dieser im hoheitlichen Bereich, unterliegen Zuwendungen nicht der Pauschalversteuerung nach § 37b EStG. Zuwendungen an Personen, die mit der Gemeinde in Geschäftsbeziehungen stehen, z. B. Auftragnehmer der Gemeinde, unterliegen demgegenüber der Pauschalierung, wenn die Gemeinde für § 37b EStG optiert hat.

---

[49] BMF, Schreiben v. 29.4.2008, IV B 2 – S 2297-b/07/0001, BStBl I 2008, S. 566.

Ein Betrieb gewerblicher Art (BgA) einer juristischen Person des öffentlichen Rechts soll vor dem Hintergrund des § 37b EStG als ein eigenständiger Steuerpflichtiger anzusehen sein, sodass der BgA separat das Wahlrecht zu Gunsten einer Pauschalversteuerung ausüben kann. Die juristische Person des öffentlichen Rechts selbst soll dann über ihren Betrieb gewerblicher Art hinaus nicht an die Ausübung des Wahlrechtes gebunden sein.

3.4.3 Zeitpunkt der Wahlrechtsausübung

Bindungswirkung des ausgeübten Wahlrechts

Spätestens mit der letzten Lohnsteueranmeldung des Wirtschaftsjahres soll das Wahlrecht zu Gunsten einer Pauschalierung von Sachzuwendungen an Dritte (inkl. der Arbeitnehmer an verbundene Unternehmen) ausgeübt werden können. Dementsprechend soll das Wahlrecht für Dritte so lange noch ausgeübt werden können, wie die letzte Lohnsteueranmeldung eines Wirtschaftsjahres verfahrensrechtlich noch änderbar ist.

Demgegenüber vertritt die Finanzverwaltung aus Nordrhein-Westfalen zur Pauschalierung von Sachzuwendungen, die eigenen Arbeitnehmern gewährt werden, die Auffassung, dass spätestens bis zum Termin der Übermittlung der elektronischen Lohnsteuerbescheinigung die Entscheidung für § 37b Abs. 2 EStG getroffen werden muss. Nach gesetzlicher Regelung wäre dies spätestens der 28.2. des nachfolgenden Kalenderjahres.

Beispiel

Das Werbeunternehmen W GmbH hat ein vom Kalenderjahr abweichendes Wirtschaftsjahr, das am 1.8.2012 beginnt und am 31.7.2013 endet.

Für Sachzuwendungen an eigene Arbeitnehmer kann die W GmbH das Wahlrecht spätestens bis zu dem für die Übermittlung der elektronischen Lohnsteuerbescheinigung maßgebenden Termin – also den 28.2.2013 – ausgeübt werden. Für eigene Arbeitnehmer gilt nach Meinung der Oberfinanzdirektionen bei abweichendem Wirtschaftsjahr die kalenderjährliche Betrachtungsweise. Das Wahlrecht wird also ausschließlich für die im Kalenderjahr 2012 ausgegebenen Sachzuwendungen ausgeübt und erstreckt sich nicht auch noch auf Zuwendungen in 2013. Hierfür müsste die W GmbH erneut für die Pauschalierung optieren.

Demgegenüber erstreckt sich das ausgeübte Wahlrecht bei Sachzuwendungen an Dritte auf das gesamte Wirtschaftsjahr.

Pauschalierung nach Ablauf des maßgebenden Wahlrechtszeitpunkts

Die Pauschalierung von an Dritte gewährte Sachzuwendungen soll solange in der letzten Lohnsteuer-Anmeldung des betreffenden Wirtschaftsjahres möglich sein, wie diese Steueranmeldung verfahrensrechtlich noch geändert werden kann. Das bedeutet, dass sich der Zuwendende auch noch im Rahmen einer Lohnsteuer-Außenprüfung für die Pauschalversteuerung nach § 37b Abs. 1 EStG entscheiden kann.

Das Wahlrecht für Sachzuwendungen an eigene Arbeitnehmer soll dagegen spätestens bis zum Abschluss des Lohnsteuerabzuges (d. h. bis zur Übermittlung der elektronischen Lohnsteuerbescheinigung bzw. bis zum 28.2. des Folgejahres) möglich sein. Abweichend davon soll das Wahlrecht auch nach diesem Termin (erstmalig) noch ausgeübt werden können, wenn Sachverhalte im Rahmen einer Lohnsteueraußenprüfung aufdeckt werden und bislang noch keinerlei Sachzuwendungen an eigene Arbeitnehmer pauschal versteuert wurden. Wurden Sachzuwendungen an eigene Arbeitnehmer dagegen bislang pauschal versteuert und werden Sachverhalte im Rahmen einer Lohnsteueraußenprüfung neu aufgedeckt, so soll das Wahlrecht als bereits bindend ausgeübt gelten. Die neu aufgedeckten Sachverhalte sollen daher zwingend einer Pauschalversteuerung unterfallen. Wenn Sachzuwendungen an eigene Arbeitnehmer aber bislang individuell versteuert wurden, soll eine Pauschalversteuerung für neu aufgedeckte Sachverhalte ausscheiden.

3.4.4 Bemessungsgrundlage

Begriffsbestimmung

Für die Zuwendungen an Arbeitnehmer hat der BFH in mehreren Entscheidungen vom 11.11.2010[50] die Grundsätze zur Abgrenzung des Barlohns vom Sachlohn geprägt. Die Oberfinanzdirektionen stellen klar, dass diese Grundsätze auch zur Abgrenzung von Sachzuwendungen im Sinne des § 37b EStG von Geldleistungen dienen sollen.

Nach der gesetzlichen Regelung fallen in den Anwendungsbereich des § 37b EStG nur betrieblich veranlasste Zuwendungen, die zusätzlich zur ohnehin vereinbarten Leistung oder Gegenleistung (freiwillige Zusatzleistungen) gewährt werden (§ 37b Abs. 1 Nr. 1 EStG) und Geschenke (§ 37b Abs. 1 Nr. 2 EStG). Die Oberfinanzdirektionen stellen in ihrer Kurzinformation klar, dass eine freiwillige Zusatzleistung i. S. d. § 37b Abs. 1 Nr. 1 EStG als Tatbestandsvoraussetzungen verlangt, dass

- zwischen dem Zuwendenden und dem Empfänger eine Leistung oder Gegenleistung (als sog. Grundgeschäft) vereinbart ist,
- die Zuwendung in einem hinreichenden konkreten Zusammenhang mit diesem Grundgeschäft steht und
- zusätzlich, also freiwillig, zur geschuldeten Leistung bzw. Gegenleistung hinzukommt.

Fehlt eine dieser Tatbestandsvoraussetzungen, fällt die Zuwendung nicht in den Anwendungsbereich des § 37b Abs. 1 Nr. 1 EStG.

Einzelfälle

Beispiel

Das Versorgungsunternehmen U hat seinen Kunden Sachzuwendungen und Gutscheine im Rahmen von Tombolas, Preisausschreiben und Verlosungen zugewendet. Der Kunde erwirbt mit Abschluss des Vertrags über die Versorgungsleistung jedoch keinen Anspruch auf die Gewährung von Sachzuwendungen.

Die Leistungen werden zusätzlich im Rahmen eines bestehenden Vertragsverhältnisses erbracht. Die Voraussetzungen des § 37b Abs. 1 Nr. 1 EStG liegen vor.

---

[50] BFH, Urteile v. 11.11.2010, VI R 21/09, BStBl II 2011, S. 383; VI R 27/09, BStBl II 2011, S. 386; VI R 41/10, BStBl II 2011, S. 389.

Hinweis

Bei genauerer Betrachtung dürften Sachzuwendungen, die im Rahmen der vorbezeichneten Gewinnspiele ausgegeben werden, wohl nicht die Voraussetzungen von freiwilligen Zusatzleistungen erfüllen. Zivilrechtlich handelt es sich dabei regelmäßig um Auslobungen (§ 657 ff. BGB). Bei diesen einseitigen Rechtgeschäften kann der Adressat des Gewinnspiels das Unternehmen, das das Gewinnversprechen gegeben hat, in Anspruch nehmen, soweit er die Voraussetzungen einer Gewinnzusage erfüllt (vgl. § 661a BGB). Die Erfüllung von zivilrechtlich durchsetzbaren Ansprüchen entspricht gerade nicht der Tatbestandsvoraussetzung des § 37b Abs. 1 Nr. 1 EStG.

Weil – jedenfalls die nordrhein-westfälische – Finanzverwaltung zu Gewinnspielen aber offenbar eine andere Rechtsmeinung betreffend § 37b EStG vertritt, liegt es im Entscheidungsbereich des zuwendenden Unternehmens, ob es sich dieser Verwaltungsmeinung anschließen will. Im Zweifel sollten die zivilrechtlichen Rahmenbedingungen des Gewinnspiels im Einzelfall genauer geprüft werden, um zu entscheiden, ob § 37b EStG zwingend anzuwenden ist.

Beispiel

Der Einzelhändler E beteiligt sich an dem allgemein bekannten Kundenbindungsprogramm „Einkaufen – Punkte sammeln – Prämien aussuchen". Dabei wird jedem Kunden, der sich für die Teilnahme an der Aktion entschieden hat, pro 10 € Einkauf 5 Punkte gutgeschrieben. Bei einem Volumen von mindestens 30 Punkten kann sich der Kunde eine Prämie aus einem bestimmten Sortiment aussuchen.

Sobald sich der Kunde für die Teilnahme an dem Programm entscheidet, wird damit die Ausgabe der Punkte Bestandteil der Leistung des leistenden Unternehmens. Die Hingabe der Prämie stellt nur noch die Folge dar. Eine zusätzliche Leistung ist weder in der Gutschrift der Punkte noch in der Hingabe der Prämie zu sehen. § 37b EStG findet somit keine Anwendung.

Hinweis

Dieses Beispiel lehnt die Anwendung von § 37b EStG zutreffend ab, denn nach den allgemeinen Regelungen des Kundenbindungsprogramms haben sich die beteiligten Unternehmen – zivilrechtlich verbindlich – verpflichtet, bei einem bestimmten Punktevolumen Waren und ggf. Dienstleistungen aus einem zuvor bestimmten Sortiment bzw. Angebot zu gewähren. Damit stellen die Prämien die Erfüllung von Ansprüchen dar, sodass es sich nicht um freiwillige Zusatzleistungen handelt.

Beispiel

Ein Finanzdienstleister F gewährt seinen Arbeitnehmern und den Arbeitnehmern von zum Konzernverbund gehörenden Gesellschaften besondere Konditionen bei der Inanspruchnahme von Leistungen, die zum allgemeinen Portfolio des F gehören. F pauschaliert Sachzuwendungen an Dritte nach § 37b Abs. 1 EStG.

Die besonderen Kundenkonditionen sind nicht nach § 37b Abs. 1 EStG zu versteuern.

Hinweis

Bei den besonderen Kundenkonditionen handelt es sich weder um ein Geschenk noch um eine freiwillige Zusatzleistung. Zwar besteht zwischen den konzernverbundenen Arbeitnehmern und F eine grundgeschäftliche Beziehung. Allerdings kann die besondere Kundenkondition nicht als Zusatzleistung gesehen werden, denn mit der Einräumung derselben verzichtet F lediglich auf den vollen Preis, d. h. die entsprechende Dienstleistung wird schlicht und ergreifend zu einer reduzierten Gegenleistung erbracht.

Streuwerbeartikel

Streuwerbeartikel sind nach den Ausführungen der Oberfinanzdirektionen Werbemittel, die durch breite Streuung eine Vielzahl von Menschen erreichen und hiermit den Bekanntheitsgrad des Zuwendenden steigern. Solche Streuwerbeartikel sollen nicht in die Pauschalierung nach § 37b EStG einbezogen werden, wenn ihr Wert 10,00 € nicht übersteigt (Freigrenze). Bei der Prüfung dieser Freigrenze soll die Umsatzsteuer nur dann einbezogen werden, wenn der Vorsteuerabzug ausgeschlossen ist. Die Oberfinanzdirektionen stellen zudem klar, dass bei der Prüfung dieser Freigrenze für Streuwerbeartikel allein auf den Wert des einzelnen Streuwerbeartikels abzustellen ist. Daher bleiben Streuwerbeartikel, deren Wert die Freigrenze nicht übersteigt, auch dann unversteuert, wenn ein Empfänger mehrere Streuwerbeartikel erlangt und in Summe Zuwendungen im Wert von mehr als 10,00 € erhält. Bei der Prüfung der Freigrenze soll jedoch bei sog. „Sachgesamtheiten" (z. B. Kugelschreiber mit Etui) auf die Summe der Werte der einzelnen Bestandteile der Sachgesamtheit abgestellt werden.

Umfang der pauschal zu besteuernden Sachzuwendungen

Weiterhin weichen die Oberfinanzdirektionen nicht von der bislang geltenden Verwaltungsauffassung ab, dass sämtliche Zuwendungen – unabhängig davon, ob sie im Rahmen einer Einkunftsart zufließen oder nicht und unabhängig davon, ob ein Empfänger Zuwendungen in Deutschland zu versteuern hätte oder nicht – in den Anwendungsbereich des § 37b EStG fallen sollen. Diese Auffassung steht zwischenzeitlich ergangener finanzgerichtlicher Rechtsprechung entgegen.[51]

Bewertung der Zuwendung

Als Bemessungsgrundlage ist nach dem Gesetzeswortlaut auf die Aufwendungen einschließlich der Umsatzsteuer abzustellen. Bei Zuwendungen, die in der Hingabe eines Wirtschaftsguts des Betriebsvermögens oder in einer unentgeltlichen Nutzungsüberlassung bestehen, für die keine oder nur geringe Aufwendungen anfallen, ist der gemeine Wert Ausgangsbasis für die Steuerermittlung.

Beispiel

Das Weiterbildungsunternehmen W wendet einem seiner Kunden K eine Eintrittskarte zu. Diese berechtigt K, kostenlos an einer Veranstaltung teilnehmen zu dürfen.

Das Recht, kostenlos an der Veranstaltung teilnehmen zu dürfen, wurde von W selbst geschaffen. Damit handelt es sich um ein immaterielles Wirtschaftsgut des Umlaufvermögens. Die Aufwendungen für diese Eintrittskarte entsprechen den anteiligen Herstellungskosten. Dazu gehören alle Aufwendungen, die mit der Organisation und Ausrichtung der Veranstaltung in Zusammenhang stehen.

---

[51] FG Düsseldorf, Urteil v. 6.10.2011, 8 K 4098/10 L (Az. im Revisionsverfahren vor dem BFH: VI R 57/11).

Hinweis

Bei der Hingabe von Eintrittskarten stellt sich die Frage, zu welchem Zeitpunkt die Pauschalsteuer anzumelden und abzuführen ist. Nach den Regelungen des BMF-Schreibens vom 29.4.2008[52] gilt folgendes: Die Zuwendung ist im Zeitpunkt der Erlangung der wirtschaftlichen Verfügungsmacht zu erfassen. Das ist bei Eintrittskarte der Zeitpunkt der Hingabe. Es ist aber nicht zu beanstanden, wenn die Pauschalierung nach § 37b EStG bereits in dem Wirtschaftsjahr vorgenommen wird, in dem der Aufwand zu berücksichtigen ist.

3.4.5 Wirkung auf bestehende Regelungen

Zuwendungen, die als bloße Aufmerksamkeiten gewährt werden, rechnen nicht zum Arbeitslohn und fallen daher auch nicht in den Anwendungsbereich des § 37b Abs. 2 EStG. Solche Aufmerksamkeiten sind Sachzuwendungen, die im gesellschaftlichen Verkehr üblicherweise ausgetauscht werden, die beim Empfänger zu keiner ins Gewicht fallenden Bereicherung führen (Wert i. H. v. nicht mehr als 40,00 €) und die aus Anlass eines persönlichen Ereignisses zugewendet werden (vgl. R 19.6 Abs. 1 LStR).

Die Kurzinformation stellt hierzu klar, dass auch Zuwendungen an Dritte, die als Aufmerksamkeiten anzusehen sind, nicht in den Anwendungsbereich des § 37b Abs. 1 EStG fallen.

Hinweis

Diese Erweiterung des Begriffs der Aufmerksamkeiten in Bezug auf Zuwendungen an Dritte ist zu begrüßen. Denn in der Sache macht es keinen Unterschied, ob der Blumenstrauß oder der Präsentkorb anlässlich des Geburtstags eines Arbeitnehmers oder eines Kunden überreicht wird. Will man für derartige Aufmerksamkeiten an Kunden keine Pauschalsteuern zahlen, erfordert dies entweder eine exakt geführte Geschenkeliste oder aber einen entsprechenden Hinweis in der Buchung zu dem jeweiligen Geschenk anlässlich eines besonderen persönlichen Ereignisses. Zu beachten ist jedoch, dass die Aufmerksamkeit, die dem Kunden zugewendet wird, bei Überschreiten der 35 €-Freigrenze zu nicht abzugsfähigen Betriebsausgaben führt; und die Umsatzsteuer ist ebenfalls nicht abzugsfähig.

Kommentar

Die Verwaltungsanweisung richtet sich vorrangig an die Lohnsteuer-Außenprüfer, die in den von Oberfinanzdirektionen beaufsichtigten Finanzämtern in Nordrhein-Westfalen tätig sind. Gleichwohl beruhen viele Aussagen auf Beschlüssen, die auf Bundesebene abgestimmt worden sind.

In den materiell-rechtlichen Ausführungen kann der Kurzinformation nicht uneingeschränkt zugestimmt werden. Als ein Verstoß gegen das Einheitlichkeitsgebot ist die Aussage zu werten, dass bei Körperschaften des öffentlichen Rechts geprüft werden müsse, ob die Zuwendung aus dem für § 37b EStG „steuerfreien" hoheitlichen Bereich stammt oder dem insoweit „steuerpflichtigen" Betrieb gewerblicher Art zuzuordnen sei. Im Grunde widerspricht diese ergänzende Aussage nicht nur den bundeseinheitlich abgestimmten Regelungen in Tz. 1 des BMF-Schreibens vom 29.4.2009.[53] Diese differenzierte Prüfung der Motivation einer Zuwendung verstößt im Übrigen

---

[52] BMF, Schreiben v. 29.4.2008, IV B 2 – S 2297-b/07/0001, BStBl I 2008, S. 566.
[53] BMF, Schreiben v. 29.4.2008, IV B 2 – S 2297-b/07/0001, BStBl I 2008, S. 566.

auch gegen den vom Gesetzgeber geforderten Vereinfachungsgedanken der Pauschalversteuerung nach § 37b EStG.

Ebenfalls abzulehnen ist die Klarstellung, dass die Pauschalversteuerung von Zuwendungen an eigene Arbeitnehmer abweichend von dem insoweit eindeutigen Wortlaut der gesetzlichen Regelung sich nicht auf das Wirtschaftsjahr, sondern stets auf das Kalenderjahr erstrecken soll. Dies führt insbesondere bei einem abweichenden Wirtschaftsjahr zu unangemessenen administrativen Mehrarbeiten.

Zu begrüßen ist dagegen die uneingeschränkte Anwendung der Rechtsprechung zur Abgrenzung von Bar- und Sachlohn sowie die Erweiterung nicht steuerbarer Aufmerksamkeiten an Dritte. Gerade mit dem letztgenannten Aspekt ist dem Grunde nach die Rechtsfrage im Urteil des FG Hamburg[54] entschieden. Denn in dem zwischenzeitlich in der Revision anhängigen Verfahren geht es um die Frage, ob nach § 37b EStG auch solche Sachzuwendungen zu versteuern sind, deren Wert zwischen 10,00 € und 35,00 € liegt. Das FG Hamburg hat diese Frage bejaht und weiter ausgeführt, dass die Aufmerksamkeitsfreigrenze, die nach den Lohnsteuer-Richtlinien gilt, von einem Gericht nicht auf Zuwendungen an Dritte ausgedehnt werden könne. Es bleibt abzuwarten, wie das Revisionsverfahren ausgehen wird. Vergleichbare Fälle sollten offen gehalten werden.

3.5 Start- und Anwendungsschreiben zum erstmaligen Abruf der elektronischen Lohnsteuerabzugsmerkmale

> **BMF, Entwurfsfassung eines Schreibens v. 2.10.2012, IV C 5 – S 2363/07/0002-03, DOK 2012/0813379 (Startschreiben),; BMF, Entwurfsfassung eines Schreibens v. 11.10.2012, IV C 5 – S 2363/07/0002-03, DOK 2012/0929862 (Anwendungsschreiben), www.bundesfinanzministerium.de**
>
> **Nach den Bestimmungen des Einkommensteuergesetzes hat das BMF den Zeitpunkt der erstmaligen Anwendung der elektronischen Lohnsteuerabzugsmerkmale (ELStAM) für die Durchführung des Lohnsteuerabzugs sowie den Zeitpunkt des erstmaligen Abrufs der ELStAM in einem sog. Startschreiben bekanntzugeben. In einem weiteren Schreiben sind Ergänzungen zur dauerhaften Anwendung des ELStAM-Verfahrens niedergelegt. Weil die Neufassung der entsprechenden Vorschrift durch das Jahressteuergesetz 2013 noch nicht abgeschlossen ist, hat das BMF am 2.10.2012 den Entwurf des Startschreibens und am 11.10.2012 den Entwurf des Anwendungsschreibens veröffentlicht. Nachfolgend werden die wesentlichen Inhalte zusammenfassend dargestellt.**
>
> **Normen:** §§ 39 bis 39f EStG

3.5.1 Allgemeines

Seit dem 1.11.2012 (Starttermin) können Arbeitgeber die ELStAM der Arbeitnehmer erstmals abrufen. Diese gelten dann mit Wirkung ab dem 1.1.2013. Als Einführungszeitraum wird das Kalenderjahr 2013 bestimmt, das bedeutet, dass die erstmalige Anwendung der ELStAM für die Durchführung des Lohnsteuerabzugs zu einem vom Arbeitgeber zu bestimmenden Zeitpunkt innerhalb des Kalenderjahres 2013 erfolgen kann. Spätester Anwendungszeitpunkt ist damit der letzte im Ka-

---

[54] FG Hamburg, Urteil v. 20.9.2011, 2 K 41/11, DStRE 2012, S. 282 (Az. im Revisionsverfahren vor dem BFH: VI R 52/11).

lenderjahr 2013 endende Lohnzahlungszeitraum. Während des Einführungszeitraums kann somit das Lohnsteuerabzugsverfahren entweder nach den Regelungen für das Papierverfahren oder für das ELStAM-Verfahren durchgeführt werden. Beide BMF-Schreiben enthalten diesbezüglich besondere Regelungen für Arbeitgeber und Arbeitnehmer.

3.5.2 Papierverfahren im Einführungszeitraum

Solange der Arbeitgeber das ELStAM-Verfahren in 2013 nicht anwendet, muss für den Lohnsteuerabzug grundsätzlich die Lohnsteuerkarte 2010 verwendet werden, es sei denn, der Arbeitnehmer hat eine vom Finanzamt ausgestellte Ersatzbescheinigung 2011, 2012 oder 2013 vorgelegt. Für den Fall, das von in diesen Dokumenten abweichende Lohnsteuerabzugsmerkmale anzuwenden sind, kann sie der Arbeitnehmer anhand folgender amtlicher Bescheinigungen nachweisen:

- Mitteilungsschreiben des Finanzamts zur „Information über die erstmals elektronisch gespeicherten Daten für den Lohnsteuerabzug (Elektronische Lohnsteuerabzugsmerkmale)",

- Ausdruck oder sonstige Papierbescheinigungen des Finanzamts mit ab dem 1.1.2012 oder zu einem späteren Zeitraum gültigen ELStAM oder

- Besondere Bescheinigung für den Lohnsteuerabzug aufgrund abweichender Meldedaten.

Im Einführungszeitraum bleiben demnach die in den vorgenannten Dokumenten eingetragenen Merkmale wie Steuerklasse, Zahl der Kinderfreibeträge, Freibetrag, Hinzurechnungsbetrag, Kirchensteuerabzugsmerkmal und Faktor weiterhin gültig. Ein erneuter Antrag des Arbeitnehmers ist nicht notwendig. Voraussetzung ist jedoch, dass die genannten Papierdokumente vor dem 1.1.2013 ausgestellt wurden.

Weiterhin ist zu beachten, dass ein Mitteilungsschreiben nur in Verbindung mit einer gleichzeitig vorliegenden Lohnsteuerkarte 2010 oder einer Ersatzbescheinigung 2011 für das erste Dienstverhältnis Gültigkeit entfaltet. Der Ausdruck bzw. andere Papierbescheinigungen sind dagegen nur dann anzuwenden, wenn dem Arbeitgeber gleichzeitig die Lohnsteuerkarte 2010 oder die Ersatzbescheinigung 2011, 2012 oder 2013 für das erste Dienstverhältnis vorliegt.

Hinweis

Sämtliche dem Arbeitgeber vorliegenden Papierdokumente sind entgegen zu nehmen und dürfen erst nach Ablauf des Kalenderjahres 2014 vernichtet werden. Die bescheinigten Daten sind darüber hinaus in das Lohnkonto des Arbeitnehmers zu übernehmen.

Für in Deutschland wohnende ledige Arbeitnehmer, die während des Einführungszeitraums ein Ausbildungsdienstverhältnis beginnen, kann der Arbeitgeber den Lohnsteuerabzug vereinfachend nach der Steuerklasse I vornehmen, auch wenn ihm keine Papierdokumente vorgelegt werden. Voraussetzung hierfür ist allein, dass der Auszubildende dem Arbeitgeber

- seine Identifikationsnummer,

- das Geburtsdatum,

- ggf. die Zugehörigkeit zu einer steuererhebenden Religionsgemeinschaft

mitteilt und schriftlich bestätigt, dass es sich um das erste Dienstverhältnis handelt.

3.5.3 Bildung und Inhalt der ELStAM

Zuständig für die Bildung und Bereitstellung für den Arbeitgeberabruf ist allein die Finanzverwaltung. Nach § 39 Abs. 4 EStG kommen als Lohnsteuerabzugsmerkmale in Betracht:

- Steuerklasse,
- Zahl der Kinderfreibeträge in den Steuerklassen I bis IV
- Frei- und Hinzurechnungsbetrag,
- Höhe der Beiträge für eine privat Kranken- und Pflegeversicherung,
- Mitteilung, dass Arbeitslohn nach den Bestimmungen eines Abkommens zur Vermeidung der Doppelbesteuerung vom Lohnsteuerabzug freizustellen ist und
- die für den Kirchensteuerabzug erforderlichen Merkmale.

Die erstmalige Bildung der ELStAM erfolgt entweder zu Beginn des Dienstverhältnisses aufgrund der Anmeldung des Arbeitnehmers durch den Arbeitgeber oder durch einen Antrag des Arbeitnehmers. Grundlage für die Bildung der ELStAM sind stets die von den Meldebehörden mitgeteilten Daten, die tagesaktuell dem Bundeszentralamt für Steuern mitzuteilen sind.

Ehegatten werden im Fall der Eheschließung beide programmgesteuert in die Steuerklasse IV eingereiht. Eine Änderung in Steuerklasse III oder eine abweichende Steuerklassenkombination kann beim zuständigen Wohnsitzfinanzamt beantragt werden.

3.5.4 Unzutreffende ELStAM

Für den Fall, dass die ELStAM auf der Basis fehlerhafter Meldedaten, z. B. falscher Wohnsitz, Familienstand oder falsches Geburtsdatum unzutreffend sind, können diese vom Finanzamt nicht geändert werden, weil die Finanzämter hierzu nicht befugt sind. Hat das Finanzamt in diesem Fall eine Besondere Bescheinigung für den Lohnsteuerabzug ausgestellt, wird der Arbeitgeberabruf durch das Finanzamt gesperrt. Erfolgt die Sperrung der ELStAM vor dem erstmaligen Abruf durch den Arbeitgeber, hat der entsprechende Arbeitnehmer die Aufhebung der Sperrung mitzuteilen. Dies geschieht durch Aushändigung eines entsprechenden Schreibens, das der Arbeitnehmer von seinem Wohnsitzfinanzamt bekommt. Im umgekehrten Fall wird die Aufhebung der Sperrung durch Bereitstellung sog. Änderungslisten automatisch mitgeteilt.

Bei unzutreffenden ELStAM, die vom Finanzamt zu bilden sind, z. B. weil der Arbeitnehmer einen Lohnsteuerermäßigungsantrag gestellt oder die Steuerklasse II oder eine Steuerklassenkombination für sich und seinen Ehegatten beantragt hat, korrigiert das Finanzamt auf Veranlassung des Arbeitnehmers die ELStAM in der zentralen Datenbank. Erfolgt die Korrektur vor dem erstmaligen Abruf durch den Arbeitgeber werden die richtigen Daten beim erstmaligen Abruf bereitgestellt und können damit für den Lohnsteuerabzug angewendet werden. Erfolgt die Korrektur durch das Finanzamt erst nach dem erstmaligen Abruf, erhält der Arbeitgeber eine Änderungsmitteilung und die zutreffenden ELStAM können rückwirkend auf den Zeitpunkt des erstmaligen Abrufs angewendet werden.

3.5.5 Erstmaliger Einsatz des ELStAM-Verfahrens nach dem Starttermin

Nach dem 1.1.2012 hat der Arbeitgeber die bei ihm beschäftigten Arbeitnehmer in der ELStAM-Datenbank anzumelden. Dies soll grundsätzlich für alle Arbeitnehmer einer lohnsteuerlichen Betriebsstätte zeitgleich passieren. Es wird jedoch nicht beanstandet, wenn der Arbeitgeber die Arbeitnehmer einer Betriebsstätte stufenweise in das ELStAM-Verfahren überführt. In diesem Fall laufen Papier- und ELStAM-Verfahren parallel nebeneinander.

Um den Arbeitnehmer in die Lage zu versetzen, seine nach ELStAM erstellte Lohn- bzw. Gehaltsabrechnung kontrollieren zu können, soll der Arbeitgeber nach dem Entwurfsschreiben seine Arbeitnehmer über die erstmalige Anwendung der ELStAM zeitnah informieren.

3.5.6 Anwendung der abgerufenen ELStAM

Zum Abruf der ELStAM hat sich der Arbeitgeber über das Elster-Portal zu registrieren und seine Wirtschafts-Identifikationsnummer anzugeben. Weil letztere noch nicht zur Verfügung steht, erfolgt die Anmeldung mit der Steuernummer der jeweiligen lohnsteuerlichen Betriebsstätte.

Nach erfolgreichem Abruf der ELStAM ist der Arbeitgeber grundsätzlich verpflichtet, diese für die angemeldeten Arbeitnehmer anzuwenden. Die Anwendung des Papierverfahrens ist somit ausgeschlossen. Abschnitt III.7 des Start-Schreibens sieht jedoch eine Ausnahme von diesem Grundsatz vor: danach kann der Arbeitgeber nach erfolgtem Abruf der ELStAM im Einführungszeitraum für bis zu längstens sechs Monate weiterhin das Papierverfahren anwenden. Der 6-Monats-Zeitraum gilt auch dann, wenn dieser über den 31.12.2013 hinausgeht. Ruft also der Arbeitgeber z. B. am 1.8.2013 erstmals die ELStAM ab, kann er bis längstens Februar 2014 nach dem Papierverfahren abrechnen. Für die verzögerte Anwendung der erstmals abgerufenen ELStAM ist die Zustimmung der Arbeitnehmer notwendig. Dies muss jedoch weder dokumentiert noch im Lohnkonto aufgezeichnet werden.

Hinweis

In dem 6-Monatszeitraum kann der Arbeitgeber insbesondere die Funktionsfähigkeit des Lohnabrechnungsprogramms testen und absichern. Weiterhin können die abgerufenen ELStAM vor der tatsächlichen Umsetzung den Arbeitnehmern zwecks Prüfung zugeschickt werden.

Eine weitere Möglichkeit, die Abrechnung nach den ELStAM um bis zu sechs Monate zu verschieben besteht dann, wenn nach dem erstmaligen Lohnlauf unter Berücksichtigung der abgerufenen ELStAM im Vergleich zur Abrechnung im Papierverfahren Abweichungen entstehen. Auch hier ist die Zustimmung des Arbeitnehmers Voraussetzung für die Verzögerung.

Hinweis

Die Kulanzfrist kann der Arbeitnehmer dazu nutzen, mit seinem Finanzamt die Abweichungen aufzuklären.

Nach Vorlage der Besonderen Bescheinigung für den Lohnsteuerabzug, die bei unzutreffenden Meldedaten vom Finanzamt ausgestellt wird bzw. nach Eingang der Änderungsmitteilung zum Abruf der korrigierten ELStAM muss der Arbeitgeber zwingend die ELStAM der Lohnabrechnung zugrunde legen. Eine Verpflichtung zur Rückrechnung besteht für den Arbeitgeber nicht.

Im laufenden Verfahren ist der Arbeitgeber gesetzlich verpflichtet, die ELStAM monatlich abzufragen und abzurufen (vgl. § 39e Abs. 5 S. 3 EStG). Weil sich die ELStAM jedoch für eine Vielzahl von Arbeitnehmern nicht in jedem Monat ändern, kann sich der Arbeitgeber für den Mitteilungsservice bei seinem Betriebsstättenfinanzamt registrieren. Von diesem bekommt er per Email

Informationen über die Bereitstellung von Änderungen. Wird der Arbeitgeber darüber informiert, dass keine geänderten Daten für ihn zum Abruf bereitstehen, ist er von der Verpflichtung zum monatlichen Abruf befreit.

3.5.7 Beendigung des Dienstverhältnisses bei Anwendung des ELStAM-Verfahrens

In diesem Fall hat der Arbeitgeber den Tag der Beendigung des Dienstverhältnisses der Finanzverwaltung unverzüglich mitzuteilen (elektronische Abmeldung). Eine solche Abmeldung ist auch erforderlich, wenn das Finanzamt den Arbeitgeberabruf gesperrt hat (s. o.). Mit der Abmeldung des Arbeitnehmers verlieren die ELStAM ihre Gültigkeit. Bei einem Arbeitgeberwechsel hat der neue Arbeitgeber sich als Hauptarbeitgeber anzumelden und die ELStAM des Arbeitnehmers abzurufen.

3.5.8 Regelungen für Arbeitnehmer

Solange der Arbeitgeber weiterhin das Papierverfahren anwendet, gelten die auf den entsprechenden Dokumenten eingetragenen Lohnsteuerabzugsmerkmale unverändert weiter. Demzufolge muss ein bereits eingetragener Freibetrag nicht erneut beantragt werden. Ändern sich die Verhältnisse für das Kalenderjahr 2013 im Vergleich zu denen in 2012, *kann* der Arbeitnehmer einen Antrag auf Änderung stellen. Wie schon bisher, ist der Arbeitnehmer jedoch *verpflichtet*, Eintragungen, die zu Beginn des Kalenderjahres 2013 zu seinen Gunsten abweichen, dem Finanzamt anzuzeigen und ein entsprechend geändertes Dokument zu erhalten. Hierzu zählt z. B. der Fall, in dem in 2013 die Voraussetzungen für die Steuerklasse II nicht mehr erfüllt sind oder die Zahl der Kinderfreibeträge sich reduziert.

Soll ein Freibetrag auch bei Anwendung des ELStAM durch den Arbeitgeber in 2013 weiter berücksichtigt werden, so muss der Arbeitnehmer die im Rahmen eines Lohnsteuerermäßigungsantrags für 2013 neu beantragen. Entsprechendes gilt grundsätzlich auch für das Faktorverfahren, die Steuerklasse II bei volljährigen Kindern und den Kinderzähler.

Vom Arbeitnehmer für unzutreffend erachtete ELStAM können unter Verwendung des Vordrucks „Antrag auf Korrektur der elektronischen Lohnsteuerabzugsmerkmale (ELStAM)" berichtigt werden. Das Formular findet sich auf der Internetseite https://www.formulare-bfinv.de unter der Rubrik Formularcenter/Formularkatalog/Steuerformulare/Lohnsteuer und ist dem Wohnsitzfinanzamt des Arbeitnehmers zuzusenden.

Sollten die unzutreffenden ELStAM auf fehlerhaften Meldedaten beruhen, hat das Finanzamt auf Antrag des Arbeitgebers eine besondere Bescheinigung für den Lohnsteuerabzug auszustellen und den Arbeitgeberabruf zu sperren. Parallel erfolgt die Korrektur in der ELStAM-Datenbank, die Sperrung wird aufgehoben und der Arbeitgeber erhält darüber automatisch eine Änderungsmitteilung.

3.5.9 Im Inland nicht meldepflichtige Arbeitnehmer

Arbeitnehmer, die im Inland weder Wohnsitz noch gewöhnlichen Aufenthalt haben, unterliegen regelmäßig keiner Meldepflicht. Zu dieser Gruppe gehören Arbeitnehmer, die nach

- § 1 Abs. 2 EStG erweitert unbeschränkt steuerpflichtig sind;
- § 1 Abs. 3 EStG auf Antrag unbeschränkt steuerpflichtig sind;
- § 1 Abs. 4 EStG beschränkt steuerpflichtig sind.

Die Teilnahme dieser Arbeitnehmer am ELStAM-Verfahren ist derzeit aufgrund der fehlenden Steuer-Identifikationsnummer nicht möglich, jedoch zu einem späteren Zeitpunkt vorgesehen. Bis dahin hat das Betriebsstättenfinanzamt des Arbeitgebers nach wie vor eine Papierbescheinigung auszustellen, nach der der Arbeitnehmer grundsätzlich in die Steuerklasse I eingereiht wird.

Ist die Ausstellung einer solchen Bescheinigung nicht beantragt oder legt der Arbeitnehmer sie nicht innerhalb von sechs Wochen nach Beginn des Dienstverhältnisses vor, hat der Arbeitgeber die Lohnsteuer nach der Steuerklasse VI zu ermitteln.

Zu beachten ist, dass Arbeitnehmer, die ihren inländischen Wohnsitz aufgeben und ins Ausland verziehen, für einen ELStAM-Abruf gesperrt werden.

Hinweis

Das Ende der Papierdokumente und aller damit verbundenen administrativen Arbeiten ist erreicht. Mit einer Verzögerung von einem Jahr erfolgt zum 1.1.2013 die Einführung der „elektronischen Lohnsteuerkarte". Zu begrüßen ist, dass die Arbeitgeber nicht zwingend zum Stichtag umstellen müssen, sondern ausreichend Zeit haben, um im Laufe des Kalenderjahres 2013 in das ELStAM-Verfahren einzusteigen. Nun gilt es, dass sich Arbeitgeber und Arbeitnehmer mit dem neuen Verfahren befassen und Vorkehrungen für eine möglichst reibungslose Umsetzung treffen. Der Arbeitgeber sollte seine Belegschaft darüber informieren, dass vorhandene Freibeträge nicht mehr automatisch weitergelten, sondern neu zu beantragen sind. Darüber hinaus ist es ratsam, die Arbeitnehmer mit der ersten Abrechnung im neuen Verfahren darüber zu unterrichten, sodass sie die Lohn- bzw. Gehaltsabrechnung hinsichtlich der ELStAM prüfen und ggf. einen Änderungsantrag beim Finanzamt stellen können. Eine Informationspflicht trifft den Arbeitgeber hingegen bei der verzögerten Anwendung der erstmals angerufenen ELStAM.

Bei Redaktionsschluss war das parlamentarische Verfahren zum Jahressteuergesetz 2013, das in § 52b – neu – EStG verfahrensrechtliche Regelungen zum ELStAM-Verfahren enthält, noch nicht abgeschlossen. Die Finanzverwaltung geht jedoch davon aus, dass die Neufassung zu einem späteren Zeitpunkt in Kraft treten wird. Nach einer entsprechenden Verwaltungsanweisung vom 19.12.2012[55] sind die Entwurfsfassungen für den Einführungszeitraum weiter anzuwenden.

> **Literaturhinweise:** *Schramm/Harder-Buschner*, nwb 2012, S. 3526; *Schaffhausen, Plenker*, DB 2012, S. 2476; *Lewang*, DB 2012, S. 18

3.6 Elektronische Lohnsteuerbescheinigung 2013 – Aufteilung eines einheitlichen Sozialversicherungsbeitrags

> **BMF, Schreiben v. 29.10.2012, IV C 3 – S 2221/09/10013:001, DB 2012, S. 2549**
>
> **Vorsorgeaufwendungen können in bestimmtem Umfang im Rahmen der persönlichen Einkommensteuerveranlagung als Sonderausgaben berücksichtigt werden. Die Verwaltungsanweisung regelt, wie einheitliche Sozialversicherungsbeiträge (Globalbeiträge), die an ausländische Behörden zu entrichten sind, im Kalenderjahr 2013 aufzuteilen sind.**
>
> **Normen:** §§ 39 bis 39f EStG

---

[55] BMF, Schreiben v. 19.12.2012, IV C 5 – S 2363/07/0002-03, www.bundesfinanzministerium.de.

Nach Abstimmungen zwischen den obersten Finanzbehörden der Länder sind zur Ermittlung der steuerlich zu berücksichtigenden Vorsorgeaufwendungen die von Arbeitnehmern geleistet werden, die im Sozialversicherungssystem der unten genannten Länder pflichtversichert sind, die geleisteten Globalbeiträge staatenweise wie folgt aufzuteilen.

	§ 10 Abs. 1 Nr. 2a EStG	§ 10 Abs. 1 Nr. 3 S. 1 Buchst. a und b EStG (ohne Krankengeldanteil)	§ 10 Abs. 1 Nr. 3a EStG	Anteil vom Globalbeitrag für Krankengeld	Gesamtaufwand	Für Höchstbetragsberechnung gem. § 10 Abs. 3 EStG anzusetzender AG-Anteil
Belgien	50,26 %	40,51 %	9,23 %	-1,54 %	100,00 %	95,25 %
Irland	77,78 %	7,94 %	14,28 %	-2,38 %	100,00 %	82,64 %
Lettland	85,21 %	-	11,94 %	-6,50 %	97,15 %	186,61 %
Malta	47,80 %	43,42 %	8,78 %	-1,46 %	100,00 %	47,80 %
Norwegen	55,37 %	44,63 %	-	-	100,00 %	100,09 %
Portugal	84,48 %	-	15,52 %	-2,59 %	100,00 %	178,56 %
Spanien	97,03 %	-	2,97 %	-2,97 %	100,00 %	487,21 %
Verein. Königreich (GB)	84,48 %	-	15,52 %	-2,59 %	100,00 %	97,15 %
Zypern	88,82 %	-	11,18 %	-2,72 %	100,00 %	88,82 %

Beispiel

Der ledige Arbeitnehmer A leistet für das Jahr 2013 in Belgien einen Globalbeitrag von 1.000 €. A kann an Vorsorgeaufwendungen geltend machen:
- Altersvorsorgeaufwendungen gem. § 10 Abs. 2 Nr. 2 Buchst. a EStG
  502,60 € (52,60 % von 1.000 €)
- Beiträge zur Basiskranken- und gesetzlichen Pflegeversicherung gem. § 10 Abs. 1 Nr. 3 S. 1 Buchst. b EStG
  405,10 € (40,51 % von 1.000 €)
- Beiträge für sonstige Vorsorgeaufwendungen gem. § 10 Abs. 1 Nr. 3a EStG
  92,30 € (9,23 % von 1.000 €). Darin enthalten sind für Krankengeld 15,40 € (=1,54 % von 1.000 €) und für weitere sonstige Vorsorgeaufwendungen 76,90 € (=7,69 % von 1.000 €).

Im Rahmen der Höchstbetragsberechnung nach § 10 Abs. 3 EStG ist ein Arbeitgeberanteil von 952,50 € (= 95,25 % von 1.000 €) anzusetzen.

Hinweis

Nach den Bestimmungen des BMF-Schreibens vom 4.9.2012[56] sind die Aufteilungen hinsichtlich der Altersvorsorgeaufwendungen auch bei der Ausstellung der elektronischen Lohnsteuerbescheinigung durch den Arbeitgeber im Kalenderjahr vorzunehmen. Globalbeiträge, die an Sozialversicherungsträger eines anderen Landes geleistet werden, sind nach den Umständen des Einzelfalls aufzuteilen.

3.7 Lohnsteuerliche Behandlung der Privatnutzung von (Elektro-)Fahrrädern

> **Gleichlautende Erlasse v. 23.11.2012**
>
> **Fahrräder und Elektrofahrräder. die der Arbeitgeber seinen Arbeitnehmern zur auch privaten Nutzung überlässt, lösen in aller Regel einen lohnsteuerpflichtigen geldwerten Vorteil aus. Mit gleichlautenden Erlassen vom 23.11. 2012 haben die obersten Finanzbehörden der Länder mit Zustimmung des BMF klargestellt, wie derartige Vorteile nach Verwaltungsmeinung ab 2012 zu bewerten sind.**
>
> **Normen:** § 8 Abs. 2 S. 8, Abs. 3 EStG

Grundfall

Für Fahrräder ohne Fremdantrieb und für Elektrofahrräder, die verkehrsrechtlich als Fahrrad eingestuft werden, gilt folgendes: Bemessungsgrundlage ist die auf volle 100 € abgerundete unverbindliche Preisempfehlung (UPE) des Herstellers, Importeurs oder des Großhändlers im Zeitpunkt der Inbetriebnahme des Fahrrads einschließlich der Umsatzsteuer. Für Privatfahrten, für Fahrten zwischen Wohnung und Arbeitsstätte sowie für etwaige Familienheimfahrten im Rahmen der doppelten Haushaltsführung ist der monatliche Nutzungswert mit 1 % der UPE anzusetzen. Weil es sich nach der Erlassregelung dabei um einen Durchschnittswert nach § 8 Abs. 2 S. 8 EStG handelt, ist die 44 €-Freigrenze nicht zu berücksichtigen.

Elektrofahrrad als Kraftfahrzeug

Handelt es sich bei dem vom Arbeitgeber angeschafften oder ggf. geleasten Elektrofahrrad um ein Kraftfahrzeug, gelten die für Dienstwagen einschlägigen Regelungen uneingeschränkt. Erfasst werden hiervon Fahrräder, deren Elektromotor Geschwindigkeiten von über 25 km/h unterstützt. Bei der Pauschalwert-Methode wird dann auf den inländischen Bruttolistenpreis im Zeitpunkt der Erstzulassung abgestellt, und neben dem 1 %-Wert ist ggf. noch der 0,003 %-Wert zu erfassen.

Besonderheiten bei Verleih-Unternehmen

Für den Fall, dass die Überlassung von Fahrrädern und/oder Elektrofahrrädern zur Dienstleistungspalette des Arbeitgebers gehört, greift die Bewertung nach § 8 Abs. 3 EStG. Ausgehend vom Angebotspreis des Arbeitgebers wird der geldwerte Vorteil unter Berücksichtigung des Bewertungsabschlags von vier Prozent und dem Rabattfreibetrag von 1.080 € bestimmt.

---

[56] BMF, Schreiben v. 4.9.2012 IV C 5 – S 2378/12/10001, BStBl I 2012, S. 912.

Hinweis

Der koordinierte Länder-Erlass schließt eine bisher bestehende Regelungslücke und ist daher zu begrüßen. Die Durchschnittsbewertung im Grundfall ist darüber hinaus mit vergleichsweise geringem Verwaltungsaufwand bei den Arbeitgebern verbunden. Ungeklärt ist demgegenüber, wie zu verfahren ist, wenn der Arbeitnehmer die Wege zur Arbeit mit (Elektro-)Fahrrad und anderen – ggf. auch vom Arbeitgeber gestellten – Verkehrsmitteln zurücklegt. Und die verkehrsrechtliche Einordnung von Elektrofahrzeugen wie z. B. E-Bikes oder Pedelecs als Kraftfahrzeuge kann im Einzelfall zu Schwierigkeiten führen.

4 Umwandlungssteuer

4.1 Anteilseinbringung und Organschaft

> **Oberfinanzdirektion Frankfurt am Main, Verfügung v. 18.8.2011, S 1978 c A-41-St 510, GmbHR 2012, S. 180**
>
> **Wird nach einer steuerlich rückwirkenden Anteilseinbringung eine Organschaft erst begründet, ist eine in der Interimszeit bestehende finanzielle Eingliederung zum Einbringenden nach § 22 Abs. 1 UmwStG 1995 zu berücksichtigen.**
>
> **Norm:** § 22 Abs. 1 UmwStG 1995

Die Verwaltungsverfügung ist eine Reaktion auf zwei Urteile des BFH vom 28.7.2010,[57] in denen dieser eine rückwirkende Begründung einer körperschaftsteuerlichen Organschaft in Fällen der Ausgliederung einer Mehrheitsbeteiligung nach § 20 Abs. 1 S. 2 UmwStG 1995/2002 anerkennt. Begründet wird dies mit der unter altem Recht geltenden „Fußstapfen-Theorie".

Die Ausgliederung einer Mehrheitsbeteiligung mit nachfolgender erstmaliger Begründung einer Organschaft ist nach alter Rechtslage dann möglich, wenn die finanzielle Eingliederung zum übertragenden, später zum übernehmenden Rechtsträger seit Beginn des Wirtschaftsjahres besteht und dies auch bis zum Ende des Wirtschaftsjahres so bleibt. Dies ist auf Grundlage der nach altem Recht geltenden steuerlichen Rückbeziehung des Anteiltausches unproblematisch. Infolge der „Fußstapfen-Theorie" erfolgte die Anteilseinbringung mit steuerlicher Rückwirkung, sodass der übernehmenden Gesellschaft die in der Interimszeit bestehende Gesellschafterstellung der übertragenden Gesellschaft steuerlich zugerechnet wurde.

---

[57] I R 89/09, BStBl II 2011, S. 52 und I R 111/09, GmbH-StB 2011, S. 7.

Beratungshinweis

Die neue Rechtslage nach SEStEG regelt den Anteilstausch in § 21 UmwStG, welcher wiederum keine steuerliche Rückwirkung beinhaltet. Daher kann die finanzielle Eingliederung grds. nicht dadurch hergestellt werden, dass Anteile an der Organgesellschaft in die Organträgerin eingebracht werden. Diese Rechtsauffassung wird auch durch den UmwSt-Erlass 2011[58] (Org. 02 und 03) bestätigt. Werden somit die Voraussetzungen einer finanziellen Eingliederung erst infolge der Umwandlung geschaffen, ist die rückwirkende erstmalige Begründung einer Organschaft mangels Eintritt in die steuerliche Rechtsstellung nicht möglich.

Sofern die Einbringung im Rahmen einer steuerlich rückwirkenden Betriebseinbringung geschieht, müsste eine steuerliche Rückwirkung auch im Hinblick auf die Anteilseinbringung zu sehen sein. § 23 Abs. 1 UmwStG i. V. m. § 12 Abs. 2 UmwStG fingiert somit eine finanzielle Eingliederung bei einer steuerlich rückwirkenden Einbringung, wenn die steuerliche Rückwirkung auf den Beginn des Wirtschaftsjahres erfolgt und in der Interimszeit eine durchgehend finanzielle Eingliederung zum Einbringenden besteht.

Literaturhinweis: *Schwetlik*, GmbH-StB 2012, S. 78

4.2 Übergang von Verlustabzügen

Oberfinanzdirektion Rheinland, Kurzinformation v. 1.12.2011, Kurzinformation Nr. 55/201, DStR 2012 S. 362

Bei der Verschmelzung von Kapitalgesellschaften geht ein Verlustabzug auch dann nicht über, wenn der verlustverursachende Betrieb oder Betrieb zum steuerlichen Übertragungsstichtag bereits eingestellt war.

Norm: § 12 Abs. 3 S. 2 UmwStG a. F.

Der BFH hat noch nach alter Rechtslage entschieden, dass für die Frage der Fortführung von Verlustabzügen eine Vergleichsbetrachtung anzustellen ist, für die ausschließlich die Verhältnisse des Verlustbetriebes am Verschmelzungsstichtag maßgeblich sind.[59] Anderslautende Verfügungen der Finanzverwaltung sind damit hinfällig. Für die Praxis gilt somit, dass ein Verlustabzug auch dann nicht übergeht, wenn der verlustverursachende Betrieb oder Betriebsteil zum steuerlichen Übertragungsstichtag bereits eingestellt war.

Beratungshinweis

Die Verfügung der Verwaltung hat praktisch nur noch geringe Bedeutung, da nach neuer Rechtslage infolge der ersatzlosen Streichung des § 12 Abs. 3 S. 2 UmwStG 1995 sowohl gewerbe- wie auch körperschaftsteuerliche Verlustvorträge der übertragenden Körperschaft nicht mehr auf die Übernehmerin übergehen. Dies gilt für Umwandlungsvorgänge, bei denen die Anmeldung zur Eintragung ins Handelsregister nach dem 12.12.2006 erfolgt ist, ohne dass das alte Recht eingeschränkt fortgilt.

Literaturhinweis: *Görden*, GmbH-StB 2012, S. 79

---

[58] BMF, Schreiben v. 11.11.2011, IV C 2 – S 1978-b/08/10001 (2001/0903665), BStBl I 2011, S. 1314.
[59] BFH, Urteil v. 25.8.2009, I R 95/08, GmbHR 2009, S. 1220.

4.3 Örtliche Zuständigkeit bei Verschmelzung, Umwandlung, Anwachsung und Abspaltung

> **Finanzministerium Nordrhein-Westfalen, Erlass v. 20.4.2012, S 0127, FR 2012, S. 651**
>
> Die Finanzverwaltung gibt Hinweise zur örtlichen Zuständigkeit bei den verschiedenen Arten von Unternehmensumwandlungen (Verschmelzung, Umwandlung, Anwachsung und Abspaltung).
>
> **Normen:** UmwStG; UmwG; §§ 45, 25 AO

Hinsichtlich der örtlichen Zuständigkeit bei Umwandlungsfällen äußert sich die Finanzverwaltung NRW wie folgt:

- Verschmelzung Kapitalgesellschaft auf Kapitalgesellschaft:

  Hier liegt ein Fall der Gesamtrechtsnachfolge vor.

  In körperschaftsteuerlicher Hinsicht tritt ein Wechsel der Zuständigkeit dann ein, wenn sich die Geschäftsleitungen der betreffenden Gesellschaften in unterschiedlichen Finanzamtsbezirken befunden haben bzw. befinden.

  Im Falle der Zuständigkeit für die Umsatzsteuer tritt ein Zuständigkeitswechsel dann ein, wenn das Unternehmen der untergegangenen Kapitalgesellschaft und das der aufnehmenden Kapitalgesellschaft ganz oder vorwiegend von den Bezirken unterschiedlicher Finanzämter aus betrieben worden sind bzw. werden.

  Im Falle der Gewerbesteuer (Festsetzung des Messbetrags) tritt ein Zuständigkeitswechsel dann ein, wenn sich der Ort der Geschäftsleitung der untergegangenen und der der aufnehmenden in den Bezirken verschiedener Finanzämter befunden haben bzw. befinden.

- Verschmelzung Personengesellschaft auf Personengesellschaft

  Eine Gesamtrechtsnachfolge liegt nur dann vor, wenn die Personengesellschaften selbst Steuersubjekt sind bzw. waren, daher also nicht hinsichtlich der gesonderten und einheitlichen Feststellung der Besteuerungsgrundlagen. Hinsichtlich dieser kann es daher nicht zu einem Zuständigkeitswechsel kommen.

  Bezüglich der Umsatzsteuer und der Festsetzung des Gewerbesteuermessbetrags gelten die Ausführungen zur Verschmelzung von Kapital- auf Kapitalgesellschaft.

- Verschmelzung Kapitalgesellschaft auf Personengesellschaft

  Zur Gesamtrechtsnachfolge kommt es in den Fällen, in denen die erloschene Kapitalgesellschaft auch Steuersubjekt war.

  Es gelten hinsichtlich der Körperschaft- und Umsatzsteuer wie auch der Festsetzung des Gewerbesteuermessbetrags die Ausführungen analog der Verschmelzung von Kapitalgesellschaften.

  Hinsichtlich der gesonderten und einheitlichen Feststellung von Besteuerungsgrundlagen liegt kein Zuständigkeitswechsel vor. Für die aufnehmende Personengesellschaft bleibt das Finanzamt zuständig, in dessen Bezirk sich die Geschäftsleitung dieser Personengesellschaft befindet.

- Verschmelzung Personengesellschaft auf Kapitalgesellschaft

  Eine Gesamtrechtsnachfolge tritt nur ein, soweit die Personengesellschaft Steuersubjekt war, also nicht hinsichtlich der gesonderten und einheitlichen Feststellung der Besteuerungsgrundlagen.

  Für die Umsatzsteuer und Festsetzung des Gewerbesteuermessbetrages gelten die Ausführungen zur Verschmelzung von Kapital- auf Kapitalgesellschaft.

- Formwechselnde Umwandlung

  Da lediglich ein Wechsel der Rechtsform und nicht des Steuersubjekts stattfindet, kommt es nicht zur Gesamtrechtsnachfolge.

  Zu einem Zuständigkeitswechsel kommt es nur, wenn auch der Ort der Geschäftsleitung in einen anderen Finanzamtsbezirk verlegt wird.

  Kommt es zu einem Wechsel des Steuersubjekts, gelten die Ausführungen zu Verschmelzungen analog.

- Anwachsung

  Im Falle der Anwachsung unter Vollbeendung einer Personengesellschaft tritt für die beendete Personengesellschaft hinsichtlich der gesonderten und einheitlichen Feststellung von Besteuerungsgrundlagen kein Zuständigkeitswechsel ein, da insoweit keine Gesamtrechtsnachfolge eintritt.

  Für die Umsatzsteuer tritt ein Zuständigkeitswechsel dann ein, wenn das Unternehmen der beendeten Personengesellschaft und das fortgeführte Einzelunternehmen ganz oder vorwiegend von den Bezirken verschiedener Finanzämter aus betrieben worden sind oder werden.

  Gleiches gilt für die Festsetzung des Gewerbesteuermessbetrags.

- Aufspaltung

  Auch hier gelten die Regelungen zur Gesamtrechtsnachfolge, § 45 AO, sinngemäß; allerdings nicht für die gesonderte und einheitliche Feststellung von Besteuerungsgrundlagen. Für die aus der Aufspaltung hervorgegangenen Gesellschaften liegt ein Fall der Mehrfachzuständigkeit nach § 25 AO vor, wenn sich die Orte der Geschäftsleitung und der Bezirke, von denen aus der Unternehmer die Unternehmen ganz oder überwiegend betreibt, in den Bezirken verschiedener Finanzämter befinden.

  Ist für eine aus der Aufspaltung hervorgegangene Gesellschaft das Finanzamt sachlich und örtlich zuständig, das bisher für die Besteuerung der durch Aufspaltung erloschenen Gesellschaft zuständig war, soll dieses Finanzamt auch für die Besteuerung der untergegangenen Gesellschaft örtlich zuständig sein.

Die Regelung des § 45 AO zur Frage der Gesamtrechtsnachfolge ist entscheidend für die örtliche Zuständigkeitsregelung, auch wenn er grds. keine Zuständigkeitsfragen regelt. Für Umwandlungsfälle gilt weiterhin, dass eine aufgrund einer Rechtsverordnung nach § 17 Abs. 2 S. 3 FVG ggfs. bestehende Konzentration der sachlichen Zuständigkeit vorrangig zu beachten ist. Auch ggfs. abweichende Zuständigkeitsvereinbarungen sind vorrangig einzuhalten.

5 Änderungen bei der Umsatzsteuer

5.1 Vorsteuerabzug nach § 15 UStG und Berichtigung des Vorsteuerabzugs nach § 15a UStG

> **BMF, Schreiben v. 2.1.2012, IV D 2 – S 7300/11/10002, BStBl I 2012, S. 60**
>
> **Das BMF nimmt in seinem Schreiben zu den Voraussetzungen des Vorsteuerabzuges sowie der Vorsteuerberichtigung Stellung und geht hierbei insbesondere auf folgende Punkte ein:**
>
> **Umsetzung der von der MwStSystRL verwandten Terminologie betreffend der Begriffe wirtschaftliche und nichtwirtschaftliche Tätigkeit,**
>
> **Ausschluss des Vorsteuerabzugs bei für unentgeltliche Wertabgaben genutzten Eingangsumsätzen.**
>
> Norm: § 15 Abs. 1, Abs. 1b, § 15a UStG

In seinem Schreiben vom 2.1.2012 hat das BMF die Grundsätze aus verschiedenen BFH-Urteilen[60] zum Vorsteuerabzug und zur Vorsteuerkorrektur übernommen bzw. teilweise konkretisiert. Der UStAE wurde entsprechend angepasst. Das BMF führt aus, dass die Begriffe wirtschaftliche und nichtwirtschaftliche Tätigkeiten, wie vom BFH verwandt, den bisher verwendeten Begriffen „unternehmerisch" und „nichtunternehmerisch" entsprechen. Nach Auffassung des BMF ist der Bereich der nichtunternehmerischen Tätigkeiten in nichtwirtschaftliche Tätigkeiten im engeren Sinne und in unternehmensfremde Tätigkeiten zu unterteilen. Als unternehmensfremde Tätigkeiten versteht das BMF unentgeltliche Wertabgaben für den privaten Bedarf des Unternehmers bei natürlichen Personen, für den privaten Bedarf seines Personals oder für private Zwecke des Gesellschafters. Die übrigen nichtunternehmerischen Tätigkeiten sind die nichtwirtschaftlichen Tätigkeiten im engeren Sinne. Hierunter fasst das BMF unter anderem die Veräußerung von gesellschaftsrechtlichen Beteiligungen, wenn die Beteiligung nicht im Unternehmensvermögen gehalten wird. Die Unterscheidung zwischen unternehmensfremden Tätigkeiten und nichtwirtschaftlichen Tätigkeiten ist insbesondere dort relevant, wo Wirtschaftsgüter nur teilweise unternehmerisch genutzt werden. Erfolgt der andere Teil der Nutzung unternehmensfremd, ist eine Zuordnung zum Unternehmen und damit ein voller Vorsteuerabzug möglich. Im Falle der Nutzung für eine nichtwirtschaftliche Tätigkeit ist dies jedoch nicht möglich. Hervorzuheben ist, dass nach den Änderungen des UStAE ein Vorsteuerabzug gänzlich ausgeschlossen ist, wenn der Unternehmer ein Wirtschaftsgut (zunächst) ausschließlich unternehmensfremd für eine unentgeltliche Wertabgabe nutzt. Bisher war hier ein Vorsteuerabzug möglich. Wird zunächst zutreffend ein Vorsteuerabzug vorgenommen, ist darüber hinaus stets zu prüfen, ob eine unentgeltliche Wertabgabe oder eine Vorsteuerkorrektur zu erfolgen hat.

---

[60] Urteile v. 9.12.2010, V R 17/10; v. 12.1.2011, XI R 9/08; v. 13.1.2011, V R 12/08; v. 27.1.2011, V R 38/09; v. 3.3.2011, V R 23/10.

Hinweis

Mit dem Schreiben nimmt das BMF ausführlich Stellung zu den Grundzügen des Vorsteuerabzugs sowie der Vorsteuerberichtigung. In diesem Zusammenhang führt das BMF aus, in welchen Fällen ein Vorsteuerabzug aus Eingangsumsätzen zu verwehren ist. Unter Berücksichtigung dessen sollte es grundsätzlich vermieden werden, Wirtschaftsgüter nach Anschaffung zunächst ausschließlich unternehmensfremd (privat) zu nutzen, wenn eine spätere unternehmerische Nutzung in Betracht kommt. Denn für den Fall der ausschließlichen unternehmensfremden Nutzung ist ein Vorsteuerabzug komplett ausgeschlossen. Eine Vorsteuer-Korrektur nach § 15a UStG ist zudem nicht möglich, wenn eine spätere unternehmerische Nutzung erfolgt. Insoweit ist jedoch das EuGH-Urteil in der Rs. *X* zu beachten[61]. Hier hat der EuGH entschieden, dass die Umsatzsteuer, die auf eine dauerhafte Umgestaltung zum Zwecke einer vorübergehenden privaten Verwendung eines vollständig dem Unternehmen zugeordneten Lagergrundstücks entfällt, als Vorsteuer abziehbar ist, sofern der Unternehmer zur Zeit der Tätigung der Eingangsumsätze die Absicht hatte, diese Eingangsleistung für den Bedarf seines Unternehmens zu verwenden.

5.2 Übertragung von Gesellschaftsanteilen als Geschäftsveräußerung im Ganzen, Anwendung des BFH-Urteils vom 27.1.2011 – V R 38/09

> **BMF, Schreiben v. 3.1.2012, IV D 2 – S 7100-b/11/10001, BStBl I 2012, S. 76**
>
> **Das BMF reagiert mit dem Schreiben vom 3.1.2012 auf das Urteil des BFH vom 27.1.2011, V R 38/09, und ändert Abschnitt 1.5 des UStAE dahingehend, dass eine Geschäftsveräußerung im Ganzen auch bei der Veräußerung von Gesellschaftsanteilen vorliegen kann. Voraussetzung ist jedoch, dass der Erwerber in diejenigen Rechtsverhältnisse eintritt, durch die das Halten der Beteiligung beim Veräußerer als unternehmerisch veranlasst anzusehen war.**
>
> **Normen:** § 1 Abs. 1a UStG; Abschnitt 1.5 UStAE

Gemäß § 1 Abs. 1a UStG unterliegen die Umsätze im Rahmen einer Geschäftsveräußerung im Ganzen an einen anderen Unternehmer für dessen Unternehmen nicht der Umsatzsteuer. Da es sich um einen nicht steuerbaren Vorgang handelt, steht dem Veräußerer ein Vorsteuerabzug aus Kosten im Zusammenhang mit der Veräußerung gemäß seiner bisherigen unternehmerischen Tätigkeit zu.

Mit Urteil vom 27.1.2011[62] hatte der BFH entschieden, dass auch die Veräußerung von Gesellschaftsanteilen eine Geschäftsveräußerung im Ganzen darstellen kann. Allerdings stellte der BFH u. a. darauf ab, dass 100 % der Gesellschaftsanteile veräußert werden. Davon rückt das BMF mit vorliegenden Schreiben ab, indem es darlegt, dass es auf den Umfang der Beteiligung und der veräußerten Anteile nicht ankommt. Vielmehr soll es entscheidend sein, ob der Erwerber in die Rechtsverhältnisse eintritt, die beim Veräußerer bewirkt haben, dass die Beteiligungen im unternehmerischen Bereich gehalten wurden. Das ist z. B. bei einer Organschaft dann der Fall, wenn der Erwerber in die Verhältnisse eintritt, die die wirtschaftliche Eingliederung bewirken, selbst

---

[61] EuGH, Urteil v. 19.7.2012, C–334/10, *X*, DStR 2012, S. 1551, vgl. C.5.3.2.
[62] BFH, Urteil v. 27.1.2011, V R 38/09, BStBl II 2012, S. 68 (vgl. auch Steuerjahrbuch 2011/2012, C.4.1.4).

wenn beim Erwerber aus anderen Gründen (z. B. fehlende organisatorische Eingliederung) keine Organschaft entsteht.

Abschnitt 1.5 des UStAE wurde entsprechend geändert.

Hinweis

> Wie bereits dargelegt, decken sich die Aussagen des BMF nicht vollständig mit der Auffassung des BFH, der eine Geschäftsveräußerung im Ganzen annimmt, wenn entweder 100 % einer Beteiligung übertragen werden oder der Erwerber im Fall einer Organschaft in dieses Organschaftsverhältnis eintritt. Es sollte daher im Einzelfall stets genau geprüft werden, inwieweit die Kriterien des BMF bzw. des BFH erfüllt werden, bevor eine Geschäftsveräußerung im Ganzen angenommen wird. Ggf. kann aufgrund zahlreicher Unwägbarkeiten auch ein Antrag auf Erteilung einer verbindlichen Auskunft angezeigt sein. Dies ist insbesondere von Bedeutung, da die Veräußerung von Gesellschaftsanteilen im Falle der Steuerbarkeit und Steuerfreiheit zu einer Versagung des Vorsteuerabzugs im Hinblick auf mit der Veräußerung im Zusammenhang stehenden Kosten führt. Eine rückwirkende Option zur Steuerpflicht ist dabei nur noch in sehr engen zeitlichen Grenzen möglich.

5.3 Leistungsort beim Standaufbau im Zusammenhang mit Messen und Ausstellungen, Anwendung des EuGH-Urteils vom 27.10.2011, C–530/09

> **BMF, Schreiben v. 19.1.2012, IV D 3 – S 7117-a/10/10001, BStBl I 2012, S. 209**
>
> **Mit Schreiben vom 19.1.2012 nimmt das BMF Stellung zum EuGH-Urteil vom 27.10.2011 und erläutert die daraus folgenden Änderungen des UStAE. Demzufolge sind sonstige Leistungen im Rahmen eines Standaufbaus bei Messen und Ausstellungen nicht mehr als sonstige Leistungen im engen Zusammenhang mit einem Grundstück anzusehen. Sie sind je nach Art der Leistung Werbeleistungen, Vermietungsleistungen von beweglichen körperlichen Gegenständen oder Leistungen im Zusammenhang mit kulturellen, künstlerischen, sportlichen, wissenschaftlichen, unterrichtenden, unterhaltenden oder ähnlichen Leistungen.**
>
> **Normen:** § 3a Abs. 2 UStG; Abschnitte 3a.2, 3a.3, 3a.4, 3a.6, 3a.9, 4.12.6 UStAE

Der EuGH hat mit Urteil vom 27.10.2011[63] entschieden, dass sonstige Leistungen im Rahmen eines Standaufbaus bei Messen und Ausstellungen je nach Art der Leistung als Werbeleistungen, Leistungen im Zusammenhang mit kulturellen, künstlerischen, sportlichen, wissenschaftlichen, unterrichtenden, unterhaltenden oder ähnlichen Leistungen oder eine Vermietung von beweglichen körperlichen Gegenständen, mit Ausnahme von Beförderungsmitteln, zu qualifizieren sind. Der Leistungsort bestimmt sich bei Leistungen zwischen Unternehmern seit 1.1.2010 somit in allen Fällen nach § 3a Abs. 2 UStG. Demzufolge gelten sonstige Leistungen beim Standaufbau im Zusammenhang mit Messen und Ausstellungen als an dem Ort ausgeführt, von dem aus der Empfänger sein Unternehmen betreibt.

Mit diesem Schreiben wurden die betreffenden Abschnitte des UStAE entsprechend geändert.

---

[63] EuGH, Urteil v. 27.10.2011, C–530/09, *Inter-Mark*, DStR 2011, S. 2145.

Hinweis

Grundsätzlich ist diese Rechtsauffassung auf Umsätze anzuwenden, die nach dem 31.12.2011 ausgeführt wurden. Es wird jedoch nicht beanstandet, wenn ein Steuerpflichtiger diese Auffassung auch auf frühere Umsätze anwendet. Dies kann insbesondere für „Altfälle" von Bedeutung sein, in denen der leistende Unternehmer z. B. gegenüber ausländischen Konzerngesellschaften entsprechende Leistungen ohne Umsatzsteuer abgerechnet hat. Für Leistungen bis zum 31.12.2009 müssen jedoch die „alten" Regelungen zur Ortsbestimmung beachtet werden. Schließlich ist zu beachten, dass die Errichtung bzw. der Aufbau eines Standes im Rahmen einer Werklieferung ist von den o. g. Fällen abzugrenzen ist, da hier der Auftraggeber die Verfügungsmacht besitzt und sich der Lieferort demzufolge nach § 3 Abs. 7 S. 1 UStG bestimmt.

5.4 Beleg- und Buchnachweispflichten für Ausfuhrlieferungen

> **BMF, Schreiben vom 27.2012, IV D 3 – S 7134/12/10001, BStBl I 2012, S. 212**
>
> Mit dem vorliegenden Schreiben hat das BMF die Änderung der Nachweisregelungen in der UStDV im UStAE umgesetzt – allerdings nur in Hinblick auf den Nachweis für die Voraussetzungen der Steuerbefreiung für Ausfuhrlieferungen.
>
> **Normen:** §§ 4 Nr. 1 Buchst. a, 6 UStG; §§ 9 bis 11, 13 und 17 UStDV

Durch die „Zweite Verordnung zur Änderung steuerlicher Verordnungen" vom 2.12.2011 (BGBl I S. 2416) wurden u.a. §§ 9 bis 11, 13 und 17 UStDV mit Wirkung vom 1.1.2012 geändert. Mit diesen Änderungen wurden die Beleg- und Buchnachweispflichten für Ausfuhrlieferungen an die seit 1.7.2009 bestehende EU-einheitliche Pflicht zur Teilnahme am elektronischen Ausfuhrverfahren (ATLAS-Ausfuhr) angepasst. Die Änderungen der Nachweisregelungen der UStDV werden nunmehr im UStAE umgesetzt.

Es wird noch einmal klargestellt, dass grds. eine Pflicht zur Teilnahme am elektronischen Ausfuhrverfahren besteht und insoweit der Ausgangsvermerk der Standardnachweis darstellen soll. Allerdings werden sowohl bei Beförderungs- als auch Versendungsfällen Alternativnachweise zugelassen, wenn

1. sich aus der Gesamtheit der Belege die Ausfuhr eindeutig und leicht nachprüfbar ergibt (§ 8 Abs. 1 S. 2 UStDV) und

2. die buchmäßig nachzuweisenden Voraussetzungen eindeutig und leicht nachprüfbar aus der Buchführung zu ersehen sind (§ 13 Abs. 1 S. 2 UStDV).

Zu beachten ist, dass Alternativnachweise nur in begründeten Einzelfällen zulässig sein sollen, z. B. bei Funktionsstörungen der elektronischen Systeme der Zollverwaltung.

In Beförderungsfällen und soweit die Ausfuhranmeldung nicht im elektronischen Ausfuhrverfahren durchgeführt werden kann, wird das Exemplar Nr. 3 der Ausfuhranmeldung als Nachweis der Beendigung des zollrechtlichen Ausfuhrverfahrens anerkannt.

Darüber hinaus wird ein handelsüblicher Beleg (z. B. Frachtbrief, Rechnung, Lieferschein) als Nachweis akzeptiert. In diesem Beleg müssen in jedem Fall Name und Anschrift des liefernden Unternehmers, die handelsübliche Bezeichnung und die Menge des ausgeführten Gegenstands, der

Ort und der Tag der Ausfuhr sowie die Ausfuhrbestätigung der zuständigen Grenzzollstelle enthalten sein.

Bei einer Ausfuhr im gemeinschaftlichen Versandverfahren oder im Versandverfahren mit Carnet TIR kann die Ausfuhr mit dem Ausgangsvermerk oder durch eine Ausfuhrbestätigung der Abgangsstelle nachgewiesen werden.

In Versendungsfällen kann der Nachweis neben dem Ausgangsvermerk auch durch Versendungsbelege oder durch sonstige handelsübliche Belege geführt werden.

Ist der Versendungsbeleg ein Frachtbrief (z. B. CMR-Frachtbrief), muss dieser vom Absender als Auftraggeber des Frachtführers, also dem Versender des Liefergegenstands, unterzeichnet sein.

Ist die Ausfuhr elektronisch angemeldet worden und ist es dem Unternehmer nicht möglich oder nicht zumutbar, den Ausfuhrnachweis mit dem Ausgangsvermerk oder dem Alternativ-Ausgangsvermerk zu führen, kann der Unternehmer die Ausfuhr mit den in § 10 Abs. 1 Nr. 2 UStDV genannten Belegen nachweisen.

Die Grundsätze dieser Regelung sind auf nach dem 31.12.2011 ausgeführte Umsätze anzuwenden. Es ist jedoch zu beachten, dass bis zum 31.3.2012 der Nachweis im Rahmen einer Übergangsregelung auch noch nach den alten Regelungen geführt werden kann.[64]

Für innergemeinschaftliche Lieferungen kann der Buch- und Belegnachweis bis zur erneuten Änderung der UStDV weiterhin nach der bis zum 31.12.2011 geltenden Rechtslage geführt werden.[65] Es liegt mittlerweile ein Gesetzentwurf zur Neufassung des § 17a UStDV vor. Voraussichtlich wird die Übergangsfrist für innergemeinschaftliche Lieferungen noch mindestens bis zum 30.6.2013 fortgelten.

Hinweis

Die Änderungen sehen unter anderem vor, dass ein nachträglich von der Zollbehörde abgestempeltes Ausfuhrbegleitdokument sowohl in Beförderungs- als auch in Versendungsfällen ebenfalls als Ausfuhrnachweis dienen kann. Im Rahmen des Ausfalls- und Sicherungskonzepts (behelfsweise Ausfuhr außerhalb von ATLAS) sollen in Beförderungsfällen offenbar nunmehr das Exemplar Nr. 3 des Einheitspapiers, aber nicht mehr Handels- oder Verwaltungsdokumente als Ausfuhrnachweis zulässig sein. In Versendungsfällen können Ausfuhren außerhalb von ATLAS ausdrücklich auch mit dem CMR-Frachtbrief (wenn im Feld 22 unterschrieben) nachgewiesen werden. Es soll genügen, wenn die Berechtigung des Unterzeichners des Frachtbriefs glaubhaft gemacht wird.

---

[64] BMF, Schreiben v. 9.12.2011, BStBl I 2011, S. 1287.
[65] BMF, Schreiben v. 6.2.2012, BStBl I 2012, S. 211. Vgl. B.5.5.

5.5 Beleg- und Buchnachweispflichten für innergemeinschaftliche Lieferungen – Übergangsregelung

> **BMF, Schreiben vom 6.2012, IV D 3 – S 7141/11/10003, BStBl I 2012, S. 211**
>
> Mit dem vorliegenden Schreiben hat das BMF eine weitere Übergangsregelung geschaffen, nach der die Buch- und Belegnachweise für innergemeinschaftliche Lieferungen bis zu einer Neufassung des § 17a UStDV nach der bis zum 31.12.2011 geltenden Rechtslage geführt werden können.
>
> **Normen:** §§ 4 Nr. 1 Buchst. b, 6a UStG; §§ 17a, 17b und 17 UStDV

Durch die „Zweite Verordnung zur Änderung steuerlicher Verordnungen" vom 2.12.2011 (BGBl I S. 2416) wurden u. a. §§ 17a, 17b und 17 UStDV mit Wirkung vom 1.1.2012 geändert. Mit diesen Änderungen wurden für die Steuerbefreiung innergemeinschaftlicher Lieferungen neue Nachweisregelungen geschaffen.

Nach heftiger Kritik an dieser Neuregelung durch Verbände und Wirtschaftsteilnehmer hat die Finanzverwaltung eine erneute Übergangsregelung geschaffen. Für bis zum Inkrafttreten einer erneuten Änderung des § 17a UStDV ausgeführte innergemeinschaftliche Lieferungen wird es nicht beanstandet, wenn der Nachweis der Steuerbefreiung noch auf der Grundlage der bis zum 31.12.2011 geltenden Rechtslage geführt wird.

Es ist zu beachten, dass die Änderungen im Bereich des Buch- und Belegnachweises bei Ausfuhrlieferungen nach Ablauf der Übergangsfrist bereits seit 1.4.2012 zu beachten sind.[66]

Hinweis

Das BMF hat die Nichtbeanstandungsregelung für den Nachweis innergemeinschaftlicher Lieferungen über den 30.6.2012 hinaus verlängert. Mit seinem Entwurf einer Neufassung des § 17a UStDV vom 1.10.2012 schlägt das BMF einige Erleichterungen bezüglich der Nachweispflichten vor, hält jedoch an der Gelangensbestätigung als Regelnachweis fest. Voraussichtlich wird die Nichtbeanstandungsregelung mindestens bis zum 30.6.2013 gelten, da das Inkrafttreten der geänderten UStDV frühestens zum 1.7.2013 geplant ist.

5.6 Elektronische Rechnungen

> **BMF, Schreiben v. 2.7.2012, IV D 2 – S 7287 – a/09/10004:03, BStBl I 2012, S. 726**
>
> Mit Schreiben vom 2.7.2012 veröffentlichte die Finanzverwaltung ihre Auffassung im Hinblick auf die Neuregelungen bei den elektronischen Rechnungen, die auf Grundlage des Steuervereinfachungsgesetzes bereits zum 1.7.2011 in Kraft getreten sind.
>
> **Norm:** § 14 UStG

Am 2.7.2012 hat das BMF ein Schreiben zur Vereinfachung der elektronischen Rechnungsstellung durch das insoweit am 1.7.2011 in Kraft getretene Steuervereinfachungsgesetz veröffentlicht. Darin

---

[66] Vgl. BMF, Schreiben v. 27.1.2012, IV D 3 – S 7134/12/10001, BStBl I 2012, S. 212; s. a. B.5.4.

setzt sich das BMF mit Detailfragen der Rechtsänderung auseinander und ändert die entsprechenden Abschnitte des UStAE, insbesondere Abschnitt 14.4 UStAE. Das BMF stellt klar, dass Papier- und elektronische Rechnungen umsatzsteuerrechtlich gleich zu behandeln sind. Die Echtheit der Herkunft der Rechnung, die Unversehrtheit ihres Inhalts und ihre Lesbarkeit müssen – wie vom Gesetz gefordert – gewährleistet sein. Dies kann durch jegliche innerbetriebliche Kontrollverfahren erreicht werden, die einen verlässlichen Prüfpfad zwischen Rechnung und Leistung schaffen. Die Finanzverwaltung weist darauf hin, dass das innerbetriebliche Kontrollverfahren nicht dazu dient, die materiell-rechtlichen Voraussetzungen des Vorsteuerabzugs nach § 15 UStG oder die inhaltliche Ordnungsmäßigkeit der Rechnung nach § 14 UStG zu überprüfen. Das innerbetriebliche Kontrollverfahren ist lediglich eine Form des Abgleichs der Rechnung mit den Zahlungsverpflichtungen des Unternehmers; es erfüllt die Anforderungen des § 14 Abs. 1 UStG dann, wenn der Zusammenhang der Rechnung mit der zugrunde liegenden Leistung hergestellt werden kann. Gelingt es dem Unternehmer nachzuweisen, dass die Voraussetzungen des Vorsteuerabzugs nach § 15 UStG gegeben sind, kommt der Frage der Durchführung eines innerbetrieblichen Kontrollverfahrens laut BMF keine eigenständige Bedeutung mehr zu. Das innerbetriebliche Kontrollverfahren soll auch keinen gesonderten Dokumentationspflichten unterliegen.

Hinweis

Das vorliegende BMF-Schreiben beantwortet einige Fragen im Zusammenhang mit der Neufassung der gesetzlichen Anforderungen an elektronische Rechnungen. Doch allein daran, dass es erst 1 Jahr nach Inkrafttreten der Neuregelungen veröffentlich wurde, zeigt sich bereits, wie schwer um diese Verwaltungsanweisung gerungen wurde. Umso unbefriedigender ist es, dass das Schreiben Interpretationsspielräume in Bezug auf das Verhältnis zwischen Nachweis des Vorsteuerabzugs und innerbetrieblichem Kontrollverfahren lässt, so dass Diskussionen mit der Finanzverwaltung im Einzelfall nicht auszuschließen sind. Auch in Bezug auf die Art der geforderten Nachweisführung im Rahmen zeitlich nachgelagerter Betriebsprüfungen enthält das BMF-Schreiben keine klaren Hinweise. Zwar sollen „gesonderte" Dokumentationspflichten des innerbetrieblichen Kontrollverfahrens nicht erforderlich sein. Dies wirft aber die Frage auf, welche Art von (Basis-) Dokumentation denn als erforderlich gilt. Gemeint sein könnte bspw. eine Art Verfahrensdokumentation zur Organisation und Durchführung des Verfahrens im Unternehmen. Vorsicht ist zudem geboten bei mehrfacher Übermittlung der elektronischen Rechnung, wenn diese nicht als Kopie oder Duplikat gekennzeichnet ist. Die Umsatzsteuer kann dann wegen des ausgewiesenen Steuerausweises nach § 14c UStG mehrfach geschuldet werden. Dies gilt jedoch nach Auffassung des BMF dann nicht, wenn inhaltlich identische Mehrstücke derselben Rechnung übersandt werden.

5.7 Steuerentstehungszeitpunkt bei unrichtigem Steuerausweis

> **BMF, Schreiben v. 25.7.2012, IV D 2 – S 7270/12/10001, BStBl I 2012, S. 876**
>
> **Mit Schreiben vom 25.7.2012 legt das BMF fest, dass im Fall eines unrichtigenSteuerausweises in einer Rechnung über steuerfreie oder nicht steuerbare Leistungen die Steuer im Zeitpunkt der Ausgabe der Rechnung entsteht. Weist eine Rechnung hingegen einen höheren Steuerbetrag aus als gesetzlich geschuldet wird (z. B. 19 % statt 7 %), entsteht die Steuer bereits zu dem Zeitpunkt, zu dem die gesetzlich geschuldete Steuer für die Lieferung entsteht.**
>
> **Norm:** § 14c Abs. 1 UStG

Das BMF hat mit dem vorliegenden Schreiben einen neuen Absatz 13.7. in den UStAE aufgenommen und den Steuerentstehungszeitpunkt bei Rechnungen i. S. des § 14c Abs. 1 UStG – dem sog. unrichtigen Steuerausweis – neu geregelt und mit Beispielen hinterlegt.

Handelt es sich im Grundsatz um eine steuerfreie oder im Inland nicht steuerbare Leistung, über die irrtümlich mit Umsatzsteuer abgerechnet wurde, soll die Umsatzsteuer erst mit Ausstellung der Rechnung entstehen. Dies gilt z. B. auch für Fälle der Geschäftsveräußerung im Ganzen. Wird hingegen lediglich ein höherer Steuerbetrag ausgewiesen, entsteht die Steuer insgesamt bereits mit Ausführung der Lieferung, zu der die zutreffende Steuer hätte gemeldet werden müssen.

Hinweis

Die Regelung kann erhebliche Auswirkungen auf Festsetzungsverjährung und Zinslauf haben: wurde etwa eine an sich steuerfreie Leistung im Jahr 01 erbracht, die Rechnung mit falschem Steuerausweis aber im Jahr 02 erstellt, so treten die Folgen in Hinblick auf die § 14c-Steuer für das Jahr 02 und nicht bereits für das Jahr 01 ein. Außerdem ist die Regelung für die unterjährige periodengerechte Meldung von Bedeutung.

5.8 Leistungsbeziehungen bei der Abgabe werthaltiger Abfälle

> **BMF, Schreiben v. 20.9.2012, IV D 2 – S 7203/07/10002, UR 2012, S. 813**
>
> **Beauftragt ein Abfallerzeuger oder -besitzer einen Dritten mit der ordnungsgemäßen Entsorgung seines Abfalls, erbringt der Dritte mit der Übernahme und Erfüllung der Entsorgungspflicht eine sonstige Leistung i. S. von § 3 Abs. 9 UStG, sofern der Entsorgung eine eigenständige wirtschaftliche Bedeutung zukommt.**
>
> **Ist dem zur Entsorgung überlassenen Abfall ein wirtschaftlicher Wert beizumessen (sog. werthaltiger Abfall), liegt ein tauschähnlicher Umsatz (Entsorgungsleistung gegen Lieferung des Abfalls) – ggf. mit Baraufgabe – vor, wenn nach den übereinstimmenden Vorstellungen der Vertragspartner**
> - **der überlassene Abfall die Höhe der Barvergütung für die Entsorgungsleistung oder**
> - **die übernommene Entsorgung die Barvergütung für die Lieferung des Abfalls**
>
> **beeinflusst hat.**
>
> **Norm:** § 3 Abs. 9 und 12 UStG; § 3 Abs. 1 AbfG

Nach § 3 Abs. 1 AbfG gelten als Abfall alle beweglichen Sachen, derer sich ihr Besitzer entledigt, entledigen will oder entledigen muss. Abfälle in diesem Sinne sind nach den Vorgaben des AbfG zu entsorgen. Daneben bestehen für bestimmte Abfallgruppen weitere besondere Entsorgungspflichten aufgrund einzelgesetzlicher Regelungen.

Das BMF-Schreiben regelt, inwiefern durch diese Entsorgung umsatzsteuerbare Leistungen erbracht werden und ersetzt damit das bisherige BMF-Schreiben vom 1.12.2008[67]. Insofern ist zwischen der Entsorgungsleistung und der Lieferung der werthaltigen Abfälle zu unterscheiden, wobei ein Zusammenspiel beider Komponenten einen tauschähnlichen Umsatz (vgl. § 3 Abs. 12 UStG) begründen kann.

---

[67] BMF, Schreiben v. 1.12.2008, IV B 8 – S 7203/07/10002, BStBl I 2008, S. 992.

Entsorgungsleistung von eigenständiger wirtschaftlicher Bedeutung

Der Entsorgungsleistung kommt dann eine eigenständige wirtschaftliche Bedeutung zu, wenn Vereinbarungen über die Aufarbeitung oder Entsorgung der Abfälle getroffen wurden. Im Gegensatz zu den bisherigen Bestimmungen des BMF ist insbesondere nicht mehr ausreichend, dass ein Entsorgungsnachweis ausgestellt wird. Daneben negiert das BMF (vgl. Tz. 2 a) – c) des BMF-Schreibens) vereinfachend das Vorliegen von Entsorgungsleistungen mit eigenständiger wirtschaftlicher Bedeutung in bestimmten Konstellationen der Veräußerung bzw. des Handelns mit Abfällen.

Tauschähnlicher Umsatz

Sofern der Entsorgungsleistung nach den Grundsätzen in Tz. 2 des BMF-Schreibens eine eigenständige wirtschaftliche Bedeutung zukommt, kann es zu einem tauschähnlichen Umsatz kommen, wenn zudem eine Beeinflussung der Barvergütung durch den Wert des Abfalls bzw. die Entsorgungsleistung anzunehmen ist (Tz. 3 des BMF-Schreibens). Dies soll nur dann der Fall sein,

- wenn die Beteiligten ausdrücklich eine Vereinbarung getroffen haben, die neben dem Entsorgungsentgelt einen bestimmten Wert für eine bestimmte Menge der überlassenen Abfälle vorsieht (Tz. 3 a)) oder

- wenn die wechselseitige Beeinflussung auf Grund der getroffenen Vereinbarungen offensichtlich ist (Tz. 3 b)). Davon ist auszugehen, wenn vertraglich entweder eine Preisanpassungsklausel oder eine (Mehr-)Erlösverteilungsabrede vereinbart ist, oder das nach Art und Menge bestimmte Entsorgungsentgelt sich in Abhängigkeit von der Qualität der überlassenen Abfälle ändert. In diesen Fällen braucht das Vorliegen eines tauschähnlichen Umsatzes aus Vereinfachungsgründen jedoch nicht geprüft zu werden, wenn die Barvergütung einen Betrag von 50 € je Umsatz und die entsorgte Menge ein Gewicht von 100 kg je Umsatz nicht überschreitet.

Ein tauschähnlicher Umsatz liegt dagegen nicht vor:

- bei sog. Umleersammeltouren gemäß Defintiton des BMF,

- sofern die Werthaltigkeit des Abfalls erst später festgestellt werden kann und deshalb keine Auswirkungen auf die Höhe der Vergütung hat,

- wenn Nebenerzeugnisse oder Abfälle im Rahmen von Gehaltslieferungen i. S. des § 3 Abs. 5 UStG zurückgenommen werden,

- wenn das angekaufte Material ohne weitere Behandlung marktfähig (z. B. an einer Rohstoffbörse handelbar) ist und keiner gesetzlichen Entsorgungsverpflichtung mehr unterliegt,

- wenn bei der Entsorgung die werthaltigen Abfälle im Eigentum des Abfallerzeugers verbleiben und Barvergütungen für diese Entsorgungsleistungen gesondert abgerechnet werden.

Hinweis

Das BMF-Schreiben ist gegenüber dem alten BMF-Schreiben in der Grundstruktur systematischer geworden und liefert Anhaltspunkte, um die Anwendung der Grundsätze des tauschähnlichen Umsatzes auf ein praktikables Maß zu beschränken. Neu aufgenommen wurden auch Regelungen zu Kettengeschäften. Es werden durch den Wortlaut einzelner Regelungen des BMF jedoch auch neue Abgrenzungsfragen hervorgerufen, die eine gewisse Rechtsunsicherheit bestehen lassen. Das Schreiben wird derzeit nochmals redaktionell überarbeitet. Insbesondere wird dabei noch eine Übergangsregelung für Sachverhalte aufgenommen, die nach den Grundsätzen des alten und neuen BMF-Schreibens unterschiedlich zu beurteilen sind.

5.9 Umsatzsteuerrechtliche Behandlung von Einzweckguthabenkarten in der Telekommunikation

> **BMF, Schreiben v. 24.9.2012, IV D 2 – S 7100/08/10004, BStBl I 2012, S. 1010**
>
> Bei der entgeltlichen Abgabe von Telefonkarten,
> - mit denen es dem Abnehmer ermöglicht wird, Anrufe über die zur Verfügung gestellte Infrastruktur zu tätigen,
> - bei denen die Verwendung des Guthabens für andere Leistungen technisch ausgeschlossen ist und
> - die alle zur Tätigung der Anrufe notwendigen Informationen enthalten,
>
> handelt es sich um die Erbringung von Telekommunikationsdienstleistungen.
>
> **Norm:** §§ 3a Abs. 2, Abs. 4 S. 2 Nr. 11, Abs. 6 S. 1 Nr. 2 UStG

In seinem Urteil vom 3.5.2012, *Lebara Ltd.*, Rs. C–520/10 hatte der EuGH[68] entschieden, dass ein Telefonanbieter eine Telekommunikationsdienstleistung erbringt, wenn er Telefonkarten, die alle notwendigen Informationen zur Tätigung von Anrufen über die von diesem Anbieter zur Verfügung gestellte Infrastruktur enthalten, an Vertriebshändler verkauft, damit diese die Telefonkarten im eigenen Namen und für eigene Rechnung an Dritte weiterveräußern können.

Auf Grundlage dieser Entscheidung hat das BMF festgelegt, dass bei sog. Einzweckguthabenkarten (Monofunktionskarten) eine sonstige Leistung bereits zum Zeitpunkt von deren Abgabe ausgeführt werde. Wann das Guthaben tatsächlich für Telefongespräche in Anspruch genommen werde, sei unerheblich. Es liege zudem keine Lieferung vor, da das wirtschaftliche Interesse des Kartenerwerbers nicht auf das Erlangen der Verfügungsmacht an der Karte, sondern auf die Inanspruchnahme einer (Telekommunikations-) Dienstleistung gerichtet sei.

Eine Einzweckguthabenkarte liegt danach vor, wenn folgende Voraussetzungen erfüllt sind:

- Dem Abnehmer wird ermöglicht, Anrufe über die zur Verfügung gestellte Infrastruktur zu tätigen.
- Die Verwendung des Guthabens für andere Leistungen ist technisch ausgeschlossen.
- Auf der Telefonkarte sind alle zur Tätigung von Anrufen notwendigen Informationen enthalten.

Sofern mehrere Händler in den Vertrieb der Telefonkarten eingeschaltet werden, ist danach zu unterscheiden, ob diese im eigenen Namen für eigene Rechnung (Telekommunikationsdienstleistung) oder im eigenen Namen für fremde Rechnung (Dienstleistungskommission) oder im fremden Namen für fremde Rechnung (Vermittlungsleistung) tätig werden.

Das Schreiben ist in allen offenen Fällen anzuwenden. Es ist jedoch nicht zu beanstanden, wenn für Leistungen bis zum 31.12.2012 erst bei Aktivierung der Telefonkarte eine Anzahlungsbesteuerung für eine Telekommunikationsdienstleistung an den Endkunden durchgeführt wird.

---

[68] Vgl. C.5.3.1.

Hinweis

Das BMF hat mit dieser Neuregelung Klarheit geschaffen und die Grundsätze des o. g. EuGH-Urteils umgesetzt. Dies dient einer einheitlichen Rechtsanwendung in der EU und sollte von den Steuerpflichtigen beachtet werden. Generell sollten Unternehmer, die mit Gutscheinen/Wertkarten handeln, die weiteren Rechtsentwicklungen auf EU-Ebene und nationaler Ebene beobachten.

5.10 Umsatzsteuerliche Konsequenzen des Sponsorings beim Zuwendungsempfänger

> **BMF, Schreiben v. 13.11.2012, IV D 2 – S 7100/08/10007:003, DStR 2012, S. 2339**
>
> **Die bloße Nennung des Sponsors durch den Empfänger von Zuwendungen aus dem Sponsoringvertrag ist keine Leistung im Rahmen eines umsatzsteuerbaren Leistungsaustausches.**
>
> **Norm:** § 1 Abs. 1 S. 1 UStG

Der Empfänger einer von einem Sponsor gewährten Zuwendung in Geld oder in geldwerten Vorteilen erbringt mit der bloßen Nennung des Sponsors – ohne besondere Hervorhebung – keine umsatzsteuerbare Leistung an den Sponsor, da diesem weder ein verbrauchsfähiger Vorteil gewährt wird, noch Kosten erspart werden, die er sonst hätte aufwenden müssen.

Die Regelung wird in Abschnitt 1.1 Abs. 23 des UStAE übernommen und präzisiert, dass z. B. eine Verlinkung zu den Internetseiten des Sponsors bereits schädlich im Sinne eines Leistungsaustausches sein kann.

Die Neuregelung ist auf alle Sachverhalte, die nach dem 1.1.2013 verwirklicht werden, anzuwenden.

Hinweis

Im Allgemeinen wird von der gesponserten Organisation an den Sponsor eine Werbeleistung erbracht (es ist allerdings durchaus üblich, dass daneben oder stattdessen auch andere Leistungen erbracht werden – zum Beispiel eine Gewährung des Rechts auf Zutritt bei einer Veranstaltung des Gesponserten). Die Minimalleistung des Gesponserten, dass er auf das Sponsoring hinweist, vollzieht sich nach diesem Schreiben nicht im Rahmen eines Leistungsaustausches. Da Leistungen des Gesponserten im Allgemeinen als Gemeinkosten des Sponsors gelten dürften, für die sich der Vorsteuerabzug nach der gesamten unternehmerischen Tätigkeit des Sponsors richtet, ist dieses Schreiben vor allem für Unternehmer interessant, die kein oder nur ein eingeschränktes Recht auf Vorsteuerabzug haben.

6 Gewerbesteuer

Nichtanwendungserlass zur grenzüberschreitenden Organschaft

> **BMF, Schreiben v. 27.12.2011, IV C 2 – S 2770/11/10002 [2011/0965132], DB 2012, S. 21**
>
> Die Finanzverwaltung erklärt die Ansicht des BFH für unbeachtlich, nach der die fehlende Organträgerfähigkeit nach nationalem Steuerrecht für die Anerkennung einer gewerbesteuerlichen grenzüberschreitenden Organschaft ohne Bedeutung ist.
>
> **Normen:** § 2 Abs. 1, 2 GewStG; DBA GB

Der BFH vertritt die Auffassung, dass im Jahr 1999 eine Kapitalgesellschaft mit Geschäftsleitung und Sitz im Inland gewerbesteuerliche Organgesellschaft eines in Großbritannien ansässigen Gewerblichen Unternehmens als Organträger sein kann. Entgegenstehende nationale Regelungen im GewStG verstießen gegen das Diskriminierungsverbot im DBA GB. Weiterhin konstatiert der BFH, dass die Behandlung einer Organgesellschaft als Betriebsstätte des Organträgers ausgeschlossen sei. Der BFH argumentiert, eine gewerbesteuerliche Organschaft zu einer inländischen GmbH dürfe nicht daran scheitern, dass die britische Kapitalgesellschaft in Großbritannien ansässig sei.

Dem stellt sich das BMF mit der Behauptung entgegen, das Urteil verstoße gegen die einhellige Auslegung des Diskriminierungsverbots durch die OECD-Mitgliedsstaaten, u. a. im OECD-Musterabkommen.

Beratungshinweis

Bei Nichtanerkennung der gewerbesteuerlichen Organschaft sollte der entsprechende Bescheid mit Einspruch bzw. Klage angegriffen werden.

Interessant sind sowohl in Urteil als auch BMF-Schreiben die (sich widersprechenden) Ausführungen zur Bedeutung der Reichweite der Anti-Organ-Klauseln des Art. 5 Abs. 7 OECD-MA.

> **Literaturhinweise:** *Lüdicke,* IStR 2012, S. 78; *Schwetlik,* GmbH-StB 2012, S. 48

6.1 Kein Übergang des Gewerbeverlustes einer Kapitalgesellschaft auf eine Personengesellschaft infolge Einbringung

> **Finanzministerium Nordrhein-Westfalen, Erlass v. 27.1.2012, G 1427 – 26 – V B 4, DStR 2012, S. 908**
>
> Die Finanzverwaltung ändert ihre Rechtsauffassung für Sachverhalte ab dem Erhebungszeitraum 2009 dahingehend, dass der Übergang des Gewerbeverlusts auf eine Personengesellschaft bei Einbringung durch eine Kapitalgesellschaft nicht mehr in Betracht kommt.
>
> **Norm:** § 10a GewStG

Bis 2008 ging die Finanzverwaltung davon aus, dass im Fall der Einbringung eines Betriebes durch eine Kapitalgesellschaft in eine Personengesellschaft der vortragsfähige Gewerbeverlust auf die Personengesellschaft überging. Allerdings war eine entsprechende Regelung in die Gewerbesteuerrichtlinien 2009 nicht aufgenommen worden.

Nun stellt die Finanzverwaltung Nordrhein-Westfalen klar, dass ab dem Erhebungszeitraum 2009 der Gewerbeverlust bei Einbringung in eine Personengesellschaft von dieser nicht genutzt werden kann. Dies wird damit begründet, dass auch nach einer Einbringung die sachliche Gewerbesteuerpflicht der Kapitalgesellschaft erhalten bleibt, auch wenn sich ihre Tätigkeit im Halten von Beteiligungen erschöpft. Auf das Merkmal der Unternehmensidentität kommt es nach Ansicht der Finanzverwaltung nicht an, da Kapitalgesellschaften bereits qua Rechtsform sachlich gewerbesteuerpflichtig sind. Bei einer Betriebseinbringung durch eine Kapitalgesellschaft kann der Gewerbeverlust auf Ebene der Kapitalgesellschaft weiter vorgetragen werden und zumindest dem Grunde nach mit positiven Gewerbeerträgen aus der künftigen Tätigkeit verrechnet werden. Daher kommt ein Übergang auf die Personengesellschaft nicht in Betracht.

Beratungshinweis

Das Argument, dass aus der grds. fortbestehenden sachlichen Gewerbesteuerpflicht der Kapitalgesellschaft geschlossen wird, dass auf Ebene der Personengesellschaft keine Unternehmensidentität vorliege, wird in der Literatur mit Skepsis begegnet.

Umwandlungssteuerliche Regelungen existieren zur genannten Fragestellung nicht.

Literaturhinweis: *Suchanek,* FR 2012, S. 296

6.2 Folgen der Begründung einer atypisch stillen Beteiligung für den gewerbesteuerlichen Verlustabzug

> **Oberfinanzdirektion Magdeburg, Verfügung v. 6.3.2012, S 1400 – 16 – St 216, DStR 2012, S. 1088**
>
> Die Oberfinanzdirektion Magdeburg nimmt Stellung zu der Frage, ob bei Begründung einer atypisch stillen Beteiligung an einer Kapitalgesellschaft die bis zur Begründung dieser Beteiligung entstandenen steuerlichen Verlustvorträge bei der Festsetzung des Gewerbesteuermessbetrags der atypisch stillen Gesellschaft berücksichtigt werden können.
>
> **Norm:** § 10a GewStG

Für die Beantwortung der Frage, ob bis zur Begründung der atypisch stillen Beteiligung entstandene gewerbesteuerliche Verlustvorträge bei der Festsetzung des Gewerbesteuermessbetrags der atypisch stillen Gesellschaft berücksichtigungsfähig sind, ist zunächst zu prüfen, ob durch die Gründung der atypisch stillen Gesellschaft ein neuer Gewerbebetrieb entstanden ist. Falls diese Beteiligung das ganze Handelsgewerbe der GmbH umfasst, bilden GmbH und atypisch stille Gesellschaft einen einheitlichen Gewerbebetrieb.[69] Beteiligt sich der atypisch stille Gesellschafter

---

[69] BFH v. 8.2.1995, I R 127/93, BStBl II 1995, S. 764.

jedoch nur an einem Teil des Handelsgewerbes, liegen zwei oder ggfs. mehrere Gewerbebetriebe vor.

Soweit durch diese Beteiligung ein neuer Gewerbebetrieb entsteht, ist keine Unternehmensidentität gegeben mit der Folge, dass ein Verlustabzug der bei der GmbH entstandenen gewerbesteuerlichen Verlustvorträge bei der atypisch stillen Gesellschaft ausscheidet. Im Rahmen der Messbetragsfestsetzung bei der GmbH kann eine Verlustberücksichtigung für den eigenen Gewerbebetrieb weiter erfolgen.

Bilden atypisch stille Gesellschaft und GmbH einen einheitlichen Gewerbebetrieb, geht der für die GmbH festgestellte Verlustvortrag auf die atypisch stille Gesellschaft über. Der so übertragene gewerbesteuerliche Verlustvortrag kann zwar vollständig abgezogen werden, jedoch nur von dem Betrag, der nach Berücksichtigung des allgemeinen Gewinnverteilungsschlüssels auf die GmbH entfällt.

6.3 Keine gewerbesteuerliche Hinzurechnung von Lagergebühren für unbewegliche Wirtschaftsgüter

> **OFD Magdeburg, Verfügung v. 7.5.2012, G 1422 – 67-St 216, DStR 2012, S. 1033**
>
> **Gebühren aus einem Lagervertrag, welcher nicht auf das bloße Einstellen von Waren abstellt, sind nicht vergleichbar mit Miet- oder Pachtzinsen und daher nicht nach § 8 Nr. 1 Buchst. 3 GewStG hinzuzurechnen.**
>
> **Norm:** § 8 Nr. 1 Buchst. 3 GewStG

Fraglich war, ob Einlagerungen, bei denen Gegenstand des Verwahrvertrages auch sog. Obhutspflichten sind, in gewerbesteuerlicher Hinsicht mit solchen rechtlichen Verhältnissen vergleichbar sind, die Miet- oder Pachtverträgen zugrunde liegen.

Eine solche Vergleichbarkeit wird von der OFD Magdeburg abgelehnt, so dass auch hieraus resultierende Entgelte gewerbesteuerlich nicht hinzuzurechnen sind. Hier liegt ein spezialrechtlich geregeltes unternehmerisches Verwahrgeschäft mit weitergehenden Pflichten zugrunde. Dieses ist abzugrenzen von der bloßen Miete, Verwahrung oder transportbedingten Zwischenlagerung.

6.4 Wegfall des Verlustvortrags bei Teilbetriebsveräußerung

> **Oberfinanzdirektion Münster, Verfügung v. 27.6.2012, G 1427-159-St 11-33, DStR 2012, S. 2019**
>
> **Bei Veräußerung eines verlustbringenden Teilbetriebs können dessen Verluste nicht mehr mit zukünftigen Gewerbeerträgen verrechnet werden (Untergang des anteiligen Verlustvortrags).**
>
> **Norm:** § 10a GewStG

Nach einem Urteil des BFH[70] sind Verluste bei Personengesellschaften, die auf einen veräußerten Teilbetrieb entfallen, nicht mehr mit zukünftigen Gewerbeerträgen verrechenbar. Hier hatte eine

---

[70] Urteil v. 7.8.2008, IV R 86/05, BStBl II 2012, S. 145.

GmbH & Co KG einen verlustbringenden Teilbetrieb, welchen sie aufgrund der hier aufgelaufenen Verluste veräußerte. Fraglich war nun, ob diese Verluste der KG wegen Wegfalls der (Teil-) Unternehmensidentität weiterhin zur Verfügung stehen.

Nach dem BFH ist die Unternehmensidentität teilbetriebsbezogen zu prüfen. Soweit also der verlustbringende Teilbetrieb veräußert wird, geht auch die Teilunternehmensidentität verloren und damit die Verluste. Allerdings besteht die Möglichkeit des Verlustausgleichs zwischen verschiedenen Teilbetrieben, soweit und solange diese demselben Unternehmer zuzuordnen sind. Dieses Urteil ist auf Einzelunternehmen und Mitunternehmerschaften explizit uneingeschränkt anzuwenden, nicht jedoch auf Kapitalgesellschaften.

Beratungshinweis

Sofern in einem Unternehmen zwei Teilbetriebe vorhanden sind, müssten die Verluste gesondert ermittelt und dokumentiert werden. Dies wird in der Praxis möglicherweise schwer darstellbar sein, sodass in praxi die Höhe der auf einen Teilbetrieb entfallenden Verluste geschätzt werden muss. Grds. trägt das Finanzamt die Feststellungslast für diejenigen Tatsachen, die zum anteiligen Untergang des gewerbesteuerlichen Verlustvortrages führen.

> **Literaturhinweise:** *Brinkmeier*, GmbH-StB 2012, S. 240; *Schwetlik*, GmbH-StB 2012, S. 276

6.5 Anwendungsfragen zur gewerbesteuerlichen Hinzurechnung von Finanzierungsanteilen

> **Oberste Finanzbehörden der Länder, gleichlautender Erlass v. 2.7.2012, DStR 2012, S. 1448**
>
> Die Finanzverwaltung nimmt in einem länderübergreifend abgestimmten Erlass Stellung zu Anwendungsfragen bei der gewerbesteuerlichen Hinzurechnung von Finanzierungsanteilen nach § 8 Nr. 1 GewStG i. d. F. des UntStRefG 2008.
>
> **Norm:** § 8 Nr. 1 GewStG

Inhaltlich geht es um die gewerbesteuerliche Hinzurechnung von Entgelten durch die Nutzung von Betriebskapital. Dies wurde in § 8 Nr. 1 GewStG ab dem Erhebungszeitraum 2008 neu geregelt. Bei der Anwendung der Norm sind folgende Grundsätze zu beachten:

- Die Gewerbesteuer-Richtlinien und die einschlägige Rechtsprechung sind auch für die neue Gesetzeslage und seine Auslegung sinngemäß weiter anwendbar.
- Hinzugerechnet werden nur tatsächlich gewinnmindernd gebuchte Aufwendungen, d. h. solche, die bei der Ermittlung des Gewinns tatsächlich abgesetzt worden sind, nicht jedoch sofern diese aktiviert worden sind. Dies gilt auch für die Bildung von Rückstellungen. Sondervergütungen eines Mitunternehmers unterliegen nicht der Hinzurechnung.
- Der Gewerbeertrag für die Unternehmen in einem Organkreis wird weiterhin gesondert ermittelt.

- Die Hinzurechnung ist unabhängig von der gewerbesteuerlichen Behandlung beim Überlasser des Betriebskapitals. Dies ist insb. bei einer Betriebsaufspaltung und der hier gezahlten Nutzungsentgelte relevant.

- Sofern die Komponenten eines gemischten Vertrages voneinander abgegrenzt werden können, so ist jeder Vertragsbestandteil gesondert zu würdigen. Dies gilt insb. bei Franchise-Verträgen. Anders verhält es sich lediglich dann, wenn der gemischte Vertrag ein einheitliches und unteilbares Ganzes darstellt. Entscheidend ist dann, welche Leistung dem Vertrag ihr Gepräge gibt. Gibt also eine Leistung, die einen Tatbestand des § 8 Nr. 1 GewStG erfüllt, dem Gesamtvertrag das Gepräge, unterfällt der Gesamtvertrag der Hinzurechnung.

- Die Hinzurechnung von Mieten, Pachten und Aufwendungen für die Überlassung von Rechten setzt deren tatsächliche Überlassung voraus.

Weiterhin gibt die Verwaltung Erläuterungen zu den Einzeltatbeständen des § 8 Nr. 1 GewStG. So kommt es nunmehr auf die Dauerhaftigkeit der Schulden im Rahmen von § 8 Nr. 1a GewStG nach der Neuregelung nicht mehr an. Ausführlich wird auf die Forfaitierung von Ansprüchen aus schwebenden Verträgen eingegangen und diese anhand eines Beispiels erläutert. Im Falle der Hinzurechnung von Renten und dauernden Lasten kommt es nunmehr auf den Zusammenhang mit der Gründung und dem Erwerb des Betriebes nicht mehr an. Auch die Behandlung der Beträge beim Erwerber ist nicht mehr von Bedeutung. Ausführlich behandelt wird auch die Hinzurechnung von Aufwendungen für die zeitlich befristete Überlassung von Rechten; hierzu gehören explizit nicht die Nutzung des sog. Grünen Punktes im Rahmen des Dualen Systems Deutschland GmbH, die nach dem Bundesfernstraßengesetz zu entrichtende Maut oder die Rundfunkgebühr. Auch ein Verlagsvertrag mit einem Autor als zeitlich befristete Überlassung des Werkes gehört nicht hierher. Eingegangen wird auch auf die Voraussetzungen für das Vorliegen von „Durchleitungsrechten". Abschließend werden noch Einzelfragen zum Freibetrag besprochen.

7 Abgabenordnung

7.1 Vorläufigkeitsvermerk

7.1.1 Vorläufige Steuerfestsetzung nach § 165 AO im Hinblick auf anhängige Musterverfahren

> **BMF, Schreiben v. 10.12.2012, IV A 3 – S 0338/07/10010, BStBl I 2012, S. 1174**
>
> **Nach dem vorgenannten BMF-Schreiben vom 10.12.2012 sind Einkommensteuerbescheide in folgenden Punkten für vorläufig zu erklären:**
>
> **Norm:** § 165 Abs. 1 AO

- Nichtabziehbarkeit der Gewerbesteuer und der darauf entfallenden Nebenleistungen als Betriebsausgaben (§ 4 Abs. 5b EStG)

- Beschränkte Abziehbarkeit von Kinderbetreuungskosten (§ 4f, § 9 Abs. 5 S. 1, § 10 Abs. 1 Nrn. 5 und 8 EStG) für die Veranlagungszeiträume 2006 bis 2008

- Beschränkte Abziehbarkeit von Kinderbetreuungskosten (§ 9c, § 9 Abs. 5 S. 1 EStG) für Veranlagungszeiträume 2009 bis 2011

- Nichtabziehbarkeit von Steuerberatungskosten als Sonderausgaben (Aufhebung des § 10 Abs. 1 Nr. 6 EStG durch das Gesetz zum Einstieg in ein steuerliches Sofortprogramm vom 22.12.2005, BGBl I 2005, S. 3682)

- Beschränkte Abziehbarkeit von Vorsorgeaufwendungen (§ 10 Abs. 3, 4, 4a EStG) für Veranlagungszeiträume von 2005 bis 2009

- Nichtabziehbarkeit von Beiträgen zur Rentenversicherung als vorweggenommene Werbungskosten bei den Einkünften im Sinne des § 22 Nr. 1 S. 3 Buchst. a EStG für Veranlagungszeiträume ab 2005

- Besteuerung der Einkünfte aus Leibrenten i. S. d. § 22 Nr. 1 S. 3 Buchst. a Doppelbuchst. aa EStG für Veranlagungszeiträume ab 2005

- Höhe der kindbezogenen Freibeträge nach § 32 Abs. 6 S. 1 und 2 EStG

- Höhe des Grundfreibetrags (§ 32a Abs. 1 S. 2 Nr. 1 EStG)

- Höhe des Freibetrags zur Abgeltung des Sonderbedarfs eines sich in Berufsausbildung befindenden, auswärtig untergebrachten, volljährigen Kindes (§ 33a Abs. 2 EStG) für Veranlagungszeiträume ab 2002

Nichtabziehbarkeit der Gewerbesteuer als Betriebsausgabe

Seit 2008 ist die Gewerbesteuer nicht mehr bei der Gewinnermittlung als Betriebsausgabe abziehbar (§ 4 Abs. 5b EStG). Hierdurch wird das objektive Nettoprinzip durchbrochen. Nach Ansicht des FG Hamburg führt dies zwar zu Zweifeln an der Verfassungsmäßigkeit der Regelung, nicht jedoch zu deren Verfassungswidrigkeit.[71] Nach Ansicht des BMF sind daher Festsetzungen der Einkommensteuer hinsichtlich der Nichtabziehbarkeit der Gewerbesteuer und der darauf entfallenden Nebenleistungen als Betriebsausgaben im Hinblick auf die Verfassungsmäßigkeit und verfassungskonforme Auslegung der Norm vorläufig vorzunehmen.

Beschränkte Abziehbarkeit von Kinderbetreuungskosten

Der BFH hat in einem Verfahren aus dem Veranlagungszeitraum 2006 allerdings entschieden, dass die Begrenzung der notwendigen Kinderbetreuungskosten auf 2/3 der Aufwendungen und einen Höchstbetrag von 4.000 € nicht gegen das Grundgesetz verstößt.[72] In einem zweiten Verfahren war ein Elternteil berufstätig, während sich der andere Elternteil um die Kindererziehung kümmerte. Mangels Berufstätigkeit von beiden Ehegatten wurde die Berücksichtigung von Kinderbetreuungskosten versagt. Der BFH stellt auch hier fest, dass die mit dem Gesetz zur Förderung von Wachstum und Beschäftigung vom 26.4.2006[73] und dem Steueränderungsgesetz vom 19.7.2006[74] neugeordnete Berücksichtigung von Kinderbetreuungskosten bei nur einem erwerbstätigen Ehegatten verfassungsgemäß ist.[75]

Der Vorläufigkeitsvermerk ist auch Bescheiden über die gesonderte (und ggf. einheitliche) Feststellung von Einkünften i. S. v. § 2 Abs. 1 S. 1 Nrn. 1 bis 3 EStG beizufügen. Im Vorläufigkeitsvermerk ist nur § 4 f. EStG (Feststellungszeiträume 2006 bis 2008) bzw. § 9c Abs. 1 und 3 S. 1 EStG (Feststellungszeiträume ab 2009) zu zitieren.

---

[71] FG Hamburg, Urteil v. 29.2.2012, 1 K 48/12, EFG 2012, S. 933; Az. des BFH: I R 21/12.
[72] BFH, Urteil v. 9.2.2012, III R 67/09, BStBl II 2012, S. 567; vgl. *Görke*, HI 3062873.
[73] BGBl I 2006, S. 1091.
[74] BGBl I 2006, S. 1652.
[75] BFH, Urteil v. 5.7.2012, III R 80/09, BStBl II 2012, S. 816; vgl. *Görke*, HI 3326216.

Nichtabziehbarkeit von Steuerberatungskosten als Sonderausgaben

Bis zum Veranlagungszeitraum 2005 einschließlich waren nach § 10 Abs. 1 Nr. 6 EStG Steuerberatungskosten unbegrenzt als Sonderausgaben abzugsfähig, sofern sie weder Betriebsausgaben noch Werbungskosten darstellten. Durch das Gesetz zum Einstieg in ein steuerliches Sofortprogramm wurde diese Vorschrift mit Wirkung ab dem 1.1.2006 abgeschafft.

Mit Urteil vom 4.2.2010[76] hat der BFH entschieden, dass der Gesetzgeber nicht aus verfassungsrechtlichen Gründen verpflichtet war, den Abzug von Steuerberatungskosten zuzulassen. Die Neuregelung verletze weder das objektive noch das subjektive Nettoprinzip, auch der Gleichheitssatz werde nicht verletzt. Auch im Hinblick auf die Kompliziertheit des Steuerrechts sei ein Abzug verfassungsrechtlich nicht geboten.

Das BMF-Schreiben vom 10.12.2012 sieht allerdings immer noch vor, dass der Vorläufigkeitsvermerk im Rahmen der verfahrensrechtlichen Möglichkeiten sämtlichen Einkommensteuerfestsetzungen für Veranlagungszeiträume ab 2006 beizufügen ist.

Rentenversicherungsbeiträge als vorweggenommene Werbungskosten

Der Vorläufigkeitsvermerk ist im Rahmen der verfahrensrechtlichen Möglichkeiten sämtlichen Einkommensteuerfestsetzungen für Veranlagungszeiträume ab 2005 beizufügen und es wird im Erläuterungstext klargestellt, dass der Vorläufigkeitsvermerk hinsichtlich der Nichtabziehbarkeit von Beiträgen zu Rentenversicherungen als vorweggenommene Werbungskosten auch die Frage einer eventuellen einfachgesetzlich begründeten steuerlichen Berücksichtigung umfasst.

Höhe des Grundfreibetrags und der kindbezogenen Freibeträge

Unter dem Az. III R 1/09 ist beim BFH ein Verfahren anhängig, in dem es um die Frage geht, ob verfassungsrechtliche Bedenken gegen die steuerliche Freistellung des Existenzminimums eines Ehepaars mit drei Kindern in Ausbildung u. a. durch den Grundfreibetrag und die Kinderfreibeträge bestehen.

Die Vorläufigkeitsvermerke hinsichtlich der Höhe des Grundfreibetrags und der kindbezogenen Freibeträge sind im Rahmen der verfahrensrechtlichen Möglichkeiten sämtlichen Einkommensteuerfestsetzungen für Veranlagungszeiträume ab 2001 (im Fall der kindbezogenen Freibeträge mit einer Prüfung der Steuerfreistellung nach § 31 EStG) beizufügen.

Verfassungsmäßigkeit des Solidaritätszuschlages

Ebenfalls sieht das BMF-Schreiben vom 10.12.2012 vor, dass im Rahmen der verfahrensrechtlichen Möglichkeiten sämtliche Festsetzungen des Solidaritätszuschlags für die Veranlagungszeiträume ab 2005 hinsichtlich der Verfassungsmäßigkeit des Solidaritätszuschlaggesetzes 1995 vorläufig gemäß § 165 Abs. 1 S. 2 Nr. 3 AO vorzunehmen sind.

---

[76] X R 10/08, BStBl II 2010, S. 617.

7.1.2 Vorläufige Festsetzung der Erbschaftsteuer/Schenkungsteuer

> **Gleich lautende Erlasse der Obersten Finanzbehörden der Länder v. 14.11.2012, BStBl I 2012, S. 1082**
>
> Die Erlasse vom 14.11.2012 weisen die Finanzämter an, sämtliche Festsetzungen nach dem 31.12.2008 entstandener Erbschaftsteuer im Rahmen der verfahrensrechtlichen Möglichkeiten hinsichtlich der Frage der Verfassungsmäßigkeit des ErbStG vorläufig vorzunehmen.
>
> **Norm:** § 165 Abs. 1 AO

Durch die gleich lautenden Erlasse vom 14.11.2012 wurde die vorläufige Festsetzung der Erbschaft- bzw. Schenkungsteuer für Erwerbe nach dem 31.12.2008 vor dem Hintergrund der entsprechenden Vorlage des BFH an das BVerfG angeordnet.[77]

7.1.3 Vorläufige Einheitswertfeststellungen und vorläufige Festsetzungen des Grundsteuermessbetrags

> **Gleich lautende Erlasse der obersten Finanzbehörden der Länder v. 19.4.2012, BStBl I 2012, S. 490**
>
> Feststellungen der Einheitswerte für Grundstücke sowie Festsetzungen des Grundsteuermessbetrags sind im Rahmen der verfahrensrechtlichen Möglichkeiten hinsichtlich der Frage, ob die Vorschriften über die Einheitsbewertung des Grundvermögens verfassungsgemäß sind, vorläufig nach § 165 Abs. 1 S. 2 Nr. 3 AO durchzuführen.
>
> **Normen:** §§ 19 Abs. 1, 68, 70, 129 Abs. 2 BewG; § 165 Abs. 1 S. 2 Nr. 3 AO

Die gleich lautenden Erlasse vom 19.4.2012 geben an, welcher Erläuterungstext in die Einheitswertfeststellungen und Festsetzungen des Grundsteuermessbetrags aufzunehmen ist.

7.1.4 Vorläufige Festsetzung gewerbesteuerlicher Hinzurechnungen

> **Gleich lautende Erlasse der Obersten Finanzbehörden der Länder v. 30.11.2012, BStBl I 2012, S. 1098**
>
> Die Erlasse vom 30.11.2012 weisen die Finanzämter an, Festsetzungen des Gewerbesteuermessbetrages insoweit vorläufig vorzunehmen, als beim BVerfG und beim BFH derzeit mehrere Verfahren anhängig sind, in denen die Verfassungsmäßigkeit gewerbesteuerlicher Hinzurechnungsvorschriften strittig ist.
>
> **Norm:** § 165 Abs. 1 AO

Durch die gleich lautenden Erlasse vom 22.6.2009 wurde die vorläufige Festsetzung des Gewerbesteuermessbetrages angeordnet vor dem Hintergrund der Frage, ob das Haushaltbegleitgesetz 2004 in verfassungsmäßiger Weise zustande gekommen ist. Diese Zweifel wurden durch das Gesetz zur

---

[77] BFH, Beschl. v. 27.9.2012, II R 9/12, BStBl II 2012, S. 899; siehe dazu unter C.8.1.

bestätigenden Regelung verschiedener steuerlicher und verkehrsrechtlicher Vorschriften des Haushaltbegleitgesetzes 2004 vom 5.4.2011[78] beseitigt. Durch die gleich lautenden Erlasse vom 17.6.2011[79] wurde die seinerzeit angeordnete Vorläufigkeit der Festsetzung des Gewerbesteuermessbetrages wieder aufgehoben.

Das FG Hamburg hält die ab dem EZ 2008 geltenden gewerbesteuerlichen Hinzurechnungsvorschriften für Zinsen, Mieten und Pachten (§ 8 Nr. 1 lit. a, d und e GewStG) wegen Verstoßes gegen den allgemeinen Gleichheitssatz für verfassungswidrig und hat diese Frage dem BVerfG vorgelegt.[80] Die gleich lautenden Erlasse ordnen an, dass Festsetzungen des Gewerbesteuermessbetrages für die vorgenannten EZ mit den entsprechenden Hinzurechnungen im Rahmen der verfahrensrechtlichen Möglichkeiten vorläufig nach § 165 Abs. 1 S. 2 Nr. 3 AO durchzuführen sind.

Hinweis:

Der BFH hatte kürzlich in einem Verfahren des vorläufigen Rechtsschutzes Gelegenheit festzustellen, dass er keine ernstlichen Zweifel habe, dass die gewerbesteuerlichen Hinzurechnungsvorschriften verfassungsgemäß sind.[81]

7.2 Änderungen des Anwendungserlasses zur AO

7.2.1 Änderung durch das BMF-Schreiben vom 17.1.2012

> **BMF, Schreiben v. 17.1.2012, IV A 3 – S 0062/08/10007-12, BStBl I 2012, S. 83**
>
> Mit Schreiben vom 17.1.2012 wurden im AO-Anwendungserlass insbesondere die Regelungen zum Gemeinnützigkeitsrecht geändert.
>
> **Normen:** §§ 31a, 46, 51, 52, 53, 55, 56, 57, 58, 60, 61, 62, 63, 64, 65, 66, 67a, 68, 89, 150, 163, 191, 233a AO

Zulässige Offenbarung – Rückgewähr einer Leistung aus öffentlichen Mitteln (§ 31a AO)

§ 31a AO bestimmt, dass zur Bekämpfung der illegalen Beschäftigung und des Leistungsmissbrauchs die Durchbrechung des Steuergeheimnisses zulässig ist. Nr. 5 AEAO zu § 31a AO stellt klar, dass unter „Geltendmachung eines Anspruchs auf Rückgewähr einer Forderung aus öffentlichen Mitteln" nicht nur die Festsetzung eines Anspruchs zu verstehen ist, sondern auch die Geltendmachung von bereits per Verwaltungsakt festgesetzter Rückforderungen von öffentlichen Leistungen im Wege der Vollstreckung durch die zuständigen Hauptzollämter.

Abtretung, Verpfändung, Pfändung (§ 46 AO)

Der BFH hat mit Urteil vom 28.9.2011[82] entschieden, dass in einer Abtretungsanzeige die notwendigen Angaben zum Abtretungsgrund auch eine kurze stichwortartige Kennzeichnung des zugrunde liegenden schuldrechtlichen Lebenssachverhalts erfordern. Wenn diese Angaben fehlen, leide die

---

[78] BGBl I 2011, S. 554.
[79] BStBl I 2011, S. 468.
[80] FG Hamburg, Beschl. v. 29.2.2012, 1 K 138/10, DStRE 2012, S. 478; Az. des BVerfG 1 BvL 8/12.
[81] BFH, Beschl. v. 16.10.2012, I B 128/12, DStR 2012, S. 2377 m. Anm. *Karrenbrock/Petrak*; vgl. a. *Gosch*, HI 3498617.
[82] VII R 52/10, BStBl II 2012, S. 92.

Abtretungsanzeige an einem Formmangel, der zur Unwirksamkeit der Abtretung führe. Das BMF hat aufgrund dieses Urteils, das den bisherigen amtlichen Vordruck als unzureichend angesehen hat, den Vordruck überarbeitet und der Weisung zu § 46 AO beigefügt.

Steuerbegünstigte Zwecke – Allgemeines (§ 51 AO)

Durch das JStG 2009[83] wurde eingeführt, dass bei Verwirklichung der steuerbegünstigten Zwecke im Ausland die Körperschaft nicht nur die allgemeinen Voraussetzungen der §§ 51 ff. AO erfüllen muss, sondern dass außerdem der sog. strukturelle Inlandsbezug nach § 51 Abs. 2 AO (Förderung inländischer Steuerzahler oder Beitrag zum Ansehen Deutschlands im Ausland) erfüllt sein muss. Nr. 7 AEAO zu § 51 Abs. 2 AO enthält nun verschiedene Auslegungshinweise zu diesem Inlandsbezug.

Ebenfalls durch das JStG 2009 wurde ein Ausschlusstatbestand für sog. „extremistische Körperschaften" eingeführt. Bei Körperschaften, die im Verfassungsschutzbericht des Bundes oder eines Landes als extremistische Organisationen aufgeführt sind, ist nach § 51 Abs. 3 S. 2 AO widerlegbar davon auszugehen, dass keine Steuerbegünstigung gegeben ist. Nr. 11 AEAO zu § 51 Abs. 3 AO stellt dazu einschränkend klar, dass die bloße Erwähnung als „Verdachtsfall" oder eine nur beiläufige Erwähnung im Verfassungsschutzbericht noch nicht die Vermutung des § 51 Abs. 3 AO auslöst, gleichwohl aber im Einzelfall Anlass zu weitergehenden Ermittlungen der Finanzbehörden sein können.

Gemeinnützige Zwecke (§ 52 AO)

Als gemeinnützig wird auch die Förderung der Jugend- und Altenhilfe (§ 52 Abs. 2 Nr. 4 AO) angesehen. Es wurde nun eine neue Nr. 2.1 AEAO zu § 52 AO eingefügt, wonach als Jugendliche alle Personen vor Vollendung des 27. Lebensjahres definiert werden.

Mildtätige Zwecke (§ 53 AO)

Mildtätige Zwecke sind nach § 53 Nr. 2 AO auch bei der Unterstützung von wirtschaftlich hilfsbedürftigen Menschen gegeben. Nr. 9 AEAO zu § 53 AO sieht jetzt vor, dass als Vermögen, das zur nachhaltigen Verbesserung des Unterhalts ausreicht und dessen Verwendung für den Unterhalt zugemutet werden kann, i. d. R. ein Vermögen mit einem Verkehrswert von mehr als 15.500 € anzusehen ist. So verlangt nun auch die neue Nr. 10 S. 3 AEAO zu § 53 AO, dass stets eine Berechnung der maßgeblichen Einkünfte und Bezüge sowie eine Berechnung des Vermögens beizufügen ist.

Selbstlosigkeit (§ 55 AO)

Bislang enthielt der Anwendungserlass zu § 55 AO folgende Nr. 2: „Unterhält eine Körperschaft einen steuerpflichtigen wirtschaftlichen Geschäftsbetrieb, ist zwischen ihrer steuerbegünstigten und dieser wirtschaftlichen Tätigkeit zu gewichten. Die Körperschaft ist nicht steuerbegünstigt, wenn ihr die wirtschaftliche Tätigkeit bei einer Gesamtbetrachtung das Gepräge gibt." Diese Passage zur sog. Geprägetheorie ist nun ersatzlos gestrichen worden.

In die neue Nr. 21 AEAO zu § 55 AO wurde nun inhaltlich die Verfügung des Bayerischen Landesamtes für Steuern[84] übernommen, wonach die gesetzliche Verpflichtung zur Bildung einer Pflichtrücklage nach § 5a Abs. 3 GmbHG für sog. Unternehmergesellschaften der Gemeinnützigkeit nicht

---

[83] v. 18.12.2008, BGBl I 2008, S. 2794.
[84] Verfügung v. 31.3.2009, DB 2009, S. 934.

im Wege steht. Damit würde grundsätzlich nicht gegen das Gebot der zeitnahen Mittelverwendung verstoßen werden.

Außerdem wird in einem neu angefügten Satz in Nr. 22 AEAO zu § 55 AO klargestellt, dass eingezahlte Kapitalanteile i. S. d. § 55 Abs. 1 Nr. 2 und 4 AO nicht vorliegen, soweit für die Kapitalerhöhung Gesellschaftsmittel verwendet werden.

Hinsichtlich Vergütungen an Vereinsorgane ist neu die Nr. 23 AEAO zu § 55 Abs. 1 Nr. 3 AO eingefügt worden, die bestimmt, dass bei Vorstandsmitgliedern von Vereinen und Stiftungen Tätigkeitsvergütungen nur dann gemeinnützigkeitsrechtlich zulässig sind, wenn eine entsprechende Satzungsregelung besteht.

Ausschließlichkeit (§ 56 AO)

Die Überprüfung der Vereinbarkeit einer wirtschaftlichen Tätigkeit mit dem Gemeinnützigkeitsstatus wird nach Aufgabe der Geprägetheorie nur noch anhand des Ausschließlichkeitsgebots erfolgen. In der neuen Nr. 1 AEAO zu § 56 AO wurden dazu die einschlägigen Textpassagen aus der BFH-Entscheidung vom 4.4.2007[85] übernommen. Aus Sicht des Gemeinnützigkeitsrechts sind die Vermögensverwaltung sowie die Unterhaltung eines Nicht-Zweckbetriebs nur dann unschädlich, wenn sie um des steuerbegünstigten Zwecks willen erfolgen, indem sie z. B. der Beschaffung von Mitteln zur Erfüllung der steuerbegünstigten Aufgabe dienen. Hinsichtlich der Mittelbeschaffungskörperschaften wird ausgeführt: Bei steuerbegünstigten Körperschaften, insbesondere Mittelbeschaffungskörperschaften, die sich im Rahmen ihrer tatsächlichen Geschäftsführung an die in ihrer Satzung enthaltene Pflicht zur Verwendung sämtlicher Mittel für die satzungsgemäßen Zwecke halten, ist das Ausschließlichkeitsgebot selbst dann als erfüllt anzusehen, wenn sie sich vollständig aus Mitteln eines steuerpflichtigen wirtschaftlichen Geschäftsbetriebs oder aus der Vermögensverwaltung finanzieren.

Unmittelbarkeit (§ 57 AO)

Bezüglich der Einordnung von jemandem als sog. (gemeinnützige) Hilfsperson i. S. d. § 57 AO verlangt Nr. 2 S. 4 AEAO zu § 57 AO nun, dass die Körperschaft durch Vorlage entsprechender Vereinbarungen nachzuweisen hat, dass sie den Inhalt und den Umfang der Tätigkeit der Hilfsperson im Innenverhältnis bestimmen kann. Außerdem sieht der neue Satz 9 von Nr. 2 AEAO zu § 57 AO vor: Die Steuerbegünstigung einer Hilfsperson ist nicht ausgeschlossen, wenn die Körperschaft mit ihrer Hilfspersonentätigkeit nicht nur die steuerbegünstigte Tätigkeit einer anderen Körperschaft unterstützt, sondern zugleich eigene steuerbegünstigte Satzungszwecke verfolgt.

Steuerlich unschädliche Betätigungen (§ 58 AO)

§ 58 Nr. 6 AO sieht vor, dass eine Steuervergünstigung nicht dadurch ausgeschlossen wird, dass eine Körperschaft ihre Mittel ganz oder teilweise einer Rücklage zuführt, soweit dies erforderlich ist, um ihre steuerbegünstigten satzungsgemäßen Zwecke nachhaltig erfüllen zu können. Aus Vereinfachungsgründen wurde in der Praxis vielfach zur Ansammlung der finanziellen Mittel für eine Ersatzbeschaffung eine Wiederbeschaffungsrücklage in Höhe der steuerlichen AfA gebildet. Die grundsätzliche Zulässigkeit einer solchen Wiederbeschaffungsrücklage wird auch in der neu gefassten Nr. 10 AEAO zu § 58 AO bestätigt, jedoch wie folgt eingeschränkt: Daraus folgt aber nicht, dass Mittel in Höhe der Abschreibungen generell einer Rücklage nach § 58 Nr. 6 zugeführt werden

---

[85] I R 76/05, BStBl II 2007, S. 631.

dürfen. Vielmehr ist es erforderlich, dass tatsächlich eine Neuanschaffung des einzelnen Wirtschaftsguts geplant und in einem angemessenen Zeitraum möglich ist.

Anforderungen an die Satzung (§ 60 AO)

Durch das JStG 2009 wurde unter Beifügung einer Mustersatzung als Anlage 1 in § 60 Abs. 1 S. 2 AO festgelegt, dass die Satzung einer gemeinnützigen Körperschaft die in der Anlage 1 bezeichneten Festlegungen enthalten muss. Bislang war fraglich, ob diese Mustersatzung wortgetreu übernommen werden muss oder ob eine nur inhaltliche Übernahme sämtlicher Festlegungen ausreichend ist. Nr. 2 AEAO zu § 60 AO sieht vor, dass die Satzung die in der Mustersatzung bezeichneten Festlegungen enthalten muss, soweit sie für die jeweilige Körperschaft im Einzelfall einschlägig sind. Derselbe Aufbau und dieselbe Reihenfolge der Bestimmungen wie in der Mustersatzung werden nicht verlangt. Außerdem enthält Nr. 3 AEAO zu § 60 AO die deutlich Aussage, dass die Satzung einer Körperschaft, die bereits vor dem 1.1.2009 bestanden hat, nicht allein zur Anpassung an die Festlegungen in der Mustersatzung geändert werden muss.

Zweckbetriebe (§§ 65-68 AO)

In dem Bereich der Regelungen zu steuerbegünstigten Zweckbetrieben hat es zahlreiche kleinere Änderungen gegeben. Hervorzuheben ist hier die Nr. 6 AEAO zu § 66 AO, die bestimmt, dass – entgegen der BFH-Rechtsprechung – steuerbegünstigte Körperschaften ihren Rettungsdienst und Krankentransport regelmäßig nicht des Erwerbs wegen und zur Beschaffung zusätzlicher Mittel ausüben, sondern damit ihren satzungsmäßigen steuerbegünstigten Zweck der Sorge für Not leidende oder gefährdete Menschen verfolgen.

Abweichende Festsetzung von Steuern aus Billigkeitsgründen (§ 163 AO)

Nr. 1 AEAO zu § 163 AO stellt klar, was immer schon unstreitig war, dass sich eine Unbilligkeit sowohl aus sachlichen oder persönlichen Gründen ergeben kann. Die neu eingefügte Nr. 2 AEAO zu § 163 AO sieht vor, dass ein Antrag auf eine Billigkeitsmaßnahme auch nach Eintritt der Unanfechtbarkeit der Steuerfestsetzung oder der entsprechenden gesonderten Feststellung gestellt werden kann. Zu berücksichtigen bei der Ermessensentscheidung ist der Zeitraum zwischen Entstehung des Steueranspruchs und Antragstellung. Nach Nr. 4 AEAO zu § 163 AO ist es regelmäßig ermessensgerecht, eine Billigkeitsmaßnahme nach § 163 AO abzulehnen, wenn für den Folgebescheid die Festsetzungs- oder Feststellungsfrist abgelaufen ist.

Haftungsbescheide, Duldungsbescheide (§ 191 AO)

Neu aufgenommen worden in die AEAO wurden die Anweisungen zum Erlass eines ergänzenden Haftungsbescheids (Nr. 5) sowie die zu den Folgen der Akzessorietät der Haftungsschuld zur Steuerschuld (Nr. 9).

Literaturhinweise: *Baum*, nwb 2012, S. 985; *Feierabend*, nwb 2012, S. 1062; *Hanke/Tybussek*, nwb 2012, S. 718; *Hüttemann*, DB 2012, S. 250; *Köster*, DStZ 2012, S. 195; *Schauhoff/Kirchhain*, DStR 2012, S. 261; *v. Wedelstädt*, DB 2012, S. 312

7.2.2 Änderung durch das BMF-Schreiben vom 30.1.2012

> **BMF, Schreiben v. 30.1.2012, IV A 3 – S 0062/08/10007-13, BStBl I 2012, S. 147**
>
> Mit der Änderung des AO-Anwendungserlasses durch das BMF-Schreiben vom 30.1.2012 wird ausschließlich § 37 AO geändert.
>
> **Norm:** § 37 AO

Die geänderte Nr. 1 AEAO zu § 37 AO stellt klar, dass § 37 Abs. 1 AO eine abschließende Aufzählung der Ansprüche aus dem Steuerschuldverhältnis enthält und dass Ansprüche aus Strafen und Geldbußen nicht dazu gehören.

In Nr. 2.1 AEAO zu § 37 AO befasst sich der Erlass mit dem Rückforderungsanspruch des Finanzamtes, in Nr. 2.2 AEAO zu § 37 AO mit dem Erstattungsanspruch des Steuerpflichtigen.

Erstattungsverpflichtet ist derjenige, zu dessen Gunsten erkennbar die Zahlung geleistet wurde. War nicht der Steuerpflichtige selbst, sondern ein Dritter Empfänger der Leistung, muss danach differenziert werden, ob er auch tatsächlich Leistungsempfänger oder lediglich Zahlungsempfänger war. Die neue Nr. 2.1 AEAO zu § 37 AO enthält hierzu entsprechende Praxisbeispiele.

Spiegelbildlich zu dem Erstattungsverpflichteten ist daher auch Erstattungsberechtigter, auf dessen Rechnung die Zahlung geleistet worden ist – auch wenn tatsächlich ein Dritter die Zahlung geleistet hat. Die Finanzbehörden müssen also nicht die zivilrechtlichen Beziehungen zwischen dem Steuerschuldner und einem zahlenden Dritten daraufhin überprüfen, wer von ihnen materiellrechtlich im Innenverhältnis einen Anspruch auf die zu erstattenden Beträge hat.

Gesamtschuldner sind nach Nr. 2.2.2 AEAO zu § 37 AO nicht Gesamtgläubiger eines Erstattungsanspruchs, sondern Erstattungsberechtigter ist der Gesamtschuldner, auf dessen Rechnung die Zahlung erfolgt ist. Kann dies nicht ermittelt werden, ist davon auszugehen, dass jeder nur seine eigene Steuerschuld tilgen wollte. Eine Erstattungsberechtigung nach Köpfen besteht, wenn die Zahlung erkennbar für gemeinsame Rechnung der Gesamtschuldner geleistet wurde.

Hinsichtlich der Besonderheiten bei der Bestimmung des Einkommensteuer-Erstattungsanspruchs insbesondere bei Ehegatten wird auf ein weiteres BMF-Schreiben vom 30.1.2012[86] verwiesen.

> **Literaturhinweis:** *Baum,* nwb 2012, S. 985

7.2.3 Änderung durch das BMF-Schreiben vom 15.8.2012

> **BMF, Schreiben v. 15.8.2012[87], IV A 3 – S 0062/08/10007-14, BStBl I 2012, S. 850**
>
> Mit Schreiben vom 15.8.2012 wurde der AO-Anwendungserlass im Wesentlichen bezüglich der Regelungen des § 30 AO zum Steuergeheimnis geändert.
>
> **Normen:** §§ 30, 31, 31b, 37, 46, 68, 74, 93, 197, 237 AO

---

[86] Siehe unter 7.3.2.
[87] Erst in 2011 veröffentlicht.

Gegenstand des Steuergeheimnisses (§ 30 AO)

Nr. 1 AEAO zu § 30 AO erläutert nunmehr deutlicher, welche Information und welcher Personenkreis vom Steuergeheimnis geschützt sind. Das Steuergeheimnis schützt alles, was dem Amtsträger bzw. einer ihm gleichgestellten Person über den Steuerpflichtigen oder andere Personen bekannt geworden ist, ohne Rücksicht darauf, ob diese Informationen für die Besteuerung relevant sind oder nicht. Das Steuergeheimnis erstreckt sich auf die gesamten persönlichen, wirtschaftlichen, rechtlichen, öffentlichen und privaten Verhältnisse einer natürlichen oder juristischen Person. Dem Steuergeheimnis unterliegt beispielsweise auch, ob ein Steuerfahndungsverfahren oder eine Außenprüfung stattgefunden hat. Zum geschützten Personenkreis gehören nicht nur der Steuerpflichtige selbst, sondern auch andere Personen, deren Verhältnisse einem Amtsträger in einem der relevanten Verwaltungs- oder Gerichtsverfahren bekannt geworden sind. Dem Steuergeheimnis unterliegt grundsätzlich auch die Identität des Anzeigeerstatters.

Nr. 9 AEAO zu § 30 AO regelt die Unterrichtung der Strafverfolgungsbehörden über vorsätzlich falsche Angaben des Betroffenen, die nur erfolgen darf, wenn nach Auffassung der Finanzbehörde durch die falschen Angaben ein Straftatbestand verwirklicht worden ist. Die Finanzbehörde hat zu beurteilen, ob in objektiver als auch in subjektiver Hinsicht ein Straftatbestand verwirklicht worden ist.

Nr. 10 AEAO zu § 30 AO beschäftigt sich mit der Frage der Erteilung von Auskünften über die Person des Anzeigeerstatters. Dessen Name ist geschützt, wenn seine Anzeige eines der in § 30 Abs. 2 Nr. 1 lit. a) und b) AO genannten Verfahren gegen den Steuerpflichtigen auslöst oder innerhalb eines solchen Verfahrens erstattet oder ausgewertet wird. Der Schutz des Steuergeheimnisses umfasst dabei auch den konkreten (wortgetreuen) Inhalt und die Gestaltung der Anzeige. Hat der Anzeigeerstatter allerdings vorsätzlich falsche Angaben über die von ihm angezeigte Person gemacht, kann die Finanzbehörde dies nach § 30 Abs. 5 AO den Strafverfolgungsbehörden mitteilen. Diese Offenbarungsbefugnis kann sich allerdings auch zu einer Verpflichtung zur Unterrichtung der Strafverfolgungsbehörden verdichten, wenn der Anzeigeerstatter nach Auffassung der Finanzbehörde durch die Anzeige Straftatbestände wie z. B. § 164 StGB (falsche Verdächtigung) verwirklicht hat. Beantragt der Steuerpflichtige selbst bei der Finanzbehörde Auskunft über die Identität des Anzeigeerstatters und wurden diese Kenntnisse ohne steuerliche Verpflichtung oder Verzicht auf ein Auskunftsverweigerungsrecht erlangt, hat die Finanzbehörde über den Auskunftsantrag nach pflichtgemäßem Ermessen zu entscheiden. Bei dieser Entscheidung kommt dem Informationsschutz und dem Zweck des Steuergeheimnisses dabei dann ein höheres Gewicht als dem Persönlichkeitsrecht des Steuerpflichtigen zu, wenn sich die vertraulich mitgeteilten Informationen im Wesentlichen als zutreffend erweisen und zu Steuernachforderungen führen.

Auskünfte an Sozialleistungsträger (§ 31 AO)

In Nr. 2 AEAO zu § 31 AO werden Ausführungen zu den auskunftsberechtigten Sozialleistungsträgern präzisiert. Klargestellt wird, dass sowohl private Krankenversicherungen als auch die Träger der berufsständischen Versorgungswerke keinen Anspruch auf Auskünfte nach § 31 Abs. 2 AO haben. Nr. 3 AEAO zu § 31 AO regelt die Auskunftspflicht gegenüber gesetzlichen Krankenkassen, die aber in der Regel bei Pflichtversicherten alle erforderlichen Informationen vom jeweiligen Arbeitgeber erhalten dürften. Im Übrigen werden die Fälle geregelt, in denen auch bei freiwillig Versicherten ein Auskunftsanspruch gegenüber der Krankenkasse besteht. Nach Nr. 4 AEAO zu § 31 AO ist bei Anfragen der Rentenversicherungsträger von der Erforderlichkeit der Auskunft auszugehen, wenn der Rentenversicherungsträger auf amtlichem Vordruck versichert, dass eigene Ermittlungsversuche erfolglos geblieben sind.

Geldwäscheverdachtsmeldungen (§ 31b AO)

Der AEAO wurde umfassend an das Gesetz zur Optimierung der Geldwäscheprävention vom 22.12.2011[88] angepasst. Werden der Finanzbehörde Tatsachen bekannt, die auf Geldwäsche hindeuten, hat sie gleichzeitig Meldung an die Strafverfolgungsbehörde sowie an die Zentralstelle beim BKA für Verdachtsmeldungen (FIU) zu erstatten. Dabei hat die Finanzbehörde zu prüfen, ob im Einzelfall ein meldepflichtiger Verdachtsfall nach § 31b AO vorliegt. Bereits bei Vorermittlungen der Staatsanwaltschaft bzw. der Zollfahndung wegen Geldwäscheverdachts haben die Finanzbehörden auf deren Anfrage hin nach § 31b AO die erforderlichen Auskünfte zu erteilen.

Rückforderung von Steuererstattungen (§ 37 AO)

Der Empfänger einer rechtsgrundlos erhaltenen Steuer, einer Steuervergütung, eines Haftungsbetrages oder einer steuerlichen Nebenleistung ist zur Erstattung verpflichtet (§ 37 Abs. 2 AO). Nr. 2.1. AEAO zu § 37 AO bestimmt dabei in den Fällen, in denen das Finanzamt auf ein bereits gekündigtes Konto überwiesen hat, dass das Kreditinstitut nicht zur Rückzahlung des vom Finanzamt überwiesenen Betrages verpflichtet ist. Gleiches gilt für die Überweisung auf ein anderes als das vom Steuerpflichtigen benannte Konto. Das Finanzamt kann aber mit seinem Rückforderungsanspruch nach § 37 Abs. 2 AO gegen den Anspruch des Steuerpflichtigen auf erneute Zahlung aufrechnen und letzteren somit zum Erlöschen bringen. Eine doppelte Steuererstattung ist daher ausgeschlossen.[89]

Geschäftsmäßiger Erwerb von Steuererstattungsansprüchen (§ 46 AO)

Der geschäftsmäßige Erwerb und die geschäftsmäßige Einziehung von Erstattungs- und Vergütungsansprüchen sind nach § 46 Abs. 4 AO nur bei Sicherungsabtretungen und dabei auch nur Bankunternehmen gestattet. Nr. 2.1. AEAO zu § 46 AO definiert dabei, wer geschäftsmäßig in diesem Sinne handelt, während Nr. 2.2 und Nr. 2.3 AEAO zu § 46 AO darstellen, wann eine Abtretung nach Ansicht der Finanzverwaltung nur zur Sicherung erfolgt.

Nachweis der Hilfsbedürftigkeit der unterstützten Person (§ 53 AO)

Steuerbegünstigte Körperschaften, die mildtätige Zwecke im Sinne des § 53 Nr. 2 AO verfolgen, müssen auf Verlangen der Finanzbehörde nachweisen, dass ihre Leistungen tatsächlich an wirtschaftlich hilfsbedürftige Personen i. S. d § 53 Nr. 2 AO erbracht werden. Nach der neuen Nr. 11 AEAO zu § 53 AO kann dieser Nachweis aus Vereinfachungsgründen entfallen, wenn die Leistungsempfänger Leistungen nach dem SGB II oder SGB XII beziehen, da hier bereits die Sozialbehörde die Vermögens- und Einkommensverhältnisse des Antragstellers geprüft hat.

Integrationsprojekte als Zweckbetriebe (§ 68 AO)

In Nr. 6 AEAO zu § 68 AO wird bestimmt, wie der Nachweis der Eigenschaft als Integrationsprojekt zu führen ist und wie sich die steuerlich relevante Beschäftigungsquote berechnet.

Haftung des Eigentümers von Gegenständen (§ 74 AO)

Nr. 1 AEAO zu § 74 AO regelt, dass sich die Haftung nach § 74 AO nicht nur auf Gegenstände beschränkt, die im Zeitpunkt der Haftungsinanspruchnahme (noch) im Eigentum des Beteiligten

---

[88] BGBl I 2011, S. 2959.
[89] *Baum*, nwb 2012, S. 3167 (3172).

stehen, sondern dass vielmehr auch für den Gegenstand erhaltene Surrogate (z. B. Veräußerungserlös, Schadensersatz) davon umfasst sind.

Steuerliche Auskunftsersuchen (§ 93 AO)

Geregelt werden hier die Voraussetzungen für die Auskunftsersuchen an Dritte sowie Einzelfälle der Heranziehung Dritter als Auskunftspflichtige. Auch das Fernmeldegeheimnis steht einer Auskunftserteilung nicht entgegen. Ferner soll im Zweifel der Kontenabruf beim Kreditinstitut das mildere und damit vorzugswürdige Ermittlungsinstrument gegenüber einem Auskunftsersuchen an Dritte sein, da in ersterem Fall kein Dritter von den steuerlichen Verhältnissen des Betroffenen erfährt.

Bekanntgabe von Prüfungsanordnungen (§ 197 AO)

Die Neuregelung im AEAO zu § 197 regelt unter Bezugnahme auf die Anweisungen im AEAO zu § 122 die Grundsätze für die Bekanntgabe von Prüfungsanordnungen.

Aussetzungszinsen (§ 239 AO)

Nach Nr. 4 AEAO zu § 239 AO beginnt die (einjährige!) Festsetzungsfrist nach § 239 Abs. 1 S. 2 Nr. 5 AO mit Ablauf des Kalenderjahres, in dem ein Einspruch oder eine Anfechtungsklage endgültig erfolglos geblieben sind. Dabei ist ausschließlich auf den Zeitpunkt des Einspruchsverfahrens oder des Verfahrens vor dem Finanzgericht oder dem BFH abzustellen. Dies gilt auch für den Fall, dass sich an das finanzgerichtliche Verfahren noch eine Verfassungsbeschwerde anschließt.

7.3 Sonstige BMF-Schreiben bzw. OFD-Verfügungen

7.3.1 Allgemeinverfügung hinsichtlich §§ 233a, 238 AO

> **Oberste Finanzbehörden der Länder, Allgemeinverfügung v. 9.1.2012, BStBl I 2012, S. 12**
>
> Die Allgemeinverfügung der obersten Finanzbehörden der Länder vom 9.1.2012 sieht eine Zurückweisung der wegen Zweifel an der Verfassungsmäßigkeit der Verzinsung nach §§ 233a, 238 AO eingelegten Einsprüche und gestellten Änderungsanträge vor.
>
> **Normen:** §§ 233a, 238 AO

Mit Urteil vom 20.4.2011[90] hat der BFH entschieden, dass die gesetzlichen Vorgaben der sogenannten Vollverzinsung mit dem Grundgesetz vereinbar seien; dies entspräche auch der Rechtsprechung des Bundesverfassungsgerichts.

Vor diesem Hintergrund sieht die Allgemeinverfügung der obersten Finanzbehörden der Länder vor, dass am 9.1.2012 anhängige und zulässige Einsprüche gegen Festsetzungen von Zinsen nach § 233a AO dadurch zurückgewiesen werden, soweit mit den Einsprüchen geltend gemacht wird, der Zinssatz nach § 238 Abs. 1 S. 1 AO verstoße gegen das Grundgesetz. Gleiches gelte für am 9.1.2012 anhängige, außerhalb eines Einspruchs- oder Klageverfahrens gestellte und zulässige Anträge auf Aufhebung oder Änderung einer Zinsfestsetzung.

---

[90] I R 80/10, BFH/NV 2011, S. 1654.

7.3.2 Erstattungsanspruch nach § 37 Abs. 2 AO bei der Einkommensteuer

> **BMF, Schreiben v. 30.1.2012, IV A 3 – S 0160/11/10001, BStBl I 2012, S. 149**
>
> Das BMF-Schreiben vom 30.1.2012 stellt die Grundsätze dar, nach denen sich die Ermittlung von Einkommensteuer-Erstattungsansprüchen nach § 37 Abs. 2 AO bzw. die Erstattungsberechtigung einschließlich der Reihenfolge der Anrechnung richtet.
>
> **Norm:** § 37 Abs. 2 AO

§ 36 Abs. 4 S. 3 EStG bestimmt, dass bei Ehegatten, die nach den §§ 26, 26b EStG zusammen zur Einkommensteuer veranlagt worden sind, die Auszahlung an einen Ehegatten auch für und gegen den anderen Ehegatten wirkt. Die Vorschrift enthält demnach eine widerlegbare gesetzliche Vermutung hinsichtlich einer Einziehungsvollmacht.

Wenn jedoch das Finanzamt nach Aktenlage erkennt oder erkennen musste, dass ein Ehegatte aus beachtlichen Gründen nicht mit der Auszahlung des gesamten Erstattungsbetrages an den anderen Ehegatten einverstanden ist, darf es nicht mehr an den anderen Ehegatten auszahlen, z. B. wenn die Ehegatten inzwischen geschieden sind oder getrennt leben.

§ 36 Abs. 4 S. 3 EStG ist auch dann nicht anzuwenden, wenn das Finanzamt mit Abgabenrückständen eines der beiden Ehegatten aufrechnen will oder wenn der Erstattungsanspruch nur eines der beiden Ehegatten abgetreten, gepfändet oder verpfändet worden ist. Selbst wenn die Ehegatten übereinstimmend davon ausgehen, dass der steuerliche Erstattungsanspruch ihnen gemeinsam zusteht, muss in solchen Fällen die materielle Anspruchsberechtigung nach § 37 Abs. 2 AO geprüft werden.

Wenn keine Tilgungsbestimmungen vorliegen, kann das Finanzamt bei bestehender Lebens- und Wirtschaftsgemeinschaft davon ausgehen, dass der auf die gemeinsame Steuerschuld zahlende Ehegatte auch die Steuerschuld des mit ihm zusammen veranlagten Ehegatten begleichen will. Bezüglich geleisteter Einkommensteuervorauszahlungen bedeutet dies, dass daraus der Wille abzuleiten ist, dass diese Vorauszahlungen später dafür verwendet werden sollen, die auf beide Ehegatten später entfallenden Steuerschulden auszugleichen.

Kommt es zu einem Einkommensteuer-Erstattungsanspruch der Ehegatten, ist nach dem BMF-Schreiben wie folgt zu verfahren: Zunächst sind für jeden Ehegatten die bei ihm anzurechnenden Steuerabzugsbeträge sowie seine mit individueller Tilgungsbestimmung geleisteten Vorauszahlungen und sonstige Zahlungen zu ermitteln. Daneben sind alle übrigen Zahlungen zu ermitteln, die beiden Ehegatten gemeinsam zuzurechnen sind. Die Zuordnung der auf diese Weise ermittelten Zahlungen anhand der materiellen Erstattungsberechtigung hängt davon ab, ob es sich um Steuerabzugsbeträge, Vorauszahlungen mit oder ohne Tilgungsbestimmungen gehandelt hat. Das BMF-Schreiben stellt die entsprechenden Grundsätze in den Ziff. 3.1 bis 3.4 dar. Bei der weiteren Bearbeitung müssen die Finanzbehörden bei der Anrechnungsreihenfolge danach differenzieren, ob es sich um einen Fall der Zusammenveranlagung oder der getrennten Veranlagung handelt. Das BMF-Schreiben geht auf diese beiden Fallkonstellationen im Detail unter Verwendung von mehreren Rechenbeispielen ein.

> **Literaturhinweis:** *Baum,* nwb 2012, S. 985

7.3.3 Einordnung der Größenklassen gem. § 3 BpO 2000

> **BMF, Schreiben v. 22.6.2012, IV A 4 – S 1450/09/10001, BStBl I 2012, S. 689**
>
> Das BMF-Schreiben vom 22.6.2012 legt für die Einordnung in Größenklassen gem. § 3 BpO 2000 neue Abgrenzungsmerkmale zum 1.1.2013 fest.
>
> **Norm:** § 3 BpO 2000

Mit BMF-Schreiben vom 24.4.2012[91] wurde außerdem das Verzeichnis der Wirtschaftszweige/Gewerbekennzahlen nach dem Stand vom 1.5.2012 bekannt gegeben.

7.3.4 Anwendung von BMF-Schreiben

> **BMF, Schreiben v. 27.3.2012, IV A 2 – O 2000/11/10006 2012/0060781, BStBl I 2012, S. 370**
>
> Das BMF-Schreiben vom 27.3.2012 setzt das BMF-Schreiben vom 4.4.2011[92] zur Eindämmung der Normenflut fort und enthält die neue Positivliste sowie eine Liste der nicht mehr in der aktuellen Positivliste enthaltenen BMF-Schreiben.

Mit gleich lautenden Erlassen der obersten Finanzbehörden vom 13.6.2012[93] nebst Anlage kündigten die Länder an, dass in Anlehnung an die zur Anwendung von BMF-Schreiben ergangenen Regelungen künftig jährlich eine Positivliste der ab dem aktuellen Besteuerungszeitraum geltenden gleich lautenden Erlasse der obersten Finanzbehörden der Länder veröffentlicht werden soll. Die Erlasse weisen darauf hin, dass die Aufhebung der gleich lautenden Erlasse der obersten Finanzbehörden der Länder keine Aufgabe der bisherigen Rechtsauffassung der Verwaltung bedeute, sondern lediglich der Bereinigung der Weisungslage diene.

7.3.5 Gesonderte Feststellung der Steuerpflicht von Zinsen aus einer Lebensversicherung

> **BMF, Schreiben v. 16.7.2012, IV A 3 – S 0361/12/10001, BStBl I 2012, S. 686**
>
> Das BMF-Schreiben ersetzt das BMF-Schreiben vom 27.7.1995[94] und trifft verfahrensrechtliche Regelungen für die gesonderte Feststellung der Steuerpflicht von Zinsen aus einer Lebensversicherung.
>
> **Norm:** § 9 der VO zu § 180 Abs. 2 AO

Die Zinsen aus den Sparanteilen einer vor dem 1.1.2005 abgeschlossenen Lebensversicherung, über die ein Steuerpflichtiger schädlich verfügt, d. h. zur Tilgung oder Sicherung von Darlehen einsetzt, deren Finanzierungskosten Betriebskosten oder Werbungskosten sind, gehören zu den Ein-

---

[91] IV A 4 – S 1451/07/10011, BStBl I 2012, S. 492.
[92] IV A 2 – O 1000/10/10283, 2011/0281950, BStBl I 2012, S. 356.
[93] BStBl I 2012, S. 645.
[94] BStBl I 1995, S. 371.

künften aus Kapitalvermögen. Bei Fälligkeit der Versicherung muss das Versicherungsunternehmen Kapitalertragsteuer einbehalten. Die Beteiligten haben dem zuständigen Finanzamt unverzüglich anzuzeigen, wenn Ansprüche aus Versicherungen zur Tilgung oder Sicherung von Darlehen eingesetzt werden (vgl. § 29 EStDV).

Die Steuerpflicht der in den Sparanteilen enthaltenen Zinsen ist gesondert festzustellen, und zwar gegenüber dem Versicherungsnehmer als Steuerschuldner. Das Versicherungsunternehmen erhält eine Mitteilung über die Verpflichtung, Kapitalertragsteuer einzubehalten und abzuführen. Die verbindliche Feststellung der Steuerpflicht der Zinsen kann für die gesamte Vertragslaufzeit oder für einzelne Kalenderjahre getroffen werden. Im Falle steuerunschädlicher Verwendung der Lebensversicherung ist auf Antrag ein negativer Feststellungsbescheid zu erteilen. Wird zunächst steuerunschädlich verfügt, später die Lebensversicherung aber steuerschädlich verwendet, kann ein negativer Feststellungsbescheid aufgehoben und ein neuer Bescheid erlassen werden, der die Steuerpflicht feststellt. Überschreitet die schädliche Verwendung den Drei-Jahres-Zeitraum nach § 10 Abs. 2 Satz 2 lit. c) EStG, führt dies zur umfassenden Steuerpflicht aller Zinsen für die gesamte Laufzeit des Versicherungsvertrages. In diesem Falle werden alle bisherigen Feststellungsbescheide aufgehoben und ein Feststellungsbescheid über die umfassende Steuerpflicht erteilt. Im Falle der vorzeitigen Beendigung einer ursprünglich schädlichen Verwendung über mehr als drei Jahre (z. B. durch Kündigung des Darlehensvertrages) wird ein Feststellungsbescheid über die umfassende Steuerpflicht aufgehoben und ein neuer Feststellungsbescheid über die nunmehr partielle Steuerpflicht erteilt. Zuständig für die gesonderte Feststellung ist das Wohnsitz-Finanzamt des Versicherungsnehmers.

7.3.6 Änderung zu den GdPdU

BMF, Schreiben v. 14.9.2012, IV A 4 – S 0361/12/10001, BStBl I 2012, S. 930

Hiermit wird Abschnitt II. Nr. 1 des BMF-Schreibens vom 16.7.2001[95] aufgehoben. Der Rechnungssteller kann nunmehr seine Rechnungen mit qualifizierter elektronischer Signatur erstellen und versenden, und der Rechnungsempfänger kann sie archivieren, ohne die zahlreichen Prüfungsschritte der GdPdU vornehmen zu müssen.

Norm: § 147 AO

Literaturhinweis: *Korf,* Steuerblog in DB 2012 v. 12.11.2012

7.3.7 Mediation im steuerlichen Einspruchsverfahren

FinBeh Hamburg, Verfügung v. 26.9.2012, 51 – S 0600-001/12, DStR 2012, S. 2340

Die Verfügung äußert sich skeptisch zu den Einsatzmöglichkeiten der Mediation im außergerichtlichen Rechtsbehelfsverfahren.

Norm: § 364a AO

---

[95] BStBl I 2001, S. 415.

Das MediationsG[96] soll die Mediation zur außergerichtlichen Streitbeilegung fördern und kann grds. auch im finanzgerichtlichen Verfahren angewendet werden. Bei Anträgen, ein solches Güteverfahren auch im Rahmen eines Einspruchsverfahrens durchzuführen, vertritt die Finanzverwaltung die mit o. g. Verfügung verlautbarte bundeseinheitliche Auffassung. Nach § 364a AO kann der Einspruchsführer beantragen, dass die Finanzbehörde den Sach- und Streitstand vor Erlass einer Einspruchsentscheidung mit ihm (und seinem Bevollmächtigten) erörtert. Dies soll eine einvernehmliche Erledigung des Einspruchsverfahrens fördern und Streitfälle von den Finanzgerichten fernhalten.[97] Führt eine solche Erörterung i. S. d. § 364a AO nicht zum Erfolg, ist nach Ansicht der Finanzverwaltung auch eine Einigung im Rahmen einer Mediation in der Regel nicht zu erwarten. Die Filterwirkung des Einspruchsverfahrens zeige sich daran, dass weniger als 2 % der Einsprüche zu einer Klage führten. Die Finanzverwaltung werde daher nur in besonders gelagerten Ausnahmefällen einer Mediation im Einspruchsverfahren zustimmen. Zudem sei zu beachten, dass der Mediator zur Hilfeleistung in Steuersachen befugt sein müsse.[98]

7.3.8 Auskunftsverweigerungsrecht von Berufsgeheimnisträgern

> **LfSt Bayern, Verfügung v. 28.3.2012, S 0251.1.1-2/1 St 42, DStR 2012, S. 1610**
>
> Die Verfügung umschreibt Reichweite und Grenzen des Auskunftsverweigerungsrechts von Berufsgeheimnisträgern.
>
> **Norm:** §§ 102, 147 AO

Nach dem Grundsatzurteil des BFH v. 28.10.2009[99] können nach § 102 Abs. 1 Nr. 3 AO u. a. Rechtsanwälte, Notare, Steuerberater, Ärzte die Auskunft über das verweigern, was ihnen in dieser Eigenschaft anvertraut oder bekannt geworden ist. Nach § 104 Abs. 1 S. 1 AO können diese Personen auch die Vorlage von einzelnen Urkunden entsprechend verweigern. Geschützt sind insbesondere die Identität des Mandanten und die Tatsache seiner Beratung. Die Auskunftsverweigerung dürfe aber nicht so weit führen, dass die Finanzverwaltung an einer ordnungsgemäßen und einheitlichen Besteuerung im Sinne des Art. 3 in Verbindung mit Art. 85 GG gehindert sei. Die Verfügung zählt sodann eine Reihe von Ausnahmen vom Auskunftsverweigerungsrecht des Berufsgeheimnisträgers auf, wie z. B. Gehaltsabrechnungen und Bewirtungsaufwendungen und erlegt den Berufsträgern auf, alles Zumutbare zur Klärung von Treuhandverhältnissen zu unternehmen, um den Nachweis zu erbringen, dass es sich bei den von ihnen verwahrten Rechten oder Sachen nicht um eigenes, sondern um fremdes Vermögen handelt. Ferner sieht die Finanzverwaltung die Berufsträger verpflichtet, die für den Datenzugriff nach § 147 Abs. 6 AO notwendige Trennung ihrer Daten vorzunehmen. Die Finanzbehörde sei andernfalls nicht gehindert, den Zugriff auf die Daten im vorliegenden Bestand zu verlangen.[100] Schließlich sieht die Finanzverwaltung kein Verwertungsverbot für den Fall, dass ein Berufsträger Auskünfte freiwillig erteilt. Ein Hinweis auf das Auskunftsverweigerungsrecht sei nicht erforderlich.[101]

---

[96] MediationsG v. 21.7.2012, BGBl I 2012, S. 1577.
[97] Vgl. Nr. 1 AEAO zu § 364a.
[98] Vgl. §§ 3 und 4 StBerG.
[99] VIII R 78/05, BStBl II 2010, S. 455.
[100] Unter Hinweis auf FG Baden-Württemberg, rkr. Urteil v. 16.11.2011, 4 K 4819/08, DStRE 2012, S. 956.
[101] Vgl. BFH, Beschl. v. 1.2.2001, XI B 11/00, BFH/NV 2001, S. 811.

7.3.9 Örtliche Zuständigkeit für die Besteuerung verstorbener natürlicher Personen

> **OFD Niedersachsen, Verfügung v. 10.5.2012, 0122 – 41 – St 142, DStR 2012, S. 1561**
>
> Die Verfügung bestimmt, dass das für die Besteuerung des überlebenden Ehegatten örtlich zuständig gewordene Finanzamt die Besteuerung auch für den verstorbenen Ehegatten übernimmt (Hinweis auf den Rechtsgedanken des § 25 S. 1 letzter Halbsatz AO).
>
> **Normen:** §§ 25, 26, 155 AO

8 Erbschaft- und Schenkungsteuer

8.1 Schenkungen unter Beteiligung von Kapitalgesellschaften oder Genossenschaften

> **Oberste Finanzbehörden der Länder, gleich lautende Erlasse v. 14.3.2012, BStBl I 2012, S. 331**
>
> Die Erlasse stellen die Auffassung der Verwaltung zum neu geschaffenen § 7 Abs. 8 ErbStG sowie zur Schenkungsteuerbarkeit von verdeckten Gewinnausschüttungen dar und heben gleichzeitig die Ländererlasse vom 20.10.2010[102] auf.
>
> **Norm:** § 7 ErbStG

Nach ständiger Rechtsprechung des BFH[103] stellen disquotale Einlagen von Gesellschaftern keine Schenkungen an die Mitgesellschafter dar; die Werterhöhung der Geschäftsanteile der Mitgesellschafter sei lediglich ein schenkungsteuerlich unbeachtlicher Reflex. Auch eine Schenkung an die Kapitalgesellschaft selbst liege nicht vor, da der Rechtsgrund der Einlage im Gesellschaftsverhältnis liege. Die Finanzverwaltung vertrat dagegen ursprünglich in R 18 Abs. 2 S. 1 ErbStR 2003 die Auffassung, dass eine Schenkung des leistenden Gesellschafters an seine Mitgesellschafter gegeben ist, soweit die Leistung überproportional erbracht worden ist. Mit gleich lautenden Ländererlassen vom 20.10.2010 hat die Finanzverwaltung diese Auffassung aufgegeben und sich der Rechtsprechung angeschlossen. Nur bei einem zeitlichen Zusammenhang von disquotaler Einlage und Ausschüttung kam danach noch eine Schenkung in Betracht. Zur Schließung dieser „Besteuerungslücke" wurde durch das Beitreibungsrichtlinie-Umsetzungsgesetz[104] ein neuer § 7 Abs. 8 S. 1 ErbStG eingeführt, der die Schenkungsteuerbarkeit disquotaler Einlagen durch Schaffung einer entsprechenden gesetzlichen Fiktion normierte. Die Erlasse vom 14.3.2012 stellen unter Aufhebung der Ländererlasse vom 20.10.2010 die Auffassung der Finanzverwaltung dar.

Die Ländererlasse befassen sich zum einen mit allgemeinen Grundsätzen zu Schenkungen bei Einlagen und Gewinnausschüttungen (§ 7 Abs. 1 Nr. 1 und Abs. 7 ErbStG) und zum anderen mit den neuen Regelungen von § 7 Abs. 8 und § 15 Abs. 4 ErbStG.

---

[102] BStBl I 2010, S. 1207.
[103] Zuletzt Urt. v. 9.12.2009, II R 28/08, DStR 2010, S. 925.
[104] V. 7.12.2011, BGBl I 2011, S. 2592.

§ 7 Abs. 8 S. 1 ErbStG arbeitet mit einer Fiktion einer Schenkung. Tz. 4.2 der Ländererlasse macht deutlich, dass § 7 Abs. 8 S. 1 ErbStG – im Gegensatz zu Satz 2 – nicht auf den Willen zur Unentgeltlichkeit abstellt, sodass es auf die Vorstellung der Beteiligten für eine Besteuerung nach § 7 Abs. 8 S. 1 ErbStG nicht ankommt.

Die Erlasse weisen in Tz. 3.3.2 darauf hin, dass Leistungen von Gesellschaftern oder Dritten an die Kapitalgesellschaft nicht zu einer steuerbaren Werterhöhung führen, soweit dieser Leistung eigene Leistungen der (Mit-)Gesellschafter gegenüberstehen. Erforderlich sei danach eine Gesamtbetrachtung der gegenseitigen Leistungsbeziehungen, wie in Tz. 3.3.3 bis 3.3.5 näher beschrieben wird. Hier gilt es also für die Gesellschafter eine detaillierte Dokumentation über die Leistungsvorgänge anzulegen, um belegen zu können, dass wegen des Gegenseitigkeitsverhältnisses keine Steuerpflicht nach § 7 Abs. 8 S. 1 ErbStG gegeben ist. Hinsichtlich der Frage, was alles eine Leistung i. S. d. § 7 Abs. 8 S. 1 ErbStG darstellt, äußert sich der Erlass nur dahingehend in Tz. 3.3.1, dass derartige Leistungen insbesondere Sacheinlagen und Nutzungseinlagen seien. Hinsichtlich der Frage, wie die Finanzverwaltung Arbeitsleistungen eines Gesellschafters beurteilt, herrscht weiterhin Rechtsunsicherheit.

Hinsichtlich der Leistungsbeziehungen zwischen Kapitalgesellschaften hat die Finanzverwaltung in Tz. 4.2. klargestellt, dass die Vorschrift keine gesonderte, über § 7 Abs. 1 Nr. 1 oder § 7 Abs. 8 S. 1 ErbStG hinausgehende Steuerbarkeit begründe. Sie bringe vielmehr zum Ausdruck, dass § 7 Abs. 8 S. 1 ErbStG bei Leistungen zwischen Kapitalgesellschaften anwendbar sei, wenn dadurch die Anteile von Gesellschaftern im Wert stiegen und die Wertverschiebungen durch den Willen zur Unentgeltlichkeit veranlasst seien.

Bezüglich der Frage nach der Höhe der Bereicherung hat die Finanzverwaltung in Tz. 3.4.1 klargestellt, dass die Bereicherung sich nach der Erhöhung des gemeinen Werts der Anteile an der Kapitalgesellschaft richtet und nicht nach dem Wert der Leistung des Zuwendenden. Da die Werterhöhung aber durch die Leistung kausal veranlasst sein muss, könne sie nicht höher sein als der gemeine Wert der bewirkten Leistung des Zuwendenden, Tz. 3.4.2.

Bei Konkurrenz zwischen tatbestandlicher Erfüllung von § 7 Abs. 1 Nr. 1 ErbStG und § 7 Abs. 8 S. 1 ErbStG ist nach Tz. 1.4 ausschließlich § 7 Abs. 8 S. 1 ErbStG anzuwenden. Bei Konkurrenz mit § 7 Abs. 7 ErbStG solle diese aber als spezielle Norm vorgehen.

Bei Sanierungsleistungen von natürlichen Personen soll es nach Tz. 3.3.6 nur dann nicht zur Entstehung von Schenkungsteuer kommen, wenn ein beteiligungsproportionaler Forderungsverzicht sämtlicher Gesellschafter gegeben ist. Bei einseitigen Sanierungsleistungen anderer Kapitalgesellschaften ist die Rechtslage nach den Ländererlassen deutlich günstiger, da es nach Tz. 4.2 nur zu einer Besteuerung kommt, wenn gemäß § 7 Abs. 8 S. 2 ErbStG auch unterschiedliche Beteiligungsverhältnisse und eine Bereicherungsabsicht gegeben sind. Von letzterer wird in Sanierungsfällen jedoch im Regelfall nicht auszugehen sein, da es bei einem einseitigen Forderungsverzicht nicht um die Bereicherung der anderen Gesellschafter, sondern um die Rettung der insolvenzgefährdeten Gesellschaft geht.

Literaturhinweise: *Korezkij*, ZEV 2012, S. 303; *Viskorf/Haag*, DStR 2012, S. 1166; *Viskorf*, ZEV 2012, S. 442

8.2 Anwendung des § 2 Abs. 3 ErbStG

> **Oberste Finanzbehörden der Länder, gleich lautende Erlasse v. 15.3.2012, BStBl I 2012, S. 328**
>
> Die gleichlautenden Erlasse v. 15.3.212 stellen die Auswirkungen des Antrags nach § 2 Abs. 3 ErbStG für einen Erwerber dar.
>
> **Norm:** § 2 Abs. 3 ErbStG

Im Jahr 2010 hat der EuGH[105] entschieden, dass es mit der Kapitalverkehrsfreiheit unvereinbar ist, wenn das deutsche Erbschaft- und Schenkungsteuerrecht für Inländer einen höheren persönlichen Freibetrag vorsieht als für Steuerausländer.

Aufgrund dessen wurde durch das Beitreibungsrichtlinie-Umsetzungsgesetz vom 7.12.2011[106] ein neuer § 2 Abs. 3 ErbStG eingeführt. Diese Norm sieht für Fälle eines der nur beschränkten Erbschaft- bzw. Schenkungsteuerpflicht unterliegenden Erwerbs vor, dass vom Erwerber ein Antrag gestellt werden kann, den Vermögensanfall insgesamt als unbeschränkt steuerpflichtig zu behandeln, wenn Schenker, Erblasser oder Erwerber zum Steuerentstehungszeitpunkt einen Wohnsitz in einem EU- oder EWR-Staat hatten. Konsequenzen eines solchen Antrages sind, dass die unbeschränkte Steuerpflicht den gesamten Vermögensanfall umfasst und mehrere vor und innerhalb von zehn Jahren nach dem gegenwärtigen Vermögensanfall von derselben Person anfallenden Erwerbe als unbeschränkt steuerpflichtig zu behandeln und nach § 14 ErbStG zusammenzurechnen sind.

In dem Erlass werden anhand von Beispielen die Konsequenzen eines solchen Antrags nach § 2 Abs. 3 ErbStG verdeutlicht.

8.3 Behandlung von Erwerbsnebenkosten und Steuerberatungskosten sowie Rechtsberatungskosten im Zusammenhang mit einer Schenkung

> **Oberste Finanzbehörden der Länder, gleich lautende Erlasse v. 16.3.2012, BStBl I 2012, S. 338**
>
> Die Erlasse fassen zusammen, wie die Kosten, die im Zusammenhang mit der Ausführung einer Schenkung entstehen, bei der Ermittlung des steuerpflichtigen Erwerbs zu behandeln sind.
>
> **Norm:** § 10 ErbStG

Für Erwerbe von Todes wegen ist die Abzugsfähigkeit der Kosten, die dem Erwerber im Zusammenhang mit der Erlangung des Erwerbs entstehen, in § 10 Abs. 5 Nr. 3 ErbStG gesetzlich geregelt. Für Schenkungen fehlt eine entsprechende Regelung. Abhilfe schaffen jetzt die gleich lautenden Erlasse der obersten Finanzbehörden der Länder vom 16.3.2012.

---

[105] Rs. C–510/08, *Vera Mattner*, Urteil v. 22.4.2010, DStR 2010, S. 861.
[106] BGBl I 2011, S. 2592.

Bereits R 7.4. Abs. 4 ErbStR 2011 sieht vor, dass bei Schenkung anfallende Nebenkosten (Notar, Grundbuch, Handelsregister), die für die Rechtsänderung anfallen, keine Gegenleistungen, sondern Folgekosten der Schenkung sind.

Erfolgt die Kostentragung durch den Beschenkten, sind die Kosten in vollem Umfang vom Steuerwert der Zuwendung abzuziehen. In den Erlassen werden dazu, teilweise mit Beispielen, die verschiedenen Konstellationen dargestellt: Vollschenkung, gemischte Schenkung und Schenkung unter Leistungs-, Nutzungs- oder Duldungsauflage, mittelbare Schenkung, anteilige mittelbare Schenkung und Übertragung von ganz oder teilweise steuerbefreitem Vermögen.

Wenn die Kostentragung durch den Schenker erfolgt, handelt es sich um eine zusätzliche Schenkung, die die Bereicherung des Beschenkten entsprechend erhöht. Dieser zusätzlichen Bereicherung steht jedoch eine Entreicherung durch die Folgekosten der Schenkung gegenüber. Auch bezüglich der Fälle mit Kostentragung durch den Schenker gehen die Erlasse auf die bereits zuvor aufgeführten Fallvarianten ein.

Im Vorfeld der Schenkung angefallene Kosten, wie z. B. Steuer- und Rechtsberatungskosten stehen nicht im unmittelbaren Zusammenhang mit dem schenkweise zugewendeten Vermögen und sind deshalb nicht abzugsfähig.

Kosten für die Erstellung der Schenkungsteuererklärung und der Erklärung zur gesonderten Feststellung nach § 157 i. V. m. § 151 BewG sind im vollen Umfang abzugsfähig. Fallen im Rahmen der Verpflichtung zur Abgabe der Feststellungserklärungen Kosten eines Gutachtens für die Ermittlung des gemeinen Wertes beim Grundbesitz, beim Betriebsvermögen oder bei nicht notierten Anteilen an Kapitalgesellschaften an, so sind diese ebenfalls im vollen Umfang abzugsfähig.

8.4 Lohnsummenermittlung bei Beteiligungsstrukturen

> **Oberste Finanzbehörden der Länder, gleich lautende Erlasse v. 5.12.2012, BStBl I 2012, S. 1250**
>
> **Norm:** § 13a Abs. 4 ErbStG

Die gleichlautenden Erlasse v. 5.12.2012 geben die Auffassung der Finanzverwaltung zur Ermittlung der Ausgangslohnsumme und der Anzahl der Beschäftigten bei Beteiligungsstrukturen bei Anteilen an Kapitalgesellschaft sowie bei Beteiligungen an Personengesellschaften wieder.[107] Lohnsummen (un-) mittelbar gehaltener Beteiligungen an Personengesellschaften sind unabhängig von einer Mindestbeteiligungsquote einzubeziehen. Der Erlass stellt des Weiteren fest, dass die Löhne einer vor dem Besteuerungsstichtag veräußerten Beteiligung nicht bei der Ermittlung der Ausgangslohnsumme einbezogen werden. Nach dem Besteuerungszeitpunkt erworbene Kapitalgesellschaftsbeteiligungen werden bei der jährlichen Ermittlung der Lohnsumme dann einbezogen, wenn die Mindestbeteiligungsquote von mehr als 25% überschritten ist bzw. wenn nach dem Besteuerungszeitpunkt die Mindestbeteiligungsquote erreicht wird. Ein späteres Absinken unter die Mindestbeteiligungsquote ist unschädlich. Nach dem Besteuerungszeitpunkt erworbene Beteiligungen an Personengesellschaften werden ab dem Zeitpunkt der Zugehörigkeit zum Betrieb einbezogen. Die Erlasse finden auf Erwerbe Anwendung, für die die Steuer nach dem 30.6.2011 entstanden ist.

---

[107] Vgl. auch R E 13a.4 ErbStR 2011.

Für Erwerbe, für die die Steuer vor diesem Zeitpunkt entstanden ist, gelten sie, wenn die entsprechenden Steuerbescheide noch nicht bestandskräftig sind.

8.5 Basiszinssätze für das vereinfachte Ertragswertverfahren

> **BMF, Schreiben v. 2.1.2012, IV D 4 – S 3102/07/10001, BStBl I 2012, S. 13**
>
> Der Basiszinssatz auf den 2.1.2012 beträgt 2,44 Prozent.
>
> **Norm:** § 203 BewG

§ 199 BewG bestimmt, dass der gemeine Wert von nicht notierten Anteilen an Kapitalgesellschaften mittels des vereinfachten Ertragswertverfahrens ermittelt werden kann, wenn dieses nicht zu offensichtlich unzutreffenden Ergebnissen führt. Zur Ermittlung des Ertragswerts ist dabei gemäß § 200 BewG im Grundsatz der zukünftig nachhaltig erzielbare Jahresertrag mit dem Kapitalisierungsfaktor zu multiplizieren. Letzterer ist nach § 203 BewG der Kehrwert des Kapitalisierungszinssatzes, der sich aus einem Basiszins und einem Zuschlag von 4,5 % zusammensetzt. Der Basiszinssatz, der aus der langfristig erzielbaren Rendite öffentlicher Anleihen abzuleiten ist und jährlich vom BMF veröffentlicht wird, ist für alle Wertermittlungen auf Bewertungsstichtage in diesem Jahr anzuwenden. Für das Jahr 2012 beträgt der Basiszinssatz 2,44 %, was einem Kapitalisierungsfaktor von 14,41 entspricht.

8.6 Berechnung des Ablösebetrages nach § 25 Abs. 1 S. 3 ErbStG a. F.

> **Gleich lautende Erlasse der obersten Finanzbehörden der Länder, Erlasse v. 15.12.2011, BStBl I 2012, S. 48 und v. 7.12.2012, BStBl I 2012, S. 1255**
>
> Nach § 25 Abs. 1 S. 3 ErbStG a. F. kann die von Gesetzes wegen zu stundende Steuer auf Antrag des Erwerbers jederzeit mit ihrem Barwert (§ 12 Abs. 3 BewG) abgelöst werden. Ergänzend zu den gleich lautenden Erlassen der obersten Finanzbehörden der Länder v. 17.1.2011[108] werden im Erlass vom 15.12.2011 die Sterbetafel 2008/2010 und im Erlass vom 7.12.2012 die Sterbetafel 2009/2011 mit den jeweiligen Vervielfältigern bekannt gegeben.
>
> **Normen:** § 12 Abs. 3 BewG; § 25 Abs. 1 S. 3 ErbStG a. F.

8.7 Wertsteigerungen infolge des Kaufkraftschwundes

> **BMF, Schreiben v. 17.2.2012, IV D 4 – S 3804/08/10001, BStBl I 2012, S. 240**
>
> Der Erlass hat die Zusammenstellung der Verbraucherindizes für Deutschland aktualisiert. Sie umfasst nunmehr den Zeitraum 1958 bis 2011.
>
> **Norm:** § 5 Abs. 1 ErbStG

---

[108] BStBl I 2011, S. 80.

Bei der Berechnung der Zugewinnausgleichsforderung nach § 5 Abs. 1 ErbStG ist der auf dieser Geldentwertung beruhende unechte Zuwachs des Anfangsvermögens zu eliminieren.

Das Statistische Bundesamt hat die Indexzahlen für die Jahre vor 1991 nicht mehr auf das Basisjahr 2000 umgestellt. Die für die Jahre 1958 bis 1990 genannten Indexzahlen sind durch Umrechnung ermittelt worden.

8.8 Anrechnung ausländischer Steuer auf die deutsche Steuer

> **FinMin. Baden-Württemberg, Erlass v. 22.12.2011, 3 – S3831/5, ZEV 2012, S. 225; der Erlass ergeht im Einvernehmen mit den obersten Finanzbehörden der Länder**
>
> **Der Erlass ordnet an, dass es für die Anrechnung der ausländischen Steuer nach § 21 ErbStG unerheblich ist, ob zunächst die deutsche oder erst die ausländische Steuer entstanden ist.**
>
> **Norm:** § 21 Abs. 1 S. 4 ErbStG

Der Wortlaut des § 21 Abs. 1 S. 4 ErbStG bestimmt, dass die ausländische Steuer nur anrechenbar ist, wenn die deutsche Erbschaftsteuer für das Auslandsvermögen innerhalb von fünf Jahren seit dem Zeitpunkt der Entstehung der ausländischen Erbschaftsteuer entstanden ist. Dazu hat das FG Köln mit Urteil v. 29.6.2011[109] entschieden, dass diese Vorschrift aufgrund einer teleologischen Extension der Vorschrift über den Wortlaut hinaus auch auf die Fälle zu erstrecken ist, in denen zunächst die deutsche Erbschaftsteuer und erst danach die vergleichbare ausländische Steuer entstanden ist. Dieser Auffassung hat sich der Erlass angeschlossen.

Aus dem Sinn und Zweck der Vorschrift ergebe sich, dass bei Zugriff auf ein identisches Besteuerungsobjekt eine Doppelbelastung ausgeschlossen werden soll. Davon könne nach der Gesetzesbegründung zu § 21 ErbStG ausgegangen werden, wenn zwischen der Entstehung der ausländischen Steuer und der deutschen Steuer ein Zeitraum von nicht mehr als fünf Jahren liege – unabhängig davon, welche Steuer zuerst entstanden ist.

8.9 Nießbrauch an einem Anteil an einer Personengesellschaft

> **Gleich lautende Erlasse der obersten Finanzbehörden der Länder, Erlasse v. 2.11.2012, BStBl I 2012, S. 1101**
>
> **Die Erlasse beschäftigen sich mit Einräumung, Überlassung der Ausübung oder Verzicht auf den Nießbrauch an einem Anteil an einer Personengesellschaft i. S. d. § 15 Abs. 1 S. 1 Nr. 2 und Abs. 3 oder § 18 Abs. 4 S. 2 EStG.**
>
> **Normen:** §§ 15, 18 EStG; §§ 13a, 13b ErbStG

Die Finanzverwaltung stellt in den Erlassen dar, dass für die Frage, ob das zugewendete Vermögen zum Betriebsvermögen gehört, die Grundsätze des Ertragsteuerrechts maßgebend sind (§ 97 Abs. 1 S. 1 Nr. 5 BewG). Ist das Nießbrauchsrecht so ausgestaltet, dass der Nießbraucher ertragsteuerlich als Mitunternehmer der Personengesellschaft anzusehen sei, gehöre das Nießbrauchsrecht ertrag-

---

[109] 9 K 2690/09 (rkr.), DStRE 2011, S. 1392.

steuerlich und damit auch bewertungsrechtlich zum Sonderbetriebsvermögen (SBV). Sodann stellt der Erlass dar, wie ein zum SBV gehörendes Nießbrauchsrecht in Fällen der Steuerentstehung vor dem 1.1.2009 und in Fällen der Steuerentstehung nach dem 31.12.2008 bei der Erbschaft- und Schenkungsteuer zu behandeln ist.

8.10 Steuerbefreiung für Familienheime

OFD Rheinland, Kurzinformation v. 4.8.2012, DStR 2012, S. 2082

Die Verfügung beschäftigt sich mit den Zweifelsfragen beim Erwerb eines selbstgenutzten Familienheims durch Ehegatten bzw. Lebenspartner oder Kinder im Erbfall, insbesondere mit der Frage, wann eine unverzügliche Selbstnutzung zu eigenen Wohnzwecken in der Regel anzunehmen ist.

Normen: §§ 13 Abs. 1 Nr. 4b, 4c ErbStG

8.11 Bewertung einer lebenslänglichen Nutzung oder Leistung

BMF, Schreiben v. 26.10.2012, DStR 2012, S. 2338

Das BMF-Schreiben gibt die Vervielfältiger zur Berechnung des Kapitalwerts lebenslänglicher Nutzungen und Leistungen bekannt, die nach der am 2.10.2012 veröffentlichten Sterbetafel 2009/2011 des Statistischen Bundesamtes ermittelt wurden und für Bewertungsstichtage ab dem 1.1.2013 anzuwenden sind.

Norm: § 14 Abs. 1 BewG

8.12 Allgemeine Verwaltungsanweisung für die ErbSt (ErbStVA)

Gleich lautende Erlasse der obersten Finanzbehörden der Länder, Erlasse v. 21.6.2012, BStBl I 2012, S. 712

Die Erlasse regeln die Bearbeitung von Erbschaft- und Schenkungsteuerfällen durch die Finanzämter und ersetzen die bisherigen ErbStVA.

Normen: §§ 30, 33, 34 ErbStG

9 Grunderwerbsteuer

9.1 Ertragsteuerliche Behandlung der Grunderwerbsteuer bei Wechsel im Gesellschafterbestand einer Personengesellschaft und bei Anteilsvereinigung

> **Oberfinanzdirektion Rheinland, Verfügung v. 23.1.2012, S 2174 – St 141 (01/2009), S 2174 – 1001 – St 141 Rhld, DB 2012, S. 486**
>
> **Die Finanzverwaltung schließt sich der höchstrichterlichen Auffassung an, dass die Grunderwerbsteuer infolge einer Anteilsvereinigung nach § 1 Abs. 3 GrESt als Betriebsausgabe sofort abziehbar ist. Handelt es sich allerdings um einen Wechsel im Gesellschafterbestand nach § 1 Abs. 2a GrEStG, ist die Grunderwerbsteuer beim letztübernehmenden Gesellschafter als Anschaffungsnebenkosten auf seine Beteiligung an der Personengesellschaft zu aktivieren.**
>
> **Norm:** § 1 Abs. 2a, 3 GrEStG

Die Differenzierung zwischen sofort abziehbarer Betriebsausgabe und Anschaffungsnebenkosten beruht nach Ansicht des BFH darauf, dass Anschaffungsnebenkosten nur solche sind, die in einem unmittelbaren tatsächlichen Zusammenhang mit der Anschaffung stehen. Dies sei bei der Grunderwerbsteuer nach § 1 Abs. 3 GrEStG nicht der Fall, vielmehr resultiere diese nicht unmittelbar aus der Anschaffung der Anteile an der Gesellschaft, sondern aus dem fiktiven Erwerb des Grundbesitzes der Gesellschaft. Diese grunderwerbsteuerliche Fiktion findet jedoch im Ertragsteuerrecht keine Entsprechung. Daher ist von einer sofort abziehbaren Betriebsausgabe auszugehen.

Die Behandlung der Entstehung von § 1 Abs. 2a GrEStG (Wechsel im Gesellschafterkreis einer Personengesellschaft) ist bislang höchstrichterlich noch nicht entschieden. Hier ist die Verwaltung der Ansicht, dass aufgrund der ertragsteuerlichen Transparenz der Personengesellschaft diese Fälle anders gelagert sind als bei § 1 Abs. 3 GrEStG. Die Beteiligung an der Gesellschaft komme einer Beteiligung an den anteiligen Wirtschaftsgütern der Gesellschaft gleich. Daher sei hier die Annahme von Anschaffungsnebenkosten auf die Beteiligung sachgerechter. Anders verhalte es sich nur, wenn eine Kapitalgesellschaft zwischengeschaltet sei.

Beratungshinweis

> Da eine Aussage des BFH zu Fällen des § 1 Abs. 2a GrEStG noch aussteht, sollte überlegt werden, ob man den Betriebsausgabenabzug für die Grunderwerbsteuer im Einspruchs- bzw. Klagewege erstreitet.

Literaturhinweis: *Böing*, GmbH-StB 2012, S. 117

9.2 Grundstücksübertragung unter Einräumung eines Nießbrauchsrechts mit Nachweis eines niedrigeren gemeinen Werts (§ 198 BewG)

> **Oberfinanzdirektion Münster, Verfügung v. 17.2.2012, S 3104 – 14 – St. 23-35, DStR 2012, S. 971**
>
> Die Finanzverwaltung Münster gibt Hinweise, wie bei gemischten Schenkungen ab 1.1.2009 bzw. der Begrenzung des Jahreswerts von Nutzungen nach § 16 BewG bei Grundstücksübertragungen unter Einräumung eines Nießbrauchsrechts mit Nachweis eines niedrigeren gemeinen Wertes (§ 198 BewG) zu verfahren ist.
>
> **Normen:** §§ 16, 198 BewG

Bei Übertragung eines Grundstücks unter Einräumung eines Vorbehaltsnießbrauchs zu Gunsten des Schenkers kann der Steuerpflichtige für die Ermittlung und Feststellung des Steuerwerts des übertragenen Grundstücks nach § 198 BewG einen niedrigeren gemeinen Wert nachweisen, der die Belastung des Grundstücks aus dem Nutzungsrecht bereits wertmindernd berücksichtigt (sog. Nettobetrachtung). In diesem Fall ist bei der Schenkungssteuerveranlagung die Verpflichtung aus dem Nutzungsrecht nach § 10 Abs. 6 S. 6 ErbStG nicht mehr abzugsfähig. Eine eigenständige Bewertung des Nutzungsrechts nach §§ 14–16 BewG ist damit nicht mehr erforderlich.

Bei Übertragung eines Grundstücks unter der Auflage, dass der Beschenkte einem Dritten ein Nießbrauchsrecht an diesem einräumt, erfolgt die Besteuerung der Grundstücksschenkung beim Empfänger in gleicher Weise wie beim Vorbehaltsnießbrauch (s. o.), sofern nach § 198 BewG ein niedrigerer gemeiner Wert unter Berücksichtigung der Belastung aus dem Nutzungsrecht nachgewiesen und festgestellt wird.

Allerdings ist zum Zwecke der Besteuerung des Empfängers des Zuwendungsnießbrauchs das Nutzungsrecht gemäß §§ 14–16 BewG zu bewerten. Für die Begrenzung des Jahreswerts nach § 16 BewG ist in den Fällen des § 198 BewG der festgestellte Wert vor Abzug der Belastung aus dem Nutzungsrecht durch 18,6 zu teilen (sog. Bruttomethode). Die so in Abzug gebrachte Belastung wird von der Bewertungs-/Grundstücksstelle im nachrichtlichen Teil des Feststellungsbescheids mitgeteilt.

Der BFH hat entschieden,[110] dass die Belastung mit einem (teil-)unentgeltlichen Nutzungsrecht nicht zur maßgeblichen wirtschaftlichen Einheit des Grundvermögens i. S. d. § 2 i. V. m. § 176 BewG gehört. Weiterhin stellt der BFH klar,[111] dass der Abzug der Belastung durch einen Nießbrauch des Zweck des § 16 BewG widersprechen würde, nachdem das Nutzungsrecht an einem Wirtschaftsgut nicht höher bewertet werden darf als das Eigentum an diesem. Dieser Vergleich stelle dem Wert des Nutzungsrechts gerade den Wert des unbelasteten Eigentums gegenüber.

---

[110] Urteil v. 11.6.2008, II R 71/05, BStBl II 2009, S. 132.
[111] Urteil v. 15.12.2010, II R 41/08, BStBl II 2011, S. 363.

9.3 Vorläufige Einheitswertfeststellung und Festsetzung des Grundsteuermessbetrags

> **Oberste Finanzbehörden der Länder, gleichlautende Erlasse v. 19.4.2012, 2012/ 0202480, DStR 2012, S. 858**
>
> Feststellungen der Einheitswerte für Grundstücke und Festsetzungen des Grundsteuermessbetrags sind vorläufig nach § 165 Abs. 1 S. 2 Nr. 3 AO.
>
> **Normen:** §§ 19, 68, 70, 129 Abs. 2 BewG; § 165 AO

Feststellungen der Einheitswerte für Grundstücke nach §§ 19, 68, 70, 129 BewG und Festsetzungen des Grundsteuermessbetrags sind hinsichtlich der Frage, ob die Vorschriften der Einheitsbewertung des Grundvermögens verfassungsgemäß ist, vorläufig nach § 165 Abs. 1 S. 2 Nr. 3 AO durchzuführen. Dies ist in den entsprechenden Bescheiden in den Erläuterungstext dergestalt aufzunehmen, dass der Vorläufigkeitsvermerk lediglich aus verfahrenstechnischen Gründen erfolgt. Er ist nicht dahingehend zu verstehen, dass die entsprechenden Normen als verfassungswidrig angesehen werden.

9.4 Anwendung des § 6a GrEStG

> **Oberste Finanzbehörde der Länder, gleichlautender Erlass v. 19.6.2012, S 4518 – 1 – V A 6, DStR 2012, S. 1556**
>
> In einem umfangreichen Ländererlass erläutert die Finanzverwaltung anhand zahlreicher Beispiele die Anwendung des § 6a GrEStG auf die Beteiligten, begünstigungsfähige Erwerbsvorgänge, die Vorbehaltensfrist, die Nachbehaltensfrist sowie die Folgen der Nichtbeachtung dieser Frist.
>
> **Norm:** § 6a GrEStG

Der vorliegende Erlass ersetzt das in 2010 erschienene Anwendungsschreiben[112] zu § 6a GrEStG und die nachfolgenden Ergänzungen. Die Verwaltungsauffassung wurde hierin nochmals überdacht und der Anwendungsbereich der Norm weiter eingeschränkt. Im Folgenden werden die Neuerungen und Änderungen aufgezeigt.

Beteiligte

Zur Klarstellung wird nun darauf hingewiesen, dass es für die Beteiligten an dem Umwandlungsprozess unerheblich ist, ob sie ihren Sitz im In- oder Ausland haben.

Der für den Umwandlungsprozess zu bestimmende Verbund definiert sich nunmehr so, als er aus herrschendem Unternehmen und der oder den am Umwandlungsvorgang beteiligten abhängigen Gesellschaft(en) sowie den dieses Beteiligungsverhältnis vermittelnden abhängigen Gesellschaften besteht. Dabei ist für jede Umwandlung der maßgebliche Verbund gesondert zu bestimmen. Dennoch kann es nur ein einziges herrschendes Unternehmen geben. Neu ist ebenfalls, dass derjenige Umwandlungsvorgang, durch den der Verbund erstmals begründet oder aber beendet wird, nicht

---
[112] Gleichlautender Ländererlass v. 1.12.2010, z. B. Finanzministerium Nordrhein-Westfalen v. 1.12.2010 – S 4518 – 1 – V A 6, BStBl I 2010, S. 1321.

vom Anwendungsbereich der grunderwerbsteuerlichen Konzernklausel erfasst sein soll. Dies bedeutet eine erhebliche Verschärfung. Insoweit ist die Ausgliederung zur Neugründung explizit von § 6a GrEStG ausgenommen. Eine begünstigte Umwandlung ist bei Zugrundelegung der Verwaltungsauffassung nunmehr nur noch bei der Ausgliederung oder Abspaltung zur Aufnahme zwischen einer herrschenden und einer von dieser abhängigen Gesellschaft denkbar. Im Hinblick auf Verschmelzungen bleibt für § 6a GrEStG kein Anwendungsbereich.

Die Verwaltung hält an ihrer Auffassung fest, dass das herrschende Unternehmen Unternehmer im umsatzsteuerlichen Sinne sein muss. Ein solches kann auch eine umsatzsteuerliche Organgesellschaft, eine Gebietskörperschaft oder eine Führungs- oder Funktionsholding (keine „reine Finanzholding") sein.

Sowohl die Mindestbeteiligungsquote wie auch die Unternehmereigenschaft des herrschenden Unternehmens sind während der gesamten Vor- und Nachbehaltensfrist einzuhalten. Bei einer Gesamtrechtsnachfolge einer natürlichen Person hat dieser die o. g. Fristen einzuhalten.

Zur Bestimmung des herrschenden Unternehmens ist eine dreistufige Prüfung vorzunehmen: Zunächst ist von unten nach oben der Rechtsträger zu bestimmen, der ausgehend von den am Umwandlungsvorgang beteiligten Gesellschaften die Mindestbeteiligungshöhe an diesen erfüllt. Von diesem ausgehend ist dann nach unten zu prüfen, welcher Rechtsträger als oberster die Unternehmereigenschaft im o. g. Sinn erfüllt. Erfüllt der so ermittelte Rechtsträger die Vorbehaltensfrist (Unternehmereigenschaft und Mindestbeteiligungshöhe), ist dieser das herrschende Unternehmen. Anderenfalls ist die Prüfung nach unten hin solange fortzusetzen, bis das herrschende Unternehmen gefunden ist.

Begünstigungsfähige Erwerbsvorgänge

Auch mehraktige Erwerbsvorgänge i. S. d. § 1 Abs. 2a GrEStG werden von der Begünstigung umfasst. Diese ist insoweit anteilig zu gewähren, als durch die Umwandlung § 1 Abs. 2a GrEStG erfüllt wird oder die Umwandlung innerhalb der vorangehenden Fünfjahresfrist zur Erfüllung des genannten Tatbestandes beigetragen hat. Dabei ist die Begünstigung auf die vermögensmäßige Beteiligung des übertragenden Rechtsträgers an der Personengesellschaft begrenzt.

Die Erwerbsvorgänge des § 1 Abs. 2 und 4 GrEStG sind nicht zeitraumbezogen gestaltet, sondern knüpfen an die erstmalige Vereinigung von mindestens 95 % der Anteile in einer Hand.

Vorbehaltensfrist

Eine Gesellschaft, die erst innerhalb der fünfjährigen Vorbehaltensfrist rechtlich entstanden ist, scheidet grundsätzlich als abhängige Gesellschaft aus. Hiervon ausgenommen sind jedoch sog. „verbundgeborene Gesellschaften". Hierbei handelt es sich um Gesellschaften, die durch einen Umwandlungsvorgang ausschließlich aus einer oder mehreren Gesellschaften entstanden sind, die spätestens im Zeitpunkt des zu beurteilenden Erwerbsvorgangs abhängige Gesellschaft ist bzw. abhängige Gesellschaften sind.

Nachbehaltensfrist

Während der Gesetzestext lediglich fordert, dass die mindestens 95 %ige Beteiligung des herrschenden Unternehmens an den beteiligten abhängigen Gesellschaften weitere fünf Jahre bestehen bleibt, fordert der Erlass, dass auch der Verbund weitere fünf Jahre bestehen bleibt.

Ein Erlöschen der übertragenden abhängigen Gesellschaft soll ausnahmsweise unschädlich sein. Dies soll auch bei einer sog. Kettenumwandlung gelten, d. h. auch ein Erlöschen der übertragenden oder übernehmenden abhängigen Gesellschaft durch einen weiteren begünstigten Umwandlungsvorgang innerhalb der Nachbehaltensfrist unter ausschließlicher Beteiligung von anderen abhängigen Gesellschaften ist unschädlich.

Verhältnis zu §§ 5, 6 GrEStG

Die Finanzverwaltung sieht die Vergünstigungen der §§ 5, 6, und 6a GrEStG als gleichrangig an.

Übergangsregelung

Der neue Anwendungserlass findet grundsätzlich Anwendung auf alle noch offenen Fälle. Für Rechtsvorgänge, die zwischen dem 31.12.2009 und dem 13.7.2012 verwirklicht wurden, wird es nicht beanstandet, wenn sich der Steuerpflichtige auf eine günstigere Regelung aus dem Anwendungserlass i. d. F. vom 1.12.2010 beruft.

Beratungshinweis

Der neue Erlass stellt einige bisher unklar gebliebene Punkt klar, verschärft in einigen Passagen die bisherige Verwaltungsauffassung ganz erheblich. Insbesondere sind solche Umwandlungsvorgänge nach Ansicht der Verwaltung nicht begünstigt, durch die der Verbund begründet oder beendet wird. Auch ist der Verbund einzelfallbezogen definiert, also für jeden Umwandlungsvorgang gesondert zu bestimmen. Insbesondere die Konstruktion des Verbundes, die im Gesetz keinen Rückhalt findet, und die Festlegung, dass es nur ein herrschendes Unternehmen gibt, wird in der Literatur heftig kritisiert.113 Auch die Vorbehaltensfrist kollidiert nach Ansicht der Literatur mit der grundsätzlich grundstücksbezogenen Auslegung der Norm.

Gefordert wird das Bestehen der Unternehmereigenschaft gemäß der umsatzsteuerlichen Definition. In praxi bleibt zu fragen, wie der Nachweis dieses Bestehens während des gesamten Zehn-Jahres-Zeitraums geführt werden kann.

Unbeantwortet bleibt die Frage, ob eine sog. gemischte Holding beherrschendes Unternehmen sein kann. Die Regelungen zur Nachbehaltensfrist gehen über den Wortlaut der Norm hinaus, da der Begriff des „Verbundes" im Gesetzestext nicht erwähnt wird. Das Bestehen dieses Verbundes (also auch der vermittelnden Gesellschaften, nicht nur der am Umwandlungsvorgang beteiligten Gesellschaften) für weitere fünf Jahre wirkt gesetzeserweiternd.

Literaturhinweise: *Behrens*, DStR 2012, S. 2150; *Lieber/Wagner*, DB 2012, S. 1772; *Neitz-Hackstein/Lange*, GmbHR 2012, S. 998

9.5 Anzahl der Steuerschuldner in Grunderwerbsteuerfällen

Finanzministerium Schleswig-Holstein, Erlass v. 12.9.2012, VI 355 – S 4535-011, DStR 2012, S. 2284

Die Finanzverwaltung Schleswig-Holstein listet auf, in welchen Fällen es einen oder mindestens zwei Steuerschuldner gibt; daneben werden besondere Fallkonstellationen angesprochen.

Normen: §§ 1 ff. GrEStG

---

[113] *Lieber/Behrens*, GrESt bei Umwandlungen, DB 2012, S. 1772, 1777; *Behrens*, § 6a GrEStG – Anmerkungen zu den gleichlautenden Ländererlassen v. 19.6.2012, DStR 2012, S. 2149.

Enumerativ listet die Finanzverwaltung auf, in welchen Fällen mindestens zwei Steuerschuldner vorhanden sind; nämlich

- beim rechtsgeschäftlichen Erwerb (Kauf, Tausch, Einbringung), hier jeweils die (beiden) Vertragspartner,
- beim Vertrag zugunsten Dritter nur Käufer und Verkäufer, nicht jedoch der Dritte,
- grundsätzlich bei Umwandlung und Anwachsung; allerdings geht die Steuerschuld auf den Rechtsnachfolger über, sodass am Ende nur ein Steuerschuldner verbleibt,
- beide Beteiligte an einer Auflassung,
- beim Eigentumserwerb kraft Gesetz (alter und neuer Eigentümer),
- bei Anteilsvereinigung innerhalb eines Organkreises alle Organkreismitglieder, bis auf die Organmutter,
- bei der Übertragung der schon in einer Hand vereinigten Anteile auf einen anderen Erwerber,
- bei der gemischten Schenkung beider Vertragspartner des Schenkungsvertrages.
- Nur ein Steuerschuldner ist in folgenden Fällen vorhanden:
- im Enteignungsverfahren nur der Erwerber,
- beim Meistgebot im Zwangsversteigerungsverfahren der Meistbietende,
- bei Abtretung der Rechte aus einem Kaufangebot der Benennungsberechtigte,
- bei Änderung des Gesellschafterbestandes einer Personengesellschaft die Personengesellschaft selbst,
- bei Vereinigung von mindestens 95 % aller Anteile an einer Gesellschaft in einer Hand der Erwerber.

In folgenden Konstellationen kommt es zu Besonderheiten:

Wird ein Grundstück zu gemeinschaftlichem Eigentum übertragen, schuldet jeder nur die auf seinen Anteil entfallende Steuer (Miteigentümer). Eine Gesamtschuld entsteht nicht.

Bei einheitlichen Verträgen ist der Bauunternehmer, der mit dem Grundstückserwerber nur einen Bauerrichtungsvertrag abschließt, nicht Schuldner der auf die Bauleistungen entfallenden Grunderwerbsteuer, wohl aber neben dem Erwerber auch der Grundstücksveräußerer für die gesamte Steuer.

Bei Eigentumserwerb durch eine GbR ist auch diese Schuldnerin der Grunderwerbsteuer und nicht ihre Gesellschafter. Allerdings haften die Gesellschafter für die Grunderwerbsteuer; diese ist dann per Haftungsbescheid geltend zu machen.

C Überblick über die Rechtsprechung 2012

1 Im Bereich der Einkommensteuer

1.1 Entscheidungen zur Gewinn- und Einkunftsermittlung (zu §§ 2 bis 12 EStG)

1.1.1 Bilanzierung von Steuernachforderungen wegen doppelten Ausweises von Umsatzsteuer

> **BFH, Urteil v. 15.3.2012, III R 96/07, BStBl II 2012, S. 719;**
> **Vorinstanz: Sächsisches FG, EFG 2008, S. 820**
>
> **Weist ein Unternehmer USt doppelt aus, ohne dass ihm eine Steuerhinterziehung vorzuwerfen ist, so hat er die zusätzlich geschuldeten Umsatzsteuerbeträge in den Jahren zu passivieren, in denen sie infolge des doppelten Ausweises entstanden sind, und nicht erst im Jahr der Aufdeckung dieser Vorgänge durch die Betriebsprüfung. Werden die Rechnungen später berichtigt, so sind die sich daraus ergebenden Steuervergütungsansprüche im Jahr der Rechnungskorrektur zu aktivieren.**
>
> **Normen:** §§ 4 Abs. 1, 5 EStG

Wer in einer Rechnung einen höheren Steuerbetrag ausweist, als er nach dem Gesetz schuldet, schuldet auch den Mehrbetrag (§ 14c Abs. 1 UStG). Ein unrichtiger bzw. überhöhter Steuerausweis in diesem Sinne ergibt sich – wie im Streitfall – grundsätzlich auch bei Ausstellung mehrerer Rechnungen für ein und dieselbe Leistung. Die (Mehr-)Steuer entsteht in dem Zeitpunkt, in dem die regulär geschuldete USt entsteht, spätestens jedoch im Zeitpunkt der Ausgabe der Rechnung (§ 13 Abs. 1 Nr. 3 UStG). Der Unternehmer kann in diesen Fällen den Steuerbetrag bzw. die Rechnung gegenüber dem Leistungsempfänger später berichtigen (§ 14c Abs. S. 2 i. V. m. § 17 Abs. 1 UStG). Die Berichtigung ist für den Besteuerungszeitraum vorzunehmen, in welchem dem Leistungsempfänger die berichtigte Rechnung erteilt wurde (Abschn. 14c Abs. 5 S. 3 UStAE).

Sachverhalt

Der Kläger ermittelte den Gewinn aus seinem Gewerbebetrieb durch Vermögensvergleich. Bei einer Außenprüfung in 2005 für die Jahre 2001 bis 2003 stellte das FA fest, dass der Kläger in allen drei Streitjahren die USt teilweise doppelt ausgewiesen hatte, nämlich sowohl in den von ihm erteilten Abschlagsrechnungen als auch in den Schlussrechnungen.

Entscheidung

Die zusätzlich geschuldeten USt-Beträge sind in den Streitjahren zu passivieren, zu denen sie wirtschaftlich gehören bzw. in denen sie infolge des doppelten Ausweises entstanden sind, und nicht erst im Jahr der Aufdeckung dieser Vorgänge durch die Betriebsprüfung. Dies begründet das Gericht damit, dass die Bilanz nicht nur objektiv, sondern auch subjektiv falsch war. Denn ein ordentlicher Kaufmann muss mit der Entstehung der Mehrsteuern aufgrund des versehentlich doppelten USt-Ausweises in seinen Rechnungen rechnen und daher eine entsprechende Rückstellung bilden.

Die Zahlungsansprüche gegen das FA infolge der späteren Berichtigung der Rechnungen mit unrichtigem Steuerausweis entstehen demgegenüber rechtlich erst in dem Besteuerungszeitraum, in dem die Rechnung berichtigt wird (Realisationsprinzip, § 252 Abs. 1 Nr. 4 HGB). Da die Rechnungen im Streitfall erst nach der Betriebsprüfung berichtigt wurden, entstanden die sich daraus ergebenden Ansprüche nicht bereits in den Streitjahren.

Hinweis:

Steuerschulden sind zu bilanzieren, wenn sie nach den steuerrechtlichen Vorschriften bis zum Ende des Wirtschaftsjahrs entstanden sind. Nichts anderes verlangt der BFH für den Fall der doppelten Rechnungsausstellung. Einkommensteuerlich verschiebt sich dadurch jedenfalls die Belastung, weil die entsprechenden Steuervergütungsansprüche erst im Jahr der Rechnungskorrektur zu aktivieren sind. Das FG hatte im Streitfall nicht festgestellt, dass dem Kläger eine Steuerhinterziehung vorzuwerfen ist. Daher kam es hier nicht darauf an, dass eine Rückstellung für hinterzogene Steuern nicht gebildet werden darf, solange die Tat noch nicht entdeckt ist.[1]

> **Literaturhinweise:** *Scholz/Nattkämper*, nwb 33/2012, S. 2672; *Eckert*, DB 2012, S. 2903

1.1.2 Schuldzinsenabzug bei auf ein Kontokorrentkonto ausgezahltem Investitionsdarlehen

> **BFH, Urteil v. 23.2.2012, IV R 19/08, DB 2012, S. 1413;**
> **Vorinstanz: FG Rheinland-Pfalz, EFG 2008, S. 1270**
>
> **Der BFH hat entschieden, unter welchen Voraussetzungen Schuldzinsen für ein Investitionsdarlehen, das auf ein Kontokorrentkonto ausgezahlt wurde, sowie Schuldzinsen für das Kontokorrentkonto selbst als Betriebsausgaben abgezogen werden können, wenn der Unternehmer Überentnahmen getätigt hat.**
>
> **Norm:** § 4 Abs. 4a S. 5 EStG

Der Abzug von Schuldzinsen als Betriebsausgaben wird durch § 4 Abs. 4a EStG eingeschränkt, wenn der Unternehmer mehr aus dem Betriebsvermögen entnommen hat, als dem Betrieb zuvor durch Einlagen und Gewinne zugeführt worden ist (sog. Überentnahmen). Ausgenommen von dieser Abzugsbeschränkung sind nur Schuldzinsen für Darlehen zur Finanzierung von Anschaffungs- oder Herstellungskosten von Wirtschaftsgütern des Anlagevermögens (Investitionsdarlehen). Werden Darlehensmittel auf ein betriebliches Kontokorrentkonto überwiesen, von dem in der Folgezeit nicht nur die Anlagegüter, sondern auch sonstige (betriebliche und private) Aufwendungen bezahlt werden, stellt sich die Frage, inwieweit die Darlehensmittel tatsächlich gerade zur Anschaffung der Anlagegüter verwendet wurden. Denn nur die dafür entstandenen Schuldzinsen sind unbeschränkt abziehbar.

---

[1] Vgl. hierzu auch BFH, Urteil v. 27.11.2001, VIII R 36/00, BStBl II 2002, S. 731; BFH, Beschluss v. 13.2.2008, I B 175/07, noch nicht veröffentlicht und BFH, Urteil v. 22.8.2012, X R 23/10, DB 2012 S. 2373.

Der BFH unterstellt nun in Anlehnung an eine Handhabung der Finanzverwaltung, dass die innerhalb von 30 Tagen vor oder nach Auszahlung der Darlehensmittel tatsächlich über das entsprechende Kontokorrentkonto bezahlten Investitionen mit den aufgenommenen Darlehen finanziert wurden (unwiderlegbare Vermutung). Beträgt der Zeitraum mehr als 30 Tage, kann der Unternehmer den Zusammenhang zwischen Auszahlung der Darlehensmittel und Bezahlung der Wirtschaftsgüter im Einzelfall nachweisen.

Darüber hinaus entschied der IV. Senat, dass auch Kontokorrentzinsen, die durch die Finanzierung von Anlagevermögen entstehen, unbegrenzt abziehbar sind. Die Aufnahme eines gesonderten Darlehens ist nach Meinung der Richter – abweichend von der Handhabung der Finanzverwaltung[2] – nicht erforderlich.

Hinweis:

Der nach Ablauf der 30-Tage-Frist erforderliche Nachweis des Finanzierungszusammenhangs dürfte umso schwieriger oder aufwendiger sein, je mehr andere Bewegungen auf dem Kontokorrentkonto zu verzeichnen sind. Mit Blick auf künftige Anschaffungen könnte ein weiteres Kontokorrentkonto durchaus sinnvoll sein. Andernfalls muss auf die bei der Abgrenzung der betrieblichen von der privaten Sphäre bewährte Zinsstaffelmethode zurückgegriffen werden. Auch hierzu nehmen die Richter in ihrem Urteil Stellung.

> **Literaturhinweis:** *Maus*, nwb 47/2012, S. 3764

1.1.3 Begrenzter Schuldzinsenabzug – Einlage als Gestaltungsmissbrauch

> **BFH, Urteil v. 21.8.2012, VIII R 32/09, DB 2012, S. 2781;**
> **Vorinstanz: FG Baden-Württemberg, EFG 2009, S. 1354**
>
> **Der BFH hat entschieden, dass die kurzfristige Einzahlung von Geld auf ein betriebliches Konto einen Missbrauch von Gestaltungsmöglichkeiten darstellt, wenn sie allein dazu dienen soll, die Hinzurechnung nach § 4 Abs. 4a EStG nicht abziehbarer Schuldzinsen zu vermeiden.**
>
> **Normen:** § 4 Abs. 1, Abs. 3 und Abs. 4a EStG; § 42 AO

Der Abzug von Schuldzinsen als Betriebsausgaben wird durch die Vorschrift des § 4 Abs. 4a EStG eingeschränkt, wenn der Unternehmer mehr aus dem Betriebsvermögen entnommen hat, als dem Betrieb zuvor durch Einlagen und Gewinne zugeführt worden ist (sog. Überentnahmen). Schuldzinsen werden, soweit sie auf Überentnahmen beruhen, pauschal dem Gewinn wieder hinzugerechnet.

Sachverhalt

Im Streitfall wollte der Kläger die Hinzurechnung nicht abziehbarer Schuldzinsen bei der Ermittlung des Gewinns aus seiner freiberuflichen Tätigkeit dadurch vermeiden, dass er jeweils zum Ende des Jahres und nur für wenige Tage hohe Geldbeträge auf ein betriebliches Konto einzahlte. Das

---

[2] BMF, Schreiben v. 17.11.2005, BStBl I 2005, S. 1019.

Geld hatte er sich von einem Kreditinstitut geliehen. Die Einzahlungen sollten als Einlagen den für die Berechnung der nicht abziehbaren Schuldzinsen maßgeblichen Überentnahmesaldo vermindern.

Entscheidung

Der BFH hat entschieden, dass die Einzahlungen zwar Einlagen sind, dass sie jedoch einen Gestaltungsmissbrauch darstellen und deshalb der Besteuerung nicht zugrunde gelegt werden können. Zum einen waren die Einlagen für den Betrieb wirtschaftlich ohne Bedeutung und sollten allein dazu dienen, die persönliche Steuer zu mindern. Zum anderen könnte auf dem vom Kläger eingeschlagenen Weg der Zweck des § 4 Abs. 4a EStG, den Schuldzinsenabzug effektiv zu begrenzen, vollständig unterlaufen werden. Dies wird durch die Anwendung von § 42 AO vermieden. Etwas anderes ergebe sich auch nicht daraus, dass der Gesetzgeber § 4 Abs. 4a S. 3 EStG a. F. aufgehoben habe.

1.1.4 Begrenzter Schuldzinsenabzug – Berücksichtigung von Verlusten bei der Berechnung der Überentnahme

> BFH, Urteile v. 22.2.2012, X R 12/09, DB 2012, S. 1958 und X R 27/10[3];
> Vorinstanzen: FG Baden-Württemberg, EFG 2009, S. 737 und FG Düsseldorf, 11 K 763/08
>
> **Der BFH hat in zwei Fällen zur Schuldzinsenbegrenzung wegen Überentnahmen entschieden.**
>
> **Norm:** § 4 Abs. 4a EStG

Der BFH hat entschieden, dass der in einem Verlustjahr nach Saldierung mit Entnahmen verbleibende Einlagenüberschuss, zuerst mit dem höheren laufenden Verlust zu verrechnen ist, wodurch die Summe der in den früheren Verlustjahren getätigten Entnahmen weiter die Ausgangsgröße der (schädlichen) Überentnahme bildet. Die Richter folgten damit der Verwaltungsauffassung.

Voraussetzung für die Beschränkung des Schuldzinsenabzugs für betriebliche Schulden ist, dass Überentnahmen getätigt wurden. Die nicht abziehbaren Schuldzinsen werden typisiert mit 6 % der Überentnahme des Wirtschaftsjahres zuzüglich der Überentnahmen vorangegangener Wirtschaftsjahre und abzüglich der Beträge, um die in den vorangegangenen Wirtschaftsjahren der Gewinn und die Einlagen die Entnahmen überstiegen haben (Unterentnahmen), ermittelt. Dabei war jetzt in zwei Fällen vor dem BFH fraglich, ob im Rahmen des bei der Definition der Überentnahmen verwendeten Gewinnbegriffs auch Verluste zu berücksichtigen sind. Denn würde man Verluste generell mit einbeziehen, würde dies dazu führen, dass es auch ohne das Vorliegen einer Entnahme durch einen Verlust stets zu einer schädlichen Überentnahme kommt.

Der X. Senat folgte der Auffassung des FA, die zuvor auch schon vom jeweiligen FG bestätigt worden war. Verluste könnten zwar für sich allein genommen nicht zu Überentnahmen führen, aber so wie Gewinne und Einlagen das für Entnahmen zur Verfügung stehende Eigenkapital mehren, würde dieses durch Verluste gemindert. Eine Überentnahme kann jedoch nicht höher sein als die Entnahme. Im Ergebnis bedeutet dies, dass Überentnahmen in einem Verlustjahr nicht höher angesetzt werden dürfen, als der Betrag um den die Entnahmen die Einlagen des Wirtschaftsjahres übersteigen. Die Ausgestaltung des § 4 Abs. 4a EStG beruhe auf dem sog. Eigenkapitalmodell: Das bilanzielle (nach

---

[3] Nicht veröffentlicht.

Buchwerten ermittelte) Eigenkapital bildet Maßstab und Grenze dessen, was der Betriebsinhaber dem Betrieb an Mitteln entziehen darf. So wie das Eigenkapital durch Gewinne und Einlagen aufgestockt wird, wird es durch Entnahmen und Verluste verbraucht.

Bei den Steuerpflichtigen hatte sich in den betreffenden Streitjahren ein Einlagenüberschuss ergeben, den das FA zunächst mit dem im gleichen Jahr entstandenen höheren Verlust verrechnete, sodass es bei der aus dem Vorjahr fortgeführten Überentnahme und der damit verbundenen Schuldzinsenbegrenzung verblieb.

> **Literaturhinweis:** *Prof. Dr. Weber-Grellet*, DB 34/2012, S. 1889

1.1.5 Zur Nachweispflicht von Bewirtungsaufwendungen

> **BFH, Urteil v. 18.4.2012, X R 57/09, BStBl II 2012, S. 770;**
> **Vorinstanz: FG Düsseldorf, EFG 2010, S. 633**
>
> **Zum Nachweis der Aufwendungen ist im Fall einer Gaststättenbewirtung eine Rechnung beizufügen. Die ausgestellte Rechnung muss dabei, sofern es sich nicht um Rechnungen über Kleinbeträge i.S.d. UStDV handelt, den Namen des bewirtenden Steuerpflichtigen enthalten. Vom Steuerpflichtigen ausgestellte Eigenbelege oder vorgelegte Kreditkartenabrechnungen sind insoweit nicht ausreichend.**
>
> **Norm:** § 4 Abs. 5 S. 1 Nr. 2 EStG i. d. F. des StRefG 1990

Aufwendungen für die Bewirtung von Personen aus geschäftlichem Anlass sind gem. § 4 Abs. 5 S. 1 Nr. 2 S. 1 EStG in der in den Streitjahren gültigen Fassung nicht abzugsfähig, soweit sie 80 % (aktuell 70 %) der Aufwendungen übersteigen. Zum Nachweis der Höhe und der betrieblichen Veranlassung der Aufwendungen hat der Steuerpflichtige schriftlich die folgenden Angaben zu machen: Ort, Tag, Teilnehmer und Anlass der Bewirtung sowie Höhe der Aufwendungen (S. 2). Hat die Bewirtung in einer Gaststätte stattgefunden, so genügen Angaben zum Anlass und den Teilnehmern der Bewirtung. Die Rechnung über die Bewirtung ist beizufügen (S. 3).

Sachverhalt

Das FA versagte im Streitfall den Betriebsausgabenabzug für Bewirtungsaufwendungen unter Hinweis darauf, dass die vorgelegten Rechnungen den Namen des bewirtenden Steuerpflichtigen nicht enthielten. Die entsprechenden Eigenbelege des Klägers in diesem Zusammenhang ließ es zum Nachweis nicht ausreichen. Demgegenüber urteilte das FG in der ersten Instanz, dass die Bewirtungsaufwendungen abzugsfähig seien, soweit auf den ausgestellten Rechnungen lediglich der Name des Bewirtenden fehle. Im Hinblick auf die streitgegenständlichen Eigenbelege des Klägers lägen ordnungsgemäße Nachweise nach § 4 Abs. 5 S. 1 Nr. 2 S. 2 EStG vor.

Entscheidung

Die Voraussetzungen zur Erfüllung der Nachweispflicht bei einer Bewirtung in einer Gaststätte ergeben sich entgegen der Auffassung des FG allein aus Satz 3 der Vorschrift als lex specialis zu Satz 2. Dies ergibt sich insbesondere aus dem zwingenden Erfordernis, im Fall der Gaststättenbewirtung die Rechnung über die Bewirtung beizufügen. Die Beifügung der Rechnung kann nicht durch die geforderten Angaben in Satz 2 der Vorschrift – also durch Eigenbelege – ersetzt werden.

Das systematische Verständnis des FG, Satz 3 der Vorschrift stelle lediglich eine Vereinfachungsregelung zu Satz 2 für den Fall der Gaststättenbewirtung dar, ist – so der BFH – unzutreffend.

Die Voraussetzungen des § 4 Abs. 5 S. 1 Nr. 2 S. 3 EStG waren im Streitfall nicht erfüllt. Durch die Einreichung der Eigenbelege hat der Kläger zwar seine Pflicht zur schriftlichen Angabe des Anlasses und der Teilnehmer der Bewirtung erfüllt. Dem Abzug als Betriebsausgaben stand jedoch entgegen, dass die Angabe des Klägers als bewirtende Person auf den ansonsten ordnungsgemäßen Gaststättenrechnungen fehlte. Gaststättenrechnungen i. S. d. § 4 Abs. 5 S. 1 Nr. 2 S. 3 EStG müssen grundsätzlich auch den Namen des bewirtenden Steuerpflichtigen enthalten. Weder die entsprechende Angabe des Klägers auf den von ihm erstellten Eigenbelegen noch die eingereichten Kreditkartenabrechnungen machen – so der X. Senat – die erforderliche Angabe des Steuerpflichtigen auf den Rechnungen entbehrlich. Etwas anderes gelte nur bei Rechnungen über Kleinbeträge i. S. d. UStDV, d. h. bei Rechnungen, deren Gesamtbetrag 150 € nicht übersteigt.[4]

1.1.6 Kosten für Schiffsreise mit Geschäftspartnern grundsätzlich nicht abziehbar

> **BFH, Urteil v. 2.8.2012, IV R 25/09, BStBl II 2012, S. 824;**
> **Vorinstanz: Schleswig-Holsteinisches FG, EFG 2009, S. 1368**
>
> **Lädt ein Unternehmer Geschäftspartner zu einer Schiffsreise ein, sind die Aufwendungen für die Reise und hiermit zusammenhängende Bewirtungen in der Regel nicht abziehbar.**
>
> **Norm:** § 4 Abs. 5 S. 1 Nr. 4 EStG

Sachverhalt

Geklagt hatte ein mittelständisches Unternehmen, das anlässlich der Kieler Woche mit Geschäftspartnern und eigenen Mitarbeitern aus dem Vertriebs- und Servicebereich eine sog. Regatta-Begleitfahrt unternommen hatte. Dazu war ein historisches Segelschiff gechartert worden, auf dem die Mitreisenden auch bewirtet wurden. Das Unternehmen war der Meinung, es müsse die Kosten der Reise und der Bewirtung in gleicher Weise als Betriebsausgabe abziehen können, wie es die Finanzverwaltung bei der Nutzung von sog. VIP-Logen an stationären Sportstätten zulasse. Schließlich lasse sich Segelsport nicht stationär, sondern nur vom Schiff aus beobachten.

Entscheidung

Der BFH folgte dieser Argumentation nicht. Das EStG schließe Kosten für Schiffsreisen und damit zusammenhängende Bewirtungen bewusst vom Abzug aus, weil es darin Kosten einer unangemessenen Repräsentation sehe, die nicht „auf die Allgemeinheit abgewälzt" werden sollten. Nur wenn ein Zusammenhang mit der Unterhaltung der Geschäftspartner oder der Repräsentation des Unternehmens ausgeschlossen werden könne, sei ein Abzug der Kosten möglich. Auf Verwaltungsanweisungen zur Behandlung von Kosten für VIP-Logen könne sich das Unternehmen nicht berufen. Diese seien einerseits für die Gerichte nicht unmittelbar bindend und beträfen andererseits auch nur den hier nicht gegebenen Fall, dass ein Leistungsbündel von dem Sportveranstalter selbst bezogen werde.

---

[4] Siehe dazu auch R 4.10 Abs. 8 S. 4 EStR 2008.

1.1.7 Abgrenzung zwischen Kinderbetreuungskosten und nicht abziehbaren Unterrichtsaufwendungen

> **BFH, Urteil v. 19.4.2012, III R 29/11, BStBl II 2012, S. 862;**
> **Vorinstanz: FG Sachsen, 2 K 1522/10**
>
> **Berufstätige Eltern konnten auch schon vor 2009 zwei Drittel der Aufwendungen, max. 4.000 € je Kind, für die Unterbringung ihrer Kinder in einem zweisprachig geführten Kindergarten wie Betriebsausgaben oder Werbungskosten einkommensteuermindernd geltend machen.**
>
> **Normen:** § 4f und § 9 Abs. 5 S. 1 EStG i. d. F. des Gesetzes zur steuerlichen Förderung von Wachstum und Beschäftigung v. 26.4.2006

Sachverhalt

Im Streitfall wurden in dem betreffenden Kindergarten neben deutschen Erzieherinnen auch französische „Sprachassistentinnen" eingesetzt. Die Erzieherinnen sprachen mit den Kindern ausschließlich deutsch, die Sprachassistentinnen ausschließlich französisch. Ein Lehrplan existierte nicht. Die Erzieherinnen und Sprachassistentinnen arbeiteten in der Planung, Durchführung und Auswertung der pädagogischen Aufgaben partnerschaftlich und gleichberechtigt zusammen.

Das FA versagte den Abzug der streitigen Aufwendungen mit der Begründung, dass es sich hierbei nicht um nach § 4f S. 1 EStG a. F. abziehbare Kinderbetreuungskosten, sondern um nach § 4f S. 3 EStG a. F. nicht abziehbare Unterrichtskosten gehandelt habe.

Entscheidung

Dem folgte der BFH ebenso wie schon das FG nicht. Er wies darauf hin, dass der Begriff der Kinderbetreuung weit zu verstehen sei. Er umfasse nicht nur die behütende und beaufsichtigende Betreuung, sondern auch Elemente der Pflege und Erziehung, also die Sorge für das körperliche, seelische und geistige Wohl des Kindes. Letzteres schließe auch die pädagogisch sinnvolle Gestaltung der in Kindergärten und ähnlichen Einrichtungen verbrachten Zeit ein. Nach § 4f S. 3 EStG a. F. nicht begünstigte Aufwendungen für Unterricht oder die Vermittlung besonderer Fertigkeiten hätten nur dann vorgelegen, wenn die Dienstleistungen in einem regelmäßig organisatorisch, zeitlich und räumlich verselbständigten Rahmen stattgefunden hätten und die von der Lehrperson während der Unterrichtszeit ausgeübte Aufsicht über das Kind und damit die behütende Betreuung gegenüber der Vermittlung der besonderen Fähigkeiten als dem Hauptzweck der Dienstleistung in den Hintergrund getreten wäre. Davon könne jedoch im vorliegenden Fall nicht die Rede sein.

Hinweis:

Zur aktuellen gesetzlichen Regelung zur Abzugsfähigkeit der Kinderbetreuungskosten vgl. § 10 Abs. 1 Nr. 5 EStG i. d. F. des StVereinfG 2011 sowie das BMF-Schreiben vom März 2012[5].

Und zur Verfassungsmäßigkeit des Abzugs von Kinderbetreuungskosten nach der alten Rechtslage vgl. auch die BFH-Urteile v. 9.2. und 5.7.2012.[6]

> **Literaturhinweis:** *Dr. Pfirrmann*, nwb 42/2012, S. 3360

---

[5] BMF, Schreiben v. 14.3.2012, BStBl I 2012, S. 307 sowie B.1.1.10.
[6] Urteil v. 9.2.2012, III R 67/09, BStBl II 2012, S. 567; Urteil v. 5.7.2012, III R 80/09, BStBl II 2012, S. 816.

1.1.8 Rückstellung für Kosten zukünftiger Betriebsprüfungen

> **BFH, Urteil v. 6.6.2012, I R 99/10, DB 2012, S. 2019;**
> **Vorinstanz: FG Baden-Württemberg, EFG 2011, S. 339**
>
> Bei einer als Großbetrieb eingestuften Kapitalgesellschaft sind Rückstellungen für zukünftige Betriebsprüfungskosten zu bilden, soweit diese die am jeweiligen Bilanzstichtag bereits abgelaufenen Wirtschafts- bzw. Prüfungsjahre betreffen. Auf den Zeitpunkt des Erlasses einer Prüfungsanordnung kommt es nicht an.
>
> **Norm:** § 5 Abs. 1 EStG

Sachverhalt

Fraglich war, ab welchem Zeitpunkt ein Unternehmen in seinen Bilanzen gewinnmindernde Rückstellungen für die Kosten zukünftig zu erwartender Betriebsprüfungen bilden durfte. Die Finanzverwaltung erkennt diese regelmäßig erst für solche Jahresabschlüsse an, bei deren Aufstellung bereits eine Prüfungsanordnung vorliegt.[7] Die Vorinstanz hatte im Streitfall demgegenüber entschieden, dass bei Großbetrieben die Bildung einer Rückstellung für die Kosten einer zukünftigen Betriebsprüfung auch ohne Vorliegen einer Prüfungsanordnung zulässig ist.

Entscheidung

Im Urteilsfall lagen die Voraussetzungen für die Bildung einer Rückstellung vor. Der Erlass einer Prüfungsanordnung gegenüber der Klägerin und damit auch deren Verpflichtung zur Mitwirkung nach § 200 AO waren am Bilanzstichtag wahrscheinlich. Maßstab hierfür ist die Prognose dazu, ob am Bilanzstichtag mehr Gründe für als gegen das Entstehen dieser Verpflichtung in der Zukunft sprachen. Hiervon kann zwar regelmäßig, d. h. ohne Hinzutreten weiterer Umstände nicht allein aufgrund des Umstands ausgegangen werden, dass am Bilanzstichtag Steuern unter dem Vorbehalt der Nachprüfung festgesetzt worden sind.

Für den Streitfall hat die Vorinstanz jedoch zu Recht festgestellt, dass nach den Monatsberichten des BMF bei Betrieben, die – wie die Klägerin – als Großbetriebe eingestuft waren und deshalb nach § 4 Abs. 2 BpO 2000 ohne zeitliche Zäsur geprüft werden sollten (sog. Anschlussbetriebsprüfung), die Wahrscheinlichkeit, dass der einzelne Veranlagungszeitraum geprüft wird, bei rund 80 % lag. Demgemäß musste auch die Klägerin mit zumindest überwiegender Wahrscheinlichkeit davon ausgehen, dass ihr gegenüber eine Betriebsprüfungsanordnung ergeht, die ohne zeitlichen Abstand an die vorangegangene Außenprüfung anschließt.

Der BFH weicht nach seinen eigenen Angaben mit der nun getroffenen Würdigung nicht von den Grundsätzen des in den EStH zitierten BFH-Urteils ab. Im damaligen Urteilsfall wurde der Aufwand erst durch die am Bilanzstichtag nicht vorhersehbaren Beanstandungen des Prüfers ausgelöst, hingegen ging es in dem neuen Streitfall um die durch die Durchführung einer Betriebsprüfung veranlassten Aufwendungen. Diese finden aber – so der I. Senat – ihren wirtschaftlich wesentlichen Bezugspunkt allein in den bis zum jeweiligen Bilanzstichtag verwirklichten Besteuerungsmerkmalen.

> **Literaturhinweise:** *Eckert*, DB 39/2012, S. 2187; *Zeidler/Mißbach*, nwb 42/2012, S. 3368

---

[7] H 5.7 Abs. 4 EStH 2011 unter Hinweis auf BFH, Urteil v. 24.8.1972, VIII R 21/69.

1.1.9 Keine Passivierung bei sog. qualifiziertem Rangrücktritt

> **BFH, Urteil v. 30.11.2011,[8] I R 10010, BStBl II 2012, S. 332;**
> **Vorinstanz: FG München, EFG 2011, S. 554**
>
> **Eine Verbindlichkeit, die nur aus künftigen Gewinnen oder einem etwaigen Liquidationsüberschuss erfüllt zu werden braucht, kann mangels gegenwärtiger wirtschaftlicher Belastung nicht ausgewiesen werden.**
>
> **Normen:** §§ 5 Abs. 1 und 2a, 52 Abs. 12a EStG 1997

Gemäß § 5 Abs. 2a EStG 1997 sind für Verpflichtungen, die nur zu erfüllen sind, soweit künftig Einnahmen oder Gewinne anfallen, Verbindlichkeiten oder Rückstellungen erst anzusetzen, wenn die Einnahmen oder Gewinne angefallen sind. Soweit entsprechende Verpflichtungen passiviert sind, müssen diese zum Schluss des ersten nach dem 31.12.1998 beginnenden Wirtschaftsjahrs aufgelöst werden.

Streitig war im Urteilsfall, ob Darlehensverbindlichkeiten einer GmbH gegenüber ihrer Alleingesellschafterin, ebenfalls einer GmbH, in der Steuerbilanz gewinnwirksam aufzulösen sind, weil sie nur aus künftigen Gewinnen oder einem etwaigen Liquidationsüberschuss erfüllt zu werden brauchen.

Hierzu führt der BFH aus, dass eine Verbindlichkeit zu bilanzieren ist, wenn der Unternehmer zu einer dem Inhalt und der Höhe nach bestimmten Leistung an einen Dritten verpflichtet ist, die vom Gläubiger erzwungen werden kann und eine wirtschaftliche Belastung darstellt. An dieser wirtschaftlichen Belastung fehle es im Streitfall. Die Darlehen müssen nur aus künftigen Überschüssen, soweit sie bestehende Verlustvorträge übersteigen, oder aus einem Liquidationsüberschuss zurückbezahlt werden. Soweit die Befriedigung der Verbindlichkeit auf künftige Überschüsse beschränkt ist, kann für das Fehlen einer gegenwärtigen wirtschaftlichen Belastung auf den § 5 Abs. 2a EStG 1997 zugrunde liegenden Gedanken zurückgegriffen werden. Eine Verbindlichkeit unter Vereinbarung eines Rangrücktritts dergestalt, dass die Forderung des Gläubigers hinter die Forderungen aller übrigen Gläubiger zurücktritt und nur aus künftigen Jahresüberschüssen zu erfüllen ist, ist gemäß § 5 Abs. 2a EStG 1997 nicht auszuweisen.

Ein Ausweis der Verbindlichkeit ist laut BFH nicht gerechtfertigt, denn der Schuldner sei, solange die Gewinne noch nicht erzielt sind, in seinem gegenwärtigen Vermögen zum Bilanzstichtag noch nicht belastet. Seine Situation gleiche wirtschaftlich der eines Schuldners, dem eine Verbindlichkeit gegen Besserungsschein erlassen wurde. Beide müssten die Verbindlichkeit nur aus künftigen Gewinnen erfüllen. Die Darlehen seien im Streitfall auch nicht deshalb zu passivieren, weil sie nicht nur aus künftigen Gewinnen, sondern auch aus einem eventuellen Liquidationsüberschuss zu bedienen sind. Denn auch insoweit fehle es an einer gegenwärtigen wirtschaftlichen Belastung.

> **Literaturhinweise:** *Hamminger*, nwb 18/2012, S. 1498; *Dr. Kahlert*, nwb 26/2012, S. 2118 und 2141

---

[8] Erst im Jahr 2012 veröffentlicht.

1.1.10 Bilanzierung von Ablösezahlungen im Profi-Fußball

> **BFH, Urteil v. 14.12.2011,[9] I R 108/10, BStBl II 2012, S. 238;**
> **Vorinstanz: FG Mecklenburg-Vorpommern, 1 K 466/07**
>
> **Der BFH hat seine frühere Auffassung zur bilanziellen Behandlung von Transferzahlungen für Lizenzspieler im Profifußball bestätigt und eine Aktivierung von Spielerlizenzen bejaht.**
>
> **Norm:** § 5 Abs. 2 EStG

Der I. Senat hat seine Rechtsprechung aus dem Jahr 1992[10] bestätigt, nach der Vereine der Fußball-Bundesliga Ablösezahlungen an andere Vereine für den Wechsel von Spielern nicht sofort steuerwirksam als Betriebsausgaben absetzen können. Die Vereine müssen vielmehr in ihren Bilanzen für die exklusive Nutzungsmöglichkeit an dem jeweiligen Spieler ein immaterielles Wirtschaftsgut in Höhe der Ablösezahlungen zuzüglich etwaiger Provisionszahlungen an Spielervermittler ausweisen und können dieses entsprechend der Vertragslaufzeit abschreiben.

Diese Rechtsprechung war von dem klagenden Bundesliga-Verein u. a. deshalb in Frage gestellt worden, weil sie seiner Auffassung nach den Gegebenheiten nach dem sog. „Bosman"-Urteil des EuGH aus dem Jahr 1995[11] nicht mehr gerecht werde und weil sie auf eine verfassungswidrige Bilanzierung von „Humankapital" hinauslaufe.

Nach Auffassung des Gerichts ist das Steuerbilanzrecht demgegenüber gehalten, die tatsächlichen wirtschaftlichen Verhältnisse auf dem entstandenen Markt für den „Einkauf" und den „Verkauf" von Profispielern abzubilden. Vor dem Hintergrund dieses Marktes stellt die vom Deutschen Fußballbund verbandsrechtlich abgesicherte exklusive Einsatzmöglichkeit eines Spielers eine eigenständige vermögenswerte Position des verpflichtenden Vereins dar, die bei der Bilanzierung berücksichtigt werden muss. Solange die Verhältnisse auf dem Lizenzspielermarkt selbst nicht als rechts- oder sittenwidrig angesehen werden, kann eine daran anknüpfende Bilanzierung und Besteuerung nicht als Verfassungsverstoß gewertet werden.

> **Literaturhinweis** zum Thema „Teilwertabschreibung": *Tescke/Knipping/Sundheimer*, DB 36/2012, Kurz kommentiert M 10

1.1.11 Teilwertabschreibung bei voraussichtlich dauernder Wertminderung

> **BFH, Urteile v. 21.9.2011,[12] I R 89/10, DB 2012, S. 91 und I R 7/11, DB 2012, S. 94;**
> **Vorinstanzen: FG Münster, EFG 2011, S. 124 und FG Rheinland-Pfalz, EFG 2011, S. 953**
>
> **Der BFH hat in zwei Urteilen über die Zulässigkeit von Teilwertabschreibungen bei im Anlagevermögen gehaltenen börsennotierten Aktien und Aktienfonds entschieden und ist dabei von der strengen Auffassung der Finanzverwaltung abgewichen.**
>
> **Norm:** § 6 Abs. 1 Nr. 2 S. 2 EStG i. d. F. des StEntlG 1999/2000/2002

---

[9] Erst im Jahr 2012 veröffentlicht.
[10] Urteil v. 26.8.1992, I R 24/91, BStBl II 1992, S. 977.
[11] Urteil v. 15.12.1995, C–415/93, *Bosman*.
[12] Erst im Jahr 2012 veröffentlicht.

Bilanzierte Wirtschaftsgüter können nach § 6 Abs. 1 Nr. 2 EStG im Falle einer voraussichtlich dauernden Wertminderung zu Lasten des Gewinns auf ihren niedrigeren Teilwert abgeschrieben werden. Von einer voraussichtlich dauernden Wertminderung ist bei an der Börse gehandelten Aktien typisierend bereits dann auszugehen, wenn der Kurs am Bilanzstichtag unter den Kurs im Zeitpunkt des Aktienerwerbs gesunken ist und die Kursdifferenz eine Bagatellgrenze von 5 % überschreitet. Auf die Kursentwicklung nach dem Bilanzstichtag kommt es grundsätzlich nicht an (I R 89/10).

Gleichermaßen hat der BFH für die Teilwertabschreibung auf Investmentanteile entschieden (I R 7/11), wenn das Vermögen des Investmentfonds überwiegend aus Aktien besteht, die an Börsen gehandelt werden (sog. Aktienfonds).

Der I. Senat geht davon aus, dass eine einzelfallbezogene Prüfung der voraussichtlichen Dauer von Kursdifferenzen sowohl die Finanzbehörden als auch die Steuerpflichtigen überfordern würde. Im Interesse eines möglichst einfachen und gleichheitsgerechten Gesetzesvollzugs ist deshalb von dem grundsätzlich maßgeblichen Börsenkurs zum Bilanzstichtag nur ausnahmsweise abzurücken, z. B. wenn in Fällen eines sog. Insiderhandels oder aufgrund äußerst geringer Handelsumsätze konkrete und objektiv nachprüfbare Anhaltspunkte dafür vorliegen, dass der Börsenkurs nicht den tatsächlichen Anteilswert widerspiegelt.

Mit diesen Urteilen hat der BFH seine bisherige Rechtsprechung präzisiert und bestätigt. Er weicht damit zugleich von der Verwaltungspraxis ab, nach der nur dann von einer voraussichtlich dauernden Wertminderung auszugehen ist, wenn der Börsenkurs der Aktien oder der Rücknahmepreis der Fondsanteile zum jeweiligen Bilanzstichtag um mehr als 40 % oder an zwei aufeinander folgenden Bilanzstichtagen um jeweils mehr als 25 % unter die Anschaffungskosten gesunken ist.[13]

Hinweis:

Vgl. hierzu auch ein Urteil des BFH v. 8.6.2011 und das daraufhin ergangene BMF-Schreiben v. 10.9.2012 zu Teilwertabschreibungen bei festverzinslichen Wertpapieren im Umlaufvermögen.[14]

Literaturhinweis: *Meyer*, nwb 6/2012, S. 491

1.1.12 Übertragung eines Mitunternehmeranteils bei Ausgliederung von Sonderbetriebsvermögen

BFH, Urteil v. 2.8.2012, IV R 41/11, DB 2012, S. 2375;
Vorinstanz: FG Rheinland-Pfalz, EFG 2011, S. 2142

Nach § 6 Abs. 3 S. 1 Halbs. 1 EStG in seiner seit dem Veranlagungszeitraum 2001 gültigen Fassung scheidet die Aufdeckung der stillen Reserven im unentgeltlich übertragenen Mitunternehmeranteil auch dann aus, wenn ein funktional wesentliches Betriebsgrundstück des Sonderbetriebsvermögens vorher bzw. zeitgleich zum Buchwert nach § 6 Abs. 5 EStG übertragen worden ist.

Norm: § 6 Abs. 3 und 5 EStG

---

[13] BMF, Schreiben v. 26.3.2009, BStBl I 2009, S. 514.
[14] Vgl. hierzu B.1.1.7.

Der Gesellschafter einer Personengesellschaft kann seinen Gesellschaftsanteil steuerneutral auf ein Kind übertragen, obwohl er ein ihm allein gehörendes und von der Gesellschaft genutztes Grundstück zeitgleich und ebenfalls steuerneutral auf eine zweite Personengesellschaft überträgt. So hat der BFH entschieden und damit der Auffassung der Finanzverwaltung widersprochen.

Sachverhalt

Im entschiedenen Fall war der Vater alleiniger Kommanditist einer Spedition in der Rechtsform einer GmbH & Co. KG gewesen und hatte der KG das in seinem Eigentum stehende Betriebsgrundstück vermietet. Im Oktober 2002 schenkte der Vater seiner Tochter zunächst 80 % seiner Anteile an der KG sowie die gesamten Anteile an der GmbH. Anschließend gründete der Vater eine zweite GmbH & Co. KG, auf die er dann im Dezember 2002 das Betriebsgrundstück übertrug. Zeitgleich wurden auch die restlichen KG-Anteile auf die Tochter übertragen.

Nach Meinung des Vaters konnten alle Übertragungen zum Buchwert und damit steuerneutral vorgenommen werden. Das FA stimmte dem nur in Bezug auf die Übertragung des Grundstücks zu. Wegen dessen Ausgliederung seien aber alle stillen Reserven im Gesamthandsvermögen der KG (hier ein Geschäftswert von 100.000 €) aufgedeckt worden.

Nach dem EStG finden alle hier vorgenommenen Übertragungen für sich genommen zum Buchwert statt. Streit bestand nur über die Frage, ob sich daran etwas ändert, wenn mehrere Übertragungen in einem engen zeitlichen Zusammenhang vorgenommen werden. Die Finanzverwaltung hat in einer Verwaltungsanweisung[15] die Auffassung vertreten, die Ausgliederung von Wirtschaftsgütern des sog. Sonderbetriebsvermögens (hier das Grundstück) in ein anderes Betriebsvermögen bewirke, dass der Gesellschaftsanteil mit dem evtl. verbliebenen weiteren Sonderbetriebsvermögen nicht mehr zum Buchwert übertragen werden könne. Dem ist der IV. Senat entgegengetreten, weil das Gesetz beide Buchwertübertragungen gestatte und keiner der beiden Regelungen ein Vorrang eingeräumt worden sei. Die Privilegierungen nach § 6 Abs. 3 und Abs. 5 EStG stünden nach dem Gesetzeswortlaut gleichberechtigt nebeneinander.

> **Literaturhinweis:** *Bode*, DB 42/2012, S. 2375

1.1.13 Teilentgeltliche Übertragung eines Wirtschaftsguts in das Gesamthandsvermögen

> **BFH, Urteil v. 19.9.2012, IV R 11/12, DB 2012, S. 2376;**
> **Vorinstanz: Niedersächsisches FG, 13 K 251/10**
>
> Die teilentgeltliche Übertragung eines Wirtschaftsguts des Sonderbetriebsvermögens in das Gesamthandsvermögen der Personengesellschaft führt nicht zur Realisierung eines Gewinns, wenn das Entgelt den Buchwert nicht übersteigt.
>
> **Norm:** § 6 Abs. 1 Nr. 4 S. 1 und Abs. 5 S. 3 EStG

---

[15] BMF, Schreiben v. 3.3.2005, BStBl I 2005, S. 458.

Der Gesellschafter einer Personengesellschaft kann Wirtschaftsgüter aus seinem Sonderbetriebsvermögen an die Gesellschaft wie ein fremder Dritter entgeltlich veräußern. Eine entgeltliche Veräußerung ist grundsätzlich anzunehmen, wenn die Personengesellschaft im Zusammenhang mit der Übertragung des Wirtschaftsguts eine Verbindlichkeit des Gesellschafters übernimmt. Das steuerlich beachtliche Entgelt besteht in diesem Fall in der Übernahme der Verbindlichkeit.

Sachverhalt

Ein vergleichbarer Fall lag dem BFH vor. Der Kommanditist einer GmbH & Co. KG hatte u. a. ein mit einer Verbindlichkeit belastetes Grundstück aus seinem Sonderbetriebsvermögen an die Personengesellschaft übertragen. Im Verhältnis zum Verkehrswert (1.520.000 €) machte die übernommene Verbindlichkeit, also das Entgelt, ca. 19,5 % (d. h. 296.500 €) aus. Das FA erhöhte die Sonderbetriebseinnahmen des Gesellschafters um die anteilig zu den übernommenen Verbindlichkeiten aufzudeckenden stillen Reserven.

Entscheidung

Nach Ansicht des BFH ergab sich im vorliegenden Fall jedoch kein Gewinn im Sonderbetriebsvermögen des Gesellschafters, weil der Buchwert des Grundstücks (1.026.000 €) höher als das erzielte Entgelt war. Auch eine Entnahme lag dem Grunde nach nicht vor, da das übertragene Wirtschaftsgut das Betriebsvermögen nicht verlassen hat, zu dem es vor der Übertragung gehörte. Denn das Betriebsvermögen einer Personengesellschaft umfasst neben dem Gesamthandsvermögen auch das Sonderbetriebsvermögen. Wechselt ein Wirtschaftsgut durch eine Transaktion von einem Teil des Betriebsvermögens der Personengesellschaft in einen anderen Teil desselben Betriebsvermögens, kann der Vorgang folglich nicht als eine Entnahme angesehen werden.

Dies entspricht insoweit ständiger BFH-Rechtsprechung. Denn die Entnahme setzt voraus, dass das Wirtschaftsgut den Bereich des Betriebs verlässt. Wird der betriebliche Funktionszusammenhang aber – wie im Streitfall – nicht gelöst, fehlt es an einer Entnahme. Anders als bei einem von einer einzelnen Person unterhaltenen Betrieb ist deshalb bei einer Personengesellschaft ein zivilrechtlicher Rechtsträgerwechsel ohne gleichzeitige Entnahme denkbar. Auch die Anwendung der durch die Verwaltung vertretenen sog. Trennungstheorie ließ der BFH aufgrund der im Streitfall vorliegenden Gegebenheiten nicht zu.

Hinweis:

Zuvor hatte der BFH am 21.6.2012[16] noch zu einem Sonderfall des Veranlagungszeitraums 1999 entschieden, dass die teilentgeltliche Übertragung eines Wirtschaftsguts aus dem Sonderbetriebsvermögen in das Gesamthandsvermögen einer Schwesterpersonengesellschaft insoweit als Entnahme zu beurteilen sei, als das Entgelt hinter dem Teilwert des Wirtschaftsguts zurückbleibt.

Literaturhinweise: *Prof. Dr. Prinz/Hütig*, DB 46/2012, S. 2597; *Goebel/Ungemach*, nwb 48/2012, S. 3855

---

[16] IV R 1/08, DB 2012, S. 1598.

1.1.14 Nachweis der Investitionsabsicht bei neu gegründeten Betrieben

> **BFH, Urteil v. 20.6.2012, X R 42/11, DB 2012, S. 2023;**
> **Vorinstanz: FG Nürnberg, EFG 2011, S. 1964**
>
> Der BFH hat die Nachweispflichten für Betriebsgründer, die einen Investitionsabzugsbetrag geltend machen wollen, erleichtert.
>
> **Norm:** § 7g EStG

Kleine und mittelgroße Betriebe können unter den Voraussetzungen des § 7g EStG eine Investitionsförderung erhalten. Diese besteht darin, dass der Betriebsinhaber bereits vor der tatsächlichen Durchführung der Investition einen Teil der künftigen Abschreibungen steuerlich geltend machen kann. Hierdurch ergibt sich eine frühzeitige steuerliche Entlastung, die die Finanzierung der Investition erleichtern soll. Bis zur Änderung des § 7g EStG durch das UntStRefG 2008 v. 14.8.2007 geschah dies in Form der „Ansparabschreibung", seither durch einen „Investitionsabzugsbetrag".

Nach dem Gesetzeswortlaut ist jeweils erforderlich, dass der Steuerpflichtige die Investition „voraussichtlich" tätigen wird. Dies ist bei Betrieben, deren Gründung noch nicht abgeschlossen ist, nur schwer überprüfbar. Daher hatte der BFH zur früheren Fassung des § 7g EStG entschieden, dass die Geltendmachung der Ansparabschreibung in solchen Fällen eine verbindliche Bestellung der wesentlichen Betriebsgrundlagen voraussetze.[17] Die Finanzverwaltung wollte diese Rechtsprechung auch auf den heute geltenden Investitionsabzugsbetrag übertragen.[18]

Dem ist der BFH nunmehr entgegen getreten. Zwar ist bei noch in Gründung befindlichen Betrieben eine strenge Prüfung der Investitionsabsicht erforderlich. Der Steuerpflichtige hat im Anwendungsbereich der Neufassung des § 7g EStG jedoch die Möglichkeit, diese Voraussetzung auch durch andere Indizien als ausschließlich die Vorlage einer verbindlichen Bestellung nachzuweisen. Für die bis 2007 geltende Ansparabschreibung bleibt die bisherige Rechtsprechung hingegen unverändert.

Hinweis:

> Die Entscheidung ist von besonderer Bedeutung für Betreiber von Photovoltaikanlagen. Diese können die Investitionsförderung beanspruchen, wenn sie die Anlage am 31.12. des Vorjahres zwar noch nicht verbindlich bestellt hatten, die spätere Durchführung der Investition aber aus anderen Gründen bereits absehbar war. Allein die Einholung von Kostenvoranschlägen oder die Teilnahme an Informationsveranstaltungen (hier über den Nutzen einer Photovoltaikanlage) hält der BFH als Nachweis der erforderlichen Investitionsabsicht für nicht ausreichend. Er verlangt entweder Vorbereitungshandlungen, die mit Kosten verbunden sind, oder eine Beurteilung der künftigen Entwicklung aufgrund von Umständen, die erst nach dem Bilanzstichtag eingetreten sind und die Absicht bestätigen.

---

[17] Urteil v. 17.11.2004, X R 38/92.
[18] Vgl. BMF, Schreiben v. 8.5.2009, BStBl I 2009, S. 633.

1.1.15 Investitionsabzug nach Abschluss der begünstigten Investition

> **BFH, Urteil v. 17.1.2012, VIII R 48/10, DB 2012, S. 1009;**
> **Vorinstanz: FG Berlin-Brandenburg, EFG 2011, S. 2076**
>
> **Schafft der Steuerpflichtige ein Wirtschaftsgut an, bevor er dafür mit seiner Steuererklärung oder mit einem nachfolgenden Einspruch einen Investitionsabzugsbetrag geltend macht, ist es nicht erforderlich, dass er im Zeitpunkt der Anschaffung die Absicht hatte, den Investitionsabzugsbetrag in Anspruch zu nehmen.**
>
> **Norm:** § 7g EStG

Sachverhalt

Der Kläger erzielt u. a. Einkünfte aus selbständiger Arbeit. In seiner ESt-Erklärung für das Streitjahr 2007 machte er die Gewährung von Investitionsabzugsbeträgen geltend für einen PC, einen Laptop und einen Bildschirm. Mit seinem gegen den Steuerbescheid 2007 gerichteten Einspruch begehrte der Kläger einen weiteren Investitionsabzugsbetrag für einen im Dezember 2008 angeschafften PKW.

Entscheidung

Ein Investitionsabzugsbetrag wird gemäß § 7g Abs. 1 S. 1 EStG gewährt für die künftige Anschaffung oder Herstellung eines abnutzbaren beweglichen Wirtschaftsguts des Anlagevermögens. Maßgeblich ist dabei die Sicht am Ende des Wirtschaftsjahres, für das der Steuerpflichtige den Abzugsbetrag geltend macht. Die aus dieser Sicht „künftige" Anschaffung kann bei Abgabe der Steuererklärung für das Abzugsjahr zwischenzeitlich – wie im Streitfall – bereits erfolgt sein. Es ist mithin für die Gewährung des Abzugsbetrags grundsätzlich nicht von Bedeutung, ob die Investition im Zeitpunkt der Abgabe der Steuererklärung tatsächlich schon vorgenommen war.

Der Auffassung, dass bereits im Zeitpunkt der Investition die Absicht zur Inanspruchnahme des Investitionsabzugsbetrags bestanden haben muss, um den erforderlichen Finanzierungszusammenhang herzustellen, ist nicht zu folgen. Eine im Vorfeld der Investition schon zu fassende Absicht späterer Wahlrechtsausübung nach § 7g EStG wird vom Gesetz nicht gefordert. Als subjektive Tatbestandsvoraussetzungen für die Gewährung des Abzugsbetrags werden dort nur die – erstmals ab 2007 ausdrücklich in das Gesetz aufgenommene – Investitionsabsicht gemäß § 7g Abs. 1 S. 2 Nr. 2 Buchst. a EStG und die in Buchst. b derselben Norm näher bestimmte Nutzungsabsicht aufgeführt; außerdem muss – als voluntative Voraussetzung – das Wahlrecht ausgeübt werden. Weitere subjektive Voraussetzungen stellt das Gesetz nicht auf.

Hinweis:

Die günstige Entscheidung erweitert den Gestaltungsspielraum insbesondere für Einnahmen-Überschuss-Rechner, welche noch nach Einreichung der Erklärung, Einlegung eines Einspruchs oder während einer Außenprüfung oder gar eines Klageverfahrens das Wahlrecht ausüben wollen. Bilanzierende Steuerpflichtige haben dagegen erschwerende Voraussetzungen durch die einschränkenden Grundsätze der Bilanzänderung.

Vgl. hierzu auch ein Urteil des BFH aus Juni 2011.[19]

> **Literaturhinweis:** *Dr. Strahl*, nwb 22/2012, S. 1814

---

[19] Urteil v. 8.6.2011, I R 90/10.

1.1.16 Mindestanforderungen für ein ordnungsgemäßes Fahrtenbuch

> **BFH, Urteil v. 1.3.2012, VI R 33/10, BStBl II 2012, S. 505;**
> **Vorinstanz: FG Berlin-Brandenburg, EFG 2010, S. 1306**
>
> Der BFH hält an seiner mittlerweile ständigen Rechtsprechung fest, dass ein ordnungsgemäßes Fahrtenbuch insbesondere Datum und Ziel der jeweiligen Fahrten ausweisen muss und dass diesen Anforderungen nicht entsprochen ist, wenn als Fahrtziele jeweils nur Straßennamen angegeben sind, auch wenn diese Angaben anhand nachträglich erstellter Auflistungen präzisiert werden.
>
> **Normen:** §§ 8 Abs. 2 Sätze 2 und 4, 6 Abs. 1 Nr. 4 S. 2 EStG

Sachverhalt

Die Klägerin, eine GmbH, hatte ihrem Gesellschaftergeschäftsführer F einen Dienstwagen überlassen. Sie begehrte im Rahmen der von ihr als Arbeitgeberin durchzuführenden Lohnsteueranmeldung, den für die Dienstwagenüberlassung anzusetzenden geldwerten Vorteil nicht mit der 1% Regelung, sondern auf Grundlage der von F geführten Fahrtenbücher zu versteuern. Die Fahrtenbücher wiesen allerdings neben dem jeweiligen Datum zumeist nur Ortsangaben auf (z. B. „F – A-Straße – F", „F – B-Straße – F"), gelegentlich auch die Namen von Kunden (z. B. „F – XY – F", „Firma – Z – F") oder Angaben zum Zweck der Fahrt (z. B. „F – Tanken – F"), außerdem den Kilometerstand nach Beendigung der Fahrt und die jeweils gefahrenen Tageskilometer. Diese Angaben ergänzte die Klägerin nachträglich durch eine Auflistung, die sie auf Grundlage eines von F handschriftlich geführten Tageskalenders erstellt hatte. Diese Auflistung enthielt Datum, Standort und Kilometerstand des Fahrzeugs zu Beginn der Fahrt, sowie den Grund und das Ziel der Fahrt.

Entscheidung

Während das FA das Fahrtenbuch als nicht ordnungsgemäß im Sinne des § 8 Abs. 2 S. 4 EStG beurteilte, war die dagegen vor dem FG erhobene Klage erfolgreich. Das FG hielt das Fahrtenbuch für ordnungsgemäß. Die Kombination aus handschriftlich in einem geschlossenen Buch eingetragenen Daten und der zusätzlichen, per Computerdatei erstellten erläuternden Auflistung reiche noch aus, um den durch die Nutzung des betrieblichen Fahrzeugs anzusetzenden geldwerten Vorteil individuell zu berechnen.

Die dagegen gerichtete Revision des FA war erfolgreich. Der BFH verwarf das Fahrtenbuch als nicht ordnungsgemäß, weil die Fahrten darin nicht vollständig aufgezeichnet sind. Eine solche vollständige Aufzeichnung verlange grundsätzlich Angaben zu Ausgangs- und Endpunkt jeder einzelnen Fahrt im Fahrtenbuch selbst. Dem genügten die Angaben im Streitfall nicht, da sich aus ihnen weder die Zieladresse noch der konkret besuchte Kunde ergaben. Bei dieser Art der Aufzeichnung waren weder Vollständigkeit noch Richtigkeit der Eintragungen gewährleistet. Angesichts dessen konnte es auch nicht ausreichen, die fehlenden Angaben durch eine erst nachträglich erstellte Auflistung nachzuholen.

Hinweis:

Vgl. zu dieser Thematik auch den Beschluss des BFH v. 14.3.2012.[20] Im Streitfall wurde nochmals explizit darauf hingewiesen, dass in der höchstrichterlichen Rechtsprechung hinreichend geklärt sei, welche Anforderungen an ein ordnungsgemäßes Fahrtenbuch zu stellen sind. Vgl. auch C.3.1.3.

> Literaturhinweis: *Dr. Schneider*, nwb 23/2012, S. 1892

1.1.17 Bauzeitzinsen können auch bei Überschusseinkünften Herstellungskosten sein

> **BFH, Urteil v. 23.5.2012, IX R 2/12, BStBl II 2012, S. 674;**
> **Vorinstanz: FG München, EFG 2012, S. 608**
>
> **Sind Bauzeitzinsen während der Herstellungsphase nicht als (vorab entstandene) Werbungskosten abziehbar, können sie in die Herstellungskosten einbezogen werden, wenn das fertiggestellte Gebäude durch Vermietung genutzt wird.**
>
> **Normen:** § 9 Abs. 1 S. 3 Nr. 1 und Nr. 7 EStG

Entsprechend entschied der BFH in einem Fall, in dem der Steuerpflichtige ein Mehrfamilienhaus errichtete, es zunächst verkaufen wollte, es dann aber aufgrund einer neuen Entscheidung ab Fertigstellung vermietete. Solange das Gebäude veräußert werden sollte, waren die während der Bauphase anfallenden Finanzierungsaufwendungen keine vorab entstandenen Werbungskosten. Die Frage stellte sich aber, ob sie insoweit in die Herstellungskosten und damit in die AfA-Bemessungsgrundlage einbezogen werden konnten.

Der IX. Senat bejahte diese Frage. § 255 Abs. 3 S. 2 HGB erlaube den Ansatz von Bauzeitzinsen, also von Zinsen, die auf den Zeitraum der Herstellung entfallen. Allerdings gelten die Vorschriften des HGB zunächst nur für bilanzierende Steuerpflichtige. Ihr handelsrechtliches Einbeziehungswahlrecht wird auch einkommensteuerrechtlich anerkannt. Nach der ständigen Rechtsprechung des BFH sind die AfA für den Bereich der Überschusseinkünfte indes, nach den gleichen Grundsätzen wie für die Gewinneinkünfte zu bestimmen. Da Systematik und Zweck des Gesetzes keine unterschiedliche Auslegung gebieten, können Bauzeitzinsen ganz unabhängig von den während der Herstellungsphase verfolgten Zwecken in die AfA-Bemessungsgrundlage einbezogen werden, wenn der Steuerpflichtige das fertiggestellte Gebäude dazu nutzt, Einkünfte aus Vermietung zu erzielen.

> Literaturhinweis: Vgl. hierzu auch die Anmerkungen in den nwb-News zum Steuerrecht v. 11.7.2012

---

[20] VIII B 120/11, DB 2012, S. 1721.

1.1.18 Mietentschädigung (Einnahmeausfall) keine Werbungskosten

> **BFH, Urteil v. 19.4.2012, VI R 25/10, DB 2012, S. 1784;**
> **Vorinstanz: FG Bremen, 4 K 33/08**
>
> Der Werbungskostenabzug setzt eine Belastung mit Aufwendungen voraus. Das ist bei einem in Anlehnung an § 8 Abs. 3 BUKG ermittelten Mietausfall nicht der Fall. Als entgangene Einnahme erfüllt er nicht den Aufwendungsbegriff.
>
> Normen: § 9 Abs. 1 S. 1 EStG; § 8 Abs. 3 BUKG

Der BFH hatte zu klären, ob eine Mietentschädigung in Form entgangener Einnahmen als Werbungskosten abzugsfähig ist, wenn es trotz verstärkter Bemühungen nicht möglich war, das bisher selbst genutzte Wohnungseigentum zu einem angemessenen Preis zu veräußern. Die Eheleute waren aufgrund einer dienstlichen Versetzung des Ehemannes umgezogen.

Die Richter lehnten einen Werbungskostenabzug ab. Ihr Urteil war nicht überraschend und allein schon aus steuersystematischen Gründen unzweifelhaft. Der Umzug war zwar beruflich veranlasst. Dennoch ist eine sog. Mietentschädigung nicht als Werbungskosten abziehbar. Der Werbungskostenabzug setzt nämlich eine tatsächliche Belastung mit Aufwendungen voraus. Davon ist auszugehen, wenn in Geld oder Geldeswert bestehende Güter aus dem Vermögen des Steuerpflichtigen abfließen. Fehlt es an einem tatsächlichen Abfluss, liegen keine abzugsfähigen Aufwendungen vor.

Entgangene Einnahmen, um die es im Streitfall ging, erfüllen ebenso wie der Verzicht auf Einnahmen nicht den Aufwendungsbegriff. Letztlich handele es sich, so der VI. Senat, bei der sog. Mietentschädigung für das Eigenheim am bisherigen Wohnsitz nicht um einen realen Abfluss von Aufwendungen, sondern um eine rein fiktive Position, die noch nicht einmal als Aufwand qualifiziert werden könne.

Hinweis:

Vgl. hierzu auch C.3.5. sowie das Urteil des FG Köln v. 20.11.2008, 10 K 4922/05, EFG 2009, S. 460.

1.1.19 Fahrten zwischen Wohnung und Arbeitsstätte – Offensichtlich verkehrsgünstigere Straßenverbindung

> **BFH, Urteile v. 16.11.2011,[21] VI R 19/11, BStBl II 2012, S. 520 und VI R 46/10, BStBl II 2012, S. 470;**
> **Vorinstanzen: FG Rheinland-Pfalz, EFG 2011, S. 1966 und FG Düsseldorf, 11 K 242/08 E**
>
> In zwei Urteilen hat der BFH konkretisiert, unter welchen Voraussetzungen die Entfernungspauschale für einen längeren als den kürzesten Weg zwischen Wohnung und Arbeitsstätte in Anspruch genommen werden kann.
>
> Norm: § 9 Abs. 1 S. 3 Nr. 4 S. 4 EStG

---

[21] Erst im Jahr 2012 veröffentlicht.

Grundsätzlich kann die Entfernungspauschale nur für die kürzeste Entfernung beansprucht werden. Etwas anderes gilt, wenn eine andere Verbindung „offensichtlich verkehrsgünstiger" ist und vom Arbeitnehmer regelmäßig benutzt wird (§ 9 Abs. 1 S. 3 Nr. 4 S. 4 EStG).

Im Streitfall VI R 19/11 hatte das FG die Klage abgewiesen, weil stets eine zu erwartende Fahrtzeitverkürzung von mindestens 20 Minuten erforderlich sei. In der Sache VI R 46/10 hatte das FG der Klage teilweise stattgegeben und bei der Berechnung der Entfernungspauschale eine vom Kläger tatsächlich nicht benutzte Verbindung berücksichtigt, die dem FG offensichtlich verkehrsgünstiger erschien.

Der VI. Senat hat nun entschieden, dass eine Mindestzeitersparnis von 20 Minuten nicht stets erforderlich ist. Vielmehr sind alle Umstände des Einzelfalls, wie z. B. die Streckenführung, die Schaltung von Ampeln o. ä. in die Beurteilung einzubeziehen. Eine Straßenverbindung kann auch dann „offensichtlich verkehrsgünstiger" sein, wenn bei ihrer Benutzung nur eine geringe Zeitersparnis zu erwarten ist (VI R 19/11). Zudem hat der BFH klargestellt, dass nur die tatsächlich benutzte Straßenverbindung in Betracht kommt. Eine bloß mögliche, aber vom Steuerpflichtigen nicht benutzte Straßenverbindung kann der Berechnung der Entfernungspauschale nicht zugrunde gelegt werden (VI R 46/10).

„Offensichtlich" verkehrsgünstiger ist die vom Arbeitnehmer gewählte Straßenverbindung, wenn sich jeder unvoreingenommene, verständige Verkehrsteilnehmer unter den gegebenen Verkehrsverhältnissen für die Benutzung der Strecke entschieden hätte.

Hinweis:

In seiner Entscheidung VI R 19/11 hat der BFH anlässlich des streitigen Werbungskostenabzugs für den Besuch einer Computermesse zudem auch zur Umsetzung des Beschlusses des Großen Senats zum Aufteilungs- und Abzugsverbot[22] Stellung genommen und dem FG für den zweiten Rechtsgang weitere Aufgaben auferlegt.

Fünf Monate nach den beiden vorgenannten Entscheidungen hatte derselbe Senat zu dieser Thematik noch einmal zu entscheiden.[23] Er kam zu dem Ergebnis, dass im Rahmen der Bestimmung der kürzesten Straßenverbindung nach § 9 Abs. 1 S. 3 Nr. 4 S. 4 EStG auch eine Fährverbindung einzubeziehen ist. Diesbezügliche Besonderheiten wie Wartezeiten, technische Schwierigkeiten oder Auswirkungen der Witterungsbedingungen auf den Fährbetrieb können jedoch dazu führen, dass eine andere Straßenverbindung als „offensichtlich verkehrsgünstiger" anzusehen ist als die kürzeste.

Literaturhinweise: *Dr. Schneider*, nwb 8/2012, S. 638; *Hilbert*, BBK 8/2012, S. 370

---

[22] BFH, Beschluss v. 21.9.2009, GrS 1/06, BStBl II 2010, S. 672.
[23] BFH, Urteil v. 19.4.2012, VI R 53/11, BStBl II 2012, S. 802.

1.1.20 Fahrtkosten im Rahmen einer vollzeitigen Bildungsmaßnahme und eines Vollzeitstudiums

> **BFH, Urteile v. 9.2.2012, VI R 42/11, DB 2012, S. 722 und VI R 44/10, DB 2012, S. 721;**
> **Vorinstanzen: Niedersächsisches FG, 4 K 40/11 und FG Köln, 7 K 2486/09**
>
> Der BFH hat in zwei Urteilen entschieden, dass Fahrten zwischen der Wohnung und einer vollzeitig besuchten Bildungseinrichtung in voller Höhe (wie Dienstreisen) und nicht nur beschränkt in Höhe der Entfernungspauschale als Werbungkosten abgezogen werden können.
>
> **Normen:** § 9 Abs. 1 S. 3 Nr. 4 und Abs. 1 S. 1 EStG; §§ 4 Abs. 9, 9 Abs. 6, 12 Nr. 5 EStG i. d. F. des BeitrRLUmsG

Nach § 9 Abs. 1 S. 3 Nr. 4 EStG sind Aufwendungen für die Wege zwischen Wohnung und regelmäßiger Arbeitsstätte nur beschränkt, nämlich in Höhe der Entfernungspauschale von derzeit 0,30 € je Entfernungskilometer als Werbungskosten abziehbar. Als regelmäßige Arbeitsstätte hat der BFH bislang auch Bildungseinrichtungen (z. B. Universitäten) angesehen, wenn diese über einen längeren Zeitraum zum Zwecke eines Vollzeitunterrichts aufgesucht werden. Fahrtkosten im Rahmen einer Ausbildung waren deshalb nicht in tatsächlicher Höhe, sondern der Höhe nach nur beschränkt abzugsfähig. Hieran hält der VI. Senat nicht länger fest. Auch wenn die berufliche Aus- oder Fortbildung die volle Arbeitszeit des Steuerpflichtigen in Anspruch nimmt und sich über einen längeren Zeitraum erstreckt, ist eine Bildungsmaßnahme regelmäßig vorübergehend und nicht auf Dauer angelegt.

Deshalb hat der BFH im Streitfall VI R 44/10 die Fahrtkosten einer Studentin zur Hochschule (Universität) im Rahmen eines Zweitstudiums als vorweggenommene Werbungskosten zum Abzug zugelassen. Im Verfahren VI R 42/11 hat der BFH die Aufwendungen eines Zeitsoldaten für Fahrten zur Ausbildungsstätte, die im Rahmen einer vollzeitigen Berufsförderungsmaßnahme angefallen waren, ebenfalls in tatsächlicher Höhe berücksichtigt. Aufwendungen für Dienstreisen können allerdings (auch bei Inanspruchnahme der Kilometerpauschale) steuerlich nur berücksichtigt werden, wenn der Steuerpflichtige den Fahrtaufwand tatsächlich getragen hat. Bei Anwendung der Entfernungspauschale kommt es darauf nicht an.

Im Übrigen versteht der BFH nach neuerer Rechtsprechung unter „regelmäßiger Arbeitsstätte" i. S. des § 9 Abs. 1 S. 3 Nr. 4 EStG nur eine ortsfeste dauerhafte betriebliche Einrichtung des Arbeitgebers und damit regelmäßig den Betrieb des Arbeitgebers oder einen Zweigbetrieb. Schon aus diesem Grund ist eine arbeitgeberfremde Bildungseinrichtung – unabhängig davon, ob die Bildungsmaßnahme die volle Arbeitszeit des Steuerpflichtigen in Anspruch nimmt oder neben einer Voll- oder Teilzeitbeschäftigung ausgeübt wird – nicht als regelmäßige Arbeitsstätte anzusehen.

Im Bereich der Einkommensteuer

Hinweis:

→ Betroffen von der Rechtsprechungsänderung sind in erster Linie Steuerpflichtige in einer Zweitausbildung oder Steuerpflichtige, bei denen das Studium im Rahmen eines Dienstverhältnisses stattfindet. Denn der Gesetzgeber hat in § 4 Abs. 9; § 9 Abs. 6 EStG sowie § 12 Nr. 5 EStG i. d. F. des BeitrRLUmsG (erneut) bestimmt, dass Aufwendungen des Steuerpflichtigen für seine erstmalige Berufsausbildung oder für ein Erststudium, das zugleich eine Erstausbildung vermittelt, keine Werbungskosten sind, wenn diese Berufsausbildung oder dieses Erststudium nicht im Rahmen eines Dienstverhältnisses stattfindet. Steuerpflichtige in einer ersten Ausbildung sollten gleichwohl ihre Aufwendungen hierfür unter Hinweis auf die anhängigen Musterverfahren[24] als vorweggenommene Werbungskosten oder Betriebsausgaben bei ihrem Wohnsitzfinanzamt geltend machen und ablehnende Veranlagungen oder Anträge anfechten und offen halten.

Literaturhinweis: *Geserich*, nwb 15/2012, S. 1226

1.1.21 Unfallschaden bei unterbliebener Reparatur nur begrenzt abziehbar

BFH, Urteil v. 21.8.2012, VIII R 33/09, Eilnachrichten nwb 50/2012, S. 4034;
Vorinstanz: FG München, EFG 2009, S. 1747

Erleidet ein nichtselbständig tätiger Steuerpflichtiger mit seinem privaten PKW auf einer Fahrt zwischen Wohnung und Arbeitsstätte einen Unfall und veräußert er das Unfallfahrzeug in nicht repariertem Zustand, bemisst sich der als Werbungskosten abziehbare Betrag nach der Differenz zwischen dem rechnerisch ermittelten fiktiven Buchwert vor dem Unfall und dem Veräußerungserlös.

Norm: § 9 Abs. 1 S. 1 und 3 Nr. 7 EStG

Sachverhalt

Der Kläger erlitt auf dem Weg zwischen Arbeitsstätte und Wohnung einen Verkehrsunfall. An seinem Fahrzeug entstand ein erheblicher Schaden. Die Reparaturkosten hätten ca. 10.000 DM betragen. Der Wagen hatte nach den Angaben des Klägers vor dem Unfall einen Zeitwert von 11.500 DM. Der Kläger veräußerte das Fahrzeug jedoch in nicht repariertem Zustand für 3.500 DM. Die Differenz von 8.000 DM zwischen dem Zeitwert vor Unfall und dem Veräußerungserlös machte der Kläger als Werbungskosten geltend.

Entscheidung

Der BFH wies die Revision als unbegründet zurück und bestätigte die Auffassung des FA und FG, dass für die Berechnung des als Werbungskosten abziehbaren Substanzschadens (bei unterbliebener Reparatur) nicht vom Zeitwert des Fahrzeugs vor dem Unfall, sondern von den um fiktive AfA geminderten Anschaffungskosten (fiktiver Buchwert) auszugehen ist. Das ergibt sich aus § 9 Abs. 1 S. 3 Nr. 7 EStG. Nach dieser Vorschrift sind Absetzungen für Abnutzung und für Substanzverringerung sowie erhöhte Absetzungen Werbungskosten. Sie verweist in vollem Umfang auf die Vorschrift über Absetzung für Abnutzung oder Substanzverringerung in § 7 EStG. Nach der Systematik

---

[24] Az. VI R 8/12 und VIII R 22/12.

des § 7 EStG war im Streitfall eine Absetzung für außergewöhnliche Abnutzung gegeben, für deren Bewertung vom Buchwert auszugehen ist.

Die vom Kläger für die gegenteilige Auffassung in Bezug genommenen früheren Entscheidungen des BFH sind durch die neuere Rechtsprechung[25] überholt.

Hinweis:

Nach § 9 Abs. 2 S. 1 EStG sind durch die Entfernungspauschale sämtliche Aufwendungen abgegolten, die durch die Wege zwischen Wohnung und regelmäßiger Arbeitsstätte und Familienheimfahrten entstehen. Dies gilt z. B. auch für Parkgebühren, Finanzierungskosten, Beiträge für Kraftfahrerverbände und Versicherungsbeiträge. Aufwendungen infolge Diebstahls sowie Kosten eines Austauschmotors anlässlich eines Motorschadens sollen nach Auffassung der Finanzverwaltung ebenfalls von der Abgeltungswirkung umfasst werden. Unfallkosten, die auf einer Fahrt zwischen Wohnung und regelmäßiger Arbeitsstätte entstehen, sind demgegenüber grundsätzlich als außergewöhnliche Aufwendungen im Rahmen der allgemeinen Werbungskosten neben der Entfernungspauschale zu berücksichtigen. Vgl. dazu das Anwendungsschreiben des BMF v. 31.8.2009.[26]

1.1.22 Häusliches Arbeitszimmer als Mittelpunkt der gesamten betrieblichen und beruflichen Tätigkeit

> BFH, Urteil v. 27.10.2011,[27] VI R 71/10, BStBl II 2012, S. 234;
> Vorinstanz: FG Rheinland-Pfalz, EFG 2011, S. 419
> BFH, Urteil v. 8.12.2011,[28] VI R 13/11, BStBl II 2012, S. 236;
> Vorinstanz: Niedersächsisches FG, 14 K 329/09
>
> **In zwei Urteilen hat der VI. Senat des BFH erstmals zur rückwirkend ab 2007 geltenden Neuregelung der Abzugsbeschränkung bei häuslichen Arbeitszimmern entschieden.**
>
> **Normen:** § 9 Abs. 5 EStG i. V. m. § 4 Abs. 5 S. 1 Nr. 6b S. 1 EStG i. d. F. des JStG 2010

Für die Berufsgruppen der Hochschullehrer (Urteil VI R 71/10) und Richter (Urteil VI R 13/11) bildet nach den beiden Entscheidungen des BFH das Arbeitszimmer (wie bisher) nicht den Mittelpunkt der gesamten beruflichen Betätigung mit der Folge, dass sie die Aufwendungen für das häusliche Arbeitszimmer auch nach neuem Recht nicht als Werbungskosten abziehen können.

Nachdem das BVerfG das frühere Gesetz gekippt hatte, hat der Gesetzgeber im JStG 2010 eine Neuregelung geschaffen, die rückwirkend auch in den beiden Streitfällen anwendbar war. Danach können Aufwendungen für ein häusliches Arbeitszimmer abgezogen werden, wenn entweder ein anderer Arbeitsplatz nicht zur Verfügung steht (diese Erweiterung hatte das BVerfG eingefordert) oder wenn (wie bisher) das Arbeitszimmer den Mittelpunkt der gesamten beruflichen oder betrieblichen Betätigung bildet. Der BFH geht davon aus, dass es sich hierbei um zwei getrennt voneinander zu beurteilende Tatbestände handelt.

---

[25] Urteil v. 30.6.1995, VI R 26/95, BStBl II 1995, S. 744.
[26] BStBl I 2009, S. 891.
[27] Erst im Jahr 2012 veröffentlicht.
[28] Erst im Jahr 2012 veröffentlicht.

Ein Abzug nach der ersten Variante (wegen fehlenden Arbeitsplatzes) kam in beiden Streitfällen nicht in Betracht, weil beide Kläger einen vom Arbeitgeber zur Verfügung gestellten Arbeitsplatz nutzen konnten. Aber auch nach der zweiten Variante (Mittelpunkt) blieb den Klägern der Erfolg versagt.

Der VI. Senat hat entschieden, dass der Mittelpunkt der gesamten Betätigung – wie bisher – qualitativ und unter Berücksichtigung der Verkehrsanschauung zu bestimmen ist. Das gilt jedenfalls, wenn der Steuerpflichtige – wie in den Streitfällen – lediglich eine einzige berufliche Tätigkeit ausübt. Danach ist für den Beruf des Hochschullehrers die Vorlesung in der Universität und für den Richter die Ausübung der rechtsprechenden Tätigkeit im Gericht prägend. Beide Tätigkeiten können nicht im häuslichen Arbeitszimmer verrichtet werden. Unerheblich ist dagegen, wie viele Stunden der Steuerpflichtige in seinem häuslichen Arbeitszimmer zubringt. Der quantitative Faktor, d. h. die zeitlich weit überwiegende Nutzung des Arbeitszimmers könne keine Verlagerung des Mittelpunktes bewirken.

Hinweis:

Aufwendungen für ein häusliches Arbeitszimmer sind grundsätzlich keine Betriebsausgaben oder Werbungskosten. Sofern jedoch für die betriebliche oder berufliche Tätigkeit kein anderer Arbeitsplatz zur Verfügung steht, können bis zu 1.250 € steuerlich abgezogen werden. Die Beschränkung der Höhe nach gilt jedoch wiederum nicht, wenn das Arbeitszimmer den Mittelpunkt der gesamten betrieblichen und beruflichen Betätigung bildet. So die im Zuge des JStG 2010 aufgrund verfassungsrechtlicher Bedenken bereinigte Gesetzeslage.

Vgl. hierzu auch das ausführliche Anwendungsschreiben des BMF v. 2.3.2011[29] sowie unter A.6.3.2.2.1. die Änderungen durch das StVereinfG 2013.

> **Literaturhinweise:** *Geserich*, nwb 6/2012, S. 448; *Bergkemper*, DB 2012, S. 210

1.1.23 Praxisgebühr nicht als Sonderausgabe abziehbar

> **BFH, Urteil v. 18.7.2012, X R 41/11, BStBl II 2012, S. 821;**
> **Vorinstanz: FG Baden-Württemberg, 4 K 1053/09**
>
> **Der BFH hat entschieden, dass die Zuzahlungen in der gesetzlichen Krankenversicherung nach § 28 Abs. 4 SGB V, die sog. „Praxisgebühren", nicht als Sonderausgaben abgezogen werden können.**
>
> **Norm:** § 10 Abs. 1 Nr. 3 Buchst. a EStG

Gemäß § 10 Abs. 1 Nr. 3 Buchst. a EStG können Steuerpflichtige Beiträge zu Krankenversicherungen als Sonderausgaben abziehen. Darunter fallen jedoch nur solche Ausgaben, die zumindest im Zusammenhang mit der Erlangung des Versicherungsschutzes stehen, also letztlich der Vorsorge dienen.

Bei der „Praxisgebühr" ist dies nicht der Fall, da der Versicherungsschutz in der gesetzlichen Krankenversicherung unabhängig von der Zahlung der Praxisgebühr gewährt wird. Sie stellt vielmehr eine Form der Selbstbeteiligung der Versicherten an ihren Krankheitskosten dar.

---

[29] IV C 6 – S 2145/07/10002, BStBl I 2011, S. 195.

Ob Praxisgebühren als außergewöhnliche Belastung nach § 33 Abs. 1 EStG in Form von Krankheitskosten geltend gemacht werden können, konnte der BFH offenlassen. Im Streitfall wurde die dem Kläger zumutbare Belastung nach § 33 Abs. 3 EStG nicht erreicht. Die Zahlungen hätten sich schon aus diesem Grund bei ihm steuerlich nicht auswirken können.

Literaturhinweis: *Schmitt*, DB 40/2012, Kurz kommentiert M 15

1.1.24 Schulgeld für nicht anerkannte Ergänzungsschule vor 2008 nicht als Sonderausgabe abziehbar

BFH, Urteil v. 19.10.2011,[30] X R 48/09, BStBl II 2012, S. 200;
Vorinstanz: Sächsiches FG, EFG 2010, S. 1030

Der BFH hat entschieden, dass an eine nicht anerkannte inländische Ergänzungsschule geleistetes Schulgeld bis zum Veranlagungszeitraum 2007 nicht als Sonderausgabe abgezogen werden kann.

Normen: § 10 Abs. 1 Nr. 9 EStG i. d. F. vor dem JStG 2009; § 52 Abs. 24b EStG i. d. F. des JStG 2009

Sachverhalt

Im Streitfall ging es um Schulgeld, das Eltern im Jahr 2004 für den Privatschulbesuch ihres Sohnes gezahlt hatten. Die Privatschule war nach den landesrechtlichen Regelungen eine lediglich angezeigte, jedoch keine anerkannte Ergänzungsschule. Nach der bis 2007 geltenden Rechtslage waren diese Schulgeldzahlungen nicht abziehbar.

Entscheidung

Der Sonderausgabenabzug für Schulgeld ist im Jahr 2008 neu geregelt worden, weil der EuGH in dem fehlenden Sonderausgabenabzug für die in anderen EU-Mitgliedstaaten belegenen Privatschulen einen Verstoß gegen die europäischen Grundfreiheiten sah. Aufgrund der Neuregelung des § 10 Abs. 1 Nr. 9 EStG durch das JStG 2009 können ab 2008 30 % des Schulgelds, höchstens 5.000 € als Sonderausgabe abgezogen werden, sofern die in der EU oder im EWR belegene Schule zu einem von der zuständigen inländischen Behörde anerkannten oder einem inländischen Abschluss an einer öffentlichen Schule als gleichwertig anerkannten allgemein bildenden oder berufsbildenden Schul-, Jahrgangs- oder Berufsabschluss führt. Auf den landesrechtlichen Status einer Privatschule kommt es somit nicht mehr an. Diese neuen Grundsätze gelten aufgrund einer Übergangsregelung für die EU/EWR-Privatschulen in allen noch offenen Fällen, für die inländischen Privatschulen erst ab 2008.

Die Kläger waren der Auffassung, die Übergangsregelung gelte auch für den Besuch von inländischen Privatschulen. Ihnen stehe damit der Sonderausgabenabzug zu, da sie ansonsten benachteiligt würden. Der X. Senat hat jedoch in der – nur vorübergehenden – Schlechterstellung der inländischen Privatschulen keinen Verstoß gegen den Gleichbehandlungsgrundsatz gesehen, da der Gesetzgeber berechtigt gewesen sei, aus Vereinfachungsgründen eine Übergangsregelung zu schaffen, die eine Einordnung von ausländischen Schulen nach den schulrechtlichen Begriffen der Länder entbehrlich gemacht habe.

---

[30] Erst im Jahr 2012 veröffentlicht.

Hinweis:

Der BFH hat am gleichen Tag noch ein weiteres, im Wesentlichen inhaltsgleiches Urteil zu der Frage des Abzugs älterer Schulgeldzahlungen für private Ergänzungsschulen gefällt, das nicht zur amtlichen Veröffentlichung bestimmt ist.[31]

Vgl. hierzu auch ein weiteres Urteil des X. Senats v. 9.11.2011.[32]

1.1.25 Kein Sonderausgabenabzug für Schulgeld, das an eine schweizerische Privatschule gezahlt wird

> **BFH, Urteil v. 9.5.2012, X R 3/11, BStBl II 2012, S. 585;**
> **Vorinstanz: FG Baden-Württemberg, EFG 2011, S. 1057**
>
> **Der BFH hat entschieden, dass in Deutschland lebende Eltern das Schulgeld, das sie für den Schulbesuch ihres Kindes an eine schweizerische Privatschule zahlen, nicht als Sonderausgabe abziehen können.**
>
> **Normen:** § 10 Abs. 1 Nr. 9 EStG i. d. F. vor dem JStG 2009; § 52 Abs. 24a EStG i. d. F. des JStG 2009

In zwei Urteilen v. 11.9.2007[33] hatte der EuGH entschieden, dass es gegen die Dienstleistungsfreiheit verstößt, wenn ein Staat Schuldgeldzahlungen an inländische Schulen zum Sonderausgabenabzug zulässt, Zahlungen an Privatschulen in anderen Mitgliedstaaten jedoch nicht. Daraufhin hat der Gesetzgeber durch das JStG 2009 v. 19.12.2008[34] rückwirkend die Abziehbarkeit von Schulgeldzahlungen für in der EU oder im EWR ansässige Privatschulen eingeführt.

Diese Neuregelung gilt jedoch nicht für schweizerische Privatschulen, da die Schweiz weder Mitglied der EU noch des EWR ist. Ein Anspruch auf Gleichbehandlung kann auch nicht aus dem Freizügigkeitsabkommen zwischen der Europäischen Gemeinschaft und der Schweiz vom 21.6.1999[35] abgeleitet werden, da dessen Schutzbereich keinen vergleichbaren umfassenden Schutz vor Diskriminierung grenzüberschreitender Sachverhalte gewährt.

Wegen der Eindeutigkeit der Rechtslage hat der X. Senat davon abgesehen, die Rechtsfragen dem EuGH zur Entscheidung vorzulegen.

1.1.26 Sogenannte Mindestbesteuerung ist nicht verfassungswidrig

> **BFH, Urteil v. 22.8.2012, I R 9/11, DB 2012, S. 2785;**
> **Vorinstanz: FG Berlin-Brandenburg, 12 K 8212/06 B**
>
> **Die sog. Mindestbesteuerung verstößt laut BFH in ihrer Grundkonzeption einer zeitlichen Streckung des Verlustvortrags nicht gegen Verfassungsrecht.**
>
> **Norm:** § 10d Abs. 2 S. 1 EStG 2002

---

[31] BFH, Urteil v. 19.10.2011, X R 27/09.
[32] BFH, Urteil v. 9.11.2011, X R 12/10.
[33] Rs. C–76/05, *Schwarz und Gootjes-Schwarz*; Rs. C–318/05, *Kommission gegen Deutschland*.
[34] BGBl I 2008, S. 2794.
[35] BGBl II 2001, S. 811.

Die ESt und KSt soll die wirtschaftliche Leistungsfähigkeit eines Steuersubjekts abschöpfen. Ihre Bemessungsgrundlage ist deshalb das „Nettoeinkommen" nach Abzug der Erwerbsaufwendungen. Fallen die Aufwendungen nicht in demjenigen Kalenderjahr an, in dem die Einnahmen erzielt werden, oder übersteigen sie die Einnahmen, sodass ein Verlust erwirtschaftet wird, ermöglicht es das Gesetz, den Verlustausgleich auch über die zeitlichen Grenzen eines Bemessungszeitraums hinweg vorzunehmen (sog. überperiodischer Verlustabzug). Seit 2004 ist dieser Verlustabzug begrenzt: 40 % der positiven Einkünfte oberhalb eines Schwellenbetrags von 1 Mio. € werden auch dann der Ertragsbesteuerung unterworfen, wenn bisher noch nicht ausgeglichene Verluste vorliegen (sog. Mindestbesteuerung). Damit wird die Wirkung des Verlustabzugs in die Zukunft verschoben.

Ob diese Regelung verfassungsgemäß ist, hatte der BFH in einem 2010 entschiedenen Verfahren des einstweiligen Rechtsschutzes[36] für ernstlich zweifelhaft gehalten für Fälle, in denen eine sog. Definitivwirkung im Raum stand, also der vom Gesetzgeber lediglich beabsichtigte zeitliche Aufschub der Verlustverrechnung in einen endgültigen Ausschluss der Verlustverrechnung hineinzuwachsen drohte. Als Beispiele werden in der Pressemitteilung des BFH genannt:[37] Im Folgejahr einer Mindestbesteuerung bei einer Kapitalgesellschaft kommt es zu einer Anteilsübertragung, die einen Ausgleich eines noch offenen Verlustvortrags endgültig ausschließt. Oder: Der Steuerpflichtige verstirbt im Folgejahr, die Erben können den noch offenen Verlustausgleich des Erblassers nicht nutzen.

Der nun entschiedene Fall betraf allerdings eine andere Konstellation.

Sachverhalt

Im Urteilsfall machte eine Kapitalgesellschaft mit mehr als tausend Gesellschaftern, die die Verwaltung von Vermögensanlagen betrieb, im Streitjahr 2004 geltend, dass sie den wegen der Mindestbesteuerung nicht ausgleichfähigen Verlust in der Zukunft nicht mehr würde ausgleichen können. Denn sie werde in den nächsten 20 Jahren bis zu ihrer dann geplanten Liquidation infolge der sachlichen Steuerbefreiung von Dividendenerträgen kein ausgleichsfähiges Einkommen erzielen, sodass die Verluste bei ihr zwangsläufig definitiv würden. Überdies sei die Mindestbesteuerung infolge des durch den aufgeschobenen Verlustausgleich entstehenden Zinsschadens verfassungswidrig.

Entscheidung

Der BFH ist dem nicht gefolgt. Er hat die Mindestbesteuerung nicht als verfassungswidrig angesehen, da die in ihrer Grundkonzeption angelegte zeitliche Streckung des Verlustvortrags den vom Gesetzgeber zu gewährleistenden Kernbereich eines Verlustausgleichs nicht beeinträchtigt. Ob dies in Definitivsituationen anders zu würdigen ist, konnte offenbleiben, weil sich der spätere Ausschluss einer steuerlichen Ausgleichsmöglichkeit für die klagende Kapitalgesellschaft im Streitjahr nicht hinreichend sicher prognostizieren ließ. Für Sachverhalte, in denen sich eine solche Prognose treffen lässt, steht die Antwort auf die Frage nach der Verfassungswidrigkeit der Mindestbesteuerung nach wie vor aus.

Hinweis:

→ Zu AdV-Fragen mit Bezug auf den Beschluss des BFH aus August 2010 siehe auch das BMF-Schreiben v. 19.10.2011[38] sowie die Verfügung der OFD Magdeburg v. 18.6.2012.[39]

---

[36] Beschluss v. 26.8.2010, I B 49/10, DB 2010, S. 2366.
[37] Pressemeldung v. 28.11.2012.
[38] BStBl I 2011, S. 974.
[39] DB 2012, S. 1539.

1.2 Entscheidungen zu den Einkunftsarten (zu §§ 13 bis 23 EStG)

1.2.1 Werbeeinkünfte eines Fußball-Nationalspielers

> **BFH, Urteil v. 22.2.2012, X R 14/10, BStBl II 2012, S. 511;**
> **Vorinstanz: FG Münster, EFG 2010, S. 1426**
>
> **Der BFH hat über die steuerliche Behandlung von Werbeeinnahmen entschieden, die Fußball-Nationalspieler aus der zentralen Vermarktung der Fußball-Nationalmannschaft durch den DFB beziehen.**
>
> **Normen:** §§ 15 Abs. 2, 19 Abs. 1 S. 1 Nr. 1 EStG; § 1 LStDV; § 2 Abs. 1 GewStG

Streifall

Der Kläger war sowohl Lizenzspieler eines Vereins der Fußball-Bundesliga als auch Mitglied der deutschen Fußball-Nationalmannschaft. Der Arbeitsvertrag mit seinem Verein enthielt die Verpflichtung, auf Verlangen des DFB als Nationalspieler tätig zu werden. Daneben verpflichtete der Kläger sich gegenüber dem DFB schriftlich, bei Spielen und Lehrgängen der Nationalmannschaft die vom DFB gestellte Sportkleidung mit Werbeaufdrucken zu tragen sowie an Werbeterminen mit der Nationalmannschaft teilzunehmen. Hierfür erhielt er einen Anteil an den Werbeeinnahmen, die der DFB aus der Vermarktung seiner Nationalmannschaft erzielte.

Der Kläger vertrat die Auffassung, die Werbeeinnahmen seien Teil des über seinen Verein bezogenen Arbeitslohns. Demgegenüber sah das FA die Einnahmen als gewerblich an. Dies hatte zur Folge, dass neben der ESt auch noch GewSt zu entrichten war. Dies haben die Richter bestätigt.

Entscheidung

In steuerrechtlicher Hinsicht unterscheiden sich Gewerbetreibende von Arbeitnehmern dadurch, dass sie mit „Unternehmerinitiative" und „Unternehmerrisiko" handeln. Die Unternehmerinitiative des Nationalspielers hat der BFH darin gesehen, dass er hinsichtlich der Werbeleistungen nicht in eine betriebliche Organisation seines Vereins oder des DFB eingegliedert war und in seiner Entscheidung, ob er an den Werbemaßnahmen mitwirken wollte, noch hinreichend frei war. Das Unternehmerrisiko konnte bejaht werden, da einerseits die genaue Höhe der Vergütung ungewiss war und andererseits Ausfallzeiten nicht bezahlt wurden.

1.2.2 Qualifizierung der Einkünfte aus Eigenprostitution

> **BFH, Beschluss v. 15.3.2012, III R 30/10, BStBl II 2012, S. 661;**
> **Vorinstanz: Sächsisches FG, EFG 2011, S. 318**
>
> **Der BFH hat den Großen Senat zur Klärung der Frage angerufen, ob eine Prostituierte aus ihrer Tätigkeit (Eigenprostitution) gewerbliche oder sonstige Einkünfte erzielt.**
>
> **Normen:** §§ 15 Abs. 2, 22 Nr. 3 EStG

Der Große Senat des BFH hatte sich mit dieser Frage bereits 1964 befasst und seinerzeit entschieden, dass Prostituierte keine gewerblichen Einkünfte erzielen, weil sie sich nicht am allgemeinen wirtschaftlichen Verkehr beteiligten.[40] Die „gewerbsmäßige Unzucht" falle aus dem Rahmen dessen, was das EStG unter selbständiger Berufstätigkeit verstanden wissen wolle. Sie stelle das Zerrbild eines Gewerbes dar. Prostituierte erzielten sonstige Einkünfte, die nicht der GewSt unterliegen.

Der III. Senat vertritt in seinem Vorlagebeschluss die Auffassung, dass daran wegen der geänderten tatsächlichen und rechtlichen Verhältnisse nicht mehr festzuhalten sei. Das Gesetz zur Regelung der Rechtsverhältnisse der Prostituierten habe deren Tätigkeit legalisiert. Sexuelle Dienstleistungen würden in der Boulevardpresse und im Internet umfangreich beworben, Prostituierte wendeten sich mit ihrem Angebot an andere Personen in deren Eigenschaft als Marktteilnehmer. Da die Klägerin ihre Leistungen bewerbe und in einer eigens dafür angemieteten Wohnung erbringe, habe das FA zu Recht GewSt festgesetzt.

1.2.3 Verkauf von Betriebsvermögen des Gesellschafters einer Zebragesellschaft

> **BFH, Urteil v. 26.4.2012, IV R 44/09, DB 2012, S. 1656;**
> **Vorinstanz: Niedersächsisches FG, EFG 2010, S. 729**
>
> Überträgt ein gewerblich tätiger Gesellschafter einer vermögensverwaltenden Personengesellschaft (sog. Zebragesellschaft) ein Wirtschaftsgut seines Betriebsvermögens in das Gesamthandsvermögen der vermögensverwaltenden Personengesellschaft, führt dies laut BFH steuerlich nicht zur Aufdeckung der stillen Reserven bei dem Gesellschafter, soweit dieser an der Zebragesellschaft betrieblich beteiligt ist.
>
> **Normen:** §§ 15 Abs. 1 S. 1 Nr. 2, 4 Abs. 1, 5 EStG

Eine gewerblich tätige KG verkaufte ihr Betriebsgrundstück an eine vermögensverwaltend tätige KG (Zebragesellschaft), an der sie als Kommanditistin mit 99 % beteiligt war. Das FA und auch das FG waren der Auffassung, dass die erheblichen stillen Reserven infolge der Veräußerung aufzudecken und in vollem Umfang steuerpflichtig seien.

Der BFH gab der Revision statt und entschied zugunsten der KG. Die Veräußerung führe nicht zur Gewinnrealisierung, denn das Betriebsvermögen der KG ändere sich insoweit nicht, als es ihrer Beteiligung an der Zebragesellschaft entspricht und das Wirtschaftsgut nicht aus ihrem Betriebsvermögen ausscheidet, sondern dort unverändert verbleibt. Ein Wirtschaftsgut des Betriebsvermögens, das von dem gewerblichen Gesellschafter auf die vermögensverwaltende Personengesellschaft übertragen wird, müsse – anders als bei der Beteiligung an einer gewerblichen Personengesellschaft – anteilig weiterhin in dessen Betriebsvermögen erfasst werden. Die Anwendung des § 39 Abs. 2 Nr. 2 AO wird in diesem Fall nicht – wie bei einer mitunternehmerischen Personengesellschaft – durch § 15 Abs. 1 S. 1 Nr. 2 S. 1 Halbs. 1 EStG verdrängt.

Die vom FA vorgetragene Gefahr von Besteuerungslücken bestehe nach Meinung der Richter nicht. Denn die Bruchteilsbetrachtung (d. h. die Zurechnung des gesamthänderisch gebundenen Grundbesitzes als eigenen Grundbesitz) führe dazu, dass die dem gewerblich tätigen Gesellschafter

---

[40] Beschluss v. 23.6.1964, GrS 1/64 S, BStBl III 1964, S. 500.

(hier: der KG) insofern zuzurechnenden stillen Reserven bei Veräußerung des Wirtschaftsguts durch die vermögensverwaltende Personengesellschaft aufzudecken sind.

> **Literaturhinweise:** *Bode*, nwb 38/2012, S. 3076; *Dr. Sanna*, nwb 39/2012, S. 3142 und 3156

1.2.4 Gewinn aus der Veräußerung des nach Formwechsel entstandenen Mitunternehmeranteils

> **BFH, Urteil v. 12.7.2012, IV R 39/09, BStBl II 2012, S. 728;**
> **Vorinstanz: Niedersächsisches FG, 10 K 426/05**
>
> Der BFH hat entschieden, dass die Anschaffungskosten einer nicht wesentlichen GmbH-Beteiligung bei einer späteren Veräußerung der Anteile nicht zu berücksichtigen sind, nachdem die GmbH zuvor formwechselnd in eine Personengesellschaft umgewandelt worden ist.
>
> **Normen:** §§ 15 Abs. 1 S. 1 Nr. 2, 16 Abs. 1 S. 1 Nr. 2 und Abs. 2 Sätze 1 und 2, 17 Abs. 1, 6 Abs. 1 Nr. 5 EStG

Der Rechtsformwechsel einer GmbH in eine Personengesellschaft ist auf Grund des Regimewechsels von der Besteuerung der Körperschaft zur Besteuerung der Gesellschafter mit erheblichen steuerlichen Übergangsproblemen behaftet. Diese resultieren insbesondere aus den unterschiedlichen Beteiligungsformen der Gesellschafter. So können die Beteiligungen im steuerverstrickten Betriebsvermögen und je nach Beteiligungshöhe im steuerverstrickten oder nicht steuerverstrickten (sog. nicht wesentliche Beteiligung) Privatvermögen gehalten werden.

Der Gesetzgeber hat im UmwStG an die unterschiedlichen Beteiligungsverhältnisse unterschiedliche Rechtsfolgen geknüpft. Für den Fall der nicht wesentlichen Beteiligung sieht das Gesetz vor, dass die ursprünglichen Anschaffungskosten der Beteiligung nach der formwechselnden Umwandlung der GmbH in eine Personengesellschaft nicht mehr zu berücksichtigen sind. Dies hat zur Folge, dass die ursprünglichen Anschaffungskosten den Gewinn einer späteren Veräußerung der Mitunternehmeranteile nicht mindern. Insbesondere bei einer zeitnahen Veräußerung der Mitunternehmeranteile nach dem Formwechsel ergeben sich Zweifel an der Vereinbarkeit der Regelung mit dem Grundsatz, dass Anschaffungskosten bei der Ermittlung eines Veräußerungsgewinns abgezogen werden können.

Der BFH hat dies vom Gesetzgeber erkannte und ausdrücklich gewollte Ergebnis gleichwohl auch unter verfassungsrechtlichen Aspekten bestätigt. Dabei hat er sich maßgeblich davon leiten lassen, dass der nicht wesentlich beteiligte Gesellschafter zivilrechtlich die Möglichkeit hatte, dem Formwechsel zu widersprechen und die Anteile zum Verkehrswert an die Gesellschaft zu veräußern. In diesem Fall hätten sie nach dem damals geltenden Recht die in den Kapitalanteilen enthaltenen stillen Reserven steuerfrei realisieren können. Sie hatten überdies die Möglichkeit, die Anteile an der GmbH vor deren Umwandlung „freihändig" zu veräußern und sodann die Mitunternehmeranteile an der formwechselnd errichteten KG zurück zu erwerben.

> **Literaturhinweis:** *Bode*, DB 37/2012, S. 2080

1.2.5 Gewerblicher Grundstückshandel durch Verkäufe von Personengesellschaften oder Gemeinschaften

> **BFH, Urteil v. 22.8.2012, X R 24/11, BStBl II 2012, S. 865;**
> **Vorinstanz: FG Köln, EFG 2010, S. 1995**
>
> Auch wenn ein Steuerpflichtiger in eigener Person kein einziges Objekt veräußert, kann er allein durch die Zurechnung der Grundstücksverkäufe von Personengesellschaften oder Gemeinschaften einen gewerblichen Grundstückshandel betreiben.
>
> **Norm:** § 15 Abs. 2 EStG

Sachverhalt

Die Klägerin sowie ein weiterer Beteiligter waren zu je 50 % Gesellschafter einer OHG, die einen gewerblichen Grundstückshandel betrieb. Ferner waren sie beide zu Bruchteilen je zur Hälfte an sechs weiteren Objekten beteiligt. Eines dieser Objekte wurde nach umfangreichen Umbaumaßnahmen als Gewerbeobjekt veräußert, die übrigen wurden langfristig gehalten. Das FA hatte ursprünglich hinsichtlich der Veräußerung dieses Objekts einen gewerblichen Grundstückshandel der Grundstücksgemeinschaft angenommen. Mit dem damals eingelegten Rechtsmittel war die Klägerin in 2008 vor dem BFH zunächst erfolgreich. Das FA nahm daraufhin jedoch das zuvor ruhende Einspruchsverfahren wieder auf und setzte nun Einkünfte aus einem in eigener Person (der Klägerin) unterhaltenen gewerblichen Grundstückshandel an.

Zwar sei die Grundstücksgemeinschaft lediglich vermögensverwaltend tätig geworden. Auf der Ebene der Beteiligten, die über die OHG und die Grundstücksgemeinschaft insgesamt 15 Objekte innerhalb von fünf Jahren veräußert hätten, müssten die Einkünfte aber umqualifiziert werden. Erneut wurde der Rechtsweg beschritten. Der Einwand der Klägerin, sie und der weitere Beteiligte hätten eine klare Trennung zwischen der betrieblichen und der privaten Sphäre, blieb jedoch diesmal in allen gerichtlichen Instanzen erfolglos.

Entscheidung

Der BFH entschied aufgrund der Gesamtwürdigung der Umstände und hielt eine Zusammenrechnung aller Aktivitäten der Personengesellschaft und der Grundstücksgemeinschaft für geboten. Dabei könne weder zwischen vermögensverwaltend und gewerblich tätigen Personengesellschaften noch zwischen Gesamthands-Personengesellschaften und Bruchteilsgemeinschaften differenziert werden. Wenn Grundstücksgeschäfte, die vermögensverwaltende Personengesellschaften tätigen, bei der Besteuerung des Gesellschafters auch in solchen Fällen als zu einem gewerblichen Grundstückshandel gehörig umqualifiziert werden können, in denen der Gesellschafter selbst keine Objekte veräußert, und andererseits nach der Rechtsprechung keine Unterscheidung zwischen vermögensverwaltenden und gewerblich tätigen Personengesellschaften vorzunehmen ist, dann sei eine zusammenfassende Würdigung auch dann möglich, wenn der Gesellschafter – wie im Streitfall – sowohl an vermögensverwaltenden als auch mitunternehmerischen Personengesellschaften beteiligt ist.

Die Teilhaber einer Grundstücksgemeinschaft bzw. grundstückshandelnden Gesellschaft unterlägen dem Mehrheitsprinzip und können über die betreffenden Gegenstände nur gemeinschaftlich verfügen. Ein Verkauf gegen den Willen der Klägerin war zudem ausgeschlossen. Im Übrigen machten die Richter darauf aufmerksam, dass es der Klägerin offensichtlich nur darum gegangen sei, neben einem bestehenden Grundstückshandel der OHG weitere Objekte – ohne Einbeziehung in den Grundstückshandel – im Privatvermögen in engem zeitlichen Zusammenhang zum jeweiligen Erwerb ohne Auslösung einer Steuerbelastung veräußern zu können. Auch schon insofern führe die sog. Vermutungsäußerung zur Ablehnung der Revision.

1.2.6 Wesentliche Beteiligung – Maßgeblichkeit des Gesamtkonzepts

> **BFH, Urteil v. 5.10.2011,[41] IX R 57/10, BStBl II 2012, S. 318;**
> **Vorinstanz: FG Düsseldorf, EFG 2011, S. 961**
>
> Der Durchgangserwerb von Anteilen an einer Kapitalgesellschaft im Rahmen eines Gesamtvertragskonzeptes führt nicht zu einer Übertragung des wirtschaftlichen Eigentums und begründet daher keine Beteiligung i. S. d. § 17 EStG.
>
> **Norm:** § 17 EStG

Der BFH hat entschieden, dass eine wesentliche Beteiligung i. S. d. § 17 EStG nicht anzunehmen ist, wenn im Zuge mehraktiger Anteilsübertragungen zwar vorübergehend in der Person eines Gesellschafters die Beteiligungsgrenze von 25 % (nach altem Recht) überschritten wird, dieser Gesellschafter nach dem Gesamtvertragskonzepts aber endgültig nur mit 25 % beteiligt werden soll und auch wird.

Im Streitfall ging es um die Beteiligung an einer GmbH. Im Rahmen eines Notartermins waren mehrere Anteilsübertragungen sowie eine Kapitalerhöhung vereinbart worden, die im Ergebnis zu einer Beteiligung der Klägerin von genau 25 % führen sollten und auch führten. Lediglich aus technischen Gründen hatte die Klägerin vor der abschließenden Kapitalerhöhung vorübergehend die maßgebliche Beteiligungsschwelle überschritten. Mit dieser Beteiligung war jedoch nach dem Willen aller Vertragsbeteiligten keinerlei wirtschaftliche Verfügungsbefugnis verbunden. Darauf stellten die Richter ab und ließen den bloß technischen Durchgangserwerb – entgegen der früheren Rechtsprechung – nicht mehr ausreichen. Dies galt auch für die Zeit bis zur Eintragung der Kapitalerhöhung ins Handelsregister, denn die Übertragungen seien stets vor dem Hintergrund des wirtschaftlich Gewollten auszulegen: Die Klägerin sollte ein Gewinnbezugsrecht von lediglich 25 % übertragen bekommen.

Hinweis:

Die Argumentation des BFH stützt sich auf die fehlende Übertragung des wirtschaftlichen Eigentums mangels Übertragung einer tatsächlichen Verfügungsbefugnis an den Durchgangserwerber. Dies kann möglicherweise auch für die Frage, ob ein schädlicher Beteiligungserwerb i. S. d. § 8c KStG in vergleichbaren Fällen vorliegt, Bedeutung haben.

1.2.7 Wesentliche Beteiligung bei zuvor unentgeltlicher Anteilsübertragung

> **BFH, Urteil v. 24.1.2012, IX R 8/10, DB 2012, S. 1416;**
> **Vorinstanz: FG Münster, 14 K 2210/06**
>
> § 17 Abs. 1 S. 5 a. F.; § 17 Abs. 1 S. 4 n. F. EStG greift nur bei unentgeltlicher Übertragung von bereits verstrickten Anteilen ein.
>
> **Norm:** § 17 EStG

---

[41] Erst im Jahr 2012 veröffentlicht.

Sachverhalt

Ein Steuerpflichtiger war an einer AG zu 25 % beteiligt. Er hatte in 1998 seiner Ehefrau Anteile daran unentgeltlich übertragen. Diese hatte in 2000 und 2001 einen Teil davon weiter veräußert. Obwohl die Ehefrau in diesen beiden Jahren nicht wesentlich, d. h. unter der damals geltenden Grenze von 10 % an der AG beteiligt gewesen war, rechnete ihr das FA den entstandenen Veräußerungsgewinn als gewerbliche Einkünfte i. S. d. § 17 Abs. 1 EStG zu. Ihr Ehemann als Rechtsvorgänger sei innerhalb der letzten fünf Jahre vor Veräußerung wesentlich (zu mindestens 10 %) beteiligt gewesen. Dadurch seien nicht nur die Anteile des Ehemannes, sondern zugleich auch die unentgeltlich auf seine Ehefrau übertragenen Anteile steuerverstrickt worden.

Entscheidung

Dieser Argumentation folgte der BFH jedoch nicht, denn es muss auf die zum Zeitpunkt des unentgeltlichen Erwerbs (Schenkung) und nicht auf die im Jahr der Veräußerung geltende Wesentlichkeitsgrenze abgestellt werden. Da die Ehefrau bis zur Veräußerung zu keinem Zeitpunkt selbst wesentlich an der AG beteiligt war, waren die Anteilsveräußerungen letztendlich nicht steuerbar.

Zwar muss sich der Veräußerer die Verhältnisse seines Rechtsvorgängers bezüglich der betreffenden Anteile zurechnen lassen. Dies dient dem Zweck, Anteile eines wesentlich Beteiligten nicht aus der Steuerverhaftung allein dadurch zu entlassen, dass sie unentgeltlich übertragen werden. In einem solchen Fall muss sich der spätere Veräußerer als Rechtsnachfolger die Besitzzeit des wesentlich beteiligten Rechtsvorgängers anrechnen lassen. Allerdings – und das war hier für die Rechtsfindung entscheidend – setzt dies voraus, dass bereits im Zeitpunkt der unentgeltlichen Übertragung (im Streitfall 1998) eine wesentliche Beteiligung bestand. Hier verfügte der Ehemann zum fraglichen Zeitpunkt aber nicht über die entscheidende Anteilsquote, denn bis einschließlich 1998 war eine wesentliche Beteiligung erst bei mehr als 25 % anzunehmen.

Hinweise:

Die Veräußerung von Anteilen bei unentgeltlicher Übertrag unter Vorbehaltsnießbrauch und späterer entgeltlicher Ablösung des Nießbrauchsrechts als nachträgliche Anschaffungskosten der Beteiligung war Gegenstand eines weiteren Urteils des BFH unter Az. IX R 51/10.[42]

Mit der Frage, ob sich die Beteiligungsgrenze nach der im Jahr der Veräußerung geltenden Wesentlichkeitsgrenze richtet – und damit zurückwirkt – oder ob der Beteiligungsbegriff veranlagungszeitraumbezogen auszulegen ist, indem das Tatbestandsmerkmal „innerhalb der letzten fünf Jahre am Kapital der Gesellschaft wesentlich beteiligt" für jeden abgeschlossenen Veranlagungszeitraum nach der in diesem Veranlagungszeitraum jeweils geltenden Beteiligungsgrenze zu bestimmen ist, hatte sich der BFH in seinem Aussetzungsbeschluss unter Az. IX B 146/11[43] zu beschäftigen. Das diesbezügliche Hauptsacheverfahren ist beim BFH unter Az. IX R 7/12 anhängig.

Eine weitere Revision zu dieser Thematik ist unter Az. IX R 36/11 anhängig, nachdem das FG Düsseldorf zuvor entschieden hat, dass die Absenkung der Grenze für eine wesentliche Beteiligung von 10 auf 1 % durch das StSenkG v. 23.10.2000 nicht verfassungswidrig ist.

---

[42] Urteil v. 24.1.2012, DB 2012, S. 776.
[43] Beschluss v. 24.2.2012, BStBl II 2012, S. 335.

1.2.8 Steuerbegünstigte Veräußerung der Teilpraxis eines Steuerberaters

> **BFH, Urteil v. 26.6.2012, VIII R 22/09, BStBl II 2012, S. 777;**
> **Vorinstanz: FG Rheinland-Pfalz, EFG 2009, S. 1113**
>
> **Eine steuerbegünstigte Teilpraxisveräußerung kann vorliegen, wenn ein Steuerberater eine Beratungspraxis veräußert, die er (neben anderen Praxen) als völlig selbständigen Betrieb erworben und bis zu ihrer Veräußerung im Wesentlichen unverändert fortgeführt hat.**
>
> **Normen:** §§ 18 Abs. 3, 34 Abs. 1 EStG

Veräußert ein Steuerberater ein Beratungsbüro (bestehend aus dem zu diesem Büro gehörenden Mandantenstamm sowie der sachlichen und personellen Ausstattung), kann eine steuerbegünstigte Teilbetriebsveräußerung vorliegen, auch wenn der Steuerberater seine Tätigkeit in einem anderen Büro fortsetzt. Das hat der BFH mit Urteil aus Juni 2012 entschieden.

Sachverhalt

Geklagt hatte ein Steuerberater, der zeitweilig an drei verschiedenen Orten Beratungsbüros betrieb. Zwei Büros lagen nur 22 km voneinander entfernt. Diese beiden Büros hatte der Steuerberater von verschiedenen Steuerberatern erworben und nach seinem Vortrag im Wesentlichen unverändert fortgeführt. Das dritte und weiter entfernt liegende Büro hatte er selbst gegründet. Von den beiden näher beieinander liegenden Büros hatte der Steuerberater eines veräußert und daraus einen Gewinn erzielt, für dessen Besteuerung er die Tarifermäßigung beanspruchte. FA und FG hatten die Voraussetzungen hierfür unter Bezugnahme auf die Rechtsprechung des BFH verneint.

Entscheidung

Der BFH hatte in der Vergangenheit geurteilt, bei einem Freiberufler komme eine steuerbegünstigte Teilbetriebsveräußerung nur in zwei Fallgruppen in Betracht. Entweder müsse eine von zwei verschiedenartigen Tätigkeiten vollständig aufgegeben werden oder es müsse – bei gleichartigen Tätigkeiten – die Tätigkeit in einem von mehreren räumlich abgegrenzten Wirkungskreisen zumindest vorübergehend vollständig eingestellt werden.

Im Streitfall überschnitten sich die räumlichen Wirkungskreise der beiden nah beieinander liegenden Steuerberatungsbüros. Hiervon ausgehend hat der VIII. Senat nun die erforderliche Selbständigkeit des veräußerten Vermögensteils (Teilbetriebs) über die bisherige Rechtsprechung hinaus auch dann für möglich gehalten, wenn der veräußerte Teilbetrieb in seinem ursprünglich beim Erwerb vorhandenen Zuschnitt bis zu seiner Veräußerung im Wesentlichen unverändert fortgeführt worden ist. Die fehlende vollständige räumliche Trennung zwischen den beiden Teilbetrieben ist dann unbeachtlich. Das FG muss im zweiten Rechtsgang jetzt noch prüfen, ob diese Voraussetzungen im Streitfall vorliegen.

> **Literaturhinweis:** *Dr. Fuhrmann*, nwb 45/2012, S. 3600

1.2.9 Musterverfahren zu Stückzinsen aus Altanleihen entschieden

> **FG Münster, Urteil v. 2.8.2012, 2 K 3644/10 E, Pressemitteilung Nr. 16 des FG Münster v. 15.10.2012**
>
> Das FG Münster hat entschieden, dass auch Stückzinsen aus sog. Altanleihen, d. h. aus vor dem 1.1.2009 erworbenen festverzinslichen Wertpapieren, zu versteuern sind.
>
> **Norm:** § 20 EStG

Bis zur Einführung der Abgeltungssteuer waren Stückzinsen gem. § 20 Abs. 2 Nr. 3 EStG a. F. beim Verkäufer als Zinsertrag zu versteuern. Diese Regelung ist jedoch seit dem 1.1.2009 nicht mehr anwendbar, denn seit Einführung der Abgeltungssteuer sind Stückzinsen vielmehr als Teil des Veräußerungserlöses gem. § 20 Abs. 2 Nr. 7 EStG n. F. anzusehen und als solcher steuerbar. Allerdings sieht die Übergangsregelung des § 52a Abs. 10 S. 7 EStG in der Fassung des JStG 2009 vor, dass die neuen Vorschriften über die generelle Steuerpflicht von Veräußerungsgewinnen – die nunmehr auch die Stückzinsen umfassen – nicht für Papiere gelten sollen, die vor dem 1.1.2009 angeschafft worden waren. Für diese Anlagen sollten die bisherigen Regeln, wonach Kursgewinne aus Wertpapieren im Privatvermögen außerhalb der einjährigen Spekulationsfrist gem. 23 Abs. 1 Nr. 2 EStG a. F. steuerfrei waren, bestehen bleiben. Hieraus folgerte die Klägerin – und wie sie viele andere Steuerpflichtige, Berater und Experten –, dass auch in 2009 vereinnahmte Stückzinsen aus vor dem 1.1.2009 angeschafften Anleihen nicht der Besteuerung unterliegen.

Sachverhalt

Im Streitfall hatte die Klägerin im Januar 2008 festverzinsliche Wertpapiere erworben. Sie verkaufte die Papiere im Februar 2009 und erhielt hierfür – neben dem Kurswert – auch sog. Stückzinsen in Höhe von 1.947 €. Diese Vergütung für den Zinsertrag der Papiere, der auf die Zeit von Beginn des Zinszahlungszeitraums bis zum Verkauf entfällt, sah das FA als steuerpflichtig an. Die Klägerin war hingegen der Auffassung, dass die Stückzinsen für die Altanleihen aufgrund der Gesetzesänderung im Zusammenhang mit der Einführung der sog. Abgeltungssteuer im Jahr 2009 nicht steuerpflichtig seien.

Entscheidung

Diese Auffassung teilte der 2. Senat des FG Münster nicht. Aus dem Sinn und Zweck sowie der Entstehungsgeschichte der gesetzlichen Regelung des § 52a Abs. 10 S. 7 EStG folgt, dass Stückzinsen aus Altanleihen nicht von der Besteuerung auszunehmen sind. Die Gesetzesmaterialien belegen zwar, dass der Gesetzgeber die ursprünglich steuerfreien Kursgewinne aus vor dem 1.1.2009 erworbenen Kapitalforderungen weiterhin steuerfrei stellen wollte. Jedoch ergeben sich keine Anhaltspunkte dafür, dass er darüber hinaus auch die ursprünglich steuerpflichtigen Stückzinsen von der Besteuerung hat ausnehmen wollen. Dies habe er zudem zeitnah im JStG 2010 klargestellt.

Hinweis:

Mit Blick auf eine erhebliche Zahl gleichgelagerter Einspruchsverfahren, die wegen des gerichtlichen „Musterverfahrens" bislang ruhen, kommt der Entscheidung eine weitreichende Breitenwirkung zu.

Zwar hat der Senat wegen der grundsätzlichen Bedeutung der Rechtssache die Revision zum BFH zugelassen. Diese wurde allerdings nicht eingelegt, sodass die Entscheidung mittlerweile rechtskräftig wurde.

1.2.10 Steuerpflicht von Erstattungszinsen des Finanzamtes nach wie vor zweifelhaft

> **FG Münster, Urteile v. 10.5.2012, 2 K 1947/00 E und 2 K 1950/00 E, Pressemitteilung Nr. 12 des FG Münster v. 16.7.2012**
>
> Das FG Münster hat in zwei Urteilen klargestellt, dass Zinsen, die der Fiskus auf Steuererstattungen zahlt, ungeachtet der durch das JStG 2010 eingefügten Neuregelung nicht steuerbar sind. Dies gilt nach Auffassung des 2. Senats auch dann, wenn die Erstattungszinsen in Zeiträumen angefallen sind, in denen vom Steuerpflichtigen gezahlte Nachzahlungszinsen als Sonderausgaben abziehbar waren.
>
> **Normen:** § 20 Abs. 1 Nr. 7 S. 3 EStG; § 233a AO

Der BFH hatte 2010 zunächst entschieden, dass Erstattungszinsen nach § 233a AO beim Empfänger nicht der Besteuerung unterliegen, soweit sie auf Steuern entfallen, die gemäß § 12 Nr. 3 EStG nicht abziehbar sind[44]. Als Reaktion auf diese Rechtsprechung hatte der Gesetzgeber mit dem JStG 2010 eine „klarstellende" Regelung in das Gesetz aufgenommen. Nunmehr unterliegen erstattete Einkommensteuerzinsen nach § 20 Abs. 1 Nr. 7 S. 3 EStG der Besteuerung. Nachzahlungszinsen, die Steuerpflichtige an das FA zahlen müssen, können jedoch weiterhin nicht steuerlich geltend gemacht werden. Gemäß § 52a Abs. 8 S. 2 EStG ist die Gesetzesänderung in allen Fällen anzuwenden, in denen die Steuer noch nicht bestandskräftig festgesetzt ist.

Sachverhalt

In den Streitfällen hatten die Kläger in den Jahren 1992 bzw. 1996 Erstattungszinsen in erheblicher Höhe erhalten. Zugleich hatten sie in ihrer Steuererklärung auch Nachzahlungszinsen geltend gemacht. Das FA besteuerte die Erstattungszinsen als Einkünfte aus Kapitalvermögen und berücksichtigte die Nachzahlungszinsen als Sonderausgaben. Im Jahr 2010 beantragten die Kläger sodann unter Hinweis auf die aktuelle Entscheidung des BFH, die Erstattungszinsen steuerfrei zu stellen. Verfahrensrechtlich war dies noch möglich, da die angefochtenen Bescheide aufgrund von Einspruchs- und Klageverfahren noch nicht bestandskräftig und damit noch änderbar waren.

Entscheidung

Laut FG habe der Gesetzgeber mit § 12 Nr. 3 EStG die Grundentscheidung getroffen, Erstattungszinsen zur ESt dem nichtsteuerbaren Bereich zuzuweisen. Dies habe auch der BFH in seiner Entscheidung aus Juni 2010 so gesehen. Soweit er dies auch unter Hinweis auf den ab 1999 bestehenden Gleichklang zwischen der Steuerfreiheit von Erstattungszinsen einerseits und der Nichtabziehbarkeit von Nachzahlungszinsen andererseits begründet habe, folge hieraus nicht, dass Erstattungszinsen steuerbar seien, solange Nachzahlungszinsen – wie in den Streitjahren – noch als Sonderausgaben abzugsfähig gewesen seien. Ein solcher Umkehrschluss verstieße gegen die Grundentscheidung des § 12 Nr. 3 EStG und stellte eine unzulässige richterliche Rechtsfortbildung dar.

Auf die Frage, ob die durch das JStG 2010 als Reaktion auf die Rechtsprechung des BFH neu eingefügte Regelung des § 20 Abs. 1 Nr. 7 S. 3 EStG, die Erstattungszinsen ausdrücklich den Einkünften aus Kapitalvermögen zuordne, auch rückwirkend auf die Streitjahre Anwendung finde, komme es nicht an. Diese neue Vorschrift sei keine Spezialregelung gegenüber § 12 Nr. 3 EStG. Vielmehr gehe § 12 Nr. 3 EStG als eine den einzelnen Einkunftsarten systematisch vorangestellte

---

[44] Urteil v. 15.6.2010, VIII R 33/07, BStBl II 2011, S. 503.

Vorschrift § 20 Abs. 1 EStG vor. Wegen der grundsätzlichen Bedeutung der Rechtssache hat das Gericht jedoch die Revision zum BFH zugelassen.[45]

Hinweis:

Der BFH hatte bereits mit Beschlüssen v. 22.11.2011 und 9.1.2012 ernstliche Zweifel daran geäußert, ob 2008 zugeflossene Erstattungszinsen nach § 20 Abs. 1 Nr. 7 S. 3 EStG i. d. F. des JStG 2010 der Steuer unterliegen. Die Zweifel würden insbesondere wegen der rückwirkenden Anwendung der Vorschrift bestehen.[46] Die beim BFH unter Az. VIII R 1/11; VIII R 36/10 und VIII R 26/12 zu dieser Frage anhängigen Verfahren sind noch offen.

Mit Beschluss v. 15.2.2012[47] hatte der I. Senat des BFH keine Zweifel an der Steuerpflicht von Erstattungszinsen bei Kapitalgesellschaften geäußert. Die geänderte Rechtsprechung des BFH mit Urteil v. 15.6.2010 sei auf die Einkommensermittlung von Kapitalgesellschaften nicht übertragbar. Dagegen wurde Verfassungsbeschwerde erhoben.[48]

Vgl. hierzu auch die Verfügung der OFD Magdeburg v. 10.8.2012[49] und die am 9.2.2012 aktualisierte Kurzinfo der OFD Rheinland v. 12.1.2011.[50]

Literaturhinweise: *Dr. Kreft*, DB 16/2012, Kurz kommentiert M 10; DB 8/2012, Kurz kommentiert M 10; DB 42/2012, Kurz kommentiert M 16

1.2.11 Nachträgliche Schuldzinsen bei den Einkünften aus Vermietung und Verpachtung

BFH, Urteil v. 20.6.2012, IX R 67/10, DB 2012, S. 2023;
Vorinstanz: FG Baden-Württemberg, EFG 2011, S. 1052

Schuldzinsen für ein Darlehen, das ursprünglich zur Finanzierung von Anschaffungskosten einer zur Vermietung bestimmten Immobilie aufgenommen wurde, können grundsätzlich auch dann noch als nachträgliche Werbungskosten bei den Einkünften aus Vermietung und Verpachtung abgezogen werden, wenn das Gebäude veräußert wird, der Veräußerungserlös aber nicht ausreicht, um die Darlehensverbindlichkeit zu tilgen.

Normen: § 21 Abs. 1 S. 1 Nr. 1 und § 9 Abs. 1 S. 1 und S. 3 Nr. 1 S. 1 EStG; § 23 EStG

Sachverhalt

Der Kläger hatte 1994 ein Wohngebäude erworben, dieses vermietet und hieraus Einkünfte erzielt. Im Jahr 2001 veräußerte er das Gebäude mit Verlust. Mit dem Veräußerungserlös konnten die bei der Anschaffung des Gebäudes aufgenommenen Darlehen nicht vollständig abgelöst werden. Dadurch musste der Kläger auch im Streitjahr 2004 noch Schuldzinsen auf die ursprünglich aufgenommenen Verbindlichkeiten aufwenden. Das FA erkannte die vom Kläger im Rahmen seiner ESt-Veranlagung für 2004 geltend gemachten nachträglichen Schuldzinsen nicht als Werbungskosten an.

---

[45] Anhängig unter Az. VIII R 28/12 und VIII R 29/12.
[46] Beschlüsse v. 22.12.2011, VIII B 190/11, BStBl II 2012, S. 243 und VIII B 146/11; Beschluss v. 9.1.2012, VIII B 95/11.
[47] I B 97/11, BStBl II 2012, S. 697; vgl. auch C.2.15.
[48] Az. 2 BvR 1608/12.
[49] S 2252 – 117 – St 214, DB 2012, S. 2072.
[50] ESt Nr. 001/2011, DB 2012, S. 430.

Entscheidung

Der IX. Senat gab dem Kläger Recht. Die geltend gemachten Schuldzinsen seien zu Unrecht nicht bei der Ermittlung der Einkünfte aus Vermietung und Verpachtung berücksichtigt worden. Der BFH hielt damit an seiner bisherigen – restriktiveren – Rechtsprechung zur beschränkten Abziehbarkeit nachträglicher Schuldzinsen bei den Einkünften aus Vermietung und Verpachtung nicht länger fest.

Er begründet seine Rechtsprechungsänderung sowohl mit der im Steuerentlastungsgesetz 1999/2000/2002 vom Gesetzgeber getroffenen Grundentscheidung, Wertsteigerungen bei der Veräußerung von im Privatvermögen gehaltenen Grundstücken innerhalb einer auf 10 Jahre erweiterten Frist zu erfassen, als auch mit der gesetzestechnischen Verknüpfung von privaten Veräußerungsgeschäften mit einer vorangegangenen steuerbaren und steuerpflichtigen Nutzung des Grundstücks durch die Regelung in § 23 Abs. 3 S. 4 EStG, welche bewirke, dass die Ermittlung des Gewinns aus einem steuerbaren Grundstücksveräußerungsgeschäft strukturell der Ermittlung des Gewinns aus der Veräußerung eines Wirtschaftsguts des Betriebsvermögens gleichgestellt werde. Vor diesem Hintergrund sei es folgerichtig, den nachträglichen Schuldzinsenabzug bei den Einkünften aus Vermietung und Verpachtung auf den im Streitfall zu entscheidenden Sachverhalt auszuweiten und damit die notwendige steuerrechtliche Gleichbehandlung von nachträglichen Schuldzinsen bei den Gewinn- und bei den Überschusseinkünften wieder herzustellen.

Hinweise:

Der VIII. Senat hatte bereits zuvor entschieden, dass in Fällen des § 17 EStG Schuldzinsen, die nach der Veräußerung der Anteile entstehen, als nachträgliche Werbungskosten bei den Einkünften aus Kapitalvermögen abgezogen werden können, soweit der Veräußerungserlös nicht zur Tilgung der Schulden ausreicht.[51] Das Urteil war in erster Linie für die VZ von 1999 bis 2008 von Interesse, da seit 2009 unter dem Regime der Abgeltungsteuer gem. § 20 Abs. 9 EStG ein Abzug tatsächlicher Werbungskosten ausgeschlossen ist. Vgl. hierzu auch die Kurzinfo ESt Nr. 07/2012 der OFD Münster v. 23.8.2012[52] sowie das Urteil des FG Düsseldorf v. 4.10.2012 im Zusammenhang mit der Option zur Regelbesteuerung nach § 32d Abs. 2 Nr. 3 EStG[53].

Fraglich war aber, ob die neue Rechtsprechung zum Abzug nachträglicher Schuldzinsen für den Bereich des § 17 EStG auch auf den Geltungsbereich des § 21 EStG angewendet werden kann. Das hat der IX. Senat nun etwas mehr als zwei Jahre später bestätigt. Die vor dem Urteil des BFH im Januar 2012 erlassene, ablehnende Verfügung der OFD Frankfurt am Main[54] dürfte durch das Urteil überholt sein.

Offen geblieben ist, ob der nachträgliche Schuldzinsenabzug nur in Fällen einer steuerbaren Veräußerung zum Tragen kommt. Der Leitsatz der Entscheidung spricht dafür. Aufgrund der Entscheidungsbegründung dürfte der Abzug aber auch bei einer nicht (mehr) steuerbaren Immobilienveräußerung vertretbar sein.

In einem weiteren, nicht veröffentlichten Urteil v. 24.1.2012[55] hat der BFH entschieden, dass Aufwendungen eines früheren Grundstückseigentümers für den Ausbau eines Erdtanks nach Veräußerung des Grundstücks nicht als nachträgliche Werbungskosten bei den Einkünften aus Vermietung und Verpachtung abziehbar sind, sondern allenfalls als Veräußerungskosten im Falle eines steuerpflichtigen Vorgangs nach § 23 Abs. 1 S. 1 Nr. 1 EStG.

Literaturhinweis: *Geserich*, nwb 41/2012, S. 3286 und 3304

---

[51] BFH, Urteil v. 16.3.2010, VIII R 20/08, BStBl II 2010, S. 787.
[52] DB 2012, S. 2371.
[53] 12 K 993/12 E; Revision anhängig unter Az. VIII R 48/12.
[54] Verfügung v. 24.2.2012, S 2211 A – 17 – St 214, DB 2012, S. 545.
[55] IX R 16/11.

1.2.12 Aufwendungen bei gescheiterter Grundstücksveräußerung

> **BFH, Urteil v. 1.8.2012, IX R 8/12, BStBl II 2012, S. 781;**
> **Vorinstanz: Hessisches FG, 9 K 71/10**
>
> Aufwendungen, die anfallen, weil der Steuerpflichtige sein vermietetes Grundstück veräußern will, sind nicht als Werbungskosten bei den Einkünften aus Vermietung und Verpachtung abziehbar und können auch nicht bei den privaten Veräußerungsgeschäften berücksichtigt werden, wenn das Grundstück zwar innerhalb der maßgebenden Veräußerungsfrist hätte veräußert werden sollen, es aber – aus welchen Gründen auch immer – nicht zu der Veräußerung kommt.
>
> **Normen:** § 21 Abs. 1 S. 1 Nr. 1 und § 9 Abs. 1 EStG; § 22 Nr. 2 und § 23 Abs. 1 S. 1 Nr. 1 EStG

Sachverhalt

Im entschiedenen Fall vermietete der Kläger mehrere Objekte und erzielte daraus Einkünfte aus Vermietung und Verpachtung. Eines dieser Objekte, welches der Kläger nach seinem Vortrag weniger als 10 Jahre im Bestand gehabt hatte, wollte er veräußern. Im Zusammenhang mit der wegen Finanzierungsproblemen des Erwerbers fehlgeschlagenen Veräußerung machte der Kläger Notar- und Gerichtskosten sowie Bewirtungskosten als Werbungskosten geltend. Das FA lehnte das ab und setzte die ESt für das Streitjahr fest, ohne die geltend gemachten Aufwendungen als Werbungskosten abzusetzen.

Entscheidung

Nach den einschlägigen Vorschriften im EStG sind Werbungskosten bei der Einkunftsart Vermietung und Verpachtung abzuziehen, wenn sie bei dieser erwachsen, d. h. durch sie veranlasst sind. Daran fehlt es nach Ansicht des IX. Senats aber, soweit die Aufwendungen durch die Veräußerung des Immobilienobjekts veranlasst sind. Im Streitfall sind sie angefallen, weil der Kläger das Mietwohngrundstück veräußern, also gerade nicht mehr vermieten wollte. Die Aufwendungen stehen daher nicht im Zusammenhang mit der Vermietungstätigkeit, die nach dem gescheiterten Veräußerungsversuch im Streitfall offenbar weiterlief.

Die Aufwendungen sind auch nicht als (vergebliche) Werbungskosten im Rahmen eines privaten Veräußerungsgeschäfts absetzbar. Zutreffend habe die Vorinstanz die Rückabwicklung des Anschaffungsgeschäftes nicht als Veräußerungsgeschäft beurteilt, so die obersten Finanzrichter in ihrer Urteilsbegründung. Der wirtschaftliche Zusammenhang wird auch nicht durch die Einkünfteerzielungsabsicht hergestellt.

Das alle Einkunftsarten kennzeichnende Merkmal der Einkünfteerzielungsabsicht wird für die Einkünfte aus privaten Veräußerungsgeschäften durch die maßgebenden Zeiträume in typisierender Weise objektiviert. Das bedeutet: Veräußert der Steuerpflichtige innerhalb der Frist, ist das Ergebnis steuerbar, subjektive Merkmale sind nicht zu prüfen. Kommt es innerhalb dieses Zeitraumes andererseits nicht zu einem Veräußerungsgeschäft, so fällt umgekehrt die Tätigkeit des Steuerpflichtigen insgesamt in die nicht steuerbare Vermögenssphäre. Mithin sind der bloße Veräußerungsversuch und die damit verbundenen Aufwendungen steuerrechtlich ohne Bedeutung, wenn es nicht zu einer Veräußerung kommt.

1.2.13 Prämien wertlos gewordener Optionen als Werbungskosten bei einem Termingeschäft

> **BFH, Urteil v. 26.9.2012, IX R 50/09, DB 2012, S. 2611;**
> **Vorinstanz: FG München, 15 K 1050/09**
>
> Das Recht auf einen Differenzausgleich, Geldbetrag oder Vorteil wird auch dann i. S. d. § 23 Abs. 1 S. 1 Nr. 4 EStG beendet, wenn ein durch das Basisgeschäft indizierter negativer Differenzausgleich durch Nichtausüben der (wertlosen) Forderung aus dem Termingeschäft vermieden wird.
>
> Normen: § 22 Nr. 2 EStG; § 23 Abs. 1 S. 1 Nr. 4 und Abs. 3 S. 5 EStG 1997

Sachverhalt

Im Streitfall unternahm ein zusammen veranlagtes Ehepaar Börsengeschäfte und erfasste im Rahmen der ESt-Erklärung Gewinne aus Aktienverkäufen sowie aus der Verwertung von Kauf- (sog. calls) und Verkaufsoptionen (sog. puts). Diesen Gewinnen stellten die Kläger Verluste aus Währungsgeschäften, aus der Verwertung von Verkaufsoptionen sowie aus wertlos gewordenen (nicht ausgeübten) Kauf- und Verkaufsoptionen gegenüber. Den sechsstelligen Verlustsaldo berücksichtigte das FA mangels Verrechenbarkeit im Streitjahr 2000 zunächst in unter dem Vorbehalt der Nachprüfung stehenden Bescheiden, indem es einen Betrag in das Streitjahr 1999 zurücktrug und den Rest als Verlustvortrag gesondert feststellte.

Im Zuge einer betriebsnahen Veranlagung gelangte das FA jedoch zu der Auffassung, dass die Aufwendungen aus den nicht ausgeübten Optionen steuerrechtlich nicht abgezogen werden könnten. Der für das Streitjahr 2000 erklärte Saldo wurde um die nicht mehr anzusetzenden Verluste aus nicht ausgeübten Optionen korrigiert mit der Folge nunmehr positiver Einkünfte aus Börsengeschäften. Überdies hob das FA den Bescheid über die Feststellung des verbleibenden Verlustvortrags auf und änderte auch den ESt-Bescheid für das Streitjahr 1999, indem es keinen Verlustrücktrag mehr berücksichtigte.

Entscheidung

Nach zunächst erfolglosen Einsprüchen hatten die Anleger mit einer entsprechenden Klage vor dem FG Erfolg. Die Kläger können – so die Richter – die aus dem Wertverlust der Optionen herrührenden Aufwendungen als Werbungskosten bei ihren Einkünften gemäß § 22 Nr. 2 EStG in der Fassung der Streitjahre geltend machen. Es handele sich um vergebliche und fehlgeschlagene Aufwendungen. Entscheidend sei, dass das Ehepaar die Kauf- und Verkaufsoptionen erworben habe, um daraus in Erwartung der prognostizierten Preis- oder Kursentwicklung der Basiswerte Gewinne zu erzielen. Deshalb seien die Verluste aus den nicht ausgeübten Optionen bis zur Höhe des Gewinns als Werbungskosten zu berücksichtigen.

Dieser Auffassung folgte auch der BFH in seiner Revisionsentscheidung. Nach § 23 Abs. 3 Sätze 1 und 5 EStG sind bei der Ermittlung des Gewinns oder des Verlusts aus privaten Veräußerungsgeschäften Werbungskosten abzuziehen. Das setzt voraus, dass ein Ergebnis einer nach § 23 Abs. 1 EStG steuerbaren Tätigkeit zu ermitteln ist. Der Revision sei insoweit beizupflichten, als die Abziehbarkeit von Werbungskosten nur in Betracht komme, als es zu einer Ausübung der Option oder zu einer Veräußerung oder zu einem anderen steuerrechtlich bedeutsamen Beendigungstatbestand, komme. Die Aufwendungen für die wertlos gewordenen Optionen, um die es im Streitfall ging, seien aber als Werbungskosten bei der Ermittlung der Einkünfte aus Termingeschäften gemäß

§ 22 Nr. 2 i. V. m. § 23 Abs. 1 S. 1 Nr. 4 EStG zu berücksichtigen. Die Entscheidung der Vorinstanz stelle sich nach Ansicht der BFH-Richter aus diesen Gründen als richtig dar.

Hinweis:

Das Urteil behält auch nach Einführung der Abgeltungsteuer Bedeutung. Denn seit 2009 sind Gewinne und Verluste aus Optionsscheinen immer steuerpflichtig, und zwar unabhängig von der bis 2008 geltenden Spekulationsfrist. Die Frage, wie Verluste aus wertlos verfallenen Optionsscheinen nach Ablauf der Optionsfrist zu besteuern sind, bleibt also weiterhin aktuell.

Und mit Blick auf die Auffassung des BMF, nach der Aufwendungen für eine Option einkommensteuerrechtlich ohne Bedeutung sind, wenn der Inhaber der Option diese am Ende der Laufzeit verfallen lässt,[56] bleibt abzuwarten, ob es zu einem Nichtanwendungsschreiben kommt.

Vgl. hierzu auch den im Urteil erwähnten BFH-Beschluss v. 24.4.2012,[57] nach dem Aufwendungen im Zusammenhang mit dem Erwerb eines Knock-Out-Zertifikats steuerrechtlich ohne Bedeutung sind, wenn der Erwerber das darin verbriefte Recht auf Differenzausgleich nicht innerhalb eines Jahres ausübt oder veräußert, sondern es – aus welchen Gründen auch immer – verfallen lässt.

1.2.14 „Big-Brother"-Gewinn einkommensteuerpflichtig

> **BFH, Urteil v. 24.4.2012, IX R 6/10, BStBl II 2012, S. 581;**
> **Vorinstanz: FG Köln, EFG 2010, S. 57**
>
> Ein dem Gewinner der „Big Brother"-Fernsehshow ausgezahltes Preisgeld ist als sonstige Einkünfte gem. § 22 Nr. 3 EStG zu besteuern, wenn die Auskehrung des „Projektgewinns" nach Maßgabe und Durchführung des entgeltlichen (Teilnahme-)Vertrags als Gegenleistung für sein (aktives wie passives) Verhalten während seines Aufenthaltes im „Big-Brother-Haus" zu beurteilen ist.
>
> **Norm:** § 22 Nr. 3 EStG

Der IX. Senat des BFH hat entschieden, dass der Kläger als Gewinner der 5. Staffel des TV-Sendeformats „Big Brother" mit dem dort erzielten „Projektgewinn" in Höhe von 1 Mio. € einkommensteuerpflichtig ist.

Der Kläger schuldete – wie alle anderen Kandidaten auch – dem Veranstalter seine ständige Anwesenheit im „Big-Brother-Haus". Er musste sich während seines Aufenthalts ununterbrochen filmen und belauschen lassen und nach Auswahl an Wettbewerben mit anderen Kandidaten teilnehmen. Dieses aktive wie passive Verhalten des Klägers hat der BFH auf der Basis des entgeltlichen Teilnahmevertrags als steuerpflichtige sonstige Leistung angesehen. Mit der Annahme des Projektgewinns hat der Kläger diesen seiner erwerbswirtschaftlichen und damit steuerrechtlich bedeutsamen Sphäre zugeordnet. Die Zufallskomponente in Gestalt der zwischenzeitlichen Publikumsvoten und des Schlussvotums des Publikums stellt sich auch und gerade als Bestandteil des Teilnahmevertrags und konkrete Ausgestaltung der vertraglich von vornherein eingeräumten Gewinnchance dar.

---

[56] BMF, aktualisiertes Schreiben v. 9.10.2012, BStBl I 2012, S. 953, Tz. 27 und 32; siehe auch die Ausführungen unter B.1.2.4.
[57] IX B 154/10, BStBl II 2012, S. 454.

1.2.15 Abfindung einer Erfindervergütung als steuerbegünstigte Entschädigung

> **BFH, Urteil v. 29.2.2012, IX R 28/11, BStBl II 2012, S. 569;**
> **Vorinstanz: FG Münster, EFG 2011, S. 2078**
>
> **Gibt der Arbeitnehmer mit seinem Interesse an einer Weiterführung der ursprünglichen Vereinbarung auf Arbeitnehmererfindervergütung im Konflikt mit seinem Arbeitgeber nach und nimmt dessen Abfindungsangebot an, so entspricht es dem Zweck des von der Rechtsprechung entwickelten Merkmals der Zwangssituation, nicht schon wegen dieser gütlichen Einigung in konfligierender Interessenlage einen tatsächlichen Druck in Frage zu stellen.**
>
> **Normen:** §§ 24 Nr. 1 Buchst. a, 34 Abs. 1 EStG

Voraussetzung für eine steuerbegünstigte Abfindung ist neben anderen, dass sich der Steuerpflichtige dem zusammengeballten Zufluss der Einnahmen nicht hat entziehen können. Diese Zwangssituation nimmt der BFH auch für den Fall an, wenn der Arbeitnehmer im Konflikt mit seinem Arbeitgeber trotz bereits vereinbarter Arbeitnehmererfindervergütung nachgibt und stattdessen ein Abfindungsangebot annimmt. Die gütliche Einigung stellt nach Ansicht der obersten Finanzrichter dabei nicht den tatsächlichen Druck in Frage, dem der Arbeitnehmer ausgesetzt war.

Sachverhalt

Im aktuell vom BFH entschiedenen Fall war der Kläger seit 1967 als Techniker bei einer GmbH tätig, die sich mit systemgebundenen Produkten für Hoch- und Tiefbau beschäftigt. Die GmbH entwickelte technische Geräte und Verfahren, woran der Kläger wesentlich beteiligt war. Er machte für die GmbH zahlreiche Erfindungen, die auch patentiert worden sind. Die GmbH erarbeitete zusammen mit ihm über jede einzelne Erfindung ein Konzept zur Abrechnung der Erfindervergütungen, die jeweils bis zum Ende der Laufzeit des Patents – in der Regel jährlich – bezahlt wurden. Nach seinem Eintritt in den Ruhestand schlossen der Techniker und die GmbH eine Abfindungsvereinbarung. Darin lösten sie die zwischen ihnen bestehende Vereinbarung über Arbeitnehmererfindervergütungen auf und verständigten sich auf eine einmalige Abfindung in sechsstelliger Höhe. Der Kläger erklärte den Abfindungsbetrag im Rahmen der Veranlagung des Streitjahres 2006 als sonstige Einkünfte und beantragte, die Versteuerung nach § 34 EStG vorzunehmen. Dies lehnte das FA ab. Einspruch und Klage hatten ebenfalls keinen Erfolg.

Entscheidung

Der BFH bewertete den Sachverhalt anders und gab der Klage statt. Im Streitfall war der offenkundige Entschädigungscharakter der Abfindung zwischen den Beteiligten im Kern nicht streitig. Es ging vielmehr um ein weiteres von der Rechtsprechung entwickeltes Merkmal der Entschädigung, nämlich um die Zwangssituation. Danach setzt eine Entschädigung nach den Buchstaben des EStG ferner voraus, dass der Ausfall der Einnahmen entweder von dritter Seite veranlasst wurde oder, wenn er vom Steuerpflichtigen selbst oder mit dessen Zustimmung herbeigeführt worden ist, dieser unter rechtlichem, wirtschaftlichem oder tatsächlichem Druck stand.

Eine Steuerermäßigung soll danach nur gerechtfertigt sein, wenn der Steuerpflichtige sich dem zusammengeballten Zufluss der Einnahmen nicht hat entziehen können. Und genau davon ging der BFH im Streitfall entgegen der Auffassung des FA und der Vorinstanz aus. Richterliche Begründung: Der Kläger ist auf das Angebot seines Arbeitgebers, das diesem vom Patentanwalt nahe gelegt wurde, aus Gründen der Loyalität und zur Vermeidung weiterer Streitigkeiten eingegangen, obschon ihm weiterhin jährliche Zahlungen lieber gewesen wären. Damit stand der Kläger unter tatsächlichem Druck, dem er frühzeitig nachgegeben hat. Sein Interesse, die ursprüngliche Vereinbarung auf Arbeitnehmererfindervergütung weiterzuführen, stieß auf das damit in Konflikt tretende Interesse seines Arbeitgebers an einer Einmalzahlung, um alle Rechtsbeziehungen zu erledigen. Die Abfindung führt damit zu einem zusammengeballten Zufluss im Streitjahr und rechtfertigt eine steuerliche Begünstigung.

1.3 Sonstige Entscheidungen

1.3.1 Kein Kindergeld während einer Übergangszeit von mehr als vier Monaten zwischen Schulzeit und gesetzlichem Wehr- oder Zivildienst

> BFH, Urteile v. 22.12.2011,[58] III R 5/07, BStBl II 2012, S. 678 und III R 41/07, BStBl II 2012, S. 681;
> Vorinstanzen: FG Baden-Württemberg, 5 K 456/03 und FG Köln, 8 K 674/06
> BFH, Urteil v. 9.2.2012, III R 68/10, BStBl II 2012, S. 686;
> Vorinstanz: FG Sachsen-Anhalt, EFG 2011, S. 345
>
> **Mit drei Urteilen hat der BFH entschieden, dass der anspruchsberechtigte Elternteil für ein Kind, das nach Beendigung seiner Schulzeit – unabhängig davon, ob absehbar oder nicht – länger als vier Monate auf den Beginn des gesetzlichen Wehr- oder Zivildienst wartet, während dieser Übergangszeit kein Kindergeld erhält.**
>
> Normen: § 32 Abs. 4 S. 1 Nr. 1 und Nr. 2 Buchst. a–c EStG

Ein Kindergeldberechtigter kann u. a. für ein Kind, das das 18. aber noch nicht das 27. (ab VZ 2007: 25.) Lebensjahr vollendet hat, Kindergeld erhalten, wenn es sich in einer Übergangszeit von höchstens vier Monaten zwischen der Beendigung eines Ausbildungsabschnitts und dem Beginn der Ableistung eines Pflichtdienstes (gesetzlicher Wehr- oder Zivildienst) befindet.

In den vom BFH entschiedenen Fällen begehrten die Kläger Kindergeld, obwohl ihre Kinder die gesetzlich geregelte Übergangszeit von vier Monaten überschritten hatten. Sowohl die beklagten Familienkassen als auch die FGs lehnten einen Kindergeldanspruch mit Blick auf den klaren Gesetzeswortlaut ab. Diese Beurteilung entsprach im Übrigen auch der bisher zu dieser Rechtsfrage ergangenen Rechtsprechung des BFH.

Nunmehr bestätigte der III. Senat in drei Urteilen seine bisherige Rechtsprechung. Die im Gesetz geregelte Viermonatsfrist dürfe nicht verlängert werden, weil die einschlägigen gesetzlichen Bestimmungen keine Regelungslücke enthielten. Damit sei es den Gerichten versagt, Kinder auch dann zu berücksichtigen, wenn sie die genannte Viermonatsfrist überschritten. Etwas anderes ergebe sich auch nicht aus dem Verfassungsrecht. Insbesondere habe der Gesetzgeber nicht gegen den allge-

---

[58] Erst im Jahr 2012 veröffentlicht.

meinen Gleichheitssatz verstoßen, weil er Kinder, die sich in einer längeren als 4-monatigen Übergangszeit befänden, unberücksichtigt ließe. Vielmehr sei darin eine zulässige Typisierung des Gesetzgebers zu sehen.

Hinweis:

Der Vollständigkeit halber sei darauf hingewiesen, dass aktuell eine Übergangszeit zwischen der Beendigung eines Ausbildungsabschnitts und dem Beginn des gesetzlichen Wehr- oder Zivildienstes nicht mehr möglich ist. Der Gesetzgeber hat die gesetzliche Wehrpflicht und auch den verpflichtenden Zivildienst mit Wirkung zum 1.7.2011 ausgesetzt.

> **Literaturhinweis:** *Schmitt*, DB 23/2012, Kurz kommentiert M 8

1.3.2 Kindergeld für volljähriges geistig behindertes Pflegekind

> **BFH, Urteil v. 9.2.2012, III R 15/09, BStBl II 2012, S. 739;**
> **Vorinstanz: FG Baden-Württemberg, 12 K 2612/07**
>
> **Der BFH hat die Voraussetzungen präzisiert, unter denen eine nach Eintritt der Volljährigkeit in den Haushalt aufgenommene geistig behinderte Person als Pflegekind angesehen werden kann, mit der Folge, dass für sie ein Anspruch auf Kindergeld besteht.**
>
> **Normen:** § 32 Abs. 1 Nr. 2 und Abs. 4 S. 1 Nr. 3 EStG

Nach der gesetzlichen Definition sind Pflegekinder Personen, mit denen der Steuerpflichtige u. a. durch ein familienähnliches, auf längere Dauer berechnetes Band verbunden ist. Das FG hatte diese Voraussetzung im Streitfall bejaht und insbesondere ausgeführt, es sei nicht erforderlich, dass die betreute Person behinderungsbedingt in ihrer geistigen Entwicklung einem Kind gleich stehe. Es genüge vielmehr, dass sie nicht selbständig leben könne und ohne die Aufnahme in die Familienpflege in einem Heim untergebracht werden müsse.

Dieser Ansicht ist der BFH nicht gefolgt. Die betreute Person muss, um Pflegekind sein zu können, wie zur Familie gehörend angesehen und behandelt werden. Dies setzt ein Aufsichts-, Betreuungs- und Erziehungsverhältnis wie zwischen Eltern und ihren leiblichen Kindern voraus. Da die körperliche Versorgung und die Erziehung bei einem nicht behinderten Volljährigen in der Regel keine entscheidende Rolle mehr spielt, kann ein behinderter Volljähriger nur dann Pflegekind sein, wenn die Behinderung so schwer ist, dass der geistige Zustand des Behinderten dem typischen Entwicklungsstand einer minderjährigen Person entspricht. Aus weiteren Umständen wie der Einbindung in die familiäre Lebensgestaltung, dem Bestehen erzieherischer Einwirkungsmöglichkeiten und einer über längere Zeit bestehenden und auf längere Zeit angelegten ideellen Beziehung, muss auf eine Bindung wie zwischen Eltern und ihren leiblichen Kindern geschlossen werden können.

> **Literaturhinweis:** *Dr. Selder*, nwb 26/2012, S. 2136

1.3.3 Berufsausbildung bei Au-pair-Aufenthalt im Ausland

> **BFH, Urteil v. 15.3.2012, III R 58/08, BStBl II 2012, S. 743;**
> **Vorinstanz: FG München, EFG 2008, S. 1640**
>
> Der BFH hat seine Rechtsprechung bestätigt, dass Sprachaufenthalte im Rahmen eines Au-pair-Verhältnisses im Ausland grundsätzlich nur dann als Berufsausbildung anzusehen sind, wenn sie von einem durchschnittlich mindestens zehn Wochenstunden umfassenden theoretisch-systematischen Sprachunterricht begleitet werden.
>
> **Norm:** § 32 Abs. 4 S. 1 Nr. 2 Buchst. a EStG

Für volljährige Kinder wird Kindergeld u. a. dann gezahlt, wenn sie für einen Beruf ausgebildet werden. Eine Berufsausbildung dient dem Erwerb von Kenntnissen, Fähigkeiten und Erfahrungen, die als Grundlage für die Ausübung des angestrebten Berufs geeignet sind. Sie braucht weder in einer Ausbildungs- oder Studienordnung geregelt noch zur Erreichung eines bestimmten Berufsziels unerlässlich zu sein. Der Sprachunterricht von Au-pairs wird aber vom BFH für erforderlich gehalten, weil auch Auslandsaufenthalte, die nicht Ausbildungszwecken dienen, regelmäßig zu einer Verbesserung der Kenntnisse in der jeweiligen Landessprache führen.

Sachverhalt

Die Tochter des Klägers hielt sich nach dem Abitur von August 2006 bis Juni 2007 als Au-pair in England auf. Die Klage auf Kindergeld hatte in beiden Instanzen keinen Erfolg, denn der BFH ging in Übereinstimmung mit dem FG davon aus, dass die Tochter weniger als zehn Unterrichtsstunden wöchentlich erhalten hatte, weil der Zeitaufwand für Hausarbeiten nicht einbezogen werden durfte und der Kläger keine näheren Angaben zu einer behaupteten sprachlichen Unterweisung durch die Gastmutter gemacht hatte.

Entscheidung

Auslandsaufenthalte können allerdings unabhängig vom Umfang des Fremdsprachenunterrichts als Berufsausbildung zu qualifizieren sein, wenn sie von einer Ausbildungs- oder Prüfungsordnung zwingend vorausgesetzt werden oder der Vorbereitung auf einen für die Zulassung zum Studium oder zu einer anderen Ausbildung erforderlichen Fremdsprachentest dienen (z. B. TOEFL „Test of English as foreign language" oder IELTS „International English language testing system"). Die Tochter des Klägers hatte aber lediglich eine Sprachprüfung abgelegt, die für die Integration von Einwanderern konzipiert wurde und für die Zulassung zu einem Ausbildungsgang oder Beruf nicht unmittelbar nützlich war. Die Revision hatte keinen Erfolg.

Hinweis:

Vgl. hierzu auch das inhaltsgleiche, nicht veröffentlichte Urteil III R 82/10 vom selben Tag.

1.3.4 Aufwendungen für die Sanierung eines Gebäudes als außergewöhnliche Belastung

> **BFH, Urteile v. 29.3.2012, VI R 47/10, BStBl II 2012, S. 570, VI R 70/10, BStBl II 2012, S. 572 und VI R 21/11, BStBl II 2012, S. 574;**
> **Vorinstanzen: FG Rheinland-Pfalz, EFG 2011, S. 33, Niedersächsisches FG, EFG 2011, S. 134 und Niedersächsisches FG, 14 K 425/09**
>
> Der BFH hat mit drei Urteilen entschieden, dass Aufwendungen für die Sanierung eines selbst genutzten Wohngebäudes, nicht aber die Kosten für übliche Instandsetzungs- und Modernisierungsmaßnahmen oder die Beseitigung von Baumängeln, als außergewöhnliche Belastung abzugsfähig sein können.
>
> **Normen:** § 33 Abs. 1 und Abs. 2 S. 1 EStG

Nach § 33 Abs. 1 EStG wird die ESt auf Antrag ermäßigt, wenn einem Steuerpflichtigen zwangsläufig größere Aufwendungen als der überwiegenden Mehrzahl der Steuerpflichtigen gleicher Einkommensverhältnisse, gleicher Vermögensverhältnisse und gleichen Familienstands (außergewöhnliche Belastung) erwachsen.

Hierzu können auch Aufwendungen für die Sanierung eines Gebäudes gehören, wenn durch die Baumaßnahmen konkrete Gesundheitsgefährdungen, etwa durch ein asbestgedecktes Dach (VI R 47/10), abgewehrt, Brand-, Hochwasser- oder ähnlich unausweichliche Schäden, beispielsweise durch den Befall eines Gebäudes mit Echtem Hausschwamm (VI R 70/10) beseitigt oder vom Gebäude ausgehende unzumutbare Beeinträchtigungen (Geruchsbelästigungen, VI R 21/11) behoben werden.

Allerdings darf der Grund für die Sanierung weder beim Erwerb des Grundstücks erkennbar gewesen noch vom Grundstückseigentümer verschuldet worden sein. Auch muss der Steuerpflichtige realisierbare Ersatzansprüche gegen Dritte verfolgen, bevor er seine Aufwendungen steuerlich geltend machen kann, und er muss sich den aus der Erneuerung ergebenden Vorteil anrechnen lassen („neu für alt").

> **Literaturhinweise:** *Bleschick*, nwb 28/2012, S. 2294; *Bergkemper*, DB 28/2012, Kurz kommentiert M 11

1.3.5 Nachweis der Zwangsläufigkeit von Aufwendungen im Krankheitsfall

> **BFH, Urteil v. 19.4.2012, VI R 74/10, BStBl II 2012, S. 577;**
> **Vorinstanz: Niedersächsisches FG, 15 K 514/08**
>
> Der VI. Senat des BFH hat entschieden, dass die vom Gesetzgeber eingeführten formellen Anforderungen an den Nachweis bestimmter Krankheitskosten (für deren Anerkennung als außergewöhnliche Belastung) verfassungsrechtlich nicht zu beanstanden sind.
>
> **Normen:** § 33 Abs. 1 EStG; § 33 Abs. 4 EStG und § 64 Abs. 1 EStDV i. d. F. des StVereinfG des Jahres 2011

Nach § 33 Abs. 1 EStG wird die ESt auf Antrag ermäßigt, wenn einem Steuerpflichtigen zwangsläufig größere Aufwendungen als der überwiegenden Mehrzahl der Steuerpflichtigen gleicher Einkommensverhältnisse, gleicher Vermögensverhältnisse und gleichen Familienstands (außergewöhnliche Belastung) erwachsen. Hierzu können auch Aufwendungen im Krankheitsfall gehören.

Bestimmte Krankheitskosten, bei denen die medizinische Notwendigkeit nicht offensichtlich ist, dürfen allerdings nur noch berücksichtigt werden, wenn der Steuerpflichtige ihre Zwangsläufigkeit z. B. durch ein amtsärztliches Gutachten nachweist. Eine entsprechende gesetzliche Regelung hat der Gesetzgeber durch das StVereinfG 2011 (§ 33 Abs. 4 EStG und § 64 EStDV) eingeführt. Der Gesetzgeber hat damit auf die Änderung einer langjährigen Rechtsprechung reagiert. Der BFH hatte im November 2010 dem seit jeher verlangten formellen Nachweis mangels einer gesetzlichen Grundlage eine Absage erteilt,[59] die Verfassungsmäßigkeit der neuen Regelung dann aber knapp anderthalb Jahre später bestätigt.

Sachverhalt

Im Streitfall machten die Kläger u. a. die Kosten für einen Kuraufenthalt als außergewöhnliche Belastungen geltend. Sie hatten die medizinische Notwendigkeit der Kur jedoch nicht durch ein vor Kurbeginn ausgestelltes amtsärztliches oder vergleichbares Attest belegt. FA und FG ließen die Aufwendungen deshalb nicht zum Abzug als außergewöhnliche Belastungen zu. Die Revision der Kläger war ebenfalls erfolglos.

Entscheidung

Auf die strenge Art des Nachweises kann – so der VI. Senat – nach geltendem Recht nicht (mehr) verzichtet werden. Die vom Gesetzgeber nunmehr geregelten Anforderungen an den Nachweis bestimmter Krankheitskosten, sind der Verfassung wegen nicht zu beanstanden. Insbesondere ist die strenge Formalisierung des Nachweises der Zwangsläufigkeit von Aufwendungen im Krankheitsfall nicht unverhältnismäßig. Aufgrund der Neutralität und Unabhängigkeit des Amts- und Vertrauensarztes ist das Nachweisverlangen im steuerlichen Massenverfahren geeignet, erforderlich und verhältnismäßig, um die nach Art. 3 Abs. 1 GG gebotene Besteuerung nach der individuellen Leistungsfähigkeit zu gewährleisten.

Auch der Umstand, dass die neuen Nachweisregelungen rückwirkend in allen noch offenen Fällen anzuwenden sind, sei verfassungsrechtlich unbedenklich. Eine unzulässige Rückwirkung liegt nicht vor. Denn der Gesetzgeber wollte mit der Anwendungsregelung sicherstellen, dass die vor der geänderten Rechtsprechung des BFH geübte Rechtspraxis ohne zeitliche Lücke aufrechterhalten wird. Damit hat der Gesetzgeber die Rechtslage auch mit Wirkung für die Vergangenheit so geregelt, wie sie bis zur Änderung der höchstrichterlichen Rechtsprechung der allgemeinen Rechtsanwendungspraxis entsprach. Ein berechtigtes und schutzwürdiges Vertrauen auf eine hiervon abweichende Rechtslage konnten die Steuerpflichtigen, so auch die Kläger, jedenfalls vor der Rechtsprechungsänderung nicht bilden.

---

[59] BFH, Urteile v. 11.11.2010, VI R 16/09 und VI R 17/09, BStBl I 2011, S. 966 und 969.

Hinweis:

Auch das FG Münster hat etwas später klargestellt,[60] dass für den Nachweis der Zwangsläufigkeit von Aufwendungen nach den Bestimmungen der EStDV i. d. F. des StVereinfG 2011 ein amts- oder vertrauensärztliches Attest im Vorfeld der Maßnahme erforderlich ist. Im Streitfall ging es um Aufwendungen für den Einbau eines Treppenliftes als medizinisches Hilfsmittel.

Literaturhinweise: *Schmitz*, nwb 36/2012, S. 2917; *Bergkemper*, DB 32/2012, Kurz kommentiert M 10

1.3.6 Verfassungswidrigkeit eines sog. Treaty override

BFH, Beschluss v. 10.1.2012, I R 66/09, DB 2012, S. 1078;
Vorinstanz: FG Rheinland-Pfalz, EFG 2009, S. 1649

Mit dem Beschluss hat der BFH dem BVerfG die seit langem schwelende Frage vorgelegt, ob der Gesetzgeber durch ein sog. Treaty override gegen Verfassungsrecht verstößt.

Norm: § 50d Abs. 8 S. 1 EStG 2002 i. d. F. des StÄndG 2003

Konkreter Hintergrund des Vorlagebeschlusses ist die Regelung des § 50d Abs. 8 EStG. Danach wird für die Einkünfte eines unbeschränkt Steuerpflichtigen aus nichtselbständiger Arbeit die völkerrechtlich in einem DBA vereinbarte Freistellung der Einkünfte ungeachtet des Abkommens nur gewährt, soweit der steuerpflichtige Arbeitnehmer nachweist, dass der Staat, dem nach dem Abkommen das Besteuerungsrecht zusteht, auf dieses Besteuerungsrecht verzichtet hat oder dass die in diesem Staat auf die Einkünfte festgesetzten Steuern entrichtet wurden. Das Gesetz setzt sich unter diesen Voraussetzungen im Ergebnis einseitig über die völkerrechtlich vereinbarte Freistellung der Arbeitslöhne hinweg, der Völkerrechtsvertrag wird gebrochen.

Der I. Senat ist davon überzeugt, dass dies nicht in Einklang mit der verfassungsmäßigen Ordnung und dem Gleichheitssatz steht. Die herkömmliche, früher auch vom BVerfG vertretene Rechtauffassung, wonach es dem Gesetzgeber unbenommen bleibt, den Völkerrechtsvertrag zu „überschreiben", lasse sich nach zwischenzeitlich wohl gewandelter Sicht des BVerfG nicht länger aufrechterhalten. Zum einen laufe § 50d Abs. 8 EStG der in Art. 25 GG niedergelegten materiellrechtlichen Wertentscheidung zum Vorrang der allgemeinen Regeln des Völkerrechts zuwider, ohne dass dafür ein tragfähiger Rechtfertigungsgrund vorliege. Ein solcher Rechtfertigungsgrund sei insbesondere nicht darin zu sehen, dass der Steuerpflichtige in beiden Vertragsstaaten unversteuert bleiben und sog. weiße Einkünfte erzielen könne. Zum anderen sieht der BFH Gleichheitsverstöße darin, dass der betreffende Arbeitnehmer, der im Ausland arbeitet, infolge der Regelung in § 50d Abs. 8 EStG unbeschadet des Abkommens so behandelt wird wie ein Arbeitnehmer, der im Inland arbeitet, und überdies, dass das Gesetz ihn im Ergebnis gegenüber einem Steuerpflichtigen mit anderen Einkünften als solchen aus nichtselbständiger Arbeit benachteiligt.

---

[60] Urteil v. 18.9.2012, 11 K 3982/11 E.

Im Streitfall klagte der Geschäftsführer und Arbeitnehmer einer inländischen Kapitalgesellschaft, der für die Gesellschaft in der Türkei gearbeitet hatte. Er beanspruchte, mit seinem Arbeitslohn aus dieser Tätigkeit in Deutschland steuerbefreit zu werden, weil das Besteuerungsrecht hierfür nach dem DBA nicht Deutschland, sondern der Türkei gebühre. Das FA berief sich indessen auf § 50d Abs. 8 EStG. Der Kläger habe nicht nachgewiesen, dass er in der Türkei entsprechende ESt bezahlt oder dass die Türkei auf das ihr zustehende Besteuerungsrecht verzichtet habe. Auf die abkommensrechtliche Freistellung komme es daher die Brisanz des Ersuchens – eine Vielzahl einschlägiger Regelungen auf dem Prüfstand des Verfassungsgerichts. Der deutsche Gesetzgeber hat vor allem in der jüngeren Vergangenheit in erheblichem Maße von dem seit langem umstrittenen Mittel des Treaty overriding Gebrauch gemacht, auch um eine Nichtbesteuerung zu vermeiden. Erst in neuerer Zeit geht Deutschland verstärkt dazu über, entsprechende Klauseln zum Rückfall des Besteuerungsrechts an den Wohnsitzstaat direkt in den jeweiligen Abkommen selbst zu verankern oder auch ein Abkommen zu kündigen.

In zwei bereits entschiedenen Verfahren zum § 50d Abs. 9 EStG konnte der BFH die Frage nach der Zulässigkeit des Treaty override offen lassen.[61]

Hinweis:

In Fällen, in denen der Nachweis der Besteuerung im Rahmen der Steuererklärung nicht erbracht werden kann, empfiehlt es sich, belastende Steuerbescheide, die unter Anwendung des § 50d Abs. 8 EStG ergangen sind, durch Einspruch offen zu halten und Ruhen des Verfahrens zu beantragen. Gleiches gilt, wenn ein zeitnaher Nachweis nur unter großem Aufwand erbracht werden könnte und sich dieser Aufwand bei einer möglicherweise erforderlichen Nachholung (bei einer späteren Bestätigung der Verfassungsmäßigkeit der Vorschrift) nicht wesentlich erhöhen würde.

Der Vorlagebeschluss wird beim BVerfG unter dem Az. 2 BvL 1/12 geführt.

Literaturhinweise: *Hilbert*, nwb 22/2012, S. 1800; *Bergkemper*, DB 32/2012, Kurz kommentiert M 10

---

[61] Urteil v. 24.8.2011, I R 46/10; Urteil v. 11.1.2012, I R 27/11.

2 Körperschaftsteuer

2.1 Verdeckte Gewinnausschüttung

2.1.1 Angemessenheit von als Geschäftsführergehalt anzusehender Managementvergütung bei inländischen Betriebsstätten

> **BFH, Urteil v. 24.8.2011,[62] I R 5/10, BFH/NV 2012, S. 271 (n. v.);**
> **Vorinstanz: FG Berlin-Brandenburg, EFG 2010, S. 1343**
>
> 1. Eine vGA ist einer inländischen Betriebsstätte zuzurechnen, wenn sie auf einem Vorgang beruht, der sich im Aufwand dieser Betriebsstätte niedergeschlagen hat.
> 2. Die Bezugnahme im DBA Niederlande[63] auf „eine" Betriebsstätte rechtfertigt es nicht, die Angemessenheit einer Vergütung bei Aufspaltung einer Tätigkeit auf mehrere Betriebsstätten anders zu beurteilen, als wenn sämtliche Tätigkeiten in einer Betriebsstätte erbracht würden. Dies gilt auch dann, wenn den einzelnen Betriebsstätten unterschiedliche Geschäftsfelder zuzuordnen sind.
>
> **Normen:** § 8 Abs. 3 S. 2 KStG; Art. 5 Abs. 2 DBA Niederlande

Fraglich war das Vorliegen einer vGA bei einem grenzüberschreitenden Sachverhalt. Die klagende niederländische Kapitalgesellschaft unterhielt in Deutschland mehrere Betriebsstätten. Sie hatte mit konzernangehörigen Kapitalgesellschaften in den Niederlanden Managementverträge abgeschlossen, in deren Folge deren Geschäftsführer auch zu Geschäftsführern der Klägerin bestellt wurden und entsprechende Aufgaben wahrnahmen. Die konzernangehörigen niederländischen Gesellschaften wurden ausschließlich gegenüber der Klägerin und nicht gegenüber Dritten tätig. Die Klägerin rechnete ihre Beratungsleistungen zu niedrigeren Preisen ab als sie dafür Managementvergütungen bezahlte. In Deutschland bestand aufgrund der Betriebsstätten eine beschränkte Steuerpflicht.

Der BFH ist vom Vorliegen einer vGA ausgegangen.[64] Maßgeblich für das Vorliegen einer vGA ist die Angemessenheit der Vergütung. Hierfür gelten die allgemeinen Regelungen. Aus dem DBA lässt sich nicht herleiten, dass die Diktion „eine" Betriebsstätte so zu deuten ist, dass die Angemessenheit von Vergütungen bei zwei Betriebsstätten zu verdoppeln ist. Die Aufspaltung der Tätigkeitsfelder auf mehrere Betriebsstätten hat keine Auswirkung auf die Angemessenheit der gezahlten Gehälter. Dies gilt auch dann, wenn die einzelnen Betriebsstätten sich mit unterschiedlichen Geschäftsfeldern befassen.

Die für die Beurteilung der Angemessenheit von Vergütungen geltenden Regeln unterscheiden nicht zwischen der Überprüfung von Geschäftsführergehältern bei Tochterkapitalgesellschaften und Managementvergütungen bei Betriebsstätten.

Die zivilrechtliche Einordnung solcher Managementverträge ist steuerlich ohne Bedeutung, auch Üblichkeit und die Erfassung der Zahlungen beim Empfänger sind lt. BFH ohne weitere Auswirkungen.

---

[62] Erst im Jahr 2012 veröffentlicht.
[63] Art. 5 Abs. 2 DBA Niederlande.
[64] Das Urteil wurde aus anderen Gründen aufgehoben und das Verfahren an das FG zurückverwiesen.

Durch den Gleichlauf zwischen der Besteuerung inländischer Betriebsstätten und inländischer Tochtergesellschaften liegt kein Verstoß gegen europarechtliche Grundfreiheiten vor.

> Literaturhinweis: *Trossen*, GmbH-StB 2012, S. 69

2.1.2 Körperschaftsteuerbescheid kein Grundlagenbescheid für Einkommensteuer des Gesellschafters

> **BFH, Urteil v. 6.9.2011, VIII R 55/10, GmbHR 2012, S. 221;**
> **Vorinstanz: FG Saarland, EFG 2011, S. 407**
>
> 1. Auch nach Einführung des Halbeinkünfteverfahrens und Schaffung des § 32a KStG durch das Jahressteuergesetz 2007 stehen der Körperschaftsteuerbescheid einerseits und der Einkommensteuerbescheid des Gesellschafters andererseits nicht im Verhältnis von Grundlagen- und Folgebescheid.
> 2. Nur wenn nach dem 18.12.2006 ein Körperschaftsteuerbescheid erlassen, aufgehoben oder geändert worden ist, kann die Änderungsvorschrift des § 32a KStG Anwendung finden, die eine korrespondierende Regelung (Erlass, Aufhebung oder Änderung) auf Ebene des Gesellschafters ermöglicht, dem die zugrundeliegende vGA zuzurechnen ist.
> 3. Die stichtagsbezogene Anwendung des § 32a KStG ist verfassungsrechtlich unbedenklich. Für eine analoge Anwendung des Korrespondenzprinzips vor dem 19.12.2006 oder eine abweichende Steuerfestsetzung aus Billigkeitsgründen auf Ebene des Gesellschafters ist kein Raum.[65]
>
> **Normen:** §§ 8 Abs. 3 S. 2, 32a KStG; § 163 AO

Streitig war die abweichende Festsetzung der Einkommensteuer 2003 und 2004 im Zusammenhang mit der zeitlichen Anwendungsregelung des § 32a KStG. Für eine Ermessensentscheidung nach § 163 AO bzw. für eine abweichende Festsetzung aus Billigkeitsgründen lässt bereits der Wortlaut des § 32a KStG keinen Raum. Die von § 32a KStG angeordnete Durchbrechung des Trennungsprinzips (Kongruenz der Besteuerung der Ebenen der Gesellschaft bzw. des Anteilseigners) besagt, dass die Norm nur angewendet werden kann, wenn nach dem 18.12.2006 Körperschaftsteuerbescheide erlassen, aufgehoben oder geändert werden. Für eine darüberhinaus gehende analoge Anwendung ist kein Raum, da nicht von einer planwidrigen Gesetzeslücke ausgegangen werden kann. Auch sind normative Stichtagsregelungen üblich und grds. auch zulässig. Willküraspekte sind nicht erkennbar. Die Regelung ist auch nicht sachlich unbillig, da der Gesetzgeber nicht zu Lasten des Klägers in dessen schutzwürdige Belange oder Dispositionen eingegriffen hat, sondern lediglich für die Zukunft die Besteuerung auf der Ebene des Gesellschafters mit derjenigen auf Ebene der Kapitalgesellschaft verknüpft.

> Literaturhinweis: *Görden*, GmbH-StB 2012, S. 105

---

[65] Leitsätze der GmbHR-Redaktion.

2.1.3 Höhe der zulässigen Konzessionsabgabe „Wasser"

> **BFH, Urteil v. 31.1.2012, I R 1/11, BFH/NV 2012, S. 877;**
> **Vorinstanz: FG Rheinland-Pfalz, EFG 2011, S. 1014**
>
> Leistet eine GmbH an ihre Gesellschafterin (Gemeinde) Konzessionsabgaben, die preisrechtliche Höchstsätze überschreiten, liegen insoweit vGA vor. Die Größe der Gemeinde, die für die Bestimmung der zulässigen Konzessionsabgabe „Wasser" maßgeblich ist, kann anhand der vom Statistischen Landesamt amtlich fortgeschriebenen Einwohnerzahl bestimmt werden.
>
> **Norm:** § 8 Abs. 3 S. 2 KStG

Die Grundsätze einer vGA gelten auch für Zahlungen einer Konzessionsabgabe, wenn deren Empfänger (Gebietskörperschaften) an dem leistenden Versorgungsbetrieb unmittelbar oder mittelbar beteiligt sind. Der Versorgungsbetrieb darf seiner Trägerkörperschaft durch die Konzessionszahlungen keine Vermögensvorteile zuwenden, die er unter sonst gleichen Umständen bei Anwendung der Sorgfalt eines ordentlichen und gewissenhaften Geschäftsleisters einem Nichtgesellschafter nicht gewährt hätte.

Für die Höhe der Konzessionsabgaben sind preisrechtliche Regelungen/Verordnungen zu beachten. Insbesondere war hier die Konzessionsabgabeverordnung zu beachten. Allerdings geht diese Verordnung noch von Einwohnerzahlen aus, die auf Basis einer Volkszählung von 1939 erfolgte. Diese Regelung, die seither nicht geändert wurde, ist wegen des Verstoßes gegen das rechtstaatliche Willkürverbot nichtig. Die hier angegebenen Einwohnerzahlen sind für das Streitjahr 1994 kein geeigneter Maßstab mehr. Für diese Feststellung bedarf es auch nicht der Anrufung des BVerfG. Sachgerecht ist stattdessen die Orientierung an der vom statistischen Bundesamt festgeschriebenen Einwohnerzahl. Der Gesetzgeber unterstellt, dass diese Daten die Einwohnerzahlen der Gemeinden zutreffend wiedergeben. Auf Basis dieses „falschen" Maßstabs ist hier davon auszugehen, dass die Zahlung dem Maßstab eines ordentlichen und gewissenhaften Geschäftsmannes zuwiderläuft. Zur Klärung der weiteren Voraussetzungen einer vGA musste an das FG zurückverwiesen werden.

2.1.4 vGA bei konzernfremder Erstversicherung und Rückversicherung durch konzerneigene Versicherungsgesellschaft

> **BFH, Urteil v. 15.2.2012, I R 19/11, BFH/NV 2012, S. 885;**
> **Vorinstanz: FG Münster, EFG 2011, S. 1183**
>
> Versicherungsbeiträge, die mittelbar über eine konzernfremde Erstversicherung (sog. Fronter) an eine konzerneigene Rückversicherungsgesellschaft (sog. Rückversicherungs-Captive) geleistet werden, stellen keine vGA dar, wenn es sich bei dem Fronter nicht um eine eigenwirtschaftlich funktionslose Kapitalgesellschaft handelt und für die Zwischenschaltung beachtliche wirtschaftliche Gründe vorliegen.
>
> **Normen:** § 8 Abs. 3 S. 2 KStG; § 42 AO

Die deutsche Klägerin, deren Unternehmensgegenstand die Herstellung und der Vertrieb von Span- und Kunststoffplatten ist, gehört zu einem internationalen Konzern und hatte nach einem größeren Schadensfall erhebliche Probleme, die Sach- und Betriebsunterbrechungen weiterhin zu akzeptablen Bedingungen zu versichern. Daher schloss die Klägerin mit einem konzernfremden

Unternehmen neue Versicherungsverträge als Erstversicherer ab, welcher seinerseits einen Rückversicherungsvertrag mit einer zu diesem Zweck von der Unternehmensgruppe gegründeten, ohne eigene Mitarbeiter handelnden Ltd. abschloss. Diese trug das Versicherungsrisiko in vollem Umfang. Die an den Erstversicherer geleisteten Versicherungsprämien wurden nach Abzug einer Provision an den Rückversicherer weitergeleitet. Fraglich war nun, ob diese Versicherungsprämien eine vGA darstellen.

Dem widersprach der BFH mit dem Argument, der konzernfremde Erstversicherer sei keine eigenwirtschaftlich funktionslose Kapitalgesellschaft, für dessen Zwischenschaltung beachtliche wirtschaftliche Gründe bestanden. Denn zunächst trug der Erstversicherer das gesamte wirtschaftliche Risiko der Versicherung und ist auch unmittelbarer Vertragspartner der Klägerin. Seine Funktion geht über die einer reinen Zahlstelle hinaus. Die Versicherungen wurden im eigenen Namen und für eigene Rechnung geschlossen, ein Teil der Beiträge als Provision behalten. Dies gilt auch, obwohl die Rückversicherungsquote von 100 % eher einem Erstversicherungsvertrag entspricht.

Der Hauptzweck der Zwischenschaltung des Fronters lag darin, dass die Ltd. lediglich einer weitgehend eingeschränkten Versicherungsaufsicht am Captive-Standort, geringeren Anforderungen an die Kapitalisierung der Gesellschaft und deren Solvabilität unterliegt und einen wesentlich geringeren Gründungs- und Verwaltungsaufwand erfordert.

Eine zusätzliche steuerliche Motivation, wonach die Gewinne am Sitzort der Ltd. keiner Besteuerung unterworfen sind, während die Prämien als Betriebsausgaben abzugsfähig sind, rechtfertigt kein abweichendes Ergebnis.

Beratungshinweis:

Im Falle von Dreieckskonstellationen liegt der Verdacht des Gestaltungsmissbrauchs häufig nahe. Für die Beraterpraxis ist daher auf eine detaillierte Dokumentation der wirtschaftlichen Gründe für Gestaltungen zu achten. Entscheidend ist, dass diese wirtschaftlichen Gründe für die Einschaltung des Dritten sprechen.

Literaturhinweise: *Demuth*, GmbH-StB 2012, S. 167; *Franz*, BB 2012, S. 1585

2.1.5 Verfassungsmäßigkeit der Korrekturvorschrift des § 32a KStG

**BFH, Beschluss v. 29.8.2012, VIII B 45/12, BFH/NV 2012, S. 1898;
Vorinstanz: FG des Saarlandes, EFG 2012, S. 1392**

Es bestehen keine ernstlichen Zweifel an der Verfassungsmäßigkeit des § 32a KStG hinsichtlich der Änderung von Einkommensteuerfestsetzungen, die zum Zeitpunkt des Inkrafttretens der Regelung zwar bestandskräftig, aber noch nicht festsetzungsverjährt waren.

Normen: §§ 32a, 34 Abs. 13c KStG

Die zur Einkommensteuer zusammenveranlagten Antragsteller waren Gesellschafter und Geschäftsführer einer GmbH sowie einer S.à.r.l. Das FA hatte bei diesen beiden Gesellschaften vGA festgestellt und diese in Bescheiden aus dem Jahr 2011 für die Jahre 2002–2004 berücksichtigt. Bei den Antragstellern änderte sie folglich die bereits bestandskräftige Veranlagung für die Streitjahre ebenfalls mit Bescheid aus 2011 und setzte die vGA als Einnahmen aus Kapitalvermögen nach § 20

Abs. 1 Nr. 1 EStG mit Hinweis auf § 32a Abs. 1 S. 1 KStG fest. Hiergegen wandten sich die Antragsteller und begehrten AdV. Diese wurde vom BFH abgelehnt. Über die Einsprüche selbst hat das FA noch nicht entschieden.

Der BFH hat entschieden, dass keine ernstlichen Zweifel an der Verfassungsmäßigkeit der in Streit stehenden Norm des § 32a KStG bestehen. Insbesondere führt ihre Anwendung nicht zu einer verfassungsrechtlich unzulässigen Rückwirkung, sondern lediglich zu einer sog. tatbestandlichen Rückanknüpfung.

§ 32a KStG ist eine Korrekturvorschrift, die auf die Kongruenz der Ebenen der Besteuerung der Gesellschaft und des Anteilseigners zielt. Wird also ein Steuerbescheid gegen die Gesellschaft nach dem 18.12.2006 erlassen, aufgehoben oder geändert, kann auch der Steuerbescheid gegen den Gesellschafter, dem die vGA zuzurechnen ist, aufgehoben oder geändert werden. Die Festsetzungsfrist für die Einkommensteuer endet insoweit nicht vor Ablauf eines Jahres nach Unanfechtbarkeit des Steuerbescheides der Körperschaft. Da diese Hemmung der Festsetzungsfrist und die dadurch mögliche Änderung der Einkommensteuerfestsetzung Auswirkungen auf einen hinsichtlich der Festsetzungsverjährung noch nicht abgeschlossenen Sachverhalt haben, liegt eine sog. „unechte" Rückwirkung vor. Dies ist nach Ansicht des BFH verfassungsrechtlich unbedenklich, da der Vorrang einer materiell richtigen Einkommensteuerfestsetzung Vorrang gegenüber dem Vertrauen des Steuerpflichtigen auf den Ablauf der Festsetzungsfrist weder unverhältnismäßig noch unangemessen ist. Die Änderung aufgrund von § 32a KStG kann nämlich auch zugunsten des Steuerpflichtigen erfolgen.

Beratungshinweis:

Der Wortlaut des § 32a KStG spricht von einer Ermessensentscheidung der Finanzbehörde hinsichtlich der Änderung der Einkommensteuer („kann"). Allerdings wird dieses Ermessen regelmäßig nicht ausgeübt werden können, da die Steuerfestsetzung ohne diese Änderung sachlich unrichtig wäre und eine unterbliebene Änderung der Steuerfestsetzung als ermessenswidrig einzustufen sein sollte.

Literaturhinweise: *Behrens*, BB 2012, S. 2610; *Wischmann*, GmbH-StB 2012, S. 330

2.2 Verlustabzugsbeschränkungen

2.2.1 Verlustabzugsverbot bei unterjährigem schädlichen Beteiligungserwerb

> **BFH, Urteil v. 30.11.2011,[66] I R 14/11, BFH/NV 2012, S. 659;**
> **Vorinstanz: FG Münster, EFG 2011, S. 909**
>
> **Erfolgt der das Verlustabzugsverbot des § 8c S. 1 KStG 2002 n. F. auslösende schädliche Beteiligungserwerb während des laufenden Wirtschaftsjahres, kann ein bis zu diesem Zeitpunkt in diesem Wirtschaftsjahr erzielter Gewinn mit dem bisher noch nicht genutzten Verlust verrechnet werden (entgegen Auffassung der Finanzverwaltung[67]).**
>
> **Norm:** § 8c KStG 2002

---

[66] Erst im Jahr 2011 veröffentlicht.
[67] BMF, Schreiben v. 4.7.2008, BStBl I 2008, S. 736, Tz. 31, Satz 2.

Streitig war, ob der Verlustabzug nach § 8c KStG 2002 bei einem sog. unterjährigen schädlichen Beteiligungserwerb auch insoweit beschränkt ist, als im laufenden Jahr bis zum Zeitpunkt des schädlichen Beteiligungserwerb ein Gewinn erwirtschaftet wurde. Der BFH verneinte im Revisionsverfahren die Beschränkung des Verlustabzugs.

Hauptargument des BFH ist, dass die Rechtsfolge der Regelung des § 8c S. 1 KStG die hier vorliegende Fallkonstellation nicht betrifft.

Zwischen Finanzverwaltung, Rechtsprechung und Literatur ist umstritten, ob die bis zum Beteiligungserwerb erzielten Gewinne durch bestehende Verlustvorträge gemindert werden.

Allein aus dem Wortlaut der Norm ist eine eindeutige Rechtsfolge nach Ansicht des BFH nicht ableitbar. Entscheidend für die Beantwortung der Rechtsfrage ist jedoch der Regelungszweck, der mit der Norm erreicht werden sollte. So ergibt sich aus der Gesetzesbegründung,[68] dass sich ungeachtet des Trennungsprinzips „die wirtschaftliche Identität einer Gesellschaft durch das wirtschaftliche Engagement eines anderen Anteilseigners" ändert. Die in früherer Zeit erwirtschafteten Verluste sollen für das „neue wirtschaftliche Engagement" unberücksichtigt bleiben. Ein bisher nicht ausgeglichener Verlust (Verlustvortrag) wird in der Höhe eines bis zum schädlichen Beteiligungserwerb erzielten Gewinns gerade nicht für das „neue", sondern noch für das „alte" wirtschaftliche Engagement genutzt.

Dass es für diese Argumentation an einer Rechtsgrundlage fehle, lässt der BFH nicht gelten. Denn es gehe hier insoweit nicht um die Voraussetzungen eines Verlustabzugs, sondern um die Bemessung des „nicht genutzten Verlusts".

Beratungshinweis:

Das Urteil ist eine konsequente Fortsetzung der Rechtsprechung des BFH zu § 8 Abs. 4 KStG a. F. sowie § 10a GewStG.

Für die Sanierung in die Krise geratener Kapitalgesellschaften ist das Urteil von ganz erheblicher Bedeutung. In einer solchen Sanierungssituation wird oftmals ein schädlicher Beteiligungserwerb vorliegen, dies jedoch im Zusammenhang mit einem grundsätzlich steuerpflichtigen außerordentlichen Ertrag im Zuge der Umwandlung von Fremd- in Eigenkapital (sog. Debt-to-Equity-Swap), der nunmehr mit noch nicht genutzten Verlusten verrechnet werden kann. Dies könnte eine Gestaltungsmaßnahme jedenfalls solange sein, wie die Europarechtskonformität des § 8c Abs. 1a KStG noch nicht feststeht und der Sanierungserlass[69] noch nicht angewandt wird.

Keine Aussage trifft der BFH darüber, wie eine Besteuerung des bis zum schädlichen Beteiligungserwerbs erwirtschafteten Einkommens unter eventueller Verlustverrechnung zu erfolgen hat. Jedenfalls eine Zwischenveranlagung ist auf den Übertragungsstichtag nicht durchzuführen. Möglicherweise ist die Erstellung einer Zwischenbilanz erforderlich, wenn dies zu günstigeren Ergebnissen führt als eine zeitanteilige Aufteilung des Jahresergebnisses.[70]

Noch nicht höchstrichterlich entschieden ist, ob eine vergleichbare Argumentation auch auf unterjährigen schädlichen Beteiligungserwerb bei Organschaften übertragbar ist.

---

[68] BT-Drs. 16/4841, S. 76.
[69] BMF, Schreiben v. 27.3.2003, IV A 6 – S 2140 – 8/03, BStBl I 2003, S. 240.
[70] BMF, Schreiben v. 4.7.2008, IV C 7 – S 2745-a/08/10001, BStBl I 2008, S. 736, Tz. 32.

Körperschaftsteuer

> **Literaturhinweise:** *Ernst*, DB 2012, S. 1002; *Grieser/Faller*, DStR 2012, S. 1007; *Klein/Nosky*, FR 2012, S. 310; *Lohmann/Stumm*, BB 2012, S. 1649; *Schimmele*, GmbH-StB 2012, S. 103; *Suchanek*, GmbHR 2012, S. 410

2.2.2 Ernstliche Zweifel an der Verfassungsmäßigkeit des § 8a Abs. 2 Alt. 3 KStG 2002 n. F.

> **BFH, Beschluss v. 13.3.2012, I B 111/11, BFH/NV 2012, S. 1073;**
> **Vorinstanz: FG München, EFG 2011, S. 1830**
>
> **Es ist ernstlich zweifelhaft, ob § 8a Abs. 2 Alt. 3 KStG 2002 n. F. jedenfalls insoweit verfassungsrechtlichen Anforderungen standhält, als dadurch nicht nur sog. Back-to-Back-Finanzierungen, sondern auch übliche Fremdfinanzierungen von Kapitalgesellschaften bei Banken erfasst und damit die entsprechenden Zinsaufwendungen der Betriebsausgabenabzugsbeschränkung der sog. Zinsschranke unterworfen werden.**
>
> **Normen:** § 8a Abs. 2 Alt. 3 KStG 2002 n. F.; § 4h EStG 2002

Besprechungsfall ist gewissermaßen der Standardfall der Finanzierung in der mittelständischen Wirtschaft: An der A-AG waren hälftig X und eine GmbH beteiligt. An dieser hielt Z 25 %. Die A-AG war kein verbundenes Unternehmen i. S. d. § 271 Abs. 2 HGB, insb. wurde sie auch nicht in den Konzernabschluss der GmbH einbezogen. Die GmbH gewährte der A-AG nachrangige Gesellschafterdarlehen. Weiterhin verbürgten sich X und Z für die Bankverbindlichkeiten der A-AG. Die Rückgriffsansprüche der Banken gegen X und Z überstiegen den negativen Zinssaldo der A-AG. Streitig war die Anwendbarkeit der Zinsschranke auf den Zinsaufwand bei der A-AG in der Variante der sog. steuerschädlichen Back-to-Back-Finanzierung nach § 8a Abs. 2 Alt. 3 KStG 2002 n. F. Der BFH hat dem AdV-Antrag stattgegeben, da ernstliche Zweifel an der Verfassungsmäßigkeit der Norm bestehen.

Die Regelungen zur sog. Zinsschranke waren ursprünglich eingeführt worden, um missbräuchliche Gestaltungen durch Finanzkonstrukte meist grenzüberschreitender Art zu verhindern. Im vorliegenden Sachverhalt geht es um eine vielfach angetroffene Konstruktion, in der größtenteils langfristige und objektbezogene Bankdarlehen aufgenommen worden waren, die durch die Gesellschaft selbst gesichert waren. Darüberhinaus würden ein unmittelbarer und ein mittelbarer Aktionär (X und Z) als Bürgen verpflichtet. Auch Gesellschafterdarlehen waren ausgereicht worden, wenn auch in geringem Umfang. Entscheidend für das Eingreifen der Zinsschranke waren das Überschreiten der 3 Mio. €-Freigrenze sowie der Rückgriff auf den Anteilseigner und nahestehende Personen wegen der gewährten Bürgschaften, deren Umfang die 10 %-Grenze überschreitet. Für den vorliegenden Sachverhalt hält der BFH die Wirkungen der Zinsschrankenregelung für deutlich überschießend mit unverhältnismäßigen Belastungswirkungen.

Im Rahmen einer wegen des AdV-Verfahrens lediglich summarischen Prüfung kommt der BFH zu im Wesentlichen drei Kritikpunkten: Einen möglichen Verstoß gegen das sog. objektive Nettoprinzip stellt der BFH nicht ausdrücklich fest. Ernstlich zweifelhaft im Hinblick auf die Verfassungskonformität sieht der BFH jedoch die Rückausnahmeklausel bei rückgriffsberechtigten Dritten außerhalb von Back-to-Back-Finanzierungen. Hier seien die Grenzen der verfassungsrechtlich zulässigen Typisierung überschritten. Eine Möglichkeit zu einer teleologischen Reduktion der Norm sieht der Senat hier nicht. Gerade ertrags- und finanzschwache Unternehmen ohne jeglichen Missbrauchsverdacht (da z. B. keinerlei Auslandsberührung) würden hier durch das Zinsabzugsverbot über Gebühr belastet. Im Rahmen der Interessenabwägung im AdV-Verfahren überwiegt das Aussetzungsinteresse im Hinblick auf die hohe finanzielle Belastung, die hier einer Substanzbesteuerung gleichkommt, das öffentliche Interesse.

Beratungshinweis:

Im AdV-Verfahren besteht bei verfassungsrechtlichen Bedenken keine Vorlagepflicht an das BVerfG. Dies könnte sich im Hauptsacheverfahren ändern, in dem der BFH die Frage der Verfassungswidrigkeit nach Art. 100 Abs. 1 GG dem BVerfG vorlegen muss. Bescheide, die auf der Anwendung des § 8a Abs. 2 Alt. 3 KStG beruhen, sind bis zur Entscheidung des BVerfG offen zu halten.

> **Literaturhinweise:** *Prinz*, FR 2012, S. 541; *Schwetlik*, GmbH-StB 2012, S. 199; *Tscheche*, BB 2012, S. 2292; *Wiese*, GmbHR 2012, S. 646

2.2.3 Abtretung der Besserungsanwartschaft bei Mantelkauf nicht missbräuchlich

> **BFH, Urteil v. 12.7.2012, I R 23/11, BFH/NV 2012, S. 1901;**
> **Vorinstanz: FG München, EFG 2011, S. 1086**
>
> Eine GmbH kann die Zahlung auf eine betrieblich begründete Gesellschafterforderung auch dann als Betriebsausgabe abziehen, wenn die Forderung zwischenzeitlich wertlos geworden war, der frühere Gesellschafter und Forderungsinhaber gegen Besserungsschein auf die Forderung verzichtet und die Besserungsanwartschaft später im Zusammenhang mit der Veräußerung des sog. GmbH-Mantels an einen der Erwerber veräußert hatte und sodann im Anschluss an eine Verschmelzung auf die GmbH der Besserungsfall eingetreten war.[71]
>
> **Normen:** §§ 8 Abs. 3 S. 2, Abs. 4 KStG 1999

Ausgangspunkt des Klageverfahrens war das zur Vermeidung des Verlustuntergangs bei einem Mantelkauf diskutierte Modell eines Forderungsverzichts mit Besserungsschein.

Klägerin war eine GmbH, die bereits im Jahr 1994 von A als alleinigem Gesellschafter gegründet worden war. 1997 stellte diese GmbH ihre Geschäftstätigkeit ein und wies in ihrer Bilanz von 1999 eine Verbindlichkeit von 400.000 DM gegen A sowie einen nicht durch Eigenkapital gedeckten Fehlbetrag aus. Im Jahr 2000 verzichtete A auf seine Forderung gegenüber der GmbH unter der auflösenden Bedingung, dass diese im Besserungsfall wieder auflebt. Infolgedessen buchte die GmbH die Verbindlichkeit gegenüber A ertragswirksam aus. 2001 verkaufte A seine Beteiligung für einen symbolischen Wert von 1 DM hälftig an X und Y, die den Betrieb der GmbH fortsetzten und die profitable S-GmbH auf die GmbH verschmolzen. Dadurch änderte die GmbH ihren Geschäftszweck (und ihre Firma). Wenige Monate später veräußerte A seine Besserungsanwartschaft für 5.000 DM an Y. In diesem Jahr (2001) erzielte die GmbH einen Gewinn und zahlte an Y auf den Besserungsschein rund 300.000 DM. Diese Zahlung wurde von der GmbH als gewinnmindernde Betriebsausgabe verbucht.

---

[71] Entgegen BMF, Schreiben v. 2.12.2003, BStBl I 2003, S. 648 Nr. 2d; Abgrenzung zum BFH, Urteil v. 1.2.2001, IV R 3/00, BStBl II 2001, S. 520.

Das FA versagte der gewählten Gestaltungsmöglichkeit die steuerliche Anerkennung und erkannte auf eine vGA in Höhe von 400.000 €. Begründet wurde dies mit dem sachlichen und zeitlichen Zusammenhang zwischen Wiederaufleben der Gesellschafterforderung und dem Gesellschafterwechsel. Das FG schloss sich insoweit dem an, als es eine vGA annahm, allerdings nur für den 300.000 DM überschießenden Betrag. Weiterhin sah es in dem Betriebsausgabeabzug einen Fall des Gestaltungsmissbrauchs nach § 42 AO.

Die hiergegen gerichtete Revision hatte Erfolg. Der BFH verneint das Vorliegen einer vGA, da der betriebliche Zusammenhang bzw. die Veranlassung der wieder auflebenden Forderung nicht unterbrochen worden war. Weder Verzicht auf die Forderung, der Eintritt des Besserungsfalls, die Veräußerung der Anteile, die Abtretung der Besserungsanwartschaft und die Verschmelzung auf die Schwester-GmbH sowie der Gläubigerwechsel ändern nichts daran, dass die Verbindlichkeit ursprünglich betrieblich veranlasst war.

Auch dem Argument des Gestaltungsmissbrauchs nach § 42 AO erteilt der BFH eine Absage. Dies wird insb. damit begründet, dass § 8 Abs. 4 KStG a. F. nur den Ausschluss des Verlustabzugs nach § 10d EStG bewirkt, nicht jedoch anderer Gestaltungen zur Verlustkonservierung. Diese Lesart würde nicht dem gesetzgeberischen Ziel der „alten" Regelung des Mantelkaufs entsprechen und sei dem Wortlaut der Norm nicht zu entnehmen. Der Gesetzestext spricht ausschließlich vom Wegfall des Verlustabzugs, nicht dagegen von der Passivierung einer Verbindlichkeit. Diese sei, da betrieblich veranlasst, bei Erfüllung der auflösenden Bedingung „neu" einzubuchen.

Zwischen mehreren rechtlichen Möglichkeiten darf der Steuerpflichtige die für ihn günstigste wählen. Daher war A nicht gezwungen, auf die Forderung gegenüber der GmbH zu verzichten. Das Vorgehen des A war hier wirtschaftlich begründbar und somit nicht unangemessen.

Nach dem BFH war der durch das Wiederaufleben der Forderung resultierende Aufwand als Betriebsausgabe abziehbar.

Beratungshinweis:

Zu beachten ist, dass auf Ebene des Anteilseigners auch Gewinne aus der Veräußerung von im Privatvermögen gehaltenen sonstigen Kapitalforderungen (§ 20 Abs. 2 S. 1 Nr. 7 i. V. m. Abs. 2 EStG) steuerpflichtig sind. Solche sind nach h. M. auch Erträge aus Besserungsscheinen. Dem Vorteil der Verlusterhaltung auf Ebene der Verlust-GmbH steht damit regelmäßig ein Ertrag bzw. Veräußerungsgewinn beim Anteilseigner gegenüber.

Im Rahmen des Jahressteuergesetzes 2013 wurde die Einführung einer Verlustverrechnungsbeschränkung bei Umwandlungen, wonach im Fall einer Verschmelzung auf eine Verlustgesellschaft keine Verrechnung von Gewinnen der übertragenden Gesellschaft möglich ist, diskutiert. Zwar ist diese im Beschluss des Bundestages vom 25.10.2012 nicht mehr enthalten, es bleibt jedoch möglich, dass diese Idee wieder aufgegriffen wird.

Die hier vorgetragene Sichtweise scheint auch auf den neu geschaffenen § 8c KStG anwendbar zu sein. Der BFH stellt sich hier gegen die im BMF-Schreiben[72] zu § 8 Abs. 4 KStG a. F. vertretene Rechtsauffassung. Fraglich ist bereits, ob dieses BMF-Schreiben für § 8c KStG überhaupt anwendbar ist. Es spricht einiges für die Übertragbarkeit der Rechtsauffassung des BFH auf Gestaltungen, die unter § 8c KStG fallen. Auch § 8c KStG erfasst nur solche Verluste, die bis zum schädlichen Beteiligungserwerb nicht genutzt wurden, nicht aber den steuerlichen Aufwand, der erst nach Anteilsübertragung entsteht.

---

[72] BMF, Schreiben v. 2.12.2003, IV A 2 – S 2743 – 5/03, BStBl I 2003, S. 648 Nr. 2d.

> Literaturhinweise: *Böing*, GmbH-StB 2012, S. 329; *Hoffmann*, DStR 2012, S. 2058 und GmbHR 2012, S. 1188; *Schenkelberg*, BB 2012, S. 2864

2.3 Körperschaftsteuer allgemein

2.3.1 Solidaritätszuschlag und Körperschaftsteuerguthaben

> **BFH, Beschluss v. 10.8.2011,[73] I R 39/10, GmbHR 2012, S. 43;**
> **Vorinstanz: FG Köln, EFG 2010, S. 1353**
>
> **Es wird die Entscheidung des BVerfG darüber eingeholt, ob § 3 SolzG 1995 n. F. insoweit mit dem Grundgesetz vereinbar ist, als Auszahlungen des Körperschaftsteuerguthabens gemäß § 37 Abs. 5 KStG 2002 i. d. F. des SEStEG die Bemessungsgrundlage zum Solidaritätszuschlag nicht mindern und § 3 SolzG 1995 n. F. oder eine andere Vorschrift auch nicht die Festsetzung eines Anspruchs auf ein Solidaritätszuschlagguthaben anordnet.**
>
> **Normen:** § 3 SolzG 1995 n. F.; § 37 Abs. 5 KStG 2002 i. d. F. des SEStEG

Das Vorlageverfahren an das BVerfG hat die Frage zum Gegenstand, ob bei Festsetzung des Körperschaftsteuerguthabens auch die gesonderte Feststellung eines Anspruchs auf Auszahlung eines entsprechenden Solidaritätszuschlagguthabens besteht. FA und FG lehnten dies ab, der BFH setzt das Verfahren aus und holt die Rechtsmeinung des BVerfG darüber ein, ob § 3 SolzG 1995 insoweit verfassungswidrig ist, als er weder die Festsetzung eines Anspruchs auf Auszahlung des Solidaritätszuschlags auf das Körperschaftsteuerguthaben vorsieht noch das ratierlich erstattete Körperschaftsteuerguthaben die Bemessungsgrundlage für den Solidaritätszuschlag mindert.

Während bis 31.12.2006 die Auszahlung des Körperschaftsteuerguthabens vom Steuerpflichtigen durch Ausschüttungen beeinflusst werden konnte, wird seit 2007 das Körperschaftsteuerguthaben ratierlich in zehn gleichen Jahresraten ausgezahlt. Die Möglichkeit, durch Ausschüttungen die Bemessungsgrundlage für den Solidaritätszuschlag zu mindern, entfiel damit. Vielmehr wurde das jährliche Veranlagungsverfahren vom Erstattungsverfahren für das Körperschaftsteuerguthaben abgekoppelt.

Der BFH geht für die neue Rechtslage davon aus, dass ein Anspruch auf Auszahlung des Solidaritätszuschlagguthabens weder aus den Vorschriften des KStG noch des SolzG hergeleitet werden kann. Auch aus dem Annexcharakter des Solidaritätszuschlags ergebe sich ein solcher Anspruch nicht. Weiterhin mindert die Rückzahlung des Körperschaftsteuerguthabens per se nicht die Bemessungsgrundlage für den Solidaritätszuschlag. Ein solcher sei gesetzlich nicht vorgesehen.

Hieraus könnte ein Verstoß gegen den Gleichheitsgrundsatz des Art. 3 Abs. 1 GG und des Vertrauensschutzprinzips aus Art. 2 Abs. 1 i. V. m Art. 20 Abs. 3 GG ergeben, welchen jedoch das BVerfG erklären muss.

Art. 3 Abs. 1 GG könnte deswegen verletzt sein, weil er diejenigen Steuerpflichtigen benachteiligt, die im Vertrauen auf den Fortbestand der gesetzlichen Regelung es versäumt haben, ihr Solidaritätszuschlagguthaben durch Ausschüttungen abzurufen. Hieraus könnte auch ein Verstoß gegen

---

[73] Erst im Jahr 2012 veröffentlicht.

das Vertrauensschutzprinzip resultieren, da der Gesetzgeber durch den zunächst statuierten Übergangszeitraum von 15 Jahren für die Mobilisierung des Körperschaftsteuerguthabens einen Vertrauenstatbestand (Ausnahmetatbestand) geschaffen hat. In diese Rechtsposition wurde durch die Änderung der gesetzlichen Regelung eingegriffen, in dem Auszahlung des Körperschaftsteuerguthabens neu geregelt wurde, ohne hierbei auch Regelungen für das Solidaritätszuschlagguthaben zu schaffen.

Beratungshinweis:

Körperschaften mit einem zum 31.12.2006 festgesetzten Körperschaftsteuerguthaben sollten je nach Bestandskraft der vorliegenden Bescheide Rechtsbehelfsanträge bzw. Änderungs- oder Erstattungsanträge stellen.

Die Frage der Schutzwürdigkeit der Steuerpflichtigen bei Übergangsregelungen könnte auch bei anderen Sachfragen eine Rolle spielen: Übergangsregelungen zur Abgeltungssteuer, Neuregelungen bei Verlustabzugsbeschränkungen, Zinsschranke.

> **Literaturhinweise:** *Balke*, FR 2012, S. 263; *Prinz*, GmbHR 2012, S. 43; *Schwetlik*, GmbH-StB 2012, S. 3

2.3.2 Finanzunternehmen und Eigenhandelsabsicht

> **BFH, Urteil v. 12.10.2011,[74] I R 4/11, BFH/NV 2012, S. 453 (n. v.);**
> **Vorinstanz: FG Hamburg, EFG 2011, S. 1186**
>
> **Eine vermögensverwaltende (Familien-)Kapitalgesellschaft, deren Geschäftstätigkeit sich darauf beschränkt, Aktien und Rentenpapiere zu erwerben und bei passender Gelegenheit zu verkaufen, ist Finanzunternehmen i. S. des § 8b Abs. 7, S. 2 KStG. Die Zuordnung der erworbenen Wertpapiere im Umlaufvermögen ist maßgebliches Indiz für das Vorliegen der Eigenhandelsabsicht beim Anteilserwerb. Eine spätere Zweckänderung und Umgliederung der Wertpapiere in das Anlagevermögen kann für diese Wertpapiere keine anderen Rechtsfolgen auslösen.**
>
> **Norm:** § 8 Abs. 7 S. 2 KStG 2002

Streitig war im vorliegenden Fall, ob § 8b Abs. 7 KStG auf eine vermögensverwaltende GmbH anwendbar ist, m. a. W. ob eine solche GmbH als Finanzunternehmen i. S. d. KWG angesehen werden muss, falls diese Kapitalgesellschaftsanteile mit dem Ziel der kurzfristigen Erzielung eines Eigenhandelserfolgs erworben hat.

Die Klägerin hier, eine Familien-GmbH, hatte als einzigen Geschäftszweck den Handel mit Wertpapieren (Aktien, Rentenpapiere etc.). Dies tat sie in eigener Verantwortung über ein Depot, zusätzlich hatte sie auch mit einer Bank einen Vermögensverwaltungsvertrag abgeschlossen, über welchen der Handel abgewickelt wurde. Sämtliche Wertpapiere wurden handelsbilanziell dem Umlaufvermögen zugerechnet. Erst Jahre später wurden die Wertpapiere in das Anlagevermögen umgebucht. Streitig war nun die Steuerfreiheit der erzielten Dividenden und Veräußerungsgewinne.

---

[74] Erst im Jahr 2012 veröffentlicht.

Bereits das FA wertete die Klägerin als Finanzunternehmen. Sie hatte die Aktien mit dem Ziel der kurzfristigen Erzielung eines Eigenhandelserfolgs erworben, was unmittelbar aus der Zuordnung zum Umlaufvermögen geschlossen wurde. Eine spätere Umgliederung des Wertpapierbestandes in das Anlagevermögen ist hierfür unerheblich.

Von Bedeutung sind die Aussagen des BFH zur Kategorisierung als Finanzunternehmen. Der Anwendungsbereich des § 8b Abs. 7 KStG ist nicht dahingehend teleologisch zu reduzieren, als es sich um eine Kapitalgesellschaft handeln muss, die den aufsichtsrechtlichen Pflichten des KWG unterliegen muss. Auch der Handel lediglich mit institutionellen Partnern ist für die Qualifizierung nicht von Bedeutung. Ob das Unternehmen ihre Geschäfte selbst oder über beauftragte Banken abwickelt, soll irrelevant sein. Auch vermögensverwaltende Kapitalgesellschaften können als Finanzunternehmen angesehen werden.

Der BFH stellt klar, dass das Gesetz keine Definition des „kurzfristigen" Eigenhandelserfolges gibt. Unklar bleibt damit, welche Zeitspanne zwischen Erwerb und Veräußerung als kurzfristig anzusehen ist.

Die Finanzverwaltung hatte statuiert, dass bei einer Zuordnung zum Umlaufvermögen die Annahme einer Eigenhandelsabsicht zwangsläufig sei. Dies relativiert der BFH dahingehend, dass die handelsbilanzielle Zuordnung lediglich ein Indiz sei, was jedoch widerlegt werden könne. Hierfür sind objektive Anhaltspunkte notwendig. Als Beispiele werden genannt, dass die Veräußerung der Aktien ohnehin für einen gewissen Zeitraum ausgeschlossen oder dass die weitere Verwendung der Aktien im Zeitpunkt des Erwerbs noch unklar war.

Eine spätere Umgliederung in das Anlagevermögen ist unerheblich, maßgeblich ist allein die Absicht im Erwerbszeitpunkt.

Beratungshinweis:

Ein weiteres Mal stellt der BFH klar, dass von § 8b Abs. 7 KStG auch Holdingstrukturen erfasst sein können. Die Besonderheit an dem vorgestellten Urteil liegt darin, dass auch (Familien-)Gesellschaften von den Rechtsfolgen betroffen sind, die mit Finanzinstrumenten ausschließlich auf eigene Rechnung handeln.

Für die Widerlegung der Eigenhandelsabsicht sind objektive Anhaltspunkte notwendig. Insoweit wird es im Streitfall auf eine ordnungsgemäße Dokumentation der Geschäftsvorfälle, ggfs. auch eine Begründung der Beschlüsse, die zu Erwerb und Veräußerung geführt haben, ankommen.

Literaturhinweis: *Böing*, GmbH-StB 2012, S. 104

2.3.3 Abgrenzung Spenden und Zahlungen für satzungsmäßige Zwecke

BFH, Urteil v. 12.10.2011, I R 102/10, BFH/NV 2012, S. 517;
Vorinstanz: Schleswig-Holsteinisches FG, EFG 2011, S. 269

Ist einer Stiftung durch ihr Stiftungsgeschäft vorgegeben, ihr Einkommen ausschließlich für eine bestimmte gemeinnützige Körperschaft zu verwenden, können Zahlungen an diese Körperschaft nicht als Spenden abgezogen werden.

Normen: §§ 8 Abs. 3, 9 Abs. 1 Nr. 2, 10 Nr. 1 S. 1, 2 KStG

Der BFH erläutert im vorliegenden Urteil die spezifischen Eigenschaften einer Stiftung, die als reine Vermögensmasse weder über Gesellschafter noch über Mitglieder verfügt. Aus diesem Grunde sind Einkommensverteilungen i. S. d. § 8 Abs. 3 KStG nicht möglich. Der Stifter bestimmt im Wege des Stiftungsgeschäfts u. a., welchen Zweck die Stiftung verfolgt und wie die Erträge aus dem Stiftungsvermögen zu verwenden sind. Nach Errichtung der Stiftung verfügt der Stifter jedoch ebenso wenig wie jedes andere Rechtssubjekt außerhalb der Stiftung über gesellschafter- oder mitgliedschaftsähnliche Befugnisse. Vermögensverschiebungen in der Folgezeit sind lediglich der Vollzug des ursprünglich geäußerten Stiftungswillens. Bestimmt der Stifter folglich, dass die Stiftung ihr Einkommen ausschließlich zu seinen Gunsten verwenden darf, handelt es sich bei den nachfolgenden Zahlungen zwar aus seiner Sicht bei wirtschaftlicher Betrachtung um Erträge aus dem einst hingegebenen Stiftungskapital. Dies ändert aber nichts daran, dass die Zahlungen ihren Grund ausschließlich im Stiftungsgeschäft haben.

Zahlungen an den Stifter können jedoch Einkommensverwendung sein, da Stiftungen über eine außerbetriebliche Sphäre verfügen. Soweit das Stiftungsgeschäft bestimmt, wem oder welchem Zweck die Erträge der Stiftung zugute kommen sollen, handelt es sich um Einkommensverwendungen, die das Einkommen grds. nicht mindern. Es gibt keine gesetzliche Regelung, nach der die Zahlungen an den Stifter steuermindernd geltend gemacht werden können, insbesondere sind diese keine Spenden i. S. d. § 9 Abs. 1 Nr. 2 KStG, da diese nicht freiwillig, sondern aufgrund des Stiftungsgeschäfts erfolgen.

Möglich sind Spenden allerdings auch bei Stiftungen; dies hängt von der Ausgestaltung des Stiftungsgeschäfts ab, d. h. es sind Fälle denkbar, in denen die Satzung hinsichtlich des Empfängers keine strikten Vorgaben enthält und die äußeren Umstände den Schluss auf eine Zuwendungsabsicht zulassen.

2.3.4 Ermittlung des Körperschaftsteuererhöhungsbetrages

> **BFH, Urteil v. 12.10.2011,[75] I R 107/10, BFH/NV 2012, S. 342;**
> **Vorinstanz: FG Hamburg, EFG 2011, S. 832**
>
> **In die Bemessungsgrundlage für den Körperschaftsteuererhöhungsbetrag nach § 38 Abs. 5 S. 2 KStG 2002 i. d. F. des JStG 2008 ist nur das ausschüttbare Eigenkapital zum 31.12.2006, nicht aber das Nennkapital einzubeziehen.**
>
> **Norm:** § 38 Abs. 5 S. 2 KStG 2002 i. d. F. des JStG 2008

Auf die Revision des unterlegenen FA hin hat der BFH die Klage gegen das FG-Urteil als unbegründet zurückgewiesen. Entscheidend war, dass das FG zu Recht festgestellt hatte, dass das Nennkapital nicht für eine Ausschüttung verwendet werden kann und somit Auswirkungen auf den Erhöhungsbetrag nach § 38 Abs. 5 S. 2 KStG hat.

Der streitgegenständliche Körperschaftsteuererhöhungsbetrag wurde infolge der Systemumstellung nach dem Anrechnungsverfahren eingeführt. § 38 KStG wird als Anschlussnorm an die Feststellung der Endbestände des verwendbaren Eigenkapitals verstanden und soll die Überführung und Realisierung von Körperschaftsteuerguthaben sicherstellen. Aus Gründen der Vereinfachung hat der Gesetzgeber dieses System der Realisierung von Körperschaftsteuerguthaben wie auch der Nachversteuerung des alten EK 02 nunmehr ausschüttungsunabhängig gestaltet und in ein System

---

[75] Erst im Jahr 2012 veröffentlicht.

der ratierlichem Erstattung bzw. pauschalierten ratierlichen Nachversteuerung (wie hier streitgegenständlich) überführt.

Der pauschale Nachversteuerungsbetrag beläuft sich auf 3 % des zum 31.12.2006 festgestellten Endbetrages an EK 02. Der Höhe nach begrenzt ist dieser Betrag dahingehend, dass die Nachversteuerung nicht höher sein darf, als wenn die Kapitalgesellschaft per 31.12.2006 ihr gesamtes vorhandenes Eigenkapital vollständig für eine Ausschüttung verwendet hätte. Ausschüttungsfähig mit der Folge einer Nachversteuerung wäre allerdings nicht das Nennkapital gewesen. Dies war bereits im Anrechnungsverfahren so. Daher darf das Nennkapital auch nicht in den Begrenzungsbetrag mit eingerechnet werden.

Beratungshinweis:

Problematisch ist nach wie vor die Behandlung des Solidaritätszuschlages in diesem Zusammenhang. Eine Minderung der Körperschaftsteuer durch Realisierung von Körperschaftsteuerguthaben vermindert auch die Bemessungsgrundlage für den Solidaritätszuschlag. Bisher ist es allerdings so, dass der Solidaritätszuschlag nicht zurückerstattet wird. Ein Verfahren hierzu ist unter dem Az. 2 BvL 12/11 vor dem Bundesverfassungsgericht anhängig.

Verfahrensrechtlich sollte daher beim Finanzamt ein Antrag auf Festsetzung der Erstattung des Solidaritätszuschlages des nach § 37 Abs. 4 und 5 KStG festgesetzten Erstattungsanspruchs gestellt werden als auch der jährliche Körperschaftsteuerbescheid im Erstattungszeitraum angefochten werden mit dem Ziel, bei der Berechnung des Solidaritätszuschlages eine Minderung der Bemessungsgrundlage i. H. d. jährlichen Erstattungsanspruchs zu berücksichtigen.

Literaturhinweise: *Binnewies*, GmbHR 2012, S. 220; *Schwetlik*, GmbH-StB 2012, S. 37

2.3.5 Nichtabziehbarkeit des sog. negativen Aktiengewinns auch bei verdeckter Einlage; Hinzurechnung von Investmenterträgen nach § 8 Nr. 5 GewStG

BFH, Urteil v. 14.12.2011,[76] I R 92/10, BFH/NV 2012, S. 519;
Vorinstanz: Niedersächsisches FG, EFG 2011, S. 368

1. Eine verdeckte Einlage ist keine Einnahme i. S. v. § 8 Nr. 1 S. 1 InvStG a. F. und löst deswegen keinen Aktiengewinn i. S. v. § 8 Abs. 3 InvStG a. F. aus.
2. Bei einem negativen Aktiengewinn i. S. v. § 8 Abs. 2 S. 1 InvStG a. F. handelt es sich unabhängig davon um eine nicht abziehbare Vermögensminderung i. S. v. § 8b Abs. 3 S. 3 KStG 2002, dass es an einer damit im Zusammenhang stehenden Einnahme i. S. v. § 8 Abs. 1 InvStG a. F. fehlt.
3. Erträge aus Investmentanteilen, die nach § 2 Abs. 2 S. 1 InvStG a. F. i. V. m. § 8b Abs. 1 KStG 2002 bei der Ermittlung des Gewerbeertrags außer Ansatz geblieben sind, unterfallen der Hinzurechnung gemäß § 8 Nr. 5 GewStG 2002.

Normen: §§ 2 Abs. 2 S. 1, 5 Abs. 2 S. 1, 8 InvStG; §§ 8 Abs. 1, 8b KStG 2002; §§ 7 S. 1, 8 Nr. 5 GewStG

---

[76] Erst im Jahr 2012 veröffentlicht.

Streitig war, ob ein sog. negativer Aktiengewinn im Zuge einer verdeckten Einlage von Investmentanteilen die außerbilanzielle Hinzurechnung einer Vermögensminderung nach InvStG a. F. auslöst. Weiterhin war zu klären, ob die gewerbesteuerliche Hinzurechnung von Erträgen aus Investmentanteilen nach § 8 Nr. 5 GewStG rechtmäßig ist, soweit jene bei der Ermittlung des Gewerbeertrags außer Ansatz geblieben sind.

Festzuhalten ist, dass ein sog. negativer Aktiengewinn nur mittelbar über die Verweiskette § 8b Abs. 3 S. 4 KStG 2002 i. V .m. § 8 Abs. 2 S. 1 InvStG a. F. hinzugerechnet werden kann, da es sich hier um Spezialfonds handelt, die als sog. Vermögensmassen dem sachlichen Anwendungsbereich des § 8b Abs. 2 S. 1 KStG 2002 nicht unterliegen.

§ 8 InvStG a. F. regelt die Schlussbesteuerung betrieblicher Anleger. Derjenige Teil der Einnahmen, der in dieser Situation bei der Direktanlage nach Maßgabe des Halbeinkünfteverfahrens (nun: Teileinkünfteverfahren) besonderen Besteuerungsfolgen unterworfen ist, wird aus der allgemeinen Steuerpflicht herausgenommen und ebenfalls diesen besonderen Besteuerungsfolgen unterworfen. Dies ist Folge des Transparenzprinzips, welches auch für den negativen Aktiengewinn gelten muss.

Sowohl eine wortlautgetreue Auslegung wie aber auch der Regelungszweck des § 8 Abs. 2 InvStG und das darin niedergelegte Transparenzprinzip sprechen dafür, die Gleichbehandlung mit einem Direktanleger dahingehend umzusetzen, dass Gewinnminderungen durch einen negativen Aktiengewinn aufgrund der verdeckten Einlage von Investmentanteilen bei der Ermittlung des Einkommens nicht berücksichtigt werden.

Bei der Ermittlung des Gewerbeertrages sind Erträge aus Investmentanteile, die nach § 8 Abs. 2 S.1 InvStG i. V. m § 8b Abs. 1 und 5 KStG steuerfrei sind, gemäß § 8 Nr. 5 GewStG dem Gewerbeertrag hinzuzurechnen. Der gewerbesteuerlichen Hinzurechnung steht nicht entgegen, dass das InvStG eine abschließende Spezialregelung für die Besteuerung der Erträge aus Anteilsscheinen an einem Investmentvermögen darstellt. Dies entspricht auch dem Regelungszweck der einschlägigen Normen.

Beratungshinweis:

Im Falle einer (verdeckten) Einlage von Investmentfondsanteilen in eine andere Kapitalgesellschaft sind so mittelbar erwirtschaftete Aktiengewinne zu versteuern, mittelbar realisierte Kursverluste jedoch nicht abzugsfähig.

Literaturhinweis: *Luxem*, GmbH-StB 2012, S. 139

2.3.6 Abschaffung der Mehrmütterorganschaft: verfassungskonforme Auslegung der Übergangsregelung

> **BFH, Beschluss v. 15.2.2012, I R 7/11, BFH/NV 2012, S. 879;**
> **Vorinstanz: FG München, K 2315/08**
>
> Wurde in Fällen der sog. Mehrmütterorganschaft der Gewinnabführungsvertrag vor dem 21.11.2002 abgeschlossen, so ist § 34 Abs. 1 KStG 2002 i. d. F. des StVergAbG verfassungskonform in der Weise auszulegen, dass die Voraussetzung der verschärfenden Neuregelung des § 14 Abs. 1 S. 1 Nr. 2 S. 3 KStG 2002 i. d. F. des StVergAbG, nach der die Organträger-Personengesellschaft selbst mehrheitlich an der Organgesellschaft vom Beginn deren Wirtschaftsjahres an beteiligt sein muss (sog. finanzielle Eingliederung), jedenfalls dann als erfüllt anzusehen ist, wenn die bisher im Sonderbetriebsvermögen bei der Organträger-Personengesellschaft gehaltenen Anteile (ganz oder anteilig) vor Ablauf des ersten nach der Verkündung des StVergAbG endenden Wirtschaftsjahres in das Gesamthandsvermögen der Personengesellschaft mit der Folge einer mehrheitlichen Beteiligung i. S. v. § 14 Abs. 1 S. 1 Nr. 1 KStG 2002 i. d. F. des StVergAbG übertragen wurde.
>
> **Norm:** § 14 KStG 2002 i. d. F. des StVergAbG

Die vorliegende Entscheidung ist im Wege der Ablehnung einer Nichtzulassungsbeschwerde als unschlüssig ergangen.

Der BFH kommt im Rahmen der Urteilsgründe zu dem Ergebnis, dass es sich bei der Neufassung des § 14 KStG um eine sog. unechte Rückwirkung handelt, die verfassungsrechtlich zulässig ist. Allerdings ist die Regelung verfassungskonform auszulegen und damit die verfassungsrechtlich erforderlichen Einschränkungen dem Wortlaut hinzuzufügen. Zwar sind die einschlägigen Bestimmungen eindeutig und damit nicht auslegungsfähig, jedoch hat der Gesetzgeber offenkundig nicht bedacht, dass die Neuregelung Verweisungen enthält und damit erfordert, dass nach dem Gesetzeswortlaut auch für den VZ 2003 die verschärften Bedingungen der finanziellen Eingliederung bereits zu Beginn des Wirtschaftsjahres der Organgesellschaft erfüllt sein müssen. Insoweit liegt eine sog. verdeckte Regelungslücke vor, die dahingehend zu schließen ist, dass es für die fortdauernde steuerliche Anerkennung von Organschaftsverhältnissen in Altfällen genügt, wenn die Voraussetzungen des § 14 Abs. 1 S. 1 Nr. 2 S. 3 i. V. m. Nr. 2 KStG n. F. zum Ende des Wirtschaftsjahres 2003 der Organgesellschaft erfüllt waren.

Nach der Neufassung muss die Organträger-Personengesellschaft selbst mehrheitlich an der Organgesellschaft (von Beginn des Wirtschaftsjahres) beteiligt sein. Ein Halten der Anteile im Sonderbetriebsvermögen genügt hierfür nicht, die Anteile sind ins Gesamthandsvermögen zu überführen. Dies war jedoch im Streitfall nicht geschehen. Weiterhin muss die Organträger-Personengesellschaft selbst eine eigene gewerbliche Tätigkeit i. S. d. § 15 Abs. 1 S. 1 Nr. 1 EStG ausüben.

Beratungshinweis:

Die vorliegende Entscheidung könnte vor dem Hintergrund einer anstehenden Reform der Organschaftsbesteuerung von Bedeutung sein. Es bleibt abzuwarten, ob angesichts der sich verschärfenden Anforderungen an die finanzielle Eingliederung auch wieder die sog. Mehrmütterorganschaft zugelassen wird.

> Literaturhinweis: *Trossen*, GmbHR 2012, S. 138

2.3.7 Abziehbarkeit von Nachzahlungszinsen und Steuerpflicht von Erstattungszinsen bei Kapitalgesellschaften

> **BFH, Beschluss v. 15.2.2012, I B 97/11, BFH/NV 2012, S. 882;**
> **Vorinstanz: FG Düsseldorf v. 17.5.2011, 6 K 703/08 K, G**
>
> 1. Nachzahlungs- und Aussetzungszinsen gehören nach § 10 Nr. 2 KStG 2002 zu den nicht abziehbaren Aufwendungen und mindern deshalb auch nicht die Bemessungsgrundlage der Körperschaftsteuer.
> 2. Zinsen auf erstattete Körperschaftsteuerzahlungen (sog. Erstattungszinsen) erhöhen das Einkommen der Kapitalgesellschaften. Die geänderte Rechtsprechung des BFH[77] nach der – für die Rechtslage vor Inkrafttreten des JStG 2010 vom 8.12.2010[78] – auf die Festsetzung von Einkommensteuer entfallende Erstattungszinsen nicht der Einkommensteuer unterliegen, ist auf die Einkommensermittlung von Kapitalgesellschaften, die über keine außerbetriebliche Sphäre verfügen, nicht übertragbar.
> 3. Aus dem Folgerichtigkeitsgrundsatz ist kein verfassungsrechtliches Gebot der symmetrischen steuerlichen Behandlung der Nichtabziehbarkeit von Nachzahlungszinsen einerseits und des Verbots der Besteuerung von Erstattungszinsen andererseits abzuleiten.
>
> **Normen:** § 10 Nr. 2 KStG 2002; § 233a AO

Kernaussage der vorliegenden, ausführlich begründeten Entscheidung ist, dass Erstattungszinsen auf erstattete Körperschaftsteuer steuerpflichtig sind. Diese Sichtweise unterscheidet sich von der bei Erstattungszinsen auf erstattete Einkommensteuer. Hauptargument für diese Sichtweise ist nach dem BFH, dass Kapitalgesellschaften über keine außerbetriebliche – und damit nichtsteuerbare – Sphäre verfügen.

§ 10 Nr. 2 Halbs. 1 KStG bestimmt, dass sich die Körperschaftsteuer nicht einkommensmindernd auswirken soll und damit ihre eigene Bemessungsgrundlage reduziert. Diese gesetzliche Regelung ist für Kapitalgesellschaften konstitutiv, da sie die allgemeinen Regeln zur Einkommensermittlung nach § 8 KStG durchbricht. Erstattungszinsen sind damit nach Ansicht des I. Senats nicht dem unmittelbaren Bereich gegenläufiger Körperschaftsteuerzahlungen zugeordnet. Anders ist dies im Bereich der Einkommensteuer, wo § 12 Nr. 3 EStG lediglich deklaratorische Bedeutung hat. Grds. teilen im Bereich der Einkommensteuer aufgrund ihres akzessorischen Charakters Nebenleistung das Schicksal der nicht steuerbaren Hauptforderung. Allerdings gelten für den Bereich der Körperschaftsteuer Sonderregelungen, die auf der unterschiedlichen rechtlichen Struktur zwischen Personengesellschaften und Kapitalgesellschaften beruhen.

---

[77] Urteil v. 15.6.2010, VIII R 33/07, BStBl II 2011, S. 503.
[78] BGBl I 2010, S. 1768.

Auch verfassungsrechtliche Gründe stehen dieser Sichtweise nicht entgegen. Insbesondere gibt es von Seiten der Verfassung keine Pflicht zu einer rechtsformneutralen Besteuerung.[79] Auch ein Verstoß gegen den Grundsatz der Folgerichtigkeit liegt nicht vor.

> **Literaturhinweise:** *Knoke*, GmbHR 2012, S. 528; *Steinhauff*, GmbH-StB 2012, S. 140

2.3.8 Kommunaler Kindergarten als Betrieb gewerblicher Art

> **BFH, Urteil v. 12.7.2012, I R 106/10, BFH/NV 2012, S. 1896;**
> **Vorinstanz: FG Düsseldorf, EFG 2011, S. 482**
>
> **Von einer Kommune betriebene Kindergärten sind unbeschadet des Rechtsanspruchs von Kindern ab dem vollendeten dritten Lebensjahr auf Förderung in Tageseinrichtungen nach § 24 SGB VIII keine Hoheitsbetriebe, sondern Betriebe gewerblicher Art.**
>
> **Normen:** §§ 1 Abs. 1 Nr. 6, 4 Abs. 1, 5 S. 1 KStG; §§ 22, 24, 74a SGB VIII

Der BFH erhält mit dem vorliegenden Sachverhalt Gelegenheit, Betriebe gewerblicher Art und Hoheitsbetriebe voneinander abzugrenzen. In concretu ging es um die Qualifizierung eines von der Stadt betriebenen Kindergartens, für den die Kinder Beiträge zu zahlen hatten, wobei ab dem zweiten Kind die Beitragspflicht entfiel.

Der BFH geht davon aus, dass es sich bei dem kommunalen Kindergarten um einen Betrieb gewerblicher Art handelt. Solche sind Einrichtungen, die einer nachhaltigen wirtschaftlichen Tätigkeit zur Erzielung von Einnahmen dienen und sich innerhalb der Gesamtbetätigung der juristischen Person wirtschaftlich herausheben. Demgegenüber dienen Hoheitsbetriebe überwiegend der Ausübung öffentlicher Gewalt. Hierunter sind solche Tätigkeiten zu verstehen, die juristischen Personen des öffentlichen Rechts eigentümlich und vorbehalten sind. Solche Aufgaben sind oftmals aus der Staatsgewalt per se abgeleitet und zu deren Annahme der Leistungsempfänger aufgrund gesetzlicher oder behördlicher Anordnung verpflichtet ist. Die Ausübung öffentlicher Gewalt ist allerdings insoweit ausgeschlossen, als sich die Körperschaft mit ihrer Tätigkeit in den allgemeinen wirtschaftlichen Verkehr einschaltet und diese sich nicht mehr wesentlich von der eines privaten gewerblichen Unternehmers unterscheidet. Hier beteiligt sich die öffentliche Hand am allgemeinen Wettbewerb.

Als nicht maßgeblich sah der BFH an, dass die Kindergartenbeiträge per Verwaltungsakt festgesetzt werden und sozialen und wirtschaftlichen Gesichtspunkten Rechnung tragen. Diese Fragen waren u. a. auch im Rahmen der Einnahmenerzielungsabsicht zu stellen. Die Tatsache, dass den Ländern die Aufgabe übertragen worden ist, für einen bedarfsgerechten Ausbau von Kindertagesstätten zu sorgen, macht die Tätigkeit nicht zu einer hoheitlichen. Allerdings können auch solche Aufgaben der Daseinsvorsorge im Rahmen einer gewerblichen Tätigkeit ausgeübt werden. So lag der Fall auch hier.

Beratungshinweis:

→ Zu klären könnte allerdings die Frage sein, ob der Kindergarten als sog. Regiebetrieb i. S. v. § 52 Abs. 2 Nr. 4 und 7 AO steuerbegünstigt ist.

> **Literaturhinweis:** *Brinkmeier*, GmbH-StB 2012, S. 334

---

[79] BVerfG v. 21.6.2006, 2 BvL 2/99, BVerfGE 116, S. 164.

3 Lohnsteuer

3.1 Dienstwagen

3.1.1 Keine Anwendung der 1 %-Regelung bei Fahrten zwischen Wohnung und Arbeitsstätte

> **BFH, Urteil v. 6.11.2011, VI R 56/10, BStBl II 2012, S. 362;**
> **Vorinstanz: Niedersächsisches FG, n. v.**
>
> Die Anwendung der 1 %-Regelung setzt voraus, dass der Arbeitnehmer seinem Arbeitnehmer tatsächlich einen Dienstwagen zur privaten Nutzung überlassen hat (Anschluss an Senatsurteil vom 21.4.2010 VI R 46/08, BStBl II 2010, S. 848). Denn der Ansatz eines lohnsteuerlich erheblichen Vorteils rechtfertigt sich nur insoweit, als der Arbeitgeber dem Arbeitnehmer gestattet, den Dienstwagen privat zu nutzen.
>
> Allein die Gestattung der Nutzung eines betrieblichen Fahrzeugs für Fahrten zwischen Wohnung und Arbeitsstätte begründet noch keine Überlassung zur privaten Nutzung i. S. d. § 8 Abs. 2 S. 2 EStG.
>
> **Normen:** §§ 8 Abs. 2 S. 2 und S. 3, 6 Abs. 1 Nr. 4 S. 2, 19 Abs. 1 S. 1 Nr. 1, 8 Abs. 2 S. 1 EStG

Sachverhalt

Der Kläger, war ein angestellter Autoverkäufer. Sein Arbeitgeber hält für die berufliche Nutzung durch die Verkäufer auf die Firma zugelassene Vorführwagen vor. Für diese werden keine Fahrtenbücher geführt. Nach der „Vorführwagen-Regelung" ist die private Nutzung des Vorführwagens verboten. Für Fahrten zwischen Wohnung und Arbeitsstätte durfte der Kläger einen Vorführwagen aufgrund einer mündlich erteilten Gestattung nutzen. Dafür erfasste die GmbH einen lohnsteuerpflichtigen geldwerten Vorteil, den sie nach der pauschalen 0,03 %-Regelung bewertete.

Im Anschluss an eine Lohnsteuer-Außenprüfung ging das Finanzamt von einer privaten Nutzungsmöglichkeit des Vorführwagens aus und setzte in den Einkommensteuerbescheiden der Streitjahre einen auf Basis der pauschalen 1 %-Methode ermittelten zusätzlichen geldwerten Vorteil an.

Nach erfolglosem Einspruchs- und Finanzgerichtsverfahren rügt der Kläger mit der Revision die Verletzung materiellen Rechts. Das Finanzamt habe die Reichweite des Anscheinsbeweises verkannt.

Entscheidung

Die Revision des Klägers war begründet. Die Vorentscheidung wurde aufgehoben und zur anderweitigen Verhandlung und Entscheidung an das FG zurückverwiesen.

In der Urteilsbegründung führt der Lohnsteuersenat aus, dass die in § 8 Abs. 2 S. 2 EStG verankerte 1 %-Regelung lediglich die Bewertung eines Vorteils, der dem Grunde nach feststehen muss, regelt. Keinesfalls sei darin die Regelung eines steuerbaren Vorgangs zu sehen. Die Anwendung der 1 %-Methode setze demnach voraus, dass der Arbeitgeber seinem Arbeitnehmer tatsächlich einen Dienstwagen zur privaten Nutzung überlassen hat. Die unbefugte Privatnutzung des betrieblichen PKW hat demgegenüber keinen Lohncharakter.

Für unzutreffend hat der BFH die Auslegung des Anscheinsbeweises durch das FG erklärt, dass das bloße zur Verfügung stellen eines betrieblichen Fahrzeugs genüge, um einen geldwerten Vorteil erfassen zu müssen.

Unter Bezugnahme auf die jüngere Rechtsprechung bestätigte der BFH, dass der Anscheinsbeweis lediglich dafür streite, dass ein vom Arbeitgeber zur privaten Nutzung überlassener Dienstwagen auch tatsächlich privat genutzt werde. Ohne eine ausdrückliche Erlaubnis zur Privatnutzung kann ein steuerbarer Vorgang mit dem Anscheinsbeweis gerade nicht begründet werden.

Weil die Überlassung des Vorführwagens zu Fahrten zwischen Wohnung und Arbeitsstätte der Erwerbssphäre zuzurechnen sei, kann darin – so der BFH weiter – keine Überlassung zur uneingeschränkten Privatnutzung gesehen werden.

Aufgrund der Tatsache, dass das FG noch nicht festgestellt hatte, ob und welches Fahrzeug dem Kläger eventuell auf Grundlage einer konkludent getroffenen Vereinbarung auch zur privaten Nutzung überlassen wurde, konnte der BFH letztlich keine abschließende Entscheidung treffen.

Hinweis:

Das Urteil mit dem Aktenzeichen VI R 56/10 stellt klar, dass die Regelungen zum Anscheinsbeweis klaren, eng umrissenen Grenzen unterliegen. Auf eine Formel gebracht: Kein geldwerter Vorteil ohne ausdrückliche oder konkludente Erlaubnis des Arbeitgebers, einen Dienstwagen auch privat nutzen zu dürfen. Das bedeutet, wenn es dem Arbeitnehmer verboten ist, den Dienstwagen außer zu beruflichen und zu Fahrten zwischen Wohnung und Arbeitsstätte zu benutzen, dann greifen die allgemeinen Beweislastregeln. Damit hat das Finanzamt die Last, das Vorhandensein steuerpflichtiger (Lohn-)Einnahmen beweisen zu müssen.

Die Finanzverwaltung will das besprochene Urteil lediglich auf Fälle eines Fahrzeugpools anerkennen.[80] Das bedeutet, wenn einem Arbeitnehmer ein bestimmtes Dienstfahrzeug zugeordnet ist, hält die Finanzverwaltung noch immer an ihrer bisherigen Auffassung fest. Dementsprechend verlangt sie, dass eine isolierte Anwendung der 0,03 %- bzw. der 1 %-Regelung die Vereinbarung und Kontrolle eines entsprechenden Nutzungsverbotes verlange. Dies lässt sich nicht mit der aktuellen Rechtsprechung in Einklang bringen, denn das Gegenteil ist der Fall: Nur wenn die Nutzung des Dienstwagens für Fahrten zwischen Wohnung und regelmäßiger Arbeitsstätte oder zu Privatfahrten ausdrücklich erlaubt oder stillschweigend geduldet wird, ist Raum für den Anscheinsbeweis. In allen übrigen Fällen kann der Arbeitgeber den Gegenbeweis, dass eine Nutzung des betrieblichen Fahrzeugs zu Fahrten zwischen Wohnung und Arbeitsstätte nicht erfolgt ist, mit allen zur Verfügung stehenden Dokumenten erbringen. Keinesfalls bedarf es dazu eines ordnungsgemäß geführten Fahrtenbuchs. So kann es genügen, z. B. anhand von Werkstattrechnungen eine Aufzeichnung der Kilometerstände zu dokumentieren. Abschließend sei darauf hingewiesen, dass der BFH die in der Entscheidung VI R 56/10 inhaltsgleich in fünf weiteren Entscheidungen[81] vom selben Tag bestätigt und damit seine Rechtsprechung zum Anscheinsbeweis vom 21.4.2010[82] weiter fortgeführt hat.

---

[80] Vgl. H 8.1 Abs. 9, 10: Fahrzeugpool, letzter Spiegelstrich LStH 2013.
[81] BFH, Urteile v. 6.11.2011, VI R 54/10, BFH/NV 2012, S. 400; VI R 57/10, BFH/NV 2012, S. 402; VI R 58/10, BFH/NV 2012, S. 404; VI R 63/10, BFH/NV 2012, S. 406 und VI R 64/10, BFH/NV 2012, S. 408.
[82] BFH, Urteil v. 21.4.2010, VI R 46/08, BStBl II 2010, S. 848.

3.1.2 Private Mittagsheimfahrten mit dem Dienstwagen unterliegen der 1 %-Regelung

> **FG Baden-Württemberg, Urteil v. 27.10.2011, 1 K 3014/09 EFG 2012, S. 604 (rkr.)**
>
> Die Verwendung eines Dienstwagens für mittägliche Zwischenheimfahrten vom Arbeitsplatz zur Wohnung und zurück ist eine private Nutzung i. S. des § 8 Abs. 2 S. 2 EStG, die – wenn kein Fahrtenbuch geführt wird – nach der sog. 1 v. H.-Regelung zu versteuern ist. Derartige Mittagsheimfahrten gehören zum Bereich der privaten Lebensführung und stellen daher keine Fahrten zwischen Wohnung und Arbeitsstätte i. S. des § 8 Abs. 2 S. 3 EStG dar, deren geldwerter Vorteil bereits durch den sog. 0,03 v. H.-Zuschlag abgegolten wird.
>
> **Normen:** §§ 8 Abs. 2 S. 2 und 3, 6 Abs. 1 Nr. 4 S. 2, 12 Nr. 1 EStG

Sachverhalt

Der Kläger bezog aus seiner Tätigkeit als Bürgermeister bei der Gemeinde X in den Jahren 2004 bis 2006 Einkünfte aus nichtselbstständiger Tätigkeit. Die Gemeinde X stellte ihm ein Dienstfahrzeug zur Verfügung, das der Kläger auch für das arbeitstägliche Erreichen seiner Arbeitsstätte sowie für mittägliche Fahrten zu seiner knapp zwei Kilometer entfernten Wohnung nutzen durfte. Ein Fahrtenbuch führte der Kläger nicht. Das FG hatte zu klären, ob es sich bei den mittäglichen Zwischenheimfahrten um „Fahrten zwischen Wohnung und Arbeitsstätte" i. S. d. § 8 Abs. 2 S. 3 EStG handelt, die mit dem 0,03 %-Zuschlag bewertet werden können, oder ob die Mittagsheimfahren eine Privatnutzung des Dienstwagens darstellen, die nach der 1 %-Regelung zu versteuern ist.

Entscheidung

Zwar nutzte der Kläger unstreitig für die Mittagsheimfahrten die Fahrstrecke „zwischen Wohnung und Arbeitsstätte". Abweichend vom reinen Wortlaut des § 8 Abs. 2 S. 3 EStG kommt nach Ansicht des FG für diese Fahrten jedoch keine Bewertung des geldwerten Vorteils mit dem 0,03 %-Zuschlag in Betracht. Die Regelung sei keine Bewertungsregelung, sondern ein Korrekturposten für als Werbungskosten abgezogene, aber tatsächlich nicht entstandene Erwerbsaufwendungen. Da der Werbungskostenabzug in Form der Entfernungspauschale gem. § 9 Abs. 1 S. 3 Nr. 4 EStG auf eine Hin- und Rückfahrt zwischen Wohnung und Arbeitsstätte je Arbeitstag beschränkt sei, können für Mittagsheimfahren keine Werbungskosten geltend gemacht werden. Somit könnten die Mittagsheimfahrten nicht mit dem 0,03 %-Zuschlag bewertet werden. Dieser sei lediglich für das arbeitstägliche Erreichen der Arbeitsstätte des Klägers anzuwenden.

Nach Auffassung des FG gehören die Mittagsheimfahrten zum Bereich der privaten Lebensführung. Der geldwerte Vorteil sei dementsprechend gem. § 8 Abs. 2 S. 2 i. V. m. § 6 Abs. 1 Nr. 4 S. 2 EStG für jeden Kalendermonat pauschal mit 1 % des inländischen Listenpreises im Zeitpunkt der Erstzulassung zuzüglich der Kosten für Sonderausstattung einschließlich Umsatzsteuer anzusetzen. Die Anwendung der 1 %-Regelung für die Privatnutzung in Form der Mittagsheimfahrten führte beim Kläger zu einer Erhöhung des Bruttoarbeitslohns um ca. 3.800 € jährlich – trotz der vergleichsweise geringen Privatnutzung. Verfassungsrechtliche Bedenken an diesem grob typisierenden Ansatz der 1 %-Regelung sah das FG Baden-Württemberg jedoch nicht. Mit dem Führen eines Fahrtenbuchs zur Ermittlung des tatsächlichen privaten Nutzungsanteils hätte der Kläger den Ansatz des pauschalen Nutzungswertes schließlich vermeiden können.

Hinweis:

Arbeitgeber sollten eindeutige vertragliche Regelungen treffen, für welche Fahrten sie dem Mitarbeiter das Dienstfahrzeug überlassen möchten. Sofern eine Nutzung ausschließlich für das arbeitstägliche Erreichen der Arbeitsstätte vereinbart ist, kann dieser geldwerte Vorteil mit der 0,03 %-Zuschlagsregel bewertet werden. Für eine darüber hinausgehende vertraglich vereinbarte oder auch nur geduldete Privatnutzung – und sei sie noch so gering – ist die 1 %-Regelung anzuwenden, wenn der Nutzungswert nicht anhand eines ordnungsgemäß geführten Fahrtenbuchs nachgewiesen wird. Die Annahme eines geldwerten Vorteils aus der Privatnutzung kann nur dann vermieden werden, wenn der Arbeitgeber lediglich die Nutzung des Dienstwagens für Fahrten zwischen Wohnung und Arbeitsstätte erlaubt.

Literaturhinweis: *Wagner,* EFG 2012, S. 604

3.1.3 Mindestanforderung an ein ordnungsgemäßes Fahrtenbuch

BFH, Urteil v. 1.3.2012, VI R 33/10, BStBl II 2012, S. 505;
Vorinstanz: FG Berlin-Brandenburg, EFG 2010, S. 1306

Der Senat hält an seiner mittlerweile ständigen Rechtsprechung (Urteil v. 16.3.2006 VI R 87/04, BStBl II 2006, S. 625) fest, dass ein ordnungsgemäßes Fahrtenbuch insbesondere Datum und Ziel der jeweiligen Fahrten ausweisen muss. Dem ist nicht entsprochen, wenn als Fahrtziel jeweils nur Straßennamen angegeben sind und diese Angaben erst mit nachträglichen Auflistungen präzisiert werden.

Normen: §§ 8 Abs. 2 Sätze 2 und 4, 6 Abs. 1 Nr. 4 S. 2 EStG

Sachverhalt

Im Streitfall berichtigte die klagende GmbH für den Zeitraum Januar 2006 bis Februar 2007 die Gehaltsabrechnung ihres Gesellschaftergeschäftsführers (G) und meldete mit der Lohnsteuer-Anmeldung für März 2007 negative Lohnsteuerbeträge an. Als Begründung wurde angeführt, dass die Privatnutzung des Dienstwagens bisher nach der pauschalen Bruttolistenpreis-Methode ermittelte wurde, obwohl G Fahrtenbücher zur Ermittlung des steuerpflichtigen Nutzungswerts geführt hatte.

Die Fahrtenbücher wiesen neben dem Datum zumeist Ortsangaben auf, gelegentlich auch die Namen von Kunden oder Angaben zum Zweck der Fahrt, außerdem den Kilometerstand nach Beendigung der Fahrt und die jeweils gefahrenen Tageskilometer. Im Einspruchsverfahren ergänzte die GmbH diese Angaben durch eine nachträglich erstellte Liste, die sich an den handschriftlichen Eintragungen im Tageskalender von G orientierten. Diese Auflistung enthielt das Datum, den Standort des Fahrzeugs zu Beginn der Fahrt, den Kilometerstand zu Beginn der Fahrt, den Grund der Fahrt, den Fahrer, das Fahrtziel und eine Nummer zur Bezeichnung der am Ende der Liste näher beschriebenen Fahrtrouten.

Das beklagte Finanzamt beurteilte das Fahrtenbuch als nicht ordnungsgemäß und ermittelte die auf den privaten Nutzungswert entfallende Lohnsteuer nach der Bruttolistenpreis-Methode.

Im anschließenden Klageverfahren erkannte das FG die Ordnungsmäßigkeit der Fahrtenbücher an, denn es sei eine Manipulation der aufgezeichneten Kilometer ausgeschlossen und das Finanzamt habe die Angaben ohne unzumutbaren Aufwand prüfen können. Dementsprechend hielt es die Kombination aus handschriftlich in einem geschlossenen Buch eingetragenen Daten und zusätzlichen, per

Computerdatei erstellten Erläuterungen noch aus, um den durch die Nutzung des betrieblichen Fahrzeugs anzusetzenden geldwerten Vorteil individuell zu berechnen.

Mit seiner Revision rügt das Finanzamt die Verletzung materiellen Rechts und beantragt, das FG-Urteil aufzuheben und die Klage abzuweisen.

Die klagende GmbH hält die an das Fahrtenbuch gestellten Anforderungen demgegenüber für überzogen und beantragt die Revision als unbegründet zurückzuweisen.

Entscheidung

Die Revision des Finanzamts war begründet und führte unter Aufhebung der Vorentscheidung zur Abweisung der Klage.

In der Urteilsbegründung führt der BFH aus, dass der unbestimmte Begriff des ordnungsgemäßen Fahrtenbuchs durch die Rechtsprechung dahingegen konkretisiert wurde, dass die Aufzeichnungen hinreichende Gewähr für ihre Vollständigkeit und Richtigkeit bieten und mit vertretbarem Zeitaufwand auf ihre materielle Richtigkeit hin überprüfbar sein müssen. Dementsprechend genüge die bloße Ortsangabe im Fahrtenbuch allenfalls dann, wenn sich der aufgesuchte Kunde oder Geschäftspartner aus dieser Ortsangabe zweifelsfrei ergebe oder wenn sich dessen Name auf einfache Weise unter Zuhilfenahme von Unterlagen ermitteln ließe, die ihrerseits nicht mehr ergänzungsbedürftig seien.

Die erforderlichen Angaben betreffend Datum, Ort, Kilometerstand zu Beginn und Ende sowie dem konkreten Anlass der beruflichen Fahrt müssen ferner zeitnah und in geschlossener Form aufgezeichnet werden. Diese Dokumentation müsse grundsätzlich für jede einzelne Fahrt geführt werden.

Im Streitfall fehlte es an der Ordnungsmäßigkeit in diesem Sinne, weil die Fahrten nicht vollständig im Fahrtenbuch aufgezeichnet waren. Denn ein bloßer Straßenname ohne Angabe einer Hausnummer oder dem Namen eines Kunden präzisiere noch nicht hinreichend genau den Zielort einer beruflichen Fahrt. Damit sei es – so der BFH weiter – insbesondere nicht möglich, die Aufzeichnungen mit vertretbarem Aufwand auf die materielle Richtigkeit hin zu prüfen. Dies gelte erst recht, wenn noch nicht einmal eine Angabe zum Kunden oder zu der jeweiligen Stadt im Fahrtenbuch gemacht werde. Als gleichermaßen unpräzise sieht der BFH die bloße Angabe des Kundennamen, der in einem Ort über mehrere betriebliche Einrichtungen verfüge.

Hinweis:

Mit dem Besprechungsurteil festigt der BFH seine ständige Rechtsprechung zum ordnungsgemäßen Fahrtenbuch und zeigt auf, dass bei Fehlen essenzieller Angaben – wie z. B. die vollständige Adresse und der Name des aufgesuchten Geschäftspartners – nicht mehr bloß von kleineren Mängeln ausgegangen werden kann. Derartige Mängel können nach der aktuellen Entscheidung auch nicht mit Hilfe einer nachträglich erstellten Text- oder Tabellendatei geheilt werden. Dies selbst dann nicht, wenn diese elektronischen Daten auf handschriftlichen Notizen beruhen.

Arbeitnehmer, die die ihnen auch für die Privatnutzung überlassenen Firmenwagen nur in geringem Umfang privat nutzen, können über die Installation eines elektronischen Fahrtenbuchs nachdenken. Die technische Entwicklung gestattet es heutzutage, dass ein mit Navigationsgerät ausgestattetes Fahrzeug unter Zuhilfenahme einer entsprechenden Software lückenlose und unveränderbare Aufzeichnungen fertigt. Zur Vermeidung jeglicher Nachforderungs- oder Haftungsrisiken sollten Arbeitgeber, die in größerem Umfang solche Systeme nutzen wollen, die Ordnungsmäßigkeit derartiger elektronischer Fahrtenbücher durch eine entsprechende lohnsteuerliche Anrufungsauskunft absichern lassen.

Literaturhinweise: *Schneider*, nwb 2012, S. 1892; *Bilsdorfer*, DStR 2012, S. 147

3.2 Reisekosten

3.2.1 Mehraufwendungen für die Verpflegung für den Fahrer eines Noteinsatzfahrzeugs

> **BFH, Urteil v. 19.1.2012, VI R 23/11, BStBl II 2012, S. 472;**
> **Vorinstanz: FG Düsseldorf, EFG 2011, S. 1516**
>
> **Soweit ein städtischer Feuerwehrmann auch verpflichtet ist, Bereitschaftsdienste als Fahrer eines Noteinsatzfahrzeugs eines nicht städtischen Krankenhauses zu leisten, übt er eine Auswärtstätigkeit aus.**
>
> **Normen:** §§ 9 Abs. 1 S. 3 Nr. 4, 9 Abs. 5, 4 Abs. 5 S. 1 Nr. 5 EStG

Sachverhalt

Der Kläger, war ein bei der Stadt X angestellter Feuerwehrmann. Zu seinen arbeitsvertraglichen Pflichten gehörte auch die Absolvierung von Bereitschaftsdiensten als Fahrer eines Noteinsatzfahrzugs des Evangelischen Krankenhauses in X. Der Bereitschaftsdienst, für den im Krankenhaus ein separates Dienstzimmer zur Verfügung gestellt wurde, dauerte regelmäßig 24 Stunden. Die hierfür als Werbungskosten angesetzten Verpflegungsmehraufwendungen erkannte weder das Finanzamt noch das FG als Werbungskosten an.

Für das FG war vor allem entscheidungserheblich, dass der Kläger in nahezu gleichem zeitlichem Umfang auf Weisung seines Arbeitgebers sowohl in der Feuerwache als auch im Krankenhaus seinen Dienst zu verrichten hatte.

Entscheidung

Die Revision des Klägers war begründet. Die Vorentscheidung wurde aufgehoben und zur anderweitigen Verhandlung und Entscheidung an das FG zurückverwiesen. Das FG hatte dem Kläger zu Unrecht mehrere regelmäßige Arbeitsstätten zugeordnet.

Nach der neueren Rechtsprechung zum Reisekostenrecht[83] kann ein Arbeitnehmer nur noch maximal eine regelmäßige Arbeitsstätte inne haben. Denn ein Arbeitnehmer kann sich lediglich bezogen auf einen Ort auf die immer gleichen Wege zu seiner regelmäßigen Arbeitsstätte einrichten, um somit gezielt auf eine Minderung der Wegekosten hinzuwirken. Die frühere Rechtsprechung, nach der auch mehrere regelmäßige Arbeitsstätten möglich waren, wurde zwischenzeitlich aufgegeben, und auch die Finanzverwaltung folgt dieser neuen Rechtsauffassung.[84]

Bezogen auf diese Grundsätze begründet der BFH seine Entscheidung damit, dass eine regelmäßige Arbeitsstätte des Klägers schon deshalb nicht im Krankenhaus hätte liegen können, weil es sich dabei nicht um eine betriebliche Einrichtung seines Arbeitgebers, der Stadt X, gehandelt hat.

---

[83] BFH, Urteile v. 9.6.2011, VI R 36/10, BStBl II 2012, S. 36, und VI R 55/10, BStBl II 2012, S. 38.
[84] BMF, Schreiben v. 15.12.2011, IV C 5 – S 2353/11/10010, BStBl I 2012, S. 57.

Hinweis:

Ein vom FG geäußertes, aber nicht entscheidungserhebliches Argument lautete, dass das Gebiet der Stadt X deshalb als regelmäßige Arbeitsstätte in Betracht käme, weil es sich dabei um ein größeres, räumlich geschlossenes Gebiet handelt, in dem der Arbeitnehmer seinen Tätigkeitsmittelpunkt hatte. Diese Möglichkeit kann nach der Rechtsprechung des BFH jedenfalls dann einschlägig sein, wenn sich in einem solchen Gebiet eine mit gewisser Infrastruktur ausgestattete ortsfeste Einrichtung des Arbeitgebers befindet.[85] Im Besprechungsurteil wurde diese mögliche Beurteilung jedoch vom BFH schon deshalb abgelehnt, weil lediglich solche räumlich geschlossenen Gebiete sich als regelmäßige Arbeitsstätte qualifizieren, die insgesamt im Eigentum oder Besitz des Arbeitgebers sind. Dies war im Streitfall jedoch nicht erfüllt.

Literaturhinweis: *Wünnemann*, DB 2012, S. 421

3.2.2 Mehraufwendungen für die Verpflegung eines Rettungsassistenten

BFH, Urteil v. 19.1.2012, VI R 36/11, BStBl II 2012, S. 503;
Vorinstanz: FG Münster, EFG 2011, S. 1778

Auch ein Rettungsassistent kann nicht mehrere regelmäßige Arbeitsstätten nebeneinander innehaben (Anschluss an Senatsentscheidungen v. 9.6.2011, VI R 36/10, BStBl II 2012, S. 36, und VI R 55/10, BStBl II 2012, S. 38; gegen BFH, Urteil v. 14.9.2005, VI R 93/04, BFH/NV 2006, S. 53).

Normen: § 9 Abs. 1 S. 3 Nr. 4, § 9 Abs. 5, § 4 Abs. 5 S. 1 Nr. 5 EStG

Sachverhalt

Der angestellte Rettungsassistent übte seine Tätigkeit in der Stadt B in den Rettungswachen 6 und 7 aus. Darüber hinaus wurde er bei Einsätzen im Rettungs- bzw. Notarztwagen tätig. Die für die Tätigkeit in den Rettungswachen angesetzten Verpflegungsmehraufwendungen wegen Einsatzwechseltätigkeit erkannte das Finanzamt nicht als Werbungskosten an, weil es der Auffassung war, dass sich der Kläger an seinen regelmäßigen Arbeitsstätten aufgehalten habe.

Nach erfolglosem Finanzgerichtsverfahren rügt der Kläger mit seiner Revision die Verletzung materiellen Rechts und beantragt, das angefochtene Urteil aufzuheben und den Abzug der Verpflegungsmehraufwendungen als Werbungskosten anzuerkennen.

Das beklagte Finanzamt beantragt, die Revision als unbegründet zurückzuweisen.

Entscheidung

Die Revision des Klägers war begründet. Sie führte zur Aufhebung der Vorentscheidung und zur Zurückverweisung der Sache an das FG zur anderweitigen Verhandlung. Das FG ist zu Unrecht von mehreren Tätigkeitsmittelpunkten ausgegangen.

---

[85] Dementsprechend hat der BFH ein Waldgebiet, in dem ein Forstarbeiter tätig wurde, nicht als regelmäßige Arbeitsstätte anerkannt, vgl. BFH, Urteil v. 17.6.2010, VI R 20/09, BStBl II 2012, S. 32.

In Anlehnung an das so genannte Filialleiter-Urteil[86] führt der BFH aus, dass bei einem Arbeitnehmer, der in mehreren betrieblichen Einrichtungen seines Arbeitgebers tätig ist, nach den Umständen des Einzelfalls zu prüfen ist, ob und wenn ja wo die maximal eine regelmäßige Arbeitsstätte liegt. Dabei müsse insbesondere berücksichtigt werden, welcher Tätigkeitsstätte der Arbeitnehmer vom Arbeitgeber zugeordnet wurde, welche Tätigkeit er an den verschiedenen Einsatzstellen im Einzelnen wahrzunehmen hat und welches konkrete Gewicht diesen Tätigkeiten zukomme. Ausdrücklich weist der BFH darauf hin, dass die bisherige Rechtsprechung, nach der ein Arbeitnehmer mehrere regelmäßige Arbeitsstätten haben konnte, zwischenzeitlich aufgegeben wurde.

Das FG wird im zweiten Rechtszug zu prüfen haben, ob der Kläger nach den Grundsätzen der geäderten BFH-Rechtsprechung überhaupt eine regelmäßige Arbeitsstätte inne hatte. Hierzu muss es Feststellungen über Zuordnung sowie Art und Umfang der konkreten Tätigkeiten treffen.

Literaturhinweise: *Wünnemann*, DB 2012, S. 421; *Lohse/Zanziger*, DStR 2012, S. 1053

3.2.3 Keine regelmäßige Arbeitsstätte bei Outsourcing

BFH, Urteil v. 9.2.2012, VI R 22/10, HFR 2012, S. 717;
Vorinstanz: FG Köln, EFG 2010, S. 1027

In „Outsourcing-Fällen" sind Arbeitnehmer mit ihrer Ausgliederung regelmäßig auswärts tätig, vergleichbar mit bei Kunden ihres Arbeitgebers tätigen Arbeitnehmern.

Ein „Outsourcing-Fall" liegt regelmäßig nicht vor, wenn ein Postbeamter unter Wahrung seines beamtenrechtlichen Status vorübergehend am bisherigen Tätigkeitsort einem privatrechtlich organisierten Tochterunternehmen der Deutschen Telekom AG zugewiesen wird.

Normen: §§ 9 Abs. 1 S. 3 Nr. 4, 9 Abs. 5 S. 1, 4 Abs. 5 S. 1 Nr. 5 EStG; § 1 Abs. 1, § 2, § 4 PostPersRG; Art. 143b Abs. 3 GG

Sachverhalt

Im Streitjahr 2008 war der Kläger als Bundesbeamter der Deutschen Bundespost bei dem Nachfolgeunternehmen, der Deutschen Telekom AG, nichtselbständig tätig. Dem Kläger wurde für den Zeitraum vom 1.12.2008 bis 30.6.2010 eine Tätigkeit bei der R-GmbH zugewiesen. Dabei handelte es sich um einen hundertprozentige Tochter der Deutschen Telekom AG. Die R-GmbH war gegründet worden, um den Bereich, in dem der Kläger tätig war, aus der Deutschen Telekom AG auszulagern. Beide Unternehmen befanden sich am gleichen Standort und die Tätigkeitsstätte des Klägers blieb unverändert.

In der Steuererklärung des Streitjahres machte der Kläger nach der Zuweisung zur R-GmbH Fahrtkosten und Verpflegungsmehraufwand nach Reisekostengrundsätzen geltend. Einspruch und Klage blieben erfolglos.

Im Revisionsverfahren beantragte der Kläger die Aufhebung des FG-Urteils und eine entsprechende Änderung seiner Steuerfestsetzung.

Das Finanzamt beantragte, die Revision zurückzuweisen.

---

[86] BFH, Urteil v. 9.6.2011 VI R 36/10, BStBl II 2012, S. 36.

Entscheidung

Die Revision des Klägers war unbegründet und daher zurückzuweisen. Das FG hatte zu Recht die Klage abgewiesen, denn Fahrtkosten konnten auch nach der Zuweisung zur R-GmbH nur nach der Entfernungspauschale angesetzt werden und ein Abzug von Verpflegungsmehraufwendungen kam nicht in Betracht.

Unter Bezugnahme auf die neuere Rechtsprechung zum Reisekostenrecht bekräftigt der BFH erneut, dass unter Beachtung des objektiven Nettoprinzips eine regelmäßige Arbeitsstätte das Tätigwerden in einer betrieblichen Einrichtung des Arbeitgebers voraussetzte. Nur insoweit könne sich ein Arbeitnehmer auf die immer gleichen Wege einstellen und durch geeignete Maßnahmen auf einer Minderung seiner Wegekosten hinwirken. Leiharbeitnehmer oder bei Kunden eingesetzte Arbeitnehmer haben demgegenüber diese Möglichkeit nicht, denn ihnen sei es nach einer ex ante Betrachtung nicht möglich, auf den Einsatzort, die Dauer und die weitere konkrete Ausgestaltung der dort zu verrichtenden Tätigkeit Einfluss zu nehmen. Die hier beachtliche vertragliche Beziehung zwischen Arbeitgeber und Kunden liege nicht im Einflussbereich des jeweils betroffenen Arbeitnehmers.

In der Urteilsbegründung führt der BFH weiter aus, dass die zuvor genannten Grundsätze regelmäßig auch in Fällen des Outsourcings gelten. Denn auch in diesen Fällen werden die betreffenden Arbeitnehmer nicht mehr in einer betrieblichen Einrichtung ihres gegenwärtigen Arbeitgebers tätig. Ferner sei ungewiss, ob und inwieweit die durch das Outsourcing gekennzeichnete vertragliche Beziehung zwischen dem neuen und bisherigen Arbeitgeber fortbestehe und ob der Ort, an dem der Arbeitnehmer seine Arbeitsleistung zu erbringen habe, beibehalten werde.

Vorliegend hatte bereits das FG zutreffend erkannt, dass der Fall des Klägers kein Fall des typischen Outsourcings war. Denn der Sonderfall des Klägers zeichnete sich dadurch aus, dass die arbeits- und dienstrechtlichen Beziehungen zu seinem Dienstherren, nicht beendet wurden. Die Zuweisung zur R-GmbH erfolgte in Übereinstimmung mit den Regelungen des Gesetzes zum Personalrecht der Beschäftigten der früheren Deutschen Bundespost (PostPersRG). Danach bleibt der Beamte auch trotz Zuweisung einer Tätigkeit bei einem anderen Unternehmen unverändert Bundesbeamter im Dienst des Bundes. Nach Ansicht des BFH begründete die Zuweisung nach § 4 Abs. 4 PostPersRG allein ohne hinzutretenden Ortswechsel noch keine Auswärtstätigkeit.

Im Übrigen bestätigte der BFH die Entscheidung des FG, dass auch ein Abzug von Verpflegungsmehraufwand mangels Auswärtstätigkeit nicht möglich sei.

Hinweis:

In der Betrachtungsweise des BFH definiert sich das typische Outsourcing wie folgt: Ein oder mehrere Arbeitsbereiche werden auf andere rechtlich selbständige Unternehmen übertragen und die arbeitsrechtlichen Beziehungen zwischen Arbeitnehmer und dem bisherigen Arbeitgeber enden. Die bei dem bisherigen Arbeitgeber tätigen Arbeitnehmer werden künftig Arbeitnehmer des aufnehmenden Unternehmens und – je nach Fall – zunächst oder dauerhaft weiter in der Einrichtung des früheren Arbeitgebers tätig. Allein in diesen Fällen kommt es nach der Entscheidung VI 22/10 grundsätzlich dazu, dass der ausgegliederte Arbeitnehmer trotz gleichem Einsatzort dort nicht mehr über eine regelmäßige Arbeitsstätte verfügt.

Somit befinden sich von Outsourcing betroffene Arbeitnehmer nach der Maßnahme auf einer Auswärtstätigkeit, sodass die Regelungen des Reisekostenrechts zur Anwendung kommen. Zu beachten ist dabei jedoch, dass Verpflegungsmehraufwendungen infolge der Dreimonatsregel nicht mehr steuerlich geltend gemacht werden können.

Literaturhinweis: *Geserich*, FR 2012, S. 783

3.2.4 Keine regelmäßige Arbeitsstätte bei längerfristigem Einsatz im Betrieb des Kunden

> BFH, Urteil v. 13.6.2012, VI R 47/11, DStZ 2012, S. 745;
> Vorinstanz: FG Rheinland-Pfalz, EFG 2012, S. 105
>
> Die betriebliche Einrichtung des Kunden kann unabhängig von der Dauer des Einsatzes nur dann regelmäßige Arbeitsstätte sein, wenn der Arbeitgeber dort über eine eigene Betriebsstätte verfügt.
>
> **Normen:** §§ 9 Abs. 1 S. 3 Nr. 4, 9 Abs. 5, 4 Abs. 5 S. 1 Nr. 5 EStG

Sachverhalt

In der Rechtssache VI R 47/11 hatte der BFH die Frage zu klären, ob ein Arbeitnehmer, der bereits seit 19 Jahren bei demselben Kunden tätig war, dort seine regelmäßige Arbeitsstätte begründet hatte.

Der Kläger war ein angestellter Elektromonteur, der seit Juli 1987 für seinen Arbeitgeber im Kraftwerk Y tätig war. In den Streitjahren 2006 und 2007 machte er Werbungskosten nach den Grundsätzen der doppelten Haushaltsführung geltend und brachte einen gewissen Betrag als steuerfreie Arbeitgeberleistung in Abzug. Das Wohnsitzfinanzamt erfuhr im Rahmen einer Kontrollmitteilung, dass der Arbeitgeber in den Streitjahren von ihm steuerfrei erstattete Reisekosten nach den Grundsätzen der Einsatzwechseltätigkeit ermittelt hatte. Weil diese Beträge der Höhe nach von den erklärten Arbeitgebererstattungen abwichen, erhöhte das Finanzamt die Einnahmen aus nichtselbständiger Arbeit entsprechend und ließ lediglich den Werbungskostenpauschbetrag zum Abzug zu. Einspruchs- und Klageverfahren blieben erfolglos.

Im Revisionsverfahren machte der Kläger geltend, dass er eine Einsatzwechseltätigkeit ausgeübt habe. Er beantragte, das angefochtene FG-Urteil aufzuheben und die Einkommensteuerbescheide für 2006 und 2007 entsprechend zu ändern.

Das Finanzamt beantragte die Zurückweisung der Revision.

Entscheidung

Die Revision des Klägers war begründet. Sie führte zur Aufhebung der Vorentscheidung und zur Zurückverweisung an das FG.

Zunächst führt der BFH in der Urteilsbegründung aus, dass ein Abzug von Aufwendungen nach Reisekostengrundsätzen eine berufliche Auswärtstätigkeit (bis 2007 auch in Form einer Einsatzwechseltätigkeit möglich) voraussetze. Das bedeutet, dass sich der Arbeitnehmer außerhalb seiner Wohnung und seiner regelmäßigen Arbeitsstätte zur Verrichtung beruflicher Tätigkeiten aufhalten müsse.

Nach der neueren Rechtsprechung sei regelmäßige Arbeitsstätte die dauerhaft betriebliche Einrichtung des Arbeitgebers, der der Arbeitnehmer zugeordnet sei und die er nachhaltig, fortdauernd und immer wieder aufsuche. Dabei handele es sich regelmäßig um den Betrieb oder Zweigbetrieb des Arbeitgebers, nicht aber um eine betriebliche Einrichtung des Kunden des Arbeitgebers. In einer Kundeneinrichtung könne ein Arbeitnehmer nur dann seine regelmäßige Arbeitsstätte haben, wenn dort eine Betriebsstätte seines Arbeitgebers bestünde.

Weil das FG von anderen Grundsätzen ausgegangen war und keine Feststellungen dazu getroffen hatte, ob der Kläger eine Betriebsstätte seines Arbeitgebers in dem Kraftwerk begründete, wurde die Sache an das FG zurückverwiesen.

Hinweis:

Die Entscheidung setzt die sog. Kundenrechtsprechung[87] und die Rechtsprechung zu Leiharbeitnehmern[88] konsequent fort und unterstreicht, dass es für die Prüfung einer regelmäßigen Arbeitsstätte allein darauf ankommt, ob sich der Arbeitnehmer nach einer Ex-ante-Betrachtung auf die immer gleichen Wege zu seiner (regelmäßigen) Arbeitsstätte einstellen kann. Weil ein Arbeitnehmer diesbezügliche Planungssicherheit und Einflussmöglichkeiten nur bezogen auf sein persönliches Dienstverhältnis hat, scheidet die Annahme einer regelmäßigen Arbeitsstätte in einer außerbetrieblichen Einrichtung seines Arbeitgebers grundsätzlich aus.

Auch wenn ein Arbeitnehmer – wie im Streitfall – seit 19 Jahren bei demselben Kunden eingesetzt ist, so gibt es dennoch keine Garantie, dass er auch im 20. Jahr davon ausgehen kann, an dieser Kundeneinrichtung seine Tätigkeit zu verrichten. *Geserich* weißt daher zu Recht darauf hin, dass die Verwaltungsmeinung[89] zu projektbefristeten Leiharbeitsfällen und in Fällen des Outsourcings überholt ist. Gleichermaßen kann auch eine längerfristige Tätigkeit bei einem verbundenen Unternehmen dementsprechend nicht dazu führen, dass der Arbeitnehmer dort seine regelmäßige Arbeitsstätte hat – es sei denn, er begründet dort eine Betriebsstätte für seinen Arbeitgeber. Hierbei kommt es auf die Tatbestandsvoraussetzungen des § 12 AO und der dazu ergangenen Rechtsprechung an. In einem jüngeren Urteil[90] hat der BFH ausgeführt, dass das bloße Tätig-werden in den Räumlichkeiten des Vertragspartners für sich genommen selbst dann nicht für die Annahme einer Betriebsstätte ausreiche, wenn die Tätigkeit über mehrere Jahre hinweg erbracht werde. Denn neben der zeitlichen Komponente müssen zusätzliche Umstände auf eine auch örtliche Verfestigung der Tätigkeit hinweisen.

Neu eingestellte Arbeitnehmer im Innendienst haben somit – unabhängig davon, ob sie sich in der Probezeit befinden oder befristet angestellt wurden – eine regelmäßige Arbeitsstätte, wenn sie der entsprechenden Arbeitgebereinrichtung zugeordnet wurden und dort auch „qualifiziert tätig sind".[91]

Bei in der Praxis häufig anzutreffenden Trainee-Programmen werden die Arbeitnehmer in manchen Fällen nicht nur in verschiedenen Abteilungen, sondern häufig auch in verschiedenen Niederlassungen bzw. Filialen des Arbeitgebers tätig. In einem solchen Fall wird man unter Beachtung der arbeitsvertraglichen Regelungen genauer zu prüfen haben, ob und wenn ja wo diese Arbeitnehmer für die Dauer des Trainee-Programms eine regelmäßige Arbeitsstätte innehaben. Nach Abschluss des Trainee-Programms muss dann erneut das Vorhandensein einer regelmäßigen Arbeitsstätte geprüft werden, weil sich dann die entscheidungserheblichen Parameter geändert haben.

Für den Fall, dass der Arbeitnehmer in der fremden Einrichtung eine nach ertragsteuerlichen Gesichtspunkten zu beurteilende Betriebsstätte für seinen Arbeitgeber begründen sollte, würde er demgegenüber dort eine regelmäßige Arbeitsstätte begründen.

> **Literaturhinweise:** *Geserich*, nwb 2012, S. 3217; *Lewang*, SteuK 2012, S. 467; *Seifert*, DStR 2012, S. 720

---

[87] BFH, Urteil v. 10.7.2008, VI R 21/07, BStBl II 2009, S. 818 und BFH, Urteil v. 9.7.2009, VI R 21/08, BStBl II 2009, S. 822.
[88] BFH, Urteil v. 17.6.2010, VI R 35/08, BStBl II 2010, S. 839.
[89] OFD Rheinland und Münster, Verfügung v. 29.3.2012, S 2338 – 1015 – St 215 (Rhld)/S 2353 – 20 – St 22 – 31 (Ms), DB 2012, S. 833; s. a. C.3.2.
[90] BFH, Urteil v. 4.6.2008, I R 30/07, BStBl II 2008, S. 922.
[91] *Geserich*, nwb 2012, S. 3217.

3.3 Pauschale Zuschläge für Sonntags-, Feiertags- und Nachtarbeit

> **BFH, Urteil v. 8.12.2011, VI R 18/11, BStBl II 2012, S. 291;**
> **Vorinstanz: Niedersächsisches FG, EFG 2011, S. 1555**
>
> Pauschale Zuschläge, die der Arbeitgeber ohne Rücksicht auf die Höhe der tatsächlich erbrachten Sonntags-, Feiertags- oder Nachtarbeit an den Arbeitnehmer leistet, sind nur dann nach § 3b EStG begünstigt, wenn sie nach dem übereinstimmenden Willen von Arbeitgeber und Arbeitnehmer als Abschlagszahlungen oder Vorschüsse auf eine separate Einzelabrechnung gemäß § 41b EStG geleistet werden.
>
> Diese Einzelabrechnung zum jährlichen Abschluss des Lohnkontos ist grundsätzlich unverzichtbar.
>
> Auf sie kann im Einzelfall nur verzichtet werden, wenn die Arbeitgeberleistungen fast ausschließlich zur Nachtzeit zu erbringen und die pauschal geleisteten Zuschläge so bemessen sind, dass sie auch unter Einbeziehung von Urlaub und sonstigen Fehlzeiten – aufs Jahr bezogen – die Voraussetzungen der Steuerfreiheit erfüllen.
>
> **Normen:** § 42d Abs. 1 Nr. 1, § 41b Abs. 1 S. 1, § 41a Abs. 1 S. 1 Nr. 2, § 38 Abs. 3 S. 1, § 3b EStG

Sachverhalt

Im Rahmen einer Lohnsteuer-Außenprüfung im Unternehmen der Klägerin wurde unter anderem festgestellt, dass tarifvertraglich geschuldete Zuschläge für tatsächlich geleistete Sonntags-, Feiertags- und Nachtarbeit geleistet wurden. Die Arbeitnehmer der Klägerin erhielten dafür monatlich gleichbleibende, pauschale Zahlungen. Aufgrund nicht vorhandener Einzelaufzeichnungen über Dauer und Zeitpunkt der Arbeiten, erkannte der Lohnsteuerprüfer die Steuerfreistellung der pauschalen Zahlungen nicht an. Nach erfolglosem Einspruchsverfahren wies auch das FG die Klage gegen den Haftungsbescheid als unbegründet ab.

Mit der Revision rügt die Klägerin die Verletzung materiellen Rechts. Sie beantragt, das FG-Urteil aufzuheben. Demgegenüber beantragte das beklagte Finanzamt, die Revision zurückzuweisen.

Entscheidung

Die Revision der Klägerin war unbegründet und daher zurückzuweisen, denn das FG hat zutreffend entschieden, dass die streitigen Zuschläge der Lohnversteuerung unterliegen.

In der Urteilsbegründung führt der BFH aus, dass die Steuerbefreiung der § 3b EStG Zuschläge nur dann eintrete, wenn sie neben dem Grundlohn für tatsächlich geleistete Arbeit zu den begünstigten Zeiten gewährt wird, was sich anhand von Einzelaufstellungen nachweisen lassen müsse. Dadurch soll gewährleistet werden, dass die Zuschläge allein für die Sonntags-, Feiertags- oder Nachtarbeit geleistet werde und keine Gegenleistung für die allgemeine Arbeitsleistung darstellen.

Bei pauschal gewährten Zuschlägen könne die Steuerfreiheit nur dann erhalten bleiben, wenn spätestens zum Ende des Kalenderjahres bzw. bei Ausscheiden aus dem Dienstverhältnis anhand von Einzelaufstellungen eine finale Prüfung und Abrechnung der Pauschalen erfolge.

Auf die jährliche Einzelabrechnung kann nach Meinung des BFH nur dann verzichtet werden, wenn sich aus den tatsächlichen Umständen des Einzelfalls ergebe, dass der Arbeitnehmer ausschließlich zur Nachtzeit arbeite und die Pauschalen so bemessen sind, dass sie auch unter Einbeziehung von Urlaub und sonstigen Fehlzeiten auf das Jahr bezogen, die Voraussetzungen für die Steuerbefreiung erfüllen.

Weil es im Streitfall weder Einzelaufzeichnungen über die tatsächlich geleistete Arbeit zu den begünstigten Zeiten gab noch der zuvor beschriebene Ausnahmefall gegeben war, versagte der BFH die Steuerfreiheit der pauschalen Abgeltungen nach § 3b EStG.

Hinweis:

Die Auszahlung lohnsteuerfreier Zuschläge für tatsächlich geleistete Sonntags-, Feiertags- und Nachtarbeit setzt voraus, dass es sich dabei um zusätzlich zum Grundlohn gewährte Vergütungen handelt. Dementsprechend müssen eindeutige Vereinbarungen zwischen Arbeitgeber und Arbeitnehmer getroffen werden. Bei Fehlen derartiger Vereinbarungen kann es schwierig werden nachzuweisen, dass pauschalierte Abgeltungen tatsächlich als neben dem Grundlohn gewährte Zahlungen anzusehen sind.

Für die Praxis ist es bei Vorliegen eindeutiger Vereinbarungen zwar zulässig, dass unterjährig pauschale Abgeltungen für diese Zuschläge gezahlt werden. Spätestens zum Ende des Kalenderjahres ist es jedoch zwingend erforderlich, dass Aufzeichnungen darüber vorgelegt werden, welcher Arbeitnehmer wie lange zu den nach § 3b EStG begünstigten Zeiten gearbeitet hat. Nach diesen unverzichtbaren Einzelaufzeichnungen hat der Arbeitgeber, dann die zuvor pauschal ausgezahlten Zuschläge einer Überprüfung zu unterzeichnen. Soweit die Pauschalen nicht lohnsteuerfrei belassen werden können, hat eine nachträgliche Versteuerung im Wege der Rückrechnung zu erfolgen. Fehlt es an den Einzelaufzeichnungen, kommt die Steuerbefreiung nach § 3b EStG nicht zur Anwendung. Dies hat auch zur Konsequenz, dass in solchen Fällen von beitragspflichtigem Entgelt in der Sozialversicherung auszugehen ist.

Literaturhinweis: *Bergkämper*, FR 2012, S. 321

3.4 Doppelte Haushaltsführung

3.4.1 Wohngemeinschaft als Zweitwohnung im Rahmen einer doppelten Haushaltsführung

BFH, Urteil v. 28.3.2012, VI R 25/11, HFR 2012, S. 952;
Vorinstanz: FG Rheinland-Pfalz, EFG 2011, S. 1968

Lebensführung des Steuerpflichtigen am Beschäftigungsort ist einkommensteuerrechtlich grundsätzlich unerheblich. Die doppelte Haushaltsführung ist deshalb auch dann beruflich veranlasst, wenn der Steuerpflichtige den Zweithaushalt am Beschäftigungsort in einer Wohngemeinschaft einrichtet. Erst wenn sich der Mittelpunkt seiner Lebensinteressen an den Beschäftigungsort verlagert und die Wohnung dort zum Ort der eigentlichen Haushaltsführung wird, entfällt deren berufliche Veranlassung als Wohnung am Beschäftigungsort.

Norm: § 9 Abs. 1 S. 3 Nr. 5 EStG

Sachverhalt

Der Kläger wohnte in den Streitjahren 2001 bis 2003 zusammen mit seiner damaligen Ehefrau und den beiden gemeinsamen Kindern am Familienwohnsitz, der 120 km von seinem Beschäftigungsort bei der P-GmbH entfernt ist. Der Arbeitgeber stellte ihm bei Tätigkeitsbeginn bis Ende Juni 2000 zunächst eine Wohnung am Beschäftigungsort. Danach bezog der Kläger zusammen mit einer Kollegin, die später zur Freundin wurde, und deren sieben und neun Jahre alten Kindern eine Dreizimmerwohnung am Beschäftigungsort für den Zeitraum bis Juli 2001. Durch die Einrichtung einer WG wollte der Kläger seine Kollegin nach ihrer Scheidung finanziell unterstützen. Die von ihm verauslagten Kosten für die Miete wurden teilweise von seiner Kollegin überwiesen und teilweise mit verauslagten Kosten für Lebensmittel verrechnet. Im August 2001 bezogen der Kläger und seine Kollegin und deren Kinder ein gemeinsam erworbenes Haus, das sie in 2007 wieder veräußerten. Die Wochenenden verbrachte der Kläger bei seiner Familie am Familienwohnsitz.

Das Finanzamt erkannte die geltend gemachten Aufwendungen für doppelte Haushaltsführung (insbesondere Mietkosten und Kosten für das Haus) für die Jahre 2001 bis 2003 nicht als Werbungskosten an. Das FG wies die Klage des Steuerpflichtigen mit der Begründung ab, der Hausstand am Beschäftigungsort sei nicht ausschließlich aus beruflichem Anlass begründet worden.

Entscheidung

Der BFH stellt klar, dass ein zweiter Haushalt am Beschäftigungsort konkreten beruflichen Zwecken dienen muss. Dies sei der Fall, wenn der Steuerpflichtige den Zweithaushalt gründet, um von dort aus seine Arbeitsstätte schnell und unmittelbar aufsuchen zu können. Auf die Wohnform und aus welchen Gründen diese gewählt wurde, komme es dabei nicht an. Daher sei es unerheblich, ob – bei beruflicher Veranlassung – der Arbeitnehmer den zweiten Haushalt alleine oder gemeinsam mit Arbeitskollegen oder Freunden führe. Erst wenn sich auch der Mittelpunkt der Lebensinteressen des Steuerpflichtigen an den Beschäftigungsort verlagere und die Wohnung dort zum Ort der eigentlichen Haushaltsführung werde, entfällt deren berufliche Veranlassung.

Die Einrichtung einer Zweitwohnung am Beschäftigungsort sei immer auch von privaten Motiven bestimmt. Allein die Grundentscheidung, statt täglich zu pendeln eine Wohnung am Beschäftigungsort einzurichten, gründe auf privaten Überlegungen. Diesem Umstand werde dadurch Rechnung getragen, dass der Gesetzgeber lediglich die notwendigen Mehraufwendungen anerkennt. Allein die Tatsache, dass der Kläger und die Kollegin freundschaftlich verbunden waren und er sie finanziell unterstützte, war für den BFH nicht entscheidungserheblich.

Die Wochenenden hatte der Kläger bei der Familie am Familienwohnsitz verbracht, der in den Streitjahren unbestritten als Haupthausstand angesehen werden konnte. Unter der Woche hatte der Kläger seinen Arbeitsplatz von der am Beschäftigungsort gelegenen Zweitwohnung bzw. dem später erworbenen Haus aufgesucht. Nach Auffassung des BFH lag somit dem Grunde nach eine beruflich veranlasste doppelte Haushaltsführung vor.

Im zweiten Rechtsgang hat das FG Rheinland-Pfalz zu prüfen, ob dem Kläger durch die Wohnung bzw. das Haus notwendige Mehraufwendungen entstanden waren und in welcher Höhe sie angesichts der Begrenzung auf einen durchschnittlichen Mietzins einer 60 Quadratmeter großen Wohnung zu berücksichtigen sind.

Hinweis:

Der Bezug einer Zweitwohnung am Beschäftigungsort ist regelmäßig dann beruflich veranlasst, wenn dies anlässlich einer Versetzung geschieht oder im Zusammenhang mit der erstmaligen Begründung eines Dienstverhältnisses steht. Ist die Errichtung des Zweithaushalts derart beruflich veranlasst, kommt es nach dem Besprechungsurteil nicht darauf an, mit welchen Personen und aus welchen Motiven heraus eine bestimmte Wohnform gewählt wurde. Maßgeblich ist vielmehr das Beibehalten des eigenen Hausstands außerhalb des Beschäftigungsorts. Dieser sog. Mittelpunkt der Lebensinteressen liegt bei einem verheirateten Arbeitnehmer regelmäßig am Familienwohnsitz.

In einem aktuellen Urteil des Sächsischen FG vom 9.5.2012[92] führt das Gericht aus, dass der Mittelpunkt der Lebensinteressen bei einem nicht verheirateten Arbeitnehmer nach anderen Gesichtspunkten zu bestimmen sei. In dem vorliegenden Fall hatte der Kläger, der seit 1992 in Sachsen beruflich tätig war, Kosten für einen eigenen Hausstand bei seinen Eltern in Rheinland-Pfalz für die Jahre 2002 und 2005 als Werbungskosten für eine doppelte Haushaltsführung geltend gemacht. Das FG lehnte die Anerkennung einer doppelten Haushaltsführung ab. Denn die zunehmende Dauer einer auswärtigen Beschäftigung spräche bereits dafür, dass der Mittelpunkt der Lebensinteressen an den Beschäftigungsort verlegt wurde und die Heimatwohnung nur noch Besuchszwecken diene. Für den Kläger kam erschwerend hinzu, dass die finanzielle Beteiligung an dem im Elternhaus befindlichen eigenen Hausstand erst im Rahmen eines nachträglich geschlossenen Mietvertrags rückwirkend gezahlt wurde.

Literaturhinweise: *Schneider*, nwb 2012, S. 2908; *Geserich*, DStR 2012, S. 1737

3.4.2 Wohnen am Beschäftigungsort bei doppelter Haushaltsführung

BFH, Urteil v. 19.4.2012, VI R 59/11, DB 2012, S. 1545;
Vorinstanz: FG Düsseldorf, EFG 2012, S. 36

Eine Wohnung dient dem Wohnen am Beschäftigungsort, wenn sie dem Arbeitnehmer ungeachtet von Gemeinde- oder Landesgrenzen ermöglicht, seine Arbeitsstätte täglich aufzusuchen. Die Entscheidung darüber, ob eine solche Wohnung so gelegen ist, dass der Arbeitnehmer in zumutbarer Weise täglich von dort seine Arbeitsstätte aufsuchen kann, obliegt in erster Linie der tatrichterlichen Würdigung durch das FG.

Norm: § 9 Abs. 1 S. 3 Nr. 5 EStG

Sachverhalt

Die Kläger erzielten im Streitjahr 2008 beide Einkünfte aus nichtselbständiger Tätigkeit; sie hatten ihren gemeinsamen Hausstand in C. Die Klägerin war als kaufmännische Angestellte in A tätig, nachdem ihr Arbeitgeber den Firmensitz in 2007 von B nach A verlegt hatte. In B besitzt die Klägerin eine Eigentumswohnung, die sie als Zweitwohnung nutzt. Die Entfernung zwischen der Zweitwohnung und der Arbeitsstätte in A beträgt 141 Kilometer. An den Wochenenden war die Klägerin regelmäßig bei ihrem Mann in C.

---

[92] Sächsisches FG, Urteil v. 9.5.2012, 4 K 2130/07, HI 3125777.

Die in der Einkommensteuererklärung für 2008 geltend gemachten Aufwendungen für die Zweitwohnung und die Familienheimfahrten erkannte das Finanzamt nicht an. Nach erfolglosem Einspruch erhielten die Kläger jedoch vor dem FG Düsseldorf Recht.

Mit der Revision rügte das Finanzamt die Verletzung materiellen Rechts. Es sei aufgrund der hohen Entfernung nicht mehr vom Vorliegen einer doppelten Haushaltsführung auszugehen. Selbst wenn es sich bei der Entfernung nur um eines von mehreren Kriterien handele, so dürfte dieses Kriterium auch bei großzügiger Auslegung nicht ausgehebelt werden.

Die Kläger beantragten die Revision zurückzuweisen.

Entscheidung

Die Revision war unbegründet und zurückzuweisen. Das FG hatte zu Recht entschieden, dass die von den Klägern geltend gemachten Kosten für die doppelte Haushaltsführung der Klägerin als Werbungskosten bei ihren Einkünften aus nichtselbständiger Arbeit zu berücksichtigen sind.

In der Urteilsbegründung führt der BFH aus, dass das Gesetz nicht näher definiere, was unter Wohnen am Beschäftigungsort im Einzelnen zu verstehen sei. Es entspreche jedoch langjähriger Rechtsprechung, den Beschäftigungsort weit auszulegen und darunter jedenfalls nicht nur dieselbe politische Gemeinde zu verstehen. Unter Bezugnahme auf ein Urteil aus dem Jahr 1971[93] in dem der BFH entscheiden hatte, dass ein Arbeitnehmer auch dann am Beschäftigungsort wohne, wenn er in der Umgebung der politischen Gemeinde wohnt, in der sich seine regelmäßige Arbeitsstätte befinde, stellt der BFH klar, dass er an dieser Rechtsprechung weiter festhalte. Darüber hinaus sei die Entfernung zwischen Wohnung und Arbeitsstätte ein wesentliches, aber nicht das alleinige entscheidungsrelevante Merkmal bei der Prüfung einer doppelten Haushaltsführung. Im Übrigen müsse insbesondere auf die individuellen Verkehrsanbindungen zur Arbeitsstätte abgestellt werden.

Der BFH bestätigte die Ansicht des FG, dass die einstündige Zugfahrt der Klägerin von A nach B infolge gestiegener Mobilitätsanforderungen nicht unüblich sei und die Wohnung somit im Einzugsbereich der Arbeitsstätte liege. Denn es sei in der heutigen Zeit auch nicht unüblich, größere Entfernungen zwischen Wohnung und Arbeitsstätte zurückzulegen, wenn diese verkehrstechnisch günstig zu erreichen seien.

Schließlich sah der BFH auch die Firmensitzverlegung des Arbeitgebers in 2007 als entscheidungserheblich an. Denn damit habe das FG alle Besonderheiten des Streitfalls berücksichtigt und somit nachvollziehbar begründet, dass die Wohnung in B offensichtlich beruflich veranlasst war und sich allein mit dem Wegzug des Arbeitgebers und der unverändert beibehaltenen Art der Wohnungsnutzung in B an der beruflichen Veranlassung nichts geändert habe.

Hinweis:

Das vorliegende Urteil stellt eine Erweiterung zur Rechtsprechung betreffend doppelte Haushaltsführung dar. Es überzeugt durch die realitätsgerechte Betrachtung des heute üblichen Zeitaufwands für die Fahrt zur regelmäßigen Arbeitsstätte.

Literaturhinweise: *Schneider*, nwb 2012, S. 2908; *Geserich*, DStR 2012, S. 1737

---

[93] BFH, Urteil v. 9.11.1971, VI R 96/70, BStBl II 1972, S. 134.

3.4.3 Eigener Hausstand bei doppelter Haushaltsführung

> **BFH, Urteil v. 23.3.2012, VI R 87/10, HFR 2012, S. 715;**
> **Vorinstanz: FG München, EFG 2011, S. 699**
>
> Im Rahmen der doppelten Haushaltsführung ist zwischen dem Unterhalten eines eigenen Haushalts und der Frage, wer die Kosten dafür trägt, zu unterscheiden. Einen eigenen Hausstand kann auch unterhalten, wer die Mittel dazu von einem Dritten erhält.
>
> Wird der Haushalt in einer in sich abgeschlossenen Wohnung geführt, die auch nach Größe und Ausstattung ein eigenständiges Wohnen und Wirtschaften gestattet, wird regelmäßig vom Unterhalten eines eigenen Hausstands auszugehen sein.
>
> **Norm:** § 9 Abs. 1 S. 3 Nr. 5 EStG

Sachverhalt

Die Klägerin war nach ihrer Scheidung alleinstehend und nichtselbständig in A tätig, wo sie während der Woche wohnte. In den Streitjahren machte sie Aufwendungen nach den Grundsätzen der doppelten Haushaltsführung geltend, in dem sie erklärte, dass sich ihr Lebensmittelpunkt in B befinde. Im Einspruchsverfahren teilte die Klägerin dem Finanzamt mit, dass sie eine 29 Quadratmeter große Wohnung im Obergeschoss ihres Elternhauses bewohne. Weder Kosten der Unterkunft noch die Aufwendungen für Familienheimfahrten erkannte das Finanzamt als abzugsfähige Werbungskosten an.

Im Klageverfahren machte die Klägerin geltend, dass sie in A lediglich eine Unterkunft von 27 Quadratmeter bewohne und dass sich ihr Haupthausstand in der 52 Quadratmeter großen Wohnung im Obergeschoss des Elternhauses befinde. Nach der Trennung von ihrem Mann habe sie diese Wohnung von den Eltern angemietet. Das FG wies die Klage als unbegründet ab.

Mit der Revision rügt die Klägerin die Verletzung materiellen Rechts.

Entscheidung

Die Revision war begründet. Sie führte zur Aufhebung des angefochtenen Urteils und zur Zurückverweisung der Sache an das FG zur anderweitigen Verhandlung und Entscheidung.

Auch Alleinstehende können nach BFH-Meinung eine doppelte Haushaltsführung begründen, wenn sie einen eigenen (Haupt-)Hausstand führen. Dabei sei jedoch im Unterschied zu zusammenlebenden Steuerpflichtigen entscheidend, dass sich der Alleinstehende lediglich unterbrochen durch arbeitsbedingte Abwesenheit in seinem Haupthaushalt aufhalten müsse. Denn das bloße Vorhalten einer Wohnung für gelegentliche Besuche, erfülle nicht den Tatbestand eines derartigen Hausstandes. Weiterhin werde ein eigener Hausstand nicht unterhalten, wenn der Alleinstehende in den elterlichen Haushalt integriert sei. In solchen Fällen sei nach bisheriger Rechtsprechung zu prüfen, ob der Haushalt mitbestimmt werde oder ob der Alleinstehende lediglich in einen fremden Haushalt eingegliedert sei.

Das Merkmal der Entgeltlichkeit besitzt nach BFH-Auffassung eine gewichtige, letztlich aber nur eine indizielle Bedeutung, d. h. auch im Fall unentgeltlicher Wohnungsüberlassung kann eine doppelte Haushaltsführung begründet werden. Zwischen dem Unterhalten eines Hausstandes und der Frage, wer die Kosten für diesen Haushalt trägt, ist nach Meinung der BFH-Richter zu unterscheiden.

Bei der Prüfung des eigenen Hausstandes seien Einrichtung, Größe und Ausstattung der Wohnung entscheidend. Weiterhin komme es auf die persönlichen Lebensumstände des Steuerpflichtigen, wie z. B. Alter und Personenstand, an. Dementsprechend sei die Situation eines jungen Steuerpflichtigen, der unmittelbar nach dem Schulabschluss seine Ausbildung beginne und wieder bei den Eltern einziehe nicht mit einem anderen Steuerpflichtigen zu vergleichen, der vor seiner Scheidung bereits einen eigenen Haushalt geführt hat und nach der Trennung vom Ehegatten wieder bei den Eltern einziehe. Denn bei Letzterem kann regelmäßig unterstellt werden, dass er zuvor einen eigenen Hausstand geführt hat und dies auch nach der Rückkehr zu den Eltern tun werde.

Weil das FG lediglich auf das Merkmal der Kostentragung geschaut und die anderen Aspekte unbeachtet gelassen hat, wurde die Angelegenheit wieder zurückverwiesen, weil das FG eben nicht alle entscheidungserheblichen Umstände berücksichtigt hatte. Des Weiteren hatte es keine Feststellungen zur Größe der Wohnung im Elternhaus getroffen.

Hinweis:

Der Arbeitgeber kann auch bei Alleistehenden die als Werbungskosten anzuerkennenden notwendigen Mehraufwendungen im Zusammenhang mit einer beruflich veranlassten doppelten Haushaltsführung lohnsteuerfrei ersetzen. Anders als bei Arbeitnehmern mit der Steuerklasse III, IV oder V haben Alleinstehende eine schriftliche Erklärung abzugeben, dass sie über einen eigenen Hausstand verfügen. Der Arbeitgeber hat diesen Beleg zum Lohnkonto zu nehmen, vgl. R 9.11 Abs. 10 S. 4 und 5 LStR.

Die Feststellungslast dafür, ob aus Anlass von Dienstreisen dem Arbeitnehmer geleisteter Ersatz gemäß § 3 Nr. 16 des Einkommensteuergesetzes (EStG) steuerfrei ist, trifft nach BFH-Meinung[94] als steuerermäßigendes Merkmal nicht das Finanzamt, sondern im Lohnsteuerabzugsverfahren den Arbeitgeber und im Rahmen der Einkommensteuerveranlagung den Arbeitnehmer. Dabei ist weiterhin zu beachten, dass die Behandlung beim Lohnsteuerabzug das Wohnsitz-FA bei der Einkommensteuerveranlagung grundsätzlich nicht bindet.[95] Diese Rechtsgrundsätze dürften im Fall der Erstattung von Mehraufwendungen im Rahmen einer doppelten Haushaltsführung entsprechend gelten.

Der Arbeitgeber muss dementsprechend – im Rahmen seiner Möglichkeiten – sorgfältig prüfen, ob die Angaben in der schriftlichen Erklärung des Alleinstehenden den steuerlichen Anforderungen entsprechend. Andernfalls kann er für die zu wenig abgeführte Lohnsteuer in Haftung genommen werden.

Literaturhinweis: *Schneider*, HFR 2012, S. 715

---

[94] BFH, Urteil v. 30.11.1993, VI R 21/92, BStBl II 1994, S. 256.
[95] BFH, Urteil v. 9.10.1992, VI R 97/90, BStBl II 1993, S. 166; BFH, Urteil v. 13.1.1989, VI R 66/87, BStBl II 1989, S. 1030.

3.5 Kein Werbungskostenabzug für Mietentschädigung

> BFH, Urteil v. 19.4.2012, VI R 25/10, DStR 2012, S. 1593;
> Vorinstanz: FG Bremen, n. v.
>
> Der Werbungskostenabzug setzt eine Belastung mit Aufwendungen voraus. Das ist bei einem in Anlehnung an § 8 Abs. 3 BUKG ermittelten Mietausfall nicht der Fall. Als entgangene Einnahmen erfüllt er nicht den Aufwendungsbegriff.
>
> Normen: § 9 Abs. 1 S. 1 EStG; § 8 Abs. 3 BUKG

Sachverhalt

Der verheiratete Kläger war Eigentümer eines selbstgenutzten Einfamilienhauses. Zum 1.3.2006 (dem Streitjahr) wurde der Kläger von seinem Arbeitgeber von A nach B versetzt. Kurz nach der Versetzung zog der Kläger nach B um. In seiner Einkommensteuererklärung für 2006 machte er bei seinen Einkünften aus nichtselbständiger Arbeit unter anderem Umzugskosten für eine sog. Mietentschädigung in Höhe von 11.650 € geltend. Zur Begründung erklärte er, dass sein Haus seit dem Umzug leer gestanden und trotz großer Bemühungen im Streitjahr nicht verkauft werden konnte.

Das beklagte Finanzamt ließ nur die tatsächlich entstandenen Aufwendungen in Höhe von rund 7.000 € zum Abzug zu, versagte jedoch den Werbungskostenabzug für geltend gemachte Absetzungen für Abnutzungen.

Im erstinstanzlichen Verfahren vertrat das FG die Auffassung, dass eine fiktive Mietentschädigung keine Aufwendung seien, die als Werbungkosten nach § 9 Abs. 1 S. 1 EStG zu berücksichtigen sei und lehnte die Klage somit ab.

Mit seiner Revision beantragte der Kläger die Aufhebung des angefochtenen FG-Urteils. Das Finanzamt beantragte die Zurückweisung der Revision.

Entscheidung

Die Revision war unbegründet und zurückzuweisen. Das FG hatte zutreffend erkannt, dass die streitige sog. Mietentschädigung nicht als Werbungskosten zu berücksichtigen ist.

Der BFH führt in seiner Urteilsbegründung, dass bei einem beruflich veranlassten Umzug, der unstreitig vorlag, die allgemeinen Grundsätze des Werbungskostenabzugs gelten. Allerdings betonte der Lohnsteuersenat, dass die nach öffentlichem Umzugsrecht erstattungsfähigen Aufwendungen nicht ohne weiteres im Rahmen des § 9 Abs. 1 S. 1 EStG abziehbar seien.

Vorliegend lehnte der BFH den Abzug der Mietentschädigung deshalb ab, weil der Kläger nicht in vollem Umfang mit Aufwendungen belastet war. Denn entgangene (Miet-)Einnahmen erfüllen ebenso wie ein eventueller Verzicht auf Einnahmen nicht den Anwendungsbereich der allgemeinen Werbungskostenvorschrift. Steuerlich relevante Werbungskosten setzten den Abfluss von Geld oder in Geldeswert bestehenden Gütern voraus, so der BFH weiter.

Hinweis:

Ein Arbeitgeber kann Umzugskosten in dem Umfang lohnsteuerfrei erstatten, wie der Arbeitnehmer Werbungskosten geltend machen könnte. Der Höhe nach bestimmt sich der insoweit steuerfreie Arbeitgeberersatz grundsätzlich nach den Bestimmungen des Bundesumzugskostengesetzes (BUKG) oder der Auslandsumzugskostenverordnung (AUV). Grundvoraussetzung ist in jedem Fall, dass ein beruflich veranlasster Umzug vorliegt. Dies ist neben der Versetzung z. B. bei der erstmaligen Beschäftigungsaufnahme und bei Eintritt einer erheblichen Verkürzung der Entfernung zwischen Wohnung und Arbeitsstätte, sodass die verbleibende Wegezeit als normal angesehen werden kann.

Die Besonderheit im vorliegenden Fall ergibt sich daraus, dass der öffentlich-rechtliche Dienstherr zwar nach § 8 Abs. 3 BUKG eine Mietentschädigung erstatten kann, wenn die bisherige Wohnung im eigenen Haus oder in einer Eigentumswohnung belegen ist. Der Höhe nach orientiert sich diese Erstattung dann an der ortsüblichen Mietwert der (bisherigen) Wohnung. Nach Auffassung der BFH können jedoch nur solche Umzugskosten als Werbungskosten abgezogen werden, die beim Steuerpflichtigen tatsächlich abfließen. Dies gilt über den Verweis in den Lohnsteuervorschriften dann auch für Arbeitgebererstattungen.

Im Fall von Umzugskosten, bei denen der Arbeitnehmer Wohneigentum besitzt, sind darüber hinaus weitere Besonderheiten zu beachten: So können z. B. die Kosten für einen Makler beim Umzug in ein Eigenheim nicht lohnsteuerfrei ersetzt werden. Gleiches gilt, wenn der Arbeitnehmer seine Immobilie am bisherigen Wohnort mit Verlust verkauft.

Literaturhinweis: *Geserich,* SteuK 2012, S. 376

3.6 Werbungskostenabzug bei Teilnahme an Auslandsgruppenreise

BFH, Urteil v. 19.1.2012, VI R 3/11, BStBl II 2012, S. 416;
Vorinstanz: FG Mecklenburg-Vorpommern, BeckRS 2011, 95350

Zur Klärung der beruflichen Veranlassung bei Teilnahme an einer Auslandsgruppenreise sind auch nach der Entscheidung des Großen Senats des BFH vom 21.9.2009 – GrS 1/06 (BStBl II 2010, S. 672) die früher entwickelten Abgrenzungsmerkmale (vgl. BFH-Beschluss vom 27.11.1978 – GrS 8/77, BStBl II 1979, S. 213) weiter anzuwenden. Dies gilt auch, wenn der Stpfl. mit der Teilnahme an der Reise eine allgemeine Verpflichtung zur beruflichen Fortbildung erfüllt oder die Reise von einem Fachverband angeboten wird.

Die Feststellung und Würdigung der beruflichen bzw. privaten Veranlassungsbeiträge obliegt den FG als Tatsacheninstanz.

Norm: § 9 Abs. 1 S. 1 EStG

Sachverhalt

Der Klägerin war Lehrerin für Mathematik, Geographie, Biologie und Kunst. Im Streitjahr 2004 nahm sie an einer vom Landesinstitut für Ausbildung und Schule organisierten Studienreise nach China und Paris teil. Die Reisen wurden durch Fachveranstaltungen vorbereitet und auch fachlich begleitet. Die vierwöchige Studienreise nach China beinhaltete u. a. folgende Stationen: der Platz des Himmlischen Friedens, die „Verbotene Stadt", die Terrakotta-Armee, die Große Mauer und die Gräber der Ming-Dynastie, der Drei-Schluchten-Staudamm sowie Klöster und Tempel. Die Studienreise nach Paris umfasste die Besichtigung von Museen sowie der Tuilerien, des Eiffelturms, des Triumphbogens, von Notre Dame und Sacre Coeur.

In ihrer Einkommensteuererklärung machte die Klägerin vergeblich die Aufwendungen für die Reisen nach China rund 6.000 € und Paris rund 1.000 € als Werbungskosten geltend. Auch das FG versagte den Werbungskostenabzug.

Entscheidung

Der BFH wies die Revision der Klägerin als unbegründet zurück. Das FG hatte aus revisionsrechtlich nicht zu beanstandender Art den Werbungskostenabzug verneint.

Bildungsaufwendungen einschließlich der damit verbundenen Reisekosten, so der BFH in seiner Urteilsbegründung, seien nur dann als Werbungskosten abziehbar, wenn die Reise ausschließlich oder nahezu ausschließlich der beruflichen Sphäre des Steuerpflichtigen zuzurechnen sei. Dies erfordert zum einen unmittelbar beruflichen Anlass der Reise, wie z. B. das Aufsuchen eines Geschäftspartners oder das Halten eines Fachvortrags. Weiterhin dürfe die Verfolgung privater Interessen nicht den Schwerpunkt der Reise bilden. Weiter führt der BFH aus, dass es nach dem Beschluss des Großen Senats vom 21.9.2010[96] zwar kein allgemeines Aufteilungs- und Abzugsverbot mehr gebe. Allerdings gelten die im Beschluss des Großen Senates vom 27.11.1978[97] entwickelten Grundsätze fort. Neben einer fachlichen Organisation sei daher für eine berufliche Veranlassung vor allem maßgebend, dass das Programm auf die besonderen beruflichen Bedürfnisse der Teilnehmer zugeschnitten und der Teilnehmerkreis im Wesentlichen gleichartig sei. Von Bedeutung sei auch, ob die Teilnahme freiwillig ist oder ob der Steuerpflichtige einer Dienstpflicht nachkommt.

Das FG hatte nach Ansicht des BFH in nicht zu beanstandender Weise die Auslandsreisen überwiegend der Befriedigung allgemeiner Bildungsinteressen zugerechnet, sodass der jeweils hinreichend konkrete berufliche Bezug zur Tätigkeit der Klägerin fehlte. Der Umfang von berufsspezifischen Programmpunkten, wie der Besuch zweier Dorfschulen bei der Chinareise, genügte nach Ansicht der Finanzrichter auch nicht, um zumindest teilweise einen Werbungskostenabzug anzuerkennen.

---

[96] BFH, Beschluss v. 21.9.2010, GrS 1/06, BStBl II 2010, S. 672.
[97] BFH, Beschluss v. 27.11.1978, GrS 8/77, BStBl II 1979, S. 213.

Hinweis:

Hervorzuheben ist, dass die Entscheidung nicht ohne Weiteres auf Fälle aus der Arbeitgeberpraxis übertragbar ist. Dementsprechend kann auch die nach dieser Entscheidung aktualisierte Verfügung der OFD Frankfurt am Main vom 13.4.2011,[98] die sich mit der einkommensteuerlichen Behandlung von Aufwendungen für Studienreisen und Fachkongressen befasst, ebenfalls nicht in allen Fällen zur Beurteilung der vom Arbeitgeber durchgeführten Fachveranstaltungen herangezogen werden. Man kann wohl sicher sagen, dass immer dann, wenn nach den Regelungen des Besprechungsurteils und der OFD-Verfügung ein Werbungskostenabzug gegeben ist, keine geldwerten Vorteile im Raum sind. Umgekehrt immer dann von lohnsteuerpflichtigen geldwerten Vorteilen auszugehen, wenn nach den Regelungen ein Werbungskostenabzug ausgeschlossen ist, führt demgegenüber nicht zum richtigen Ergebnis. Denn in der Arbeitgeberpraxis setzt der Arbeitgeber selbst die entscheidungserheblichen Veranlassungsbeiträge, die gegen eine vollständige oder teilweise Erfassung der Aufwendungen als Arbeitslohn sprechen. Anders wäre wohl auch das sog. Portugal-Urteil[99] nicht zu verstehen. In dieser Entscheidung befanden sich die Außendienstmitarbeiter auf einer mehrere Tage andauernden Tagung in Portugal, bei der vormittags gearbeitet wurde und am Nachmittag gesellige Aktivitäten auf der Agenda standen.

Literaturhinweise: *Geserich,* SteuK 2012, S. 210; *Bergkämper,* FR 2012, S. 481

3.7 Ausgangsgröße für die Bewertung geldwerter Vorteile

3.7.1 Endpreis im Sinne von § 8 Abs. 3 EStG

> **BFH, Urteil v. 26.7.2012, VI R 30/09, DB 2012, S. 2553;**
> **Vorinstanz: FG Düsseldorf, EFG 2009, S. 1288**
>
> **Endpreis im Sinne des § 8 Abs. 3 EStG ist der am Ende von Verkaufsverhandlungen als letztes Angebot stehende Preis und umfasst deshalb auch Rabatte.**
>
> **Norm:** § 8 Abs. 3 EStG

Sachverhalt

Der Kläger war in den Streitjahren 2000 und 2001 bei einem Automobilhersteller angestellt. Von diesem erwarb er verschiedene Automobile unter Berücksichtigung sog. Jahreswagenrabatte. Für die Ermittlung der geldwerten Vorteile zog der Arbeitgeber den Preis heran, der sich nach Abzug der Hälfte der üblicherweise auf den Bruttolistenpreis gewährten durchschnittlichen Preisnachlasse ergab. Unter Berufung auf eine BFH-Entscheidung vom 5.9.2006[100] beantragte der Kläger im Einspruchsverfahren, dass Arbeitslohn nur vorliege, soweit der Jahreswagenrabatt über den vollen durchschnittlichen auch fremden Dritten gewährten Preisnachlass hinausgehe. Das Finanzamt lehnte den Einspruch unter Bezugnahme auf den zu dieser BFH-Entscheidung ergangenen Nichtanwendungserlass[101] ab und führte weiter aus, dass der geldwerte Vorteil zwingend nach der typi-

---

[98] OFD Frankfurt am Main, Verfügung v. 13.4.2012, S 2227 A – 3 – St 217, IStR 2012, S. 729.
[99] BFH, Urteil v. 18.8.2005, VI R 32/03, BStBl II 2006, S. 30.
[100] BFH, Urteil v. 5.9.2006, VI R 41/02, BStBl II 2007, S. 309.
[101] BMF, Schreiben v. 28.3.2007 IV C 5 – S 2334/07/0011, BStBl I 2007, S. 464.

sierenden Spezialvorschrift des § 8 Abs. 3 EStG zu bewerten sei und dass es kein Wahlrecht auf Durchführung einer günstigeren Bewertung nach § 8 Abs. 2 EStG gebe.

Nachdem das FG der Klage stattgab, rügte das Finanzamt mit seiner Revision die Verletzung materiellen Rechts und beantragte das FG-Urteil aufzuheben.

Entscheidung

Die Revision des Finanzamts war unbegründet und daher zurückzuweisen. Nach Auffassung des BFH hatte das FG bei der Ermittlung des lohnsteuerpflichtigen Vorteils zu Recht Rabatte, die vom Arbeitgeber auch Nichtarbeitnehmern gewährt wurden, unberücksichtigt gelassen.

Zunächst weist der BFH darauf hin, dass Personalrabatte dem Grunde nach immer dann zu Arbeitslohn führen, wenn die verbilligte Überlassung einer Ware oder Dienstleistung durch das individuelle Dienstverhältnis veranlasst sei. Der Höhe nach werden jedoch Preisnachlässe, die auch im normalen Geschäftsverkehr erzielt werden können, nicht für eine Beschäftigung gewährt und stellen aus diesem Grund keinen Arbeitslohn dar. Dementsprechend müsse einerseits zwischen dem – lohnsteuerlich unbeachtlichen – im normalen Geschäftsverkehr erzielbaren Preisnachlass und andererseits den durch das Dienstverhältnis begründeten besonderen Vorteilen differenziert werden.

Bei der verbilligten Überlassung von Waren oder Dienstleistungen an Arbeitnehmer, die die Voraussetzungen für die Anwendung des Rabattfreibetrags nach § 8 Abs. 3 EStG erfüllen, sei nach ständiger Rechtsprechung vom Angebotspreis des Arbeitgebers auszugehen. Dabei handele es sich grundsätzlich um den nach der Preisangabeverordnung anzugebenden Preis, bei dem Rabatte nicht berücksichtigt werden. An diesem Grundsatz hält der Lohnsteuersenat in der Rechtssache VI R 30/09 nicht mehr uneingeschränkt fest. Der angebotene Endpreis sei vielmehr derjenige, der am Ende von Verkaufsverhandlungen als letztes Angebot des Händlers stehe und daher auch Rabatte berücksichtige.

In der weiteren Urteilsbegründung führt der BFH aus, dass der so verstandene Endpreis nach § 8 Abs. 3 S. 1 EStG keinen typisierten und pauschalen Wertansatz darstelle, wie z. B. der Bruttolistenpreis für die Nutzungswertermittlung betrieblicher Kfz. Vielmehr seien die Gepflogenheiten im allgemeinen Geschäftsverkehr zu beachten, sodass gerade im Kfz-Handel nicht die unverbindliche Preisempfehlung des Herstellers, sondern vielmehr der sog. Hauspreis oder ein anderer rabattierter Preis die Ausgangsgröße für die Ermittlung lohnsteuerpflichtiger Vorteile sei. Denn der Ansatz des tatsächlichen Angebotspreises gewährleiste, dass die durch erkennbar überhöhte Preisangaben ausgelösten Scheinlohnbesteuerungen vermieden werden.

Diese geänderte Sichtweise ergebe sich nicht nur aus den Gesetzesmaterialien, sondern auch aus einer Verwaltungsanweisung. Das für die Bewertung von Jahreswagen einschlägige BMF-Schreiben[102] nehme sogar angesichts der Schwierigkeiten bei der Ermittlung des tatsächlichen Angebotspreises 80 % vom Preisnachlass von der Lohnbesteuerung aus.

Nach Auffassung des BFH seien schließlich keine Gründe erkennbar, warum Rabatte, die fremden Dritten gewährt werden, beim Kläger als Lohn hätten erfasst werden sollen. Weil weder das beklagt Finanzamt noch das dem Verfahren beigetretene BMF diesbezüglich nachvollziehbare Gründe darlegen konnte, schließt die Urteilsbegründung mit dem Hinweis, dass es im Streitfall weder auf die Frage ankomme, wie der Abgabeort nach § 8 Abs. 2 und 3 EStG zu bestimmen sei, noch darauf, ob der Steuerpflichtige ein Wahlrecht zwischen beiden Bewertungsvorschriften habe.

---

[102] BMF, Schreiben v. 18.12.2009, IV C 5 – S 2334/09/1006, BStBl I 2010, S. 20.

Hinweis:

Mit seiner geänderten Rechtsprechung stellt der BFH klar, dass der Angebotspreis laut Preisaushang oder entsprechender Preisliste immer dann die falsche Ausgangsgröße für die Bewertung etwaiger geldwerter Vorteile darstellt, wenn nach den allgemeinen Gepflogenheiten für die Ware oder Dienstleistung dieser Preis regelmäßig nicht bezahlt wird. Werden die vom Arbeitgeber genannten Angebotspreise also regelmäßig auch für fremde Dritte rabattiert, dann stellt dieser Rabatt keinen Arbeitslohn dar. Erst soweit der vom Arbeitnehmer zu zahlende Preis den Drittrabatte überschreitet, ist ein geldwerter Vorteil in der Gehaltsabrechnung zu erfassen.

Preisgestaltungen der vorliegenden Art sind vor allem in der Automobilwirtschaft – sei es nun auf Hersteller- oder auf Händler-Ebene – zu beobachten. Die neue Rechtsprechung ist jedoch auch immer dann einschlägig, wenn andere Hersteller oder Händler für das identische Produkt oder die identische Dienstleistung einen geringeren Marktpreis verlangen. Wenn dementsprechend geringere Endpreise als der Angebotspreis des Arbeitgebers als Bewertungsmaßstab für das Lohnsteuerverfahren herangezogen werden, sollte der Arbeitgeber entsprechende Dokumentationen als Nachweise zum Lohnkonto nehmen.

Literaturhinweis: *Schneider*, nwb 2012, S. 3672

3.7.2 Arbeitnehmerrabatte als Lohnvorteil – Vorteilsbewertung

> **BFH, Urteil v. 26.7.2012, VI R 27/11, DB 2012, S. 2551;**
> **Vorinstanz: FG Baden-Württemberg, EFG 2011, S. 441**
>
> **Rabatte, die der Arbeitgeber nicht nur seinen Arbeitnehmern, sondern auch fremden Dritten üblicherweise einräumt, begründen keinen steuerpflichtigen Arbeitslohn.**
>
> **Der Arbeitnehmer kann im Rahmen seiner Einkommensteuerveranlagung den geldwerten Vorteil nach § 8 Abs. 2 EStG ohne Bewertungsabschlag oder mit diesen Abschlägen auf der Grundlage des Endpreises des Arbeitgebers nach § 8 Abs. 3 EStG bewerten lassen.**
>
> **Norm:** § 8 Abs. 2 und 3 EStG

Sachverhalt

Der bei einem Automobilhersteller angestellte Kläger erwarb in den Streitjahren 2000 bis 2005 Neufahrzeuge unter Berücksichtigung eines Mitarbeiterrabatts von jeweils 21,5 % auf den Nettolistenpreis. Der Arbeitgeber ermittelte den lohnsteuerpflichtigen Preisvorteil nach Maßgabe der seinerzeit geltenden Verwaltungsanweisung, bei der lediglich der um die Hälfte eines durchschnittlichen Händlerrabatts geminderte Listenpreis die Ausgangsbasis darstellt.[103] Die dagegen eingereichte Klage basierte im Wesentlichen darauf, dass nach entsprechenden Hinweisen in Zeitungsartikeln und Inseraten privaten Autokäufern Rabatte zwischen 17,5 % und 21 % eingeräumt wurden, sodass ein geldwerter Vorteil von allenfalls 2 % zu erfassen sei. Das FG gab der Klage in dem Umfang statt, als es Preisvorteile nur insoweit als Arbeitslohn erfasste, wie sie nach den Gepflogenheiten im normalen Geschäftsverkehr nicht erzielt werden. Von den durchschnittlich ermittelten Preisnachlässen, die in den Streitjahren zwischen 5 % und 9 % lagen, kürzte das FG jedoch

---

[103] BMF, Schreiben v. 30.1.1996, IV B 6 – S 2334 – 24/96, BStBl I 1996, S. 114.

jeweils 3 %, weil die Rabatte in dieser Höhe das Ergebnis individueller und daher unbeachtlicher Preisverhandlungen seien.

Mit seiner Revision rügt der Kläger die Verletzung materiellen Rechts und beantragt, die Preisvorteile jeweils nach den von ihm ermittelten Werten als Arbeitslohn zu erfassen.

Entscheidung

Die Revision des Klägers war teilweise begründet. Sie führte in diesem Umfang zur Änderung des vorinstanzlichen Urteils. Die im Übrigen unbegründete Klage wurde zurückgewiesen.

In Ergänzung zu der Entscheidung VI 30/09 führt der BFH aus, dass die Spezialnorm des § 8 Abs. 3 EStG ihre Vorteilhaftigkeit verlieren kann, wenn der vom Arbeitgeber angebotene Endpreis und der geringste Marktpreis derart voneinander abweichen, dass trotz Bewertungsabschlag und Rabattfreibetrag ein geldwerter Vorteil erfasst werde, der bei Anwendung der Grundnorm des § 8 Abs. 2 EStG tatsächlich nicht vorliege. Als Ergebnis dieser Überlegung habe der Arbeitnehmer im Rahmen seiner Einkommensteuerveranlagung die Möglichkeit, die Höhe des geldwerten Vorteils entweder nach Grundnorm oder nach der Spezialnorm zu ermitteln.

Der BFH begründet diese Rechtsmeinung damit, dass § 8 Abs. 3 EStG eine reine Bewertungsvorschrift zur Erfassung tatsächlich vorhandener Vorteile sei. Die von der Finanzverwaltung vertretene Auffassung verstehe die Vorschrift demgegenüber als eigenen Einkünftetatbestand. Dies habe zur Folge, dass Vorteile im Sinne einer Scheinlohnbesteuerung zu erfassen wären, nur weil der Arbeitgeber Preisangaben mache, die tatsächlich gar nicht erzielt werden.

Aus den Gesetzgebungsmaterialien sei eine solche fiktive Lohnbesteuerung nicht erkennbar. Vielmehr diene § 8 Abs. 3 EStG der Vereinfachung des vom Arbeitgeber durchzuführenden Lohnsteuerverfahrens, denn er sei nicht verpflichtet, sich über den jeweils günstigsten Marktpreis zu informieren und diesen dann der Versteuerung zugrunde zu legen. Allerdings habe dann der Arbeitnehmer in seiner persönlichen Einkommensteuerveranlagung die Möglichkeit, die Bewertung nach der für ihn günstigeren Norm durchzuführen.

Und weil der Arbeitgeber kraft gesetzlicher Regelung die Bewertung nach § 8 Abs. 3 EStG durch entsprechende Pauschalversteuerung abwählen könne, muss dieses Wahlrecht erst recht dem betreffenden Arbeitnehmer zugestanden werden.

Im Streitfall stellten dementsprechend die vom FG festgestellten durchschnittlichen Preisnachlässe in voller Höhe, und zwar ohne die zuvor vorgenommene Kürzung um 3 %, keinen Arbeitslohn dar. Denn auch in diesem Umfang war für den BFH nicht erkennbar, aus welchen Gründen der Kläger diese Rabatte nicht auch hätte erhalten sollen.

Weil der Kläger im Übrigen die Preisnachlässe zwischen 17,5 % und 21 % nicht näher konkretisieren konnte – die reduzierten Preise bezogen sich z. T. auf andere Modelle und andere Zeiträume –, drang der Kläger insoweit nicht mit seiner Revision durch.

Hinweis:

➡ Die Entscheidung bestätigt eine Entscheidung aus 2006[104] zu einem ähnlich gelagerten Fall. Dieses BFH-Urteil wurde von der Finanzverwaltung mit einem sog. Nichtanwendungserlass[105] belegt, der dem Vernehmen nach in Kürze aufgehoben werden wird.

---

[104] BFH, Urteil v. 5.9.2006, VI R 41/02, BStBl II 2007, S. 309.
[105] BMF, Schreiben v. 28.3.2007, IV C 5 – S 2334/07/0011, BStBl I 2007, S. 464.

Literaturhinweis: *Schneider*, nwb 2012, S. 3672

4 Umwandlungssteuer

4.1 Entnahme einbringungsgeborener Anteile

> **BFH, Urteil v. 12.10.2011,[106] I R 33/10, BFH/NV 2012, S. 336;**
> **Vorinstanz: FG Düsseldorf, EFG 2010, S. 458**
>
> Der Inhaber im Betriebsvermögen gehaltener einbringungsgeborener Anteile muss keinen Entnahmegewinn versteuern, wenn er die Anteile verschenkt (entgegen BMF[107]).
>
> **Normen:** §§ 20 Abs. 1 S. 1, 21 Abs. 1 UmwStG 2002

Streitig war im vorliegenden Fall, ob der Inhaber von im Betriebsvermögen gehaltener sog. einbringungsgeborener Anteile an einer Kapitalgesellschaft einen Entnahmegewinn versteuern muss, wenn er die Anteile unentgeltlich auf Dritte überträgt.

Die streitgegenständlichen GmbH-Anteile waren durch Einbringung eines vormaligen Einzelunternehmens des Klägers zu Buchwerten entstanden. Durch die Verpachtung eines Grundstücks des Klägers an die GmbH, liegt auch eine Betriebsaufspaltung vor.

Wenngleich der BFH das Verfahren an das FG zurückverweist, stellt er fest, dass die unentgeltliche Übertragung der Anteile nicht zu einem Entnahmegewinn geführt hat. Eine Entnahme liegt tatbestandlich zwar vor, da es sich um eine Überführung in das Privatvermögen gehandelt hat. Jedoch führt diese nicht zur Aufdeckung stiller Reserven. Da es sich hier um einbringungsgeborene Anteile handelt, gelten für diese die besonderen Gewinnrealisierungsregelungen des § 21 Abs. 1 und 2 UmwStG 2002. Ein solcher Tatbestand liegt hier jedoch nicht vor. Die schenkweise Übertragung an Dritte ist keine Veräußerung im Sinne der Norm. Die Besteuerung der den Anteilen innewohnenden stillen Reserven wird vielmehr dadurch sichergestellt, dass diese steuerverhaftet bleiben – unabhängig ob sie im Betriebs- oder Privatvermögen gehalten werden.

Die Entstrickungstatbestände sind in § 21 UmwStG abschließend geregelt. Daneben ist kein Raum für einen allgemeinen Realisationstatbestand der Entnahme nach § 6 Abs. 1 Nr. 4 EStG 2002.

Beratungshinweis:

➔ Das Urteil widerspricht noch der im „alten" UmwSt-Erlass geäußerten Rechtsauffassung der Finanzverwaltung. Im neuen UmwSt-Erlass vom 11.11.2011[108] wird an dieser Auffassung nicht mehr festgehalten.

Literaturhinweis: *Formel*, GmbH-StB 2012, S. 38

---

[106] Erst im Jahr 2012 veröffentlicht.
[107] Schreiben v. 25.3.1998, BStBl I 1998, S. 268 unter Tz. 21.12.
[108] Schreiben v. 11.11.2011, BStBl I 2012, S. 1314.

4.2 Einbringung eines Einzelunternehmens in eine KG nach vorherigem Grundstücksverkauf

> **BFH, Urteil v. 9.11.2011,[109] I R 60/00, GmbHR 2012, S. 588;**
> **Vorinstanz: FG Münster, EFG 2010, S. 369**
>
> 1. Der Anwendbarkeit des § 24 Abs. 1 UmwStG steht weder § 42 AO noch die Rechtsfigur des Gesamtplans entgegen, wenn vor der Einbringung eine wesentliche Betriebsgrundlage des einzubringenden Betriebs unter Aufdeckung der stillen Reserven veräußert wird und die Veräußerung auf Dauer angelegt ist.
> 2. Maßgeblicher Zeitpunkt für die Beurteilung, ob ein Wirtschaftsgut eine wesentliche Betriebsgrundlage des einzubringenden Betriebs im Rahmen des § 24 Abs. 1 UmwStG darstellt, ist in Fällen der Einbringung durch Einzelrechtsnachfolge der Zeitpunkt der tatsächlichen Einbringung.
>
> **Normen:** § 24 Abs. 1 UmwStG 1995; § 42 AO

Der Kläger besaß vormals ein Einzelunternehmen, zu welchem auch Grundbesitz gehörte. Da sich aus Liquiditätsgründen an dem Unternehmen ein Dritter beteiligen wollte, der an dem Betriebsgrundstück kein Interesse hatte, veräußerte der Kläger das Grundstück an seine Ehefrau mit nicht zu beanstandenden notariellem Kaufvertrag zu drittüblichen Bedingungen am 29.9.2000. Am gleichen Tag gründete er als Kommanditist mit einer ihm bereits gehörenden GmbH eine KG. Der Gesellschaftsvertrag sah vor, dass der Kläger sein Einzelunternehmen unmittelbar nach der Eintragung der KG in das Handelsregister ohne das Grundstück einbringen sollte. Die Eintragung erfolgte am 20.10.2000. Am 24.10.2000 gründete die KG wiederum eine GmbH, in diese sollte die KG ihre Stammeinlage durch Einbringung des von ihr betriebenen Unternehmens aufgrund einer auf den 31.10.2000 zu erstellenden Bilanz in die GmbH erbringen. Am 31.10.2000 brachte der Kläger sein Einzelunternehmen in die KG ein. Am selben Tag schlossen KG und GmbH einen Einbringungsvertrag, nach dem die KG sämtliche Aktiva und Passiva ihres Geschäftsbetriebes in die GmbH einbringt. Hiervon ausgenommen war ausdrücklich der Grundbesitz, welcher sich ursprünglich im klägerischen Einzelunternehmen befunden hatte. Die Ehefrau wiederum vermietete mit Vertrag vom 31.10.2000 das Grundstück an die GmbH zu drittüblichen Bedingungen. Fünf Jahre später kaufte die GmbH das Grundstück.

Das FA vertrat die Ansicht, bei Einbringung des Einzelunternehmens in die KG seien auch die stillen Reserven aufzudecken, die auf das Grundstück entfallen. Die hiergegen gerichtete Klage hatte Erfolg. Der BFH schloss sich im Revisionsverfahren der Rechtsauffassung des FG an.

Im Ergebnis hat der BFH damit bestätigt, dass der KG das Bilanzierungswahlrecht des § 24 Abs. 2 UmwStG a. F. zusteht. Ein solches Wahlrecht besteht nur dann, wenn sämtliche wesentlichen Betriebsgrundlagen in einem einheitlichen Vorgang in das mitunternehmerische Betriebsvermögen der aufnehmenden Personengesellschaft übertragen werden. M. a. W. gilt es somit nicht, wenn wesentliche Betriebsgrundlagen zurückbehalten werden.

Fraglich war insoweit, was unter einem einheitlichen Vorgang zu verstehen ist. Wird hier auf einen Zeitpunkt abgestellt oder auf einen (kurzen) Zeitraum? Der BFH hatte in einem anderen Verfahren[110] entschieden, dass auf einen engen Zeitraum von bis zu drei Monaten abgestellt wird. Den-

---

[109] Erst im Jahr 2012 veröffentlicht.
[110] BFH, Urteil v. 13.4.2007, IV B 81/06, BFH/NV 2007, S. 1939.

noch liegt nach Ansicht des erkennenden Senats keine Divergenz vor, da der Kläger mit dem Verkauf des Grundstücks an seine Ehefrau die stillen Reserven des Grundstücks bereits aufgedeckt hat. Bei der tatsächlichen Einbringung des Einzelunternehmens war das Grundstück bereits aus seinem Betriebsvermögen ausgeschieden. Entscheidend war damit auf den Tag der Übertragung des (wirtschaftlichen) Eigentums. Der Abschluss des Gesellschaftsvertrages spielt hierfür keine Rolle.

Auch die sog. Gesamtplanrechtsprechung des BFH kommt hier nicht zur Anwendung. Entscheidend hierfür ist, dass das Grundstück auf Dauer an die Ehefrau übereignet wurde. Der Wiederverkauf nach fünf Jahren ist wegen des großen zeitlichen Abstandes nicht von Bedeutung und führt nicht zu einem Gesamtplan.

Beratungshinweis:

Das Wahlrecht des § 24 UmwStG a. F. kann somit auch dann in Anspruch genommen werden, wenn wesentliche Teile des Betriebsvermögens nicht mit in eine Personengesellschaft eingebracht werden sollen. Es ist ausreichend, diese kurz vor Verkauf unter Aufdeckung der stillen Reserven aus dem Betriebsvermögen zu entnehmen. Notwendigerweise muss jedoch auch nach Entnahme ein eigenständiger Gewerbebetrieb bestehen, der dann weiterübertragen wird.

> **Literaturhinweis:** *Siebenhüter*, GmbH-StB 2012, S. 169

4.3 Umfang der steuerlichen Rechtsnachfolge bei Verschmelzung

> **BFH, Urteil v. 29.2.2012, I R 16/11, BFH/NV 2012, S. 1340 (n. v.);**
> **Vorinstanz: FG München, EFG 2011, S. 1117**
>
> **Ein bei der übertragenden Körperschaft vorhandenes Hinzurechnungsvolumen (Nachversteuerungsvolumen) nach § 2a Abs. 3 S. 3 EStG 1997 geht nach der Rechtslage im Jahr 1997 bei einer Verschmelzung nicht auf die übernehmende Kapitalgesellschaft über.**
>
> **Normen:** § 12 Abs. 3 Nr. 1 UmwStG 1995; § 2a Abs. 3 S. 3 EStG 1997

Kernfrage der Entscheidung war, ob im Zuge der Verschmelzung von Kapitalgesellschaften die übernehmende Kapitalgesellschaft auch in ein nach § 2a Abs. 3 S. 3 EStG 1997 vorhandenes Hinzurechnungspotential eintritt.

Streitentscheidende Norm im Besprechungsfall war § 12 Abs. 3 S. 1 UmwStG 1995. Nach damaliger Rechtslage gehörte unter den genannten Voraussetzungen zu den übergehenden Rechtspositionen auch ein verbleibender Verlustabzug i. S. d. § 10d Abs. 3 S. 1 EStG. Das Hinzurechnungspotential nach § 2a Abs. 3 S. 3 EStG 1997 wurde jedoch nicht erwähnt mit der Folge, dass es im Rahmen der Verschmelzung unterging. Nach Ansicht des BFH bietet der Wortlaut der (damaligen) Norm keinen Anhaltspunkt dafür, dass die Aufzählung nur Beispiele nennt, somit erweiterbar ist. Die Norm ist in der damaligen Fassung abschließend. Eine umfassende steuerliche Gesamtrechtsnachfolge war gerade nicht intendiert.

Beratungshinweis:

Der Besprechungsfall behandelt noch die Rechtslage unter dem UmwStG 1995. Nunmehr ist in § 12 Abs. 3 1. Halbs. UmwStG n. F. der Grundsatz einer umfassenden Gesamtrechtsnachfolge unter Verweis auf § 4 Abs. 2 S. 2 UmwStG geregelt. Dieser wiederum legt fest, dass verrechenbare Verluste, verbleibende Verlustvorträge, nicht ausgeglichene negative Einkünfte und ein Zinsvortrag nach § 4h Abs. 1 S. 2 EStG nicht auf die übernehmende Gesellschaft übergehen. Daher wäre auf Grundlage der aktuellen Rechtslage davon auszugehen, dass das Hinzurechnungspotential nach § 2a Abs. 3 S. 3 EStG 1997 bei einer Verschmelzung übergeht. In solchen Fällen ist darauf zu achten, dass durch ein solches Hinzurechnungspotential keine Nachversteuerung ausgelöst wird, z. B. durch eine Verrechnung mit einem steuerbefreiten Betriebsstättengewinn der übernehmenden Kapitalgesellschaft.[111]

Literaturhinweis: *Schwetlik*, GmbH-StB 2012, S. 263

4.4 Übergang eines Verlustvortrags bei Abspaltung (vor SEStEG)

BFH, Urteil v. 14.3.2012, I R 13/11, DStR 2012, S. 962;
Vorinstanz: FG Baden-Württemberg v. 10.1.2011, 6 K 3004/07

1. Bei Abspaltung eines Teilbetriebs kann jedes an der Spaltung beteiligte Unternehmen sowie auch ein Dritter allein oder zusammen mit den beteiligten Unternehmen das Fortführungserfordernis des § 15 Abs. 1 S. 1 i. V. m. § 12 Abs. 3 S. 2 UmwStG 2002 erfüllen.

2. Der Übergang eines verbleibenden Verlustabzugs setzt aber voraus, dass der verlustverursachende Betriebsteil am Stichtag der Verschmelzung oder Spaltung beim übertragenden Rechtsträger tatsächlich vorhanden ist.

Normen: §§ 12 Abs. 3, 15 Abs. 1 und 4 UmwStG 1995

Der klagenden GmbH wurde im Wege der Abspaltung durch Neugründung rückwirkend zum 1.1.2002 von der A-GmbH der Teilbetrieb X-Technik mit allen wesentlichen Betriebsgrundlagen übertragen. Daraufhin hat die Klägerin für das Streitjahr einen im Rahmen der Spaltung übergegangenen anteiligen verbleibenden Verlustabzug erklärt. Dieser Verlustvortrag war ursprünglich von einer weiteren GmbH, der B-GmbH, bis 1994 erwirtschaftet worden. Diese hatte die Geschäftsbereich Y-Technik und Z-Technik unterhalten. 1995 wurde die B-GmbH zusammen mit einer anderen Gesellschaft auf die bestehende A-GmbH verschmolzen. Die Verlustvorträge der B-GmbH gingen dabei auf die A-GmbH über, da die B-GmbH ihren Geschäftsbetrieb damals noch nicht eingestellt hatte. 1999 hat wiederum die A-GmbH im Wege des Asset Deals den von der B-GmbH übernommen Bereich Y-Technik einschließlich aller Vermögensteile und wesentlichen Betriebsgrundlagen mit Wirkung zum 31.1.2000 an die D-GmbH verkauft. Im Januar 2000 ist der weitere von der B-GmbH übernommene Bereich Z-Technik auf die E-GmbH ausgegliedert worden. FA, FG und BFH sind übereinstimmend der Ansicht, dass der verlustverursachende Betrieb, die B-GmbH, zum Zeitpunkt der Abspaltung nicht mehr vorhanden gewesen war und somit von der Klägerin nicht fortgeführt werden konnte. Dies führt in letzter Konsequenz dazu, dass der geltend gemachte Verlustabzug nicht anzuerkennen ist.

---

[111] Vgl. dazu Tz. 4.12 UmwStE 2011.

Das sog. Fortführungserfordernis ergibt sich aus § 12 Abs. 3 S. 2 UmwStG a. F. Kernaussage für die hier streitige Rechtsfrage ist, dass zwar der verlustverursachende Betrieb nicht vom übernehmenden Rechtsträger selbst fortgeführt werden muss, allerdings jedoch dieser zum Abspaltungsstichtag beim übertragenden Rechtsträger tatsächlich noch vorhanden sein muss. Es ist nicht ausreichend, wenn der Betrieb oder Betriebsteil bei einem Dritten zu diesem Zeitpunkt noch vorhanden ist. Dies ergibt sich sowohl aus dem Wortlaut wie auch aus dem systematischen Zusammenhang der Norm. Der Grundsatz der Gesamtrechtsnachfolge besagt nichts anderes, er wird lediglich durch § 12 Abs. 3 S. 2 UmwStG a. F. modifiziert.

Der hier maßgebliche Verlust war ursprünglich von der B-GmbH erwirtschaftet worden, dieser konnte auch nach Verschmelzung von der A-GmbH genutzt werden. Bei der A-GmbH ist dieser Verlust zu einem Verlust der Betriebsteile Y-Technik und Z-Technik geworden. Diese Betriebsteile hat die A-GmbH in der Folgezeit jedoch auf die D-GmbH übertragen bzw. die E-GmbH ausgegliedert. Folglich waren im Streitjahr bei dem abgebenden Rechtsträger A-GmbH diese beiden Teile des Betriebes nicht mehr vorhanden und hätten somit hier auch nicht fortgeführt werden können. Insoweit ist der verbleibende Verlustvortrag nicht auf die A-GmbH übergegangen.

Beratungshinweis:

Die vorliegende Entscheidung hat nur noch Bedeutung für sog. Altfälle, d. h. solche Umwandlungen, bei denen die Anmeldung zur Eintragung in das für die Wirksamkeit des jeweiligen Vorgangs maßgebliche Register bis zum 12.12.2006 erfolgt ist. Durch die Neufassung des UmwStG über das SEStEG wurde die Möglichkeit zur Übertragung von nicht verbrauchten Verlustvorträgen nach § 12 Abs. 3 S. 2 UmwStG a. F. gestrichen.

Literaturhinweis: *Schimmele*, GmbH-StB 2012, S. 168

4.5 Anwendung des § 18 Abs. 4 S. 1 UmwStG 1995 bei zeitgleicher Verschmelzung und Anteilsveräußerung

BFH, Urteil v. 26.4.2012, IV R 24/09, BFH/NV 2012, S. 1398;
Vorinstanz: Hessisches FG, EFG 2009, S. 1885

Eine Veräußerung innerhalb von fünf Jahren nach dem Vermögensübergang (bzw. der Umwandlung) i. S. des § 18 Abs. 4 S. 1 UmwStG 1995 (jetzt § 18 Abs. 3 S. 1 UmwStG 2006) liegt auch dann vor, wenn ein Verschmelzungsvertrag und ein Vertrag über die Veräußerung eines Anteils an der aufnehmenden Personengesellschaft den Zeitpunkt des Vermögensübergangs (bzw. der Umwandlung) und der Veräußerung einheitlich bestimmen.

Norm: § 18 Abs. 4 S. 1 UmwStG 1995

Alleiniger Kommanditist der KG war A, die KG war alleiniger Anteilseigner der A-GmbH. Mit Unternehmenskaufvertrag vom 26.11.1998 veräußerte A seine Beteiligung an der KG an die Z-KG mit Wirkung zum 31.12.1998 mit der Maßgabe, dass zunächst nur Gesellschaftsbeteiligungen in Höhe von 90 % abgetreten und die verbleibenden 10 % an der KG treuhänderisch von A für die Z-KG nach Maßgabe eines eigenen Treuhandvertrags gehalten werden. Laut Kaufvertrag sollte die A-GmbH ausdrücklich zum 31.12.1998 auf die KG verschmolzen werden. Das FA unterwarf den Veräußerungsgewinn aus der KG-Beteiligung aufgrund der Verschmelzung von der Kapitalgesellschaft auf die Personengesellschaft insoweit der Gewerbesteuer, als sich der Gewinn aus der Veräußerung der KG-Beteiligung aufgrund der o. g. Verschmelzung auf das übergegangene Betriebsvermögen erstreckt.

Der BFH hat entgegen der Rechtsauffassung des FG entschieden, dass eine Veräußerung innerhalb von fünf Jahren nach dem Vermögensübergang i. S. d. § 18 Abs. 4 S. 1 UmwStG auch vorliegt, wenn der Zeitpunkt des Vermögensübergangs bei Verschmelzungsvertrag und Veräußerungsvertrag übereinstimmen. Er begründet dies mit dem Normzweck, welche als spezialgesetzlicher und gegenüber den §§ 2 und 7 GewStG subsidiärer Ausnahmetatbestand verhindern soll, dass die Gewerbesteuerpflicht einer Kapitalgesellschaft unterlaufen wird, indem der Betrieb erst nach vollzogener Umwandlung von der Personengesellschaft veräußert wird. Der Gewerbesteuer unterliegen die im Zeitpunkt der Veräußerung beim übernehmenden Rechtsträger vorhandenen stillen Reserven, soweit sie aus dem übergegangenen Vermögen der umgewandelten Kapitalgesellschaft stammen. Es kommt somit entscheidend darauf an, ob in dem Veräußerungsgewinn auch stille Reserven enthalten sind, die nicht in den Buchwertansätzen solchen Betriebsvermögens ruhen, das bereits vor der Umwandlung (Verschmelzung) im Betrieb des aufnehmenden Rechtsträgers (KG) vorhanden waren, sondern die dem von der Kapitalgesellschaft zur Personengesellschaft übergegangenen Betriebsvermögen zuzuordnen sind. Diese stillen Reserven unterliegen der Gewerbesteuer auch bei zeitgleicher Verschmelzung und Anteilsveräußerung. Eine Regelungslücke kann der erkennende Senat hier trotz des Wortlauts „nach" nicht feststellen. Diese teleologische Auslegung widerspricht auch nicht dem Gesetzeswortlaut, denn der Wortlaut schließt den Gewinn aus einer auf den Beginn der Sperrfrist fallenden Veräußerung nicht aus und bringt neben einer zeitlichen auch eine logische Rangfolge zum Ausdruck. Das Wort „nach" darf hier nicht rein im Hinblick auf eine zeitliche Reihenfolge verstanden werden.

Beratungshinweis:

Nach § 18 Abs. 3 S. 1 UmwStG n. F. unterliegt ein Aufgabe- bzw. Veräußerungsgewinn auch insoweit der Gewerbesteuer, als er auf das Betriebsvermögen entfällt, das bereits vor der Umwandlung im Betrieb der übernehmenden Personengesellschaft oder der natürlichen Person vorhanden war. Somit ist nach neuer Rechtslage, d. h. für Umwandlungen, bei denen die Anmeldung zur Eintragung in das maßgebliche öffentliche Register nach dem 31.12.2007 erfolgt ist, der gesamte Veräußerungsgewinn gewerbesteuerpflichtig.

5 Umsatzsteuer

5.1 Bundesfinanzhof

5.1.1 Abgrenzung Lieferung und Restaurationsleistung (1)

> **BFH, Urteil v. 8.6.2011, XI R 33/08, BFH/NV 2011, S. 1927;**
> **Vorinstanz: FG Rheinland-Pfalz, EFG 2008, S. 1750**
>
> Der Verkauf von zubereiteten Pizzateilen an einem Imbissstand im Gastronomiebereich eines Fußballstadions unterliegt als Lieferung dem ermäßigten Steuersatz.
>
> **Normen:** §§ 3, 12 UStG; Art. 12, Anh. H Richtlinie 77/388/EWG

Sachverhalt

Die Klägerin betrieb einen Pizzastand in der Gastronomie-Mall eines Stadions. Der Vermieter der Stände in der Mall hatte dort Stehtische und Bierzeltgarnituren aufgestellt. Bei Spielen des Fußballvereins verkaufte die Klägerin Speisen und Getränke. Sie beantragte für vergangene Jahre im Wege der Änderung der Festsetzung, den ermäßigten Steuersatz gem. § 12 Abs. 2 Nr. 1 UStG auf den Verkauf der Pizzateile anwenden zu dürfen. Mit der Auffassung, dass es sich bei der Abgabe der Pizzateile um einen Verzehr an Ort und Stelle handele, entsprach das Finanzamt diesem Antrag nicht. Die anschließend von der Klägerin vor dem Finanzgericht geführte Klage hatte keinen Erfolg. Das Finanzgericht folgte der Auffassung des Finanzamts und stellte fest, dass es sich bei den Umsätzen der Klägerin um eine dem Regelsteuersatz unterliegende Dienstleistung handele.

Entscheidung

Der BFH hielt die Revision für begründet und hob die Vorentscheidung des Finanzgerichts auf. Mit Bezug auf das Urteil des EuGH im Fall Bog[112] führt der Senat aus, dass es sich bei der Abgabe von Pizzateilen an einem Imbissstand mit behelfsmäßigen Verzehrvorrichtungen um eine Lieferung handelt, die dem ermäßigten Steuersatz unterliegt. Im Fall der Abgabe von Würsten, Pommes frites und ähnlichen standardisiert zubereiteten Speisen an einem nur mit behelfsmäßigen Verzehrvorrichtungen ausgestatteten Imbissstand hatte zuvor der EuGH entschieden, dass eine einheitliche Leistung vorliegt, die als Lieferung zum ermäßigten Steuersatz zu qualifizieren ist. Der Umstand alleine, dass sich in der Nähe des Imbissstandes Stehtische und Bierzeltgarnituren befinden, die von dem Vermieter des Imbissstandes bereitgestellt worden sind, ändert daran nichts. Das bloße Vorhandensein von Mobiliar, das nicht ausschließlich dazu bestimmt ist, den Verzehr solcher Lebensmittel möglicherweise zu erleichtern, kann nicht als Dienstleistungselement angesehen werden, das dem Umsatz insgesamt die Eigenschaft einer Dienstleistung verleihen würde.

Kommentar

Mit dem hier dargestellten Urteil tritt der XI. Senat des BFH der Rechtsauffassung bei, die der V. Senat bereits in seinen Urteilen VR 18/10, VR 35/08, V S 8/11 (v. 30.6.2011 bzw. 14.7.2011) vertrat. Hierbei bekräftigt er, dass Leistungen anderer Unternehmer auch dann bei der umsatzsteuerrechtlichen Beurteilung der Leistung des Restaurant-Dienstleisters nicht zu berücksichtigen sind, wenn die Verzehrvorrichtungen vom Vermieter eines Imbissstandes zur Verfügung gestellt werden.

Das Urteil lässt Gestaltungsspielraum. Dies gilt insbesondere für den Kantinenbetrieb und Caterer. Ob eine Bewertung als Lieferung möglich ist oder ob Gestaltungen gewählt werden können, die zu einer Lieferung führen, hängt vom Einzelfall ab. Es mag aber aufgrund der Vielfältigkeit des Geschäfts und der denkbaren Konstellationen der Ausgestaltung ggf. lohnenswert sein, den Einzelfall auf mögliche Gestaltungsansätze zu prüfen.

---

[112] EuGH, Urteil v. 10.3.2011, C–497/09, UR 2011, S. 272, weitere verbundene Urteile des EuGH: C–499/09, C–501/09 und C–502/09.

Hinweis:

Zur Abgrenzung von Lieferungen und sonstigen Leistungen bei der Abgabe von Speisen und Getränken liegt mit Stand vom 1.8.2012 ein BMF-Schreiben im Entwurf vor. Die weitere Rechtsentwicklung sollte daher beobachtet werden.

5.1.2 Abgrenzung Lieferung und Restaurationsleistung (2)

> **BFH, Urteil v. 8.6.2011, XI R 37/08, BFH/NV 2011, S. 1976;**
> **Vorinstanz: FG Münster, EFG 2008, S. 647**
>
> **Die Abgabe von Würsten, Pommes frites und ähnlichen standardisiert zubereiteten Speisen an einem nur mit behelfsmäßigen Verzehrvorrichtungen ausgestatteten Imbissstand ist eine einheitliche Leistung, die als Lieferung dem ermäßigten Steuersatz unterliegt.**
>
> Normen: §§ 3, 12, Anl. 1 UStG; Art. 5, 6, 12, Anh. H Richtlinie 77/388/EWG

Sachverhalt

Der Kläger betrieb mehrere Imbissstände sowie einen Schwenkgrill, an denen er zum Verzehr fertige Speisen verkaufte. Hierbei handelte es sich um Brat- sowie Currywürste, Hot Dogs, Pommes frites, Steaks, Bauchfleisch, Spieße und Bauchrippen. Sämtliche Umsätze behandelte der Kläger als dem ermäßigten Umsatzsteuersatz unterliegend.

Entscheidung

Die Abgabe von Würsten, Pommes frites und ähnlichen standardisiert zubereiteten Speisen an einem nur mit behelfsmäßigen Verzehrvorrichtungen ausgestatteten Imbissstand ist eine einheitliche Leistung, die als Lieferung dem ermäßigten Steuersatz unterliegt.

Kommentar

Wie bereits in C.5.1.1 dargestellt, lässt auch dieses Urteil Gestaltungsspielraum. Dies gilt insbesondere für den Kantinenbetrieb und Caterer. Ob eine Bewertung als Lieferung möglich ist oder ob Gestaltungen gewählt werden können, die zu einer Lieferung führen, hängt vom Einzelfall ab. Es mag aber aufgrund der Vielfältigkeit des Geschäfts und der denkbaren Konstellationen der Ausgestaltung ggf. lohnenswert sein, den Einzelfall auf mögliche Gestaltungsansätze zu prüfen.

Hinweis:

Zur Abgrenzung von Lieferungen und sonstigen Leistungen bei der Abgabe von Speisen und Getränken liegt mit Stand vom 1.8.2012 ein BMF-Schreiben im Entwurf vor. Die weitere Rechtsentwicklung sollte daher beobachtet werden.

5.1.3 Sog. „kalte Zwangsvollstreckung" und „kalte Zwangsverwaltung" durch Insolvenzverwalter

> **BFH, Urteil v. 28.7.2011, V R 28/09, BFH/NV 2011, S. 1985;**
> **Vorinstanz: FG Düsseldorf, EFG 2009, S. 1882**
>
> 1. Veräußert ein Insolvenzverwalter ein mit einem Grundpfandrecht belastetes Grundstück freihändig, aufgrund einer mit dem Grundpfandgläubiger getroffenen Vereinbarung, liegt neben der Lieferung des Grundstücks durch die Masse an den Erwerber auch eine steuerpflichtige entgeltliche Geschäftsbesorgungsleistung der Masse an den Grundpfandgläubiger vor, wenn der Insolvenzverwalter vom Verwertungserlös einen „Massekostenbeitrag" zugunsten der Masse einbehalten darf. Vergleichbares gilt für die freihändige Verwaltung grundpfandrechtsbelasteter Grundstücke durch den Insolvenzverwalter.
> 2. Eine steuerbare Leistung liegt auch bei der freihändigen Verwertung von Sicherungsgut durch den Insolvenzverwalter vor (Änderung der Rechtsprechung).
>
> **Normen:** §§ 1, 3, 4 UStG; Art. 2, 5, 6 Richtlinie 77/388/EWG

Sachverhalt

Der Kläger ist Insolvenzverwalter über das Vermögen einer KG. Zur Insolvenzmasse zählten auch mit Grundpfandrechten (z. B. Grundschuld, Hypothek) belastete Grundstücke. Anstatt der Durchführung eines Zwangsversteigerungsverfahrens, verkaufte der Insolvenzverwalter in Absprache mit den Grundpfandgläubigern die Grundstücke freihändig (sogenannte „kalte Zwangsversteigerung"). Vom Erlös behielt er einen Teil ein, den anderen Teil überwies er den Grundpfandgläubigern. In gleicher Weise behielt der Kläger im Rahmen „kalter Zwangsverwaltungen" Geld zugunsten der Masse aus dem Erlös ein. Das einbehaltene Geld versteuerte er nicht.

Entscheidung

Der BFH entschied, dass der Insolvenzverwalter eine Leistung an die Grundpfandgläubiger erbrachte. Maßgeblich sei, dass er zur freihändigen Verwertung nicht verpflichtet sei, weil er auch einfach die Zwangsvollstreckung in die Grundstücke dulden könnte. Dagegen spreche auch nicht, dass die Verwertung im vorliegenden Fall für Rechnung des Schuldners (Grundstückseigners) nicht des Grundpfandgläubigers geschehe. Dieselben Grundsätze sind unter Umständen wie denen des Streitfalles entgegen einem früheren Urteil auch auf bewegliche Gegenstände anzuwenden, an denen ein Absonderungsrecht besteht.

Kommentar

Nach Auffassung des BFH besteht die Leistung des Insolvenzgläubigers darin, dass der Grundpfandgläubiger im Falle des freihändigen Verkaufs – zu dem er mit seinem Grundpfandrecht selbst nicht befugt ist – die Möglichkeit hat, eine weitergehende Tilgung seiner Forderung zu erlangen, als das im Rahmen einer Zwangsversteigerung zu erwarten wäre. Nach diesem BFH-Urteil werden insoweit bewegliche und unbewegliche Wirtschaftsgüter identisch behandelt. Dies steht jedoch im Widerspruch zur gegenwärtigen Auffassung der Finanzverwaltung,[113] sodass deren Reaktion auf dieses Urteil zu beobachten ist.

---

[113] Vgl. Abschn. 1.2 Abs. 3 UStAE.

Hinweis:

Die Änderung der Rechtsprechung bezieht sich darauf, dass der Insolvenzverwalter unter Umständen wie in denen des Streitfalles auch bei freihändigem Verkauf von beweglichen Gegenständen, an denen ein Absonderungsrecht besteht, eine sonstige Leistung erbringt. Im Urteil vom 18.8.2005 hatte der BFH[114] für diesen Fall noch eine Leistung an die Sicherungsnehmer verneint.

5.1.4 Umsatzsteuerrechtliche Organschaft: Anforderungen an organisatorische Eingliederung

> **BFH, Urteil v. 7.7.2011, V R 53/10, BFH/NV 2011, S. 2195;**
> **Vorinstanz: FG Sachsen-Anhalt, EFG 2011, S. 586**
>
> 1. **Die organisatorische Eingliederung einer GmbH im Rahmen einer Organschaft (§ 2 Abs. 2 Nr. 2 UStG) kann sich daraus ergeben, dass der Geschäftsführer der GmbH leitender Mitarbeiter des Organträgers ist, der Organträger über ein umfassendes Weisungsrecht gegenüber der Geschäftsführung der GmbH verfügt und zur Bestellung und Abberufung des GmbH-Geschäftsführers berechtigt ist.**
>
> 2. **Offen bleibt, ob an der bisherigen Rechtsprechung festzuhalten ist, nach der es für die organisatorische Eingliederung ausreicht, dass bei der Organgesellschaft eine vom Willen des Organträgers abweichende Willensbildung ausgeschlossen ist.**
>
> **Normen:** § 2 UStG; Art. 4 Richtlinie 77/388/EWG

Sachverhalt

Ein Gesellschafter (RH) war zu 49 % an einer GmbH (Klägerin) beteiligt und war deren alleiniger Geschäftsführer. Im Übrigen hielt eine andere GmbH (M-GmbH) die restlichen 51 % der Geschäftsanteile. RH war Prokurist der M-GmbH. Der Gesellschaftsvertrag der GmbH (Klägerin) sah vor, dass die Abberufung sowie die Aufhebung eines Anstellungsvertrags mit einem Geschäftsführer der Zustimmung beider Gesellschafter bedurfte, d. h. RH und der M-GmbH. Die Klägerin verpflichtete sich, ihre Geschäfte nach Weisung der M-GmbH zu führen. Zudem vereinbarte sie mit der M-GmbH eine Konzernrichtlinie für den Einkauf, die Berichtspflichten der Klägerin an die M-GmbH vorsah. Bestimmte Geschäftsvorfälle mit besonderem Gewicht bedurften der Zustimmung der M-GmbH. Die Klägerin ging davon aus, dass sie umsatzsteuerrechtliche Organgesellschaft der M-GmbH sei. Dies wurde von der Finanzverwaltung jedoch mit der Begründung verneint, es fehle an der für die Organschaft erforderlichen organisatorischen Eingliederung.

Entscheidung

Der BFH führt zunächst im Zusammenhang mit der wirtschaftlichen Eingliederung aus, dass Leistungen des Mehrheitsgesellschafters gegenüber der Organgesellschaft mehr als nur unwesentliche (geringfügige) Bedeutung zukommen müsse, weil dann davon auszugehen sei, dass die Möglichkeit, die Leistungsbeziehung zu beenden, ihm eine beherrschende Stellung und besondere Einwirkungsmöglichkeiten eröffneten. Zur organisatorischen Eingliederung – die er im Streitfall verneint – führt er aus, dass es zwar genüge, wenn einer von mehreren einzelvertretungsberechtigten Ge-

---

[114] BFH, Urteil v. 18.8.2005, V R 31/04, BB 2005, S. 2563.

schäftsführern der Organgesellschaft auch Geschäftsführer beim Organträger ist, der Organträger über ein umfassendes Weisungsrecht gegenüber der Organgesellschaft verfügt und zur Bestellung und Abberufung aller Geschäftsführer der Organgesellschaft berechtigt ist. Im konkreten Fall bestand aber keine Personalunion, weil RH nicht in beiden Gesellschaften Geschäftsführer war. Obgleich es an sich genügt, wenn der Geschäftsführer der Untergesellschaft als Prokurist beim Organträger angestellt ist (der darum dem arbeitgeberlichen Weisungsrecht der Obergesellschaft unterliegt), war das wegen der besonderen Verhältnisse im Streitfall nicht ausreichend. RH konnte nicht gegen seinen Willen als Geschäftsführer abberufen werden. Die Weisungsrechte und die Konzernrichtlinie führen keine organisatorische Eingliederung herbei. Außerdem sei RH trotz seiner Prokuristenstellung nicht als leitender Angestellter anzusehen gewesen. Der BFH deutet auch an, dass er seine Rechtsprechung zu den Anforderungen an die organisatorische Eingliederung in der Hinsicht zu revidieren gewillt sein könnte, dass es nicht genüge, wenn eine vom Organträger abweichende Willensbildung in der Organgesellschaft ausgeschlossen ist, ohne dass der Organträger seinen Willen durchsetzen kann.

Kommentar

Der BFH zeigt auf, dass in besonders gelagerten Fällen auch eine personelle Verflechtung für die Annahme der organisatorischen Eingliederung nicht ausreichend sein kann. Danach muss es jederzeit möglich sein, einen Geschäftsführer abzuberufen – das war im Streitfall infolge der Besonderheit des Sachverhalts nicht gewährleistet, weil der Geschäftsführer der Organgesellschaft nicht gegen seinen Willen aus seinem Amt entlassen werden konnte. Offen bleibt, ob an der bisherigen Rechtsprechung festzuhalten ist, nach der es für die organisatorische Eingliederung ausreicht, dass bei der Organgesellschaft eine vom Willen des Organträgers abweichende Willensbildung ausgeschlossen ist.

Die organisatorische Eingliederung besteht zwischen zwei GmbHs insbesondere bei einer Personenidentität in den Geschäftsführungsorganen der beiden Gesellschaften.[115] Darüber hinaus kann sich die organisatorische Eingliederung auch aus einer (teilweisen) personellen Verflechtung über die Geschäftsführungsorgane ergeben,[116] wenn dem Organträger eine Willensdurchsetzung in der Geschäftsführung der Organgesellschaft möglich ist. Sind für die Organ-GmbH z. B. mehrere einzelvertretungsberechtigte Geschäftsführer bestellt, reicht es aus, dass zumindest einer von ihnen auch Geschäftsführer der Organträger-GmbH ist, der Organträger über ein umfassendes Weisungsrecht gegenüber der Geschäftsführung der Organ-GmbH verfügt[117] und – anders als in der dem BFH-Urteil[118] zugrunde liegenden Fallgestaltung – zur Bestellung und Abberufung aller Geschäftsführer der Organ-GmbH berechtigt ist.[119] Eine Abberufung muss nach dem BFH „bei weisungswidrigem Verhalten" möglich sein; sie darf nicht lediglich im Sinne des § 38 Abs. 2 GmbHG „aus wichtigem Grund" erfolgen können. Es sei allerdings darauf verwiesen, dass der gesetzliche Regelfall die jederzeitige Widerruflichkeit der Geschäftsführerbestellung durch die Gesellschafter ist.[120] Im Bereich der AG ist die Lage schwieriger, weil der Vorstand nicht einfach abberufen werden kann;[121] hier müssen ggf. andere Lösungen gefunden werden, z. B. ein Beherrschungsvertrag. Ferner stellen sich aufsichtsrechtliche Fragen z. B. bei Banken und KAG als Organgesellschaften. Er-

---

[115] Vgl. BFH, Urteile v. 17.1.2002, V R 37/00, BFHE 197, 357, BStBl II 2002, S. 373, unter II.1.c bb; in BFHE 219, S. 463, BStBl II 2008, S. 451, unter II.3.
[116] Vgl. BFH, Urteile in BFHE 197, 357, BStBl II 2002, S. 373, unter II.1.c bb; in BFHE 221, 443, BStBl II 2008, S. 905, unter II.3.b.
[117] Vgl. § 37 Abs. 2 GmbHG.
[118] BFH, Urteil v. 5.12.2007, V R 26/06, BFHE 219, S. 463, BStBl II 2008, S. 451.
[119] Vgl. § 46 Nr. 5 GmbHG.
[120] Vgl. §§ 46 Nr. 5 i. V. m. 38 Abs. 1 GmbHG.
[121] Vgl. § 84 AktG.

neut stellt der BFH klar, dass Berichtspflichten usw. keine organisatorische Eingliederung herbeiführen. Ferner deutet er an, dass es bei der wirtschaftlichen Eingliederung für die Annahme einer Leistung von „nicht unwesentlicher Bedeutung" darauf ankommen könnte, dass die Möglichkeit, eine Leistungsbeziehung zu beenden (im zitierten Urteil V R 124/89:[122] „wesentliche Grundlagen für ihre Umsatztätigkeit zu entziehen"), dem Organträger wirtschaftlich eine beherrschende Stellung einräumt. Hier fragt sich allerdings, wann genau das der Fall sein soll – die reine Möglichkeit, sich die Leistung des Organträgers anderweitig am Markt besorgen zu können, sollte wohl nicht genügen, weil das den Anwendungskreis der umsatzsteuerlichen Organschaft dramatisch einschränken würde.

Hinweis:

Bezüglich der Rechtsprechung des BFH im Hinblick auf die organisatorische Eingliederung bei umsatzsteuerlichen Organschaften reagierte das BMF mit einem Entwurf eines BMF-Schreibens vom 30.1.2012. Hiernach werden Änderungen in Abschnitt 2.8 UStAE zu erwarten sein. Die endgültige Fassung des BMF-Schreibens und die weitere Rechtsentwicklung bleiben insoweit abzuwarten.

5.1.5 Vorsteuerabzug bei Vermietung des Miteigentumsanteils eines gemischt-genutzten Grundstücks an den unternehmerisch tätigen Miteigentümer

> **BFH, Urteil v. 7.7.2011, V R 41/09, BFH/NV 2011, S. 1978;**
> **Vorinstanz: FG Niedersachsen, EFG 2010, S. 284**
>
> **Stellt eine aus zwei Personen bestehende Miteigentümergemeinschaft ein Gebäude her, das einer der Gemeinschafter teilweise für Zwecke seiner wirtschaftlichen Tätigkeit verwendet, wird dieser Grundstücksteil (Büro) an ihn geliefert und kann daher nicht Gegenstand einer Vermietung durch den anderen Gemeinschafter sein.**
>
> **Normen:** §§ 2, 10, 15 UStG; Art. 4, 13, 17 Richtlinie 77/388/EWG

Sachverhalt

Die Klägerin hatte zusammen mit ihrem unternehmerisch tätigen Ehemann ein gemischt-genutztes Gebäude auf einem ihr und ihrem Ehemann jeweils hälftig gehörenden Grundstück errichtet. Von der Nutzfläche entfielen 41,50 % im Wesentlichen auf ein vom Ehemann unternehmerisch genutztes Büro, den Rest nutzten die Eheleute zu eigenen Wohnzwecken. Ihren hälftigen Miteigentumsanteil (einschließlich des Anteils am Büro) vermietete die Klägerin an ihren Ehemann. Aus den auf sie entfallenden Baukosten machte sie erfolglos den Vorsteuerabzug geltend.

Entscheidung

Der BFH entschied, dass es sich umsatzsteuerrechtlich nicht um eine Vermietung handele. Denn wenn dem „Mieter" das Recht auf Inbesitznahme nicht mehr eingeräumt werden könne, weil die Verfügungsmacht an dem Gegenstand schon vorher auf ihn übergegangen war, liege keine Miete vor. An den Ehemann sei aber der für das Unternehmen genutzte Teil bereits geliefert worden.

---

[122] Vgl. BFH, Urteil v. 9.9.1993, V R 124/89, BStBl II 1994, S. 129.

Kommentar

Demnach werden bei einer Miteigentümergemeinschaft die auf ein Arbeitszimmer entfallenden Räumlichkeiten an den unternehmerisch tätigen Miteigentümer bis zur Höhe seines Miteigentumsanteils geliefert – obgleich diese gegenständliche Zuordnung mit dem deutschen Rechtsinstitut des ideellen Bruchteilseigentums gedanklich schwer vereinbar ist.

Hinweis

Der BFH wendet hier die Grundsätze der Entscheidung des EuGH in der Rechtssache C–25/03 *HE*[123] an.

5.1.6 Zeitpunkt der Zuordnungsentscheidung bei gemischt genutzten Gegenständen

> **BFH, Urteil v. 7.7.2011, V R 42/09, BFH/NV 2011, S. 1980;**
> **Vorinstanz: FG Niedersachsen, EFG 2009, S. 2058**
>
> 1. Ist ein Gegenstand sowohl für unternehmerische Zwecke als auch für nichtunternehmerische Zwecke vorgesehen (gemischte Nutzung), kann der Steuerpflichtige (Unternehmer) den Gegenstand
>   a) insgesamt seinem Unternehmen zuordnen,
>   b) ihn in vollem Umfang in seinem Privatvermögen belassen oder
>   c) ihn im Umfang der tatsächlichen unternehmerischen Verwendung seinem Unternehmensvermögen zuordnen (Zuordnungswahlrecht).
> 2. Die sofort bei Leistungsbezug zu treffende Zuordnungsentscheidung ist „zeitnah", d. h. bis spätestens im Rahmen der Jahressteuererklärung zu dokumentieren.
> 3. Keine „zeitnahe" Dokumentation der Zuordnungsentscheidung liegt vor, wenn die Zuordnungsentscheidung dem Finanzamt erst nach Ablauf der gesetzlichen Abgabefrist von Steuererklärungen (31. Mai des Folgejahres) mitgeteilt wird.
>
> **Normen:** §§ 15, 15a, 16, 18 UStG; Art. 17, 22 Richtlinie 77/388/EWG

Sachverhalt

Die Parteien stritten sich um den Vorsteuerabzug aus einem gemischt genutzten Gebäude. Die Vorsteuern wurden erst in der Umsatzsteuer-Jahreserklärung geltend gemacht, die am 20. Dezember des Folgejahres beim Finanzamt eintraf. Das Finanzamt befand darum, dass die Zuordnungsentscheidung nicht mehr „zeitnah" erfolgt sei.

Entscheidung

Der BFH führt aus, dass die Zuordnungsentscheidung schon bei Anschaffung oder Herstellung zu erfolgen habe. Spätestens und mit endgültiger Wirkung könne sie in einer Jahreserklärung erfolgen. Eigentlich müsse das unverzüglich nach Jahresende erfolgen, aber der BFH hält es aus Praktikabilitätsgründen für zulässig, auf die allgemeine Frist für Jahressteuererklärungen zurückzugreifen. Fristverlängerungen beträfen nur die Abgabe von Steuererklärungen und keine Ausübung von

---

[123] EuGH, Urteil v. 21.4.2005, C–25/03, *HE*, EuZW 2005, S. 341.

Wahlrechten. Wenn Beweisanzeichen fehlen, kann die Zuordnung zum Unternehmen nicht unterstellt werden.

Kommentar

Im Urteil des FG Rheinland-Pfalz vom 24.2.2011[124] hatte es bereits geheißen, dass eine Zuordnungsentscheidung noch zeitnah erfolge, wenn die betreffende Umsatzsteuer-Jahreserklärung bis zum 30. September des Folgejahres beim Finanzamt eingehe (damals die allgemeine Fristverlängerung für steuerberatende Berufe), grundsätzlich aber dann unmöglich sei, wenn die Finanzbehörde Zwangsmittel und Verspätungszuschläge festsetzen könne. Der BFH kürzt diese Frist nun erheblich ab. Hinsichtlich der Zuordnungsentscheidung gemischt genutzter Gegenstände sollten darüber hinaus die Urteile des EuGH vom 16.2.2012 und 19.7.2012 beachtet werden.[125]

Hinweis:

Besondere Aufmerksamkeit ist insbesondere im Falle von Fristverlängerungsanträgen angezeigt, die insoweit keine Fristverlängerung für die Zuordnungsentscheidung beinhalten. Darüber hinaus ist Vorsicht in Fällen des § 15 Abs. 1b UStG geboten, weil demnach die Höhe der abziehbaren Vorsteuer durch die tatsächliche Verwendung des Grundstücks begrenzt ist und der geltend gemachte Vorsteuerabzug als Beweisanzeichen für die Zuordnung zum Unternehmen oft ausscheiden wird. Eine ggf. vom Umfang des Vorsteuerabzugs abweichende Zuordnungsentscheidung sollte ausdrücklich und zeitgerecht kommuniziert werden.

5.1.7 Innergemeinschaftliche Lieferung: Steuerfreiheit im Reihengeschäft

> **BFH, Urteil v. 11.8.2011, V R 3/10, BFH/NV 2011, S. 2208;**
> **Vorinstanz: FG Nürnberg, EFG 2010, S. 913**
>
> **Bei einem Reihengeschäft mit zwei Lieferungen und drei Beteiligten ist die erste Lieferung als innergemeinschaftliche Lieferung auch dann gemäß § 6a UStG steuerfrei, wenn der erste Abnehmer einem Beauftragten eine Vollmacht zur Abholung und Beförderung des gelieferten Gegenstands in das übrige Gemeinschaftsgebiet erteilt, die Kosten für die Beförderung aber vom zweiten Abnehmer getragen werden (Abgrenzung zu Abschn. 31a Abs. 8 S. 2 UStR 2005/Abschn. 3.14 Abs. 8 S. 2 UStAE).**
>
> **Normen:** §§ 3, 4, 6a UStG; § 17a UStDV a. F.; Art. 8, 28 Richtlinie 77/388/EWG

Sachverhalt

Die Klägerin hatte Kraftfahrzeuge an K verkauft. K trat mit einer spanischen USt-IdNr. auf. Die Fahrzeuge wurden von dem Fahrer Y im Inland abgeholt. Y überreichte der Klägerin eine Erklärung über den Empfang des Fahrzeugs, die beabsichtigte Beförderung nach Spanien sowie eine schriftliche von K auf Y ausgestellte Abholvollmacht. Die Klägerin ging daraufhin von einer innergemeinschaftlichen Lieferung an K aus. Das Finanzamt ermittelte, dass nicht K, sondern dessen in Frankreich ansässiger Abnehmer X den Transport beauftragt hatte und die Lieferung nicht nach Spanien, sondern nach Frankreich ausgeführt worden war.

---

[124] Urteil des FG Rheinland-Pfalz v. 24.2.2011, 6 K 1005/09, BeckRS 2011, 94977.
[125] EuGH, Urteil v. 16.2.2012, C–118/11, *Eon Asset Menidjmunt OOD*, UR 2012, S. 230 (C.5.2.2.) und EuGH, Urteil v. 19.7.2012, C–334/10, *X*, DStR 2012, S. 1551 (s. C.5.2.8.).

Entscheidung

Der BFH war dennoch der Auffassung, dass die erste Lieferung die innergemeinschaftliche („bewegte") Lieferung war. K habe gegenüber der Klägerin bekundet, dass er den Gegenstand in einen anderen Mitgliedsstaat befördern werde; er habe auch eine ausländische USt-IdNr. verwendet und hatte die Abholung durch einen Beauftragten veranlasst. Anders wäre es nur gewesen, wenn K der Klägerin vor dem Transport oder der Beförderung mitgeteilt hätte, dass er den Gegenstand an einen Zweiterwerber verkauft hätte. Ein anderes Ergebnis allein aufgrund des Umstands, dass der zweite Abnehmer in die Beförderung einbezogen war, sei mit dem Urteil des EuGH vom 16.12.2010[126] nicht vereinbar. Hierbei war es dem BFH gleichgültig, dass der Bestimmungsort im Nachweis der Klägerin falsch angegeben war. Auch der Umstand, dass ein anderer Versendungsbeleg vorgeschrieben war, erschien ihm nicht entscheidend, denn nach § 17a Abs. 4 S. 2 UStDV a. F. kann der Unternehmer, wenn ihm der Nachweis der Versendung durch den Abnehmer mit einer „weißen Spediteursbescheinigung" nicht möglich ist (weil er zum Beispiel nicht erkennen kann, dass es sich nicht um einen unselbständigen Beauftragten des Unternehmers handelt), den Nachweis auch nach § 17a Abs. 2 UStDV führen. Schließlich gebe es – wie der BFH im Wege eines obiter dictum ausführt, weil es auf den Gutglaubensschutz nach § 6a Abs. 4 UStG nicht mehr ankam – keinen Grund, den Glaubensschutz nicht auch auf eine „ruhende" Lieferung anzuwenden.

Kommentar

Das Urteil stellt die jahrzehntelange Praxis bei der Zuordnung innergemeinschaftlicher Lieferungen in Frage. Bei allen Zweifelsfragen, die sich einstweilen stellen, stellt der BFH folgende Voraussetzungen dafür auf, dass ein Lieferer seine Lieferung als innergemeinschaftliche Lieferung behandeln darf: 1. der Abnehmer bekundet, die Ware in das übrige Gemeinschaftsgebiet zu versenden (z. B. qua ausländische USt-IdNr., Auftreten eines Beauftragten des ersten Abnehmers) und 2. er teilt dem Lieferer nicht mit, dass er den Gegenstand an einen Zweiterwerber verkauft hat. Hierbei ist es gleichgültig, wer den Spediteur beauftragt hat – es kann auch ein Abnehmer, der in der Kette auf den ersten Abnehmer folgt, der (in der Kette weitergegebenen) Verpflichtung des ersten Abnehmers nachkommen, die Ware ins übrige Gemeinschaftsgebiet zu befördern. Die Grundsätze sind, wie der BFH ausdrücklich anhand eines Beispiels hervorhebt, auch auf Reihengeschäfte mit mehr als drei Beteiligten anzuwenden, und zwar auch dann, wenn der Lieferer nicht der erste Lieferer in der Kette ist. In Rz. 18 des Urteils scheint ein Redaktionsversehen vorzuliegen, weil es im Satzteil „dass aufgrund einer derartigen Mitteilung für den Ersterwerber erkennbar ist ..." offenbar anstelle von „Ersterwerber" – „Lieferer" heißen muss.

Hinweis:

Dieses Urteil ist für den ersten Unternehmer in der Kette eines Reihengeschäfts positiv zu bewerten, da seiner regelmäßigen Unkenntnis über weitere Beteiligte Rechnung getragen wird. Bei positiver Kenntnis der Gesamtumstände, sind diese gleichwohl bei der umsatzsteuerlichen Beurteilung einzubeziehen. Vor diesem Hintergrund stellt sich z. B. auch die Frage, inwieweit im Rahmen von konzerninternen Lieferketten eine Kenntnis der Umstände unterstellt werden könnte.

---

[126] EuGH, Urteil v. 16.12.2010, C–430/09, *Euro Tyre*, DStR 2011, S. 23.

5.1.8 Steuerpflicht vereinnahmter Leistungsentgelte auch bei Unterbleiben der Leistung

> **BFH, Urteil v. 15.9.2011, V R 36/09, BFH/NV 2012, S. 349;**
> **Vorinstanz: FG München, EFG 2009, S. 2053**
>
> Vereinnahmt der Unternehmer das vereinbarte Entgelt, ohne die geschuldete Leistung zu erbringen, setzt die Berichtigung nach § 17 Abs. 2 Nr. 2 UStG die Rückzahlung des Entgelts voraus. Dies gilt auch, wenn eine Fluggesellschaft bei nicht in Anspruch genommenen Flügen den Flugpreis nicht erstattet.
>
> **Normen:** §§ 13, 17, 26 UStG; Art. 10 Richtlinie 77/388/EWG

Sachverhalt

Eine Fluglinie behielt das vereinbarte Entgelt von Personen ein, die zwar den Flug buchten und bezahlten, ohne aber bis spätestens 30 Minuten vor Abflug tatsächlich ihren Sitzplatz in Anspruch zu nehmen (no show). Danach konnte die Fluglinie den Sitzplatz anderen Personen zur Verfügung stellen. Das vereinnahmte no-show-Entgelt behandelte die Fluglinie in diesem Fall als echten Schadensersatz. Das Finanzamt dagegen sah es als Entgelt für steuerpflichtige Leistungen an.

Entscheidung

Der BFH geht davon aus, dass eine zu versteuernde Anzahlung vorgelegen hatte, denn dafür genüge es, dass alle maßgeblichen Elemente des Steuertatbestands bekannt, insbesondere die Gegenstände oder die Dienstleistungen zu diesem Zeitpunkt genau bestimmt seien. Zwar könne das Entgelt vermindert werden, wenn die Leistung schließlich nicht erbracht werde – doch setze das voraus, dass das Entgelt zurückbezahlt werde.

Kommentar

Vom Angeld nach EuGH C–277/05 *Société thermale*[127] ist dieses Urteil offenbar dadurch abzugrenzen, dass es kein Rücktrittsrecht gibt. Eine Rolle wird es praktisch auch spielen, dass entweder nicht das gesamte Entgelt vereinnahmt oder es wenigstens teilweise wieder zurückbezahlt wird – ein Rücktrittsrecht, das keine praktischen Auswirkungen hat, wird niemand ausüben. Man wird insbesondere mit Blick auf eine mögliche Übertragung der Entscheidung auf andere Fälle bzw. Branchen aber abzugrenzen haben, dass – vor allem bei Zahlung mit Kreditkarten oder bei Lastschrifteinzug – keine Anzahlung erhoben wird, sondern no-show-Gebühren nachträglich abgebucht werden. In diesem Fall wäre man nicht mehr im Anwendungsbereich des Urteils.

---

[127] EuGH, Urteil v. 18.7.2007, C–277/05, *Société thermale*, EuZW 2007, S. 706.

Hinweis:

Der BFH möchte die no-show-Fälle anders behandelt wissen als die Fälle der Angeldzahlung im Sinne der EuGH-Entscheidung C–277/05 *Société Thermale*. Das Angeld habe keinen direkten Bezug zu einer Dienstleistung, sondern sei eine pauschalierte Entschädigung zum Ausgleich des infolge des Vertragsrücktritts des Gastes entstandenen Schadens. Es scheint dem BFH darauf anzukommen, ob ein Rücktrittsrecht gewährt und ausgeübt wird oder nicht – was bei den no-show-Entgelten nicht der Fall ist.

Mit seinem Schreiben vom 9.12.2011[128] hat das BMF die bisherige Rechtsprechung zur Minderung der Bemessungsgrundlage – exklusive des hier vorliegenden Falles – in den UStAE übernommen.

5.1.9 Leistungsort für Anzahlungen bei grundstücksbezogenen Vermittlungsleistungen

> **BFH, Urteil v. 8.9.2011, V R 42/10, BFH/NV 2012, S. 346;**
> **Vorinstanz: FG Düsseldorf, EFG 2011, S. 486**
>
> 1. Vereinbart der Unternehmer die Vermittlung einer sonstigen Leistung im Zusammenhang mit einer Vielzahl im In- und Ausland belegener Grundstücke und erhält er hierfür eine Anzahlung, richtet sich der Leistungsort nach § 3a Abs. 1 UStG, wenn im Zeitpunkt der Vereinnahmung nicht feststeht, ob sich die Vermittlungsleistung auf ein im Ausland belegenes Grundstück bezieht.
> 2. Ergibt sich, dass die vermittelte Leistung eine sonstige Leistung im Zusammenhang mit einem im Ausland belegenen Grundstück betrifft, ist die Bemessungsgrundlage entsprechend § 17 Abs. 2 Nr. 2 UStG zu berichtigen.
>
> **Normen:** §§ 3a (a. F.), 13, 17 UStG; Art. 9, 28 Richtlinie 77/388/EWG

Sachverhalt

Im Streitfall erwarben die Kunden des Klägers „Hotelschecks" zusammen mit einem Katalog derjenigen Hotels, in welchen diese Gutscheine unter bestimmten weiteren Voraussetzungen für verbilligte Übernachtungen verwendet werden konnten. Das Hotelzimmer hatte der Kunde selbst zu buchen. Den um den Namen des Hotels ergänzten Hotelscheck schickte der Kunde an die Klägerin zurück, die ihn als „Vermittlerin" an das Hotel übersandte. Sie ging davon aus, dass sie im Zeitpunkt der Ausgabe der Gutscheine an den Kunden noch keine konkreten und bestimmbaren Leistungen erbracht hatte.

Entscheidung

Der BFH war der Auffassung, dass es sich um eine steuerbare Anzahlung auf die Leistung der Klägerin handelte. Dieser Sachverhalt sei nicht mit demjenigen vergleichbar, der dem Urteil des EuGH in der Rechtssache C–270/09 *Macdonald Resorts*[129] zugrunde lag. Der Inhalt der Leistung der Klägerin habe bei Zahlung bereits festgestanden, mit Ausnahme der Entscheidung des Kunden für ein bestimmtes Hotel und dessen Verfügbarkeit. Wenn bei Anzahlung zwar die Art der Leistung feststehe, nicht aber der Ort, so unterliegen demnach die Vermittlungsleistungen nach § 3a

---

[128] BMF, Schreiben v. 9.12.2011, BStBl I 2011, S. 1273.
[129] EuGH, Urteil v. 16.12.2010, C–270/09, *Macdonald Resorts*, DStR 2011, S. 119.

Abs. 1 UStG a. F. der Besteuerung an dem Ort, an welchem der Unternehmer sein Unternehmen betreibe, weil zu diesem Zeitpunkt der Zusammenhang mit einem bestimmten Grundstück noch nicht hinreichend eng sei. Komme es dann zu einer Vermittlung in einem Hotel im Ausland, so ändere sich der Leistungsort und die Bemessungsgrundlage sei analog § 17 Abs. 2 Nr. 2 UStG zu berichtigen. Es habe sich dabei um eine Vermittlungsleistung gehandelt, auch ungeachtet des Umstands, dass der Kunde selbst Kontakt zum Hotel aufnahm. Denn es sei unerheblich, dass der Kunde des Vermittlers den Vertragsabschluss selbst bewirken muss, wenn er sich für einen der nachgewiesenen Vertragspartner entscheide.

Kommentar

Die Unbestimmtheit des Leistungsortes kann gem. dieser BFH-Rechtsprechung bei Vermittlungsleistungen eine Anzahlung im Sinne eines steuerbaren Umsatzes nicht verhindern. Dies führt zu der Frage, in welchen Fällen dieses Urteil noch sinngemäß Anwendung finden könnte und zu einem Leistungsaustausch führt, obwohl (zunächst) nicht alle Faktoren für die umsatzsteuerliche Beurteilung des Sachverhalts bestimmbar sind.

Hinweis:

Damit hat sich der BFH offenbar dafür entschieden, dass der Leistungsort nicht zu den maßgeblichen Elementen gehört, die bekannt sein müssen, um einen Leistungsaustausch anzunehmen. Vor allem nach weiteren jüngst ergangenen Urteilen wie insbesondere BFH V R 36/09[130] (Steuerbarkeit nicht zurückgewährter Anzahlungen von „no-show"-Passagieren) sollte künftig in Fällen, in welchen Anzahlungen vermeintlich (noch oder endgültig) keine Leistungen gegenüberstehen, erhöhte Aufmerksamkeit entgegen gebracht werden.

5.1.10 Umsatzsteuer beim Erwerb zahlungsgestörter Forderungen

> **BFH, Urteil v. 26.1.2012, V R 18/08, BFH/NV 2012, S. 678;**
> **Vorinstanz: FG Düsseldorf, EFG 2008, S. 887**
>
> 1. **Ein Unternehmer, der aufgrund der Vorgaben des BMF-Schreibens in BStBl I 2004, S. 737 zahlungsgestörte Forderungen unter „Vereinbarung" eines vom Kaufpreis abweichenden „wirtschaftlichen Werts" erwirbt, erbringt an den Forderungsverkäufer keine entgeltliche Leistung.**
> 2. **Liegt beim Kauf zahlungsgestörter Forderungen keine entgeltliche Leistung an den Forderungsverkäufer vor, ist der Forderungserwerber aus Eingangsleistungen für den Forderungserwerb und den Forderungseinzug nicht zum Vorsteuerabzug nach § 15 UStG berechtigt.**
> 3. **Eine Rechnungsberichtigung lässt die Steuerschuld nach § 14c UStG nicht mit Rückwirkung auf den Zeitpunkt der Rechnungserteilung entfallen.**
>
> **Normen:** §§ 1, 2, 14c, 15 UStG; Art. 2, 4, 17 Richtlinie 77/388/EWG

---

[130] BFH, Urteil v. 15.9.2011, V R 36/09, BFH/NV 2012, S. 349 (s. C.5.1.8).

Sachverhalt

Die Klägerin hatte von einer Bank Grundpfandrechte und Forderungen aus Darlehensverträgen erworben. Durch den Forderungskauf gingen neben den Grundpfandrechten und den sonstigen Rechten der Darlehensverträge auch die gegenwärtigen, künftigen, bedingten und befristeten Nebenforderungen auf die Klägerin (Forderungskäuferin) über. Eine Haftung des Forderungsverkäufers (Bank) bezüglich der Einbringlichkeit der Forderungen und den wirtschaftlichen Wert der Sicherheiten wurde explizit ausgeschlossen.

Aufgrund des BMF Schreibens vom 3.6.2004[131] bezüglich der „Umsatzsteuer beim Forderungsverkauf und Forderungseinzug", welches nach einem EuGH-Urteil und einer BFH-Nachfolgenentscheidung veröffentlicht wurde, trafen die Parteien im vorliegenden Fall eine Regelung zum wirtschaftlichen Nennwert der übertragenen Forderungen. Wegen erheblicher Zahlungsstörungen der Forderungen wurde deren realisierbarer Teil auf 57,8 % geschätzt. Es wurde angenommen, dass der Realisierungszeitraum 3 Jahre beträgt. Aufgrund dessen gingen die Parteien von einer Kreditgewährung des Forderungskäufers an den Verkäufer aus und unterstellten hierfür einen Zinssatz i. H. v. 5,97 %. Eine umsatzsteuerpflichtige Leistung des Käufers an den Verkäufer nahmen die Parteien nicht an. Für den Fall, dass die Finanzverwaltung anderer Auffassung sein sollte, einigte man sich darauf, die Differenz zwischen dem diskontierten wirtschaftlichen Nennwert der Forderungen und dem Kaufpreis als Gegenleistung zu betrachten.

Entscheidung

In seiner Nachfolgeentscheidung zum EuGH-Urteil C–93/10 *GFKL*[132] hat der BFH bestätigt, dass der Erwerb der zahlungsgestörten Forderungen zu keiner steuerbaren Leistung des Factors an den Forderungsverkäufer führt. Die Vereinbarung des wirtschaftlichen Werts und des Abschlags erfolgten nur aufgrund von Vorgaben der Finanzverwaltung und sind darum nicht maßgeblich. Weil es sich nicht um eine wirtschaftliche Tätigkeit handelte, sind Vorsteuern auf Leistungen in Zusammenhang mit dem Forderungserwerb und dem Forderungseinzug nicht abziehbar. Die Berichtigung von Rechnungen, die eine Steuerschuld nach § 14c UStG auslösen, wirkt nicht auf den Zeitpunkt der Rechnungsausstellung zurück.

Kommentar

Zwar steht das Fehlen einer entgeltlichen Leistung und einer wirtschaftlichen Tätigkeit nach dem Leitsatz des zugrunde liegenden EuGH-Urteils unter dem Vorbehalt, dass „die Differenz zwischen dem Nennwert dieser Forderungen und deren Kaufpreis den tatsächlichen wirtschaftlichen Wert der betreffenden Forderungen zum Zeitpunkt ihrer Übertragung widerspiegelt". Aus dem – neben dem abgezinsten wirtschaftlichen Nennwert – vereinbarten Abschlag lässt sich aber nicht ableiten, dass die Parteien einen Forderungskauf zu einem unter dem tatsächlichen wirtschaftlichen Wert liegenden Kaufpreis vereinbaren wollten. Die Vereinbarung eines wirtschaftlichen Werts und des vom FA als Entgelt angesehenen Abschlags erfolgte erst und nur aufgrund der Vorgaben der Finanzverwaltung,[133] wie der Senat in seinem Vorlagebeschluss in BFHE 227, 528, BStBl II 2010, S. 654, unter II.3.b bb (3) ausführlich dargelegt hat. Die gegenteilige Verwaltungsauffassung ist mit dem EuGH-Urteil *GFKL* nicht vereinbar.

---

[131] BMF, Schreiben v. 3.6.2004, IV B 7 – S 7104 – 18/04, BStBl I 2004, S. 737.
[132] EuGH, Urteil v. 27.10.2011, C–93/10, *GFKL*, NZI 2012, S. 50.
[133] Vgl. BMF, Schreiben v. 3.6.2004, BStBl I 2004, S. 737, und später Abschn. 2.4 Abs. 8 des UStAE.

Hinweis:

Zu beachten ist ergänzend, dass der BFH in einer Weise, die einem obiter dictum nahekommt, eigens ausführt, dass das EuGH-Urteil *Pannon Gép*[134] nicht auf die Steuerschuld nach § 14c UStG Anwendung finde – womit er sich eine Entscheidung über die Anwendung von *Pannon Gép* im Sinne des Steuerzahlers auch für die Zukunft vorbehält.

5.1.11 Vorsteuerabzug einer Holding

> **BFH, Urteil v. 9.2.2012, V R 40/10, BFH/NV 2012, S. 681;**
> **Vorinstanz: FG München, EFG 2009, S. 1153**
>
> 1. Eine Holdinggesellschaft, die nachhaltig Leistungen gegen Entgelt erbringt, ist wirtschaftlich tätig und insoweit Unternehmer.
> 2. Verfügt die Holding über umfangreiche Beteiligungen, die sie ohne Bezug zu ihren entgeltlichen Ausgangsleistungen hält, ist sie entsprechend § 15 Abs. 4 UStG nur insoweit zum Vorsteuerabzug berechtigt, als die Eingangsleistungen ihren entgeltlichen Ausgangsleistungen wirtschaftlich zuzurechnen sind.
>
> **Normen:** § 15 UStG; Art. 17 Richtlinie 77/388/EWG

Sachverhalt

Eine AG hielt ca. 50 Tochtergesellschaften. Gegenüber zweien davon erbrachte sie unter anderem Beratungsleistungen. An die anderen erbrachte sie keine entgeltlichen Dienstleistungen. Das Finanzamt kürzte den Vorsteuerabzug aus den Gemeinkosten um ein Viertel, weil ein Teil dieser Gemeinkosten dem nichtunternehmerischen Bereich zuzurechnen sei.

Entscheidung

Der BFH bestätigte die Rechtsauffassung, weil die AG sowohl unternehmerisch als auch nichtunternehmerisch tätig war. Es sei darum § 15 Abs. 4 UStG analog anzuwenden. Das nichtwirtschaftliche Halten der Beteiligungen sei die Haupttätigkeit, das Erbringen von Dienstleistungen jedoch nur eine Nebentätigkeit, wie sich aus dem Verhältnis der vereinnahmten Leistungsentgelte zu den mehr als fünffach höheren Aufwendungen der AG sowie zum Wert aller Beteiligungen ergebe. Es käme darum allenfalls ein hälftiger Vorsteuerabzug in Betracht – Details konnten wegen des Verböserungsverbots dahinstehen.

Kommentar

Das Urteil wurde mit Spannung erwartet – leider hat der BFH die Rechtslage nicht geklärt, sondern die Rechtsauffassung des FG München[135] in Bezug auf die Zulässigkeit einer möglichen Deckelung des Vorsteuerabzugs auf die Summe der Ausgangsteuer offen gelassen. Auch die vom BFH hier vorgeschlagene Vorsteuerquote in Höhe von 50 % des Vorsteuervolumens ist willkürlich und wird nicht begründet.

---

[134] Vgl. EuGH, Urteil v. 15.7.2010, C–368/09, *Pannon Gép*, DStR 2010, S. 1475.
[135] FG München, Urteil v. 28.1.2009, 3 K 3141/05, BB 2009, S. 2072.

Hinweis:

Das Urteil eröffnet weiterhin positiv wie negativ Argumentationsspielraum bei der sachgerechten Aufteilung des Vorsteuerabzugs ohne hier Rechtssicherheit zu schaffen.

5.1.12 Auskunftsanspruch zur Vorbereitung einer Konkurrentenklage

> **BFH, Urteil v. 26.1.2012, VII R 4/11, BFH/NV 2012, S. 1205;**
> **Vorinstanz: FG Münster, EFG 2011, S. 1383**
>
> **Kommt ernstlich in Betracht, dass ein Unternehmen durch die rechtswidrige Besteuerung der konkurrierenden Leistungen eines gemeinnützigen Vereins mit einem ermäßigten Umsatzsteuersatz Wettbewerbsnachteile von erheblichem Gewicht erleidet, kann es unbeschadet des Steuergeheimnisses vom FA Auskunft über den für den Konkurrenten angewandten Steuersatz verlangen (Anschluss an das Urteil des Senats vom 5.10.2006[136]).**
>
> **Normen:** §§ 30, 65, 66 AO; § 12 UStG

Sachverhalt

Die Klägerin betrieb gewerbsmäßig u. a. den Transport von Blut und menschlichen Organen. Ihr Wettbewerber, der seiner Satzung zufolge ausschließlich und unmittelbar gemeinnützige und mildtätige Zwecke verfolgt und selbstlos tätig ist, erbrachte dieselben Leistungen und wies in seinen Rechnungen den ermäßigten Steuersatz aus. Die Klägerin begehrte zur Vorbereitung einer Konkurrentenklage vom Finanzamt des Wettbewerbers Auskunft darüber, ob auf die Leistungen des Beigeladenen tatsächlich der ermäßigte Steuersatz angewandt wurde.

Entscheidung

Der BFH war der Auffassung, dass der (begründete) Auskunftsanspruch wegen § 30 Abs. 4 Nr. 1 AO nicht gegen das Steuergeheimnis verstoße. Er zog eine Parallele zum EuGH-Urteil C–430/04 *Feuerbestattungsverein Halle*[137] (mit BFH-Nachfolgeentscheidung VII R 24/03 vom 5.10.2006). Ähnlich wie Art. 4 Abs. 5 der 6. Richtlinie sieht auch § 12 Abs. 2 Nr. 8 Buchst. a S. 3 UStG (wenn auch unter weiteren Voraussetzungen) im Ergebnis vor, dass der ermäßigte Steuersatz nicht zu Wettbewerbsverzerrungen führen darf. Im vorliegenden Falle konnte es offenbleiben, ob die Schutzwirkung dieser Vorschrift alleine oder erst bereits eingetretene Wettbewerbsverzerrungen dazu führen, dass das Steuerprivileg des Wettbewerbers zu Fall gebracht wird. Denn dem BFH genügte der Umstand, dass die Umsätze des Wettbewerbers zwischen einem Drittel und der Hälfte des Klägers betrugen und die Umsätze des Wettbewerbers um (damals) 9 % entlastet worden seien.

Kommentar

Im Falle „Feuerbestattungsverein Halle" hatte der EuGH entschieden, dass ein steuerpflichtiger Feuerbestatter sich für eine Auskunftsklage gegenüber dem Finanzamt seines Konkurrenten, einer öffentlichen Einrichtung, direkt auf Art. 4 Abs. 5 Unterabs. 2 der Sechsten Richtlinie (nunmehr Artikel 13 Abs. 1 Unterabs. 2 der MwStSystRL) berufen kann. Dieser Vorschrift zufolge gelten öffent-

---

[136] Urteil des Senats v. 5.10.2006, VII R 24/03, BFHE 215, S. 32, BStBl II 2007, S. 243.
[137] EuGH, Urteil v. 8.6.2006, C–430/04, *Feuerbestattungsverein Halle*, DStR 2006, S. 1082.

liche Einrichtungen als Steuerpflichtige, wenn eine Behandlung als Nichtunternehmer zu größeren Wettbewerbsverzerrungen führen könnte. Der vorliegende Fall unterscheidet sich im Wesentlichen nur darin, dass ein Konkurrent möglicherweise Vorteile aus einer ungerechtfertigten Besteuerung mit dem ermäßigten Steuersatz zog.

Hinweis:

Das Urteil könnte sich für verschiedene Branchen als wichtig erweisen, beispielsweise im Bereich des Catering, der Beherbergung oder im Zusammenhang mit der Einräumung von Rechten. Der Nachweis, dass die niedrigere Besteuerung des Wettbewerbers tatsächlich den Wettbewerb stört, sollte erbracht werden können, weil der BFH sich in diesem Punkt nicht festlegen ließ und zudem auch Hinweise gibt, wie sich eine Wettbewerbsverzerrung glaubhaft machen ließe.

5.1.13 Ort der sonstigen Leistung bei Buchhaltungstätigkeiten

> **BFH, Urteil v. 9.2.2012, V R 20/11, BFH/NV 2012, S. 1336,**
> **Vorinstanz: FG Berlin-Brandenburg, EFG 2011, S. 1656**
>
> **Buchhaltungsleistungen, die das Erfassen und Kontieren von Belegen sowie die Vorbereitung der Abschlusserstellung umfassen, gehören nicht zu den Leistungen, die hauptsächlich und gewöhnlich im Rahmen der in § 3a Abs. 4 Nr. 3 UStG bzw. in Art. 9 Abs. 2 Buchst. e dritter Gedankenstrich der Richtlinie 77/388/EWG genannten Berufe erbracht werden. Sie stellen auch keine ähnlichen Leistungen dar. Der Leistungsort richtet sich daher nach § 3a Abs. 1 UStG.**
>
> Normen: § 3a UStG a. F.; Art. 9 Richtlinie 77/388/EWG

Sachverhalt

Die Klägerin hatte mit einer anderen Konzerngesellschaft (K), die in einem Nicht-EU-Staat tätig war, einen Vertrag geschlossen, der unter anderem vorsah, dass die Klägerin die K auf dem Gebiet der Finanzbuchhaltung unterstützte. Ihre Buchhalter erfassten und kontierten alle Belege der K und führten die Vorbereitungsarbeiten für die Abschlusserstellung durch. Sie war der Auffassung, dass es sich bei dieser Leistung um eine Kataloglogleistung im Sinne des § 3a Abs. 4 UStG a. F. handele. Das Finanzamt war abweichender Auffassung und sah die Leistungsortbestimmung nach der Grundsatzregelung des § 3a Abs. 1 UStG a. F. als geboten an.

Entscheidung

Der Bundesfinanzhof (BFH) bestätigte die Rechtsauffassung des Finanzamts. Er verwies auf die Rechtsprechung des Europäischen Gerichtshofs (EuGH), wonach sich die Vorschrift der Sechsten Richtlinie, die § 3a Abs. 4 Nr. 3 UStG a. F. entsprach, nicht auf bestimmte Berufe, wie Anwalt, Berater, Buchprüfer und Ingenieur abstelle, sondern auf Leistungen – und zwar auf solche, die hauptsächlich und gewöhnlich im Rahmen dieser Berufe erbracht würden, sowie auf ähnliche Leistungen. Eine Leistung sei dann im Sinne dieser Vorschrift „ähnlich", wenn beide Leistungen demselben Zweck dienten. Das sei hier aber nicht der Fall gewesen, weil es sich nicht um Leistungen handle, die gewöhnlich und hauptsächlich von Steuerberatern, Wirtschaftsprüfern oder Buchprüfern erbracht würden – derartige Vorbereitungsleistungen würden vielmehr von anderen Berufsgruppen erbracht.

Kommentar

Wenn aus deutscher Sicht diese Leistungen nicht mehr im Inland beim Leistungsempfänger als Reverse-Charge-Umsatz steuerbar sind, sondern im Ausland beim Leistenden und das Ausland seinerseits den Ort der Buchhaltungsleistung nicht am Sitz des Leistenden, sondern beim Leistungsempfänger sieht, könnte es hier zu einer Nichtbesteuerung kommen. Handelt es sich jedoch um einen im Inland ansässigen Leistenden, kann es – wie im entschiedenen Fall – zu einer Nachversteuerung kommen. Allerdings dürften diese Folgen auf Zeiträume bis 31.12.2009 beschränkt sein, da regelmäßig keine B2C-Beziehungen zugrunde liegen dürften.

Hinweis:

Abgesehen davon, dass zur Verlagerung des Leistungsorts nunmehr der Nachweis notwendig ist, dass es sich beim Leistungsempfänger um einen Unternehmer oder um eine nicht unternehmerische juristische Person mit USt-IdNr. handeln muss, unterscheidet sich das Ergebnis nach neuer Rechtslage nicht: in beiden Fällen ist Leistungsort der Empfängerort. Größere Bedeutung hat das Urteil jedoch für die Zeit vor 2010. Ist nämlich Leistungsort nicht das Ausland, sondern eigentlich das Inland, so wurde zu Unrecht keine Steuer ausgewiesen und abgeführt. Sollten diese Jahre noch offen sein, so ist es möglich, dass Umsatzsteuer vom Finanzamt nacherhoben wird.

5.1.14 Zum Begriff der Uneinbringlichkeit i. S. d. § 17 UStG

> **BFH, Urteil v. 8.3.2012, V R 49/10, BFH/NV 2012, S. 1665;**
> **Vorinstanz: FG Nürnberg, Urteil v. 15.9.2009, 2 K 1316/2008**
>
> 1. „Uneinbringlich" ist eine Forderung, wenn der Anspruch auf Entrichtung des Entgelts nicht erfüllt wird und bei objektiver Betrachtung damit zu rechnen ist, dass der Leistende die Entgeltforderung (ganz oder teilweise) jedenfalls auf absehbare Zeit nicht durchsetzen kann.
> 2. Das ist nicht erst bei Zahlungsunfähigkeit der Fall, sondern auch dann, wenn der Leistungsempfänger das Bestehen der Forderung substantiiert bestreitet.
> 3. Diese Auslegung des Begriffes der Uneinbringlichkeit ist u. a. durch den Gleichbehandlungsgrundsatz geboten.
>
> **Normen:** §§ 1, 13, 17 UStG; § 252 HGB; Art. 11 Richtlinie 77/388/EWG

Sachverhalt

Die Klägerin betrieb die Einrichtung und Vermietung von Warenhäusern. Sie beauftragte E mit der Errichtung eines Warenhauses. Die Vorsteuer aus Rechnungen des E zog sie bereits im Jahre 1981. Wegen Baumängeln verklagte sie E auf Zahlung einer Vertragsstrafe, E antwortete mit einer Klage auf Zahlung des Restwerklohns. 2001 schlossen die Parteien schließlich einen Vergleich, um die jahrzehntelange Auseinandersetzung endlich beizulegen. E sollte einen bestimmten Baumangel auf seine Kosten nachbessern, im Übrigen sollten beide Parteien auf ihre gegenseitigen Ansprüche verzichten. Das FA war der Auffassung, dass erst 2001 endgültig festgestanden habe, dass die offene Werklohnforderung nicht mehr bezahlt werden würde, und kürzte der Klägerin den Vorsteuerabzug aus der Rechnung von 1981.

Entscheidung

Der BFH war dagegen der Ansicht, dass Uneinbringlichkeit bereits dann vorliege, wenn der Entgeltanspruch nicht erfüllt wird und bei objektiver Betrachtung damit zu rechnen sei, dass der Leistende die Entgeltforderung (ganz oder teilweise) jedenfalls auf absehbare Zeit nicht durchsetzen könne. Das sei hier längst vor 2001 der Fall gewesen (womit die Kürzung der Vorsteuer mutmaßlich wegen Festsetzungsverjährung nicht mehr möglich war). Denn die Klägerin habe davor das Bestehen der Restforderung substantiiert bestritten. Die bilanzielle Behandlung der Forderung bei der Klägerin sei unwesentlich, z. B. sei die Bilanzierung wegen des handelsrechtlichen Vorsichtsgebots angezeigt gewesen.

Kommentar

Bestreitet der Leistungsempfänger substantiiert das Bestehen der Restforderung und wird er auf absehbare Zeit offensichtlich nicht zahlen, so hat der Leistende die Bemessungsgrundlage für die Ausgangsumsatzsteuer vorerst zu reduzieren, der Leistungsempfänger muss spiegelbildlich seinen Vorsteuerabzug korrigieren. Eine Dokumentation des substantiierten Bestreitens ist zu Nachweiszwecken empfohlen.

Hinweis:

Solche Fälle sind in der Praxis häufig – erfahrungsgemäß werden die genannten Auswirkungen bei den Beteiligten aber nicht selten übersehen. Während beim Lieferanten eine Nichtkorrektur aus fiskalischer Sicht unproblematisch ist, kann dies beim Leistungsempfänger zu materiellen Risiken führen.

5.1.15 Leistungsort bei Schadensregulierung und Rückwirkung der Rechnungsberichtigung

> **BFH, Urteil v. 20.7.2012, V B 82/11, BFH/NV 2012, S. 1747;**
> **Vorinstanz: FG Saarland, EFG, 2011, S. 1930**
>
> 1. Es bestehen keine ernstlichen Zweifel daran, dass die Leistungen eines inländischen Schadensregulierers im Inland steuerbar sind und nicht dem Empfängerortprinzip des § 3a Abs. 4 Nr. 3 UStG unterliegen.
>
> 2. Es ist ernstlich zweifelhaft, ob der Vorsteuerabzug aus einer zunächst fehlerhaften Rechnung auch dann versagt werden kann, wenn diese Rechnung später berichtigt wird, sofern das zunächst erteilte Dokument die Mindestanforderungen an eine Rechnung erfüllt und daher Angaben zum Rechnungsaussteller, zum Leistungsempfänger, zur Leistungsbeschreibung, zum Entgelt und zur gesondert ausgewiesenen Umsatzsteuer enthält.
>
> **Normen:** §§ 3a (a. F.), 15 UStG; § 31 UStDV; Art. 9, 17, 18 Richtlinie 77/388/EWG; Art. 56, 168, 178 Richtlinie 2006/112/EG

Sachverhalt

Die Antragstellerin ist im Bereich der Schadensregulierung bei Unfällen im Zusammenhang mit Kraftfahrzeugen, welche bei ausländischen Versicherungen versichert sind, tätig. Mit der Auffassung, der Ort der Leistung befinde sich aufgrund der ausländischen Auftraggeber nicht im Inland, hatte die Antragstellerin ihre Umsätze aus der Regulierungstätigkeit als nicht steuerbar behandelt. Hingegen ging das Finanzamt (nach einer Umsatzsteuersonderprüfung) davon aus, dass die Tätigkeit der Schadensregulierung nur Verwaltungscharakter habe und daher nicht mit dem Tätigkeitsspektrum eines Anwalts vergleichbar sei. Daher handele es sich um steuerpflichtige Inlandsumsätze. Darüber hinaus versagte das FA auch den Vorsteuerabzug aus Eingangsleistungen im Zusammenhang mit zwei steuerpflichtigen Mietverhältnissen, da die dem Vorsteuerabzug zugrunde liegenden Rechnungen fehlerhaft gewesen seien. Eine Korrektur der Rechnungen war jedoch zwischenzeitlich erfolgt. Der BFH hat hier aufgrund der Beschwerde über einen Antrag auf Aussetzung der Vollziehung befunden.

Entscheidung

In seinem Beschluss führt der BFH zunächst aus, dass die Leistungen eines Schadensregulierers nicht als Katalogleistungen, sondern als Leistungen nach § 3a Abs. 1 UStG a. F. gelten könnten, weil es sich bei der Schadensregulierung nicht um „Beratungsleistungen" (auch nicht „ähnliche") im Sinne des § 3a Abs. 4 Nr. 3 UStG a. F. handele. Denn der Schwerpunkt der erbrachten Leistungen liege nicht auf Rechtsdienstleistungen, wie sie hauptsächlich und gewöhnlich im Rahmen einer Rechtsanwaltsleistung erbracht würden – sie dienten auch nicht demselben Zweck. Noch wesentlich interessanter sind aber die Ausführungen darüber, dass es ernstlich zweifelhaft sei, dass eine Rechnungskorrektur nicht auf den Zeitpunkt der Rechnungskorrektur zurückwirke.[138] Die für eine Aussetzung der Vollziehung notwendigen ernstlichen Zweifel an der Rechtmäßigkeit des Steueranspruchs sieht er als gegeben an, weil die rückwirkende Berichtigung mit § 31 Abs. 5 UStDV vereinbar sei und der EuGH für eine vergleichbare Fallkonstellation die Rückwirkung bejaht habe. Der vermeintliche Widerspruch zum Urteil des EuGH in der Rechtssache C–152/02 *Terra Baubedarf*,[139] wonach der Vorsteueranspruch erst dann ausgeübt werden könne, wenn eine Rechnung vorliege, könne dahin aufzulösen sein, dass die einmal erteilte Rechnung bei Fehlern oder Unvollständigkeiten auf den Zeitpunkt der erstmaligen Rechnungserteilung berichtigt werden könne. Er legt nahe, dass es für eine „erstmalige" Rechnung im Sinne des Urteils „Terra Baubedarf" ausreichend sein könne, wenn sie als Rechnung im Sinne des § 14c UStG gelten dürfe. Dafür seien zumindest Angaben zum Rechnungsaussteller, zum Leistungsempfänger, zur Leistungsbeschreibung, zum Entgelt und zur gesondert ausgewiesenen Umsatzsteuer erforderlich. Da das FG keine Feststellungen dazu getroffen hat, weshalb die Rechnung „fehlerhaft" gewesen sei, soll es diese Feststellungen nachholen.

Kommentar

Dieser Beschluss kann zur Argumentation in Außenprüfungen der Finanzverwaltung wertvoll sein. Zinsbescheide sollten mitsamt den zugrundeliegenden Bescheiden offen gehalten werden, sollte ein Prüfer in früheren Jahren gezogene Vorsteuer erst nach stattgehabter Rechnungskorrektur in späteren Jahren zum Abzug zugelassen haben.

Was die Auswirkungen im Vorsteuer-Vergütungsverfahren betrifft, so kann es passieren, dass die Vergütung von Vorsteuer auch nach Rechnungskorrektur nicht mehr möglich sein könnte, weil die ursprüngliche Rechnung zu einem Zeitpunkt ausgestellt wurde, für den jeder Antrag längst verfristet wäre. Ebenso kann eine etwaige „Flucht in die Rechnungskorrektur" künftig ggf. nur noch eingeschränkt möglich sein.

---

[138] Vgl. EuGH, Urteil v. 15.7.2010, C–368/09, *Pannon Gép*, DStR 2010, S. 1475.
[139] EuGH, Urteil v. 29.4.2004, C–152/02, *Terra Baubedarf*, IStR 2004, S. 493.

Umsatzsteuer

Hinweis:

Weil es sich um ein Verfahren im vorläufigen Rechtsschutz handelt, konnte der BFH auch diesmal noch nicht abschließend entscheiden. Allerdings hat er sich noch nie annähernd so klar und ausführlich zur möglichen Rückwirkung von Rechnungskorrekturen im Sinne des EuGH-Urteils in der Rechtssache *Pannon Gép* positioniert wie im vorliegenden Beschluss. Noch ist es zwar zu früh, Nachzahlungszinsen für Vorsteuern geltend zu machen, die in der Prüfung wegen formell mangelhafter Rechnungen gestrichen und nach erfolgter Korrektur für einen späteren Zeitraum geltend gemacht wurden. Insgesamt scheint der Beschluss aber nahezulegen, dass der BFH keineswegs abgeneigt ist, in einem späteren Urteil im Sinne des EuGH für die Möglichkeit der Rückwirkung zu entscheiden: Das Gericht ließ es sich nicht nehmen, schon im Rahmen dieses Beschlusses einen Weg aufzuzeigen, wie sich die Rückwirkung der Rechnungskorrektur mit dem Urteil *Terra Baubedarf* vereinbaren ließe.

5.1.16 Steuerfreiheit von Lieferungen an NATO-Truppenangehörige

> **BFH, Urteil v. 5.7.2012, V R 10/10, DStRE 2012, S. 1458;**
> **Vorinstanz: FG Rheinland-Pfalz, EFG 2010, S. 1655**
>
> 1. Der Nachweis der Steuerfreiheit einer Lieferung nach Art. 67 Abs. 3 des NATO-Zusatzabkommens kann nicht nur durch die Vorlage eines Abwicklungsscheins (§ 73 Abs. 1 Nr. 1 UStDV) oder diesem gleichgestellte Belege und Aufzeichnungen des Unternehmers (§ 73 Abs. 3 UStDV) geführt werden, sondern auch durch andere Unterlagen, aus denen sich die materiellen Voraussetzungen der Steuerbefreiung aufgrund der objektiven Beweislage ergeben (Weiterführung zum Senatsurteil vom 28.5.2009[140]).
>
> **Normen:** Art. 67 Abs. 3 Buchst. a und c NATOTrStatZAbk; §§ 4 Nr. 7 Buchst. a, 26 Abs. 5 Nr. 2 UStG; §§ 73 Abs. 1, 3 UStDV; Art. 15 Richtlinie 77/388/EWG

Sachverhalt

Der Kläger hatte „Umsätze an amerikanische Truppenangehörige" – Lieferungen von Hydraulikschläuchen – als steuerfrei nach Art. 67 NATOZAbk behandelt. Die Erlöse lagen jeweils unter 2.500 € und wurden mit einer sog. IMPAC (International Merchant Purchase Authorization Card, eine Kreditkarte der amerikanischen Streitkräfte, die von der Firma Visa ausgegeben wird) bezahlt. Abwicklungsscheine über die Lieferungen lagen nicht vor.

Entscheidung

Der BFH führte aus, dass unionsrechtliche Grundlage der Steuerbefreiung nach Art. 67 NATOZAbk die Vorschrift des Art. 15 Abs. 10 dritter Gedankenstrich der Sechsten Richtlinie (Art. 151 Abs. 1 Buchst. c der MWStSystRL) sei. Die Grundsätze des Urteils des EuGH C–146/05 *Collée*[141] seien auch auf diese Steuerbefreiung anzuwenden. Daher ist der Abwicklungsschein keine materielle Voraussetzung für die Steuerbefreiung; der Nachweis kann also auch ohne ihn erbracht werden. Dem Einwand, dass die Beschaffungsstelle bei Einsatz der IMPAC nicht konkret bekannt sei, griff der BFH nicht im Detail auf – ein Problem sah er darin aber nicht. Im Streitfall sah er es aber

---

[140] Senatsurteil v. 28.5.2009, V R 23/08, BFHE 226, 177, BStBl II 2010, S. 517.
[141] EuGH, Urteil v. 27.9.2007, C–146/05, *Collée*, DStR 2007, S. 1811.

noch nicht als nachgewiesen an, ob – was materielle Voraussetzung für die Steuerbefreiung ist – die Lieferungen auch zum Ge- oder Verbrauch durch die Truppe oder das zivile Gefolge bestimmt gewesen seien. Hierzu müsse das FG noch Feststellungen treffen. Dabei könnten insbesondere die Rechnungen mit den Kreditkarten-Belastungsbelegen und die dazugehörigen Lieferscheine zu berücksichtigen sein.

Hinweis:

Für das NATO-Umsatzsteuerrecht (die Grundsätze ließen sich auch auf die Steuerbefreiung nach Art. III OffshStA und Art. 14 NATO-HQ-EA übertragen) ist dieses Urteil sehr wichtig. Der Nachweis der Voraussetzungen der Steuerbefreiung kann jetzt – wie bei Ausfuhrlieferungen und innergemeinschaftlichen Lieferungen – „irgendwie" geführt werden. Allerdings haben diese Steuerbefreiungen auch ihre besonderen Voraussetzungen. Eine solche ist die Bestimmung für den Gebrauch oder Verbrauch durch Streitkräfte, ziviles Gefolge oder berechtigte Personen. Dieser Gebrauch oder Verbrauch wird auf einem Abwicklungsschein auf Seite 2 bescheinigt, ist ohne ihn wohl aber in vielen Fällen nur schwierig nachzuweisen. Aus diesen und anderen Gründen sollten Unternehmer den Nachweis der Voraussetzungen der Steuerbefreiung wenn irgend möglich auch weiterhin mit dem Abwicklungsschein führen. Das Urteil ist wohl am bedeutsamsten für den häufigen Fall unvollständig ausgefüllter Abwicklungsscheine. Der Umstand, dass der BFH kein Problem mit der Beschaffungsstelle im Falle einer IMPAC hatte, ist hilfreich, denn aus der IMPAC lässt sich die handelnde Beschaffungsstelle nicht erkennen.

5.1.17 Leistungsbeziehungen bei Weiterleitung eines Internetnutzers auf eine andere Website

> **BFH, Urteil v. 15.5.2012, XI R 16/10, DStR 2012, S. 2274;**
> **Vorinstanz: FG Berlin-Brandenburg, EFG 2010, S. 2033**
>
> 1. Ein Unternehmer, der über seine Internetseite den Nutzern die Möglichkeit verschafft, kostenpflichtige erotische oder pornografische Bilder und Videos zu beziehen, ist auch dann umsatzsteuerrechtlich Leistender, wenn der Nutzer hierzu auf Internetseiten anderer Unternehmer weitergeleitet wird, ohne dass dies in eindeutiger Weise kenntlich gemacht wird.
>
> **Normen:** § 3a Abs. 1 a. F., § 3a Abs. 2 Nr. 3 Buchst. a, Abs. 4 Nr. 14 a. F., § 3 Abs. 11 UStG

Sachverhalt

Die Klägerin in der Rechtsform einer GmbH & Co. KG betrieb eine Website, über welche sie ihren Besuchern kostenpflichtige erotische und pornografische Inhalte (Bilder sowie Videos) zur Verfügung stellte. Das Abrechnungsprozedere erfolgte über eine spanische S.R.L. die einen Webdialer (Sonderrufnummer und Einwahlplattform) einrichtete und somit über die Telefongebühren der Nutzer die Entgelte einziehen konnte. Die Bilder konnten dann von der Internetseite einer dritten Gesellschaft bezogen werden. Nach Abzug einer Provision wurden die Entgelte an die Klägerin ausgezahlt. Die entsprechenden monatlichen Abrechnungen enthielten die jeweils angefallenen Minuten mit dem Minutentarif sowie das Herkunftsland des Nutzers. Ein Umsatzsteuerausweis erfolgte nicht. Das Bild- und Videomaterial befand sich auf der Interseite einer weiteren GmbH. Die Nutzer der Internetseite der Klägerin wurden zunächst auf die Homepage des Abrechnungsunternehmens und anschließend auf die Homepage der GmbH weitergeleitet.

Entscheidung

Der BFH hat entschieden, dass die sogenannte „Ladenrechtsprechung"[142] auch auf das Internet Anwendung findet. Der Betreiber einer Internetseite, der dort kostenpflichtige Leistungen anbietet, sei vergleichbar mit einem Unternehmer, der in seinem eigenem Laden Waren verkauft. Damit ist er als der leistende Unternehmer anzusehen. Hierbei reicht es aus, dass er (in Abwesenheit eines Impressums) als Betreiber der zunächst aufgerufenen Internetseite (xyz.de) bestimmbar ist, es ändere aber auch nichts, wenn als Betreiber der Internetseite, auf der der Kunde zum kostenpflichtigen Vertragsabschluss aufgefordert wird, der Subunternehmer bestimmbar gewesen sei, da die Vertragsbeziehungen zwischen diesem und dem Anbieter nicht von Interesse seien. Auch der Zahlungsfluss sei nicht entscheidend.

Kommentar/Hinweis

Nach dem Urteil kommt es offenbar darauf an, wessen Seite als Seite des Anbieters – offenbar im Sinne einer Startseite für das Angebot – erscheint; erfolgt eine Weiterleitung auf die Seite eines anderen Anbieters, ist es nach dem BFH nicht mehr wesentlich, wer Betreiber dieser Seite ist. Eine Weiterleitung kann allerdings in vielerlei Form erfolgen, mit oder ohne Wechsel der in der Adressleiste des Browsers ersichtlichen URL (z. B. in Frames). Auch fragt es sich, wann genau ein User davon ausgehen darf, dass der Betreiber der Startseite in fremdem Namen und auf fremde Rechnung auftritt. Schließlich braucht der Inhaber einer Seite auch nicht unbedingt der Betreiber sein, sodass sich die Frage stellt, wie der Kunde sicher feststellen kann, mit wem er einen Vertrag abschließt, wenn es kein Impressum gibt. Wird nur eine Vermittlung angestrebt, sollte das auf der Startseite darum so deutlich wie möglich hervorgehoben werden.

5.2 Europäischer Gerichtshof

5.2.1 Vermittlung selbständiger Personen als „Personalgestellung" – Widerstreitende Steuerfestsetzung bei Leistendem und Leistungsempfänger

> **EuGH, Urteil v. 26.1.2012, C–218/10, *ADV Allround Vermittlungs AG*, DB 2012, S. 384**
>
> In seinem Urteil vom 26.1.2012 hat der EuGH entschieden, dass der Ausdruck „Gestellung von Personal" auch die Gestellung von selbständigem, nicht beim leistenden Unternehmer abhängig beschäftigtem Personal umfasst. Außerdem seien die Mitgliedstaaten verpflichtet, alle erforderlichen Maßnahmen zu treffen, die zur Sicherstellung der korrekten Erhebung der Mehrwertsteuer und zur Wahrung des Grundsatzes der steuerlichen Neutralität beitragen.
>
> **Norm:** Art. 9, 17, 18 Richtlinie 77/388/EWG

Sachverhalt

Die ADV Allround Vermittlungs AG ist eine Aktiengesellschaft deutschen Rechts und vermittelte im Jahr 2005 selbständig tätige Lastkraftwagenfahrer an Speditionen mit Sitz in Deutschland und u. a. in Italien. Die Fahrer schlossen mit der ADV sogenannte „Vermittlungsverträge" und stellten

---
[142] Vgl. Abschn. 3.7 Abs. 1 S. 6 UStAE.

der ADV ihre erbrachten Dienstleistungen in Rechnung. Die ADV stellte daraufhin den verschiedenen Speditionen Rechnungen über die in diesen Vermittlungsverträgen vorgesehenen Kosten zuzüglich einer Marge von 8 % bis 20 %.

Die ADV behandelte ihre Leistung zunächst als „Gestellung von Personal" im Sinne des § 3a Abs. 4 Nr. 7 UStG a. F., wonach sich der Ort der Leistung am Sitz des Abnehmers befindet. Bei Rechnungen an italienische Kunden wurde demzufolge keine Mehrwertsteuer ausgewiesen. Das für die ADV zuständige Finanzamt ordnete die Leistung hingegen nicht als Gestellung von Personal ein und vertrat die Auffassung, dass sich der Leistungsort gemäß § 3a Abs. 1 UStG a. F. am Ort des Sitzes der ADV befinde. Als Konsequenz korrigierte die ADV ihre Rechnungen an die italienischen Kunden und wies deutsche Umsatzsteuer aus.

Das Bundeszentralamt für Steuern teilte wiederum die Auffassung des Finanzamtes nicht und versagte den ausländischen Kunden die Vergütung der deutschen Mehrwertsteuer.

Das FG Hamburg hat daraufhin das Verfahren ausgesetzt und dem Europäischen Gerichtshof das Verfahren zur Vorabentscheidung vorgelegt. Neben der Frage der Leistungsortbestimmung, legte das FG dem EuGH auch die Frage vor, ob der Grundsatz der steuerlichen Neutralität eine Verpflichtung der zuständigen Behörden begründe, einander widersprechende Entscheidungen auszuschließen.

Entscheidung

Der EuGH hat in seiner Entscheidung festgestellt, dass der Ausdruck „Gestellung von Personal" im Sinne des Art. 9 Abs. 2 Buchst. e sechster Gedankenstrich der Sechsten Richtlinie nicht nur die abhängig beschäftigten Arbeitnehmer des Unternehmens betrifft, sondern auch die Gestellung von selbständigem, nicht beim leistenden Unternehmer abhängig beschäftigtem Personal umfasst. Der EuGH geht auf die ständige Rechtsprechung ein, wonach bei der Auslegung einer Unionsvorschrift nicht nur ihr Wortlaut, sondern auch ihr Zusammenhang und die damit verfolgten Ziele zu berücksichtigen sind. Mit den Bestimmungen des Art. 9 der Sechsten Richtlinie sollen einerseits Kompetenzkonflikte, die eine Doppelbesteuerung nach sich ziehen könnten, und andererseits die Nichtversteuerung erbrachter Leistungen verhindert werden. Der Einbezug von selbständigem, nicht abhängig beschäftigtem Personal und somit die steuerliche Anknüpfung der Dienstleistung an einen einzigen Ort verhindert nach Auffassung des EuGH gerade eine Doppel- bzw. Nichtversteuerung der Dienstleistung. Weiterhin entspricht diese Auslegung dem Grundsatz der Rechtssicherheit, da sie dazu beiträgt, eine genaue und korrekte Erhebung der Mehrwertsteuer zu gewährleisten.

Darüber hinaus ist der EuGH der Auffassung, dass die Art. 17 Abs. 1, 2 Buchst. a und 3 Buchst. a sowie Art. 18 Abs. 1 Buchst. a der Sechsten Richtlinie den Mitgliedsstaaten nicht vorschreiben, ihr nationales Verfahrensrecht so zu gestalten, dass die Steuerbarkeit und die Mehrwertsteuerpflicht einer Dienstleistung beim Leistungserbringer und beim Leistungsempfänger in kohärenter Weise beurteilt werden. Die Mitgliedstaaten seien jedoch verpflichtet, alle erforderlichen Maßnahmen zu treffen, die zur Sicherstellung der korrekten Erhebung der Mehrwertsteuer und zur Wahrung des Grundsatzes der steuerlichen Neutralität beitragen.

Kommentar

Die im konkreten Fall entschiedene Rechtsfrage nach der Leistungsortbestimmung bei der Vermittlung selbständigen Personals erscheint vorliegend nur zweitrangig. Für das deutsche Umsatzsteuerrecht ist insbesondere die unterschiedliche Behandlung durch das für die ADV zuständige Finanzamt und das Bundeszentralamt für Steuern symptomatisch. Zwar sind durch die Einführung des sog. Mehrwertsteuerpaketes zum 1.1.2010 solche Konflikte bei der Leistungsortbestimmung meist gelöst, da seitdem der Leistungsort i. d. R. danach bestimmt wird, wo der Leistungsempfänger sein Unternehmen betreibt (vgl. § 3a Abs. 2 UStG n. F.). Es bestehen aber nach wie vor Ausnahmeregelungen z. B. für grundstücksbezogene Leistungen, die eine Abgrenzung notwendig machen. Akzeptiert der leistende Unternehmer dann im Rahmen einer Betriebsprüfung eine abweichende Auffassung des für ihn zuständigen Finanzamtes, ist die Rechtsfrage damit keinesfalls gelöst, solange der Leistungsempfänger nicht die Vorsteuererstattung erhält. Es wäre wünschenswert gewesen, wenn der EuGH hier klarer Stellung bezogen hätte. Zwar kann ein Verstoß gegen Gemeinschaftsrecht vorliegen, wenn Auslegungskonflikte zwischen unterschiedlichen Behörden zu einer Definitivbelastung mit Umsatzsteuer führen. Dieser Verstoß muss dann aber auch erst einmal anerkannt werden, um letztlich die steuerliche Neutralität zu gewährleisten. Einfacher wäre es gewesen, wenn die eine Behörde an die Entscheidungen einer anderen Behörde gebunden wäre, sodass eine einheitliche Rechtsanwendung in einem konkreten Sachverhalt gewährleistet ist.

Beratungshinweis:

Soweit die Finanzverwaltung z. B. in Betriebsprüfungen Umsatzsteuer nachträglich festsetzt und der Unternehmer die Möglichkeit hat, diese Umsatzsteuer an den Kunden weiter zu belasten, sollte stets darauf geachtet werden, dass die Festsetzung offen gehalten wird (z. B. durch Einlegung eines Einspruchs und Beantragung des Ruhens des Verfahrens) bis abschließend über den Vorsteuererstattungsanspruch des Kunden entschieden wurde.

5.2.2 Vorsteuerabzug für nur teilweise für unternehmerische Zwecke genutzte Leistungen

> **EuGH, Urteil v. 16.2.2012, C–118/11, *Eon Aset Menidjmunt OOD*, UR 2012, S. 230**
>
> 1. Art. 168 Buchst. a der Richtlinie 2006/112/EG des Rates vom 28.11.2006 über das gemeinsame Mehrwertsteuersystem ist dahin auszulegen, dass
>   - ein gemietetes Kraftfahrzeug als für die Zwecke der besteuerten Umsätze des Steuerpflichtigen verwendet angesehen wird, wenn ein direkter und unmittelbarer Zusammenhang zwischen der Verwendung dieses Fahrzeugs und der wirtschaftlichen Tätigkeit des Steuerpflichtigen besteht, und dass das Recht auf Vorsteuerabzug mit Ablauf des Zeitraums entsteht, auf den sich die jeweilige Zahlung bezieht, und für das Bestehen eines solchen Zusammenhangs auf diesen Zeitpunkt abzustellen ist;
>   - ein aufgrund eines Leasingvertrags gemietetes und als Investitionsgut eingestuftes Kraftfahrzeug als für die Zwecke der besteuerten Umsätze verwendet angesehen wird, wenn der Steuerpflichtige es als solcher erwirbt und vollständig dem Vermögen seines Unternehmens zuordnet, wobei die Vorsteuer grundsätzlich vollständig und sofort abziehbar ist und jede Verwendung des genannten Gegenstands für den privaten Bedarf des Steuerpflichtigen, für den Bedarf seines Personals oder für unternehmensfremde Zwecke einer Dienstleistung gegen Entgelt gleichgestellt ist.
> 2. Die Art. 168 und 176 der Richtlinie 2006/112 stehen einer nationalen Regelung nicht entgegen, die den Vorsteuerabzug für Gegenstände und Dienstleistungen ausschließt, die für unentgeltliche Umsätze oder für andere Tätigkeiten als die wirtschaftliche Tätigkeit des Steuerpflichtigen bestimmt sind, sofern die als Investitionsgüter eingestuften Gegenstände nicht dem Unternehmensvermögen zugeordnet sind.
>
> **Normen:** Art. 26 Abs. 1, Art. 168 Buchst. a, Art. 176 MwStSystRL; § 3 Abs. 9a, § 15 Abs. 1 und 4 UStG

Sachverhalt

Die Klägerin mietete ein Kfz, um es dem Geschäftsführer für Fahrten zwischen Wohnung und Arbeitsstätte zur Verfügung zu stellen. Ein weiteres Fahrzeug wurde zu diesem Zweck geleast. Die Klägerin machte für beide Fahrzeuge einen Vorsteuerabzug geltend.

Dieser Vorsteuerabzug wurde von der bulgarischen Finanzbehörde jedoch versagt, da diese in Ermangelung entsprechender Beweise davon ausging, dass die Fahrzeuge nicht für die Zwecke der wirtschaftlichen Tätigkeit der Klägerin verwendet wurden.

Entscheidung

Da eine endgültige Entscheidung in der Sache dem verweisenden Gericht zustünde, entschied der EuGH zwar nicht, ob Fahrten von der Wohnung zur Arbeitsstätte eine Nutzung für unternehmerische Zwecke darstellen, stellte aber dennoch die bei einer Entscheidung zu berücksichtigenden Grundlagen für eine unternehmerische Nutzung und den darauf basierenden Vorsteuerabzug dar.

Gem. Art. 168 Buchst. a der MwStSystRL (vgl. § 15 Abs. 1 UStG) darf ein Steuerpflichtiger die Vorsteuer für Gegenstände und Dienstleistungen abziehen, soweit er diese Gegenstände und Dienstleistungen für die Zwecke seiner wirtschaftlichen Tätigkeit verwendet. Ob eine solche Verwendung des Gegenstands oder der Dienstleistung für die wirtschaftliche Tätigkeit des Unternehmens vorliegt, bestimmt sich danach, ob es sich um den Erwerb einer Dienstleistung (sonstige Leistung) oder den eines Investitionsguts (Lieferung) handelt.

Während eine Vermietungsleistung nach Ansicht des EuGH immer eine sonstige Leistung darstelle, könne der Bezug einer Leasingleistung auch als Lieferung anzusehen sein. Insofern ist beim Leasing zwischen einem Operating Lease und einem Finance Lease zu unterscheiden.

Letzteres zeichne sich dadurch aus, dass die mit dem rechtlichen Eigentum verbundenen Chancen und Risiken zum überwiegenden Teil auf den Leasingnehmer übertragen würden. Insofern sei der Umsatz als Lieferung anzusehen, wenn der Leasingvertrag über ein Kraftfahrzeug vorsehe, dass das Eigentum an dem Fahrzeug am Ende der Vertragslaufzeit auf den Leasingnehmer übertragen werde oder dass der Leasingnehmer über wesentliche Elemente des Eigentums an dem Fahrzeug verfüge, insbesondere, dass die mit dem rechtlichen Eigentum an dem Fahrzeug verbundenen Chancen und Risiken zum überwiegenden Teil auf ihn übertragen würden und die abgezinste Summe der Leasingraten praktisch dem Verkehrswert des Gegenstands entspreche.

- Ist der Umsatz wie beim Operating Lease oder der Vermietung eines Kraftfahrzeugs insofern als sonstige Leistung anzusehen, liegt ein Bezug für die Zwecke der wirtschaftlichen Tätigkeit grundsätzlich nur vor, wenn ein direkter und unmittelbarer Zusammenhang zwischen einem bestimmten Eingangsumsatz und einem oder mehreren Ausgangsumsätzen, die das Recht auf Vorsteuerabzug eröffnen, besteht. Auf einen solchen direkten und unmittelbaren Zusammenhang kommt es allenfalls dann nicht an, wenn die Kosten für die fraglichen Dienstleistungen zu den allgemeinen Aufwendungen des Unternehmers gehören und – als solche – zu Kostenelementen der von ihm gelieferten Gegenstände oder erbrachten Dienstleistungen werden.

- Ist die Leasingvereinbarung nach den genannten Grundsätzen hingegen als Finanzierungsleasing und damit als Lieferung anzusehen, hat der Steuerpflichtige bei einem teilweise für private Zwecke und teilweise für unternehmerische Zwecke bestimmten Investitionsgut die Wahl, ob er diesen Gegenstand in vollem Umfang dem Unternehmensvermögen zuordnen, ihn in vollem Umfang in seinem Privatvermögen belassen – wodurch er dem Mehrwertsteuersystem vollständig entzogen wird – oder ihn nur im Umfang der tatsächlichen unternehmerischen Verwendung in sein Unternehmen einbeziehen möchte.

Entscheidet sich der Steuerpflichtige dafür, den Gegenstand dem Unternehmen zuzuordnen, kann er für den Erwerb des Gegenstands die volle Vorsteuer geltend machen. Wird der Gegenstand anschließend (teilweise) für den privaten Bedarf des Steuerpflichtigen, für den Bedarf seines Personals oder für unternehmensfremde Zwecke verwendet, handelt es sich um eine unentgeltliche Wertabgabe, die gem. Art. 26 Abs. 1 der MwStSystRL (§ 3 Abs. 9a UStG) einer Dienstleistung gegen Entgelt gleichgestellt ist.

Ordnet der Steuerpflichtige den Gegenstand in vollem Umfang seinem Privatvermögen zu, obwohl er es sowohl für unternehmerische als auch für private Zwecke nutzt, kann kein Vorsteuerabzug für den Erwerb geltend gemacht werden.

Entscheidet sich der Steuerpflichtige schließlich dafür, den Gegenstand nur im Umfang der tatsächlichen unternehmerischen Verwendung dem Vermögen seines Unternehmens zuzuordnen, kann nur in Höhe dieses Anteils ein Vorsteuerabzug geltend gemacht werden.

Darüber hinaus hat der EuGH im Hinblick auf eine im Laufe des Verfahrens zur Diskussion stehende bulgarische Norm entschieden, dass Art. 168 und 176 der MwStSystRL einer nationalen Regelung nicht entgegenstehen, die den Vorsteuerabzug für Lieferungen und sonstige Leistungen ausschließt, die für unentgeltliche Umsätze oder für andere Tätigkeiten als die wirtschaftliche Tätigkeit des Steuerpflichtigen bestimmt sind, sofern die als Investitionsgüter eingestuften Gegenstände nicht dem Unternehmensvermögen zugeordnet sind.

Kommentar

Bei Schlussfolgerungen aus dem Urteil des EuGH ist zu beachten, dass die von dem bulgarischen Gericht gestellten Vorlagefragen nur den Vorsteuerabzug i. S. v. Art. 168 Buchst. a der MwStSystRL betreffen, nicht aber die Möglichkeit der Aufteilung des Vorsteuerabzugs nach dem für den unternehmerischen Bereich bezogenen Anteil der Leistung gem. Art. 173 der MwStSystRL.

Insofern kann aus der Entscheidung nicht geschlossen werden, dass bei sonstigen Leistungen eine Aufteilung des Vorsteuerabzugs i. S. d. Art. 173 der MwStSystRL (§ 15 Abs. 4 UStG) nach dem Anteil der unternehmerischen Nutzung nicht möglich sein soll. Zwar wird diese Aufteilungsmöglichkeit im Urteil nur für Lieferungen angesprochen, es würde aber eindeutig dem Wortlaut von Art. 173 der MwStSystRL widersprechen, wenn die Aufteilung nicht auch bei sonstigen Leistungen anwendbar wäre.

Zudem kann der Entscheidung des EuGH nicht entnommen werden, dass eine Zuordnung zum Unternehmen auch bei der Lieferung von Gegenständen möglich ist, die überhaupt nicht für den unternehmerischen Bereich genutzt werden, da die EuGH-Entscheidung für die dargestellten Grundsätze insoweit nur von einer gemischten (d. h. einer privaten und unternehmerischen) Nutzung der Gegenstände ausgeht.

Insofern bestätigt das Urteil die bisher in Abschnitt 15.2 Abs. 21 UStAE dargestellte Ansicht der Finanzverwaltung. Darüber hinaus bestätigt der EuGH die Rspr. des BFH dahingehend, dass ein Vorsteuerabzug für den Bezug von Gegenständen oder sonstigen Leistungen ausscheidet, wenn bereits zum Zeitpunkt des Bezuges feststeht, dass eine Nutzung für den unternehmerischen Bereich nicht stattfinden soll.

Es ist aber zu hinterfragen, ob § 15 Abs. 1 S. 2 UStG mit der Rspr. des EuGH vereinbar ist, da der EuGH bei Lieferungen die Zuordnung zum Unternehmen gerade nicht durch einen Mindestanteil der unternehmerischen Nutzung einschränkt, sondern nur voraussetzt, dass eine solche überhaupt (wenn auch nur zu einem kleinen Anteil) vorliegt.

Beratungshinweis:

Zumindest bei der Lieferung eines gemischt genutzten Gegenstandes, der nicht nur zur einmaligen Ausführung von Umsätzen (vgl. § 15a UStG) verwendet wird, kann der Finanzierungsvorteil genutzt werden, der sich daraus ergibt, dass bei der vollständigen Zuordnung dieses Gegenstandes zur unternehmerischen Tätigkeit ein vollständiger Vorsteuerabzug möglich ist und die Umsatzsteuer für die private Nutzung im Rahmen einer unentgeltlichen Wertabgabe dann über einen längeren Zeitraum abgeführt werden kann.

5.2.3 Erwerb eines Grundstücks vor Eintragung der den Abzug geltend machenden Gesellschaft

> **EuGH, Urteil v. 1.3.2012, C–280/10, *Polski Trawertyn*, UR 2012, S. 366**
>
> In seinem Urteil vom 1.3.2012 hat der EuGH entschieden, dass das Recht auf Vorsteuerabzug auch für Investitionshandlungen, die für die Zwecke einer Gesellschaft bewirkt wurden, ausgeübt werden kann, die vor der Eintragung und mehrwertsteuerlichen Erfassung dieser Gesellschaft getätigt wurden.
>
> **Norm:** Art. 2 Nr. 1 der Richtlinie 77/388/EWG

Sachverhalt

Am 22.12.2006 haben die Gesellschafter der später zu gründenden „Polski Trawertyn" ein Grundstück erworben. Die entsprechende Rechnung hierfür wurde auf die Gesellschafter ausgestellt. Vier Monate später gründeten die Gesellschafter die „Polski Trawertyn", ein Notar stellte hierfür eine Rechnung über die damit zusammenhängenden Notariatskosten an die Gesellschaft. Die Eintragung ins Handelsregister erfolgte am 5.6.2007. Nach Gründung der „Polski Trawertyn" brachten die Gesellschafter das erworbene Grundstück in diese Gesellschaft als Sacheinlage ein.

Die zuständige Steuerbehörde bemängelte daraufhin, dass die „Polski Trawertyn" einen überhöhten Vorsteuerbetrag erklärt habe, da sowohl der Vorsteuerabzug aus der Rechnung für das Grundstück als auch aus der Rechnung vom zuständigen Notar durch die Gesellschaft geltend gemacht wurden.

Die Behörde ist der Auffassung, dass für beide Rechnungen kein Vorsteuerabzug geltend gemacht werden kann. Hinsichtlich der Rechnung für das Grundstück argumentiert sie, dass der Erwerber des Grundstücks nicht die Gesellschaft selbst, sondern die Gesellschafter, also natürliche Personen, seien. Für die zweite Rechnung kann nach Ansicht der Steuerbehörde auch kein Vorsteuerabzug geltend gemacht werden, da diese Rechnung vor Eintragung ins Handelsregister und somit auf eine noch nicht existierende Gesellschaft ausgestellt wurde. Die polnischen Behörden versagten deshalb den Vorsteuerabzug für diese beiden Rechnungen.

Entscheidung

Der EuGH ist der Auffassung, dass schon die ersten Investitionsausgaben, die für die Zwecke eines Unternehmens und zu dessen Verwirklichung getätigt werden, als wirtschaftliche Tätigkeiten angesehen werden. Es wäre nicht in diesem Sinne, wenn als Beginn der wirtschaftlichen Tätigkeit erst der Zeitpunkt angesetzt würde, von dem an das Grundstück tatsächlich genutzt wird. Der Gerichtshof hat daraus den Schluss gezogen, dass Steuerpflichtiger im Sinne der Sechsten Richtlinie auch derjenige ist, der solche in engem Zusammenhang mit der künftigen Nutzung eines Grundstücks stehenden und für diese erforderlichen Investitionshandlungen vornimmt.

Somit sind die Gesellschafter der „Polski Trawertyn" dazu befugt, ihr Recht auf Vorsteuerabzug geltend zu machen, da Investitionen getätigt wurden, die für die künftige Nutzung des Grundstücks durch die Gesellschaft erforderlich sind.

Auch der Umstand, dass die Einbringung des Grundstücks in eine Gesellschaft durch deren Gesellschafter nach polnischem Recht ein steuerfreier Umsatz ist, kann nicht zu einer Versagung des Vorsteuerabzuges für die Investitionshandlungen führen. Der Gerichtshof hat weiterhin entschieden, dass ein Steuerpflichtiger, dessen einziger Gesellschaftszweck die Vorbereitung der wirtschaftlichen Tätigkeit eines anderen Steuerpflichtigen ist und der keinen steuerbaren Umsatz bewirkt hat, ein Recht auf Abzug im Zusammenhang mit steuerbaren Umsätzen geltend machen kann, die von dem zweiten Steuerpflichtigen bewirkt wurden. Die Art. 9, 168 und 169 der Richtlinie 2006/112 sind deshalb so auszulegen, dass sie einer nationalen Regelung entgegenstehen, wonach weder die Gesellschafter einer Gesellschaft noch die Gesellschaft selbst ein Recht auf Vorsteuerabzug für Investitionskosten geltend machen dürfen, die vor Gründung und Eintragung dieser Gesellschaft von Gesellschaftern für Zwecke und im Hinblick auf die wirtschaftliche Tätigkeit der Gesellschaft getragen wurden.

Aus Art. 178 Buchst. a der Richtlinie 2006/112 ergibt sich, dass das Recht auf Vorsteuerabzug nur ausgeübt werden kann, wenn dem Steuerpflichtigen eine entsprechende Rechnung vorliegt. Nach Art. 226 Nrn. 1 und 5 der Richtlinie muss die Rechnung das Ausstellungsdatum der Rechnung sowie den vollständigen Namen und die vollständige Anschrift des Steuerpflichtigen und des Erwerbers oder Dienstleistungsempfängers enthalten. Daraus folgt, dass die Mitgliedsstaaten die Ausübung des Rechts auf Vorsteuerabzug nicht von der Erfüllung von Anforderungen an den Inhalt der Rechnungen abhängig machen könne, die in der Richtlinie 2006/112 nicht ausdrücklich vorgesehen sind.

Der Vorsteuerabzug muss gewährt werden, wenn die materiellen Voraussetzungen erfüllt sind und – wie in diesem Fall die Vorsteuer von denjenigen Personen errichtet wurde, die „Polski Tawertyn" bilden. Wenn der Steuerpflichtige bestimmten formellen Anforderungen nicht genügend nachgekommen ist, kann dies nicht allein zu einer Versagung des Vorsteuerabzuges führen. Da die materiellen Voraussetzungen des Art. 168 Buchst. a der Richtlinie 2006/112 erfüllt sind, stehe der „Polski Trawertyn" ein entsprechender Vorsteuerabzug aus den angeführten Rechnungen zu.

Kommentar

Der EuGH hatte in der Rechtssache *Faxworld*[143] bereits entschieden, dass einer Vorgründungsgesellschaft, ein Recht auf Vorsteuerabzug zusteht, wenn deren einziger Zweck darin besteht, Investitionshandlungen im Hinblick auf die spätere unternehmerische Tätigkeit einer Kapitalgesellschaft vorzunehmen und die erworbenen Wirtschaftsgüter auf diese Kapitalgesellschaft zu übertragen. Im Unterschied zum Urteil *Faxworld* lag hier jedoch keine Vorgründungsgesellschaft (BGB-Gesellschaft) vor, die in der Lage gewesen wäre, eine Geschäftsveräußerung im Ganzen an die später konstituierte Gesellschaft auszuführen. Weil die Gesellschafter in Polen als solche offenbar keinen Steuerpflichtigen bildeten, musste der EuGH neue Wege gehen. Insgesamt sollte diese Rechtsprechung jedoch als Einzelfallentscheidung angesehen werden, die sich nicht unmittelbar auf das deutsche Recht auswirkt. Auch der Hinweis, dass die Rechnungsvoraussetzungen nicht um ihrer selbst willen bestehen, sondern dass in bestimmten Fällen der Vorsteuerabzug möglich sein muss, obgleich sie nicht sämtlich vorliegen, ist für die Unternehmer positiv zu bewerten, aber auch hier nicht extensiv auszulegen. Der EuGH bleibt seiner Linie treu, dass ein überhöhter Formalismus nicht zu einer Belastung von Unternehmen mit Umsatzsteuer führen kann. Gleichwohl tut sich die deutsche Finanzverwaltung nach wie vor schwer, diesen Ansatz umzusetzen.

---

[143] EuGH, Urteil v. 29.4.2004, C–137/02, *Faxworld*, EuZW 2004, S. 474.

Beratungshinweis:

Für den deutschen Rechtsraum ist das Urteil insbesondere im Hinblick darauf von Bedeutung, dass die Nichterfüllung von formellen Voraussetzungen einer Rechnung nicht zwangsweise zur Versagung des Vorsteuerabzuges führt. Es sollte also durchaus in Betriebsprüfungen als Argumentationshilfe verwendet werden, wenn das materielle Recht auf Vorsteuerabzug zweifellos feststeht. Wie jedoch bereits dargelegt, wird die deutsche Finanzverwaltung diesen Ansatz nicht ohne weiteres akzeptieren, sodass eine entsprechende Argumentation im Einzelfall abgewogen und voraussichtlich im gerichtlichen Wege geklärt werden müsste.

5.2.4 Vorsteuerabzug der Einfuhrumsatzsteuer setzt nicht deren vorherige Entrichtung voraus

> **EuGH, Urteil v. 29.3.2012, C–414/10, *VELECLAIR SA*, DStR 2012, S. 697**
>
> In seinem Urteil vom 29.3.2012 hat der EuGH entschieden, dass in Auslegung des Art. 17 Abs. 2 Buchst. b der Sechsten Richtlinie 77/388/EWG weder das Recht auf Abzug der Einfuhrumsatzsteuer noch die Ausübung dieses Rechts von der tatsächlichen vorherigen Zahlung dieser Steuer durch den Steuerschuldner abhängig gemacht werden darf, sofern dieser auch der zum Abzug Berechtigte ist.
>
> **Norm:** Art. 17 Abs. 2 Buchst. b Richtlinie 77/388/EWG

Sachverhalt

„Veleclair" ist ein Unternehmen, das Fahrräder nach Frankreich einführt. „Veleclair" führte in den Jahren 1992–1995 Fahrräder ein und gab als deren Ursprung Vietnam an. Die französische Zollverwaltung ging dagegen davon aus, dass die Räder tatsächlich aus China stammen und erhob aufgrund dessen Zölle und Antidumpingzölle sowie Einfuhrumsatzsteuer i. H. v. 735.435 €, die „Veleclair" nicht entrichtete. Da die Finanzbehörde diese Forderung nicht innerhalb von 12 Monaten nach Eröffnung der Insolvenz von „Veleclair" anmeldete, stellte der Konkursrichter die Präklusion der Forderung fest, d. h. die Finanzverwaltung konnte die Forderung nicht mehr geltend machen.

Gleichwohl stellte „Veleclair" einen Erstattungsantrag, der u. a. den Vorsteuerabzug im Hinblick auf die festgesetzte, aber nicht entrichtete Einfuhrumsatzsteuer beinhaltete. Diesen lehnte die französische Steuerbehörde mit der Begründung ab, dass das Unternehmen die Mehrwertsteuer tatsächlich nicht entrichtet hatte. Nach der französischen Regelung ist das Vorsteuerabzugsrecht für Einfuhrumsatzsteuer abhängig von der tatsächlichen Zahlung der Steuer.

Die Auffassung der Finanzverwaltung wurde in den beiden ersten Instanzen bestätigt, worauf „Veleclair" Kassationsbeschwerde beim französischen Staatsrat einlegte. Dieser setzte das Verfahren aus und hat dem Gerichtshof die Frage bezüglich der Behandlung der Fälle, in denen Steuerschuldner und Abzugsberechtigter identisch sind, zur Vorabentscheidung vor allem in Hinblick auf mögliche Betrugsproblematiken vorgelegt.

Entscheidung

Der EuGH führt in seinem Urteil aus, das Art. 17 Abs. 2 Buchst. b der Sechsten Richtlinie dahin auszulegen ist, dass er es einem Mitgliedstaat nicht erlaubt, das Recht auf Abzug der Einfuhrumsatzsteuer von der tatsächlichen vorherigen Zahlung dieser Steuer durch den Steuerschuldner abhängig zu machen, wenn dieser auch der zum Abzug Berechtigte ist.

Diese Konsequenz resultiert schon aus dem Wortlaut der Vorschrift, welche den von Art. 17 Abs. 2 Buchst. a der Sechsten Richtlinie verwendeten Ausdruck aufgreift, nach dem Steuerpflichtige zum Abzug der Mehrwertsteuer berechtigt sind, die für Gegenstände „geschuldet wird oder entrichtet worden ist". Aus dieser Formulierung geht eindeutig hervor, dass dem Steuerpflichtigen das Steuerabzugsrecht nicht nur bezüglich der Mehrwertsteuer, die er tatsächlich bereits entrichtet hat, zusteht, sondern sich ebenso auf die von ihm noch geschuldete Steuer bezieht.

Kommentar

Auch im deutschen Recht ist die Einfuhrumsatzsteuer grundsätzlich erst zum Zeitpunkt der Zahlung als abzugsfähig anzusehen (vgl. § 15 Abs. 1 Nr. 2 UStG). Eine Änderung durch das JStG 2013 ist jedoch vorgesehen.

Beratungshinweis:

Zumindest in Fällen, in denen der Schuldner der Einfuhrumsatzsteuer auch der Abzugsberechtigte ist und somit die Verfügungsmacht über den Einfuhrgegenstand innehat, ist § 15 Abs. 1 Nr. 2 UStG mit der Richtlinie nicht vereinbar. Auch die Regelungen des Abschnitts 15.8 UStAE, wo der Nachweis für den Abzug der EUSt als Vorsteuer geregelt ist, dürften diesem Urteil in dieser Form nicht standhalten. In der Entwurfsfassung des JStG 2013 hat der deutsche Gesetzgeber den Rechtsentwicklungen Rechnung getragen und den Wortlaut des § 15 Abs. 1 Nr. 2 UStG entsprechend angepasst.

5.2.5 Mindestbemessungsgrundlage bei Verkäufen zwischen verbundenen Personen

> **EuGH, Urteil v. 26.8.2012, C–621/10 und C–129/11, *Balkan and Sea Properties ADSITS, Provadinvest OOD*, BeckRS 2012, 80768**
>
> 3. Art. 80 Abs. 1 der Richtlinie 2006/112/EG des Rates vom 28.11.2006 über das gemeinsame Mehrwertsteuersystem ist dahingehend auszulegen, dass
>
>   - die darin aufgestellten Anwendungsvorschriften erschöpfend sind und das nationale Rechtsvorschriften somit nicht auf der Grundlage von Art. 80 Abs. 1 dieser Richtlinie vorsehen können, dass die Steuerbemessungsgrundlage in anderen als den in dieser Bestimmung aufgezählten Fällen der Normalwert des Umsatzes ist, insbesondere wenn der Steuerpflichtige zum vollen Vorsteuerabzug berechtigt ist,
>
>   - unter Umständen räumt Art. 80 Abs. 1 der Richtlinie den betroffenen Gesellschaften das Recht ein, sich unmittelbar auf diese Vorschrift zu berufen, um sich der Anwendung nationaler Bestimmungen zu widersetzen, die mit ihr unvereinbar sind. Ist dem vorlegenden Gericht eine Auslegung des innstaatlichen Rechts, das mit Art. 80 Abs. 1 der Richtlinie im Einklang stehen, nicht möglich, hat es alle Bestimmungen des innerstaatlichen Rechts unangewendet zu lassen, die Art. 80 Abs. 1 der Richtlinie zuwiderlaufen.
>
> **Normen:** Art. 12, Art. 80 Abs. 1 MwStSystRL; § 10 Abs. 5 UStG

Sachverhalt

Rechtssache C–621/10:

„Balkan and Sea Properties" ist eine bulgarische Aktiengesellschaft, deren Tätigkeit aus der Anlage von Geldmitteln besteht, welche grundsätzlich durch die Ausgabe von Wertpapieren für Immobilien erwirtschaftet werden. Im Jahr 2009 erwirbt die „Balkan and Sea Properties" mittelbar Immobilien von einem verbundenen Unternehmen. Aus dem Erwerb der Immobilien nahm „Balkan and Sea Properties" den Vorsteuerabzug vor. Nach nationalem bulgarischem Recht ist die Steuerbemessungsgrundlage im Falle eines Verkaufes zwischen verbundenen Unternehmen stets der Normalwert. Dieser entspricht grundsätzlich dem Wert zwischen fremden Dritten. Um diesen nachzuweisen wurden zwei Gutachten erstellt, eines beauftragt durch „Balkan and Sea Properties" und ein anderes durch die bulgarische Finanzverwaltung. Letzteres kam zu dem Ergebnis, dass der Normalwert der Immobilie unter dem zwischen den verbundenen Unternehmen vereinbarten Kaufpreis lag. Folglich vertrat die Finanzverwaltung die Auffassung, dass die Erhebung von Umsatzsteuer auf einen höheren Kaufpreis als den Normalwert unrechtmäßig war. Dies hatte zur Folge, dass „Balkan and Sea Properties" ein Vorsteuerabzug in Höhe der unrechtmäßig erhobenen Umsatzsteuer versagt wurde.

Rechtsache C–129/11:

„Provadinvest" ist eine bulgarische Gesellschaft mit beschränkter Haftung deren Tätigkeit im Wesentlichen in der Verpachtung landwirtschaftlicher Grundstücke und in der Vermietung von Stahlkonstruktionen für Gewächshäuser besteht.

Im Kalenderjahr 2009 veräußerte „Provadinvest" zwei zu ihrem Betrieb gehörende Gewächshäuser an eine Gesellschafterin sowie ein Grundstück an ihren Geschäftsführer. Die Grundstücke wurden samt den darauf errichteten Konstruktionen sowie allen darauf befindlichen Verbesserungen und Dauerkulturen verkauft. Die „Provadinvest" stellte daraufhin Rechnungen ohne Ausweis von Umsatzsteuer aus. Nach Auffassung der lokalen Finanzverwaltung handelte es sich jedoch bei den zugrundeliegenden Transaktionen zum einen um steuerfreie Immobilienverkäufe zum anderen um steuerpflichtige Lieferungen von Zubehör, Verbesserungen und Dauerkulturen. Da es sich bei den in Rede stehenden Veräußerungen um Veräußerungen zwischen verbundenen Personen handelte, war die Steuerbemessungsgrundlage auch in diesem Fall nach dem Normalwert zu ermitteln. Die Normalwerte für die veräußerten Objekte wurden ebenfalls durch Gutachter ermittelt. Dieser kam zu dem Ergebnis, dass der gemeine Wert über dem tatsächlich vereinbarten Kaufpreis lag. Die bulgarische Finanzverwaltung erhob daraufhin Umsatzsteuer auf den Normalwert.

Sowohl in Rechtssache C–621/10 (Normalwert unter Kaufpreis) als auch Rechtssache C–129/11 (Normalwert unter Kaufpreis) war fraglich, ob ein Verstoß gegen Art. 80 Abs. 1 MwStSystRL vorliegt.

Entscheidung

Nach Auffassung des EuGH ist – unter Bezugnahme auf die allgemeinen Grundsätze des Art. 73 MwStSystRL – die Besteuerungsgrundlage für die Lieferung von Gegenständen und die Erbringung von Dienstleistungen grundsätzlich die dafür erhaltene Gegenleistung. Diese Gegenleistung stellt hierbei den subjektiven, und damit tatsächlich erhaltenen Wert dar und nicht einen nach objektiven Kriterien (z. B. durch Gutachter) geschätzten Wert. Folglich darf die Finanzverwaltung grundsätzlich keinen über dem vom Steuerpflichtigen gezahlten Kaufpreis liegenden Wert als Bemessungsgrundlage für die Umsatzsteuer festsetzen.

Abweichend dazu, gilt Art. 80 MwStSystRL. Nach Ansicht des EuGH sind die in Art. 80 MwStSystRL aufgeführten Fälle – also der Ansatz eines Normalwertes – als Ausnahmeregelung anzusehen und somit eng auszulegen. Hintergrund des Art. 80 MwStSystRL ist die Implementierung einer Norm zur Vorbeugung von Steuerhinterziehung und Steuerumgehung. Ein solcher Fall ist nach Ansicht des EuGH nur dann anzunehmen, wenn eine Lieferung von Gegenständen oder die Erbringung von Dienstleistungen zu einem künstlich niedrigen Preis erfolgt und der Leistungsempfänger nicht zum vollen Vorsteuerabzug berechtigt ist. Im Umkehrschluss bedeutet dies, dass sofern Leistender als auch Leistungsempfänger zum vollen Vorsteuerabzug berechtigt sind und der vereinbarte und tatsächlich gezahlte Kaufpreis künstlich niedrig oder zu hoch vereinbart wurde, ein Risiko von Steuerhinterziehung oder Steuerumgehung auszuschließen ist. Art. 80 MwStSystRL findet somit in solchen Fällen keine Anwendung.

Kommentar

Ähnlich wie das deutsche Umsatzsteuerrecht in § 10 Abs. 5 UStG sieht das bulgarische Umsatzsteuerrecht vor, dass Umsätze zwischen verbundenen Personen zum Normalwert bewertet werden. Während das deutsche Recht diese Sondermaßnahme nur dann vorsieht, wenn das vereinbarte Entgelt zu niedrig ist, ordnet das bulgarische Recht den Ansatz des Normalwerts i. S. des Art. 80 MwStSystRL in jedem Fall an, d. h. auch dann, wenn das vereinbarte Entgelt höher ist als der Normalwert. Ein bulgarisches Finanzamt folgte dieser Vorschrift und verweigerte einem Unternehmer teilweise den Vorsteuerabzug auf eine Lieferung einer verbundenen Person. Dem widersprach nun der EuGH. Demnach dient Art. 80 MwStSystRL der Vermeidung von Steuerhinterziehung und Steuerumgehung. Bei Umsätzen an vorsteuerabzugsberechtigte Unternehmer sei dies so von vornherein nicht möglich, weswegen auch Art. 80 MwStSystRL dann nicht anwendbar sei.

Beratungshinweis:

Aufgrund der Aussage des EuGH, dass die Berücksichtigung einer abweichenden Bemessungsgrundlage nur dann in Betracht kommt, wenn die Gefahr der Steuerhinterziehung oder -umgehung gegeben ist, kann zumindest angezweifelt werden, ob die deutsche Regelung des § 10 Abs. 5 UStG im Einklang mit EU-Recht steht, soweit sie bei Leistungen zwischen verbundenen Unternehmer die umsatzsteuerliche Bemessungsgrundlage erhöht, obwohl der Leistungsempfänger zum vollen Vorsteuerabzug berechtigt ist. Der BFH hat jedoch noch in 2008 entschieden, dass die Frage des Vorsteuerabzugs unbeachtlich ist,[144] sodass abgewartet werden muss, wie die Finanzverwaltung mit diesem Urteil umgeht.

5.2.6 Steuerbefreiung für Portfoliomanagement

> **EuGH, Urteil v. 19.6.2012, C–44/11, *Deutsche Bank AG*, DStR 2012, S. 1601**
>
> **Der EuGH hat entschieden, dass Dienstleistungen im Bereich der sog. Portfolioverwaltung als einheitliche Leistung anzusehen sind und somit grundsätzlich nicht unter die Steuerfreiheit für die Umsätze im Geschäft mit Wertpapieren oder die Verwaltung von Sondervermögen fallen. Sofern es sich bei dem Leistungsempfänger jedoch um eine Privatperson mit Wohnsitz außerhalb der Europäischen Union handelt, ist die Leistung am Wohnsitz des Leistungsempfängers steuerbar.**
>
> **Normen:** Art. 135 Richtlinie 2006/112/EWG; § 3a Abs. 3, 4 Nr. 6 Buchst. a UStG a. F.; § 4 Nr. 8 Buchst. e und h UStG

---

[144] So aber BFH, Urteil v. 24.1.2008, V R 39/06, BStBl II 2009, S. 786.

Sachverhalt

Die Deutsche Bank AG erbrachte im Jahr 2008 selbst und über Tochtergesellschaften Dienstleistungen der Portfolioverwaltung an Anleger. Die Bank veräußerte und erwarb unter Berücksichtigung der von den Anlegern festgelegten Anlagestrategie nach eigenem Ermessen Wertpapiere im Namen und für Rechnung der Anleger. Dafür zahlten die Anleger eine Vergütung i. H. v. 1,8 % des verwalteten Vermögens, wobei 1,2 % auf die Verwaltung des Vermögens und 0,6 % auf den An- und Verkauf von Wertpapieren entfielen. Die Deutsche Bank AG behandelte die Leistungen als steuerfrei gemäß § 4 Nr. 8 UStG und ging bei Anlegern aus dem Drittland davon aus, dass die Leistung gemäß § 3a Abs. 4 Nr. 6 Buchst. a UStG im Inland nicht steuerbar sei.

Die Finanzverwaltung folgte dieser Auffassung nicht und behandelte die Portfolioverwaltung insgesamt als steuerbar und steuerpflichtig. Nachdem die Deutsche Bank AG im finanzgerichtlichen Verfahren erfolgreich war, legte die Finanzverwaltung Revision ein. Der BFH legte das Verfahren dem EuGH zur Vorabentscheidung vor.

Entscheidung

Der EuGH stellt in seinem Urteil fest, dass die Analyse und die Beaufsichtigung des Vermögens des Anlegers einerseits und der Kauf und Verkauf der Anteile andererseits gleichrangige Elemente einer einheitlichen Leistung sind und nicht in Haupt- und Nebenleistungen zerfallen. Aus diesem Grund kann sie auch nicht steuerfrei gestellt werden: Infolge des Grundsatzes, dass Steuerbefreiungen eng auszulegen sind, genügt es nicht, dass einzelne Komponenten der einheitlichen Verwaltungsleistung für sich genommen nach Art. 135 Abs. 1 Buchst. f der MwStSystRL (An- und Verkauf von Wertpapieren) steuerbefreit sein mögen. Die in Rede stehenden Leistungen können auch nicht nach Art. 135 Abs. 1 Buchst. g MWStSystRL (Verwaltung von Sondervermögen) steuerfrei gestellt werden, denn die Verwaltung von Sondervermögen im Sinne dieser Vorschrift erfolgt dergestalt, dass die Anleger Anteile am Fonds besitzen und der Fonds seine Anlagen im eigenen Namen und für eigene Rechnung durchführt, während im Streitfall die Kunden selbst Eigentümer der von der Deutschen Bank verwalteten Anlagegegenstände sind. Ein Verstoß gegen das Neutralitätsgebot (im Sinne ungleicher Besteuerung gleichartiger Umsätze) liegt darin nicht, weil dieser Rechtsgrundsatz es nicht rechtfertigt, den Geltungsbereich einer Befreiung ins Unbestimmte auszuweiten. Schließlich ist der EuGH der Auffassung, dass es sich jedoch um eine Leistung im Sinne des Art. 56 Abs. 1 Buchst. e der MwStSystRL handelt – also um eine Katalogleistung, die – soweit (abgesehen von Inlandsleistungen) an in der EU ansässige Privatpersonen erbracht – der Besteuerung am Sitzort des leistenden Unternehmers unterliegt, bei im Drittland ansässigen Privatkunden oder Unternehmern aber an deren Wohnort bzw. Sitz.

Kommentar

Die Auffassung der deutschen Finanzverwaltung, dass die Vermögensverwaltung von Privatpersonen einen steuerpflichtigen Umsatz darstellt, wurde durch den EuGH mit dem vorliegenden Urteil bestätigt. Der EuGH nimmt dabei eine sehr formaljuristische Position ein, indem er durch die Bündelung der einzelnen Leistungen zu einer einheitlichen Leistung kommt, deren Einzelkomponenten ggf. sogar einer Steuerbefreiung unterliegen könnten, und versagt die Steuerbefreiung insgesamt. Auch die Abgrenzung zur Steuerfreiheit der Verwaltung von Sondervermögen zur Verwaltung von Privatvermögen mag nicht so recht zu überzeugen, obwohl sie sicherlich durch den Wortlaut der Vorschriften gedeckt ist. Zu beachten ist jedoch die Entscheidung des EuGH zur Ortsregelung, die auch für das nunmehr geltende Recht von Bedeutung ist. § 3a Abs. 4 Nr. 6 Buchst. a UStG ist nämlich in seinem Wortlaut identisch geblieben und verweist nach wie vor für die Ortsbestimmung bei Finanzumsätzen auf § 4 Nr. 8 Buchst. a bis g UStG. Gerade diesen Verweis hat der EuGH aber durchbrochen, indem er darauf hinweist, dass die Begriffe „Bankumsätze" und „Finanzumsätze" autonom auszulegen sind und die Ortsregelung daher nicht durch die Bestimmungen bei der Steuerfreiheit beeinflusst werden. Folglich bedarf es einer Überarbeitung des § 3a Abs. 4 Nr. 6 Buchst. a UStG.

Beratungshinweis:

Soweit Finanzinstitute ihre Portfolioverwaltung (unter Umständen wie denen des Streitfalls) bislang steuerfrei gestellt haben sollten, ist dies anzupassen. Eine Nachbelastung der Umsatzsteuer an die Anleger dürfte eher unwahrscheinlich sein. Es sollte geprüft werden, welche Veranlagungszeiträume überhaupt noch geändert werden müssen. Darüber hinaus sind diejenigen Kunden mit Sitz im Drittland zu identifizieren. Schließlich sollte beachtet werden, dass die Neuregelung natürlich auch einen Einfluss auf die Vorsteuerquote hat, da insoweit der Umfang der steuerpflichtigen Ausgangsumsätze erhöht wird.

5.2.7 Der Verkauf von Telefonkarten an mehrere Vertriebshändler als umsatzsteuerbare Dienstleistung

> **EuGH, Urteil v. 3.5.2012, C–520/10, *Lebara Ltd.*, EuZW 2012, S. 433**
>
> In seinem Urteil vom 3.5.2012 hat der EuGH entschieden, dass der Verkauf von Telefonkarten eines Telekommunikationsdienstleisters an in anderen Mitgliedsstaaten ansässige Vertriebshändler einen steuerbaren Umsatz darstellt. Hingegen ist kein umsatzsteuerlich relevanter Vorgang zwischen dem etwaigen Telekommunikationsdienstleister und den Endnutzern, die die Telefonkarten von den Vertriebspartnern erworben haben, anzunehmen. Diese steuerliche Würdigung ist darauf zurückzuführen, dass Art. 2 Nr. 1 der Sechsten Richtlinie ein Rechtsverhältnis voraussetzt, in dessen Rahmen gegenseitige Leistungen ausgetauscht werden müssen. Daher kann in dem ersten Verhältnis von Telekommunikationsunternehmen zu Vertriebshändlern eine umsatzsteuerbare Dienstleistung angenommen werden. In der zweiten daran anschließenden Konstellation fehlt es jedoch an einem solchen unmittelbaren Gegenseitigkeitsverhältnis.
>
> **Norm:** Art. 2 Nr. 1 Richtlinie 77/388/EWG

Sachverhalt

Lebara ist eine in Großbritannien ansässige Gesellschaft, die Telekommunikationsdienstleistungen erbringt. Zu diesem Zwecke vertrieb sie an mehrere in anderen Mitgliedsstaaten ansässige Vertriebshändler Telefonkarten für Personen, die in Drittländer kostengünstig Anrufe tätigen wollten.

Die Telefonkarten hatten einen bestimmten Nennwert, der sich mithilfe eines Codes freischalten ließ, und konnten ausschließlich zum Telefonieren genutzt werden. Für Guthaben, das nach Zeitablauf der Kartengültigkeit nicht verbraucht worden ist, wurde keine Erstattung vorgesehen. Der Kartennutzer verwendete für seine Anrufe die Infrastruktur von Lebara und ihrer Partner.

Der Verkauf der Telefonkarten wurde ausnahmslos über die Vertriebspartner im eigenen Namen und auf eigene Rechnung vollzogen, sodass zu keinem Zeitpunkt ein unmittelbarer Verkauf der Karten von Lebara an den Verbraucher stattgefunden hat. Vielmehr kauften die Vertriebspartner die Telefonkarten von Lebara zu einem vereinbarten Preis, der niedriger als deren Nennwert war, und veräußerten sie im Folgenden im eigenen Namen und auf eigene Rechnung weiter. Die Karten sind einzig an Endverbraucher im Mitgliedstaat der Vertriebshändler oder dort ansässige zwischengeschaltete Einzel- oder Großhändler verkauft worden. Lebara hatte weder Einfluss auf den Endpreis, zu welchem die Vertriebshändler oder andere Unternehmer die Karten an Endkunden abgaben, noch hatte Lebara daran ein Interesse. Die Karten wurden durch Lebara freigeschaltet. Lebara war die Identität des Endnutzers zwar nicht bekannt, dafür verfügte allein sie über Systeme, die es ihr ermöglichten, die Kartenverwendung und damit zusammenhängende spezifische Daten, wie etwa die Höhe des aktuellen Guthabens betreffend, abzufragen.

Lebara wies in ihren Rechnungen an die ausländischen Vertriebspartner keine britische Umsatzsteuer aus, da sie davon ausging, dass sie den Vertriebshändlern Dienstleistungen erbringt, die am Ort des Leistungsempfängers steuerbar und ggf. unter Beachtung der Regelungen zur Umkehrung der Steuerschuldnerschaft steuerpflichtig sind. Denn nach Ansicht von Lebara bedeutet die tatsächliche Verwendung der Karte nicht, dass sie dem Endverbraucher eine entgeltliche Dienstleistung erbringe.

Die Finanzverwaltung vertrat die Auffassung, dass Lebara zwei Dienstleistungen erbracht habe: zum einen die Ausgabe der Telefonkarte und zum anderen die Einlösung. Den Mitgliedstaaten stünde hingegen ein Wahlrecht bezüglich der Besteuerung der ersten oder der zweiten Leistung zu. Vor diesem Hintergrund erließ die Finanzverwaltung einen Mehrwertsteuerbescheid im Hinblick auf eine Telekommunikationsdienstleistung an die Privatkunden.

Daraufhin erhob Lebara Klage beim vorlegenden Gericht, das angesichts der variierenden Behandlungspraxis der Mitgliedsstaaten hinsichtlich der steuerlichen Würdigung des Vertriebs von Telefonkarten und dem damit zusammenhängenden Risiko einer Doppel- oder Nichtbesteuerung der Einnahmen das Verfahren aussetzte.

Entscheidung

Der EuGH führt in seinem Urteil aus, dass ein steuerbarer Umsatz ein Rechtsverhältnis im Sinne des Art. 2 Nr. 1 der Sechsten Richtlinie zwischen den beiden Parteien voraussetzt, in dessen Rahmen gegenseitige Leistungen ausgetauscht werden müssen. Ein solches Gegenseitigkeitsverhältnis habe aber nur mit den Vertragshändlern bestanden. Lebara erhalte eine einzige tatsächliche Zahlung. Unter diesen Umständen dürfe nicht davon ausgegangen werden, dass Lebara Leistungen auch an Endkunden erbringe und dass die Vertriebshändler lediglich Vergütungen an Lebara weiterleiteten. Vielmehr werde dem Vertriebshändler das Recht übertragen, die bereitgestellte Infrastruktur zu nutzen – was als Telekommunikationsleistung anzusehen sei, sodass sich der Leistungsbestimmungsort nach den Regelungen für Telekommunikationsdienstleistungen richtet. Der Vertragshändler könne diese Befugnis entgeltlich weiterveräußern.

Die Zahlung kann nicht als Zahlung der Endnutzer an den Telefonanbieter angesehen werden, da der Vertriebshändler im eigenen Namen aufgetreten sei. Darüber hinaus sei dem Telefonanbieter die Identität des späteren Endnutzers unbekannt.

Kommentar

Das Urteil legt einen bereits länger anhaltenden Meinungsstreit bei, bei welchem die Bandbreite der Auffassungen von einer Anzahlung auf die Telekommunikationsleistung an den Endkunden bzw. einer Vermittlungsleistung des Wiederverkäufers oder fallweise einer Lieferung (z. B. OFD Frankfurt vom 25.3.2010, OFD Hannover 8.7.2009) bis hin zu der nunmehr vom EuGH gewählten Lösung reichte (OFD Hannover vom 10.9.2002, vor der Änderung der Auffassung 2009). Die Finanzverwaltung hat mittlerweile reagiert und die Wertungen des EuGH-Urteils übernommen. Zu beachten ist, dass dieses Urteil ausschließlich für Einzweckguthabenkarten und nicht auf Multifunktionskarten anzuwenden ist, mit denen z. B. Parkhäuser bezahlt oder auch Spenden z. B. für mildtätige Zwecke getätigt werden können. Hier handelt es sich bei Abgabe der Karte (nach derzeitiger Verwaltungsmeidung, vorbehaltlich einer noch immer ausstehenden Einigung der Finanzbehörden und dem jüngsten Vorstoß der EU-Kommission) letztlich nur um einen nicht steuerbaren Umtausch von Zahlungsmitteln.

Beratungshinweis:

Telekommunikationsanbieter, die über Vertriebshändler, die im eigenen Namen auftreten, Einzweckguthabenkarten verkaufen, müssen darauf achten, dass sich der Leistungsort danach richtet, wo der Vertriebshändler als Leistungsempfänger seinen Sitz hat. Voraussetzung ist, dass der leistende Unternehmer auch die entsprechenden Daten (z. B. Umsatzsteuer-Identifikationsnummer) des Kunden aufzeichnet. Darüber hinaus erbringen dann wohl auch die Vertriebshändler eine Telekommunikationsdienstleistung an ihre Kunden, sodass die Vertriebshändler ggf. Umsatzsteuer schulden und abführen müssen. Generell sollten Unternehmer, die mit Gutscheinen/Wertkarten handeln, die weiteren Rechtsentwicklungen auf EU-Ebene und nationaler Ebene beobachten.

5.2.8 Vorsteuerabzug bei dauerhafter Umgestaltung für vorübergehende private Zwecke eines dem Unternehmen zugeordneten Investitionsgutes

> **EuGH, Urteil v. 19.7.2012, C–334/10, X, DStR 2012, S. 1551**
>
> In seinem Urteil vom 19.7.2012 hat der EuGH entschieden, dass die Umsatzsteuer, die auf eine dauerhafte Umgestaltung zum Zwecke einer vorübergehenden privaten Verwendung eines vollständig dem Unternehmen zugeordneten Lagergrundstücks entfällt, als Vorsteuer abziehbar ist, sofern der Unternehmer zur Zeit der Tätigung der Eingangsumsätze die Absicht hatte, diese Eingangsleistung für den Bedarf seines Unternehmens zu verwenden. Der Umstand, dass ein für unternehmerische Zwecke erworbenes Investitionsgut nicht sofort für unternehmerische Zwecke verwendet wird, obwohl der betreffende Gegenstand in Hinblick auf künftige Umsätze vollständig dem Unternehmen zugeordnet wurde, stellt das Recht auf Vorsteuerabzug nicht in Frage. Die Privatnutzung des Gegenstands ist einer Dienstleistung gegen Entgelt gleichzustellen und unterliegt als diese der Besteuerung.
>
> **Normen:** Art. 6 Abs. 2, 11 Teil A Abs. 1 Buchst. c., 17 Abs. 2 Buchst. a der Sechsten Richtlinie

Sachverhalt

Bei dem Steuerpflichtigen handelt es sich um eine OHG, die im Jahr 2000 einen Großhandel für Autolacke betrieb. Die Gründer erwarben 1999 ein Lagergebäude, welches sie von Anfang an gewerblich nutzen wollten. Anfang 2000 wurde ein Teil des Dachgeschosses der Lagerhalle jedoch für Zwecke der vorübergehenden Bewohnung durch die Gesellschafter mit ihren Kindern umgebaut und für 23 Monate als Wohnung genutzt. Anschließend wurde der Gebäudeteil wie vorgesehen ausschließlich betrieblich genutzt. Für die Umbauarbeiten, die neben zwei Dachgauben und einer

Diele auch ein neues Badezimmer und eine Toilette beinhalteten, wurde Umsatzsteuer in Rechnung gestellt und von der OHG als Vorsteuer geltend gemacht.

Die Finanzverwaltung hielt die Umsatzsteuer als für zu Unrecht abgezogen, soweit sie nicht für den Einbau des Badezimmers und der Toilette anfiel, da nur diese Umbaumaßnahmen der späteren unternehmerischen Nutzung gedient hätten. Auch das erstinstanzliche Gericht war der Auffassung, dass die Dachgauben und die Diele ausschließlich zu Wohnzwecken und zu keinem Zeitpunkt für Zwecke des Unternehmens durchgeführt worden seien.

Entscheidung

Der EuGH stellte zunächst fest, dass aus der Vorlageentscheidung hervorgeht, dass die Dachgauben und die Diele zu ausschließlich privaten Zwecken eingebaut wurden. Diese private Nutzung zu Wohnzwecken war jedoch von vornherein als eine vorübergehende geplant und es war des Weiteren bekannt, dass dieser Teil des Lagergebäudes später für ausschließlich betriebliche Zwecke genutzt werden würde. Die Dachgauben und die Diele konnten aufgrund ihrer Art sowohl für private als auch für unternehmerische Zwecke verwendet werden. Da die Immobilie vollständig dem Unternehmen zugeordnet wurde und der betreffende Teil des Lagergebäudes nach der privaten Nutzung in seinem Zustand belassen worden ist, könne davon ausgegangen werden, dass dieses Gut anschließend für den betrieblichen Bedarf verwendet wurde.

Des Weiteren sei die private Nutzung von 23 Monaten im Hinblick auf die Haltbarkeit des Investitionsgutes und der voraussichtlichen Lebensdauer kein Anhaltspunkt dafür, dass der Steuerpflichtige nicht die Absicht hatte, dieses Gut für den Bedarf seines Unternehmens zu verwenden. Der Umstand, dass ein für unternehmerische Zwecke erworbener Gegenstand nicht sofort für diese Zwecke verwendet wird, kann nicht das Recht auf Vorsteuerabzug in Frage stellen.

Kommentar

Eine unternehmerische Nutzung, die auf eine ausschließliche Privatnutzung folgt, ist demnach nicht unbedingt eine spätere Einlage, für die kein Vorsteuerabzug statthaft ist – und zwar, obwohl hier zu keiner Zeit eine „gemischte" Nutzung vorlag. Das Investitionsgut kann dem Unternehmen zugeordnet werden, wenn eine spätere unternehmerische Nutzung bereits bei Leistungsbezug feststeht. Das Urteil wirft – in Deutschland – einige Zweifelsfragen auf. Denn nach Abschnitt 15.2 Abs. 21 Nr. 2 S. 3 UStAE ist für eine Zuordnung zum Unternehmen erforderlich, dass das Wirtschaftsgut zu mindestens 10 % unternehmerisch genutzt wird – sonst gilt der Eingangsumsatz nach dem genauen Wortlaut der Vorschrift nicht als für das Unternehmen ausgeführt. Man beachte allerdings zum einen, dass diese 10 %-Grenze auf den 31.12.2015 befristet ist, wenn sie nicht verlängert wird (Entscheidung des Rates vom 31.10.2012, 2012/0233). Zum anderen lässt sich dem Wortlaut dieser Ermächtigung eine Fiktion der vollständigen nichtunternehmerischen Nutzung nicht in hinreichender Klarheit entnehmen.

Insoweit ist auch auf das EuGH-Urteil vom 16.2.2012[145] zu verweisen, in dem der EuGH noch einmal auf die Möglichkeit der Zuordnung von erworbenen Investitionsgütern zum Unternehmen Stellung genommen hat und eine differenzierte Betrachtungsweise im Hinblick auf bezogene Dienstleistungen vertritt.

---

[145] EuGH, Urteil v. 16.2.2012, C–118/11, *Eon Aset Menidjmunt OOD*, UR 2012, S. 230, Vgl. C.5.2.2.

Beratungshinweis:

Die deutsche Finanzverwaltung geht bislang davon aus, dass eine Zuordnungsentscheidung bei Bezug der Lieferung darauf beruht, wie der erworbene Gegenstand zukünftig genutzt werden soll. Dabei wird in der Regel auf die erstmalige Nutzung abgestellt und eine Korrektur erfolgt allenfalls zu einem späteren Zeitpunkt über § 15a UStG[146]. Eine Korrektur über § 15a UStG ist aber dann ausgeschlossen, wenn der Gegenstand zunächst überhaupt nicht dem Unternehmen zugeordnet wurde, da die Finanzverwaltung dann eine (spätere) Einlage annimmt und der Vorsteuerabzug somit im „Privatbereich verpufft". Hier kann zukünftig auf Basis des EuGH-Urteils argumentiert werden – allerdings wird die Schwierigkeit darin bestehen, die beabsichtigte künftige unternehmerische Nutzung gegenüber der Finanzverwaltung eindeutig darzulegen.

5.2.9 Steuerbefreiung für die Lieferung von Luftfahrzeugen

> **EuGH, Urteil v. 19.7.2012, C–33/11, *A Oy*, DB 2012, S. 1725**
>
> **In seinem Urteil vom 19.7.2012 hat der EuGH entschieden, dass auch Luftfahrtgesellschaften, die hauptsächlich internationale Charterflüge durchführen, die Steuerbefreiung des Art. 15 Nr. 6 der Richtlinie 77/388/EWG in Anspruch nehmen können. Außerdem sei bereits die Überlassung eines Flugzeuges durch einen Unternehmer, der selbst nicht hauptsächlich im entgeltlichen internationalen Verkehr tätig ist, aber das Flugzeug zum Zweck der ausschließlichen Nutzung durch eine solche Gesellschaft erwirbt, steuerbefreit. Auch die Abwälzung der Kosten auf eine Privatperson, die sein Anteilseigner ist, kann nicht zur Versagung der Steuerbefreiung führen, soweit es sich nicht um einen Gestaltungsmissbrauch handelt.**
>
> **Norm:** Art. 15 Nr. 6 der Richtlinie 77/388/EWG

Sachverhalt

A Oy erwarb 2002 und 2003 zwei Flugzeuge von einem französischen Hersteller und überließ sie einem Tochterunternehmen, B Oy, welches im internationalen Charterverkehr tätig war, zur Nutzung. Die beiden Luftfahrzeuge wurden 2003 bzw. 2005 an ein in Zypern registriertes Unternehmen weiterverkauft. B Oy führte die Wartungsarbeiten sowie das operative Geschäft mit den Flugzeugen durch. Die Aufwendungen von A Oy bezogen sich vorwiegend auf die von der B Oy für die Wartung der Flugzeuge und auf für die A Oy durchgeführte Flüge in Rechnung gestellten Beträge. Diese Beträge wurden im Wesentlichen unverändert auf eine natürliche Peron abgewälzt, welche sämtliche Anteile an der A Oy hielt.

Die A Oy war seit 1.7.2002 als mehrwertsteuerpflichtig registriert, gab aber am 14.6.2003 eine Erklärung über die Beendigung ihrer Tätigkeit ab. Daraufhin strich das Finanzamt Südost-Finnland die A Oy rückwirkend zum 1.7.2002 aus dem Register der Mehrwertsteuerpflichtigen.

Der A Oy wurde 2005 die Steuerbefreiung des innergemeinschaftlichen Erwerbs der Flugzeuge verwehrt, mit der Begründung, dass sie nicht selbst im entgeltlichen internationalen Flugverkehr im Sinne von § 70 Abs. 1 Nr. 6 AVL tätig sei. Deshalb handele es sich bei dem Kauf der Flugzeuge

---

[146] Vgl. Auffassung der Finanzverwaltung im BMF, Schreiben v. 2.1.2012, IV D 2 – S 7300/11/10002, BStBl I 2012, S. 60, vgl. B.5.1.

um einen mehrwertsteuerpflichtigen innergemeinschaftlichen Erwerb. Die A Oy legte gegen diesen Beschluss Rechtsmittel ein. Sie machte geltend, dass der Erwerb mehrwertsteuerfrei sein müsse, da sie selbst die Flugzeuge erworben habe und ins Register habe eintragen lassen, um sie einem Tochterunternehmen zu überlassen. Bei der B Oy handele es sich eindeutig um eine Luftfahrtgesellschaft, die hauptsächlich im entgeltlichen internationalen Flugverkehr tätig sei, obwohl die Flugzeuge hauptsächlich als Firmenjet für den Anteilseigner genutzt wurden.

Das Oberste Verwaltungsgericht setzte daraufhin das Verfahren aus und legte dem Gerichtshof das Verfahren zur Vorabentscheidung vor.

Entscheidung

Der Europäische Gerichtshof führte in seinem Urteil aus, dass der europäische Richtliniengeber nicht die Absicht hatte, internationale Charterflüge vom Anwendungsbereich der durch Art. 15 Nr. 6 der Sechsten Richtlinie geschaffenen Steuerbefreiung auszunehmen. Zweck des Art. 15 Nr. 6 der Sechsten Richtlinie ist es, die Lieferung von Luftfahrzeugen von der Steuer zu befreien, wenn sie hauptsächlich für den internationalen Verkehr verwendet werden sollen. „Internationaler Verkehr" sei dabei so zu verstehen, dass es sich im Wesentlichen um Flüge handeln müsse, die mittels Luftfahrzeug zwischen zwei geografischen Punkten durchgeführt würden, die der betreffenden Beförderung eher internationalen als nationalen Charakter verleihen. Dies umfasse somit nicht nur Flugzeuge im Linien-, sondern auch im Charterverkehr. Außerdem ergebe sich nirgendwo aus der Richtlinie, dass die betreffenden Flüge regelmäßigen Charakter haben müssten. Es sei darum nicht geboten, Gesellschaften, die hauptsächlich internationale Charterflüge durchführten, von der betreffenden Steuerbefreiung auszunehmen. Schließlich stünden beide zueinander in Wettbewerb und der Grundsatz der steuerlichen Neutralität lässt es nicht zu, Wirtschaftsteilnehmer mit gleichartigen Umsätzen unterschiedlich zu behandeln.

Darüber hinaus entschied der EuGH, dass die Steuerbefreiung davon abhängig sei, dass die betreffenden Luftfahrzeuge von einer hauptsächlich im entgeltlichen internationalen Verkehr tätigen Luftfahrtgesellschaft verwendet werden. Deshalb sei bereits die Überlassung eines Flugzeuges durch einen Unternehmer, der selbst nicht hauptsächlich im entgeltlichen internationalen Verkehr tätig ist, das Flugzeug aber zum Zweck der ausschließlichen Nutzung durch eine solche Gesellschaft erwirbt, steuerbefreit. Hier sei wiederum auf den Grundsatz der Neutralität abzustellen. Außerdem müssen die vorgesehenen Steuerbefreiungen zwar eng ausgelegt werden, jedoch dürfen die verwendeten Begriffe nicht in einer Weise ausgelegt werden, die den Befreiungen ihre praktische Wirkung nähme.

Die Tatsache, dass der Erwerber des Luftfahrzeugs die Kosten für dessen Benutzung auf eine Privatperson abwälzt, die sein Anteilseigner ist, könne grundsätzlich nicht zu einer Versagung der Steuerbefreiung führen. Das nationale Gericht wird jedoch angewiesen zu prüfen, ob es sich insoweit um eine missbräuchliche Gestaltung zur Erlangung eines steuerlichen Vorteils handelt.

Kommentar

Das Urteil bestätigt letzten Endes die deutsche Praxis. Zum einen führt das BMF in seiner jährlich veröffentlichten Liste der begünstigten inländischen Gesellschaften[147] schon bislang eine Anzahl offenbarer Chartergesellschaften auf. Zum anderen ist das BMF-Schreiben vom 24.1.2004[148] zu nennen, wonach Lieferungen von Wasser- und Luftfahrzeugen nach § 8 UStG auf der Vorstufe

---

[147] Zuletzt: BMF, Schreiben v. 19.1.2012, BStBl I 2012, S. 140.
[148] BMF, Schreiben v. 24.1.2004, BStBl I 2004, S. 294.

steuerbefreit sind, wenn die Zweckbestimmung nachweislich endgültig feststeht. Denn nachdem der EuGH in früheren Urteilen[149] noch die Vorstufenbefreiung für Lieferungen und sonstige Leistungen nach Art. 15 Nr. 4 ff. der Sechsten Richtlinie bzw. Art. 148 MWStSystRL abgelehnt hatte, macht er jetzt hiervon wieder eine Ausnahme. Es fragt sich, ob diese Ausnahme tatsächlich nur auf Flugzeuge beschränkt ist und nicht z. B. auch auf direkt zuordenbare Fertigungsteile wie etwa Turbinen ausgedehnt werden könnte. Die Vorstufenbefreiung wurde in den genannten Urteilen nämlich aufgrund des Umstands abgelehnt, dass die Mitgliedsstaaten Kontrollmechanismen hätten einführen müssen, um sich der Bestimmung der betreffenden Gegenstände und Dienstleistungen zu vergewissern. Wie der EuGH ausführt, lasse sich das aber nicht auf diesen Fall übertragen, da Steuerbefreiungen zwar eng auszulegen seien, aber nicht derart eng, dass sie ihnen die praktische Wirkung nähmen. Zudem macht der EuGH die interessante Anmerkung, dass ein steuerpflichtiger Verkauf dem Ziel der Steuerbefreiung auch insoweit entgegenstehe, als sich der für die Nutzung des Flugzeugs zu zahlende Preis erhöhe – und zwar nicht (wie bei den unechten Steuerbefreiungen), um die Vorsteuer, sondern um die Finanzierungskosten für den Liquiditätsabfluss infolge der Entrichtung der Mehrwertsteuer, die im konkreten Fall besonders hoch seien. All dies mag auch auf andere Umsätze wie die Lieferung von Turbinen, aber auch auf andere leicht zuordenbare und vergleichsweise kostspieligere Umsätze wie z. B. die Inneneinrichtung eines Flugzeugs für den Passagiertransport zutreffen.

Beratungshinweis:

Das Urteil beinhaltet im Grunde eine Öffnungsklausel im Hinblick auf die Steuerbefreiung für die Schifffahrt- und Luftfahrtindustrie, wenn von vornherein feststeht, dass die Gegenstände nur für bestimmte Zwecke eingesetzt werden können. Es bleibt aber abzuwarten, ob die deutsche Finanzverwaltung ihre Rechtspraxis insoweit anpassen und entgegen der jetzigen Regelung die Steuerbefreiung auf den Vorstufen über die Lieferung von Flugzeugen hinaus zulassen wird.

5.2.10 Versagung der Steuerfreiheit für innergemeinschaftliche Lieferungen im Fall von Steuerhinterziehung

> **EuGH, Urteil v. 6.9.2012, C–273/11, *Mecsek-Gabona Kft*, DStR 2012, S. 1917**
>
> **In seinem Urteil vom 6.9.2012 hat der Europäische Gerichtshof entschieden, dass einem Steuerpflichtigen die Mehrwertsteuerbefreiung für eine innergemeinschaftlichen Lieferung versagt werden kann, wenn er mit einer Steuerhinterziehung in Verbindung gebracht werden kann, bzw. der Unternehmer nicht alle ihm zur Verfügung stehenden Maßnahmen ergriffen hat, um seinen Sorgfalts- und Nachweispflichten über eine Umsatzsteuer-Identifikationsnummer nachzukommen.**
>
> **Außerdem hat er entschieden, dass eine Steuerbefreiung nicht deswegen versagt werden kann, weil die Umsatzsteuer-Identifikationsnummer des Erwerbers nachträglich mit Rückwirkung aus dem Register gelöscht worden sei.**
>
> **Norm:** Art. 138 Abs. 1 der Richtlinie 2006/112/EG

---

[149] C–185/89, *Velker*, BeckRS 2004, 74769, und C–181-183/04, *Elmeka*, DB 2006, S. 2107.

Sachverhalt

Mecsek-Gabona ist eine ungarische Gesellschaft, deren Kerngeschäft der Großhandel mit Getreide, Saatgut, Tabak und Futtermitteln ist. Am 28.8.2009 schloss Mecsek-Gabona mit der italienischen Gesellschaft Agro-Trade srl einen Kaufvertrag über die Lieferung von 1.000 Tonnen Raps. Die Erwerberin verpflichtete sich, die Ware beim Lieferer in Ungarn abzuholen und die Ware in einen anderen Mitgliedstaat zu befördern. Sie teilte der Mecsek-Gabona die amtlichen Kennzeichen der Fahrzeuge mit, die die Ware abholen würden. Zur Lieferung wurden CMR-Frachtbriefe erstellt, welche der Verkäuferin von der Anschrift der Erwerberin in Italien aus zugesandt wurden. Die Frachtführer führten von ihnen abgestempelte Lieferscheine mit sich.

Am 4.9.2009 wurden zwei Rechnungen für die Raps-Lieferungen ausgestellt. Einige Tage nach der Lieferung wurde die erste Rechnung bezahlt, die zweite hingegen wurde nicht bezahlt. Die Mecsek-Gabona stellte daraufhin eine Anfrage bei dem Register der Steuerpflichtigen, aus der hervorging, dass die Agro-Trade über eine gültige Umsatzsteuer-Identifikationsnummer verfügte.

Anlässlich einer Prüfung bei der Mecsek-Gabona und einer Kontrollmitteilung an die italienischen Steuerbehörden, stellte sich jedoch heraus, dass der Käufer an seiner angeblichen Adresse nicht ansässig war und auch nie Mehrwertsteuer abgeführt hat. Daraufhin wurde die Umsatzsteuer-Identifikationsnummer des Käufers am 14.1.2010 rückwirkend zum 14.4.2009 im Register gelöscht. Die ungarische Steuerbehörde versagte die Steuerfreiheit der ausgeführten Lieferungen mit der Begründung, dass die Mecsek-Gabona nicht habe nachweisen können, dass eine umsatzsteuerbefreite innergemeinschaftliche Lieferung stattgefunden habe.

Entscheidung

Der EuGH führt zunächst aus, dass unstreitig eine Lieferung ausgeführt wurde. Inwieweit eine Steuerbefreiung eingreift, sei jedoch zweifelhaft. Für die Festlegung der Bedingungen, unter denen innergemeinschaftliche Lieferungen befreit sind, sind die Mitgliedstaaten zuständig. Jedoch müssen die Mitgliedstaaten hierbei die allgemeinen Rechtsgrundsätze, vor allem die Grundsätze der Rechtssicherheit und der Verhältnismäßigkeit, beachten. Die ungarische Regelung hierzu sieht lediglich vor, dass die Lieferung zu zertifizieren ist und dass das Niveau der verlangten Nachweise von den konkreten Umständen des betreffenden Umsatzes abhängt.

Der Grundsatz der Rechtssicherheit verlangt jedoch, dass Steuerpflichtige ihre steuerlichen Verpflichtungen kennen, bevor sie ein Geschäft abschließen. Es verstößt nicht gegen das Gemeinschaftsrecht, von einem Wirtschaftsteilnehmer zu fordern, dass er in gutem Glauben handelt und alle Maßnahmen ergreift, die vernünftigerweise verlangt werden können, um sicherzustellen, dass der von ihm getätigte Umsatz nicht zu seiner Beteiligung an einer Steuerhinterziehung führt. Ob der Verkäufer seinen Sorgfalts- und Nachweispflichten nachgekommen ist, muss somit das nationale Gericht entscheiden.

Wenn also die Lieferung mit der vom Erwerber begangenen Steuerhinterziehung verknüpft ist, kann der Lieferer nachträglich zu der auf diese Lieferung entfallenden Umsatzsteuer herangezogen werden. Das Recht auf Steuerbefreiung kann somit von der Gutgläubigkeit des Lieferers abhängig gemacht werden.

Die Mitgliedstaaten müssen darüber hinaus sicherstellen, dass jeder Steuerpflichtige, der innergemeinschaftliche Erwerbe bewirkt, eine individuelle Nummer erhält, welche stets auf der Rechnung, die bei einer innergemeinschaftlichen Lieferung auszustellen ist, vermerkt werden muss. Hierbei handelt es sich jedoch nur um ein formelles Erfordernis, das den Anspruch auf Umsatzsteuerbefreiung nicht infrage stellen kann, sofern die materiellen Voraussetzungen erfüllt sind. Im Ausgangsverfahren ist unstreitig, dass der Erwerber zum Zeitpunkt der Bewirkung des Umsatzes über eine gültige Umsatzsteuer-Identifikationsnummer verfügte. Die zuständige nationale Behörde hat den Status eines Steuerpflichtigen zu prüfen, bevor sie ihm eine Umsatzsteuer-Identifikationsnummer zuteilt. Somit können eventuelle Unregelmäßigkeiten des Registers nicht dazu führen, dem Wirtschaftsteilnehmer, der sich auf die Angaben in diesem Register gestützt hat, die Steuerbefreiung zu nehmen.

Kommentar

Der EuGH festigt mit dieser Entscheidung seine Rechtsprechungspraxis im Bereich des Mehrwertsteuerbetruges. So hat er bereits mehrfach entschieden, dass die Steuerbefreiung in Fällen, in denen ein Unternehmer mit einer Steuerhinterziehung in Verbindung gebracht werden kann, zu versagen ist, und ist womöglich gewillt, die „Strafbesteuerung" seines Urteils „R"[150] auch auf Fälle anzuwenden, in denen der Lieferer selbst nicht aktiv zum Steuerbetrug beigetragen hat, sondern lediglich davon wusste und nicht genügend dagegen unternahm. Fraglich ist weiterhin, welche Sorgfaltspflichten der Lieferant aufwenden muss, damit ihm nicht unterstellt werden kann, dass er die Beteiligung an einer Steuerhinterziehung hätte erkennen müssen. Im vorliegenden Fall hatte er zumindest die Überprüfung der Umsatzsteuer-Identifikationsnummer – wenn auch zu einem späteren Zeitpunkt – vorgenommen. Ob es jedoch ausreicht, die Umsatzsteuer-Identifikationsnummer zu prüfen oder einen Handelsregisterauszug anzufordern, oder ob es weitergehender Maßnahmen bedarf, bleibt abzuwarten.

Auf der anderen Seite enthält das Urteil auch die positive Aussage, dass der Steuerpflichtige nicht dafür verantwortlich gemacht werden kann, wenn eine Umsatzsteuer-Identifikationsnummer rückwirkend für ungültig erklärt wird. Der EuGH erteilt hier erneut dem reinen Formalismus eine Absage und führt diesen Ansatz auch in anderen Urteilen fort.[151]

Beratungshinweis:

Es verbleibt weiterhin ein Risiko beim liefernden Unternehmer in Abholfällen bei innergemeinschaftlichen Lieferungen, da die Frage der Sorgfaltspflichten des liefernden Unternehmers nicht abschließend geklärt ist. Es sollte jedoch stets darauf geachtet werden, dass eine qualifizierte Bestätigungsabfrage der Umsatzsteuer-Identifikationsnummer des Kunden erfolgt, damit der Nachweis geführt werden kann, dass die Nummer zum Zeitpunkt der Lieferung gültig und dem betreffenden Unternehmer zugeordnet war. Können Abhollieferungen nicht vermieden werden, sollte darüber hinaus eine erhöhte Sorgfalt aufgewendet werden, um festzustellen, dass der Kunde tatsächlich derjenige ist, für den er sich ausgibt, und ob er als Unternehmer handelt.

---

[150] EuGH. Urteil v. 7.12.2010, C–285/09, *R*, DStR 2010, S. 2572.
[151] Vgl. u. a. EuGH. Urteil v. 27.9.2012, C–587/10, *VST*, DStR 2012, S. 2014.

5.2.11 Pro-rata-Satz des Vorsteuerabzugs bei Vermietung eines Gebäudes zu Geschäfts- und Wohnzwecken

> **EuGH, Urteil v. 8.11.2012, C–511/1, *BLC Baumarkt GmbH & Co. KG*, DStR 2012, S. 2333**
>
> Das Gemeinschaftsrecht gestattet den Mitgliedstaaten, zum Zweck der Berechnung des Pro-rata-Satzes für den Abzug der Vorsteuern aus einem bestimmten Umsatz wie der Errichtung eines gemischt genutzten Gebäudes vorrangig einen anderen Aufteilungsschlüssel als den Umsatzschlüssel vorzuschreiben, vorausgesetzt, die herangezogene Methode gewährleistet eine präzisere Bestimmung dieses Pro-rata-Satzes.
>
> **Normen:** Art. 17 Abs. 5, 19 Abs. 1 der Sechsten Richtlinie; § 15 Abs. 4 UStG

Sachverhalt

Die Klägerin errichtete 2003 und 2004 ein Gebäude, in dem sich sowohl Wohnungen als auch Geschäftsräume befanden. Nach der Fertigstellung des Gebäudes vermietete sie es teilweise umsatzsteuerpflichtig und teilweise umsatzsteuerfrei. Im Rahmen der Umsatzsteuerjahreserklärung 2004 machte sie daher nur einen Anteil der ihr für die Errichtung des Gebäudes entstandenen Vorsteuer geltend. Sie errechnete die Vorsteuerquote nach Maßgabe des Verhältnisses des Umsatzes aus den gewerblichen, steuerpflichtigen Mieten zu den Umsätzen aus anderweitiger Vermietung (sog. Umsatzschlüssel).

Das Finanzamt war hingegen der Auffassung, dass eine Aufteilung nach Fläche hätte stattfinden müssen und kürzte insoweit die abziehbare Vorsteuer. Gegen diesen Bescheid erhob BLC Klage und das zuständige Finanzgericht gab der Klage mit der Begründung statt, dass § 15 Abs. 4 S. 3 UStG gegen Gemeinschaftsrecht verstieße. Ein Mitgliedstaat dürfe nicht vorrangig eine Berechnungsmethode festlegen, die auf ein anderes Aufteilungskriterium als den Umsatz abstelle.

Im Revisionsverfahren legte der BFH das Verfahren dann dem EuGH zur Vorabentscheidung vor.

Entscheidung

Der EuGH führt aus, dass der Umsatzschlüssel nach Gemeinschaftsrecht zunächst als Grundprinzip festgelegt wurde. Die Mitgliedsstaaten seien jedoch ermächtigt, auf verschiedene, in der Richtlinie näher bestimmte Arten, vom Umsatzschlüssel abzuweichen. Diese abweichenden Methoden hätten aber Ausnahmecharakter, sodass bei Anwendung eines anderen Aufteilungsmaßstabes nicht nur der Neutralitäts- und Verhältnismäßigkeitsgrundsatz gewahrt werden müsse, sondern auch sichergestellt sein müsse, dass die auf den vorsteuerunschädlichen Umsatz anfallende Vorsteuer auch tatsächlich geltend gemacht werden kann. Die Ausnahme setze daher voraus, dass der abweichende Vorsteuerschlüssel zu einem präziseren Ergebnis gelangt.

Im vorliegenden Fall sei es daher nicht zu beanstanden, dass Deutschland speziell für die Errichtung von Gebäuden davon ausgeht, dass der Flächenschlüssel zu einer zutreffenden, präziseren Bestimmung der abziehbaren Vorsteuerquote führt. Dies müsse jedoch vom vorlegenden Gericht überprüft werden.

Kommentar

Der EuGH hat mit seiner Entscheidung zum einen klargestellt, dass das Gemeinschaftsrecht zwar den Umsatzschlüssel als vorrangigen Aufteilungsmaßstab für die Bestimmung der Vorsteuerquote vorsieht. Eine Abweichung ist aber tatsächlich möglich, d. h. die Mitgliedstaaten können für spezielle Fälle vorrangig einen anderen Aufteilungsmaßstab bestimmen, wenn dies zu einer zutreffenderen Ermittlung der Vorsteuerquote führt. § 15 Abs. 4 UStG in der aktuellen Fassung dürfte diese Voraussetzungen nicht erfüllen. Der BFH wäre insoweit sogar gefragt, über die Europarechtskonformität der Norm zu befinden.

Das Urteil bietet somit eine Grundlage für die Unternehmen, die aus ihrer jeweiligen Sicht präzisesten Aufteilungsmethoden heranzuziehen. Da es sich um eine Ausnahme handelt, müsste das Finanzamt begründen, warum es im Einzelfall einen anderen Schlüssel als den Umsatzschlüssel für angebracht hält. Leider ist es offenbar nicht möglich, den Pro-rata-Satz für unterschiedliche Eingangsumsätze auch unterschiedlich festzulegen: Art. 17 Abs. 5 UA 2 der Sechsten Richtlinie (= Art. 173 Abs. 1 UA 2 der MWStSystRL) schreibt vor, dass der Pro-rata-Satz für die Gesamtheit der vom Steuerpflichtigen bewirkten Umsätze festgelegt wird.

Beratungshinweis:

Auch wenn der EuGH es grundsätzlich für zulässig hält, dass ein Mitgliedstaat spezifische Aufteilungsmaßstäbe neben dem Umsatzschlüssel bestimmt, wird abzuwarten sein, wie der BFH die Frage beantworten wird, ob der Flächenschlüssel im konkreten Fall zu einer präziseren Ermittlung der abziehbaren Vorsteuer geführt hat bzw. ob § 15 Abs. 4 UStG in der aktuellen Fassung überhaupt eine europarechtskonforme Grundlage zur Anwendung des Flächenschlüssels darstellt. Darüber hinaus sollte auch in anderen Fällen eine entsprechende Prüfung vorgenommen werden, um den meist für den Unternehmer günstigsten Aufteilungsmaßstab des Umsatzschlüssels nicht von vornherein aufzugeben.

6 Gewerbesteuer

6.1 Unionsrechtmäßigkeit der gewerbesteuerlichen Hinzurechnung von Zinsen aus Darlehen einer niederländischen Muttergesellschaft

> **BFH, Urteil v. 7.12.2011,[152] I R 30/08, DStR 2012, S. 509;**
> **Vorinstanz: FG Münster, EFG 2008, S. 968**
>
> **Die hälftige Hinzurechnung der Zinsen aus Darlehen der in den Niederlanden ansässigen Muttergesellschaft zum Gewinn einer Kapitalgesellschaft gemäß § 8 Nr. 1 GewStG 2002 verstößt weder gegen die Richtlinie 2003/49/EG des Rates v. 3.6.2003 über eine gemeinsame Steuerregelung für Zahlungen von Zinsen und Lizenzgebühren zwischen verbundenen Unternehmen verschiedener Mitgliedstaaten, noch gegen die unionsrechtliche Niederlassungsfreiheit und auch nicht gegen die Diskriminierungsverbote des Art. 24 DBA-Niederlande.**
>
> **Normen:** §§ 2 Abs. 2 S. 2, 8 Nr. 1 GewSt; EU-Zins- und Lizenz-Richtlinie; DBA Niederlande

---

[152] Erst im Jahr 2012 veröffentlicht.

Das vorliegende Urteil ist die nationale Konsequenz aus dem Urteil des EuGH vom 21.7.2011 *Scheuten Solar Technology*,[153] welches aufgrund des Vorabentscheidungsersuchens des erkennenden Senats ergangen war.

Im Ergebnis hatte der EuGH entschieden, dass Hinzurechnungen nach § 8 Nr. 1 GewStG nicht gegen Europäisches Sekundärrecht in Gestalt der Zins- und Lizenzgebühren-Richtlinie verstoßen.

Der BFH konstatiert im Anschluss daran, dass auch das europäische Primärrecht, hier die Niederlassungsfreiheit, durch die gewerbesteuerliche Hinzurechnung nicht verletzt wird. Denn sofern die Klägerin (wäre sie im Inland ansässig gewesen) die Hinzurechnung durch Bildung einer ertragsteuerlichen Organschaft hätte vermeiden können, wäre ein solcher Verstoß denkbar. Die Besonderheit des vorliegenden Falles lag darin, dass beide Parteien hier gar keinen Ergebnisabführungsvertrag abgeschlossen hatten, da sie damit rechneten, dass dieser ertragsteuerlich nicht anerkannt werden würde. Der Abschluss eines Ergebnisabführungsvertrags wäre mit einer Reihe von Risiken verbunden gewesen, die angesichts der geringen Chance einer grenzüberschreitenden Konsolidierung nicht in Kauf genommen werden konnte.

Diesem Argument widersprach der BFH unter Bezugnahme auf das Urteil des EuGH vom 25.2.2010 *X-Holding*.[154] Hier hatte der EuGH seinerzeit die Inlandsbeschränkung ertragsteuerlicher Gruppenbesteuerungssysteme als vom gemeinschaftsrechtlich anerkannten Rechtfertigungsgrund der Aufteilung der Besteuerungsbefugnisse gedeckt angesehen. Somit besteht keine Möglichkeit eines grenzüberschreitenden Verlusttransfers im Rahmen von Gruppenbesteuerungssystemen. Diese Linie führt der BFH fort und folgert, dass auch andere Aspekte der Ergebniskonsolidierung wie der gewerbesteuerliche Zurechnungsverzicht im Organkreis bei der Organgesellschaft von diesem Rechtfertigungsgrund umfasst sind.

Ein Verstoß gegen die Niederlassungsfreiheit scheitert aber auch bereits daran, dass die weitere Voraussetzung der Organschaft – der Abschluss eines Ergebnisabführungsvertrages – eben gerade nicht vorlag. Eine Verlustverrechnung wäre also ohnehin nicht möglich gewesen.

Weiterhin besteht mit den Niederlanden kein abkommensrechtliches Diskriminierungsverbot.

Beratungshinweis:

Nach Ansicht des BFH ist die Inlandsbeschränkung sämtlicher Effekte von Konsolidierungssystemen gemeinschaftsrechtskonform, da diese vom Rechtfertigungsgrund der Aufteilung der Besteuerungsbefugnisse gedeckt sind. Fraglich ist, ob dies in letzter Konsequenz die Abschaffung der Organschaft und die Einführung eines modernen Gruppenbesteuerungssystems in die Wege leitet.

Literaturhinweis: *Rehm/Nagler*, GmbHR 2012, S. 538

---

[153] EuGH v. 21.7.2011, C–397/09, *Scheuten Solar Technology*, IStR 2011, S. 590.
[154] EuGH v. 25.2.2010, C–337/08, *X-Technologie*, Slg. 2010, I-1215.

6.2 Kosten der Rekultivierung sind nicht Bestandteil gewerbesteuerlich hinzuzurechnender Pachtzinsen

> **BFH, Urteil v. 21.6.2012, IV R 54/09, BFH/NV 2012, S. 1548;**
> **Vorinstanz: FG München, EFG 2010, S. 585**
>
> Ist mit der behördlichen Genehmigung zum Abbau eines Bodenschatzes durch den Grundstückspächter eine Verpflichtung zur Rekultivierung verbunden, sind die Zuführungen zur Rekultivierungsrückstellung nicht wirtschaftlicher Bestandteil der an den Grundstückseigentümer zu leistenden Pachtzinsen. Sie erhöhen deshalb nicht den nach § 8 Nr. 7 GewStG a. F. hinzuzurechnenden Betrag für geleistete Pachtzinsen.
>
> **Norm:** § 8 Nr. 7 GewStG a. F.

Die Klägerin baute ein Sandvorkommen ab. Grundlage hierfür war ein dem Eigentümer des Betriebsgrundstücks und dem Gesellschafter der Klägerin eingeräumtes Erdmaterialgewinnungsrecht, für das eine Grunddienstbarkeit auf einem benachbarten Grundstück bestellt worden war. Das Entgelt für die Entnahme von Erdmaterial richtete sich nach der Abbaumenge. Das Landratsamt hatte die der Klägerin für den Betrieb der Anlage erteilte immissionsschutzrechtliche Genehmigung mit einer Rekultivierungsauflage versehen. Auch nach dem Vertrag über das Substanzgewinnungsrecht war der Eigentümer des „herrschenden" Grundstücks verpflichtet, das „dienende" Grundstück nach dem vom Landratsamt genehmigten Plan auf seine Kosten zu rekultivieren. Hierfür bildete die Klägerin eine Rückstellung. Das FA vertrat die Auffassung, nach § 8 Nr. 7 GewStG sei nicht nur die Hälfte des laufenden Entgelts für die Erdmaterialentnahme, sondern auch die Hälfte der Zuführung zur Rückstellung dem Gewinn hinzuzurechnen. Das FG gab der hiergegen gerichteten Klage statt, die Revision gegen das finanzgerichtliche Urteil wiederum war begründet, d. h. nach Ansicht des erkennenden Senats sind Zuführungen zur Rekultivierungsrückstellung keine Miet- und Pachtzinsen i. S. d. § 8 Nr. 7 GewStG.

Sinn der gewerbesteuerlichen Hinzurechnung von Miet- und Pachtzinsen ist es, Unternehmen ungeachtet der Nutzung eigenen oder fremden Vermögens derselben gewerbesteuerlichen Belastung zu unterwerfen. Während der Reinertrag aus der Nutzung eigenen Anlagevermögens unmittelbar in den Gewerbeertrag eingeht, soll der Reinertrag aus der Nutzung von gepachtetem oder gemietetem Anlagevermögen typisiert und durch die Hinzurechnung der Hälfte der gewinnmindernd behandelten Miet- und Pachtzinsen mit Gewerbesteuer belastet werden. Dabei ist der Begriff der Miet- und Pachtzinsen wirtschaftlich zu verstehen. Hierunter fallen somit auch die Kosten für die Instandhaltung und Versicherung, soweit diese Kosten nach den für den infrage stehenden Vertragstyp gültigen gesetzlichen zivilrechtlichen Vorschriften ohnehin der Mieter/Pächter zu tragen hätte. Hierzu zählen auch Zuführungen zur Rückstellung für zukünftig entstehende Kosten.

Auch die zeitlich begrenzte Überlassung von Grundstücken zur Hebung der darin ruhenden Bodenschätze wird zivil- wie auch steuerrechtlich als Pachtverhältnis beurteilt. Als Pachtzins sind neben dem Entgelt für den Abbau des Bodenschatzes auch vom Abbau berechtigt übernommene, an sich vom Verpächter zu tragende Lasten anzusehen. Allerdings erfüllt der Abbauberechtigte im vorliegenden Fall durch die Übernahme der Rekultivierung auch eine eigene öffentlich-rechtliche Verpflichtung. Die Rekultivierungsverpflichtung trifft hier sowohl Grundstückseigentümer als auch Abbauberechtigte, sodass sie grundsätzlich keinem allein zugeordnet werden kann. Insoweit sind sie auch nicht Bestandteil der Miet- und Pachtzinsen. Die Klägerin hier war allerdings sowohl gesetzlich als auch nach der Genehmigung des Landratsamts zur Rekultivierung selbst verpflichtet. Auch der Vertrag über das Substanzgewinnungsrecht ordnet dem Eigentümer des dienenden

Grundstücks keine Rekultivierungsverpflichtung zu, ohne dass erkennbar wäre, dass dies der typischen Lastenverteilung bei derartigen Rechtsgeschäften nicht entspricht. Insoweit handelt es sich bei den Zuführungen zur Rückstellung um keine hinzuzurechnenden Miet- bzw. Pachtzinsen.

6.3 Beginn der sachlichen Gewerbesteuerpflicht bei Mitunternehmerschaften

> **BFH, Urteil v. 30.8.2012, IV R 54/10, DStR 2012, S. 2180;**
> **Vorinstanz: FG Berlin-Brandenburg, EFG 2011, S. 725**
>
> Die sachliche Gewerbesteuerpflicht der unter § 2 Abs. 1 GewStG fallenden Gewerbebetriebe beginnt erst, wenn alle tatbestandlichen Voraussetzungen eines Gewerbebetriebes erfüllt sind (ständige Rechtsprechung). Dies gilt für Personengesellschaften unabhängig von der Rechtsform ihrer Gesellschafter. Die Einfügung des § 7 S. 2 GewStG hat zu keiner Änderung dieser rechtlichen Beurteilung geführt.
>
> **Normen:** §§ 2 Abs. 1, 7 S. 2 GewStG

In ständiger Rechtsprechung hat der BFH entschieden, dass die sachliche Gewerbesteuerpflicht erst dann entsteht, wenn alle tatbestandlichen Voraussetzungen eines Gewerbebetriebes erfüllt sind und der Gewerbebetrieb in Gang gesetzt worden ist. Dies unterscheidet die Gewerbesteuer von der Einkommensteuer als Personensteuer, welche sämtliche betrieblichen Vorgänge beginnend mit der ersten Vorbereitungshandlung zur Eröffnung eines Betriebes umfasst. Gegenstand der Gewerbesteuer ist hingegen nur der auf den laufenden Betrieb entfallende, durch eigene gewerbliche Leistungen entstandene Gewinn – die Gewerbesteuer ist insoweit als Sachsteuer ausgestaltet.

Maßgeblich ist daher der Beginn der werbenden Tätigkeit, für diese ist die Teilnahme am allgemeinen wirtschaftlichen Verkehr unabdingbar. Unbeachtliche Vorbereitungshandlungen wie die Anmietung eines Geschäftslokals gehören noch nicht dazu. Das Unternehmen muss sich mit eigenen gewerblichen Leistungen am Geschäftsleben beteiligen können – die Rechtsform der Gesellschafter spielt für diese Frage keine Rolle.

Nach § 7 S. 2 GewStG gehören Veräußerungs- bzw. Aufgabegewinne bei Mitunternehmerschaften zum Gewerbeertrag, soweit sie auf eine nicht natürliche Person als unmittelbar beteiligten Mitunternehmer entfallen. Hieraus hat das FG abgeleitet, korrespondierend müssten auch vorbereitende Betriebsausgaben bei der Ermittlung des Gewerbeertrags berücksichtigt werden. Nach Ansicht des BFH allerdings sind solche auf Kapitalgesellschaften zugeschnittene Grundsätze nicht auf Mitunternehmerschaften übertragbar, auch wenn nur Kapitalgesellschaften als Mitunternehmer beteiligt sind. Dies folgt aus Sinn und Zweck der Regelung wie auch aus seiner systematischen Stellung im Gesetz.

Bereits der Wortlaut spricht nur von Veräußerungs- und Aufgabegewinnen. § 7 S. 2 GewStG regelt die Einbeziehung solcher Gewinne, dies allerdings nur unter der Voraussetzung, dass eine sachliche Gewerbesteuerpflicht nach § 2 GewStG überhaupt besteht. Nach der Gesetzesbegründung soll die Regelung verhindern, dass Kapitalgesellschaften einzelne Wirtschaftsgüter, deren Veräußerung bei ihnen der Gewerbesteuer unterliegt, nach § 6 Abs. 5 S. 3 EStG steuerneutral auf eine Personengesellschaft übertragen und anschließend die Beteiligung an der Personengesellschaft steuerfrei veräußern.

Auch die systematische Stellung des § 7 GewStG spricht gegen die Einbeziehung vorweggenommener Betriebsausgaben in die Ermittlung des Gewerbeertrags bei Mitunternehmerschaften. § 7 GewStG setzt bereits eine sachliche Gewerbesteuerpflicht voraus; nur wenn eine solche besteht, ist auch ein Gewerbeertrag zu ermitteln.

Eine Übertragbarkeit der Regelungen, die für Körperschaften gelten, lehnt der BFH mit Verweis darauf ab, dass Kapitalgesellschaften stets und in vollem Umfang als Gewerbebetrieb gelten. Die Gewerbesteuerpflicht knüpft hier allein an die Rechtsform an. Die Ermittlung des Gewerbeertrags hier unterscheidet sich wesentlich von der bei Mitunternehmerschaften, bei denen z. B. auch Ergänzungs- und Sonderbilanzen zu berücksichtigen sind. Auch ein verfassungsrechtlicher Verstoß gegen Art. 3 Abs. 1 GG liegt aufgrund der unterschiedlichen Konzeption von Kapitalgesellschaften und Personengesellschaften nicht vor.

Die Einführung des § 7 S. 2 GewStG als punktuelle Missbrauchsvorschrift hat an der Anknüpfung der sachlichen Steuerpflicht an einen werbenden Betrieb bei Mitunternehmerschaften nichts geändert. Einen grundlegenden Systemwechsel kann der BFH hier nicht erkennen.

7 Abgabenordnung

7.1 Zuteilung der Identifikationsnummer verfassungsgemäß

> **BFH, Urteil v. 18.1.2012, II R 49/10, BStBl II 2012, S. 168;**
> **Vorinstanz: FG Köln, Urteil v. 7.7.2010, 2 K 3093/08, EFG 2010, S. 1973**
>
> **Die Zuteilung der Identifikationsnummer und die dazu erfolgte Datenspeicherung sind mit dem Recht auf informationelle Selbstbestimmung und sonstigem Verfassungsrecht vereinbar.**[155]
>
> **Normen:** Art. 1 Abs. 1, 2 Abs. 1, 3 Abs. 1, 4 GG; §§ 30, 139a, 139b AO; §§ 10, 10a, 22a, 39e, 44a, 45d, 51a, 81 EStG; §§ 1, 6 StIdV; § 41 FGO

Seit dem 1.7.2007 erhalten natürliche Personen vom Bundeszentralamt für Steuern eine sog. Identifikationsnummer zum Zwecke der eindeutigen Identifizierung in Besteuerungsverfahren, die bei Anträgen, Erklärungen oder Mitteilungen gegenüber Finanzbehörden anzugeben ist (§ 139a AO). Diese dauerhafte Identifikationsnummer besteht aus einer Ziffernfolge, die nicht aus anderen Daten über den Steuerpflichtigen gebildet oder abgeleitet werden darf. Gemäß § 139b Abs. 3 AO speichert das Bundeszentralamt für Steuern zu natürlichen Personen die folgenden Daten: Identifikationsnummer, Wirtschafts-Identifikationsnummern, Familienname, frühere Namen, Vorname, Doktorgrad, Tag und Ort der Geburt, Geschlecht, gegenwärtige oder letzte bekannte Anschrift, zuständige Finanzbehörden, Übermittlungssperren nach dem Melderechtsrahmengesetz und den Meldegesetzen der Länder sowie den Sterbetag.

Gegen diese Zuteilung einer Identifikationsnummer und der damit verbundenen Datenspeicherung hatte eine Frau geklagt mit der Begründung, es liege zum einen ein unzulässiger Eingriff in ihr Recht auf informationelle Selbstbestimmung vor. Zum anderen sah sie aber auch eine Verletzung des Grundrechts auf Religionsfreiheit, da die Steueridentifikationsnummer in großem Umfang an

---

[155] Amtlicher Tenor.

die Stelle des auch religiös bedeutsamen Namens trete und die Menschen dadurch zum Objekt gemacht würden.

Diese Bedenken teilte der BFH mit dem Urteil vom 18.1.2012 nicht, sondern stellte fest, dass weder eine Verletzung des Rechts auf informationelle Selbstbestimmung noch sonstigen Verfassungsrechts gegeben ist.

Der BFH erinnerte in seinen Entscheidungsgründen zunächst an die Erwägungen des Gesetzgebers, die der Einführung der Steueridentifikationsnummer zugrunde liegen: Nach der Rechtsprechung des Bundesverfassungsgerichtes zum Gleichheitssatz habe der Gesetzgeber sicherzustellen, dass alle Steuerpflichtigen durch ein Steuergesetz rechtlich und tatsächlich gleich belastet würden. Daraus ergebe sich, dass die Finanzbehörden aufgrund ihrer gesetzlichen Befugnisse in der Lage sein müssten, die Angaben des Steuerpflichtigen zu überprüfen. Sie müssten auch organisatorisch und technisch fähig sein, die zulässigen Überprüfungen effizient vorzunehmen.

Der BFH betonte, dass das Ziel, auf effektive Weise sowohl hinsichtlich der Festsetzung als auch der Erhebung von Steuern für Belastungsgleichheit zu sorgen, ein Allgemeingut von herausgehobener Bedeutung sei, das durch den allgemeinen Gleichheitssatz des Art. 3 Abs. 1 GG gewährleistet werde. Der Gesetzgeber müsse daher das materielle Steuergesetz in ein verfahrensrechtliches Umfeld einbetten, das grundsätzlich geeignet ist, die tatsächliche Leistungsgleichheit der Steuerpflichtigen zu gewährleisten. Dies werde durch die Steueridentifikationsnummer erreicht: So werde die in einem Massenverfahren erforderliche sichere und praktikable Zuordnung der von einer großen Zahl von Mitteilungspflichtigen durch Datenfernübertragung übersandten Rentenbezugsmitteilungen und Mitteilungen der Vorsorgeaufwendungen ermöglicht. Auch bilde die Steueridentifikationsnummer die Grundlage für die Ersetzung der Lohnsteuerkarten durch ein zeitgemäßes elektronisches Verfahren und werde außerdem künftig dazu beitragen, dass Steuerausfälle hinsichtlich der Kapitalertragsteuer vermieden werden. Ebenfalls wies der BFH darauf hin, dass, sobald einem Kind eine Steueridentifikationsnummer zugeteilt und die zuständige Familienkasse als zuständige Finanzbehörde gespeichert ist, ein Doppelbezug von Kindergeld von verschiedenen Familienkassen vermieden werden kann.

Gegenüber diesen Interessen des Allgemeinwohls, denen die gesetzlich vorgesehene Anwendung der Steueridentifikationsnummer dient, sei der Eingriff in das Recht auf informationelle Selbstbestimmung nicht von ausschlaggebendem Gewicht, zumal die Steueridentifikationsnummer auch keine Rückschlüsse auf den Steuerpflichtigen zulasse. Auch wiesen die gespeicherten Daten keine gesteigerte Persönlichkeitsrelevanz auf. Sie stellten kein Persönlichkeitsprofil des Steuerpflichtigen dar, bildeten seine Persönlichkeit auch nicht teilweise ab und ließen keine Einblicke in oder Rückschlüsse auf Art und Intensität von Beziehungen, Kommunikationsverhalten und Kommunikationsinhalt, soziales Umfeld, persönliche Angelegenheiten, Interessen, Neigungen und Gewohnheiten sowie Einkommens- und Vermögensverhältnisse zu.

Auch sei es verfassungsrechtlich zulässig und keine unzulässige Vorratsdatenspeicherung, dass die Zuteilung einer Steueridentifikationsnummer und die entsprechende Datenspeicherung bereits dann erfolgt, wenn eine Steuerpflicht dem Grunde nach besteht, ohne dass es darauf ankommt, ob im Einzelfall tatsächlich Steuer geschuldet wird. Zum einen wäre es wegen der erforderlichen konkreten Ermittlungen für jeden einzelnen Steuerpflichtigen mit einem nicht hinnehmbaren Verwaltungsaufwand verbunden, wenn erst mit Schulden einer Steuer die Steueridentifikationsnummer vergeben werde. Zum anderen könne ja auch die einem Minderjährigen zugeteilte Steueridentifikationsnummer Bedeutung für die zutreffende Ausführung der Vorschriften über den Familienlastenausgleich erlangen.

Einen Verstoß gegen die Menschenwürde hat der BFH nicht erkennen können, da die Subjektqualität der Steuerpflichtigen nicht in Frage gestellt und die Eigenständigkeit der Person gewahrt werde. So würden insbesondere die Steuerbescheide nach wie vor unter dem Namen der Steuerpflichtigen bekannt gegeben.

Auch ein Verstoß gegen die Religionsfreiheit konnten die Richter nicht erkennen: Die Zuteilung einer Steueridentifikationsnummer berühre weder die innere Freiheit, zu glauben oder nicht zu glauben, noch die äußere Freiheit, den Glauben zu manifestieren, zu bekennen und zu verbreiten und sich zu einer Religionsgemeinschaft zusammenzuschließen und zu organisieren.

Auch die Sicherheitsbedenken gegen die Datenspeicherung seien ohne verfassungsrechtliche Relevanz: Ein etwaiges, trotz Anwendung der zur Verfügung stehenden technischen Sicherungsmöglichkeiten verbleibendes Risiko eines erfolgreichen Hacker-Angriffs auf die gespeicherten oder übermittelten Daten sei im überwiegenden Interesse des Gemeinwohls hinzunehmen.

Hinweis:

Auch die Tochter der Klägerin aus dem Verfahren II R 49/10 hat eine inhaltsgleiche Revision eingelegt (II R 50/10), die ebenfalls mit Urteil vom 18.1.2012 vom BFH als unbegründet zurückgewiesen wurde.

7.2 Willkür- und Schikaneverbot bei Erlass einer Prüfungsanordnung

> **BFH, Urteil v. 28.9.2011[156], VIII R 8/09, BStBl II 2012, S. 395;**
> **Vorinstanz: FG Berlin-Brandenburg, Urteil v. 27.6.2007, 8 K 10097/06 B**
>
> 1. Weist der konkrete Einzelfall besondere tatsächliche Umstände auf, die darauf hindeuten, dass das Finanzamt bei Erlass einer Prüfungsanordnung sich möglicherweise von nicht zum Gegenstand der Begründung gewordenen sachfremden Erwägungen hat leiten lassen und der Zweck der Prüfung der steuerlichen Verhältnisse in den Hintergrund getreten ist, kann in dem Übergehen eines hierzu gestellten Beweisantrags der Verfahrensmangel ungenügender Sachaufklärung liegen.
> 2. Ein Verstoß gegen das Willkür- und Schikaneverbot ist nicht schon deshalb ausgeschlossen, weil die angeordnete Außenprüfung i. S. v. § 193 Abs. 1 AO ein in irgendeiner Weise umsetzbares Ergebnis haben könnte.[157]
>
> **Normen**: §§ 118, 193 Abs. 1, 194 Abs. 1 AO; §§ 76 Abs. 1, 102 FGO

Sachverhalt

Der Kläger des Verfahrens ist selbstständiger Rechtsanwalt. Er richtete sich in diesem Verfahren gegen eine ihm gegenüber ergangene Prüfungsanordnung sowie gegen ein schriftlich gestelltes Auskunfts- und Vorlageverlangen. Nach seiner Auffassung sei die Durchführung der Außenprüfung unverhältnismäßig, da allenfalls mit geringfügigen Mehrergebnissen zu rechnen sei. Auch sei

---
[156] Erst in 2012 veröffentlicht.
[157] Nr. 1 und 2 des amtlichen Tenors.

das Auskunfts- und Vorlageverlangen nicht erforderlich, da seine steuerlichen Verhältnisse seit Jahren unverändert und bekannt seien. Die Gründe für die Anordnung einer Außenprüfung seien vielmehr nur vorgeschoben. Der ihn betreffende Prüfungsvorschlag sei ohne nachvollziehbaren sachlichen Grund erfolgt und habe im engen zeitlichen Zusammenhang mit massiven Repressalien (Zwangsversetzung und ungerechtfertigter Verweis) gegen einen seiner Mandanten – einen Beamten der Finanzverwaltung, den er wegen behördeninternen Mobbings vertritt – gestanden. Die Anordnung der Außenprüfung habe außerdem in einem zeitlichen Zusammenhang mit zwei vom Petitionsausschuss des Abgeordnetenhauses für berechtigt erachteten Petitionen gestanden, die zwei vom Kläger vertretene Angehörige des Finanzamtes wegen Mobbingvorwürfen gegen den (damaligen) Vorsteher jenes Finanzamts eingereicht hätten. Der Kläger gab außerdem an, dass zeitlich parallel zu diesen Vorgängen zwei leitende Beamte der Landesregierung „Tiefenprüfungen" bei zwei Angehörigen des Petitionsausschusses veranlasst hätten. Auch der Vorsitzende des Ausschusses sei offenbar geprüft worden und habe in einer Ausschusssitzung geäußert, dass es bereits statistisch kein Zufall sein könne, dass ausgerechnet die beiden mit den Petitionen befassten Abgeordneten, der Kläger der drei Petenten und der Ausschussvorsitzende zugleich steuerlichen Überprüfungen unterzogen worden seien.

Das erstinstanzliche FG Berlin-Brandenburg hatte die Klage abgewiesen, da es keine Anhaltspunkte für einen Ermessensmissbrauch habe erkennen können. Deshalb habe es auch nicht der Vernehmung der vom Kläger benannten Zeugen bedurft, insbesondere nicht zu der Frage, ob der zuständige Sachbearbeiter des Veranlagungsplatzes aufgrund einer Weisung „von oben" gehandelt habe.

Entscheidung

Dies sah der BFH anders und hat deshalb das erstinstanzliche Urteil aufgehoben und die Sache an das FG zurückverwiesen, da es das FG aus seiner Sicht verfahrensfehlerhaft unterlassen hatte, die vom Kläger beantragte Beweisaufnahme zum Zustandekommen der strittigen Prüfungsanordnung durchzuführen.

Der BFH betonte in seinen Entscheidungsgründen, dass eine Prüfungsanordnung zu ihrer Begründung grundsätzlich nicht der voraussichtlichen Erzielung eines steuerlichen Mehrergebnisses bedürfe, da sie auch die Verifikation der Angaben des Steuerpflichtigen bezwecke. So sei eine Außenprüfung grundsätzlich auch dann nicht ermessenfehlerhaft, wenn sie sich auf bereits festsetzungsverjährte Zeiträume erstreckt. Allerdings seien bei Anordnung und Durchführung von Prüfungsmaßnahmen im Rahmen der Ermessensausübung die Grundsätze der Verhältnismäßigkeit der Mittel und des geringstmöglichen Eingriffs zu beachten. Daraus folge, dass das Ermessen jedenfalls seine Grenze im Grundsatz der Verhältnismäßigkeit und im Willkür- und Schikaneverbot finde.

Vorliegend seien die Behauptungen des Klägers nach seinen umfänglichen und konkretisierten Ausführungen zu den tatsächlichen Besonderheiten nicht von der Hand zu weisen. Auch wenn eine Außenprüfung nach § 193 Abs. 1 AO grundsätzlich ohne weitere Begründung ermessensfehlerfrei angeordnet werden kann, könne die Anordnung nach dem zuvor Gesagten im Einzelfall gleichwohl ermessenfehlerhaft sein, wenn sich nämlich das Finanzamt maßgeblich von sachfremden Erwägungen leiten lässt und der Zweck der Prüfung der steuerlichen Verhältnisse in den Hintergrund trete. Von daher hätte, so der BFH, das FG den Sachverhalt diesbezüglich weiter aufklären müssen und hätte nicht die vom Kläger gestellten Beweisanträge übergehen dürfen.

Der BFH weist das FG darauf hin, dass es auch entscheidungserheblich sein kann, nach welchen Kriterien das beklagte Finanzamt im Übrigen im fraglichen Zeitraum seinen Prüfungsplan erstellt hat und wie sich dies insbesondere in Bezug auf die Angehörigen der freien Berufe verhielt und ferner, wie der zeitliche Ablauf von Vorschlag zur Außenprüfung, Aufnahme in den Prüfungsplan und (beabsichtigtem) Prüfungsbeginn regelmäßig gestaltet war.

7.3 Kein Anspruch auf bestimmten Inhalt einer verbindlichen Auskunft

> **BFH, Urteil v. 29.2.2012, IX R 11/11, BStBl II 2012, S. 651;**
> **Vorinstanz: FG München, Urteil v. 8.2.2011, 13 K 2769/10, EFG 2011, S. 1034**
>
> Das FG prüft den Inhalt einer erteilten verbindlichen Auskunft nur darauf, ob die gegenwärtige rechtliche Einordnung des – zutreffend erfassten – zur Prüfung gestellten Sachverhalts in sich schlüssig und nicht evident rechtsfehlerhaft ist.[158]
>
> **Normen:** § 89 Abs. 2 AO; § 102 FGO

Sachverhalt

In dem Streitfall beantragte der Kläger die Erteilung einer verbindlichen Auskunft zur Steuerbarkeit einer Erbbaurechtsbestellung an zwei Grundstücken. Er war der Ansicht, dass die Bestellung des Erbbaurechts noch keine Veräußerung i. S. d. § 23 Abs. 1 EStG darstellte und wollte sich diese Ansicht vom Finanzamt vorab bestätigen lassen. Das Finanzamt teilte jedoch die Rechtsauffassung des Klägers nicht und teilte dies in der Auskunft mit. Dagegen klagte der Kläger mit dem Ziel, das Finanzamt zur Erteilung der seines Erachtens richtigen Auskunft zu verpflichten. Das FG hat die Klage abgewiesen, da das Finanzamt seiner Auffassung nach den geschilderten Sachverhalt zutreffend interpretiert und hierauf die Rechtsprechung des BFH in vertretbarer Weise angewandt habe. Dem Kläger verbliebe die Möglichkeit, für seine Rechtsauffassung im Veranlagungszeitraum der Besteuerung des Sachverhalts ggf. mit Rechtsbehelfen gegen den Einkommensteuerbescheid zu streiten. Der Kläger rügt in seiner Revision die Verletzung materiellen Rechts. Er ist der Auffassung, die erteilte Auskunft sei inhaltlich voll auf ihre Richtigkeit überprüfbar und in der Sache falsch.

Entscheidung

Der BFH hat die Revision als unbegründet zurückgewiesen.

Die verbindliche Auskunft regele nur, wie die Finanzbehörde eine ihr zur Prüfung gestellte hypothetische Gestaltung gegenwärtig beurteilt; sie treffe aber nicht die dem Steuerbescheid vorbehaltene endgültige Aussage über die materielle Rechtmäßigkeit einer Steuerfestsetzung. Die verbindliche Auskunft solle den Steuerpflichtigen bei der Planung zukünftiger Gestaltungen unterstützen, sodass er das Risiko abschätzen könne, inwieweit er im Besteuerungsverfahren den Rechtsweg zu bestreiten haben werde, wenn er eine steuergünstige Umsetzung anstrebt. Diese Funktion der verbindlichen Auskunft, dem Steuerpflichtigen Planungssicherheit zu verschaffen, bedinge weiter, dass die Behörde keine Auskunft erteilen dürfe, deren Beständigkeit im Festsetzungsverfahren von vornherein in Frage steht. Dies bedeute, dass die rechtliche Einordnung des zu beurteilenden Sachverhalts in sich schlüssig sein müsse und nicht evident rechtsfehlerhaft sein dürfe. Anhand dieses Maßstabes habe das FG die sachliche Richtigkeit einer erteilten Auskunft zu prüfen.

---

[158] Nr. 1 des amtlichen Tenors.

Der BFH wies in seinen Entscheidungsgründen darauf hin, dass die verbindliche Auskunft keine Bindungswirkung für die Steuerfestsetzung entfalte, wenn sie zu Ungunsten des Steuerpflichtigen rechtswidrig ist. Um dies überprüfen zu lassen, stehe dem Steuerpflichtigen der Rechtsweg gegen den Steuerbescheid offen; dies genüge den Anforderungen effektiven Rechtsschutzes. Außerdem stelle die verbindliche Auskunft lediglich eine Aussage des Finanzamtes über die gegenwärtige Einschätzung zur steuerlichen Behandlung eines geplanten Sachverhaltes dar. Sofern sich ihre Rechtswidrigkeit herausstellen würde, könne sie aber im Besteuerungsverfahren jederzeit ex nunc aufgehoben oder geändert werden.

Hinweis:

Diese Entscheidung stellt klar, dass ein Steuerpflichtiger im Rahmen einer verbindlichen Auskunft keinen Anspruch auf die seiner Auffassung nach richtige Beurteilung eines Sachverhaltes hat, wenn das Finanzamt eine andere Rechtsauffassung vertritt. Solange die Entscheidung des Finanzamtes nicht evident rechtsfehlerhaft ist, kann der Steuerpflichtige bei einer Negativentscheidung des Finanzamtes das von ihm erstrebte Ergebnis nicht im Rechtsmittelwege erreichen. Ausführungen dazu, wann ein evidenter Rechtsfehler anzunehmen ist, enthält die Urteilsbegründung nicht.

7.4 Keine Aussetzungszinsen für fehlerhaft ausgesetzte Beträge bei vollem Erfolg des Rechtsbehelfs

> BFH, Urteil v. 31.8.2011[159], X R 49/09, BStBl II 2012, S. 219;
> Vorinstanz: FG Düsseldorf, Urteil v. 13.11.2008, 12 K 2457/07 AO, EFG 2009, S. 382
>
> **Hatte ein Rechtsbehelf in vollem Umfang Erfolg, können auch dann keine Aussetzungszinsen gemäß § 237 AO festgesetzt werden, wenn das FA rechtsirrig einen zu hohen Betrag von der Vollziehung ausgesetzt hatte.[160]**
>
> **Norm:** § 237 AO

In diesem Streitfall hatte das Finanzamt im Einspruchsverfahren gegen Feststellungsbescheide (Grundlagenbescheide) antragsgemäß die Aussetzung der Vollziehung gewährt. Bei der Berechnung des Aussetzungsbetrages im Rahmen der Einkommensteuerbescheide (Folgebescheide) setzte das Finanzamt allerdings fehlerhaft einen zu hohen Betrag von der Vollziehung aus. Obwohl der Steuerpflichtige im Rechtsbehelfsverfahren gegen die Feststellungsbescheide im vollen Umfang obsiegte, setzte das Finanzamt auf die durch die überhöhte Aussetzung bedingten Nachzahlungsbeträge Zinsen fest.

Dem hat der BFH mit seiner Entscheidung vom 18.1.2012 eine klare Absage erteilt. § 237 AO knüpfte die Verzinsung bei Aussetzung der Vollziehung daran, dass der Rechtsbehelf in der Hauptsache endgültig keinen Erfolg gehabt hat. Und an dieser Voraussetzung fehlte es im Streitfall, da die Rechtsbehelfsverfahren gegen die Grundlagenbescheide in vollem Umfang Erfolg gehabt hatten. Für die Beurteilung der endgültigen Erfolglosigkeit sei auch ausschließlich auf das

---
[159] Erst in 2012 veröffentlicht.
[160] Amtlicher Tenor.

Ergebnis des gegen den Grundlagenbescheid gerichteten Rechtsbehelfsverfahrens abzustellen, während die sich auf der Ebene des Folgebescheids ergebende steuerliche Auswirkung unbeachtlich sei. Die Zinstatbestände der §§ 233a bis 237 AO bilden einen abschließenden Katalog. Im Fall des in vollem Umfang erfolgreichen Rechtsbehelfs fielen nach der Konzeption des Gesetzes keine Aussetzungszinsen an. Eine erweiternde Auslegung des Tatbestandes des § 237 Abs. 1 AO komme daher nach dem Sinn und Zweck der Norm nicht in Betracht. Eine Zinsvorschrift, die unmittelbar an Überzahlungen des Steuerpflichtigen oder der Finanzbehörde anknüpft, existiere nicht.

7.5 Keine Korrektur der Anrechnungsverfügung nach Zahlungsverjährung

> **BFH, Urteil v. 25.10.2011[161], VII R 55/10, BStBl II 2012, S. 220;**
> **Vorinstanz: FG des Saarlandes, Urteil v. 6.8.2010, 2 K 1207/10**
>
> **Führt die Anrechnung tatsächlich nicht festgesetzter und geleisteter Vorauszahlungen wie der Lohnsteuer dazu, dass in der Anrechnungsverfügung eine Abschlusszahlung nicht oder in zu geringer Höhe ausgewiesen wird, so erlischt der festgesetzte Steueranspruch nach Ablauf der Zahlungsverjährungsfrist.[162]**
>
> **Normen:** §§ 37 Abs. 2, 218 Abs. 2, 228, 229 Abs. 1 S. 1 AO; § 36 Abs. 4 EStG

In diesem Fall ging es um die Frage, ob das Finanzamt versehentlich zu viel angerechnete und an den Steuerpflichtigen erstattete Lohnsteuer noch zurückfordern kann, wenn seit dem Erlass des Einkommensteuerbescheides mehr als fünf Jahre verstrichen sind.

Der BFH hat dazu entschieden, dass der Rückzahlungsanspruch des Finanzamtes gemäß § 228 AO durch Verjährung erloschen ist. Nach Ablauf einer angemessenen Frist (5 Jahre) solle endgültig Rechtssicherheit darüber einkehren, was der Steuerpflichtige aufgrund der gegen ihn ergangenen Steuerfestsetzung unter Berücksichtigung anzurechnender Vorauszahlungen und Abzugsteuern noch zu zahlen hat bzw. was ihm zu erstatten ist.

Anspruch i. S. d. § 229 Abs. 1 S. 1 AO sei zwar der Zahlungsanspruch, der jedoch als ein Anspruch aus dem Steuerschuldverhältnis nach § 218 Abs. 1 S. 1 AO seine Grundlage in einem Steuer(festsetzungs)bescheid habe. Ein auf Rückzahlung der in einer Anrechnungsverfügung zu Unrecht ausgewiesenen Beträge gerichteter Zahlungsanspruch des Finanzamtes scheine zwar nach § 220 Abs. 2 S. 2 AO erst dadurch fällig zu werden, dass das Finanzamt die ursprünglich ergangene Anrechnungsverfügung ändere. Würde man darauf abstellen, begönne der Lauf der Zahlungsverjährungsfrist gemäß § 229 Abs. 1 AO erst mit Erlass des betreffenden Änderungsbescheides und liefe folglich vor Erlass des mit dem Änderungsbescheid in der Regel verbundenen Rückforderungsbescheides nicht ab. Für den Lauf der Zahlungsverjährung müsse deshalb auf die festgesetzten steuerlichen Ansprüche abgestellt werden, die nach Ablauf der fünfjährigen Frist nicht mehr geltend gemacht werden könnten. Der Sinn und Zweck des Gesetzes verlange es, dass dies ungeachtet der Gründe der zunächst fehlerhaften Abrechnung immer dann gelte, wenn sich bei der Abrechnung

---
[161] Erst in 2012 veröffentlicht.
[162] Amtlicher Tenor.

ein Überschuss zugunsten des Steuerpflichtigen ergeben habe und der entsprechende Betrag gemäß § 36 Abs. 4 S. 2 EStG an den Steuerpflichtigen ausgezahlt worden ist.

7.6 Ablaufhemmung bei Antrag auf unbefristetes Hinausschieben des Beginns der Außenprüfung

> BFH, Urteil v. 1.2.2012, I R 18/11, BStBl II 2012, S. 400;
> Vorinstanz: FG Baden-Württemberg, Außensenate Freiburg, Urteil v. 17.2.2011, 3 K 3289/08, EFG 2011, S. 1037
>
> 1. Ist ein Antrag auf (befristetes) Hinausschieben des Beginns der Außenprüfung ursächlich für das Hinausschieben des Prüfungsbeginns, entfällt die Ablaufhemmung nach § 171 Abs. 4 S. 1 2. Alternative AO nur, wenn die Finanzbehörde nicht vor Ablauf von zwei Jahren nach Eingang des Antrags mit der Prüfung beginnt.
> 2. Anders kann dies zu beurteilen sein, wenn der Antrag auf Aufschub des Prüfungsbeginns keine zeitlichen Vorgaben enthält. Ist die Finanzbehörde faktisch daran gehindert, den Prüfungsfall bereits im Zeitpunkt der Antragstellung neu in die Prüfungspläne aufzunehmen, endet die Festsetzungsfrist erst zwei Jahre nach Wegfall des Hinderungsgrundes.[163]
>
> Normen: §§ 171 Abs. 4 S. 1, Abs. 8 S. 2, Abs. 10, 181 Abs. 1 S. 1, 197 Abs. 2 AO

In dieser Entscheidung geht es um die Frage, ob der Ablauf der Festsetzungsfrist nach § 171 Abs. 4 AO gehemmt wird, wenn ein unbefristeter Antrag auf Verschiebung des Prüfungsbeginns gestellt, aber nicht innerhalb von zwei Jahren nach dem Antragseingang mit der Außenprüfung begonnen worden ist.

Mit Urteil vom 17.3.2010[164] hat der IV. Senat des BFH entschieden, dass nach Eingang eines Antrages des Steuerpflichtigen, der zum Eintritt der Ablaufhemmung i. S. v. § 171 Abs. 4 S. 1 2. Alternative AO führt, der Finanzverwaltung nicht unbegrenzte Zeit verbleibt, mit der Außenprüfung zu beginnen. § 171 AO lasse sich insgesamt die Vorstellung des Gesetzgebers entnehmen, dass die Finanzbehörde den konkreten Steuerfall in angemessener Zeit abschließend beurteilen soll, insbesondere dann, wenn keine rechtlichen oder tatsächlichen Unsicherheiten mehr bestehen. Für den Fall, dass wie in dem Urteilsfall vom 17.3.2010 ein zeitlich befristeter Antrag auf Prüfungsaufschub gestellt worden ist, und somit die Finanzbehörde durch entsprechende Prüfungsplanung Einfluss auf die Dauer ihrer Untätigkeit nehmen kann, ist nach Auffassung des IV. Senats ein Zeitraum von zwei Jahren ab Antragstellung ausreichend.

Dieser Rechtsauffassung schließt sich auch der I. Senat in seiner Entscheidung vom 1.2.2012 prinzipiell an. In dem von ihm zu entscheidenden Fall ging es jedoch um einen Antrag auf Aufschub des Prüfungsbeginns, der keine zeitlichen Vorgaben enthielt. In einem solchen Fall könne die Finanzbehörde nicht bereits bei Eingang des Antrags dafür Sorge tragen, dass die erforderliche (neue) Integration des Prüfungsfalles in die Prüfungspläne erfolgen könne. So sei im vorliegenden Fall für die Finanzbehörden nicht abzusehen gewesen, wann die Rechtsbehelfsverfahren bzw. das strafrechtliche Ermittlungsverfahren als Anlass für den Prüfungsaufschub beendet sein würden. Da bei-

---
[163] Amtlicher Tenor.
[164] Az. IV R 54/07, BStBl II 2011, S. 7.

de Verfahren aber nach Auffassung des FG Einfluss auf den Ablauf der Außenprüfung haben könnten, sei die Finanzbehörde faktisch gehindert, den Prüfungsfall bereits im Zeitpunkt der Antragstellung neu in die Prüfungspläne aufzunehmen. In solchen Fällen ende die Festsetzungsfrist erst zwei Jahre nach Wegfall des Hinderungsgrundes.

7.7 Haftung des Eigentümers für grundstücksgleiche Rechte

> **BFH, Urteil v. 23.5.2012, VII R 28/10, BStBl II 2012, S. 763;**
> **Vorinstanz: FG Nürnberg, Urteil v. 24.11.2009, 2 K 702/2007**
>
> 1. Die Haftung des an einem Unternehmen wesentlich beteiligten Eigentümers von Gegenständen, die er diesem Unternehmen überlässt, erstreckt sich auch auf ein überlassenes Erbbaurecht, das dem Unternehmen als Betriebsgrundlage dient.
> 2. Die Haftung nach § 74 AO wird nicht dadurch ausgeschlossen, dass der dem Unternehmen überlassene Gegenstand nicht im Eigentum des Haftenden, sondern im Eigentum einer KG steht, wenn Gesellschafter der KG ausschließlich der Haftende und eine andere am Unternehmen wesentlich beteiligte Person sind.[165]
>
> **Normen:** § 74 AO; § 864 Abs. 1 ZPO; § 11 Abs. 1 ErbbauRG; § 21 Abs. 1, Abs. 2 Nr. 2 InsO

Der Kläger war mit einem Anteil von 50 % als Kommanditist an der X-KG beteiligt, deren Komplementärin die L-GmbH war, die u. a. vom Kläger vertreten wurde. Die X-KG betrieb auf einem im Eigentum einer anderen GmbH & Co. KG stehenden Grundstück einen Autohandel. Dieses Grundstück war mit einem Erbbaurecht zugunsten einer weiteren Firma, der A-KG belastet, deren Komplementär die A-GmbH war, an der wiederum der Kläger und Herr K je zur Hälfte beteiligt waren. Kommanditisten der A-KG waren der Kläger und K zu je 50 %. Das Gesamthandsvermögen der A-KG bestand nur aus dem Erbbaurecht. Sie überließ das Grundstück pachtweise der X-KG. Im Januar wurde über das Vermögen der X-KG das Insolvenzverfahren eröffnet. Das Finanzamt nahm den Kläger mit dem Erbbaurecht an dem Grundstück nach § 74 AO in Haftung.

Nach § 74 Abs. 1 S. 1 AO haftet der Eigentümer von Gegenständen, die einem Unternehmen dienen, mit den überlassenen Gegenständen für die Steuern des Unternehmens, bei denen sich die Steuerpflicht auf den Betrieb des Unternehmens gründet. Voraussetzung für die Haftung ist eine wesentliche Beteiligung an dem Unternehmen, die nach § 74 Abs. 2 S. 1 AO dann vorliegt, wenn der Eigentümer der Gegenstände unmittelbar oder mittelbar zu mehr als einem Viertel am Grund- oder Stammkapital oder am Vermögen des Unternehmens beteiligt ist. Die Haftungsvoraussetzungen waren im Streitfall nach Ansicht des BFH erfüllt.

Nach Ansicht des BFH sei bei der Bestimmung des Gegenstandes der Haftung i. S. d. § 74 AO eine Differenzierung zwischen körperlichen Sachen und immateriellen Wirtschaftsgütern jedenfalls dann nicht sachgerecht, wenn in solches Vermögen vollstreckt werden könne. In beiden Fällen werde dem Unternehmen ein Wirtschaftsgut überlassen, das den Geschäftsbetrieb ermögliche und das im Rahmen einer Zwangsvollstreckung verwertet werden könne. Dies sei beim Erbbaurecht als grundstücksähnliche Berechtigung gemäß § 864 Abs. 1 ZPO der Fall. Es sei kein Grund ersichtlich, warum ein an einem Unternehmen wesentlich Beteiligter, der die Aufnahme des Geschäftsbetriebs durch Verpachtung eines Grundstücks ermögliche, der Haftung nach § 74 AO unterliege, während

---
[165] Amtlicher Tenor.

derjenige, der den Bau eines Betriebsgebäudes und damit ebenfalls die Aufnahme eines Geschäftsbetriebs durch die Einräumung eines Erbbaurechts ermögliche, nicht dem mit § 74 AO verbundenen Haftungsrisikos ausgesetzt sein soll. Die Haftung sei vorliegend auch nicht dadurch ausgeschlossen, weil das Erbbaurecht nicht dem Kläger selbst, sondern der A-KG zustand. Es komme nicht auf die Rechtsform der Gesellschaft an, in deren Vermögen sich der dem Unternehmen überlassene Gegenstand befinde. Entscheidend sei vielmehr der Umstand, dass die Verfügungsberechtigung ausschließlich bei Personen liege, die über ihre jeweiligen Beteiligungen entscheidenden Einfluss auf die Gesellschaft ausüben und über deren Wirtschaftsgüter verfügen können, sodass die Überlassung eines Gegenstandes an ein Unternehmen nur ihnen zugerechnet werden könne.

7.8 Anlaufhemmung bei Abgabe einer die Pflichtveranlagung begründenden Steuererklärung nach dem Ablauf der Festsetzungsfrist

> BFH, Urteil v. 28.3.2012, VI R 68/10, BStBl II 2012, S. 711;
> Vorinstanz: FG Berlin-Brandenburg, Urteil v. 24.3.2010, 1 K 1691/06, DStRE 2011, S. 1479
>
> Die eine Pflichtveranlagung begründende Steuererklärung entfaltet keine anlaufhemmende Wirkung nach § 170 Abs. 2 S. 1 Nr. 1 AO, wenn diese Steuererklärung erst nach dem Ablauf der Festsetzungsfrist des § 169 Abs. 1 AO abgegeben wird.[166]
>
> **Normen:** §§ 169 Abs. 1 S. 1, Abs. 2 S. 1 Nr. 2, 170 Abs. 1, Abs. 2 S. 1 Nr. 1, 171 Abs. 3, 47, 38 AO; §§ 46 Abs. 2 S. 1 Nr. 4a Buchst. c 2. Alt., Abs. 2 Nr. 1 bis 7, 36 Abs. 1, 25 Abs. 3 EStG; § 56 S. 1 Nr. 2 Buchst. b EStDV

Der Kläger reichte im Dezember 2005 seine Einkommensteuererklärung für 1998 ein. Hierin erklärte er Einkünfte aus nichtselbstständiger Arbeit und beantragte den Haushaltsfreibetrag. Das Finanzamt lehnte die Veranlagung unter Hinweis auf die zwischenzeitlich eingetretene Festsetzungsverjährung ab.

Nach § 47 AO erlöschen Ansprüche aus dem Steuerschuldverhältnis u. a. durch Verjährung. Der BFH weist darauf hin, dass eine Aufhebung oder Änderung der Steuerfestsetzung nach § 169 Abs. 1 S. 1 AO nicht mehr zulässig ist, wenn die Festsetzungsfrist abgelaufen ist. Letztere beträgt für die Einkommensteuer i. d. R. vier Jahre (vgl. § 169 Abs. 2 S. 1 Nr. 2 AO). Sie beginnt grundsätzlich mit dem Ablauf des Kalenderjahres, in dem die Steuer entstanden ist. Ist eine Steuererklärung oder Steueranmeldung einzureichen oder eine Anzeige zu erstatten, beginnt die Festsetzungsfrist davon abweichend erst mit Ablauf des Kalenderjahres, in dem die Erklärung, die Anmeldung oder die Anzeige eingereicht bzw. erstattet wird, spätestens aber mit Ablauf des dritten Kalenderjahres, das auf das Kalenderjahr folgt, in dem die Steuer entstanden ist (§ 170 Abs. 2 S. 1 AO).

Vorliegend begann nach Ansicht des BFH die vierjährige Festsetzungsfrist bereits mit Ablauf des Jahres 1998, nämlich dem Jahr der Entstehung des Steueranspruchs, und endete mit Ablauf des Jahres 2002. Der Anlauf der Festsetzungsfrist sei hier nicht gehemmt gewesen, da keine Steuererklärung einzureichen war. Bis zum Ende der allgemeinen Festsetzungsfrist mit Ablauf des Jahres 2002 habe mangels eines Veranlagungstatbestandes aus § 46 Abs. 2 Nr. 1 bis 7 EStG keine Steuererklä-

---

[166] Amtlicher Tenor.

rungspflicht bestanden. Die erst nach Ablauf der Festsetzungsfrist eingereichte Steuererklärung konnte hier auch nicht mehr nachträglich eine rückwirkende Hemmung des Beginns der Festsetzungsfrist nach § 170 Abs. 2 S. 1 Nr. 1 AO bewirken. Der Antrag auf Gewährung eines Haushaltsfreibetrages führe zwar zu einer Pflichtveranlagung, sodass eine Steuererklärung einzureichen und damit der Anwendungsbereich des § 170 Abs. 2 S. 1 Nr. 1 AO grundsätzlich eröffnet sei. Allerdings sei zu diesem Zeitpunkt bereits der für das Streitjahr 1998 bestehende Einkommensteueranspruch aufgrund der Verjährung nach § 47 AO erloschen.

Hinweis:

Eine entsprechende Auffassung hat der BFH bereits für den Fall vertreten, dass eine behördliche Aufforderung zur Abgabe einer Steuererklärung den Anlauf der Festsetzungsfrist nicht mehr hemmt, wenn sie dem Steuerpflichtigen erst nach Ablauf der Festsetzungsfrist des § 169 Abs. 2 AO zugeht.[167] Das Nämliche gilt nach Ansicht des BFH in der vorliegenden Entscheidung, wenn sich die Pflicht zur Abgabe einer Steuererklärung nicht aus einer behördlichen Aufforderung ergibt, sondern der Steuerpflichtige selbst erst eine solche Pflicht durch seinen Antrag begründet (vgl. § 46 Abs. 2 S. 1 Nr. 4a Buchst. c EStG). Auch der Steuerpflichtige könne durch Stellung dieses Antrages die in § 47 AO gesetzlich festgelegte und unmittelbare Beendigung des Steuerschuldverhältnisses nicht rückwirkend aufheben.

Literaturhinweis: *Dalichau*, SteuK 2012, S. 405

7.9 Nachträgliches Bekanntwerden im Sinne des § 173 Abs. 1 S. 1 Nr. 1 AO

> **BFH, Urteil v. 13.6.2012, VI R 85/10, BFH/NV 2012, S. 2034;**
> **Vorinstanz: FG Saarland, Urteil v. 14.10.2010, 1 K 1503/08**
>
> 1. Der Finanzbehörde gilt nur der Inhalt der Akten als bekannt, die in der zuständigen Dienststelle für den zu veranlagenden Steuerpflichtigen geführt werden. Tatsachen, die sich aus den Akten anderer Steuerpflichtiger ergeben, gelten auch dann nicht als bekannt, wenn für deren Bearbeitung dieselbe Person zuständig ist.
> 2. Eine Änderung wegen neuer Tatsachen ist ausgeschlossen, wenn die Tatsache dem Sachbearbeiter zum maßgeblichen Zeitpunkt bekannt war oder bei ordnungsgemäßer Erfüllung seiner Ermittlungspflicht nicht verborgen geblieben wäre (Bestätigung der Rechtsprechung).[168]
>
> **Normen:** §§ 129, 173 Abs. 1 S. 1 Nr. 1 AO

In Streit standen die vom beklagten Finanzamt vorgenommenen Änderungen eines Einkommensteuerbescheids nach § 129 AO sowie § 173 Abs. 1 S. 1 Nr. 1 AO.

Nach § 129 S. 1 AO können Schreibfehler, Rechenfehler und ähnliche offenbare Unrichtigkeiten, die beim Erlass eines Verwaltungsakts unterlaufen sind, jederzeit berichtigt werden. Nach § 173

---

[167] Vgl. BFH, Urteil v. 18.10.2000, II R 50/98, BStBl II 2001, S. 14.
[168] Amtlicher Tenor.

Abs. 1 S. 1 Nr. 1 AO sind Steuerbescheide aufzuheben oder zu ändern, soweit Tatsachen oder Beweismittel nachträglich bekanntwerden, die zu einer höheren Steuer führen.

Nachträglich werden nach den Ausführungen des BFH Tatsachen oder Beweismittel i. S. d. § 129 AO dann bekannt, wenn deren Kenntnis nach dem Zeitpunkt erlangt wird, in dem die Willensbildung über die Steuerfestsetzung abgeschlossen ist. Hierbei sei nicht auf die Kenntnis der Finanzbehörde als solche, sondern auf die Kenntnis der zur Bearbeitung des Steuerfalls organisatorisch berufenen Dienststelle abzustellen. Letzterer sei grundsätzlich bekannt, was sich aus den bei ihr geführten Akten ergibt, ohne dass es auf die Kenntnis des Bearbeiters ankomme. Zu den Akten gehörten alle Schriftstücke, die bei der Dienststelle vorliegen oder die sie im Dienstweg erreichen. Gleiches gelte für sämtliche Informationen, die dem Bearbeiter von vorgesetzten Dienststellen zur Verfügung gestellt werden. Ist dem Bearbeiter nach diesen Grundsätzen im Zeitpunkt der Veranlagung der Inhalt der Akten bekannt, so könnten die vorliegend aufgeführten Tatsachen nicht mehr nachträglich bekannt werden und damit auch nicht mehr Grundlage für die Änderung eines bestandskräftigen Bescheides nach § 173 Abs. 1 S. 1 Nr. 1 AO sein.

7.10 Finanzgerichtliches Verböserungsverbot und Änderung nach § 174 Abs. 4 AO

> BFH, Urteil v. 13.6.2012, VI R 92/10, DStR 2012, S. 1965;
> Vorinstanz: FG Rheinland-Pfalz, Urteil v. 10.11.2010, 1 K 1914/08, DStRE 2011, S. 1091
>
> 1. Das finanzgerichtliche Verböserungsverbot begründet im Hinblick auf § 174 Abs. 4 AO kein allgemeines „Änderungsverbot". Es besagt lediglich, dass eine Schlechterstellung des Klägers bezogen auf die mit der Klage angegriffene Steuerfestsetzung durch das FG verboten ist.
> 2. Einer erneuten Änderung eines zuvor bereits durch Gerichtsentscheidung geänderten Steuerbescheids stehen Sinn und Zweck des § 174 Abs. 4 AO sowie Rechtskraftgründe jedoch entgegen, wenn es sich um denselben Streitgegenstand handelt.[169]
>
> Normen: §§ 96 Abs. 1 S. 2, 110 Abs. 1 FGO; § 174 Abs. 4 S. 1 und 2 AO

Die Klägerin wurde im Streitjahr 2002 zur Einkommensteuer veranlagt. Sie war seit dem Jahre 1997 bei einer GmbH als Prokuristin beschäftigt. Im Jahre 2005 fand bei der GmbH eine Lohnsteueraußenprüfung statt. Der Prüfer stellt fest, dass der zuständige Sozialversicherungsträger im Mai 2002 auf eine pflichtversicherungsfreie Beschäftigung der Klägerin erkannt hatte und die von der GmbH für die Klägerin seit dem Jahre 1997 abgeführten Beiträge zur Kranken-, Pflege- und Rentenversicherung daraufhin in freiwillige Beiträge umgewandelt worden waren. Die Beiträge zur Arbeitslosenversicherung waren an die GmbH zurückgezahlt und von ihr einbehalten worden. Das Finanzamt berücksichtigte die umgewandelten Arbeitgeberanteile bei der Klägerin als steuerpflichtigen Arbeitslohn und erließ demnach für die Jahre 1997 bis 2002 entsprechende Steuerbescheide. Der hiergegen erhobenen Klage gab das Finanzgericht für 1997 bis 2001 mit Urteil vom 13.9.2007 statt und führte aus, dass die Beiträge erst im Zeitpunkt ihrer Umwandlung (im Jahre 2002) als Arbeitslohn zu erfassen seien. Einer steuererhöhenden Änderung der Festsetzung für 2002 stehe das

---
[169] Amtlicher Tenor.

finanzgerichtliche Verböserungsverbot entgegen. Das Finanzamt erließ im Anschluss daran für 2002 einen auf § 174 Abs. 4 AO gestützten Änderungsbescheid und erfasste die umgewandelten Arbeitgeberanteile der Jahre 1997 bis 2001 unter Anrechnung der Rückzahlung aus der Arbeitslosenversicherung als steuerpflichtigen Arbeitslohn. Das Finanzgericht gab der hiergegen erhobenen Klage statt.

Der BFH hat der Revision des Finanzamtes stattgegeben und die Klage abgewiesen. Die Voraussetzungen des § 174 Abs. 4 AO seien gegeben. Das Finanzamt habe den Arbeitslohn des Jahres 2002 um die in freiwillige Beiträge umgewandelten Arbeitgeberanteile erhöhen dürfen. Das Finanzamt habe mit der streitbefangenen Änderung keinen gerichtlich modifizierten Steuerbescheid nochmals geändert. Durch das insoweit klageabweisende Ersturteil habe der Steuerbescheid 2002 keine Änderung erfahren. Es habe vielmehr in dem Steueränderungsbescheid 2002 und damit in einem „anderen" Bescheid die zutreffenden steuerlichen Folgen aus dem FG-Urteil gezogen, das die Einkommensteuerfestsetzungen der Jahre 1997 bis 2001 geändert hat. Dieser Änderung stehe weder das finanzgerichtliche Verböserungsverbot noch die Rechtskraft des ursprünglichen FG-Urteils entgegen. Das finanzgerichtliche Verböserungsverbot verwehre dem FG lediglich, den Kläger bezogen auf die mit der Klage angegriffene Steuerfestsetzung schlechter zu stellen. Deshalb sei das FG im ursprünglichen Klageverfahren gehindert gewesen, die streitige Änderung des Einkommensteuerbescheides 2002 selbst vorzunehmen. Ein allgemeines „Änderungsverbot" im Hinblick auf § 174 Abs. 4 AO begründe das finanzgerichtliche Verböserungsverbot jedoch nicht.

> **Literaturhinweise:** *Geserich,* nwb 2012, S. 3145; *Rosenke,* SteuK 2012, S. 427; *Schneider,* HI 3326051

7.11 Säumniszuschläge trotz rechtzeitiger tatsächlicher Zahlung

> **BFH, Urteil v. 28.8.2012, VII R 71/11, BFH/NV 2013, S. 102;**
> **Vorinstanz: FG Münster, Urteil v. 30.11.2011, 11 K 454/11 AO, EFG 2012, S. 786**
>
> **Die AO regelt generalisierend, wann eine durch Scheckeinreichung bewirkte Zahlung als entrichtet anzusehen ist. Sie nimmt in Kauf, dass eine Zahlung mitunter als nicht entrichtet anzusehen ist, obwohl die Finanzbehörde bereits über den Zahlbetrag verfügen kann.**[170]
>
> **Norm:** § 224 AO

Wird eine Steuer nicht bis zum Ablauf des Fälligkeitstages entrichtet, so ist für jeden angefangenen Monat der Säumnis ein Säumniszuschlag von 1 % des abgerundeten rückständigen Steuerbetrags zu entrichten (§ 240 Abs. 1 S. 1 Halbs. 1 AO). Entrichtet im Sinne dieser Vorschrift ist eine Zahlung bei Hingabe oder Übersendung eines Schecks drei Tage nach Eingang bei der Finanzbehörde (§ 225 Abs. 2 Nr. 1 Halbs. 2 AO).

Im Entscheidungsfall wehrte sich der Steuerpflichtige dagegen, dass das Finanzamt gegen ihn einen Säumniszuschlag in Höhe von 8,50 € festgesetzt hatte, obwohl die Bank den von ihm übersandten

---

[170] Amtlicher Tenor.

Scheck am Fälligkeitstag der Steuer eingelöst hatte, das Finanzamt also am Fälligkeitstag bereits über den Zahlbetrag verfügen konnte.

Der BFH wies die Klage ab und führte aus, die AO bestimme generalisierend, wann eine durch Scheckeinreichung bewirkte Zahlung als entrichtet anzusehen sei. Die Regelung in § 224 AO nehme in Kauf, dass eine Zahlung mitunter als nicht entrichtet anzusehen sei, obwohl die Finanzbehörde bereits über den Zahlungsbetrag verfügen könne. Eine einschränkende Auslegung dahingehend, dass die Vorschrift nur dann eingreife, wenn die tatsächliche Zahlung später als drei Tage nach Scheckeinreichung bewirkt werde, sei nicht möglich.[171] Die Fiktion des Zahlungszeitpunkts auch in dem Fall einer früheren Scheckgutschrift sei vielmehr vom Gesetzgeber ganz genau so gewollt.[172] Die gesetzliche Regelung vereinfache die Erhebung von Säumniszuschlägen, indem sie der Finanzbehörde nicht auferlege, zu ermitteln, wann der betreffende Betrag von dem Kreditinstitut auf ihrem Konto gutgeschrieben wurde. Dies gelte unbeschadet dessen, dass die Finanzverwaltung mittlerweile aufgrund programmgesteuerter elektronischer Datenverarbeitung den tatsächlichen Zahlungseingang erfassen könne, denn der Steuerpflichtige habe es in der Hand, die Entstehung von Säumniszuschlägen durch rechtzeitige Scheckeinreichung zu verhindern. Der Gesetzgeber sei nicht verpflichtet, ungeachtet des damit verbundenen Aufwands stets die gerechteste aller möglichen Lösungen eines Regelungsproblems zu finden und zu verwirklichen.

7.12 Billigkeitsanträge im Rahmen von Steuererklärungen

> **BFH, Beschluss v. 12.7.2012, I R 32/11, BFH/NV 2012, S. 1853;**
> **Vorinstanz: Sächsisches FG, Urteil v. 16.3.2011, 2 K 1833/10**
>
> **Beantragt der Steuerpflichtige im Rahmen seiner Steuererklärung eine abweichende Festsetzung aus Billigkeitsgründen (hier: Verzicht auf eine Bilanzierung von Feldinventar nach Maßgabe von R 131 Abs. 2 S. 3 EStR 2001, R 14 Abs. 2 S. 3 EStR 2005) und veranlagt das FA erklärungsgemäß, aber unter Vorbehalt der Nachprüfung, erstreckt sich der Vorbehalt nicht auf den gewährten Billigkeitserweis. Die abweichende Festsetzung der Steuer ist deshalb für die Steuerfestsetzung regelmäßig verbindlich.[173]**
>
> **Normen: §§ 130 Abs. 2, 131 Abs. 2, 163, 164, 175 Abs. 1 S. 1 Nr. 1 AO**

Die Klägerin betrieb eine GmbH zur Erzeugung und Vermarktung landwirtschaftlicher Produkte aller Art und hatte ihr Feldinventar (also die auf den Feldern vorhandenen Pflanzenbestände) bilanziert. Im Streitjahr machte sie gemäß R 131 Abs. 2 EStR 2001 vom Wahlrecht der Nichtbilanzierung des Feldinventars Gebrauch und setzte dessen Wert mit Null an. Das FA veranlagte zunächst entsprechend nach einer Außenprüfung, vertrat jedoch in einem auf § 164 Abs. 2 AO gestützten Änderungsbescheid die Auffassung, dass das Feldinventar bilanziert werden müsse, weil ein Landwirt aufgrund der Bilanzstetigkeit an eine einmal erfolgte Bilanzierung des Feldinventars gebunden sei.

---

[171] So aber noch das FG in der Vorinstanz.
[172] Unter Hinweis auf BFH, Urteil v. 13.12.2000, X R 96/98, BStBl II 2001, S. 274.
[173] Amtlicher Tenor.

Der BFH entschied, dass sich ein Vorbehalt der Nachprüfung nicht auf einen gewährten Billigkeitserweis (hier also auf eine abweichende Steuerfestsetzung aus Billigkeitsgründen) erstrecke, wenn der Steuerpflichtige mit Einreichung seiner Steuererklärung ausdrücklich den Antrag auf Gewährung der Billigkeitsmaßnahme stelle und das Finanzamt die Steuer erklärungsgemäß festsetze. Im Rahmen der Betriebsprüfung könne die Entscheidung über die Billigkeitsmaßnahme als solche nicht überprüft werden, denn die Entscheidung über die Billigkeitsmaßnahme sei ein eigenständiger Verwaltungsakt. Auch wenn die Entscheidung über die abweichende Steuerfestsetzung aus Billigkeitsgründen mit der Steuerfestsetzung verbunden werde, erstrecke sich der im Steuerbescheid enthaltene Nachprüfungsvorbehalt nicht auf die Billigkeitsentscheidung. Die getroffene Entscheidung über die Billigkeitsmaßnahme sei Grundlagenbescheid für die Steuerfestsetzung. Da für den Steuerpflichtigen ersichtlich war, dass die Steuer, wie von ihm beantragt, aus Billigkeitsgründen abweichend festgesetzt worden ist, habe es eines ausdrücklichen Hinweises auf den Billigkeitserweis nicht bedurft. Der Umstand einer Steuerfestsetzung unter Vorbehalt der Nachprüfung nach § 164 AO stehe dem nicht entgegen, denn dieser berühre den von der eigentlichen Steuerfestsetzung abzugrenzenden Gegenstand der Billigkeitsentscheidung nicht. Der Vorbehaltsvermerk erstrecke sich darauf weder unmittelbar noch mittelbar. Der Billigkeitserweis sei damit verbindlich. Der ursprüngliche Steuerbescheid konnte nicht nach § 164 Abs. 2 AO unter Hinweis auf eine Ablehnung des Billigkeitsantrages geändert werden.

Hinweis:

Das Urteil hat über den Einzelfall hinaus insbesondere Bedeutung für alle Billigkeitsmaßnahmen, die sich aus Richtlinien oder BMF-Schreiben ergeben und die routinemäßig im Rahmen der Abgabe von Steuererklärungen beantragt werden, wie z. B. bei der Behandlung von Pensionszusagen von Personengesellschaften an einen Gesellschafter.[174]

7.13 Berücksichtigung ausländischer Bescheide im Rahmen des § 174 Abs. 1 AO

> **BFH, Urteil v. 12.5.2012, I R 73/10, BFH/NV 2012, S. 1682;**
> **Vorinstanz: FG Düsseldorf, Urteil v. 7.7.2010, 7 K 369/10 E, EFG 2010, S. 2045**
>
> **Ein Steuerbescheid kann bei Doppelberücksichtigung eines Sachverhaltes auch dann nach Maßgabe des § 174 Abs. 1 AO geändert werden, wenn der widerstreitende Steuerbescheid von einer Behörde eines EU-Mitgliedstaats stammt.[175]**
>
> **Norm:** § 174 Abs. 1 AO; Art. 4 Abs. 3 EUV; Art. 21 AEUV; Art. 10, 18 EG

> **Literaturhinweise:** *Frey/Bruhn*, DStR 2012, S. 1754; *Gosch*, HI 3267132; *Hilpert*, IWB 2012, S. 662

---

[174] Vgl. Tz. 5 und 17 des BMF-Schreibens v. 29.1.2008, BStBl I 2008, S. 317.
[175] Amtlicher Tenor.

8 Erbschaft- und Schenkungsteuer

8.1 Vorlage des ErbStG an das BVerfG zur Prüfung der Verfassungsmäßigkeit

> **BFH, Beschluss v. 27.9.2012, II R 9/11, BStBl II 2012, S. 899;**
> **Vorinstanz: FG Düsseldorf, Urteil v. 12.1.2011, 4 K 2574/10 Erb, EFG 2011, S. 1079**
>
> 1. Der BFH hält § 19 Abs. 1 i. V. m. §§ 13a und 13b ErbStG in der im Jahr 2009 geltenden Fassung wegen Verstoßes gegen den allgemeinen Gleichheitssatz (Art. 3 Abs. 1 GG) für verfassungswidrig, weil die in §§ 13a und 13b ErbStG vorgesehenen Steuervergünstigungen nicht durch ausreichende Sach- und Gemeinwohlgründe gerechtfertigt sind und einen verfassungswidrigen Begünstigungsüberhang aufweisen. Die Verfassungsverstöße führen teils für sich allein, teils in ihrer Kumulation zu einer durchgehenden, das gesamte Gesetz erfassenden verfassungswidrigen Fehlbesteuerung, durch die Steuerpflichtige, die die Vergünstigungen nicht beanspruchen können, in ihrem Recht auf eine gleichmäßige, der Leistungsmäßigkeit entsprechende und folgerichtige Besteuerung verletzt werden.
> 2. Die Gleichstellung von Personen der Steuerklasse II und III im Jahr 2009 ist nicht verfassungswidrig.[176]
>
> **Normen:** Art. 3 Abs. 1, Art. 100 Abs. 1 S. 1 GG; §§ 12 Abs. 5, 13a, 13b, 19 Abs. 1 ErbStG; § 15 Abs. 3 Nr. 2 EStG

Der BFH hat mit o. g. Beschluss dem BVerfG wie allgemein erwartet die Frage der Verfassungsmäßigkeit des seit dem 1.1.2009 geltenden ErbStG vorgelegt. Ausgangspunkt für die aktuelle Vorlage an das BVerfG war der Beschluss des BFH, das BMF zum Verfahrensbeitritt aufzufordern, vom 5.10.2011[177].

Im Verfahren vor dem vorinstanzlichen FG Düsseldorf klagte ein Neffe, weil er ein ererbtes Bankguthaben und einen Steuererstattungsanspruch im Gesamtwert von 51.266 € nach Abzug des persönlichen Freibetrages in Steuerklasse II mit 30 % wie ein Erwerber der Steuerklasse III zu versteuern hatte.

Zunächst ist festzustellen, dass der BFH nicht die Ansicht des Klägers teilt, die Gleichstellung von Erwerbern der Steuerklasse II und III im Jahre 2009 sei verfassungswidrig. Der Gesetzgeber sei von Verfassungs wegen nicht verpflichtet, Erwerber der Steuerklasse II besser zu stellen als Erwerber der Steuerklasse III. Art. 6 GG beziehe sich nur auf die Familie als Gemeinschaft von Eltern und Kindern, nicht aber auf Familienmitglieder im weiteren Sinne wie etwa Geschwister oder Abkömmlinge von Geschwistern.[178]

Allerdings ist der BFH der Auffassung, das seit dem 1.1.2009 geltende erbschaftsteuerliche Verschonungssystem der §§ 13a und 13b ErbStG verstoße gegen den allgemeinen Gleichheitssatz, weil die dort vorgesehenen Steuervergünstigungen in wesentlichen Teilbereichen von großer finanzieller Tragweite über das verfassungsrechtlich gerechtfertigte Maß hinausgingen. Die zusätzlich zu den

---
[176] Amtlicher Tenor.
[177] BFH, Beschluss v. 5.10.2011, II R 9/11, BStBl II 2012, S. 29.
[178] BFH, Beschluss v. 27.9.2012, II R 9/11, BStBl II 2012, S. 899, Rn. 72.

Freibeträgen des § 16 ErbStG anwendbaren Steuervergünstigungen der §§ 13a und 13b ErbStG zusammen mit zahlreichen anderen Verschonungen führten dazu, dass die Steuerbefreiung die Regel und die tatsächliche Besteuerung die Ausnahme sei. Der BFH begründet diese Auffassung ausführlich in einer aus mehr als 172 (!) Randnummern bestehenden Vorlage und stützt sich im Wesentlichen auf folgende Gesichtspunkte:

Die weitgehende bzw. vollständige steuerliche Verschonung des Erwerbs von Betriebsvermögen, land- und forstwirtschaftlichem Vermögen und Anteilen an Kapitalgesellschaften stelle eine nicht durch ausreichende Gemeinwohlgründe gerechtfertigte und damit verfassungswidrige Überprivilegierung dar.[179] Es könne nicht unterstellt werden, dass die Erbschaftsteuer typischerweise die Betriebsfortführung gefährde. Der BFH nimmt dabei Bezug auf das Gutachten des wissenschaftlichen Beirats beim BFH zur Erbschaftsteuer. Es gehe weit über das verfassungsrechtlich Gebotene und Zulässige hinaus, Betriebsvermögen ohne Rücksicht auf den Wert des Erwerbs und die Leistungsfähigkeit des Erwerbers freizustellen, und zwar auch dann, wenn die für eine Erbschaftsteuerzahlung erforderlichen liquiden Mittel vorhanden sind oder (ggf. im Rahmen einer Stundung der Steuer) ohne Weiteres beschafft werden könnten.[180]

Der Begünstigungsgrund „Arbeitsplatzerhalt" erweise sich als nicht tragfähig, weil weit mehr als 90 % aller Betriebe nicht mehr als 20 Beschäftigte hätten[181] und schon deshalb nicht unter die Lohnsummenkontrolle fielen. Außerdem lasse das Gesetz Gestaltungen zu, die es in vielen Fällen auf einfache Art und Weise ermöglichen, dass es für die Gewährung des Verschonungsabschlages auch bei Betrieben mit mehr als 20 Beschäftigten im Ergebnis nicht auf die Entwicklung der Lohnsummen und somit auf die Einhaltung von Arbeitsplätzen in dem Zeitraum nach dem Erwerb ankomme.

Die §§ 13a und 13b ErbStG wiesen ferner einen verfassungswidrigen Begünstigungsüberhang auf, da sie es ermöglichten, dass Steuerpflichtige durch rechtliche Gestaltungen nicht betriebsnotwendiges Vermögen, das den Begünstigungszweck nicht erfülle, in unbegrenzter Höhe ohne oder mit nur geringer Steuerbelastung erwerben. Es unterliege weitgehend der Dispositionsfreiheit des Erblassers oder Schenkers, Vermögensgegenstände, die ihrer Natur nach im Rahmen der privaten Vermögensverwaltung gehalten werden, zu steuerbegünstigtem Betriebsvermögen zu machen. Die Bestimmungen zum sog. Verwaltungsvermögen (§ 13b Abs. 2 ErbStG) seien nicht geeignet, risikobehaftetes und deshalb zu begünstigendes von weitgehend risikolosem und daher nicht begünstigungswürdigem Betriebsvermögen abzugrenzen und widersprächen daher auch dem Folgerichtigkeitsgebot.[182]

Der BFH setzt sich im Folgenden mit dem sog. Holdingmodell auseinander, bei dem der unschädliche Anteil des nicht begünstigungswürdigen Verwaltungsvermögens sowohl bei der Regelverschonung (Befreiung von 85 %) als auch bei der Optionsverschonung (vollständige Befreiung) deutlich über 90 % des gesamten Betriebsvermögens betragen kann.[183] Ferner geht er ausdrücklich auf die sog. „cash-Gesellschaft" ein, deren Vermögen ausschließlich aus unschädlichen Sichteinlagen, Sparanlagen und Festgeldkonten bei Kreditinstituten besteht, sodass Anteile an diesen Gesellschaften vollkommen steuerfrei übertragen werden könnten.[184]

---

[179] BFH, a. a. O., Rn. 82 bis 94.
[180] BFH, a. a. O., Rn. 87.
[181] BFH, a. a. O., Rn. 48.
[182] BFH, a. a. O., Rn. 98 f.
[183] BFH, a. a. O., Rn. 104 ff.
[184] BFH, a. a. O., Rn. 117 ff.

Die Annahme eines Missbrauchs von Gestaltungsmöglichkeiten (§ 42 AO) lehnt der BFH ausdrücklich ab. Bei den dargestellten Gestaltungen handele es sich vielmehr um Möglichkeiten, die der Gesetzgeber dadurch eröffnet habe, dass er Gesellschaften ausdrücklich nicht allein deshalb von den Steuerbegünstigungen nach §§ 13a und 13b ErbStG ausgenommen habe, weil sie lediglich vermögensverwaltend tätig seien. Gegen § 42 AO spräche zudem, dass der Gesetzgeber (in § 13a Abs. 5 ErbStG) die Voraussetzungen, unter denen die Steuervergünstigungen entfallen können, detailliert im Gesetz geregelt habe. Für die Anwendung der allgemeinen Vorschrift des § 42 AO sei danach kein Raum. Schließlich gehe offensichtlich auch der Bundesrat in seiner Stellungnahme zum JStG 2013[185] davon aus, dass keine missbräuchliche Gestaltung vorliege, da es andernfalls nicht der geforderten gesetzlichen Änderung bedurft hätte.

Am Rande weist der BFH auch auf die seiner Ansicht nach verfassungsrechtlich problematische Bewertung des land- und forstwirtschaftlichen Vermögens hin.

Hinweis:

Der weitere Fortgang des Verfahrens beim BVerfG bleibt abzuwarten. Es erscheint aber nahezu ausgeschlossen, dass es das geltende ErbStG rückwirkend für verfassungswidrig erklären könnte, da dies die Anordnung einer „Steuerpause" bedeuten würde.[186] Die Finanzverwaltung hat mittlerweile mit der Anordnung der Vorläufigkeit auf die BVerfG-Vorlage reagiert.[187] Vertrauensschutz nach § 176 AO genießen aber diejenigen, die bereits einen Erbschaft- oder Schenkungsteuerbescheid erhalten haben, und sei er vorläufig nach § 165 AO. Dies gilt auch, wenn die entsprechenden Bescheide unter dem Vorbehalt der Nachprüfung nach § 164 AO stehen.[188] Ist ein Steuerbescheid noch nicht ergangen, dürfte nichts anderes gelten, auch wenn § 176 AO seinem Wortlaut nach nicht anwendbar ist, da es um den erstmaligen Erlass eines Steuerbescheides geht. Ein anderes Ergebnis würde zu einer Ungleichbehandlung der Steuerfälle führen.[189] Letztlich wäre dann die Schnelligkeit der Bearbeitung des Erb- oder Schenkungsteuerfalles beim zuständigen Finanzamt für den Vertrauensschutz entscheidend. Dies dürfte kein sachlicher Grund für eine Ungleichbehandlung sein.

> **Literaturhinweise:** *Balmes*, ErbStB 2012, S. 92; *Brüggemann*, Erbbstg 2012, S. 15, 105 und 289; *ders.* in Erbbstg 2013, S. 26; *Crezelius*, BB 2012, S. 2979; *ders.* in ZEV 2012, S. 1; *Felten*, ZEV 2012, S. 402; *Günther*, ErbStB 2012, S. 319; *Hannes*, ZEV 2011, S. 675; *Meiisel/Bokeloh*, ErbStB 2012, S. 246; *v. Oertzen*, Ubg 2012, S. 724; *Pahlke*, Haufe-Index 3435815; *Richter/Welling*, FR 2012, S. 1015; *Seer*, GmbHR 2011, S. 1331; *ders.* in Ubg 2012, S. 376; *Schindler*, KSR 2011, S. 9; *Söffing*, ErbStB 2012, S. 362; *Striegel/Rothe*, nwb-EV 2012, S. 80; *Thonemann-Micker*, DB 2012, S. 2538; *Volland/Böttcher*, nwb-EV 2012, S. 406; *Wachter*, DStR 2011, S. 2331; *ders.* in DStR 2012, S. 2301

---

[185] BR-Drs. 302/12 v. 6.7.2012.
[186] *Brüggemann*, ErbBstg 2012, S. 289 und ErbBstg 2013, S. 26.
[187] Gleichlautende Erlasse v. 14.11.2012, BStBl I 2012, S. 1082; vgl. B. 7.1.2.
[188] Vgl. Nr. 1 AEAO zu § 176.
[189] *Brüggemann*, a. a. O.

8.2 Zahlungen eines Ehegatten auf ein Oder-Konto der Eheleute

> BFH, Urteil v. 23.11.2011[190], II R 33/10, BStBl II 2012, S. 473;
> Vorinstanz: FG Nürnberg, Urteil v. 25.3.2010, 4 K 654/2008, DStRE 2011, S. 690
>
> 1. Wird die Zahlung eines Ehegatten auf ein Gemeinschaftskonto (sog. Oder-Konto) der Eheleute als freigebige Zuwendung an den anderen Ehegatten der Schenkungsteuer unterworfen, trägt das FA die Feststellungslast für die Tatsachen, die zur Annahme einer freigebigen Zuwendung i. S. d. § 7 Abs. 1 Nr. 1 ErbStG erforderlich sind, also auch dafür, dass der nicht einzahlende Ehegatte im Verhältnis zum einzahlenden Ehegatten tatsächlich und rechtlich frei zur Hälfte über das eingezahlte Guthaben verfügen kann.
> 2. Gibt es hinreichend deutliche objektive Anhaltspunkte dafür, dass beide Ehegatten entsprechend der Auslegungsregel des § 430 BGB zu gleichen Anteilen am Kontoguthaben beteiligt sind, trägt der zur Schenkungsteuer herangezogene Ehegatte die Feststellungslast dafür, dass im Innenverhältnis nur der einzahlende Ehegatte berechtigt sein soll.[191]
>
> **Normen:** § 7 Abs. 1 Nr. 1 ErbStG; §§ 421, 426, 427, 428, 430, 742, 1006 BGB; § 76 Abs. 1 FGO; § 44 AO; §§ 26, 26b EStG

Sachverhalt

Die Ehegatten hatten ein gemeinsames Depot mit Konto eingerichtet, auf das der Ehemann hohe Beträge aus der Veräußerung einer ihm gehörenden Beteiligung einzahlte. Von diesem Guthaben kaufte der Ehemann Aktien für das Depot der Eheleute, außerdem überwies der Ehemann innerhalb von etwa drei Jahren insgesamt ca. 200.000 € meist in Beträgen von 5.000 € auf ein nur ihm gehörendes Girokonto, für das die Ehefrau Vollmacht hatte und das beide Ehegatten regelmäßig zur Bestreitung des gemeinsamen Lebensunterhaltes nutzten. Von dem gemeinsamen Konto kaufte der Ehemann als alleiniger Erwerber ein Grundstück, das von der Familie zu Wohnzwecken genutzt wird. In den Einkommensteuererklärungen waren die Spekulationsgewinne und Zinsen aus dem gemeinsamen Depot/Konto den Eheleuten je zur Hälfte zugerechnet worden. Die Einkommensteuer wurde unter Verwendung des Guthabens auf dem gemeinsamen Konto bezahlt. Im Nachhinein unterzeichneten die Eheleute eine Vereinbarung, nach der sie sich zu jedem Zeitpunkt einig gewesen seien, dass der Erlös aus dem Verkauf der Beteiligung und die in diesem Zusammenhang zugeflossenen Zinsen ausschließlich dem Ehemann zustehen sollten. Eine Schenkung an die Ehefrau sei zu keinem Zeitpunkt beabsichtigt gewesen.

Das FA und das FG Nürnberg sahen in den Einzahlungen des Ehemannes auf das gemeinsame Konto in Höhe von 50 % des Einzahlungsbetrages Schenkungen an die Ehefrau.

Entscheidung

Dem ist der BFH nicht gefolgt und hat die Vorentscheidung aufgehoben und zur anderweitigen Verhandlung und Entscheidung an das FG Nürnberg zurückverwiesen.

---

[190] Erst in 2012 veröffentlicht.
[191] Amtlicher Tenor.

Der BFH stellt in seinen Entscheidungsgründen klar, dass bei Zahlungen eines Ehegatten auf ein Gemeinschaftskonto eine Bereicherung des anderen Ehegatten nur vorliegt, wenn und soweit dieser im Verhältnis zum einzahlenden Ehegatten tatsächlich und rechtlich frei über das eingezahlte Guthaben verfügen kann und die Zuwendung unentgeltlich ist. Bei einem Oder-Konto seien die Eheleute grundsätzlich Gesamtgläubiger nach § 428 BGB mit der Folge, dass sie nach § 430 BGB im Verhältnis zueinander zu gleichen Anteilen berechtigt sind, soweit nicht ein anderes bestimmt ist. Fehlten schriftliche oder mündliche Vereinbarungen der Eheleute über das Innenverhältnis, sei dieses vornehmlich aus dem Verhalten der Eheleute zu erschließen. Dabei komme es auf die tatsächliche Handhabung des Kontos und die Verwendung der nicht der laufenden Lebensführung dienenden Mittel an. Je häufiger der nicht einzahlende Ehegatte auf das Guthaben des gemeinsamen Kontos zugreift, um eigenes Vermögen zu schaffen, umso stärker spreche sein Verhalten dafür, dass er wie der einzahlende Ehegatte zu gleichen Teilen Berechtigter sei. Verwende der nicht einzahlende Ehegatte dagegen nur im Einzelfall einen Betrag zum Erwerb eigenen Vermögens, könne das darauf hindeuten, dass sich die Zuwendung des einzahlenden Ehegatten an den anderen Ehegatten auf diesen Betrag beschränke und nicht einen hälftigen Anteil am gesamten Guthaben auf dem Oder-Konto betreffe.

Könne der entscheidungserhebliche Sachverhalt trotz Ausschöpfung aller zugänglichen und zumutbaren Ermittlungsmöglichkeiten nicht oder nicht vollständig aufgeklärt werden, sei unter Anwendung der Beweislastregeln zu entscheiden, zu wessen Lasten die Unerweislichkeit von maßgeblichen Tatsachen geht. Das FA trage die Feststellungslast für die Tatsachen, die zur Annahme einer freigebigen Zuwendung erforderlich sind, also dafür, dass der nicht einzahlende Ehegatte über das auf den Einzahlungen des anderen Ehegatten beruhende Guthaben auf dem gemeinsamem Konto zur Hälfte tatsächlich und rechtlich frei verfügen könne und damit durch die Zuwendung des hälftigen Guthabens bereichert sei sowie dass die Zuwendung objektiv unentgeltlich sei. Gebe es allerdings hinreichend deutliche objektive Anhaltspunkte dafür, dass beide Ehegatten zu gleichen Teilen am Kontoguthaben beteiligt sind, trage der zur Schenkungsteuer herangezogene Ehegatte die Feststellungslast dafür, dass im Innenverhältnis nur der einzahlende Ehegatte berechtigt sein soll. Allein eine Einzahlung auf dem Oder-Konto durch einen Ehegatten sei aber kein ausreichender Anhaltspunkt dafür, dass der nicht einzahlende Ehegatte zur Hälfte an dem eingezahlten Betrag beteiligt sein solle.

Nach Ansicht des BFH reichten die vom FG bisher festgestellten Tatsachen nicht aus, um eine Feststellungslast der Klägerin für die Vereinbarung eines von § 430 BGB abweichenden Innenverhältnisses zu begründen.

Auch die einkommensteuerliche Zuordnung der Erträge im Rahmen der Einkommensteuererklärungen stelle lediglich ein schwaches Indiz dar; so habe es zudem bei der Zusammenveranlagung in der Regel keine steuerliche Auswirkung, welchem Ehegatten die Kapitaleinnahmen zugerechnet würden. Hinsichtlich der im Nachhinein geschlossenen schriftlichen Vereinbarung weist der BFH darauf hin, dass darin keine schriftliche Vereinbarung eines von § 430 BGB abweichenden Innenverhältnisses für die Zeit ab Kontoeröffnung gesehen werden könne, weil die Vereinbarung erst mehrere Jahre danach schriftlich niedergelegt wurde. Gleichwohl liege insoweit eine schriftliche Beurkundung des Willens der Eheleute vor, die vom FG daraufhin zu überprüfen sei, ob sie zumindest ein Indiz darstelle.

Hinweis:

Für die Praxis ergibt sich aus der Entscheidung eine Entschärfung der Oder-Konten-Problematik, denn sie bedeutet für die Steuerpflichtigen eine erhebliche Beweiserleichterung. Dennoch sollte weiterhin die Verwendung von Einzelkonten mit wechselseitiger Vollmacht bevorzugt werden, wenn auf diese Konten Beträge eingezahlt werden, die über die Deckung des laufenden Lebensunterhalts hinausgehen, um irgendwelche schenkungsteuerlichen Probleme bereits im Vorfeld zu vermeiden.

Literaturhinweise: *Bönig*, DStR 2012, S. 2050; *Demuth/Schreiber*, ZEV 2012, S. 405; *Schienke-Ohletz*, DStR 2012, S. 1265

8.3 Schenkungsteuerliche Behandlung von Ausschüttungen eines US-amerikanischen Trusts

> **BFH, Urteil v. 27.9.2012, II R 45/10, BFH/NV 2012, S. 135;**
> **Vorinstanz: FG Baden-Württemberg, Urteil v. 15.7.2010, 7 K 37/07, EFG 2011, S. 162**
>
> 1. Zwischenberechtigte im Sinne von § 7 Abs. 1 Nr. 9 S. 2 Halbs. 2 ErbStG sind alle Personen, die während des Bestehens eines Trusts Auszahlungen aus dem Trustvermögen erhalten haben.
> 2. Der Besteuerung ausgeschütteter Vermögenserträge steht nicht entgegen, dass der Berechtigte bereits vor Änderung der Rechtslage durch das StEntlG 1999/2000/2002 einen gesicherten Anspruch auf Ausschüttung aller künftigen Trusterträge erlangt hatte.[192]
>
> **Norm:** § 7 Abs. 1 Nr. 9 ErbStG

Nach § 7 Abs. 1 Nr. 9 S. 1 ErbStG gilt als Schenkung unter Lebenden, was bei Aufhebung einer Stiftung oder bei Auflösung eines Vereins, dessen Zweck auf die Bindung von Vermögen gerichtet ist, erworben wird. Nach § 7 Abs. 1 Nr. 9 S. 2 ErbStG steht dem gleich der Erwerb bei Auflösung einer Vermögensmasse ausländischen Rechts, deren Zweck auf die Bindung von Vermögen gerichtet ist, sowie der Erwerb durch Zwischenberechtigte während des Bestehens der Vermögensmasse.

Die Klägerin ist Enkelin ihrer im August 1986 verstorbenen Großmutter, die US-Staatsangehörige war und zuletzt in New York lebte. Die Großmutter gründete mit Testament vom 31.1.1983 zugunsten der Klägerin einen Trust nach US-Recht (Alt-Trust). Nach dem Tod der Großmutter erhielt die Klägerin aus diesem Alt-Trust Ausschüttungen, die teils aus dem Trustvermögen, teils aus den Trusterträgen stammten. 1997 gründete die Klägerin einen eigenen Trust (Grantor's Trust), deren einzige Begünstigte sie selbst war. Des Weiteren übertrug sie auf Treuhänder des Grantor's Trust alle Rechte an den ihr zustehenden Einnahmen aus dem Alt-Trust. In der Folge wurden die laufenden Erträge sowie Teile des Vermögens des Alt-Trusts ausschließlich an den Grantor's Trust ausgeschüttet. Die Klägerin erhielt wiederum Ausschüttungen aus dem Grantor's Trust. Das Finanzamt vertrat die Auffassung, die Auszahlung aus dem Alt-Trust an den Grantor's Trust führe zu einem Erwerb der Klägerin als Zwischenberechtigte i. S. d. § 7 Abs. 1 Nr. 9 S. 2 ErbStG und setzte entsprechend Schenkungsteuer fest. Die dagegen gerichtete Klage hatte auch vor dem BFH keinen Erfolg.

---

[192] Amtlicher Tenor.

Der BFH war der Ansicht, dass die Auszahlung des Alt-Trusts an den Grantor's Trust auch hinsichtlich der ausgezahlten Vermögenserträge den Tatbestand des § 7 Abs. 1 Nr. 9 S. 2 Halbs. 2 ErbStG erfülle. Bei dem von der Großmutter errichteten Trust handele es sich um eine Vermögensmasse ausländischen Rechts i. S. d. § 7 Abs. 1 Nr. 9 S. 2 ErbStG. Die Frage, ob es sich bei dem Alt-Trust um einen sog. *revocable trust* gehandelt habe, bei dem sich der Errichter des Trusts eine Widerrufsmöglichkeit vorbehält, könne im Streitfall dahinstehen, denn die Erblasserin habe einen solchen Trust mit Widerrufsmöglichkeit nicht errichtet.

Die Klägerin war nach Auffassung des BFH Zwischenberechtigte i. S. d. § 7 Abs. 1 Nr. 9 S. 2 Halbs. 2 ErbStG, denn Zwischenberechtigte seien alle Personen, die während des Bestehens des Trusts Auszahlungen aus dem Trustvermögen erhielten. Eine einschränkende Auslegung dieser Vorschrift dahingehend, dass „Zwischenberechtigter" nur sein könne, wer weder anfangs- noch endberechtigt sei, lasse den Zweck der Vorschrift, die Zwischenschaltung von Trusts steuerlich besser zu erfassen und bestehende Besteuerungslücken zu schließen, außer Acht. Andernfalls könnten die Vermögenssubstanz und die Vermögenserträge des Trusts vor Auflösung steuerfrei ausgezahlt werden. Das Gegenteil solle durch § 7 Abs. 1 Nr. 9 S. 2 ErbStG sichergestellt werden. Damit erfülle die Ausschüttung an den Grantor's Trust der Klägerin den Tatbestand des § 7 Abs. 1 Nr. 9 S. 2 Halbs. 2 ErbStG, wobei der Besteuerung auch die ausgeschütteten Vermögenserträge und nicht nur die ausgeschüttete Vermögenssubstanz unterliegen. Ferner sei die Besteuerung auch nicht etwa deshalb ausgeschlossen, weil die Klägerin bereits vor Vollendung des 21. Lebensjahres einen unentziehbaren Anspruch auf die Trusterträge erlangt habe. Maßgebend sei, ob der betreffende Erwerb nach dem 4.3.1999 erfolgt sei. Die Neuregelung des StEntlG 1999/2000/2002 erfasse auch Erwerbe von sog. Trusts, die bei Inkrafttreten der gesetzlichen Neuregelung bereits bestanden. Der Erwerb nach § 7 Abs. 1 Nr. 9 S. 2 ErbStG setze nicht voraus, dass die Errichtung des Trusts zuvor ebenfalls aufgrund des § 7 Abs. 1 Nr. 8 S. 2 und § 3 Abs. 2 Nr. 1 S. 2 ErbStG i. d. F. StEntlG 1999/2000/2002 der Besteuerung unterlegen habe. Zudem erfolgte vorliegend die Auszahlung am 2.10.2000 und damit nach dem für die Neuregelung gültigen Stichtag des 4.3.1999.

> **Literaturhinweis:** *Pahlke*, HI 3519232

8.4 Berechnung des 10-Jahreszeitraums des § 14 Abs. 1 S. 1 ErbStG

> **BFH, Urteil v. 28.3.2012, II R 43/11, BStBl II 2012, S. 599;**
> **Vorinstanz: FG Niedersachsen, Urteil v. 16.6.2011, 3 K 136/11, EFG 2012, S. 260**
>
> 1. **Der für die Berücksichtigung von Vorerwerben maßgebliche 10-Jahres-Zeitraum des § 14 Abs. 1 S. 1 ErbStG ist rückwärts zu berechnen. Dabei ist der Tag des letzten Erwerbs mitzuzählen.**
> 2. **Bei der Berechnung des 10-Jahres-Zeitraums des § 14 Abs. 1 S. 1 ErbStG ist § 108 Abs. 3 AO nicht anzuwenden.**[193]
>
> **Normen:** § 14 ErbStG; § 108 Abs. 1 und 3 AO; §§ 187, 188 Abs. 2 BGB

---

[193] Amtlicher Tenor.

In dem entschiedenen Fall ging es im Kern um die Frage, ob bei einer am 31.12.2008 erfolgten Schenkung noch eine am 31.12.1998 erfolgte Schenkung als Vorschenkung berücksichtigt werden muss, also wie sich der Zehnjahreszeitraum i. S. d. § 14 Abs. 1 ErbStG berechnet.

§ 14 ErbStG regelt die Berechnung der Steuer für den letzten Erwerb, der Anlass und Ausgangspunkt für die Fristberechnung ist. Von diesem letzten Erwerb ist nach Auffassung des BFH der 10-Jahres-Zeitraum rückwärts zu berechnen. Auf rückwärts zu berechnende Fristen sind die §§ 187 ff. BGB entsprechend anwendbar. Für die Berechnung der Frist des § 14 Abs. 1 S. 1 ErbStG sind § 108 Abs. 1 AO i. V. m. §§ 187 Abs. 2, 188 Abs. 2 Alt. 2 BGB maßgebend. Der 10-Jahres-Zeitraum beginnt wegen der Rückwärtsberechnung mit dem Ende des Tages, an dem der letzte Erwerb erfolgt ist. Dies bedeutet, dass vorliegend der Fristbeginn am 31.12.2008 24 Uhr gewesen ist und die Frist am 1.1.1999 um 0 Uhr endete, sodass die am 31.12.1998 erfolgte Schenkung außerhalb des 10-Jahres-Zeitraums lag.

In den Entscheidungsgründen stellte der BFH auch klar, dass § 108 Abs. 3 AO keine Anwendung findet, da es dem Sinn und Zweck der Norm nicht entsprechen würde, wenn ein früherer Erwerb außerhalb des 10-Jahres-Zeitraums nur deshalb berücksichtigt würde, weil die Frist des § 14 Abs. 1 S. 1 ErbStG an einem Samstag, Sonntag oder Feiertag endet und dann auf den Beginn des vorangegangenen Werktags zu verlängern wäre.

Hinweis:

Die jetzt vom BFH geäußerte Auffassung zur Berechnung der Zehnjahresfrist deckt sich mit der ganz h. M. in der Literatur. Die Veröffentlichung der Entscheidung im Bundessteuerblatt macht deutlich, dass die Finanzverwaltung diese Entscheidung auch anwenden wird.

8.5 Konkurrenz von Einkommen- und Schenkungsteuer

> **BFH, Beschluss v. 12.9.2011[194], VIII B 70/09, DStR 2012, S. 154;**
> **Vorinstanz: FG Münster, Beschluss v. 6.4.2009, 12 V 446/09 E, EFG 2009, S. 1220**
>
> **Wenn ein Lebenssachverhalt tatbestandlich sowohl der Einkommen- als auch der Schenkungsteuer unterfällt, ist die Zulässigkeit der Ertragsbesteuerung ernstlich zweifelhaft.**
>
> **Normen:** §§ 1 Abs. 1, 7 Abs. 1 ErbStG; §§ 2, 20 Abs. 1 EStG

Ein Ehepaar beendete mit notariellem Ehevertrag den Güterstand der Zugewinngemeinschaft. Der sich daraus ergebende Zugewinnausgleichsanspruch wird für fünf Jahre gestundet. Nach Auszahlung des Ausgleichsanspruchs zinst das FA den Anspruch ab und berücksichtigt den Zinsanteil als zusätzliche Einkünfte aus Kapitalvermögen im Rahmen der Einkommensbesteuerung.

Wie auch das erstinstanzliche FG Münster hält der BFH an der Aussetzung des Einkommensteuerbescheids fest, da auch er ernstliche Zweifel an der Rechtmäßigkeit des Ansatzes der Zinsanteile der gestundeten Zugewinnausgleichsforderung als Kapitalerträge hat. Zwar seien die tatbestandlichen Voraussetzungen dafür dem Grunde nach erfüllt, jedoch komme zugleich eine Schenkung des ausgleichsberechtigten Ehegatten an den ausgleichsverpflichteten Ehegatten in Betracht. Um eine

---

[194] Erst in 2012 veröffentlicht.

Doppelbesteuerung dem Grunde nach zu verhindern, müsse die Ertragsbesteuerung in derartigen Konstellationen zurücktreten.

Grundsätzlich sei es tatbestandlich ausgeschlossen, mit derselben Handlung sowohl eine freigebige Zuwendung zu verwirklichen (§ 7 ErbStG) als auch wirtschaftlich am Markt teilzunehmen (§ 2 EStG). Vorliegend unterfalle jedoch ein und derselbe Lebenssachverhalt tatbestandlich sowohl der Einkommen- als auch der Schenkungsteuer. In diesem Fall habe bei summarischer Prüfung die Ertragsbesteuerung zurückzutreten. Es fehle bei dem ausgleichsberechtigten Ehegatten an einer Handlung, die auf das Erzielen von Einnahmen am Markt gerichtet ist. Wenn jemand einer anderen Person etwas schenken wolle, sei seine Handlung gerade keine Erwerbshandlung, denn sie sei nicht auf die Einkünfteerzielung am Markt, also auf einen Hinzuerwerb von Einkommen, ausgelegt. Fehle es jedoch an der notwendigen Erwerbshandlung, komme eine Erfassung von Erträgen als Einkünfte i. S. d. EStG grundsätzlich nicht in Betracht.

Hinweis:

Dieser Beschluss im Verfahren des vorläufigen Rechtsschutzes ist überraschend. Bislang wurde vom BFH kein Anstoß an einer Doppelbelastung mit Einkommen- und Schenkungsteuer genommen. Außerdem wurde gerade jüngst § 7 Abs. 8 ErbStG neu eingeführt, aufgrund dessen es ebenfalls regelmäßig zu Doppelbelastungen kommen wird. Es bleibt mit Spannung abzuwarten, wie sich die Rechtsprechung diesbezüglich entwickeln wird.

8.6 Festsetzung von Schenkungsteuer gegenüber dem Schenker nach Entrichtung der Steuer durch den Bedachten nicht mehr zulässig

> BFH, Urteil v. 29.2.2012, II R 19/10, BStBl II 2012, S. 489;
> Vorinstanz: FG Köln, Urteil v. 10.3.2010, 9 K 1550/09, EFG 2010, S. 1434
>
> **Hat der Bedachte die Schenkungsteuer entrichtet, kann sie auch dann nicht mehr gegenüber dem Schenker festgesetzt werden, wenn die Steuer dem Bedachten aufgrund eines durch unrichtige Angaben erwirkten Änderungsbescheids (teilweise) erstattet und später diesem gegenüber wieder in der ursprünglichen Höhe festgesetzt wird.**[195]
>
> **Normen:** §§ 38, 44, 47 AO; § 20 Abs. 1 S. 1 ErbStG

Sachverhalt

Der Entscheidung liegt vereinfacht folgender Sachverhalt zugrunde: Die Klägerin schenkte ihrer Freundin im November 2004 einen Betrag von 2 Mio. € Die Beschenkte zahlte auf diese Schenkung in Frühjahr 2005 die gegen sie vom FA festgesetzte Schenkungsteuer. Im September 2006 stellte sie einen Antrag auf Aufhebung des Schenkungsteuerbescheides mit der wahrheitswidrigen Behauptung, die Klägerin habe die Schenkung widerrufen. Das FA nahm daraufhin an, dass die ursprünglich festgesetzte Schenkungsteuer gemäß § 29 Abs. 1 Nr. 1 ErbStG mit Wirkung für die Vergangenheit erloschen sei und überwies die Schenkungsteuer zurück. Nachdem es sich herausstellte, dass die Beschenkte wahrheitswidrige Angaben gemacht hat, setzte das FA erneut Schenkungsteuer gegen die Beschenkte fest, die diese aber nur teilweise entrichtete. Das FA setzte da-

---

[195] Amtlicher Tenor.

raufhin im November 2008 Schenkungsteuer gegen die Klägerin für die Schenkung aus 2004 fest mit der Begründung, dass nach § 20 Abs. 1 ErbStG bei Schenkungen sowohl der Beschenkte als auch der Schenker nach § 44 Abs. 1 S. 1 AO Gesamtschuldner seien. Die Inanspruchnahme der Klägerin sei auch ermessensfehlerfrei, da die Erhebung der gesamten festgesetzten Schenkungsteuer bei der Beschenkten aufgrund deren wirtschaftlicher Situation keinen Erfolg verspreche.

Entscheidung

Entgegen dem erstinstanzlichen Urteil des FG Köln hat der BFH entschieden, dass das FA die Schenkungsteuer nicht gegenüber der Klägerin festsetzen durfte. Entrichte der Bedachte die ihm gegenüber festgesetzte Schenkungsteuer in vollem Umfang, so erlösche diese gem. § 47 i. V. m. § 44 Abs. 2 S. 1 AO auch mit Wirkung gegenüber dem Schenker und könne daher diesem gegenüber nicht mehr festgesetzt werden. Daran ändere auch die Rückzahlung der Steuer an den Beschenkten nichts, denn es handele sich um Tatsachen, die nicht in der Person des Schenkers eintreten und daher gemäß § 44 Abs. 2 S. 3 AO auch nicht für und gegen diesen wirkten. Für die vom FG vertretene Ansicht, der Erlass eines Änderungsbescheides, durch den die Schenkungsteuer gegen den Bedachten wieder in der ursprünglichen Höhe festgesetzt wird, führe zur Entstehung eines neuen Steueranspruchs, für den auch der Schenker als Gesamtschuldner in Anspruch genommen werden könne, gebe es keine Grundlage. Die rechtmäßige Festsetzung einer Steuer durch Steuerbescheid nach § 155 Abs. 1 S. 1 AO setzte das Bestehen eines Steueranspruchs voraus und führe nicht selbst zum Entstehen eines Steueranspruchs.

Hinweis:

In seinen Entscheidungsgründen weist der BFH darauf hin, dass es im Ergebnis nichts geändert hätte, wenn der Schenker durch sein Verhalten zur Steuerrückzahlung beigetragen hätte. Wenn die Herabsetzung der gegenüber der Beschenkten festgesetzten Schenkungsteuer jedoch auf einer Steuerhinterziehung beruhen würde, an der der Schenker beteiligt gewesen wäre, käme eine Haftung des Schenkers für die verkürzte Steuer nach § 71 AO in Betracht.

8.7 Kettenschenkung

> **BFH, Beschluss v. 30.11.2011[196], II B 60/11, DStR 2012, S. 1652;**
> **Vorinstanz: FG München, Beschluss v. 30.5.2011, 4 V 548/11, DStRE 2012, S. 105**
>
> 1. Übertragen Eltern ein Grundstück schenkweise auf ihr Kind und schenkt das Kind unmittelbar im Anschluss an die ausgeführte Schenkung einen Miteigentumsanteil an dem erhaltenen Grundstück an seinen Ehegatten weiter, kann schenkungsteuerrechtlich regelmäßig nicht von einer Zuwendung der Eltern an das Schwiegerkind ausgegangen werden, wenn das Kind nicht zur Weiterschenkung verpflichtet ist und die Eltern die Weitergabe des Miteigentumsanteils am Grundstück nicht veranlasst haben.
> 2. Ein bloßes Einverständnis der Eltern mit der Weiterübertragung eines hälftigen Miteigentumsanteils auf das Schwiegerkind kann eine Zuwendung der Eltern an das Schwiegerkind nicht begründen.
>
> **Norm:** § 7 Abs. 1 Nr. 1 ErbStG

---

[196] Erst in 2012 veröffentlicht.

8.8 Steuerschulden als Nachlassverbindlichkeiten

> **BFH, Urteil v. 4.7.2012, II R 15/11, BStBl II 2012, S. 790;**
> **Vorinstanz: FG Niedersachsen, Urteil v. 23.2.2011, 3 K 332/10, DStRE 2012, S. 627**
>
> 1. Die auf den Erben entsprechend seiner Erbquote entfallenden Abschlusszahlungen für die vom Erblasser herrührende Einkommensteuer des Todesjahres, einschließlich Kirchensteuer und Solidaritätszuschlag, sind als Nachlassverbindlichkeiten gemäß § 10 Abs. 5 Nr. 1 ErbStG abzugsfähig (Änderung der Rechtsprechung).
> 2. Bei einer Zusammenveranlagung von im selben Jahr verstorbenen Ehegatten sind Abschlusszahlungen für das Todesjahr analog § 270 AO aufzuteilen und als Nachlassverbindlichkeiten beim jeweiligen Erwerb von Todes wegen abzugsfähig.[197]
>
> **Normen:** §§ 9 Abs. 1 Nr. 1, 10 Abs. 1, Abs. 5 Nr. 1, 11, 12 Abs. 1 ErbStG; § 12 BewG; §§ 1922, 1967 Abs. 2 BGB; §§ 37 Abs.2, 38, 44, 45 Abs. 1, 270 AO; §§ 2 Abs. 7 S. 1, 25 Abs. 1, 26b, 36 Abs. 1, 51a Abs. 1 EStG 2004; § 1 Abs. 2 SolZG

Die Klägerin wurde zusammen mit ihrer Schwester zu je ein Halb Miterbin ihres am 31.12.2004 verstorbenen Vaters. Die Mutter war im gleichen Jahr, am 13.11.2004, verstorben. Die Eheleute wurden im Jahre 2004 zusammen zur Einkommensteuer veranlagt. Für dieses Jahr waren noch Zahlungen (Einkommensteuer, Kirchensteuer und Solidaritätszuschlag) in Höhe von 1.823.885 € zu entrichten. Die Klägerin machte die Hälfte dieser Abschlusszahlungen als Nachlassverbindlichkeiten geltend. Das beklagte Finanzamt versagte diesen Abzug und setzte gegenüber der Klägerin Erbschaftsteuer in Höhe von 473.936 € fest.[198] Einspruch und Klage vor dem Finanzgericht dagegen blieben ohne Erfolg. Der BFH hat die Sache zur anderweitigen Verhandlung und Entscheidung an das Finanzgericht zurückverwiesen.

Der Erbe tritt als Gesamtrechtsnachfolger grundsätzlich umfassend in die materielle und verfahrensrechtliche Rechtstellung des Erblassers ein (vgl. § 1922 Abs. 1 BGB i. V. m § 45 Abs. 1 AO). Nach § 10 Abs. 5 Nr. 1 ErbStG sind von dem Erwerb des Erben die vom Erblasser herrührenden Schulden als Nachlassverbindlichkeiten abzugsfähig. Nach bisheriger Rechtsprechung waren jedoch Einkommensteuerschulden des Todesjahres nicht zu berücksichtigen, da die Einkommensteuer erst mit Ablauf des Kalenderjahres entsteht (vgl. § 36 Abs. 1 EStG) und erbschaftsteuerlich für die Wertermittlung der Zeitpunkt der Entstehung der Erbschaftsteuer maßgebend ist (§ 11 ErbStG) und damit grundsätzlich der Zeitpunkt des Todes des Erblassers (§ 9 Abs. 1 Nr. 1 ErbStG).

Unter Aufgabe seiner bisherigen Rechtsprechung und entgegen der Ansicht der Finanzverwaltung[199] stellt der BFH nunmehr fest, das Tatbestandmerkmal „herrühren" bedeute nicht, dass die (Steuer-) Verbindlichkeiten zum Zeitpunkt des Erbfalls und damit zum Zeitpunkt der Steuerentstehung bereits wirksam entstanden sein müssen. Damit wirkten sich auch Steuerschulden des Todesjahres des Erblassers bereicherungsmindernd aus, obwohl sie beim Erbfall noch nicht rechtlich entstanden waren. Ein anderes gelte aber, wenn der Erbe selbst einkommensteuerrelevante Tatbestände verwirkliche, wie z. B. beim Zufluss nachträglicher Einnahmen aus einer ehemaligen Tätigkeit des Erblassers nach § 24 Nr. 2 EStG. Die darauf entfallende Einkommensteuerzahlung des Erben sei keine Nachlassverbindlichkeit i. S. d. § 10 Abs. 5 Nr. 1 ErbStG. Der Steuerbestand

---

[197] Amtlicher Tenor. Vgl. auch die im Wesentlichen inhaltsgleichen Urteile mit den Az. II R 50/11, II R 19/11, II R 18/11 und II R 56/11.
[198] Vgl. R E 10.8 Abs. 3 ErbStR 2011.
[199] Vgl. R E 10.8 Abs. 3 ErbStR 2011.

werde in diesen Fällen erst mit dem Zufluss der Einnahmen durch den Erben als Steuerpflichtigen verwirklicht. Gleiches dürfte für die Einkommensteuer auf Stückzinsen geerbter Wertpapiere gelten, da auch hier der Steuertatbestand erst nach dem Erbschaftsteuer-Stichtag (Todestag) mit Zufluss der Zinsen beim Erben verwirklicht wird.[200]

Auch die jetzt unterschiedliche Beurteilung des Ansatzes von Steuererstattungsansprüchen des Todesjahres kann nach Ansicht des BFH nichts an der Bewertung ändern. Nach der weitergeltenden Rechtsprechung des BFH fallen Steuererstattungsansprüche des Todesjahres nicht in den steuerpflichtigen Erwerb, weil sie erst mit dem Ablauf des Todesjahres entstehen. Für Erwerbe nach dem 31.12.2008 gilt zudem § 10 Abs. 1 S. 3 ErbStG. Danach sind Steuererstattungsansprüche des Erblassers zu berücksichtigen, wenn sie rechtlich entstanden sind (vgl. § 37 Abs. 2 AO). Für eine einschränkende Auslegung des Begriffs „herrühren" im Sinne von „rechtlich entstanden" sei ein zwingender Grund nicht ersichtlich.

Als Nachlassverbindlichkeit ist damit die Einkommensteuer-Abschlusszahlung i. S. d. § 36 Abs. 4 S. 1 EStG abzugsfähig, und damit die Einkommensteuer, die sich nach Anrechnung der vom Erblasser geleisteten Vorauszahlungen und der durch Steuerabzug erhobenen anrechenbaren Einkommensteuer (vgl. § 36 Abs. 2 EStG) ergibt. Entscheidend sei dabei die materielle Rechtslage und nicht die Steuerfestsetzung. Bei zusammen veranlagten Ehegatten sei für die Frage der Abzugsfähigkeit der Steuerbetrag entscheidend, der nach Aufteilung der Gesamtschuld nach § 270 AO auf den Erblasser entfalle.

Hinweis:

Festzuhalten bleibt die für den Steuerpflichtigen günstige Situation: Die Berücksichtigung von Steuererstattungsansprüchen im Erbfall erfordert, dass sie im Todeszeitpunkt schon rechtlich entstanden sind, während es bei Steuerverbindlichkeiten genügt, dass diese wirtschaftlich schon entstanden sind. Die Finanzverwaltung hält ausweislich einer Verfügung der OFD Niedersachsen vom 26.10.2012[201] an ihrer in R E 10.8 Abs. 3 ErbStR 2011 niedergelegten gegenteiligen Auffassung nicht mehr fest.

In der Literatur wird diskutiert, ob nach der Entscheidung des BFH auch latente Einkommensteuerlasten außerhalb des Anwendungsbereiches des § 24 Nr. 2 EStG erbschaftsteuerlich abzugsfähig sein sollten. Dies hat der BFH noch jüngst verneint.[202] Offen bleibt, ob die besprochene Entscheidung auch hier zu einer Rechtsprechungsänderung führen könnte. Die weitere Entwicklung bleibt abzuwarten.

> **Literaturhinweise:** *Crezelius*, ZEV 2012 S. 504; *Grewe*, ErbBstg 2012, S. 235; *Kischstein*, ErbStB 2012, S. 291; *Kobor*, FR 2012, S. 1075; *Milatz/Knepel*, DStR 2012, S. 2527; *Pahlke*, Haufe-Index 3267140; *Richter*, Steuerblog in DB 2012 v. 20.11.2012; *Riedel*, ZErb 2012, S. 273; *Sahrmann*, FR 2012, S. 1104

---

[200] Vgl. dazu BFH, Urteil v. 17.2.2010, II R 23/09, BStBl II 2010, S. 641.
[201] DStR 2012, S. 2440.
[202] Vgl. BFH, Urteil v. 17.2.2010, II R 23/09, BStBl II 2010, S. 641 m. Anm. *Crezelius*.

8.9 Erbschaftsteuer auf Beteiligung mit sicherem Einfluss auf drittländische Kapitalgesellschaft

> EuGH, Urteil v. 19.7.2012, C–31/11, DStR 2012, S. 1508;
> Vorlage des BFH, Beschluss v. 15.12.2010, II R 63/09, BStBl II 2011, S. 1508;
> Vorinstanz: FG Bremen, Urteil v. 28.10.2009, 3 K 34/09, DStRE 2010, S. 484
>
> Die Nichtgewährung der erbschaftsteuerlichen Begünstigung gemäß §§ 13a und 13b ErbStG für Anteile an einer Kapitalgesellschaft in einem Drittstaat ist mit dem EU-Recht vereinbar, wenn – wie in dem der Entscheidung zugrunde liegenden Fall – die Beteiligung ihrem Inhaber ermöglicht, einen sicheren Einfluss auf die Entscheidung der Gesellschaft auszuüben und deren Tätigkeit zu bestimmen. Nach Auffassung des EuGH ist in diesem Fall vorwiegend die Niederlassungsfreiheit berührt, welche jedoch gegenüber Drittstaaten nicht gelte.
>
> Normen: Art. 1 Abs. 1 Anhang I Richtlinie 88/361/EWG; §§ 1 Abs. 1 Nr. 1, 2 Abs. 1 Nr. 1, 13a Abs. 1, 2, 4 Nr. 3, 5 Nr. 4 ErbStG

Die Klägerin Marianne Scheunemann war Alleinerbin ihres im Februar 2007 verstorbenen Vaters, der (wie sie) in Deutschland wohnte. In der Erbmasse enthalten war u. a. eine Beteiligung als Alleingesellschafter an einer kanadischen Kapitalgesellschaft. Der Erwerb von Todes wegen wurde in Deutschland der Erbschaftsteuer unterworfen, ohne dass die Begünstigungen des § 13a ErbStG a. F. (Freibetrag in Höhe von 225.000 € und Bewertungsabschlag in Höhe von 35 %) seitens des beklagten Finanzamtes gewährt wurden. Einspruch und Klage gegen die Versagung dieser Begünstigungen blieben ohne Erfolg. Das Finanzgericht war der Ansicht, die Niederlassungsfreiheit gelte nicht für eine Beteiligung an einer Gesellschaft mit Sitz in einem Drittstaat wie der hier in Rede stehenden Gesellschaft.

Der BFH teilte im Revisionsverfahren die Ansicht des Finanzgerichts, legte dem EuGH aber die Frage vor, ob der Umstand, dass die steuerliche Behandlung von Erbschaften unter die Kapitalverkehrsfreiheit falle, hier eine andere Entscheidung erfordere. Die Finanzverwaltung ließ in diesen Fällen (sowie in gleichgelagerten Fällen der neuen, ab dem Jahr 2009 geltenden Rechtslage) die Einspruchsverfahren ruhen und gewährte Aussetzung der Vollziehung.[203]

Die Niederlassungsfreiheit nach Art. 49 AEUV berechtigt jeden EU-Bürger, sich in jedem Mitgliedstaat der EU niederzulassen und ist auch auf juristische Personen anwendbar, wenn diese nach den Rechtsvorschriften eines Mitgliedstaates gegründet worden sind und sich ihre Hauptniederlassung in einem EU-Mitgliedstaat befindet. Die Kapitalverkehrsfreiheit nach Art. 63 AEUV verbietet alle Beschränkungen des Kapitalverkehrs zwischen den Mitgliedsstaaten sowie zwischen den Mitgliedstaaten und dritten Ländern. Damit gilt die Kapitalverkehrsfreiheit auch gegenüber Drittstaaten, während die Niederlassungsfreiheit auf den EU/EWR-Raum beschränkt ist.

Der EuGH stellt in o. g. Urteil zunächst fest, dass die steuerliche Behandlung von Erbschaften zwar grundsätzlich unter die Kapitalverkehrsfreiheit fällt, die Niederlassungsfreiheit aber dann anwendbar sei, wenn die nationale Regelung Beteiligungen betrifft, die sicheren Einfluss auf die Entscheidungen und Betätigungen der Gesellschaft vermitteln. Die deutsche Regierung machte im Verfahren vor dem EuGH geltend, die von § 13a Abs. 1 und 2 ErbStG geforderte unmittelbare Beteiligung am Kapital einer Gesellschaft verschaffe dem Anteilsinhaber eine Sperrminorität bei wichtigen, für den Fortbestand der Gesellschaft maßgebenden Entscheidungen. Nach Ansicht des EuGH hat der deutsche Gesetzgeber damit für die Gewährung der im Ausgangsverfahren in Rede stehenden Steuerver-

---
[203] Vgl. FinMin BW, Erlass v. 16.3.2011, DStR 2011, S. 915; ZEV 2011, S. 496; IStR 2011, S. 276; DB 2011, S. 849.

günstigungen eine Mindestbeteiligung vorgesehen, die es dem Inhaber der Anteile an einer Kapitalgesellschaft ermögliche, Einfluss auf ihre Verwaltung und Kontrolle zu nehmen, und er habe Voraussetzungen aufgestellt, die sicherstellen sollen, dass der Anteilsinhaber nicht in der alleinigen Absicht einer Geldanlage tätig werde. Daher sei davon auszugehen, dass die fragliche Regelung vorwiegend die Niederlassungsfreiheit berühre und nach der Rechtsprechung des Gerichtshofes allein in den Anwendungsbereich der Bestimmungen des Vertrages falle, die diese Freiheit beträfen. Im Ausgangsverfahren stehe fest, dass der Erblasser eine Beteiligung von 100 % am Kapital der fraglichen Gesellschaft gehalten habe, sodass außer Frage stehe, dass er einen sicheren Einfluss auf ihre Entscheidungen ausüben und ihre Tätigkeit bestimmen konnte. Die Bestimmung des § 13a ErbStG sei somit nicht anhand der Bestimmungen der Kapitalverkehrsfreiheit zu prüfen, sondern an der Niederlassungsfreiheit. Letztere enthalte aber keine Vorschrift, die den Anwendungsbereich auf Sachverhalte erstrecke, die die Beteiligung an einer Gesellschaft mit Sitz in einem Drittstaat betreffe.

Hinweis:

Die Finanzverwaltung hat die Entscheidung des EuGH zum Anlass genommen, in einer Kurzinformation der OFD Rheinland[204] darauf hinzuweisen, dass aufgrund der Ausführungen des EuGH davon auszugehen sei, dass einem Anteilseigner durch die vom deutschen Gesetzgeber gewählte Mindestbeteiligung von mehr als 25 % die erforderlichen Einflussmöglichkeiten eingeräumt werden. Für die Gestaltungspraxis dürfte sich empfehlen, zur Sicherstellung der erbschaftsteuerlichen Begünstigung entweder die Geschäftsleitung einer Drittlands-Gesellschaft in den EU/EWR-Raum zu verlegen oder die Anteile in eine EU/EWR-Holdinggesellschaft einzubringen, jeweils allerdings unter Beachtung der ertragsteuerlichen und sonstigen Folgen.[205]

Literaturhinweise: *Esskandari/Bick*, ErbStB 2012, S. 266; *Rohde/Fischer*, StuB 2012, S. 811; *Thömmes*, IWB 2012, S. 646; *Wachter*, ZEV 2012, S. 619; *Wünsche*, IStR 2012, S. 785

8.10 Weitergeltung des ErbStG a. F.

BFH, Beschluss v. 17.8.2012, II B 13/12, BFH/NV 2013, S. 42;
Vorinstanz: FG München, Urteil v. 14.12.2011, 4 K 3813/08

1. **Auf eine im Jahr 2000 ausgeführte Schenkung ist weiterhin die mit Art. 3 Abs. 1 GG unvereinbar erklärte Norm des § 19 Abs. 1 ErbStG vom 17.4.1974 i. d. F. der Bekanntmachung vom 27.2.1997 (ErbStG a. F.) anwendbar.**

2. **Der Anspruch auf rechtliches Gehör ist nicht verletzt, wenn das FG im Urteil ohne gesonderte Begründung davon ausgeht, dass ein Schenkungsteuerbescheid, der eine Zuwendung im Jahr 2000 betrifft, in der Zeit ab 1.1.2009 weiterhin wirksam ist.**

3. **Die vom BVerfG angeordnete Weitergeltung des ErbStG a. F. ist für die Gerichte und Behörden nach § 31 BVerfGG verbindlich. Geht das FG von dieser Bindung aus, wird dadurch nicht der Anspruch des Beschwerdeführers auf effektiven Rechtsschutz verletzt.**

Normen: §§ 96 Abs. 2, 115 Abs. 2 Nr. 3, 116 Abs. 3, 119 Nr. 3 FGO; Art. 3 Abs. 1, 19 Abs. 4, 103 Abs. 1 GG; § 19 Abs. 1 ErbStG

---

[204] OFD Rheinland v. 1.10.2012, GmbHR 2012, S. 1380.
[205] Vgl. *Wachter*, ZEV 2012, S. 619, 620.

8.11 Anzeigepflicht nach dem ErbStG

> **BFH, Beschluss v. 11.5.2012, II B 63/11, BFH/NV 2012, S. 1455;**
> **Vorinstanz: FG Baden-Württemberg, Urteil v. 9.5.2011, 9 K 3741/08**
>
> 1. Für die nach § 76 Abs. 1 und 5 FGO von Amts wegen zu treffende Feststellung der Steuerhinterziehung ist kein höherer Grad von Wahrscheinlichkeit erforderlich als für die Feststellung anderer Tatsachen.
> 2. Die Sachverhaltswürdigung und die Grundsätze der Beweiswürdigung sind revisionsrechtlich dem materiellen Recht zuzuordnen und der Prüfung durch den BFH im Rahmen einer Nichtzulassungsbeschwerde entzogen.
> 3. Die Pflicht des Testamentsvollstreckers zur Abgabe einer Steuererklärung nach § 31 Abs. 5 ErbStG ist im Regelfall auf den Erwerb von Todes wegen des/der Erben beschränkt.
>
> **Normen:** §§ 30 Abs. 1, 31 Abs. 5 ErbStG; §§ 76 Abs. 1 S. 1, 5, 81 Abs. 1 S. 2, 115 Abs. 2 Nr. 2, 3 FGO

Streitig war in dem Verfahren u. a., ob der Vater der Klägerin, der im Zeitpunkt des Erwerbs der gesetzliche Vertreter der Klägerin gewesen ist, seine Anzeigepflicht nach § 30 Abs. 1 ErbStG vorsätzlich nicht erfüllt hat. Der BFH stellte fest, das FG sei im Streitfall zutreffend davon ausgegangen, dass die Anzeigepflicht nur für den Vater und nicht für den Testamentsvollstrecker bestanden habe und dass der Vater von seiner Anzeigepflicht auch nicht durch die Erklärungspflicht des Testamentsvollstreckers nach § 31 Abs. 5 ErbStG befreit wurde. Allerdings sei der für die Bejahung einer Steuerhinterziehung ausreichende bedingte Vorsatz in der Regel dann nicht gegeben, wenn der Steuerpflichtige einen Angehörigen der steuerberatenden Berufe mit der Erledigung seiner Steuerangelegenheit und damit auch mit der Fertigung der Steuererklärung beauftragt habe.[206]

8.12 Mittelbare Schenkung des Verkaufserlöses von Gesellschaftsanteilen

> **BFH, Urteil v. 28.3.2012, II R 39/10, BStBl II 2012, S. 712;**
> **Vorinstanz: FG München, Urteil v. 13.7.2009, 4 K 235/06**
>
> 1. In der Übertragung von Gesellschaftsanteilen kann die mittelbare Schenkung des Erlöses aus einem bereits geplanten Verkauf der Anteile liegen.
> 2. Bei der Festsetzung von Hinterziehungszinsen sind die Voraussetzungen der Steuerhinterziehung und die Höhe der hinterzogenen Steuer unabhängig von einem ergangenen Steuerbescheid zu prüfen.[207]
>
> **Normen:** §§ 171 Abs. 10, 235, 370 Abs. 1 AO; §§ 7 Abs. 1 Nr. 1, 9 Abs. 1 Nr. 2 ErbStG

---

[206] Unter Verweis auf BFH, Urteil v. 16.1.1973, VIII R 52/69, BStBl II 1973, S. 273.
[207] Amtlicher Tenor.

Der Ehemann der Klägerin war mehrheitlich an einer GmbH beteiligt und Eigentümer des Betriebsgrundstücks. Ende des Jahres 1988 kam es zu umfangreichen Verhandlungen über einen Verkauf der GmbH an eine Firma V. Im Hinblick auf die ab dem VZ 1990 vorgesehen Änderungen des § 34 EStG beabsichtigte der Ehemann, zuvor die zwischen seinem Verpachtungsunternehmen und der GmbH bestehende Betriebsaufspaltung zu beenden. Er veräußerte deshalb im Jahre 1989 u. a. einen GmbH-Anteil der Klägerin. Im Jahre 1991 veräußerte die Klägerin ihre Anteile an die Firma V. zu einem deutlich höheren Kaufpreis. Aufgrund von Ermittlungen der Steuerfahndung setzte das Finanzamt schließlich Schenkungsteuer fest. Streitgegenstand war im Verfahren u. a. der Wert der erworbenen Anteile an der GmbH. Die Klägerin machte geltend, der Wert der Anteile müsse nach dem Stuttgarter Verfahren ermittelt werden.

Der BFH stellt in o. g. Urteil zunächst fest, dass Schenkungsteuerbescheide keine Grundlagenbescheide i. S. d. § 171 Abs. 10 AO für die Festsetzung von Hinterziehungszinsen nach § 235 AO sind. Für die Annahme einer Bindungswirkung sei grundsätzlich eine gesetzliche Regelung erforderlich. Weder § 235 AO noch eine andere Vorschrift sehe insoweit eine Bindungswirkung vor. Des Weiteren stehe es der Festsetzung von Hinterziehungszinsen gegen den Schuldner der hinterzogenen Steuer nicht entgegen, wenn er an der Steuerhinterziehung nicht mitgewirkt habe.[208]

Ferner führt der BFH aus, die Besteuerung richte sich grundsätzlich danach, wie sich die Vermögensmehrung im Zeitpunkt der Zuwendung beim Beschenkten darstelle. Es sei jedoch nicht erforderlich, dass der Gegenstand, um den der Beschenkte bereichert ist, sich vorher in derselben Gestalt im Vermögen des Schenkers befunden habe und wesensgleich übergehe. „Entreicherungsgegenstand" und „Bereicherungsgegenstand" brauchten nicht identisch zu sein. Danach könne in der Hingabe von Vermögensgegenständen mittelbar die Schenkung eines anderen Vermögensgegenstandes gesehen werden. Dies setze voraus, dass der Beschenkte im Verhältnis zum Schenker nicht über das ihm unmittelbar Zugewandte, sondern (erst) über das Surrogat (z. B. den Veräußerungserlös) verfügen könne. In diesem Fall sei der Beschenkte erst um den Verkaufserlös bereichert. Dies gelte nicht nur für Fälle der mittelbaren Grundstücksschenkung, sondern allgemein. In der Hingabe von Gesellschaftsanteilen könne somit die mittelbare Schenkung des Erlöses aus einem späteren Weiterverkauf der Gesellschaftsanteile liegen. Dies sei dann der Fall, wenn der Erwerber der Anteile im Verhältnis zum Schenker nur über den Verkaufserlös, nicht aber über die Anteile frei verfügen dürfe, sondern sich insoweit den Verfügungen des Schenkers unterzuordnen habe. Im Streitfall sei die Klägerin nicht berechtigt gewesen, über die auf sie übertragenen Anteile an der GmbH frei zu verfügen, sie etwa gegen den Willen des Schenkers langfristig zu behalten oder an einen Dritten zu verkaufen, sondern musste sich hinsichtlich der Anteile den Verfügungen des Schenkers unterordnen. Der Verkauf der Anteile habe hier nur der Beendigung der bestehenden Betriebsaufspaltung aus steuerlichen Gründen gedient.

Der BFH verwies das Verfahren mangels Spruchreife an das FG zurück und stellte fest, dass zur Berechnung der Schenkungsteuer vom Verkaufserlös jeweils der Kaufpreis und die sonstigen der Klägerin entstandenen Kosten abzuziehen seien. Auf die zwischen den Beteiligten streitige Frage, mit welchem Wert die auf die Klägerin übertragenen Gesellschaftsanteile anzusetzen sind, komme es demnach nicht an.

---

[208] Unter Verweis auf BFH, Urteil v. 27.8.1991, VIII R 84/89, BStBl II 1992, S. 9.

8.13 Erbschaftsteuer bei Erwerb aufgrund Anwachsungsklausel nach französischem Ehegüterrecht

> **BFH, Urteil v. 4.8.2012, II R 38/10, BStBl II 2012, S. 782;**
> **Vorinstanz: FG des Saarlandes, Urteil v. 10.6.2010, 1 K 1209/07, DStR 2011, S. 937**
>
> 1. Ein auf ausländischem Recht (hier: Anwachsungsklausel nach französischem Ehegüterrecht) beruhender Erwerb von Todes wegen kann der inländischen Erbschaftsteuer unterliegen.
> 2. Die Vorschriften des Saarvertrages zur Vermeidung einer Doppelbesteuerung sind seit dessen Außerkrafttreten am 5.7.1959 nicht mehr anwendbar. Die Verwaltungsanweisungen, durch die ihre weitere Anwendung angeordnet wurde, sind für die Gerichte nicht verbindlich und begründen keinen Vertrauensschutz zugunsten des Steuerpflichtigen.[209]
>
> **Normen:** § 2 Nr. 3 ErbStG; § 2 AO; § 121 Nr. 3 BewG; §§ 1415, 1922 BGB

Der Kläger lebte zusammen mit seiner ebenfalls deutschen Ehefrau in Frankreich. Beide waren Gesellschafter einer im Jahre 1994 in Saarbrücken gegründeten GbR, an deren Vermögen sie jeweils zur Hälfte beteiligt waren. Nach dem Tod der Ehefrau im Jahre 2002 gingen die Gesellschaftsanteile infolge der französischen güterrechtlichen Regelung durch Anwachsung auf den Ehemann über. Dieser Erwerb löste in Frankreich keine Erbschaftsteuer aus. Die deutsche Finanzverwaltung unterwarf dagegen die Anwachsung der Erbschaftsteuer. Die dagegen gerichtete Klage blieb erfolglos.

Der BFH bestätigte in seinem Urteil die Vorinstanz, die in der nach französischem Güterrecht vereinbarten Anwachsungsklausel einen Erwerb von Todes wegen nach § 3 Abs. 1 Nr. 1 i. V. m. § 1 Abs. 1 Nr. 1 ErbStG angenommen hatte. Die Verweisungen in § 3 Abs. 1 Nr. 1 ErbStG auf das BGB seien nach ständiger Rechtsprechung des BFH nicht so zu verstehen, dass die Vorschrift nur solche Erwerbe von Todes wegen der Erbschaftsteuer unterwerfe, die auf den in ihr genannten Vorschriften des BGB beruhen. Vielmehr könne auch ein nach ausländischem Recht erfolgter Erwerb von Todes wegen der deutschen Erbschaftsteuer unterliegen. Beruhe der Erwerb auf ausländischem Recht, so sei die Besteuerung dann unproblematisch, wenn die Institutionen des ausländischen Erbrechts denen des deutschen Erbrechts entsprächen. Sei dies nicht der Fall, so müsse auf die wirtschaftliche Bedeutung dessen, was das ausländische Recht für den Einzelfall vorschreibe, abgestellt werden. Der Befund, dass sich die deutsche Erbschaftsteuer nicht auf Erwerbe nach dem BGB beschränke, ergebe sich auch aus den Regelungen des § 2 ErbStG über die persönliche Steuerpflicht. Diese Regelungen knüpften nicht an einen Erwerb nach inländischem Zivilrecht an und würden in großem Umfang leerlaufen, wenn man § 3 Abs. 1 Nr. 1 ErbStG so verstünde, dass nur ein Erwerb nach den ausdrücklich genannten Vorschriften des BGB erfasst werde. Dennoch ist nach Ansicht des BFH in diesen Fällen die wirtschaftliche Betrachtungsweise nicht allein maßgeblich. Es sei vielmehr darüber hinaus eine zivilrechtliche Analyse des Erwerbs nach ausländischem Recht erforderlich. Ein Erbanfall i. S. d. § 3 Abs. 1 Nr. 1 ErbStG liege dann vor, wenn nach dem ausländischen Recht der Tod einer Person unmittelbar kraft Gesetzes zur Gesamtrechtsnachfolge in ihr

---

[209] Amtlicher Tenor.

Vermögen führe. Nicht erforderlich sei dagegen, dass sich die Gesamtrechtsnachfolge auf das gesamte Vermögen des Erblassers erstrecke.

Vorliegend wurde der Kläger nach Ansicht des BFH aufgrund der französischen Anwachsungsklausel unmittelbar mit dem Tod seiner Ehefrau Gesamtrechtsnachfolger bezüglich der aktiven Vermögensgegenstände und Schulden der GbR. Dem stehe nicht entgegen, dass sich die Anwachsungsklausel nicht auf das gesamte Vermögen der Ehefrau erstrecke. Es spiele auch keine Rolle, wie das ausländische Recht den Erwerb zivilrechtlich qualifiziere.

> **Literaturhinweise:** *Gottschalk*, ZEV 2010, S. 541; *Grewe*, ErbBstg 2013, S. 7; *Jülicher*, ZErb 2012, S. 277; *Rohde*, BB 2012, S. 2739

9 Grunderwerbsteuer

9.1 Änderungen im Gesellschafterbestand einer grundbesitzenden Personengesellschaft

> **BFH, Urteil v. 29.2.2012, II R 57/09, BFH/NV 2012, S. 1260;**
> **Vorinstanz: FG München, EFG 2009, S. 1141**
>
> 1. Die Übertragung von mindestens 95 % der Anteile an einer grundbesitzenden Personengesellschaft ist auch dann nach § 1 Nr. 2a GrEStG steuerbar, wenn der (Alt-)Gesellschafter nach der Übertragung der Anteile weiter mittelbar im vollen Umfang an der grundbesitzenden Personengesellschaft beteiligt bleibt.
> 2. Die nach § 1 Abs. 2a GrEStG entstandene Grunderwerbsteuer wird nach § 6 Abs. 3 S. 1 i. V. m. Abs. 1 S. 1 GrEStG insgesamt nicht erhoben, wenn der teils unmittelbar, teils mittelbar über eine Kapitalgesellschaft beteiligte Gesellschafter der grundbesitzenden Personengesellschaft seine Anteile auf eine andere Personengesellschaft überträgt und er an dieser – zwischengeschalteten – Personengesellschaft unmittelbar allein beteiligt ist.
>
> **Normen:** §§ 1 Abs. 2a, 6 Abs. 1, 3 S. 1 GrEStG

An der klagenden S-KG waren die H-AG zu 99 % und die S-GmbH zu 1 % beteiligt. Alleiniger Anteilseigner der S-GmbH war wiederum die H-AG. Im Jahr 2001 übertrug die H-AG ihre Anteile an der S-KG sowie an der S-GmbH auf die H-KG, an der sie selbst zu 100 % beteiligt war. FG wie auch BFH sind der Ansicht, dass auf den Übertragungsvorgang § 1 Abs. 2a sowie § 6 Abs. 3 GrEStG anzuwenden sind, sodass für den gesamten Vorgang die Grunderwerbsteuer nicht erhoben wird.

Bemerkenswert ist das Urteil im Hinblick auf die Aussagen zu § 1 Abs. 2a und zu § 6 Abs. 3 GrEStG. Für den Anwendungsbereich des § 1 Abs. 2a GrEStG ist es nach der vorliegenden Rechtsprechung unerheblich, ob der ausscheidende Gesellschafter (auch) an dem eintretenden beteiligt sei. Dies ergibt sich aus der Erweiterung des Anwendungsbereichs der Norm durch das StEntlG 1999/2000/2002. Dies ist insbesondere bei einer sog. Verlängerung der Beteiligungskette (wie hier) von Bedeutung. Argumentativ verweist der BFH auf die Parallelität zu der Vorschrift des § 1 Abs. 3 GrEStG, dessen Grundsätze auf die vorliegende Konstellation übertragbar seien. Maßgeblich ist die zivilrechtliche Zuordnung des Gesellschaftsvermögens, unabhängig von der wirtschaftlichen Verbundenheit der Anteilseigner. Die Besteuerung von Erwerbsvorgängen nach § 1 Abs. 3 GrEStG zwischen verbundenen Gesellschaften entspricht nicht nur dem Wortsinn, sondern auch dem Zweck der Vorschrift. Nichts anderes soll für § 1 Abs. 2a GrEStG gelten, auch wenn dieser Vorschrift ein anderer fiktiver Grunderwerbsvorgang zugrunde liegt.

Allerdings ist die Steuer in voller Höhe nach § 6 Abs. 3 GrEStG nicht zu erheben. Beim Übergang von einer Gesamthand auf die andere wird die Steuer nicht erhoben, soweit Anteile der Gesellschafter am Vermögen der erwerbenden Gesamthand den jeweiligen Anteilen dieser Gesellschaft am Vermögen der übertragenden Gesamthand entsprechen. Bei doppelstöckigen Gesamthandsgemeinschaften, bei denen eine Gesamthand unmittelbar an einer anderen beteiligt ist, ist nicht die Gesamthand als solche als Zurechnungsobjekt zu sehen, sondern ein Rückgriff auf die am Vermögen der Gesamthand Beteiligten geboten. Allerdings ist § 6 Abs. 3 GrEStG nur analog anwendbar. Zwar ist die S-GmbH auch nach dem Übertragungsvorgang unverändert an der S-KG beteiligt geblieben, jedoch hat sich der Gesellschafterbestand der S-KG durch Zwischenschaltung der H-KG mittelbar geändert. Anders als bei Gesamthandsgemeinschaften, die an Personengesellschaften beteiligt sind, kann für Zwecke des § 6 Abs. 3 GrEStG nicht durch die unmittelbar beteiligte Kapitalgesellschaft hindurchgeschaut werden. Kapitalgesellschaften werden im Rahmen der §§ 5 und 6 GrEStG grundsätzlich nicht als transparent angesehen. Im Anwendungsbereich des § 1 Abs. 2a GrEStG ist § 6 Abs. 3 GrEStG daher nach seinem Normzweck dahingehend auszulegen, dass die Grunderwerbsteuer insgesamt nicht erhoben wird, wenn der teils unmittelbar, teils mittelbar allein vermögensmäßig beteiligte Gesellschafter seine Beteiligungen auf eine andere Gesamthandsgemeinschaft überträgt, an deren Vermögen er unmittelbar und/oder durch weitere Gesamthandsgemeinschaften mittelbar allein beteiligt ist.

Beratungshinweis:

Von Bedeutung ist, dass der BFH einen Durchgriff durch die Kapitalgesellschaft ausdrücklich ablehnt und dies mit dem Normzweck begründet.

Für weitere grunderwerbsteuerneutrale Umstrukturierungen im Konzern könnte das Urteil Gestaltungsmöglichkeiten aufzeigen. Es bleibt abzuwarten, wie die Verwaltung auf das Urteil reagiert.

Literaturhinweise: *Behrens*, BB 2012, S. 1713; *Böing*, GmbH-StB 2012, S. 234; *Klass*, GmbHR 2012, S. 816; *Steinhauff*, GmbH-StB 2012, S. 140

9.2 Einheitlicher Erwerbsgegenstand bei 19 Monate nach dem Grundstückskaufvertrag abgeschlossenem Generalübernehmervertrag

> **BFH, Urteil v. 28.3.2012, II R 57/10, BFH/NV 2012, S. 1549;**
> **Vorinstanz: FG Baden-Württemberg, EFG 2011, S. 1644**
>
> 1. Das Vorliegen eines einheitlichen Erwerbsgegenstands wird indiziert, wenn der Veräußerer aufgrund einer in bautechnischer und finanzieller Hinsicht konkreten und bis (annähernd) zur Baureife gediehenen Vorplanung ein bestimmtes Gebäude auf einem bestimmten Grundstück zu einem im Wesentlichen feststehenden Preis anbietet und der Erwerber dieses Angebot annimmt. Dies gilt auch, wenn das Angebot nach Abschluss des Kaufvertrages unwesentlich geändert wird.
> 2. Ein einheitlicher Erwerbsgegenstand kann aufgrund besonderer Umstände auch vorliegen, wenn der Käufer das Angebot erst 19 Monate nach Abschluss des Kaufvertrags annimmt.
> 3. Gegen die ständige Rechtsprechung des BFH zum einheitlichen Erwerbsgegenstand im Grunderwerbsteuerrecht bestehen keine durchgreifenden unions- oder verfassungsrechtlichen Bedenken.[210]
>
> **Normen:** §§ 1 Abs. 1 S. 1 Nr. 1, 8, 9 GrEStG

Kernstück des vorliegenden Urteils ist die Reichweite des Begriffs des einheitlichen Erwerbsgegenstandes im Grunderwerbsteuerrecht.

Der Kläger hatte mit Kaufvertrag vom 19.2.2004 ein mit einem Verwaltungs- und Produktionsgebäude und Tiefgarage bebautes Grundstück von der X-AG erworben. Bei Abschluss des Vertrages war das Gebäude noch bis 31.12.2005 vermietet. Im Dezember 2003 bereits hatte die X-AG dem Kläger den Abschluss eines Generalübernehmervertrages mit Sanierung und Generalmietvertrag angeboten, hierfür war ein Pauschalpreis von rund 8 Mio. € vorgesehen, das Angebot war bis 30.6.2005 befristet. Im Februar 2005 erstellte die X-AG einen neuen Entwurf zur Sanierung des Gebäudes. Im Juni 2005 erhielt die X-AG den Zuschlag zur Sanierung des Gebäudes. Im September 2005 kam es dann zum Abschluss eines Generalübernehmervertrages mit der X-AG, welches im Vergleich zum Vertragsangebot vom Dezember 2003 leicht modifiziert war. Der pauschale Festpreis betrug nun noch rund 7,65 Mio. €. Nachdem das FA von dem Generalübernehmervertrag erfahren hatte, änderte es den Grunderwerbsteuerbescheid vom Februar 2004 und setzte die Bemessungsgrundlage unter Einbeziehung der Sanierungskosten neu fest. Weder Einspruch, Klage noch Revision hatten Erfolg; das FA hatte zutreffend entschieden, dass das vom Kläger erworbene Gebäude zusammen mit dem sanierten Gebäude einen einheitlichen Erwerbsgegenstand bildet.

Der Erwerbsgegenstand wird grundsätzlich zunächst nach dem zu erfüllenden zivilrechtlichen Verpflichtungsgeschäft ermittelt. Ergibt sich aus weiteren Vereinbarungen, die mit diesem Rechtsgeschäft in einem rechtlichen oder zumindest objektiv sachlichen Zusammenhang stehen, dass der Erwerber beim Abschluss des Kaufvertrags unbebaute Grundstück in bebautem Zustand erhält, bezieht sich der Erwerbsvorgang auf diesen einheitlichen Erwerbsgegenstand. Dieser objektive Zusammenhang ist nach den Umständen des Einzelfalls zu ermitteln. Dies gilt auch bei bebauten Grundstücken, bei denen es um Modernisierung/Sanierung oder Ausbau eines bereits vorhandenen

---

[210] Entgegen Urteil des Niedersächsischen FG v. 26.8.2011, 1 K 192/09, 7 K 193/09, EFG 2012, S. 730.

Gebäudes geht. Indizien sind eine konkrete Vorplanung, das Angebot zu einem festen vorbestimmten Preis und die tatsächliche Annahme genau dieses Angebots. Grundsätzlich ist auch ein enger zeitlicher Zusammenhang zwischen Angebot und Annahme zu fordern. Besondere Umstände können zu einer Verlängerung dieses Zeitraums führen, ein solcher Umstand ist z. B. die Vermietung des Gebäudes, sodass erst nach Ende der Mietzeit mit der Sanierung begonnen werden kann. Dies erklärt auch die Länge der Frist des ursprünglich abgegebenen Angebots, von dem das zweite Angebot nur marginal abwich. Der einheitliche Erwerbsgegenstand war daher im vorliegenden Fall zu bejahen.

9.3 Anwendung des § 16 Abs. 2 GrEStG bei Erwerbsvorgängen i. S. d. § 1 Abs. 2a GrEStG

> **BFH, Urteil v. 18.4.2012, II R 51/11, BFH/NV 2012, S. 1390;**
> **Vorinstanz: FG Nürnberg v. 18.8.2011, 4 K 1837/10**
>
> 1. § 16 Abs. 2 GrEStG ist auf einen Erwerbsvorgang nach § 1 Abs. 2a GrEStG anzuwenden, wenn Anteile am Gesellschaftsvermögen vom neuen Gesellschafter auf den alten Gesellschafter ganz oder teilweise zurückübertragen werden und infolgedessen ein Übergang von mindestens 95 % der Anteile am Gesellschaftsvermögen im Ergebnis nicht mehr gegeben ist.
> 2. Die Anzeige eines Erwerbsvorgangs nach § 1 Abs. 2a GrEStG ist nur dann ordnungsgemäß i. S. d. § 16 Abs. 5 GrEStG, wenn ihr u. a. diejenigen Rechtsvorgänge eindeutig und vollständig entnommen werden können, die den Tatbestand nach § 1 Abs. 2a GrEStG ausgelöst oder zur Tatbestandsverwirklichung beigetragen haben. Grundstücksbezogene Angaben sind nicht erforderlich (Änderung der Rechtsprechung).
> 3. Enthält die Anzeige keine oder nur unvollständige Angaben über die für § 1 Abs. 2a GrEStG maßgeblichen Rechtsvorgänge, erlangt das FA aber innerhalb der Anzeigefrist durch eigene Ermittlungen oder von dritter Seite vollständige Kenntnis von diesen Vorgängen, steht § 16 Abs. 5 GrEStG der Anwendung des § 16 Abs. 2 GrEStG nicht entgegen.
>
> **Normen:** §§ 1 Abs. 2a, 16 Abs. 2 und 5, 18, 19 GrEStG

Der BFH hatte mit dem vorliegenden Urteil Gelegenheit, zu zwei wichtigen Fragen Stellung zu beziehen und somit Rechtsklarheit zu schaffen. Einerseits ist nun höchstrichterlich geklärt, dass es für die Anwendung von § 16 Abs. 2 GrEStG ausreicht, wenn nur eine teilweise Rückübertragung der Anteile am Gesellschaftsvermögen erfolgt. Andererseits gesteht der BFH in Abweichung zu seiner früheren Rechtsprechung zu, dass für eine ordnungsgemäße Anzeige nach den §§ 16 Abs. 5 und 19 GrEStG keine grundstücksbezogenen Angaben (mehr) erforderlich sind.

An der Klägerin, einer grundbesitzenden KG, waren im Jahr 2004 D als persönlich haftender Gesellschafter und K1 und K2 als Kommanditisten beteiligt. In den Jahren 2008 und 2009 erwarb M, der Sohn des D, die Kommanditanteile von K1 und K2 sowie alle Geschäftsanteile an der X-GmbH, die zwischenzeitlich ebenfalls Komplementärin geworden war. Im April 2009 schied D als Komplementär aus und trat als Kommanditist wieder in die KG ein. Sodann übertrug D mit notariellem Vertrag vom 15.5.2009 seinen Kommanditanteil im Wege der vorweggenommenen Erbfolge gegen Versorgungsleistungen auf M und schied aus der KG aus. Der beurkundende Notar übersandte diese Vertragsurkunde mit einem Kurzbrief an das FA. Dieses wies die Klägerin bereits mit Schreiben vom

28.5.2009 auf den verwirklichten Übertragungstatbestand des § 1 Abs. 2a GrEStG hin und forderte eine Aufstellung des gesamten Grundbesitzes an. Diesem Verlangen kam die Klägerin nicht nach. Mit Bescheid vom 18.10.2009 setzte das FA für den durch den Vertrag bewirkten vollständigen Gesellschafterwechsel die entsprechende Grunderwerbsteuer fest. Hiergegen legte die Klägerin Einspruch ein und legte einen Vertrag über die „Rückabwicklung der Kommanditanteilsübertragung" vom 20.10.10 vor, in dem D und M die Übertragung rückwirkend bezüglich eines Kommanditanteils in Höhe von 6 % aufhoben, sodass D nunmehr mit 6 % und M mit 94 % an der Klägerin beteiligt waren. Die Gegenleistung wurde nicht verändert. Das FA lehnte eine Aufhebung der Grunderwerbsteuer nach § 16 Abs. 2 GrEStG ab. Einspruch und Klage blieben erfolglos, das FG begründete, dass die Teilrückabwicklung der von § 16 Abs. 2 Nr. 1 GrEStG vollständigen Rückgängigmachung nicht genüge und diese Übertragung überdies nicht ordnungsgemäß angezeigt worden war. Mit der Revision rügt die Klägerin die fehlerhafte Anwendung des § 16 Abs. 2 und 5 GrEStG; die Revision ist begründet; der angefochtene Grunderwerbsteuerbescheid wurde aufgehoben.

Fraglich war daher zunächst, ob ein sog. begünstigter Rückerwerb i. S. d. § 16 Abs. 2 GrEStG vorliegt, da nur ein Teilanteil zurückübertragen wurde; genug, um unter die maßgebliche Größe von 95 % zu gelangen. Nach Ansicht des erkennenden Senats ist es ausreichend, wenn der Gesellschafterwechsel insoweit rückgängig gemacht wird, als dadurch im Ergebnis ein Übergang von weniger als 95 % der Anteile gegeben ist und somit die Voraussetzungen für den durch § 1 Abs. 2a GrEStG fingierten Übergang der Gesellschaftsgrundstücke auf eine „neue Gesellschaft" wieder entfallen seien. Die Gegenleistung ist in diesem Zusammenhang ohne weitere Relevanz. Dies wird aus dem systematischen Zusammenhang zwischen § 16 und § 1 GrEStG abgeleitet: § 16 GrEStG stellt eine am Besteuerungszweck orientierte gegenläufige Korrekturvorschrift zu § 1 Abs. 2a GrEStG dar. Sofern also das Quantum von 95 % der Anteile nicht mehr erfüllt ist, ist auch der Steuertatbestand des § 1 Abs. 2a GrEStG nicht mehr erfüllt. Dafür kann auch eine teilweise Rückübertragung genügen. Diese Auffassung gilt für den Rückerwerb in gleicher Weise wie für den schlichten Rückkauf. Auch die Tatsache, dass der Altgesellschafter D seine Gesellschafterstellung endgültig verloren hat und aufgrund des Rückerwerbs Neugesellschafter geworden ist, ist unerheblich.

Auch hinsichtlich der Fragestellung zur ordnungsgemäßen Anzeige nach den §§ 16 Abs. 2 und 5 sowie § 19 GrEStG bedarf es eines Rückgriffs auf den Regelungszweck der Norm. Die Aufhebungsmöglichkeit dient der Sicherung der Anzeigepflichten aus den §§ 18 und 19 GrEStG und wirkt dem Anreiz entgegen, durch Nichtanzeige einer Besteuerung der in dieser Vorschrift genannten Erwerbsvorgänge zu entgehen. Insbesondere soll die Vorschrift den Beteiligten die Möglichkeit nehmen, einen dieser Erwerbsvorgänge ohne steuerliche Auswirkungen wieder aufheben zu können, sobald den Finanzbehörden ein solches Rechtsgeschäft bekannt wird. Insoweit ist das schlichte Bekanntwerden, ggf. auch durch eigene Ermittlungstätigkeit des FA, ausreichend für die Anwendung des § 16 GrEStG. Um dem FA die erforderliche Prüfung zu ermöglichen, ist es erforderlich, dass der Anzeige diejenigen Rechtsvorgänge eindeutig und vollständig zu entnehmen sind, die den Tatbestand des § 1 Abs. 2a GrEStG ausgelöst haben oder zur Tatbestandsverwirklichung beigetragen haben. Hierzu ist die Bezeichnung des Grundstücks nicht notwendig.[211] Überzogene Anforderungen an die Anzeige würden dem Übermaßverbot widersprechen. Allerdings ersetzt die rechtzeitige Kenntnis des FA nicht die ordnungsgemäße Anzeige. Im vorliegenden Fall hatte das FA aber schnell reagiert und war so einer verspäteten ordnungsgemäßen Anzeige zuvorgekommen.

---

[211] Entgegen BFH, Beschluss v. 20.1.2005, II B 52/04, BStBl II 2005, S. 492, an dem ausdrücklich nicht mehr festgehalten wird.

Beratungshinweis:

Die Zulassung der Teilübertragung widerspricht der Auffassung der Finanzverwaltung,[212] insofern bleibt deren Reaktion abzuwarten.

Dringend zu raten ist jedoch auch weiterhin zu einer ordnungsgemäßen Anzeige nach § 19 GrEStG. Die reine Übersendung des Vertrags durch den Notar genügt gerade nicht, wobei für eine solche Anzeige grundsätzlich der bundeseinheitliche Vordruck „Veräußerungsanzeige" zu verwenden gewesen wäre.

> **Literaturhinweise:** *Adolf*, GmbHR 2012, S. 922; *Behrens*, BB 2012, S. 2098; *Böing* GmbH-StB 2012, S. 269

9.4 Grunderwerbsteuerbefreiung bei Anteilsvereinigung aufgrund gemischter Schenkung von Anteilen an einer grundbesitzenden Kapitalgesellschaft

> **BFH, Urteil v. 23.5.2012, II R 21/10, BFH/NV 2012, S. 1551;**
> **Vorinstanz: FG Köln, EFG 2010, S. 1151**
>
> 1. Die Vereinigung von Anteilen an einer grundbesitzenden Kapitalgesellschaft i. S. v. § 1 Abs. 3 Nr. 1 GrEStG ist insoweit nach § 3 Nr. 2 S. 1 GrEStG von der Grunderwerbsteuer befreit, als sie auf einer schenkweisen Anteilsübertragung beruht.[213]
> 2. Eine Steuerbefreiung nach § 3 Nr. 6 GrEStG scheidet für die nach § 1 Abs. 3 Nr. 1 GrEStG steuerbare Vereinigung von Anteilen an einer grundbesitzenden Kapitalgesellschaft aus.
> 3. Soweit die zu einer Anteilsvereinigung i. S. d. § 1 Abs. 3 Nr. 1 GrEStG führende Übertragung von Anteilen an einer grundbesitzenden Kapitalgesellschaft im Rahmen einer gemischten Schenkung erfolgt, sind für den entgeltlichen Teil des Erwerbs gemäß § 8 Abs. 2 S. 1 Nr. 3 GrEStG als Bemessungsgrundlage der Grunderwerbsteuer die festgestellten Grundbesitzwerte anzusetzen, soweit sie auf den entgeltlichen Teil des Erwerbs entfallen.
>
> **Normen:** § 1 Abs. 3 Nr. 1, 3 Nr. 2 S. 1, Nr. 6 S. 1, 8 Abs. 2 S. 1 Nr. 3 GrEStG; § 1 Abs. 1 Nr. 2, 7 Abs. 1 Nr. 1 ErbStG

Im vorliegenden Sachverhalt hatte der Vater V seinem Sohn im Jahr 1998 zunächst 41 % einer grundbesitzenden GmbH unentgeltlich übertragen. 2008 wurden dem Sohn dann die restlichen 59 % am Stammkapital teilentgeltlich, d. h. gegen Zahlung einer lebenslangen Rente an den Vater, überlassen. Fraglich war nun die Grunderwerbsteuerbarkeit dieses Übertragungsvorgangs.

Durch die Übertragung der verbliebenen 59 % der GmbH-Anteile wurde ein grundsätzlich grunderwerbsteuerbarer Vorgang ausgelöst, die Anteilsvereinigung in einer Hand. Steuerbar ist hier der (fiktive) Erwerb der Grundstücke durch den Sohn. Allerdings sieht § 3 Nr. 2 S. 1 GrEStG wegen des unentgeltlichen Erwerbs (Grundstücksschenkungen unter Lebenden i. S. d. ErbStG) eine Steu-

---
[212] Gleichlautende Erlasse der obersten Finanzbehörden der Länder v. 25.2.2010, BStBl I 2010, S. 235, Rn. 9.
[213] Änderung der Rechtsprechung.

erbefreiung vor. Diese gilt auch für Anteilsvereinigungen. Die Befreiungsvorschrift hat dabei den Zweck, die doppelte Belastung eines Lebensvorgangs mit Grunderwerbsteuer und Erbschaft/Schenkungsteuer zu vermeiden. Der BFH misst bei dieser Betrachtung den rechtstechnischen unterschiedlichen Anknüpfungspunkten beider Steuerarten keine maßgebliche Rolle bei und gewährt die Steuerbefreiung insoweit, als die Änderung des Gesellschafterbestandes auf einer schenkweisen Anteilsübertragung beruht. Dies gilt auch, wenn Gegenstand der Schenkung die Übertragung von Anteilen an einer grundbesitzenden Kapitalgesellschaft ist. Entscheidend ist, dass insgesamt ein Lebenssachverhalt gegeben ist, der der Schenkungsteuer unterliegt. Die durch die schenkweise Zuwendung eines Anteils ausgelöste Anteilsvereinigung ist zur Vermeidung der Doppelbelastung insoweit von der Grunderwerbsteuer zu befreien, als sie auf dieser freigiebigen Zuwendung beruht. Dabei ist unbeachtlich, dass der Lebenssachverhalt, der zunächst für sich allein gesehen, noch nicht zu einer Anteilsvereinigung geführt hat (im Jahr 1998), grunderwerbsteuerlich erst bedeutsam wird, wenn der Tatbestand der Anteilsvereinigung erfüllt ist (im Jahr 2008). Der Umfang der Steuerbefreiung des § 3 Nr. 2 S. 1 GrEStG für den fiktiven Grundstückserwerb bestimmt sich damit nicht nur nach dem zuletzt schenkweise übertragenen Anteil, der die Anteilsvereinigung auslöst, sondern danach, inwieweit die Anteile in der Hand des Erwerbs diesem insgesamt freigiebig zugewandt wurden. An der bisher vertretenen anderen Rechtsauffassung hält der erkennende Senat ausdrücklich nicht mehr fest.[214]

Die teilweise Unentgeltlichkeit sowie die Frage der Bereicherung ist bei der hier gegebenen gemischten Schenkung nach zivilrechtlichen Grundsätzen zu entscheiden.

Eine Steuerbefreiung nach § 3 Nr. 6 GrEStG kommt nach Ansicht des erkennenden Senats nicht in Frage, da es sich lediglich um den fiktiven Erwerb von Grundstücken handelt. Eine personenbezogene Steuerbefreiung ist auf die Vereinigung von Anteilen an einer Kapitalgesellschaft i. S. d. § 1 Abs. 3 Nr. 1 GrEStG nicht vorgesehen. Eine Transparenz der Kapitalgesellschaft besteht nach dem Willen des Gesetzgebers gerade nicht. Auch eine entsprechende Anwendung des § 1 Abs. 3 Nr. 3 und 4 GrEStG kommt nicht in Betracht.

Bemessungsgrundlage für die Grunderwerbsteuer sind die festgestellten Grundbesitzwerte; soweit Anteile gegen Entgelt übertragen wurden, gilt die Sonderregelung des § 8 Abs. 1 GrEStG, wonach sich die Steuer nach dem Wert der Gegenleistung bemisst.

Beratungshinweis:

Das vorliegende Urteil schafft für die Beraterschaft neue Spielräume insbesondere im Hinblick auf schenkweise sukzessive Anteilsübertragungen von grundbesitzenden Gesellschaften, die nunmehr grunderwerbsteuerlich begünstigt sein können. Da hier wohl nun von einem einheitlichen Lebenssachverhalt ausgegangen wird, ist die Ausnutzung der alle zehn Jahre revolvierenden erbschaftsteuerlichen Freibeträge möglich.

Literaturhinweise: *Krämer*, GmbH-StB 2012, S. 268; *Schenkelberg*, BB 2012, S. 2227

---

[214] Zuletzt BHF v. 8.6.1988, II R 143/88, BStBl II 1988, S. 785.

9.5 Vorläufiger Rechtsschutz beim Grundstückserwerb durch Lebenspartner des Veräußerers

> **BFH, Beschluss v. 18.6.2012, II B 17/12, BFH/NV 2012, S. 1652 (n. v.);**
> **Vorinstanz: FG Münster, Beschluss v. 11.1.2012, 8 V 3445/11 GrE**
>
> 1. Es ist ernstlich zweifelhaft, ob § 3 Nr. 4 GrEStG insoweit verfassungsgemäß i. S. v. Art. 3 Abs. 1 GG ist, als zwar der Grundstückserwerb durch den Ehegatten, nicht aber durch den eingetragenen Lebenspartner des Veräußerers von der Grunderwerbsteuer befreit ist.
> 2. Ist für einen Grundstückserwerb durch den Lebenspartner des Veräußerers Grunderwerbsteuer festgesetzt und entrichtet worden, ist vorläufiger Rechtsschutz im Wege der Aufhebung der Vollziehung zu gewähren.
>
> **Normen:** § 3 Nr. 4 GrEStG; Art. 3 Abs. 1 GG; § 69 FGO

Fraglich war in diesem Fall insbesondere, ob es dem Antragsteller zuzumuten ist, die Entscheidung des Bundesverfassungsgerichts im Verfahren 1 BvL 16/11 abzuwarten, mit anderen Worten ob der Antragsteller ein besonderes Aussetzungsinteresse vorbringen muss.

Nach Ansicht des Senats kommt dem Interesse des Antragstellers an der Aufhebung der Vollziehung (hier Entrichtung der Grunderwerbsteuer) der Vorrang gegenüber dem öffentlichen Interesse am Gesetzesvollzug zu. Es bestehen ernstliche Zweifel an der Verfassungsmäßigkeit des § 3 Nr. 4 GrEStG. Beim BVerfG sind mehrere Normenkontrollverfahren zu eben dieser Frage anhängig.[215]

Die Gewährung vorläufigen Rechtsschutzes führt nicht zu einem Außerkraftsetzen des GrEStG. Hier geht es nur um die Anwendbarkeit einer einzelnen Norm, nämlich § 3 Nr. 4 GrEStG. Die haushaltsrechtlichen Auswirkungen der Außervollzugsetzung dürften eher gering sein, handelt es sich doch um nur geringfügige, nicht bezifferbare Steuermindereinnahmen. Insoweit lag ein berechtigtes Interesse des Antragstellers vor, dass das FA die nicht unerhebliche, bereits entrichtete Grunderwerbsteuer im Wege der Aufhebung der Vollziehung vorläufig erstattet.

Beratungshinweis:

> Am 18.7.2012[216] hat das BVerfG entschieden, dass die Ungleichbehandlung von Ehegatten und eingetragenen Lebenspartnern im Grunderwerbsteuerrecht (a. F.) verfassungswidrig ist. Die Ungleichbehandlung widerspricht dem steuerrechtlichen Leistungs- und Folgerichtigkeitsprinzip. Damit darf die Norm von Gerichten und Verwaltungsbehörden nicht mehr angewendet werden, laufende Verfahren sind auszusetzen. Dem Gesetzgeber wurde aufgegeben, bis 31.12.2012 eine Neuregelung für die betroffenen Altfälle zu schaffen, die die Gleichheitsverstöße in dem Zeitraum zwischen dem Inkrafttreten des Gesetzes zur Beendigung der Diskriminierung gleichgeschlechtlicher Gemeinschaften bis zum Inkrafttreten des JStG 2010 beseitigt.

---

[215] Z. B. Vorlagebeschluss FG Münster v. 24.3.2011, 8 K 2430/09; des Schleswig-Holsteinischen FG v. 28.6.2011, 3 K 217/08.
[216] BVerfG, Beschluss v. 18.7.2012, 1 BvL 16/11, BeckRS 2012, 54761.

D Neuentwicklungen im internationalen Steuerrecht

1 Steuerliche Herausforderungen beim Schritt über die Grenze

Die sich fortsetzende Internationalisierung stellt grenzüberschreitend operierende Unternehmen und ihre steuerlichen Berater vor immer neue Herausforderungen. Im internationalen Wettbewerb der Standorte gilt Deutschland nach wie vor als Hochlohn- und Hochsteuerland. Durch den unvermeidlichen Blick auf die Konzernsteuerquote stehen deshalb steuerliche Planungen in Deutschland besonders im Fokus. Einmal verwirklichte Strukturen und Unternehmensentscheidungen müssen in einem Umfeld permanenter steuerlicher Regeländerungen zumindest im Jahresturnus wieder auf den Prüfstand.

Eine neue Initiative des Committee on Fiscal Affairs der OECD lässt nun erneut global agierende Unternehmen aufhorchen. Das Gremium prangert typische Steuergestaltungen an, die von internationalen Konzernen gegenwärtig völlig legal genutzt werden, um die Gesamtsteuerquote zu optimieren. Die Initiative beabsichtigt, in den Industrienationen ein konzertiertes Vorgehen gegen diese Gestaltungswege zu erreichen. Ein Dorn in den Augen der Fiskalvertreter der Länder sind insbesondere Niedrigsteuergebiete, hybride Rechtsformen, hybride Finanzinstrumente und Verrechnungspreisgestaltungen.

Vor diesem Hintergrund verschiebt sich auch der Fokus in den Steuerabteilungen. Schon in den letzten Jahren hat das Interesse an Risikovermeidung, Compliance und Transparenz die Steuerminimierung als wichtigstes steuerliches Unternehmensziel verdrängt. Nun stellt sich im Bereich des Tax Risk Management nicht mehr allein die Frage nach Legalität und Compliance, sondern es sind auch Themen wie Steuermoral und Auswirkungen von Steuerstrukturen auf die Reputation des Unternehmens zu beachten.

Ungeachtet dieser Entwicklungen bleibt es natürlich Aufgabe der Steuerplanung, die weltweiten Steuerkosten zu minimieren und konfiskatorische Fallstricke auszuschließen – auch wenn die diesbezüglichen Optimierungsbestrebungen immer auf die Vereinbarkeit mit den restriktiveren Rahmenbedingungen zu überprüfen sind. Das grenzüberschreitend tätige Unternehmen steht dabei vor der Herausforderung, sich mit sämtlichen Facetten des internationalen Steuerrechts stetig neu auseinanderzusetzen. Dazu gehören:

- alle Gesetze, Verordnungen, Verwaltungsvorschriften und die Rechtsprechung im deutschen Steuerrecht, die Auswirkungen auf grenzüberschreitende Geschäftsbeziehungen haben (sog. Außensteuerrecht);

- bilaterale völkerrechtliche Verträge, die Deutschland mit mittlerweile 96 Partnerländern zur Vermeidung der Doppelbesteuerung und Bekämpfung von Minderbesteuerung auf dem Gebiet der Steuern vom Einkommen und vom Vermögen abgeschlossen hat (sog. Doppelbesteuerungsabkommen);

- europarechtliche Vorgaben, die sich durch die Verabschiedung von EG-Richtlinien oder aus der Rechtsprechung des Europäischen Gerichtshofs zu den Grundfreiheiten des EG-Vertrags ergeben (sog. EU-Recht).

Grenzüberschreitendes Wirtschaften kann nur dann steuerlich gewürdigt werden, wenn sowohl Außensteuerrecht als auch DBA- und EU-Recht Berücksichtigung finden. Das Zusammenspiel dieser drei Bereiche (das internationale Steuerrecht) bildet die Grundlage für die unternehmerische Steuerplanung. Diese gestaltet sich natürlich schwierig, wenn sich der Praktiker immer wieder in allen drei Bereichen mit zahlreichen Regeländerungen konfrontiert sieht.

Das Jahr 2012 hat bezüglich der noch in der Koalitionsvereinbarung 2009 vereinbarten Reformziele wiederum keinen Durchbruch gebracht – mit Blick auf die bevorstehende Bundestagswahl im Herbst 2013 ist auch kein großer Wurf mehr zu erwarten. So bleibt es bei Regeländerungen in Einzelbereichen, die aber fraglos bei den betroffenen Steuerpflichtigen erheblichen Reaktionsbedarf auslösen können. Der Jahreswechsel 2012/2013 hat erneut gezeigt, wie schwierig gegenwärtig notwendige Steueränderungen aufgrund der unterschiedlichen Mehrheiten in Bundestag und Bundesrat zu realisieren sind. Am 17. Januar 2013 hat der Bundestag das Vermittlungsergebnis zum Jahressteuergesetz 2013 abgelehnt. Die im Jahressteuergesetz 2013 vorgesehene und unumstrittene Änderung des § 1 AStG zur Umsetzung des Authorised OECD Approachs (AOA) für die Gewinnabgrenzung zwischen Stammhaus und Betriebsstätte wird möglicherweise in ein anderes Gesetzesvorhaben einfließen. Gleiches gilt auch für Modifikationen bei der Steuerentlastung nach § 50d EStG und für die Umsetzung des EU-Beitreibungsgesetzes.

Dagegen hat der Bundestag am 17. Januar 2013 seine Zustimmung zu dem Vermittlungsergebnis zu dem Gesetz zur Änderung und Vereinfachung der Unternehmensbesteuerung und des steuerlichen Reisekostenrechts gegeben. Somit können die darin enthaltenen Änderungen mit Wirkung ab 1.1.2013 in Kraft treten. So werden im Rahmen einer „kleinen Organschaftsreform" verschiedene Änderungen bezüglich der internationalen Aspekte der Organschaft, wie z. B. die Aufgabe des doppelten Inlandsbezugs, die Absicherung deutscher Besteuerungsrechte als Reaktion auf die BFH-Rechtsprechung zur grenzüberschreitenden Organschaft und die Ausweitung der Verlustabzugsbeschränkung i. S. d. § 14 Abs. 1 S. 1 Nr. 5 KStG realisiert (zu Einzelheiten siehe die Analyse des Gesetzes zur Änderung und Vereinfachung der Unternehmensbesteuerung und des steuerlichen Reisekostenrechts in E.) – die grenzüberschreitende Öffnung für Organschaften will man wegen des befürchteten milliardenschweren Verlusts an Besteuerungssubstrat dagegen vermeiden;

Auch für die Reaktion des deutschen Gesetzgebers auf das EuGH-Urteil vom 20.10.2011 zu deutschen Quellensteuern auf an beschränkt steuerpflichtige EU/EWR-Körperschaften gezahlte Dividenden, lag bei Redaktionsschluss noch kein endgültiges Ergebnis vor. Die Sitzung des Vermittlungsausschusses ist für den 29. Januar 2013 vorgesehen.

Unverändert wird es somit dabei bleiben, dass Unternehmer, ihre Berater, aber auch die Finanzverwaltung und die Rechtsprechung sich mit immer neuen Regeländerungen abzufinden haben. Mangels klarer und gleichmäßiger Steuernormen werden die Maßnahmen immer detailbesessener und undurchdringlicher, um Einzelfallgerechtigkeit zu schaffen und vermeintliche oder tatsächliche Schlupflöcher zu schließen. Das im Koalitionsvertrag der neuen Regierung verankerte Langfristziel eines systemgerechten und handhabbaren Steuerrechts bleibt Wunschdenken. Die Steuerpolitiker stehen vor großen Herausforderungen, um den Spagat von Haushaltskonsolidierung und Wachstumsförderung zu bewältigen. Die Unternehmen werden weiterhin darüber nachzudenken haben, wie sie gerade in Krisenzeiten ihre Strukturen angesichts all dieser Neuerungen anpassen, um einerseits kosten- und steuereffektiv operieren zu können und andererseits teure Überraschungen zu vermeiden.

Literaturhinweise: *Brunsbach/Endres/Lüdicke/Schnitger*, Deutsche Abkommenspolitik, IFSt-Schrift Nr. 480, Berlin/Köln 2012; *Ecker/Rossler* (Hrsg.), History of Tax Treaties, Wien 2011; *Endres*, 50 Musterfälle zum Internationalen Steuerrecht, Nordkirchen 2008; *Endres et al.*, The Determination of Corporate Taxable Income in the EU Member States, Alphen aan den Rijn 2007; *Endres/Jacob/Gohr/Klein* (Hrsg.), Das Doppelbesteuerungsabkommen Deutschland/USA, München 2008; *Endres/Schreiber* (Hrsg.), Investitions- und Steuerstandort USA, München 2008; *Endres/Spengel*, Unternehmensbesteuerung in Deutschland/Corporate Taxation in Germany, 3. Aufl., Düsseldorf 2012; *Grotherr* (Hrsg.), Handbuch der internationalen Steuerplanung, 3. Aufl., Herne/Berlin 2011; *Haase*, Internationales und Europäisches Steuerrecht, 3. Aufl., Hamburg 2011; *Haase/Steierberg*, Tax Law in Germany, München 2012; *Jacobs* (Hrsg.), Internationale Unternehmensbesteuerung, 7. Aufl., München 2011; *Lang/Weinzierl* (Hrsg.), Europäisches Steuerrecht, Festschrift für Friedrich Rödler, Wien 2010; *Lüdicke* (Hrsg.), Praxis und Zukunft des deutschen Internationalen Steuerrechts, Köln 2012; *Lüdicke*, Überlegungen zur deutschen DBA-Politik, Baden-Baden 2008; *Scheffler*, Internationale betriebswirtschaftliche Steuerlehre, 3. Aufl., München 2009; *Wilke*, Lehrbuch Internationales Steuerrecht, 11. Aufl., Herne/Berlin 2012; *Wilke* (Hrsg.), Fallsammlung Internationales Steuerrecht, 9. Aufl., Herne/Berlin 2011

2 Steuersätze international

2.1 Tarif- und Effektivbelastung von Kapitalgesellschaften

Internationaler Steuerwettbewerb ist ein Reflex auf die zunehmende unternehmerische Mobilität. Es liegt nahe, dass die Staaten die Gestaltung ihres Steuerrechts auch strategisch für die Zielsetzung der Investitionsförderung einsetzen. Damit entstehen steuerlicher Standortwettbewerb und Anpassungsdruck, wobei jeder Staat seine eigene Kombination aus Investitionsattraktivität und Aufkommenshöhe bestimmen muss. Unerwünschter Wettbewerb könnte nur durch eine stärkere Institutionalisierung und Harmonisierung der internationalen Steuerordnung eingeschränkt werden. Unter der Schirmherrschaft der OECD bildet sich zwar kontinuierlich eine internationale Steuerwettbewerbsordnung insbesondere im Hinblick auf den unfairen Steuerwettbewerb heraus, ohne dass dabei aber die grundlegende Steuersouveränität infrage gestellt wird.

Ist Deutschland dem internationalen Steuerwettbewerb gewachsen? Eine verbreitete und durchaus sinnvolle Art, diese Frage zu beantworten, besteht darin, einen Blick auf Rankings und Ratings zu werfen. Dabei bietet sich zunächst ein Vergleich der nominalen Steuersätze (Tarifbelastung) an, die ein in Kapitalgesellschaftsform geführtes Unternehmen zahlen muss. In Deutschland werden insoweit Körperschaftsteuer, Solidaritätszuschlag und Gewerbesteuer zu einer Kennziffer zusammengefasst und ergeben – je nach Ansatz der Gewerbesteuer – in den Jahren 2012 und 2013 ein Belastungsniveau von ca. 30–32 %. Mit dieser Tarifbelastung hat Deutschland im globalen Vergleich zwar in den letzten Jahren Boden gutgemacht, ohne aber mit wichtigen anderen Investitionsländern gleichziehen zu können. Wie nachfolgende Tabelle belegt, nimmt Deutschland im Jahr 2012 trotz der Steuersenkungen durch die Unternehmensteuerreform 2008 innerhalb der EU immer noch einen Rang am oberen Rand der Skala des internationalen Steuergefälles ein. Die Durchschnittsbelastung in den 27 EU-Ländern liegt mit knapp 23 % deutlich unterhalb des deutschen Werts, wobei das Niveau der Steuersätze im Vergleich zu 2011 weitgehend unverändert geblieben ist. Der Vergleich der nominalen Steuersätze weist Deutschland also nach wie vor als Hochsteuerland aus, wenngleich sich der Abstand zum Mittelfeld über die Jahre merklich verringert hat.

Tarifbelastung für EU-Kapitalgesellschaften (2012)		
Belgien	33 %	plus 3 % „Krisenaufschlag", also zusammen 33,99 %
Bulgarien	10 %	
Dänemark	25 %	
Deutschland	15 %	plus SolZ plus Gewerbesteuer, also zusammen ca. 30 %–32 % in einer Großstadt wie Frankfurt oder München
Estland	21 %	ab 2015: 20 %; Steuererhebung nur bei Ausschüttung
Finnland	24,5 %	
Frankreich	33,33 %	plus Zuschlag von insgesamt 8,3 %, also zusammen 36,1 %
Griechenland	20 %	
Großbritannien	24 %	ab 2013: 23 %; ab 2014: 22 %
Irland	12,5 %	bzw. 25 % auf sog. „passive" Einkünfte wie Zinsen, Lizenzen, Mieten u. ä.
Italien	27,5 %	plus 3,9 % „IRAP" (lokale Wertschöpfungssteuer) auf den Rohertrag vor Lohnkosten (zusammen 31,4 %)
Lettland	15 %	
Litauen	15 %	
Luxemburg	21 %	plus Zuschläge von 5 % und gemeindliche Gewerbesteuer von 6,75 %. Für eine Körperschaft in der Stadt Luxemburg wären dies zusammen 28,8 %
Malta	35 %	
Niederlande	25 %	
Österreich	25 %	
Polen	19 %	
Portugal	25 %	plus „derrama" Gemeindeaufschlag von bis zu 1,5 %; zzgl. 2,5 % staatliche Zuschlagsteuer „derrama estadual" auf Einkommen > 2 Mio. €
Rumänien	16 %	
Schweden	26,3 %	
Slowakei	19 %	
Slowenien	18 %	
Spanien	30 %	abweichende Steuersätze zwischen 25 % bis 35 % je nach Art und Tätigkeit der Gesellschaft
Tschechien	19 %	
Ungarn	19 %	zzgl. lokale Steuer von max. 2 % auf Rohertrag
Zypern	10 %	

Zum Vergleich einige Ertragsteuersätze für Kapitalgesellschaften außerhalb der EU:

Tarifbelastung für Kapitalgesellschaften außerhalb der EU (2012)		
China	25 %	
Hongkong	16,5 %	
Indien	30,0 %	(für thesaurierte Gewinne) plus Zuschlagsteuer 5 % und Ausbildungsabgabe „education cess" von insgesamt 3 %. Ausgeschüttete Gewinne werden mit einer zusätzlichen Ausschüttungssteuer von 15 % belastet.
Japan	40,69 %	je nach Größe der Gesellschaft bis zu 42,5 %
Kanada	15 %	plus Provinzsteuern von 10–16 %, zusammen 25–31 %
Russland	20 %	
Schweiz	11,5–24,2 %	Gesamtbelastung an Bundes-, Kantonal- und Gemeindeertragsteuern je nach Standort; 7,83 % für Holdinggesellschaften
USA	35 %	plus (abzugsfähige) Staatssteuern von bis zu 12 %, also zusammen bis max. 42,8 %

In den einzelnen Ländern kommen häufig Grundsteuern sowie verschiedene Verkehrsteuern zur Gesamtbelastung für ein Unternehmen hinzu. Jedoch treten sie fast alle in der Bedeutung für den Einzelfall hinter die Ertragsbesteuerung zurück. Dabei nimmt Deutschland sowohl nach der absoluten Höhe der Grundsteuerbelastung als auch bezüglich des relativen Gewichts der Grundsteuer an der Gesamtsteuerbelastung einen Platz im Mittelfeld des europäischen Grundsteuervergleichs ein. Dennoch ist anerkannt, dass die zurzeit noch praktizierte Besteuerung aufgrund veralteter Einheitswerte mit Belastungsverzerrungen und einem hohen Verwaltungsaufwand verbunden und damit reformbedürftig ist.

Insgesamt zeigt sich global, aber auch bereits innerhalb der EU eine große Variationsbreite bezüglich der Tarifbelastungen. Doch die Höhe der Steuersätze ist nur die „halbe Wahrheit", um steuerliche Rahmenbedingungen in einem Land beurteilen zu können. Denn ein reiner Tarifvergleich lässt die Gewinnermittlungsregeln unberücksichtigt, die von Land zu Land erheblich abweichen (zu einzelnen Standortvergleichen hinsichtlich der Steuerbemessungsgrundlage vgl. nachfolgend D.3.). Weitergehende Analysen versuchen deshalb, die Konsequenzen schmaler oder umfangreicher Bemessungsgrundlagen in das Kalkül einzubeziehen. Die nachfolgende Tabelle enthält eine solche vom ZEW Mannheim erstellte Kalkulation der durchschnittlichen effektiven Steuerbelastung, die sich aus dem Zusammenspiel von Steuersystem, Steuerarten, Steuersätzen und Bemessungsgrundlagen ergibt.

Effektive Steuerbelastung für EU-Kapitalgesellschaften (2012)					
Belgien	26,3 %	Irland	14,4 %	Portugal	27,1 %
Bulgarien	9,0 %	Italien	25,1 %	Rumänien	14,8 %
Dänemark	22,0 %	Lettland	12,2 %	Slowakei	16,8 %
Deutschland	28,2 %	Litauen	12,7 %	Slowenien	16,4 %
Estland	16,5 %	Luxemburg	24,9 %	Spanien	32,4 %
Finnland	23,3 %	Malta	32,2 %	Schweden	23,2 %
Frankreich	34,2 %	Niederlande	27,5 %	Tschechien	16,7 %
Griechenland	17,5 %	Österreich	23,0 %	Ungarn	19,3 %
Großbritannien	25,2 %	Polen	17,5 %	Zypern	11,2 %

Zum Vergleich einige Effektivbelastungen für Kapitalgesellschaften außerhalb der EU:

Effektive Steuerbelastung für Kapitalgesellschaften außerhalb der EU (2010/2012)			
China*	23,9 %	Kanada	25 %
Hongkong*	10,3 %	Russland*	21,7 %
Indien*	40,0 %	Schweiz	18,7 %
Japan	40,1 %	USA	36,5 %

* Werte basieren auf Daten aus dem Jahr 2010.

Bei einem Blick auf die Tabelle ist von Gleichmäßigkeit der Besteuerung selbst im EU-Raum weit und breit keine Spur. Hieran wird sich prinzipiell auch in naher Zukunft wenig ändern. Denn die Steuerhoheit ist trotz der Übertragung gewisser Kompetenzen auf die EU (und unbeeinträchtigt vom Lissabon-Vertrag) bei den Mitgliedstaaten verblieben. Die oben aufgezeigte enorme Spannbreite effektiver Steuerbelastungen in den verschiedenen Mitgliedstaaten kann nun aber nicht nur die Funktionsfähigkeit des Binnenmarkts beeinträchtigen, sondern ist auch Alarmsignal an die deutsche Steuerpolitik. Wenn ein Land den EU-Durchschnitt von 21,1 % deutlich überschreitet, dann gibt es Handlungsbedarf. Insoweit war die Unternehmensteuerreform 2008 sicherlich ein gutes Zeichen für ausländische und auch für inländische Investoren, auch wenn das Gesamtwerk nicht zuletzt aufgrund komplexer und krisenverschärfender Gegenfinanzierungsmaßnahmen nicht der erhoffte ganz große Wurf geworden ist. Die Nachbesserungen im Bürgerentlastungsgesetz und Wachstumsbeschleunigungsgesetz sind zwar zu begrüßen, ändern jedoch nichts an der grundsätzlichen Kritik an Zinsschranke, Mantelkaufregelungen und anderen Verlustverrechnungsbeschränkungen, der extensiven Besteuerung von Funktionsverlagerungen und gewerbesteuerlichen Hinzurechnungen. Für das Steuerklima unverändert wichtig bleiben mehr Verlässlichkeit und eine von weniger Konflikten und Ideologie geprägte Grundhaltung im Umgang mit den Steuerpflichtigen.

Abschließend sei auf die aktuelle Ausgabe von „Paying Taxes 2013" verwiesen, einer von PwC mit der Weltbank und der International Finance Cooporation (IFC) herausgegebenen Studie zur Steuerbelastung des unternehmerischen Engagements. Im Jahr 2011 sank der Anteil aller Steuern und Abgaben am Unternehmensgewinn („Total Tax Rate", TTR) gegenüber dem Vorjahr im weltweiten Durchschnitt von 44,8 % auf 44,7 %. Mit einer nahezu gleich hohen Steuerbelastung wie im Vorjahr leisten die Unternehmen weltweit aber unverändert einen hohen Beitrag zum Steueraufkommen.

In die Berechnung der „Total Tax Rate" gehen sämtliche Steuern und Abgaben ein, die von einem Unternehmen tatsächlich zu tragen sind. Während häufig genutzte Vergleichsgrößen wie der Gewinn vor Steuern bereits durch einzelne Steuern und Abgaben (z. B. Umweltsteuern oder Sozialbeiträge) reduziert sind, wird bei der „Total Tax Rate" die Summe aller Steuern und Abgaben ins Verhältnis zu einem Betriebsgewinn vor diesbezüglichen Abzügen gesetzt. Die Untersuchung zeigt, dass die Total Tax Rate des deutschen Modellunternehmens im Betrachtungszeitraum 2011 geringfügig auf 46,8 % angestiegen ist. Damit liegt die Total Tax Rate in Deutschland sowohl über dem weltweiten Durchschnitt wie auch über dem Durchschnitt aller EU-Staaten, der 42,6 % beträgt. An dem zusammenfassenden Befund für den Steuerstandort Deutschland hat sich somit nichts geändert. Um das deutsche Steuersystem im internationalen Vergleich wettbewerbsfähiger zu machen, werden weitere steuerliche Reformschritte benötigt. Ob dabei das Dogma der Aufkommensneutralität zugunsten einer notwendigen Investition in den Steuerstandort zurückgedrängt werden kann, bleibt der Politik vorbehalten.

Steuersätze international

> **Literaturhinweise:** *BDI/VCI* (Hrsg.), Die Steuerbelastung der Unternehmen in Deutschland, Berlin/Frankfurt am Main 2011; *Endres/Fuest/Spengel* (Hrsg.), Company Taxation in the Asia-Pacific Region, India and Russia, Berlin/Heidelberg 2010; *Endres/Stellbrück*, Wo steht Deutschland im internationalen Steuerwettbewerb?, StuW 2012, S. 96–104; *Hey*, Perspektiven der Unternehmensbesteuerung, StuW 2011, S. 131–143; *Lang*, Unternehmensbesteuerung im internationalen Wettbewerb, StuW 2011, S. 144–158; *PwC*, Worldwide Tax Summaries, Corporate Taxes 2012/2013; *PwC/Worldbank/IFC*, Paying Taxes 2013, Washington 2012 (www.pwc.com/payingtaxes); *Rodi*, Internationaler Steuerwettbewerb, StuW 2008, S. 327–336; *Spengel*, Überlegungen zur Fortentwicklung der Unternehmensbesteuerung in Deutschland, in: *Schön/Osterloh-Konrad* (Hrsg.), Kernfragen des Unternehmensteuerrechts, Berlin/Heidelberg 2010, S. 59–95; *Spengel/Heckemeyer/Zinn*, Reform der Grundsteuer: Ein Blick nach Europa, DB 2011, S. 10–14

2.2 Einkommensteuersätze für natürliche Personen

Die nachfolgende Tabelle listet die Einkommensteuerspitzensätze 2012 auf, die in den 27 EU-Staaten von natürlichen Personen zu zahlen sind. Bei einem Belastungsvergleich ist natürlich zu beachten, dass Freibeträge, Progressionsverlauf und der Betrag, ab dem die Spitzensteuersätze greifen, von Land zu Land erheblich variieren.

Einkommensteuerspitzensätze für natürliche Personen in den 27 EU-Ländern (2012)	
EU-Land	ESt-Spitzentarif
Belgien	50 % zzgl. kommunale ESt 7 % hierauf
Bulgarien	10 %
Dänemark	52 % zzgl. 8 % Arbeitnehmerzuschlag, zusammen 56 %
Deutschland	45 % zzgl. SolZ 5,5 % hierauf
Estland	21 % (Absenkung auf 20 % ab 2015)
Finnland	30 % zzgl. 16,25–21,5 % Gemeindesteuer und 1–2 % Kirchensteuer
Frankreich	41 %
Griechenland	45 %
Großbritannien	50 %
Irland	41 % zzgl. Zuschlag von 7 %
Italien	43 % zzgl. regionaler Zuschlag 0,9–1,4 % und Gemeinde-/Provinzzuschlag 0–0,8 %
Lettland	25 %
Litauen	15 %
Luxemburg	39 % zzgl. Solidaritätszuschlag 4–6 %, zzgl. crisis contribution 0,8 %
Malta	35 %
Niederlande	52 %
Österreich	50 %
Polen	32 %

Einkommensteuerspitzensätze für natürliche Personen in den 27 EU-Ländern (2012)	
Portugal	46,5 %
Rumänien	16 %
Schweden	25 % zzgl. Gemeindesteuer von 31 %
Slowakei	19 %
Slowenien	41 %
Spanien	52 %
Tschechien	15 %
Ungarn	16 %
Zypern	35 %

Die Übersicht zeigt, dass Deutschland bezüglich der Einkommensteuersätze (z. B. auf Arbeitseinkommen) mit max. 47,5 % eine überdurchschnittliche Belastung aufweist, aber nicht nach oben völlig aus dem Rahmen fällt. Unabhängig von der Frage nach der Höhe des Steuersatzes bleibt in Deutschland die Frage nach einer grundsätzlichen Einkommensteuerreform mit niedrigeren Steuersätzen und verbreiterter Bemessungsgrundlage weiter aktuell. Ein einfaches und durchschaubares Steuersystem ist das beste Mittel, um der Verdrossenheit über das steuerliche Eingriffsrecht entgegenzuwirken.

2.3 Umsatzsteuersätze in den EU-Mitgliedstaaten

In der folgenden Tabelle sind die Umsatzsteuersätze aufgelistet, die in den Mitgliedstaaten der Europäischen Union im Jahr 2012 anwendbar waren. Anschließend finden sich Hinweise auf erfolgte oder geplante Änderungen für das Jahr 2013.

Mitgliedstaat	Bezeichnung der Steuer in Landessprache	Umsatzsteuersätze 2012	
		Normalsatz (%)	Ermäßigter Satz (%)
Belgien	taxe sur la valeur ajoutée (TVA) belasting over de toegevoegde waarde (BTW)	21	6/12
Bulgarien	Дань к Добавена Стойност (ДДС)	20	9
Dänemark	Merveardiagift (MOMS)	25	–
Deutschland	Umsatzsteuer (USt)	19	7
Estland	Käibemaks	20	9

Mitgliedstaat	Bezeichnung der Steuer in Landessprache	Umsatzsteuersätze 2012	
		Normalsatz (%)	Ermäßigter Satz (%)
Finnland	Arvonlisâvero (ALV) Mervärdesskatt (ML)	23	9/13
Frankreich	taxe sur la valeur ajoutée (TVA)	19,6	2,1/5,5/7
Griechenland	foros prostithemenis axias (FPA)	23	6,5/13
Irland	value added tax (VAT)	23	4,8/9/13,5
Italien	imposta sul valore aggiunto (IVA)	21	4/10
Lettland	pievienotas vertibas nodoklis (PVN)	21	12
Litauen	pridetines vertes mokestis	21	5/9
Luxemburg	taxe sur la valeur ajoutée (TVA)	15	3/6/12
Malta	value added tax (VAT)	18	5/7
Niederlande	omzetbelasting (OB) belasting over de toegevoegde waarde (BTW)	21	6
Österreich	Umsatzsteuer (USt)	20	10/12
Polen	podatek od tomaròw i uslug	23	5/8
Portugal	imposto sobre o valor acrescentado (IVA)	23	6/13
Rumänien	Taxe pe valoarea adàugata (TVA)	24	5/9
Schweden	mervärdesskatt (MOMS)	25	6/12
Slowakei	daň z pridanej hodnoty (DPH)	20	10
Slowenien	Davek na dodano vrednost	20	8,5
Spanien	impuesto sobre el valor anadido (IVA)	21	4/10

Mitgliedstaat	Bezeichnung der Steuer in Landessprache	Umsatzsteuersätze 2012	
		Normalsatz (%)	Ermäßigter Satz (%)
Tschechien	daň z přidané hotnoty	20	14
Ungarn	általános forgalmi adó	27	5/18
Vereinigtes Königreich	value added tax (VAT)	20	5
Zypern	foros prostithemenis axias (FPA)	17	5/8

Zahlreiche Staaten haben ihre Regelsteuersätze oder ihre ermäßigten Steuersätze im Jahr 2012 erhöht, so beispielsweise Irland, Israel, Italien, Kroatien, Niederlande, Norwegen, Ungarn, Serbien, Spanien und Zypern. Änderungen des ermäßigten Steuersatzes (bzw. die Einführung zusätzlicher Steuersätze) erfolgten u. a. in Frankreich und Tschechien. Künftige Änderungen werden u. a. in Finnland, Tschechien und Italien erwartet. Lettland hat seinen vorübergehend auf 22% erhöhten Steuersatz wieder auf 21 % abgesenkt. Die aktuellen Steuersätze und andere Basisinformationen zur Umsatzsteuer in der EU und zahlreichen anderen Ländern sind im Internet abrufbar unter: www.globalvatonline.pwc.com.

In Deutschland gab es lange Zeit Debatten über die unzähligen Ausnahme- und Ermäßigungstatbestände, insbesondere im Hinblick auf den schwer abzugrenzenden Katalog der nur mit 7 % belasteten Dienstleistungen und Produkte (als Beispiel sei nur das „Hotelprivileg" genannt). Die Streitanfälligkeit solcher Steuerermäßigungen spiegelt sich in mehr als 300 Gerichtsentscheidungen im Zeitraum von Anfang 2001 bis Ende 2009 zum ermäßigten Steuersatz wider. Im Koalitionsvertrag vom Herbst 2009 kündigte die Bundesregierung dann eine umfassende Reform der ermäßigten Umsatzsteuersätze an. Die Umsetzung dieser Pläne liegt allerdings politisch auf Eis, obwohl ein vom Bundesministerium der Finanzen in Auftrag gegebenes Forschungsgutachten im September 2010 zu dem Ergebnis kam, dass mit Ausnahme der Lebensmittel die meisten Umsatzsteuerermäßigungen unter sozial-, steuer- und haushaltspolitischen Gesichtspunkten nicht zu rechtfertigen sind.

3 Steuerbemessungsgrundlagen im Vergleich

3.1 Rahmenbedingungen für Holdinggesellschaften

Kaum ein Begriff des internationalen Steuerrechts gilt mehr als Synonym für die grenzüberschreitende Steuergestaltung wie der der Holdinggesellschaft. Der Einsatz von Holdinggesellschaften gilt als Standardmittel zur Verbesserung der Konzernsteuerquote. Dabei ist der Begriff „Holding", aus dem Englischen „to hold" abgeleitet, zunächst wertneutral und beschreibt lediglich eine bestimmte Form des Tätigwerdens einer Gesellschaft:

Definition

> Unter einer Holdinggesellschaft wird eine Unternehmung verstanden, deren betrieblicher Hauptzweck in einer auf Dauer angelegten Beteiligung an rechtlich selbstständigen Unternehmen liegt. Eine Holdinggesellschaft in Reinform beschränkt sich auf das Halten und das Verwalten von Beteiligungen.

Der Einsatz von Holdinggesellschaften ist beileibe nicht immer steuerinduziert, sondern kann seine Ursache insbesondere in betriebswirtschaftlichen oder rechtlichen Überlegungen haben. Häufig wird im nationalen wie internationalen Kontext eine dezentralisierte und divisionalisierte Organisationsstruktur bevorzugt (z. B. Managementholding mit Spartenstruktur), es sollen transparente Unternehmenseinheiten mit eindeutiger Ergebnis- und Bilanzverantwortung geschaffen werden oder es geht darum, Möglichkeiten zur Thesaurierung erwirtschafteter Ergebnisse zu erhalten, Hierarchieprobleme zu lösen oder auch Haftungsvorteile zu erlangen. Weitere Gründe für eine Holdinggesellschaft können im Arbeitsrecht, Aufsichtsrecht, in der Dividendenpolitik und der Aufbau- und Ablauforganisation liegen.

Im grenzüberschreitend operierenden Konzern wird die Holdinggesellschaft häufig zum Zweck der regionalen Bündelung von Beteiligungen in einer Regionalholding genutzt. Das hat häufig auch steuerliche Hintergründe, um bei Dividendenzahlungen aus Beteiligungsgesellschaften den Zuflusszeitpunkt in der Konzernspitze durch eine abschirmende Zwischenholding steuern zu können. Hier entbrennt dann der Kampf der Holdingstandorte. Welches Land nun aber im Einzelfall die idealen Holdingbedingungen offeriert, ist maßgeblich von der mit der Struktur verknüpften Zielsetzung abhängig – diesbezügliche Patentrezepte gibt es nicht. Die Listen einschlägiger Holdingkriterien (z. B. Steuerfreiheit von Dividenden, Abzugsfähigkeit von Finanzierungskosten, engmaschiges Netz an DBA etc.) sind somit immer nur vor dem konkreten Anforderungsprofil der beabsichtigten Steuerstruktur aussagefähig. Wird beispielsweise eine Vielzahl von ausländischen Arbeitnehmern am Holdingstandort tätig, so spielt neben diesbezüglichen außersteuerlichen Faktoren (wie z. B. Lebenshaltungskosten, Nähe von Flughäfen, Sprache, internationale Schulen) auch der Einkommensteuersatz eine wichtige Rolle – bei einer personalarmen Holding treten diese Aspekte dagegen in den Hintergrund.

Neben dem Einsatz zur Bündelung von Beteiligungen an einem geeignet erscheinenden Standort werden Holdinggesellschaften auch als „special purpose vehicles" zur Erreichung spezifischer Steuerziele eingesetzt. Hier steht für den Steuerplaner weniger die Standortwahl denn die Optimierung bestehender Konzernstrukturen durch Umleitung statt Direktbezug von Einkünften im Vordergrund. Durch die Einschaltung von Holdinggesellschaften lassen sich Höhe, Ort und Zeitpunkt der Besteuerung beeinflussen. Spezielle steuerliche Zielsetzungen von Holdinggesellschaften sind u. a.:

- die Reduktion von Quellensteuern auf grenzüberschreitende Dividenden, Zinsen und Lizenzgebühren durch steueroptimales Routing der Zahlungen (*treaty shopping, directive shopping*)

- die Konsolidierung von positiven und negativen Ergebnissen verschiedener in- und ausländischer Konzerneinheiten

- die steueroptimale Allokation von Finanzierungsaufwand

- die Geltendmachung von Teilwertabschreibungen, Betriebsstättenverlusten sowie Veräußerungs- und Liquidationsverlusten

- die Minimierung der Steuerpflicht auf vereinnahmte Dividenden und Veräußerungsgewinne

- die Vermeidung einer Hinzurechnungsbesteuerung oder der Erhebung von Substanz- und Kapitalsteuern.

Die erfolgreiche Durchsetzung derartiger Holdingstrukturen setzt natürlich voraus, dass die gesetzlichen Gestaltungsgrenzen bekannt sind und mögliche gegenläufige Steuereffekte sowie einmalige und laufende Kosten der Reorganisation in die bzw. aus der Holding berücksichtigt werden. Daneben bedarf eine erfolgreiche Steuerplanung mit Holdinggesellschaften eines ständigen Updates der länderspezifischen Rahmenbedingungen, da nicht nur in Deutschland jährliche Steuerreformen und Änderungen der steuerlichen Spielregeln fast zur Regel geworden sind.

Sollen in einer Holdinggesellschaft verschiedene Beteiligungsgesellschaften gebündelt werden (z. B. Europazentrale einer US-Gruppe), so stellt sich natürlich unmittelbar die Frage nach der Standortwahl. Im Wettbewerb der Steuersysteme um Investitionen locken immer mehr Staaten mit Holdingprivilegien. Dies ist leicht nachvollziehbar, ergeben sich doch aus der Ansiedlung von Holdinggesellschaften neben einem direkten Beschäftigungseffekt (und damit Lohnsteuer) auch indirekte Vorteile wie z. B. andere zukünftige beschäftigungsrelevante Investitionsentscheidungen zugunsten des Holdingstandorts.

Klassische Holdingstandorte in Europa sind Luxemburg, die Niederlande und – mit zuletzt nachlassender Tendenz – die Schweiz. Neben einem attraktiven Steuerregime zeichnen sich diese Länder insbesondere durch Stabilität und Verlässlichkeit der Rahmenbedingungen aus. Diese traditionellen Standorte haben aber schon seit vielen Jahren Konkurrenz bekommen, wobei sich Länder wie Belgien, Dänemark, Österreich oder Spanien und – trotz logistischer Nachteile – auch Malta, Zypern und Estland besonders hervortun.

Wo positioniert sich Deutschland in diesem Holdingwettbewerb? Hier zeigt sich ein unstetes Bild. Konnte man in den vergangenen Jahren noch konstatieren, dass Steuerreformen dem Holdingstandort Deutschland in mancherlei Hinsicht zur Verbesserung verhalfen, so wurde diese Entwicklung mit Einführung von Dokumentationsvorschriften und Strafzuschlägen bei Verrechnungspreisen, der „Wegelagerersteuer" des § 8b Abs. 3, 5 KStG, der Bedrohung durch § 8b Abs. 7 KStG und auch der Verschärfung der anti-treaty-shopping-Klausel des § 50d Abs. 3 EStG gestoppt. Auch das Unternehmensteuerreformgesetz 2008 verbreitete unterschiedliche Signale. So ist einerseits eine Tarifreduktion sicherlich ein positiver Schritt, andererseits führen fiskalische Tendenzen, die sich in Vorschriften wie der Zinsschranke oder Maßnahmen zur Bekämpfung der Funktionsverlagerung oder zur Einschränkung der Verlustnutzung wiederfinden, auch zur Skepsis bei der Standortwahl von Holdinggesellschaften. Auch die unterschiedlichen Auffassungen der Mehrheiten in Bundestag und Bundesrat zur beabsichtigten Änderung des § 8b Abs. 1, 2 KStG als Reaktion auf das EuGH-Urteil vom 20.10.2011 zeigen erneut die Unsicherheit, die mit dem Standort Deutschland verbunden ist. Eine Gesamtwürdigung des Holdingstandorts fällt angesichts des im Zeitablauf zu beobachtenden Auf und Ab somit schwer, i. d. R. wird in der Praxis nach günstigeren Lösungen für einen Holdingstandort in Europa gesucht. Aus Unternehmenssicht sorgt der zu beobachtende Zickzackkurs für Glaubwürdigkeitsprobleme, wenn es um Investitionsentscheidungen geht, für deren Gelingen Stabilität und Rechtssicherheit Voraussetzungen sind.

Tabellarischer Ländervergleich (Rechtslage 2012)					
	Dänemark	**Luxemburg**	**Niederlande**	**Schweiz**	**Deutschland**
Steuerfreiheit von In- und Auslandsdividenden	Ja (mind. 10 %)	Ja (nach 1 Jahr, mind. 10 % oder 1.200.000 €)	Ja (mind. 5 %)	Ja (mind. 10 % oder 1.000.000 CHF)	Ja (aber: § 8b Abs. 5 KStG)
Steuerfreiheit von Beteiligungsveräußerungen	Ja (mind. 10 %)	Ja (nach 1 Jahr, mind. 10 % oder 6.000.000 €)	Ja (mind. 5 %)	Ja (nach 1 Jahr, mind. 10 %)	Ja (aber: § 8b Abs. 3 KStG)

Tabellarischer Ländervergleich (Rechtslage 2012)					
	Dänemark	**Luxemburg**	**Niederlande**	**Schweiz**	**Deutschland**
Abzugsfähigkeit von Finanzierungskosten	Ja	abzugsfähig, soweit Überschuss über Einnahmen	Ja (Anti-Base-Erosion-Test)	Ja	Ja (aber: § 8b Abs. 5 KStG)
Maximale Gesellschafter-Fremdfinanzierung (EK:FK)	1:4 (Gegenbeweis) + EBIT- und Asset-Test (Freibetrag: 21,3 Mio. DKK)	15:85	1:3	Je nach Aktiva-Mix und Tätigkeit, z. B. für Finanzierungsgesellschaft 1:6	Grundsätzlich Beschränkung des Nettozinsabzugs auf 30 % des EBITDA (Freigrenze 3 Mio. €)
Konsolidierung/ Organschaft	Ja (auch für Ausland)	Ja	Ja	Nein	Ja
Hinzurechnungsbesteuerung	Ja	Nein	Nein	Nein	Ja
Substanz- und Verkehrsteuern (ohne GrESt)	Nein	Vermögensteuer: 0,5 % (aber ohne qualifizierte Unternehmensbeteiligung)	Nein	Geringe kantonale Kapitalsteuer: 0,001–0,525 %	Nein
EU Mitgliedschaft/ Anzahl der DBA/ Dividenden-Quellensteuer nach USA	Ja 74 0 % unter bestimmten Bedingungen	Ja 64 0 % unter bestimmten Bedingungen	Ja 96 0 % unter bestimmten Bedingungen	Nein 82 5 % unter bestimmten Bedingungen	Ja 96 0 % unter bestimmten Bedingungen
Konstanz in der Steuerpolitik	+	++	++	+	−
Tarifbelastung von Kapitalgesellschaften	25 %	28, 8 %	25 %	7,83 % (für Holdingcompany)	ca. 30 %
ESt-Spitzentarif für Holdingmitarbeiter	56 %	42,1 %	52 %	11,5 % (Bund) plus ca. 5–30 % (Kanton/ Gemeinde)	45 % + 5,5 % SolZ

Ein weiterer Indikator für das Steuerklima in einem Land ist die Möglichkeit einer verbindlichen Zusage der Finanzverwaltung (*binding ruling*), um im Vorfeld ihrer Verwirklichung steuerlich relevante Sachverhalte einvernehmlich zu klären und damit spätere zeitaufwendige Auseinandersetzungen zu vermeiden. In allen hier betrachteten Ländern gibt es entsprechende Vorschriften, die verbindliche Zusagen grundsätzlich erlauben. Allerdings sind vor allem in Deutschland solche Zusagen seitens der Finanzverwaltung eher selten und zudem mit der Festsetzung von Gebühren bis zu einer Höhe von maximal 91.456 € verbunden. Demgegenüber sind *binding rulings* insbesondere in Luxemburg und in der Schweiz, aber auch in den Niederlanden langjährige und gängige Praxis, was einen nicht zu unterschätzenden Standortvorteil im Hinblick auf die Planbarkeit und Verlässlichkeit der Besteuerung darstellt.

> **Literaturhinweise:** *Bader*, Steuergestaltung mit Holdinggesellschaften, Herne/Berlin 2007; *Bader/Täuber*, Analyse attraktiver Holding-Standorte in Europa, IWB 19/2011, S. 727–732; *Eggeling*, EU-Holdinggesellschaften aus Sicht inländischer Konzerne – Substanzerfordernisse und ausgewählte Standorte, Ubg 2011, S. 676–688; *Endres*, 50 Musterfälle zum Internationalen Steuerrecht, Nordkirchen 2008, S. 86 f., S. 174 ff.; *Jacobs* (Hrsg.), Internationale Unternehmensbesteuerung, 7. Aufl., München 2011; *Kessler/Kröner/Köhler*, Konzernsteuerrecht, München 2008, S. 722 ff.; *Körner*, Auf- und Umbau von Holdingstrukturen, IStR 2009, S. 1 ff.

3.2 Verlustabzugsbeschränkungen im EU-Vergleich

Verluste sind eine alltägliche Begleiterscheinung unternehmerischer Betätigung. Dies gilt in Zeiten einer weltweiten Wirtschafts- und Finanzkrise natürlich umso mehr. Gerade in und nach Krisenzeiten sind Unternehmen (und andere Steuerpflichtige) auf faire Regelungen zur Verlustnutzung angewiesen. Bei einem Ländervergleich im Hinblick auf die Standortwahl darf deshalb ein Blick auf die Verlustverrechnungsmöglichkeiten nicht fehlen. Dabei ist zwischen den Verlustvor- und Verlustrücktragsregelungen im eigenen Land und der eventuellen Nutzung ausländischer Betriebsstättenverluste bzw. in ausländischen Tochtergesellschaften erzielter Verluste zu unterscheiden. Zusätzlich von Bedeutung sind in diesem Zusammenhang auch die in vielen Ländern vorhandenen Verlustabzugsbeschränkungen beim Mantelkauf bzw. im Zusammenhang mit Umstrukturierungen.

Nachfolgend werden die Verlustvor- und Verlustrücktragsregelungen für laufende Verluste aus gewerblicher Tätigkeit in der EU, CH und den USA gegenübergestellt sowie Hinweise dazu gegeben, welche Länder Regelungen zum Mantelkauf und/oder zum Verlustuntergang bei Umstrukturierungen vorsehen.

Verlustabzugsbeschränkungen für laufende gewerbliche Einkünfte in der EU, CH, USA (2012)			
Staaten	**Verlustvortrag**	**Verlustrücktrag**	**Bestimmungen Mantelkauf/ Umstrukturierung**
Belgien	Unbegrenzt	Nein	Ja
Bulgarien	5 Jahre	Nein, nur in Spezialfällen	Ja (nur Umstrukturierung)
Dänemark	Unbegrenzt	Nein	Ja
Deutschland	Bis 1 Mio. € unbegrenzt, übersteigender Betrag bis zu 60 % des GdE (Mindestbesteuerung)	1 Jahr (bis zu 511.500 €); nicht für Gewerbesteuer	Ja
Estland	Nein	Nein	Nein
Finnland	10 Jahre	Nein	Ja
Frankreich	Bis 1 Mio. € unbegrenzt, übersteigender Betrag bis zu 60 % des steuerpflichtigen Gewinns (Mindestbesteuerung)	1 Jahr (bis zu 1 Mio. €) (für Körperschaften)	Ja

Verlustabzugsbeschränkungen für laufende gewerbliche Einkünfte in der EU, CH, USA (2012)			
Staaten	**Verlustvortrag**	**Verlustrücktrag**	**Bestimmungen Mantelkauf/ Umstrukturierung**
Griechenland	5 Jahre	Nein	Nein
Großbritannien	Unbegrenzt	1 Jahr (für bestimmte Verluste aus den Jahren 2008–2010 bis zu 3 Jahre)	Ja
Irland	Unbegrenzt	1 Jahr (3 Jahre bei Liquidation)	Ja
Italien	Anlaufverluste der ersten 3 Jahre unbegrenzt, danach: bis 80 % der KSt-Bemessungsgrundlage unbegrenzt (Mindestbesteuerung)	Nein	Ja
Lettland	Verluste vor 2008: 8 Jahre, danach: unbegrenzt	Nein	Ja
Litauen	Unbegrenzt (5 Jahre bei Veräußerungsverlusten)	Nein	Ja (nur Umstrukturierung)
Luxemburg	Unbegrenzt	Nein	Ja
Malta	Unbegrenzt	Nein	Ja (nur Umstrukturierung)
Niederlande	9 Jahre	1 Jahr (für Verluste aus 2009/2010/2011 wahlweise bis zu 3 Jahre bei entsprechender Kürzung des Vortragszeitraums)	Ja
Österreich	Bis zu 75 % des GdE unbegrenzt (Mindestbesteuerung)	Nein	Ja
Polen	5 Jahre (höchstens 50 % Verrechnung in einem Folgejahr)	Nein	Ja (nur Umstrukturierung)
Portugal	4 Jahre	Nein	Ja
Rumänien	7 Jahre (Verluste vor 2009: 5 Jahre)	Nein	Ja (nur Umstrukturierung)
Schweden	Unbegrenzt	Nein	Ja
Schweiz	7 Jahre	Nein	Ja (nur Mantelkauf)
Slowakei	7 Jahre (Verluste vor 2010: 5 Jahre)	Nein	Ja (nur bei Umgründung zwecks Steuerverkürzung)

Verlustabzugsbeschränkungen für laufende gewerbliche Einkünfte in der EU, CH, USA (2012)			
Staaten	**Verlustvortrag**	**Verlustrücktrag**	**Bestimmungen Mantelkauf/ Umstrukturierung**
Slowenien	Unbegrenzt	Nein	Ja
Spanien	18 Jahre, Mindestbesteuerung	Nein	Ja
Tschechien	5 Jahre	Nein	Ja
Ungarn	Zeitlich unbegrenzt, Mindestbesteuerung 50 %	Nein	Ja (nur Umstrukturierung und Mantelkauf)
USA	20 Jahre	2 Jahre	Ja
Zypern	Unbegrenzt	Nein	Ja

Eine grundlegende Neuordnung der steuerlichen Verlustverrechnung ist auch in 2012 in Deutschland nicht angepackt worden. Vielmehr hat zumindest der IV. Senat des BFH in einem Urteil vom 20.9.2012 (IV R 36/10) festgehalten, dass die Mindestbesteuerung auch dann mit dem Grundgesetz vereinbar ist, wenn es zu einem endgültigen Ausschluss der Verlustverrechnung kommt. Insoweit ist auch der erhoffte Impuls aus der Finanzrechtsprechung zur Neukonzeption der Verlustverrechnung ausgeblieben.

Aufgrund der schwerwiegenden systematischen und ökonomischen Bedenken gegen die Vielzahl nicht aufeinander abgestimmter Verlustverrechnungsbeschränkungen in Deutschland ist dem Gesetzgeber ein Blick über die nationalen Regelungsgrenzen hinaus zu empfehlen, um einerseits die Erfahrungen und Lösungen in anderen Ländern mit den eigenen Reformüberlegungen zu spiegeln und andererseits die Positionierung deutscher Unternehmen im internationalen Standortwettbewerb zu überprüfen. Aus diesem Blickwinkel ergibt sich folgendes:

- Fast alle Staaten sehen (z. T. unter Berücksichtigung einkunftsartenspezifischer und betragsmäßiger Beschränkungen) einen Verlustvortrag vor. Die Mehrzahl der Staaten begrenzt den Vortragszeitraum auf einen Zeitraum zwischen 5 und 20 Jahren, während sich Deutschland in der Ländergruppe ohne zeitliche Beschränkung der Vortragszeit befindet.

- Nur in wenigen Staaten (Italien, Österreich, Polen, künftig ggf. Frankreich) ist – wie in Deutschland – beim Verlustvortrag eine sog. Mindestbesteuerung zu beachten. Diese sieht – in Deutschland in § 10d EStG normiert – vor, dass die Verluste nur zu einem bestimmten Teil mit zukünftigen Gewinnen verrechnet werden können, sodass in nachfolgenden Gewinnjahren trotz vorhandener Verlustvorträge ein gewisses Mindestaufkommen an Steuer erzielt wird.

- Einen Verlustrücktrag kennen von den betrachteten Staaten neben Deutschland nur Frankreich, Großbritannien, Irland, Niederlande und die USA.

- Verlustabzugsbeschränkungen beim Mantelkauf oder beim Gesellschafterwechsel sind in 20 der hier betrachteten 29 Länder vorgesehen. Die Ausprägung der Verlustabzugsbeschränkungen fällt in jedem Land sehr unterschiedlich aus. Deutschland knüpft in § 8c KStG den Verlustübergang bereits an eine Änderung der Beteiligungsverhältnisse an, sodass die Regelung weit über eine Missbrauchsvorschrift hinausgeht.

Dass die derzeitigen sich zum Teil überschneidenden und widersprüchlichen Bestimmungen des deutschen Steuerrechts, mit denen die Verlustnutzung eingeschränkt oder ausgeschlossen wird, reformbedürftig sind, ist unstrittig. Der Verstoß gegen das objektive Nettoprinzip ist offenkundig.

Die eingeleiteten Änderungen wirken vor diesem Hintergrund banal. Die durch das Gesetz zur Änderung und Vereinfachung der Unternehmensbesteuerung und des steuerlichen Reisekostenrechts vorgesehene Neuregelung des § 10d Abs. 1 S. 1 EStG sieht eine Anhebung des Verlustrücktrags auf 1.000.000 € bzw. 2.000.000 € ab Veranlagungszeitraum 2013 vor. Von einer systematischen Neuausrichtung ist diese Reform aber weit entfernt.

Ungelöst bleibt im Moment auch die Problematik des grenzüberschreitenden Verlustausgleichs. In Bezug auf ausländische Betriebsstättenverluste praktizieren derzeit innerhalb der EU lediglich Deutschland, Luxemburg, Litauen, Polen und Ungarn die strikte Nicht-Berücksichtigung im Inland. Dänemark und Frankreich wenden im Rahmen der Körperschaftsteuer das Territorialitätsprinzip an, was praktisch ebenfalls zu einem Ausschluss der ausländischen Betriebsstättenverluste im Ansässigkeitsstaat des Stammhauses führt. Im Konzernfall sehen dagegen nur die Gruppenbesteuerungsvorschriften in Dänemark, Frankreich, Italien und Österreich die Berücksichtigung der von ausländischen Tochtergesellschaften erwirtschafteten Verluste vor.

Über allen Beschränkungen des grenzüberschreitenden Verlustausgleichs – sei es für den Betriebsstätten- oder Tochtergesellschaftsfall – schwebte lange Zeit das Damoklesschwert der Europarechtswidrigkeit. Seit den Grundsatzentscheidungen in den Rechtssachen Marks & Spencer und Lidl Belgium steht aber die Notwendigkeit zur Berücksichtigung sog. finaler Auslandsverluste fest. Mangels einer Konkretisierung des Finalitätsbegriffs in einer deutschen Steuernorm wird aber noch einige Zeit über die Frage gerungen werden, wann und unter welchen Voraussetzungen Steuerpflichtige finale Auslandsverluste tatsächlich in Abzug bringen können.

> **Literaturhinweise:** Einen Überblick über Verlustverrechnungsbeschränkungen (Vortrag, Rücktrag, Betriebsstättenverluste, Gruppenbesteuerung) in 35 Ländern bietet die von *BDI/PwC* herausgegebene Broschüre „Verlustberücksichtigung über Grenzen hinweg", Frankfurt am Main 2011. Vgl. auch *Becker/Loitz/Stein*, Steueroptimale Verlustnutzung, Wiesbaden 2009; *Endres*, Perspektiven der Verlustverrechnung aus Sicht der Beratung, DB 2011, Standpunkte 77–78; *Rublack*, Berücksichtigung finaler Auslandsverluste, IFSt-Schrift Nr. 472, Berlin/Köln 2011. Speziell zur Vielfalt steuerlicher Verlustverrechnungsbeschränkungen in Deutschland vgl. *Lüdicke/Kempf/Brink* (Hrsg.), Verluste im Steuerrecht, Baden-Baden 2010

3.3 Fördermaßnahmen für Forschung und Entwicklung

Der konkrete Vergleich der Steuerbemessungsgrundlagen soll sich in einem dritten Punkt – neben den Holdingkriterien und den Verlustabzugsbeschränkungen – auf die Rahmenbedingungen für die Forschung und Entwicklung erstrecken. Die Auswahl des steuerlich optimalen Standorts für geplante Forschungs- und Entwicklungsaktivitäten ist eine wichtige unternehmerische Entscheidung, um deren für sie positiven Ausgang sich viele Länder bemühen. Gerade für Deutschland als Staat ohne nennenswerte natürliche Ressourcen ist die Ansiedlung von Forschung und Entwicklung ein zentrales Thema. Bislang werden unternehmerische Aktivitäten überwiegend in Form einer direkten Projektförderung unterstützt. Um aber in einem zukunftsträchtigen „Land der Ideen" Wachstumsimpulse setzen zu können, bedarf es entsprechender innovationsfreundlicher Rahmenbedingungen, zu denen auch das Steuerrecht zählt.

Die Entscheidung über die Standortwahl für FuE wird von vielen Faktoren geprägt. Dazu gehören neben direkten Zuschüssen zu den Forschungsvorhaben u. a. die Verfügbarkeit qualifizierter Fachkräfte, ein breites Angebot an Kooperationspartnern im Bereich wissenschaftlicher Einrichtungen, ein solider Rechtsschutz für geistiges Eigentum oder eine günstige Verkehrs- und Informationsinfrastruktur. In steuerlicher Hinsicht gilt, dass einerseits ein niedriger Steuertarif auf die mithilfe der Forschung zu erzielenden Einnahmen die Rendite nach Steuern und damit den Ertragswert erhöht. Andererseits ist bedeutsam, inwieweit sich die Aufwendungen für ein FuE-Projekt in unmittelbaren Steuerersparnissen niederschlagen. Betrachtet man daraufhin die steuerlichen Rahmenbedingungen in der EU, so werden spezifische steuerliche FuE-Anreize in 19 der 27 Mitgliedstaaten angeboten. Neben Deutschland kennen nur Estland, Lettland, Litauen, Rumänien, Schweden, die Slowakei und Zypern keine spezifischen FuE-Anreize. Die Ausgestaltung der Förderinstrumente variiert dabei von Land zu Land, wobei die Spannbreite von Bemessungsgrundlagenvergünstigungen über ermäßigte Steuersätze bis hin zu Steuergutschriften reicht (zu Einzelheiten vgl. die Aufstellung der Arbeitsgruppe „Steuerliche FuE-Förderung", in: Steuerliche Förderung von Forschung und Entwicklung (FuE) in Deutschland, Berlin/Heidelberg 2009, Tabelle 10, S. 62 ff.).

Steuerliche FuE-Förderung: Instrumente und internationaler Vergleich

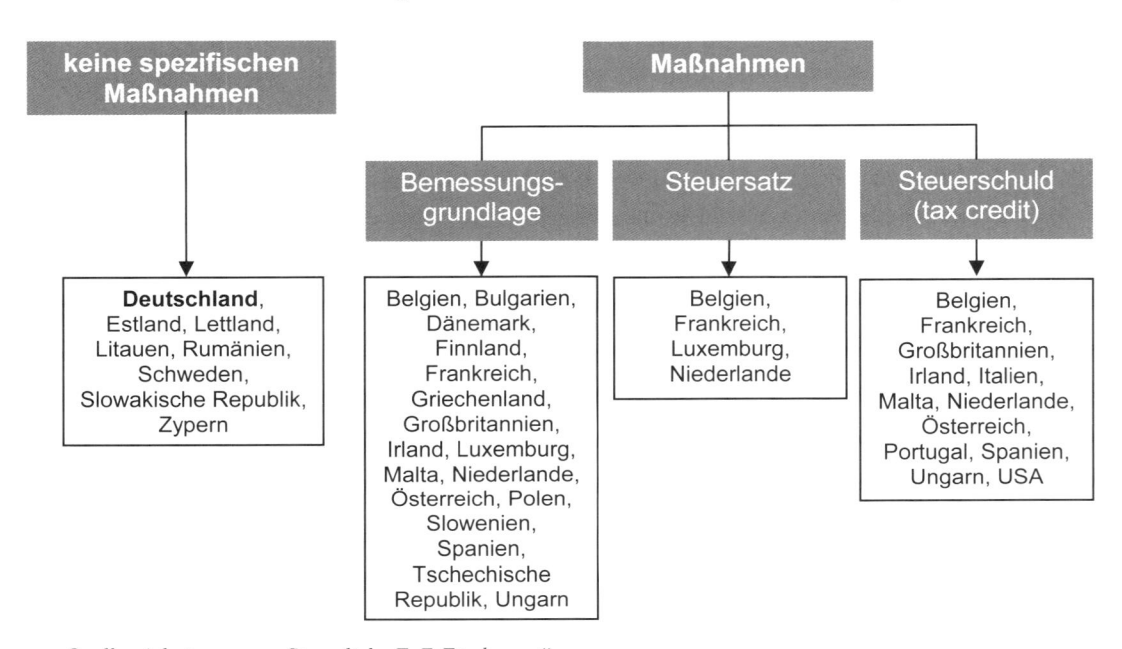

keine spezifischen Maßnahmen	Maßnahmen		
	Bemessungsgrundlage	Steuersatz	Steuerschuld (tax credit)
Deutschland, Estland, Lettland, Litauen, Rumänien, Schweden, Slowakische Republik, Zypern	Belgien, Bulgarien, Dänemark, Finnland, Frankreich, Griechenland, Großbritannien, Irland, Luxemburg, Malta, Niederlande, Österreich, Polen, Slowenien, Spanien, Tschechische Republik, Ungarn	Belgien, Frankreich, Luxemburg, Niederlande	Belgien, Frankreich, Großbritannien, Irland, Italien, Malta, Niederlande, Österreich, Portugal, Spanien, Ungarn, USA

Quelle: Arbeitsgruppe „Steuerliche FuE-Förderung"

Die Arbeitsgruppe „Steuerliche FuE-Förderung der Forschungsunion Wirtschaft-Wissenschaft" schlägt für Deutschland aus innovationspolitischer und steuersystematischer Sicht eine Steuergutschrift vor, die Aufwendungen für Grundlagenforschung, angewandte Forschung und experimentelle Entwicklung umfasst – und zwar unabhängig davon, ob diese Aufwendungen im Unternehmen selbst (interne Aufwendungen) oder im Rahmen von Auftragsforschung (externe Aufwendungen) anfallen. Die Steuergutschrift ist rechtsformunabhängig allen Unternehmen (Kapitalgesellschaften/Personenunternehmen) zu gewähren. Ferner ist weder nach Größe (KMU/MNU), Technologisierungsgrad noch regionaler Ansässigkeit der Unternehmen zu differenzieren. Die Steuergutschrift ist mit der Einkommen- bzw. Körperschaftsteuerschuld (ggf. auch mit der Lohnsteuer für FuE-Personal) verrechenbar. Idealerweise sollte eine die Steuerschuld übersteigende Steuergutschrift aus Liquiditätsgründen vergütet werden. Die Festlegung der Förderhöhe (BDI und BDA fordern eine Steuergutschrift von mindestens 10 % auf sämtliche FuE-Aufwendungen) bleibt der Politik überlassen und muss auch das Erfordernis der staatlichen Budgetkontrolle berücksichtigen.

Deutschland dürfte bei entsprechenden unternehmerischen Standortentscheidungen mangels eines breitenwirksamen steuerlichen Instrumentariums zur Unterstützung von FuE-Projekten häufig leer ausgehen. Länder wie Österreich, Großbritannien, Kanada oder die USA haben hier deutliche Vorteile. Um im Investitionswettbewerb als „Land der Ideen" zu bestehen und langfristige Wachstumskräfte zu stärken, dürfen neue Impulse im Steuerbereich nicht ausbleiben. Im Koalitionsvertrag der neuen Bundesregierung findet sich denn auch ein solcher Vorsatz: „Wir streben eine steuerliche Förderung von Forschung und Entwicklung an, die zusätzliche Forschungsimpulse insbesondere für kleine und mittlere Unternehmen auslöst." Der Grund für die nicht erfolgte Umsetzung liegt in der angespannten Lage der öffentlichen Haushalte und dem vermeintlichen Dogma der Aufkommensneutralität jeglicher Steuerreform, wobei durch eine FuE-Steuergutschrift ausgelöste Wachstumseffekte nur schwer kalkulierbar sind. Will Deutschland nicht an Attraktivität als FuE-Standort verlieren, sollte die FuE-Förderung weiterhin hoch auf der Reformagenda stehen. Wird darauf verzichtet, bedeutet dies letztlich die Verabschiedung von einer wachstumsorientierten Steuerpolitik.

> **Literaturhinweise:** Arbeitsgruppe „Steuerliche FuE-Förderung" der Forschungsunion Wirtschaft-Wissenschaft, Steuerliche Förderung von Forschung und Entwicklung (FuE) in Deutschland, Berlin/Heidelberg 2009; *Endres*, 50 Musterfälle zum Internationalen Steuerrecht, Nordkirchen 2008, S. 239 ff. (Fall 47); *Herbold*, Steuerliche Anreize für Forschung und Entwicklung im internationalen Vergleich, Lohmar/Köln 2009; *Hornig*, Steuerliche Förderung von Forschung und Entwicklung in Deutschland, BB 2010, S. 215 ff.; *Kessler*, u. a., Steuerliche Anreize zur Stimulierung von Forschung und Entwicklung in Deutschland, DB 2008, S. 1172 ff., 1237 ff.; *Scheunemann/Dennisen*, Steuerliche Strukturierung von Forschung und Entwicklung im internationalen Konzern, DB 2010, S. 408 ff.; *Schlie/Stetzelsberger*, Steuerliche Förderung von Forschung und Entwicklung, IStR 2008, S. 269 ff.; *Spengel*, Steuerliche FuE-Förderung durch Lohnsteuerverrechnung – die pragmatische Variante, Status:Recht 12/2009, S. 272; *Spengel/Herbold*, Steuerliche Anreize zur Förderung von Forschung und Entwicklung in Deutschland, Ubg 2009, S. 343 ff.; *Spengel/Wiegard*, Ökonomische Effekte zur steuerlichen Forschungsförderung in Deutschland, BDI-Drucksache Nr. D 0481, Dezember 2011

4 Neues bei den Doppelbesteuerungsabkommen Deutschlands

4.1 DBA-Übersicht zum 1.1.2013

Am 1.1.2013 besteht zwischen Deutschland und den folgenden Ländern ein DBA

- Ägypten
- Albanien
- Algerien
- Argentinien
- Armenien
- Aserbaidschan
- Australien
- Bangladesch
- Belgien
- Bolivien
- Bosnien und Herzegowina
- Bulgarien

- China*
- Dänemark
- Ecuador
- Elfenbeinküste
- Estland
- Finnland
- Frankreich
- Georgien
- Ghana
- Griechenland
- Indien
- Indonesien
- Iran, Islamische Republik
- Irland
- Island
- Israel
- Italien
- Jamaika
- Japan
- Kanada
- Kasachstan
- Kenia
- Kirgisistan
- Korea, Republik
- Kosovo
- Kroatien
- Kuwait
- Lettland
- Liberia
- Liechtenstein
- Litauen
- Luxemburg
- Malaysia
- Malta
- Marokko
- Mauritius
- Mazedonien
- Mexiko
- Moldau
- Mongolei
- Montenegro
- Namibia
- Neuseeland
- Niederlande
- Norwegen
- Österreich
- Oman
- Pakistan
- Philippinen
- Polen
- Portugal
- Rumänien
- Russ. Föderation
- Sambia
- Schweden
- Schweiz
- Serbien
- Simbabwe
- Singapur
- Slowakei
- Slowenien
- Spanien
- Sri Lanka
- Südafrika
- Syrien
- Tadschikistan

- Taiwan
- Thailand
- Trinidad und Tobago
- Tschechische Republik
- Tunesien
- Turkmenistan
- Türkei
- Ukraine
- Ungarn
- Uruguay
- Usbekistan
- Venezuela
- Vereinigte Arabische Emirate
- Vereinigtes Königreich
- Vereinigte Staaten
- Vietnam
- Weißrussland
- Zypern

*ohne Hongkong und Macau

4.2 Informationsaustausch

Bereits früher abgeschlossene Abkommen über den Informationsaustausch bzw. gegenseitige Hilfe in Steuersachen mit Andorra, Bahamas, Britischen Jungferninseln, Monaco, San Marino, Turks- und Caicosinseln sowie mit St. Vincent und den Grenadinen traten gegen Ende 2011 bzw. im Laufe des Jahres 2012 in Kraft. Neue ausschließlich auf den Informationsaustausch bzw. gegenseitige Hilfe beschränkte Abkommen wurden nicht unterzeichnet.

4.2.1 Informationsaustausch mit der Schweiz

Das sogenannte Steuerabkommen vom 21.9.2011 wurde im Zuge von Nachverhandlungen dahingehend geändert, dass

- die Satzbandbreite für die Nachversteuerung des in der Schweiz angelegten und vor der deutschen Behörde verschwiegenen Vermögens von 19–34 % auf 21–41 % erhöht,

- eine neue Bestimmung, wonach der Begünstigte im Erbfall zwischen der Offenlegung seiner Erbschaft an die deutsche Behörde und der Pauschalbesteuerung mit 50 % wählen darf, eingefügt,

- die maximale Anzahl an zulässigen Auskunftsersuchen im Zweijahresturnus von 999 auf 1.300 angehoben und

- die Einführung der pauschalierten Sammelmeldung von aus der Schweiz abgezogenem Vermögen deutscher Kontoinhaber (Gesamtsumme pro Zielland für die zehn beliebtesten Zielländer, jedoch ohne Nennung der einzelnen Beträge oder Auftraggeber) auf den Tag des Inkrafttretens des Abkommens vom folgenden 31.5. vorgezogen

wurde. Allerdings hat der Bundesrat am 23.11.2012 seine Zustimmung zum Abkommen verweigert und es ist anschließend im Vermittlungsausschluss nicht gelungen, die Bedenken zu zerstreuen. Damit wird das Abkommen neu verhandelt oder ganz aufgegeben werden müssen. An die angestrebte Wirkung ab dem 1.1.2013 ist jedenfalls nicht mehr zu denken.

4.2.2 Informationsaustausch mit den USA

Am 18.3.2010 hat das US-amerikanische Parlament (Congress) ein „steuerliches Pflichterfüllungsgesetz bzgl. Auslandskonten" (Foreign Account Tax Compliance Act – FATCA) verabschiedet. Danach sind US-Steuerpflichtige verpflichtet, Einzelheiten über ihre Bankkonten im Ausland der Finanzbehörde (Internal Revenue Service – IRS) mitzuteilen. Um wahrheitsgemäße Angaben sicherzustellen, verpflichtet FATCA ausländische Kreditinstitute zur Zusammenarbeit mit dem IRS bezüglich ihrer US-Kunden einschließlich Gesellschaften im US-Eigentum. Kommt das ausländische Institut dieser Verpflichtung nicht nach, muss es eine besondere Quellensteuerbelastung auf seine Erträge aus den USA hinnehmen. Die unmittelbare Wirkung dieses US-Gesetzes auf ausländische Rechtssubjekte ist in vielerlei Hinsicht problematisch, was eine Reihe von Staaten, die mit dem Ziel der US-Gesetzgebung grundsätzlich einverstanden sind, veranlasst hat, einen Weg zu finden, einen entsprechenden bilateralen Informationsaustausch unter Vermeidung der rechtlichen Probleme zu bewerkstelligen.

Eine Arbeitsgruppe bestehend aus Vertretern Deutschlands, Frankreichs, Großbritanniens, Italiens, Spaniens und der USA hat ein Musterabkommen vorgelegt, das bilateral mit den USA abzuschließen wäre. Danach verpflichten sich beide Staaten, dafür zu sorgen, dass die für die im Heimatland zutreffende Besteuerung erforderlichen Daten von der jeweiligen Finanzbehörde erhoben werden. Sie werden dann an das Gegenüber „auf der anderen Seiten des Teichs" übermittelt. Damit müsste etwa das BZSt die erforderlichen Daten bzgl. der hier geführten Konten und Depots von amerikanischen Steuerpflichtigen der IRS in einem pauschalierten Verfahren übermitteln. Dafür bedient der IRS Deutschland mit den gleichen Daten über die deutschen Steuerbürger, die als Kontoinhaber in den USA geführt werden. Folglich ist die unmittelbare Mitwirkungspflicht eines deutschen Rechtssubjekts gegenüber einer US-Behörde nicht mehr erforderlich, womit viele der Probleme aus dem Völkerrecht sich von sich aus erledigen. Die Kreditinstitute Deutschlands würden alsdann automatisch als „compliant" oder als „nicht relevant" eingestuft werden, womit ihnen keine Sanktionen am US-Markt mehr drohten.

Inzwischen haben Großbritannien, Mexiko und Dänemark Abkommen mit den USA in diesem Sinne abgeschlossen. Verhandlungen mit anderen Ländern dauern noch an. Insbesondere Japan und die Schweiz haben sich in gemeinsamen Presseerklärungen jeweils mit den USA als dazu entschlossen dargestellt, die eigenen Abkommen mit den USA auf Basis des Musters zu verhandeln. Die Erklärung der Schweiz verdient deshalb Aufmerksamkeit, als daraus hervor geht, dass die Bestimmungen des Schweizer Strafgesetzbuches hinsichtlich der Verletzung des Bankgeheimnisses insoweit außer Kraft zu setzen wären. Es geht also doch!

4.3 Neue DBA-Verhandlungen

4.3.1 Inkrafttreten

Gegen Ende 2011 bzw. im Laufe des Jahres 2012 sind die zuvor verhandelten Abkommen mit Albanien, Spanien, Türkei, Ungarn, Uruguay und Zypern in Kraft getreten. Das Gleiche gilt für ein Änderungsprotokoll (bzgl. des Informationsaustausches) zum DBA Slowenien.

4.3.2 Luxemburg

Am 23.4.2012 wurde ein neues DBA mit Luxemburg unterzeichnet. Danach gilt:

Eine Baustelle oder Montage wird erst nach 12 Monaten zur Betriebsstätte.

In Abweichung vom OECD-MA wurde der Unternehmensgewinn im Einklang mit der neueren OECD-Betrachtungsweise der Betriebsstätte als selbstständig vertragsfähiger Unternehmensteil bestimmt. Danach ist der Betriebsstättengewinn „der Gewinn, den die Betriebsstätte, insbesondere in ihren wirtschaftlichen Beziehungen mit anderen Teilen des Unternehmens voraussichtlich erzielen würde, wenn sie ein eigenständiges und unabhängiges Unternehmen" bei sonst gleichen oder ähnlichen Tätigkeiten unter gleichen oder ähnlichen Bedingungen wäre. Der Abkommenstext betont die ausgeübten Funktionen sowie die übernommenen Risiken als wichtige Faktoren bei der Bestimmung des der Betriebsstätte zuzuordnenden Unternehmensgewinnes und legt auch ferner fest, dass eine sich daraus ergebende Doppelbesteuerung im Wege eines Verständigungsverfahrens zu beseitigen sei. Im Einklang mit diesem neuem OECD-Ansatz („authorised OECD approach" – AOA) entfallen die bisher üblichen Feststellungen zum Abzug bei der Betriebstätte sämtlicher im Zusammenhang mit ihrer Tätigkeit entstandener Kosten ohne Rücksicht auf den Ort des Entstehens.

Die Quellensteuern werden mit 5 % für Dividenden an eine andere Kapitalgesellschaft mit einer Beteiligung von mindestens 10 %, mit 15 % für andere Dividenden und mit 5 % für Lizenzen (nur für immaterielle Werte) festgelegt. Zinsen unterliegen keiner Quellensteuer.

Es gilt der Grundsatz der Besteuerung des Gewinnes aus der Veräußerung unbeweglichen Vermögens im Belegenheitsstaat auch beim Verkauf von Anteilen an einer Gesellschaft, deren Vermögen zu mehr als 50 % aus im anderen Staat belegenem unbeweglichen Vermögen besteht.

Ruhegehälter werden grundsätzlich im Ansässigkeitsstaat besteuert. Renten aus dem jeweiligen Sozialversicherungssystem werden jedoch nur in dem Staat besteuert, dessen Rentenanstalten sie zu Last fallen. Das Gleiche gilt bei Renten aus einer privaten Versicherung, wenn die Beiträge über 12 Jahre lang in Deutschland steuerlich berücksichtigt werden konnten. Dies gilt allerdings dann nicht, wenn die Zwölfjahresfrist in beiden Staaten erfüllt worden ist. Eine Besteuerung in Deutschland erfolgt bei einer Rentenzahlung aus Luxemburg nicht, wenn die Rente auf Beiträge aus versteuertem Einkommen zurückgeht.

Die Doppelbesteuerung in Deutschland wird grundsätzlich durch Freistellung unter Progressionsvorbehalt der in Luxemburg der vollen Besteuerung unterliegenden Einkünfte vermieden. Statt der Freistellung kommt aber die Anrechnung der in Luxemburg gezahlten Steuer bei Dividenden, Lizenzen, Veräußerungsgewinnen aus Anteilen an einer Kapitalgesellschaft mit in Luxemburg gelegenem Grundbesitz sowie bei den Einkünften aus einer nicht „aktiven" Betriebsstätte zum Zuge. Darüber hinaus hat Deutschland das Recht, ab dem Beginn des jeweiligen Folgejahres nach Ankündigung gegenüber der luxemburgischen Behörde unter Einhaltung einer Sechsmonatsfrist für eine bestimmten Einkunftsart die Anrechnung an Stelle der Freistellung zu setzen. Damit kann Deutschland auf missbräuchliche Modelle reagieren, bevor sie zu „Massenwaren" werden.

Das neue Abkommen tritt mit Austausch der Ratifizierungsurkunden in Kraft mit Wirkung ab dem folgenden 1.1.

4.3.3 Niederlande

Am 12.4.2012 wurde ein neues DBA mit den Niederlanden unterzeichnet. Danach gilt:

Eine Baustelle oder Montage wird erst nach 12 Monaten zur Betriebsstätte. Des Weiteren gilt eine Tätigkeit vor der Küste als Betriebstätte, wenn sie an mindestens 30 Tagen im Kalenderjahr ausgeübt wird.

In Abweichung vom OECD-MA wurde der Unternehmensgewinn im Einklang mit der neueren OECD-Betrachtungsweise der Betriebsstätte als selbstständig vertragsfähiger Unternehmensteil bestimmt. Danach ist der Betriebsstättengewinn „der Gewinn, den die Betriebsstätte, insbesondere in ihren wirtschaftlichen Beziehungen mit anderen Teilen des Unternehmens voraussichtlich erzielen würde, wenn sie ein eigenständiges und unabhängiges Unternehmen" bei sonst gleichen oder ähnlichen Tätigkeiten unter gleichen oder ähnlichen Bedingungen wäre. Der Abkommenstext betont die ausgeübten Funktionen sowie die übernommenen Risiken als wichtige Faktoren bei der Bestimmung des der Betriebsstätte zuzuordnenden Unternehmensgewinnes und legt auch ferner fest, dass eine sich daraus ergebende Doppelbesteuerung im Wege einer Verständigungsverfahren zu beseitigen sei. Im Einklang mit diesem neuem OECD-Ansatz (AOA) entfallen die bisher üblichen Feststellungen zum Abzug bei der Betriebstätte sämtlicher im Zusammenhang mit ihrer Tätigkeit entstandener Kosten ohne Rücksicht auf den Ort des Entstehens.

Eine besondere Regel enthält das Abkommen bezüglich einer allfälligen Wegzugsbesteuerung bei der Verlagerung einer im grenzüberschreitenden Gewerbegebiet gelegenen Betriebsstätte an einen Ort außerhalb dieses Gebiets. Danach ist die Fälligkeit der sich daraus ergebenden Belastung auf Antrag über fünf Jahre zu strecken, wenn beim Wegzug das Unternehmen lediglich auf Umstände reagiert, die es nicht selbst zu vertreten hat.

Die Quellensteuer auf Dividenden wird mit 5 % für Leistungen an eine andere Kapitalgesellschaft mit einer Beteiligung von mindestens 10 %, mit 10 % für Leistungen an einen Pensionsfonds der Niederlande und mit 15 % für andere Dividenden festgelegt. Zinsen und Lizenzen unterliegen keiner Quellensteuer.

Es gilt der Grundsatz der Besteuerung des Gewinnes aus der Veräußerung unbeweglichen Vermögens im Belegenheitsstaat auch beim Verkauf von Anteilen an einer Gesellschaft, deren Aktivvermögen zu mehr als 75 % aus im anderen Staat belegenem unbeweglichen Vermögen besteht. Das einer aktiven Geschäftstätigkeit dienende unbewegliche Vermögen bleibt allerdings bei der Berechnung der 75 %-Grenze außen vor. Verschmelzungs- oder Abspaltungsgewinne sind allerdings immer im Sitzstaat des Steuerpflichtigen zu versteuern.

Ruhegehälter von jeweils nicht mehr als 15.000 € im Jahr werden grundsätzlich im Ansässigkeitsstaat versteuert. Übersteigt der Ruhegehalt diese Grenze, ist er im Auszahlungsstaat zu versteuern. Renten aus steuerbegünstigten Beiträgen sind im Staat der Begünstigung steuerpflichtig.

Die Doppelbesteuerung in Deutschland wird grundsätzlich durch Freistellung unter Progressionsvorbehalt der in den Niederlanden der vollen Besteuerung unterliegenden Einkünfte vermieden. Statt der Freistellung kommt aber die Anrechnung der in den Niederlanden gezahlten Steuer bei Dividenden, für die das Schachtelprivileg nicht gilt, Veräußerungsgewinnen aus Anteilen an einer Kapitalgesellschaft mit in den Niederlanden gelegenem Grundbesitz sowie bei den Einkünften aus einer nicht „aktiven" Betriebsstätte zum Zuge. Darüber hinaus hat Deutschland das Recht, ab dem Beginn des jeweiligen Folgejahres nach Ankündigung gegenüber den niederländischen Behörden unter Einhaltung einer Sechsmonatsfrist für eine bestimmten Einkunftsart die Anrechnung an Stelle der Freistellung zu setzen. Damit kann Deutschland auf missbräuchliche Modelle reagieren, bevor sie zu „Massenwaren" werden.

Das neue Abkommen tritt mit dem ersten Tag des zweiten Monats nach Austausch der Ratifizierungsurkunden in Kraft. Es wirkt ab dem folgenden 1.1.

4.3.4 Oman

Am 15.8.2012 wurde ein erstmaliges DBA mit dem Sultanat Oman unterzeichnet. Danach gilt:

Eine Baustelle oder Montage wird erst nach 9 Monaten zur Betriebsstätte.

Die Bestimmung des Unternehmensgewinnes folgt dem OECD-MA im derzeitigen Wortlaut und berücksichtigt die neue OECD-Auffassung der Betriebsstätte als selbstständiges Unternehmen daher nicht. Im Gegenteil, das Protokoll schließt sogar den neuen Ansatz (AOA) mit seinem ausdrücklichen Betriebsausgabenabzugsverbot der vom Stammhaus belasteten Lizenzen, Provisionen für Dienstleistungen und Zinsen mehr oder minder kategorisch aus.

Die Quellensteuer auf Dividenden wird mit 5 % für Leistungen an eine andere Kapitalgesellschaft mit einer Beteiligung von mindestens 10 % und mit 10 % für andere Dividenden festgelegt. Als Ausnahme gilt eine Quellensteuer von 15 % auf Ausschüttungen unversteuerter Gewinne von Immobilien-Investmentgesellschaften. Die Quellensteuer auf Lizenzen – einschließlich der Miete von Ausrüstungen – beträgt 8 %. Eine Quellensteuer auf Zinsen wird nicht erhoben.

Ruhegehälter aus dem jeweiligen Sozialversicherungssystem werden im Staat der Auszahlung versteuert. Andere Pensionen sind im Ansässigkeitsstaat steuerpflichtig.

Die Doppelbesteuerung in Deutschland wird grundsätzlich durch Freistellung unter Progressionsvorbehalt der in Oman der vollen Besteuerung unterliegenden Einkünfte vermieden. Statt der Freistellung kommt aber die Anrechnung der in Oman gezahlten Quellensteuer bei Dividenden und Lizenzen zum Zuge. Bei Einkünften, die vor der vollen Besteuerung infolge eines Abkommensauslegungskonfliktes insgesamt verschont wären, darf aber die Bundesrepublik die Freistellung durch die Anrechnung ersetzen. Gleiches gilt ab dem Beginn des jeweiligen Folgejahres nach Ankündigung gegenüber der omanischen Behörde für jegliche andere Einkunftsart auch. Damit kann Deutschland auf missbräuchliche Modelle reagieren, bevor sie zu „Massenwaren" werden.

Das neue Abkommen tritt einen Monat nach Austausch der Ratifikationsurkunden mit Wirkung ab dem darauf folgenden 1.1. in Kraft.

4.3.5 Taiwan

Am 19/28.12.2011 wurde ein erstmaliges DBA mit Taiwan unterzeichnet. Da die Bundesrepublik Taiwan als Staat bislang nicht anerkannt hat, wurde das Abkommen nicht unter Staatsorganen abgeschlossen, sondern zwischen dem Deutschen Institut in Taipeh und der Vertretung Taipehs in der Bundesrepublik. Auch sind keine Ratifizierungsurkunden ausgetauscht worden, sondern die beiden Vertragsparteien haben sich gegenseitig die „Annahme des Abkommens im jeweiligen Gebiet" „notifiziert" (mitgeteilt). Inhaltlich gilt:

Eine Baustelle oder Montage wird erst nach 6 Monaten zur Betriebsstätte.

Die Bestimmung des Unternehmensgewinnes folgt dem OECD-MA im derzeitigen Wortlaut und berücksichtigt die neue OECD-Auffassung der Betriebsstätte als selbstständiges Unternehmen daher nicht.

Die Quellensteuern werden zunächst einheitlich mit 10 % für Dividenden, Zinsen und Lizenzen (nur für immaterielle Werte) festgelegt. Sollte sich Taiwan jedoch mit irgendeinem OECD-Mitgliedsstaat auf einen niedrigen Steuersatz für Schachteldividenden einigen, kann die Bundesrepublik die gleiche Ermäßigung für Dividenden an deutsche Kapitalgesellschaften verlangen.

Ruhegehälter werden grundsätzlich im Staat der Auszahlung versteuert. Renten aus dem jeweiligen Sozialversicherungssystem sind sogar ausschließlich in dem Auszahlungsstaat steuerpflichtig.

Die Doppelbesteuerung in Deutschland wird grundsätzlich durch Freistellung unter Progressionsvorbehalt der in Taiwan der vollen Besteuerung unterliegenden Einkünfte vermieden. Statt der Freistellung kommt aber die Anrechnung der in Taiwan gezahlten Quellensteuer bei Dividenden, Zinsen und Lizenzen zum Zuge. Bei Einkünften, die von der vollen Besteuerung infolge eines Abkommensauslegungskonfliktes insgesamt verschont wären, darf aber die Bundesrepublik die Freistellung durch die Anrechnung ersetzen. Gleiches gilt ab dem Beginn des jeweiligen Folgejahres nach Ankündigung gegenüber der taiwanesischen Behörde unter Einhaltung einer Sechsmonatsfrist für jegliche andere Einkunftsart auch. Damit kann Deutschland auf missbräuchliche Modelle reagieren, bevor sie zu „Massenwaren" werden.

Das neue Abkommen trat am 7.11.2012 in Kraft mit Wirkung ab dem 1.1.2013.

4.4 Konsultations- und Verständigungsvereinbarungen

4.4.1 Großbritannien – Arbeitnehmerabfindungen

Im Rahmen eines Verständigungsverfahrens ist das BMF mit seinen britischen Kollegen übereingekommen, dass Arbeitnehmerabfindungen im Ansässigkeitsstaat des Empfängers zu versteuern sind, wenn sie vorwiegend Versorgungscharakter haben. Sind sie aber als Entlohnung anzusehen, fällt das Besteuerungsrecht dem (ehemaligen) Tätigkeitsstaat zu. Als Entlohnung gilt sowohl die Ablöse für bereits entstandene Rechte (z.B. für nicht genommenen Urlaub) wie auch eine Vergütung für die Zustimmung des Arbeitnehmers zum Aufhebungsvertrag selbst. Grundsätzlich ist der Anspruch auf Entlohnung über die Dauer des Dienstverhältnisses entstanden. War der Arbeitnehmer während dieser Zeit in beiden Staaten tätig, so ist die Abfindung zeitanteilig aufzuteilen. Eine Tätigkeitsdauer in einem Drittstaat fällt dem derzeitigen Ansässigkeitsstaat zu.

BMF, Schreiben v. 2.12.2011, Gz. IV B 3 – S 1301 – GB/10/10001

4.4.2 Irland – unter das Abkommen fallende Steuern

Das BMF hat dem irischen Finanzministerium bestätigt, dass Deutschland den seit dem 1.1.2011 in Irland erhobenen Zuschlag zur Einkommensteuer, „Universal Social Charge", als eine Art von Einkommensteuer und damit als eine unter das Abkommen fallende Steuer sieht. Dies gilt sowohl für das alte wie für das neue noch nicht in Kraft getretene DBA.

BMF, Schreiben v. 1.1.2011, Gz. IV B 3 – S 1301 – IRL/0-03

4.4.3 Niederlande – ABP-Renten

Kürzlich haben die Niederlande ihre Verpflichtungen aus den Versorgungsansprüchen nicht mehr aktiver Mitarbeiter und Beamten des öffentlichen Dienstes auf eine privatrechtliche Stiftung übertragen (Algemeenburgerlijk Pensioensfonds – ABP). Die beiden Finanzbehörden sind jedoch übereingekommen, diese ABP-Renten weiterhin als aus der Staatskasse stammend zu betrachten und sie somit als grundsätzlich in den Niederlanden zu versteuern. Diese Vereinbarung entspricht dem Wortlaut des neuen noch nicht in Kraft getretenen DBA.

> BMF, Schreiben v. 27.4.2012, Gz. IV B 3 – S 1301 – NDL/07/10010

4.4.4 Österreich – Hinterbliebenenrenten aus dem öffentlichen Dienst

Nach Art. 19 Abs. 2 DBA dürfen Renten an ehemalige Beamte und Angestellte des öffentlichen Dienstes grundsätzlich nur im Kassenstaat versteuert werden. Als Ausnahme gilt die Besteuerung im Ansässigkeitsstaat, wenn der Empfänger auch dessen Staatsbürgerschaft besitzt. Die beiden Finanzministerien sind im Rahmen eine Konsultationsvereinbarung übereingekommen, Hinterbliebenenrenten im Einklang mit der ursprünglichen Berechtigung weiter zu behandeln, sofern der Hinterbliebene seine Ansässigkeit nicht gewechselt hat. Daraus folgt, dass die Rente an die Witwe eines in Österreich lebenden ehemaligen deutschen Polizeibeamten, die den österreichischen Wohnsitz auch nach dem Tod des Ehemanns beibehält, auch dann nur in Deutschland zu versteuern wäre, wenn sie noch zu Lebzeiten ihres Mannes die österreichische Staatsbürgerschaft besessen hätte.

> BMF, Schreiben v. 23.8.2012, Gz. IV B 2 – S1301 – AUT/07/10019

4.4.5 Schweiz – fliegendes Personal

Nach dem geltenden DBA ist die Vergütung des Bordpersonals im internationalen Flugverkehr am Ort der Geschäftsleitung des Unternehmens (Fluggesellschaft) zu versteuern. Damit wären dem fliegenden Personal der ehemaligen Swissair eheblliche Nachteile durch die Übernahme weiter Teile des Geschäftsbetriebs durch die Deutsche Lufthansa AG entstanden. Um dies zu lindern, kamen beide Finanzverwaltungen überein, dieses deutsche Besteuerungsrecht für die Jahre 2012–16 in Bezug auf Flugpersonal nicht auszuüben, das seit dem 1.1.2007 ununterbrochen in der Schweiz ansässig und beim Flugunternehmen angestellt war. Die zuständigen Behörden haben nunmehr im Wege der Konsultationsvereinbarung diese Übereinkunft dahingehend präzisiert, dass die Freistellung in Deutschland nicht gilt für Teilstrecken durch den deutschen Luftraum. Auf der anderen Seite wurde klargestellt, dass der Arbeitsplatzwechsel zwischen zwei deutschen Flugunternehmen – sei es innerhalb der Lufthansa-Gruppe, sei es zwischen zwei unabhängigen Gesellschaften – nicht als Unterbrechung des Dienstverhältnisses zu werten sei.

> BMF, Schreiben v. 23.7.2012, Gz. IV B 2 – S 1301 – CHE/07/10015-03

4.4.6 Schweiz – Informationsersuchen

Gegen Ende 2011 haben sich die beiden Finanzverwaltungen darauf verständigt, Informationsersuchen im Sinne des DBA nachzukommen, sofern die ersuchende Behörde den Steuerpflichtigen eindeutig identifiziert – nicht unbedingt ausschließlich anhand seines Namens und seiner Wohnadresse – und, soweit bekannt, den Namen und die Adresse des Informationsinhabers mitteilt. In der Verständigungsvereinbarung wird weiterhin betont, dass „Fishing Expeditions" nicht statthaft seien.

> BMF, Schreiben v. 4.1.2012, Gz. IV B 2 – S 1301 – CHE/07/10027-01

4.4.7 USA – Dividenden an Arbeitgeberpensionsfonds

Nach Art. 10 Abs. 3 Buchst. b) DBA werden Dividenden an Pensionsfonds im anderen Staat ohne Steuerabzug bezahlt. Am 19.3.2012 wurde eine Verständigungsvereinbarung dahingehend getroffen, dass dies auch für Dividenden an den Eigentümer des Pensionsfonds gilt, sofern sie ausschließlich zur Gewährung von Ruhegehältern benutzt werden können. Damit werden insbesondere Arbeitgeberfonds angesprochen, deren Vermögen zwar im rechtlichen Eigentum des Arbeitgebers verbleibt, aber dem Einsatz in seinen Geschäftsbetrieb entzogen worden ist. Diese Vereinbarung betrifft sowohl das „Contractual Trust Arrangement" – CTA – wie auch den „Group Trust" oder den „Common Trust Fund".

> BMF, Schreiben v. 4.4.2012, Gz. IV B 5 – S 1301 – USA/09/10001

4.5 BMF-Schreiben zu einzelnen DBA

4.5.1 Dänemark – Seefahrer

Mit Schreiben vom 4.3.2002 hatte das BMF verfügt, dass in Deutschland ansässige Besatzungsmitglieder auf Seeschiffen unter dänischer Flagge im internationalen Verkehr ihre Bezüge in Deutschland versteuern müssen, weil sie in Dänemark befreit seien. Dabei berief sich das BMF auf die Rückfallklausel im DBA. Dieses Schreiben hat das BMF nunmehr aufgehoben, da die dänische Steuerpflicht nicht mehr ausgeschlossen werden kann. Allerdings besteht das BMF weiterhin auf die Rückfallklausel und damit auf die Prüfung im Einzelfall, ob sie zur Anwendung kommt. Damit sind die Einkünfte in Deutschland zu versteuern, wenn sie in Dänemark nicht versteuert worden sind.

> BMF, Schreiben v. 15.8.2012, Gz. IV B 3 – S 1301 – DNK/0-05

4.5.2 USA – Arbeitnehmerabfindungen für Erfindungen

In Oktober 2009 hatte der BFH entschieden, dass eine späte Vergütung an einen ehemaligen Angestellten für seine während der aktiven Dienstzeit erarbeitete Erfindung keinen nachträglichen Arbeitslohn, sondern eine Lizenzvergütung darstellte. Damit war die Einkunft in den USA und nicht in Deutschland zu versteuern, da der Empfänger inzwischen dorthin gezogen war. Der BMF hat sich mittlerweile mit dem Urteil zwar wohl abgefunden, aber verfügt, dass die Pflicht zum Steuereinbehalt durch die deutsche Zahlstelle in Ermangelung einer Freistellungsbescheinigung des BZSt. weiterhin bestehe. Die Erstattung des abgeführten Betrags kann der abkommensberechtigte Lizenzempfänger vom BZSt verlangen.

> BMF, Schreiben v. 25.6.2012, Gz. IV B 5 – S 1301 – USA/0-04

5 Verwaltungserlasse und höchstrichterliche Rechtsprechung mit internationalem Bezug

5.1 Verwaltungserlasse

5.1.1 Ertragsteuern

5.1.1.1 Keine ausländische Organträgerin

Am 9.2.2010 hatte der BFH entschieden, dass es gegen das in den DBA festgelegtem Diskriminierungsverbot verstoßen würde, würde eine ausländische Kapitalgesellschaft weiterhin nicht als gewerbesteuerliche Organträgerin zugelassen werden können (BFH-Urteil I R 54.55/10). Darüber hinaus verstoße die Betrachtung der Organgesellschaft als Betriebsstätte des Unternehmens gegen ausdrückliche dem OECD-MA insoweit entsprechenden Vorschriften im DBA Großbritannien. Im Endergebnis war also die deutsche Tochtergesellschaft keine Betriebsstätte der britischen Muttergesellschaft, womit der Gewerbeertrag des deutschen Unternehmens(teils) nicht besteuert werden konnte. Das BMF hat jetzt mit einem Nicht-Anwendungserlass reagiert.

Nach Auffassung des BMF stellt der OECD-offizielle Kommentar zum Musterabkommen klar, dass die Beschränkung des Organkreises auf das Inland eben keine unstatthafte Diskriminierung sein kann. Darüber hinaus verbietet nichts die Betrachtung der Organgesellschaft als Betriebsstätte der Organträgerin im Angesicht der zusätzlichen Merkmale (damals) der wirtschaftlichen und organisatorischen Eingliederung bzw. (jetzt) des gültigen Ergebnisabführungsvertrags.

> BMF, Schreiben v. 27.12.2011, Gz. IV C 2 – S 2770/11/1000

5.1.1.2 Entlastungsberechtigung ausländischen Gesellschaften

Mit der Neufassung des § 50d Abs. 3 EStG mit Wirkung ab dem 1.1.2012 sah sich das BMF veranlasst, sein früheres Erläuterungsschreiben entsprechend anzupassen. Nach dem neuen Recht ist eine ausländische Gesellschaft von einer Quellensteuerermäßigung oder -befreiung ausgeschlossen, soweit an ihr Personen beteiligt sind, denen die Entlastung bei dem eigenen Direktbezug der Einkünfte nicht zustünde, und soweit die Gesellschaft ihre eigenen Erlöse nicht aus der eigenen wirtschaftlichen Tätigkeit erzielt. Diese sachliche Bedingung greift aber nicht, wenn für die Zwischenschaltung der ausländischen Gesellschaft wirtschaftliche oder sonst beachtliche Gründe ins Feld geführt werden können.

Nach der angepassten Stellungnahme des BMF sind die Erlöse der ausländischen Gesellschaft in unschädliche und schädliche aufzuteilen. Im Verhältnis zu den beiden Summen ist die KapErtrSt-Entlastung zu versagen. Als eigene wirtschaftliche Tätigkeit („unschädliche" Erlöse) gilt auch der Bezug von Dividenden, Lizenzen oder Zinsen, die in einem Zusammenhang zu einer aktiven wirtschaftlichen Tätigkeit stehen. Dies umfasst etwa die Dividende aus einer Beteiligung, die einen durchgehenden – nicht nur partiellen, auf einen bestimmten Bereich beschränkten – Einfluss auf die Geschäftsführung der Beteiligungsgesellschaft sichern soll, sowie die Zinsen aus der Anlage der Gewinne aus dem aktiven Geschäftsbetrieb. Konzerninterne Dienstleistungen – auch als einzige Tätigkeit – sind nicht von vornherein verwerflich, sie müssen aber tatsächlich durch einen entsprechend eingerichteten Geschäftsbetrieb erbracht und, wie unter fremden Dritten üblich, einzeln abgerechnet werden.

Sollte auf die wirtschaftlichen oder sonst beachtlichen Gründe für die Zwischenschaltung der ausländischen Gesellschaft zurückgegriffen werden, kann auch die geplante Aufnahme einer wirtschaftlichen Tätigkeit durch die ausländische Gesellschaft ein entsprechender wirtschaftlicher Grund sein. Sonst beachtliche Gründe können rechtlicher, politischer oder religiöser Natur sein. Sie müssen aber sachlich einleuchtend aus der unmittelbaren Sicht der Zwischengesellschaft sein. Gesichtspunkte des Konzerninteresses oder der Konzernpolitik und erst recht Fragen der persönlichen Präferenzen der beteiligten Personen sind nicht relevant.

Als ausländische Gesellschaft gilt die Gesellschaft, die nach dem jeweiligen Heimatrecht wie eine Kapitalgesellschaft besteuert wird. Insoweit wird also nicht auf den Typenvergleich abgestellt, etwa um Wirkung der Vorschrift auf Kapitalgesellschaften deutscher Prägung zu beschränken. Daher gilt die im eigenen Land körperschaftsteuerpflichtige Personengesellschaft durchaus als Gesellschaft in diesem Sinne. Dagegen muss die Entlastungsberechtigung unmittelbar sein. Die zwischengeschaltete Finanzierungsholding auf den Bermudas, die unmittelbar an der niederländischen Muttergesellschaft der deutschen Vertriebsgesellschaft beteiligt ist, wird auch dann zum Verlust der Abkommensentlastung von der KapErtrSt. auf der Dividende aus Deutschland führen, wenn die Konzernobergesellschaft in den USA bei einer Direktbeteiligung an der GmbH dieselbe Entlastung für sich würde in Anspruch nehmen können.

§ 50d Abs. 3 EStG bezieht sich nur auf die KapErtrSt bzw. auf den Steuerabzug nach § 50a EStG. Andere Entlastungsvorschriften des DBA werden nicht berührt. In der Folge führt die „schädliche" Beteiligung an einer abkommensberechtigten Muttergesellschaft zwar zum Verlust der Entlastung von der KapErtrSt. nach dem DBA bzw. nach der EU-Mutter-Tochter-RL, nicht aber zu einer deutschen Steuerpflicht des Veräußerungsgewinns aus der Beteiligung selbst.

BMF, Schreiben v. 24.1.2012, Gz. IV B 3 – S 2411/07/10016

5.1.1.3 Bewertung griechischer Anleihen

Am 24.2.2012 hatte die Republik Griechenland ihren Privatgläubigern ein Umschuldungsangebot für Staatsanleihen unterbreitet. Danach sollte für jeden 1.000 € Nennwert in Altanleihen der Gläubige 4 neue Anleihen erhalten, und zwar (1) neue Staatsanleihen im Nennwert von 315 €, (2) PSI payment notes des EFSF im Nennwert von 150 €, (3) so genannte GDP linked securities im Nennwert von 315 € und (4) eine Nullkuponanleihe für aufgelaufene Stückzinsen. Das BMF hat zu der Bewertung der neuen Anleihen dahingehend Stellung genommen, dass die Altanleihen als hingegeben auszubuchen seien. Erlös ist der Einstandswert der neuen Anleihen (1) und (2). Dieser bemisst sich nach dem Börsenkurs am Tag des Erwerbs bzw. am ersten Handelstag falls später. Anleihen (3) und (4) sind zunächst mit null anzusetzen. Sollten sie später veräußert werden können, ist der Erlös aus (3) insgesamt ein Veräußerungsgewinn und aus (4) ein Zinsertrag.

BMF, Schreiben v. 9.3.2012, Gz. IV C 1 – S 2252/0:016

5.1.2 Umsatzsteuer

5.1.2.1 Beleg- und Buchnachweispflicht bei innergemeinschaftlichen Lieferungen

Mit Wirkung ab dem 1.1.2012 wurden die Beleg- und Buchnachweispflichten nach §§ 17a–17c UStDV bei innergemeinschaftlichen Lieferungen geändert. Noch im Jahre 2011 hatte das BMF verfügt, dass bis zum 31.3.2012 die Nachweisführung nach altem Recht nicht beanstandet wird. Mit

Schreiben vom 6.2.2012 wurde diese Frist bis zum 30.6.2012 verlängert. Mit Schreiben vom 1.6.2012 wurde diese Nichtbeanstandungsfrist abermals verlängert, und zwar bis zum Inkrafttreten einer erneuten Änderung des § 17a UStDv.

> BMF, Schreiben v. 6.2. und v. 1.6.2012, Gz. IV D 3 – S 7141/11/10003 und -06

5.2 Urteile des Bundesfinanzhofs

5.2.1 Ertragsteuern

5.2.1.1 KapErtrSt auf Dividenden an EU/EWR-Gesellschaften verstößt gegen Gemeinschaftsrecht

Im Jahre 2002 bezog eine französische Kapitalgesellschaft in der Rechtsform einer *société par actions simplifiée* – S.A.S. (vereinfachte Aktiengesellschaft) als Alleingesellschafterin eine Dividende von ihrer deutschen Tochter-GmbH. Das BAfF (jetzt BZSt) lehnte jedoch ihren Antrag auf Freistellung von der KapErtrSt-Pflicht ab, da die Rechtsform der S.A.S. weder im Anhang zur Mutter-Tochter-RL noch in der Anlage 2 zum § 43b EStG als begünstigte Kapitalgesellschaft aufgeführt war. Dagegen klagte sie unter Berufung darauf, dass ihre Rechtsform zweifelsohne dem Gesamtbild einer Kapitalgesellschaft entsprach, dass die Rechtsform der S.A.S. relativ neu war und bei der Verabschiedung der Mutter-Tochter-RL noch nicht existiert hatte und dass die S.A.S. bei der nächstfolgenden Anpassung der RL ohnehin aufgenommen worden war (mit Wirkung ab dem 16.12.2004). In Anlehnung an das EuGH-Urteil in einem Parallelverfahren zur selben Sache (Rs. C-247/08 *Gaz de France*, Urteile vom 1.10.2009) lehnte das FG Köln die begehrte Freistellung von der KapErtrSt ab, da die Anlage 2 zum EStG ein ausschließliches Verzeichnis der nach § 43b EStG begünstigten Rechtsformen sei und nicht durch Gerichte im Wege der Auslegung erweitert werden dürfe. Dieser Ansicht schloss sich der BFH jetzt an.

Dennoch befand der BFH, dass die Erhebung der KapErtrSt im Entscheidungsfall ein Verstoß gegen den freien Kapitalverkehr und somit gemeinschaftsrechtswidrig sei. Da nicht strittig war, dass die S.A.S. eine Kapitalgesellschaft im Sinne des DBA war, konnte der Steuerabzug zwar auf den DBA-Satz von 5 % ermäßigt werden, blieb aber in dieser Höhe aus deutscher Sicht eine endgültige Belastung. Bei einer Dividende an eine deutsche Muttergesellschaft wäre dies aber nie der Fall gewesen, denn die Dividende wäre ein KSt-freier Ertrag und die abgezogene KapErtrSt auf die KSt-Schuld der Mutter voll angerechnet werden konnte. Da Deutschland als Erhebungsstaat sich nicht auf die Anrechnung im Ansässigkeitsstaat Frankreich verlassen dürfe, war die deutsche Belastung eine Diskriminierung. Der EuGH hatte in diesem Sinne bereits entschieden (Rs. C-284/09 *Kommission ./. Deutschland*, Urteil v. 20.10.2011) und dieser Entscheidung müsse der BFH in der Sache jetzt folgen. Allerdings kam er zum Schluss, nicht die Abzugspflicht der KapErtrSt sei zu beanstanden, sondern die fehlende Erstattungsmöglichkeit für die Dividendengläubigerin. Dafür sei nicht das BZSt, sondern das örtliche FA zuständig.

> BFH-Urteil I R 25/10 v. 11.1.2012

5.2.1.2 Freistellung nach § 50d Abs. 8 S. 1 wird nicht durch Abs. 9 S. 1 Nr. 2 aufgehoben

Ein in Deutschland wohnhafter und damit unbeschränkt steuerpflichtiger Pilot bei einer irischen Fluggesellschaft bezog sein Gehalt unter Abzug der irischen Lohnsteuer (P.A.Y.E.) entsprechend den Vorschriften des deutsch-irischen DBA. Da der Pilot aber nur den einen Wohnsitz hatte, wähnte er sich als nicht steuerpflichtig in Irland und beantragte die Erstattung der für ihn abgeführten Steuer. Diesem Antrag gab die irische Finanzbehörde statt. Daraufhin veranlagte das deutsche Wohnsitz-FA den Piloten zur Einkommensteuer unter Einbeziehung des Gehalts in die Bemessungsgrundlage, da der irische Staat ihn nur deshalb nicht veranlagt hätte, weil er dort keinen Wohnsitz hatte (§ 50d Abs. 9 S. 1 Nr. 2 EStG). Der Pilot dagegen beharrte auf die Bedingungen des Abs. 8 für die DBA-gemäße Freistellung der Einkünfte aus nichtselbstständiger Tätigkeit, nämlich den Nachweis des Verzichts des anderen Staats auf seine Besteuerungsrechte oder den Nachweis der tatsächlichen Besteuerung dort. In seinem Fall konnte er den Nachweis des Verzichts mit der antragsgemäßen Erstattung führen.

Der BFH gab ihm Recht. Mit der Steuererstattung in Irland stand der irische Verzicht auf die Besteuerung fest. Damit brauchte der Verzicht als solcher nicht mehr gesondert nachgewiesen zu werden. Die Voraussetzungen des Abs. 8 für die Freistellung in Deutschland waren also erfüllt. Abs. 9 mit seinem weitergehenden Ausschluss von der Freistellung, wenn der Steuerpflichtige im anderen Staat nur deshalb nicht besteuert wurde, weil er dort keinen Wohnsitz hatte, war hier nicht einschlägig, weil Abs. 9 S. 3 ausdrücklich anordnet, dass Abs. 8 unberührt bleibe.

> BFH-Urteil I R 27/11 v. 11.1.2012

5.2.1.3 Vorlagebeschluss zum BVerfG – sog. „Treaty override" nach § 50d Abs. 8 völkerrechts- und damit verfassungswidrig?

Ein im Inland unbeschränkt steuerpflichtiger Techniker verbrachte einen Teil des Jahres auf einem Arbeitseinsatz in der Türkei. Nach Art. 15 des damals noch gültigen DBA Türkei 1985 konnten die daraus erzielten Einkünfte nur in der Türkei versteuert werden. Die diesbezügliche deutsche Belastung beschränkte sich auf die Auswirkung des Progressionsvorbehalts. § 50d Abs. 8 EStG schreibt jedoch vor, dass die Freistellung nach einem DBA von im anderen Staat zu versteuernden Einkünfte aus nichtselbstständiger Tätigkeit nur gewährt wird, wenn der Steuerpflichtige die tatsächliche Besteuerung im anderen Staat oder aber dessen Verzicht auf die Besteuerung nachweist. Im vorliegenden Fall konnte der Techniker weder den einen noch den anderen Nachweis führen. Allerdings trug er vor, die Nachweispflicht sei völkerrechtswidrig und die Vorschrift des § 50d Abs. 8 EStG damit nichtig.

Nach Ansicht des BFH verstößt diese Vorschrift gegen den Wortlaut und auch gegen den Geist des DBA. Dieses schreibe unzweideutig die Freistellung in Deutschland (unter Progressionsvorbehalt) solcher Arbeitseinkünfte vor, die in der Türkei steuerpflichtig sind. Das DBA mache die deutsche Freistellung nicht abhängig von der tatsächlichen türkischen Besteuerung und ermächtige den deutschen Fiskus in keiner Weise, sich ein türkisches Besteuerungsrecht auf den Verdacht hin anzueignen, es wäre infolge der Pflichtverletzung des Steuerpflichtigen von der zuständigen Behörde nicht wahrgenommen worden. Auch könne im § 50d Abs. 8 keine wie immer geartete Bestimmung zur Amtshilfe zugunsten des DBA-Partners gesehen werden, denn ein solches Ansinnen mache nur bei der Bereitschaft Sinn, den so erhobenen Steuerbetrag an die Behörden der Türkei weiterzuleiten. Dagegen wurde nicht behauptet, das Aufkommen aus der Anwendung von § 50d Abs. 8 käme Anderen als dem deutschen Fiskus zugute. Wenn die Anwendung des § 50 d Abs. 8 den Vorgaben des DBA widerspricht, ist sie nach Ansicht der BFH völkerrechtswidrig. Damit verstoße sie gegen Art. 25 GG zum Vorrang völkerrechtlicher Verträge.

Der BFH hat darüber hinaus zwei weitere Verstöße gegen die Verfassung festgestellt, und zwar gegen den Gleichheitssatz des Art. 3 GG. Zum einen behandelt es Steuerpflichtige in der gleichen

Lage unterschiedlich je nach dem Nachweis der Besteuerung in einem fremden Land und zum Anderen unterwirft es Einkünfte aus unselbstständiger Tätigkeit anderen Nachweisregeln, als sie für andere Einkunftsarten gelten. Jedenfalls diese beiden Bedenken werden möglicherweise durch die Aufnahme des „Treaty overrides" in den Abkommenstext (DBA Türkei 2011) nicht beseitigt.

> BFH-Vorlagebeschluss I B 66/09 v. 10.1.2012

5.2.1.4 Veräußerungsgewinn schließt Kursgewinn mit ein

Der Steuerpflichtige veräußerte eine etwa drei Jahre zuvor erworbene wesentliche Beteiligung an einer Kapitalgesellschaft auf den Bahamas. Maßgebliche Währung für den Erwerb wie für die Veräußerung war der US-Dollar. Der Steuerpflichtige wollte seinen Veräußerungsgewinn zunächst in Dollar feststellen und erst diesen Betrag in Euro umrechnen; das Finanzamt bestand jedoch darauf, beide Werte, Anschaffungskosten wie Veräußerungserlös zum jeweils gültigen Kurs am Transaktionstag in Euro umzurechnen. Der Veräußerungsgewinn wäre dann die Differenz zwischen den beiden Beträgen. Da der Wechselkurs des Euro in der Zwischenzeit gefallen war, ergab der finanzamtliche Rechengang ein etwas höheres steuerliches Ergebnis. Nach Meinung des Steuerpflichtigen bedeutete dies die Versteuerung eines rein rechnerisch ermittelten Kursgewinnes, der in dieser Form nie entstanden oder der Privatsphäre zuzuordnen war.

Der BFH gab dem Sinne nach dem Finanzamt Recht. Der zu versteuernde Veräußerungsgewinn sei der Unterschiedsbetrag zwischen den Anschaffungskosten und dem Reinerlös nach dem Verkauf der Anteile. Anschaffungskosten seien die Gesamtheit der dafür verwendeten Mittel. Diese bemaßen sich in Euro. Darin enthaltene Dollarbeträge seien zum damaligen Wechselkurs umzurechnen. Nur so könne der tatsächliche Anschaffungsaufwand zutreffend ermittelt werden. Ähnliches gelte für die Veräußerungserlöse später. Der tatsächlich erzielte Ertrag sei zum amtlichen Wechselkurs zum Zeitpunkt des Verkaufs umzurechnen. Der steuerpflichtige Gewinn war der Unterschied zwischen beiden Beträgen. Da der Veräußerungsgewinn durch den Verkauf einer wesentlichen Beteiligung ausgelöst worden war, unterfiel er der Besteuerung nach § 17 EStG. Der Vorgang war also insgesamt unternehmerisch geprägt. Für die Abspaltung eines Teils zugunsten einer wie immer gearteten Privatsphäre bestand weder Anlass noch Raum.

> BFH-Urteil XI R 62/10 v. 24.1.2012

5.2.1.5 Feuerversicherungsschutz durch konzerneigene Versicherungsgesellschaft über Drittversicherer in der Regel nicht rechtsmissbräuchlich

Nach der Überprüfung des Risikopotentials war der langjährige Versicherungspartner nicht mehr bereit, den Feuer- und ähnlichen Katastrophenschutz für das steuerpflichtige Unternehmen weiterhin zu den bisherigen Konditionen anzubieten. Nach schwierigen Verhandlungen konnte ein Kompromiss doch noch erreicht werden, wonach die Versicherungsgesellschaft in etwa denselben Schutz zu ungefähr denselben Bedingungen weiterhin anbot, aber im Gegenzug das Risiko über einen Rückversicherungsvertrag mit einer Man-Insel-Versicherungsgesellschaft der ausländischen Obergesellschaft der Versicherungsnehmerin letztlich auf den Konzern zurückverlagern konnte. Der Versicherer bot den entsprechenden Schutz zugleich mehreren ausländischen Schwestergesellschaften der deutschen Versicherungsnehmerin beim selben Rückgriff auf den Man-Insel-Rückversicherer an. Das FA sah die Beitragszahlung als vGa an, weil der an sich konzernfremde Erstversicherer mit Wissen der Versicherungsnehmerin das Schadensrisiko auf den konzerneigenen Rückversicherer abgewälzt hätte. Wirtschaftlich habe sich im Wesentlichen alles unter nahestehenden Unternehmen abgespielt. Die beim Erstversicherer verbleibende Marge sei lediglich die Vergütung für seine Verdienste als Zahlstelle.

Dem folgte der BFH aber nicht. Der Erstversicherer war ein unabhängiges Unternehmen mit seinen eigenen wirtschaftlichen Zielen. Er stand nicht im Konzernverhältnis zur Versicherungsnehmerin und war ihr sonst nicht nahestehend im steuerlichen Sinn. Der ihm zugeflossene Beitrag konnte also nur dann eine vGa sein, wenn er lediglich eine Durchleitstelle ohne eigene Funktion war. Dies war aber nach Ansicht des Gerichtes nicht der Fall. Der Erstversicherer mag sein Risiko aus der Police zwar zu 100 % mit der Rückversicherung gedeckt haben, blieb aber trotzdem gegen der Versicherungsnehmerin in der Haftung. Versagte die Rückversicherung, trüge er das ungemilderte Risiko. Die Versicherungsnehmerin hatte nur mit ihm einen Vertrag und konnte sich nur an ihn wenden. Daraus leitete der BFH den Gedanken ab, der Erstversicherer habe auch wirtschaftlich eine wesentliche Rolle bei der Entlastung des Konzerns insbesondere von Verwaltungsaufgaben gespielt. Versicherungsseitig war nur er mit der Schadensregulierung befasst. Damit konnte sich der Rückversicherer auf die Man-Insel mit ihrer für Rückversicherer nicht ganz so strengen Aufsicht zurückziehen. Beide Gesellschaften haben sich also in der Funktion gegenseitig ergänzt.

> BFH-Urteil I R 19/11 v. 15.2.2012

5.2.1.6 Steuerabzug vom Nettobetrag bei Lizenzzahlung an EU/EWR-Gläubiger

Ein inländischer Fernsehsender erwarb Ausstrahlungsrechte im Bereich Pay-TV von einem Verteiler in Luxemburg. Dieser war aber lediglich Hauptlizenznehmer der Filmeigner, zwei deutsche Gesellschaften. Haupt- wie Unterlizenzgebühr orientierten sich am Kinoerfolg der Filme. Das FA bestand auf einen Steuerabzug nach § 50a Abs. 1 S. 1 Nr. 3 EStG zum DBA-Satz von 5 % von der Zahlung an den Luxemburger Verteiler. Der Sender aber begehrte die Steuerabführung von den Nettoeinkünften des Verteilers nach Abzug der ihm inzwischen mitgeteilten Gebühren für die Hauptlizenzen als Betriebsausgaben. Dies lehnte das FA unter Berufung auf § 50a Abs. 4 S. 3 EStG, der Abzüge für Betriebsausgaben oder Werbungskosten kategorisch ausschließt.

Der BFH gab dem Sender Recht. Das Betriebsausgabenabzugsverbot des § 50a Abs. 4 S. 3 EStG stehe nicht im Einklang mit der EuGH-Rechtsprechung (insbesondere zu *Scorpio* – Rs. C–290/04 vom 3.10.2006 und dessen Folgeurteile sowohl des EuGH wie des BFH). Als Beschränkung des freien Dienstleistungs- wie Kapitalverkehrs könne es nicht bei Zahlungen an einen Lizenzgläubiger in einem EU- oder EWR-Mitgliedsstaat zur Anwendung kommen. Daran ändere der Umstand nichts, dass sowohl die Hauptlizenzgeber wie die Unterlizenznehmer unbeschränkt steuerpflichtige deutsche Unternehmer waren. Im konkreten Einzelfall waren nämlich Anhaltspunkte für einen Missbrauch nicht ersichtlich.

> BFH-Urteil I R 76/10 v. 15.2.2012

5.2.1.7 Ausländische Verzinsung auf Eigenkapital gilt als Dividende in Deutschland

Unter gewissen Voraussetzungen erlaubt die brasilianische Gesetzgebung einen Gesellschafterbeschluss zur Verzinsung des Eigenkapitals einer Kapitalgesellschaft zulasten des zu versteuernden Einkommens. Die Beschlussfassung ist im Nachhinein zu treffen. Der Zinssatz darf den offiziellen Zentralbanksatz für langfristige Anleihen (6 % in 2012) nicht übersteigen und das so verzinsliche Eigenkapital ist mit höchstens 50 % des jeweils höheren Betrages des Eigenkapitals zum Jahresende oder des Jahresüberschusses anzusetzen. Diese Verzinsung steht den Gesellschaftern im Verhältnis der Kapitalbeteiligung zu und wird unter Abzug einer Kapitalertragsteuer von 15 % ausbezahlt. Eine deutsche Kapitalgesellschaft betrachtete ihren Ertrag daraus als effektiv eine Dividende und damit unter Berücksichtigung von (jetzt) § 8b Abs. 5 KStG als zu 95 % steuerfreies Einkommen. Das FA sah die Bezahlung als steuerpflichtigen Zinszufluss an.

Der BFH entschied sich zugunsten des Steuerpflichtigen für die Dividendenvariante. Die Verzinsung ginge auf einen aus freien Stücken zu fassenden Gesellschafterbeschlusses zurück und stünde nur den Gesellschaftern in dieser Eigenschaft zu. Sie war daher für den Gesellschafter in Deutschland ein „Gewinn aus Anteilen" im Sinne vom § 20 Abs. 1 Nr. 1 EStG und damit als Dividende zu werten. Damit war sie bei der deutschen Kapitalgesellschaft als Empfängerin von der Körperschaftsteuer aber mit Kürzung des Betriebsausgabenabzugs in Höhe von 5 % des Dividendenertrages (§ 8b Abs. 5 KStG) befreit. Allein maßgeblich für die Einstufung als Dividende nach deutschem Recht war die Gesellschafterveranlassung der Zahlung. Die zivilrechtliche Bewertung in Brasilien spielte keine Rolle, eben so wenig wie der steuerliche Abzug bei der brasilianischen Gesellschaft. Damit ist die zum 1.1.2006 erfolgte Aufkündigung des DBA Brasilien für die Fortwirkung des Urteils ohne Bedeutung.

> BFH-Urteil I R 6, 8/11 v. 6.6.2012

5.2.1.8 Sponsorengeld für ausländischen Rennstall im Inland nach Maßgabe der inländischen Auftritte steuerpflichtig

Ein ausländischer Autorennstall erhielt Sponsorengeld von einem inländischen Unternehmen. Dafür führt er Namen und Logo des Sponsors auf den Rennwagen, Boxen und Transportern sowie auf der Bekleidung und Helmen der Fahrer, und er erlaubte dem Sponsor, mit seinen Namen in eigener Regie zu werben. Darin sah das FA eine begrenzt steuerpflichtige Werbeleistung des Rennstalls und nahm den Sponsor in Haftung für die Steuerabführung nach § 50a Abs. 1 Nr. 1 (sportliche Auftritte im Inland), soweit die Summe auf die inländische Rennstrecken entfiel. Dabei hat das FA die Summe etwas gekürzt, um nicht steuerpflichtige Teilleistungen, wie etwa Werbeauftritte der Fahrer, zu berücksichtigen.

Der BFH gab dem FA Recht. Sportlich gesehen bildeten Fahrer und Team eine Einheit, nicht nur im Hinblick auf die Fahrer- und Konstrukteurswertung aus der Rennserie, sondern vor allem darauf, dass der Erfolg des einen ohne den Beitrag des anderen undenkbar wäre. Daher könne das Sponsorengeld an das Team als Vergütung für einen sportlichen Auftritt verstanden werden. Auch der Einwand, der Sponsoringvertrag wurde abgeschlossen, als noch gar nicht feststand, ob Rennen in der jeweils kommenden Saison in Deutschland überhaupt abgehalten werden, schlug fehl; auf die tatsächliche Durchführung der Maßnahme (Auftritt) im Inland komme es an, nicht auf Vermutungen vor der Verabschiedung des Rennkalenders für die nächste Saison.

> BFH-Urteil I R 3/11 v. 6.6.2012

5.2.1.9 Kein Abzug von Sozialversicherungsbeiträgen in der Schweiz

Ein im Inland unbeschränkt Steuerpflichtiger ging sowohl einem Gewerbe wie einer unselbstständigen Tätigkeit im Angestelltenverhältnis nach. Beide Verdienste waren nach Maßgabe des DBA in der Schweiz zu versteuern. Im Inland waren sie unter Progressionsvorbehalt steuerfrei. Auf beide Summen musste der Steuerpflichtige Beiträge an die Schweizer Sozialversicherung leisten. Diese Beiträge waren in der Schweiz steuerlich abziehbar. Der Steuerpflichtige begehrte darüber hinaus den Sonderausgabenabzug in Deutschland oder hilfsweise die einkommensmindernde Berücksichtigung bei der Berechnung des Progressionsvorbehalts. Beide Anträge lehnten das FA und jetzt der BFH ab.

Der BFH stimmte der Auffassung zu, die Sozialversicherungsbeiträge seien als Sonderausgaben einzustufen. Sie waren verpflichtend, standen aber in unmittelbarem wirtschaftlichem Zusammenhang mit den Schweizer Verdiensten, d. h. mit steuerfreien Einnahmen. Wären die Schweizer Einnahmen nicht erzielt worden, wäre die Beitragspflicht nicht entstanden. Da die Beiträge der schweizerischen Verdienstsphäre zuzuordnen seien, seien sie in Deutschland weder als Sonderausgaben noch als Werbungskosten abzusetzen. Da sie mit dem steuerfreien Verdienst im Zusammenhang standen, war ein allfälliger Zusammenhang mit den später fälligen, voraussichtlich in Deutschland steuerpflichtigen Altersversorgungsbezügen irrelevant. Des Weiteren konnten sie nicht bei dem Provisionsvorbehalt berücksichtigt werden, denn der Provisionsvorbehalt bemesse sich nach den Einkünften, und Sonderausgaben seien eben keine Kürzung der Einkünfte, sondern deren Verwendung.

> BFH-Urteil X R 62/09 v. 18.4.2012

5.2.2 Mineralölsteuer

5.2.2.1 Keine Befreiung für Flugbenzin bei betrieblichen Flügen

Die steuerpflichtige Gesellschaft betrieb ein Elektronikunternehmen. Dabei flog der Geschäftsführer mit einem firmeneigenen Flugzeug zu wichtigen Kunden-, Messe- und ähnlichen Terminen. Das Hauptzollamt lehnte jedoch einen Antrag auf Erstattung der Mineralölsteuer auf das für solche Geschäftszwecke verbrauchte Flugbenzin ab, da das Unternehmen keine Luftfahrtgesellschaft sei, der die Erstattung zustünde. Die Gesellschaft klagte gegen diese Ablehnung und der BFH legte die Frage bezüglich der europarechtlichen Auslegung der Tragweite der Befreiung von der Mineralölsteuer in der Luftfahrt dem EuGH vor. Dieser beantwortete die Frage dahingehend, dass unter den hier vorliegenden Umständen die Gesellschaft keinen zwingenden Anspruch auf die begehrte Steuerbefreiung stellen könne. Der BFH ist diesem Spruch jetzt gefolgt.

Zwei Überlegungen waren für die Entscheidung ausschlaggebend. Die erste sahen die Gerichte darin, dass die EU-Befreiungsvorschrift – Art. 14 Abs. 1 Buchst. b) Richtlinie 2003/96/EG (Energiesteuer-Richtlinie) – sich, streng genommen, nur auf Kerosin (Flugturbinentreibstoff) bezieht. Damit seien die Mitgliedsstaaten nicht verpflichtet, die Befreiung auch noch auf Flugbenzin (für Propellerflugzeuge mit Kolbenmotoren) auszudehnen. Aber selbst wenn man diese Überlegung etwa aus Gründen der gleichmäßigen Behandlung außer Acht lassen würde, stünde immer noch die zweite Überlegung der Befreiung im Wege, nämlich die Beschränkung der Tragweite der Befreiung auf Unternehmen, die Luftfahrt-Dienstleistungen erbringen. Damit ist die Befreiung nicht zwingend auf die Luftverkehrsunternehmen beschränkt, wohl aber auf Unternehmen, deren Dienstleistungen im Rahmen der Luftfahrt erbracht werden, z. B. bei der Durchführung von Messflügen. Unternehmen, die Flugzeuge lediglich zu Betriebs- und Geschäftszwecken einsetzen, wie etwa Computerunternehmen, fallen nicht darunter.

> EuGH-Urteil in Rs. C–79/10, *Helmholz* v. 1.12.2011
> BFH-Urteil VII R 9/09 v. 28.2.2012

5.2.3 Erbschaftsteuer

5.2.3.1 Erbschaftsteuer auf Inlandsvermögensübergang auch bei Freistellung nach dem Recht des Wohnsitzstaates

Ein in Frankreich wohnendes deutsches Ehepaar mit Grundbesitz in Frankreich und im Saarland sowie mit Beteiligungen an drei inländischen Kapitalgesellschaften vereinbarte eine Gütergemeinschaft nach französischem Recht. Diese erstreckte sich auf das gesamte Vermögen der Eheleute mit Ausnahme der inländischen Grundstücke. Sie bewirkte beim Tod eines Ehepartners die Anwachsung seines Eigentumsteils auf den Überlebenden. Diese Anwachsung war nach französischen Recht kein Vermögensübergang und damit erbschaftsteuerfrei. Nach Meinung des überlebenden Ehemanns müsse dies auch für die deutsche Erbschaftsteuer jedenfalls in Bezug auf das Vermögen im Saarland einschließlich der Beteiligungen an Kapitalgesellschaften mit saarländischem Sitz gelten. Dabei berief er sich auf die entsprechenden Vorschriften im deutsch-französischen Saarvertrag vom 17.10.1956. Dieser Staatsvertrag sei zwar nach der Rückgabe eines Großteils des Saargebiets (das heutige Saarland) an Deutschland am 5.7.1959 außer Kraft getreten, aber seine Vorschriften zur Vermeidung der Doppelbesteuerung bei der Erbschaftsteuer blieben kraft einer Weisung des saarländischen Finanzministeriums weiterhin anwendbar.

Nach dem Urteil des BFH gilt diese Art von Vermögensanwachsung nach französischem Recht als Erbanfall nach § 3 Abs. 1 Nr. 1 ErbStG, da die rechtlichen und wirtschaftlichen Folgen bei beiden Vorgängen gleich sind. Damit unterliegt der Eigentumsübergang von Todes wegen im Rahmen der beschränkten Steuerpflicht der ErbSt. Auf den Saarvertrag könne sich der Ehemann nicht mit Erfolg berufen, denn dieser sei bereits am 5.7.1959 außer Kraft getreten und die Fortgeltung einzelner Bestimmungen zur Nichtanwendung gesetzlicher Vorschriften hätte nicht durch bloße Verwaltungsanweisung angeordnet werden dürfen. Dies hätte vielmehr eines Gesetzes bedurft, weil sonst die Gleichmäßigkeit der Besteuerung nicht mehr gegeben wäre.

> BFH-Urteil II R 38/10 v. 4.7.2012

5.2.4 Umsatzsteuer

5.2.4.1 Vorlagefrage an den EuGH zum Preisnachlass im Reisebüro

Bereits 1996 hatte der EuGH entschieden, dass der nachträglich auf Kosten des Herstellers über den Händler gewährte Preisnachlass an den Endverbraucher die USt-Bemessungsgrundlage des Herstellers mindert (Rs. C–317/94 *Elida Gibbs*, Urteil vom 24.10.96). Nach dem Geschäftsmodell im Urteilsfall verteilte der Händler Gutscheine an verdiente Endverbraucher, die bei irgendeinem Vertragshändler gegen Waren eingelöst werden konnten. Der Händler reichte die eingelösten Gutscheine an den Hersteller zurück und erhielt vom diesem die Erstattung seines Aufwandes (Einzelhandelspreis der kostenfrei ausgegebenen Ware). Grundlage für die Entscheidung war die Überlegung, es könne nicht sein, dass in einer Lieferkette die an irgendeiner Stelle darin entstehende USt-Belastung höher war als der durch den Endabnehmer zu tragende Endbetrag.

Jetzt liegt dem EuGH ein im Kern ähnlicher, wenn auch etwas komplizierterer Fall vor. Dabei geht es um ein Reisebüro, das auf eigene Kosten Endverbrauchern Rabatte gewährt, damit sie bei ihm statt ihm Nachbargeschäft den Urlaub buchen. Dabei erzielt das Reisebüro im Kerngeschäft vier Arten von Umsatz, die reine Vermittlungsprovision vom Veranstalter als „Verkaufsstelle" für Einzelleistungen wie Hotelzimmerbuchung oder Fahrscheinverkauf, den Erlös aus dem Weiterverkauf z. B. von Theaterkarten auf eigene Rechnung sowie die normalbesteuerten Leistungen an Unternehmen, und die differenzbesteuerten „klassischen" Reiseleistungen an Endverbraucher im Sinne des § 25 UStG. Dabei können die Einzelleistungen umsatzsteuerpflichtig oder -frei sein. Die Vorlagefrage an den EuGH zielt auf die gemeinschaftsrechtlich zutreffende Auslegung der Sechsten Richtlinie (jetzt der MwStSysRL2006/112/EG) im Lichte von *Elida Gibbs* hinsichtlich der Zuordnung der auf eigene Kosten gewährten Rabatte.

> BFH-Beschluss V R 18/11 v. 26.4.2012

6 Steuerharmonisierung international

6.1 Europäischer Gerichtshof

6.1.1 Ertragsteuern

6.1.1.1 Wegzugsteuer bei Unternehmen verletzt Niederlassungsfreiheit

Nach den Vorschriften des portugiesischen Körperschaftsteuergesetzbuches sind bei Verlegung ins Ausland des Sitzes oder des Orts der tatsächlichen Geschäftsleitung einer portugiesischen Kapitalgesellschaft die Vermögensgegenstände der Gesellschaft in der Schlussbilanz im Jahr der Verlegung mit dem Marktwert anzusetzen. Der sich daraus ergebende Buchgewinn ist sofort zu versteuern. Der Ansatz zu Buchwerten kann bei Vermögensgegenständen, die in einer portugiesischen Betriebsstätte derselben Gesellschaft verbleiben, beibehalten werden. Entsprechendes gilt bei der Aufgabe der portugiesischen Betriebstätte eines ausländischen Unternehmens oder bei der Verlegung eines Teils ihrer Tätigkeit ins Ausland. Da eine entsprechende Besteuerung bei Verlegungen innerhalb Portugals nicht stattfindet, sah die Europäische Kommission diese portugiesischen Bestimmungen bei Verlegungen in andere Mitgliedsstaaten als diskriminierend an und eröffnete ein Vertragsverletzungsverfahren gegen Portugal.

Der EuGH hat nun die Verletzung der Niederlassungsfreiheit innerhalb der EU bzw. des EWR festgestellt. Die unterschiedliche Behandlung von Verlegungen innerhalb und außerhalb Portugals ist aus einer etwa unterschiedlichen Situation der beiden Fälle nicht zu rechtfertigen und weitere Rechtfertigungsgründe wurden nicht angeführt. Bei diesem Urteil lehnte sich der EuGH sehr stark an sein Urteil vom 29.11.2011 in Rs. C–371/10 *National Grid Indus* an, in dem es um die Verlagerung der Steuerpflicht von den Niederlanden nach England durch Verlegung der Geschäftsleitung bei gleichzeitiger Aufgabe der niederländischen Betriebsstätte ging. In beiden Fällen, ist aber zu betonen, hat der EuGH nicht die Feststellung einer Steuerpflicht an sich, sondern die sofortige Besteuerung der nicht realisierten Gewinne für rechtswidrig gehalten.

> EuGH-Urteil in Rs. C–38/10, *Kommission gegen Portugal* v. 6.9.2012

6.1.1.2 Niederlassungsfreiheit oder Kapitalverkehrsfreiheit?

Eine der bislang weitgehend ungelösten Spannungsverhältnisse im Europarecht liegt in der gegenseitigen Beziehung der Grundfreiheiten der Niederlassung (Art. 49 AEUV) und des Kapitalverkehrs (Art. 63 AEUV) zueinander. Bekanntlich ist die Niederlassungsfreiheit auf das Gebiet der Mitgliedsstaaten der EU bzw. des EWR beschränkt, wohingegen der freie Kapitalverkehr weltweit gilt, weil es EU-Bürgern im Prinzip freistehen soll, benötigtes Kapital überall auf der Welt aufzunehmen. Damit ist wiederum bei Beziehungen über die EU/EWR-Grenze die Frage des jeweiligen Vorrangs, oder gar ob es überhaupt einen Vorrang gibt, von eminenter Bedeutung, zumal die sachlichen Voraussetzungen für die Anwendbarkeit bei beiden nach ständiger Rechtsprechung identisch sind.

In einem hier nicht weiter interessanten Verfahren zum ehemaligen britischen Körperschaftsteuerrecht hat sich der EuGH mit der Frage auseinander gesetzt, ob und ggf. unter welchen Umständen die gebietsweise restriktivere Niederlassungsfreiheit die Grundfreiheit des Kapitalverkehrs überlagern und damit faktisch ausschalten kann. Hierzu kann das Gericht zum Schluss, es hänge ausschließlich vom „Gegenstand" der nationalen Regelung ab. Zielt sie, wie vorliegend, auf die Besteuerung von Dividenden aus dem Ausland unabhängig von der Beteiligungshöhe, kann sich der Betroffene auch auf sein Recht auf den freien Kapitalverkehr berufen. Dabei betonte das Gericht, dass dies unabhängig von der tatsächlichen Höhe der Beteiligung gelte. Dagegen, so das Gericht weiter, sei es wichtig, die ungewollte Ausdehnung der Niederlassungsfreiheit auf Drittstaaten zu unterbinden, sodass diese Freiheit immer auschlaggebend sei, wenn die nationale Regelung zu Situationen des „sicheren Einflusses" oder des „entscheidenden Einflusses" auf die Entscheidungen der Gesellschaft ergangen ist.

Mit diesem Urteil ist das letzte Wort zu diesem Thema sicherlich noch nicht gesprochen. Dennoch scheinen Gedanken zur Feststellung der einschlägigen Grundfreiheit anhand einer zahlenmäßigen Grenze eine Abfuhr erhalten zu haben.

> EuGH-Urteil in Rs. C–35/11, *Test Claimants* v. 13.11.2012
> siehe auch 6.1.3.1 zum Vorrang der Niederlassungsfreiheit

6.1.1.3 Kein Betriebsausgabenabzug für ausländische Pensionsfonds rechtens

Dividenden werden an ausländische Pensionsfonds – wie an jeden anderen ausländischen Gesellschafter – unter Abzug einer Kapitalertragsteuer vom Bruttobetrag ausgeschüttet. Da die KapErtrSt zu 25 %, 15 % oder zu einem niedrigeren DBA-Satz eine endgültige Belastung ist, bleibt für den Betriebsausgabenabzug kein Raum. Dies fand die Europäische Kommission ungebührend und leitete ein Vertragsverletzungsverfahren gegen die Bundesrepublik ein. Der EuGH hat aber soeben die Klage verworfen, weil die Kommission eine tatsächliche Vertragsverletzung in Form einer tatsächlichen Benachteiligung ausländischer Fonds nicht substantiiert dargetan geschweige denn nachgewiesen hat.

Gefragt nach den Betriebsausgaben, um die es ging, führte die Kommission drei Beispiele an: Bankgebühren, Kosten der Auseinandersetzung mit der Gesellschaft über die Höhe der Dividende sowie Personalkosten im Zusammenhang mit dem Erwerb der Aktie. Konkrete Beispiele konnte sie allerdings nicht nennen. Dem Gericht erschien es ohnehin unwahrscheinlich, dass Bankgebühren beim Dividendenempfänger in einer für den Betriebsausgabenabzug nachweisbaren Form überhaupt anfielen, oder dass ein Pensionsfonds zusätzliches Personal für die Geldanlagen in Deutschland anstellen würde. Das zweite Beispiel – die Auseinandersetzung mit der Gesellschaft – war rein hypothetisch und damit nicht justiziabel.

> EuGH-Urteil in Rs. C–600/10, *Kommission gg. Deutschland* v. 22.11.2012

6.1.2 Umsatzsteuer

6.1.2.1 Keine Verpflichtung für inländische Finanzämter, einen einheitlichen Standpunkt zu vertreten

Eine inländische Agentur vermittelte LKW-Fahrer kurzzeitig an vorwiegend deutsche und italienische Spediteure. Die Fahrer waren selbstständig tätig und stellten der Agentur ihre Entlohnung für die Dauer des jeweiligen Einsatzes in Rechnung. Die Agentur berechnete diese Entlohnung an die Spediteure weiter, zuzüglich einer Marge von 8–20 %. Nach einer Betriebsprüfung fand das örtlich zuständige Finanzamt, die nach Italien abgerechnete Dienstleistung sei eben keine damals (2005) am Ort des Leistungsempfängers steuerbare sonstige Leistung, weil die einschlägige Vorschrift (§ 3a Abs. 4 Nr. 7 UStG) lediglich die Gestellung des eigenen Personals zum Gegenstand habe. Damit war die sonstige Leistung für das FA in Deutschland zum Regelsatz von 16 % (bis zum 1.1.2007) umsatzsteuerpflichtig. Dem folgte die Agentur und stellte den italienischen Spediteuren die USt in Rechnung.

Leider vertrat das BZSt die entgegengesetzte Meinung und lehnte den Vergütungsantrag der italienischen Leistungsempfänger ab, da deutsche USt auf Personalgestellung ins Ausland nicht habe berechnet werden dürfen. Auf den arbeitsrechtlichen Status der Fahrer gegenüber der Agentur komme es nämlich nicht an; sie müssen lediglich in die konkrete Gestellung einwilligen. Daraufhin lehnten es die Spediteure ab, künftig Rechnungen aus Deutschland mit USt-Ausweis zu akzeptieren. Da die Agentur nicht im Stande war, eine Einigung zwischen den beiden Finanzbehörden herbeizuführen, und ihre Marge zur Deckung des USt-Betrages nicht reichte, musste sie auf künftige Geschäfte verzichten. Das ihr verbliebene Inlandsgeschäft reichte aber nicht zur Deckung aller Kosten, so dass sie den Geschäftsbetrieb einstellen musste.

In der Sache hat der EuGH jetzt entschieden, dass der Begriff „Personalgestellung" nicht nur eigene Arbeitnehmer, sondern auch andere Personen, die dem Verleiher aus sonstigem Rechtsverhältnis insoweit zur Verfügung stehen, umfasst. Er stellt aber zugleich fest, dass die Vorschrift der Sechsten Richtlinie nicht eindeutig sei und er zu seiner Beurteilung vorwiegend aus Praktikabilitätsgründen gelangt sei. Mit der Neufassung des § 3a UStG ab 2010 (Leistungsort bei einer sonstigen Leistung grundsätzlich am Ort des Leistungsempfängers) dürfte dieser Teil des Spruches allerdings seine Bedeutung für die Zukunft weitgehend verloren haben.

Der zweite und für die Zukunft immer noch richtungsweisende Teil des Urteils betraf die Frage zu einer etwaigen Verpflichtung eines Mitgliedsstaates, für eine einheitliche Auslegung von USt-Vorschriften durch seine Behörden zu sorgen, damit Leistungserbringer und Leistungsempfänger eine gleichmäßige Besteuerung erfahren. Vorwiegend aus Effizienzerwägungen für die Finanzverwaltung verneinen die Richter eine solche Verpflichtung, solange die Neutralität des Mehrwertsteuersystems gewahrt bleibt. Diese Neutralität sahen sie indes nicht als gefährdet an, denn die nationalen Finanzgerichte stünden beiden Geschäftspartnern offen. Auf die Zweckmäßigkeit für einen ausländischen Abnehmer, ein deutsches Finanzgericht anzurufen, wenn er sein Problem mit der Wahl eines Dienstleisters in einem anderen Finanzbezirk auch lösen könnte, ging das Gericht nicht ein.

EuGH-Urteil in Rs. C–218/10, *ADV Allround* v. 26.1.2012

6.1.2.2 Portfolioverwaltung einer Bank für Privatkunden allgemein USt-pflichtig

Eine Bank bot ihren vorwiegend Privatkunden eine Portfolioverwaltung dergestalt an, dass sie einen ihr zur Verfügung gestellten Betrag in von ihr ausgesuchte Wertpapiere anlegte. Danach kaufte und verkaufte sie Papiere für und aus dem Bestand nach eigenem Gutdünken. Sie besprach die einzelne Geschäfte mit dem Kunden nicht, sondern folgte einer vorher festgelegten Anlegestrategie. Der Kunde erhielt vierteljährlich einen Bericht über die Vorgänge bzw. über die Bewertung seines Portfolios. Die Bank berechnete eine Pauschalgebühr von 1,8 % jährlich des Börsenwertes des Portfolios. Diese Gebühr wurde in 1,2 % für Depotverwaltung und 0,6 % für die Transaktionen aufgeteilt. Diese Aufteilung war unabhängig von den einzelnen Vorgängen. Weitere Gebühren fielen nicht an. Die Bank sah ihre Leistung als im Wesentlichen steuerfreien Wertpapierhandel; das Finanzamt sah in ihr im Grund eine steuerpflichtige Finanzberatung.

Der EuGH hat zunächst zwei sonstige Leistungen festgestellt, die Portfolioverwaltung und den Wertpapierhandel. Unter den gegebenen Umständen waren beide wichtig und beide gleichwertig. Eine Haupt- und eine Nebenleistung konnten also nicht festgestellt werden. Vielmehr waren beide Teile nicht vorstellbar ohne den jeweils anderen. Daraus leitete das Gericht ab, sie bildeten zusammen eine einheitliche Leistung, die in Ermangelung einer Befreiungsvorschrift USt-pflichtig war. Das vorlegende Gericht hatte aber die Frage nach einer eventuell Befreiung nach der Vorschrift für Investmentvermögen auch gestellt. Diese Frage hat das Gericht verneint, da unter Investmentvermögen ein gemeinsames Vermögen mehrerer Anleger unter gemeinsamer Verwaltung zu verstehen sei. Dagegen handele es sich hier um jeweils das individuelle Vermögen eines einzelnen Anlegers. Die Leistung blieb also im Endergebnis USt-pflichtig. Ein Trostpflaster für die Bank bot das Gericht dennoch: Diese Portfolioverwaltungsgebühren waren wohl „Bank- oder Finanzumsätze" im Sinne von Art. 56 Abs. 1 Buchst e) der MwStSysRL (RL 112/2006/EG) und damit steuerbar am Wohnsitz oder am Ort des gewöhnlichen Aufenthalts bei außerhalb Deutschlands ansässigen Privatkunden.

EuGH-Urteil in Rs. C–44/11, *Deutsche Bank* v. 19.7.2012

6.1.2.3 Kein Ausschluss vom Vergütungsverfahren durch örtliche Betriebsstätte ohne eigene Umsätze

Ein deutscher Automobilhersteller führte regelmäßig Tests unter den extremen Winterbedingungen Nordschwedens durch. Dabei unterhielt er eine kleine Tochtergesellschaft, deren Aufgabe hauptsächlich in der Instandhaltung der Teststrecke und in der Unterstützung bei den Tests bestand. Personal und technisches Gerät wurde aber jeweils von Deutschland eingeflogen. Ein dänisches Unternehmen unterhielt eine Forschungsabteilung in Stockholm. Diese Abteilung war eine Betriebsstätte des Unternehmens, nahm aber am Marktgeschehen nicht teil. In beiden Fällen versagte die Schwedische Behörde die Vergütung der USt an den Unternehmer aus einem anderen Mitgliedsstaat der EU mit der Begründung, der Unternehmer unterhalte eine Betriebsstätte im Inland.

Der EuGH hat in beiden Fällen die Antragsberechtigung auf Vergütung der in Schweden anfallenden Vorsteuern bejaht. Ausgeschlossen wird die Anwendung der Achten Richtlinie durch Umsätze, die einer örtlichen Betriebsstätte zuzurechnen sind. Werden aber keine Umsätze erzielt, ist es unerheblich, ob die örtliche Einrichtung die Merkmale einer Betriebsstätte aufweist. Gleichermaßen braucht nicht geprüft zu werden, ob die 100 %ige Tochtergesellschaft des Automobilherstellers evtl. als Betriebsstätte betrachtet werden könnte.

> EuGH-Urteil in den verbundenen Rs. C–318/11, *Daimler* und C–319/11, *Widex* v. 22.10.2012

6.1.2.4 Auf USt-IdNr. des Abnehmers kann verzichtet werden

Ein Straßenbauunternehmen aus dem Vogtland verkaufte eine nicht mehr benötigte Maschine an einen amerikanischen Verwerter. Dieser verkaufte die Maschine sogleich an einen Abnehmer in Finnland und ließ sie am Standort beim Bauunternehmen abholen und zum Abnehmer versenden. Der amerikanische Verwerter war in keinem EU-Mitgliedsstaat für die USt registriert und konnte daher dem Verkäufer keine eigene USt-IdNr. mitteilen. Stattdessen gab er die finnische IdNr. des Endabnehmers an, und diese Nr. setzte das Straßenbauunternehmen auf die Rechnung über eine steuerfreie innergemeinschaftliche Lieferung. Das FA ließ aber die Steuerbefreiung nicht gelten, weil die Angabe der USt-IdNr. nach § 17c UStDV fehlerhaft sei.

Der EuGH hat nunmehr festgestellt, dass es zwar den Mitgliedsstaaten weitgehend überlassen sei, die Nachweis- und andere Formalien bei innergemeinschaftlichen und sonstigen steuerfreien Lieferungen selbst zu regeln, dass aber die Befreiung nicht alleine wegen einer Formalität versagt werden darf, wenn sich der Steuerpflichtige um die erforderlichen Angaben redlich bemüht hat und wenn unter den gegebenen Umständen kein Zweifel an der materiellen Berechtigung der Befreiung besteht. In diesem Fall stand es nicht im Zweifel, dass der finnische Abnehmer ein Unternehmer war und den innergemeinschaftlichen Erwerb der Maschine korrekt angemeldet hat. Allerdings führte das Gericht weiter dazu aus, dass auf die Einhaltung von Formvorschriften – wie die korrekte Angabe der USt-IdNr. des Kunden – weiter bestanden werden darf und muss, wenn die Pflichtverletzung den Nachweis der materiellen Berechtigung für die Befreiung erschwert.

> EuGH-Urteil in Rs. C–587/10, *VSTR* v. 27.9.2012

6.1.2.5 Vorsteueraufteilung nicht nur im Ausgangsumsatzverhältnis

Eine deutsche Baufirma errichtete ein Gebäude mit sowohl Wohn- als auch Geschäftsräumen. Nach Fertigstellung vermietete sie die Wohnung umsatzsteuerfrei an Privatpersonen und die Geschäftsräume umsatzsteuerpflichtig an Unternehmer. Sie stritt sich allerdings mit dem FA über die Höhe des Vorsteuerabzugs, weil sie den primären Aufteilungsschlüssel – den Umsatzschlüssel – nach Art. 17 Abs. 5 der Sechsten RL nehmen wollte, wohingegen das FA unter Hinweis auf § 15 Abs. 4 S. 3 UStG, der den Umsatzschlüssel nur dann erlaubt, wenn eine andere Aufteilung nicht möglich ist, auf eine flächenmäßige Aufteilung bestand. Vielleicht erübrigt es sich zu sagen, dass beide Parteien den für sich jeweils günstigeren Standpunkt eingenommen haben.

In der Sache hat der EuGH sich nicht entschieden. Vielmehr hat er befunden, es sei zulässig für einen Mitgliedsstaat, einen anderen Schlüssel als der Umsatzschlüssel vorzuschreiben, wenn dies zu einer „präziseren" Aufteilung führt. Dies festzustellen sei Sache des nationalen Gerichts. Leider hat er aber in seinem Urteil nicht aufgeführt, was in diesem Zusammenhang unter „präzise" zu verstehen ist und somit die Entscheidung in der Sache praktisch zurückgewiesen.

> EuGH-Urteil in der Rs. C–511/10, *Baumarkt* v. 8.11.2012

6.1.2.6 USt-freie Leistungen in der Krankenpflege

Nach § 4 Nr. 16 UStG sind Leistungen von Wohlfahrtsverbänden und ähnlichen Einrichtungen in der Krankenpflege USt-frei. Nach Buchst k) dieser Bestimmung gilt die USt-Befreiung auch für andere Einrichtungen und für selbstständige natürlichen Personen, wenn ihre Leistungen im Vorjahr zu mindestens 40 % im Wesentlichen von der gesetzlichen Krankenversicherung vergütet worden sind. Eine Krankenpflegerin eröffnete in Juni eine eigene Praxis, erhielt aber die Krankenkassenzulassung erst in Oktober. Infolge dessen verfehlte sie die 40 %-Grenze im ersten (Kalender-) Jahr und büßte für dieses und fürs Folgejahr ihre USt-Befreiung ein. Im darauf folgenden Disput mit der Finanzverwaltung wurde die Frage zur Debatte gestellt, ob die 40 %-Grenze überhaupt im Einklang mit den Grundsätzen der Sechsten RL stehe. Dies brachte den Fall vor den EuGH.

Nach der Entscheidung des EuGH ist die 40 %-Grenze grundsätzlich zulässig, wenn sie dazu dient, die USt-Befreiung auf Einrichtungen und Praxen zu beschränken, bei denen der soziale Aspekt eindeutig vorherrscht. Sie darf aber nicht zum Schutz von Marktanteilen bestehender insbesondere privatrechtlicher Einrichtungen vorm Wettbewerb durch neue Anbieter missbraucht werden. Auch das Abstellen auf das Vorjahr bei der Anwendung der Grenze ist grundsätzlich zulässig im Sinne einer einfachen Regelung, solange es nicht automatisch im ersten oder in den beiden ersten Jahren zum Ausschluss von der Befreiung führt. Im Kern verlangt der EuGH die gleiche Behandlung aller Dienstleister in der ambulanten Krankenpflege, bei denen der soziale Charakter der Einrichtung eindeutig im Vordergrund steht.

EuGH-Urteil in Rs. C–174/11, *Zimmermann* v. 15.11.2012

6.1.2.7 Festvertäutes Hausboot als Immobilie

In diesem Fall ging es nicht um einen Streit mit der Finanzverwaltung, sondern um die Schadensersatzklage gegen einen Steuerberater wegen einer vermeintlich falschen Auskunft. Die Besitzerin eines am Rheinufer fest vertäuten Hausbootes hatte es als Restaurant eingerichtet und als Restaurantbetrieb mit einem auf fünf Jahre unkündbarem Vertrag verpachtet. Das Boot war seit 30 Jahren mit dem Ufer fest vertäut und verankert, hatte keinen Motor oder sonstigen Antrieb, war an die örtlichen Telefon- und Stromnetze sowie an die Kanalisation angeschlossen und verfügte sogar über eine eigene Postanschrift. Der Pachtvertrag schloss das Boot, den Anlegesteg, den Liegeplatz am Ufer sowie die Zulaufwege und Parkplätze mit ein. Der Steuerberater hielt den Pachtgegenstand für ein Grundstück und riet seine Mandantin zur Abrechnung der Pacht ohne USt nach § 4 Nr. 12 Buchst. a) UStG. Jahre später sah der Betriebsprüfer das Hausboot als ein Beförderungsmittel und das FA erhob die USt auf die Pacht nach. Daraufhin nahm die Verpächterin ihren Steuerberater in die Pflicht. Er wehrte sich aber mit der Behauptung, seine Auskunft sei richtig gewesen, jedenfalls im Sinne der Sechsten RL.

Der EuGH hat dem Steuerberater in seiner Auffassung bestätigt. Das Boot sei 30 Jahre lang nicht bewegt worden und war jetzt nicht zu bewegen. Es war als Restaurant unter Umständen verpachtet, die auf die Absicht eines dauerhaften Verbleibs schließen ließen. Dazu gehörten neben den festen Anschlüssen und Tauen sowie den Wegen und Parkplätzen auch die Standortvorteile im weiteren Sinne, wie die Nähe zur Großstadt und gute Verkehrsanbindungen bei dennoch ruhiger Lage. Auch der Liegeplatz stand der Verpächterin auf Dauer zur Verfügung. Insgesamt war für den EuGH das Hausboot faktisch unbeweglich und damit zusammen mit dem Ufer als Grundstück anzusehen. Folgerichtig stellte das Gericht fest, das Boot sei auch kein Beförderungsmittel – etwa wie ein Ausflugsrestaurantboot – dessen Vermietung USt-pflichtig gewesen wäre.

EuGH-Urteil in Rs. C–532/11, *Leichenich* v. 15.11.2012

6.1.3 Erbschaftsteuer

6.1.3.1 Begünstigtes Vermögen nach § 13b Abs. 1 Nr. 3 ErbStG unterliegt der Niederlassungsfreiheit

Die in Deutschland wohnhafte Alleinerbin einer 100 %igen Beteiligung an einer kanadischen Kapitalgesellschaft beantragte bei der ErbSt die Betriebsvermögensbegünstigung nach § 13a ErbStG. Das FA lehnte den Antrag im Hinblick auf die Beschränkung der Begünstigung auf Vermögen im Gebiet der EU bzw. des EWR (§ 13b Abs. 1 Nr. 3) ab. Darin sah die Erbin eine Beschränkung des freien Kapitalverkehrs und schritt zum Gericht.

Der EuGH sah sehr wohl einen Eingriff in den freien Kapitalverkehr für den Fall, dass diese Grundfreiheit einschlägig sein sollte. Begünstigt nach § 13b Abs. 1 Nr. 3 ErbStG war allerdings nicht jede Beteiligung in beliebiger Höhe, sondern nur die Beteiligung von mehr als 25 %. Damit hätte der Beteiligte nach deutschem Recht eine Sperrminorität und wäre in der Lage, wichtige Entscheidungen zu seinem Nachteil zu verhindern. Damit war für den EuGH klar, die nationale Regelung spiele auf Beteiligungen ein, die einen sicheren Einfluss auf die Geschäftspolitik der Gesellschaft gewähren. Sinn – auch ausweislich der Gesetzesbegründung – war es, die Gesellschafter zu ermuntern, sich in die Geschäftsleitung einzubringen und so zum Erhalt des Unternehmens wie der Arbeitsplätze beizutragen. Dass eine Alleingesellschafterin mindestens denselben Einfluss hätte, verstand sich von selbst. Damit wäre aber die Niederlassungsfreiheit zum Ausschluss der Kapitalverkehrsfreiheit sachlich maßgeblich. Da sie aber in Bezug auf eine kanadische Beteiligung geographisch nicht einschlägig sein konnte, käme die Befreiungsvorschrift des § 13a nicht zur Anwendung.

> EuGH-Urteil in Rs. C–31/11, *Scheunemann* v. 19.7.2012

E Gesetz zur Änderung und Vereinfachung der Unternehmensbesteuerung und des steuerlichen Reisekostenrechts

1 Verfahrensstand

Nachdem der Bundestag am 25.10.2012 den Gesetzentwurf in der Fassung der Beschlussempfehlung des Finanzausschusses vom 24.10.2012[1] bereits verabschiedet hatte, hat der Bundesrat dem Gesetzentwurf am 23.11.2012 seine Zustimmung verweigert.[2] Die Bundesregierung hat am 28.11.2012 den Vermittlungsausschuss angerufen, der sich in seiner Sitzung am 12.12.2012 auf eine Beschlussempfehlung[3] verständigt hatte. Den Gesetzentwurf in der Fassung dieser Beschlussempfehlung hat der Bundestag in seiner Sitzung am 17.1.2013 wiederum angenommen. Damit die Neuregelungen Geltung beanspruchen können, muss jedoch auch noch der Bundesrat seine Zustimmung erteilen. Zum Redaktionsschluss (21.1.2013) lag diese Zustimmung zwar noch nicht vor. Es wird angesichts der Einigung im Vermittlungsverfahren jedoch damit gerechnet, dass auch der Bundesrat – vermutlich in seiner für den 1.2.2013 anberaumten Sitzung – ebenfalls Zustimmung erteilen wird. Denn im Gegensatz zum Jahressteuergesetz 2013 handelte es sich hier um ein „echtes" Vermittlungsergebnis und nicht um einen bloßen Mehrheitsentscheid. Im Anschluss an noch ausstehenden den Beschluss des Bundesrates haben noch die Ausfertigung sowie die Veröffentlichung im Bundesgesetzblatt zu erfolgen.

Die nachfolgenden Ausführungen beziehen sich auf die am 17.1.2013 vom Bundestag auf der Basis der Beschlussempfehlung des Vermittlungsausschusses vom 12.12.2012 angenommene Fassung des Gesetzes.

2 Ziel des Gesetzes

Ziel des Gesetzesvorhabens ist es, das Unternehmenssteuerrecht durch zielgerichtete Maßnahmen zu vereinfachen und rechtssicherer auszugestalten. Zudem soll das steuerliche Reisekostenrecht grundlegend vereinfacht und vereinheitlicht werden. Daneben soll in Bezug auf die Regelungen zum Verlustrücktrag mittels einer Annäherung an das französische Recht internationalen Entwicklungen Rechnung getragen werden.

3 Inhalt des Gesetzes

Insbesondere folgende gesetzliche Änderungen sollen sich durch dieses Gesetz ergeben:

3.1 Änderungen im Reisekostenrecht

Es soll eine grundlegende Vereinfachung und Vereinheitlichung des steuerlichen Reisekostenrechts erreicht werden. Diese Ziele sollen erreicht werden durch Maßnahmen in den Bereichen

---

[1] BT-Drs. 17/11180.
[2] BR-Drs. 633/12.
[3] BT-Drs. 17/11841.

Fahrtkosten, Verpflegungsmehraufwendungen und Übernachtungskosten. Laut Gesetzesbegründung soll dies vielfach eine finanzielle Verbesserung auf Seiten von Unternehmen und Arbeitnehmern mit sich bringen. Die Vereinfachungen sollen insbesondere überwiegend den auswärts tätigen Arbeitnehmern zugute kommen, beispielsweise Handwerkern, Außendienstmitarbeitern und Kurierdienstfahrern.

Im Bereich der Pauschalen für Verpflegungsmehraufwendungen soll es zu einer Reduzierung der Mindestabwesenheitszeiten kommen und nur noch eine zwei- anstelle der bisher dreistufigen Staffelung der Pauschalen geben (künftig im Inland nur noch die Stufen 12 bzw. 24 €, wobei die erstgenannte Pauschale bei Abwesenheiten von mindestens 8 Stunden am Kalendertag und die zweitgenannte Pauschale bei 24-stündiger Abwesenheit am Kalendertag gelten soll).[4] Die bisher niedrigste Pauschale (6 €) entfällt. Die Pauschale für Verpflegungsmehraufwand in Höhe von 12 € soll auch für Tage der An- und Abreise zu bzw. von auswärtigen Übernachtungen gewährt werden, ohne dass es dafür einer bestimmten Mindestabwesenheit bedarf. Werden dem Arbeitnehmer von seinem Arbeitgeber – oder auf dessen Veranlassung durch einen Dritten – Mahlzeiten zur Verfügung gestellt, wird die Verpflegungspauschale pro Frühstück um 4,80 € und pro Mittag- bzw. Abendessen um 9,60 € gekürzt. Im Hinblick auf die Berechnung der 3-Monats-Frist ist vorgesehen, dass eine Unterbrechung der Tätigkeit an einer Tätigkeitsstätte für zumindest 4 Wochen eine neu beginnende 3-Monats-Frist auslöst. Auf die Gründe der Unterbrechung, z.B. Einsatz an einem anderen Arbeitsort, Urlaub oder Krankheit, soll es dabei nicht ankommen.

Die Vereinfachungen sollen in gleicher Weise sowohl beim steuerfreien Arbeitgeberersatz[5] als auch beim Abzug von Mehraufwendungen als Betriebsausgaben im Rahmen der gewerblichen Einkünfte und den Einkünften aus selbstständiger Tätigkeit[6] Anwendung finden. Beabsichtigt ist zudem eine Angleichung der reisekostenrechtlichen Auslandstagegelder. Ziel ist es, Übereinstimmung zwischen den vom Bundesreisekostengesetz vorgesehenen Auslandstagegeldern und den steuerlichen Verpflegungspauschalen zu erreichen.

Auch hinsichtlich der Fahrtkosten in den Fällen von Fahrten zur regelmäßigen Arbeitsstätte soll es zu einer Vereinfachung und daneben zu erhöhter Rechtssicherheit kommen. Zu diesem Zwecke soll festgelegt werden, dass es künftig nur noch eine einzige regelmäßige Arbeitsstätte pro Dienstverhältnis geben soll, was die neue Begrifflichkeit „erste Tätigkeitsstätte"[7] mit sich bringt. Wo diese belegen ist, solle durch den Arbeitgeber oder mithilfe von „quantitativen Elementen" bestimmt werden, anstelle der „qualitativen Elemente", auf die der BFH bislang abstellt. Als Nebeneffekt soll diese Modifikation auch in Bezug auf die Besteuerung von Dienstwagen zu einer höheren Rechtssicherheit führen.

Als „erste Tätigkeitsstätte" kommen eine ortsfeste betriebliche Einrichtung des Arbeitgebers, eines verbundenen Unternehmens im Sinne des § 15 AktG oder eines vom Arbeitgeber bestimmten Dritten, welchem der Arbeitnehmer dauerhaft zugeordnet ist, in Frage. Dauerhaft soll die Zuordnung insbesondere in solchen Fällen sein, in denen der Arbeitnehmer unbefristet, für die Dauer des Dienstverhältnisses oder über einen Zeitraum von 48 Monaten hinaus an einer der o.a. Orte tätig sein soll. Andernfalls ist als „erste Tätigkeitsstätte" diejenige betriebliche Einrichtung anzusehen, an welcher der Arbeitnehmer entweder typischerweise arbeitstäglich tätig werden soll oder pro Arbeitswoche mindestens zwei volle Arbeitstage oder zumindest ein Drittel seiner vereinbarten regelmäßigen Arbeitszeit tätig werden soll. Kommt es zu dem Fall, dass ein Arbeitnehmer mit mehreren

---

[4] § 9 Abs. 4a EStG-E.
[5] § 3 Nr. 16 EStG-E.
[6] § 4 Abs. 5 S. 1 Nr. 5 EStG-E.
[7] § 9 Abs. 4 EStG-E.

seiner Tätigkeitsstätten unter vorstehende Fallgruppen fällt, soll davon diejenige als „erste Tätigkeitsstätte" gelten, die vom Arbeitnehmer bestimmt wird. Bestehen Zweifelsfälle, ist diejenige Tätigkeitsstätte maßgebend, die der Wohnung des Arbeitnehmers örtlich am nächsten liegt.

Bei Arbeitnehmern ohne „erste Tätigkeitsstätte", die für ihre Tätigkeit dauerhaft denselben Ort (z.B. eine Stadt) oder ein weiträumiges Gebiet (z.B. eine bestimmte Gemeinde) aufsuchen müssen, sollen die Fahrten zwischen seiner Wohnung und besagtem Ort bzw. dem der Wohnung am nächsten gelegenen Zugang zu dem weiträumigen Tätigkeitsgebiet wie Fahrten zwischen Wohnung und „erster Tätigkeitsstätte" zu behandeln sein.[8] Für die Fahrten innerhalb des weiträumigen Tätigkeitsgebietes sollen die Maßgaben für sonstige berufliche Fahrten gelten.[9]

Besagte Vereinfachungen sollen gleichermaßen dem Bereich der privaten Nutzung betrieblicher Kraftfahrzeuge (Dienstwagen) zugute kommen.[10]

In Bezug auf die doppelte Haushaltsführung soll als weitere Voraussetzung für die Gewährung einer steuerlichen Berücksichtigung ergänzt werden, dass der Steuerpflichtige eine angemessene finanzielle Beteiligung an den Kosten der Lebensführung trägt.[11] Dies hat zur Folge, dass insbesondere allein das Bewohnen eines oder mehrerer Zimmer durch Kinder im elterlichen Haushalt für die steuerliche Berücksichtigung als doppelte Haushaltsführung nicht ausreichend sein soll. Ferner soll vonnöten sein, dass die Nutzung der Zweitunterkunft oder -wohnung an dem Ort der „ersten Tätigkeitsstätte" aus beruflichen Gründen auch notwendig ist. Dies soll aus Vereinfachungsgründen immer dann anzunehmen sein, wenn die Entfernung zwischen der Zweitunterkunft bzw. -wohnung zu der „ersten Tätigkeitsstätte" geringer ist als die Hälfte der Entfernung nach der kürzesten Straßenverbindung zwischen der „ersten Tätigkeitsstätte" und der Hauptwohnung des Steuerpflichtigen.

Hinsichtlich des Abzuges von Kosten der Unterkunft im Rahmen der doppelten Haushaltsführung soll außerdem – als weitere angestrebte Modifikation – eine Höchstgrenze von 1.000 € monatlich eingeführt werden,[12] anstelle der bisher als noch angemessen erachteten Fläche von 60 m². Angesichts der doch sehr unterschiedlichen Mietniveaus in deutschen Städten erscheint das Abstellen auf einen fixen €-Betrag jedoch als sehr pauschalierend. Vorstehende Höchstgrenze soll ebenfalls für Unterkunftskosten in Fällen von auswärtiger Tätigkeit an derselben Tätigkeitsstätte gelten, soweit sie mehr als 48 Monate andauert,[13] wobei die Frist von 48 Monaten in Fällen einer Unterbrechung von zumindest 6 Monaten neu beginnen soll.[14] Für die ersten 48 Monate der auswärtigen Tätigkeit soll die Möglichkeit zum Abzug der tatsächlich entstandenen Übernachtungskosten eröffnet werden.[15]

Zum Zeitpunkt der erstmaligen Geltung der o.a. Vorhaben ist wie folgt auszuführen:

Anzuwenden sein sollen die vorgesehenen Änderungen im Reisekostenrecht erstmalig für den Veranlagungszeitraum 2014 bzw. für laufenden Arbeitslohn, der für einen Lohnzahlungszeitraum gezahlt wird, der nach dem 31.12.2013 endet, darüber hinaus für sonstige Bezüge, die nach dem 31.12.2013 zufließen.[16] Die Neuregelungen hinsichtlich des Abzuges für betrieblich veranlasste Verpflegung, doppelte Haushaltsführung und Übernachtungskosten sollen ab dem 1.1.2014 Anwendung finden, was auch dann gelten soll, wenn die Gewinnermittlung des Steuerpflichtigen für ein

---

[8] § 9 Abs. 1 S. 3 Nr. 4a S. 3 EStG-E.
[9] § 9 Abs. 1 S. 3 Nr. 4a S. 4 EStG-E.
[10] § 8 Abs. 2 S. 3 u. 4 EStG-E.
[11] § 9 Abs. 1 S. 3 Nr. 5 EStG-E.
[12] § 9 Abs. 1 S. 3 Nr. 5 S. 4 EStG-E.
[13] § 9 Abs. 1 S. 3 Nr. 5a S. 4 EStG-E.
[14] § 9 Abs. 1 S. 3 Nr. 5a S. 5 EStG-E.
[15] § 9 Abs. 1 S. 3 Nr. 5a S. 1 u. 2 EStG-E.
[16] § 52 Abs. 1 EStG-E.

vom Kalenderjahr abweichendes Wirtschaftsjahr erfolgt.[17] Damit beanspruchen die Neuregelungen für Gewerbetreibende und Selbständige wie auch für Arbeitnehmer zum selben Zeitpunkt Geltung.

3.2 Erhöhte Höchstbeträge für den Verlustrücktrag

Durch Anpassung des § 10d Abs. 1 S. 1 EStG soll eine Anhebung des für den Verlustrücktrag zu beachtenden Höchstbetrages erfolgen, von den bisherigen 511.500 € auf künftig 1 Million € bzw. bei zusammen veranlagten Ehegatten eine Steigerung von bislang 1.023.000 € auf künftig 2 Millionen €. Hiermit soll eine gewisse Angleichung an die europäischen Regelungen zur Unternehmensbesteuerung erreicht werden. Auch soll damit insbesondere kleineren und mittleren Unternehmen in Krisenzeiten zusätzliche Liquidität zur Verfügung stehen. Erstmalige Anwendung sollen die gestiegenen Höchstbeträge auf im Veranlagungszeitraum 2013 entstandene Verluste finden, die in den Veranlagungszeitraum 2012 zurückgetragen werden.

3.3 Änderungen bei der ertragsteuerlichen Organschaft

Es soll eine gewisse Vereinfachung der gesetzlichen Vorgaben hinsichtlich der ertragsteuerlichen Organschaft einschließlich Anpassung der Vorgaben an die aktuelle Rechtsprechung erfolgen. Die Bindung an das Handelsrecht soll aber im Grundsatz beibehalten werden.

Sowohl die formalen Voraussetzungen beim Abschluss eines Gewinnabführungsvertrages als auch die Anforderungen hinsichtlich der Durchführung von Gewinnabführungsverträgen sollen dabei vereinfacht werden. Aus Gründen der Verfahrensökonomie, der Rechtssicherheit und einer gleichmäßigen Besteuerung soll ein Feststellungsverfahren eingeführt werden.

Im Einzelnen:

Bilanzierungsfehler mit Auswirkung auf das abzuführende bzw. auszugleichende Ergebnis:

Liegt in der Handelsbilanz ein Bilanzierungsfehler vor, sollen eine Korrektur dieses Fehlers im Jahresabschluss der Organgesellschaft und des Organträgers sowie eine Anpassung des (bei Gewinn) abgeführten bzw. (bei Verlust) ausgeglichenen Ergebnisses lediglich dann notwendig sein, wenn die Finanzverwaltung den Fehler beanstandet hat, und auch nur insoweit, als eine solche Korrektur handelsrechtlich vonnöten ist. Der Zusatz, dass die Korrektur auch handelsrechtlich geboten sein muss, wurde auf Vorschlag des Finanzausschusses in das Gesetz aufgenommen.

Umzusetzen ist die Korrektur spätestens in dem Jahresabschluss der Organgesellschaft und des Organträgers, der auf den Zeitpunkt der Beanstandung des Fehlers durch die Finanzverwaltung folgt. Kommt es zu der Beanstandung im Rahmen einer steuerlichen Außenprüfung (was der Hauptanwendungsfall sein dürfte), so soll diesbezüglich nach der Gesetzesbegründung der Zeitpunkt der Bekanntgabe des Prüfungsberichtes maßgebend sein.

Wird die Korrektur nach diesen Maßgaben durchgeführt, soll der Gewinnabführungsvertrag trotz des ursprünglichen fehlerhaften Jahresabschlusses und der damit ursprünglich in unzutreffender Höhe erfolgten Gewinnabführung bzw. des in unzutreffender Höhe durchgeführten Verlustausgleiches als durchgeführt gelten.[18] Etwas anderes gilt allerdings dann, wenn die Fehlerhaftigkeit bei Erstellung des Jahresabschlusses unter Anwendung der Sorgfalt eines ordentlichen Kaufmanns hätte erkannt

---

[17] § 52 Abs. 12 S. 4 u. 5 EStG-E.
[18] § 14 Abs. 1 S. 1 Nr. 3 S. 4 ff. KStG-E.

werden müssen. Im Falle des Vorliegens eines uneingeschränkten Bestätigungsvermerkes gem. § 322 Abs. 3 HGB zu dem Jahresabschluss, zu einem Konzernabschluss, in welchen der handelsrechtliche Jahresabschluss einbezogen worden ist, oder über die freiwillige Prüfung des Jahresabschlusses wie auch bei Vorliegen einer Bescheinigung eines Steuerberaters oder Wirtschaftsprüfers über die Erstellung des Jahresabschlusses mit damit einhergehenden umfassenden Beurteilungen soll vorstehende Voraussetzung jedoch als erfüllt gelten. Weitere Voraussetzung ist zudem, dass der fehlerhafte Jahresabschluss, auf dessen Grundlage die Gewinnabführung bzw. der Verlustausgleich vorgenommen wurde, wirksam festgestellt ist.

Absicherung deutscher Besteuerungsrechte bei der grenzüberschreitenden Organschaft:

Weiterhin soll vor dem Hintergrund der BFH-Rechtsprechung zur grenzüberschreitenden Organschaft[19] eine gesetzliche Absicherung deutscher Besteuerungsrechte erfolgen.[20] Hintergrund ist, dass unter Bezugnahme auf besagtes BFH-Urteil unter Zuhilfenahme grenzüberschreitender Ergebnisabführungsverträge Gestaltungen verfolgt wurden, die das Ziel einer Keinmalbesteuerung von Einkünften hatten. Mithilfe des neu gefassten § 14 Abs. 1 S. 1 Nr. 2 KStG soll als grundsätzliche Voraussetzung für die Anerkennung der Organschaft vonnöten sein, dass die Beteiligung des Organträgers an der Organgesellschaft einer inländischen Betriebsstätte nach § 12 AO vom Organträger zuzuordnen ist. Diese Zurechnung muss zudem ununterbrochen während der gesamten Dauer der Organschaft gegeben sein. Das Gesetz regelt in diesem Zusammenhang auch Fälle, in denen lediglich eine mittelbare Beteiligung an der Organgesellschaft besteht.

Auf den Sitz oder Ort der Geschäftsleitung des Organträgers ist danach nicht abzustellen, d.h. es gibt insoweit keine Merkmale, die im Sinne von Art. 4 des OECD-MA ansässigkeitsbezogen sind. Daher solle die Neuregelung auch unter Berücksichtigung der Auslegung des BFH[21] nicht gegen das abkommensrechtliche Gesellschafterdiskriminierungsverbot verstoßen. Zu der angesprochenen Absicherung deutscher Besteuerungsrechte kommt es auch dadurch, dass als weitere Voraussetzung die der inländischen Betriebsstätte zuzurechnenden Einkünfte sowohl nach innerstaatlichem Recht als auch nach Abkommensrecht der deutschen Besteuerung unterliegen müssen. Würde dies nicht erforderlich sein, bestünde das Risiko einer Nichtbesteuerung. So aber erhöht das nach § 14 KStG zuzurechnende Einkommen der Organgesellschaft das Einkommen der inländischen Betriebsstätte des Organträgers. Es ist beabsichtigt, dass die diesbezüglichen Änderungen bereits auf den Veranlagungszeitraum 2012 Anwendung finden sollen.

Aufgabe des doppelten Inlandsbezuges bei der Organschaft:

Überdies soll der doppelte Inlandsbezug für Organgesellschaften, die ihren Satzungssitz in der Europäischen Union oder in einem EWR-Staat haben, als Reaktion auf das von der EU-Kommission eingeleitete Vertragsverletzungsverfahren 2008/4909 aufgegeben werden.[22] In dem besagten Vertragsverletzungsverfahren hatte die EU-Kommission die deutschen Vorschriften § 14 Abs. 1 S. 1 und § 17 KStG für die Anerkennung der körperschaftsteuerlichen Organschaft aufgegriffen, wonach als Organgesellschaften nur Kapitalgesellschaften in Frage kommen, die sowohl Sitz als auch Ort der Geschäftsleitung im Inland haben („doppelter Inlandsbezug"). Nach Ansicht der EU-Kommission stellt dies einen Verstoß gegen die Niederlassungsfreiheit dar. Zuvor war darauf lediglich mit einem BMF-Schreiben reagiert worden.[23] Bereits danach waren in einem EU- bzw. EWR-Staat gegründete

---

[19] BFH, Urteil v. 9.2.2011, I R 54, 55/10, BStBl II 2012, S. 106.
[20] § 14 Abs. 1 S. 1 Nr. 2 KStG-E.
[21] BFH, Urteil v. 9.2.2011, a. a. O.
[22] § 14 Abs. 1 S. 1 KStG-E, § 17 S. 1 KStG-E.
[23] BMF, Schreiben v. 28.3.2011, BStBl I 2011, S. 119.

Kapitalgesellschaften mit Ort der Geschäftsleitung in Deutschland als Organgesellschaften zugelassen worden, sofern auch die übrigen Voraussetzungen der §§ 14ff. KStG für die Anerkennung der körperschaftsteuerlichen Organschaft erfüllt sind. Nunmehr wird der doppelte Inlandsbezug für Organgesellschaften mit Satzungssitz innerhalb der EU oder dem EWR auch in das KStG übernommen. Zwar kann somit der Sitz der Organgesellschaft auch in einem anderen Mitgliedstaat der EU oder in einem EWR-Staat belegen sein, der Ort der Geschäftsleitung hingegen muss sich aber auch weiterhin im Inland befinden. Bei finaler Umsetzung dieser Änderung dürfte das gegen Deutschland laufende Vertragsverletzungsverfahren beendet werden.

Verhinderung doppelter Verlustnutzung:

Es soll eine ganz erhebliche Ausweitung der Verlustabzugsbeschränkung gem. § 14 Abs. 1 S. 1 Nr. 5 KStG erfolgen, d.h. der Norm betreffend die sog. deutsche Dual Consolidated Loss (DCL) Vorschrift (doppelte Verlustnutzung).

Bereits eingangs sei hierzu deutlich gesagt, dass die am 12.12.2012 vom Vermittlungsausschuss ausgesprochene Beschlussempfehlung in diesem Punkt gegenüber der vormals vom Bundestag schon verabschiedeten Fassung eine massive Verschärfung für den Steuerpflichtigen mit sich brachte und die ursprünglich vom Bundestag akzeptierte Fassung des Gesetzes damit insoweit überholt ist. Der Bundestag hatte seinerzeit – d.h. bei der Zustimmung zu dem Gesetz in seiner vorherigen Fassung – die früher vorgeschlagene weite Fassung zugunsten der Steuerpflichtigen deutlich eingeschränkt.

Im Einzelnen ist zu der neuen – und letztlich vom Bundestag am 17.1.2013 ebenfalls akzeptierten – wieder weitaus strengeren Fassung wie folgt auszuführen:

Der auf Basis der Beschlussempfehlung des Vermittlungsausschusses gefasste Wortlaut des § 14 Abs. 1 S. 1 Nr. 5 KStG lautet: „Negative Einkünfte des Organträgers oder der Organgesellschaft bleiben bei der inländischen Besteuerung unberücksichtigt, soweit sie in einem ausländischen Staat im Rahmen der Besteuerung des Organträgers, der Organgesellschaft oder einer anderen Person berücksichtigt werden."

Dies bedeutet, dass die sog. doppelte Verlustnutzung im Körperschaftsteuergesetz neu geregelt wird. Wichtig ist dabei, dass die neu gefasste Vorschrift

- sowohl Organträger als auch Organgesellschaften erfasst,

- nicht auf das negative Einkommen, sondern die negativen Einkünfte des Organträgers bzw. der Organgesellschaft abstellt,

- nicht mehr das Erfordernis einer ausländischen Gruppenbesteuerung enthält, mit der Folge, dass es ebenfalls schädlich im Sinne dieser Norm zu sein droht, wenn die negativen Einkünfte des Organträgers respektive der Organgesellschaft sowohl bei diesem Rechtsträger selbst als auch in einer anderen Person – beispielsweise auf einer anderen Ebene der Beteiligungskette – im Zuge der ausländischen Besteuerung mitumfasst werden.

Erfasst werden also alle Fälle, bei denen der Organträger und/oder die Organgesellschaft negative Einkünfte erzielt und diese Einkünfte oder Teile hiervon sich bei der ausländischen Besteuerung des Organträgers, der Organgesellschaft oder einer anderen Person in einkommensmindernder Weise berücksichtigt werden. Rechtsfolge in solchen Fällen ist, dass der Verlustabzug insoweit zu versagen ist. Somit ist auch ein Vortrag der Verluste nicht möglich. Es stellt sich jedoch die Frage, ob die Vorschrift auch auf die Gewerbesteuer durchschlägt, was zu verneinen sein dürfte. Dies gründet insbesondere darauf, dass der auf § 14 KStG Bezug nehmende § 2 Abs. 2 S. 2 GewStG nur die Tatbestandsvoraussetzungen der gewerbesteuerlichen Organschaft bestimmt, nicht aber deren Rechtsfolgen. Hinreichende Sicherheit in der Frage, ob es zu einem Durchschlagen der Effekte aus § 14 Abs. 1 S. 1 Nr. 5 KStG auch auf die Gewerbesteuer kommt, besteht aber derzeit nicht.

Stellte der bisherige § 14 Abs. 1 S. 1 Nr. 5 KStG noch auf negatives Einkommen (des Organträgers) ab, wurde nunmehr die Begrifflichkeit der negativen Einkünfte (des Organträgers oder der Organgesellschaft) verwendet. Maßgebend sind daher die Gesamteinkünfte des Organträgers bzw. der Organgesellschaft vor Zurechnung des Einkommens der Organgesellschaft(en) an. Es ist nötig, dass diese jeweils negativ sind. In der Konsequenz muss § 14 Abs. 1 S. 1 Nr. 5 KStG bereits auf der Ebene der Organgesellschaft – vor Zurechnung zum Organträger – berücksichtigt werden, d.h. die negativen Konsequenzen in Gestalt der Nichtberücksichtigung der negativen Einkünfte können sich schon auf Ebene der Organgesellschaft ergeben, ohne dass dabei schon nach der Höhe der Einkünfte des Organträgers zu fragen ist. Einzelne Betriebsausgaben hingegen, wie beispielsweise auch im Ausland abzugsfähige Zinsen, sollen die negative Folge noch nicht unmittelbar auslösen können, naturgemäß unter der Maßgabe, dass die Einkünfte insgesamt positiv sind.

Auf eine Vielzahl von Outbound- und Inboundstrukturen werden sich durch diese Neuregelung Auswirkungen ergeben. Beispielsweise werden von der Abzugsbeschränkung solche Fälle erfasst, bei denen negative Einkünfte des Organträgers oder der Organgesellschaft aus einer ausländischen, nicht freigestellten Betriebsstätte resultieren und sie im Rahmen der beschränkten Steuerpflicht in dem Belegenheitsstaat der Betriebsstätte berücksichtigt werden. Entsprechendes gilt für negative inländische Einkünfte eines Organträgers oder einer Organgesellschaft, die in einem ausländischen Staat Einfluss auf die Besteuerung des Anteilseigners haben, beispielsweise weil Gesellschaften im betreffenden Ausland für Besteuerungszwecke als transparent behandelt werden.

Insbesondere dürften zwar doppelt ansässige Organträger und Organgesellschaften berührt sein. Der Gesetzeswortlaut ist aber nicht auf diese Fälle beschränkt. Auch wenn eine solche Begrenzung des Anwendungsbereiches durch entsprechend enge Auslegung wünschenswert sein mag, lässt sie sich aus dem Wortlaut der Norm nicht entnehmen. Von der Vorschrift dürften also nicht allein doppelt ansässige Gesellschaften umfasst sein. Gewisse Zweifel ergeben sich jedoch im Hinblick auf die Anwendbarkeit auf Fälle mit Personengesellschaften als Organträger. Denn eine Personengesellschaft selbst erzielt keine Einkünfte, sondern die Einkünfte werden den Gesellschaftern zugerechnet. Die Personengesellschaft selbst ist lediglich Subjekt der Gewinnerzielung, Gewinnermittlung und Einkünftequalifikation. Gleichwohl besteht ein erhebliches Risiko, dass auch Personengesellschaften vom Anwendungsbereich der Norm umfasst sind, da § 14 Abs. 1 S. 1 Nr. 5 KStG auch als eine Einkünfteermittlungsvorschrift aufgefasst werden könnte, die sich an jedweden Organträger – gleich ob Körperschaft, Einzelunternehmen oder Personengesellschaft – richtet. Es bleibt zu hoffen, dass mittels Verwaltungsvorschrift diesbezüglich Klarheit hergestellt wird.

Anwendung finden soll diese Neuregelung auf alle noch nicht bestandskräftig veranlagte Fälle. Durch die hierdurch bedingte Rückwirkung ergeben sich gewisse verfassungsrechtliche Zweifel an der Anwendungsregelung, soweit die Neufassung der Norm gegenüber der bisherigen Fassung eine Verschärfung der Rechtslage mit sich bringt.

Formvorgaben bei Gewinnabführungsverträgen / ertragsteuerlicher Organschaft:

Weiterhin ist auf eine beabsichtigte wichtige Änderung in § 17 KStG und die hiermit in Zusammenhang stehende Aufnahme eines Abs. 10b in § 34 KStG hinzuweisen. Beide Modifikationen betreffen die Formvorgaben, die bei Abschluss eines Gewinnabführungsvertrages zwingend zu beachten sind, damit die ertragsteuerliche Organschaft anerkannt werden kann:

Es handelt sich dabei um eine Reaktion auf das in der Praxis nicht selten auftretende Problem, dass viele Gewinnabführungsverträge keinen (dynamischen) Verweis auf § 302 AktG in seiner jeweils geltenden Fassung enthalten. Bekanntermaßen betrifft die Norm die Verpflichtung zum Ausgleich der Verluste der Organgesellschaft. In der Vergangenheit hat es sich oftmals gezeigt, dass ungenaue Formulierungen im Gewinnabführungsvertrag hinsichtlich der Verlustübernahme zum Scheitern der ertragsteuerlichen Organschaft geführt haben, d.h. trotz einer tatsächlichen Durchführung der Organschaft konnte deren steuerliche Anerkennung an dieser Formalie scheitern, was ein Risiko bedeutete, dessen sich die Beteiligten in aller Regel gar nicht bewusst waren.

§ 17 S. 2 Nr. 2 KStG-E schreibt ausdrücklich vor, dass für die Anerkennung einer ertragsteuerlichen Organschaft mit anderen als den in § 14 Abs. 1 S. 1 KStG benannten Kapitalgesellschaften als Organgesellschaften – d.h. insbesondere im GmbH-Konzern – ein ausdrücklicher, dynamischer Verweis auf die Regelungen des § 302 AktG im Gewinnabführungsvertrag enthalten sein muss. Ohne eine solche Regelung könne die ertragsteuerliche Organschaft nicht anerkannt werden. Diese Voraussetzung für die ertragsteuerliche Organschaft bestand zwar – zuvorderst aus den Körperschaftsteuerrichtlinien[24] und BMF-Schreiben zu § 302 Abs. 4 AktG[25] ersichtlich – auch schon bisher, nunmehr soll sie aber ausdrücklich gesetzlich festgeschrieben sein. Nicht zulässig soll es sein, lediglich den Vertragstext wortgleich oder in Anlehnung an den Inhalt von § 302 AktG auszugestalten, sondern es bedarf tatsächlich des o. a. Verweises (Wortlaut der Gesetzesnorm: „...eine Verlustübernahme durch Verweis auf die Vorschriften des § 302 des Aktiengesetzes in seiner jeweils gültigen Fassung vereinbart wird.").

Ein solcher Verweis soll in allen nach Inkrafttreten der gesetzlichen Neuregelung neu abgeschlossenen oder geänderten Gewinnabführungsverträgen notwendig sein. Enthalten bereits bestehende Gewinnabführungsverträge (d.h. solche, die vor Inkrafttreten des Gesetzes geschlossen wurden) noch keinen nach bisheriger Gesetzeslage gebotenen Verweis auf § 302 AktG (d.h. wörtliche Wiedergabe oder ein dynamischer oder statischer Verweis auf § 302 AktG in Gänze), so soll dies für die Anerkennung der steuerlichen Organschaft in Veranlagungszeiträumen, die vor dem 31.12.2014 enden, dann unschädlich sein, sofern der Vertrag tatsächlich durchgeführt worden ist, auch sämtliche übrigen Voraussetzungen, die an die steuerliche Organschaft gestellt werden, erfüllt sind und durch eine wirksame Vereinbarung eine Anpassung des Vertrages bis zum 31.12.2014 erfolgt (= zeitlich befristete Heilungsmöglichkeit). Einer solchen Anpassung soll es nicht bedürfen, wenn die ertragsteuerliche Organschaft vor dem 1.1.2015 beendet wird, d.h. in derartigen Fällen kommt es zu einer Heilung auch ohne Anpassung des Gewinnabführungsvertrages. Ebenso soll es keiner Anpassung von Gewinnabführungsverträgen bedürfen, die vor Inkrafttreten der gesetzlichen Neuregelung abgeschlossen wurden, wenn sie einen nach bisheriger Rechtslage wirksamen Verweis auf § 302 AktG enthalten. Da die Regelung hinsichtlich der Heilungsmöglichkeit begünstigend wirkt, sollten sich verfassungsrechtlichen Bedenken im Hinblick auf die darin enthaltene Rückwirkung nicht ergeben. Die Vornahme der Änderung ist ausdrücklich nicht als Neuabschluss eines Gewinnabführungsvertrages anzusehen, so dass sich hieraus nicht das Erfordernis einer neu beginnenden Mindestlaufzeit nach § 14 Abs. 1 S. 1 Nr. 3 KStG ergibt.

Aus vorstehenden Ausführungen ergibt sich, dass insbesondere bei neuen Gewinnabführungsverträgen unbedingt darauf zu achten ist, dass ein dynamischer Verweis in das Vertragswerk aufgenommen wird, d.h. der § 302 AktG „in seiner jeweils gültigen Fassung" in Bezug nimmt. Auch bestehende Gewinnabführungsverträge sollten daraufhin untersucht werden, ob die darin enthaltenen Regelungen zur Verlustübernahme den Anforderungen entsprechen oder ob – zumindest innerhalb

---

[24] R 66 Abs. 3 KStR.
[25] BMF, Schreiben v. 16.12.2005, BStBl I 2006, S. 12; vgl. auch BMF, Schreiben v. 18.10.2010, BStBl I 2010, S. 836.

der o.a. „Gnadenfrist" – noch Anpassungen im Wortlaut erfolgen sollten. Daneben ist selbstredend auch weiterhin darauf zu achten, dass Gewinnabführungsverträge auch in tatsächlicher Hinsicht durchgeführt werden.

Einführung eines Feststellungsverfahrens für Organschaftsfälle:

Zuletzt ist auf die Einführung eines Feststellungsverfahrens nach § 14 Abs. 5 KStG-E hinzuweisen: Bisher gibt es lediglich eine materiell-rechtliche, nicht aber eine auch verfahrensrechtliche Bindungswirkung der körperschaftsteuerlichen Veranlagung des Organträgers an die Veranlagung der Organgesellschaft.[26] Dies hat zur Folge, dass eine Änderung in der Höhe des Einkommens der Organgesellschaft nicht mit sich bringt, dass eine bereits bestandskräftige Veranlagung des Organträgers noch geändert werden kann. Vor diesem Hintergrund soll künftig eine gesonderte und einheitliche Feststellung erfolgen, insbesondere hinsichtlich des zuzurechnenden Einkommens und der damit zusammenhängenden weiteren Besteuerungsgrundlagen (einschließlich des Umstandes, ob eine Organschaft vorliegt), auch in Bezug auf von der Organgesellschaft gezahlter und auf Ebene des Organträgers anrechenbarer Steuern. Dem Feststellungsbescheid würde Bindungswirkung für die darauf ergehenden Folgebescheide zukommen. Anwendung finden soll das Feststellungsverfahren jedoch nur auf die KSt, nicht aber auch auf die GewSt, da diesbezüglich wegen § 35b GewStG keine Notwendigkeit bestehe. Geltung beanspruchen soll die Neuregelung erstmals für Feststellungszeiträume, die nach dem 31.12.2013 beginnen.

4 Inkrafttreten

Das Gesetz sieht ein Inkrafttreten grundsätzlich am Tag nach der Verkündung vor.

In Bezug auf die Änderungen in §§ 3, 4, 8, 9, 10, 37b, 40, 41b und 52 Abs. 1 und 12 EStG sowie die Änderungen im Bundesreisekostengesetz und in der LStDV ist in dem Gesetz der 1.1.2014 als Tag des Inkrafttretens vorgesehen.

Auch an dieser Stelle sei noch einmal darauf hingewiesen, dass der Bundesrat dem Gesetz noch zustimmen muss, womit jedoch – wie eingangs angeführt – gerechnet wird. Zudem bedarf es danach noch der Ausfertigung und Veröffentlichung des Gesetzes im Bundesgesetzblatt, damit die Neuregelungen tatsächlich Geltung beanspruchen.

> **Literaturhinweise:** *Plenker/Maier-Siegert*, BC 2012, S. 430; *Seifert*, DStZ 2012, S. 720; *Seifert*, StuB 2012, S. 466; *Wirfler*, DStR 2012, S. 2037

---

[26] Vgl. BFH, Urteil v. 28.1.2004, I R 84/03; BFH, Urteil v. 6.3.2008, IV R 74/05.

F Rechtsprechungsreport: Bestellung, Anstellung, Haftung von Geschäftsleitern, Aufsichtsräten und Gesellschaftern

Der Trend bleibt ungebrochen: Geschäftsleiter und Aufsichtsräte sind im Fokus öffentlicher Berichterstattung und politischer Debatten. Zahlreiche prominente Wirtschaftsprozesse zeigen vermehrte Auseinandersetzungen zwischen Unternehmenslenkern und ihren Unternehmen oder sogar der Staatsanwaltschaft. Jedoch auch Gesellschafter sehen sich in bestimmten Konstellationen Haftungsgefahren ausgesetzt. Das folgende Kapitel gibt einen Überblick über Urteile und Beschlüsse, die im Jahr 2012 in Bezug auf Geschäftsführer, Vorstände und Aufsichtsratsmitglieder ergangen sind. Die Schwerpunkte werden dabei auf die Bereiche der Bestellung, Anstellung und Haftung gelegt. Hinzu kommen interessante Urteile und Beschlüsse zur Gesellschafterhaftung.

1 Amt von Geschäftsleitern und Aufsichtsräten

1.1 Bestellung

Gründet eine AG eine Tochter-GmbH und sollen **Vorstandsmitglieder der AG** zu Geschäftsführern der Tochter-GmbH bestellt werden, kann die AG nach teilweiser Ansicht nicht durch die betreffenden Vorstandsmitglieder vertreten werden. Vielmehr muss nach § 112 AktG der Aufsichtsrat der AG namens der AG die Geschäftsführer der Tochter bestellen. Das OLG München[1] hat sich dagegen der überwiegenden Meinung in der Literatur angeschlossen und entschieden, dass § 112 AktG in diesem Fall nicht anwendbar ist. Da die Geschäftsführerbestellung nicht gegenüber einem Vorstandsmitglied, sondern gegenüber der Tochter-GmbH erfolge, darf und muss die AG durch ihren Vorstand als organschaftlichen Vertreter vertreten werden. Anders als vom OLG München angedeutet, dürfte dann auch davon auszugehen sein, dass eine Zustimmung bzw. Ermächtigung durch den Aufsichtsrat entbehrlich ist.

Seit der GmbH-Reform („MoMiG") können bei der Gesellschaftsgründung auch **Musterprotokolle** verwendet werden, die in der Anlage zum GmbH-Gesetz vorhanden sind und die Gründungsurkunde, die Satzung und die Gesellschafterliste in einem Dokument zusammenfassen. Wird eine Unternehmergesellschaft (haftungsbeschränkt) (kurz: „UG") mit Musterprotokoll gegründet, profitieren die Gründer von einer Gebührenreduktion. Dass dieses Verfahren, anders als vom Gesetzgeber gedacht, nicht unbedingt zu Erleichterungen, sondern auch zu besonderen Erschwernissen führen kann, zeigt eine Entscheidung des Kammergerichts.[2] Hier war eine UG mit Musterprotokoll gegründet worden, so dass die Satzung in Ziff. 4 den Geschäftsführer namentlich benannte und seine Befugnisse festlegte. Als später neue Geschäftsführer bestellt wurden, sah das Registergericht die Bestellungsbeschlüsse als unwirksam an und verweigerte die Eintragung. Nach § 35 Abs. 2 S. 1 GmbHG könnte Geschäftsführern nur dann Alleinvertretungsbefugnis und die Befreiung von den Beschränkungen des § 181 BGB erteilt werden, wenn die Satzung eine entsprechende Ermächtigungsklausel enthalte. Da das Musterprotokoll eine solche Ermächtigungsklausel nicht enthalte, und eine Satzungsänderung noch nicht kraft Handelsregistereintragung wirksam geworden sei,

---

[1] OLG München, Beschluss v. 8.5.2012, 31 Wx 69/12, DStR 2012, S. 1289 ff.
[2] KG, Beschluss v. 16.4.2012, 25 W 23/12, GmbHR 2012, S. 907 ff.

könne den neuen Geschäftsführern anders als beschlossen und angemeldet keine Alleinvertretungsbefugnis und Befreiung von den Beschränkungen des § 181 BGB erteilt werden. Hiermit stellt es sich immerhin auf den Standpunkt, dass bei Geltung des Musterprotokolls überhaupt neue und mehrere Geschäftsführer bestellt werden können. Andererseits zeigt die Entscheidung, dass die Verwendung des Musterprotokolls bei späteren Änderungen einen erhöhten Zeit- und Kostenaufwand verursacht und daher sorgsam überlegt werden muss.

In Bezug auf die **vorzeitige Wiederbestellung von Vorstandsmitgliedern** einer AG hat der BGH[3] eine für die Praxis wichtige Entscheidung getroffen. Nach § 84 Abs. 1 S. 3 AktG darf der Aufsichtsrat frühestens ein Jahr vor Ablauf der bisherigen Amtszeit eines Vorstandsmitglieds dieses Vorstandsmitglied nur dann wiederholt bestellen oder seine Amtszeit verlängern. In der Praxis kann es jedoch zu Situationen kommen, in denen die längere Tätigkeit eines Vorstandsmitglieds für die Gesellschaft bereits früher sichergestellt werden soll. Wegen der Formulierung in § 84 Abs. 1 S. 3 AktG behilft man sich typischerweise damit, dass die Bestellung des betreffenden Vorstandsmitglieds einvernehmlich aufgehoben und das Vorstandsmitglied direkt im Anschluss für eine neue Amtszeit bestellt wird. Dieses Vorgehen war jedoch bislang umstritten und daher rechtlich unsicher. Nach Auffassung der BGH sind solche Beschlüsse grundsätzlich keine unzulässige Umgehung des § 84 Abs. 1 S. 3 AktG, sondern zulässig und wirksam. Zusätzlich entschied er, dass für diese Vorgehensweise keine besonderen Gründe vorliegen müssen, wie z. B. im Hinblick auf die Empfehlung in Ziff. 5.1.2 DCGK. In der Praxis darf freilich nicht außer Acht gelassen werden, dass der Aufsichtsrat nach pflichtgemäßem Ermessen entscheiden und damit auch die „Business Judgement Rule" berücksichtigen muss. Diesen Erfordernissen dürften nur solche vorzeitigen Wiederbestellungen genügen, die im Gesellschaftsinteresse liegen. Ohne jeden Anlass dürfte es schwer fallen, eine hierfür genügende Rechtfertigung für die vorzeitige Wiederbestellung zu finden. In jedem Fall empfehlen sich eine angemessene Abwägung und Dokumentation der Entscheidung. Prozessual ist die Entscheidung des BGH insofern bemerkenswert, als dass auch neue Aufsichtsratsmitglieder ein Interesse an der gerichtlichen Feststellung der (Un-)Wirksamkeit eines Aufsichtsratsbeschlusses haben, vorausgesetzt, der vor ihrer Amtszeit gefasste Beschluss wirkt noch während der Amtszeit des neuen Aufsichtsratsmitglieds fort.

Notfalls werden Geschäftsführer oder Vorstände durch das zuständige Registergericht bestellt. Mit der **Bestellung eines Notvorstandes** für einen Verein hat sich das Kammergericht[4] auseinander gesetzt. Danach muss das Gericht das ihm zustehende Entscheidungsermessen pflichtgemäß ausüben. Das ist nicht der Fall, wenn der gerichtlich bestellte Notvorstand die durch die Satzung für ein Vorstandsmitglied vorgesehene Qualifikation nicht erfüllt oder wenn ein Angehöriger eines von zwei einander feindlich gegenüber stehenden Vereinslagern zum Notvorstand des Vereins bestellt wird.

Zu den **Versicherungen**, die Geschäftsführer bzw. Vorstände im Rahmen von Handelsregisteranmeldungen abgeben müssen, verhalten sich Entscheidungen des Kammergerichts[5] und des OLG Karlsruhe.[6] Das Kammergericht hat festgestellt, dass die bei wirtschaftlicher Neugründung erforderliche Versicherung nach § 8 Abs. 2 GmbHG über die wirksame Kapitalaufbringung in der Handelsregisteranmeldung enthalten und durch wirksam bestellte Geschäftsführer unterzeichnet sein muss. Das OLG Karlsruhe hat klargestellt, dass die gemäß §§ 39 Abs. 3, 8 Abs. 3 GmbHG geforderte Versicherung über die Auskunftspflichtbelehrung nur Tatsachen mitteilen, aber keine bestimmte Formulierung enthalten muss. Anstelle des Wortes „versichern" können beispielsweise

---

[3] BGH, Urteil v. 17.7.2012, II ZR 55/11, BB 2012, S. 2455 ff.
[4] Kammergericht, Beschluss v. 29.3.2012, 25 W 102/11, FGPrax 2012, S. 207 ff.
[5] Kammergericht, Beschluss v. 26.3.2012, 25 W 38/10, DStR 2012, S. 2346 ff.
[6] OLG Karlsruhe, Beschluss v. 20.4.2012, 11 Wx 33/12, NZG 2012, S. 598 ff.

auch die Formulierungen „erklären" oder „angeben" verwendet werden, solange hinreichend erkennbar ist, dass es sich um eine eigenverantwortliche Bekundung des Betroffenen handelt.

Eine GmbH muss grundsätzlich keinen Aufsichtsrat haben. Aus verschiedenen Gründen entscheiden sich Gesellschafter aber immer wieder für die **Einrichtung eines Beirats**, der beispielsweise beratend oder schlichtend tätig werden soll. Nach Auffassung des OLG München[7] kann die in der Satzung einer GmbH vorgesehene Möglichkeit, einen Beirat mit einfacher Stimmenmehrheit einzurichten, nicht verwirkt werden. Die Stimmabgabe der Mehrheitsgesellschafterin für die Einrichtung des Beirats sei auch nicht schon deshalb treuwidrig, weil in der Vergangenheit eine Streichung der Satzungsklausel diskutiert, aber letztlich nicht umgesetzt wurde.

Mit der **Bestellung von Aufsichtsratsmitgliedern** einer AG musste sich das OLG Frankfurt am Main[8] im Zusammenhang mit Anfechtungsklagen gegen Hauptversammlungsbeschlüsse einer AG auseinander setzen. Hauptversammlungen werden üblicherweise durch den jeweiligen Aufsichtsratsvorsitzenden geleitet. In dem entschiedenen Fall war jedoch die auf einer vorhergehenden Hauptversammlung beschlossene Bestellung des aktuellen Aufsichtsratsvorsitzenden ebenfalls angefochten und bis zur jetzt streitgegenständlichen Hauptversammlung noch nicht rechtskräftig entschieden worden. Also wurden die auf der jetzigen Hauptversammlung gefassten Beschlüsse mit der Begründung angefochten, der Aufsichtsratsvorsitzende sei nicht wirksam bestellt und habe daher auch die Hauptversammlung nicht wirksam leiten können. Das OLG Frankfurt am Main hat entschieden, dass der Aufsichtsratsvorsitzende bis zur rechtskräftigen Feststellung der Unwirksamkeit seiner Wahl die mit dem Amt verbundenen Aufgaben insbesondere als Versammlungsleiter wahrzunehmen hat. Beschlüsse, die unter der Leitung eines unzuständigen Versammlungsleiters gefasst wurden, könnten nur dann angefochten werden, wenn konkrete Maßnahmen des unzuständigen Versammlungsleiters sich in relevanter Weise auf den angefochtenen Beschluss inhaltlich ausgewirkt hätten.

1.2 Abberufung

Soll ein Vorstandsmitglied einer AG aus wichtigem Grund mit sofortiger Wirkung abberufen werden, muss die Abberufung gegenüber dem betreffenden Vorstandsmitglied erklärt werden. Hierfür ist nach einer Entscheidung des OLG Düsseldorf[9] gemäß §§ 112, 84 Abs. 3 S. 5 AktG der **Aufsichtsrat zuständig**. Die Abberufungserklärung kann der Aufsichtsratsvorsitzende entweder als Bevollmächtigter der Gesellschaft, als Bote des Aufsichtsrats oder – wie vorliegend aufgrund einer entsprechenden Satzungsbestimmung – als Bevollmächtigter des Aufsichtsrats abgeben.

Ein **wichtiger Grund** für die Abberufung eines Vorstandsmitglieds nach § 84 Abs. 3 AktG liegt nach Ansicht des OLG München[10] vor, wenn das Vorstandsmitglied gegen das Gebot der unbedingten Offenheit gegenüber dem Aufsichtsrat verstoßen hat. Denn damit werde das notwendige Vertrauen des Aufsichtsrats zerstört.

In der Zwei-Mann-GmbH sind grundsätzlich gesteigerte Anforderungen an das Vorliegen eines wichtigen Grundes für die **Abberufung eines Gesellschafter-Geschäftsführers** zu stellen. Hier hat das OLG München[11] entschieden, ein wichtiger Grund liege vor, wenn der Gesellschafter-Geschäftsführer einen Mercedes SLS AMG Coupé mit den Mitteln der Gesellschaft erwerbe, ohne

---

[7] OLG München, Urteil v. 9.8.2012, 23 U 4173/11, BeckRS 2012, 17266.
[8] OLG Frankfurt am Main, Urteil v. 26.6.2012, 5 U 144/09, NZG 2010, S. 1271.
[9] OLG Düsseldorf, Urteil v. 24.2.2012, I – 16 U 177/10, AG 2012, S. 511 ff.
[10] OLG München, Urteil v. 14.3.2012, 7 U 681/11, AG 2012, S. 753 ff.
[11] OLG München, Schlussurteil v. 29.3.2012, 23 U 4344/11, BeckRS 2012, 07661.

dass der Erwerb dieses Fahrzeuges vom satzungsgemäß bestimmten Gegenstand des Unternehmens umfasst gewesen wäre, und wenn er seine Geschäftsführerbezüge erhöhe, ohne den ihm obliegenden Informationspflichten gegenüber den anderen Gesellschaftern nachzukommen.

1.3 Amtsniederlegung

Alternativ zur Abberufung kann ein Geschäftsführer oder Vorstand sein Amt auch selbst, und zwar durch Niederlegung, beenden. Nach Ansicht des Kammergerichts[12] muss die Niederlegung der Geschäftsführerstellung **gegenüber dem zuständigen Bestellungsorgan** erfolgen, also gegenüber der Gesellschafterversammlung oder einem alleinvertretungsberechtigten organschaftlichen Vertreter eines Gesellschafters. Die Wirksamkeit der Amtsniederlegung, also die ordnungsgemäße Erklärung und ihr ordnungsgemäßer Zugang, seien dem Registergericht durch die Vorlage entsprechender Urkunden nachzuweisen. Sei die Alleingesellschafterin unerreichbar, müsse der Zugang notfalls durch öffentliche Zustellung nach § 132 Abs. 2 BGB bewirkt werden. Hierbei sei aber zu beachten, dass in der Kündigung des Anstellungsvertrages grundsätzlich nicht auch die gleichzeitige Amtsniederlegung liege.[13] In beiden entschiedenen Fällen hatten sich Geschäftsführer von GmbHs gegen die Festsetzung von Zwangsgeldern ihnen gegenüber mit der (behaupteten) Niederlegung ihrer Geschäftsführerämter zu wehren versucht. Die Zwangsgelder waren verhängt worden, weil bei den Gesellschaften keine (funktionsfähige) inländische Geschäftsanschrift im Handelsregister eingetragen war.

Wie das OLG München[14] festgestellt hat, kann allerdings der **geschäftsführende Allein- oder Mehrheitsgesellschafter** einer GmbH sein Amt nicht wirksam niederlegen und zur Eintragung in das Handelsregister anmelden, sofern er nicht gleichzeitig einen Nachfolger bestellt oder ein wichtiger Grund zur Niederlegung besteht. Gleiches gelte im Falle mittelbarer Beherrschung der GmbH, also für denjenigen, der einerseits geschäftsführender Alleingesellschafter einer GmbH ist und andererseits Geschäftsführer einer Unternehmergesellschaft, die sämtliche Geschäftsanteile an der GmbH hält.

Ist die Niederlegungserklärung wirksam, ist jedoch zu berücksichtigen, dass die **Anmeldung des Ausscheidens zur Eintragung ins Handelsregister** nicht durch Prokuristen oder Handlungsbevollmächtige vorgenommen werden kann. Nach dem OLG Düsseldorf[15] sei die Anmeldung nämlich kein Geschäft des „laufenden Betriebs" und damit nicht vom gesetzlichen Umfang einer Prokura oder Handlungsvollmacht umfasst. Vielmehr seien die Grundlagen des kaufmännischen Unternehmens betroffen.

Allerdings ist nach einer Entscheidung des OLG Bamberg[16] auch der ehemalige Geschäftsführer nicht befugt, sein Ausscheiden aus der Geschäftsführung **zur Eintragung beim Handelsregister anzumelden**. Hierbei stellt sich das Gericht ausdrücklich gegen die in Rechtsprechung und Literatur teilweise vertretene Meinung, in unmittelbarem zeitlichen Zusammenhang mit der Amtsniederlegung könne die Handelsregistereintragung noch bewirkt werden. Nach den Ausführungen des OLG Bamberg würde dies aber nicht nur dem Gesetzeswortlaut widersprechen, sondern wäre auch mit vermeidbaren Unsicherheiten verknüpft. Schließlich habe es der Geschäftsführer selbst in der Hand, diese Situation zu vermeiden, indem er das Wirksamwerden der Amtsniederlegung

---

[12] Kammergericht, Beschluss v. 5.1.2012, 25 W 44/11, GmbHR 2012, S. 517.
[13] Kammergericht, Beschluss v. 1.2.2012, 25 W 76/11, GmbHR 2012, S. 795 f.
[14] OLG München, Beschluss v. 29.5.2012, 31 Wx 188/12, NZG 2012, S. 739 f.
[15] OLG Düsseldorf, Beschluss v. 16.3.2012, I – 3 Wx 296/11, NZG 2012, S. 1223.
[16] OLG Bamberg, Beschluss v. 26.6.2012, 1 W 29/12, NZG 2012, S. 1106 ff.

vom Eingang der Anmeldung beim Registergericht oder der Eintragung im Handelsregister abhängig mache.

1.4 Befugnisse

Mit den Befugnissen von Geschäftsleitern haben sich das LG München[17] und das OLG Düsseldorf[18] befasst. Im ersteren Fall ging es um die Befugnisse des Vorstands einer AG. Das LG München hat entschieden, ein **„Business Combination Agreement"** und ein damit zusammenhängender Beherrschungs- und Gewinnabführungsvertrag seien unwirksam, und die Zustimmungsbeschlüsse der Hauptversammlung zum Unternehmensvertrag seien anfechtbar, wenn das „Business Combination Agreement" in Verstoß gegen die aktienrechtliche Kompetenzordnung die Befugnisse des Vorstands einschränkt. In Bezug auf die Vertretung einer AG durch den Vorstand hat das OLG Düsseldorf befunden, die **Schriftform eines langfristigen Mietvertrages mit einer AG** sei nur dann nicht gewahrt, wenn nach dem Rubrum des Mietvertrages Zweifel daran entstehen können, ob das unterzeichnende Vorstandsmitglied auch für ein anderes Vorstandsmitglied handelte oder der Eindruck entstehe, dass die Urkunde unvollständig ist und noch einer weiteren Unterschrift bedarf.

2 Anstellung und Beauftragung von Geschäftsleitern und Aufsichtsräten

2.1 Vertragsschluss

Im Zusammenhang mit der Anstellung von Geschäftsführern kommt es regelmäßig darauf an, ob jene als Arbeitnehmer angesehen werden und damit einen entsprechenden Schutz genießen. Der BGH[19] hat sich mit der **Anwendung des AGG auf Geschäftsführer** befasst. In dem entschiedenen Fall hatte sich ein GmbH-Geschäftsführer darum beworben, auch in der Zeit nach Ablauf der Befristung seiner Bestellung und Anstellung Geschäftsführer der Gesellschaft zu sein, war aber aus Altersgründen abgelehnt worden. Der BGH hat ausdrücklich offen gelassen, ob der Geschäftsführer in unionskonformer Auslegung des AGG als Arbeitnehmer anzusehen und damit bereits nach § 6 Abs. 1 AGG vom Schutzbereich des AGG umfasst war. Nach Ansicht des BGH ist der abgewiesene Bewerber jedenfalls nach § 6 Abs. 3 AGG i. V. m. den Vorschriften des Zweiten Abschnitts des AGG schadenersatzberechtigt. Hierbei könne sich der Bewerber nach dem Sinn und Zweck von § 22 AGG auch auf die Beweiserleichterung durch § 22 AGG berufen. Der BGH sah zugunsten des klagenden Bewerbers die Beweislast für die Benachteiligung als umgekehrt an, weil der Vorsitzende des entscheidungszuständigen Aufsichtsrats die Ablehnungsgründe unwidersprochen öffentlich wiedergegeben hatte und sich daraus weitere Indizien für eine Benachteiligung ergaben. Er deutet an, dass sich der Aufsichtsrat selbst von der Verschwiegenheit hätte befreien können, um die Vermutungswirkung zu widerlegen. Des Weiteren hat der BGH dem klagenden Bewerber eine Beweiserleichterung für die Ursächlichkeit der Benachteiligung für die Ablehnung seiner Bewerbung zuerkannt. Denn nach der Lebenserfahrung bestehe eine tatsächliche Vermutung oder Wahrscheinlichkeit für eine Einstellung bei regelgerechtem Vorgehen.

---

[17] OLG Düsseldorf, Urteil v. 31.1.2012, I – 24 U 152/11, BeckRS 2012, 05972.
[18] OLG Düsseldorf, Urteil v. 31.1.2012, I – 24 U 152/11, BeckRS 2012, 05972.
[19] BGH, Urteil v. 23.4.2012, II ZR 163/10, BB 2012, S. 1928 ff.

2.2 Kündigung

Kündigt der Geschäftsleiter seinen Anstellungsvertrag selbst, wurde seine Kündigung allerdings durch vertragswidriges Verhalten des anderen Teiles veranlasst, so ist dieser nach § 628 Abs. 2 BGB zum **Ersatz des durch die Aufhebung des Dienstverhältnisses entstehenden Schadens** verpflichtet. In einem vom BGH[20] entschiedenen Fall hatte ein Geschäftsführer fristlos gekündigt, nachdem seine Befugnisse eingeschränkt worden waren, und dann Schadenersatzansprüche erhoben. Nach Ansicht des BGH scheidet ein solcher Anspruch jedenfalls dann aus, wenn der Aufgabenbereich eines Geschäftsführers ohne Verletzung seiner gesellschaftsrechtlichen (d. h. sich aus Gesetz und Satzung ergebenden) und im Anstellungsvertrag eingeräumten Befugnisse eingeschränkt wird. Aus diesem Grund könne auch offen bleiben, ob es gerechtfertigt sei, von der allgemein anerkannten Zulässigkeit einer Abberufung erst recht auf eine Zulässigkeit der Befugnisbeschränkung zu schließen. Zusätzlich waren die Geschäftsführerbefugnisse jedoch durch eine Geschäftsordnung eingeschränkt worden. Hierbei ließ der BGH offen, ob es Kernaufgaben der Geschäftsführer gebe, die sich einer Ressortverteilung entziehen. Bedenklich könne nach Ansicht des BGH allenfalls sein, wenn der Geschäftsführer den Weisungen eines anderen Geschäftsführers unterstellt wird. Sei der weisungsbefugte Mitgeschäftsführer – wie vorliegend – aber gleichzeitig Alleingeschäftsführer der Alleingesellschafterin und könnte er den Geschäftsführer in dieser Eigenschaft ohnehin anweisen, dürfe ihm auch in einer auf Ebene der Tochtergesellschaft erlassenen Geschäftsordnung Weisungsbefugnis gegenüber seinen Mitgeschäftsführern eingeräumt werden.

Das OLG München[21] hat klargestellt, dass ein wichtiger Grund für den Widerruf der Bestellung eines Vorstandsmitglieds nicht zwingend gleichzeitig auch die **fristlose Kündigung** des Vorstandsdienstvertrages durch die Gesellschaft rechtfertigt. Vielmehr sei in Abwägung der wechselseitigen Interessen zu prüfen, ob ein für den Widerruf der Bestellung ausreichender Grund auch den Wegfall der Vergütungsansprüche aus dem Dienstvertrag rechtfertigt. Erfolge der Widerruf der Bestellung wegen zerstörten Vertrauens zwischen Vorstand und Aufsichtsrat, rechtfertige dies nach den Umständen des Einzelfalls die fristlose Kündigung des Vorstandsdienstvertrages jedenfalls dann nicht, wenn die Zerrüttung zumindest auch auf das Verhalten des Aufsichtsrats bzw. seiner Mitglieder zurückzuführen sei. Für den Beginn der zweiwöchigen Kündigungsfrist sei die Kenntniserlangung durch den Aufsichtsrat als Gremium erforderlich, die Kenntniserlangung durch den Vorsitzenden oder einzelne Aufsichtsratsmitglieder genüge nicht. Rufe der Vorsitzende dann nicht binnen eines angemessen kurzen Zeitraums eine Aufsichtsratssitzung ein, beginne die Zweiwochenfrist mit Ablauf des angemessen kurzen Zeitraums.

Auch darüber hinaus haben sich verschiedene Gerichte mit der Frage befasst, wann ein **wichtiger Grund** für die Kündigung eines Geschäftsleiteranstellungsvertrages besteht. Hierbei haben sie klargestellt, dass nicht jede Vertragspflichtverletzung des Dienstnehmers die außerordentliche Kündigung eines Dienstvertrages zu rechtfertigen vermag. Der Pflichtverstoß muss vielmehr unter Abwägung aller Umstände des Einzelfalles so schwerwiegend sein, dass die Fortsetzung des Dienstverhältnisses bis zum Ablauf der ordentlichen Kündigungsfrist bzw. bei befristeten Verträgen bis zum Fristablauf für den Dienstherren unzumutbar ist. Nach Ansicht des OLG Koblenz[22] handelt pflichtwidrig und kann fristlos gekündigt werden, wer einer betriebsfremden Person die Nutzung von Einrichtungen der Gesellschaft gestattet bzw. auf Kosten der Gesellschaft Nachhilfe erteilen lässt, **ohne dass ein betriebliches Interesse der Gesellschaft vorliegt**. In beiden Fällen habe die Pflichtwidrigkeit ein erhebliches Gewicht, da der ehemalige Geschäftsführer eine beson-

---

[20] BGH, Urteil v. 6.3.2012, II ZR 76/11, NZG 2012, S. 502 ff.
[21] OLG München, Urteil v. 14.3.2012, 7 U 681/11, AG 2012, S. 753 ff.
[22] OLG Koblenz, Urteil v. 31.5.2012, 6 U 350/12, BeckRS 2012, 11480.

dere Nähebeziehung zu den jeweils Begünstigten unterhalten habe. Seine weitere Tätigkeit als Geschäftsführer sei daher für die Gesellschaft unzumutbar. Laut OLG München[23] stellt dagegen die **Drohung** mit der BaFin bzw. der Staatsanwaltschaft keine Pflichtverletzung dar. Denn hierbei handele es sich um ein selbstverständliches Recht eines jeden Staatsbürgers, das vertraglich nicht ausgeschlossen werden könne (§§ 134, 138 BGB). Im Vergleich dazu lägen in der Drohung, die Medien einzuschalten, zwar eine grobe Ungehörigkeit sowie ein dienstvertraglicher Pflichtenverstoß. Gleichwohl rechtfertige dieser unter Berücksichtigung der individuellen Umstände nicht die außerordentliche Kündigung. In einer weiteren Entscheidung hat das OLG München[24] einen wichtigen Grund für die Kündigung des Gesellschafter-Geschäftsführers einer GmbH darin gesehen, dass er einen **hochwertigen Sportwagen** mit den Mitteln der Gesellschaft erworben hat, ohne dass der Erwerb dieses Fahrzeuges vom satzungsgemäß bestimmten Gegenstand des Unternehmens umfasst gewesen wäre, und dass er seine **Geschäftsführerbezüge** erhöht hat, ohne den ihm obliegenden Informationspflichten gegenüber den anderen Gesellschaftern nachzukommen. Aus dem allgemeinen Grundsatz, dass niemand Richter in eigener Sache sein darf, unterliege der betroffene Gesellschafter-Geschäftsführer bei der Beschlussfassung über die Kündigung seines Anstellungsvertrages einem Stimmverbot. Der dagegen verstoßende Beschluss sei nichtig.

Wie die Kontrahenten abschließend die zwischen ihnen bestehenden Rechtsverhältnisse klären können, zeigt eine Entscheidung des OLG Brandenburg.[25] In dem zugrunde liegenden Fall hatte eine Partei mit der **Ausgleichsklausel** eines Vertrages im Sinn einer Generalbereinigung gegenüber der anderen Partei anerkannt, dass gegenseitig keine Forderungen mehr bestehen. Damit wurden nach Ansicht des Gerichts sämtliche wechselseitigen Ansprüche mit Ausnahme solcher aus unerlaubter Handlung ausgeschlossen. Geht es den Beteiligten darum, die Rechtsbeziehung zur Schaffung klarer Verhältnisse insgesamt zum Erlöschen zu bringen, erfasse eine Abschlusserklärung auch unbekannte Ansprüche. Im Übrigen beinhalte die Vereinbarung der tariflichen Vergütung für die Tätigkeit als Geschäftsführer und diejenige des Heimleiters auch das Entgelt für Bereitschaftsdienste, wie es in dem jeweiligen Tarifwerk vorgesehen ist.

2.3 Rechtsweg

Für die Verfolgung von Rechtsstreitigkeiten zwischen aktuellen oder ehemaligen Geschäftsleitern und den Gesellschaften kommen sowohl die ordentlichen als auch die Arbeitsgerichte in Betracht. Auch kann es für einen aktuellen oder ehemaligen Geschäftsleiter möglicherweise von Vorteil sein, als Arbeitnehmer eingestuft und behandelt zu werden. Aus diesem Grund gab es auch im Jahr 2012 zahlreiche Verfahren vor Arbeitsgerichten, in denen jene zunächst ihre Zuständigkeit klären und entscheiden mussten.

Die Arbeitsgerichte sind nur für bürgerliche Rechtsstreitigkeiten zwischen Arbeitnehmern und Arbeitgebern aus dem Arbeitsverhältnis oder über das Bestehen oder Nichtbestehen eines Arbeitsverhältnisses (§ 2 Abs. 1 Nr. 3 Buchstaben a und b ArbGG). Nach § 5 Abs. 1 S. 3 ArbGG gelten in Betrieben einer juristischen Person oder Personengesamtheit solche Personen nicht als Arbeitnehmer, die kraft Gesetzes, Satzung oder Gesellschaftsvertrags allein oder als Mitglieder des Vertretungsorgans zur Vertretung der juristischen Person oder der Personengesamtheit berufen sind. Freilich deutet eine Entscheidung des LAG Rheinland-Pfalz[26] an, diese Fiktion könne je nach **inhaltlicher Ausgestaltung** des Anstellungsverhältnisses entkräftet werden: Das Gericht entgegnet

---

[23] OLG München, Urteil v. 18.4.2012, 7 U 3882/11, GmbHR 2012, S. 852 ff.
[24] OLG München, Schlussurteil v. 29.3.2012, 23 U 4344/11, BeckRS 2012, 07661.
[25] OLG Brandenburg, Urteil v. 28.2.2012, 6 U 79/09, BeckRS 2012, 07380.
[26] LAG Rheinland-Pfalz, Urteil v. 27.2.2012, 5 Sa 607/11, BeckRS 2012, 70277.

nämlich auf entsprechende Ausführungen der Klägerin, auf eine unionskonforme Auslegung des Arbeitnehmerbegriffs komme es deshalb nicht an, weil zwischen den Prozessparteien kein Vertragsverhältnis bestanden habe und ein solches auch nicht aufgrund faktisch gelebter Weisungen habe begründet werden können. Vielmehr habe die Klägerin nur mit einer anderen, nicht beklagten Konzerngesellschaft ein Anstellungsverhältnis unterhalten. Das BAG hat allerdings abermals dargelegt, dass die Fiktion unabhängig davon eingreift, ob das der Organstellung zugrunde liegende Rechtsverhältnis **inhaltlich** als freies Dienstverhältnis oder als Arbeitsverhältnis ausgestaltet ist, also auch unabhängig davon, ob und inwiefern ein Geschäftsführer weisungsgebunden ist. Sowohl das BAG[27] als auch das LAG Köln[28] und das LAG Hamm[29] haben die gängige Rechtsprechung bekräftigt, dass sich der rechtliche Charakter des Anstellungsverhältnisses eines Organvertreters auch nicht allein durch die **Abberufung** aus der Organstellung ändert. Ein Urteil LAG Köln hat diesen Gedankengang dahingehend fortgeführt, dass die Person auch nicht vorher, zwischen Abschluss eines auf die Geschäftsführertätigkeit gerichteten Vertrages und der tatsächlichen Geschäftsführerbestellung, als Arbeitnehmer zu behandeln ist und erst durch die Geschäftsführerbestellung ihre Arbeitnehmereigenschaft verliert.[30]

Ist bei der Anstellung zunächst keine Geschäftsführertätigkeit geplant, wird der Arbeitnehmer aber **später zum Geschäftsführer bestellt**, wird – wie in Urteilen des LAG Schleswig-Holstein[31] und des LAG Hamm[32] klargestellt – in diesem Zusammenhang das bisherige Arbeitsverhältnis grundsätzlich aufgehoben und ein Anstellungsverhältnis auf Grundlage eines Geschäftsführer-Dienstvertrages begründet. Das führt nach dem LAG Hamm[33] auch dazu, dass Direktversicherungsleistungen umqualifiziert werden: Selbst wenn sie in nicht unerheblichem Umfang zu Zeiten des Arbeitsverhältnisses „verdient" wurden, müssen Ansprüche künftig vor den ordentlichen Gerichten geltend gemacht werden; dies gilt auch nach der Abberufung vom Geschäftsführeramt. Das mit dem Geschäftsführer bestehende Anstellungsverhältnis kann aber dann als Arbeitsverhältnis zu qualifizieren sein, wenn – wie vom LAG Rheinland-Pfalz[34] ausgeführt – die Geltung arbeitsrechtlicher Normen ausdrücklich vereinbart wurde, oder wenn – wie in einem vom LAG Köln[35] entschiedenen Fall – das betreffende Anstellungsverhältnis ausnahmsweise als Arbeitsvertrag auszulegen ist.

Wie das LAG Rheinland-Pfalz[36] in zwei Entscheidungen bekräftigt hat, kann aufgrund der **Schriftformklausel in § 623 BGB** von einer Aufhebung des alten und der Begründung eines neuen Vertrages allerdings grundsätzlich nicht ausgegangen werden, wenn der Arbeitnehmer bloß auf Grundlage einer formlosen Abrede zum Geschäftsführer bestellt wird. Dann besteht ausnahmsweise ein Arbeitsverhältnis fort. Anders lag es allerdings in einem vom LAG Schleswig-Holstein[37] entschiedenen Fall, in dem der Kläger bereits im Jahr 1997 und damit **vor Einführung des § 623 BGB** im Jahr 2001 zum Geschäftsführer bestellt worden war. Da damals die Schriftformklausel noch nicht galt, wurde das Arbeitsverhältnis nach Auffassung des Gerichts konkludent beendet. Es sei rechtsmissbräuchlich und verstoße gegen Treu und Glauben, sich jetzt auf den Formmangel zu berufen. Aus diesem Grund sei der Rechtsweg zu den Arbeitsgerichten nicht eröffnet.

---

[27] BAG, Beschluss v. 26.10.2012, 10 AZB 60/12, DB 2012, S. 2699 f.
[28] LAG Köln, Beschluss v. 12.1.2012, 12 Ta 274/11, NZA-RR 2012, S. 327 ff.
[29] LAG Hamm, Beschluss v. 1.2.2012, 2 Ta 394/11, NZR-RR 2012, S. 324 ff.
[30] LAG Köln, Beschluss v. 12.1.2012, 12 Ta 274/11, NZA-RR 2012, S. 327 ff.
[31] LAG Schleswig-Holstein, Beschluss v. 25.9.2012, 3 Ta 100/12, BeckRS 2012, 74769.
[32] LAG Hamm, Beschluss v. 1.2. 2012, 2 Ta 394/11, NZA-RR 2012, S. 324 ff.
[33] LAG Hamm, Beschluss v. 1.2.2012, 2 Ta 394/11, NZR-RR 2012, S. 324 ff.
[34] LAG Rheinland-Pfalz, Urteil v. 27.2.2012, 5 Sa 607/11, BeckRS 2012, 70277.
[35] LAG Köln, Beschluss v. 4.10.2012, 11 Ta 377/11, BeckRS 2012, 74995.
[36] LAG Rheinland-Pfalz, Urteil v. 27.2.2012, 5 Sa 607/11, BeckRS 2012, 70277; LAG Rheinland-Pfalz, Urteil v. 28.6.2012, 3 Ta 72/12, NZA-RR 2012, S. 549 ff. – nicht rechtskräftig, Revision beim BAG anhängig unter Az. 10 AZB 55/12.
[37] LAG Schleswig-Holstein, Beschluss v. 25.9. 2012, 3 Ta 100/12, BeckRS 2012, 74769.

Die Arbeitsgerichte können – wie vom LAG Schleswig-Holstein,[38] LAG Hamm[39] und wohl auch vom LAG Köln[40] entschieden – auch dann zuständig sein, wenn der Organvertreter Rechte auch mit der Begründung geltend macht, nach der Abberufung als Geschäftsführer habe sich das nicht gekündigte Arbeitsverhältnis (wieder) in ein Arbeitsverhältnis umgewandelt. Wenn der Fortbestand eines nach Auffassung des Klägers begründeten und nach wirksamer Abberufung **fortbestehenden oder wieder auflebenden Arbeitsverhältnisses** geltend gemacht wird, kann sich gemäß Entscheidungen des BAG,[41] des LAG Köln[42] und des OLG Düsseldorf[43] die Zuständigkeit der Arbeitsgerichte nach den sogenannten sic-non-Grundsätzen ergeben. Nach diesen Grundsätzen eröffnet bei streitiger Tatsachengrundlage die bloße Rechtsansicht der Klagepartei, es handele sich um ein Arbeitsverhältnis, den Rechtsweg zu den Arbeitsgerichten. Nach dem BAG[44] kann dabei dahinstehen, ob zwischen den Beteiligten nur noch ein einziger oder mehrere Verträge bestanden. Allerdings muss – wie eine Entscheidung des LAG Schleswig-Holstein[45] zeigt – der Tatsachenvortrag des Klägers auch ausreichend sein. Außerdem ist zwischen den verschiedenen Senaten des LAG Köln umstritten, ob die Arbeitsgerichte bei einem bloßen **Abwicklungsverhältnis** zuständig sind[46] oder nicht.[47]

Wie vom LAG Köln[48] und nach Rechtsbeschwerde auch vom BAG[49] klargestellt, gebietet § 5 Abs. 1 S. 3 ArbGG es allerdings, dass **während der Bestellung** der Person zum Geschäftsführer Streitigkeiten generell nicht vor den Arbeitsgerichten ausgetragen werden. Arbeitsrechtliche Ansprüche können erst **nach der Abberufung** und damit nach dem Wegfall der Fiktion des § 5 Abs. 1 S. 3 ArbGG vor den Arbeitsgerichten geltend gemacht werden. In dem entschiedenen Fall hatte der Kläger freilich seine Klage auch erst nach seiner Abberufung erhoben, so dass der Rechtsweg zu den Arbeitsgerichten als eröffnet angesehen wurde. Eine Entscheidung des LAG Rheinland-Pfalz[50] wird dem BAG allerdings kurzfristig Gelegenheit geben, den Fall einer Klageerhebung noch während der Amtszeit abweichend von dieser Linie zu entscheiden. Das LAG Rheinland-Pfalz sah den Rechtsweg zu den Arbeitsgerichten auch bei einer Abberufung erst nach Klageerhebung als eröffnet an, sofern der Rechtsstreit ein arbeitsrechtliches Rechtsverhältnis zwischen den Parteien betreffe.

Verschiedene Gerichte haben sich auch mit der Frage auseinander gesetzt, wer die Gesellschaft im Rechtsstreit mit ihren aktuellen oder ehemaligen Geschäftsleitern **wirksam vertreten** kann. Das OLG Saarbrücken[51] hat klargestellt, dass eine **AG** nach § 112 AktG durch ihren Aufsichtsrat vertreten wird, wenn sie sich in einem Rechtsstreit einer GmbH befindet, deren alleiniger Gesellschafter und Geschäftsführer ein früheres Vorstandsmitglied der AG ist, und es um Ansprüche der GmbH aus einem mit der AG geschlossenen Beratungsvertrag geht. Aufgrund der gebotenen typisierenden Betrachtungsweise komme es nicht darauf an, ob das Vorstandsmitglied noch oder nicht

---

[38] LAG Schleswig-Holstein, Beschluss v. 25.9.2012, 3 Ta 100/12, BeckRS 2012, 74769.
[39] LAG Hamm, Beschluss v. 1.2. 2012, 2 Ta 394/11, NZA-RR 2012, S. 324 ff.
[40] LAG Köln, Beschluss v. 10.7.2012, 10 Ta 316/11, BeckRS 2012, 73149.
[41] BAG, Beschluss v. 26.10.2012, 10 AZB 60/12, DB 2012, S. 2699 f.
[42] LAG Köln, Beschluss v. 12.1.2012, 12 Ta 274/11, NZA-RR 2012, S. 327 ff.; LAG Köln, Beschluss v. 10.7.2012, 10 Ta 316/11, BeckRS 2012, 73149; LAG Köln, Beschluss v. 4.10.2012, 11 Ta 377/11, BeckRS 2012, 74995.
[43] OLG Düsseldorf, Urteil v. 8.11.2012, I-6 U 55/12, BeckRS 2012, 24042 – unzulässiges Teilurteil bei Kombination von Feststellungs- und Leistungsantrag.
[44] BAG, Beschluss v. 26.10.2012, 10 AZB 60/12, DB 2012, S. 2699 f.
[45] LAG Schleswig-Holstein, Beschluss v. 25.9.2012, 3 Ta 100/12, BeckRS 2012, 74769.
[46] So der 10. Senat unter Bezugnahme auf BAG v. 23.8.2011, 10 AZB 51/10.
[47] So der 12. Senat.
[48] LAG Köln, Beschluss v. 10.7.2012, 10 Ta 316/11, BeckRS 2012, 73149.
[49] BAG, Beschluss v. 26.10.2012, 10 AZB 60/12, DB 2012, S. 2699 f.
[50] LAG Rheinland-Pfalz, Urteil v. 28.6.2012, 3 Ta 72/12, NZA-RR 2012, S. 549 ff. – nicht rechtskräftig, Revision beim BAG anhängig unter Az. 10 AZB 55/12.
[51] OLG Saarbrücken, Urteil v. 11.10.2012, 8 U 22/11-6, NZG 2012, S. 1348 ff.

mehr im Amt sei. Solange der Vertrag oder Rechtsstreitigkeit den Ursprung in der Vorstandstätigkeit habe bzw. einen sachlichen Zusammenhang mit der Vorstandstätigkeit aufweise, gelte § 112 AktG. Dies gelte insbesondere bei zwischen der AG und einem Vorstandsmitglied geschlossenen Beraterverträgen sowie hieraus entstehenden Rechtsstreitigkeiten. Eine **GmbH** hat dagegen typischerweise keinen Aufsichtsrat. In einem Rechtsstreit zwischen einer GmbH und einen aktuellen oder früheren Geschäftsführer obliegt es der Gesellschafterversammlung, einen Vertreter der Gesellschaft zu bestimmen (§ 46 Nr. 8 Fall 2 GmbHG). Nach Ansicht des BGH[52] kann die Gesellschaft jedoch so lange durch den neuen Geschäftsführer vertreten werden, wie die Gesellschafterversammlung nicht von ihrer Befugnis Gebrauch macht, einen – anderen – besonderen Vertreter zu bestellen.

3 Haftung

3.1 Geschäftsleiter

Geschäftsführer und Vorstandsmitglieder unterliegen einem **allgemeinen Pflichtenmaßstab nach § 43 GmbHG bzw. § 93 AktG** und haften der Gesellschaft auf Schadenersatz, wenn sie die dort verankerten Pflichten verletzten. Solche Pflichtverletzungen können auf mannigfaltige Weise geschehen.

Nach Ansicht des BGH[53] trifft den Abwickler einer AG gegenüber seinem Nachfolger eine **Hinweispflicht in wichtigen Angelegenheiten**. Die nachfolgende Treuepflicht gebietet es, dass er auf dringend zu erledigende oder für die Gesellschaft besonders wichtige Angelegenheiten ausdrücklich hinweise, wenn nicht erwartet werden könne, dass der Nachfolger in der zur Verfügung stehenden Zeit dazu in den Unterlagen der Gesellschaft ausreichende Informationen auffinde. Bei pflichtwidrig unterlassenem Hinweis haftet der ehemalige Liquidator der Gesellschaft auf Ersatz für Zahlungen, die nach Eintritt der Zahlungsfähigkeit oder nach Überschuldung der Schuldnerin geleistet wurden (§ 268 Abs. 2 S. 1 AktG i. V. m. § 93 Abs. 3 Nr. 6 AktG a. F.). Danach wird ein Schaden der Insolvenzgläubiger einem Schaden der Gesellschaft gleichgestellt. Diese Rechtsprechung dürfte übertragbar sein auf ausscheidende Geschäftsführer und Vorstände sowie auf die Fortführung der Gesellschaft durch einen (vorläufigen) Insolvenzverwalter. Der BGH stellt jedoch klar, dass sich Art und Umfang des jeweils zu ersetzenden Schadens danach unterscheiden können, ob der Hinweis an einen Nachfolger oder an den vorläufigen Insolvenzverwalter unterlassen wird.

In einem vor dem LG Köln[54] verhandelten Fall hatte jedoch die klagende Gesellschaft das Nachsehen. Die gegen ein ehemaliges Vorstandsmitglied gerichtete Schadensersatzklage aus § 93 AktG wurde abgewiesen, weil nach Ansicht des Gerichts **nicht hinreichend dargetan** wurde, in welchem konkreten Verhalten zu welchem konkreten Zeitpunkt die Pflichtverletzung liegen sollte und was der Schaden der Gesellschaft sein sollte.

Nach dem OLG Hamm[55] ist § 93 AktG nicht verletzt, wenn der Vorstand bei einer **unternehmerischen Entscheidung** auf der Grundlage angemessener Information annehmen durfte, zum Wohle der Gesellschaft zu handeln. Für eine angemessene Informationsgrundlage müsse der Vorstand die Entscheidungsgrundlagen sorgfältig ermitteln (lassen) und das Für und Wider sorgfältig abwägen

---

[52] BGH, Urteil v. 6.3.2012, II ZR 76/11, NZG 2012, S. 502 ff.; vgl. auch OLG Brandenburg, Urteil v. 28.2.2012, 6 U 79/09, BeckRS 2012, 07380.
[53] BGH, Urteil v. 28.2.2012, II ZR 244/10, NZI 2012, S. 569 ff.
[54] LG Köln, Urteil v. 31.5.2012, 91 O 3/11, BeckRS 2012, 16158.
[55] OLG Hamm, Urteil v. 12.7.2012, I – 27 U 12/10, DB 2012, S. 1975 ff.

(lassen). In dem entschiedenen Fall wurden Bankvorstände für Kreditvergaben ihres Hauses in Anspruch genommen. Die Grenze zur Pflichtwidrigkeit sei erst überschritten, wenn ein hohes Risiko unabweisbar sei und kein vernünftiger Grund besteht, das Risiko gleichwohl einzugehen.

In Aufsichtsräten von AGs sitzen häufig Rechtsanwälte. Diese Rechtsanwälte und Beratungsgesellschaften, an denen sie beteiligt sind, erbringen häufig **Rechtsberatungsleistungen** an die betreffende AG bzw. die mit ihr verbundenen Unternehmen. Das ist vor dem Hintergrund des § 114 AktG problematisch und daher regelmäßig Gegenstand von Beschlussanfechtungsklagen.

So auch in einem vom LG Köln[56] entschiedenen Fall, in dem im Laufe eines Jahres verschiedene Rechtsberatungsaufträge an die Sozietät eines Aufsichtsratsmitglieds erteilt, abgerechnet und bezahlt wurden. Der Aufsichtsrat stimmte den Verträgen turnusmäßig erst im Nachhinein für das jeweils abgelaufene Jahr zu. Aus diesem Grund wurden die für das betreffende Geschäftsjahr gefassten **Hauptversammlungsbeschlüsse zur Entlastung und zur Entsprechenserklärung angefochten**. Das LG Köln sah die Anfechtung als im Ergebnis unbegründet an. Zunächst stellt es fest, der Beratervertrag mit einem Aufsichtsratsmitglied müsse die Tätigkeiten genau bezeichnen, damit er den Anforderungen der §§ 113, 114 AktG genüge. Allerdings sei bislang umstritten, ob und inwiefern solche Beraterverträge genehmigt werden können oder müssen. Das Gericht sah die Anfechtungsklagen als unbegründet an, weil aufgrund dieser Unklarheit nicht von einem eindeutigen und schwerwiegenden Gesetzesverstoß ausgegangen werden konnte. Außerdem sei die Anfechtbarkeit ausgeschlossen, da die Frage mangels weitergehender Erörterung einer Bewertung der Hauptversammlung gar nicht zugänglich gewesen sei.

Für die angesichts des in Rechtsprechung und Literatur bestehenden Meinungsstreits notwendige Klärung hat der BGH[57] in einem ganz ähnlich gelagerten Fall gesorgt. Auch der BGH sah die Anfechtung als im Ergebnis unbegründet an. Freilich handele der Vorstand einer AG jedenfalls im Regelfall rechtswidrig, wenn er an ein Aufsichtsratsmitglied eine Vergütung zahlte, obwohl der Aufsichtsrat dem zu Grunde liegenden Beratungsvertrag noch nicht nach § 114 Abs. 1 AktG zugestimmt habe. Der Aufsichtsrat habe sich dabei ebenfalls rechtswidrig verhalten, indem er diese Praxis nicht beanstandet habe. Die spätere Genehmigung habe nur die schwebende Unwirksamkeit der Beratungsverträge beseitigen und damit einen Rechtsgrund für die erfolgten Zahlungen schaffen, nicht jedoch die Rechtswidrigkeit der Vorgänge beseitigen können. Nach dem Schutzzweck von § 114 AktG gelte Gleiches für Beratungsverträge von Aufsichtsratsmitgliedern oder deren Sozietäten mit von der Gesellschaft abhängigen Unternehmen, wenn der Vorstand in der Lage sei, den Vertragsschluss mit dem abhängigen Unternehmen zu beeinflussen. Davon sei aber nach §§ 17 f. AktG in der Regel auszugehen. Da diese Fragen bis dato höchstrichterlich noch nicht entschieden waren, sah der BGH – wie das LG Köln – allerdings den Verstoß nicht als eindeutig und schwer und damit die Beschlüsse nicht als anfechtbar an. Seitdem diese Entscheidung des BGH vorliegt, muss die Rechtslage jedoch als geklärt angesehen werden. Folglich ist im Zusammenhang mit Rechtsberatungsdienstleistungen von Aufsichtsratsmitgliedern bzw. von deren Sozietäten künftig sehr viel vorsichtiger und vorausschauender umzugehen.

In einem anderen Fall wurden die Entlastungsbeschlüsse der Hauptversammlung mit dem Argument angefochten, Vorstand und Aufsichtsrat hätten **für den Erwerb eines Unternehmens** keine Zustimmung der Hauptversammlung eingeholt. Der BGH[58] sah es als umstritten und nicht geklärt an, ob und unter welchen Voraussetzungen der Beteiligungserwerb zu einer ungeschriebenen, auf einer richterlichen Rechtsfortbildung beruhenden Hauptversammlungszuständigkeit führt. Aus diesem

---

[56] LG Köln, Urteil v. 12.1.2012, 91 O 77/11, Der Konzern 2012, S. 139 ff.
[57] BGH, Urteil v. 10.7.2012, II ZR 48/11, NZG 2012, S. 1064 ff.
[58] BGH, Beschluss v. 7.2.2012, II ZR 253/10, NJW-RR 2012, S. 558 ff.

Grund hätten sich Vorstand und Aufsichtsrat nicht über eine zweifelsfreie Gesetzeslage hinweggesetzt und sei eine Anfechtung ausgeschlossen.

Wie hoch die Hürden für eine Verurteilung gleichwohl liegen, veranschaulichen mehrere Entscheidungen des BGH. In einer Entscheidung lehnt der BGH[59] eine **Haftung von Vorstandsmitgliedern für die Ausgabe wertloser Aktien** wegen Teilnahme an einer vorsätzlichen sittenwidrigen Schädigung des Vorstandsvorsitzenden (§§ 826, 830 BGB), einer deliktischen Verkaufsberatung oder wegen Verschuldens bei Vertragsschluss deshalb ab, weil er jeweils die subjektiven Erfordernisse als nicht erfüllt angesehen hat. Es wurde seiner Auffassung nach nicht in ausreichendem Maße dargelegt, welche konkreten Kenntnisse aufgrund welcher Informationen zu welchem Zeitpunkt beim Beklagten bestanden haben. Mit ähnlicher Begründung hat der BGH[60] die **Haftung eines GmbH-Geschäftsführers wegen Untreue durch Abschluss von Vereinbarungen zugunsten einer Arbeitnehmerin** (Beförderung, Gehaltserhöhung, Abfindungsregelung, Ruhegeldzusage, Aufhebungsvereinbarung), die objektiv nicht gerechtfertigt waren, abgelehnt. Nach Auffassung des BGH wurde nicht dargelegt, ob und ggf. gegen welche Pflichten er verstoßen haben soll. Ebenso wenig sei ein Missbrauch der Befugnisse (also Überschreitung der im Innenverhältnis – in der Satzung und im Anstellungsvertrag – eingeräumten Befugnisse) nicht ausreichend dargetan worden. Auch sei die innere Tatseite nicht ausreichend dargelegt worden. Gleichzeitig hat der BGH allerdings auch angedeutet, eine Untreuestrafbarkeit könne bereits dann ausscheiden, wenn der betreffende Geschäftsführer gleichzeitig CEO der Muttergesellschaft ist und namens der Muttergesellschaft den Verfügungen wirksam zugestimmt hat.

Auch in Fragen einer Haftung wegen Unterlassens hat der BGH[61] Grenzen zugunsten von Geschäftsleitern gezogen. Die Haftung eines Vorstandsmitglieds aus § 823 Abs. 2 BGB i. V. m. §§ 266 Abs. 1, 27 StGB hat er mit der Begründung abgelehnt, allein aus der Stellung als Geschäftsführer einer GmbH bzw. Mitglied des Vorstands einer AG ergebe sich **keine Garantenpflicht** gegenüber außen stehenden Dritten, eine Schädigung ihres Vermögens zu verhindern. Die Pflichten aus der Organstellung zur ordnungsgemäßen Führung der Geschäfte der Gesellschaft aus § 43 Abs. 1 GmbHG, § 93 Abs. 1 S. 1 AktG, zu denen auch die Pflicht gehört, für die Rechtmäßigkeit des Handelns der Gesellschaft Sorge zu tragen, bestünden grundsätzlich nur dieser gegenüber und ließen bei ihrer Verletzung Schadensersatzansprüche grundsätzlich nur der Gesellschaft entstehen.

In Bezug auf den **Bankrott-Tatbestand** hat der BGH[62] allerdings die Verurteilungsmöglichkeiten erweitert: In Aufgabe der zuvor vertretenen sogenannten „Interessentheorie" wird nicht mehr verlangt, dass die Tathandlung im Interesse der Gesellschaft liegt. Zusätzlich weist der BGH darauf hin, dass eine durch den Geschäftsführer vorgenommene Entnahme von Vermögenswerten nicht nur als Bankrott, sondern auch als auch als Untreue strafbar sein kann.

Auch im Jahr 2012 haben sich wieder zahlreiche Gerichte mit einer **Haftung wegen Insolvenzverschleppung** befasst.

Der BGH[63] hat betont, der Geschäftsführer einer GmbH müsse für eine **Organisation** sorgen, die ihm die zur Wahrnehmung seiner Pflichten erforderliche Übersicht über die wirtschaftliche und finanzielle Situation der Gesellschaft jederzeit ermögliche. Verfüge der Geschäftsführer nicht über ausreichende persönliche Kenntnisse, die er für die Prüfung benötigt, ob er pflichtgemäß Insol-

---

[59] BGH, Urteil v. 11.9.2012, VI ZR 92/11, DStR 2012, S. 2495 ff. – aus demselben Grund wurde auch eine Haftung des damaligen Aufsichtsratsvorsitzenden und des Steuerberaters verneint.
[60] BGH, Urteil v. 26.9.2012, 2 StR 553/11, BeckRS 2012, 24264.
[61] BGH, Urteil v. 10.7.2012, VI ZR 341/10, NZG 2012, S. 992 ff.
[62] BGH, Beschluss v. 15.5.2012, 3 StR 118/11, NZG 2012, S. 836 ff.
[63] BGH, Urteil v. 19.6.2012, II ZR 243/11, NZI 2012, S. 812 ff.

venzantrag stellen muss, hat er sich nach Ausführungen des BGH[64] in einem anderen Urteil bei Anzeichen einer Krise der Gesellschaft unverzüglich unter umfassender Darstellung der Verhältnisse der Gesellschaft und Offenlegung der erforderlichen Unterlagen von einer unabhängigen, für die zu klärenden Fragestellungen fachlich qualifizierten Person **beraten zu lassen**. Hierbei dürfe der Geschäftsführer sich aber nicht mit einer unverzüglichen Auftragserteilung begnügen, vielmehr müsse er auch auf eine unverzügliche Vorlage der Prüfungsergebnisse hinwirken. Bei der Prüfung einer Haftung aus § 64 Abs. 2 S. 1 GmbHG a. F., § 15a InsO n. F. komme es auch darauf an, mit welchem Inhalt der Prüfungsauftrag erteilt wird. Im vorliegenden Fall hatte der Geschäftsführer nur die Prüfung weiterer Sanierungsmöglichkeiten, nicht aber die Prüfung einer möglichen Insolvenzantragsstellung in Auftrag gegeben. Wahrt der Geschäftsführer die **Unterlagen der Gesellschaft** nicht ordnungsgemäß auf und können Gläubiger deshalb die Voraussetzungen ihrer Ansprüche nicht näher darlegen, sieht der BGH[65] die Voraussetzungen der Zahlungseinstellung als nach den Grundsätzen der Beweisvereitelung bewiesen an.

Das OLG Stuttgart[66] hat die **Haftung eines Geschäftsführers** aus § 823 Abs. 2 BGB i. V. m. § 64 Abs. 1 GmbHG, § 15a Abs. 1 S. 1 InsO zwar grundsätzlich bejaht, die Klage des Vermieters aber gleichwohl abgewiesen. Habe ein Vermieter dem späteren Insolvenzschuldner bei Insolvenzreife die Mieträume bereits überlassen, so sei er hinsichtlich von Schadensersatzansprüchen gegen den Geschäftsführer wegen Insolvenzverschleppung nicht Neugläubiger, sondern **Altgläubiger**. Als Altgläubiger sei er zur Geltendmachung von Schadensersatzansprüchen wegen Insolvenzverschleppung direkt gegen den Geschäftsführer nicht aktivlegitimiert. Aktivlegitimiert sei nur der Insolvenzverwalter. In einem vom BGH[67] entschiedenen Fall hatte dagegen ein **Neugläubiger** den Geschäftsführer aus § 823 Abs. 2 BGB i. V. m. § 64 Abs. 1 GmbHG a. F., § 15a InsO n. F. in Anspruch genommen. Der BGH entschied, der Schutzbereich der Insolvenzantragspflicht umfasse auch solche Schäden des Neugläubigers, die durch eine fehlerhafte Bauleistung der insolventen Gesellschaft am Bauwerk verursacht wurden und von dieser wegen fehlender Mittel nicht mehr beseitigt werden konnten. Zwar seien nur solche Schäden ersatzfähig, die mit der Insolvenzreife der Gesellschaft in einem inneren Zusammenhang stünden – das war aber seiner Ansicht nach der Fall. Denn wäre der Insolvenzantrag rechtzeitig gestellt worden, hätten die Kläger mit der Gesellschaft keinen Vertrag abgeschlossen und auch den Werklohn nicht gezahlt. Geschützt sei allerdings nicht das Erfüllungsinteresse, sondern nur das Erhaltungsinteresse.

Wegen der voraussichtlich zahlungskräftigen Berufshaftpflichtversicherungen von Berufsträgern versuchen Insolvenzverwalter vermehrt, die **Berater insolventer Unternehmen** in Anspruch zu nehmen. Das OLG Celle[68] hat die Inanspruchnahme eines Steuerberaters aus § 64 Abs. 2 GmbHG a. F. (§ 15a InsO n. F.) allerdings mit der Begründung abgelehnt, er müsse auf das Haftungsrisiko nicht hinweisen, wenn er der GmbH einen steuerlichen Ratschlag für Zahlungen an andere Gesellschaften erteilt, von denen er ebenfalls mandatiert ist. Das OLG Brandenburg[69] hat Haftung der Beratergesellschaft und der tätig gewordenen Berater gegenüber der insolventen Gesellschaft wegen Insolvenzverschleppung deshalb verneint, weil es die Berater anders als von dem Insolvenzverwalter argumentiert nicht als faktische Geschäftsführer der Gesellschaft. Auch eine Falschberatung sei nicht ausreichend dargetan worden. Das OLG Köln[70] hat eine Haftung des Steuerberaters mit dem Argument verneint, die Voraussetzungen für einen Vertrag mit Schutzwirkung zugunsten Dritter

---

[64] BGH, Urteil v. 27.3..2012, II ZR 171/10, DStR 2012, S. 1286 ff.
[65] BGH, Versäumnisurteil v. 24.1.2012, II ZR 119/10, NZI 2012, S. 413 ff.
[66] OLG Stuttgart, Urteil v. 11.10.2012, 13 U 49/12, ZInsO 2012, S. 2204.
[67] BGH, Urteil v. 14.5.2012, II ZR 130/10, NZBau 2012, S. 567 ff.
[68] OLG Celle, Urteil v. 10.10.2012, 4 U 36/12, GmbHR 2012, S. 1245.
[69] OLG Brandenburg, Urteil v. 21.3.2012, 7 U 38/11, BeckRS 2012, 08559.
[70] OLG Köln, Urteil v. 23.2.2012, 8 U 45/11, NZG 2012, S. 504 ff.

lägen nicht vor. Der Kläger hatte ein pflichtwidriges Unterlassen des Steuerberaters darin gesehen, dass er über eine bestehende Insolvenzantragspflicht nicht hinreichend aufgeklärt habe. Das OLG Köln trat dem mit der Argumentation entgegen, der Steuerberater habe seine Pflichten nicht verletzt. Schließlich habe der Geschäftsführer die wirtschaftliche Lage der Gesellschaft eigenverantwortlich prüfen müssen und über die § 64 II 1 GmbHG a. F. widersprechenden Zahlungen nach eigener Entscheidung geleistet. Durch den Jahresabschluss sei er über die wirtschaftliche Lage bereits zutreffend informiert worden und habe sich der Überschuldungssituation auch bewusst sein müssen. Zusätzlich lehnt das OLG Köln eine Haftung des Steuerberaters deshalb ab, weil das Haftungsrisiko unüberschaubar sei. Für den Steuerberater sei nicht zu überblicken gewesen, in welcher Höhe der Geschäftsführer nach Eintritt der Zahlungsunfähigkeit bzw. Feststellung der Überschuldung Zahlungen leistete. Anders könnte jedoch zu entscheiden sein, wenn für die Prüfung der Insolvenzreife konkret beauftragt ist bzw. aktiv zu einem bestimmten Verhalten rät – z. B. keinen Insolvenzantrag zu stellen. Für den ersteren Fall hat der BGH[71] nunmehr entschieden, dass neben den Geschäftsführern auch die Gesellschafter in den Schutzbereich des Steuerberatungsvertrages einbezogen sind. Hierbei ist jedoch zu beachten, dass der BGH ausdrücklich an den konkreten Inhalt des Vertrages anknüpft und nicht an die Eigenschaft des Beauftragten als Steuerberater.

Seit dem MoMiG können sich Geschäftsführer und Vorstände auch nach § 64 S. 3 GmbHG bzw. § 92 Abs. 2 S. 3 AktG wegen **Insolvenzverursachung** haftbar machen. In diesem Zusammenhang hat sich der BGH[72] mit den Voraussetzungen des § 64 S. 3 GmbHG auseinander gesetzt. In einem Fall des § 64 S. 3 GmbHG könne die Gesellschaft die Zahlung an den Gesellschafter zwar verweigern. Es liegt aber dann kein Fall des § 64 S. 3 GmbHG vor, wenn die Gesellschaft bereits zahlungsunfähig sei. Der BGH hat einen in der Literatur bestehenden Streit entschieden, indem er urteilte, bei der für die Feststellung der Zahlungsunfähigkeit aufzustellenden Liquiditätsbilanz sei die fällige (und durchsetzbare) Forderung des Gesellschafters zu berücksichtigen.

Schließlich können die im Geschäftsverkehr für eine Gesellschaft auftretenden Personen noch nach den Grundsätzen der **Rechtsscheinhaftung** in Anspruch genommen werden. Der BGH[73] hat eine Inanspruchnahme analog § 179 HGB in dem Fall bejaht, dass für eine Unternehmergesellschaft (haftungsbeschränkt) mit dem unrichtigen Rechtsformzusatz „GmbH" gehandelt wird. In diesem Fall hafte der Handelnde nicht nach den Grundsätzen der Unterbilanzhaftung, sondern dem auf den Rechtsschein vertrauenden Vertragspartner persönlich.

3.2 Aufsichtsratsmitglieder

Auch Aufsichtsratsmitglieder werden immer öfter in Anspruch genommen.

Hierbei hat das OLG Stuttgart[74] im Zusammenhang mit der Anfechtung von Entlastungsbeschlüssen anschaulich ausgeführt, welchen Ansprüchen die **Überwachungstätigkeit** von Aufsichtsratsmitgliedern genügen muss. Wurden alle Mitglieder des Aufsichtsrats durch einen Beschluss entlastet, obwohl Einzelentlastung beantragt worden war, ist der angefochtene Entlastungsbeschluss nach Ansicht des Gerichts regelmäßig insgesamt für nichtig zu erklären, wenn in der Person eines Aufsichtsratsmitglieds eine die Entlastung hindernde eindeutige und schwerwiegende Pflichtverletzung festzustellen ist. Ließe sich der Sachverhalt zwar unterschiedlich interpretieren, ergebe sich aber in jedem Fall eine schwerwiegende Pflichtverletzung des Entlasteten, fehle es nicht an

---

[71] BGH, Urteil v. 14.6.2012, IX ZR 145/11, DStR 2012, S. 1825 ff.
[72] BGH, Urteil v. 9.9.2012, II ZR 298/11, NZG 2012, S. 1379.
[73] BGH, Urteil v. 12.6.2012, II ZR 256/11, NJW 2012, S. 2871 ff.
[74] OLG Stuttgart, Urteil v. 29.2.2012, 20 U 3/11, BeckRS 2012, 05280.

der für die Anfechtung eines Entlastungsbeschlusses nötigen Eindeutigkeit einer Pflichtverletzung des Entlasteten. Bei Geschäften, die wegen ihres Umfangs, der mit ihnen verbundenen Risiken oder ihrer strategischen Funktion für die Gesellschaft besonders bedeutsam seien, müsse jedes Aufsichtsratsmitglied den relevanten Sachverhalt erfassen und sich ein eigenes Urteil bilden. Das umfasse regelmäßig auch eine eigene Risikoanalyse. Mitglieder des Aufsichtsrats, die durch öffentliche „pointierte Meinungsäußerungen" im Rahmen eines unternehmensinternen Konflikts die Kreditwürdigkeit der Gesellschaft gefährden, verletzten grundsätzlich ihre **Treuepflicht** dieser gegenüber.

Auch muss der Aufsichtsrat mögliche **Schadensersatzansprüche gegen Vorstandsmitglieder** verfolgen, andernfalls haften seine Mitglieder nach §§ 93, 116 AktG. Nach einem Urteil des LG Essen[75] ist in Bezug auf Ansprüche, die wegen unterlassener Inanspruchnahme ehemaliger Vorstandsmitglieder geltend gemacht werden, für den Beginn der Frist auf den Eintritt der Verjährung der nicht geltend gemachten Ansprüche abzustellen. Von der Anspruchsverfolgung darf der Aufsichtsrat nur dann absehen, wenn gewichtige Gründe des Gesellschaftswohls gegen die Verfolgung sprechen. Hierzu könnten beispielsweise negative Auswirkungen eines Verfahrens gegen Organe auf Geschäftstätigkeit und Ansehen der Gesellschaft in der Öffentlichkeit zählen, aber auch eine Behinderung der Vorstandsarbeit und Beeinträchtigung des Betriebsklimas. Interessant ist die Entscheidung des LG Essen auch wegen seiner Ausführungen zur Entscheidungsfindung des Aufsichtsrats. Das Gericht betont, die Entscheidung könne und dürfe nur aus einer ex ante Sicht getroffen werden. Es führt aus, der Aufsichtsrat habe nicht nur bei Feststellungsklagen, sondern auch bei der Geltendmachung von Schadensersatzansprüchen kein unternehmerisches Ermessen. Irritierend wirkt dann freilich die Bemerkung des Gerichts, das Aufsichtsratshandeln sei wie das Vorstandshandeln nur eingeschränkt gerichtlich überprüfbar.

Im Fall der **Ausgabe wertloser Aktien** hat der BGH[76] allerdings – wie auch im Hinblick auf die mitverklagten Vorstandsmitglieder – eine Haftung wegen Teilnahme an einer vorsätzlichen sittenwidrigen Schädigung des Vorstandsvorsitzenden aus §§ 826, 830 BGB mit dem Argument abgelehnt, der subjektive Tatbestand sei nicht ausreichend dargelegt worden.

Entstehen Aufsichtsratsmitgliedern bei der Verteidigung ihrer Interessen Kosten, wie z. B. Rechtsanwaltskosten, können sie versuchen, sich diese von einer für sie abgeschlossenen **D&O-Versicherung** erstatten zu lassen. In einem vom BGH[77] entschiedenen Fall hatte der Versicherer allerdings eine Zahlung mit der Begründung abgelehnt, durch die unterlassene Anzeige des Wechsels eines Mehrheitsaktionärs – also einer Gefahrenerhöhung – sei eine Obliegenheit verletzt worden. Dies hat der BGH abgelehnt und dem klagenden Aufsichtsratsmitglied Recht gegeben. Für die Anzeigepflicht bei einer nicht veranlassten Gefahrerhöhung enthielten die Allgemeinen Versicherungsbedingungen für die Vermögensschaden-Haftpflichtversicherung von Unternehmensleitern und Leitenden Angestellten (ULLA) eine abschließende Regelung, die einen Rückgriff auf die gesetzlichen Vorschriften der §§ 27, 28 VVG a. F. ausschließe. Eine Regelung in den Allgemeinen Versicherungsbedingungen, nach der der Versicherungsschutz bei Liquidation oder Beherrschungswechsel automatisch und abrupt erlösche und nicht bloß dem Versicherer ein an bestimmte Fristen gebundenes Gestaltungsrecht gebe, sei unwirksam.

---

[75] LG Essen, Urteil v. 25.4.2012, 41 O 45/10, NZG 2012, S. 1307 ff.
[76] BGH, Urteil v. 11.9.2012, VI ZR 92/11, DStR 2012, S. 2495 ff. – aus demselben Grund wurde auch eine Haftung eines Vorstandsmitglieds und des Steuerberaters verneint.
[77] BGH, Urteil v. 12.9.2012, IV ZR 171/11, NJW 2012, S. 3723 ff.

3.3 Gesellschafter

Auch die Haftung von Gesellschaftern war im Jahr 2012 Gegenstand zahlreicher Gerichtsentscheidungen. Beispielsweise hat sich das OLG Frankfurt am Main[78] mit einer vertraglichen Haftung auf Grundlage einer **„harten internen" Patronatserklärung** beschäftigt. Nach den Ausführungen des Gerichts liegt eine solche Patronatserklärung dann vor, wenn sie gegenüber der Gesellschaft selbst abgegeben wurde und sich die Patronin hierin gegenüber der Gesellschaft verbindlich „verpflichtet", „ihr die erforderlichen Finanzmittel zur Verfügung zu stellen". Eine derartige Patronatserklärung bedeute nicht zwingend ein aufschiebend bedingtes Darlehensversprechen.

Eine Reihe von Entscheidungen erging zu der Frage, ob und inwiefern Gesellschafter einer **Unterbilanz- bzw. Vorbelastungshaftung** unterliegen.

Nach Auffassung des OLG Düsseldorf[79] unterliegt der **Verkäufer einer Vorratsgesellschaft** als deren ehemaliger Gesellschafter der Unterbilanz- bzw. Vorbelastungshaftung, wenn der neue Geschäftsführer dem Registergericht gegenüber zwar die wirtschaftliche Neugründung offenlegt, aber das in bar erhaltene Stammkapital zwecks Kaufpreistilgung sogleich wieder an die Verkäuferin zurückzahlt. Denn dann liege kein nach § 19 Abs. 5 GmbHG zulässiges „Hin- und Herzahlen" vor und sei das Stammkapital im Zeitpunkt der Aktivierung der Vorratsgesellschaft nicht als wirksam aufgebracht zu betrachten.

Das Kammergericht[80] hat präzisiert, eine Unterbilanzhaftung wegen unterlassener Offenlegung einer wirtschaftlichen Neugründung im Falle der Verwendung eines „alten" GmbH-Mantels setze voraus, dass die Gesellschaft **kein aktives Unternehmen mehr** betreibt. Das sei aber so lange nicht der Fall, wie die Gesellschaft noch mit der Abwicklung ihres Geschäftsbetriebs befasst sei. Eine Unterbilanzhaftung im Falle der Mantelverwendung komme außerdem nur dann in Betracht, wenn die **Neugründung unternehmerische Aktivitäten** entfalte. Allein die Anmeldung der Satzungsänderung zum Handelsregister genüge hierfür aber nicht.

Mit dem Fall, dass eine wirtschaftliche Neugründung vorlag, dem Registergericht gegenüber aber nicht offen gelegt wurde, hat sich das OLG München[81] befasst. Nach seiner Auffassung haftet der **beurkundende Notar**, wenn er Anhaltspunkte für eine wirtschaftliche Neugründung hat und daraufhin keine Aufklärungen für die Frage unternimmt, ob eine wirtschaftliche Neugründung vorliegt und dem Registergericht gegenüber offen gelegt werden muss.

Später hat der BGH[82] allerdings in einem anderen Fall entschieden, dass die wirtschaftliche Neugründung nicht notwendigerweise dem Registergericht gegenüber offen gelegt werden muss, um die Haftung der Beteiligten zu beschränken. **Unterbleibt die Offenlegung der wirtschaftlichen Neugründung** gegenüber dem Registergericht, haften die Gesellschafter nach Ansicht des BGH nur im Umfang einer Unterbilanz, die in dem Zeitpunkt besteht, in dem die wirtschaftliche Neugründung entweder durch die Anmeldung der Satzungsänderungen oder durch die Aufnahme der wirtschaftlichen Tätigkeit erstmals nach außen in Erscheinung tritt. Damit hat der BGH sich gegen die Annahme einer zeitlich unbeschränkten Haftung der Gesellschafter bis zur restlosen Befriedigung aller Gesellschaftsgläubiger entschieden. Bei fehlender Offenlegung der wirtschaftlichen Neugründung trügen freilich die unter dem Gesichtspunkt der Unterbilanzhaftung in Anspruch genommenen Gesellschafter die Darlegungs- und Beweislast dafür, dass in dem Zeitpunkt, zu dem

---

[78] OLG Frankfurt am Main, Urteil v. 30.10.2012, 14 U 141/11, BeckRS 2012, 24989; vgl. auch Kammergericht, Urteil v. 20.2.2012, 8 U 20/11, BeckRS 2012, 06992.
[79] OLG Düsseldorf, Urteil v. 20.7.2012, I–16 U 55/11, GmbHR 2012, S. 1135 ff., und I–16 U 159/11, BeckRS 2012, 16339.
[80] Kammergericht, Urteil v. 26.4.2012, 23 U 197/11, DStR 2012, S. 1817 ff.
[81] OLG München, Beschluss v. 23.1.2012, 1 W 1162/11, BeckRS 2012, 02859.
[82] BGH, Urteil v. 6.3.2012, II ZR 56/10, NZG 2012, S. 539 ff.

die wirtschaftliche Neugründung nach außen in Erscheinung trat, keine Differenz zwischen dem (statuarischen) Stammkapital und dem Wert des Gesellschaftsvermögens bestanden hat. Abgesehen davon haften die Gesellschafter laut BGH wie bei der Vor-GmbH nur dann, wenn sie der (Neu-) Aufnahme der Geschäfte zugestimmt haben. Bemerkenswert ist schließlich noch die Auffassung des BGH, die Unterbilanzhaftung sei eine auf den Geschäftsanteil rückständige Leistung, für die der Erwerber des Geschäftsanteils gemäß § 16 Abs. 3 GmbHG hafte. Damit dürften bei Unternehmenskäufen durch Anteilserwerb (Share Deal) entsprechende Garantieklauseln erst recht unverzichtbar sein.

Mit einer **Verletzung der Kapitalaufbringungsvorschriften** hat sich der BGH[83] in einem anderen Fall befasst. Im Zusammenhang mit einer Kapitalerhöhung war der erste Versuch, das Kapital wirksam aufzubringen, gescheitert. Allerdings misslang nach Auffassung des BGH auch der Heilungsversuch. Nach Fassung des Kapitalerhöhungsbeschlusses hatte der Gesellschafter den Einlagebetrag ein zweites Mal an die Gesellschaft gezahlt, verbunden mit der Anweisung, die Zahlung an ihn zur Tilgung seiner Bereicherungsforderung aus einem ersten, fehlgeschlagenen Erfüllungsversuch zurückzuüberweisen. Darin sah der BGH eine verdeckte Sacheinlage nach § 19 Abs. 4 S. 1 GmbHG in Form des Hin- und Herzahlens. § 19 Abs. 5 GmbHG erfasse nicht alle Fälle gegenläufiger Zahlungen, sondern nur solche, bei denen die Gesellschaft mit der Rücküberweisung einen – dazu noch vollwertigen und liquiden – Anspruch gegen den Gesellschafter erwerbe. Das sei vorliegend aber nicht der Fall gewesen, weil eine Altverbindlichkeit getilgt worden sei.

Das OLG München[84] hat in Bezug auf eine Inanspruchnahme von Aktionären aus § 62 AktG wegen Verstoßes gegen das **Verbot der Einlagenrückgewähr gemäß § 57 AktG** entschieden, der Verstoß führe nicht zur Nichtigkeit des Rückgewährgeschäfts nach § 134 BGB. Sei das Geschäft nicht mit dem Vorstandsmitglied, sondern einer Gesellschaft, an der das Vorstandsmitglied beteiligt ist, geschlossen worden, komme eine Anwendung von § 112 AktG – also eine Vertretung der Gesellschaft durch den Aufsichtsrat – nur in ganz engen Grenzen echter wirtschaftlicher Identität in Betracht.

Eine wichtige Entscheidung zur Gesellschafterhaftung hat der BGH[85] auch im Zusammenhang mit der **Einziehung von Geschäftsanteilen** gefällt. Zunächst hat er entschieden, die Einziehung werde mit der Mitteilung des Beschlusses an den betroffenen Gesellschafter und nicht erst mit der Leistung der Abfindung wirksam, wenn der Einziehungsbeschluss weder nichtig ist noch für nichtig erklärt werde. Hiermit hat er einen bis dato herrschenden Streit in Rechtsprechung und Literatur entschieden. Darüber hinaus – und das darf auf keinen Fall übersehen werden – hat der BGH einen neuen Haftungstatbestand für Gesellschafter geschaffen. Danach haften die Gesellschafter, die den Einziehungsbeschluss gefasst haben, dem ausgeschiedenen Gesellschafter anteilig, wenn sie nicht dafür sorgen, dass die Abfindung aus dem ungebundenen Vermögen der Gesellschaft geleistet werden kann, oder wenn sie die Gesellschaft nicht auflösen. Darauf sollte bei geplanten Einziehungsmaßnahmen unbedingt hingewiesen werden. Das LG Dortmund[86] hat übrigens im Zusammenhang mit einer Anteilseinziehung entschieden, auch das Auseinanderfallen des satzungsmäßigen Stammkapitals und der Summe der Nennbeträge der verbleibenden Geschäftsanteile mache den Einziehungsbeschluss über einen GmbH-Geschäftsanteil nicht nichtig. Die zur Behebung der Divergenz erforderliche Beschlussfassung könne dem Einziehungsbeschluss zeitlich nachfolgen. Diese Auffassung dürfte mit Blick auf den seit dem MoMiG geltenden § 5 Abs. 3 S. 2 GmbHG allerdings nicht als allgemeingültig anzusehen sein.

---

[83] BGH, Beschluss v. 10.7.2012, II ZR 212/10, NJW 2012, S. 3035 ff.
[84] OLG München, Schlussurteil v. 10.5.2012, 14 U 2175/11, NZG 2012, S. 706 ff.
[85] BGH, Urteil v. 24.1.2012, II ZR 109/11, DStR 2012, S. 568 ff.
[86] LG Dortmund, Urteil v. 1.3.2012, 13 O 47/11, BB 2012, S. 2269.

Möglicherweise sehen sich Gesellschafter einer GmbH auch einer **Haftung wegen existenzvernichtenden Eingriffs** aus § 826 BGB ausgesetzt. Veräußern die Gesellschafter-Geschäftsführer einer GmbH in der Liquidation das Gesellschaftsvermögen an eine Gesellschaft, die von ihnen abhängig ist, kann darin nach Ansicht des BGH[87] nur dann ein existenzvernichtender Eingriff liegen, wenn die Vermögensgegenstände unter Wert übertragen werden. Zusätzlich hat der BGH geurteilt, dass dann, wenn eine Ausschüttung an den Gesellschafter einer GmbH zu einer Unterbilanz führt, weil ein Darlehensrückzahlungsanspruch der Gesellschaft gegen den Gesellschafter nach bilanzrechtlichen Grundsätzen wertberichtigt werden muss, ein Anspruch gegen die Gesellschafter aus §§ 31 Abs. 1, 30 Abs. 1 GmbHG nicht schon durch die Rückzahlung des Darlehens erlischt. Überdies werde von dem für Kreditgewährungen an Gesellschafter geltenden § 43a GmbHG nur die Ausreichung eines Darlehens umfasst. Gerate die Gesellschaft später in eine Unterbilanz, sei § 43a GmbHG nicht anwendbar. Nach einem weiteren Urteil des BGH[88] beginnt die regelmäßige Verjährung für den Anspruch aus Existenzvernichtungshaftung gegen den Gesellschafter-Gesellschafter einer GmbH erst dann zu laufen, wenn dem Gläubiger sowohl die anspruchsbegründenden Umstände als auch die Umstände, aus denen sich ergibt, dass der mittelbare Gesellschafter als Schuldner in Betracht kommt, bekannt oder infolge grober Fahrlässigkeit unbekannt sind.

In prozessualer Hinsicht ist schließlich noch eine Entscheidung des OLG München[89] interessant. Danach können Schadensersatzansprüche von Gesellschaften zwar von Mitgesellschaftern geltend gemacht werden, jedoch nur in der Weise, dass Zahlung an die unmittelbar geschädigten Gesellschaften, nicht an die (auch mittelbar) geschädigten Mitgesellschafter verlangt werden kann. Schadensersatzansprüche von nicht unmittelbar geschädigten Mitgesellschaftern einer GmbH, die gleichzeitig an einer Limited beteiligt sind, könnten nur in der Weise geltend gemacht werden, dass die Zahlung des Schadensersatzes an die unmittelbar geschädigte Gesellschaft (hier: die Limited) und nicht etwa auch an die (mittelbar) geschädigten Mitgesellschafter verlangt werden kann. Für die Geltendmachung von Schadensersatzansprüchen einer GmbH bedürfe es einer Willensbildung durch Gesellschafterbeschluss, denn dieser Beschluss sei auch im Außenverhältnis als materielle Anspruchsvoraussetzung beachtlich.

---

[87] BGH, Urteil v. 23.4.2012, II ZR 252/10, BB 2012, S. 1628 ff.
[88] BGH, Urteil v. 24.7.2012, II ZR 177/11, NZG 2012, S. 1069 ff.
[89] OLG München, Schlussurteil v. 20.6.2012, 7 U 3357/11, BeckRS 2012, 19388.

G Verrechnungspreise

Für Verrechnungspreispraktiker hatte sich das regulatorische Umfeld in Deutschland seit dem Jahr 2001 enorm gewandelt. Ein Auslöser kann in dem grundlegenden Urteil des BFH vom 17.10.2001[1] gesehen werden, das diverse Kernfragen zu Verrechnungspreisen adressierte. In den darauffolgenden Jahren haben Gesetzgeber und Finanzverwaltung umfangreiche Regelwerke geschaffen wie die zur Verrechnungspreisdokumentation (2003 mit den ausführlichen „Verwaltungsgrundsätzen-Verfahren" von 2005[2]), zu Methoden- und anderen Fragen (im Rahmen der Unternehmenssteuerreform 2008[3]) sowie zu den Funktionsverlagerungen (ebenfalls Unternehmenssteuerreform 2008 mit ausführlichen Ausführungsvorschriften in den „Verwaltungsgrundsätzen-Funktionsverlagerungen" von 2010[4]).

Verglichen mit diesen grundlegenden und weitreichenden Entwicklungen der Jahre ab 2001 ergaben sich – wie bereits im Jahr 2011–2012 keine vergleichbaren wesentlichen Änderungen bzw. Erweiterungen der Rechtsgrundlagen, die für die Verrechnungspreisbildung maßgeblich sind. Neuerungen ergeben sich aber nunmehr durch das Jahressteuergesetz 2013, die nachfolgend (1.) ausführlicher beschrieben werden. Danach werden (2.) Entwicklungen auf Ebene der OECD, (3.) sonstige aktuelle nationale Verrechnungspreisthemen sowie (4.) ausgewählte Verrechnungspreisentwicklungen im Ausland behandelt.

1 Jahressteuergesetz 2013: § 1 AStG

Die Neufassung des § 1 AStG im JStG 2013 wirkt sich insbesondere erheblich auf die Besteuerung von Betriebsstätten bei grenzüberschreitenden Transaktionen mit dem jeweiligen Stammhaus aus. Die betreffenden Rechtsänderungen dienen dazu, den Authorized OECD Approach (AOA) in nationales Recht umzusetzen.

1.1 Authorized OECD Approach

Die OECD hat mit ihrem Betriebsstättenbericht vom 22.7.2010 die uneingeschränkte Selbstständigkeitsfiktion („Functionally Separate Entity Approach") für Betriebsstätten und damit ebenso die uneingeschränkte Anwendung des Fremdvergleichsgrundsatzes bei Transaktionen zwischen Stammhaus und Betriebsstätte eingeführt. Bis dahin galten Betriebsstätten steuerlich nur eingeschränkt als selbständiges Gewinnzuordnungsobjekt. Daraus ergab sich die Forderung, dass das Ergebnis der Betriebsstätte zwangsläufig einen Teil des Ergebnisses des Gesamtunternehmens ausmachen muss. Der Fremdvergleichsgrundsatz fand nur auf ausgewählte Geschäftsvorfälle Anwendung. Das nunmehr geänderte Verständnis zur Besteuerung von Betriebsstätten ist in die Neufassung des Art. 7 OECD-MA und den OECD Musterkommentar bereits entsprechend eingeflossen.

Die Gewinnabgrenzung zwischen Stammhaus und Betriebsstätte findet dabei für steuerliche Zwecke nach dem folgenden zweistufigen Ansatz statt:

---

[1] BStBl II 2004, S. 171.
[2] BStBl I 2005, S. 570.
[3] § 1 AStG n. F.
[4] BStBl I 2010, S. 774.

1. Fiktion der Betriebsstätte als eigenständiges Unternehmen, Identifikation sogenannter „dealings":

   Im Rahmen einer Funktionsanalyse werden die Funktionen von Stammhaus und Betriebsstätte ermittelt und voneinander abgegrenzt. Maßgeblich hierfür sind die „Significant People Functions", also die relevanten Tätigkeiten, die von den Mitarbeitern des Stammhauses bzw. der Betriebsstätte ausgeübt werden. Im Einklang mit den so ermittelten Funktionen werden das wirtschaftliche Eigentum der eingesetzten Wirtschaftsgüter ebenso wie die zugehörigen Risiken („risk follows function") den beiden Einheiten zugeordnet und das für die Betriebsstätte erforderliche Kapital/Dotationskapital errechnet. Als Ergebnis dieser Funktionsanalyse lassen sich dann die sogenannten „dealings" identifizieren.

2. Gewinnermittlung der Betriebsstätte unter Anwendung des OECD Fremdvergleichsgrundsatzes:

   Die „dealings" stellen die Transaktionen dar, für die aufgrund der Selbständigkeitsfiktion für die Betriebsstätte ein fremdüblicher Verrechnungspreis zu bestimmen ist. Hierbei kommen gemäß dem AOA die OECD Verrechnungspreisgrundsätze uneingeschränkt zur Anwendung. Die steuerliche Gewinnabgrenzung zwischen Stammhaus und Betriebsstätte findet dann auf Basis der so ermittelten Verrechnungspreise statt.

1.2 Die Änderungen des § 1 AStG im Einzelnen

Auch im deutschen Steuerrecht war der Fremdvergleichsgrundsatz bisher bei Betriebsstätten nicht uneingeschränkt anwendbar. Die Regelungen hierzu in § 4 Abs. 1 EStG und § 12 Abs. 1 KStG waren insofern unvollständig. Diese Lücke soll nun durch die Modifizierungen des § 1 AStG weitgehend geschlossen werden. Dass die Umsetzung des AOA in nationales Recht dennoch nicht konsequent durchgeführt wurde, wird weiter unten noch dargestellt.

Außerdem ergeben sich Änderungen zur Anwendung des AStG auf Personengesellschaften und Mitunternehmerschaften, sowie zur Definition von „Geschäftsbeziehungen".

Im Folgenden werden die Neuregelungen des § 1 AStG im Einzelnen erläutert. Eine Ausnahme hierzu stellen die Änderungen des § 1 Abs. 3 AStG dar; sie sind redaktioneller Natur, auf eine Darstellung wird daher verzichtet.

1.2.1 Ausweitung auf Personengesellschaften (§ 1 Abs. 1 S. 2 AStG, § 1 Abs. 5 S. 7 AStG)

Die Neuerungen sehen explizit die Anwendung des § 1 AStG auf Personengesellschaften und Mitunternehmerschaften vor (§ 1 Abs. 1 S. 2 AStG). Sie werden als „Steuerpflichtige" bzw. – bei Vorliegen der entsprechenden Voraussetzungen – als „Nahestehende Person" im Sinne der Vorschrift definiert. Dies soll der Klarstellung dienen und trägt der bestehenden Verwaltungsmeinung Rechnung.[5] Es konnten auch bisher schon Personengesellschaften und Mitunternehmerschaften Beteiligte an Geschäftsbeziehungen i. S. d. § 1 AStG sein.[6] Nach bisheriger Rechtslage war allerdings für die Anwendung des § 1 AStG dann erforderlich, dass der bzw. die jeweiligen Gesell-

---

[5] Vgl. BMF, Schreiben v. 14.5.2004, IV B 4 – S 1340 – 11/04, BStBl I Sondernummer 1/2004; so schon BMF, Schreiben v. 23.2.1983, BStBl I 1983, S. 218, Tz. 1.3.2.2.
[6] Vgl. *Wassermeyer* in: Flick/Wassermeyer/Baumhoff, § 1 AStG, Rn. 223.3.

schafter/Mitunternehmer im Inland steuerpflichtig waren.[7] Nunmehr wäre dies entbehrlich, die Gesellschaft bzw. Mitunternehmerschaft selbst fällt unter den Anwendungsbereich des § 1 AStG. Hierdurch kann jedoch keine originäre Steuerpflicht begründet werden. § 1 AStG kann daher nur zur Anwendung kommen, wenn die Gesellschaft bzw. Mitunternehmerschaft ohnehin im Inland beschränkt oder unbeschränkt steuerpflichtig ist.

Die Neuregelung zur Definition von Personengesellschaften und Mitunternehmerschaften als „Steuerpflichtige" (§ 1 Abs. 1 S. 2 Halbs. 1 AStG) gilt gem. § 21 Abs. 20 S. 1 AStG erstmals ab dem Veranlagungszeitraum 2013. Dies widerspricht dem Konzept der Klarstellung, dem eine Anwendung auf alle noch offen Veranlagungszeiträume besser Rechnung getragen hätte.

Soweit Personengesellschaften und Mitunternehmerschaften nunmehr explizit „Nahestehende Person" im Sinne des § 1 Abs. 2 AStG sein können, hat dies gem. § 21 Abs. 20 S. 2 AStG Gültigkeit für alle noch nicht bestandskräftigen Veranlagungszeiträume, was die klarstellende Wirkung dieser Änderung unterstreicht.

Die dargestellte Einbeziehung von Personengesellschaften und Mitunternehmerschaften erfährt eine deutliche Abgrenzung zu den Neuregelungen für die Anwendung des § 1 AStG auf Betriebsstätten. So stellt § 1 Abs. 5 S. 7 AStG klar, dass die besonderen Vorschriften zur Gewinnabgrenzung bei Betriebsstätten in § 1 Abs. 5 S. 1–4 AStG auf Personengesellschaften oder Mitunternehmerschaften keine Anwendung finden.

1.2.2 Streichung der Konkretisierung zur Schätzungsbefugnis (§ 1 Abs. 4 AStG a. F.)

Bisher sah § 1 Abs. 4 AStG a. F. eine Konkretisierung der Schätzungsbefugnis des § 162 Abs. 2 AO für Einkünfte gem. § 1 Abs. 1 AStG vor. Demnach war in solchen Fällen mangels anderer geeigneter Anhaltspunkte eine durchschnittliche Umsatzrendite oder Verzinsung für das im Unternehmen eingesetzte Kapital anzusetzen, die unter Berücksichtigung der ausgeübten Funktionen, eingesetzten Wirtschaftsgüter und übernommenen Risiken zu erwarten war. Diese Vorschrift wurde ersatzlos gestrichen, da sie nach Auffassung des Gesetzgebers keine praktische Bedeutung habe, sondern durch § 162 AO bereits ausreichend abgedeckt werde.[8] Gegebenenfalls wird die noch zu erlassende Rechtsverordnung hierzu Regelungen treffen.

Die Streichung des § 1 Abs. 4 AStG a. F. gilt gem. § 21 Abs. 20 S. 3 AStG erstmals für Wirtschaftsjahre, die nach dem 31.12.2012 beginnen.

1.2.3 Ausweitung der Definition von Geschäftsbeziehungen (§ 1 Abs. 4 AStG n. F.)

Die Änderungen zur Definition von Geschäftsbeziehungen sollen dazu dienen, den AOA in nationales Recht umzusetzen. Der AOA spricht hier von den sogenannten „dealings", die zur steuerlichen Gewinnabgrenzung für Betriebsstätten mit fremdüblichen Verrechnungspreisen zu versehen sind.

Nach bisherigem Gesetzeswortlaut (§ 1 Abs. 5 AStG a. F.) galt als Geschäftsbeziehung i. S. der Vorschrift - bei Vorliegen der sonstigen Voraussetzungen - jede „[…] schuldrechtliche Beziehung, die keine gesellschaftsvertragliche Vereinbarung ist […]".

---

[7] Vgl. BFH v. 30.5.1990, I R 97/88, BStBl II 1990, S. 875; BFH v. 17.12.1997, I B 96/97, BStBl II 1998, S. 321.
[8] Vgl. BT-Drs. 17/10000, S. 63.

Nunmehr werden Geschäftsbeziehungen i. S. der Vorschrift in § 1 Abs. 4 S. 1 Nr. 1 AStG n. F. definiert als „[...] einzelne oder mehrere zusammenhängende wirtschaftliche Vorgänge (Geschäftsvorfälle) [...], denen keine gesellschaftsvertragliche Vereinbarung zugrunde liegt." Der Begriff des „wirtschaftlichen Vorgangs" wird nicht näher erläutert.

Vom Konzept der „schuldrechtlichen Beziehung" hat man sich aber auch mit der Neuregelung nicht gänzlich verabschiedet. So ist für Geschäftsbeziehungen i. S. der Vorschrift, für die keine schuldrechtlichen Vereinbarungen getroffen wurden, das Vorliegen solcher Vereinbarungen für die Besteuerung zu unterstellen, sofern der Steuerpflichtige nicht etwas anderes glaubhaft macht (§ 1 Abs. 4 S. 2 AStG n. F.). Ausdrücklich einbezogen in den Anwendungsbereich der Vorschrift werden außerdem Geschäftsvorfälle mit Betriebsstätten im Ausland, für die es naturgemäß keine schuldrechtliche Beziehung geben kann. Eine solche ist laut Gesetz dann aber für Zwecke der Gewinnabgrenzung nach § 1 AStG anzunehmen (§ 1 Abs. 4 S. 1 Nr. 2 AStG n. F.).

Die begrifflichen Änderungen zur Definition der Geschäftsbeziehung i. S. der Vorschrift sind von der Absicht getragen, eine Annäherung an das Konzept der OECD und eine internationale Vereinheitlichung zu erreichen. Faktisch werden allerdings damit zusätzliche, unbestimmte Rechtsbegriffe eingeführt, die in der praktischen Anwendung eine Reihe von Fragen aufwerfen dürften. Außerdem ergibt sich hier ein gewisser Widerspruch zu den Regelungen der OECD. Während der AOA erhöhte Anforderungen an die Annahme der sogenannten „dealings" stellt, insbesondere in Bezug auf die Wesentlichkeit, ist bei der Neufassung des § 1 Abs. 4 AStG nach dem Gesetzeswortlaut von der Intention eines breiten Anwendungsbereichs auszugehen. So ist kein Schwellenwert oder eine Mindestanforderung zur Wesentlichkeit des Geschäftsvorfalles vorgesehen. Zudem spricht für die Annahme eines breiten Anwendungsbereichs die Negativabgrenzung für die Definition der Geschäftsbeziehung, wonach eine solche nur dann nicht anzunehmen ist, wenn eine gesellschaftsrechtliche Vereinbarung zugrunde liegt (§ 1 Abs. 4 S. 1 Nr. 1b AStG n. F.), sowie der Umstand, dass die Beweislast beim Fehlen einer schuldrechtlichen Vereinbarung dem Steuerpflichtigen auferlegt wird (§ 1 Abs. 4 S. 2 AStG n. F.).

Neben der geänderten Definition des Begriffs „Geschäftsbeziehung" sowie der Einbeziehung von Betriebsstätten-Fällen sieht das JStG 2013 hier eine weitere Neuerung vor: Wie oben bereits erwähnt, wird nunmehr auf „einzelne oder mehrere zusammenhängende wirtschaftliche Vorgänge" abgestellt (§ 1 Abs. 4 S. 1 Nr. 1 AStG n. F.). Hierdurch soll dem Umstand Rechnung getragen werden, dass es zur Einhaltung des Fremdvergleichsgrundsatzes ggf. nicht ausreichend ist, den Preis für einen Geschäftsvorfall isoliert zu bestimmen, da auch fremde Dritte bei bestimmten Konstellationen mehrere Geschäftsvorfälle gemeinsam betrachten würden.[9] Für die Fremdüblichkeit wäre es dann ausreichend, dass die Gesamtheit der zusammenhängenden Geschäftsvorfälle angemessen bepreist ist. Diese Rechtsänderung ist grundsätzlich zu begrüßen, da derartige Fälle in der Praxis – auch zwischen fremden Dritten – durchaus anzutreffen sind. Bisher konnte der deutsche Steuerpflichtige sich hier allenfalls auf das Konstrukt des „Vorteilsausgleiches" berufen, für das nach Auffassung der Finanzverwaltung allerdings strenge Voraussetzungen erfüllt sein müssen.[10] Für die praktische Anwendung dürften sich aus der Neuregelung dennoch offene Fragen ergeben: So ist nicht näher bestimmt, unter welchen Voraussetzungen wirtschaftliche Vorgänge als zusammenhängend anzusehen sind. Zudem erfordert die Einbeziehung mehrerer wirtschaftlicher Vorgänge ggf. auch die Berücksichtigung mehrerer Veranlagungsjahre, was sich nach dem Prinzip der Abschnittsbesteuerung eigentlich verbietet und – bei bereits eingetretener Bestandskraft einzelner dieser Jahre – weitere Probleme aufwirft.

---

[9] Vgl. BT-Drs. 17/10000, S. 63.
[10] Vgl. KStR H 36 II, Vorteilsausgleich.

Der § 1 Abs. 4 AStG n. F. gilt gem. § 21 Abs. 20 S. 3 AStG erstmals für Wirtschaftsjahre, die nach dem 31.12.2012 beginnen.

1.2.4 Anwendung des Fremdvergleichsgrundsatzes bei Betriebsstätten (§ 1 Abs. 5 AStG)

Der neugefasste § 1 Abs. 5 AStG ist das Herzstück der Umsetzung des AOA in nationales Recht. Er sieht nicht nur vor, dass die Regelungen zum Erfordernis der Fremdüblichkeit von Verrechnungspreisen auch auf Betriebsstättenfälle (und ständige Vertreter) anwendbar sind, sondern gibt auch die Vorgehensweise bei der entsprechenden Gewinnabgrenzung zur Ermittlung potentiellen Korrekturbedarfes an.

Zur Anwendung des Fremdvergleichsgrundsatzes ist eine Betriebsstätte demnach wie ein eigenständiges und unabhängiges Unternehmen zu behandeln (§ 1 Abs. 5 S. 3 AStG). Zu diesem Zweck sind ihr in einem ersten Schritt zuzuordnen (§ 1 Abs. 5 S. 4 AStG):

1. die Funktionen des Unternehmens, die durch ihr Personal ausgeübt werden (Personalfunktionen),
2. die Vermögenswerte des Unternehmens, die sie zur Ausübung der ihr zugeordneten Funktionen benötigt,
3. die Chancen und Risiken des Unternehmens, die sie auf Grund der ausgeübten Funktionen und zugeordneten Vermögenswerte übernimmt, sowie
4. ein angemessenes Eigenkapital (Dotationskapital).

Auf der Grundlage dieser Zuordnung sind in einem zweiten Schritt die Art der Geschäftsbeziehungen zwischen dem Unternehmen und seiner Betriebsstätte und die Verrechnungspreise für diese Geschäftsbeziehungen zu bestimmen (§ 1 Abs. 5 S. 4 AStG). Für die Ermittlung fremdüblicher Verrechnungspreise gelten die allgemeinen Vorschriften des § 1 AStG.

Der § 1 Abs. 5 AStG gilt gem. § 21 Abs. 20 S. 3 AStG erstmals für Wirtschaftsjahre, die nach dem 31.12.2012 beginnen.

1.3 Einzelaspekte zu Betriebsstättenfällen

Im Folgenden werden ausgewählte praxisrelevante Themen zur Umsetzung des AOA in nationales Recht im Rahmen des JStG 2013 dargestellt.

1.3.1 Warenlieferungen

Die Besonderheit bei Warenlieferungen in Betriebsstättenfällen liegt darin, dass hier der Realisationszeitpunkt des betreffenden Verrechnungspreises nicht ohne weiteres eindeutig ist. Schuldrechtliche Vereinbarungen zwischen Stammhaus und Betriebsstätte kann es naturgemäß nicht geben, da es sich um den jeweils selben Rechtsträger handelt. Aus solchen schuldrechtlichen Vereinbarungen würde sich zwischen unabhängigen Vertragspartnern üblicherweise der Realisationszeitpunkt ergeben. Hier sind erhebliche Unterschiede möglich. Je nach Verteilung der Funktionen und Risiken auf die Einheiten und den Lieferkonditionen wäre z. B. eine Realisation des Veräußerungsgewinnes der Waren bei Verlassen des Warenlagers des Verkäufers möglich, alternativ könnte diese Realisation auch erst bei Veräußerung an den Endkunden erfolgen, ohne dass das wirtschaftliche Eigentum auf das Vertriebsunternehmen übergeht (Kommissionärsstruktur). In Betriebsstättenfällen besteht hier – unter Beachtung der Funktions- und Risikozuordnung – ein gewisser Gestaltungsspielraum. Zu Nachweiszwecken sollte die gewünschte Struktur von Beginn an schriftlich dokumentiert werden.

1.3.2 Dienstleistungen

Bisher waren Dienstleistungen von Betriebsstätten nur dann fremdüblich zu vergüten, wenn sie die Haupttätigkeit der Betriebsstätte darstellten.[11] Ansonsten waren der Betriebsstätte ggf. anteilig Aufwendungen zuzuordnen, soweit es sich um Geschäftsführungs- und allgemeine Verwaltungsaufwendungen handelte.[12] Das Erfordernis von fremdüblichen Verrechnungspreisen gilt künftig für alle Dienstleistungen in Betriebsstättenfällen, auch für Verwaltungs- bzw. Unterstützungsleistungen.

Problematisch wird in vielen Fällen die Berücksichtigung von Dienstleistungen eines Geschäftsführers gegenüber „seiner" Betriebsstätte sein: Hier dürfte es oft schwierig werden, die Tätigkeiten des Geschäftsführers entsprechend eindeutig abzugrenzen und auf Stammhaus und Betriebsstätte(n) zu verteilen.

Ein gewisser Gestaltungsspielraum ergibt sich noch aus dem Umstand, dass grundsätzlich die Dienstleistungserbringung im Rahmen eines anzunehmenden Umlagevertrags oder eines anzunehmenden schuldrechtlichen Leistungsaustauschs erfolgen kann. Dies hat Auswirkungen auf die Notwendigkeit eines Gewinnelementes. Auch hier ist eine schriftliche Fixierung im Vorhinein empfehlenswert.

1.3.3 Nutzungsüberlassungen

Nach dem AOA sind in Betriebsstättenfällen auch Nutzungsüberlassungen möglich. Welche Methoden zur Abgrenzung des Betriebsstättengewinnes hierfür durch die deutsche Finanzverwaltung akzeptiert werden, bleibt abzuwarten. Dem Konzept der Selbständigkeitsfiktion entsprechend ist zu erwarten, dass die Finanzverwaltung auch hier ihre allgemeinen Grundsätze zur Fremdüblichkeit von Nutzungsüberlassungsentgelten zur Anwendung bringen wird. Weitere Konkretisierungen zur Anwendung des Fremdvergleichsgrundsatzes sollten sich aus der Rechtsverordnung ergeben, zu der der Gesetzgeber das Bundesministerium der Finanzen ermächtigt hat (§ 1 Abs. 6 AStG).

1.3.4 Finanztransaktionen

Die Selbständigkeitsfiktion im Rahmen des AOA soll nur eingeschränkt für Finanztransaktionen (Darlehen, Garantien) gelten. So ist beispielsweise für die Betriebsstätte das Kreditrating des Gesamtunternehmens maßgeblich.

Bei der Umsetzung in nationales Recht hat der Gesetzgeber hierzu vorgesehen, dass für die Betriebsstätte ein „angemessenes Eigenkapital (Dotationskapital)" festzulegen ist (§ 1 Abs. 5 S. 4 Nr. 4 AStG). Als Folge daraus ergibt sich das erforderliche Fremdkapital, welches für Zwecke der Gewinnabgrenzung mit einem Zinssatz zu versehen ist. Einzelheiten hierzu werden voraussichtlich noch in der Rechtsverordnung geregelt werden.[13]

1.3.5 Entstrickung

Da künftig die Übertragung von Wirtschaftsgütern zwischen Stammhaus und ausländischer Betriebsstätte gemäß den Vorschriften des § 1 AStG mit fremdüblichen Preisen zu versehen ist, stellt sich die Frage nach einer Konkurrenz dieser Vorschrift zu den Entstrickungsnormen der §§ 4 Abs. 1 S. 3 EStG und 12 Abs. 1 S. 1 KStG.

---

[11] Vgl. Betriebsstätten-Verwaltungsgrundsätze Tz. 3.1.2 und OECD-MK 2008 zu Art. 7 Rn. 36.
[12] Vgl. Betriebsstätten-Verwaltungsgrundsätze Tz. 3.4.1.
[13] Vgl. BT-Drs. 17/10000, S. 64.

Der BFH hat seine frühere finale Entnahmetheorie aufgegeben.[14] Damit hat er zuletzt die Auffassung vertreten, dass das deutsche Besteuerungsrecht bezüglich von im Inland aufgebauten stillen Reserven bei Zuordnung von Wirtschaftsgütern zu einer ausländischen Betriebsstätte aus abkommensrechtlicher Sicht nicht entfällt. Daraus folge, dass im Zeitpunkt der geänderten Zuordnung keine Entstrickung stattfinde. Diese Ansicht teilt die Finanzverwaltung nicht.[15] Die Gesetzesbegründung spiegelt die Auffassung wieder, dass es durchaus zu einer Konkurrenz der Vorschriften kommen kann, namentlich zu Fällen, in denen die Bestimmungen des § 4 Abs. 1 S. 3 EStG bzw. § 12 Abs. 1 KStG vorrangig anzuwenden seien.[16]

Die unterschiedlichen Standpunkte und daraus folgenden Unklarheiten zur steuerlichen Entstrickung haben auch für die Neuregelungen des § 1 Abs. 5 AStG Bedeutung. Dies wird in der Literatur bereits entsprechend diskutiert.[17]

Selbst wenn man sich der Auffassung der Finanzverwaltung anschließen wollte, müsste auch hier ein gewisser Gestaltungsspielraum anzunehmen sein. Eine Übertragung von Wirtschaftsgütern kann bei Unterstellung von zwei selbstständigen, unabhängigen Einheiten im Wege der endgültigen Übertragung erfolgen. Alternativ wäre eine vorübergehende Nutzungsüberlassung denkbar. Auf die vorübergehende Nutzungsüberlassung kann dann aber eine Entstrickungsbesteuerung nach § 1 Abs. 5 AStG keinesfalls gestützt werden. Damit dürfte es in vielen Fällen Möglichkeiten zur Gestaltung durch den Steuerpflichtigen geben, unabhängig davon, welcher grundsätzlichen rechtlichen Auffassung zur Entstrickungstheorie man sich anschließen möchte.

Inwieweit dieses Thema und das mögliche Konkurrenzverhältnis in der noch zu erlassenden Rechtsverordnung aufgegriffen wird, bleibt abzuwarten.

1.3.6 Funktionsverlagerung

Unabhängig von der Entstrickung einzelner Wirtschaftsgüter sieht die Formulierung in § 1 Abs. 5 S. 1 AStG vor, dass künftig auch die Grundsätze zur Funktionsverlagerung gemäß § 1 Abs. 3 S. 9 ff. auf Betriebsstättenfälle zur Anwendung kommen. Dies war bisher bei der Überführung von Wirtschaftsgütern nicht möglich, da § 1 Abs. 2 FVerlV die Übertragung von Wirtschaftsgütern, sonstigen Vorteilen sowie den damit verbundenen Chancen und Risiken zwischen verbundenen Unternehmen voraussetzte.

1.3.7 Einseitigkeit der Vorschrift und Verhältnis zu DBA-Recht

Im Einklang mit dem grundsätzlichen Konzept und Anwendungsbereich des § 1 AStG sind die Vorschriften zur Gewinnabgrenzung bei Betriebsstätten jeweils nur dann einschlägig, wenn sie zu einer Erhöhung der im Inland steuerpflichtigen Einkünfte führen. Insoweit ist die Umsetzung des AOA in nationales Recht also unvollständig: Der AOA sieht die Anwendung des „Functionally Separate Entity Approach" korrespondierend für Stammhaus und Betriebsstätte vor.

Zur Möglichkeit einer Gewinnkorrektur durch den deutschen Fiskus beim Vorliegen eines DBA sieht die Neuregelung Folgendes vor: Sofern der Steuerpflichtige geltend macht, dass die Regelungen des DBA dem § 1 Abs. 5 S. 1–7 AStG widersprechen, hat das DBA nur insoweit Vorrang, als es zu einem geringeren oder gar keinem Berichtigungsbedarf führt, sofern der Steuerpflichtige den Nachweis führen kann, dass der andere Staat sein betreffendes Besteuerungsrecht entsprechend des

---

[14] Vgl. BFH v. 17.7.2008, I R 77/06, BStBl II 2009, S. 464; BFH v. 28.10.2009, I R 99/98, IStR 2010, S. 98.
[15] Vgl. BMF v. 20.5.2009, BStBl I 2009, S. 671.
[16] BT-Drs. 17/10000, S. 65.
[17] Vgl. hierzu insbesondere *Schnitger*, IStR 2012, S. 633.

DBA ausgeübt hat (§ 1 Abs. 5 S. 8 AStG). Die Begrenzung möglicher inländischer Besteuerungsrechte durch ein DBA wird also grundsätzlich anerkannt. Sie wird allerdings an die Bedingung geknüpft, dass der Steuerpflichtige eine korrespondierende Besteuerung im jeweils anderen Staat nachweisen kann.

In der Praxis dürfte sich durch diese Regelung jedoch zusätzliches Konfliktpotenzial ergeben, da bisher nicht klar ist, auf welche Art dieser Nachweis geführt werden soll.

Sofern auf den jeweiligen Fall ein DBA anwendbar ist, das bereits die Grundsätze des AOA berücksichtigt, könnte – ausgehend von einer Erhöhung der steuerpflichtigen Einkünfte im Ausland – die korrespondierende Änderung auf Abkommensrecht und auf Art. 7 OECD-MA 2010 gestützt werden.

Probleme können sich hierbei allerdings insbesondere dann ergeben, wenn im Inland ein Verlust angesetzt werden soll, obwohl das Gesamtunternehmen einen Gewinn erzielt. Ein solcher Verlust könnte das Ergebnis der fremdvergleichskonformen Bepreisung der anzunehmenden Geschäftsbeziehungen zwischen Stammhaus und Betriebsstätte sein. Entsteht der Verlust beim inländischen Stammhaus, so müsste eine Akzeptanz durch den steuerlichen Fiskus zwingend sein. In diesem Fall ergibt sich der inländische Verlust aus dem Umstand, dass – ausgehend vom Gesamtgewinn des Unternehmens – der Gewinn der ausländischen Betriebsstätte im Inland freigestellt wird. Entsteht der Verlust bei der inländischen Betriebsstätte, ist aufgrund der beschränkten Steuerpflicht § 50 Abs. 1 S. 1 EStG einschlägig. Danach ist ein Verlust aber nur insoweit anzuerkennen, wie er auf Betriebsausgaben oder Werbungskosten beruht, die in wirtschaftlichem Zusammenhang mit inländischen Einkünften stehen. Die Berücksichtigung von Aufwand aus Geschäftsbeziehungen mit dem ausländischen Stammhaus i. S. des § 1 Abs. 4 AStG n. F. verbietet sich damit.

Enthält das einschlägige DBA noch nicht die Grundsätze des AOA oder existiert überhaupt kein DBA für den betreffenden Fall, ist eine korrespondierende Minderung der inländischen Einkünfte nach einer Einkommenserhöhung durch den jeweils anderen Staat grundsätzlich nicht möglich. Hier könnte dann allenfalls ein Verständigungsverfahren zwischen den betroffenen Staaten angestrengt werden.

Um diese systematischen Lücken in der Umsetzung des AOA zu schließen, fordern Stimmen in der Literatur, die notwendigen Änderungen in die allgemeinen Vorschriften zur steuerlichen Gewinnermittlung aufzunehmen, anstelle der zwangsläufig einseitigen Korrekturnorm des § 1 AStG.[18]

1.4 Ermächtigung zur Rechtsverordnung (§ 1 Abs. 6 AStG)

Die Neuregelung sieht eine Ermächtigung des BMF zum Erlass einer Rechtsverordnung vor. Hierin sollen Einzelheiten zum Fremdvergleichsgrundsatz und dessen einheitlicher Anwendung sowie zur Bestimmung des Dotationskapitals i. S. des § 1 Abs. 5 S. 3 Nr. 4 AStG festgelegt werden (§ 1 Abs. 6 AStG).

---

[18] Vgl. *Lüdicke*, Deutsche Abkommenspolitik, IFSt-Schrift Nr. 48 2012, S. 63; *Kußmaul/Ruiner*, BB 2012, S. 2025, siehe auch *Schnitger*, IStR 2012, S. 633.

2 OECD-Projekt zu Verrechnungspreisen für immaterielle Wirtschaftsgüter

Die OECD verabschiedete am 25.1.2011 den Umfang eines neuen Projekts zu Verrechnungspreisfragestellungen bei Transaktionen zwischen verbundenen Unternehmen im Zusammenhang mit immateriellen Wirtschaftsgütern.[19] Dabei ging die OECD davon aus, dass die Entwicklung klarer und eindeutiger internationaler Richtlinien zu Transferpreisgestaltungen von immateriellen Wirtschaftsgütern dazu beiträgt, Unsicherheiten zu beseitigen und das Risiko der Doppelbesteuerung zu minimieren.

Zielsetzung des Projekts war und ist es, Richtlinien zu spezifischen Fragestellungen im Kontext immaterieller Wirtschaftsgüter zu entwickeln, die bisher noch nicht in der überarbeiteten Version der „OECD Transfer Pricing Guidelines for Multinational Enterprises and Tax Administrations" aus dem Jahr 2010 behandelt wurden. Die OECD zielt mit dem Projekt darauf ab, eine grundlegende und klarstellende Überarbeitung des Kapitels VI „Special Considerations for Intangible Property" zu veröffentlichen und eine Übereinstimmung mit den Kapiteln VII „Special Considerations for Intra-Group Services" und VIII „Cost Contribution Arrangements" herzustellen, um eine gemeinsame Terminologie und Anwendungsgrundlagen zu finden.

Am 6.6.2012 hat die OECD nun einen ersten Diskussionsentwurf (mit knapp 60 Seiten) veröffentlicht: „Discussion draft – Revision of the Special Considerations for Intangibles in Chapter VI of the OECD Transfer Pricing Guidlines and Related Provisions". In zeitlicher Hinsicht ist dabei zunächst bemerkenswert, dass der Entwurf rund anderthalb Jahre vor dem ursprünglich angepeilten Datum veröffentlicht werden konnte. Die OECD weist allerdings auch darauf hin, dass es sich bei dem Entwurf um einen Zwischenentwurf („Interim Draft") handelt, bei dem es sich zudem noch nicht um ein allgemein abgestimmtes Dokument („Consensus Document") handelt, das die Zustimmung aller OECD-Mitgliedsstaaten hat.

2.1 Wesentlicher Inhalt des Entwurfs vom 6.6.2012

Der Entwurf untergliedert sich in vier Bereiche, die im Folgenden näher beschrieben werden:

- die Identifizierung bzw. Definitionsansätze von immateriellen Werten,
- Eigentum an immateriellen Werten und die Bestimmung der Parteien, denen mit immateriellen Werten verbundenen Gewinne zustehen,
- Transaktionen über die Nutzung oder Übertragung von immateriellen Werten sowie
- die Festsetzung von fremdüblichen Bedingungen im Hinblick auf immaterielle Werte.

Der Entwurf wird ergänzt durch einen Anhang mit diversen Beispielen, die die Ausführungen illustrieren sollen.

2.1.1 Identifizierung und Definition von immateriellen Werten

Die Definition dessen, was als ein „Intangible" angesehen werden sollte, war in der Vergangenheit nicht selten zentrale Frage vieler Auseinandersetzungen. Der nun vorliegende OECD-Entwurf enthält allerdings nach wie vor keine abschließende bzw. kurze und prägnante Definition für

---

[19] Vgl. OECD Homepage: http://www.oecd.org/document/44/0,3746,en_2649_33753_46988012_1_1_1_1,00.html.

"Intangibles". Vielmehr wird auf die im Vordergrund zu klärende Frage hingewiesen, wie voneinander unabhängige Parteien sich im Hinblick auf immaterielle Werte verhalten würden. Dabei unterscheidet der Entwurf – im Gegensatz zur bisherigen Praxis – unter anderem weder zwischen produktionsbezogenen und marketingbezogenen immateriellen Werten noch zwischen „soft" und „hard intangibles" oder zwischen routine und nicht-routine immateriellen Werten. Demgegenüber wird in den Vordergrund gestellt, ob „etwas" vorliegt, das im Eigentum oder unter der Kontrolle (eines Einzelnen oder einer Gruppe von Personen) für kommerzielle Aktivitäten sein kann.

Davon zu unterscheiden seien Marktbedingungen oder vergleichbare Umstände, die eben nicht im Eigentum oder unter der Kontrolle eines einzelnen Unternehmens stehen bzw. übertragen werden könnten. Als Beispiele dafür werden Größe, Wettbewerbsbedingungen und andere Spezifika eines lokalen Marktes, das durchschnittliche Einkommen in einer Region und Unternehmenssynergien genannt. Darüber hinaus sollen nach dem Entwurf auch *goodwill* und *going concern* grundsätzlich nicht als getrennte immaterielle Werte angesehen werden.

2.1.2 Eigentum an immateriellen Werten und die Bestimmung der Parteien, denen mit immateriellen Werten verbundenen Gewinne zustehen

Nach wie vor werden als (erste) Anknüpfungspunkte für die Zuordnung des (wirtschaftlichen) Eigentums an immateriellen Werten eventuelle vertragliche Vereinbarungen und rechtliche Registrierungen gesehen. Der OECD-Entwurf stellt jedoch klar, dass die maßgeblichen Entscheidungen im Hinblick auf die Eigentumszuordnung aufgrund des tatsächlichen Verhaltens der Transaktionsparteien und aufgrund von Substanzanalysen zu treffen seien. Mit Hinweis auf Kapitel IX der OECD-Verrechnungspreisrichtlinien (zu den „Business Restructurings") wird die herausgehobene Bedeutung der Kontrolle von Funktionen und Risiken. Mit anderen Worten soll entscheidend sein, wer im Hinblick auf die Entwicklung von immateriellen Werten, deren Erhalt und Schutz ausübt und dafür auch die erforderlichen Fähigkeiten und sonstigen Voraussetzungen mitbringt. Im Gegensatz dazu seien immaterielle Werte der Partei nicht zuzurechnen, die lediglich (passiv) Kosten trage, ohne wesentliche Risiken und/oder Funktionen zu kontrollieren.

2.1.3 Transaktionen über die Nutzung oder Übertragung von immateriellen Werten

Der OECD-Entwurf trifft – grob gesagt – die Unterscheidung, ob (i) immaterielle Werte von einer Transaktionspartei im Zusammenhang mit Warenlieferungen und/oder Dienstleistungen genutzt werden, ohne dass es zu einer Übertragung des „Intangibles" kommt oder ob (ii) immaterielle Werte als Teil einer Transaktion übertragen werden. Darüber hinaus werden Ausführungen zu zusammengefassten Transaktionen gemacht.

2.1.4 Festsetzung von fremdüblichen Bedingungen im Hinblick auf immaterielle Werte

Der umfangreichste Teil des OECD-Entwurfs behandelt das Vorgehen und die Aspekte zur Ermittlung von fremdüblichen Bedingungen für Transaktionen mit immateriellen Werten und im Kern von einer angemessenen Vergütung („Pricing the transaction"). In diesem Teil erfolgt zunächst eine Auseinandersetzung mit diversen Teilaspekten in tatsächlicher Hinsicht (u. a. geographischer Nutzungsbereich eines „Intangibles", dessen tatsächliche Nutzungsdauer, Ausschließlichkeitsrechte, zu erwartende Nutzen).

Im Anschluss setzt sich der Entwurf mit Bewertungsalternativen auseinander, einschließlich von Modellen, die auf der Diskontierung zukünftiger „Cash flows" beruhen. Insoweit werden u. a. Bedenken geäußert, wenn solche Modelle ohne weiteres über die Zeiträume hinaus angewendet werden sollten, für die ein Unternehmen vernünftigerweise Prognoserechnungen erstellen können. Darüber hinaus enthält der Entwurf Ausführungen zu Diskontierungssätzen, zum Kapitalisierungszeitraum sowie zu Vor- bzw. Nachsteuerbetrachtungen.

2.2 Weiteres Vorgehen

Die OECD hatte um Stellungnahme zu ihrem Entwurf bis zum 14.9.2012 gebeten. Dieser Bitte sind eine Vielzahl von Unternehmen und Beratungsgesellschaften nachgekommen. Zur Diskussion der Kommentare und anderer Aspekte hatte die OECD vom 12.–14.11.2012 nach Paris eingeladen, wo mehr als 120 Vertreter der Wirtschaft mit der OECD Einzelheiten diskutierten. Die OECD hat die Veröffentlichung eines überarbeiteten Entwurfs angekündigt. Ein Zeitrahmen dafür wurde nicht genannt; angesichts dessen, dass die Stellungnahmen 1.000 Seiten überschreiten, dürfte aber nicht mit einer kurzfristigen Veröffentlichung zu rechnen sein.

3 Sonstige nationale aktuelle Verrechnungspreisthemen

3.1 Erlass einer weiteren Rechtsverordnung zu Verrechnungspreisen?

§ 1 Abs. 3 S. 13 AStG ermächtigt das BMF, eine **Rechtsverordnung** zu „Einzelheiten zur Anwendung des Fremdvergleichsgrundsatzes" zu erlassen. Von dieser Ermächtigung wurde bisher nur durch den Erlass der Funktionsverlagerungsverordnung[20] Gebrauch gemacht. Das BMF strebt dem Vernehmen nach an, auch weitere Verrechnungspreisfragen im Wege einer Rechtsverordnung zu regeln. Nach vorläufigen Diskussionen erscheint es jedenfalls möglich, dass dabei von der Finanzverwaltung folgende – in der Praxis kritische zu beurteilende – Positionen eingenommen werden:

- Die Verwendung von Datenbankanalysen (sog. Benchmarking-Studien) sollen in vielen Fällen für die Verrechnungspreisbildung abgelehnt werden. Lediglich für einfache Routinegesellschaften (z. B. Lohnfertiger, Handelsvertreter oder Kommissionäre mit sehr eingeschränkten Funktions- und Risikoprofil) soll eine Verrechnungspreisermittlung durch Benchmarking-Studien möglich bleiben.

- Für die Ermittlung der Vergütung für immaterielle Wirtschaftsgüter sollen zwischen nahestehenden Personen Fremdvergleichsdaten (aus Transaktionen zwischen fremden Dritten) im Grundsatz abgelehnt werden. Stattdessen soll der hypothetische Fremdvergleich i. S. v. § 1 Abs. 3 S. 5 AStG in diesen Fällen zur Regel werden.

- Jahresendanpassungen sollen deutlich restriktiver behandelt werden. Derzeit sehen u. a. Distributionsverträge oft vor, dass die Vergütung des Vertriebsunternehmens zum Jahresende angepasst wird, um eine – im Vorhinein bestimmte, fremdübliche – Zielmarge zu erreichen. Die Akzeptanz dieser Praxis soll eingeschränkt werden.

Der Erlass einer weiteren Rechtsverordnung mit den skizzierten Positionen erscheint zwar wahrscheinlich, aber dennoch ist der Fortgang der rechtsetzenden Prozesse noch nicht gesichert. Sollte allerdings eine Rechtsverordnung mit entsprechenden Positionen erlassen werden, lägen darin

---

[20] BGBl I 2008, S. 1680.

erhebliche Beeinträchtigungen für Steuerpflichtige, da die entsprechenden Inhalte in weiten Teilen im Gegensatz zur bisherigen – auch international – üblichen Praxis stehen würden.

3.2 Anpassungen in einer Betriebsprüfung aufgrund fehlender schriftlicher Verträge: Anmerkungen zum Urteil des FG Hamburg v. 31.10.2011

Bei Betriebsprüfungen kann es zu divergierenden Auffassungen darüber kommen, ob die Vereinbarungen mit verbundenen ausländischen Unternehmen bestimmten formalen Anforderungen genügen. Dem wird oftmals entgegengehalten, dass es im Fremdvergleich in erster Linie darauf ankommt, ob die Leistungen tatsächlich erbracht und angemessen berechnet worden sind. Insofern gelte der wirtschaftliche Grundsatz „substance over form". Das Finanzgericht (FG) Hamburg hat mit aktuellem Urteil Rechtsprechung des FG Köln bestätigt, dass ein Doppelbesteuerungsabkommen eine „Sperrwirkung" gegenüber § 8 Abs. 3 Satz 2 KStG entfalten kann, wenn das Finanzamt eine Gewinnkorrektur nach nationalem Recht auf rein formale Beanstandungen stützt.

3.2.1 Sachverhalt

Im Streitfall hatte eine niederländische Muttergesellschaft ihrer 100-prozentigen deutschen Tochtergesellschaft mit Rechnung vom 31.12.2004 Aufwendungen von 70.826 € in Rechnung gestellt. Grundlage war ein bereits Ende 2003 mündlich geschlossener Vertrag über die Erbringung verschiedener konzerninterner Dienstleistungen („concern services cost-sharing agreement"). Dieser Vertrag wurde erst im späteren Verlauf des Jahres 2004 schriftlich fixiert.

Die Abrechnung der Konzernleistungen erfolgte nach geleisteten Stunden, wobei die Stundensätze auf Basis der Kosten der jeweiligen Konzernabteilungen mit einem Gewinnaufschlag zwischen 2 Prozent und 7 Prozent kalkuliert wurden. Hieraus ergaben sich für 2004 Stundensätze von 77 € („Information and Communication Technology") bis 161 € („Management Department").

Der Betriebsprüfer vertrat die Auffassung, dass die konzerninterne Dienstleistungsverrechnung gemäß § 8 Abs. 3 KStG im Streitjahr 2004 als verdeckte Gewinnausschüttung (vGA) zu berücksichtigen sei. Nach der Rechtsprechung des Bundesfinanzhofs (BFH) seien Leistungen zwischen einer Gesellschaft und ihrem beherrschenden Gesellschafter nur dann anzuerkennen, wenn ihnen eine zivilrechtlich wirksame, vorherige, klare und tatsächlich durchgeführte Vereinbarung zugrunde liege. Diese Voraussetzung erfülle der erst im Nachhinein schriftlich fixierte mündliche Vertrag nicht.

Der Klage des Steuerpflichtigen hat das FG Hamburg in vollem Umfang stattgegeben und die verbuchten Aufwendungen als Betriebsausgaben anerkannt.

3.2.2 Nationale Rechtsprechung: Eine vGA kann auf formale Kriterien gestützt werden

Die höchstrichterliche Rechtsprechung nimmt eine vGA vor allem dann an, wenn eine Kapitalgesellschaft ihrem Gesellschafter einen Vermögensvorteil zuwendet, den sie einem Nichtgesellschafter nicht gewährt hätte (materieller Fremdvergleich). Bei einem beherrschenden Gesellschafter kann laut Rechtsprechung eine vGA auch bereits dann anzunehmen sein, wenn es an einer klaren, im Voraus getroffenen, zivilrechtlich wirksamen und tatsächlich durchgeführten Vereinbarung fehlt (formaler Fremdvergleich).

Die obigen Kriterien sind nicht im Sinne von absoluten Tatbestandsvoraussetzungen zu verstehen, sondern vielmehr indiziell dahin gehend zu würdigen, ob sie den Rückschluss zulassen, dass die betreffenden Leistungen durch das Gesellschaftsverhältnis veranlasst sind.[21] Das formale Erfordernis geht zudem nicht von einem schriftlichen Vertrag aus, auch wenn dies aus Dokumentations- und Nachweisgründen empfehlenswert ist, sondern nur von einem zivilrechtlich wirksamen Vertrag. Dafür ist die Schriftform aber in der Regel nicht zwingend. Verträge können auch mündlich abgeschlossen werden oder sich aus konkludentem Handeln ergeben.

Das FG Hamburg vertritt hierzu in Tz. 23 des Urteils folgende Auffassung: „Denn auch bei Geschäften zwischen voneinander unabhängigen Geschäftspartnern kommt es regelmäßig vor, dass rückwirkende Vereinbarungen getroffen und Leistungen erbracht werden, ohne dass bereits im Voraus eine Vereinbarung bzw. eine in allen Einzelheiten ausformulierte Vereinbarung abgeschlossen wurde [...]."

3.2.3 Ein Doppelbesteuerungsabkommen kann eine Sperrwirkung gegenüber rein formalen Korrekturen begründen

Doppelbesteuerungsabkommen (DBAs) beschränken im Allgemeinen die nach innerstaatlichem Recht bestehenden Besteuerungsbefugnisse, indem sie festlegen, welcher der beteiligten Staaten welchen Gewinn der Besteuerung unterwerfen darf. In diesem Sinne hatte das FG Köln bereits mit Urteil vom 22.8.2007[22] rechtskräftig entschieden, dass Art. 9 OECD-MA eine Sperrwirkung entfaltet, wenn eine Korrektur auf rein formale Beanstandungen gestützt wird.

Im vorliegenden Fall des FG Hamburg wurde im mündlichen Verfahren einvernehmlich festgestellt, dass die berechneten Aufwendungen materiell nicht zu beanstanden waren, sodass eine rein formal begründete Betriebsprüfungsanpassung vorlag. Das FG Hamburg hat sich in seiner Entscheidung ausdrücklich der Auffassung des FG Köln angeschlossen. Demzufolge komme es nicht darauf an, ob die den Leistungen zwischen verbundenen Unternehmen zugrunde liegenden Bedingungen im Vor- oder erst im Nachhinein vereinbart worden seien. Dies entspreche der ganz überwiegenden Auffassung im Schrifttum, der zufolge insbesondere die formalen Sonderbedingungen der vGA nach nationaler Rechtsprechung bei grenzüberschreitend verbundenen Unternehmen im Falle eines Art. 9 OECD-MA entsprechenden DBA unberücksichtigt bleiben müssen.

3.2.4 Folgerungen für die Praxis

Der Fokus des FG-Urteils liegt naturgemäß auf der Sperrwirkung des DBA und behandelt nur am Rande die BFH-Rechtsprechung zu den Tatbestandsvoraussetzungen einer vGA.

Während das gleichlautende Urteil des FG Köln vom 22.8.2007 nicht angegriffen wurde, hat die Finanzverwaltung gegen das Urteil des FG Hamburg vom 31.10.2011 zwischenzeitlich Revision eingelegt.[23] Dies lässt darauf schließen, dass seitens der Finanzverwaltung eine höchstrichterliche Klärung angestrebt wird. Im Sinne der Rechtssicherheit ist dies zu begrüßen.

Der BFH hatte bereits in seinem Urteil vom 9.11.2005[24] die Sperrwirkung des DBA angesprochen, aber als nicht entscheidungsrelevant offenlassen können. Es bleibt insofern abzuwarten, ob sich der BFH der inzwischen gefestigten FG-Rechtsprechung anschließen wird.

---

[21] siehe auch BFH, Urteil v. 29.10.1997, I R 24/97, BStBl II 1998, S. 573.
[22] veröffentlicht in EFG 2008, S. 161.
[23] Revision eingelegt unter dem Az. I R 75/11.
[24] BFH, Urteil v. 9.11.2005, BStBl II 2006, S. 564.

Aus Sicht des internationalen Steuerrechts ist das Urteil des FG Hamburg zu begrüßen. Es stellt erneut klar, dass ein Vertragsstaat sich nicht auf Kosten des anderen Vertragsstaats einen höheren Anteil am Unternehmensgewinn sichern kann, indem er einseitig über den DBA-Text hinausgehende formale Anforderungen setzt. Ein solches Vorgehen könnte gegebenenfalls durch eine entsprechende Gesetzgebung („treaty override") gedeckt werden, keinesfalls aber auf Grundlage einer innerstaatlichen Rechtsprechung erfolgen.

Bei einer anderen Entscheidung wären zudem Auseinandersetzungen mit ausländischen Finanzverwaltungen vorprogrammiert, da diese in der Regel keine erhöhten formalen Anforderungen kennen. Im vorliegenden Fall des FG Hamburg wären die Niederlande kaum zu einer Gegenkorrektur bereit gewesen, da die konzerninternen Dienstleistungen unstrittig zum Nutzen der deutschen Gesellschaft angefallen waren.

Der Vollständigkeit halber ist darauf hinzuweisen, dass in Nicht-DBA-Fällen grundsätzlich kein Abkommensschutz besteht und dementsprechend auch formale Anforderungen zu einer vGA führen können. Erschwerend kommt in diesen Fällen hinzu, dass in der Regel auch kein Verständigungsverfahren vorgesehen ist. Auch wenn ein DBA vorliegt, ist allerdings immer zu prüfen, ob das entsprechende DBA eine Art. 9 OECD-MA entsprechende Klausel enthält.

Aus Sicht der Praxis gilt weiterhin Folgendes: Es bleibt empfehlenswert, schriftliche Verträge im Vorhinein zu schließen. Dies ist insbesondere aus Dokumentationsgründen sinnvoll. Zudem ist in vielen Fällen eine vertragliche Risikozuordnung zwischen den Parteien erforderlich, die nur im Vorhinein vereinbart werden kann (nicht im Nachhinein, wenn sich das Risiko bereits realisiert hat). Soweit ein Vertrag lediglich mündlich geschlossen wurde, sollte dieser aus Nachweisgründen möglichst zeitig schriftlich fixiert werden. Eine tatsächliche konkludente Handhabung kann oftmals die mündliche Vereinbarung belegen.

3.3 Geschäftsbeziehungen und gesellschaftsvertragliche Vereinbarungen: Abgrenzung und Dokumentationspflicht

In Betriebsprüfungen sehen sich Steuerpflichtige mittlerweile vermehrt mit dem Vorwurf konfrontiert, gesellschaftsvertragliche Vorgänge nicht dokumentiert zu haben. Es werden Schätzungen und Sanktionen angedroht. Steuerpflichtige sollten gewappnet sein und ihre Dokumentationspflichten kennen – aber auch deren Grenzen.

Die Dokumentationspflichten für Verrechnungspreise bei Vorgängen mit Auslandsbezug ergeben sich aus § 90 Abs. 3 AO. Die in diesem Rahmen zu erstellenden Aufzeichnungen erstrecken sich auf Geschäftsbeziehungen mit nahestehenden Personen im Sinne des § 1 AStG. Was unter einer Geschäftsbeziehung zu verstehen ist, wird in § 1 Abs. 5 AStG erläutert. Danach ist eine Geschäftsbeziehung jede den Einkünften zugrunde liegende schuldrechtliche Beziehung, die keine gesellschaftsvertragliche Vereinbarung darstellt und Teil einer Tätigkeit im Sinne der §§ 13, 15, 18 oder 21 EStG ist.

Der Begriff der schuldrechtlichen Beziehung wird aus § 241 BGB abgeleitet. Das Schuldverhältnis berechtigt den Gläubiger dazu, vom Schuldner eine Leistung zu fordern. Dabei sind diejenigen schuldrechtlichen Beziehungen, die zugleich gesellschaftsvertragliche Vereinbarungen darstellen, keine Geschäftsbeziehungen im Sinne des § 1 Abs. 5 AStG und damit nicht dokumentationspflichtig. Grundsätzlich sind also alle schuldrechtlichen Beziehungen relevant, mit Ausnahme solcher, die – im engeren Sinne – im Gesellschaftsvertrag geregelt sind oder – im weiteren Sinne – unter diesen zu fassen sind.

Allerdings reicht die bloße Aufnahme in den Gesellschaftsvertrag nicht aus, um eine schuldrechtliche Beziehung zu einer gesellschaftsvertraglichen Vereinbarung zu machen. Umgekehrt kann eine schuldrechtliche Beziehung durchaus als gesellschaftsvertragliche Vereinbarung anzusehen sein, auch wenn sie nicht im Gesellschaftsvertrag geregelt ist. Maßgeblich ist stets der wirtschaftliche Gehalt der Transaktion: Betrifft die einer Transaktion zugrunde liegende Regelung die Funktionsfähigkeit bzw. Erhaltung der Gesellschaft, dann ist sie auch dann gesellschaftsvertraglicher Natur, wenn sie nicht im Gesellschaftsvertrag selbst schriftlich verankert ist.

Eine gesellschaftsvertragliche Veranlassung kann zum Beispiel vorliegen, wenn in einem Konzern die ausländische Tochter einer inländischen Muttergesellschaft als Agent auftritt und unter Verwendung des Logos (Bildmarke) der Muttergesellschaft deren Produkte vertreibt. Der im Gesellschaftsvertrag definierte Geschäftszweck ist die Vermittlung von Handelsgeschäften auf schuldrechtlicher Basis für die Produkte der Muttergesellschaft. Die Agententätigkeit als solche ist daher als schuldrechtliche Beziehung anzusehen. Die Beistellung des Logos wird nicht explizit im Vertrag geregelt.

Soweit der Agent ohne die Verwendung des Logos der Muttergesellschaft seine in der Satzung verankerte Funktion – die ausschließliche Vermittlung von Produkten der Muttergesellschaft – nicht ausüben könnte, ist davon auszugehen, dass die Beistellung des Logos gesellschaftsvertraglicher Natur ist. Dem steht nicht im Wege, dass eine konkrete Verankerung im Gesellschaftsvertrag nicht vorliegt, da es auf den wirtschaftlichen Gehalt der Transaktion ankommt. Im Ergebnis liegt keine Geschäftsbeziehung „Beistellung einer Bildmarke" nach § 1 Abs. 5 AStG vor, die dokumentationspflichtig wäre. Vielmehr handelt es sich um eine Regelung gesellschaftsvertraglicher Natur, die nicht dokumentationspflichtig ist.

Selbst wenn man im vorliegenden Fall die Überlassung des Logos nicht als eine Regelung gesellschaftsvertraglicher Natur ansähe, bliebe es dennoch eine fremdübliche, unentgeltliche Beistellung einer Marke, die eindeutig der Agententätigkeit zuzurechnen und nicht als eigenständige Geschäftsbeziehung zu dokumentieren wäre. Die Beistellung der Marke wäre also implizit Bestandteil der Geschäftsbeziehung Agententätigkeit.

In der Literatur wird i. d. R. nur die „positive" Dokumentation diskutiert, also die Dokumentation nach § 90 Abs. 3 AO für Geschäftsbeziehungen. Es finden sich kaum Hinweise darauf, dass § 90 Abs. 3 AO so auszulegen ist, dass auch im Fall des Nichtvorliegens einer Geschäftsbeziehung (also z. B. bei gesellschaftsvertraglichen Vereinbarungen) eine Dokumentation anzufertigen ist. M. a. W. wird nicht diskutiert, ob eine Dokumentation „präventiv" im Sinne einer Darlegung anzufertigen ist, dass bzw. warum eine bestimmte schuldrechtliche Beziehung eine nicht dokumentationspflichtige, gesellschaftsvertragliche Vereinbarung darstellt. Wenn der Steuerpflichtige aber davon ausgehen konnte, dass eine nicht dokumentationspflichtige, gesellschaftsvertragliche Vereinbarung vorliegt, kann ihm insofern auch eine Betriebsprüfung nicht vorhalten, er habe diesbezüglich keine oder eine unvollständige oder unverwertbare Dokumentation vorgelegt, und mit Schätzungen oder Sanktionen drohen. Es bleibt im Übrigen einer Betriebsprüfung unbenommen, zu einem steuerlich relevanten Sachverhalt durch konkrete Anfragen weitere Unterlagen und Informationen anzufordern, die den Sachverhalt aufzuklären helfen und die Auffassung des Steuerpflichtigen darlegen. Allerdings kann es sich für Steuerpflichtige im Einzelfall empfehlen, bereits im Rahmen der Dokumentation auch auf Transaktionen einzugehen, die nicht dokumentationspflichtig sind, um langwierige Diskussionen mit der Betriebsprüfung zu vermeiden.

Als Fazit ist festzuhalten, dass eine Dokumentationspflicht dann nicht gegeben ist, wenn zwar eine schuldrechtliche Beziehung vorliegt, es sich aber um eine gesellschaftsvertragliche Regelung handelt. Zwar tendiert die Finanzverwaltung dazu, Geschäftsbeziehungen auch dort anzunehmen, wo einer Transaktion eine gesellschaftsrechtliche Regelung zugrunde liegt, und entsprechend mit Schätzungen und Sanktionen zu drohen. Dennoch besteht keine Verpflichtung des Steuerpflichtigen für eine „Negativ-Dokumentation" zum Nachweis, dass eine Transaktion nicht dokumentationspflichtig ist.

3.4 Nutzung gewerblicher Schutzrechte durch Vertriebsgesellschaften

Beim Verkauf von Waren von einem Hersteller an Vertriebsgesellschaften ist grundsätzlich die Vergütung für die Nutzung von herstellungs- wie auch vertriebsbezogenen gewerblichen Schutzrechten (z. B. Patente, Marken) im Warenpreis enthalten. So sieht es auch die deutsche Finanzverwaltung in ihren Verwaltungsgrundsätzen.

Daneben kann es aber auch sinnvoll und rechtlich auch zulässig sein, dass die Vergütung des Herstellers aufgeteilt wird in (i) eine Vergütung für die „reine" Lieferung der Ware sowie (ii) eine Vergütung für die Nutzung von vertriebsbezogenen, gewerblichen Schutzrechten, welche oftmals über eine Lizenzstruktur abgebildet wird. Entscheidend ist hierbei, dass es nicht zu einer Doppelverrechnung kommt, was dann nicht der Fall wäre, wenn die Gesamtvergütung (bestehend aus Produktpreis und Lizenz) insgesamt den Anspruch erheben kann, Fremdvergleichsgrundsätzen zu genügen.

Dennoch gilt es, bei der Erhebung von Vertriebslizenzen an Vertriebseinheiten einige (erfolgs-) kritische Aspekte zu beachten. Zwei wesentliche Fallstricke bezogen auf die (Nutzungs-) Überlassung immaterieller Wirtschaftsgüter seien nachfolgend genannt.

3.4.1 Wann „erschöpfen" sich herstellungs- sowie vertriebsbezogene gewerbliche Schutzrechte?

Eine Auslizenzierung gewerblicher Schutzrechte wäre nicht erforderlich und eine entsprechende Lizenzgebühr somit steuerlich unzulässig, sollte der Inhaber der gewerblichen Schutzrechte – oder mit seiner Zustimmung ein Dritter – ein von diesen gewerblichen Schutzrechten erfasstes Produkt bereits in den Verkehr gebracht haben, da sich der Schutz der gewerblichen Schutzrechte dann bereits erschöpft hätte (Erschöpfungs- bzw. Konsumtionstheorie).

Als „Inverkehrbringen" ist grundsätzlich jede Handlung anzusehen, durch die eine Ware mit Zustimmung des Berechtigten aus der internen Betriebssphäre in die allgemeine Öffentlichkeit des Handelsverkehrs gelangt. Das kann somit bedeuten, dass durch die Übertragung einer mit Patenten hergestellten und einem Warenzeichen versehenen Ware auf den Händler diese patent- und schutzfrei wird und eine Verletzung des Schutzrechts durch den Händler dann nicht mehr möglich ist. Allerdings wird nach ganz herrschender Meinung in Rechtsprechung und Literatur ein Inverkehrbringen der Ware und somit die Erschöpfung entsprechender Schutzrechte regelmäßig erst dann angenommen, wenn die Ware in den freien Handelsverkehr gebracht wird, also den Konzern verlässt. Konzerninterne Warenlieferungen sollen nicht zur Erschöpfung der Rechte führen.

3.4.2 Welche Nutzungsrechte benötigt die Vetriebseinheit?

Zum Vertrieb benötigen die Vertriebseinheiten Nutzungsrechte. Hierzu gehören markenrechtliche Nutzungsrechte, sofern es sich um „gelabelte" Produkte handelt.

Sollte allerdings in den vertriebenen Produkten auch technisches „Intellectual Property" (z. B. Patente, Gebrauchsmuster und entsprechende Anmeldungen) des Herstellers stecken, so benötigen die

Vertriebseinheiten ebenfalls die entsprechenden Nutzungsrechte (bezüglich der zur Herstellung genutzten Patente). Das Patentrecht kennt verschiedene Nutzungshandlungen; unter anderem darf ein Erzeugnis, das Gegenstand eines Patents ist, ohne Zustimmung des Rechtsinhabers nicht angeboten oder „in Verkehr gebracht" werden. Ansonsten wäre es denkbar, dass der jeweilige Rechtsinhaber Unterlassungs-, Auskunfts- oder Schadensersatzansprüche anmeldet. Wie oben dargestellt ist es jedoch gerade die Vertriebseinheit, welche die patentrechtlich geschützte Ware in den freien Handelsverkehr bringt.

3.4.3 Fazit

Die obigen Ausführungen zeigen, dass grundsätzlich die Vergütung für gewerbliche Schutzrechte im Warenpreis enthalten ist. Jedoch kann auch über alternative Lizenzstrukturen nachgedacht werden. In beiden Fällen muss jedoch bedacht werden, dass die Vertriebseinheit Nutzungsrechte benötigt, da sie Waren in Verkehr bringt. Daher ist sowohl bei der Ausgestaltung der Lizenzverträge als auch bei reinen Lieferverträgen Vorsicht geboten. Sollten aufgrund der Gestaltung beide Vertragstypen erforderlich sein, so sollten in jedem Fall die Liefer- und Lizenzströme in aufeinander abgestimmten Verträgen geregelt werden, um Doppelverrechnungen für auslizenzierte gewerbliche Schutzrechte zu vermeiden.

3.5 Arbeitnehmerentsendungen ins Ausland: Verrechnungspreise und Sozialversicherung

Arbeitnehmerentsendungen ins Ausland gehören zum betrieblichen Alltag vieler international agierender Konzerne. Dabei spielen aus Arbeitgebersicht steuerliche, arbeitsrechtliche, sozialversicherungsrechtliche sowie damit einhergehende administrative Fragestellungen eine Rolle. Ein steuerlicher Aspekt aus Verrechnungspreissicht ist die Aufteilung der mit der Entsendung entstehenden Kosten zwischen dem entsendenden und dem aufnehmenden Unternehmen. Aus Arbeitnehmersicht ist neben der Frage nach der persönlichen Steuerpflicht insbesondere die Frage nach der Sozialversicherung von Bedeutung.

Aus den zahlreichen rechtlichen Fragestellungen, die sich im Zusammenhang mit Entsendungen ins Ausland ergeben können, wird im Folgenden nur das Zusammenspiel zwischen Verrechnungspreisen und Sozialversicherungsrecht betrachtet.

3.5.1 Verrechnungspreisgrundsätze

Nach deutschen steuerlichen Grundsätzen liegt eine Arbeitnehmerentsendung dann vor, wenn ein Arbeitnehmer mit seinem bisherigen Arbeitgeber (entsendendes Unternehmen) vereinbart, für eine befristete Zeit bei einem verbundenen Unternehmen (aufnehmendes Unternehmen) tätig zu werden, und das aufnehmende Unternehmen entweder eine arbeitsrechtliche Vereinbarung mit dem Arbeitgeber abschließt oder als wirtschaftlicher Arbeitgeber anzusehen ist.[25]

Die mit der Arbeitnehmerentsendung einhergehenden direkten und indirekten Kosten sind ohne Gewinnzuschlag von dem Unternehmen zu tragen, in dessen Interesse die Entsendung erfolgt.[26] Somit ist aus Verrechnungspreissicht zu prüfen, ob die Entsendung ausschließlich im Interesse des

---

[25] Tz. 2.1. Grundsätze für die Prüfung der Einkunftsabgrenzung zwischen international verbundenen Unternehmen in Fällen der Arbeitnehmerentsendung (Verwaltungsgrundsätze – Arbeitnehmerentsendung), BMF-Schreiben v. 9.11.2001 – IV B 4 – S 1341 – 20/01, BStBl I 2001, S. 796.
[26] Tz. 2.3 und 3.1 Verwaltungsgrundsätze – Arbeitnehmerentsendung.

aufnehmenden Unternehmens liegt und die Kosten vollständig von diesem Unternehmen zu tragen sind, ob sie ganz oder teilweise im Interesse des entsendenden oder eines übergeordneten Unternehmens liegt – und daher die Kosten von diesem Unternehmen zu tragen sind – oder ob sie im Interesse beider Unternehmen liegt und daher die Kosten zwischen den beteiligten Unternehmen aufzuteilen sind.

3.5.2 Sozialversicherungsrechtliche Grundsätze

Grundsätzlich richtet sich die Sozialversicherungspflicht nach dem Arbeitsort, d. h., die Sozialversicherungspflicht besteht im Tätigkeitsstaat.[27] Bei vorübergehenden Einsätzen bestimmter Mitarbeiter im Ausland kann abweichend von diesem Grundsatz die Sozialversicherung weiterhin im Entsendestaat bestehen, wenn es sich um eine Entsendung im sozialversicherungsrechtlichen Sinne handelt.

Eine Entsendung im Sinne der sozialversicherungsrechtlichen Grundsätze liegt vor, wenn sich ein Arbeitnehmer auf Weisung seines Arbeitgebers aus dem Inland ins Ausland begibt, um dort eine Beschäftigung für diesen Arbeitgeber auszuüben.[28] Dabei kommt es insbesondere darauf an, dass das deutsche Beschäftigungsverhältnis derart weiter besteht, dass der entsendende Arbeitgeber weisungsbefugt bleibt und der Entgeltanspruch gegenüber dem entsendenden Arbeitgeber besteht.[29] Dies stellt einen signifikanten Unterschied zur verrechnungspreisrelevanten Entsendung dar.

Dabei ist weiterhin zu unterscheiden, ob ein Sozialversicherungsabkommen zwischen dem Entsendestaat und dem Zielstaat vorliegt[30] und ob die beteiligten Staaten der Europäischen Union (EU) angehören.

3.5.3 Entsendungen ohne Sozialversicherungsabkommen

Zur Verdeutlichung des Zusammenspiels zwischen Verrechnungspreisen und Sozialversicherungsrecht und den damit einhergehenden Besonderheiten wird von folgendem Grundfall ausgegangen: Ein deutsches Unternehmen sendet seinen Mitarbeiter für zwei Jahre zur Tochtergesellschaft nach Singapur (TG Singapur). Die TG Singapur soll die Kosten für die Entsendung tragen, da die Entsendung im wirtschaftlichen Interesse der TG Singapur liegt. Zu diesem Zweck stellt das deutsche Unternehmen den Arbeitslohn und alle mit der Entsendung zusammenhängenden Kosten der TG Singapur in Rechnung. Mit Singapur besteht kein Sozialversicherungsabkommen.

Aus deutscher Verrechnungspreissicht ist der dargestellte Grundfall unproblematisch. Nach den oben genannten deutschen Verrechnungspreisgrundsätzen trägt das Unternehmen, in dessen wirtschaftlichem Interesse die Entsendung erfolgt, die Kosten der Entsendung – hier die TG Singapur. Ein Gewinnaufschlag ist steuerlich nicht angezeigt, da es sich bei der Entsendung gerade nicht um eine Dienstleistung handelt.

Aus sozialversicherungsrechtlicher Sicht stellt sich der Sachverhalt allerdings anders dar. Eine Entsendung zu einer ausländischen Beteiligungsgesellschaft im Sinne der sozialversicherungsrechtlichen Grundsätze liegt nur vor, wenn die Entsendung im wirtschaftlichen Interesse des inländischen Unternehmens erfolgt, das heißt die Tätigkeit des Arbeitnehmers wirtschaftlich dem inländischen

---

[27] Vgl. Wellisch/Thiele, Sozialversicherungspflicht bei internationaler Mitarbeiterentsendung – Vorschriften und Gestaltungsmöglichkeiten, IStR 2003, S. 746.
[28] Tz. 3.1 der Richtlinie zur versicherungsrechtlichen Beurteilung von Arbeitnehmern bei Ausstrahlung (§ 4 SGB IV) und Einstrahlung (§ 5 SGB IV) vom 2.11.2010 (Aus- und Einstrahlungs-RL).
[29] Tz. 3.3 Aus- und Einstrahlungs-RL.
[30] Bilaterale Abkommen über soziale Sicherheit hat die BRD zurzeit u. a. mit Australien, China, Indien, Kanada und den USA.

Unternehmen zugerechnet werden kann.[31] Zudem muss das Arbeitsentgelt weiterhin bei dem inländischen Unternehmen als Betriebsausgabe steuerrechtlich geltend gemacht werden.[32] Wird das Arbeitsentgelt vom ausländischen verbundenen Unternehmen getragen, da die erbrachte Arbeitsleistung diesem wirtschaftlich zuzurechnen ist, liegt keine Entsendung im Sinne der sozialversicherungsrechtlichen Grundsätze vor.[33]

Als Konsequenz würde der Arbeitnehmer im vorliegenden Fall nicht mehr der deutschen Sozialversicherung unterliegen und müsste eventuell Nachteile bei den Rentenansprüchen und den Ansprüchen bei Arbeitslosigkeit in Kauf nehmen.

Um persönliche Nachteile für den Arbeitnehmer zu vermeiden, könnte der Arbeitgeber einen Antrag auf Versicherungspflicht in der gesetzlichen Rentenversicherung stellen. Dieser Antrag ist zwingend vor der Entsendung einzureichen, sodass zusätzlicher administrativer Aufwand für den Arbeitgeber – das deutsche Unternehmen – anfällt. Der administrative Aufwand erhöht sich signifikant, wenn der Arbeitnehmer nicht zwei Jahre durchgehend ins Ausland entsendet wird, sondern innerhalb eines Jahres mehrmals für einige Wochen bei der ausländischen Tochtergesellschaft tätig ist. Der Antrag auf Versicherungspflicht in der gesetzlichen Rentenversicherung ist in diesem Fall vor jeder Entsendung zu stellen. Ferner wäre zu prüfen, ob im Bereich der gesetzlichen Unfallversicherung (Berufsgenossenschaften) eine freiwillige Auslandsunfallversicherung abgeschlossen werden kann.

Der Mitarbeiter selbst kann für die Dauer der Auslandsbeschäftigung einen Antrag auf Versicherungspflicht in der Arbeitslosenversicherung stellen. Dieser Antrag ist innerhalb von drei Monaten nach Aufnahme der Auslandsbeschäftigung zu stellen.

Wie bereits oben dargestellt, ist es aus sozialversicherungsrechtlicher Sicht angezeigt, dass der Arbeitslohn während der Auslandsbeschäftigung des Arbeitnehmers als Betriebsausgabe bei dem deutschen Unternehmen steuerlich abzugsfähig bleibt. Dies könnte erreicht werden, wenn mit der ausländischen Gesellschaft eine Dienstleistungsvereinbarung geschlossen und neben den Kosten ein zusätzlicher Gewinnaufschlag berechnet wird. Hierbei bleibt jedoch zu beachten, dass es sich dabei nicht um eine Entsendung im Sinne der Verrechnungspreisgrundsätze, sondern eben um eine Dienstleistung handelt.

3.5.4 Entsendungen mit Sozialversicherungsabkommen oder ins EU-Ausland

Anders gestaltet sich der Fall, wenn das deutsche Unternehmen Arbeitnehmer befristet für zwei Jahre zur Tochtergesellschaft z. B. in den USA (TG USA) bzw. in Frankreich (TG Frankreich) entsendet. Den aufnehmenden Gesellschaften sollten auch hier die Gehaltskosten sowie sonstige durch die Entsendung verursachten Kosten in Rechnung gestellt werden.

Aus steuerlicher Sicht ergeben sich keine Abweichungen von dem oben dargestellten Fall.

Aus sozialversicherungsrechtlicher Sicht liegt nun die Besonderheit darin, dass Deutschland mit den USA ein Sozialversicherungsabkommen geschlossen hat bzw. es sich bei der Entsendung zur TG Frankreich um eine innereuropäische Entsendung handelt. Auch bei Entsendungen in Länder, mit denen ein Sozialversicherungsabkommen besteht, ist es erforderlich, dass die Entsendung im

---

[31] Vgl. Tz. 3.3.3 Aus- und Einstrahlungs-RL.
[32] Vgl. Tz. 3.3.3 Aus- und Einstrahlungs-RL.
[33] Vgl. *Wellisch/Thiele*, Sozialversicherungspflicht bei internationaler Mitarbeiterentsendung – Vorschriften und Gestaltungsmöglichkeiten, IStR 2003, S. 746.

wirtschaftlichen Interesse des entsendenden Unternehmens erfolgt.[34] Ob eine Entsendung im Sinne des bilateralen Sozialversicherungsabkommens vorliegt, ist nach den gleichen Grundsätzen wie bei Entsendungen in das sogenannte vertragslose Ausland (siehe erster Fall oben) zu prüfen.

Sofern das aufnehmende Unternehmen die Kosten trägt und somit eine Entsendung im Sinne des bilateralen Abkommens über soziale Sicherheit nicht vorliegt, bietet das Sozialversicherungsabkommen mit den USA (wie alle anderen bilateralen Abkommen, die Deutschland mit diversen Staaten geschlossen hat) die Möglichkeit, eine Ausnahmegenehmigung zu erhalten, sofern ein begründetes Interesse des Arbeitnehmers vorliegt, im Sozialversicherungssystem des Entsendestaates zu verbleiben. Durch die Beantragung der Ausnahmegenehmigung obliegen dem deutschen Unternehmen wiederum zusätzliche administrative Pflichten. In Bezug auf die bestehenden bilateralen Abkommen über soziale Sicherheit ist zu beachten, dass diese nicht immer alle Sozialversicherungszweige erfassen und daher weitere Feststellungen hinsichtlich einer weiteren Anwendung des deutschen Sozialversicherungsrechts notwendig sind.

Bei Entsendungen innerhalb der EU ist es maßgeblich, dass der Arbeitsvertrag und der daraus entstehende Entgeltanspruch des Arbeitnehmers weiterhin mit dem entsendenden Unternehmen während des Entsendezeitraums bestehen bleiben – unabhängig davon, wer die Arbeitnehmervergütung wirtschaftlich trägt. Liegt eine Entsendung im Sinne des EU-Rechts nicht vor, besteht auch hier die Möglichkeit einer Ausnahmevereinbarung, um den Mitarbeiter im deutschen Sozialversicherungsrecht zu belassen.

3.5.5 Fazit

Der Widerspruch zwischen einer Entsendung nach Verrechnungspreisgrundsätzen und einer Entsendung im Sinne der sozialversicherungsrechtlichen Grundsätze kann dazu führen, dass der Arbeitnehmer ungewollt aus dem deutschen Sozialversicherungssystem ausscheidet. Insofern sind die sozialversicherungsrechtlichen Konsequenzen bei der Ausgestaltung der jeweiligen Entsendung genau zu prüfen und die notwendigen Anträge rechtzeitig zu stellen. Alternativ kann es im Einzelfall sinnvoll sein, einen Dienstleistungsvertrag mit einer fremdüblichen Vergütung zwischen den beteiligten Unternehmen im Zusammenhang mit einer Beschäftigung von Mitarbeitern im Ausland zu vereinbaren. Allerdings liegt in einem solchen Fall keine Entsendung, sondern eine Dienstleistungsvereinbarung vor.

4 Aktuelle Verrechnungspreisthemen aus dem Ausland

4.1 USA

4.1.1 Prüfung der Anwendbarkeit der Economic Substance Doctrine im Rahmen der Betriebsprüfungen

Dem deutschen § 42 AO zum Missbrauch von rechtlichen Gestaltungsmöglichkeiten ähnlich, haben die USA in der Vergangenheit die Economic Substance Doctrine (ESD) eingeführt. Danach muss ein Geschäftsvorfall einemwirtschaftlichen Zweck außer der Einsparung von Steuern dienen, um steuerlich anerkannt zu werden. Ist dem nicht so, haben die Unternehmen unter weiteren Voraussetzungen mit Strafzuschlägen von 40 % bzw. 20 % zu rechnen.

---

[34] Vgl. *Wellisch/Thiele*, Sozialversicherungspflicht bei internationaler Mitarbeiterentsendung – Vorschriften und Gestaltungsmöglichkeiten, IStR 2003, S. 746.

Zur Durchsetzung dieser Regelung wurde eine Dienstanweisung an die IRS-Außenprüfer veröffentlicht, die die Prüfung der Anwendbarkeit der ESD (anwendbar auf Geschäftsvorfälle, die nach dem 30.3.2010 stattfinden) vorsieht. Diese Prüfung verläuft anhand eines vierstufigen Prozesses. Ausschlaggebende Hinweise für die tendenzielle Anwendbarkeit der ESD können unter anderem die Einschätzung sein, dass die untersuchte Transaktion nicht fremdvergleichskonform ist, Verluste forciert oder außer dem Steuervorteil kein Gewinnpotenzial enthält. Allerdings reichen diese Faktoren allein nicht aus, um die Anwendbarkeit der ESD zu bestätigen. Vielmehr sind weitere Faktoren zu prüfen und Einschätzungen vorzunehmen. Darüber hinaus wird dem Steuerpflichtigen im Rahmen dieses Prüfungsprozesses die Möglichkeit gegeben, zu den genannten Einschätzungen Stellung zu nehmen.

4.1.2 Änderungen hinsichtlich der US Cost Sharing Regulations

Cost Sharing Agreements (CSA) sind ein beliebtes Instrument der Konzerne, um ausländische Tochtergesellschaften an Kosten, beispielsweise der Forschung und Entwicklungstätigkeiten der Konzernmutter, zu beteiligen. Durch die am 16.12.2011 verabschiedeten Final Cost Sharing Regulations[35] ergeben sich insbesondere Neuerungen bei der Bewertung von Ausgleichszahlungen zu einem bestehenden CSA.

Im Rahmen eines CSA werden die Kosten und Risiken für die gemeinsame Entwicklung immaterieller Wirtschaftsgüter aufgeteilt. Dabei wird unterschieden zwischen den laufenden Entwicklungskosten und externen Beiträgen, den PCTs, die fremdüblich zu vergüten sind. PCTs stellen Ausgleichszahlungen dar für vorhandene Vorteile des CSA oder Vorteile, die ein neues Mitglied in das CSA einbringt. Die US Cost Sharing Regulations beinhalten genaue Regularien in Bezug auf die aufzuteilende Kostenbasis und die Bestimmung des erwarteten Nutzens aus dem CSA. Zur Bewertung der Ausgleichszahlungen stehen grundsätzlich zwei Methoden zur Wahl: (i) das Investor Model und (ii) die Income Method. Die Auswahl der Methode hat unter Berücksichtigung der „best method rule" zu erfolgen.

(i) Investor Model

Nach dem Investor Model hat der potenzielle CSA Teilnehmer abzuwägen, ob es – basierend auf den vorhandenen Informationen – eine bessere Alternative zum Eintritt in das CSA gibt. Eine denkbare zu prüfende Alternative wäre die Lizensierung der immateriellen Wirtschaftsgüter von einem unabhängigen Unternehmen.

(ii) Income Method

Bei der Income Method vergleicht der potenzielle Teilnehmer eines CSA den Barwert des erwarteten Gewinns aus der Teilnahme am CSA mit dem Barwert des erwarteten Gewinns aus der Lizenzierungsalternative. Die Differenz der Barwerte ist die Ausgleichszahlung.

In der Praxis werden zur Schätzung zukünftiger Gewinne und zur Ermittlung eines angemessenen Abzinsungsfaktors häufig Ergebnisse nach Steuern herangezogen, während nach US-amerikanischen Regularien Ergebnisse vor Steuern zu verwenden sind. In den Final Cost Sharing Regulations wird anhand mehrerer Beispiele gezeigt, wie mithilfe eines „tax gross-up" aus einem Ergebnis vor Steuern ein Ergebnis nach Steuern abgeleitet wird. Der Fokus wird dabei auf die angemessene Festsetzung des Abzinsungsfaktors gelegt. Als einheitlicher Abzinsungsfaktor wird der Weighted Average Cost of

---

[35] Section 482: Methods to Determine Taxable Income in Connection with a Cost Sharing Arrangement (Final regulations and removal of temporary regulations). Federal Register 76:246 (December 22, 2011), p. 80082; ergänzt durch „2011 Temporary Regulations"Section 482: Methods to Determine Taxable Income in Connection with a Cost Sharing Arrangement (Final regulations and temporary regulations). Federal Register 74:2 (January 5, 2009), p. 340, sowie „2011 Proposed Regulations"Section 482: Methods to Determine Taxable Income in Connection with a Cost Sharing Arrangement (Notice of proposed rulemaking and notice of public hearing). Federal Register 70:166 (August 29, 2005), p. 51116.

Capital vergleichbarer Forschungsunternehmen vorgeschlagen. Einzelheiten zur praktischen Bestimmung des angemessenen Abzinsungsfaktors bleiben jedoch unklar.

Daraus ist zu schließen, dass in zukünftigen Betriebsprüfungen ein besonderer Schwerpunkt auf die Ermittlung desselben gesetzt wird. Durch die neuen Regelungen der Final Cost Sharing Regulations hat die Bewertung der Ausgleichszahlungen an Komplexität gewonnen. Die Neuregelungen haben offenbar auch zum Ziel, den Transfer von immateriellen Wirtschaftsgütern aus den USA zu erschweren.

4.2 Australien

4.2.1 Neue Einkommenskorrekturvorschriften

Am 16.3.2012 hat der australische Gesetzgeber einen Gesetzentwurf nur Änderung der Verrechnungspreisrichtlinien Australiens veröffentlicht und am 20.8.2012 beschlossen. Die Änderungen sollen die australischen Verrechnungspreisgrundsätze an die internationalen Standards anpassen und hinsichtlich ihrer Auswirkungen mit den von Australien abgeschlossenen Doppelbesteuerungsabkommen (DBAs) abgestimmt werden.

Die „treaty-equivalent transfer pricing rules sind rückwirkend ab dem 1.7.2004 gültig, da es sich aus Sicht des australischen Gesetzgebers lediglich um klarstellende Ausführungen handelt. Im Wesentlichen ist eine neue Vorschrift zur Einkommenskorrektur[36] beschlossen worden, die durch Art. 9 der australischen DBAs – unabhängig von den bisherigen nationalen australischen Verrechnungspreisvorschriften – zu einer Korrektur der Verrechnungspreise berechtigt. Der größte Unterschied der aktuellen Regelung besteht in der Art der Anwendung des Fremdvergleichsgrundsatzes. Während die alten Verrechnungspreisregularien eine transaktionsbezogene Festlegung der Verrechnungspreise vorsah, soll rückwirkend ab 1.7.2004 und zukünftig auf die Gesamtgewinnsituation der Gesellschaft abgestellt werden.

Aus der Praxis kam erheblicher Widerstand gegen diese Neuerungen, da es sich anders als von der australischen Regierung deklariert bei den neu eingeführten Regelungen nicht ausschließlich um Hinweise klarstellender Art handelt, sondern insbesondere in Bezug auf den Fremdvergleichsgrundsatz weitreichende Änderungen vorgenommen worden sind. Diese Änderungen können insbesondere für Unternehmen, die die Angemessenheit ihrer Verrechnungspreise bisher transaktionsbezogen argumentiert haben bzw. geringe Gewinne oder Verluste erzielen, zu signifikanten Auswirkungen führen.

4.2.2 Weitere geplante Änderungen der Verrechnungspreisregularien

Darüber hinaus wurde am 22.11.2012 ein zweiter Gesetzentwurf zur Änderung der Verrechnungspreisgrundsätze Australiens veröffentlicht. Die geplanten Änderungen sollen zukünftig für alle Steuerpflichtigen bindend sein und die aktuell gültigen Verrechnungspreisregularien ersetzen.

U. a. sind in diesem Gesetzentwurf folgende Änderungen enthalten:

- Die neuen Regelungen sollen für Transaktionen zwischen Tochtergesellschaften, Betriebsstätten, Personengesellschaften und Trusts anwendbar sein.

- Darüber hinaus sollen die OECD-Verrechnungspreisrichtlinien unmittelbar zur Interpretation der neuen Regularien herangezogen werden können.

---

[36] In der Subdivision 815 des „Income Tax Assessment Act 1997".

- Es werden spezielle Regelungen eingeführt, die das Zusammenspiel der Verrechnungspreisgrundsätze und der „Thin Capitalisation Rules" verdeutlichen.

- Verrechnungspreisdokumentationen müssen zukünftig zeitnah vorgelegt werden.

Insgesamt bleibt vorerst abzuwarten, welche weiteren Änderungen der australischen Verrechnungspreisregularien vorgesehen sind. Anhand der bereits veröffentlichten Gesetzentwürfe zeigt sich jedoch, dass mit umfangreichen Veränderungen zu rechnen ist, die weitreichende Konsequenzen für die fremdvergleichskonforme Verrechnungspreisfestsetzung nach australischem Recht haben werden und den Steuerbehörden weitreichende Korrekturmöglichkeiten einräumen.

4.3 Russland: Einführung einer APA-Richtlinie

Am 18.7.2011 wurden in Russland Ergänzungen zur Steuergesetzgebung im Bereich Verrechnungspreise beschlossen, die zum 1.1.2012 in Kraft getreten sind. Im Zusammenhang hiermit wurden auch erstmals Regelungen zu Advance Pricing Agreements (APAs) eingeführt.

Zur Spezifizierung und Erläuterung des notwendigen Prozesses für den Abschluss eines APA hat die russische Finanzverwaltung am 12.1.2012 ein Schreiben (No. OA-4-13/85) mit entsprechenden Richtlinien veröffentlicht. Diese Richtlinien sind ebenfalls rückwirkend ab dem 1.1.2012 anwendbar und orientieren sich stark an den von der OECD aufgestellten und im Allgemeinen international anerkannten Verrechnungspreisprinzipien zu APAs.[37]

Derzeit soll nur russischen Unternehmen, die als sogenannte größte Steuerzahler registriert sind, die Stellung eines Antrags auf Durchführung eines APA offenstehen. Die Festsetzung von hohen Schwellenwerten ist dabei nicht untypisch für die russische Steuergesetzgebung. Sobald die Anwendung der Regelung für eine kleine Gruppe von Steuerpflichtigen erfolgreich getestet wurde, werden die Schwellenwerte üblicherweise herabgesetzt.

Die wesentlichen Inhalte der Richtlinien lassen sich wie folgt zusammenfassen:

- Es sind sowohl unilaterale als auch bi- bzw. multilaterale APA-Verfahren möglich.

- Ein APA kann entweder für eine Transaktion oder eine Transaktionsgruppe abgeschlossen werden, sodass in der Regel mehrere separate APAs beantragt und abgeschlossen werden müssen.

- In den Richtlinien sind die einzelnen Schritte für die Durchführung eines APA beschrieben. Erwähnenswert ist die Empfehlung eines Vorgesprächs (*pre-filing meeting*), um den Gegenstand und Inhalt des APA-Antrags abzustimmen.

- Bedarf der erste APA-Antrag aus Sicht der russischen Finanzverwaltung einer Überarbeitung, kann der Steuerpflichtige diesen ersten Entwurf entsprechend anpassen und einen erneuten Antrag stellen.

- Das APA tritt in der Regel am 1.1. des auf das Jahr des Abschlusses folgenden Jahres in Kraft. Ein rückwirkender Beginn zum 1.1 eines früheren Jahres ist ebenfalls möglich, falls die vereinbarte Regelung bereits ab dem 1.1 angewandt wurde.

- Der APA-Antrag ist unter Beifügung der erforderlichen Antragsunterlagen zu stellen. Den Richtlinien sind die für einen APA-Antrag notwendigen Musterformulare beigefügt, um sicherzustellen, dass der Antrag in einer einheitlichen Struktur erfolgt.

---

[37] Insbesondere Kapitel IV, Abschnitt F der OECD-Verrechnungspreisrichtlinien v. 22.7.2010.

Obwohl die Musterformulare einen Empfehlungscharakter haben, ist es vor dem Hintergrund, dass die russische Finanzverwaltung oft sehr formalistisch vorgeht, empfehlenswert, sich an diese und sonstige Regelungen in den Richtlinien zu halten.

4.4 China

4.4.1 Veröffentlichung des zweiten APA-Berichtes

Die oberste chinesische Steuerbehörde, die State Administration of Taxation (SAT), hat seinen zweiten APA-Bericht veröffentlicht. Der Bericht beinhaltet Informationen hinsichtlich des APA-Programms des Jahres 2010 und aktualisierte Details laufender oder bereits abgeschlossener APAs der Jahre 2005 bis 2010. Aus dem Bericht ist eine deutliche Präferenz für bilaterale APAs zu erkennen. Die erhöhte Anzahl an Anträgen für bilaterale APAs zeigt die Bemühungen der chinesischen Steuerbehörden, die Bedeutung der Verständigungsverfahren zu erhöhen und den Wunsch der Steuerpflichtigen, internationale Verrechnungspreisdifferenzen zu lösen, um drohende Doppelbesteuerung zu vermeiden. Darüber hinaus ist ein Fokus der Steuerbehörden hinsichtlich der Verrechnungspreise und APAs auf spezielle Industriezweige, wie die Automobilindustrie, Telekommunikationsbranche und Finanzbranche, zu beobachten.

Insbesondere seit chinesische Unternehmen mehr und mehr über die Grenzen Chinas hinaus expandieren, sind die Finanzbehörden auch an Outbound-Verrechnungspreisthemen interessiert. Im Rahmen dessen hat China im Jahr 2012 sein erstes Outbound-APA abgeschlossen. Hierbei wurde auch zum ersten Mal die Verwendung eines ausländischen verbundenen Unternehmens als „tested party" seitens der chinesischen Finanzverwaltung akzeptiert. Der Abschluss des Outbound-APA zeigt nicht nur die rapide Entwicklung der chinesischen Verrechnungspreisvorschriften, sondern spiegelt auch die Bedeutung des Exports für die chinesische Volkswirtschaft wider.

Die Zahl der abgeschlossenen und noch nicht ausgelaufenen APAs in 2010 ist im Vergleich zu 2009 geringfügig gesunken (30 APAs in 2009 und 29 APAs in 2010), während die Zahl der APA-Anträge stetig steigt. Dies zeigt, dass der Bedarf an Rechtssicherheit mit Hilfe eines APAs größer ist, als die zur Verfügung stehenden Ressourcen der Steuerbehörden.

Unilaterale APAs wurden innerhalb von 2 Jahren abgeschlossen, während 50 % der bilateralen APAs in weniger als einem Jahr und weitere 50 % innerhalb von 2 bis 3 Jahren abgeschlossen werden konnten. Da es in China jedoch gängige Praxis ist, dass ein informeller Konsens zwischen dem Steuerpflichtigen und der verantwortlichen Finanzbehörde vereinbart wird, bevor das APA offiziell beantragt wird, sollte mit einer gesamten Bearbeitungsdauer (einschließlich der Vor-Vereinbarung) von mehr als 2 Jahren gerechnet werden.

Steuerpflichtige, die planen, bestehende APAs zu erneuern, sollten sich dessen bewusst sein, dass eine vollständige Übereinstimmung der angewandten Verrechnungspreismechanismen mit dem bereits abgeschlossenen APA und ein Gewinn innerhalb der fremdvergleichskonformen Interquartilsbandbreite unter Umständen nicht ausreichend sein könnte, um einen sicheren und zügigen Erneuerungsprozess zu gewährleisten.

Mit Ausnahme des Jahres 2009 hat die SAT vier bilaterale APAs pro Jahr abgeschlossen. Solange die SAT ihre Ressourcen nicht substanziell erhöht, ist diesbezüglich keine signifikante Veränderung zu erwarten. Darüber hinaus wird erwartet, dass die chinesischen Steuerbehörden zukünftig selektiver hinsichtlich der Annahme von APA-Anträgen für bilaterale APAs sein werden.

4.4.2 Verrechnungspreispositionen

Die SAT hat seine Position hinsichtlich der Verrechnungspreispraxis in China in dem Arbeitspapier „China Country Practices" veröffentlicht. Das Papier ist Teil des UN „Practical Manual on Transfer Pricing for Developing Countries". Unter anderem beleuchtet die Veröffentlichung spezielle Herausforderungen, die China als Entwicklungsland in Bezug auf Verrechnungspreisregularien adressiert und nicht in den OECD-Verrechnungspreisrichtlinien enthalten sind.

Die wichtigsten Hauptaussagen des Arbeitspapiers sind nachfolgend kurz zusammengefasst:

- Verrechnungspreise sind von immer größerer Bedeutung für Entwicklungsländer. Herausforderungen ergeben sich unter anderem aufgrund fehlender öffentlicher Vergleichsdaten.

- Kapitel 2 des Arbeitspapiers führt Verrechnungspreisanpassungen für geografische Unterschiede in China ein.

- Kapitel 3 erklärt, wann Standortvorteile in China relevant sein können und wie das SAT einen vierstufigen Ansatz eingeführt hat, um mit diesen standortspezifischen Besonderheiten umzugehen. Darüber hinaus werden Beispielfaktoren für spezifische Standortvorteile der Automobilindustrie dargestellt, und es eine numerisches Beispiel gegeben, welches den Vollkostenaufschlag als „Profit-Level-Indikator" nutzt.

- Kapitel 4 stellt die Erwägungen Chinas in Bezug auf lokale immaterielle Wirtschaftsgüter des Marketingbereichs dar.

- Kapitel 5 hebt einige praktische verrechnungspreistechnische Herausforderungen hervor. Die SAT hat Beispiele zu folgenden Sachverhalten angeführt:
  - wie ein ganzheitlicher Ansatz herangezogen werden könnte für eine Gruppe mit mehreren Einzelfunktionseinheiten;
  - Widersprüche hinsichtlich Gesellschaften, die steuerliche Anreize mit dem Eigentum an immateriellen Wirtschaftsgütern begründen, darüber hinaus jedoch als Auftragsforschungs- und -entwicklungseinheit tätig sind;
  - die Benutzung von Zollbewertungen zur Vermeidung von unverhältnismäßig niedrigen konzerninternen Einkaufspreisen für Handelseinheiten;
  - potenzielle Verrechnungspreisanpassungen für Auftragsfertiger;
  - potenzielle Anpassungen für Verkaufs-, Marketing- und Vertriebsaktivitäten, bei denen ein signifikanter Unterschied der operativen Kostenstrukturen im Vergleich zu den herangezogenen Vergleichsunternehmen besteht.

- Kapitel 6 erklärt, dass unter gewissen Umständen die Anwendung alternativer Verrechnungspreismethoden, wie der Beitragsanalyse, angemessener sein kann als die Anwendung traditioneller Verrechnungspreismethoden.

- Kapitel 7 stellt die Ressourcen, die administrativen Rahmenbedingungen und den Fokus der SAT vor, um die chinesischen Verrechnungspreisregularien effizient verwalten und durchsetzen zu können.

Das Arbeitspapier ermöglicht eine größere Transparenz des Vorgehens der chinesischen Finanzbehörden hinsichtlich der Verrechnungspreisfestsetzung. Diese Transparenz kann genutzt werden, um Gemeinsamkeiten und Unterschiede aufzudecken und im Rahmen der Verrechnungspreisfestsetzung zu antizipieren. Des Weiteren wird deutlich, dass China grundsätzlich den Fremdvergleichsgrundsatz der OECD anwendet, jedoch aufgrund spezifischer chinesischer Vorschriften und Vorstellungen Verrechnungspreisanpassungen wahrscheinlich sind. Insbesondere ein ganzheitlicher Verrechnungspreisansatz oder eine Beitragsanalyse können dabei zu signifikant unterschiedlichen Ergebnissen der chinesischen Finanzbehörden im Vergleich zu den OECD-Richtlinien führen.

Es ist zu erwarten, dass insbesondere China und Indien die Entwicklung der weltweiten Verrechnungspreislandschaft stark beeinflussen werden, da diese Länder mehr und mehr Erfahrung mit Verrechnungspreissachverhalten sammeln und die globale wirtschaftliche Entwicklung sich zunehmend auf den asiatischen Markt fokussiert.

4.5 Hong-Kong: Einführung eines APA-Programms

Nachdem Hong-Kong bemüht ist, die Zahl der abgeschlossenen Doppelbesteuerungsabkommen auszuweiten, wurde nun mit der Einführung eines APA-Programms ein weiterer Schritt zur Weiterentwicklung der Verrechnungspreisregularien getan. Mit der Veröffentlichung der „Departmental Interpretation and Practice Notes Number 48 – Advance Pricing Arrangements" („DIPN 48") wird die zukünftige Gestaltung wirtschaftlicher Beziehungen zu verbundenen Unternehmen mit größerer Rechtssicherheit verbunden sein. DIPN 48 beinhaltet unter anderem Richtlinien bezüglich der Beantragung und des Verfahrensprozesses im Rahmen eines APAs.

Es ist eine deutliche Präferenz Hong-Kongs in Bezug auf bilaterale oder multilaterale APAs zu beobachten. Dies lässt sich damit erklären, dass Hong-Kong sich vorerst auf internationale Steuerfragen zu fokussieren versucht, welche mit Hilfe des Verständigungsverfahrens des Art. 25 des OECD-Musterabkommens gelöst werden können. Folglich sind APAs nur für grenzüberschreitende konzerninterne Transaktionen mit Bezug zu Ländern möglich, mit denen Hong-Kong ein Doppelbesteuerungsabkommen abgeschlossen hat.

Aktuell besteht kein Doppelbesteuerungsabkommen zwischen Deutschland und Hong-Kong. Somit ist der Abschluss eines bilateralen APAs für konzerninterne Transaktionen zwischen Hong-Kong und Deutschland zum jetzigen Zeitpunkt noch nicht zulässig.

4.6 Indien

Seit ihrer Einführung im Februar 2001 hat sich die Verrechnungspreisregulierung und -überwachung in Indien sehr schnell weiterentwickelt und sich inzwischen den Ruf erarbeitet, zu den strengsten und aggressivsten der Welt zu gehören. Dem steht eine unabhängige Justiz gegenüber, die in einer Reihe von (langwierigen und ressourcenintensiven) Prozessen für den Steuerzahler entschieden hat.[38]

Die Auseinandersetzungen mit den indischen Steuerbehörden, in deren Rahmen grundsätzliche Fragestellungen aufgeworfen, detailliert diskutiert und geklärt werden, können hochkomplexer Natur sein. Dies betrifft zum Beispiel die Behandlung immaterieller Wirtschaftsgüter insbesondere in den Bereichen Marketing oder Managementdienstleistungen. Auf der anderen Seite finden sich Fälle mit rein compliance-bezogenen Verstößen gegen die indischen Verrechnungspreisregeln, wie z. B. die Hinterfragung der Angemessenheit der herangezogenen Vergleichsunternehmen bei Benchmarkinganalysen (in Indien werden lokale Vergleichsunternehmen gefordert) oder das Nichtvorhandensein einer (adäquaten) Verrechnungspreisdokumentation.

---

[38] Vgl. TP Week, „Victory for the tax payer in Mentor Graphics case", 8.11.2007, www.tpweek.com/Article.aspx?ArticleID=1695387; „Indian tribunal favours taxpayer over arm's length payment of royalty for technical services", 8.12.2010, www.tpweek.com/Article.aspx?ArticleID=2728589; „Special Report: everything you need to know about the Vodafone ruling", 30.1.2012, www.tpweek.com/Article.aspx?ArticleID=2969580.

4.6.1 Best Practice

Vor diesem Hintergrund vertreten Verrechnungspreisexperten in Indien die Meinung, dass die Harmonisierung der Zusammenarbeit des internen Steuer- und Rechnungswesens und der Strategiestellen hohe Priorität genießen muss. Dies ist essenziell, um die steuerlichen Auswirkungen betriebswirtschaftlicher Entscheidungen frühzeitig zu erkennen und die regelkonforme Verrechnung und Dokumentation sicherzustellen.

Die Sicherstellung einer verständlichen und allumfassenden Verrechnungspreisdokumentation ist bereits im Hinblick auf Compliance-Richtlinien unabdingbar. Zudem stellt sie eine herausragende Argumentationshilfe in Auseinandersetzungen mit den indischen Steuerbehörden dar. Die jüngere Vergangenheit zeigt, dass die weitaus größte Anzahl an Anpassungen mehrheitlich auf eine inadäquate Dokumentation zurückzuführen ist. Wichtig: Die Dokumentation sollte zeitgleich zur eigentlichen Transaktion erfolgen.

Das Vorhandensein von unternehmensweit existierenden Verrechnungspreisrichtlinien und deren Befolgung schafft keinen automatischen Schutz vor Betriebsprüfungen und daraus entstehenden Strafzahlungen in der Folge von Anpassungen. Obwohl der indische Fiskus unternehmensweit geltende Richtlinien generell anerkennt, muss separat geprüft und sichergestellt werden, dass diese global orientierten Richtlinien den lokalen indischen Gegebenheiten, den indischen Gesetzen sowie der Rechtsprechung genügen.

Neben einer lückenlosen Verrechnungspreisdokumentation ist es unabdingbar, die eigene Verteidigungsstrategie zu identifizieren und zu dokumentieren. Indische Verrechnungspreis-Betriebsprüfungen können langwierig und ressourcenfressend sein, weswegen es von wesentlichem Vorteil ist, die Kontrolle über den Betriebsprüfungsprozess nicht aus der Hand zu geben. Dies sollte über eine frühzeitige, klare Positionierung des eigenen Standpunkts sowie die entsprechende transparente Kommunikation gegenüber dem verantwortlichen Betriebsprüfer erfolgen.

4.6.2 Ausblick – APAs, Strafzahlungen und mehr

Im Rahmen des Finance Bill 2012 hat das Finanzministerium das Central Board of Direct Taxes (CBDT) angewiesen, das Rahmenwerk für die Einrichtung eines APA-Mechanismus zu schaffen, der zum 1.7.2012 in Kraft getreten ist. Das APA-Programm sieht einen Zeitrahmen von fünf Jahren vor und enthält sowohl uni- als auch bilaterale Advanced Pricing Agreements (APAs).

Der eingeführte APA-Prozess in Indien orientiert sich an den bekannten Stufen zur Vereinbarung eines APA. Während keine genauen Zeitangaben hinsichtlich des Abschlusses eines APAs gegeben sind, zeigt sich eine Tendenz der indischen Regierung hin zu einer möglichst frühzeitigen Bearbeitung der APA-Anträge. Die APA-Anträge müssen in spezieller Form mit genauen Angaben in Bezug auf die internationale Transaktion, die Art des gewünschten APAs, die Gründe gegen die Beantragung eines bi- / multilateralen APAs, die vorgeschlagene Verrechnungspreismethode, eine detaillierte Funktions- und Risikoanalyse und die Geschäftsberichte der letzten 5 Jahre enthalten. Mit Einreichung des APA Antrages sind gleichzeitig die erhobenen Gebühren für die Bearbeitung des Antrages zu entrichten. Die Gebühren richten sich nach dem Wert der zu untersuchenden Transaktion.

Darüber hinaus enthält der Finance Bill 2012 eine Reihe von verrechnungspreisbezogenen Überarbeitungen existierender Definitionen sowie die Einführung neuer Konzepte und Strafzahlungen.[39]

---

[39] Vgl. PwC, Pricing Knowledge Network, „PKN Alert/TCDR Alert India – Union Budget 2012 – Key amendments in transfer pricing provisions (APAs introduced)", 16.3.2012.

Eine genaue Bewertung dieser für beide Seiten (Steuerzahler und Fiskus) bedeutenden Veränderungen kann erst nach Finalisierung sowie Verabschiedung durch das CBDT erfolgen.

4.6.3 Einführung der „other method" in Indien – Ein Trend für den hypothetischen Fremdvergleich?

In Indien hat das Central Board of Direct Taxes mit der Erlassung der Norm 10AB die sechste Verrechnungspreismethode („other method") in das indische Einkommensteuergesetz eingeführt. Die Norm 10AB ist am 1.4.2012 in Kraft getreten und soll ab dem Wirtschaftsjahr 2011/2012 angewendet werden.

Gemäß der neuen Regelung sind die traditionellen fünf Verrechnungspreismethoden vorrangig anzuwenden. „Other method" kann in Indien eine beliebige Methode sein, nach der die Preise so bestimmt werden, wie sie fremde Dritte bei gleichen oder ähnlichen Transaktionen festgelegt hätten, sofern sie unter ähnlichen Umständen alle relevanten Informationen in ihre Preisbestimmung mit einbezogen hätten.

Die Einführung der sechsten Methode wird von indischen Steuerexperten begrüßt und als weitere Stärkung der Rechte der Steuerzahler angesehen. Die Experten gehen von einer häufigen Anwendung der „other method" in der Zukunft aus, da sie in der Praxis eine sehr hohe Flexibilität bietet und vor allem bei solchen Transaktionen angewendet werden kann, die in der Vergangenheit aufgrund ihrer Komplexität nur unzureichend mithilfe der fünf traditionellen Methoden abgedeckt werden konnten. Dies trifft insbesondere auf die Bewertung von Anteilen, immateriellen Wirtschaftsgütern, Funktionsverlagerungen und Garantien zu. Im Rahmen der „other method" können zukünftig Informationen wie zum Beispiel Preisinformationen aus Verhandlungen, Angebote von fremden Dritten, Ausschreibungen und Bewertungsstudien angeführt werden, die früher wegen unzureichender unbeschränkter Vergleichbarkeit von den indischen Behörden beanstandet wurden.

Der Gewinn an Flexibilität geht jedoch mit einer Erhöhung des (bereits vorher schon beachtlichen) Dokumentationsaufwands einher, da in diesem Fall eine nachvollziehbare Argumentation vorgelegt werden muss, weshalb die sechste Methode zur Festlegung des Fremdvergleichspreises geeigneter als die fünf traditionellen Methoden ist. Darüber hinaus liegt die Beweislast hinsichtlich der Angemessenheit des Verrechnungspreises, die mittels einer sechsstufigen Analyse („comparability factors" nach Rule 10C) nachzuweisen ist, weiterhin beim Steuerpflichtigen.

Obwohl die Einführung einer sechsten Methode für Indien sicherlich einen großen Schritt hin zur Flexibilisierung der Verrechnungspreisvorschriften darstellt, setzt die indische Finanzverwaltung hiermit keineswegs einen Trend. Vielmehr sind ähnliche Regelungen in anderen Jurisdiktionen und internationalen Richtlinien ebenfalls zu finden.

In Deutschland sieht § 1 Abs. 3 AStG vor, dass sofern weder uneingeschränkt noch eingeschränkt vergleichbare Fremdvergleichswerte festgestellt werden können, der Steuerpflichtige seine Preise nach dem hypothetischen Fremdvergleich zu bestimmen hat. Beim hypothetischen Fremdvergleich, der faktisch als die sechste Methode angesehen werden kann, handelt es sich um einen fiktiven Preisvergleich, der sich danach richtet, was voneinander unabhängige Dritte unter gleichen oder ähnlichen Verhältnissen nach betriebswirtschaftlichen Grundsätzen vereinbart hätten.[40] Auf Grundlage einer Funktionsanalyse sowie innerbetrieblicher Planrechnungen sind der Mindestpreis des Leistenden und der Höchstpreis des Leistungsempfängers festzulegen. Kann kein dem Fremdvergleichsgrundsatz mit hoher Wahrscheinlichkeit entsprechender Preis aus diesem Einigungsbereich bestimmt werden, wird der Mittelwert als der angemessene Preis angesehen.

---

[40] *Becker/Kroppen*, Internationale Verrechnungspreise, V 2.1.4; *Vogel*, Art. 9 Rn. 32.

In den USA finden die sogenannten „unspecified methods" immer dann Anwendung, wenn diese Methoden im jeweils vorliegenden Fall als die am besten geeigneten angesehen werden können („best method rule"). Diese Methoden berücksichtigen das allgemeine Prinzip, wonach unabhängige Dritte die Transaktion beurteilen, indem sie realistische Alternativtransaktionen betrachten.

Auch die OECD erlaubt die Preisbestimmung anhand von „other methods",[41] sofern die fünf Standardmethoden zu keinem geeigneten Preis führen. Sollte eine „other method" genutzt werden, muss exakt dargelegt werden, warum die Standardmethoden als nicht geeignet betrachtet werden. Zusätzlich muss aufgezeigt werden, wie der Verrechnungspreis bestimmt wurde.

Die United Nations (UN) erwähnen nicht explizit die Anwendbarkeit von „other methods". Sie räumen lediglich ein, dass bei verbundenen Unternehmen Preise nicht unangemessen sein müssen, falls andere Methoden als die in den OECD-Verrechnungspreisrichtlinien vorgeschriebenen zur Anwendung kommen.[42]

Jedes der oben genannten Länder bzw. jede der genannten Institutionen gestattet in gewisser Weise die Nutzung von mindestens einer weiteren Methode zusätzlich zu den Standardmethoden. Während Indien, die USA sowie die UN und die OECD mehr Spielraum bei der Ausgestaltung der Methode erlauben, sieht der Gesetzgeber in Deutschland ein konkretes Schema zur Durchführung des hypothetischen Fremdvergleichs vor. Gemeinsam ist den Vorschriften und Richtlinien der oben genannten Länder bzw. Institutionen, dass „other methods" nur dann genutzt werden dürfen, wenn die Standardmethoden zu keinem zutreffenden Ergebnis führen.

Alternative Methoden erlangen zunehmend praktische Relevanz, da sich die Suche nach geeigneten Fremdvergleichsdaten für die Anwendung von Standardmethoden immer schwieriger gestaltet. Es ist erkennbar, dass die Regierungen diesem Problem Rechnung tragen wollen, indem sie alternative Methoden zulassen. Es bleibt abzuwarten, ob dieser Ansatz zu einem größeren Konsens zwischen den Steuerpflichtigen und den Finanzverwaltungen führt.

4.7 Indonesien

Die indonesische Steuerbehörde hat am 11.11.2011 überarbeitete Verrechnungspreisrichtlinien (PER-32) veröffentlicht, die an diesem Tag wirksam wurden. Die jetzigen Änderungen der erst 2010 herausgegebenen Verrechnungspreisrichtlinien PER-43 haben das Ziel, die indonesische Verrechnungspreispraxis weiter an internationale Standards, insbesondere an die im Jahr 2010 überarbeiteten OECD-Verrechnungspreisrichtlinien, anzupassen.

Die Änderungen betreffen vor allem die folgenden Bereiche:

- Im Gegensatz zu den vorherigen Richtlinien, die eine Hierarchie der Verrechnungspreismethoden vorsahen, ermöglichen die neuen Richtlinien dem Steuerpflichtigen die Wahl der am besten geeigneten Methode. Damit wird erstmalig auch die transaktionsbezogene Nettomargenmethode (TNMM – Transactional Net Margin Method) als gleichwertige Methode anerkannt.

- Inländische Geschäftsbeziehungen zu verbundenen Unternehmen sind nunmehr von der Dokumentationspflicht ausgenommen mit Ausnahme von solchen Geschäftsbeziehungen, bei denen die Vertragspartner mit unterschiedlichen Steuersätzen besteuert werden.

---

[41] vgl. Tz 2.9 der OECD-Verrechnungspreisrichtlinien v. 22.7.2010.
[42] vgl. Tz. 1.1 der UN-Richtlinien v. Oktober 2012.

- Die Grenze für die Anwendung der Dokumentationspflicht wurde von 10 Mio. IDR (ca. 860 €) pro Transaktion auf 10 Mrd. IDR (ca. 860.000 €) pro Transaktionspartner angehoben. Unabhängig davon sind im Rahmen der Steuererklärung weiterhin alle Geschäftsbeziehungen mit verbundenen Unternehmen aufzuführen.

- Die neuen Richtlinien bestimmen eine Präferenz für den internen gegenüber dem externen Fremdvergleich.

- Ferner ist eine Definition von Umlageverträgen in Anlehnung an die Definition der OECD-Richtlinien für Cost Contribution Arrangements (CCAs) enthalten.

- Bei Fehlen von schriftlichen Verträgen wird das Vertragsverhältnis auf Basis des tatsächlichen Verhaltens der Parteien beurteilt.

4.8 Brasilien

Im April 2012 hat die brasilianische Regierung eine einstweilige Verfügung veröffentlicht, welche signifikante Änderungen der existierenden brasilianischen Verrechnungspreisregularien birgt.

Die wichtigsten Änderungen beinhalten:

- Die Wiederverkaufspreismethode sollte mit Hilfe einer industriespezifischen Handelsspanne, sowie einer Handelsspanne in Höhe von 20 % für Industriezweige, welche in der Verfügung nicht spezifiziert wurden, angewandt werden.

- Zukünftig wird von den Unternehmen nicht mehr erwartet, dass Zollgebühren, Frachtkosten oder Versicherungskosten resultierend aus Verträgen mit fremden Dritten in die Berechnungen der Verrechnungspreise („tested price") mit einbezogen werden. Versicherungskosten aus Versicherungsverträgen mit fremden Dritten sind zukünftig nur in die Preisberechnungen mit aufzunehmen, sofern die unabhängige Vertragspartei ihren Sitz in einem Niedrigsteuerland hat oder von Steuerbegünstigungen profitiert.

- Die Unternehmen müssen jährlich die anwendbare Verrechnungspreismethode für die relevanten Produkte / Dienstleistungen wählen. Bei Beginn einer Betriebsprüfung können keine Änderungen mehr vorgenommen werden, es sei denn, die brasilianische Finanzverwaltung erkennt die existierende Dokumentation nicht an.

- Verrechnungspreise aus Transaktionen der Unternehmen mit fremden Dritten können nur insoweit als Vergleichsmaßstab für konzerninterne Preise genutzt werden, als die vergleichbaren Transaktionen 5 % der getesteten konzerninternen Transaktionen entsprechen.

- Zinszahlungen für konzerninterne Darlehen sind nur insoweit abziehbar, als dass sie der LIBOR-Dollar Rate für ein Darlehen mit einer Laufzeit von 6 Monaten sowie einem zusätzlichen – durch das Finanzministerium jährlich festgelegten – Aufschlag (basierend auf Marktdaten) entsprechen.

- Import- und Export-Güter, welche an der Wertstoffbörse notiert sind, müssen durch die PCI[43]- („Comparable indenpendent price method") bzw. PECEX-Methode („export with price under quotation method") ermittelt werden.

---

[43] Die PCI-Methode ist das brasilianische Äquivalent zur Preisvergleichsmethode.

H Mediation, der kürzeste Weg zur Lösung?

1 Mediation endlich gesetzlich geregelt

Durch die EU-Mediationsrichtlinie vom 21.5.2008 wurden die Mitgliedstaaten verpflichtet, bis zum 21.5.2011 Regelungen zur Förderung der Mediation in nationales Recht umzusetzen. Dieser Verpflichtung ist die Bundesrepublik mit dem am 26.7.2012 in Kraft getretenen Mediationsgesetz (MediationsG) nachgekommen.

Am 26.7.2012 ist das MediationsG in Kraft getreten und regelt nunmehr für Deutschland die Rahmenbedingungen für ein Mediationsverfahren und die Anforderungen an die Mediatoren.

Ziel des Mediationsgesetzes ist es, Anreize zur außergerichtlichen Streitbeilegung zu schaffen, um die Konfliktlösung zu beschleunigen, den Rechtsfrieden nachhaltig zu fördern und die staatlichen Gerichte zu entlasten. Das Mediationsgesetz regelt das Verfahren, die Aufgaben und Verpflichtungen des Mediators, die Anforderungen an die Ausbildung eines Mediators einschließlich einer Verordnungsermächtigung hinsichtlich der Detailregelungen zur Aus- und Fortbildung der Mediatoren.

Weitere Regelungen zur Umsetzung der EU-Mediationsrichtlinie waren in den prozessrechtlichen Vorschriften der Zivilprozessordnung, der Verwaltungs- und Finanzgerichtsordnung, der Arbeits- und Sozialgerichtsordnung, der Familiengerichtsordnung sowie des Gerichtskostengesetzes erforderlich, um das Mediationsverfahren zu etablieren. Diese Änderungen wurden zugleich mit dem Artikelgesetz vom 21.7.2012 vorgenommen.

2 Was versteht man unter Mediation und wie funktioniert sie?

Bei der Mediation ist zwischen der klassischen konfliktlösenden und der präventiven konfliktvermeidenden bzw. -entschärfenden Mediation zu unterscheiden.

Bei der **klassischen Mediation** zur Klärung eines bestehenden Konfliktes erarbeiten die Konfliktparteien in dem vom Mediator geschaffenen Rahmen eigenverantwortlich eine tragfähige Lösung, die in einer verbindlichen, zukunftsorientierten Vereinbarung mündet. Die Aufgabe des Mediators besteht im Wesentlichen darin, die Parteien durch das Gespräch und den Klärungsprozess zu führen. Den Parteien bleibt es vorbehalten, selbstbestimmt Vereinbarungen zur Lösung des Konfliktes zu treffen.

Hierin liegt der zentrale Vorteil gegenüber Schieds- und Gerichtsverfahren: Bei den vorgenannten Verfahren übertragen die Konfliktparteien ihre Rechte auf eine selbstbestimmte Lösung des Konflikts auf einen Dritten (Schlichter oder Richter) und sind dann verpflichtet, die auf Grundlage formalisierter Verfahrensregeln und dem individuellen Ermessen dieses Dritten getroffene Entscheidung zu akzeptieren bzw. gegen diese mit weiteren Rechtsmitteln anzugehen. Bei der Mediation hingegen erlangt die von den Parteien in einem weniger formalisierten Verfahren gefundene Lösung erst durch eine entsprechende Parteivereinbarung Bindungswirkung.

Die Erfahrung zeigt, dass dieses Vorgehen zu deutlich tragfähigeren und qualitativ besseren Lösungen führt als (schieds-) richterliche Entscheidungen. Eine ungleich höhere Bereitschaft der beteiligten Personen, die in dieser Form gemeinsam gefundene und gestaltete Lösung auf Dauer zu akzeptieren, ist eine weitere logische Konsequenz.

In einer **präventiven Mediation** können Unternehmen konfliktträchtige Situationen mithilfe eines Wirtschaftsmediators als Moderator entschärfen. Durch den Einsatz eines Moderators, der auch in der Mediation ausgebildet ist, können Konflikte frühzeitig erkannt und häufig zur Zufriedenheit beider Parteien geklärt werden. Klassische Beispiele für den präventiven Einsatz von Mediation sind Unternehmensnachfolgen, komplexe (Vertrags-)Verhandlungen, Transaktionen, Kooperationsvorhaben, Veränderungsprozesse, komplexe Schadenregulierungen bei Versicherungsfällen sowie Planungen für Infrastruktur-, Umwelt- Verkehrs- und Energiemaßnahmen.

Gerade klassische Kraftwerksprojekte zur konventionellen Energieerzeugung bspw. aus Kohle, aber auch Vorhaben im Bereich der erneuerbaren Energien wie Windräder, Biomassekraftwerke und große Photovoltaikanlagen bieten oftmals einen sinnvollen Anwendungsbereich für die präventive Mediation. Anderenfalls ist, wie in der Vergangenheit beobachtet, mit intensivem Widerstand von Bürgerschaft, Politik und Interessenvertretungen gegen die Umsetzung zu rechnen.

Beim präventiven Einsatz von Wirtschaftsmediatoren tragen die involvierten Parteien durch die Akzeptanz eines unabhängigen Mediators schon im Vorfeld zu einer Entspannung der Situation bei. Die Führung durch konfliktträchtige Themen und Entscheidungen obliegt nicht mehr den betroffenen und somit subjektiven Parteien, sondern einem allparteilichen / neutralen Wirtschaftsmediator.

So unterstützt und entlastet, können sich die Parteien auf Inhalte und Lösungen konzentrieren – ein maßgeblicher Mehrwert für jede Art der Verhandlung.

2.1 Merkmale der Mediation

Die Besonderheiten eines Mediationsverfahrens lassen sich an den nachfolgenden Verfahrensprinzipien festmachen:

- *Selbstverantwortlichkeit:* Die Parteien sind die Experten ihres Konfliktes. Sie selbst wissen besser als jeder andere, wie er entstanden und wie er zu lösen ist. Die Mediation gibt ihnen lediglich den für die Konfliktlösung erforderlichen Rahmen.

- *Freiwilligkeit:* Niemand darf zu einem Mediationsverfahren gezwungen werden. Mediation kann nur dann Erfolg haben, wenn die Parteien in ihrer Selbstbestimmung nicht beschränkt sind und jeder Beteiligte jederzeit das Verfahren für sich beenden kann.

- *Ergebnisoffenheit:* Es darf nicht von vornherein feststehen, welches Ergebnis erreicht werden soll. Nur dann sind die Konfliktparteien in der Lage, kooperativ miteinander zu verhandeln.

- *Neutralität und Allparteilichkeit des Mediators:* Anders als ein Richter hat ein Mediator keine vom Staat zugewiesene Autorität. Deshalb muss er von allen Konfliktparteien als neutraler Leiter des Verfahrens ohne inhaltliche Entscheidungskompetenz anerkannt werden. Der Mediator setzt sich für die Belange und Interessen aller Konfliktparteien ein, in diesem Sinne ist er „allparteilich". Dies gilt auch, wenn der Mediator sich darum bemüht, im Verfahren Machtungleichgewichte auszugleichen, um eine für beide Seiten „privatautonome" Entscheidung zu ermöglichen.

- *Informiertheit der Beteiligten:* Alle Parteien müssen über die entscheidungserheblichen Tatsachen umfassend Bescheid wissen, um eine eigene Entscheidung treffen zu können und um diese auch in Zukunft zu akzeptieren. Alle Beteiligten sollten deshalb in gleicher Weise Zugang zu allen streitrelevanten Informationen haben.

- *Vertraulichkeit und keine Öffentlichkeit:* Die Beteiligten verpflichten sich, alle im Mediationsprozess offen gelegten Tatsachen und Begebenheiten strikt vertraulich zu behandeln. Insbesondere ist auch der Mediator zur Verschwiegenheit verpflichtet.
- *Zukunftsorientiertheit:* Sinn und Zweck der Mediation ist es, Lösungen für die zukünftige Zusammenarbeit zu entwickeln. Die Geschichte des Konfliktes ist nur insoweit von Bedeutung, als sie dazu dienen soll, den Konflikt zu lösen.

2.2 Die Rolle des Mediators

Beim Mediator handelt es sich nicht pauschal um einen Problemlöser. Vielmehr besteht seine Aufgabe allein darin, die Parteien durch das Gespräch und den Klärungsprozess zu führen, die hinter dem Konflikt liegenden Bedürfnisse und Interessen der Parteien sichtbar zu machen und sie bei der Lösungsfindung zu unterstützen. Dabei geht es auch darum, die gefundene Lösung sachgerecht im Rahmen eines Protokolls oder im Einzelfall auch eines bindenden Vertrags zu formulieren.

2.3 Ziele der Mediation

Die Mediation soll durch den Einsatz von praxisbewährten Methoden und Techniken den Konfliktparteien dabei helfen,

- eine weitere Verhärtung oder Eskalation des Konfliktes zu vermeiden und
- den Konflikt zügig, kostenschonend und konstruktiv zu lösen.

Sie unterstützen den Prozess und die Beteiligten dabei,

- die eigene Sichtweise zu erweitern,
- die hinter den vorgetragenen Positionen stehenden Bedürfnisse und Interessen zu ermitteln,
- gemeinsame Ziele zu formulieren,
- hieraus Konfliktlösungsoptionen zu entwickeln und zu bearbeiten und
- gemeinsame Vereinbarungen zu treffen und umzusetzen.

3 Verschiedene Konfliktverläufe

Um die Bedeutung der Mediation zu verstehen, ist es hilfreich, sich den klassischen Konfliktverlauf (ohne Mediation) zu vergegenwärtigen.

3.1 „Klassischer" Konfliktverlauf

In der Regel läuft sowohl der inner- als auch außerbetriebliche Konflikt in 2 Phasen ab.

Zunächst versuchen die Parteien den Konflikt durch Kontaktaufnahme und Verhandlungen zu lösen. Überwiegend versucht hierbei jede Partei, ihre Position erfolgreich durchzusetzen oder einen für sich günstigen Kompromiss zu schließen. Auf die Bedürfnisse der anderen Partei wird vielfach nicht oder nur wenig eingegangen.

Soweit eine Einigung nicht erzielt werden kann, z. B. weil sich die Fronten verhärtet haben, hängt der weitere Verlauf in der Regel davon ab, ob es sich um eine inner- oder außerbetriebliche Streitigkeit handelt:

Bei innerbetrieblichen Streitigkeiten kommt es in den wenigsten Fällen zu Gerichtsverfahren. Häufig bleibt der Konflikt unausgesprochen zwischen den Parteien bestehen, belastet die Arbeitsatmosphäre und führt nach unseren Erfahrungen vielfach auch zu einem Abfall der Arbeitsleistung. Bei Konflikten zwischen Personalabteilung und Personal- bzw. Betriebsrat wirkt sich dies dann häufig negativ auf die nachfolgenden Verhandlungen zu anderen Themen aus.

Im außerbetrieblichen Bereich hingegen wird in einer solchen Situation, abhängig von der vertraglichen Vereinbarung, das Schiedsgericht oder aber die allgemeine Gerichtsbarkeit angerufen. Hierbei ist den Parteien meist nicht bewusst, dass sie durch diesen Schritt die Möglichkeit auf eine selbstbestimmte Entscheidung an einen Dritten übertragen und dann verpflichtet sind, die nach dem individuellen Ermessen dieses Dritten getroffene Entscheidung zu akzeptieren.

3.2 Konfliktverlauf bei Einschaltung eines Mediators

Grundsätzlich ist nach dem neuen Mediationsgesetz vom Richter und den Beteiligten im Vorfeld einer gerichtlichen Auseinandersetzung nun stets die Frage nach dem Versuch einer außergerichtlichen Konfliktbeilegung zu klären.

Im Gegensatz zu einem stark formalisierten Gerichtsverfahren ist die Mediation ein deutlich weniger strukturiertes Verfahren, das mithilfe logisch aufeinander aufbauender Phasen von der Darstellung der Situation seitens der Parteien über die Analyse von Handlungsmotiven bis hin zur Formulierung von Lösungsoptionen führt. Hierbei ist der Ablauf der Mediation im Einzelnen abhängig vom Mediator und von der Konfliktsituation.

Am Anfang steht stets eine Auftragsklärung, in der u. a. erörtert wird, wer am Konflikt beteiligt ist. Anschließend werden die Grundprinzipien der Mediation besprochen und die Prozessziele der Beteiligten geklärt. Wichtig ist, dass die Parteien sich vor Beginn der Mediation klar für die Methode und die Person des Mediators aussprechen. In dem abzuschließenden Mediationsvertrag werden sodann alle relevanten Punkte für den Ablauf der Mediation sowie die Vergütung des Mediators festgehalten.

Der Mediator hat im Verfahren selbst vor allem die Aufgabe, die Parteien durch das Gespräch und den Klärungsprozess zu führen. Er kann die Parteien bei der Informationssammlung und der Prüfung der rechtlichen, technischen und / oder betriebswirtschaftlichen Umsetzbarkeit unterstützen. Für die Ausgestaltung und den Inhalt einer möglichen Lösung ist er hingegen nicht verantwortlich – diese Verantwortung liegt ausschließlich bei den Konfliktparteien.

Keine Mediation ist vollständig abgeschlossen, ohne an den Entwurf von Lösungsideen die kritische Überprüfung geknüpft zu haben, welche dieser Ideen auch realistischerweise umsetzbar sind und welchen Investitionsrahmen man dafür einräumt.

Im Zweifel ist hier eine rechtliche oder betriebswirtschaftliche Prüfung des Ergebnisses erforderlich. Sofern – was gerade in der Wirtschaftsmediation sinnvoll ist – die Mediation durchgängig auch von den jeweiligen Rechts- oder Steuerberatern der Konfliktparteien begleitet wurde, kann eine solche Abschlussprüfung der Umsetzbarkeit häufig entfallen.

Die Begleitung der Konfliktparteien durch ihren jeweiligen rechtlichen und / oder steuerlichen Berater, die günstigstenfalls über Erfahrung mit dem Ablauf einer Mediation verfügen, ermöglicht im Rahmen der Mediation qualitativ hochwertige, kreative und umsetzbare Lösungen. So kommt es

u. E. bei der absolut wünschenswerten Beteiligung der jeweiligen Berater im Regelfall auch deutlich schneller zu besseren Ergebnissen für beide Parteien, als wenn der Konflikt vor Gericht „gelöst" worden wäre. Dies gilt jedenfalls für die meisten außerbetrieblichen Fälle der Wirtschaftsmediation.

Abschließend erfolgt dann nach der Maßnahmenplanung die Fixierung aller Absprachen in einem Vertragsdokument. Die Vereinbarung kann ggf. sogar vollstreckbar ausgestaltet werden.

3.3 Wesentliche Schritte des Mediationsverfahrens sind:

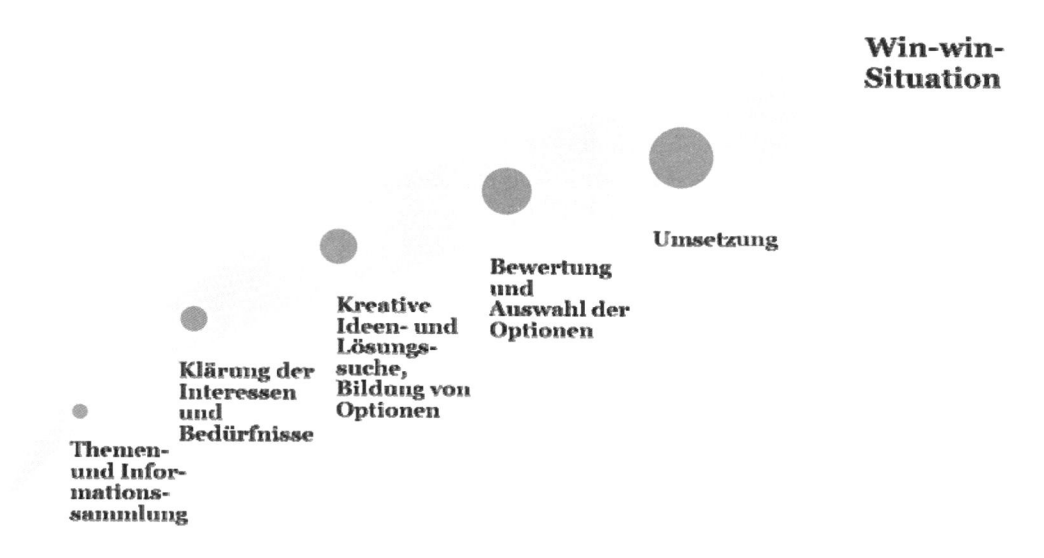

Win-win-Situation

Umsetzung

Bewertung und Auswahl der Optionen

Kreative Ideen- und Lösungssuche, Bildung von Optionen

Klärung der Interessen und Bedürfnisse

Themen- und Informationssammlung

Konflikt

4 Lohnt sich eine Mediation?

Für ein Mediationsverfahren spricht neben den Aspekten der eigenverantwortlichen Streitbeilegung und der vielschichtigeren Betrachtung und Beseitigung der Konfliktursachen auch der Aspekt der Ressourcenschonung.

Denn die Austragung eines Konfliktes im Gerichtsverfahren verursacht nicht nur die damit verbundenen unmittelbaren Kosten, sie führt auch zu kostenintensivem Personaleinsatz im Unternehmen und dies in der Regel über eine beträchtliche Dauer.

Die durchschnittliche Verfahrensdauer bei Zivilverfahren vor den Landgerichten in der Bundesrepublik betrug nach Angaben des statistischen Bundesamtes im Jahr 2011 8,2 Monate, bei Verwaltungsgerichten 12,3 Monate und bei Oberverwaltungsgerichten 14 Monate. Die Verfahrensdauer ist in den Bundesländern verschieden. Während verwaltungsgerichtliche Verfahren in Baden-Württemberg durchschnittlich 9,2 Monate dauern, erstrecken sie sich in Mecklenburg-Vorpommern durchschnittlich über 21,3 Monate.

Zudem wird trotz dieser langen Verfahrensdauer eine Vielzahl der gerichtlichen Verfahren durch Vergleich beendet.

Angesichts des langen Zeitraums, den ein Gerichtsverfahren in Anspruch nimmt und unter Berücksichtigung des Umstands, dass diese nicht selten mit einem Vergleich abgeschlossen werden, ist aus Gründen der Ressourcenschonung die Durchführung eines außergerichtlichen Mediationsverfahrens zumeist die deutlich schnellere, effektivere und kostengünstigere Lösung für die Parteien.

5 Wann ist eine Mediation sinnvoll?

Während die Mediation früher meist mit der Lösung von Nachbarstreitigkeiten oder der familienrechtlichen Konfliktbeilegung verbunden wurde, wird sie mittlerweile auch von Unternehmen und öffentlichen Institutionen in Anspruch genommen. Dies zeigt auch der 2008 von führenden Wirtschaftsunternehmen etablierte „Round Table der Mediation und Konfliktmanagement der deutschen Wirtschaft (RTMKM)".

Neben auftretenden innerbetrieblichen Konflikten und Streitigkeiten zwischen Gesellschaftern, Aufsichtsrat und Geschäftsführung wird mediative Unterstützung auch bei Kompetenzabgrenzungen, Streitigkeiten zwischen Gesellschaft und Dritten sowie Streitigkeiten zwischen den Gemeinden und ihren Bürgern angefordert. Dabei ist neben den Vorteilen des Verfahrens in Bezug auf Kosten und Schnelligkeit auch die strikte Vertraulichkeit sowie die Tatsache von Bedeutung, dass die Parteien ihre Eigenverantwortlichkeit behalten und auch ohne Reputationsverlust das Mediationsverfahren jederzeit abbrechen könnten.

Um aufzuzeigen, in welchen Bereichen Mediation eine gegenüber dem Schlichtungs- oder Gerichtsverfahren geeignete Alternative bietet, haben wir nachfolgend – freilich ohne Anspruch auf die Vollständigkeit – Anwendungsfelder der Wirtschaftsmediation aufgeführt, bei denen in der Vergangenheit gute Erfahrungen gemacht wurden.

5.1 Konfliktfelder

- Auseinandersetzungen von Partnern/Gesellschaftern untereinander
- Konflikte zwischen Geschäftsführern bei Unternehmenstransaktionen, -kooperationen, -sanierungen
- Konflikte des Personals bei Unternehmenszusammenschlüssen (z. B. bei divergierenden Unternehmenskulturen)
- Change-Management-Prozesse
- Streitigkeiten innerhalb der Geschäftsleitung
- Konflikte zwischen Geschäftsleitung und Gesellschafter
- externe Auseinandersetzungen von Unternehmen mit Lieferanten, Kunden und Bürgern
- Nachfolgeregelungen in familiengeführten Unternehmen
- innerbetriebliche Personalkonflikte – persönliche Differenzen, Konflikte zwischen Arbeitgeber und Arbeitnehmer(-vertretung) oder zwischen Abteilungen
- komplexe Schadensregulierung in Versicherungsfällen
- Konflikte zwischen Staat/ Kommune und Bürgern

5.2 Beispiele

- Auseinandersetzung zwischen Patriarch und Unternehmensnachfolger über Zeitpunkt, Ausgestaltung und Umfang der Nachfolge.
- Anteilsstreitigkeiten und/oder Stimmrechtsstreitigkeiten bei Umwandlungen innerhalb eines Konzerns.

- Arbeitgeber und Betriebsrat verhandeln über die Einführung einer leistungsorientierten Vergütung. Aufgrund der kontroversen Vorstellungen „Gießkannenprinzip" „ausschließlich leistungsbezogen" und der kompromisslosen Verhandlungen werden die Verhandlungen nach 3 Sitzungen für gescheitert erklärt.

- Ein Schulgebäude ist mit Giftstoffen belastet. Aufgrund der Stoffkonzentration ist mittelfristig unter Berücksichtigung der Verhältnismäßigkeit eine Sanierung erforderlich. Über den Zeitrahmen der Sanierung und die Sanierungsmaßnahmen streiten sich u. a. die Eltern mit der Gemeinde.

- Ein Flughafenbetreiber plant eine Erweiterung des Flughafens. Im Rahmen des Planungsverfahrens erheben sich massive Bürgerproteste, flankiert von Eingaben der Umweltschutzorganisationen gegen die geplante Erweiterung.

- Ein Gesellschafter plant Umstrukturierungsmaßnahmen bei einer Gesellschaft, an der ein Minderheitsgesellschafter beteiligt ist. Dieser stimmt den Umstrukturierungsmaßnahmen nicht zu und interveniert. Dies führt zu Zerwürfnissen zwischen den Gesellschaftern. Es besteht Klärungs- und Einigungsbedarf, um das zukünftige gesellschaftliche Miteinander nicht nachhaltig zu stören.

- Ein Unternehmen hat einen langfristigen Betriebsführungsvertrag abgeschlossen. Während der Vertragslaufzeit entbrennt mit dem Auftragnehmer Streit über den Umfang der vertraglich geschuldeten Investitionsmaßnahmen. Da der Vertrag noch eine Laufzeit von mehreren Jahren hat, ist eine Verständigung der Parteien dringend geboten.

- Ein Werkunternehmer hat Sanierungsleistungen in erheblichem Umfang erbracht. Es sind Schäden aufgetreten. Aufgrund möglicherweise fehlerhafter Leistung ist diese größtenteils neu zu erbringen. Es entsteht ein Streit darüber, ob der Schaden aufgrund von Schlechtleistung oder vom Werkunternehmer nicht zu vertretenden äußeren Einwirkungen entstanden ist.

- Nach einem Schadenfall, bei dem eine Mülldeponie brannte, streiten Versicherungsgesellschaft und Versicherungsnehmerin über die Auslegung der Versicherungsbedingungen und die zur Auszahlung kommende Versicherungssumme.

- Im Krankenhaus sind sich die behandelnden Ärzte A und B im Hinblick auf die Therapie der Patienten nicht einig. Die von dem Arzt A erteilten Therapieanweisungen an das Pflegepersonal wurden nicht mit dem Arzt B abgestimmt. Als dieser hiervon erfährt, weist er das Pflegepersonal an, den Therapieanweisungen nicht Folge zu leisten. Die Pflegekräfte sind unsicher, wie sie sich in Zukunft verhalten sollen.

6 Mediative Moderation

Das Ziel des mediativen Moderators ist – abhängig von der Vereinbarung im Einzelnen – zunächst, dass sich ein konstruktives Gespräch entwickelt. Dementsprechend moderiert und strukturiert er den Diskussionsprozess, wobei er im Bedarfsfall situativ die Module der Mediation benutzt. Ferner besteht im Rahmen einer mediativen Moderation, im Gegensatz zur Mediation, die Möglichkeit für den Moderator, dass dieser selbst aktiv (auch fachlich) bei der Erarbeitung von Lösungsoptionen unter Berücksichtigung aller offen liegenden Interessen der Parteien mitwirkt.

Es gibt weitere markante Unterschiede zwischen beiden Methoden. Bei der mediativen Moderation bedient sich der Moderator nur situativ des Werkzeugs der Mediation. Die mediative Moderation ist insofern auch nicht an ein bestimmtes Verfahren gebunden. Sie erlaubt in einem noch freieren

Rahmen als dem der Mediation, die Beteiligten nach ihrer Stellungnahme in einer bestimmten problematischen Situation zu fragen. Die Moderation endet auch nicht zwingend mit einer vertragsähnlichen Übereinkunft. In ihrer Minimalform dient sie der Übersicht, welche Interessen und Bedürfnisse hinter den Standpunkten der Parteien liegen. Ein solcher Überblick hat durchaus bereits einen Eigenwert, da er der besseren Beurteilung der Situation dient.

Will man es bei dieser Stufe der Klärung nicht belassen, ist die Form der Moderation danach beliebig weit ausbaubar – so weit, dass sie in ihrer differenziertesten Form die Ergebnisse einer Mediation erzielen kann.

Die Einsatzbereiche der mediativen Moderation sind im Wesentlichen identisch mit denen der Mediation. Da die mediative Moderation jedoch bereits verhindern soll, dass es zu einem Konfliktfall kommt, ist es insbesondere ein präventives Verfahren. Die Erfahrung hat gezeigt, dass bei Verhandlungen über kontroverse Themen vielfach der mediative Moderator einen konstruktiven Dialog erwirkt, denn je kontroverser die Themen sind, desto engagierter und kompromissloser treten auch die Parteien für ihre Positionen ein.

7 Gerichtliche Mediation

Neben dem freien Mediationsverfahren, bei dem die Parteien außerhalb eines gerichtlichen Verfahrens einen von ihnen gewählten Mediator aufsuchen, ist nun auch in der Zivilprozessordnung sowie den anderen Prozessordnungen der Arbeits-, Verwaltungs-, Sozial-, Finanzgerichtsbarkeit und der Freiwilligen Gerichtsbarkeit ein gerichtliches Mediationsverfahren vorgesehen. Daneben besteht die Möglichkeit, dass das im Rechtsstreit angerufene Gericht die Sache zunächst an einen nicht mit dem Prozess betrauten Richter zu einer güterichterlichen Verhandlung verweist.

Aus Sicht der gerichtlichen Tätigkeit gibt es insofern verschiedene Möglichkeiten der Streitbeilegung.

Zum einen kann der beauftragte Richter nach § 278 Abs. 5 ZPO die Parteien an einen Güterichter verweisen. Bei dem Güterichter handelt es sich um einen in der streitbefangenen Sache nicht entscheidungsbefugten sogenannten ersuchten Richter. Dieser beauftragte Richter kann nach § 278 Abs. 5 ZPO alle Methoden der Konfliktbeilegung einschließlich der Mediation einsetzen. In diesem Fall wird von einer „gerichtsinternen" Mediation gesprochen.

Nach § 278 a ZPO kann der ersuchte Richter des Prozessgerichts den Parteien aber auch vorschlagen, dass die Parteien eine außergerichtliche Mediation oder ein vergleichbares Konfliktbeseitigungsverfahren durchführen. Entscheiden sich die Parteien hierzu, stellt der Richter das Prozessverfahren ruhend. In diesem Fall spricht man von einer externen Mediation im Rahmen eines Gerichtsverfahrens.

Im Unterschied zur Verweisung an den Güterichter nach § 278 Abs. 5 ZPO erfolgt die externe Mediation aufgrund freiwilliger Entscheidung der Parteien. Die gerichtsinterne Mediation oder güterichterliche Behandlung kann nach § 278 Abs. 5 ZPO angeordnet werden.

Wird die Angelegenheit gerichtsintern durch Verweisung an den Güterichter behandelt, so hat dieser die Möglichkeit, die Gerichtsakten einzusehen. In diesem Zusammenhang besteht im Hinblick auf das MediationsG und die nach § 3 Abs. 1 MediationsG gebotene Neutralität des Mediators ein möglicher Konflikt.

Eine Güteverhandlung vor dem ersuchten Richter, also dem Güterichter, wird nach § 159 Abs. 2 ZPO nur auf Wunsch der Parteien protokolliert.

7.1 Erste Erfahrungen mit der gerichtlichen Mediation

Die gerichtlichen Mediationsverfahren haben eine Erprobungsphase durchlaufen. Im Land Brandenburg z. B. wurde die Pilotphase durch das Institut für Konfliktmanagement an der Europa-Universität Viadrina in Frankfurt / Oder im Zeitraum September 2010 bis Oktober 2011 begleitet. Teilgenommen an der Pilotphase haben 6 Gerichte, davon 4 Landgerichte, 2 Amtsgerichte und 1 Oberlandesgericht, in denen jeweils 4–6 als Mediatoren ausgebildete Richter tätig waren.

Dabei wurden insgesamt 541 Mediationsverfahren angeregt. Die Zustimmungsquote, also die Fälle, in denen beide Parteien der Durchführung eines Mediationsverfahrens zugestimmt haben, lag bei 64 %, überwiegend im Bereich der Familienverfahren, gefolgt von den sonstigen Zivilverfahren.

Von den durchgeführten Mediationsverfahren endeten 213 mit einem Ergebnis. Die Mehrheit der beendeten Fälle konnte nach einem Gespräch, 10 % der Fälle nach 2 Gesprächen und lediglich 3 Fälle nach 3 Gesprächen zu einem Ergebnis gebracht werden. In den meisten Fällen (ca. 55 %) dauerten die Gespräche 3–4 Stunden, in 50 % der Fälle 2–3 Stunden. Lediglich in 4 Fällen nahmen die Gespräche mehr als 4 Stunden in Anspruch.

7.2 Umsetzung der Mediationsrichtlinie in den Mitgliedstaaten

Im Zusammenhang mit der Einführung der Mediationsrichtlinie hat die Europäische Kommission Im Jahr 2011 auch eine Untersuchung über den Stand der Umsetzung der Mediationsrichtlinie in den Mitgliedstaaten durchgeführt.

Danach verfügten zum Zeitpunkt des Abschlusses der Untersuchung Ende 2011 Belgien, die Niederlande, UK, Spanien und Tschechien noch nicht über umfassende Regelungen zur Mediation. Gleichwohl finden auch in diesen Staaten Mediationsverfahren statt, im UK z. B. im jeweiligen Verfahren auf Vorschlag des Richters. Auch in den Niederlanden wurde eine Vielzahl von Mediationsverfahren durchgeführt, die das Netherlands Mediation Institute, NMI, dokumentiert hat.

In Teilbereichen der Justiz finden sich unabhängig von der Umsetzung der EU-Mediationsrichtlinie aber auch in den vorgenannten Ländern gesetzliche Anordnungen zur Mediation, so gibt es z. B. in Spanien eine gesetzliche Regelung zur Mediation in familienrechtlichen Auseinandersetzungen, in Tschechien wiederum besteht eine Regelung zur Mediation im strafrechtlichen Bereich des Täter-Opfer-Ausgleichs. Nach dem belgischen Recht ist die Mediationsrichtlinie für familiengerichtliche Verfahren eingeführt worden. Eine Mediation ist vom Gericht zu Beginn jedes Verfahrens vorzuschlagen. Entscheiden sich die Parteien für eine Mediation, ruht für deren Dauer der Prozess. Vertraulichkeit und Vollstreckbarkeit der familienrechtlichen Mediation sind ebenfalls vorgesehen. Nach belgischem Recht dürfen Berufsrichter nicht Mediator sein.

Nach dem zum Zeitpunkt der Untersuchung vorliegenden Entwurf für ein tschechisches Mediationsgesetz ist vorgesehen, dass das Gericht eine dreistündige Mediation anordnen kann. In diesem Fall sind nur Rechtsanwälte als Mediatoren zugelassen. Eine umfassende Regelung über die Wahrung der Vertraulichkeit des Mediationsverfahrens war nicht vorgesehen.

Nach dem tschechischen Mediationsgesetz soll es zwei Kategorien von Mediatoren geben, zum einen die Anwalts-Mediatoren, zum anderen Mediatoren aus anderen Berufszweigen bei entsprechender Qualifikation, die der Aufsicht des Justizministeriums unterliegen.

In Bulgarien, Griechenland, Slowenien, Italien und Deutschland gibt es hingegen schon eine übergeordnete Regelung zur Mediation.

Bulgarien hat die Mediationsrichtlinie im Frühjahr 2011 in die bereits bestehenden Mediationsregeln eingefügt. Danach kann das Prozessgericht in allen Verfahren, sofern diese dafür geeignet sind, eine Mediation vorschlagen. In Zivil- und Handelssachen kann das Gericht ein Mediationsverfahren anordnen. In familiengerichtlichen Angelegenheiten soll das Gericht in einem frühen Stadium auf eine Mediation oder ein sonstiges Verfahren der gütlichen Einigung hinwirken. Für die Mediation und alle Beteiligten ist gesetzlich Vertraulichkeit angeordnet. Die Mediationsvereinbarung kann vollstreckbar ausgestaltet werden.

Das Tätigwerden als Mediator setzt nach bulgarischem Recht voraus, dass der Mediator rechtlich qualifiziert ist, eine entsprechende Ausbildung durchlaufen hat und durch den Justizminister akkreditiert wurde.

Nach dem griechischen Mediationsgesetz kann das Gericht den Parteien vorschlagen, eine Mediation durchzuführen. Mediator kann nur ein Rechtsanwalt sein. Das Gesetz enthält Regelungen zur Vertraulichkeit des Mediationsverfahrens sowie Regelungen zu den Kosten und der Kostentragungspflicht. Danach haben die Parteien die Kosten zu gleichen Teilen zu tragen.

Das italienische Mediationsgesetz enthält eine Verpflichtung der Rechtsanwälte, ihre Mandanten auf die Möglichkeit eines Mediationsverfahrens hinzuweisen. Diese Information des Mandanten muss schriftlich erfolgen und vom Mandanten gegengezeichnet werden. Unterbleibt die Information, ist dem Mandanten das Recht eröffnet, vom Beratungsvertrag zurückzutreten. Die Dauer des Mediationsverfahrens ist auf 4 Monate begrenzt.

Eine Verpflichtung zur Durchführung eines Mediationsverfahrens für zahlreiche Rechtsgebiete ist im italienischen Mediationsgesetz vorgesehen, z. B. im Mietrecht, Erbrecht, Arbeitsrecht oder bei der Verkehrsunfallschadenregulierung. Nach dem italienischen Mediationsgesetz sind das Mediationsverfahren und dessen Ergebnis vertraulich zu behandeln. Auch ist die Vollstreckbarkeit der Mediationsvereinbarung vorgesehen. Mediator kann nach italienischem Recht nur werden, wer entsprechende fachliche wie räumliche Ressourcen aufweisen und eine Berufshaftpflichtversicherung mit einer Deckungssumme von 500.000 € nachweisen kann.

Das slowenische Mediationsgesetz von 2008 mit den ergänzenden Regelungen von 2009 sieht die Durchführung eines Mediationsverfahrens in Zivil- und Handelssachen vor. Im Prozessrecht ist ähnlich wie nach der deutschen Regelung vorgesehen, dass das Gericht in allgemeinen Zivilsachen, Familien- und Handelssachen sowie in arbeitsgerichtlichen Verfahren eine Mediation oder ein anderes Verfahren zur gütlichen Einigung vorschlagen kann. Das Gericht ist in allen Stadien des Prozesses gehalten, auf eine Einigung hinzuwirken. In der Güteverhandlung soll das Gericht die Parteien darauf hinweisen, dass die Möglichkeit eines Mediationsverfahrens besteht. Nehmen die Parteien diese Möglichkeit in Anspruch, wird der Prozess für die Dauer dieses Verfahrens ruhend gestellt.

8 Ausblick/Fazit

Mit und neben der Mediation existieren vielfältige Möglichkeiten, Konflikte zu vermeiden oder im Interesse der Beteiligten beizulegen. Es ist jedoch von erheblicher Bedeutung, dass die jeweilgen Parteien diese unterschiedlichen Instrumente kennen und dass sie wissen, welches Instrument in welcher Situation den interessengerechtesten Ansatz bietet.

Insbesondere vor dem Hintergrund des nunmehr in Kraft getretenen Mediationsgesetzes wird die Mediation bei der Bewältigung verschiedenster Konflikte weiter an Bedeutung gewinnen. Hierzu trägt im Umfeld gerichtlicher Auseinandersetzungen insbesondere der geänderte § 253 Abs. 3 der Zivilprozessordnung bei, der nunmehr wie folgt lautet:

„Die Klageschrift soll ferner enthalten:

1. Die Angabe, ob der Klageerhebung der Versuch einer Mediation oder eines anderen Verfahrens der außergerichtlichen Konfliktbeilegung vorausgegangen ist, sowie eine Äußerung dazu, ob einem solchen Verfahren Gründe entgegenstehen."

Auch wenn es sich bei der Vorschrift nur um eine „Soll-Vorschrift" handelt, führt die Neuregelung dazu, dass sich alle unmittelbar oder nur mittelbar am Prozess beteiligten in Zukunft mit der Mediation oder anderen Verfahren der außergerichtlichen Konfliktbeilegung in größerem Umfang als bisher auseinandersetzen müssen. Daher ist es sinnvoll, sich mit diesen Verfahren intensiver zu beschäftigen.

„Krise ist ein produktiver Prozess. Man muss ihm nur den Beigeschmack der Katastrophe nehmen." (Max Frisch)

Stichwortverzeichnis

Abfall, werthaltiger 234
Abgeltungsteuer 75, 187
Ablaufhemmung 423
Ablösebetrag 262
Abspaltung
   – allgemein 61, 225, 365
   – steuerneutrale 67
Abtretung 246
Aktiengewinn, negativer 332
Altersvorsorge, steuerliche 133
Altmaterialsammlung 191
Amtshilfe 52
Anlaufhemmung 425
Anrechnung, grenzüberschreitende 194
Anrechnungsverfügung 422
Anteil, einbringungsgeborener 362
Anteilseinbringung 223
Anteilsübertragung, unentgeltliche 301
Anteilsveräußerung 366
Anteilsvereinigung, grunderwerbsteuerbefreite 453
Anwachsung
   – allgemein 225
   – Anwachsungsklausel 447
Anzeigepflicht 445
AOA 71
Arbeitnehmer-Pauschbetrag 145
Arbeitnehmerrabatt 360
Arbeitsstätte, regelmäßige 200, 344
Arbeitszimmer, häusliches 144, 292
Aufbewahrungsfrist 86
Aufbewahrungspflichten 86
Aufwendung, nachgewiesene 315
Au-pair-Aufenthalt 314
Ausfuhrlieferung 230
Auskunft, verbindliche 419
Auskunftsersuchen 85
Auskunftsersuchen, steuerliches 253
Auskunftsverweigerungsrecht 257
Auslandsbeteiligung 193
Auslandsgruppenreise, Werbungskosten 356
Ausschüttung, Weiterleitung 195
Außenprüfung 423
Aussetzungszins 253, 421
Authorized OECD Approach 71
Basiszinssatz 262
Bauzeitzinsen 287
Belastungen, außergewöhnliche 60, 315

Belegnachweis 232
Bescheid, ausländischer 430
Beteiligung
   – atypisch stille 239
   – wesentliche 301
Betrieb gewerblicher Art
   – allgemein 194
   – Kindergarten 336
Betriebsaufspaltung 186
Betriebsausgaben
   – allgemein 144
   – Einschränkung Abzugsverbot 58
   – Gewerbesteuer 178
Betriebsprüfung, Größenklassen 255
Bewirtungsaufwendung, nachgewiesene 275
Bildungsmaßnahme 290
Blockwahlrecht 195
Branntweinmonopol 157
Buchhaltungstätigkeit 383
Buchnachweispflicht 230, 232
Carried Interest 143
Darlehen 190
Datenspeicherung 416
DBA-Schachtelprivileg 44
Dienstwagen 337
Dividendenzahlung 137
Doppelbesteuerungsabkommen 73
Duldungsbescheid 249
Eigenhandelsabsicht 329
Einbringung, Einzelunternehmen 363
Einfuhrumsatzsteuer 397
Eingliederung, organisatorische 371
Einheitswertfeststellung 245
Einkünfte, Aufteilung 72
Einlage, verdeckte 196, 332
Einlagekonto, steuerliches 195
Einnahme, steuerfreie 143
Einnahmenüberschussrechnung 177
Einzweckguthabenkarten 236
Elektro-Fahrrad 222
Elektrofahrzeug 57
ELStAM 217
Energiesteuer 106
Entlastungsberechtigung 64
Entnahme 362
Entschädigung, steuerbegünstigte 311
Erfindervergütung 311
Ermäßigungshöchstbetrag 60
Erstattungsanspruch 254

Erstattungszinsen
- allgemein 305
- bei Kapitalgesellschaften 335

Erstversicherung, konzernfremde 321
Ertragswertverfahren, vereinfachtes 262
Erwerbsgegenstand, einheitlicher 450
Erwerbsnebenkosten 260
EU-Amtshilfegesetz 51
EU-Micro-Richtlinie 122
Fahrtenbuch, ordnungsgemäßes 286
Familienheim 264
Familienlastenausgleich 189
Familienpflegezeit
- allgemein 197
- -versicherung 198

Festsetzung
- abweichende 249
- vorläufige 245

Feststellungsverfahren 94
Finanzierungsanteil 241
Finanzmarktstabilisierungsfonds 49
Firmenwagen, Anscheinsbeweis 337, 340, 342
Forderung
- uneinbringliche 384
- zahlungsgestörte 379

Formwechsel 299
Forstwirtschaft 186
Fortbildung, berufliche 206
Freibeträge, kindbezogene 244
Fremdvergleich 75
Gegenstand, gemischt-genutzter 374
Geldwäsche
- Gesetz 131
- Verdachtsmeldung 252

Gemeindefinanzreformgesetz 44
Gemeinnützigkeit
- allgemein 84
- Gemeinnützigkeitsentbürokratisierungs-
  gesetz 92
- Gemeinnützigkeitsrecht 246

Generalübernehmervertrag 450
Genussrechte 190
Geschäftsbeziehung 72
Geschäftsführergehalt 319
Gesellschafter-Geschäftsführer 192
Gesellschaftsanteil
- allgemein 445
- Übertragung 228

Gewerbesteuerpflicht, sachliche 414
Gewerbeverlust, Übergang infolge Einbringung 238, 266
Gewinnausschüttung, verdeckte 319
Gewinnermittlung 59

Gewinnrechnung 127
GmbHG 103
Grunderwerbsteuersätze 39
Grundstück, gemischt-genutztes 373
Grundstückserwerb
- allgemein 395
- durch Lebenspartner 455

Grundstückshandel, gewerblicher 300
Grundstücksveräußerung, gescheiterte 308
Haftung
- allgemein 252
- Haftungsbescheid 249

Handwerkerrechnung 150
Haushaltsführung, doppelte 349, 353
Hilfsbedürftigkeit 252
Hinzurechnung, gewerbesteuerliche 240, 241, 245, 412
Identifikationsnummer 416
Informationsaustausch 53
Investition, begünstigte 285
Investitionsabsicht, nachgewiesene 284
Investmentsteuergesetz 77
10-Jahreszeitraum 437
Kapitalertragsteuereinbehalt 62
Kapitalgesellschaft
- drittländische 443
- führungslose 252

Kettenschenkung 440
Kfz-Nutzung, private 192
Kinderbetreuungskosten 147, 184, 243, 277
Kindergeld 312
Konkurrentenklage 382
Konzessionsabgabe 321
Körperschaft, steuerbegünstigte 191
Körperschaftsteuer
- Erhöhungsbetrag 331
- Guthaben 328
- Korrekturvorschrift 322

Kraftfahrzeuge, private Nutzung 182
Lagebericht 124
Lebensversicherung 255
Leistung
- Ort 81, 229, 383
- vereinnahmtes Entgelt 377

Leistungsbeziehung
- allgemein 234
- Internet 388

Lieferung
- innergemeinschaftliche 375, 408
- Luftfahrzeug 406
- NATO-Truppenangehörige 387
- Ort 81

Lohnsteuerabzugsmerkmal, elektronisches 215

Lohnsteuerabzugsverfahren 63
Lohnsteuerbescheinigung, elektronische 220
Lohnsteuernachschau 63
Luftfahrzeug 406
Luftverkehrsteuer-Durchführungsverordnung 45
Managementvergütung 319
Mantelkauf 326
Maßgeblichkeitsgrundsatz 179
Mediation 49, 256
Mehraufwendung, Verpflegung 343
Mehrmütterorganschaft 334
Messe 229
Mietentschädigung 288, 355
Mindestbesteuerung 295
Miteigentumsanteil 373
Mittagsheimfahrt, private 339
Mitunternehmerschaft 414
Mobilfunkgerät 44
Motivtest 76
Muttergesellschaft 412
Nachlassverbindlichkeit 441
Nachzahlungszins 335
Nießbrauch 263
Nutzung, lebenslängliche 264
Oder-Konto 434
Offenbarung, zulässige 246
Organschaft
  – allgemein 223
  – grenzüberschreitende 238
  – umsatzsteuerliche 371
Outsourcing 344
Pachtzins 413
Pensionsanwartschaft 196
Personalgestellung 389
Personen, verbundene 398
Personengesellschaft, grundbesitzende 448
Pfändung 246
Pflegepauschbetrag 60
Pflichtveranlagung 425
Portfoliomanagement 400
Prämien 309
Progression, kalte 90
Prüfungsanordnung 418
Prüfungshandlung, gemeinsame 55
Quellensteuer 76
Rangrücktritt, qualifizierter 279
Rechnung, elektronische 232
Rechnungsberichtigung, rückwirkende 385
Rechnungsinhalt 83
Recht, grundstücksgleiches 424
Rechtsbehelf 421
Rechtsnachfolge, steuerliche 364
Rechtsschutz, vorläufiger 455

Reihengeschäft 375
Rekultivierung 413
Restaurationsleistung 367
Rücklage
  – freie 95
  – Gesellschaftsrechte 96
Rücklagenbildung, Optionen 95
Rückstellung
  – für Betreuung abgeschlossener Versicherungen 179
  – für zukünftige Betriebsprüfungen 278
Rückstellungsberechnung, steuerliche 178
Rückversicherung 321
Sachbezug, Freigrenze 144
Sachzuwendung
  – allgemein 59
  – pauschalierte 209
Sanierungsmaßnahme 91
Säumniszuschlag 428
Schenkung
  – allgemein 258
  – mittelbare 445
Schiffsreise 276
Schuldzinsen, nachträgliche 306
Schuldzinsenabzug, begrenzter 272, 273
Schulgeld 294
Schweiz 120
Solidaritätszuschlag 244, 328
Sonderausgabe, Praxisgebühr 293
Sonderausgaben
  – allgemein 59
  – Steuerberatungskosten 244
Sonderausgabenabzug 147
Sonderbetriebsvermögen 281
Spende 99, 330
Spendenabzug, steuerlicher 185
Spitzenausgleich 107
Sponsoring 237
Spontanauskunft 54
Sportwette 42
Staatsanleihen, griechische 188
STEKO 193
Steuerausweis, unrichtiger 233
Steuerberatungskosten 260
Steuererstattungsanspruch 252
Steuerfestsetzung, vorläufige 242
Steuergeheimnis 251
Steuernachforderung 271
Steuervereinfachungsgesetz 2011 39
Stückzinsen 304
Studiengebühr 205
Tätigkeit, vorübergehende 202
Teilbetriebsveräußerung 240

Telefonkarten 402
Transferzahlungen, Fußball 280
Treaty override 317
Überentnahme 274
Übermittlungen, automatische 54
Übertragung, teilentgeltliche 282
Übungsleiterpauschale 98
Umgestaltung, dauerhafte 404
Umwandlung 190, 225
Umzugskosten 183
Unfallschaden 291
Unterhaltspflicht 148
US-amerikanischer Trust 436
Veräußerung, steuerbegünstigte 303
Verböserungsverbot 427
Verlustabzug
 – bei Mitunternehmern 145
 – gewerbesteuerlicher 239
 – Übergang 224
Verlustabzugsbeschränkung, schädlicher
 Beteiligungserwerb 323
Verlustnutzung 194
Verlustrechnung 127
Verlustvortrag
 – allgemein 365
 – Wegfall 240
Vermittlungsleistung,
 grundstücksbezogene 378
Vermögensabgabe 152
Vermögensverwaltung 96
Verpfändung 246
Verschmelzung 225, 364, 366
Versicherungsteuergesetz 105
Vertriebshändler 402
Vorerwerb 437

Vorläufigkeitsvermerk 242
Vorsorgeaufwendung 59
Vorsorgeaufwendungen 185
Vorsteuerabzug
 – allgemein 84, 227, 392, 404
 – Berichtigung 227
 – Holding 381
 – Immobilienvermietung 410
Vorteil, geldwerter 358
Werbeeinkunft 297
Werbungskosten
 – allgemein 144
 – vorweggenommene 244
Wertminderung, dauernde 181
Wertpapier, festverzinsliche 181
Wertsteigerung 262
Wiederbeschaffungsrücklage 95
Wirtschaftsgut, unbewegliches 240
Wohnförderkonto 136
Wohngemeinschaft 349
Zahlungsverjährung 422
Zebragesellschaft 298
Zeitwert, beizulegender 123
Zuschlag, pauschaler 348
Zuständigkeit, örtliche 258
Zustellungsersuchen 55
Zuwendung, nachträgliche 77
Zuwendungsbescheinigung 97
Zwangsvollstreckung, kalte 370
Zweck
 – gemeinnütziger 247
 – mildtätiger 247
Zweckbetrieb 249
Zweckbetriebskatalog 85
Zwischengesellschaft 76

PwC-Standorte (Steuerberatung)

Standort	Straße	PLZ/Ort	Telefon-Nr.	Fax-Nr.
PwC Berlin	Lise-Meitner-Straße 1	10589 Berlin	(030) 2636-0	(030) 2636-3798
	Potsdamer Platz 11	10785 Berlin	(030) 2636-0	(030) 2636-3798
PwC Bielefeld	Kreuzstraße 35	33602 Bielefeld	(0521) 96497-0	(0521) 96497-414
PwC Bremen	Domshof 18-20	28195 Bremen	(0421) 8980-0	(0421) 8980-4298
PwC Dresden	Ostra-Allee 11	01067 Dresden	(0351) 4402-60	(0351) 4402-690
PwC Düsseldorf	Moskauer Straße 19	40227 Düsseldorf	(0211) 981-0	(0211) 981-1000
PwC Erfurt	Parsevalstraße 2	99092 Erfurt	(0361) 5586-0	(0361) 5586-300
PwC Essen	Friedrich-List-Straße 20	45128 Essen	(0201) 438-0	(0201) 438-1000
PwC Frankfurt	Friedrich-Ebert-Anlage 35-37	60327 Frankfurt am Main	(069) 9585-0	(069) 9585-1000
PwC Freiburg	Bismarckallee 17	79098 Freiburg	(0761) 28297-0	(0761) 28297-490
PwC Hamburg	New-York-Ring 13	22297 Hamburg	(040) 6378-0	(040) 6378-1030
PwC Hannover	Fuhrberger Straße 5	30625 Hannover	(0511) 5357-0	(0511) 5357-5100
PwC Karlsruhe	Blücherstraße 17	76185 Karlsruhe	(0721) 84002-0	(0721) 84002-100
PwC Kassel	Bertha-von-Suttner-Straße 3	34131 Kassel	(0561) 9358-0	(0561) 9358-100
PwC Kiel	Lorentzendamm 43	24103 Kiel	(0431) 9969-0	(0431) 9969-366
PwC Köln	Konrad-Adenauer-Ufer 11	50668 Köln	(0221) 2084-0	(0221) 2084-210
PwC Leipzig	Käthe-Kollwitz-Straße 21	04109 Leipzig	(0341) 9856-0	(0341) 9856-199
PwC Magdeburg	Hegelstraße 4	39104 Magdeburg	(0391) 5372-0	(0391) 5372-163
PwC Mainz	Wilhelm-Theodor-Römheld-Straße 14	55130 Mainz	(06131) 6303-0	(06131) 6303-55
PwC Mannheim	Augustaanlage 66	68165 Mannheim	(0621) 432983-0	(0621) 432983-25
PwC München	Bernhard-Wicki-Str. 8	80636 München	(089) 5790-50	(089) 5790-5999
PwC Nürnberg	Theresienstraße 9	90403 Nürnberg	(0911) 94985-0	(0911) 94985-200
PwC Oldenburg	Bloherfelder Straße 130	26129 Oldenburg	(0441) 98067-10	(0441) 98067-40
PwC Osnabrück	Niedersachsenstraße 14	49074 Osnabrück	(0541) 3304-0	(0541) 3304-100
PwC Potsdam	Steinstraße 104-106	14480 Potsdam	(0331) 6260-623	(030) 2636-1221
PwC Saarbrücken	Am Halberg 4	66121 Saarbrücken	(0681) 9814-0	(0681) 9814-101
PwC Schwerin	Werderstraße 74b	19055 Schwerin	(0385) 59241-0	(0385) 59241-80
PwC Siegen	Am Bahnhof 11	57072 Siegen	(0271) 33582-0	(0271) 33582-60
PwC Stuttgart	Friedrichstraße 14	70174 Stuttgart	(0711) 25034-0	(0711) 25034-1616

Notizen

Notizen

Notizen